Frederico Amado

- Procurador Federal/Procuradoria-Geral do INSS em Brasília-DF com atuação perante o STF, o STJ e a TNU.
- Professor de Direito Previdenciário e Ambiental do Especcial Jus (www.especcialjus.com.br).
- Coordenador da Pós-graduação EAD em Prática Previdenciária da Faculdade Verbo em parceria com o Especcial Jus.
- Coordenador da Pós-graduação AO VIVO pelo MEET em Prática Previdenciária da FBB em parceria com o Especcial Jus.
- Coordenador da Pós-graduação em Direito Ambiental EAD da Faculdade Verbo em parceria com o Especcial Jus.
- Instrutor da Escola da AGU.
- Mestre em Planejamento Ambiental pela UCSAL.
- Especialista em Direito do Estado pela Unyahna.
- Palestrante.

Página de contato: www.especcialjus.com.br
E-mail: professorfredericoamado@gmail.com
Twitter: @FredericoAmado
Facebook: Frederico Amado
Instagram: @fredericoamado

MANUAL DA

APOSENTADORIA ESPECIAL POR AGENTES NOCIVOS À SAÚDE

Frederico
Amado

MANUAL DA APOSENTADORIA ESPECIAL POR AGENTES NOCIVOS À SAÚDE

2025

EDITORA
JusPODIVM
www.editorajuspodivm.com.br

EDITORA JusPODIVM
www.editorajuspodivm.com.br

Rua Canuto Saraiva, 131 – Mooca – CEP: 03113-010 – São Paulo – São Paulo
Tel: (11) 3582.5757
• Contato: https://www.editorajuspodivm.com.br/central-de-relacionamento

Diagramação: Ana Paula Lopes Corrêa *(aninha_lopescorrea@hotmail.com)*

Capa: Ana Caquetti

A481d Amado, Frederico.
Manual da Aposentadoria Especial por Agentes Nocivos / Frederico Amado - São Paulo: Editora JusPodivm, 2025.

720 p.

Inclui Bibliografia
ISBN: 978-85-442-6083-8.

1. Direito Previdenciário. 2. Aposentadoria. I. Amado, Frederico. II. Título.

CDD 341.6

BIBLIOTECÁRIA RESPONSÁVEL

Ana Carolina Ribeiro Mois – CRB7 – RJ 007348/0

NOTA DO AUTOR

O *Manual da Aposentadoria Especial por Agentes Nocivos à Saúde* é uma obra que foi idealizada no ano de 2021, quando elaborei o sumário preliminar. Contudo, não consegui implementá-la naquele momento de vida profissional.

Coube o estudo por mais alguns anos sobre este meu tema predileto para, finalmente, advir a coragem de produzir a tão sonhada e necessária obra. Atuei na ponta como Procurador Federal por anos analisando esta matéria e prossigo atuando agora seletivamente perante a TNU, o STJ e o STF nos mais relevantes processos repetitivos e até ações abstratas de constitucionalidade sobre a aposentadoria especial por agentes nocivos no exercício do cargo público.

Além disso, leciono permanentemente sobre o tema desde o ano de 2010 e já tinha uma abordagem vertical no âmbito do *Curso de Direito e Processo Previdenciário* ("Monstro Verde").

Por certo, a maior dificuldade do assunto é o caráter multidisciplinar do estudo. A formação jurídica não é suficiente para compreendê-lo. É necessário sair totalmente da zona de conforto do Direito para estudar, mesmo na condição de leigo, a exposição a agentes nocivos físicos, químicos e biológicos por meio das normas técnicas.

Dessa forma, o livro propõe um duplo estudo do tema: jurídico e extrajurídico. A abordagem passa pela visão administrativa do INSS e do CRPS, além da Perícia Médica Federal, chegando aos Tribunais Regionais Federais, TNU, STJ e STF.

No *Capítulo 1* abordamos a aposentadoria especial no âmbito do RGPS. Já no *Capítulo 2* a estudamos no RPPS. Ao final, ainda consta um *Apêndice* com as principais normas técnicas sobre a aposentadoria especial.

Abordo não apenas o direito material atual e pretérito, mas também temas da aposentadoria especial inerentes ao processo administrativo e judicial previdenciário. Espero que gostem deste novo trabalho, que já nasce denso desde a primeira edição lançada no ano de 2025.

Bons estudos!

O AUTOR

Sumário

CAPÍTULO

1

APOSENTADORIA ESPECIAL POR AGENTES NOCIVOS À SAÚDE NO REGIME GERAL DE PREVIDÊNCIA SOCIAL (RGPS)

1. ANTECEDENTES HISTÓRICOS

Impende salientar que a aposentadoria especial nasceu apenas com o advento da Lei Orgânica da Previdência Social[1] (Lei 3.807/1960), não devendo, em teoria, ser reconhecido como especial o tempo de contribuição anterior à LOPS, em aplicação ao Princípio do *Tempus Regit Actum*, razão pela qual incabível também qualquer conversão em comum.

Este, inclusive, era o entendimento da 5ª Turma do STJ:

> "PREVIDENCIÁRIO. TEMPO DE SERVIÇO ESPECIAL. CÔMPUTO. LEI EM VIGOR AO TEMPO DO EFETIVO EXERCÍCIO. APOSENTADORIA ESPECIAL. INSTITUIÇÃO. LEI ORGÂNICA DA PREVIDÊNCIA SOCIAL. ARTIGO 162 DA LEI 3.807/1960 (LOPS). RETROATIVIDADE. IMPOSSIBILIDADE. INEXISTÊNCIA DE PREVISÃO LEGAL. OFENSA AO ARTIGO 6º DA LICC. RECURSO PROVIDO. **I – O tempo de serviço é disciplinado pela lei vigente à época em que efetivamente prestado, por força do princípio tempus regit actum.** Desta forma, integra, como direito autônomo, o patrimônio jurídico do trabalhador. A lei nova que venha a estabelecer restrição ao cômputo do tempo de serviço não pode ser aplicada retroativamente. **II – A aposentadoria especial somente surgiu no mundo jurídico em 1960 pela**

1. Art. 31. A aposentadoria especial será concedida ao segurado que, contando no mínimo 50 (cinqüenta) anos de idade e 15 (quinze) anos de contribuições tenha trabalhado durante 15 (quinze), 20 (vinte) ou 25 (vinte e cinco) anos pelo menos, conforme a atividade profissional, em serviços, que, para êsse efeito, forem considerados penosos, insalubres ou perigosos, por Decreto do Poder Executivo.

> **publicação da Lei 3.807 (Lei Orgânica da Previdência Social-LOPS).** III - O artigo 162 da Lei 3.807/60 não garantia a retroação de seus benefícios, mas tão-somente resguardava os direitos já outorgados pelas respectivas legislações vigentes. **Assim, verifica-se que antes da Lei Orgânica da Previdência Social (LOPS), não existia a possibilidade de concessão do benefício aposentadoria especial. IV - Considerando que o tempo de serviço é disciplinado pela lei vigente à época em que efetivamente prestado, impossível retroagir norma regulamentadora sem expressa previsão legal, sob pena de ofensa ao disposto no artigo 6ª da Lei de Introdução ao Código Civil.** V - Recurso conhecido e provido" (RECURSO ESPECIAL 1205482, de 23.11.2010).

Entretanto, a 6ª Turma do STJ possui entendimento contrário, decidindo pela possibilidade do reconhecimento de tempo especial anteriormente à vigência da Lei 3.807/60:

> "AGRAVO REGIMENTAL NO RECURSO ESPECIAL. PREVIDENCIÁRIO. TEMPO DE SERVIÇO. EXERCÍCIO DE ATIVIDADE ESPECIAL PARA FINS DE CONCESSÃO DE APOSENTADORIA ESPECIAL. LEI ORGÂNICA DA PREVIDÊNCIA SOCIAL. ARTIGO 162 DA LEI 3.807/1960 (LOPS). RETROATIVIDADE. POSSIBILIDADE. AGRAVO IMPROVIDO. **I - A controvérsia a ser dirimida nos presentes autos está em saber se é possível o reconhecimento do exercício de atividade insalubre e perigosa, para fins de conversão do benefício de aposentadoria por tempo de contribuição em aposentadoria especial, em período anterior à edição da Lei Orgânica da Previdência Social, Lei nº 3.807/60, diploma legal que instituiu a mencionada aposentação.** II - A Lei nº 3.807/60, em seu art. 162, traz determinação expressa no sentido de se assegurar aos beneficiários todos os direitos outorgados pelas respectivas legislações, levando, pois, à conclusão de ser possível o reconhecimento de tempo de serviço especial exercido antes do aludido diploma. III - Tal hipótese não diz respeito à concessão retroativa do benefício de aposentadoria especial, tampouco à possibilidade de aplicação retroativa de lei nova que estabeleça restrição ao cômputo do tempo de serviço, hipóteses nas quais prevalece a aplicação do princípio do tempus regit actum. **IV - In casu, discute-se a possibilidade do reconhecimento do exercício de atividade especial em data anterior à legislação que teria trazido tal benefício ao mundo jurídico. V - Se de fato ocorreu a especialidade do tempo de serviço, com exercício em data anterior à legislação que criou a aposentadoria especial, é possível o reconhecimento da atividade especial em período anterior a legislação instituidora.** VI - Interpretação diversa levaria à conclusão de que o segurado, sujeito a condições insalubres de trabalho, só teria direito à aposentadoria especial após 15, 20 e 25 anos de trabalho exercido depois da Lei nº 3.807/60, desconsiderando, portanto, todo o período de labor, também exercido em tal situação, porém em data anterior à lei de regência. VII - Ademais, o objetivo da norma restaria prejudicado pois tornaria a aposentadoria por tempo de contribuição ou por idade mais célere do que a especial, vez

que o segurado preencheria, com menor lapso de tempo, os requisitos para a obtenção da aposentadoria comum. VIII – Agravo Regimental improvido" (AGRESP 200702972508, de 16.12.2010).

Esta divergência interna foi superada pelo STJ. Tanto na 3ª Seção quanto na 1ª Seção, pacificou-se o entendimento de que é possível o reconhecimento do tempo especial mesmo antes da Lei 3.807/1960:

"AGRAVO REGIMENTAL NOS EMBARGOS DE DIVERGÊNCIA EM RECURSO ESPECIAL. PREVIDENCIÁRIO. RECONHECIMENTO, PARA FINS DE APOSENTADORIA, DA NATUREZA ESPECIAL DE TEMPO DE SERVIÇO PRESTADO ANTES DA EDIÇÃO DA LEI Nº 3.807/1960. POSSIBILIDADE. DISSÍDIO JURISPRUDENCIAL SUPERADO.

1. Nos termos do art. 162 da Lei nº 3.807/1960, é possível o reconhecimento, para fins de aposentadoria, da natureza especial de tempo de serviço prestado antes da edição da referida lei. Entendimento consolidado no âmbito das Turmas que integram a Terceira Seção (3ª Seção, AgRg nos EREsp 996196, de 24/04/2013).

"RECURSO ESPECIAL. VIOLAÇÃO DO ART. 535 DO CPC NÃO CONFIGURADA. MATÉRIA REPETITIVA. ART. 543-C DO CPC E RESOLUÇÃO STJ 8/2008. RECURSO REPRESENTATIVO DE CONTROVÉRSIA. PREVIDENCIÁRIO. TEMPO ESPECIAL E COMUM. CONVERSÃO. POSSIBILIDADE. ART. 9º, § 4º, DA LEI 5.890/1973, INTRODUZIDO PELA LEI 6.887/1980. CRITÉRIO. LEI APLICÁVEL. LEGISLAÇÃO VIGENTE QUANDO PREENCHIDOS OS REQUISITOS DA APOSENTADORIA.

1. Trata-se de Recurso Especial interposto pela autarquia previdenciária com intuito de desconsiderar, para fins de conversão entre tempo especial e comum, o período trabalhado antes da Lei 6.887/1980, que introduziu o citado instituto da conversão no cômputo do tempo de serviço.

2. Como pressupostos para a solução da matéria de fundo, destaca-se que o STJ sedimentou o entendimento de que, em regra; a) a configuração do tempo especial é de acordo com a lei vigente no momento do labor, e b) a lei em vigor quando preenchidas as exigências da aposentadoria é a que define o fator de conversão entre as espécies de tempo de serviço. Nesse sentido: REsp 1.151.363/MG, Rel. Ministro Jorge Mussi, Terceira Seção, DJe 5.4.2011, julgado sob o rito do art. 543-C do CPC.

3. A lei vigente por ocasião da aposentadoria é a aplicável ao direito à conversão entre tempos de serviço especial e comum, independentemente do regime jurídico à época da prestação do serviço. Na mesma linha: REsp 1.151.652/MG, Rel. Ministra Laurita Vaz, Quinta Turma, DJe 9.11.2009; REsp 270.551/SP, Rel. Ministro Gilson Dipp, Quinta Turma, DJ 18.03.2002; Resp 28.876/SP, Rel. Ministro Assis Toledo, Quinta Turma, DJ 11.09.1995; AgRg nos

EDcl no Ag 1.354.799/PR, Rel. Ministra Maria Thereza de Assis Moura, Sexta Turma, DJe 5.10.2011.

4. No caso concreto, o benefício foi requerido em 24.1.2002, quando vigente a redação original do art. 57, § 3º, da Lei 8.213/1991, que previa a possibilidade de conversão de tempo comum em especial.

5. Recurso Especial não provido. Acórdão submetido ao regime do art. 543-C do CPC e da Resolução 8/2008 do STJ" (1ª Seção, REsp 1310034, de 24/10/2012).

2. PREVISÃO CONSTITUCIONAL

De acordo com o §1º, do artigo 201, da Constituição, com redação dada pela Emenda 20/98 e posteriormente alterada pela Emenda 47/05, "é vedada a adoção de requisitos e critérios diferenciados para a concessão de aposentadoria aos beneficiários do regime geral de previdência social, **ressalvados os casos de atividades exercidas sob condições especiais que prejudiquem a saúde ou a integridade física e quando se tratar de segurados portadores de deficiência,** nos termos definidos em **lei complementar**".

Assim, em regra, o legislador constituinte reformador proibiu a adoção de requisitos diferenciados para a aposentadoria, salvo as atividades especiais prejudiciais à saúde ou integridade física do segurado, bem como no caso do trabalho prestado pelos portadores de deficiência física, em aplicação ao Princípio da Isonomia, pois se cuidam de situações diferenciadas que merecem um tratamento privilegiado.

Mas esse dispositivo foi reformado pela **EC 103/2019**, que passou a contar com a seguinte redação:

> "§ 1º É **vedada** a adoção de requisitos ou critérios diferenciados para concessão de benefícios, ressalvado, nos termos de **lei complementar**, a **possibilidade de previsão** de idade e tempo de contribuição distintos da regra geral para concessão de aposentadoria exclusivamente em favor dos segurados:
>
> I – com **deficiência**, previamente submetidos à avaliação biopsicossocial realizada por equipe multiprofissional e interdisciplinar;
>
> II – cujas atividades sejam exercidas com efetiva exposição a **agentes nocivos** químicos, físicos e biológicos prejudiciais à saúde, ou associação destes agentes, **vedada a caracterização por categoria profissional ou ocupação**".

Este parágrafo foi modificado para restringir as situações de concessão da aposentadoria especial por agentes nocivos à saúde, mantida a regulamentação por lei complementar.

Agora há **vedação constitucional** expressa à caracterização por **categoria profissional** ou ocupação.

Havia vedação para enquadramento por **periculosidade**, a exemplo de *vigilantes* e *eletricitários*, buscando barrar a jurisprudência do STJ no RGPS, mas após negociação no Senado a proibição foi retirada do texto.

Após um acordo no Senado na votação em segundo turno, a vedação de enquadramento de tempo especial por periculosidade foi retirada do texto da Emenda 103/2019, o que, em tese, conserva a jurisprudência do STJ pelo enquadramento.

Ficou acordado que haverá uma lei complementar para regulamentar o tema, a fim de beneficiar os vigilantes que laboram com o uso de arma de fogo. Não se sabe, por hora, se outras categorias que laboram com atividades de risco serão inseridas no texto final da citada lei complementar, a exemplo dos eletricitários com labor em altas tensões.

O enquadramento por categoria profissional já não era mais possível desde 28/4/1995, por força da Lei 9.032/95, que alterou o artigo 57[2] da Lei 8.213/91, passando a exigir exposição permanente a agentes nocivos para a concessão da aposentadoria especial, sendo novidade a constitucionalização da vedação.

Já a concessão de aposentadoria especial por periculosidade não é admitida pelo INSS pela legislação atual, pois, a rigor, inexiste exposição a agente nocivo de natureza física, química ou biológica, sendo deferida judicialmente pelo STJ.

O acordo foi a ulterior edição de uma lei complementar para regular a aposentadoria especial por periculosidade, ainda não editada.

Um ponto a destacar é a restrição do novo texto constitucional:

A) **Texto anterior:** "atividades exercidas sob condições especiais que prejudiquem a saúde ou a integridade física".

B) **Texto atual:** "cujas atividades sejam exercidas com efetiva exposição a agentes nocivos químicos, físicos e biológicos prejudiciais à saúde, ou associação destes agentes".

---

2. § 3º A concessão da aposentadoria especial dependerá de comprovação pelo segurado, perante o Instituto Nacional do Seguro Social–INSS, do tempo de trabalho **permanente, não ocasional nem intermitente**, em condições especiais que prejudiquem a saúde ou a integridade física, durante o período mínimo fixado. (Redação dada pela Lei nº 9.032, de 1995)

O texto da Emenda 103/2019 é mais restritivo, pois fecha a aposentadoria especial somente para a efetiva exposição a agentes nocivos químicos, físicos e biológicos.

Já o texto anterior tinha grande amplitude, não se restringindo a agentes nocivos, pois citada atividades especiais que prejudicassem a saúde ou integridade física, o que ultrapassa as situações de nocividade por exposição a agentes físicos, químicos ou biológicos, abarcando qualquer atividade laboral com possibilidade de prejudicar a saúde ou a integridade física.

Restou mantida a previsão de aposentadoria especial para a **pessoa com deficiência**, previamente submetidos à avaliação biopsicossocial realizada por equipe multiprofissional e interdisciplinar, modelo pericial que já era previsto na LC 142/2013, mas que agora foi constitucionalizado.

O texto da Emenda traz uma sutileza: "a **possibilidade de previsão** de idade e tempo de contribuição distintos da regra geraL para concessão de aposentadoria exclusivamente em favor dos segurados..."

Logo, tal qual foi feito no RPPS, **a regra permanente da aposentadoria especial não gera direito a regras diferenciadas**, deixando de modo discricionário ao legislador a aprovação de uma lei complementar de regulamentação para redução de idade e tempo de contribuição em favor.

Assim, de um direito subjetivo dos segurados que laboram expostos a agentes nocivos e pessoas com deficiência, passou a natureza jurídica de ato discricionário do legislador, o que é lastimável.

Em que pese isto, a regulamentação provisória da Emenda 103/2019 - até que advenha lei complementar da União sobre o tema - a assegurou como direito do segurado do RGPS, com uma regra permanente e outra regra de transição.

3. APLICAÇÃO DO *TEMPUS REGIT ACTUM*

Frise-se que para o reconhecimento do tempo de contribuição especial incidirá o Princípio do *Tempus Regit Actum*, de modo que será aplicada a legislação previdenciária vigente no momento da sua prestação.

Nesse sentido, colaciona-se passagem do Informativo 457, do STJ:

> **"APOSENTADORIA ESPECIAL. *TEMPUS REGIT ACTUM*.**
>
> A Turma deu provimento ao recurso especial para afastar o cômputo como atividade exercida em condições especiais de períodos anteriores à vigência da Lei n. 3.807/1960, regulamentada pelo Dec. n. 53.831/1964 (revogado pelo

Dec. n. 63.230/1968), a qual instituiu a aposentadoria especial. *In casu*, sustentou o Min. Relator que o art. 162 do referido diploma legal não assegurou a retroatividade do benefício, mas apenas resguardou os direitos outorgados pela respectiva legislação. **Nesse contexto, concluiu não ser possível que a norma retroaja sem expressa previsão nesse sentido, tendo em vista que o tempo de serviço é regido pela lei vigente à época em que efetivamente exercido.** Precedentes citados: AgRg no REsp 1.103.602-RS, DJe 3/8/2009; REsp 1.105.630-SC, DJe 3/8/2009, e AgRg no REsp 924.827-SP, DJ 6/8/2007. **REsp 1.205.482-SC, Rel. Min. Gilson Dipp, julgado em 23/11/2010".**

Por isso, deverá ser observada a seguinte tabela, adotada pela Previdência Social e com amparo na jurisprudência:

Período trabalhado	Enquadramento
Até 28/4/1995	Quadro Anexo ao Decreto nº 53.831, de 1964. Anexos I e II do RBPS, aprovado pelo Decreto nº 83.080, de 1979. Formulário; CP/CTPS; LTCAT, obrigatoriamente para o agente físico ruído.
De 29/4/1995 a 13/10/1996	Código 1.0.0 do Quadro Anexo ao Decreto nº 53.831, de 1964. Anexo I do RBPS, aprovado pelo Decreto nº 83.080, de 1979. Formulário; LTCAT ou demais Demonstrações Ambientais, obrigatoriamente para o agente físico ruído.
De 14/10/1996 a 5/3/1997	Código 1.0.0 do Quadro Anexo ao Decreto nº 53.831, de 1964. Anexo I do RBPS, aprovado pelo Decreto nº 83.080, de 1979. Formulário; LTCAT ou demais Demonstrações Ambientais, para todos os agentes nocivos.
De 6/3/1997 a 31/12/1998	Anexo IV do RBPS, aprovado pelo Decreto nº 2.172, de 1997. Formulário; LTCAT ou demais Demonstrações Ambientais, para todos os agentes nocivos.
De 1º/1/1999 a 6/5/1999	Anexo IV do RBPS, aprovado pelo Decreto nº 2.172, de 1997. Formulário; LTCAT ou demais Demonstrações Ambientais, para todos os agentes nocivos, que deverão ser confrontados com as informações relativas ao CNIS para homologação da contagem do tempo de serviço especial, nos termos do art. 19 e § 2º do art. 68 do RPS, com redação dada pelo Decreto nº 4.079, de 2002.
De 7/5/1999 a 31/12/2003	Anexo IV do RPS, aprovado pelo Decreto nº 3.048, de 1999. Formulário; LTCAT ou demais Demonstrações Ambientais, para todos os agentes nocivos, que deverão ser confrontados com as informações relativas ao CNIS para homologação da contagem do tempo de serviço especial, nos termos do art. 19 e § 2º do art. 68 do RPS, com redação dada pelo Decreto nº 4.079, de 2002.
A partir de 1º/1/2004	Anexo IV do RPS, aprovado pelo Decreto nº 3.048, de 1999. Formulário, que deverá ser confrontado com as informações relativas ao CNIS para homologação da contagem do tempo de serviço especial, nos termos do art. 19 e § 2º do art. 68 do RPS, com redação dada pelo Decreto nº 4.079, de 2002.

4. SEGURADOS BENEFICIADOS

Prevê o artigo 64, do Decreto 3.048/99, **que apenas o segurado empregado, o trabalhador avulso e o contribuinte individual cooperado filiado à cooperativa de trabalho ou de produção fazem jus à aposentadoria especial**[61], pois, apenas nestes casos, há prévia fonte de custeio específica, consistente nas contribuições previdenciárias pagas pelas empresas, na forma do artigo 57, §6º, da Lei 8.213/91 e do artigo 1º, da Lei 10.666/2003.

Em que pese inexistir na atualidade contribuição adicional para o custeio da aposentadoria especial do contribuinte individual cooperado do trabalho em decorrência da decretação de inconstitucionalidade do STF, o artigo 64 do Decreto 3.048/99 continua contemplando-o como beneficiário da aposentadoria especial.

Porém, inexiste esta restrição na Lei 8.213/91, razão pela qual é discutível a validade da referida restrição regulamentar, já tendo sido pronunciada a sua ilegalidade pelo TRF da 2ª Região, ao afirmar que, "no que concerne ao fato de ser o proprietário do estabelecimento comercial, ressalte-se que o Plano de Benefícios não distinguiu espécies de segurado, para efeito da concessão de aposentadoria especial, pelo que se infere ser esta devida tanto ao trabalhador que ostenta a condição de empregado quanto àquele que se insere na categoria de contribuinte individual"[3].

Favoravelmente ao artigo 64, do RPS, pode-se invocar o **Princípio da Precedência da Fonte de Custeio**, tendo em conta que apenas a aposentadoria especial do empregado, do avulso e do contribuinte individual filiado à cooperativa de trabalho ou de produção possui o prévio pagamento de contribuições previdenciárias específicas.

De acordo com a TNU, no julgamento do PEDILEF 2008.71.95.002186-9, de 29.03.2012, o contribuinte individual terá, em tese, direito à aposentadoria especial, vez que a Lei 8.213/91 não restringiu o rol de segurados que terão direito ao benefício:

> "PREVIDENCIÁRIO. RECONHECIMENTO DE ATIVIDADE ESPECIAL. SEGURADO CONTRIBUINTE INDIVIDUAL. 1. O acórdão paradigma da Turma Recursal de Goiás entendeu que "não há possibilidade de comprovar que o segurado autônomo presta serviço em atividade sujeita agentes nocivos". O acórdão recorrido divergiu desse entendimento ao reconhecer tempo de serviço especial de mecânico autônomo. **2. A Lei nº 8.213/91, ao arrolar a aposentadoria especial na alínea d do inciso I do art. 18 como um dos benefícios devidos aos segurados do RGPS, não faz nenhuma distinção entre**

3. AC 309.759, de 04.02.2004.

> **as categorias de segurados previstas no art. 11 do mesmo diploma.** 3. A dificuldade para o segurado contribuinte individual comprovar exposição habitual e permanente a agente nocivo não justifica afastar de forma absoluta a possibilidade de reconhecimento de atividade especial. 4. O art. 234 da Instrução Normativa INSS nº 45/2010, ao considerar que a aposentadoria especial só pode ser devida ao segurado contribuinte Individual quando filiado a uma cooperativa de trabalho ou de produção, cria restrição que extrapola os limites da lei. O regulamento deve se limitar a explicitar o conteúdo da lei, sem criar restrições nela não previstas. A regulação excessiva imposta por ato infralegal é nula por transgressão ao princípio da legalidade. **5. A falta de previsão legal de contribuição adicional para aposentadoria especial (alíquota suplementar de riscos ambientais do trabalho) sobre salário-de-contribuição de segurado contribuinte individual não impede o reconhecimento de tempo de serviço especial. Do contrário, não seria possível reconhecer condição especial de trabalho para nenhuma categoria de segurado antes da Lei nº 9.732/98, que criou a contribuição adicional.** 6. Firmado o entendimento de que o segurado contribuinte individual pode, em tese, obter reconhecimento de atividade especial, desde que consiga comprovar exposição a agentes nocivos à saúde ou à integridade física. 7. Incidente improvido".

Posteriormente, em 27 de abril de 2012, a TNU publicou a Súmula 62:

> "Súmula 62 – O segurado contribuinte individual pode obter reconhecimento de atividade especial para fins previdenciários, desde que consiga comprovar exposição a agentes nocivos à saúde ou à integridade física".

Veja-se enunciado aprovado na **I Jornada de Direito da Seguridade Social do Conselho da Justiça Federal** sobre o tema:

> **ENUNCIADO 15:** O contribuinte individual, mesmo não cooperado, tem direito à aposentadoria especial, se comprovada efetiva exposição a agentes nocivos, prejudiciais à saúde.
>
> Veja-se a posição da TNU:
>
> **Tipo**
>
> Acórdão
>
> **Número**
>
> 5043228-98.2018.4.04.7100
>
> 50432289820184047100
>
> **Classe**
>
> Pedido de Uniformização de Interpretação de Lei (Turma)
>
> **Relator(a)**
>
> NAGIBE DE MELO JORGE NETO

Origem

TNU

Órgão julgador

TURMA NACIONAL DE UNIFORMIZAÇÃO

Data

04/09/2024

Data da publicação

12/09/2024

Fonte da publicação

12/09/2024

Ementa

PEDIDO DE UNIFORMIZAÇÃO DE INTERPRETAÇÃO DE LEI FEDERAL. PREVIDENCIÁRIO. APOSENTADORIA POR TEMPO DE CONTRIBUIÇÃO COM PEDIDO DE RECONHECIMENTO TEMPO ESPECIAL. CONTRIBUINTE AUTÔNOMO. TEMAS 188 E 213 DA TNU. PEDIDO DE UNIFORMIZAÇÃO CONHECIDO E PROVIDO. - **Ao contribuinte autônomo não é possível o reconhecimento de atividade especial após 03/12/1998, a não ser em hipóteses específicas**. Tema 188 da TNU. - Constando do PPP o uso de EPI eficaz, é ônus do segurado comprovar sua ineficácia por meio de impugnação específica. Tema 213 da TNU. - Pedido de Uniformização conhecido e provido.

Decisão

A Turma Nacional de Uniformização decidiu, por unanimidade, CONHECER e DAR PROVIMENTO ao incidente para, anulando o acórdão recorrido, devolver o caso à Turma Recursal a fim de adequar o novo julgamento segundo as diretrizes acima explicitadas - Questão de ordem nº 20 desta TNU.

Com o advento da Instrução Normativa INSS 77/2015, atualmente revogada, no seu artigo 247, inciso III, a autarquia previdenciária passou a reconhecer o tempo especial em favor de todos os contribuintes individuais prestado até 28 de abril de 1995 no regime de presunção por categoria profissional. A mesma sistemática foi preservada com o advento da Instrução Normativa INSS/PRES 128/2022:

> "Art. 263. A aposentadoria especial será devida somente aos segurados:
>
> I - empregado;
>
> II - trabalhador avulso;
>
> III - contribuinte individual por categoria profissional até 28 de abril de 1995; e
>
> *IV - contribuinte individual cooperado filiado à cooperativa de trabalho ou de produção, para períodos trabalhados a partir de 13 de dezembro de 2002, data*

da publicação da Medida Provisória nº 83, por exposição a agentes prejudiciais à saúde".

Trata-se de um avanço em favor dos segurados na interpretação do INSS, evitando a judicialização de novas demandas desta natureza, haja vista que agora, na via administrativa, até o advento da Lei 9.032/95, reconhece-se por categoria profissional o direito ao tempo especial em favor do contribuinte individual.

Posteriormente, em 17 de setembro de 2015, a 2ª Turma do STJ pronunciou a ilegalidade do artigo 64 do Decreto 3.048/99, no julgamento do Recurso Especial 1.436.794:

> "PREVIDENCIÁRIO. RECURSO ESPECIAL. APOSENTADORIA ESPECIAL. VIOLAÇÃO DO ARTIGO 535 DO CPC. NÃO CARACTERIZAÇÃO. EXERCÍCIO DE ATIVIDADE ESPECIAL. SEGURADO CONTRIBUINTE INDIVIDUAL NÃO COOPERADO. POSSIBILIDADE. COMPROVAÇÃO DA ATIVIDADE ESPECIAL. REVISÃO DO ACÓRDÃO RECORRIDO. SÚMULA 7/STJ. RECURSO ESPECIAL PARCIALMENTE CONHECIDO E NESSA PARTE NÃO PROVIDO.
>
> 1. Não há violação do artigo 535 do Código de Processo Civil, pois in casu o Tribunal Regional Federal da 4ª Região analisou integralmente todas as questões levadas à sua apreciação, notadamente, a possibilidade de se reconhecer ao segurado contribuinte individual tempo especial de serviço, bem como conceder o benefício aposentadoria especial.
>
> 2. O *caput* do artigo 57 da Lei 8.213/1991 não traça qualquer diferenciação entre as diversas categorias de segurados, elegendo como requisitos para a concessão do benefício aposentadoria especial tão somente a condição de segurado, o cumprimento da carência legal e a comprovação do exercício de atividade especial pelo período de 15 (quinze), 20 (vinte) ou 25 (vinte e cinco) anos.
>
> **3. O artigo 64 do Decreto 3.048/1999, ao limitar a concessão do benefício aposentadoria especial ao segurado empregado, trabalhador avulso e contribuinte individual cooperado, extrapola os limites da Lei de Benefícios que se propôs regulamentar, razão pela qual deve ser reconhecida sua ilegalidade.**
>
> 4. Tese assentada de que é possível a concessão de aposentadoria especial ao contribuinte individual não cooperado que cumpra a carência e comprove, nos termos da lei vigente no momento da prestação do serviço, o exercício de atividade sob condições especiais que prejudiquem a sua saúde ou sua integridade física pelo período de 15 (quinze), 20 (vinte) ou 25 (vinte cinco) anos".

A questão será julgada pelo STJ em sede de precedente qualificado no **tema 1291**:

Tema Repetitivo 1291

Situação

Afetado

Órgão julgador

PRIMEIRA SEÇÃO

Ramo do direito

DIREITO PREVIDENCIÁRIO

Questão submetida a julgamento

Definir se há possibilidade de reconhecimento, como especial, da atividade exercida pelo contribuinte individual não cooperado após 29/04/1995, à luz do disposto no art. 22, II, da Lei n. 8.212/1991 e nos arts. 11, V, "h", 14, I, parágrafo único, 57, caput, §§ 3º, 4º, 5º, 6º e 7º, e 58, caput, §§ 1º e 2º, da Lei n. 8.213/1991.

Anotações NUGEPNAC

Processos destacados de ofício pelo relator.

Afetação na sessão eletrônica iniciada em 2/10/2024 e finalizada em 8/10/2024 (Primeira Seção).

Vide Controvérsia 379/STJ.

Informações Complementares

Há determinação de suspensão dos recursos especiais ou agravos em recursos especiais em segunda instância e/ou no STJ fundados em idêntica questão de direito (art. 256-L do RISTJ).

REsp 2163429/RS

Tribunal de Origem

TRF4

RRC

Não

Relator

GURGEL DE FARIA

Embargos de Declaração

-

Afetação

06/11/2024

Julgado em

-

Acórdão publicado em

-

Trânsito em Julgado

-

REsp 2163998/RS

Tribunal de Origem

TRF4

RRC

Não

Relator

GURGEL DE FARIA

Embargos de Declaração

-

Afetação

06/11/2024

Julgado em

-

Acórdão publicado em

-

Trânsito em Julgado

-

Para fins de caracterização de atividade exercida como segurado contribuinte individual em condições especiais por categoria profissional até 28 de abril de 1995, véspera da data da publicação da Lei nº 9.032, de 1995, a comprovação será realizada mediante a apresentação de documentos que comprovem, ano a ano, a habitualidade e permanência na atividade exercida arrolada para enquadramento, estando dispensado de apresentar o formulário legalmente previsto para reconhecimento de períodos alegados como especiais[4].

5. DATA DE INÍCIO DO BENEFÍCIO

Uma vez realizado o tempo de contribuição especial e a carência, o benefício será devido desde a data de entrada do requerimento no INSS. No caso do segurado empregado, a data de início do benefício será a do desligamento do emprego, se requerida até 90 dias.

Caso não haja desligamento do emprego ou se requerida depois de transcorridos 90 dias da extinção do vínculo empregatício, o benefício será devido

4. Artigo 259, da Instrução Normativa INSS 77/2015.

desde o requerimento administrativo, nos termos do artigo 69 do Regulamento (Decreto 3.048/99)[5].

6. PERÍODO DE CARÊNCIA

Por força do artigo 3º, da Lei 10.666/2003, a perda da qualidade de segurado não será considerada para a concessão da aposentadoria especial, bastando que a pessoa tenha o necessário tempo de contribuição enquadrado como especial e a **carência de 180 contribuições pagas tempestivamente.**

Excepcionalmente, para o antigo segurado inscrito na Previdência Urbana até a vigência da Lei 8.213/91, a carência poderá ser inferior nos termos da regra de transição do artigo 142 da Lei 8.213/91:

> *"Art. 142. Para o segurado inscrito na Previdência Social Urbana até 24 de julho de 1991, bem como para o trabalhador e o empregador rural cobertos pela Previdência Social Rural, a carência das aposentadorias por idade, por tempo de serviço* ***e especial*** *obedecerá à seguinte tabela, levando-se em conta o ano em que o segurado implementou todas as condições necessárias à obtenção do benefício: (Redação dada pela Lei nº 9.032, de 1995)*

Ano de implementação das condições	*Meses de contribuição exigidos*
1991	*60 meses*
1992	*60 meses*
1993	*66 meses*
1994	*72 meses*
1995	*78 meses*
1996	*90 meses*
1997	*96 meses*
1998	*102 meses*
1999	*108 meses*

5. Art. 69. A data de início da aposentadoria especial será fixada: (Redação dada pelo Decreto nº 8.123, de 2013)

I – para o segurado empregado: (Incluído pelo Decreto nº 8.123, de 2013)

a) a partir da data do desligamento do emprego, quando requerida a aposentadoria especial, até noventa dias após essa data; ou (Incluída pelo Decreto nº 8.123, de 2013)

b) a partir da data do requerimento, quando não houver desligamento do emprego ou quando a aposentadoria for requerida após o prazo estabelecido na alínea "a"; e (Incluída pelo Decreto nº 8.123, de 2013)

II – para os demais segurados, a partir da data da entrada do requerimento. (Incluído pelo Decreto nº 8.123, de 2013)

Ano de implementação das condições	*Meses de contribuição exigidos*
2000	*114 meses*
2001	*120 meses*
2002	*126 meses*
2003	*132 meses*
2004	*138 meses*
2005	*144 meses*
2006	*150 meses*
2007	*156 meses*
2008	*162 meses*
2009	*168 meses*
2010	*174 meses*
2011	*180 meses"*

7. EXPOSIÇÃO PERMANENTE À AGENTE NOCIVO

Desde o advento da Lei 9.032/95, para fazer jus ao benefício, a atividade deverá se enquadrar como especial, assim considerado o tempo de trabalho **permanente, não ocasional nem intermitente**, em condições especiais que prejudiquem a saúde ou a integridade física do segurado, a ser comprovado perante o INSS.

De acordo com o Decreto 8.123/2013, considera-se **tempo de trabalho permanente** aquele que é exercido de forma não ocasional nem intermitente, no qual a exposição do empregado, do trabalhador avulso ou do cooperado ao agente nocivo seja indissociável da produção do bem ou da prestação do serviço.[6-7]

Vale registrar que a exposição permanente ao agente nocivo previsto no Regulamento surgiu com a Lei 9.032/95, não sendo aplicado ao tempo especial anterior. Nesse sentido, a Súmula 49, da TNU:

6. **Permanência**: trabalho não ocasional nem intermitente, durante quinze, vinte ou vinte cinco anos, no qual a exposição do empregado, do trabalhador avulso ou do cooperado ao agente nocivo seja indissociável da produção do bem ou da prestação do serviço, em decorrência da subordinação jurídica a qual se submete.
7. O período em que o empregado esteve licenciado da atividade para exercer cargo de administração ou de representação sindical, exercido até 28 de abril de 1995, véspera da publicação da Lei nº 9.032, de 1995, será computado como tempo de serviço especial, desde que, à data do afastamento, o segurado estivesse exercendo atividade considerada especial.

> **"Súmula 49 – Para reconhecimento de condição especial de trabalho antes de 29/4/1995, a exposição a agentes nocivos à saúde ou à integridade física não precisa ocorrer de forma permanente".**

No mesmo sentido a Instrução Normativa INSS/PRES 128/2022:

> "Art. 286. O enquadramento de períodos de atividade especial dependerá de comprovação, perante o INSS, da efetiva exposição do segurado a agentes prejudiciais à saúde durante determinado tempo de trabalho permanente.
>
> § 1º Considera-se tempo de trabalho permanente aquele que é exercido de forma não ocasional nem intermitente, no qual a exposição do empregado, do trabalhador avulso ou do cooperado ao agente prejudicial à saúde seja indissociável da produção do bem ou da prestação do serviço.
>
> ***§ 2º Para períodos trabalhados até 28 de abril de 1995, véspera da publicação da Lei nº 9.032, de 1995, não será exigido o requisito de permanência indicado no caput".***

A Turma Nacional (TNU) vem **diferenciando a habitualidade da permanência** desde o julgamento do PEDILEF 200451510619827, de 28/5/2009:

> "3. **Habitual** é a exposição a agentes nocivos durante todos os dias de trabalho normal, ou seja, durante todos os dias da jornada normal de trabalho.
>
> 4. **Permanente** é a exposição experimentada pelo segurado durante o exercício de todas as suas funções, não quebrando a permanência o exercício de função de supervisão, controle ou comando em geral ou outra atividade equivalente, ***desde que seja exclusivamente em ambientes de trabalho cuja nocividade tenha sido constatada.***
>
> 5. **Intermitente** é a exposição experimentada pelo segurado de forma programada para certos momentos inerentes à produção, repetidamente a certos intervalos.
>
> 6. **Ocasional** é a exposição experimentada pelo segurado de forma não programada, sem mensuração de tempo, acontecimento fortuito, previsível ou não".

A exposição permanente ao agente nocivo previsto na legislação sempre foi exigida pela legislação previdenciária, ao passo que a permanência somente foi introduzida a partir da vigência da Lei 9.032/95.

Veja-se este precedente da TNU:

> "INCIDENTE DE UNIFORMIZAÇÃO NACIONAL. PREVIDENCIÁRIO. TEMPO ESPECIAL. HABITUALIDADE E PERMANÊNCIA DA EXPOSIÇÃO A AGENTE NOCIVO. **INEXIGIBILIDADE DO REQUISITO PERMANÊNCIA EM PERÍODO ANTERIOR À LEI 9.032/95.** HABITUALIDADE EXIGÍVEL ANTES E DEPOIS DA LEI 9.032/95. AGENTES BIOLÓGICOS. UMA

VEZ PRESENTE A HABITUALIDADE, A PERMANÊNCIA DA EXPOSIÇÃO É REPRESENTADA PELO RISCO DE CONTAMINAÇÃO. NÃO CONHECIMENTO. Trata-se de pedido de uniformização interposto pelo autor contra acórdão da 1ª Turma Recursal do Rio Grande do Sul, que negou provimento a recurso interposto pela mesma parte contra sentença que julgou improcedente pedido de conversão de atividade especial em comum. Alega o recorrente que o acórdão recorrido diverge do entendimento adotado pela TNU, no julgamento dos processos PEDILEF 00000269820134900000 e PEDILEF 200951510158159, nos quais se afirmou que a habitualidade e a permanência da exposição a agentes insalubres só passaram a ser exigidas após a edição da Lei 9.032/95 para o fim de reconhecimento de período de serviço em condições especiais. Alega ainda que a TNU entende que a exposição a agentes biológicos tem avaliação da habitualidade e permanência apenas considerando o risco de contaminação. O incidente foi admitido pelo Presidente desta Turma de Uniformização, mediante provimento de agravo interposto contra decisão do juízo preliminar de inadmissibilidade. É o breve relatório. O incidente é tempestivo, mas não merece conhecimento. Com efeito, conforme se extrai da sentença e do acórdão que a confirmou, a especialidade não foi reconhecida porque, em análise do caso concreto, sobretudo das atribuições do cargo em que foi contratado o segurado no período reclamado (13-02-1982 a 09-07-1984), não restou comprovada a exposição habitual aos agentes biológicos e ao agente físico umidade, sendo oportuno destacar que a habitualidade é um requisito exigido mesmo para períodos anteriores à edição da Lei 9.032/95. Nesse sentido: EMENTA/VOTO – PREVIDENCIÁRIO. INCIDENTE DE UNIFORMIZAÇÃO. APOSENTADORIA POR TEMPO DE CONTRIBUIÇÃO. RECONHECIMENTO DE TEMPO ESPECIAL. CONVERSÃO APÓS 1998. POSSIBILIDADE. AUSÊNCIA DE PERMANÊNCIA NA EXPOSIÇÃO A AGENTE NOCIVO. POSSIBILIDADE DE RECONHECIMENTO DE TEMPO ESPECIAL SOMENTE ATÉ 28/04/1995. INCIDENTE PARCIAMENTE PROVIDO. 1. Pretende a parte autora a modificação de acórdão, que negou provimento ao recurso que interpôs, no qual se insurge contra o não reconhecimento do tempo especial de trabalho laborado de 01/10/1986 a 09/12/2004. Alega ser desnecessária a comprovação de contato habitual, não ocasional e nem intermitente para períodos anteriores à vigência da Lei nº 9.032/95. Aduz ser possível o reconhecimento de tempo especial para períodos posteriores a 28/05/1998. Apresenta como paradigmas o Enunciado nº 4 da 2ª Turma Recursal de Minas Gerais e acórdão da Primeira Turma Recursal da Seção Judiciária da Bahia (2004.33.00.762729-1). 2. As hipóteses que autorizam o manejo do incidente de uniformização encontram-se previstas no art. 14 da Lei n.º 10.259/2001, que estabelece a competência desta Turma Nacional de Uniformização dos Juizados Especiais Federais quando demonstrada divergência entre decisões sobre questões de direito material de Turmas de diferentes Regiões ou quando presente decisão proferida em contrariedade a súmula ou jurisprudência dominante do Superior Tribunal de Justiça. Entendo presentes os requisitos da similitude fático-jurídica e da necessária divergência entre os acórdãos em cotejo. Adentro, portanto, o exame do mérito recursal. 3. A matéria atinente à conversão de tempo especial em comum após 28/05/1998 já foi objeto de decisão pelo eg. STJ, em Recurso Especial repetitivo (REsp 1151363), oportunidade em que aquela Corte Superior, revendo sua jurisprudência anterior, firmou o entendimento de que é possível a conversão de tempo especial em comum mesmo após 1998. Esse mesmo entendimento foi, inclusive, firmado em acórdão prolatado nos autos do Pedilef 2006.71.95.019784-7, de minha relatoria, ao qual se imprimiu a sistemática prevista no art. 7º do Regimento Interno da TNU, que determina a devolução às Turmas de origem dos feitos congêneres, para manutenção ou adaptação dos julgados conforme a orientação pacificada. 4. Com relação à comprovação de exposição aos agentes nocivos no período de 01/10/1986 a 09/12/2004, o acórdão recorrido considerou o referido período como tempo comum de trabalho, ao fundamento de que houve exposição ocasional no período anterior a 29/04/1995 e ausência de permanência no período de posterior a 28/04/1995. 5. Consoante entendimento pacificado desta Turma Nacional (Pedilef nº 2004.51.51.061982-7/RJ; Pedilef nº 2007.70.95.012758-6/PR; Pedilef nº 2006.71.95.021405-5; Pedilef nº 2006.72.95.016242-2/SC), os requisitos da permanência e da não intermitência, introduzidos pela Lei nº 9.032/95 para o reconhecimento da natureza especial do tempo de serviço, não podem ser exigidos para os períodos de trabalho realizados antes do início da vigência do referido diploma legal (29/04/1995). Nos termos dos julgados acima citados, somente a habitualidade na exposição aos agentes nocivos era exigida para períodos de trabalho anteriores a 29/04/1995. 6. O laudo pericial de fls. 69/76 demonstra que o autor ficou exposto durante todo o período de 01/10/1986 a 09/12/2004 a agentes químicos tinta, thinner, esmalte, vernizes e diluentes, enquadrados no item 1.2.11 do Decreto nº 53.831/64, de modo habitual e intermitente. **Assim, a exposição de forma não permanente a esses agentes nocivos impede o reconhecimento de tempo especial posterior a 28/04/1995. Porém, o tempo anterior a 29/04/1995 merece esse reconhecimento, dada a comprovação de exposição habitual aos agentes nocivos**. 7. Diante disso, impõe-se o reconhecimento como tempo especial de trabalho somente no período de 01/10/1986 a 28/04/1995. 8. Sugiro ao ilustre Presidente desta Turma Nacional que imprima a sistemática prevista no art. 7º do Regimento Interno da TNU a todos os Incidentes congêneres, que versem sobre a desnecessidade da demonstração de exposição permanente a agente insalubre antes de 1995, determinando a sua devolução às Turmas de origem para manutenção ou adaptação dos julgados conforme a orientação ora pacificada. 9. Incidente parcialmente provido. Anulação do acórdão recorrido, para que prossiga no julgamento nos termos da premissa jurídica firmada neste julgamento". (**PEDILEF 200771950012920, JUÍZA FEDERAL SIMONE DOS SANTOS LEMOS FERNANDES, TNU, DOU 29/06/2012**).

Não raro há enorme confusão de conceitos entre a habitualidade e a permanência. O próprio STJ (as duas Turmas) os confunde, **exigindo ambos os**

requisitos somente para tempo especial prestado após a vigência da Lei 9.032/95:

Processo

REsp 1827524 / SP RECURSO ESPECIAL 2019/0210405-7

Relator(a)

Ministro HERMAN BENJAMIN (1132)

Órgão Julgador

T2 – SEGUNDA TURMA

Data do Julgamento

10/09/2019

Data da Publicação/Fonte

DJe 11/10/2019

Ementa

PREVIDENCIÁRIO. APOSENTADORIA ESPECIAL. EXPOSIÇÃO AO AGENTE NOCIVO NÃO COMPROVADA. ALTERAÇÃO DO ACÓRDÃO A QUO. SÚMULA 7/STJ. RECURSO PELA ALÍNEA "C" PREJUDICADO.

1. O STJ firmou entendimento no sentido de que a permanência e a habitualidade da exposição a agentes nocivos à saúde são requisitos exigíveis apenas para as atividades exercidas a partir de 29.04.1995, quando entrou em vigor a Lei 9.032/1995, que alterou a redação do art. 57, § 3º, da Lei 8.213/1991.

2. E ainda, o rol de atividades consideradas prejudiciais à saúde ou à integridade física descritas pelos Decretos 53.831/1964, 83.080/1979 e 2.172/1997 é meramente exemplificativo, e não taxativo, sendo admissível, portanto, que atividades não elencadas no referido rol sejam reconhecidas como especiais, desde que tal situação seja devidamente demonstrada no caso concreto. 3. No enfrentamento da matéria, o Tribunal a quo lançou os seguintes fundamentos: "No presente caso, da análise da CTPS e do Perfil Profissiográfico Previdenciário juntado aos autos e, de acordo com a legislação previdenciária vigente à época, a parte autora não comprovou o exercício de atividades em condições especiais. O período de 09/05/1989 a 04/11/2013 deve ser considerado como de atividade comum, uma vez que o PPP (fls. 21/22) não indicou a exposição aos agentes agressivos. Desse modo, computando-se os períodos incontroversos, constantes da CTPS e do CNIS, até a data do requerimento administrativo (29/12/2014), perfazem-se 26 (vinte e seis) anos, e 08 (oito) meses, conforme planilha anexa, que são insuficientes para a concessão da aposentadoria por tempo de contribuição. Tendo em vista que a parte autora não preencheu os requisitos para concessão do benefício, julgo improcedente o pedido" (fl. 152, e-STJ).

4. Como se vê, a Corte de origem, com base na análise do acervo fático-probatório produzido nos autos, asseverou que "a parte autora não comprovou o

exercício de atividades em condições especiais". A alteração dessa conclusão, na forma pretendida, demanda incursão das provas dos autos, o que, contudo, encontra óbice no enunciado da Súmula 7 do STJ, segundo a qual a pretensão de simples reexame de prova não enseja Recurso Especial.

5. Fica prejudicada a análise da divergência jurisprudencial quando a tese sustentada já foi afastada na apreciação do Recurso Especial pela alínea "a" do permissivo constitucional.

6. Recurso Especial não conhecido.

Processo

AgInt no REsp 1695360 / SP AGRAVO INTERNO NO RECURSO ESPECIAL 2017/0178135-9

Relator(a)

Ministra REGINA HELENA COSTA (1157)

Órgão Julgador

T1 - PRIMEIRA TURMA

Data do Julgamento

01/04/2019

Data da Publicação/Fonte

DJe 03/04/2019

Ementa

PROCESSUAL CIVIL. PREVIDENCIÁRIO. AGRAVO INTERNO NO RECURSO ESPECIAL. CÓDIGO DE PROCESSO CIVIL DE 2015. APLICABILIDADE. APOSENTADORIA POR TEMPO DE CONTRIBUIÇÃO. RECONHECIMENTO DE TEMPO ESPECIAL. ARGUMENTOS INSUFICIENTES PARA DESCONSTITUIR A DECISÃO ATACADA. HONORÁRIOS RECURSAIS. CABIMENTO. APLICAÇÃO DE MULTA. ART. 1.021, § 4º, DO CÓDIGO DE PROCESSO CIVIL DE 2015. DESCABIMENTO.

I – Consoante o decidido pelo Plenário desta Corte na sessão realizada em 09.03.2016, o regime recursal será determinado pela data da publicação do provimento jurisdicional impugnado. In casu, aplica-se o Código de Processo Civil de 2015.

II – Esta Corte firmou entendimento no sentido de que a permanência e a habitualidade da exposição a agentes nocivos à saúde são requisitos exigíveis apenas para as atividades exercidas a partir de 29.04.1995, quando entrou em vigor a Lei n. 9.032/95, que alterou a redação do art. 57, § 3º, da Lei n. 8.213/91.

III – Não apresentação de argumentos suficientes para desconstituir a decisão recorrida.

IV – Honorários recursais. Cabimento.

V – Em regra, descabe a imposição da multa, prevista no art. 1.021, § 4º, do Código de Processo Civil de 2015, em razão do mero improvimento do Agravo Interno em votação unânime, sendo necessária a configuração da manifesta inadmissibilidade ou improcedência do recurso a autorizar sua aplicação, o que não ocorreu no caso.

VI – Agravo Interno improvido.

Não se pode culpar por completo a jurisprudência do STJ. Isso porque, além de serem definições não jurídicas eivadas de complexidade multidisciplinar, nota-se que a confusão consta até do Manual de Aposentaria Especial do INSS:

Página 41 – *"No caso de análise de tempo especial, o fato de ter sido atingido algum valor teto em dado momento da atividade laboral, não significa habitualidade e permanência acima dos limites de tolerância".*

Página 105 (AGENTES BIOLÓGICOS) – *"A avaliação da habitualidade e permanência ao agente biológico, até 5 de março de 1997, baseia-se na presunção de exposição ao agente nocivo, por meio da descrição do ambiente de trabalho e das atividades realizadas, independentemente dessa atividade ser realizada em área hospitalar ou não.*

Para o período de 6 de março de 1997 a 18 de novembro de 2003, é exigido que o trabalho seja habitual e permanente (não ocasional nem intermitente), conforme os Decretos nos 2.172, de 1997, e 3.048, de 1999, e, a partir de 19 de novembro de 2003, com a publicação do Decreto n° 4.882, de 18 de novembro de 2003, que alterou o Decreto 3.048, de 1999, se definiu trabalho permanente como aquele exercido de forma não ocasional nem intermitente, no qual a exposição ao agente nocivo seja indissociável da produção do bem ou da prestação do serviço.

Assim, pode-se resumir que a exposição ocupacional a agentes nocivos de natureza biológica infectocontagiosa dará ensejo à caracterização de atividade exercida em condições especiais:

1. até 5 de março de 1997, véspera da publicação do Decreto nº 2.172, de 1997, o enquadramento poderá ser caracterizado para trabalhadores expostos ao contato com doentes ou materiais infecto-contagiantes, de assistência médica, odontológica, hospitalar ou outras atividades afins, independentemente da atividade ter sido exercida em estabelecimentos de saúde; e

2. a partir de 6 de março de 1997, data da publicação do Decreto nº 2.172, de 1997, tratando-se de estabelecimentos de saúde somente serão enquadradas as atividades exercidas em contato com pacientes acometidos por doenças infectocontagiosas ou com manuseio de materiais contaminados, considerando unicamente as atividades relacionadas no Anexo IV do Regulamento dos Benefícios da Previdência Social – RPBS e RPS, aprovados pelos Decretos n° 2.172, de 1997, e n° 3.048, de 1999, respectivamente.

A IN nº 77/PRES/INSS, publicada em 22 de janeiro de 2015, suprimiu o parágrafo que restringia a aposentadoria especial por exposição a agentes biológicos ao trabalho permanente com pacientes portadores de doenças infectocontagiosas, segregados em áreas ou ambulatórios específicos, e aos que manuseiam exclusivamente materiais contaminados provenientes dessas áreas. Assim, ao se analisar o agente biológico a partir de 6 de março de 1997, há que se considerar os trabalhos em estabelecimentos de saúde em contato com pacientes portadores de doenças infectocontagiosas ou com manuseio de materiais contaminados, independente de serem de áreas segregadas específicas".

Página 146 (AGENTES CANCERÍGENOS) *"Importante ressaltar que os §§ 2º e 3º do Art. 68 do Decreto nº 3.048/99 deverão ser sempre verificados quando da análise dos agentes cancerígenos elencados no Grupo 1 da LINACH. Assim, sempre haverá a necessidade da avaliação da profissiografia, do ambiente de trabalho e das condições da possível exposição a serem comprovadas mediante apresentação de formulário baseado em laudo técnico expedido por médico do trabalho ou engenheiro de segurança do trabalho. Deve-se também considerar o critério de habitualidade e permanência até 18 de novembro de 2003 e, após esta data, de trabalho permanente, não ocasional, nem intermitente, no qual a exposição ao agente nocivo seja indissociável da produção do bem ou da prestação do serviço".*

Dessa forma, o Manual de Aposentaria Especial do INSS não define e nem chega a diferenciar a habitualidade da permanência, muito menos faz o recorte da exigência da permanência para tempo especial prestado após a vigência da Lei 9.032/95.

8. BENEFÍCIO POR INCAPACIDADE LABORAL E TEMPO ESPECIAL

Até 30/06/2020, os períodos de descanso determinados pela legislação trabalhista, inclusive férias, os de afastamento decorrentes de gozo de benefícios de auxílio-doença ou aposentadoria por invalidez **acidentários**, bem como aos de percepção de **salário-maternidade**, desde que, à data do afastamento, o segurado estivesse exposto aos fatores de risco foram considerados como tempo de contribuição especial, nos termos do artigo 291 da revogada Instrução Normativa INSS 77/2015.

Embora benéfica ao segurado, essa regra era ilegal na medida em que durante a percepção de benefício por incapacidade por acidente de trabalho ou de salário-maternidade inexiste exposição permanente a agentes nocivos, pois obviamente o segurado está afastado do labor.

Outra ilegalidade é apenas considerar para fins de tempo especial o benefício por incapacidade decorrente de acidente de trabalho, desprezando a especialidade do comum (não decorrente de acidente do trabalho.

Aliás, este tema foi julgado pelo STJ de modo favorável aos segurados:

Informativo 635 – RECURSOS REPETITIVOS – AFETAÇÃO

PROCESSO	ProAfR no REsp 1.759.098-RS, Rel. Min. Napoleão Nunes Maia Filho, Primeira Seção, por unanimidade, julgado em 09/10/2018, DJe 17/10/2018 (Tema 998)
RAMO DO DIREITO	DIREITO PREVIDENCIÁRIO
TEMA	A Primeira Seção acolheu a proposta de afetação do recurso especial ao rito dos recursos repetitivos de sorte a definir acerca da possibilidade de cômputo de tempo de serviço especial, para fins de inativação, do período em que o segurado esteve em gozo de auxílio-doença de natureza não acidentária.

STJ
Tema 998 (26/6/2019) – O Segurado que exerce atividades em condições especiais, quando em gozo de auxílio-doença, seja acidentário ou previdenciário, faz jus ao cômputo desse mesmo período como tempo de serviço especial.

Desta forma, o STJ admite o cômputo do auxílio-doença comum como tempo especial, tese ainda não admitida pelo INSS na via administrativa:

INFORMAÇÕES DO INTEIRO TEOR
Até a edição do Decreto n. 3.048/1999 inexistia na legislação qualquer restrição ao cômputo do tempo de benefício por incapacidade não acidentário para fins de conversão de tempo especial. Assim, comprovada a exposição do segurado a condições especiais que prejudicassem a sua saúde e a integridade física, na forma exigida pela legislação, reconhecer-se-ia a especialidade pelo período de afastamento em que o segurado permanecesse em gozo de auxílio-doença, seja este acidentário ou previdenciário. A partir da alteração então promovida pelo Decreto n. 4.882/2003, nas hipóteses em que o segurado fosse afastado de suas atividades habituais especiais por motivos de auxílio-doença não acidentário, o período de afastamento seria computado como tempo de atividade comum. A justificativa para tal distinção era o fato de que, nos períodos de afastamento em razão de benefício não acidentário, não estaria o segurado exposto a qualquer agente nocivo, o que impossibilitaria a contagem de tal período como tempo de serviço especial. Contudo, a legislação continuou a permitir o cômputo, como atividade especial, de períodos em que o segurado estivesse em gozo de salário-maternidade e férias, por exemplo, afastamentos esses que também suspendem o seu contrato de trabalho, tal como ocorre com o auxílio-doença não acidentário, e retiram o trabalhador da exposição aos agentes nocivos. Isso denota irracionalidade na limitação imposta pelo decreto regulamentar, afrontando as premissas da interpretação das regras de direito previdenciário, que prima pela expansão da proteção preventiva ao segurado e pela máxima eficácia de suas salvaguardas jurídicas e judiciais. Não se pode admitir a exposição do segurado a uma condição de maior vulnerabilidade, além de ter padecido por determinado período de moléstia provocada por circunstâncias alheias à sua vontade, e, ainda, lhe será negado o direito a computar esse período como tempo especial, retardando-se a sua saída mais cedo do mercado de trabalho, como solenemente garantido no texto constitucional e na Lei de Benefícios, mediante o cômputo

abonado desse tempo de serviço. Deve-se levar em conta que a Lei de Benefícios não traz qualquer distinção quanto aos benefícios auxílio-doença acidentário ou previdenciário. Por outro lado, a Lei n. 9.032/1995 ampliou a aproximação da natureza jurídica dos dois institutos e o § 6° do artigo 57 da Lei n. 8.213/1991 determinou expressamente que o direito ao benefício previdenciário da aposentadoria especial será financiado com os recursos provenientes da contribuição de que trata o art. 22, II, da Lei n. 8.212/1991, cujas alíquotas são acrescidas conforme a atividade exercida pelo segurado a serviço da empresa, alíquotas, estas, que são recolhidas independentemente de estar ou não o trabalhador em gozo de benefício. Note-se que o custeio do tempo de contribuição especial se dá por intermédio de fonte que não é diretamente relacionada à natureza dada ao benefício por incapacidade concedido ao segurado, mas sim quanto ao grau preponderante de risco existente no local de trabalho deste, o que importa concluir que, estando ou não afastado por benefício movido por acidente do trabalho, o segurado exposto a condições nocivas à sua saúde promove a ocorrência do fato gerador da contribuição previdenciária destinada ao custeio do benefício de aposentadoria especial. Tais ponderações permitem concluir que o Decreto n. 4.882/2003 extrapolou o limite do poder regulamentar administrativo, restringindo ilegalmente a proteção exclusiva dada pela Previdência Social ao trabalhador sujeito a condições especiais que prejudiquem a sua saúde ou a sua integridade física. Impõe-se reconhecer que o segurado faz jus à percepção de benefício por incapacidade temporária, independentemente de sua natureza, sem que seu recebimento implique em qualquer prejuízo na contagem de seu tempo de atividade especial.

No mesmo sentido a TNU:

> **REPRESENTATIVO DE CONTROVÉRSIA – DEFINIÇÃO DE TESE TEMA N. 165 – PUIL n. 5012755-25.2015.4.04.7201/SC**- Apreciando o pedido sob o regime dos representativos de controvérsia, a TNU fixou a seguinte tese: O período de auxílio-doença de natureza previdenciária, independente de comprovação da relação da moléstia com a atividade profissional do segurado, deve ser considerado como tempo especial quando trabalhador exercia atividade especial antes do afastamento.

Também nessa direção o FONAJEF:

Enunciado nº 217

O segurado que exerce atividades em condições especiais, quando em gozo de auxílio-doença, seja acidentário ou previdenciário, faz jus ao cômputo desse mesmo período como tempo de serviço especial, mesmo após a EC 103/2019.

Entende-se que há um grande equívoco regulamentar na espécie. É que o tempo especial passou a exigir, necessariamente, desde a vigência da Lei 9.032/95, a exposição PERMANENTE a agente nocivo previsto em ato regulamentar, alterando o parágrafo terceiro do artigo 57 da Lei 8.213/91:

> **"§ 3º A concessão da aposentadoria especial dependerá de comprovação pelo segurado, perante o Instituto Nacional do Seguro Social–INSS, do**

> **tempo de trabalho permanente, não ocasional nem intermitente, em condições especiais que prejudiquem a saúde ou a integridade física, durante o período mínimo fixado.** (Redação dada pela Lei nº 9.032, de 1995)"

Ademais, não existe nenhuma regra na Lei 8.213/91 que autorize esse posicionamento do Decreto 3.048/99. Ao revés, a Lei 8.213/91 somente permite que o período em gozo de benefício por incapacidade será computado como tempo de contribuição comum, nos termos do artigo 55, inciso II, da Lei 8.213/91:

> **"Art. 55. O tempo de serviço será comprovado na forma estabelecida no Regulamento, compreendendo, além do correspondente às atividades de qualquer das categorias de segurados de que trata o art. 11 desta Lei, mesmo que anterior à perda da qualidade de segurado:**
>
> **(...)**
>
> **II – o tempo intercalado em que esteve em gozo de auxílio-doença ou aposentadoria por invalidez;"**

Daí que, durante a percepção de benefício por incapacidade ou mesmo do salário-maternidade, evidente que inexiste exposição a agente nocivo, haja vista o necessário afastamento do labor, inexistindo nocividade a ser amparada pelo tempo especial.

Isso ainda se torna mais grave quando o segurado fica por diversos anos gozando de benefício por incapacidade decorrente de acidente de trabalho (e agora benefício por incapacidade comum para o STJ) e este período será computado para uma aposentadoria especial, desvirtuando o regramento inaugurado pela Lei 9.032/95 e ainda ultrapassando os limites do artigo 55, II, da Lei 8.213/91.

Assim, este equívoco histórico precisava ser corrigido em respeito ao Princípio da Legalidade e da regra de contrapartida, sendo irregular do ponto de vista legal (especialmente desde a Lei 9.032/95) considerar benefício por incapacidade de qualquer natureza ou salário-maternidade como tempo de contribuição especial.

Evidente que a correção regulamentar não teve efeitos retroativos, somente se operando para os períodos a partir da alteração dos citados atos em respeito ao Princípio da Segurança Jurídica e a Lei do Processo Administrativo Federal, que prescreve no seu artigo 2º que a Administração Pública deve se pautar pela interpretação da norma administrativa da forma que melhor garanta o atendimento do fim público a que se dirige, **vedada aplicação retroativa de nova interpretação.**

Nesse sentido, acolhendo o posicionamento firmado nesta obra, o Decreto 10.410/2020 modificou o artigo 65, parágrafo único, do Decreto 3.048/99:

> "Art. 65. Considera-se tempo de trabalho permanente aquele que é exercido de forma não ocasional nem intermitente, no qual a exposição do empregado, do trabalhador avulso ou do cooperado ao agente nocivo seja indissociável da produção do bem ou da prestação do serviço. (Redação dada pelo Decreto nº 8.123, de 2013)
>
> **Parágrafo único. Aplica-se o disposto no caput aos períodos de descanso determinados pela legislação trabalhista, inclusive ao período de férias, e aos de percepção de salário-maternidade, desde que, à data do afastamento, o segurado estivesse exposto aos fatores de risco de que trata o art. 68. (Redação dada pelo Decreto nº 10.410, de 2020)".**

Dessa forma, desde 1/7/2020, os benefícios previdenciários por acidente de trabalho não mais serão considerados como tempo especial por ausência de nocividade durante o afastamento do labor, restando apenas o cômputo do salário-maternidade como tempo especial, que se configura tecnicamente uma ilegalidade regulamentar não corrigida.

Por outro até, até 30/6/2020 devem os benefícios por incapacidade laboral acidentários serem considerados como tempo especial, pois é vedada a aplicação retroativa de novel interpretação governamental à luz do Princípio da Segurança Jurídica.

No mesmo sentido a Instrução Normativa INSS/PRES 128/2022:

> "Art. 271. Não descaracterizam o exercício em condições especiais os períodos de descanso determinados pela legislação trabalhista, inclusive férias, bem como os de percepção de salário-maternidade, desde que, à data do afastamento o segurado esteja exposto aos agentes prejudiciais à saúde de que trata o art. 268.
>
> § 1º A redução de jornada de trabalho por acordo, convenção coletiva de trabalho ou sentença normativa não descaracteriza a atividade especial.
>
> ***§ 2º A partir de 1º de julho de 2020, data da publicação do Decreto nº 10.410, de 30 de junho de 2020, os períodos de afastamento decorrentes de gozo de benefício por incapacidade, inclusive o acidentário, não serão considerados como sendo de atividade especial".***

Temos aqui um foco de judicialização, pois o STJ admite o benefício como incapacidade como tempo especial e o INSS não mais admite, mesmo decorrente do acidente de trabalho.

Registre-se que, em sede de aclaratórios, o STJ rejeitou a tese do INSS da limitação do tema à 30.06.2020, mesmo tendo o principal fundamento da Corte Superior sido retirado pelo Decreto 10.410/2020:

> **PROCESSO**
>
> EDcl nos EDcl no REsp 1759098 / RS
>
> EMBARGOS DE DECLARAÇÃO NOS EMBARGOS DE DECLARAÇÃO NO RECURSO ESPECIAL
>
> 2018/0204454-9
>
> **RELATOR**
>
> Ministro MANOEL ERHARDT (DESEMBARGADOR CONVOCADO DO TRF5) (8410)
>
> **ÓRGÃO JULGADOR**
>
> S1 - PRIMEIRA SEÇÃO
>
> **DATA DO JULGAMENTO**
>
> 21/10/2021
>
> **DATA DA PUBLICAÇÃO/FONTE**
>
> DJe 03/11/2021
>
> **EMENTA**
>
> PROCESSUAL CIVIL. EMBARGOS DE DECLARAÇÃO NOS EMBARGOS DE DECLARAÇÃO NO RECURSO ESPECIAL. **DECRETO 10.420/2020. LIMITAÇÃO DO EFEITO DO JULGADO ATÉ 30.6.2020. IMPOSSIBILIDADE. REDISCUSSÃO DA MATÉRIA. OMISSÃO, CONTRADIÇÃO E OBSCURIDADE. INEXISTÊNCIA. FATO NOVO. PRECLUSÃO CONSUMATIVA. EMBARGOS DE DECLARAÇÃO DA AUTARQUIA FEDERAL REJEITADOS.**
>
> 1. Embargos de declaração alegando fato novo sobre o panorama normativo ocorrido no curso do processo, qual seja, o Decreto 10.410/2020, requerendo, ao final, o acolhimento do recurso a fim de adequar a tese fixada, de modo a limitar seus efeitos até o dia 30/6/2020, data da entrada em vigor do referido decreto.
>
> 2. O inconformismo da parte embargante não se amolda aos contornos da via dos embargos de declaração, porquanto o acórdão ora combatido não padece de vícios de omissão, contradição, obscuridade ou erro material, não se prestando o manejo de tal recurso para o fim de rediscutir os aspectos jurídicos anteriormente debatidos.
>
> 3. Indubitavelmente, os embargos de declaração não servem para reiterar o já decidido. É totalmente estranho aos embargos de declaração o propósito de julgar outra vez, repensar os termos do julgamento anterior, percorrer todos os passos que conduziram à formação do ato para chegar a idêntico resultado.

4. Foi destacado por esta Primeira Seção do Superior Tribunal de Justiça que os benefícios por incapacidade, sejam eles de natureza acidentária ou não, têm por finalidade a proteção social por risco não programado, ocasionado ao contribuinte, tratando-se de prevenção ao evento fortuito que resulta na incapacidade para o exercício de atividade laboral que lhe garantia o sustento. Portanto, ficou claro que o tempo em gozo de benefício, tenha ele natureza acidentária ou não, será computado como tempo especial.

5. O acórdão embargado não se fundamentou apenas na previsão de contagem do auxílio-acidente para efeito do cômputo do tempo de serviço especial, para fins de aposentadoria, uma vez que considerou também que outras modalidade de afastamentos, as quais tinham previsão de contagem como tempo especial, a exemplo de férias e licença gestante.

6. A legislação permite o cômputo, como atividade especial, por períodos em que o beneficiário esteve em gozo de **salário-maternidade** e férias, afastamentos esses que também suspendem o seu contrato de trabalho, do mesmo modo que o auxílio-doença, e retiram o trabalhador da exposição aos agentes nocivos.

7. Constata-se, portanto, que a parte embargante pretende renovar a discussão acerca de questão que já foi decidida e fundamentada, o que não é possível por meio dos embargos de declaração.

8. Rever as matérias aqui alegadas acarretaria rediscutir entendimento já manifestado e devidamente embasado. Os embargos declaratórios não se prestam à inovação, à rediscussão da matéria tratada nos autos ou à correção de eventual error in judicando.

9. Por fim, o fato novo deve ser apresentado na primeira oportunidade que se tem para fazê-lo, sob risco de preclusão consumativa, já que o art. 493 do CPC/2015 na parte final prescreve que caberá ao juiz tomar o fato novo em consideração no momento de proferir a decisão.

10. Embargos de declaração da autarquia federal rejeitados.

A respeito do tema a PGF editou o PARECER REFERENCIAL n. 00005/2022/PAR.ORIENT/DEPCONTPREV/PGF/AGU:

"I- CONTENCIOSO. PREVIDENCIÁRIO. CONTAGEM DE TEMPO DE SERVIÇO ESPECIAL NO PERÍODO DE AFASTAMENTO POR DEFERIMENTO DE BENEFÍCIO POR INCAPACIDADE.

II - TEMA REPETITIVO Nº 998 DO SUPERIOR TRIBUNAL DE JUSTIÇA E TEMA DE REPERCUSSÃO GERAL Nº 1.107 DO SUPREMO TRIBUNAL FEDERAL.

III - CÔMPUTO DO PERÍODO EM QUE O SEGURADO QUE EXERCE ATIVIDADES ESPECIAIS ESTEVE EM GOZO DE AUXÍLIO-DOENÇA, DE NATUREZA ACIDENTÁRIA OU NÃO, PARA FINS DE CONTAGEM DE TEMPO DE SERVIÇO ESPECIAL. POSSIBILIDADE. RECORTE

TEMPORAL ATÉ O ADVENTO DO DECRETO N.º 10.410, DE 30 DE JUNHO DE 2020.

IV - A PARTIR DE 14 DE NOVEMBRO DE 2019, DATA POSTERIOR À PUBLICAÇÃO DA EMENDA CONSTITUCIONAL Nº 103, NÃO SE APLICA A CONVERSÃO DE TEMPO DE ATIVIDADE SOB CONDIÇÕES ESPECIAIS EM TEMPO DE ATIVIDADE COMUM (ART. 10, §3º C/C ART. 25, §2º), A DESPEITO DE SE TRATAR DE PERÍODO EFETIVAMENTE TRABALHADO EM ATIVIDADE SUJEITA A CONDIÇÕES ESPECIAIS OU DE GOZO DE BENEFÍCIO PREVIDENCIÁRIO.

V - ABSTENÇÃO DE ATUAÇÃO NOS TERMOS DO ARTIGO 3º, INCISOS I E IV, DA PORTARIA AGU Nº 488/2016, OBSERVADAS AS RESSALVAS E ORIENTAÇÕES DESTE PARECER".

9. REGRAS ANTERIORES À EMENDA 103/2019 E DIREITO ADQUIRIDO

Entre o advento da Lei 8.213/91 e a Emenda 103/2019, a aposentadoria especial não exigia idade mínima ou pontuação. Bastava apenas a exposição permanente a agente nocivo previsto agente nocivo previsto no Anexo IV do RPS durante 15, 20 ou 25 anos, assim como o cumprimento de carência de 180 contribuições.

Outrossim, a renda mensal era sempre de 100% do salário de benefício, não podendo ser inferior a um salário mínimo. Nesse sentido, o artigo 57 da Lei 8.213/91:

> *"Art. 57. A aposentadoria especial será devida, uma vez cumprida a carência exigida nesta Lei, ao segurado que tiver trabalhado sujeito a condições especiais que prejudiquem a saúde ou a integridade física, durante 15 (quinze), 20 (vinte) ou 25 (vinte e cinco) anos, conforme dispuser a lei. (Redação dada pela Lei nº 9.032, de 1995)*
>
> *§ 1º A aposentadoria especial, observado o disposto no art. 33 desta Lei, consistirá numa renda mensal equivalente a 100% (cem por cento) do salário-de-benefício. (Redação dada pela Lei nº 9.032, de 1995)".*

Essas regras não foram recepcionadas pela Emenda 103/2019, devendo ser respeitado o direito adquirido em favor do segurado que, até 13.11.2019, cumpriu todos os requisitos para a concessão da aposentadoria especial.

Nesse sentido, o artigo 3º da Emenda 103/2019:

> *"Art. 3º A concessão de aposentadoria ao servidor público federal vinculado a regime próprio de previdência social e ao segurado do Regime Geral de Previdência Social e de pensão por morte aos respectivos dependentes será assegurada, a*

qualquer tempo, desde que tenham sido cumpridos os requisitos para obtenção desses benefícios até a data de entrada em vigor desta Emenda Constitucional, observados os critérios da legislação vigente na data em que foram atendidos os requisitos para a concessão da aposentadoria ou da pensão por morte.

...

§ 2º Os proventos de aposentadoria devidos ao segurado a que se refere o caput e as pensões por morte devidas aos seus dependentes serão apurados de acordo com a legislação em vigor à época em que foram atendidos os requisitos nela estabelecidos para a concessão desses benefícios".

O cálculo da renda mensal deve ser feito considerada a data de 13.11.2019, com evolução mediante aplicação do INPC até a data de início do benefício.

O Código de concessão é o B46 – Aposentadoria especial.

10. REGRAS PERMANENTES APÓS A EMENDA 103/2019

Emenda 103/2019 **Art. 19 (...)** § 1º Até que lei complementar disponha sobre a redução de idade mínima ou tempo de contribuição prevista nos §§ 1º e 8º do art. 201 da Constituição Federal, será concedida aposentadoria: I – aos segurados que comprovem o exercício de atividades com efetiva exposição a agentes nocivos químicos, físicos e biológicos prejudiciais à saúde, ou associação desses agentes, **vedada a caracterização por categoria profissional ou ocupação,** durante **quinze, vinte ou vinte e cinco anos**, nos termos do disposto nos arts. 57 e 58 da Lei nº 8.213, de 24 de julho de 1991, quando cumpridos: **a) 55 (cinquenta e cinco) anos de idade, quando se tratar de atividade especial de 15 (quinze) anos de contribuição;** **b) 58 (cinquenta e oito) anos de idade, quando se tratar de atividade especial de 20 (vinte) anos de contribuição; ou** **c) 60 (sessenta) anos de idade, quando se tratar de atividade especial de 25 (vinte e cinco) anos de contribuição;**
(...) § 2º O valor das aposentadorias de que trata este artigo corresponderá ao valor apurado na forma da lei.

Esta é uma **regra de transição ao regramento permanente**, enquanto não editada a lei complementar de que trata do artigo 201, §1º, da Constituição, sendo aplicável aos antigos e aos novos segurados.

Restou provisoriamente inserida uma idade mínima, conforme a espécie de aposentadoria especial:

ESPÉCIE DE APOSENTADORIA ESPECIAL	IDADE MÍNIMA
15 anos	55 anos
20 anos	58 anos
25 anos	60 anos

Assim como na regra permanente, vedou-se o enquadramento por categoria profissional.

Após um acordo no Senado na votação em segundo turno, a vedação de enquadramento de tempo especial por periculosidade foi retirada do texto da Emenda 103/2019, o que, em tese, conserva a jurisprudência do STJ pelo enquadramento.

Ficou acordado que haverá uma lei complementar para regulamentar o tema, a fim de beneficiar os vigilantes que laboram com o uso de arma de fogo. Não se sabe, por hora, se outras categorias que laboram com atividades de risco serão inseridas no texto final da citada lei complementar, a exemplo dos eletricitários com labor em altas tensões.

A preocupação é para os casos em que há efetivamente um dano à saúde, a exemplo do mineiro, em que o segurado deverá deixar o emprego antes de se aposentar em razão das idades elevadas postas, ou então entrar em gozo de benefício por incapacidade para complementar o tempo especial.

Dessa forma, exceto direito adquirido formado até o dia da publicação da Emenda 103/2019, forçoso concluir que o artigo 57, *caput*, da Lei 8.213/91 perdeu a vigência ao menos neste ponto, diante da necessidade de cumprimento de idade mínima:

A renda da aposentadoria especial deverá ser calculada com base no artigo 26 da Emenda 103/2019 até a edição de lei de regulamentação.

Para os **homens com aposentadoria especial de 20 ou 25 anos**, o valor do benefício de aposentadoria corresponderá a **sessenta por cento da média aritmética das 100% das remunerações/salários de contribuição, com acréscimo de 2% para cada ano que ultrapassar os 20 anos de contribuição:**

HOMENS TEMPO DE CONTRIBUIÇÃO APOSENTADORIA ESPECIAL DE 20 OU 25 ANOS	COEFICIENTE
Até 20 anos	60%
21 anos	62%

HOMENS TEMPO DE CONTRIBUIÇÃO APOSENTADORIA ESPECIAL DE 20 OU 25 ANOS	COEFICIENTE
22 anos	64%
23 anos	66%
24 anos	68%
25 anos	70%
26 anos	72%
27 anos	74%
28 anos	76%
29 anos	78%
30 anos	80%
31 anos	82%
32 anos	84%
33 anos	86%
34 anos	88%
35 anos	90%
36 anos	92%
37 anos	94%
38 anos	96%
39 anos	98%
40 anos	100%

Assim, se um segurado (homem) do RGPS tiver apenas 25 anos de tempo especial, a renda do benefício será de 70% da média de todos os salários de contribuição desde o Plano Real (7/1994), respeitada a idade mínima referida e a renda não inferior a um salário mínimo.

Curioso notar que, **intencionalmente**, o artigo 26 da Emenda 103/2019 não limita a média de todos os salários de contribuição do segurado a 100%, de modo que o segurado incapacitado de modo permanente que possuir mais de 40 anos de tempo de contribuição poderá fazer jus a uma aposentadoria por incapacidade que ultrapasse a 100% da média de salários de contribuição desde o Plano Real (competência 7/1994), a exemplo:

HOMENS TEMPO DE CONTRIBUIÇÃO APOSENTADORIA ESPECIAL DE 20 OU 25 ANOS	COEFICIENTE
41 anos	102%

HOMENS TEMPO DE CONTRIBUIÇÃO APOSENTADORIA ESPECIAL DE 20 OU 25 ANOS	COEFICIENTE
42 anos	104%
43 anos	106%
44 anos	108%
45 anos	110%
E assim sucessivamente	**E assim sucessivamente**

No entanto, para **a aposentadoria especial que exige apenas 15 anos de nocividade**, existem uma regra especial de cálculo da renda mensal no artigo 26, §5º[8], da Emenda 103/2019, que prevê a **progressão a contar de 15 anos**, e não de 20 anos de contribuição:

TEMPO DE CONTRIBUIÇÃO APOSENTADORIA ESPECIAL DE 15 ANOS	COEFICIENTE
15 anos	60%
16 anos	62%
17 anos	64%
18 anos	66%
19 anos	68%
20 anos	70%
21 anos	72%
22 anos	74%
23 anos	76%
24 anos	78%
25 anos	80%
26 anos	82%
27 anos	84%
28 anos	86%
29 anos	88%
30 anos	90%
31 anos	92%
32 anos	94%
33 anos	96%
34 anos	98%
35 anos	100%

8. § 5º O acréscimo a que se refere o *caput* do § 2º será aplicado para cada ano que **exceder quinze anos** de tempo de contribuição para os segurados de que tratam a **alínea "a" do inciso I do art. 19** e do inciso I do art. 21 e para as mulheres filiadas ao Regime Geral de Previdência Social.

Destarte, caso um segurado com aposentadoria especial de 15 anos (mineração dentro da mina) tenha apenas 15 anos de tempo especial, observada a idade mínima de 55 anos, a renda mensal será de 60% da média dos salários de contribuição.

Para **a aposentadoria especial da MULHER** existe uma regra diferenciada de cálculo da renda mensal no artigo 26, §5º, da Emenda 103/2019, que prevê a **progressão a contar de 15 anos**, e não de 20 anos de contribuição em todos os casos:

MULHERES TEMPO DE CONTRIBUIÇÃO APOSENTADORIA ESPECIAL DE 15, 20 OU 25 ANOS	COEFICIENTE
15 anos	60%
16 anos	62%
17 anos	64%
18 anos	66%
19 anos	68%
20 anos	70%
21 anos	72%
22 anos	74%
23 anos	76%
24 anos	78%
25 anos	80%
26 anos	82%
27 anos	84%
28 anos	86%
29 anos	88%
30 anos	90%
31 anos	92%
32 anos	94%
33 anos	96%
34 anos	98%
35 anos	100%
E assim sucessivamente	**E assim sucessivamente**

Dessa forma, o coeficiente mínimo será de 60% e o máximo não está limitado pela legislação constitucional transitória.

Poderão ser **excluídas da média as contribuições que resultem em redução do valor do benefício**, desde que mantido o tempo mínimo de contribuição exigido, vedada a utilização do tempo excluído para qualquer finalidade, para a averbação em outro regime previdenciário ou para a obtenção dos proventos de inatividade dos militares.

Vale registrar que este novo regramento somente será aplicável para direitos formados após a data da publicação da Emenda 103/2019 (*tempus regit actum* e direito adquirido), devendo ser aplicado o artigo 57, §1º, da Lei 8.213/91 aos casos antigos.

Forçoso concluir que o artigo 57, §1º, da Lei 8.213/91 não foi recebido pela Emenda para o direito à aposentadoria especial formado após a data da publicação da Emenda 103/2019, **respeitado o direito adquirido até a data de publicação da EC 103/2019**:

> ~~§ 1º. A aposentadoria especial, observado o disposto no art. 33 desta Lei, consistirá numa renda mensal equivalente a 100% (cem por cento) do salário-de-benefício. (Redação dada pela Lei nº 9.032, de 1995)~~

11. REGRA DE TRANSIÇÃO DA EMENDA 103/2019

Emenda 103/2019

Art. 21. O **segurado** ou o servidor público federal que tenha se filiado ao **Regime Geral de Previdência Social** ou ingressado no serviço público em cargo efetivo **até a data de entrada em vigor desta Emenda à Constituição**, cujas atividades tenham sido exercidas com efetiva exposição a **agentes nocivos** químicos, físicos e biológicos prejudiciais à saúde, ou associação desses agentes, **vedada a caracterização por categoria profissional ou ocupação**, desde que cumpridos, no caso do servidor, o tempo mínimo de **vinte anos de efetivo exercício no serviço público e de cinco anos no cargo efetivo** em que for concedida a aposentadoria, na forma dos arts. 57 e 58 da Lei nº 8.213, de 24 de julho de 1991, poderá aposentar-se quando **o total da soma** resultante da sua **idade** e do **tempo de contribuição** e o **tempo de efetiva exposição** forem, respectivamente, de:

I – 66 (sessenta e seis) pontos e 15 (quinze) anos de efetiva exposição;

II – 76 (setenta e seis) pontos e 20 (vinte) anos de efetiva exposição; e

III – 86 (oitenta e seis) pontos e 25 (vinte e cinco) anos de efetiva exposição.

§ 1º A idade e o tempo de contribuição serão apurados em dias para o cálculo do somatório de pontos a que se refere o *caput*.

§ 2º O valor da aposentadoria de que trata este artigo será apurado na forma da lei.

§ 3º Aplicam-se às aposentadorias dos servidores dos Estados, do Distrito Federal e dos Municípios cujas atividades sejam exercidas com efetiva exposição a agentes químicos, físicos e biológicos prejudiciais à saúde, ou associação desses agentes, vedados a caracterização por categoria profissional ou ocupação, na forma do § 4º-C do art. 40 da Constituição Federal, as normas constitucionais e infraconstitucionais anteriores à data de entrada em vigor desta Emenda Constitucional, enquanto não promovidas alterações na legislação interna relacionada ao respectivo regime próprio de previdência social.

Trata-se de regra de transição em favor do segurado filiado ao RGPS até a publicação da Emenda 103/2019 que labore exposto de modo permanente a agentes nocivos à saúde, físicos, químicos ou biológicos.

Esta regra de transição regula o tema, substituindo as regras da Lei 8.213/91, exceto na hipótese de enquadramento dos agentes nocivos, pois há fixação de idade mínima e pontuação.

A regra de transição possui dois pressupostos: 20 anos de efetivo exercício no serviço público e 5 anos no cargo efetivo em que for concedida a aposentadoria.

Ademais, é necessária uma pontuação mínima na soma da idade, tempo de contribuição e tempo de exposição:

a) 15 anos de efetiva exposição: <u>66 pontos</u>;

b) 20 anos de efetiva exposição: <u>76 pontos</u>;

c) 25 anos de efetiva exposição: <u>86 pontos</u>.

O texto constitucional contém uma má redação, pois afirma prevê "**o total da soma** resultante da sua **idade** e do **tempo de contribuição** e o **tempo de efetiva exposição**".

O tempo de exposição também é tempo de contribuição, o que permitiria uma contagem em duplicidade, o que certamente não é a intenção da reforma, pois a pontuação seria extremamente elevada.

A ideia do legislador, na verdade, pois permitir a soma de tempo especial com tempo comum para fins de atingir a pontuação citada.

Imagine que Frederico é servidor federal e possui 25 anos de exposição permanente a agente nocivo à saúde previsto na legislação do RGPS. Neste caso, para atingir a pontuação 86, ele deve contar com 61 anos de idade, sendo uma idade elevada para quem labora com agentes nocivos à saúde, de modo que a pontuação constituída pela regra de transição foi bem dura.

A partir de **1/1/2020, as pontuações citadas seriam acrescidas de um ponto** a cada **ano** para o homem e para a mulher, até atingir, respectivamente, **81, 91 e 96 pontos**, respectivamente, para ambos os sexos. No entanto, o Senado barrou esta alteração que **não foi promulgada**.

Ademais, **há vedação expressa à caracterização por categoria profissional ou ocupação.**

Após uma negociação no Senado, a vedação ao enquadramento por periculosidade foi retirada e o tema será em breve regulado por lei complementar, que irá descrever as situações de concessão por risco.

Os proventos de aposentadoria especial serão calculados com base no artigo 26, §4º, inciso IV da Emenda.

Desta forma, para os **segurados do RGPS** que ingressaram até a data de publicação da Emenda 103/2019, será feita média aritmética simples de **100% do período contributivo** desde a competência julho de 1994 ou desde o início da contribuição, se posterior àquela competência, não se aplicando mais a média aritmética simples dos 80% maiores.

Para a aposentadoria especial que exige nocividade pelo período mínimo de **20 ou 25 anos**, o valor do benefício de aposentadoria corresponderá a **sessenta por cento da média aritmética das 100% das remunerações/salários de contribuição desde julho de 1994, com acréscimo de 2% para cada ano que ultrapassar os 20 anos de contribuição:**

TEMPO DE CONTRIBUIÇÃO 20 OU 25 ANOS DE NOCIVIDADE	COEFICIENTE
20 anos	60%
21 anos	62%
22 anos	64%
23 anos	66%
24 anos	68%
25 anos	70%
26 anos	72%
27 anos	74%
28 anos	76%
29 anos	78%
30 anos	80%
31 anos	82%
32 anos	84%
33 anos	86%
34 anos	88%
35 anos	90%
36 anos	92%
37 anos	94%

TEMPO DE CONTRIBUIÇÃO 20 OU 25 ANOS DE NOCIVIDADE	COEFICIENTE
38 anos	96%
39 anos	98%
40 anos	100%

Desta forma, conforme tabela supra, para esta regra de transição, a aposentadoria do servidor federal variará 60% a 100% da média de todas as remunerações desde 7/1994, somente atingindo a 100% da média quando o servidor federal possuir 40 anos de tempo de contribuição.

No entanto, para **a aposentadoria especial que exige apenas 15 anos de nocividade**, existe uma regra especial de cálculo da renda mensal no artigo 26, §5º[9], da Emenda 103/2019, que prevê a **progressão a contar de 15 anos**, e não de 20 anos de contribuição:

TEMPO DE CONTRIBUIÇÃO 15 ANOS DE NOCIVIDADE	COEFICIENTE
15 anos	60%
16 anos	62%
17 anos	64%
18 anos	66%
19 anos	68%
20 anos	70%
21 anos	72%
22 anos	74%
23 anos	76%
24 anos	78%
25 anos	80%
26 anos	82%
27 anos	84%
28 anos	86%
29 anos	88%
30 anos	90%
31 anos	92%

9. § 5º O acréscimo a que se refere o *caput* do § 2º será aplicado para cada ano que **exceder quinze anos** de tempo de contribuição para os segurados de que tratam a alínea "a" do inciso I do art. 19 **e do inciso I do art. 21** e para as mulheres filiadas ao Regime Geral de Previdência Social.

TEMPO DE CONTRIBUIÇÃO 15 ANOS DE NOCIVIDADE	COEFICIENTE
32 anos	94%
33 anos	96%
34 anos	98%
35 anos	100%

Curioso notar que, **intencionalmente**, o artigo 26 da Emenda 103/2019 não limita a média de todas as remunerações do segurado a 100%, de modo que o segurado do RGPS que possuir mais de 40 anos de tempo de contribuição (nocividade de 20 ou 25 anos) ou de 35 anos (nocividade de 15 anos) poderá ter proventos que ultrapassem a 100% (**proventos *ultra* integrais**).

Ademais, **poderão ser excluídas da média as contribuições que resultem em redução do valor do benefício**, desde que mantido o tempo mínimo de contribuição exigido, vedada a utilização do tempo excluído para qualquer finalidade, para a averbação em outro regime previdenciário ou para a obtenção dos proventos de inatividade dos militares.

O enquadramento dos agentes nocivos como especiais por exposição permanente deve obedecer ao complexo regramento dos artigos 57 e 58 da Lei 8.213/91.

12. REGRAS REVOGADAS ULTRATIVAS E REGIME DE PRESUNÇÃO POR CATEGORIAS PROFISSIONAIS

O INSS entende que, em regra, é necessário o formulário preenchido pela empresa mesmo no caso de presunção por categoria profissional até a Lei 9.032/95.

No entanto, no caso de empresa legalmente extinta, a não apresentação do formulário de reconhecimento de períodos laborados em condições especiais ou PPP não será óbice ao enquadramento do período como atividade especial por categoria profissional para o segurado empregado, desde que conste a função ou cargo, expresso e literal, devendo ser observada, nas anotações profissionais, as alterações de função ou cargo em todo o período a ser enquadrado, podendo, neste caso, ser utilizado o processo de justificação administrativa para complementar a prova através da oitiva de testemunhas.

Vale frisar que a jurisprudência dispensa o formulário para os períodos de especialidades anteriores à vigência da Lei 9.032/95 por presunção por categoria profissional:

"PREVIDENCIÁRIO. REVISÃO. APOSENTADORIA POR TEMPO DE CONTRIBUIÇÃO. RECONHECIMENTO DE LABOR EM CONDIÇÕES ESPECIAIS. PERÍODO ANTERIOR À LEI 9.032 /95. INEXIGIBILIDADE DE COMPROVAÇÃO DE EXPOSIÇÃO PERMANENTE A AGENTE NOCIVO. DECRETOS 53.831/64 E 83.080/79. CATEGORIA PROFISSIONAL. ENQUADRAMENTO. PROVIMENTO DO INCIDENTE. – Trata-se de incidente de uniformização movido pela parte autora em face de Acórdão de Turma Recursal de São Paulo, que deixou de reconhecer como especiais os períodos em que laborou como oficial impressor e impressor, vez que apenas a CTPS foi juntada a autos para comprovar o exercicio das referidas atividades, não tendo sido juntado aos autos qualquer formulário de informações sobre o exercício de atividades especiais (formulário SB-40, DSS-8030 ou equivalente) ou laudo pericial técnico, a fim de demonstrar que o exercício das referidas atividades ocorria nos termos especificados pelo item 2.5.5 do Anexo do Decreto nº 53.831/64. – O recorrente alega que a forma de comprovação do caráter especial da atividade, até a entrada em vigor da Lei nº 9.032/95, independia da demonstração de efetiva exposição do risco, sendo a mera identificação da atividade ou exposição a determinados agentes suficiente para levar a presunção da nocividade. – **O entendimento desta Corte é no sentido de que para a comprovação da exposição ao agente insalubre, tratando-se de período anterior à vigência da Lei n. 9.032/95, de 28/04/95, que deu nova redação ao art. 57 da Lei nº 8.213/91, basta que a atividade seja enquadrada nas relações dos Decretos 53.831/64 ou 83.080/79 (presunção legal)**. A partir da Lei nº 9.032/95, a comprovação da efetiva exposição do segurado a agentes nocivos passou a ser realizada por intermédio dos formulários SB-40 e DSS-8030, expedidos pelo INSS e preenchidos pelo empregador. PRECEDENTES: TNU – IUJ: 200672950176317 SC, Relator: JUIZ FEDERAL JOÃO CARLOS COSTA MAYER SOARES, Data de Julgamento: 27/03/2009, Turma Nacional de Uniformização, Data de Publicação: DJ 22/05/2009 e PEDILEF: 00000269820134900000, Relator: JUIZ FEDERAL PAULO ERNANE MOREIRA BARROS, Data de Julgamento: 09/04/2014, Data de Publicação: 25/04/2014. – Considerando que o acórdão proferido pela Turma de origem não está em consonância com a jurisprudência posta, devem os autos ser devolvidos para que seja promovida a adequação do julgado ao entendimento há muito pacificado nesta Corte. – Por conseguinte, CONHEÇO do incidente de uniformização e DOU-LHE PROVIMENTO para reafirmar a tese de que para a comprovação da exposição ao agente insalubre, tratando-se de período anterior à vigência da Lei n. 9.032/95, de 28/04/95, basta que a atividade seja enquadrada nas relações dos Decretos 53.831/64 ou 83.080/79, conforme conste na CTPS, e somente a partir da Lei nº 9.032/95, a comprovação da efetiva exposição do segurado a agentes nocivos passou a ser exigida" **(TNU, PEDILEF 00052362820074036317, de 14/4/2016)**.

Nesse sentido, o Anexo II do Decreto 83.080/79 listava as seguintes categorias profissionais:

Código	Atividade profissional	Tempo mínimo de trabalho
2.0.0	**GRUPOS PROFISSIONAIS**	
2.1.0	Profissionais liberas e técnicas	
2.1.1	ENGENHARIA Engenheiros-químicos. Engenheiros-metalúrgicos. Engenheiros de minas.	25 anos
2.1.2	QUÍMICA-RADIOATIVIDADE Químicos-industriais. Químicos-toxicologistas. Técnicos em laboratórios de análises. Técnicos em laboratórios químicos Técnicos em radioatividade.	25 anos
2.1.3	MEDICINA-ODONTOLOGIA-FARMÁCIA E BIOQUÍMICA-ENFERMAGEM-VETERINÁRIA Médicos (expostos aos agentes nocivos- Código 1.3.0 do Anexo I). Médicos-anatomopatologistas ou histopatologistas. Médicos-toxicologistas. Médicos-laboratoristas (patologistas). Médicos-radiologistas ou radioterapeutas. Técnicos de raio x. Técnicos de laboratório de anatomopatologia ou histopatologia. Farmacêuticos-toxicologistas e bioquímicos. Técnicos de laboratório de gabinete de necropsia. Técnicos de anatomia. Dentistas (expostos aos agentes nocivos – código 1.3.0 do Anexo I). Enfermeiros (expostos aos agentes nocivos – código 1.3.0 do Anexo I). Médicos-veterinários (expostos aos agentes nocivos – código 1.3.0 do Anexo I).	25 anos
2.2.0	PESCA	
2.2.1	Pescadores	25 anos
2.3.0	**Extração de minérios**	

Código	Atividade profissional	Tempo mínimo de trabalho
2.3.1	MINEIROS DE SUBSOLO (Operações de corte, furação e desmonte e atividades de manobras nos pontos de transferências de cargas e viradores e outras atividades exercidas na frente de trabalho) Perfuradores de rochas, cortadores de rochas, carregadores, britadores, cavouqueiros e choqueiros.	15 anos
2.3.2	TRABALHADORES PERMANENTES EM LOCAIS DE SUBSOLO, AFASTADOS DAS FRENTES DE TRABALHO (GALERIAS, RAMPAS, POÇOS, DEPÓSITOS) Motoristas, carregadores, condutores de vagonetas, carregadores de explosivos, encarregados do fogo (blasters), eletricistas, engatores, bombeiros, madeireiros e outros profissionais com atribuições permanentes em minas de subsolo.	20 anos
2.3.3	MINEIROS DE SUPERFÍCIE Trabalhadores no exercício de atividades de extração em minas ou depósitos minerais na superfície. Perfuradores de rochas, cortadores de rochas, carregadores, operadores de escavadeiras, motoreiros, condutores de vagonetas, britadores, carregadores de explosivos, encarregados do fogo (blastera) e outros profissionais com atribuições permanentes de extração em minas ou depósitos minerais na superfície.	25 anos
2.3.4	TRABALHADORES EM PEDREIRAS, TÚNEIS, GALERIAS Perfuradores, covouqueiros, canteiros, encarregados do fogo (blasters) e operadores de pás mecânicas.	25 anos
2.3.5	TRABALHADORES EM EXTRAÇÃO DE PETRÓLEO Trabalhadores ocupados em caráter permanente na perfuração de poços petrolíferos e na extração de petróleo.	25 anos
2.4.0	**Transportes**	
2.4.1	TRANSPORTE FERROVIÁRIO Maquinista de máquinas acionadas a lenha ou a carvão. Foguista:	25 anos
2.4.2	TRANSPORTE URBANO E RODOVIÁRIO Motorista de ônibus e de caminhões de cargas (ocupados em caráter permanente).	**25 anos**
2.4.3	TRANSPORTE AÉREO Aeronautas	25 anos
2.4.4	TRANSPORTE MARÍTIMO Foguistas. Trabalhadores em casa de máquinas.	25 anos

Código	Atividade profissional	Tempo mínimo de trabalho
2.4.5	TRANSPORTE MANUAL DE CARGA NA ÁREA PORTUÁRIA. Estivadores (trabalhadores ocupados em caráter permanente, em embarcações, no carregamento e descarregamento de carga.) Arrumadores e ensacadores. Operadores de carga e descarga nos portos.	25 anos
2.5.0	**Artífices, trabalhadores ocupados em diversos processos de produção e outros**	
2.5.1	INDÚSTRIAS METALÚRGICAS E MECÂNICAS (Aciarias, fundições de ferro e metais não ferrosos, laminações, forneiros, mãos de forno, reservas de forno, fundidores, soldadores, lingoteiros, tenazeiros, caçambeiros, amarradores, dobradores e desbastadores. Rebarbadores, esmerilhadores, marteleteiros de rebarbação. Operadores de tambores rotativos e outras máquinas de rebarbação. Operadores de máquinas para fabricação de tubos por centrifugação. Operadores de pontes rolantes ou de equipamentos para transporte de peças e caçambas com metal liquefeito, nos recintos de aciarias, fundições e laminações. Operadores nos fornos de recozimento ou de têmpera-recozedores, temperadores.	25 anos
2.5.2	FERRARIAS, ESTAMPARIAS DE METAL À QUENTE E CALDEIRARIA. Ferreiros, marteleiros, forjadores, estampadores, caldeireiros e prensadores. Operadores de forno de recozimento, de têmpera, de cementação, forneiros, recozedores, temperadores, cementadores. Operadores de pontes rolantes ou talha elétrica.	25 anos
2.5.3	OPERAÇÕES DIVERSAS Operadores de máquinas pneumáticas. Rebitadores com marteletes pneumáticos. Cortadores de chapa a oxiacetileno. Esmerilhadores. Soldadores (solda elétrica e a oxiacetileno). Operadores de jatos de areia com exposição direta à poeira. **Pintores a pistola** (com solventes hidrocarbonados e tintas tóxicas). Foguistas.	25 anos

Código	Atividade profissional	Tempo mínimo de trabalho
2.5.4	APLICAÇÃO DE REVESTIMENTOS METÁLICOS E ELETROPLASTIA Galvanizadores, niqueladores, cromadores, cobreadores, estanhadores, douradores e profissionais em trabalhos de exposição permanente nos locais.	25 anos
2.5.5	FABRICAÇÃO DE VIDROS E CRISTAIS Vidreiros, operadores de forno, forneiros, sopradores de vidros e cristais. Operadores de máquinas de fabricação de vidro plano, sacadores de vidros e cristais, operadores de máquinas de soprar vidros e outros profissionais em trabalhos permanentes nos recintos de fabricação de vidros e cristais.	25 anos
2.5.6	FABRICAÇÃO DE TINTAS, ESMALTES E VERNIZES Trituradores, moedores, operadores de máquinas moedoras, misturadores, preparadores, envasilhadores e outros profissionais em trabalhos de exposição permanente nos recintos de fabricação.	25 anos
2.5.7	PREPARAÇÃO DE COUROS Caleadores de couros. Curtidores de couros. Trabalhadores em tanagem de couros.	25 anos
2.5.8	INDÚSTRIA GRÁFICA E EDITORIAL Monotipistas, linotipistas, fundidores de monotipo, fundidores de linotipo, fundidores de estereotipia, eletrotipistas, estereotipistas, galvanotipistas, titulistas, compositores, biqueiros, chapistas, tipógrafos, caixistas, distribuidores, paginadores, emendadores, impressores, minervistas, prelistas, ludistas, litógrafos e fotogravadores.	25 anos

Somente o pintor a pistola faz jus ao reconhecimento do tempo especial por categoria profissional (item 2.5.3) acima:

> **PUIL n. 0042924-55.2014.4.01.3400/DF**
>
> **Relator(a):**
>
> JUÍZA FEDERAL LUCIANA ORTIZ TAVARES COSTA ZANONI
>
> **Assunto:**
>
> AVERBAÇÃO. PINTOR A PISTOLA. ENQUADRAMENTO POR CATEGORIA PROFISSIONAL.
>
> **Ementa:**
>
> PEDIDO DE UNIFORMIZAÇÃO NACIONAL. DIREITO PREVIDENCIÁRIO. TEMPO DE SERVIÇO ESPECIAL. REAFIRMAÇÃO DA TESE DE QUE SOMENTE O PINTOR A PISTOLA FAZ JUS AO ENQUADRAMENTO POR

CATEGORIA PROFISSIONAL. ACÓRDÃO RECORRIDO QUE QUE RECONHECEU A ESPECIALIDADE POR ENQUADRAMENTO LEGAL COM BASE EM REGISTRO NA CTPS DA PROFISSÃO DE "PINTOR". RETORNO DOS AUTOS À TURMA RECURSAL DE ORIGEM PARA ADEQUAÇÃO, COM NOVO EXAME DE FATOS E PROVAS. QUESTÃO DE ORDEM 20 DA TNU. INCIDENTE DO INSS PROVIDO.

Tese reafirmada:

Somente o pintor a pistola faz jus ao reconhecimento por categoria profissional.

Julgado em 26/06/2024

Portanto, por exemplo, no que concerne ao tempo de contribuição prestado até o advento da Lei 9.032/95, bastava ser motorista de ônibus ou caminhão em transporte urbano e rodoviário para ter direito à aposentadoria especial aos 25 anos de contribuição, conforme item 2.4.2 da tabela acima colacionada, sendo direito dos segurados esse cômputo, em aplicação ao Princípio do *Tempus Regit Actum.*

De acordo com a **Súmula 70, da TNU**, "a atividade de tratorista pode ser equiparada à de motorista de caminhão para fins de reconhecimento de atividade especial mediante enquadramento por categoria profissional".

Outrossim, entende a TNU que "no período anterior à vigência da Lei n. 9.032/95, a atividade de **operador de retroescavadeira** pode ser equiparada à de motorista de caminhão para fins de reconhecimento de atividade especial mediante enquadramento por categoria profissional" (processo n. 0008126.16.2006.4.03.630, Informativo 16/2017).

Por sua vez, reafirmada pela TNU a "tese de que a atividade de **operador de empilhadeira** pode ser equiparada à de motorista de caminhão para fins de reconhecimento de atividade especial, mediante enquadramento por categoria profissional" (Informativo 28/2018 – PUIL n. 5062790-44.2014.4.04.7000/PR).

No entanto, **essa equiparação foi negada ao motorista de ambulância**. De acordo com a TNU, restou "fixada a tese de que é indevida a equiparação da atividade de motorista de ambulância à atividade de motorista de ônibus ou caminhão, para fins de reconhecimento da especialidade por enquadramento em categoria profissional" (Processo n. 0010493-34.2016.4.90.0000, Informativo 22/2017).

De acordo com o **tema 56 da TNU**, "o tempo de serviço laborado pelo segurado na condição de **engenheiro mecânico** até a edição da Lei n. 9.032/95 deve ser enquadrado como especial, conforme descrito no **código 2.1.1** do Anexo II do Decreto n. 83.080/79".

A TNU decidiu que, até a edição da Lei n. 9.032/95, admite-se como especial a função de **ferramenteiro**, por enquadramento ao código **2.5.2**, bem como ao código 2.5.3 do decreto n. 83.080/79, conforme inclusive menciona a circular n. 15/94 do INSS (PUIL n. 5007231-58.2017.4.04.7110/RS).

Outrossim, a TNU reconheceu o direito à contagem do tempo de serviço como especial, em se cuidando de **engenheiro civil**, mediante enquadramento profissional no anexo do Decreto nº. 53.831/64, até o início da vigência da Medida Provisória nº. 1.523/96, exclusive (PUIL n. 5033479-76.2012.4.04.7000/PR).

A jurisprudência costuma elastecer as categorias profissionais que possuíam direito à aposentadoria especial até a Lei 9.032/95. Tome-se como exemplo o código 1.3.2 do Decreto 53.831/64:

1.3.2	GERMES INFECCIOSOS OU PARASITÁRIOS HUMANOS – ANIMAIS Serviços de Assistência Médica, Odontológica e Hospitalar em que haja contato obrigatório com organismos doentes ou com materiais infecto-contagiantes.	**Trabalhos permanentes expostos ao contato com doentes ou materiais infecto-contagiantes – assistência médico, odontológica, hospitalar e outras atividades afins**	Insalubre	25 anos	Jornada normal ou especial fixada em Lei. Lei nº 3.999, de 15-12-61. Art. 187 CLT. Portaria Ministerial 262, de 6-8-62.

Neste caso, além de beneficiar profissionais da área de saúde, existe forte jurisprudência para alcançar profissionais correlatos, que trabalhavam nos serviços gerais de hospitais. Veja-se a Súmula 82 da TNU:

> "**Súmula 82**- O código 1.3.2 do quadro anexo ao Decreto n.º 53.831/64, além dos profissionais da área da saúde, contempla os trabalhadores que exercem atividades de serviços gerais em limpeza e higienização de ambientes hospitalares".

Nos termos do Boletim 41 TNU, "a Turma Nacional de Uniformização decidiu afetar o tema como representativo da controvérsia, com a seguinte questão controvertida: Decidir se, para o reconhecimento de tempo de serviço especial dos trabalhadores que exercem atividades de serviços gerais em limpeza e higienização de ambientes hospitalares por exposição aos agentes biológicos elencados sob o código 1.3.2 do quadro do anexo ao Decreto n. 53.831/64, exigisse a efetiva demonstração da exposição habitual àqueles agentes nocivos ou se, ao contrário, o enquadramento decorre de simples presunção de insalubridade por categoria profissional" (REPRESENTATIVO DE CONTROVÉRSIA – AFETAÇÃO TEMA N. 238 – PUIL n. 0000861-27.2015.4.01.3805/MG).

Na sistemática anterior ao Decreto 3.048/99, a configuração do tempo especial por exposição aos agentes biológicos em favor de trabalhadores que exercem atividades de serviços gerais em limpeza e higienização de ambientes hospitalares (código 1.3.2 do anexo do Decreto 53.831/64) depende da apresentação de prova técnica, inexistindo enquadramento pela categoria profissional.

Nesse sentido o **Tema Repetitivo 238 da TNU:**

<table>
<tr><td>Tema</td><td>238</td><td>Situação do tema</td><td colspan="2">Julgado</td><td>Ramo do direito</td><td>DIREITO PREVIDENCIÁRIO</td></tr>
<tr><td colspan="2">Questão submetida a julgamento</td><td colspan="5">Decidir se, para o reconhecimento de tempo de serviço especial dos trabalhadores que exercem atividades de serviços gerais em limpeza e higienização de ambientes hospitalares por exposição aos agentes biológicos elencados sob o código 1.3.2 do quadro do anexo ao Decreto n. 53.831/64, exige-se a efetiva demonstração da exposição habitual àqueles agentes nocivos ou se, ao contrário, o enquadramento decorre de simples presunção de insalubridade por categoria profissional.</td></tr>
<tr><td colspan="2">Tese firmada</td><td colspan="5">Para fins de reconhecimento do tempo especial de serviço dos trabalhadores de serviços gerais em limpeza e higienização de ambientes hospitalares é exigível a prova de exposição aos agentes biológicos previstos sob o código 1.3.2 do quadro anexo ao Decreto nº 53.831/64, que deve ser realizada por meio dos correspondentes laudos técnicos e/ou formulários previdenciários, não se admitindo o reconhecimento por simples enquadramento de categoria profissional.</td></tr>
<tr><td colspan="2">Processo</td><td>Decisão de afetação</td><td>Relator (a)</td><td>Julgado em</td><td>Acórdão publicado em</td><td>Trânsito em julgado</td></tr>
<tr><td colspan="2">PEDILEF 0000861-27.2015.4.01.3805/MG</td><td>06/11/2019</td><td>Juíza Federal Polyana Falcão Brito</td><td>25/3/2021</td><td>26/3/2021</td><td>-</td></tr>
</table>

A TNU **equiparou o torneiro mecânico ao item 2.5.3. do Decreto 83.080/79**, desde que haja exposição a agente de risco, ratificando "a tese de que somente é possível o reconhecimento das condições especiais do labor do torneiro mecânico por enquadramento a categoria profissional quando apresentados elementos que autorizem a conclusão de que a insalubridade, a penosidade ou a periculosidade, que se entende presente por presunção na categoria paradigma, se faz também presente na categoria que se pretende a ela igualar" (PEDILEF 05017389120154058300, de 20/10/2016).

Por sua vez, na via administrativa, com lastro em pareceres ministeriais e da perícia médica, **a Autarquia de Previdência promove a seguinte análise administrativa do enquadramento do tempo especial por profissão até a vigência da Lei 9.032/95:**

Anexo V da CANSB 3803457
1 – ATIVIDADES ENQUADRADAS NO DECRETO Nº 53.831/64:
- caixista, chapista, biqueiro, distribuidor, paginador, emendador, minervistas e prelistas (Indústrias gráficas) – código 2.5.5. (Parecer do DNSHT no processo MTPS nº 131.084/69).
- feitor de turma ou de estrada de ferro em via permanente – código 2.4.3 (Parecer do DNSHT no processo MTPS nº 133.290/71 – INPS – 2.230.913/71).
- meteorologista, assistente e auxiliar de meteorologista – código 2.4.1 (Resolução CD /DNPS nº 154/71).
- pedreiro refratário – código 1.1.1 (Parecer do DNSHT no processo MTPS nº 320.643/72 e INPS nº 2.414.459/74).
- lubrificador em box de lavagem de automóveis – código 1.1.3 (parecer da SSMT no processo MTb nº 101.756/82).
- engenheiro – arquiteto (quando apresentar semelhança às atribuições dos engenheiros de construção civil, com base em informações prestadas pelo Conselho Regional da Engenharia e Arquitetura) Código 2.1.1. (parecer da SSMT no processo MTb nº 303.472/83).
- forneiro queimador de olaria – código 1.1.1. (parecer da SSMT no processo MTb nº 105.914/79).
- carpinteiro e mestre de carpintaria na Companhia Hidroelétrica de São Francisco (exercida em obras subterrâneas) – código 2.3.1. (parecer da SSMT no processo MTb nº 102.846/80).
- vigia portuário – código 2.5.7. (parecer da SSMT no processo MTb nº 302.829/83).
- impressor em serigrafia (em contato permanente com tintas, solventes e demais materiais do ramo) – código 1.2.11. (parecer da SSMT no processo MTb nº 310.215/83).
- guarda vigilante da RFFSA – código 2.5.7. (parecer da SSMT no processo MTb nº 108.561/82)
- auxiliar de maquinista (quando sujeito a ruído acima de 80 decibéis). (parecer da SSMT no processo MTb nº 111.933/80).
- trabalhadores de depósito de encerados da Companhia Docas do Estado de São Paulo – CODESP – códigos 1.1.3 e 1.2.11. (parecer da SSMT no processo MTb nº 323.186/83 e MPAS nº 034.621/83).
- serviços de capatazia: categoria de máquinas e manobras (ajudantes de maquinistas, maquinistas, manobreiros e encarregados de trem) – código 2.5.6. (parecer da SSMT no processo MTb nº 107.083/79 e 308.914/80 e INPS nº 5.020.613/78 e 5.62.694, respectivamente).

Anexo V da CANSB 3803457
2 – ATIVIDADES NÃO ENQUADRADAS NO DECRETO Nº 53.831/64:
- vulcanizador de pneus, em trabalho de recapagem e recauchutagem. (Parecer do DNSHT no processo MTPS 128.518/71 e INPS nº 2.241.960/71). - forneiro na indústria de panificação. (despacho ministerial no processo MTPS nº 124.393/71e INPS nº 2.370.406/73). - limpador de locomotivas. (Parecer do DNSHT publicação no BS/DS 60/72).
- litógrafo em metal. (Parecer no DNSHT no processo MTPS nº 327.578/72 e INPS 2.342.913/73). - copiador de fotolitos na indústria gráfica. (Parecer do DNSHT no processo MTPS nº 315.330/72 e INPS nº 2.344.623/73). - abastecedor de tanques de gasolina em veículos. (Parecer do DNSHT no processo MTPS nº 307.658/72 e 132.230/72 e INPS nº 2.284.695/72 e 2.471.250/75). - conservador de veículos ou artífices mecânicos em ferrovias. (Parecer do DNSHT no processo MTPS nº 134.460/74 e INPS nº 2.485.930/74).
- gravador em indústria têxtil. (Parecer do DNSHT no processo MTPS nº 123.019/74 e INPS nº 2.387.925/73). - retocador geral de off-sett na indústria gráfica. (Parecer do DNSHT no processo MTb nº 120.880/75 e INPS nº 2.480.123/75). - instalador de aparelhos telefônicos. (Ofício SSMT nº 00775, de 11.12.76).
3 – ATIVIDADES ENQUADRADAS NO RBPS (DECRETO Nº 83.080/79):
ZONAS DE MINERAÇÃO DE CARVÃO: - mestre de mineração, operador de escavadeira, servente de extração e tratorista – código 2.3.3 (desde que exerçam funções permanentes no setor de extração do carvão à superfície). - beneficiamento do carvão: operador de perfuratriz – códigos 1.1.4 e 2.3.3. (Pareceres do DNSHT no processo MTPS nº 108.191/73). - trabalhadores da Casa de Britagem – código 1.1.5 (os que trabalham permanentemente próximo ao vibrador e junto às peneiras classificadoras – ruído – 95, 100 e 120 decibéis). - trabalhadores da Casa de Lavagem – código 1.1.5 (os que trabalham nesse local de maneira habitual e permanente – ruído 95, 100 e 110 decibéis) (Parecer do DNSHT no processo MTPS nº 140.426/72). - peneireiro, rechegador de vagonetas, sileiro – código 2.3.3. (Parecer no processo MTb nº 108.035/79 e MPAS/CRPS nº 623.152/79). - manipulador de tintas – código 1.2.11 – atividade exercida na preparação de emulsões, pasta para estampagem e manipulação de corantes, em contato permanente com várias substâncias químicas, tais como: querosene, amoníaco, ácido nitroso, ácido acético, formal, vapor d'água, álcool, soda cáustica, corantes, azóicos, solventes, acetato de cromo, formaldeído e pigmentos. Enquadramento por analogia ao tintureiro do ramo da indústria têxtil. (Parecer no processo Mtb nº 112.322/78, MPAS nº 816.672/77e INPS nº 5.042.85/80). REFINARIAS DE PETRÓLEO: - operador de processamento, inclusive o ajudante de operador (quando expostos a gases de hidrocarbonetos e/ou ruído superior a 90 decibéis) – código 1.1.5 e 1.2.10. (Parecer da SSMT no processo Mtb nº 31.000.001071/84).

Anexo V da CANSB 3803457
- operador de transferência e estocagem (quando em contato com chumbo tetraetila e etilação de gasolina) – código 1.2.4 ou quando sujeito a ruído acima de 90 decibéis – código 1.1.5. (Parecer da SSMT no processo Mtb nº 307.426/83 e INPS nº 5.080.522/83).
- trabalhadores das áreas de extração e de produção do petróleo – código 2.3.5 – consideradas as expressões produção de petróleo, perfuração de poços petrolíferos e extração de petróleo, como traduzindo as mesmas atividades. (Parecer no processo Mtb nº 107.174/81 e INPS nº 5.059.771/81, de interesse da Petrobras/BA).
- macheiro – código 2.5.1. (Parecer no processo Mtb nº 101.386/79 e INPS nº 5.056.542/81).
- ajustador – código 2.5.2 (quando sujeito a ruído, irradiações não ionizantes e bióxido de nitrogênio). (Parecer no processo MTb nº 119.915/77, MPAS nº 501.483/77 e INPS nº 5.064.456/81).
INDÚSTRIA DE VIDRO:
- gambista, fazedor de pé, colhedor de máquina e de prensa, maquinista, abridor e prensador (modalidade de trabalho de vidreiro) – código 2.5.5.(Boletim do DNSht nº 13 – página 4/7).
– vidreiro, operador de forno, forneiros, soprador de vidros – códigos 1.1.1 e 2.5.5. (Parecer da SSMT no processo MTb nº 101.768/82).
INDÚSTRIA GRÁFICA:
- litógrafo e fotógrafo (fotogravador) – código 2.5.8 (quando o respectivo trabalho é realizado em condições idênticas ao dos trabalhadores gráficos ali classificados). (Resolução CD/DNPS nº 110/71).
- mecânicos de linotipo – código 2.5.8 (desde que seja comprovada a exposição permanente durante a jornada normal de trabalho aos vapores de chumbo e ao calor). (Parecer do DNSHT no processo MTPS nº 106.368/74 e INPS nº 2.400.851/74).
- apelistas e anuncistas (equiparadas, respectivamente, ao titulista e compositor) – código 2.5.8.(ofício do DNSHT/GDG nº 00525 de 14.08.74, processo INPS nº 2.404.266/74).
- fotolitografo – código 2.5.8.(parecer da SSMT no processo INPS nº 5.065.541/82).
- copiador de fotolitos – código 2.5.8.(Parecer da SSMT no processo INPS nº 31.050.002.875/85).
TRANSPORTE URBANO:
- motorista de lotação – código 2.4.2.(Parecer do DNSHT no processo MTPS nº 102.022/73).
TRABALHADORES DA ÁREA PORTUÁRIA:
- trabalhadores da categoria de consertadores de carga e descarga na área portuária -código 2.4.5.(Parecer da SSMT no processo MTb nº317.228/79 e MPAS nº 015.361).
- trabalhadores da categoria de conferentes de carga e descarga na área portuária – código 2.4.5. (Parecer da SSMT no processo MTb nº 24.000.002.234/86).
- trabalhador da categoria de arrumador (trabalhador braçal) em exercício nos armazéns localizados fora da faixa portuária - código 2.4.5. (Parecer do DNSHT no processo MTPS nº 106.670/75 e INPS nº 2.445.335/74).
- vigia portuário – código 2.4.5. (Parecer da SSMT no processo MTb nº 24.000.007.395/86).
- torneiro-mecânico – código 1.1.5. (Parecer da SSMT no processo INPS nº 5.080.253/83).
- operários de máquinas diversas – códigos 2.5.2. (Parecer da SSMT no processo INPS nº 5.080.251/83).

Anexo V da CANSB 3803457
- modeladores e aplainadores – código 1.1.5. (Parecer da SSMT no processo MTb nºs. 319.281/83 e 319.279/83 e MPAS nºs. 034.515/83 e 034.517/83, respectivamente).
- funileiros – códigos 2.5.3 (para os trabalhadores expostos ao ruído e gases tóxicos provenientes de cortes de chapa a oxiacetileno e solda elétrica).
- carpinteiro – código 1.1.5 (para os operários que trabalham com plaina, desempenadeira, tupia, lixadeira, serra circular e desdobradeira, os quais estão sujeitos a ruído acima de 90 decibéis).
- serralheiros – código 2.5.3 (em analogia a outras atividades, tais como: os esmerilhadones, cortadores de chapas a oxiaoetileno e soldadores, pois encontram-se expostos ao ruído, ao calor, a emanações gasosas, a radiações ionizantes e a aerodispersóides).(Parecer da SSMT no processo MPAS nº 34.230/83).
- latoeiro de veículos – código 2.5.3 -exposição ao ruído (esmerilhamento e uso de martelos), gases tóxicos provenientes de cortes de chapas a oxiacetileno e solda elétrica, exposição a poeira tóxica devido ao lixamento manual de massas e tintas sintéticas. (Parecer da SSMT no processo MTb nº 317.461/82 – ofício SMT/MTb/ DF nº 53/84).
- trabalhadores de armazém advindos de categoria de trabalhadores de capatazia – código 2.4.5. (Parecer da SSMT no processo MPAS nº 032.217/82).
- motorista em guindastes portuários (motoreiros) – código 1.1.5 e/ou 2.4.2 (Anexo II). (Parecer da SSMT no processo MTb nº 24.000.003.288/55).
- anotador da Cia. Docas do Estado de São Paulo – código 2.4.5. (Parecer da SSMT no processo MTb nº 24.000.012.130/84).
- pintores portuários da Cia. Docas do Estado de São Paulo – código 1.2.11 e 2.5.3. (Parecer da SSMT no processo MTb nº 24.000.003.047/84).
- maquinistas, ajudantes de maquinistas, manobreiros e encarregados de trem do setor ferroviário de máquinas e manobras da Cia Docas do Estado de São Paulo – código 1.1.5, por se tratar de trabalhos com exposição permanente a ruido acima de 90 decibéis. (Parecer da SSMT no processo MPAS nº 30.000.001.231/84).
- motoristas portuários (operadores portuários de empilhadeiras, pás e guindastes mecânicos, pertencentes ao serviço de capatazia) -código 1.1.5 e/ou 1.2.11 e 1.1.4, por se tratar de atividades sujeitas permanentemente a ruídos acima de 90 decibéis, bem como a agentes químicos e vibrações trepidações. (Parecer da SSMT no processo MTb nº 24.000.010.335/84).
- maquinista dos descarregadores de trigo e ajudantes de maquinistas dos descarregadores de trigo da Divisão Mecânica da Cia. Docas do Estado de São Paulo – código 1.1.5. (Parecer da SSMT no processo MPAS nº 30.000.001.578/84).
- frezadores da Cia. Docas do Estado de São Paulo – CODESP – código 1.1.5 (quando realizado o trabalho em ambiente com exposição a ruído, em caráter permanente, acima de 90 decibéis) – código 2.5.3 (quando executado o trabalho, permanentemente, com esmeril (Parecer da SSMT no processo MTb nº 319.280/83 e MPAS nº 034.514/83).
TRANSPORTE FERROVIÁRIO:
- maquinista em locomotivas diesel elétrica (com exposição a níveis de ruído acima de 90 decibéis) – código 1.1.5 (Parecer da SSMT no processo MTb nº 112.261/80).
SERVIÇOS EM PEDREIRAS:

Anexo V da CANSB 3803457
- marteleteiro e ajudante de marteleteiro, cavouqueiro, perfurador de rochas ou outras denominações que se dêem às mesmas atividades – código 2.3.4. (Parecer da SSMT no processo MTb nº 306.968/82 e MPAS nº 032.459/82). - atividades em pedreiras a céu aberto, na máquina de britagem, ficando exposto a poeiras minerais e ao ruído – código 2.3.3. (Parecer da SSMT no processo MTb nº 106.513/79). – operador no descarne e divisão de couros, em curtume – código 2.5.7. (Parecer da SSMT no processo MTb nº 102.212/81). - forneiro queimador de olaria – código 1.1.1. (Parecer da SSMT no processo MTb nº 105.914/79). - mecânico em indústria têxtil sujeito a um ou mais fatores agressivos (calor, substâncias tóxicas e ruído) – código 1.2.11. - torcedeira em indústria têxtil – código 1.1.5. (Parecer da SSMT no pr MTb processo da nº 103.875/80). - foguista e forneiro na alimentação de fornos a lenha em indústria de cerâmica – código 1.1.1. - auxiliar de mecânico, ajudante-metalúrgico e polidor (exercidas em indústria metalúrgica e de fundições de metais não ferrosos) – código 2.5.1. (Parecer da SSMT no processo Mtb nº 303.151/81).
- tratorista e operador de máquinas pesadas – código 2.4.2. (Parecer da SSMT no processo MTb nº 112.258/80). Atividades desenvolvidas na Cia Hidroelétrica de São Francisco:
- motorista, dirigindo caminhões, carretas e todos os tipos de carros, no transporte de materiais e equipamentos destinados à montagem de usina hidroelétrica – código 2.4.2. - trabalhador em escavações de subsolo, em túneis e galerias – código 2.3.4. (Parecer da SSMT no processo MTb nº 110.312/82). SERVIÇOS DE CAPATAZIA: - categoria de limpador de locomotivas e encarregado de depósito de locomotivas (quando expostos a ruído acima de 90 decibéis). (Parecer da SSMT no processo MTb nº 308 914/80 INPS nº 5.062.694/81). ATIVIDADES DIVERSAS: - trabalhadores da Cia. Siderúrgica Paulista, lotados na gerência de Chapas Grossas, no setor denominado "Escarfagem" – código 1.1.5, por estarem sujeitos a ruido acima de 90 decibéis. (Parecer da SSMT no processo MPAS nº 034.370/83). - guarda de endemias da SUCAM – código 1.2.10. (Parecer da SSMT no processo MTb nº 24.001-102.111/84). - fundidor, vazador e moldador e demais atividades exercidas em ambiente de fundição – código 2.5.1. (Parecer da SSMT no processo MTb nº 103.248/83). - dentista – código 1.3.4 e 2.1.3. (Parecer SPS no processo nº 35.143.001.412/86).
4 – ATIVIDADES NÃO ENQUADRADAS NO RBPS (DECRETO Nº 83.080/79):
BENEFICIAMENTO DO CARVÃO E ENERGIA ELÉTRICA: - ajudante mecânico, ajudante montador e mecânico meio-oficial, nos serviços de montagem da usina termoelétrica. – mecânico na Casa de Lavagem de Carvão.

Anexo V da CANSB 3803457
- mecânico e mecânico de manutenção, em serviço de reparos nos veículos automotores a gasolina e a óleo cru. (Parecer do DNSHT no processo MTPS nº 126.216/71 e INPS nº 2.246.461/71). - eletricista de manutenção, encarregado dos bombeiros, encarregado do lavador de carvão, encarregado dos serviços auxiliares, freísta, manobreiro, lubrifcador, operador de unidade de beneficiamento do carvão, operador de unidade mecânica e elétrica, servente do lavador de carvão, fiscal de carvão, sondador tratorista, mecânico, carpinteiro, pedreiro, encanador, pintor, servente de manutenção e obras civis. (Parecer do DNSHT no processo MTPS nº 108.191/73). - mecânicos de manutenção da Casa de lavagem, operadores de carregamento ou de unidade de beneficiamento de carvão, amostrador de produtos lavados; operadores do quadro de comando e sala de chefia e ajudantes e serventes da sala de caldeiras na Usina Termoelétrica. (Parecer do DNSHT no processo MTPS no 140.426/72). - guarda de transmissão nas operações de manutenção da rede elétrica. (Parecer do DNSHT no processo MTPS nº 334.451/72). - moldador, repuxador e funileiro na indústria metalúrgica. (Resolução CD/DNPS nº 280/70). - biselador, espelhador e lapidador, na fabricação de vidros e cristais. (Parecer do DNSHT no processo MTPS nº 162.380 – publicado no Boletim DNSHT nº 13/69). - pintores que executam tarefas de pintura em geral, a pistola e pincel concomitantemente. (Resolução CD/DNPS nº 22 0/71 e parecer da SSMT no processo MTb nº 314.102l75). - classificador de frutas, carregadores e transportadores de bagagens nos portos e vigias portuários. (Resolução CD/DNPS nº 165/71, parecer do DNSHT no processo MTb nº 148.154/74 e INPS nº 2.435.083/74). INDÚSTRIA GRÁFICA - organizadores, margeadores, pautadores, cortadores e refiladores (parecer do DNSHT no processo MTPS nº 132.165/74 e INPS nº 2.423.144/74). - montador de câmara (rotogravura) em laboratório fotográfico de empresas gráficas. (parecer do DNSHT no processo MTb nº 102.678/75 e INPS nº. 2.480.325/75). - gravador na indústria têxtil. (Parecer do DNSHT no processo MTPS nº 135.389/75 e INPS nº. 2.12.163/76). - motorista de guindastes, empregados de capatazias e administração dos portos, conferentes de cargas e descargas na área portuária. (Parecer do DNSHT no processo MTPS nº. 312.986/74 e INPS nº 2.431.085/74). SERVIÇOS DE CAPATAZIA: - encarregado de manobras, revistador de vagões e feitor de manobras. (Parecer da SSMT no processo Mtb nº 308.914/80 e INPS nº 5.062.694/81). - refinarias de Petróleo: operador de utilidades e técnico de operação. (Parecer do DNSHT no processo Mtb nº 145.609/74 e INPS nº 2.429.864/74).
5 – ATIVIDADES NÃO ENQUADRADAS NO DECRETO Nº 53.831/64. NEM NO RBPS (DECRETO Nº 83.080/79):
- artífice especial mecânico e mecânico de máquinas da RFFSA. (Parecer da SSMT no processo MTb nº 317.433/82).

Anexo V da CANSB 3803457
- motorista de viatura para remoção de cadáveres. (Parecer da SSMT no processo MTb nº 109.879/80).
- coleta de lixo domiciliar para o levantamento manual a fim de colocá-lo em caminhões. (Parecer da SSMT no processo MTb nº 106.513/79).
- encanadores na Cia. Docas do Estado de São Paulo. (Parecer da SSMT no processo MTb nº 319.285/83).
- marítimo em geral, excetuadas as atividades que já constam dos Anexos I, II, e III. (Parecer da SSMT no Processo MTb nº 315.079/80).
– topógrafo e auxiliar de topógrafo. (Parecer da SSMT nos processos MPAS nº 30.000.002.416/85 e MTb nº 103.226/80).

A posição do INSS sobre o enquadramento do tempo especial por profissão até 28/04/1995 está positivada na atualidade no **Anexo III, da Portaria INSS/DIRBEN 991/2022**, que se lastreia no artigo 298:

> *"Art. 298. Até 28 de abril de 1995, véspera da publicação da Lei nº 9.032, de 1995, poderão ser reconhecidas como especiais as atividades previstas no "Quadro das Atividades Passíveis de Enquadramento por Categoria Profissional até 28 de abril de 1995", constante no* ***Anexo III****, com fundamento nos seguintes dispositivos legais:*
>
> *I - Quadro anexo ao Decreto nº 53.831, de 1964, a partir do código 2.0.0 (Ocupações); e*
>
> *II - Anexo II do Decreto nº 83.080, de 1979.*
>
> *§ 1º Para o enquadramento previsto no caput não será exigido o requisito de trabalho permanente, entendendo-se como permanente o trabalho não ocasional nem intermitente, na qual a exposição do trabalhador ao agente prejudicial à saúde é indissociável da produção do bem ou da prestação de serviço, visto tal definição ter sido inserida para enquadramentos após 28 de abril de 1995, com a publicação da Lei nº 9.302.*
>
> *§ 2º Serão consideradas as atividades arroladas em outros atos administrativos, decretos ou leis previdenciárias que determinem o enquadramento por atividade para fins de caracterização de atividades exercidas em condições especiais.*
>
> *§ 3º Não será admitido enquadramento por categoria profissional por analogia, ou seja, a função ou atividade profissional deve estar expressamente contida no "Quadro das atividades passíveis de enquadramento por categoria profissional até 28 de abril de 1995", constante no Anexo III.*
>
> *§ 4º O enquadramento por categoria profissional previsto no caput é de responsabilidade do servidor do INSS".*

ANEXO III

PORTARIA DIRBEN/INSS Nº 991, DE 28 DE MARÇO DE 2022

Quadro das atividades passíveis de enquadramento por categoria profissional até 28 de abril de 1995:

Atividade Profissional	Campo de Aplicação	Código	Dispositivo Legal	Observações
	Engenheiros da Construção Civil	2.1.1	53.831 Anexo III	
	Engenheiros de metalurgia	2.1.1	53.831 Anexo III	
ENGENHARIA	Engenheiros de minas	2.1.1	53.831 Anexo III 83.080 Anexo II	
	Engenheiros eletricistas	2.1.1	53.831 Anexo III	
	Engenheiros químicos	2.1.1	83.080 Anexo II	
QUÍMICA	Toxicologista	2.1.2	53.831 Anexo III	
	Podologista			
	Médicos	2.1.3	53.831 Anexo III 83.080 Anexo II	
MEDICINA, ODONTOLOGIA, ENFERMAGEM	Médicos anatomopatologista ou histopatologista	2.1.3	83.080 Anexo II	
	Médicos laboratoristas (patologistas)	2.1.3	83.080 Anexo II	
	Médicos radiologistas ou radioterapeutas	2.1.3	83.080 Anexo II	
	Médicos toxicologistas	2.1.3	83.080 Anexo II	
	Médicos veterinários	2.1.3	83.080 Anexo II	

Atividade Profissional	Campo de Aplicação	Código	Dispositivo Legal	Observações
MEDICINA, ODONTOLOGIA, ENFERMAGEM	Dentistas	2.1.3	53.831 Anexo III 83.080 Anexo II	
	Enfermeiros	2.1.3	53.831 Anexo III 83.080 Anexo II	
	Técnico em raio X	2.1.3	83.080 Anexo II	
	Técnicos de laboratório de anatomopatologia ou histopatologia	2.1.3	83.080 Anexo II	
	Farmacêuticos toxicologistas e bioquímicos	2.1.3	83.080 Anexo II	
	Técnicos de anatomia	2.1.3	83.080 Anexo II	
	Técnicos de laboratório de gabinete de necrópsia	2.1.3	83.080 Anexo II	
	Químicos-industriais	2.1.2	83.080 Anexo II	
	Químicos-toxicologistas	2.1.2	83.080 Anexo II	
QUÍMICA/ RADIOATIVIDADE	Técnicos em laboratório de análise	2.1.2	83.080 Anexo II	
	Técnicos em laboratórios químico	2.1.2	83.080 Anexo II	
	Técnicos de radioatividade	2.1.2	83.080 Anexo II	
MAGISTÉRIO	Professores*	2.1.4	53.831 Anexo II	Período trabalhado até 29/06/1981, desde que implementada todas as condições até essa data

Atividade Profissional	Campo de Aplicação	Código	Dispositivo Legal	Observações
AGRICULTURA	Trabalhadores na agropecuária.	2.2.1	53.831 Anexo II	
CAÇA	Trabalhadores Florestais	2.2.2	53.831 Anexo II	
	Caçadores	2.2.2	53.831 Anexo II	
PESCA	Pescadores	2.2.1	83.080 Anexo II	Vide Consultas técnicas: 996 e 2492
ESCAVAÇÕES DE SUBSOLO - TÚNEIS	Trabalhadores em escavações a céu aberto. Trabalhadores em túneis e galerias	2.3.1	53.831 Anexo II	
ESCAVAÇÕES DE SUPERFÍCIE - POÇOS	Trabalhadores em túneis e galerias. Trabalhadores em escravidão à céu aberto	2.3.2	53.831 Anexo III	
EDIFÍCIOS, BARRAGENS, PONTES	Trabalhadores em edifícios, barragens, pontes, torres.	2.3.3	53.831 Anexo III	
	Perfuradores de rochas	2.3.1	53.831 Anexo III	Operações de corte, furação e desmonte e atividades de manobras nos pontos de transferência de cargas e viradores e outras atividades exercidas na frente de trabalho
	Cortadores de rochas	2.3.1	53.831 Anexo III	
	Carregadores	2.3.1	53.831 Anexo III	
MINEIROS DE	Britadores	2.3.1	53.831 Anexo III	

Atividade Profissional	Campo de Aplicação	Código	Dispositivo Legal	Observações
SUBSOLO	Cavouqueiros	2.3.1	53.831 Anexo III	
	Choqueiros	2.3.1	53.831 Anexo III	
	Motoristas	2.3.2	83.080 Anexo II	trabalhadores permanentes em locais de subsolo, afastados das frentes de trabalho (galerias, rampas, poços, depósitos)
	Carregadores	2.3.2	83.080 Anexo II	
	Condutores de vagonetas	2.3.2	83.080 Anexo II	
	Carregadores de explosivos	2.3.2	83.080 Anexo II	
LOCAIS DE SUBSOLO	Encarregados do fogo (blasters)	2.3.2	83.080 Anexo II	
	Eletricistas	2.3.2	83.080 Anexo II	
	Engatores	2.3.2	83.080 Anexo II	
	Bombeiros	2.3.2	83.080 Anexo II	
	Madeireiros	2.3.2	83.080 Anexo II	
	Outros profissionais com atribuições permanentes em minas de subsolo	2.3.2	83.080 Anexo II	

Atividade Profissional	Campo de Aplicação	Código	Dispositivo Legal	Observações
	Perfuradores de rochas	2.3.3	83.080 Anexo II	Trabalhadores no exercício de atividades de extração em minas ou depósitos minerais na superfície.
MINEIROS DE SUPERFÍCIE	Cortadores de rochas	2.3.3	83.080 Anexo II	
	Carregadores	2.3.3	83.080 Anexo II	
	Operadores de escavadeiras	2.3.3	83.080 Anexo II	
	Motoreiros	2.3.3	83.080 Anexo II	
	Condutores de vagonetas	2.3.3	83.080 Anexo II	
MINEIROS DE SUPERFÍCIE	Britadores	2.3.3	83.080 Anexo II	
	Carregadores de explosivos	2.3.3	83.080 Anexo II	
	Encarregados do fogo (blastera)	2.3.3	83.080 Anexo II	
	Outros profissionais com atribuições permanentes de extração em minas ou depósitos minerais na superfície.	2.3.3	83.080 Anexo II	
	Perfuradores	2.3.4	83.080 Anexo II	
	Covouqueiros	2.3.4	83.080 Anexo II	
TRABALHADORES EM PEDREIRAS, TÚNEIS, GALERIAS	Canteiros	2.3.4	83.080 Anexo II	
	Encarregados do fogo (blasters)	2.3.4	83.080 Anexo II	

Atividade Profissional	Campo de Aplicação	Código	Dispositivo Legal	Observações
	Operadores de pás mecânicas.	2.3.4	83.080 Anexo II	
TRABALHADORES EM EXTRAÇÃO DE PETRÓLEO	Trabalhadores ocupados em caráter permanente na perfuração de poços petrolíferos e na extração de petróleo.	2.3.5	83.080 Anexo II	
	Aeronautas	2.4.3	83.080 Anexo II	
TRANSPORTE AÉREO	Aeronautas	2.4.1	53.831 Anexo III	Jornada normal ou especial, fixada em Lei. Lei nº 3.501, (*) de 21-12-58; Lei nº 2.573, (*) de 15-8-55; Decretos nºs 50.660 (*), de 26-6-61 e 1.232, de 22-6-62.
	Aeroviários de serviços de pista e de oficinas	2.4.1	53.831 Anexo III	
	Aeroviários de manutenção	2.4.1	53.831 Anexo III	
TRANSPORTE AÉREO	Aeroviários de conservação	2.4.1	53.831 Anexo III	
	Aeroviários de carga e descarga	2.4.1	53.831 Anexo III	
	Aeroviários de recepção	2.4.1	53.831 Anexo III	
	Aeroviários de despacho de aeronaves.	2.4.1	53.831 Anexo III	

Atividade Profissional	Campo de Aplicação	Código	Dispositivo Legal	Observações
TRANSPORTES MARÍTIMO, FLUVIAL E LACUSTRE	Marítimos de convés de máquinas, de câmara e de saúde - Operários de construção e reparos navais.	2.4.2	53.831 Anexo III	Jornada normal ou especial fixada em Lei. Art. 248 CLT. Decretos nº 52.475 (*), de 13-9-63; 52.700 (*) de 18-10-63 e 53.514 (*), de 30-1-64.
TRANSPORTE MARÍTIMO	Foguistas	2.4.4	83.080 Anexo II	
	Trabalhadores em casa de máquinas	2.4.4	83.080 Anexo II	
	Estivadores (trabalhadores ocupados em caráter permanente, em embarcações, no carregamento e descarregamento de carga.)	2.4.5	83.080 Anexo II	
TRANSPORTE MANUAL DE CARGA NA ÁREA PORTUÁRIA.	Arrumadores e ensacadores.	2.4.5	83.080 Anexo II	
	Operadores de carga e descarga nos portos.	2.4.5	83.080 Anexo II	
	Maquinistas	2.4.3	53.831 Anexo III	
	Guarda-freios	2.4.3		
TRANSPORTE FERROVIÁRIO	Trabalhadores da via permanente	2.4.3		
	Maquinista de máquinas acionadas a lenha ou a carvão.	2.4.1	83.080 Anexo II	
	Foguista	2.4.1	83.080 Anexo II	
TRANSPORTE RODOVIÁRIO	Motorneiros e condutores de bondes	2.4.4	53.831 Anexo III	
	Motoristas e cobradores de ônibus	2.4.4	53.831 Anexo III	

Atividade Profissional	Campo de Aplicação	Código	Dispositivo Legal	Observações
	Motoristas e ajudantes de caminhão	2.4.4	53.831 Anexo III	
	Motorista de ônibus	2.4.2	83.080 Anexo II	
TRANSPORTE URBANO E RODOVIÁRIO	Motorista de caminhões de cargas	2.4.2	83.080 Anexo II	
	Tratorista	2.4.2	83.080 Anexo II	
	Operador de Máquina Pesada	2.4.2	83.080 Anexo II	
	Telegrafista	2.4.5	53.831 Anexo III	
TELEGRAFIA, TELEFONIA, RÁDIO COMUNICAÇÃO.	Telefonista	2.4.5	53.831 Anexo III	
	Rádio operadores de telecomunicações	2.4.5	53.831 Anexo III	
	Lavadores	2.5.1	53.831 Anexo III	
LAVANDERIA E TINTURARIA	Passadores	2.5.1	53.831 Anexo III	
	Calandristas	2.5.1	53.831 Anexo III	
	Tintureiros	2.5.1	53.831 Anexo III	
FUNDIÇÃO, COZIMENTO, LAMINAÇÃO, TREFILAÇÃO, MOLDAGEM	Trabalhadores nas indústrias metalúrgicas, de vidro, de cerâmica e de plásticos-fundidores, laminadores, moldadores, trefiladores, forjadores.	2.5.2	53.831 Anexo III	
SOLDAGEM, GALVANIZAÇÃO, CALDERARIA	Trabalhadores nas indústrias metalúrgicas, de vidro, de cerâmica e de plásticos - soldadores, galvanizadores, chapeadores, caldeireiros.	2.5.3	53.831 Anexo III	

Atividade Profissional	Campo de Aplicação	Código	Dispositivo Legal	Observações
PINTURA	Pintores de Pistola.	2.5.4	53.831 Anexo III	
	Linotipistas	2.5.5	53.831 Anexo III	
	Monotipistas	2.5.5	53.831 Anexo III	
	Tipográficas	2.5.5	53.831 Anexo III	
	Impressores	2.5.5	53.831 Anexo III	
	Margeadores	2.5.5	53.831 Anexo III	
	Montadores	2.5.5	53.831 Anexo III	
INDÚSTRIA POLIGRÁFICA	Compositores	2.5.5	53.831 Anexo III	Trabalhadores permanentes nas indústrias poligráficas
	Pautadores	2.5.5	53.831 Anexo III	
	Gravadores	2.5.5	53.831 Anexo III	
	Granitadores	2.5.5	53.831 Anexo III	
	Galvanotipista	2.5.5	53.831 Anexo III	
	Frezadores	2.5.5	53.831 Anexo III	
	Titulistas	2.5.5	53.831 Anexo III	
	Monotipistas	2.5.8	83.080 Anexo II	
	Linotipistas	2.5.8	83.080 Anexo II	
	Fundidores de monotipo	2.5.8	83.080 Anexo II	

Atividade Profissional	Campo de Aplicação	Código	Dispositivo Legal	Observações
	Fundidores de linotipo	2.5.8	83.080 Anexo II	
	Fundidores de estereotipia	2.5.8	83.080 Anexo II	
	Eletrotipistas	2.5.8	83.080 Anexo II	
	Estereotipistas	2.5.8	83.080 Anexo II	
	Galvanotipistas	2.5.8	83.080 Anexo II	
	Titulistas	2.5.8	83.080 Anexo II	
	Compositores	2.5.8	83.080 Anexo II	
	Biqueiros	2.5.8	83.080 Anexo II	
INDÚSTRIA GRÁFICA E EDITORIAL	Chapistas	2.5.8	83.080 Anexo II	
	Tipógrafos	2.5.8	83.080 Anexo II	
	Caixistas	2.5.8	83.080 Anexo II	
	Distribuidores	2.5.8	83.080 Anexo II	
	Paginadores	2.5.8	83.080 Anexo II	
	Emendadores	2.5.8	83.080 Anexo II	
	Impressores	2.5.8	83.080 Anexo II	
	Minervistas	2.5.8	83.080 Anexo II	
	Prelistas	2.5.8	83.080 Anexo II	
	Ludistas	2.5.8	83.080 Anexo II	

Atividade Profissional	Campo de Aplicação	Código	Dispositivo Legal	Observações
	Litógrafos	2.5.8	83.080 Anexo II	
	Fotogravadores	2.5.8	83.080 Anexo II	
	Estivadores	2.5.6	53.831 Anexo III	Jornada normal ou especial, fixada em Lei. Art. 273, CLT; item VII quadro II, do Art. 65 do Decreto 48.959-A (*), de 29-9-60.
	Arrumadores	2.5.6	53.831 Anexo III	
ESTIVA E ARMAZENAMENTO	Trabalhadores de capatazia	2.5.6	53.831 Anexo III	
	Consertadores	2.5.6	53.831 Anexo III	
	Conferentes	2.5.6	53.831 Anexo III	
EXTINÇÃO DE FOGO, GUARDA.	Bombeiros	2.5.7	53.831 Anexo III	Caberá enquadramento por categoria profissional ao vigia ou vigilante armado
	Investigadores	2.5.7	53.831 Anexo III	
	Guardas	2.5.7	53.831 Anexo III	
	Forneiros	2.5.1	83.080 Anexo II	
	Mãos de forno	2.5.1	83.080 Anexo II	
	Reservas de forno	2.5.1	83.080 Anexo II	

Atividade Profissional	Campo de Aplicação	Código	Dispositivo Legal	Observações
	Fundidores	2.5.1	83.080 Anexo II	Aciarias, fundições de ferro e metais não ferrosos, laminações
INDÚSTRIAS METALÚRGICAS E MECÂNICAS	Soldadores	2.5.1	83.080 Anexo II	
	Lingoteiros	2.5.1	83.080 Anexo II	
	Tenazeiros	2.5.1	83.080 Anexo II	
	Caçambeiros	2.5.1	83.080 Anexo II	
	Caçambeiros	2.5.1	83.080 Anexo II	
	Amarradores	2.5.1	83.080 Anexo II	
	Dobradores	2.5.1	83.080 Anexo II	
	Desbastadores	2.5.1	83.080 Anexo II	
	Rebarbadores	2.5.1	83.080 Anexo II	
	Esmerilhadores	2.5.1	83.080 Anexo II	
	Marteleteiros de rebarbação	2.5.1	83.080 Anexo II	
	Operadores de tambores rotativos e outras máquinas de rebarbação	2.5.1	83.080 Anexo II	
	Operadores de máquinas para fabricação de tubos por centrifugação	2.5.1	83.080 Anexo II	

Atividade Profissional	Campo de Aplicação	Código	Dispositivo Legal	Observações
	Operadores de pontes rolantes ou de equipamentos para transporte de peças e caçambas com metal liquefeito, nos recintos de aciarias, fundições e laminações	2.5.1	83.080 Anexo II	
	Operadores nos fornos de recozimento ou de têmpera	2.5.1	83.080 Anexo II	
	Recozedores	2.5.1	83.080 Anexo II	
	Temperadores	2.5.1	83.080 Anexo II	
	Ferreiros	2.5.2	83.080 Anexo II	
	Marteleiros	2.5.2	83.080 Anexo II	
	Forjadores	2.5.2	83.080 Anexo II	
	Estampadores	2.5.2	83.080 Anexo II	
	Caldeireiros e prensadores.	2.5.2	83.080 Anexo II	
	Operadores de forno de recozimento	2.5.2	83.080 Anexo II	
FERRARIAS, ESTAMPARIAS DE METAL À QUENTE E CALDEIRARIA.	Operadores de forno de têmpera	2.5.2	83.080 Anexo II	
	Operadores de forno de cementação	2.5.2	83.080 Anexo II	
	Forneiros	2.5.2	83.080 Anexo II	
	Recozedores	2.5.2	83.080 Anexo II	
	Remperadores	2.5.2	83.080 Anexo II	

Atividade Profissional	Campo de Aplicação	Código	Dispositivo Legal	Observações
	Cementadores	2.5.2	83.080 Anexo II	
	Operadores de pontes rolantes	2.5.2	83.080 Anexo II	
	Operadores talha elétrica	2.5.2	83.080 Anexo II	
	Operadores de máquinas pneumáticas.	2.5.3	83.080 Anexo II	
	Rebitadores com marteletes pneumáticos.	2.5.3	83.080 Anexo II	
	Cortadores de chapa a oxiacetileno.	2.5.3	83.080 Anexo II	
	Esmerilhadores.	2.5.3	83.080 Anexo II	
OPERAÇÕES DIVERSAS	Soldadores (solda elétrica e a oxiacetileno).	2.5.3	83.080 Anexo II	
	Operadores de jatos de areia com exposição direta à poeira.	2.5.3	83.080 Anexo II	
	Pintores a pistola (com solventes hidrocarbonados e tintas tóxicas).	2.5.3	83.080 Anexo II	
	Foguistas	2.5.3	83.080 Anexo II	
APLICAÇÃO DE REVESTIMENTOS METÁLICOS E ELETROPLASTIA	Galvanizadores	2.5.4	83.080 Anexo II	
	Niqueladores	2.5.4	83.080 Anexo II	
	Cromadores	2.5.4	83.080 Anexo II	
	Cobreadores	2.5.4	83.080 Anexo II	
	Estanhadores	2.5.4	83.080 Anexo II	
	Douradores	2.5.4	83.080 Anexo II	

Atividade Profissional	Campo de Aplicação	Código	Dispositivo Legal	Observações
	Profissionais em trabalhos de exposição permanente nos locais	2.5.4	83.080 Anexo II	
	Vidreiros	2.5.5	83.080 Anexo II	
	Operadores de forno	2.5.5	83.080 Anexo II	
	Forneiros	2.5.5	83.080 Anexo II	
FABRICAÇÃO DE VIDROS E CRISTAIS	Sopradores de vidros e cristais	2.5.5	83.080 Anexo II	
	Operadores de máquinas de fabricação de vidro plano	2.5.5	83.080 Anexo II	
	Sacadores de vidros e cristais	2.5.5	83.080 Anexo II	
	Operadores de máquinas de soprar vidros	2.5.5	83.080 Anexo II	
	Outros profissionais em trabalhos permanentes nos recintos de fabricação de vidros e cristais	2.5.5	83.080 Anexo II	
FABRICAÇÃO DE TINTAS, ESMALTES E VERNIZES	Trituradores	2.5.6	83.080 Anexo II	
	Moedores	2.5.6	83.080 Anexo II	
	Operadores de máquinas moedoras	2.5.6	83.080 Anexo II	
	Misturadores	2.5.6	83.080 Anexo II	
	Preparadores	2.5.6	83.080 Anexo II	
	Envasilhadores	2.5.6	83.080 Anexo II	

Atividade Profissional	Campo de Aplicação	Código	Dispositivo Legal	Observações
	Outros profissionais em trabalhos de exposição permanente nos recintos de fabricação	2.5.6	83.080 Anexo II	
PREPARAÇÃO DE COUROS	Caleadores de couros.	2.5.7	83.080 Anexo II	
	Curtidores de couros.	2.5.7	83.080 Anexo II	
	Trabalhadores em tanagem de couros.	2.5.7	83.080 Anexo II	

Note-se que alguns casos que geravam judicialização foram internalizados pela Autarquia, como o tratorista e o operador de máquina pesada.

De acordo com a TNU no julgamento do PUIL n. 0001698-06.2020.4.03.6310/SP, "deve ser reconhecida a natureza especial de qualquer atividade desempenhada em indústria têxtil, **notadamente de tecelão**, bem como que pode ser reconhecida exclusivamente pela anotação constante em CTPS, para fins de enquadramento profissional, por analogia aos **códigos 2.5.1 do Decreto 53.831/64** e 1.2.11 do Decreto 83.080/79, no período anterior à edição da Lei nº 9.032/95." Julgado em 15/09/2023.

Caso similar foi afetado na TNU como representativo de controvérsia sob o número 354:

Tema	**354**	**Situação do tema**	**Em Julgamento**	**Ramo do direito**	**DIREITO PREVIDENCIÁRIO**
Questão submetida a julgamento	Saber se é possível o reconhecimento do tempo especial por categoria profissional, sem laudo técnico até 28/04/1995, a atividade exercida em tecelagens (indústria têxtil), consubstanciada no Parecer nº 085/78 - MT/SSMT.				
Tese firmada					
Processo	**Decisão de afetação**	**Relator (a)**	**Julgado em**	**Acórdão publicado em**	**Trânsito em julgado**

PEDILEF 5002079-59.2018.4.02. 5102/RJ	07/02/2024	**Juíza Federal Paula Emília Moura Aragão de Sousa Brasil**			

Eis a decisão rechaçada pelo segurado recorrente da lavra da 2ª Turma Recursal do Rio de Janeiro:

> ***"PREVIDENCIÁRIO. ATIVIDADE EM INDÚSTRIA TÊXTIL. INEXISTÊNCIA DE PARECER DO MINISTÉRIO DO TRABALHO A RECONHECER OS OBREIROS DAS ATIVIDADES FINS DA INDÚSTRIA TÊXTIL COMO CATEGORIA COM TEMPO DE ATIVIDADES ESPECIAIS PARA FINS PREVIDENCIÁRIOS. NUNCA EXISTIU UM MINISTÉRIO DA SEGURANÇA SOCIAL E DO TRABALHO NO BRASIL. PARECER 85/78 DO MINISTÉRIO DO TRABALHO FOI EXPEDIDO NO PROCESSO MTB 324.971/76 E TRATA DE ASSUNTO DIVERSO DE TRABALHADORES AVULSOS. AUSÊNCIA DE ANALOGIA DAS ATIVIDADES DESEMPENHADAS COM AQUELES CONTEMPLADOS NOS CÓDIGOS 2.5.1 DO ANEXO DO DECRETO 53.831/1964 E 1.2.11 DO ANEXO DO DECRETO 83.080/1979, QUE TRATAM DE ATIVIDADES COM EXPOSIÇÕES A CALOR, UMIDADE E PIGMENTOS DE TINTAS PARA TINGIMENTO. ANALOGIA NEGATIVA. FORMULÁRIO DE ATIVIDADES ESPECIAIS SEM LAUDO TÉCNICO PARA RUÍDO, SEM INDICAÇÃO DE METODOLOGIA DE MEDIÇÃO DE INTENSIDADE DO FATOR DE RISCO E SEM RESPONSÁVEL PELA MONITORAÇÃO AMBIENTAL. SENTENÇA MANTIDA PELOS PRÓPRIOS FUNDAMENTOS, AOS QUAIS ACRESCIDOS AQUELES DESTE JULGAMENTO. DEMANDA PROCEDENTE EM PARTE. RECURSO INOMINADO CONHECIDO E IMPROVIDO".***
>
> A tese do recorrente é que "*a decisão guerreada está em dissonância com o entendimento firmado pela TNU (PEDILEF Nº 05280351520104058300), segundo o qual é possível o reconhecimento de atividade exercida em indústria têxtil como atividade especial, de acordo com a lei vigente a época, e consubstanciado ao Parecer MT.SSMT nº 085/78*".

E, de fato, **existem precedentes não qualificados da lavra da TNU não favoráveis ao INSS:**

> Tipo
>
> Acórdão
>
> Número

05318883120104058300

05318883120104058300

Relator(a)

JUIZ FEDERAL PAULO ERNANE MOREIRA BARROS

Relator para Acórdão

JUIZ FEDERAL JOÃƒO BATISTA LAZZARI

Data

11/03/2015

Data da publicação

20/03/2015

Fonte da publicação

DOU 20/03/2015 PÁGINAS 106/170

Ementa

PEDIDO DE UNIFORMIZAÇÃO. PREVIDENCIÁRIO. TEMPO ESPECIAL. TRABALHADOR INDÚSTRIA TÊXTIL. PARECER MT-SSMT N. 085/78, DO MINISTÉRIO DO TRABALHO. ENQUADRAMENTO PROFISSIONAL. ANALOGIA CÓDIGOS 2.5.1 DO DECRETO 53.831/64 E 1.2.11 DO DECRETO 83.080/79. POSSIBILIDADE. PARECER QUE CONTINUA SUBSIDIANDO O PROVIMENTO DE RECURSOS DE SEGURADOS NO ÂMBITO ADMINISTRATIVO. PEDIDO CONHECIDO E DESPROVIDO. 1. Trata-se de pedido de concessão de aposentadoria mediante o enquadramento especial das atividades prestadas nos períodos de 06/10/1980 a 30/04/1988 (Vicunha Têxtil S.A. - operador têxtil/alimentador batedor), 01/12/1988 a 13/06/1997 (Vicunha Têxtil S.A. - alimentador batedor/operador de cardas), 01/10/1998 a 06/06/2007 (Vicunha Têxtil S.A. - operador de cardas/auxiliar de produção/ajudante de produção). 2. A sentença julgou improcedentes os pedidos, consoante se destaca: 1. Períodos de 06/10/1980 a 30/04/1988 e de 01/05/1988 a 13/06/1997: Quanto a estes períodos, não foi comprovada a exposição do autor a ruído, como se pretende na petição inicial. Com efeito, quanto ao agente nocivo em questão, mostra-se indispensável a realização de perícia no local de trabalho para que se possa constatar o nível de submissão do segurado. No caso dos autos, não obstante a parte autora ter apresentado laudos periciais (anexo 07) entendo serem estes insuficientes à comprovação da efetiva exposição do autor a agente nocivo. Isso porque se tratam de documentos genéricos, de forma que não se referem especificamente ao autor e nem trazem com precisão o período ao qual se reportam. Por essa razão entendo não ser possível reconhecer como de natureza especial a atividade por ele desempenhada nos períodos. 2. Período de 01/10/1998 a 06/06/2007: Com relação a este período, o autor apresenta nos autos Perfil Profissiográfico Previdenciário (anexo 07) demonstrando sua exposição ao agente nocivo ruído.

No entanto, observo que apenas com relação ao período de 01/10/2003 a 28/04/2006 há referência aos profissionais responsáveis pelos registros ambientais, de forma que somente este período deve ser considerado no referido documento. Contudo, verifico que o autor não faz jus ao reconhecimento deste período como especial. Explico. De acordo com o Perfil Profissiográfico Previdenciário apresentado, o autor esteve exposto ao agente ruído, no período de 01/10/2003 a 28/04/2006, na intensidade de 83,3 dB(A), ou seja, inferior ao limite legal vigente à época. 2.1 A parte autora recorreu e a 2ª Turma Recursal dos Juizados Especiais Federais da Seção Judiciária de Pernambuco deu parcial provimento ao apelo, cujo acórdão fundamentou-se na premissa de que: A atividade desenvolvida na indústria têxtil, TECANOR, deve ser considerada insalubre, antes da edição da Lei n. 9.032/95, mesmo sem a apresentação de laudo técnico, pois era considerada insalubre por presunção legal, por norma do Ministério do Trabalho (Parecer 85/78). A propósito, confira-se os seguintes precedentes dos TRF's da 3ª e 4ª Regiões: [...] 2. Recurso do autor provido, para reconhecer o tempo de serviço prestado até 28/04/95 (TECANOR S/A) como especial e determinar sua conversão em tempo de serviço comum. 2.2 O INSS, em embargos de declaração, alegou que o acórdão foi omisso ao não indicar em quais ocupações ou grupos profissionais estariam enquadradas a atividades desenvolvidas em indústrias de tecelagem, aduzindo, ainda, haver contradição no voto condutor, porquanto enquadrou a atividade em categoria profissional, sem levar em consideração a profissão exercida pela parte, mas sim a presunção de exposição do trabalhador de indústria têxtil ao agente nocivo ruído. A Turma de origem, contudo, negou provimento aos embargos. 2.3 Em seu pedido de uniformização, a Autarquia previdenciária defende que o acórdão recorrido diverge de entendimento adotado por Turma Recursal de Santa Catarina (RCI 2007.72.95.009635-1 e RCI 2006.72.59.000556-7), que não reconheceu o enquadramento especial pelo exercício da atividade de tecelão ou de trabalhador em indústria têxtil, pois o Parecer MT-SSMT n. 085/78 não é norma cogente, mas mero enunciado de orientação administrativa, a qual, inclusive, há muito não é mais seguida pelo INSS. Invoca, ainda, haver contrariedade entre o acórdão da Turma pernambucana e julgados desta Turma Nacional (Pedilef 200672950186724) e do Superior Tribunal de Justiça (AGRESP 877972), no sentido de que para a comprovação da exposição aos agentes insalubres ruído e calor é necessária a apresentação de laudo pericial. 3. O incidente foi inadmitido na origem, com agravo na forma do RITNU. 4. Entendo comprovado o dissídio jurisprudencial na medida em que, ante a mesma situação fático-jurídica, turmas recursais de diferentes regiões conferiram interpretação divergente quanto à aplicação do direito material que envolve a questão. O acórdão recorrido reconheceu a especialidade da atividade prestada pelo autor em indústria têxtil até 28/04/1995 com base em parecer que reconhece o caráter especial das atividades laborais cumpridas em indústrias de tecelagem, mediante enquadramento profissional, por analogia aos itens nº 2.5.1 do Decreto nº 53.831/64 e nº 1.2.11 do Decreto 83.080/79. Os paradigmas, de seus turnos, negaram validade a tal ato por entenderem não se tratar de norma cogente, mas de mero enunciado que outrora orientou as decisões administrativas do INSS. 5. Segundo se depreende dos autos, o autor sempre laborou em indústria têxtil, no ramo de confecção, ocupando funções variadas (operador têxtil, alimentador batedor, alimentador batedor de resíduo e operador de cardas). Apresentou formulários e laudos com indicação da existência do agente ruído no ambiente do trabalho, conforme dá conta o excerto da sentença antes transcrito, documentos que foram reputados insuficientes à comprovação da especialidade pelo julgador monocrático, decisão parcialmente reformada pelo colégio recursal, que reconheceu a especialidade por enquadramento profissional do período anterior a 28/04/95, com arrimo em parecer emitido pelo Ministério do Trabalho na década de 70. 6. O cerne da questão trazida ao conhecimento desta Turma Nacional refere-se, portanto, à aplicação ao caso do Parecer MT-SSMT n. 085/78, do Ministério do Trabalho (emitido no processo n. 42/13.986.294), que estabeleceu que todos os trabalhos efetuados em tecelagens dão direito à Aposentadoria Especial, devido ao alto grau de ruído inerente a tais ambientes fabris. 6.1 Importante o registro de que no âmbito administrativo, o Conselho de Recursos da Previdência Social continua a adotar o referido parecer. A pesquisa da matéria na internet revela a existência de julgamentos administrativos recentes sobre o tema, conforme denota o excerto que segue em destaque: APOSENTADORIA POR TEMPO DE CONTRIBUIÇÃO – PROVIDA – IMPLEMENTA O TEMPO NECESSÁRIO PARA A CONCESSÃO DO BENEFÍCIO EM SUA FORMA INTEGRAL – EMQUADRAMENTO POR CATEGORIA PROFISSIONAL – ATIVIDADES EXERCIDAS EM TECELAGENS – POSSIBILIDADE – PARECER Nº 85/1978 DO MINISTÉRIO DA SEGURANÇA SOCIAL E DO TRABALHO – ENQUADRAMENTO POR EXPOSIÇÃO A RUÍDO EM NÍVEIS DE PRESSÃO SONORA ACIMA DOS LIMITES ESTABELECIDOS NA LEGISLAÇÃO – LEGISLAÇÃO ART. 56 DO DEC. 3048/99 RECURSO CONHECIDO E PROVIDO PARCIALMENTE AO SEGURADO . (grifei) 6.2 Os tribunais regionais federais, em sua maioria, também têm reconhecido o enquadramento especial de atividades desempenhadas em indústrias têxteis com amparo em tal parecer, conforme ementas que seguem: PREVIDENCIÁRIO. PROCESSUAL CIVIL. EMBARGOS DE DECLARAÇÃO OPOSTOS PELAS PARTES. OMISSÃO CONCERNENTE AO DIREITO DO AUTOR DE NÃO CONSERVAR A DOCUMENTAÇÃO COMPROBATÓRIA DE TEMPO DE SERVIÇO APÓS CINCO ANOS. APLICAÇÃO DOS PRINCÍPIOS IN DUBIO PRO MISERO E DA SEGURANÇA JURÍDICA. CARÁTER ESPECIAL DA ATIVIDADE DESEMPENHADA EM INDÚSTRIA DE TECELAGEM, EM CONSONÂNCIA COM A LEGISLAÇÃO DA ÉPOCA DA PRESTAÇÃO DOS SERVIÇOS. NÃO

VERIFICAÇÃO DE QUALQUER VÍCIO PROCESSUAL A JUSTIFICAR O PREQUESTIONAMENTO POSTULADO PELO INSS. PROVIMENTO DOS EMBARGOS DE DECLARAÇÃO OPOSTOS PELO AUTOR. DESPROVIMENTO DOS EMBARGOS DE DECLARAÇÃO OPSOTOS PELO INSS. 1. A hipótese versa sobre embargos de declaração em face do acórdão pelo qual foi dado parcial provimento à apelação e à remessa necessária apenas para excluir a contagem/conversão de tempo especial em relação ao vínculo empregatício da parte autora com o COTONIFÍCIO GÁVEA. [...] 7. De qualquer forma, cumpre reconhecer a natureza especial da atividade desempenhada pelo autor junto ao CONTONÍFIO GÁVEA, no caso concreto, pois a apesar de o INSS sustentar a impossibilidade de comprovação efetiva da exposição habitual e permanente do autor ao agente nocivo ruído, acima do limite legalmente tolerável, a jurisprudência, tendo por base o Parecer nº 85/78 do Ministério da Segurança Social e do Trabalho, tem reconhecido, mediante enquadramento, por analogia aos itens nº 251 do Decreto nº 53.831/64 e nº 1.211 do Decreto 83.080/79, o caráter especial de todas as atividades laborativas cumpridas em indústrias de tecelagem, a justificar a conversão pretendida, mesmo sem a apresentação do respectivo laudo técnico, até porque a natureza especial de tais atividades decorre da ação conjunta dos agentes ruído e calor, cujo reflexo nocivo se soma e potencializa ao longo dos anos. Precedentes. 8. Importa destacar que a Primeira Turma Especializada não discrepa de tal orientação, tendo também decidido favoravelmente ao reconhecimento e conversão do tempo especial prestado na mesma indústria de tecelagem. 9. Destarte, em vista da peculiaridade da causa, do disposto no art. 383 do Decreto 83.080/79, do princípio da segurança jurídica, da incidência do princípio in dubio pro misero, da presunção de insalubridade conferida às atividades desenvolvidas nas indústrias de tecelagem pelo parecer nº 85/78 do Ministério da Segurança Social e do Trabalho (por enquadramento em analogia ao Decreto 83.080/79) conforme legislação da época da prestação dos serviços, impõe-se sanar a omissão verificada, de modo a operar, excepcionalmente, efeitos infringentes ao julgado, confirmando, integralmente, a sentença de procedência do pedido inicial, por seus jurídicos fundamentos. [...] (grifei) (TRF2 - APELRE 200651015375717, Relator Desembargador Federal MARCELLO FERREIRA DE SOUZA GRANADO - PRIMEIRA TURMA ESPECIALIZADA - E-DJF2R - Data: 13/08/2013.) PROCESSO CIVIL. AGRAVO PREVISTO NO §1º ART.557 DO C.P.C. ATIVIDADE ESPECIAL TECELÃO. RUÍDO ACIMA DOS LIMITES ESTABELECIDOS. I - O Parecer nº 85/78 do Ministério da Segurança Social e do Trabalho confere o caráter especial a todas as atividades laborativas cumpridas em indústrias de tecelagem, sendo possível, pois, efetuar a conversão pretendida mesmo sem a apresentação do respectivo laudo técnico, mormente por se tratar de período anterior à inovação legislativa da Lei 9.032/95 que exige prova da efetiva exposição. II - Mantidos os termos da decisão agravada que determinou a conversão de atividade especial em comum de 01.071.974 a 24.02.1977, em razão da exposição a ruídos de 96 decibéis, em indústria têxtil, com base nas informações contidas no formulário de atividade especial (SB-40). III - Agravo do INSS improvido. (grifei) (TRF3 - AC 00416122520074039999, Relator Juiz Convocado em auxílio MARCUS ORIONE - DÉCIMA TURMA - e-DJF3 Judicial 1 - DATA:30/09/2009 - PÁGINA: 1734) PREVIDENCIÁRIO. APOSENTADORIA ESPECIAL. ATIVIDADE ESPECIAL. AGENTE NOCIVO RUÍDO. CATEGORIA PROFISSIONAL. TRABALHADORES EM TECELAGENS. EQUIPAMENTOS DE PROTEÇÃO INDIVIDUAL. 6. O Parecer n. 85 de 1978, do Ministério da Segurança Social e do Trabalho, confere o caráter de atividade especial a todos os trabalhos efetuados em tecelagens. Precedentes desta Corte. (TRF4 - REEXAME NECESSÁRIO CÍVEL 5000698-35.2012.404.7215 - Relator p/ Acórdão CELSO KIPPER - Sexta Turma, juntado aos autos em 10/10/2014) (grifei) 7. Dessa forma, entendo possível o reconhecimento da especialidade da atividade exercida em indústria têxtil em razão do Parecer MT-SSMT n. 085/78 continuar subsidiando o provimento de recursos de segurados no âmbito administrativo. 8. Assim, o acórdão recorrido não merece reparos.

Sucede que o Ministério do Trabalho e o INSS desconhecem a existência do Parecer nº 085/78 - MT/SSMT. Verifiquei que em solicitação da Câmara dos Deputados, o Ministério do Trabalho aduziu desconhecer o citado parecer e sugeriu que o órgão legislativo buscasse o INSS (https://www.camara.leg.br/proposicoesWeb/fichadetramitacao?idProposicao=495252):

"DESPACHO Referência: Documento 46010.001254/ 2011-98 Interessado: Deputado Federal Pepe Vargas Assunto: Solicitação de cópia do Parecer MT-SSMT nº 085/78 Como se evidenciou em despachos anteriores, não foi possível encontrar o documento "Parecer MT/SSMT 085/78" nem neste Departamento, nem na Coordenação de Documentação e Informação. Em consulta no Diário da Justiça e em documentos constantes no próprio processo, verifica-se que o Parecer estaria sendo utilizado em ações judiciais em que o INSS aparece como parte. Verifique-se, por exemplo, a apelação cível que consta às fls 1048-1049 do Diário da Justiça de 14 de maio de 2003, das quais juntamos cópia. Verificamos ainda que no Processo nº 2004.72.95.00.6754-4, que teve como Relatora a Juíza Eliana Paggiarin Marinho, (Sessão de 19.01.2005) aprovou-se o seguinte acórdão: 1.36. PREVIDENCIÁRIO. TEMPO ESPECIAL. TECELAGENS. PARECER MTSSMT 085-78. 1. O Parecer MT-SSMT nº 085/78, aplicado no âmbito administrativo pelo INSS, é conclusivo no sentido de que todos os trabalhos efetuados em tecelagens dão direito à Aposentadoria Especial, devido ao alto grau de ruído. 2. Situação que iguala os empregados das tecelagens a uma espécie de categoria profissional, possibilitando o enquadramento do tempo de serviço como especial, até a Lei nº 9.032/95, independentemente da presença de prova clara e contemporânea a respeito do nível de ruído e demais agentes agressivos presentes no

ambiente de trabalho. Assim sendo, bem como em razão da matéria relativa a aposentadoria especial, sugere-se que o Interessado dirija-se ao INSS no sentido de obter cópia do documento ou mesmo busque obtê-los junto à Justiça. Sugerimos o encaminhamento à ASP AR/MTE".

Dessa forma, **temos uma situação gravosa em que uma jurisprudência foi firmada contra o INSS com lastro no suposto Parecer MT.SSMT nº 085/78 de existência negada pela Administração Pública.**

Deste modo, **a decisão da TNU no julgamento do tema 354 foi favorável ao INSS:**

<table>
<tr><th>Tema</th><th>354</th><th>Situação do tema</th><th colspan="2">Julgado</th><th>Ramo do direito</th><th>DIREITO PREVIDENCIÁRIO</th></tr>
<tr><td colspan="2">Questão submetida a julgamento</td><td colspan="5">Saber se é possível o reconhecimento do tempo especial por categoria profissional, sem laudo técnico até 28/04/1995, a atividade exercida em tecelagens (indústria têxtil), consubstanciada no Parecer nº 085/78 - MT/SSMT.</td></tr>
<tr><td colspan="2">Tese firmada</td><td colspan="5">À míngua da existência do Parecer MT-SSMT nº 085/78, impossível o enquadramento especial da atividade de trabalhador em indústria têxtil exercida até edição da lei 9.032/95, por analogia, em relação aos códigos 2.5.1 do Decreto 53.831/64 e 1.2.11 do Decreto 83.080/79, com esteio tão somente nesse fictício parecer.</td></tr>
<tr><td colspan="2">Processo</td><td>Decisão de afetação</td><td>Relator (a)</td><td>Julgado em</td><td>Acórdão publicado em</td><td>Trânsito em julgado</td></tr>
<tr><td colspan="2">PEDILEF 5002079-59.2018.4.02.5102/RJ</td><td>07/02/2024</td><td>Juíza Federal Paula Emília Moura Aragão de Sousa Brasil</td><td>26/06/2024</td><td>02/07/2024</td><td></td></tr>
</table>

Caso o segurado não trabalhasse em uma profissão em que o Regulamento de 1979 **presumia absolutamente** o direito à aposentadoria especial, poderia ainda ter direito ao benefício caso laborasse exposto a algum agente nocivo elencado no anexo I do Decreto 53.831/64 ou no anexo II do Decreto 83.808/79, a saber:

QUADRO A QUE SE REFERE O ART. 2º DO DECRETO Nº 53.831[10], DE 25 DE MARÇO DE 1964

REGULAMENTO GERAL DA PREVIDÊNCIA SOCIAL

Código	Campo de aplicação	Serviços e atividades profissionais	Classificação	Tempo de trabalho mínimo	Observações
1.0.0	**AGENTES**				
1.1.0	FÍSICOS				
1.1.1	CALOR Operações em locais com temperatura excessivamente alta, capaz de ser nociva à saúde e proveniente de fontes artificiais.		Insalubre	25 anos	Jornada normal em locais com TE acima de 28º. Artigos 165, 187 e 234, da CLT. Portaria Ministerial 30 de 7-2-58 e 262, de 6-8-62.
1.1.2	FRIO Operações em locais com temperatura excessivamente baixa, capaz de ser nociva à saúde e proveniente de fontes artificiais.	Trabalhos na indústria do frio – operadores de câmaras frigoríficas e outros.	Insalubre	25 anos	Jornada normal em locais com temperatura inferior a 12º centígrados. Art. 165 e 187, da CLT e Portaria Ministerial 262, de 6-8-62.
1.1.3	UMIDADE Operações em locais com umidade excessiva, capaz de ser nociva à saúde e proveniente de fontes artificiais.	Trabalhos em contato direto e permanente com água – lavadores, tintureiros, operários nas salinas e outros.	Insalubre	25 anos	Jornada normal em locais com umidade excessiva. Art. 187 da CLT e Portaria Ministerial 262, de 6-8-62.

10. Art. 2º Para os efeitos da concessão da Aposentadoria Especial, serão considerados serviços insalubres, perigosos ou penosos, os constantes do Quadro anexo em que se estabelece também a correspondência com os prazos referidos no art. 31 da citada Lei.

Código	Campo de aplicação	Serviços e atividades profissionais	Classificação	Tempo de trabalho mínimo	Observações
1.1.4	RADIAÇÃO Operações em locais com radiações capazes de serem nocivas à saúde – infra-vermelho, ultra-violeta, raios X, rádium e substâncias radiativas.	Trabalhos expostos a radiações para fins industriais, diagnósticos e terapêuticos– Operadores de raio X, de rádium e substâncias radiativas, soldadores com arco elétrico e com oxiacetilênio, aeroviários de manutenção de aeronaves e motores, turbo-hélices e outros.	Insalubre	25 anos	Jornada normal ou especial fixada em lei – Lei 1.234 (*) de 14 de novembro de 1950; Lei 3.999 (*) de 15-12-61; Art. 187, da CLT; Decreto nº 1.232, de 22 de junho de 1962 e Portaria Ministerial 262, de 6 de agosto de 1962.
1.1.5	TREPIDAÇÃO Operações em trepidações capazes de serem nocivas a saúde.	Trepidações e vibrações industriais – Operadores de perfuratrizes e marteletes pneumáticos, e outros.	Insalubre	25 anos	Jornada normal com máquinas acionadas por ar comprimido e velocidade acima de 120 golpes por minutos. Art. 187 CLT. Portaria Ministerial 262, de 6-8-62.
1.1.6	RUÍDO Operações em locais com ruído excessivo capas de ser nocivo à saúde.	Trepidações sujeitos aos efeitos de ruídos industriais excessivos – caldeireiros, operadores de máquinas pneumáticas, de motores – turbinas e outros.	Insalubre	25 anos	Jornada normal ou especial fixada em lei em locais com ruídos acima de 80 decibéis. Decreto número 1.232, de 22 de junho de 1962. Portaria Ministerial 262, de 6-8-62 e Art. 187 da CLT.

Código	Campo de aplicação	Serviços e atividades profissionais	Classificação	Tempo de trabalho mínimo	Observações
1.1.7	PRESSÃO Operações em locais com pressão atmosférica anormal capaz de ser nociva à saúde.	Trabalhos em ambientes com alta ou baixa pressão – escafandristas, mergulhadores, operadores em caixões ou tubulações pneumáticos e outros.	Insalubre	25 anos	Jornada normal ou especial fixada em lei – Artigos 187 e 219 CLT. Portaria Ministerial 73, de 2 de janeiro de 1960 e 252, de 6-8-62.
1.1.8	ELETRICIDADE Operações em locais com eletricidade em condições de perigo de vida.	Trabalhos permanentes em instalações ou equipamentos elétricos com riscos de acidentes – Eletricistas, cabistas, montadores e outros.	Perigoso	25 anos	Jornada normal ou especial fixada em lei em serviços expostos a tensão superior a 250 volts. Arts. 187, 195 e 196 da CLT. Portaria Ministerial 34, de 8-4-54.
1.2.0	QUÍMICOS				
1.2.1	ARSÊNICO Operações com arsênico e seus compostos.	I – Extração.	Insalubre	20 anos	Jornada normal. Art. 187 CLT. Portaria Ministerial 262, de 6-8-62.
		II – Fabricação de seus compostos e derivados – Tintas, parasiticidas e inseticidas etc.	Insalubre	20 anos	
		III – Emprego de derivados arsenicais – Pintura, galvanotécnica, depilação, empalhamento, etc.	Insalubre	25 anos	
1.2.2	BERÍLIO Operações com berílio e seus compostos.	Trabalhos permanentes expostos a poeiras e fumos – Fundição de ligas metálicas.	Insalubre	25 anos	Jornada normal. Art. 187 CLT. Portaria Ministerial 262, de 6-8-62.

Código	Campo de aplicação	Serviços e atividades profissionais	Classificação	Tempo de trabalho mínimo	Observações
1.2.3	CÁDMIO Operações com cádmio e seus compostos.	Trabalhos permanentes expostos a poeiras e fumos – Fundição de ligas metálicas.	Insalubre	25 anos	Jornada normal. Art. 187 CLT. Portaria Ministerial 262, de 6-8-62.
1.2.4	CHUMBO Operações com chumbo, seus sais e ligas.	I – Fundição, refino, moldagens, trefiliação e laminação.	Insalubre	20 anos	Jornada normal. Art. 187 CLT. Portaria Ministerial 262, de 6-8-62.
		II – Fabricação de artefatos e de produtos de chumbo – baterias, acumuladores, tintas e etc.		25 anos	
		III – Limpeza, raspagens e demais trabalhos em tanques de gasolina contendo chumbo, tetra etil, polimento e acabamento de ligas de chumbo etc.		25 anos	
		IV – Soldagem e dessoldagem com ligas à base de chumbo, vulcanização da borracha, tinturaria, estamparia, pintura e outros.		25 anos	
1.2.5	CROMO Operações com cromo e seus sais.	Trabalhos permanentes expostos ao tóxico – Fabricação, tanagem de couros, cromagem eletrolítica de metais e outras.	Insalubre	25 anos	Jornada normal. Art. 187 CLT. Portaria Ministerial 262, de 6-8-62.

Código	Campo de aplicação	Serviços e atividades profissionais	Classificação	Tempo de trabalho mínimo	Observações
1.2.6	FÓSFORO Operações com fósforo e seus compostos.	I – Extração e depuração do fósforo branco e seus compostos.	Insalubre	20 anos	Jornada normal. Art. 187 CLT. Portaria Ministerial 262, de 6-8-62.
		II – Fabricação de produtos fosforados asfixiantes, tóxicos, incendiários ou explosivos.	Insalubre Perigoso		
		III – Emprego de líquidos, pastas, pós e gases à base de fósforo branco para destruição de ratos e parasitas.	Insalubre	25 anos	
1.2.7	MANGANÊS Operações com o manganês.	Trabalhos permanentes expostos à poeiras ou fumos do manganês e seus compostos (bióxido) – Metalurgia, cerâmica, indústria de vidros e outras.	Insalubre	25 anos	Jornada normal. Art. 187 CLT. Portaria Ministerial 262, de 6-8-62.
1.2.8	MERCÚRIO Operações com mercúrio, seus sais e amálgamas.	I – Extração e tratamento de amálgamas e compostos – Cloreto e fulminato de Hg.	Insalubre Perigoso	20 anos	Jornada normal. Art. 187 CLT. Portaria Ministerial 262, de 6-8-62.
		II – Emprego de amálgama e derivados, galvanoplastia, estanhagem e outros.	Insalubre	25 anos	

Código	Campo de aplicação	Serviços e atividades profissionais	Classificação	Tempo de trabalho mínimo	Observações
1.2.9	OUTROS TÓXICOS INORGÂNICOS Operações com outros tóxicos inorgârnicos capazes de fazerem mal à saúde.	Trabalhos permanentes expostos às poeiras, gazes, vapores, neblina e fumos de outros metais, metalóide halogenose seus eletrólitos tóxicos – ácidos, base e sais – Relação das substâncias nocivas publicadas no Regulamento Tipo de Segurança da O.I.T.	Insalubre	25 anos	Jornada normal. Art. 187 CLT. Portaria Ministerial 262, de 6-8-62.
1.2.10	POEIRAS MINERAIS NOCIVAS Operações industriais com desprendimento de poeiras capazes de fazerem mal à saúde – Sílica, carvão, cimento, asbesto e talco.	I – Trabalhos permanentes no subsolo em operações de corte, furação, desmonte e carregamento nas frentes de trabalho.	Insalubre Perigoso Penoso	15 anos	Jornada normal especial fixada em Lei. Arts. 187 e 293 da Portaria Ministerial 262, de 5-1-60: 49 e 31, de 25-3-60: e 6-8-62.
		II – Trabalhos permanentes em locais de subsolo afastados das frentes de trabalho, galerias, rampas, poços, depósitos, etc ...	Insalubre Penoso	20 anos	
		III – Trabalhos permanentes a céu aberto. Corte, furação, desmonte, carregamento, britagem, classificação, carga e descarga de silos, transportadores de correias e teleférreos, moagem, calcinação, ensacamento e outras.	Insalubre	25 anos	

Código	Campo de aplicação	Serviços e atividades profissionais	Classificação	Tempo de trabalho mínimo	Observações
1.2.11	TÓXICOS ORGÂNICOS Operações executadas com derivados tóxicos do carbono – Nomenclatura Internacional. I – Hidrocarbonetos (ano, eno, ino) II – Ácidos carboxílicos (oico) III – Alcoois (ol) IV – Aldehydos (al) V – Cetona (ona) VI – Esteres (com sais em ato – ilia) VII – Éteres (óxidos – oxi) VIII – Amidas – amidos IX – Aminas – aminas X – Nitrilas e isonitrilas (nitrilas e carbilaminas) XI – Compostos organo – metálicos halogenados, metalódicos halogenados, metalóidicos e nitrados.	Trabalhos permanentes expostos às poeiras: gases, vapores, neblinas e fumos de derivados do carbono constantes da Relação Internacional das Substâncias Nocivas publicada no Regulamento Tipo de Segurança da O.I.T – Tais como: cloreto de metila, tetracloreto de carbono, tricoloroetileno, clorofórmio, bromureto de netila, nitrobenzeno, gasolina, alcoois, acetona, acetatos, pentano, metano, hexano, sulfureto de carbono, etc.	Insalubre	25 anos	Jornada normal. Art. 187 CLT. Portaria Ministerial 262, de 6-8-62.
1.3.0	BIOLÓGICOS				

Código	Campo de aplicação	Serviços e atividades profissionais	Classificação	Tempo de trabalho mínimo	Observações
1.3.1	CARBÚNCULO, BRUCELA MORNO E TÉTANO Operações industriais com animais ou produtos oriundos de animais infectados.	Trabalhos permanentes expostos ao contato direto com germes infecciosos – Assistência Veterinária, serviços em matadouros, cavalariças e outros.	Insalubre	25 anos	Jornada normal. Art. 187 CLT. Portaria Ministerial 262, de 6-8-62.
1.3.2	GERMES INFECCIOSOS OU PARASITÁRIOS HUMANOS – ANIMAIS Serviços de Assistência Médica, Odontológica e Hospitalar em que haja contato obrigatório com organismos doentes ou com materiais infecto-contagiantes.	Trabalhos permanentes expostos ao contato com doentes ou materiais infecto-contagiantes – assistência médico, odontológica, hospitalar e outras atividades afins.	Insalubre	25 anos	Jornada normal ou especial fixada em Lei. Lei nº 3.999, de 15-12-61. Art. 187 CLT. Portaria Ministerial 262, de 6-8-62.
2.0.0	**OCUPAÇÕES**				
2.1.0	LIBERAIS, TÉCNICOS, ASSEMELHADAS				
2.1.1	ENGENHARIA	Engenheiros de Construção Civil, de minas, de metalurgia, Eletricistas.	Insalubre	25 anos	Jornada normal ou especial fixada em Lei. Decreto nº 46.131 (*), de 3-6-59.
2.1.2	QUÍMICA	Químicos, Toxicologistas, Podologistas.	Insalubre	25 anos	Jornada normal ou especial fixada em Lei. Decreto nº 48.285 (*), de 1960.
2.1.3	MEDICINA, ODONTOLOGIA, ENFERMAGEM	Médicos, Dentistas, Enfermeiros.	Insalubre	25 anos	Jornada normal ou especial fixada em Lei. Decreto nº 43.185 (*), de 6-2-58.

Código	Campo de aplicação	Serviços e atividades profissionais	Classificação	Tempo de trabalho mínimo	Observações
2.1.4	MAGISTÉRIO	Professores.	Penoso	25 anos	Jornada normal ou especial fixada em Lei Estadual, GB, 286; RJ, 1.870, de 25-4. Art. 318, da Consolidação das Leis do Trabalho.
2.2.0	AGRÍCOLAS, FLORESTAIS, AQUÁTICAS				
2.2.1	AGRICULTURA	Trabalhadores na agropecuária.	Insalubre	25 anos	Jornada normal.
2.2.2	CAÇA	Trabalhadores florestais, caçadores.	Perigoso	25 anos	Jornada normal.
2.2.3	PESCA	Pescadores	Perigoso	25 anos	Jornada normal.
2.3.0	PERFURAÇÃO, CONSTRUÇÃO CIVIL. ASSEMELHADOS				
2.3.1	ESCAVAÇÕES DE SUPERFÍCIE – POÇOS	Trabalhadores em túneis e galerias.	Insalubre Perigoso	20 anos	Jornada normal ou especial, fixada em Lei. Artigo 295. CLT
2.3.2	ESCAVAÇÕES DE SUBSOLO – TÚNEIS	Trabalhadores em escavações à céu aberto.	Insalubre	25 anos	Jornada normal.
2.3.3	EDIFÍCIOS, BARRAGENS, PONTES	Trabalhadores em edifícios, barragens, pontes, torres.	Perigoso	25 anos	Jornada normal.
2.4.0	TRANSPORTES E COMUNICAÇÕES				

Código	Campo de aplicação	Serviços e atividades profissionais	Classificação	Tempo de trabalho mínimo	Observações
2.4.1	TRANSPORTES AÉREO	Aeronautas, Aeroviários de serviços de pista e de oficinas, de manutenção, de conservação, de carga e descarga, de recepção e de despacho de aeronaves.	Perigoso	25 anos	Jornada normal ou especial, fixada em Lei. Lei nº 3.501, (*) de 21-12-58; Lei nº 2.573, (*) de 15-8-55; Decretos nºs 50.660 (*), de 26-6-61 e 1.232, de 22-6-62.
2.4.2	TRANSPORTES MARÍTIMO, FLUVIAL E LACUSTRE	Marítimos de convés de máquinas, de câmara e de saúde – Operários de construção e reparos navais.	Insalubre	25 anos	Jornada normal ou especial fixada em Lei. Art. 243 CLT. Decretos nº 52.475 (*). de 13-9-63; 52.700 (*) de 18-10-63 e 53.514 (*), de 30-1-64.
2.4.3	TRANSPORTES FERROVIÁRIO	Maquinistas, Guarda-freios, trabalhadores da via permanente.	Insalubre	25 anos	Jornada normal ou especial fixada em Lei. Artigo 238, CLT.
2.4.4	TRANSPORTES RODOVIÁRIO	Motorneiros e condutores de bondes. Motoristas e cobradores de ônibus. Motoristas e ajudantes de caminhão.	Penoso	25 anos	Jornada normal.
2.4.5	TELEGRAFIA, TELEFONIA, RÁDIO COMUNICAÇÃO.	Telegrafista, telefonista, rádio operadores de telecomunicações.	Insalubre	25 anos	Jornada normal ou especial, fixada em Lei. Artigo 227 da CLT. Portaria Ministerial 20, de 6-8-62.
2.5.0	ARTESANATO E OUTRAS OCUPAÇÕES QUALIFICADAS				
2.5.1	LAVANDERIA E TINTURARIA	Lavadores, passadores, calandristas, tintureiros.	Insalubre	25 anos	Jornada normal.

Código	Campo de aplicação	Serviços e atividades profissionais	Classificação	Tempo de trabalho mínimo	Observações
2.5.2	FUNDIÇÃO, COZIMENTO, LAMINAÇÃO, TREFILAÇÃO, MOLDAGEM	Trabalhadores nas indústrias metalúrgicas, de vidro, de cerâmica e de plásticos-fundidores, laminadores, moldadores, trefiladores, forjadores.	Insalubre	25 anos	Jornada normal.
2.5.3	SOLDAGEM, GALVANIZAÇÃO, CALDERARIA	Trabalhadores nas indústrias metalúrgicas, de vidro, de cerâmica e de plásticos – soldadores, galvanizadores, chapeadores, caldeireiros.	Insalubre	25 anos	Jornada normal.
2.5.4	PINTURA	Pintores de Pistola.	Insalubre	25 anos	Jornada normal.
2.5.5	COMPOSIÇÃO TIPOGRÁFICA E MECÂNICA, LINOTIPIA, ESTEREOTIPIA, ELETROTIPIA, LITOGRAFIA E OFF-SETT, FOTOGRAVURA, ROTOGRAVURA E GRAVURA, ENCADERNAÇÃO E IMPRESSÃO EM GERAL.	Trabalhadores permanentes nas indústrias poligráficas: Linotipistas, monotipistas, tipográficas, impressores, margeadores, montadores, compositores, pautadores, gravadores, granitadores, galvanotipistas, frezadores, titulistas.	Insalubre	25 anos	Jornada normal.
2.5.6	ESTIVA E ARMAZENAMENTO.	Estivadores, Arrumadores, Trabalhadores de capatazia, Consertadores, Conferentes.	Perigoso	25 anos	Jornada normal ou especial, fixada em Lei. Art. 278, CLT; item VII quadro II, do Art. 65 do Decreto 48.959-A (*), de 29-9-60.
2.5.7	EXTINÇÃO DE FOGO, GUARDA.	Bombeiros, Investigadores, Guardas	Perigoso	25 anos	Jornada normal.

A respeito do item 2.5.7, eis a posição do CRPS:

> JR/CRPS – ENUNCIADO Nº 14 – Alterado: Publicado no DOU de 12.11.2019
>
> A atividade especial efetivamente desempenhada pelo segurado, permite o enquadramento por categoria profissional até 28/04/1995 nos anexos dos Decretos nº 53.831/64 e 83.080/79, ainda que divergente do registro em Carteira de Trabalho e Previdência Social (CTPS), Ficha ou Livro de Registro de Empregados, desde que comprovado o exercício nas mesmas condições de insalubridade, periculosidade ou penosidade.
>
> I – É dispensável a apresentação de PPP ou outro formulário para enquadramento de atividade especial por categoria profissional, desde que a profissão ou atividade comprovadamente exercida pelo segurado conste nos anexos dos Decretos nº 53.831/64 e 83.080/79.
>
> **II – O enquadramento do guarda, vigia ou vigilante no código 2.5.7 do Decreto nº 53.831/64 independe do uso, porte ou posse de arma de fogo.**

Registre-se que, conforme DOU de 20/06/2022, o CRPS revogou o item II do Enunciado 14, indicando não mais admitir até 28/04/1995 o tempo especial do vigilante sem o manejo de arma de fogo, certamente para aguardar a posição do STF:

> **Resolução CRPS Nº 25 DE 14/06/2022**
>
> Publicado no DOU em 20 jun 2022
>
> Ref.: Revogação de item de Enunciado do Conselho Pleno do CRPS.
>
> O Presidente do CRPS, no uso das atribuições conferidas pelo Regimento Interno, Portaria MDSA nº 116/2017, torna pública a revogação de fração de Enunciado, com a seguinte ementa: Enunciados. Conselho Pleno. Deliberação Colegiada. **Inciso II do Enunciado 14. Revogação. Unanimidade, e**
>
> Conforme preconiza o art. 3º do RICRPS, compete ao Conselho Pleno uniformizar, em tese, a jurisprudência administrativa previdenciária e assistencial. Referida uniformização se dá mediante a emissão de Enunciados que, em matéria de interpretação do direito, apresentam efeito vinculante em relação a todos os Conselheiros.
>
> Nos termos do § 2º do art. 62 do referido ato regimental, o enunciado poderá ser revogado ou ter sua redação alterada nos casos em que esteja desatualizado em relação à legislação previdenciária, houver equívoca interpretação da norma ou quando sobrevier parecer normativo ministerial vinculante que lhe prejudique ou retire a validade ou eficácia.
>
> Com fundamento em tal permissivo regimental, por ocasião da sessão extraordinária realizada no dia 09 de junho de 2022, por provocação do Presidente do CRPS, bem como tomando como embasamento o estudo fundamentado desenvolvido pelo Presidente da 4ª Câmara de Julgamento, Dr. Paulo Sérgio

> de Carvalho Costa Ribeiro Filho, o Conselho Pleno do CRPS procedeu a uma revisão dos seus Enunciados então vigentes, o que fez a fim de compatibilizá-los com as supervenientes alterações ocorridas nos cenários normativo e jurisprudencial.
>
> Atendido o quórum regimental, o Conselho Pleno assim deliberou:
>
> Nos termos do art. 62, § 2º do Regimento Interno do CRPS fica revogado do item II do Enunciado 14 deste Conselho.
>
> Ante o exposto, publique-se a deliberação procedida pelo Conselho Pleno no que tange a revogação do item II do Enunciado nº 14 do CRPS.
>
> MARCELO FERNANDO BÓRSIO

Ao julgar o **Tema 282**, a Turma Nacional reverteu a sua posição histórica, admitindo a possibilidade condicionada de concessão da aposentadoria especial ao vigilante sem arma de fogo no período anterior à vigência da Lei 9.032/95:

Tema	**282**	**Situação do tema**	**Julgado**	**Ramo do direito**	**DIREITO PREVIDENCIÁRIO**
Questão submetida a julgamento	Saber se é possível o enquadramento da atividade de vigilante/vigia como especial, independentemente de porte de arma de fogo, em período anterior à Lei n. 9.032/1995.				
Tese firmada	**A atividade de vigia ou de vigilante é considerada especial por equiparação à atividade de guarda prevista no código 2.5.7 do Decreto 53.831/64, até a edição da Lei n. 9.032/1995, independentemente do uso de arma de fogo, desde que haja comprovação da equiparação das condições de trabalho, por qualquer meio de prova.**				
Processo	**Decisão de afetação**	**Relator (a)**	**Julgado em**	**Acórdão publicado em**	**Trânsito em julgado**
PEDILEF 5007156-87.2019.4.04.7000/PR	**25/2/2021**	**Juiz Federal Paulo Cezar Neves Junior – para acórdão: Dra. Susana Sbrogio' Galia**	**05/05/2022**	**09/05/2022**	

Isso porque a União/Poder Executivo, através do CRPS, órgão recursal que detém o poder "jurisdicional" administrativo de reformar as decisões tomadas pelo INSS em grau recursal, nos termos do artigo 126 da Lei 8.213/91, editou o Enunciado 14, item 2, publicado em 12 de dezembro de 2019 pelo Despacho 37/2019/CRPS, que acolheu a pretensão do segurado:

> ***"II – O enquadramento do guarda, vigia ou vigilante no código 2.5.7 do Decreto nº 53.831/64 independe do uso, porte ou posse de arma de fogo".***

Dessa forma, **já era esperada por mim (quase uma certeza) uma votação favorável ao segurado**, revertendo a jurisprudência consolidada da TNU até então favorável ao INSS (no mesmo sentido os Tribunais Regionais Federais ainda são favoráveis dominantemente à Autarquia).

Nesse sentido, veja-se passagem do voto/vencido do Juiz Federal Paulo Cezar Neves:

> ***"Considere-se que o próprio Conselho de Recursos da Previdência Social passou a admitir o enquadramento como especial da atividade de vigilante, independentemente do uso de arma de fogo, como se observa do seu Enunciado 14:***
>
> *A atividade especial efetivamente desempenhada pelo segurado, permite o enquadramento por categoria profissional até 28/04/1995 nos anexos dos Decretos nº 53.831/64 e 83.080/79, ainda que divergente do registro em Carteira de Trabalho e Previdência Social (CTPS), Ficha ou Livro de Registro de Empregados, desde que comprovado o exercício nas mesmas condições de insalubridade, periculosidade ou penosidade. I – É dispensável a apresentação de PPP ou outro formulário para enquadramento de atividade especial por categoria profissional, desde que a profissão ou atividade comprovadamente exercida pelo segurado conste nos anexos dos Decretos nº 53.831/64 e 83.080/79. II –* ***O enquadramento do guarda, vigia ou vigilante no código 2.5.7 do Decreto nº 53.831/64 independe do uso, porte ou posse de arma de fogo (grifo não é do original)".***

Por certo, **o maior receio dos julgadores é adotar uma tese mais rígida do que o Poder Executivo federal contra os segurados**. Embora o INSS não acate a tese do enquadramento do vigilante sem o uso de arma de fogo como tempo especial até a Lei 9.032/95, **desde 12/12/2019 o CRPS a admite**.

Assim, considerando que os enunciados do CRPS possuem efeito vinculante perante as suas Juntas e Câmaras, na via administrativa o segurado consegue o enquadramento em grau recursal, o que gera um manifesto constrangimento para a TNU, que se vê obrigada a rever o seu posicionamento histórico favorável ao INSS.

E não se trata de algo novo. A TNU já seguiu o CRPS contra posição do INSS ao adotar a NR 15 como método paralelo para aferição do ruído junto com a NHO 1 FUNDACENTRO para o período a partir de 2004. A Turma Nacional, ao julgar o Tema 174, adotou o Enunciado 13 do CRPS.

Assim sendo, **é tendência quase certa que o Judiciário vai rever ou firmar a sua posição contra o INSS, sempre que o CRPS possuir posicionamento mais favorável ao beneficiário da Previdência Social**, pois há um nítido e claro temor em ser mais duro que o Poder Executivo.

De certo, não há sentido em o juiz negar algo ao segurado que este irá conseguir êxito no recurso administrativo no processo previdenciário no CRPS. Nem precisaria, em tese, da demanda judicial para obter o direito.

Mas há um detalhe de enorme relevo jurídico. A TNU exigiu no tema 282 que ***"haja comprovação da equiparação das condições de trabalho, por qualquer meio de prova"*** ao vigia, requisito que não consta do Enunciado 14, item 2, do CRPS.

Dessa forma, quer por prova testemunhal, pericial ou documental, **quer vigilante com ou sem arma de fogo**, a Turma Nacional exige que o segurado vigilante prove que se equiparou às condições de trabalho do vigia até 28.04.1995 para o reconhecimento do tempo especial.

Isso fica claro ao se transcrever passagem do voto vencedor, da lavra da juíza federal Suzana Galia:

> *"Os vigilantes exercem suas atividades de segurança patrimonial e de pessoas vinculados a empresas de vigilância, que necessitam de autorização legal para funcionamento, somente obtida se preenchidos os requisitos estabelecidos em Portaria do Departamento de Polícia Federal, órgão fiscalizador competente.*
>
> *Note-se que, com referência à descrição da Classificação Brasileira de Ocupações (CBO), a atividade de vigilante encontra-se descrita no item 5173 ("Vigilantes e guardas de segurança"), ao passo que a atividade de vigia está inserida em item diverso, qual seja, o item 5174 ("Porteiros, vigias e afins") dividindo-se entre as atividades de portaria e zelo patrimonial por meio de observação do comportamento e fluxo de pessoas.*
>
> *A atividade de vigilante é descrita, na CBO, como segurança pessoal e patrimonial* ***ostensiva:***
>
> *Vigiam,* ***de forma ativa,*** *dependências e áreas públicas e privadas com a finalidade de prevenir, controlar e coibir delitos como porte ilícito de armas e munições e outras irregularidades. Zelam pela segurança das pessoas, do patrimônio e pelo cumprimento das leis e regulamentos realizando rondas no interior da área vigiada e monitorando câmeras e sistemas de alarme. Recepcionam e controlam a*

movimentação de pessoas em áreas de acesso livre e restrito. Fiscalizam pessoas, cargas e patrimônio e escoltam pessoas e mercadorias. Controlam objetos e cargas. Vigiam parques e reservas florestais, combatendo inclusive focos de incêndio. Vigiam presos e muradas de estabelecimentos prisionais. Comunicam-se via rádio ou telefone e prestam informações ao público e aos órgãos competentes.

O vigia, por sua vez, exerce atividades relacionadas à recepção e observação do comportamento e movimentação de pessoas, não se encontrando originariamente relacionadas à segurança pessoal e patrimonial ostensiva:

Recepcionam e orientam visitantes e hóspedes. Zelam pela guarda do patrimônio observando o comportamento e movimentação de pessoas para prevenir perdas, evitar incêndios, acidentes e outras anormalidades. Controlam o fluxo de pessoas e veículos identificando-os e encaminhando-os aos locais desejados. Recebem mercadorias, volumes diversos e correspondências. Fazem manutenções simples nos locais de trabalho.

Deste modo, parece-me que a legislação estabeleceria uma distinção entre a atividade de vigia e vigilante, sendo que as informações da CBO permitiriam presunção simples (ou presunção hominis) quanto à equiparação da atividade de vigilante à atividade de guarda, porém a legislação e a classificação de ocupações não chancelariam a presunção legal para estendê-la à atividade de vigia.

*Daí que se concorda com a afirmação de que "**O uso de arma de fogo pode ser enquadrável como condição nociva, mas, outras circunstâncias igualmente podem.**"*

Contudo, respeitosamente se discorda que isso, agregado a eventual desvio de função no desempenho destas atividades, enseje uma presunção absoluta, que, via de regra, exige contexto normativo específico.

Igualmente, não seria o caso de presunção relativa, pois há necessidade de observar a coerência e estabilidade da jurisprudência do STJ e da TNU.

*Nessas condições, menciona-se a aplicação, ao caso, da tese firmada pela TNU no **Tema 198 dos seus incidentes representativos de controvérsia** (PUIL 0502252-37.2017.4.05.8312/PE), a seguir transcrita:*

No período anterior a 29/04/1995, é possível fazer-se a qualificação do tempo de serviço como especial a partir do emprego da analogia, em relação às ocupações previstas no Decreto n.º 53.831/64 e no Decreto n.º 83.080/79. Nesse caso, necessário que o órgão julgador justifique a semelhança entre a atividade do segurado e a atividade paradigma, prevista nos aludidos decretos, de modo a concluir que são exercidas nas mesmas condições de insalubridade, periculosidade ou penosidade. A necessidade de prova pericial, ou não, de que a atividade do segurado é exercida em condições tais que admitam a equiparação deve ser decidida no caso concreto.

...

Por tais motivos, parece-me que o enquadramento da atividade de vigia ou vigilante, exercida anteriormente ao advento da Lei nº 9.032/1995, não

depende da utilização de arma de fogo, porém exige demonstração nos autos da sua equiparação à função de guarda (código 2.5.7), de forma a evidenciar que a atividade é exercida nas mesmas condições de periculosidade".

Registre-se que, conforme DOU de 20/06/2022, o CRPS revogou o item II do Enunciado 14, indicando não mais admitir até 28/04/1995 o tempo especial do vigilante sem o manejo de arma de fogo, certamente para aguardar a posição do STF:

> **Resolução CRPS Nº 25 DE 14/06/2022**
>
> Publicado no DOU em 20 jun 2022
>
> Ref.: Revogação de item de Enunciado do Conselho Pleno do CRPS.
>
> O Presidente do CRPS, no uso das atribuições conferidas pelo Regimento Interno, Portaria MDSA nº 116/2017, torna pública a revogação de fração de Enunciado, com a seguinte ementa: Enunciados. Conselho Pleno. Deliberação Colegiada. **Inciso II do Enunciado 14. Revogação. Unanimidade, e**
>
> Conforme preconiza o art. 3º do RICRPS, compete ao Conselho Pleno uniformizar, em tese, a jurisprudência administrativa previdenciária e assistencial. Referida uniformização se dá mediante a emissão de Enunciados que, em matéria de interpretação do direito, apresentam efeito vinculante em relação a todos os Conselheiros.
>
> Nos termos do § 2º do art. 62 do referido ato regimental, o enunciado poderá ser revogado ou ter sua redação alterada nos casos em que esteja desatualizado em relação à legislação previdenciária, houver equívoca interpretação da norma ou quando sobrevier parecer normativo ministerial vinculante que lhe prejudique ou retire a validade ou eficácia.
>
> Com fundamento em tal permissivo regimental, por ocasião da sessão extraordinária realizada no dia 09 de junho de 2022, por provocação do Presidente do CRPS, bem como tomando como embasamento o estudo fundamentado desenvolvido pelo Presidente da 4ª Câmara de Julgamento, Dr. Paulo Sérgio de Carvalho Costa Ribeiro Filho, o Conselho Pleno do CRPS procedeu a uma revisão dos seus Enunciados então vigentes, o que fez a fim de compatibilizá-los com as supervenientes alterações ocorridas nos cenários normativo e jurisprudencial.
>
> Atendido o quórum regimental, o Conselho Pleno assim deliberou:
>
> Nos termos do art. 62, § 2º do Regimento Interno do CRPS fica revogado do item II do Enunciado 14 deste Conselho.
>
> Ante o exposto, publique-se a deliberação procedida pelo Conselho Pleno no que tange a revogação do item II do Enunciado nº 14 do CRPS.
>
> MARCELO FERNANDO BÓRSIO

De acordo com a TNU, "a atividade desenvolvida como auxiliar de serviços de rampa deve ser enquadrada como especial até 28/04/1995, com fundamento no item 2.4.1 do Anexo do Decreto n.º 53.831/1964" (PUIL n. 5005337-07.2018.4.04.7112/RS, de 10.02.2022).

Vale registrar que vários códigos de exposição possuem interpretação ampliativa dada pela jurisprudência, a exemplo do 2.2.1. Nesse sentido, no julgamento do no Pedilef 0509377-10.2008.4.05.8300, no dia 12/11/2014, em "revisão da interpretação adotada por esta Turma Nacional de Uniformização, fixando entendimento de que a expressão 'trabalhadores na agropecuária', contida no item 2.2.1 do anexo do Decreto 53.831/64, também se aplica aos trabalhadores que exercem atividades exclusivamente na agricultura como empregados em empresas agroindustriais e agrocomerciais, fazendo jus os empregados de tais empresas ao cômputo de suas atividades como tempo de serviço especial".

Veja-se a posição do CRPS:

> "ENUNCIADO 15 – REDAÇÃO DADA PELA RESOLUÇÃO 30/2023
>
> **Os períodos laborados pelo empregado rural anteriores a 25/07/91, data da publicação da Lei nº 8.213, com vinculação exclusivamente à Previdência Social Urbana à época, poderão ser enquadrados como tempo especial no código 2.2.1 do quadro anexo ao Decreto nº 53.831/64, considerando-se presumido o recolhimento das suas contribuições, observados os incisos I e II.**
>
> I – Para fins de enquadramento como atividade especial até 24/07/91, considera-se vinculado à Previdência Urbana o empregado que exerceu o seu labor no setor rural de pessoa jurídica, seja ela agroindústria, empresa industrial ou comercial.
>
> II - A atividade desenvolvida pelo empregado no setor rural deve estar diretamente ligada à extração da produção rural utilizada ou comercializada, independentemente de ter sido prestado na agropecuária, na agricultura ou na pecuária.
>
> III – Entre 25/07/91 e 28/04/95, data da publicação da Lei nº 9.032, admite-se o enquadramento como especial do tempo laborado pelo empregado rural na agropecuária, agricultura ou pecuária prestado a pessoa física ou jurídica, observado o inciso II.
>
> IV – Considera-se agroindústria a pessoa jurídica cuja atividade econômica é a produção rural e a industrialização da produção rural própria ou da produção rural própria e da adquirida de terceiros.
>
> V – Considera-se agropecuária a atividade humana destinada ao cultivo da terra (agricultura) e à criação de animais (pecuária), nas suas relações mútuas.

VI – Considera-se produção rural os produtos de origem animal ou vegetal, em estado natural ou submetidos a processos de beneficiamento ou de industrialização rudimentar, bem como os subprodutos e os resíduos obtidos por esses processos".

Por outro lado, ao julgar o **Tema 268** em sede de representativo de controvérsia, decidiu a Turma Nacional pela **NÃO equiparação do técnico agrícola ao trabalhador na agropecuária** para fins de tempo especial por profissão até 28/04/1995:

Tema 268	**Situação do tema**	**Julgado**		**Ramo do direito**	**DIREITO PREVIDENCIÁRIO**
Questão submetida a julgamento	É admitida a conversão do tempo de serviço trabalhado pelo segurado como Técnico Agrícola, por enquadramento de categoria profissional e independentemente de prova efetiva de exposição a agentes nocivos, no período anterior a 28/04/1995?				
Tese firmada	**A ocupação de técnico agrícola não é equiparável à do "trabalhador na agropecuária", prevista no item 2.2.1 do Decreto 53.831/64, para fins de enquadramento por mera presunção de categoria profissional.**				
Processo	**Decisão de afetação**	**Relator (a)**	**Julgado em**	**Acórdão publicado em**	**Trânsito em julgado**
PEDILEF 0535102-37.2018.4.05.8013/AL	**26/06/2020**	**Juíza Federal Polyana Falcão Brito**	**26/08/2021**	**08/09/2021**	**-**

Eis os fundamentos que lastrearam a decisão da lavra da juíza relatora:

*"A TNU, ao julgar o PEDILEF 0502252-37.2017.4.05.8312/PE (**Tema nº 198**), firmou orientação possibilitando o emprego da analogia em relação às ocupações previstas no Decreto n. 53.831/1964 e no Decreto n. 83.080/1979. Entretanto, nessa mesma assentada, ressaltou-se a necessidade de o julgador justificar a semelhança entre a atividade do segurado e a atividade paradigma, prevista nos aludidos decretos, de modo a concluir que são exercidas nas mesmas condições de insalubridade, periculosidade ou penosidade. Eis a tese firmada pelo colegiado na ocasião:*

No período anterior a 29/04/1995, é possível fazer-se a qualificação do tempo de serviço como especial a partir do emprego da analogia, em relação

às ocupações previstas no Decreto n.º 53.831/64 e no Decreto n.º 83.080/79. Nesse caso, necessário que o órgão julgador justifique a semelhança entre a atividade do segurado e a atividade paradigma, prevista nos aludidos decretos, de modo a concluir que são exercidas nas mesmas condições de insalubridade, periculosidade ou penosidade. A necessidade de prova pericial, ou não, de que a atividade do segurado é exercida em condições tais que admitam a equiparação deve ser decidida no caso concreto.

Tal orientação, entretanto, não se aplica ao caso em apreço, tendo em vista a especificidade das atribuições da atividade de Técnico Agrícola, que diferem muito substancialmente da atividade exercida pelo trabalhador da agropecuária, inclusive no que concerne ao ambiente de trabalho.

Deve-se ainda destacar que o STJ, ao decidir o PUIL n. 452/PE, afastou a possibilidade de equiparação da atividade do próprio trabalhador rural de empresa sucroalcooleira à de trabalhador da agropecuária para fins de enquadramento no item 2.2.1 do quadro anexo do Decreto n. 53.831/1964, de modo que com muito maior razão não se consegue vislumbrar espaço interpretativo que autorize equiparar o Técnico Agrícola ao trabalhador da agropecuária.

Com efeito, embora o PUIL n. 452/PE não tenha tratado da atividade de Técnico Agrícola, da análise do inteiro teor do acórdão, inclusive dos precedentes nele citados, é possível constatar que o STJ não vem admitindo a interpretação extensiva ou analógica da atividade descrita no item 2.2.1 do quadro anexo do Decreto n. 53.831/1964".

Ainda de acordo com a TNU, "a atividade do engenheiro de telecomunicações deve ser enquadrada como atividade especial, por equiparação à atividade de engenheiro eletricista" (processo 0508635-72.2014.4.05.8300, de 17/8/2016).

Adotando um entendimento mais favorável ao segurado em interpretação extensiva, entendia o INSS que poderão ser considerados por categoria profissional os períodos em que o segurado exerceu as **funções de auxiliar ou ajudante de qualquer das atividades constantes dos quadros anexos** aos Decretos nº 53.831, de 1964 e Decreto nº 83.080, de 1979, até 28 de abril de 1995, véspera da publicação da Lei nº 9.032, de 1995, situação em que o enquadramento será possível desde que o trabalho, nessas funções, seja exercido nas mesmas condições e no mesmo ambiente em que trabalha o profissional abrangido por esses decretos[11].

11. Artigo 274, da revogada Instrução Normativa INSS 77/2015. **Curiosamente, o que pode indicar uma mudança de posição, esta regra não consta na IN INSS 128/2022 e da Portaria INSS/DIRBEN 991/2022.**

No entanto, o rol de agentes nocivos passou a ser disciplinado anteriormente pelo Anexo IV do Decreto nº 2.172/97, quando, enfim, deixaram de ser aplicadas as listas de agentes nocivos dos Decretos 53.831/64 e 83.808/79.

Para ilustrar, colaciona-se um julgado:

> "A jurisprudência pacificou-se no sentido de que a legislação aplicável para a caracterização da atividade especial é a vigente no período em que a atividade a ser avaliada foi efetivamente exercida, devendo, portanto, ser levada em consideração a disciplina estabelecida pelos **Decretos n. 53.831/64 e 83.080/79**, até 05.03.1997 e, após, pelo Decreto n. 2.172/97, sendo irrelevante que o segurado não tenha completado o tempo mínimo de serviço para se aposentar à época em que foi editada a Lei nº 9.032/95.- Verifica-se, pois, que tanto na redação original do art. 58 da Lei n. 8.213/91 como na estabelecida pela Medida Provisória n. 1.523/96 (reeditada até a MP n. 1.523-13 de 23.10.97 – republicado na MP n. 1.596-14, de 10.11.97 e convertida na Lei n. 9.528, de 10.12.97), não foram relacionados os agentes prejudiciais à saúde, sendo que tal relação somente foi definida com a edição do Decreto n. 2.172, de 05.03.1997 (art. 66 e Anexo IV).- Em se tratando de matéria reservada à lei, tal decreto somente teve eficácia a partir da edição da Lei n. 9.528, de 10.12.1997, razão pela qual apenas para atividades exercidas a partir de então é exigível a apresentação de laudo técnico.- **Ressalto que os Decretos n. 53.831/64 e 83.080/79 vigeram de forma simultânea**, não havendo revogação daquela legislação por esta, de forma que, verificando-se divergência entre as duas normas, deverá prevalecer aquela mais favorável ao segurado.- O Decreto n. 2.172, de 05.03.1997, que revogou os dois outros decretos anteriormente citados, passou a considerar o nível de ruídos superior a 90 decibéis como prejudicial à saúde. Por tais razões, até ser editado o Decreto n. 2.172, de 05.03.1997, considerava-se a exposição a ruído superior a 80 dB como agente nocivo à saúde.- O autor não acostou documentos hábeis a demonstrar a prejudicialidade das atividades desempenhadas, com descrição de agentes nocivos e habitualidade de maneira total e permanente não ocasional nem intermitente, razão pela qual não é possível o reconhecimento de tais períodos como de atividade especial.- Cumpre ressaltar que não restou demonstrado nos autos, por meio de documentos tais como CTPS, o exercício da atividade de motorista, o que inviabiliza o reconhecimento da atividade tal como pleiteado" (TRF 3ª Região, AC 714676, de 27/06/2012).

Veja-se o posicionamento do INSS sobre o enquadramento **POR CATEGORIA PROFISSIONAL** no Manual de Aposentadoria Especial:

A caracterização e a comprovação do tempo de atividade sob condições especiais obedecerá ao disposto na legislação em vigor na época da prestação do serviço (art. 70, § 1º, Decreto nº 3.048, de 1999). Em razão disso, não se considera como especial a atividade anterior a 5 de setembro de 1960, por ausência de previsão legal até a Lei nº 3.807, de 1960. A Súmula da Turma Nacional de Uniformização – TNU, Enunciado nº 50, deve ser interpretada no sentido de que é possível a conversão a partir da instituição da aposentadoria especial (Lei nº 3.807, publicada no DOU, de 5 de setembro de 1960).

A partir daí, as atividades desempenhadas pelo segurado ou os agentes nocivos a que se submeteu devem estar abrangidos pelos respectivos Decretos regulamentadores aplicáveis à época dos fatos – *tempus regit actum* – sendo que, a contar da edição da Lei nº 9.032, de 28 de abril de 1995, a comprovação da atividade especial somente se faz possível mediante demonstração de efetiva exposição, de forma permanente, não ocasional nem intermitente, a agentes nocivos.

Enquadramentos. Como mencionado no segundo capítulo do Manual de Atividade Especial da PFE-INSS, o reconhecimento da atividade especial por enquadramento em categoria profissional foi estabelecido, inicialmente, através de estudos empíricos (meramente estatísticos e sem amparo em estudos científicos profundos) sobre o histórico de afastamento em determinadas profissões. Ao longo do tempo, com a evolução dos dados estatísticos, foi se substituindo, gradualmente, o rol de profissões, passando-se, então, a se falar em reconhecimento da atividade especial pela comprovação da efetiva exposição dos segurados a agentes nocivos.

A despeito de tais considerações técnicas, certo é que a atividade profissional, para fins previdenciários, se regulamenta pela legislação vigente na data do desempenho do trabalho. Assim, até o advento da Lei nº 9.032, de 28 de abril de 1995, é possível o reconhecimento de atividade especial por categoria profissional, de modo que basta a comprovação de que o segurado exerceu efetivamente determinada atividade prevista no rol dos decretos para fazer jus ao cômputo privilegiado (Quadro II do Anexo III do Decreto nº 53.831, de 1964, e Quadro II do Anexo ao Regulamento aprovado pelo Decreto nº 83.080, de 24 de janeiro de 1979).

Deve-se, no entanto, verificar se houve o EFETIVO EXERCÍCIO das atividades da categoria (comprovável pelo vínculo e pela compatibilidade das atividades descritas com aquelas previstas da legislação previdenciária).

Na via administrativa, a análise da especialidade por categoria profissional é feita pelo servidor administrativo que, com base na documentação apresentada pelo segurado na data do protocolo, analisa a possibilidade de enquadramento da atividade em um dos itens previstos nas listas dos Decretos nº 53.831, de 1964, e nº 83.080, de 1979. Não havendo o enquadramento e havendo apresentação de documentação que indique pretensão de cômputo privilegiado, a aferição é encaminhada ao Serviço de Saúde do Trabalhador, tal como determina o art. 277 da IN nº 77/PRES/INSS, de 2015.

Presunção. O desempenho das atividades previstas no Quadro II do Anexo III do Decreto nº 53.831, de 1964, e Quadro II do Anexo ao Regulamento aprovado pelo Decreto nº 83.080, de 1979, gera presunção absoluta de exposição a agentes nocivos. Desta forma, havendo prova do exercício dessas funções, é possível que o procurador oficiante celebre acordo para a averbação do período como especial.

Exercício de profissões com regulamentação específica. O enquadramento de atividade especial por categoria profissional não se confunde com o exercício de profissões com regulamentação específica (vide Capítulo 5.5 do Manual de Atividade Especial da PFE-INSS).

Prova Documental. A comprovação do efetivo exercício da atividade profissional deve ser feita mediante apresentação de prova documental. Não se admite a demonstração de desempenho de atividade enquadrada em categoria profissional pela prova exclusivamente testemunhal. Em regra, a prova do desempenho da atividade em categoria elencada no rol de atividades dos decretos de 1964 e 1979 são as anotações constantes na CTPS, devendo-se analisar a profissão registrada no contrato, a natureza das atividades e a espécie de estabelecimento.

É possível que se utilize também as informações atestadas em formulários sobre condições especiais de trabalho. Entretanto, em caso de divergência entre os registros da CTPS e dos formulários, torna-se indispensável a complementação da prova para esclarecimento das contradições (vide Capítulo 3 do Manual de Atividade Especial da PFE-INSS).

Profissões que exijam habilitação especial. Algumas atividades exigem habilitação específica para o seu desempenho, como a atividade de motorista de caminhão, motorista de ônibus, vigia com arma etc. Nesses casos, é necessário que se postule a complementação da prova documental para que o segurado apresente a habilitação legalmente exigida para o exercício da função.

Equiparações. As equiparações de atividades descritas no rol dos Decretos de 1964 e 1979 seguem determinados critérios de compatibilidade. O objetivo da descrição das regras de enquadramento era fixar os elementos genéricos utilizados quando da elaboração dos estudos estatísticos. Assim, a coincidência da denominação profissional não se presta, por si só, à efetiva comprovação do tempo em condições especiais, devendo-se verificar os demais elementos constantes da descrição das atividades.

Diz-se, porém, que o rol de enquadramento é meramente exemplificativo em vista da possibilidade de que determinadas ocupações, embora não expressamente descritas pelo nome nos anexos, se sujeitem, conforme o caso, a condições de trabalho idênticas. Exige-se, para tanto, a submissão do caso à análise do SST e, eventualmente, à Fundacentro.

Enfermeiros. Arrolada no código 2.1.3 do Decreto nº 53.831, de 1964, e no código 2.1.3 do Decreto nº 83.080, de 1979, a atividade de enfermeiro é considerada especial sob o fundamento de estarem estes profissionais expostos a agentes biológicos (acerca da conceituação de agentes biológicos vide Capítulo 5.4 do Manual de Atividade Especial da PFE-INSS).

Atendente de Enfermagem. É possível a equiparação do auxiliar ou atendente de enfermagem relativamente ao enfermeiro que trabalha em contato com doenças infecto-contagiosas, devendo-se ressalvar, porém, a impossibilidade de equiparações com os demais trabalhadores do hospital ou clínicas que não laboram sob o mesmo risco (exemplo: lavanderia, copa, restaurante, recepcionistas, motoristas de ambulâncias etc.).

Engenheiros. Categoria prevista nos códigos 2.1.1 do Decreto nº 53.831, de 1964, e 2.1.1 do Decreto nº 83.080, de 1979, depende da apresentação da Carteira do CREA, da CTPS e, acaso existente, formulário sobre condições especiais.

Arquiteto. A atividade de arquiteto poderá ser equiparada a de engenheiro quando apresentar semelhança com as atribuições dos engenheiros de construção civil, com base em informações prestadas pela empresa.

Motoristas de ônibus e de caminhão. As atividades de motorista de caminhão e de ônibus estão elencadas nos códigos 2.4.4 do Decreto nº 53.831, de 1964 e 2.4.2 do Decreto nº 83.080, de 1979. Sua comprovação deve ser feita mediante registro da CTPS, Carteira Nacional de Habilitação e, quando houver, formulário sobre condições especiais. A CNH é indispensável em razão de depender a profissão de habilitação específica, devendo o segurado demonstrar que na época da prestação do serviço possuía habilitação nas categorias "c", "d" ou "e". Essa informação pode ser obtida por meio de consulta ao Sistema INFOSEG.

Cobrador de ônibus. É possível o reconhecimento das atividades desempenhadas pelos cobradores de ônibus por enquadramento no código 2.4.4 do Decreto nº 53.831, de 1964, mesmo após o advento do Decreto nº 83.080, de 1979.

Médicos. Deve-se demonstrar o desempenho das atividades descritas nos códigos 2.1.3 do Decreto nº 53.831, de 1964, e do Decreto nº 83.080, de 1979.

Dentistas. É indispensável a demonstração do efetivo desempenho da atividade em consultório.

Guarda. Vigia ou vigilante. É frequente a pretensão de obter o reconhecimento da especialidade da atividade de vigia ou vigilante com base na previsão do Código 2.5.7 do Decreto nº 53.831, de 1964, equiparação que deu origem ao enunciado nº 26 da Súmula da TNU:

Súmula nº 26 da TNU: "A atividade de vigilante enquadra-se como especial, equiparando-se à de guarda, elencada no item 2.5.7. do Anexo III do Decreto n. 53.831/64".

Cabe mencionar, entretanto, que o posicionamento firmado pela TNU, adotado por ocasião do julgamento do processo nº 2002.83.200027344, que deu origem à Súmula nº 26, partiu da premissa de que o vigia/vigilante trabalhava portando arma de fogo, motivo pelo qual foi considerado exposto a atividade perigosa.

Logo, conclui-se que a equiparação somente pode ser feita mediante a apresentação do porte de arma. A mera comprovação, através de anotações em Carteira de Trabalho, declaração de Sindicato e certificados de participação em cursos de formação, de que o segurado exerceu a atividade de vigilante, por si só, não é suficiente para ensejar o reconhecimento de condições especiais, sendo necessária a constatação de efetivo desempenho de atividade perigosa, mediante comprovação de efetivo uso de arma de fogo durante a jornada de trabalho.

Lavradores. (Decreto nº 53.831, de 1964, código 2.2.1). Antes do advento da Lei nº 8.213, de 1991, os empregados rurais vinculados à agroindústria e ao agro-comércio, mesmo atuando, a rigor, no âmbito rural, eram tidos como segurados da previdência urbana, tendo direito à aposentadoria por tempo de serviço e ao enquadramento da atividade, desde que sujeita a agentes nocivos, como especial. O segurado especial e o empregado rural não têm direito ao cômputo de tempo especial.

Pintores a pistola. (Decreto nº 53.831, de 1964, código 2.5.4, e Decreto nº 83.080, de 1979, item 1.2.11). Não se enquadram nessa categoria os pintores de um modo geral, uma vez que o prejuízo à saúde, nesse caso, decorre da dispersão da tinta no ar ocasionada pelo método de utilização da pistola e não pelo simples contato com a tinta, ainda que esta seja tóxica.

Estampadores a mão de indústria têxtil. (Decreto nº 83.080, de 1979, código 1.2.11). Do mesmo modo, não encontram enquadramento os estampadores a quadro, eis que a atividade é mecanizada, não havendo contato direto com as tintas e solventes.

Prestigiando a padronização da análise nas searas administrativa e judicial, vale transcrever o seguinte trecho extraído do Manual de Atividade Especial da PFE-INSS, que trata das profissões com regulação específica.

Profissões com regulamentação específica. Os principais exemplos de regramentos específicos de algumas categorias profissionais são os seguintes:

Jornalista Profissional.

Essa categoria profissional possuía regime diferenciado de aposentadoria, instituído pela Lei nº 3.529, de 13 de janeiro de 1959, sendo considerado jornalista profissional aquele que, devidamente registrado no órgão regional do MTE, exercesse a função de forma habitual e remunerada. As atividades consideradas típicas da categoria encontram-se descritas no *caput* do art. 705 da IN nº 77/PRES/INSS, de 2015.

Para fazer jus ao benefício, é preciso que tenham sido preenchidos, ainda no período de vigência daquela lei, os seguintes requisitos: I - o mínimo de trinta anos de serviço em empresas jornalísticas, inclusive na condição de contribuinte individual, ex-autônomo; e II - mínimo de vinte e quatro contribuições mensais, sem interrupção que determine a perda da qualidade de segurado.

Essa modalidade de aposentadoria foi extinta a partir de 14/10/1996, data da publicação da MP nº 1.523, convertida na Lei nº 9.528, de 1997.

Atleta Profissional de Futebol.

A aposentadoria por tempo de serviço do atleta profissional de futebol, instituída pela Lei nº 5.939, de 1973, e também extinta pela MP nº 1.523, publicada em 14/10/96, é devida àquele que tenha praticado, em qualquer época anterior à extinção do benefício, essa modalidade de esporte, com vínculo empregatício e remuneração, em associação desportiva integrada ao sistema desportivo nacional.

Os benefícios concedidos ao atleta profissional de futebol na vigência da Lei nº 5.939, de 1973, seguiam as normas em vigor para os demais segurados, exceto quanto à renda mensal inicial, cuja forma diferenciada de cálculo encontra-se descrita no art. 712 da IN nº 77/PRES/INSS, de 2015.

Aeronauta.

A aposentadoria especial do aeronauta, instituída pela Lei nº 3.501, de 21 de dezembro de 1958, foi extinta em 16/12/1998, data da publicação da Emenda Constitucional nº 20, de 15 de dezembro de 1998, ressalvado o direito adquirido.

Conquanto a atividade de aeronauta fosse tida como perigosa ao tempo da promulgação da referida lei, em função do risco associado à precariedade da tecnologia de aviação então existente, o benefício especial justificava-se pela necessidade de fomento à profissão, o que se constata pela previsão de privilégios não relacionados à nocividade do trabalho, do que é exemplo a contagem privilegiada estabelecida pelo § 7º do art. 6º da Lei nº 3.501, de 1958.

Considera-se aeronauta o comandante, o mecânico de voo, o rádio-operador e o comissário, assim como aquele que, habilitado pelo Ministério da Aeronáutica, exerça função remunerada a bordo de aeronave civil nacional.

Para a aposentação, exigia-se a idade mínima de quarenta e cinco anos e o tempo de serviço de vinte e cinco anos, computando-se os períodos de efetivo exercício em atividade de voo prestados contínua ou descontinuamente. De outra parte, não podem ser computados na contagem do tempo de serviço, para efeito da aposentadoria especial do aeronauta, os períodos de atividades estranhas ao serviço de voo, mesmo aquelas consideradas prejudiciais à saúde e à integridade física; de contribuição em dobro ou facultativa, por não se tratar de prestação de efetivo trabalho em atividade a bordo de aeronave; e de atividade militar. Também perde o direito à aposentadoria especial do aeronauta o profissional que voluntariamente se afastar do voo por período superior a dois anos consecutivos.

Note-se que as pensões devidas aos dependentes de aeronautas, aposentados ou não, serão concedidas e mantidas com base no RGPS.

Ferroviários.

Aqueles que se aposentaram na condição de funcionários da extinta Rede Ferroviária Federal S.A. – RFFSA, jamais tiveram direito a um benefício especial propriamente dito, mas sim a uma complementação dos proventos de aposentadoria ou pensão (art. 1º do Decreto-Lei nº 956, de 1969), cujo propósito é assegurar-lhes renda equivalente à remuneração dos servidores na ativa. Tal complementação é devida pela União, porém mantida e paga pelo INSS.

A Lei nº 8.186, de 1991, garantiu a complementação de aposentadoria aos ferroviários admitidos na RFFSA até 31/10/1969. Considerando tratar-se, pois, de mera complementação de proventos, é por demais comum que eventual revisão do benefício previdenciário, conquanto dê causa à elevação da renda mensal deste último, não surta efeito algum sobre a renda total percebida pelo aposentado, em virtude da diminuição proporcional da complementação.

Marítimos.

O regime especial dos marítimos embarcados, vigente até o advento da Emenda Constitucional nº 20, de 1998, que vedou a contagem fictícia de tempo de contribuição, a par de exceções expressas, é caso de contagem privilegiada que independe das normas relativas à caracterização das atividades especiais e que não se confunde nem pode se sobrepor ao enquadramento por categoria profissional.

Independentemente do momento em que o segurado implementar os demais requisitos para fazer jus à aposentadoria, os períodos em que trabalhou como marítimo até 16/12/1998 serão computados conforme a regra insculpida no art. 91 da IN 77/PRES/INSS, de 2015, que trata do chamado "ano marítimo". Referido dispositivo prevê regra específica de conversão de tempo de serviço do marítimo embarcado, à razão de 255 (duzentos e cinquenta e cinco) dias de embarque para 360 (trezentos e sessenta) dias de atividade comum, havendo expressa disposição quanto à total independência desse regramento em relação aos Decretos nº 53.831, de 1964 e nº 83.080, de 1979, não se exigindo o preenchimento do Perfil Profissiográfico Previdenciário – PPP.

Professores.

A atividade profissional de magistério foi inicialmente considerada ocupação penosa, apta a ensejar enquadramento como atividade especial pelo Decreto nº 53.831, de 1964 (código 2.1.4 do Anexo). Tal previsão, embora revogada pelo Decreto nº 63.230, de 1968, foi logo restabelecida pela Lei nº 5.527, de 1968. Até então, porém, não havia previsão de uma aposentadoria específica para esta categoria profissional.

Com o advento da EC nº 18, de 30 de junho de 1981, publicada em 9/7/1981, os critérios para a aposentadoria dos professores passaram a ser fixados pela própria Constituição. O exercício de magistério deixou de ser tido como atividade especial, sendo considerado apenas para efeito de aposentadoria por tempo de serviço com redução de tempo em cinco anos. As disposições do Decreto nº 53.831, de1964 atinentes ao professor, portanto, restaram revogadas, porque a aposentadoria da categoria foi alçada a aposentadoria de legislação especial, não mais consistindo em aposentadoria especial (CLPS/1984, art. 38). Por tal razão, o enquadramento do tempo de labor de magistério como especial, para fins de conversão em tempo comum, somente é possível para o trabalho desempenhado no período anterior à EC nº 18, de 1981.

Na vigência da EC nº 18, da 1981, e nas alterações constitucionais posteriores, a atividade de professor possui tempo diferenciado de aposentadoria, o que não se confunde com atividade especial. Assim, não é passível de aceitação o entendimento de que, com a edição da EC nº 18, de 1981, teriam passado a coexistir dois regimes jurídicos distintos: o primeiro, próprio da aposentadoria de professor, assegurada a quem trabalhasse durante trinta anos exclusivamente em atividade de magistério, se homem, ou 25 (vinte e cinco) anos, se mulher; e o segundo, aplicável a quem, embora haja exercido o magistério, não o fez por tempo suficiente para fazer jus à aposentadoria de professor, de modo que a este último persistiria o direito à conversão, de tempo especial para comum, do período trabalhado como professor, para fins de obtenção da aposentadoria por tempo de contribuição comum. É que as normas que estabeleceram para o professor um regime previdenciário específico são incompatíveis com o regramento das atividades especiais: não se está, aqui, diante de labor especial, e sim de uma aposentadoria por tempo de serviço de caráter excepcional, na qual há redução do tempo necessário para tanto em cinco anos (30 anos para professor, 25 anos para professoras). Demais disso, o STF já vedou expressamente a contagem proporcional de regimes diferentes e julgou inconstitucionais leis estaduais que pretendiam a conversão do labor no magistério de especial em comum para junção com tempo comum (ADI nº 755-6/SP e ADI nº 178-7/RS).

Mencione-se, por fim, que o regramento específico da aposentadoria de professor tem arrimo menos na penosidade da atividade do que na importância decisiva do magistério para a formação da sociedade civil, algo que se confirma, a fortiori, pela restrição do privilégio aos professores da educação infantil e do ensino fundamental e médio a partir da EC nº 20, de 1998. Com efeito, se na redação original do art. 202, III, da Constituição Federal, não se fazia distinção entre quais professores teriam direito a este benefício específico, com o advento da Emenda nº 20, de 1998, o professor de ensino superior perdeu o direito à aposentadoria privilegiada. Atualmente, somente têm direito à redução, em cinco anos, do tempo de contribuição exigido para a aposentadoria por tempo de contribuição aqueles que comprovarem exclusivamente tempo de efetivo exercício das funções de magistério na educação infantil e no ensino fundamental e médio (art. 201, § 8º, da Constituição Federal e art. 56 da Lei nº 8.213, de 1991). Por fim, em se tratando de educação básica em seus diversos níveis e modalidades, a teor do art. 56 do Decreto nº 3.048, de 1999, entende-se como efetivo exercício da função de magistério, além do exercício da docência, também as funções de direção de unidade escolar e as de coordenação e assessoramento pedagógico.

Ex-combatentes.

Considera-se ex-combatente o civil que tenha participado efetivamente de operações bélicas na Segunda Guerra Mundial como integrante das forças armadas brasileiras, seja no Exército, na Marinha ou na Aeronáutica, ou, no caso de militar, desde que tenha se licenciado e retornado definitivamente à vida civil. Não é considerado ex-combatente o militar que permaneceu na carreira até ser transferido para a reserva remunerada. Também não se considera ex-combatente para efeitos legais o brasileiro que tenha prestado serviço militar nas Forças Armadas Britânicas.

O primeiro dispositivo constitucional a disciplinar a matéria foi o art. 178 da Constituição Federal de 1967. Em sede de legislação infra-constitucional, várias normas regularam o tema, destacando-se as Leis nºs 288/48, 1.756/52, 4.297/63, 5.315/67 e 5.698/71. Na atual Constituição de 1988, o regime do ex-combatente vem previsto no art. 53 do Ato das Disposições Constitucionais Transitórias. Especificamente no campo do RGPS, a Instrução Normativa nº 77/PRES/INSS, de 2015 regula a matéria em seus arts. 750 e seguintes.

Este regramento especial prevê alguns direitos e prerrogativas aos ex-combatentes e a seus dependentes, dentre os quais, especificamente no que refere ao RGPS, a concessão de qualquer ramo de atividade ou regime jurídico, de modo que tanto o segurado do INSS como o servidor público estatutário possuem direito ao benefício, conforme as regras próprias de cada regime previdenciário. Assim, basta que tenha ficado caracterizada a condição de ex-combatente para ter direito à aposentação com proventos integrais com apenas 25 (vinte e cinco) anos de tempo de serviço, qualquer que tenha sido a atividade laborativa posterior às operações de combate.

A principal questão envolvendo os benefícios dos ex-combatentes decorre de recente mudança de interpretação da legislação de regência, sobretudo quanto ao conceito de "proventos integrais", o que levou à revisão de ofício pelo INSS e à consequente redução do valor de diversos benefícios em manutenção, acarretando inúmeras demandas judiciais.

De fato, o Parecer/CJ nº 2.017/00 interpretava o termo "proventos integrais", constante do art. 53 do ADCT no sentido de que os benefícios de ex-combatentes deveriam equivaler à remuneração percebida na atividade, não podendo sofrer a limitação ao teto aplicável aos demais benefícios previdenciários (art. 29, § 2º, da Lei nº 8.213, de 1991). Configurariam, portanto, exceções às regras do RGPS e possuiriam como único limitador o teto constitucional, previsto no art. 37, XI, da Constituição Federal.

O posterior Parecer/CJ nº 3.052/03 modificou este entendimento, revogando o parecer anterior, ao exarar a conclusão de que o art. 53 do ADCT não conferiu ao ex-combatente benefício com valor idêntico ao salário da atividade, mas, sim, que o conceito de "proventos integrais" é aquele que a legislação previdenciária estabelece como tal. No caso do RGPS, seria o equivalente a 100% (cem por cento) do salário-de-benefício, calculado nos termos da lei, e limitado, portanto, ao teto do art. 29, § 2º, da Lei nº 8.213, de 1991.

Outro motivo ensejador de revisões de ofício e de consequentes demandas judiciais decorreu de erro da Administração ao não aplicar os critérios de reajuste trazidos pela Lei nº 5.698, de 1971, que, modificando legislação anterior, excluiu a equivalência de reajustamento entre os benefícios previdenciários e as remunerações da atividade. Frise-se que essa adequação dos valores pagos a aposentados e pensionistas de ex-combatentes aos estritos termos da legislação em vigor foi determinada por sentença proferida em ação civil pública - ACP 2004.71.00.019473-4, já transitada em julgado.

Os demais benefícios do ex-combatente (auxílio-doença, aposentadoria por invalidez ou por idade), obedecerão às normas aplicáveis para os segurados em geral.

Por fim, conforme Parecer nº 175/CONJUR-2003 do Ministério da Defesa, que modificou entendimento anterior contrário, os benefícios de ex-combatentes podem ser acumulados com a pensão especial instituída pela Lei nº 8.059, de 4 de julho de 1990, cujo processamento é feito pelo Comando Militar a que foi o ex-combatente vinculado (art. 753, parágrafo único, IN nº 77/PRES/INSS, de 2015), não sendo, portanto, benefício previsto no RGPS.

Profissões com regulamentação trabalhista específica.

Não havendo que se confundir a aposentadoria especial com benefícios previstos por legislação específica para certas categorias profissionais, menor razão existe para sequer se cogitar de que a simples previsão, pela legislação trabalhista, de jornada de trabalho reduzida para determinadas ocupações constituiria evidência do exercício de atividades em condições especiais, para fins previdenciários. Dito de outro modo, a mescla das leis trabalhista e previdenciária, sem que estas mesmas a tenham permitido, acaba por distorcer ambos os regimes jurídicos.

Ocorre que o fundamento das jornadas especiais de trabalho não diz respeito à efetiva nocividade das atividades desempenhadas pelos trabalhadores, mas, sim, a variados outros fatores, tais quais a exigência, por longos períodos, de atenção quase que ininterrupta do trabalhador (exemplo: bancários, músicos e operadores de telefonia, radiotelegrafia e radiotelefonia) ou a monotonia da atividade desempenhada (exemplo: ascensorista).

Os casos mais comuns de profissões que têm prevista jornada laboral reduzida são os seguintes: ascensoristas (Lei nº 3.270, de 1957); bancários (CLT, art. 224); operadores de telefonia, radiotelefonia e radiotelegrafia (CLT, art. 227); músicos (Lei nº 3.857, de 1960); operadores cinematográficos (CLT, art. 234); operadores ferroviários telegrafistas (CLT, art. 246); mineiros (CLT, art. 298); jornalistas e radialistas (CLT, art. 303); aeroviários (Decreto nº 1.232, de 1962); professores (CLT, art. 318).

Não há nenhuma base jurídica o enquadramento do tempo especial por categoria profissional após a vigência da Lei 9.032/95, que modificou o artigo 57, §3º, da Lei 8.213/91, passando a exigir exposição permanente aos agentes nocivos regulamentares:

> *"§ 3º A concessão da aposentadoria especial dependerá de comprovação pelo segurado, perante o Instituto Nacional do Seguro Social–INSS,* ***do tempo de***

> ***trabalho permanente, não ocasional nem intermitente****, em condições especiais que prejudiquem a saúde ou a integridade física, durante o período mínimo fixado. (Redação dada pela Lei nº 9.032, de 1995)"*

Nesse sentido, a posição do INSS sobre o enquadramento do tempo especial por profissão até 28/04/1995 está positivada na atualidade no **Anexo III, da Portaria INSS/DIRBEN 991/2022**, que se lastreia no artigo 298:

> *"Art. 298. Até 28 de abril de 1995, véspera da publicação da Lei nº 9.032, de 1995, poderão ser reconhecidas como especiais as atividades previstas no "Quadro das Atividades Passíveis de Enquadramento por Categoria Profissional* ***até 28 de abril de 1995****", constante no* ***Anexo III****, com fundamento nos seguintes dispositivos legais:*
>
> *I - Quadro anexo ao Decreto nº 53.831, de 1964, a partir do código 2.0.0 (Ocupações); e*
>
> *II - Anexo II do Decreto nº 83.080, de 1979.*
>
> *§ 1º Para o enquadramento previsto no caput não será exigido o requisito de trabalho permanente, entendendo-se como permanente o trabalho não ocasional nem intermitente, na qual a exposição do trabalhador ao agente prejudicial à saúde é indissociável da produção do bem ou da prestação de serviço, visto tal definição ter sido inserida para enquadramentos após 28 de abril de 1995, com a publicação da Lei nº 9.302.*
>
> *§ 2º Serão consideradas as atividades arroladas em outros atos administrativos, decretos ou leis previdenciárias que determinem o enquadramento por atividade para fins de caracterização de atividades exercidas em condições especiais.*
>
> *§ 3º Não será admitido enquadramento por categoria profissional por analogia, ou seja, a função ou atividade profissional deve estar expressamente contida no "Quadro das atividades passíveis de enquadramento por categoria profissional até 28 de abril de 1995", constante no Anexo III.*
>
> *§ 4º O enquadramento por categoria profissional previsto no caput é de responsabilidade do servidor do INSS".*
>
> ANEXO III
>
> PORTARIA DIRBEN/INSS Nº 991, DE 28 DE MARÇO DE 2022
>
> ***Quadro das atividades passíveis de enquadramento por categoria profissional até 28 de abril de 1995:***

Atividade Profissional	Campo de Aplicação	Código	Dispositivo Legal	Observações
	Engenheiros da Construção Civil	**2.1.1**	**53.831** **Anexo III**	

Atividade Profissional	Campo de Aplicação	Código	Dispositivo Legal	Observações
	Engenheiros de metalurgia	**2.1.1**	**53.831 Anexo III**	
ENGENHARIA	**Engenheiros de minas**	**2.1.1**	**53.831 Anexo III 83.080 Anexo II**	
	Engenheiros eletricistas	**2.1.1**	**53.831 Anexo III**	
	Engenheiros químicos	**2.1.1**	**83.080 Anexo II**	

Registre-se que a Lei 5.527/98, revogada expressamente pela MP 1.523/96, convertida na Lei 9.528/97, **somente garantiu o direito à aposentadoria especial até a vigência do Decreto 63.230/68:**

> *Art 1º As categorias profissionais que até 22 de maio de 1968 faziam jus à aposentadoria de que trata do artigo 31 da Lei nº 3.807, de 26 de agôsto de 1960, em sua primitiva redação e na forma do Decreto número 53.831, de 24 de março de 1964, mas que foram excluídas do benefício por fôrça da nova regulamentação aprovada pelo Decreto nº 63.230, de 10 de setembro de 1968,* ***conservarão direito a êsse benefício nas condições de tempo de serviço e de idade vigente naquela data.***

Daí que há um equívoco manifesto nos precedentes do TRF da 4ª Região, pois, mesmo se a Lei 5.527/98 dissesse o contrário, teria sido tacitamente revogada pela Lei 9.032/95.

Inclusive, é entendimento remansoso no C. STJ que a limitação do reconhecimento do tempo especial limitar-se-á à véspera da data da vigência da Lei 9.032/95 (28/04/1995) sem comportar nenhuma exceção:

> **Processo**
>
> AgInt no REsp 2000792 / SP
>
> AGRAVO INTERNO NO RECURSO ESPECIAL
>
> 2022/0131546-2
>
> **Relator**
>
> Ministro GURGEL DE FARIA (1160)

Órgão Julgador

T1 - PRIMEIRA TURMA

Data do Julgamento

18/12/2023

Data da Publicação/Fonte

DJe 21/12/2023

Ementa

PROCESSUAL CIVIL E PREVIDENCIÁRIO. APOSENTADORIA POR TEMPO DE CONTRIBUIÇÃO. LAVOURA DE CANA-DE-ACÚCAR. CONDIÇÕES ESPECIAIS. DEMONSTRAÇÃO. ENQUADRAMENTO POR CATEGORIA PROFISSIONAL. PERÍODO ANTERIOR À LEI N. 9.032/1995. POSSIBILIDADE.

1. Conforme a jurisprudência do STJ, antes da vigência da Lei n. 9.032/1995, a comprovação do tempo de serviço exercido em atividade especial se dava pelo enquadramento do profissional em categoria descrita como perigosa, insalubre ou penosa, constante de rol expedido dos Decretos n. 53.831/1964 e 83.080/1979, ou pela comprovação de efetiva exposição a agentes nocivos constantes do rol dos aludidos decretos, mediante quaisquer meios de prova, exceto para ruído e calor, que demandavam a produção de laudo técnico.

2. A partir da alteração legislativa, passou a ser necessária a demonstração efetiva de exposição, de forma permanente, não ocasional nem intermitente, a agentes prejudiciais à saúde ou à integridade física, por qualquer meio de prova, considerando-se suficiente, para tanto, a apresentação de formulário padrão preenchido pela empresa, sem a exigência de embasamento em laudo técnico, ressalvados os agentes nocivos ruído, frio e calor. Somente com a vigência da Lei n. 9.528/1997, consolidada pelo Decreto n. 2.172/1997, é que se passou a exigir laudo técnico para comprovação das atividades especiais.

3. No presente caso, o aresto recorrido não destoou da jurisprudência desta Corte, ante o reconhecimento da especialidade da atividade do segurado na lavoura de cana-de-açúcar, não em virtude do enquadramento por categoria profissional, porém no Código 1.2.11 do Decreto n. 53.831/1964 (agentes químicos), em perío do anterior à Lei n. 9.032/1995. Incidência da Súmula 83 do STJ.

4. Agravo interno desprovido.

Dessa forma, **a Jurisprudência Superior é taxativa no sentido da extinção da concessão da aposentadoria especial por categoria profissional com o advento da Lei 9.032/95**, estando alinhada à posição do INSS, **inexistindo exceção** em favor dos engenheiros de construção civil, engenheiros eletricistas ou qualquer outra categoria profissional arrolada nos Regulamentos de 1964 e de 1979.

Outrossim, a TNU equiparou patroleiros e operadores de motoniveladoras ao item 2.4.4 do Decreto 53.831/64 e ao item 2.4.2 do Decreto 83.080/79 (motoristas de ônibus e caminhão):

> "VOTO-EMENTA INCIDENTE DE UNIFORMIZAÇÃO DE JURISPRUDÊNCIA. PREVIDENCIÁRIO. APOSENTADORIA POR TEMPO DE CONTRIBUIÇÃO. RECONHECIMENTO DE TEMPO ESPECIAL. PRESUNÇÃO POR CATEGORIA PROFISSIONAL ATÉ A LEI Nº 9.032/1995. ROL MERAMENTE EXEMPLIFICATIVO. PATROLEIRO E OPERADOR DE MOTONIVELADORA. EQUIPARAÇÃO À CATEGORIA DO CÓDIGO 2.4.4 DO DECRETO N. 53.831/1964 E 2.4.2 DO DECRETO N.º 83.080/1979. POSSIBILIDADE. INCIDENTE CONHECIDO E NÃO PROVIDO. Trata-se de Pedido de Uniformização de Interpretação da Lei Federal interposto pelo INSS contra acórdão prolatado por Turma Recursal de Pernambuco que reconheceu como especial o tempo de serviço na atividade de patroleiro e operador de motoniveladora, por equiparação à de motorista de caminhão ou ônibus, que, conforme código 2.4.4 do Decreto nº 53.831/1964 e 2.4.2 do Decreto nº 83.080/1979, se enquadra como atividade especial. O recorrente sustenta divergência com julgados da Turma Recursal do Mato Grosso e de São Paulo, os quais possuem similitude fático-jurídica em relação ao acórdão recorrido suficiente para o conhecimento do incidente. O incidente foi inadmitido na origem, porém, por força de agravo, foi distribuído mediante decisão do Ministro Presidente desta TNU. No mérito, o incidente não deve ser provido. Sabe-se que o rol de categorias descritas nos Decretos 53.831/64, 83080/79 e 2172/97 é meramente exemplificativo (REsp 1658049/RS, Relator Ministro Herman Benjamin, Segunda Turma, DJe 18/04/2017), sendo possível que outras atividades sejam reconhecidas como especiais por analogia, como, por exemplo do tratorista com o motorista de caminhão, em virtude de se tratarem de atividades assemelhadas, que estão expostas aos mesmos fatores de risco. A título ilustrativo, atente-se para precedente da Segunda Turma do E. STJ: PREVIDENCIÁRIO. RECURSO ESPECIAL. APOSENTADORIA POR TEMPO DE CONTRIBUIÇÃO. CÔMPUTO DE TEMPO ESPECIAL. ATIVIDADE DE TRATORISTA. ENQUADRAMENTO POR ANALOGIA. POSSIBILIDADE. ROL DE ATIVIDADES ESPECIAIS MERAMENTE EXEMPLIFICATIVO. JURISPRUDÊNCIA ASSENTADA DO STJ. RECURSO ESPECIAL REPETITIVO 1.306.113/SC. RECURSO ESPECIAL CONHECIDO E NÃO PROVIDO. 1. A jurisprudência do STJ orienta-se no sentido de que o rol de atividades consideradas prejudiciais à saúde ou à integridade física descritas pelos Decretos 53.831/1964, 83.080/1979 e 2.172/1997 é meramente exemplificativo, e não taxativo, sendo admissível, portanto, que atividades não elencadas no referido rol, sejam reconhecidas como especiais, desde que, tal situação seja devidamente demonstrada no caso concreto. 2. In casu, o Tribunal a quo, especado nos elementos fáticos coligidos aos autos, concluiu pela especialidade da atividade de tratorista, porquanto comprovada, por meio de formulários DSS-8030,

a sua especialidade. 3. Recurso especial conhecido mas não provido. (Relator Ministro Mauro Campbell Marques, DJe 23/03/2015) Neste contexto, a análise efetuada no acórdão recorrido, com base nas provas constantes dos autos e na descrição das atividades do CBO, foi perfeita no sentido de concluir pela equiparação, por analogia, da atividade de operador de patrol e operador de motoniveladora àquela de motorista de caminhão ou ônibus prevista no código 2.4.4 do Decreto 53.831/64 e 2.4.2 do Decreto 83.080/79, senão note-se: No caso em comento, com base na CTPS anexada (anexos 05 a 17), o recorrente exerceu a atividade de operador de patrol e operador de motoniveladora. **A atividade de patroleiro** (Planejam o trabalho, realizam manutençao básica de máquinas pesadas e as operam. Removem solo e material orgânico "bota-fora", drenam solos e executam construção de aterros. Realizam acabamento em pavimentos e cravam estacas – código 7151 da CBO) **pode se equiparar com a de motorista de caminhão ou ônibus, que, conforme código 2.4.4 do Decreto nº 53.831/1964 e 2.4.2 do Decreto nº 83.080/1979, se enquadra como atividade especial.** O mesmo se aplica para operadores de motoniveladora (Planejam o trabalho, realizam manutenção básica de máquinas pesadas e as operam. Removem solo e material orgânico "bota-fora", drenam solos e executam construção de aterros. Realizam acabamento em pavimentos e cravam estacas. – código 7251 da CBO). Não é distinta a conclusão em relação a operador de máquinas, que também deve ter sua especialidade reconhecida. Os tipos de máquinas utilizadas pelo demandante no decorrer de sua laboral são muito semelhantes, não fazendo sentido tratar de forma desigual casos semelhantes. Vide posicionamento do E. STJ em caso semelhante: No presente caso, a atividade profissional desenvolvida pelo segurado (operador de máquina injetora, com exposição a ruído elevado) garante a concessão de aposentadoria especial com tempo de serviço de 25 anos, motivo pelo qual para a conversão desse período, para fins de concessão de aposentadoria ao segurado do sexo masculino (tempo comum máximo de 35 anos), deverá ser aplicado o fator de conversão 1,4. (AgRg no REsp 1105770 / RS AGRAVO REGIMENTAL NO RECURSO ESPECIAL 2008/0259860-0). Assim, considero como especial todo o período anterior a Lei nº 9.032/1995 em que o autor trabalhou como patroleiro e operador de motoniveladora, sem que haja a necessidade de comprovar a exposição a algum dos agentes de insalubridade previstos em Lei. Ante as razões expostas, o acórdão recorrido deve ser mantido, razão pela qual o incidente não merece provimento" **(PEDILEF 05026496920164058300, de 25/5/2017).**

De acordo com a TNU em 15.02.2023, no julgamento do PUIL n. 0000768-45.2016.4.03.6304, "para enquadramento nos códigos 2.4.4 e 2.4.2 dos anexos aos Decretos 53.831/64 83.080/79, respectivamente, deve haver a comprovação de que a espécie de veículo utilizada no exercício das atividades laborais tratava-se de ônibus ou caminhão de cargas".

Para a TNU, "apreciando o pedido sob o regime dos representativos de controvérsia, a TNU fixou a seguinte tese: No período anterior a 29/04/1995, é possível fazer-se a qualificação do tempo de serviço como especial a partir do emprego da analogia, em relação às ocupações previstas no Decreto n.º 53.831/64 e no Decreto n.º 83.080/79. Nesse caso, necessário que o órgão julgador justifique a semelhança entre a atividade do segurado e a atividade paradigma, prevista nos aludidos decretos, de modo a concluir que são exercidas nas mesmas condições de insalubridade, periculosidade ou penosidade. A necessidade de prova pericial, ou não, de que a atividade do segurado é exercida em condições tais que admitam a equiparação deve ser decidida no caso concreto" (REPRESENTATIVO DE CONTROVÉRSIA – DEFINIÇÃO DE TESE TEMA N. 198 – PUIL n. 0502252-37.2017.4.05.8312/PE).

De acordo com o STJ, "o empregado rural, trabalhador da lavoura da cana-de-açúcar, não pode ser enquadrado na categoria profissional de trabalhador da agropecuária constante no item 2.2.1 do Decreto n. 53.831/1964 vigente à época da prestação dos serviços" (PUIL 452-PE, Rel. Min. Herman Benjamin, Primeira Seção, por maioria, julgado em 08/05/2019, DJe 14/06/2019):

INFORMAÇÕES DO INTEIRO TEOR
Está pacificado, no âmbito desta Corte, o entendimento de que a lei que rege o tempo de serviço é aquela vigente no momento da prestação do labor (Tema 694 – REsp 1.398.260/PR, Rel. Ministro Herman Benjamin, Primeira Seção, DJe 5/12/2014). Além disso, o STJ possui precedentes no sentido de que o trabalhador rural (seja empregado rural ou segurado especial) que não demonstre o exercício de seu labor na agropecuária, nos termos do enquadramento por categoria profissional vigente até a edição da Lei n. 9.032/1995, não possui o direito subjetivo à conversão ou contagem como tempo especial para fins de aposentadoria por tempo de serviço/contribuição ou aposentadoria especial, respectivamente. Ressalta-se que, "os segurados especiais (rurícolas) já são contemplados com regras específicas que buscam protegê-los das vicissitudes próprias das estafantes atividades que desempenham, assegurando-lhes, de forma compensatória, a aposentadoria por idade com redução de cinco anos em relação aos trabalhadores urbanos; a dispensa do recolhimento de contribuições até o advento da Lei n. 8.213/91; e um menor rigor quanto ao conteúdo dos documentos aceitos como início de prova material" (REsp 1.309.245/RS, Rel. Ministro Sérgio Kukina, Primeira Turma, julgado em 6/10/2015, DJe 22/10/2015). Assim, o Decreto n. 53.831/1964, no seu item 2.2.1, considera como insalubre somente os serviços e atividades profissionais desempenhados na agropecuária, não se enquadrando como tal a atividade laboral exercida apenas na lavoura (REsp n. 291.404/SP, Ministro Hamilton Carvalhido, Sexta Turma, DJ 2/8/2004).

Não sou dado a ampliações analógicas para a concessão de benefícios previdenciários. Mas neste caso creio que as atividades da cana são ainda

mais penosas do que as agropecuárias tradicionais, de modo que a decisão do STJ não me convenceu.

Em razão da tese aprovada pelo STJ no tema 694 (PUIL 452), a TNU pôs em revisão o seu tema 156:

Tema	156	Situação do tema	**Em Revisão – PUIL 452/ STJ**	Ramo do direito	DIREITO PREVIDENCIÁRIO
Questão submetida a julgamento	Saber se é devido o enquadramento por categoria profissional, nos termos do Decreto n. 53.831/64, para fins de cômputo de tempo especial, das atividades exercidas como empregados em empresas agroindustriais e agrocomerciais.				
Tese firmada	**A expressão "trabalhadores na agropecuária", contida no item 2.1.1 do anexo do Decreto n. 53.831/64, se refere aos trabalhadores rurais que exercem atividades agrícolas como empregados em empresas agroindustriais e agrocomerciais, fazendo jus os empregados de tais empresas ao cômputo de suas atividades como tempo de serviço especial.**				
Repetitivo STJ/ Repercussão geral	PUIL 452/STJ Tese firmada: não deve ser equiparada a categoria profissional de agropecuária à atividade exercida pelo empregado rural na lavoura da cana-de-açúcar.				
Processo	Decisão de afetação	Relator (a)	Julgado em	Acórdão publicado em	Trânsito em julgado
PEDILEF 0500180-14.2011.4.05.8013	02/12/2013	Juiz Federal João Batista Lazzari	11/09/2014	26/09/2014	13/10/2014

Em relação ao pedreiro (item 2.3.3), eis a posição da TNU:

- PUIL n. 0500016-18.2017.4.05.8311/PE – Fixada a tese de que a periculosidade do trabalho de pedreiro está restrita às atividades desempenhadas nos locais indicados no código 2.3.3., do Decreto n. 53.831/64. (Boletim 12.09.2018).

PUIL n. 1002428-81.2020.4.01.3100/PA Relator(a):

JUIZ FEDERAL PAULO ROBERTO PARCA DE PINHO

Assunto:

APOSENTADORIA POR TEMPO DE CONTRIBUIÇÃO. TEMPO ESPECIAL. PEDREIRO. PERICULOSIDADE.

Ementa:

INCIDENTE DE UNIFORMIZAÇÃO DE JURISPRUDÊNCIA. PROCESSO CIVIL. PREVIDENCIÁRIO. APOSENTADORIA POR TEMPO DE

CONTRIBUIÇÃO. TEMPO ESPECIAL. SERVENTE DE PEDREIRO. ENQUADRAMENTO. TRABALHOS EM BARRAGEM. NÃO COMPROVAÇÃO DO LABOR EM OBRAS REALIZADAS EM EDIFÍCIOS, BARRAGENS, PONTES OU TORRES. LOCAIS INDICADOS NO CÓDIGO 2.3.3., DO DECRETO N. 53.831/64. AGENTE NOCIVO DECORRENTE DE VIBRAÇÃO. USO DE PERFURATRIZES E MARTELETES PNEUMÁTICOS. ITEM 1.1.4 DO ANEXO I DO DECRETO N. 83.080/79, ITEM 2.0.2 DO DECRETO N. 2.172/99 E ITEM 2.0.2 DO DECRETO N. 3.048/99 PRECLUSÃO. INCIDENTE NÃO ADMITIDO NA ORIGEM EM RELAÇÃO À SEGUNDA CONTROVÉRSIA. AUSÊNCIA DE INTERPOSIÇÃO DE AGRAVO PELO INSS. INCIDENTE PARCIALMENTE CONHECIDO E, NESTA PARTE, PROVIDO PARA DETERMINAR ADEQUAÇÃO DO JULGADO À TESE FIXADA PELA TNU NO PARADIGMA PROCESSO Nº 0503435-95.2016.4.05.8500/SE. TESE REAFIRMADA: "*A PERICULOSIDADE DO TRABALHO DE PEDREIRO/SERVENTE DE PEDREIRO ESTÁ RESTRITA ÀS ATIVIDADES DESEMPENHADAS NOS LOCAIS INDICADOS NO CÓDIGO 2.3.3., DO DECRETO N. 53.831/64, DEVENDO, PARA FINS DE QUALIFICAÇÃO COMO TEMPO ESPECIAL, HAVER DEMONSTRAÇÃO EFETIVA DE QUE SUAS ATIVIDADES FORAM DESEMPENHADAS EM OBRAS REALIZADAS EM EDIFÍCIOS, BARRAGENS, PONTES OU TORRES.*" QUESTÃO DE ORDEM N.º 20.

Tese reafirmada:

A periculosidade do trabalho de pedreiro/servente de pedreiro está restrita às atividades desempenhadas nos locais indicados no código 2.3.3., do Decreto n. 53.831/64, devendo, para fins de qualificação como tempo especial, haver demonstração efetiva de que suas atividades foram desempenhadas em obras realizadas em edifícios, barragens, pontes ou torres.

Julgado em 17/04/2024

Apresentamos agora o Anexo I do Decreto 83.080/79 com a presunção de tempo especial por categoria profissional:

ANEXO I

REGULAMENTO DOS BENEFÍCIOS DA PREVIDÊNCIA SOCIAL (DECRETO Nº 83.080 DE 24 DE JANEIRO DE 1979)

CLASSIFICAÇÃO DAS ATIVIDADES PROFISSIONAIS SEGUNDO OS AGENTES NOCIVOS

Código	Campo de aplicação	Atividade profissional (trabalhadores ocupados em caráter permanente)	Tempo mínimo de trabalho
1.0.0	**AGENTES NOCIVOS**		
1.1.0	FÍSICOS		

Código	Campo de aplicação	Atividade profissional (trabalhadores ocupados em caráter permanente)	Tempo mínimo de trabalho
1.1.1	CALOR	Industria metalúrgica e mecânica (atividades discriminadas nos códigos 2.5.1 e 2.5.2 do Anexo II). Fabricação de vidros e cristais (atividades discriminadas no código 2.5.5 do Anexo II). Alimentação de caldeiras a vapor a carvão ou a lenha.	25 anos
1.1.2	FRIO	Câmaras frigoríficas e fabricação de gelo.	25 anos
1.1.3	RADIAÇÕES IONIZANTES	Extração de minerais radioativos (tratamento, purificação, isolamento e preparo para distribuição). Operações com reatores nucleares com fontes de nêutrons ou de outras radiações corpusculares. Trabalhos executados com exposições aos raios X, rádio e substâncias radioativas para fins industriais, terapêuticos e diagnósticos. Fabricação de ampolas de raios x e radioterapia (inspeção de qualidade). Fabricação e manipulação de produtos químicos e farmacêuticos radioativos (urânio, rádon, mesotório, tório x, césio 137 e outros). Fabricação e aplicação de produtos luminescentes radíferos. Pesquisas e estudos dos raios x e substâncias radioativas em laboratórios.	25 anos
1.1.4	TREPIDAÇÃO	Trabalhos com perfuratrizes e marteletes pneumáticos.	25 anos
1.1.5	RUÍDO	Calderaria (atividades discriminadas no código 2.5.2 do Anexo II). Trabalhos em usinas geradoras de eletricidade (sala de turbinas e geradores). Trabalhos com exposição permanente a ruído acima de 90 db. Operação com máquinas pneumáticas (atividades discriminadas entre as do código 2.5.3 do Anexo II). Trabalhos em cabinas de prova de motores de avião.	25 anos

Código	Campo de aplicação	Atividade profissional (trabalhadores ocupados em caráter permanente)	Tempo mínimo de trabalho
1.1.6	PRESSÃO ATMOS-FÉRICA	Trabalhos em caixões ou câmaras pneumáticas subaquáticas e em tubulações pneumáticos. Operação com uso de escafandro. Operação de mergulho Trabalho sob ar comprimido em túneis pressurizados.	20 anos
1.2.0	QUÍMICOS		
1.2.1	ARSÊNICO	Metalurgia de minérios arsenicais. Extração de arsênico. Fabricação de compostos de arsênico. Fabricação de tintas à base de compostos de arsênico (atividades discriminadas no Código 2.5.6 do Anexo II). Fabricação e aplicação de produtos inseticidas, parasiticidas e raticidas à base de compostos de arsênico.	25 anos
1.2.2	BERÍLIO OU GLICÍNIO	Extração, trituração e tratamento de berílio: Fabricação de ligas de berílio e seus compostos. Fundição de ligas metálicas. Utilização do berílio ou seus compostos na fabricação de tubos fluorescentes, de ampolas de raios x e de vidros especiais.	25 anos
1.2.3	CÁDMIO	Extração, tratamento e preparação de ligas de cádmio. Fundição de ligas metálicas. Fabricação de compostos de cádmio. Solda com cádmio. Utilização de cádmio em revestimentos metálicos.	25 anos
1.2.4	CHUMBO	Extração de chumbo. Fabricação e emprego de chumbo tetraetila ou tetramatila. Fabricação de objetos e artefatos de chumbo. Fabricação de acumuladores, pilhas e baterias elétricas contendo chumbo ou compostos de chumbo. Fabricação de tintas, esmaltes e vernizes à base de compostos de chumbo (atividades discriminadas no código 2.5.6 do Anexo II). Fundição e laminação de chumbo, zinco-velho, cobre e latão.	25 anos

Código	Campo de aplicação	Atividade profissional (trabalhadores ocupados em caráter permanente)	Tempo mínimo de trabalho
1.2.4	CHUMBO	Limpeza, raspagem e reparação de tanques de mistura e armazenamento de gasolina contendo chumbo tetraetila. Metalurgia e refinação de chumbo. Vulcanização de borracha pelo litargírio ou outros compostos de chumbo.	25 anos
1.2.5	CROMO	Fabricação de ácido crômico, de cromatos e bicromatos.	25 anos
1.2.6	FÓSFORO	Extração e preparação de fósforo branco e seus compostos. Fabricação e aplicação de produtos fosforados e organofosforados, inseticidas, parasíticidase e ratívidas. Fabricação de projéteis incendiários, explosivos e gases asfixiantes à base de fósforo branco.	25 anos
1.2.7	MANGANÊS	Extração, tratamento e trituração do minério por processos manuais ou semiautomáticos. Fabricação de compostos de manganês. Fabricação de pilhas secas contendo compostos de manganês. Fabricação de vidros especiais, indústrias de cerâmica e outras operações com exposição permanente a poeiras de pirolusita ou de outros compostos de manganês.	25 anos
1.2.8	MERCÚRIO	Extração e fabricação de compostos de mercúrio. Fabricação de espoletas com fulminato de mercúrio. Fabricação de tintas à base de composto de mercúrio. Fabricação de solda à base de mercúrio. Fabricação de aparelhos de mercúrio: Barômetro, manômetro, termômetro, interruptor, lâmpadas, válvulas eletrônicas, ampolas de raios x e outros. Amalgamação de zinco para fabricação de eletródios, pilhas e acumuladores. Douração e estanhagem de espelhos à base de mercúrio. Empalhamento de animais com sais de mercúrio. Recuperação de mercúrio por destilação de resíduos industriais. Tratamento a quente das amálgamas de ouro e prata para recuperação desses metais preciosos. Secretagem de pelos, crinas e plumas, feltragem à base de compostos de mercúrio.	25 anos

Código	Campo de aplicação	Atividade profissional (trabalhadores ocupados em caráter permanente)	Tempo mínimo de trabalho
1.2.9	OURO	Redução, separação e fundição do ouro	25 anos
1.2.10	HIDRO-CARBO-NETOS E OUTROS COMPOS-TOS DE CARBONO	Fabricação de benzol, toluoi, xilol (benzeno, tolueno e xileno). Fabricação e aplicação de inseticidas clorados derivados de hidrocarbonetos. Fabricação e aplicação de inseticidas e fungicidas derivados de ácido carbônico. Fabricação de derivados halogenados de hidrocarbonetos alifáticos: cloreto de metila, brometo de metila, clorofórmio, tetracloreto de carbono, dicloretano, tetracloretano, tricloretileno e bromofórmio. Fabricação e aplicação de inseticida à base de sulfeto de carbono. Fabricação de seda artificial (viscose) Fabricação de sulfeto de carbono. Fabricação de carbonilida. Fabricação de gás de iluminação. Fabricação de solventes para tintas, lacas e vernizes, contendo benzol, toluol e xilol.	25 anos
1.2.11	OUTROS TÓXICOS, ASSOCIA-ÇÃO DE AGENTES	Fabricação de flúor e ácido fluorídrico, cloro e ácido clorídrico e bromo e ácido bromídrico. Aplicação de revestimentos metálicos, eletroplastia, compreendendo: niquelagem, cromagem, douração, anodização de alumínio e outras operações assemelhadas (atividades discriminadas no código 2.5.4 do Anexo II). Pintura a pistola – associação de solventes e hidrocarbonados e partículas suspensas (atividades discriminadas entre as do código 2.5.3 do Anexo II). Trabalhos em galerias e tanques de esgoto (monóxido de carbono, gás metano, gás sulfídrico e outros). Solda elétrica e a oxiacetileno (fumos metálicos). Indústrias têxteis: alvejadores, tintureiros, lavadores e estampadores a mão.	25 anos

Código	Campo de aplicação	Atividade profissional (trabalhadores ocupados em caráter permanente)	Tempo mínimo de trabalho
1.2.12	SÍLICA, SILICATOS, CARVÃO, CIMENTO E AMIANTO	Extração de minérios (atividades discriminadas nos códigos 2.3.1 a 2.3.5 do anexo II). Extração de rochas amiantíferas (furação, corte, desmonte, trituração, peneiramento e manipulação). Extração, trituração e moagem de talco. Decapagem, limpeza de metais, foscamento de vidros com jatos de areia (atividades discriminadas entre as do código 2.5.3 do Anexo II). Fabricação de cimento Fabricação de guarnições para freios, materiais isolantes e produtos de fibrocimento.	15, 20 ou 25 anos 25 anos 25 anos
1.2.12	SÍLICA, SILICATOS, CARVÃO, CIMENTO E AMIANTO	Fabricação de material refratário para fornos, chaminés e cadinhos, recuperação de resíduos. Fabricação de mós, rebolos, saponáceos, pós e pastas para polimento de metais. Moagem e manipulação de sílica na indústria de vidros, porcelana e outros produtos cerâmicos. Mistura, cardagem, fiação e tecelagem de amianto. Trabalho em pedreiras (atividades discriminadas no código 2.3.4 do anexo II). Trabalho em construção de túneis (atividades discriminadas nos códigos 2.3.3 e 2.3.4 do Anexo II).	15, 20 ou 25 anos 25 anos 25 anos
1.3.0	BIOLÓGICOS		
1.3.1	CARBÚNCULO BRUCELA, MORMO, TUBERCULOSE E TÉTANO	Trabalhos permanentes em que haja contato com produtos de animais infectados. Trabalhos permanentes em que haja contados com carnes, vísceras, glândulas, sangue, ossos, pelos dejeções de animais infectados (atividades discriminadas entre as do código 2.1.3 do Anexo II: médicos, veterinários, enfermeiros e técnicos de laboratório).	25 anos
1.3.2	ANIMAIS DOENTES E MATERIAIS NFECTO-CONTAGIANTES	Trabalhos permanentes expostos ao contato com animais doentes ou materiais infecto-contagiantes (atividades discriminadas entre as do código 2.1.3 do Anexo II: médicos, veterinários, enfermeiros e técnicos de laboratório).	

Código	Campo de aplicação	Atividade profissional (trabalhadores ocupados em caráter permanente)	Tempo mínimo de trabalho
1.3.3	PREPARAÇÃO DE SOROS, VACINAS, E OUTROS PRODUTOS	Trabalhos permanentes em laboratórios com animais destinados ao preparo de soro, vacinas e outros produtos (atividades discriminadas entre as do código 2.1.3 do Anexo II: médicos-laboratoristas, técnicos de laboratórios, biologistas).	25 anos
1.3.4	DOENTES OU MATERIAIS INFECTO-CONTAGIANTES	Trabalhos em que haja contato permanente com doentes ou materiais infecto-contagiantes (atividades discriminadas entre as do código 2.1.3 do Anexo II: médicos-laboratoristas (patologistas), técnicos de laboratório, dentistas, enfermeiros).	25 anos
1.3.5	GERMES	Trabalhos nos gabinetes de autópsia, de anatomia e anátomo-histopatologia (atividades discriminadas entre as do código 2.1.3 do Anexo II: médicos-toxicologistas, técnicos de laboratório de anatomopatologia ou histopatologia, técnicos de laboratório de gabinetes de necropsia, técnicos de anatomia).	25 anos

Vale frisar que o Decreto 83.808/79 não revogou expressamente o Decreto 53.831/64, razão pela qual eles coexistiram (salvo revogação parcial tácita) até o advento do Decreto 3.048/99 (atual Regulamento), que promoveu no seu artigo 3º a revogação expressa do Decreto 83.808/79, sendo esta a posição da Previdência Social e da jurisprudência amplamente dominante.

AQUILO QUE QUASE TODOS DESCONHECEM:

De acordo com o **artigo 65 do Decreto 48.959-A, de 19/09/1960**, a aposentadoria especial será concedida ao segurado que, contando no mínimo 50 (cinquenta) anos de idade e 180 (cento e oitenta) contribuições mensais, tenha trabalhado durante 15 (quinze), 20 (vinte) ou 25 (vinte e cinco) anos, pelo menos, conforme a atividade profissional, em serviços penosos, insalubres ou perigosos, assim considerados os constantes do Quadro que acompanha este Regulamento **(Quadro nº II).**

> Eis o Quadro II:
>
> *"QUADRO II*
>
> *(art. 65)*
>
> *Relação de serviços desde logo considerados penosos, insalubres ou perigosos, nos têrmos do art. 65 do regulamento:*

1 - Serviços de mineração em subsolo.

2 - Serviços que demandam excessivo esfôrço físico em relação a condições normais de trabalho ou que exigem posição viciosa do organismo.

3 - Serviços realizados em condições excepcionais relativamente ao local do trabalho, horário e exposição às intempéries.

4 - Serviços realizados em contato com substâncias alergizantes ou incômodas (pruriginosas ou nauseantes).

5 - Serviços realizado em ambientes desconfortáveis pela existência anormal de condições de luz, temperatura, umidade, ruido, vibração mecânica ou radiação ionisante.

6 - Serviços considerados em grau de insalubridade máxima pela Portaria Ministerial SCM-51, de 13 de abril de 1939:

Fundição e laminação de chumbo.

Fundição de zinco velho, cobre e latão.

Soldagem e dessoldagem com chumbo.

Fabricação de sais de chumbo, carbonato, arseniato, minto, litargírio, cromato e análogos.

Fabricação de objetos e artefatos de chumbo.

Fabricação e reparação de acumuladores, pilhas e baterias elétricas.

Metalurgia e refinação de chumbo.

Pintura e decoração com côres a base de chumbo (pistola).

Fabricação de côres a base de chumbo.

Preparação de tintas que contenham pigmentos de chumbo.

Fabricação de esmalte e base de chumbo.

Fabricação de unguentos, óleos, pastas, vernizes, líquidos, pós a base de chumbo.

Vulcanização de borracha pelo litargirio ou outros pigmentos de chumbo.

Construção e demolição de navios e queima de pinturas.

Pulverização de metais a pistola com chumbo.

Polimento e acabamento de metais contendo chumbo e as demais indústrias que empreguem chumbo e seus sais.

7 - Serviços perigosos, considerados como tais todos os que realizados em atividades sujeitas a taxas de risco de acidente do trabalho superiores a 12% de acôrdo com a Tarifa Oficial de Seguros de Acidentes do Trabalho.

Observações:

1 - Êste Quadro será revisto de 2 (dois) em 2 (dois) anos e adaptado às condições regionais, por uma Comissão de um Representante do D. N.P.S., um Atuário do Serviço Atuarial e um Médico da Divisão de Higiene e Segurança do Trabalho do Departamento Nacional do Trabalho.

2 - A Comissão deverá, no prazo de 60 (sessenta) dias, apresentar a primeira relação nominal dos serviços penosos e indicar a correspondência dos serviços penosos, insalubres e perigosos com os prazos de 15 (quinze), 20 (vinte) e 25 (vinte e cinco) anos a que se refere o art. 65.

3 - A Comissão discriminará especificamente quais as atividades profissionais consideradas penosas, perigosas e Insalubres em cada serviço das enumerados no Quadro".

Houve ainda regulação da aposentadoria especial pelo Decreto 63.230, de 10/09/1968:

*"**Art. 1º.** A aposentadoria especial de que trata o artigo 31 da Lei número 3.807, de 26 de agôsto de 1960, com a alteração introduzida pelo artigo 1º da Lei nº 5.440-A, de 23 de maio de 1968, será devida ao segurado que haja prestado no mínimo cento e oitenta contribuições mensais e tenha, conforme a atividade, pelo menos, quinze, vinte ou vinte e cinco anos de trabalho em serviços considerados penosos, insalubres ou perigosos nos têrmos dêste decreto.*

***Art. 2º.** Serão consideradas penosas, insalubres ou perigosas as atividades arroladas nos Quadros anexos, ns. I e II, nos quais se fixa, igualmente, o tempo de trabalho mínimo necessário, com relação a cada uma delas, para aquisição do direito ao benefício".*

Eis os citados quadros:

QUADRO I

(Anexo ao Decreto nº 63.230 de 10 de setembro de 1968)

Classificação de Atividades segundo Grupos Profissionais

CÓDIGO	CAMPO DE APLICAÇÃO	ATIVIDADE PROFISSIONAL (TRABALHADORES OCUPADOS EM CARÁTER PERMANENTE)	TEMPO MÍNIMO DE TRABALHO
1.0.0	AGENTES NOCIVOS		
1.1.0	FÍSICOS		
1.1.1	CALOR	Indústria metalúrgica e mecânica (atividades discriminadas nos códigos 2.5.1 e 2.5.2 do Quadro II) Fabricação de vidros e cristais (atividades discriminadas no código 2.5.5 do Quadro II) Alimentação de caldeiras a vapor, a carvão ou a lenha	25 anos
1.1.2	FRIO	Câmaras frigoríficas e fabricação de gêlo	25 anos
1.1.3	RADIAÇÕES IONIZANTES	Extração de minerais radioativos (tratamento, purificação, isolamento e preparo para distribuição) Operações com reatores nucleares com fontes de nêutrons ou de outras radiações corpusculares Trabalhos executados com exposição aos raios X, rádium e substâncias radioativas para fins industriais, terapêuticos e de diagnósticos Fabricação de ampolas de raios X e radioterapia(inspeção de qualidade). Fabricação e manipulação de produtos químicos e farmacêuticos radioativos (urânio, rádon, mesotório, tório X, césio 137 e outros) Fabricação e aplicação de produtos luminescentes radíferos Pesquisa e estudo dos raios X e substâncias radioativas em laboratórios	25 anos
1.1.4	TREPIDAÇÃO	Trabalhos com perfuratrizes e marteletes pneumáticos	25 anos
1.1.5	RUÍDO	Caldeiraria (Atividades discriminadas no código 2.5.2 do Quadro II) Trabalhos em usinas geradoras de eletricidade (sala de turbinas e geradores) Operação com máquinas pneumáticas (atividade discriminada entre as do código 2.5.3 do Quadro II) Trabalhos em cabinas de prova de motores de avião	25 anos
1.1.6	PRESSÃO ATMOSFÉRICA	Trabalhos em caixões ou câmaras pneumáticas subaquáticas e em tubulões pneumáticos Operação com uso de escafandro Operação de mergulho	20 anos
1.2.0	QUÍMICOS		
1.2.1	ARSÊNICO	Metalurgia de minérios arsenicais Extração de arsênico Fabricação de compostos de arsênico Fabricação de tintas à base de compostos de arsênico (atividades discriminadas no código 2.5.6 do Quadro II) Fabricação de produtos inseticidas, parasiticidas e raticidas à base de compostos de arsênico	25 anos
1.2.2	BERÍLIO OU GLICÍNIO	Extração, trituração e tratamento de berílio Fabricação de ligas de berílio e seus compostos Fundição de ligas metálicas Utilização do berílio ou seus compostos na fabricação de tubos fluorescentes, de ampôlas de raios X e de vidros especiais	25 anos

1.2.3	CÁDMIO	Extração, tratamento e preparação de ligas de cádmio Fundição de ligas metálicas Fabricação de compostos de cádmio Solda com cádmio Utilização de cádmio em revestimentos metálicos	25 anos
1.2.4	CHUMBO	Extração de chumbo Fabricação e emprêgo de chumbo tetraetila ou tetrametila Fabricação de objetos e artefatos de chumbo Fabricação de acumuladores, pilhas e baterias elétricas contendo chumbo ou compostos de chumbo Fabricação de tintas, esmaltes e vernizes à base de compostos de chumbo (atividades discriminadas no código 2.5.6 do Quadro II) Fundição e laminação do chumbo, zinco-velho, cobre e latão Limpeza, raspagem e reparação de tanques de mistura e armazenamento de gazolina contendo chumbo tetraetila Metalúrgia e refinação de chumbo Vulcanização de borracha pelo litargírio ou outros compostos de chumbo	25 anos
1.2.5	CROMO	Fabricação de ácido crômico, de cromatos e bicromatos	25 anos
1.2.6	FÓSFORO	Extração e preparação de fósforo branco e seus compostos Fabricação de produtos fosforados e organofosforados, inseticidas, parasiticidas e raticidas Fabricação de projéteis incendiários, explosivos e gases asfixiantes à base de fósforo branco	25 anos
1.2.7	MANGANÊS	Extração, tratamento e trituração do minério por processos manuais ou semi-automáticos Fabricação de compostos de manganês Fabricação de pilhas sêcas contendo compostos de manganês Fabricação de vidros especiais, indústrias de cerâmica e outras operações com igual exposição à poeira de pirolusita ou de outros compostos de manganês	25 anos

1.2.8	MERCÚRIO	Extração e fabricação de compostos de mercúrio Fabricação de espolêtas com fulminato de mercúrio Fabricação de tintas à base de composto de mercúrio Fabricação de solda à base de mercúrio Fabricação de aparelhos de mercúrio: barômetro, manômetro, termômetro, interruptor, lâmpada, válvula eletrônica, ampola de raios X e outros Amalgamação de zinco para fabricação de eletródios, pilhas e acumuladores Douração e estanhagem de espelhos à base de mercúrio Empalhamento de animais com sais de mercúrio Recuperação de mercúrio por destilação de resíduos industriais Tratamento a quente das amálgamas de ouro e prata para recuperação dêsses metais preciosos Secretagem de pêlos, crinas e plumas, feltragem à base de compostos de mercúrio	25 anos
1.2.9	HIDROCARBONETOS e OUTROS COMPOSTOS DE CARBONO	Fabricação de benzol, toluol, xilol (benzeno, tolueno e xileno) Fabricação de inseticidas clorados, derivados de hidrocarbonetos Fabricação de inseticidas e fungicidas derivados de ácido carbâmico Fabricação de derivados halogenados de hidrocarbonetos alifáticos: cloreto de metila, brometo de metila, clorofórmio, bromofórmio, tetracloreto de carbono, dicloretano, tetracloretano, tricloretileno Fabricação de inseticida à base de sulfêto de carbono Fabricação de sêda artificial (viscose) Fabricação de sulfêto de carbono Fabricação de carbonilida Fabricação de gás de iluminação Fabricação de solventes para tintas, lacas e vernizes, contendo benzol, toluol e xilol	25 anos
1.2.10	OUTROS TÓXICOS, ASSOCIAÇÃO DE AGENTES	Fabricação de flúor e ácido fluorídrico, cloro e ácido clorídrico e bromo Aplicação de revestimentos metálicos, eletroplastia, compreendendo: niquelagem, cromagem, douração, anodização de alumínio e outras operações assemelhadas (atividades discriminadas no código 2.5.4 do Quadro II) Pintura à pistola - associação de solventes e hidrocarbonados e partículas suspensas - (atividades discriminadas entre as do código 2.5.3 do Quadro II) Trabalhos em galerias e tanques de esgôto (monóxido de carbono, gás sulfídrico, gás metana e outros) Solda elétrica e a oxiacetilênio (fumos metálicos)	25 anos

1.2.11	SÍLICA, SILICATOS, CARVÃO E CIMENTO	Extração de minérios (atividades discriminadas nos códigos 2.3.1 a 2.3.5 do Quadro II)	15,20 ou 25 anos
		Extração de rochas amiantíferas (furação, corte, desmonte, trituração, peneiramento e manipulação) Extração, trituração e moagem de talco Decapagem, limpeza de metais, foscamento de vidros com jatos de areia (atividade discriminada entre as do código 2.5.3 do Quadro II) Fabricação de cimento Fabricação de guarnições para freios, materiais isolantes e produtos de fibrocimento Fabricação de material refratário para fornos, chaminés e cadinhos, recuperação de resíduos Fabricação de mós, rebolos, sapóleos, pós e pastas para polimento de metais Moagem e manipulação de sílica na indústria de vidros, porcelana e outros produtos cerâmicos Mistura, cardagem, fiação e tecelagem de amianto Trabalho em pedreiras (atividades discriminadas no código 2.3.4 do Quadro II) Trabalho em construção de túneis (atividades discriminadas nos códigos 2.3.3 e 2.3.4 do Quadro II)	25 anos
1.3.0	BIOLÓGICOS		
1.3.1	CARBÚNCULO, BRUCELA, MORMO, TUBERCULOSE	Trabalhos permanentes em que haja contato com produtos de animais infectados Trabalhos permanentes em que haja contato com carnes, vísceras, glândulas, sangue, ossos, pêlos, dejeções de animais infectados (atividades discriminadas entre as do código 2.1.3 do Quadro II: médicos, veterinários, enfermeiros e técnicos de laboratório)	25 anos
1.3.2	ANIMAIS DOENTES E MATERIAIS INFECTO-CONTAGIANTES	Trabalhos permanentes expostos ao contato com animais doentes ou materiais infecto-contagiantes (atividades discriminadas entre as do código 2.1.3 do Quadro II: médicos, veterinários, enfermeiros e técnicos de laboratório)	25 anos
1.3.3	PREPARAÇÃO DE SÔROS, VACINAS E OUTROS PRODUTOS	Trabalhos permanentes em laboratórios, com animais destinados ao preparo de sôro, vacinas e outros produtos (atividades discriminadas entre as do código 2.1.3 do Quadro II: médicos-laboratoristas, técnicos de laboratórios, biologistas)	25 anos
1.3.4	DOENTES OU MATERIAIS INFECTO-CONTAGIANTES	Trabalhos permanentes em que haja contato com doentes ou materiais infecto-contagiantes (atividades discriminadas entre as do código 2.1.3 do Quadro II: médicos, médicos-laboratoristas (patologistas) técnicos de laboratórios, dentistas, enfermeiros)	25 anos
1.3.5	GERMES	Trabalhos nos gabinetes de autópsia, de anatomia e anátomo-histopatologia (atividades discriminadas entre as do código 2.1.3 do Quadro II: médicos-toxicologistas, técnicos de laboratórios de anátomo-patologia ou histopatologia, técnicos de laboratórios de gabinetes de necropsia, técnicos de anatomia)	25 anos

QUADRO II

(Anexo ao Decreto nº 63.230 de 10 de setembro de 1968)

Classificação das Atividades Profissionais Segundo os Agentes Nocivos

CÓDIGO	ATIVIDADE PROFISSIONAL	TEMPO MÍNIMO DE TRABALHO
2.0.0	GRUPOS PROFISSIONAIS	
2.1.0	PROFISSÕES LIBERAIS E TÉCNICAS	
2.1.1	ENGENHARIA Engenheiros-químicos Engenheiros-metalúrgicos Engenheiros de minas	25 anos
2.1.2	QUÍMICA – RADIOATIVIDADE Químicos-industriais Químicos-toxicologistas Técnicos em laboratórios de análises Técnicos em laboratórios químicos Técnicos de radioatividade	25 anos
2.1.3	MEDICINA-ODONTOLOGIA-FARMÁCIA e BIOQUÍMICA-ENFERMAGEM-VETERINÁRIA Médicos(expostos aos agentes nocivos – código 1.3.0 do Quadro I) Médicos-anatomopatologistas ou histopatologistas. Médicos-toxicologistas Médicos-laboratoristas (patologistas) Médicos-radiologistas ou radioterapeutas Técnicos de raios X Técnicos de laboratórios de anatomopatologia ou histopatologia Farmacêuticos-toxicologistas e bioquímicos Técnicos de laboratórios de gabinetes de necropsia Técnicos de anatomia Dentistas(expostos aos agentes nocivos – código 1.3.0 do Quadro I) Enfermeiros(expostos aos agentes nocivos-código 1.3.0 do Quadro I) Médicos veterinários (expostos aos agentes nocivos – código 1.3.0 do Quadro I)	25 anos
2.2.0	PESCA	
2.2.1	PESCADORES	25 anos
2.3.0	EXTRAÇÃO DE MINÉRIOS	
2.3.1	MINEIROS DE SUBSOLO (operações de corte, furação e desmonte, e atividades de manobras, nos pontos de transferências de cargas e viradores e outras atividades exercidas no local) Perfuradores de rochas, cortadores de rochas, carregadores, britadores, cavouqueiros, choqueiros e outros profissionais, com atribuições permanentes em minas de subsolo	15 anos
2.3.2	TRABALHADORES PERMANENTES EM LOCAIS DE SUBSOLO, AFASTADOS DAS FRENTES DE TRABALHO (GALERIAS, RAMPAS, POÇOS, DEPÓSITOS) Motoristas, carregadores, condutores de vagonetas, carregadores de explosivos, encarregados do fogo (blasters), eletricistas, engatadores, bombeiros, madeireiros e outros profissionais com atribuições permanentes em minas de subsolo	20 anos
2.3.3	MINEIROS DE SUPERFÍCIE Trabalhadores no exercício permanente de suas atribuições, em minas ou depósitos minerais na superfície Perfuradores de rochas, cortadores de rochas, carregadores, operadores de escavadeiras, motoreiros, condutores de vagonetas, britadores, carregadores de explosivos, encarregados do fogo (blasters) e outros profissionais, com atribuições permanentes em minas ou depósitos minerais, à superfície	25 anos

2.3.4	TRABALHADORES EM PEDREIRAS Perfuradores, cavouqueiros, canteiros, encarregados do fogo (blasters) e operadores de pás mecânicas	25 anos
2.3.5	TRABALHADORES EM EXTRAÇÃO DE PETRÓLEO Trabalhadores ocupados em caráter permanente na perfuração de poços petrolíferos e na extração de petróleo	25 anos
2.4.0	TRANSPORTES	
2.4.1	TRANSPORTE FERROVIÁRIO Maquinista Foguistas	 25 anos 25 anos
2.4.2	TRANSPORTE URBANO E RODOVIÁRIO Motoristas de ônibus e de caminhões de carga (ocupados em caráter permanente)	25 anos
2.4.3	TRANSPORTE AÉREO Aeronautas	25 anos
2.4.4	ESTIVA Estivadores (trabalhadores ocupados em carater permanente, em embarcações no carregamento e descarregamento de mercadorias)	25 anos
2.5.0	ARTÍFICES, TRABALHADORES OCUPADOS EM DIVERSOS PROCESSOS DE PRODUÇÃO E OUTROS	
2.5.1	INDÚSTRIAS METALÚRGICAS E MECÂNICAS (Aciarias, fundições de ferro e metais não ferrosos, laminações) Forneiros, mão de forno, reserva de forno, garçon (movimenta e retira a carga do forno), fundidores, soldadores, lingoteiros, tenazeiros, caçambeiros, amarradores, dobradores e desbastadores Rebarbadores, esmerilhadores, marteleteiros de rebarbação Operadores de tambores rotativos e outras máquimas de rebarbação Operadores de máquinas para fabricação de tubos por centrifugação Operadores de pontes rolantes ou de equipamentos para transportes de peças e caçambas com metal liquefeito, nos recintos de aciarias, fundições e laminações Operadores nos fornos de recozimento ou de têmpera-recozedores, temperadores	25 anos
2.5.2	FERRARIAS, ESTAMPARIAS DE METAL A QUENTE E CALDERARIA Ferreiros, marteleteiros, forjadores, estampadores, caldereiros e prensadores Operadores de forno de recozimento, de têmpera, de cementação, forneiros, recozedores, temperadores, cementadores Operadores de pontes rolantes ou talhas elétricas	25 anos

2.5.3	OPERAÇÕES DIVERSAS Operadores de máquinas pneumáticas Rebitadores com marteletes pneumáticos Cortadores de chapa a oxiacetilênio Esmerilhadores Soldadores (solda elétrica e a oxiacetilênio) Operadores de jatos de areia Pintores a pistola (com solventes hidrocarbonados e tintas tóxicas) Foguistas	25 anos
2.5.4	APLICAÇÃO DE REVESTIMENTOS METÁLICOS E ELETROPLASTIA Galvanizadores, niqueladores, cromadores, cobreadores, estanhadores, douradores, e outros profissionais em trabalhos permanentes nos locais	25 anos
2.5.5	FABRICAÇÃO DE VIDROS E CRISTAIS Vidreiros, operadores de forno, forneiros, sopradores de vidros e cristais Operadores de máquinas de fabricação de vidro plano, sacadores de vidros e cristais, operadores de máquinas de soprar vidros e outros profissionais em trabalhos permanentes nos recintos de fabricação de vidros e cristais	25 anos
2.5.6	FABRICAÇÃO DE TINTAS, ESMALTES E VERNIZES Trituradores, moedores, operadores de máquinas moedoras, misturadores, preparadores, envazilhadores e outros profissionais em trabalhos permanentes nos recintos de fabricação	25 anos
2.5.7	PREPARAÇÃO DE COUROS Caleadores de couros Curtidores de couros Trabalhadores em tanagem de couros	25 anos
2.5.8	INDÚSTRIA GRÁFICA E EDITORIAL Monotipistas, linotipistas, fundidores de monotipo, fundidores de linotipo, fundidores de estereotipia, eletrotipistas, estereotipistas, galvanotipistas e titulistas.	25 anos

Embora não seja citado ou adotado pelo INSS e pela jurisprudência, o artigo 7º do Decreto 63.230, de 10/09/1968, aparentemente revogou o quadro de concessão de aposentadoria especial do Decreto nº 53.831, de 25 de março de 1964, em razão de adotar nova listagem:

> *"**Art. 7º.** Fica ressalvado o direito à aposentadoria especial, na forma do Decreto nº 53.831, de 25 de março de 1964, aos segurados que até 22 de maio de 1968 hajam completado o tempo de trabalho previsto para a respectiva atividade profissional no Quadro anexo àquele Decreto".*

Também o INSS e a jurisprudência costumam ignorar a existência do Decreto 48.959-A, de 19/09/1960.

O enquadramento do tempo especial por categoria profissional é atualmente regulamentado no artigo 274 da Instrução Normativa INSS 128/2022:

> "Art. 274. Para caracterizar o exercício de atividade em condições especiais que prejudiquem a saúde, o segurado empregado ou o trabalhador avulso deverão apresentar os seguintes documentos:
>
> I – para períodos laborados até 28 de abril de 1995, véspera da publicação da Lei nº 9.032:
>
> a) para períodos enquadráveis por categoria profissional:
>
> 1. Carteira Profissional – CP – ou Carteira de Trabalho e Previdência Social – CTPS, ficha ou livro de registro de empregado, no caso do segurado empregado, e certificado do OGMO ou sindicato da categoria acompanhado de documento contemporâneo que comprove o exercício de atividade, no caso do trabalhador avulso; ou
>
> 2. formulários de reconhecimento de períodos laborados em condições especiais, dispostos no art. 272;
>
> ...
>
> § 1º Para períodos laborados até 28 de abril de 1995, não será exigida a apresentação dos formulários indicados nas alíneas "a" e "b" do inciso I do caput, quando o enquadramento ocorrer por categoria profissional, nos casos em que não for necessária nenhuma outra informação sobre a atividade exercida, além da constante na CTPS para realização do enquadramento".

Como novidade da IN INSS 128/2022 foi a dispensa do formulário admitindo-se apenas a CTPS para o enquadramento por profissão até 28.04.1995, nos casos em que não for necessária informação adicional. Trata-se de acolhimento do INSS de Nota Técnica lavrada no processo 00695.0007912019-15 de minha autoria, no exercício do cargo de Procurador Federal.

Destarte, mesmo para o regime de presunção por categoria profissional vigente até a vigência da Lei 9.032/95, o INSS exige o formulário preenchido pela empresa, acompanhado dos citados documentos, muito embora a jurisprudência o dispense, salvo no que concerne ao empregado quando a empresa foi extinta.

Esse posicionamento administrativo veio se alinhar com a jurisprudência remansosa do STJ e da TNU:

> **Tipo**
>
> Acórdão

Número

2016.00.83002-3201600830023

Classe

AINTARESP - AGRAVO INTERNO NO AGRAVO EM RECURSO **ESPECIAL** - 894266

Relator(a)

HERMAN BENJAMIN

Origem

STJ - SUPERIOR TRIBUNAL DE JUSTIÇA

Órgão julgador

SEGUNDA TURMA

Data

06/10/2016

Data da publicação

17/10/2016

Fonte da publicação

DJE DATA:17/10/2016 - DTPB:

Ementa

EMENTA: PREVIDENCIÁRIO. APOSENTADORIA POR TEMPO DE SERVIÇO. AUSÊNCIA DE PROVA MATERIAL. ATIVIDADE ESPECIAL. NÃO COMPROVADA. NECESSIDADE DE LAUDO TÉCNICO. AUSÊNCIA NOS AUTOS. REEXAME. IMPOSSIBILIDADE. INCIDÊNCIA DA SÚMULA 7/STJ. **1. Nos termos da jurisprudência do STJ, até o advento da Lei 9.032/1995 é possível o reconhecimento do tempo de serviço especial em face do enquadramento na categoria profissional do trabalhador. A partir dessa lei, a comprovação da atividade especial se dá por meio dos formulários SB-40 e DSS-8030, expedidos pelo INSS e preenchidos pelo empregador, situação modificada com a Lei 9.528/1997, que passou a exigir laudo técnico**. 2. O STJ é firme no sentido de que o reconhecimento da exposição ao agente nocivo ruído só se dá através de laudo pericial; caso contrário, não é possível o reconhecimento do labor em condição especial. 3. Conforme decidido pelo Tribunal de origem, tal aferição não ocorreu no caso em análise, o que também enseja a aplicação da Súmula 7 do STJ. A propósito: AgRg no AREsp 643.905/SP, Rel. Min. Humberto Martins, Segunda Turma, DJe 1º.9.2015. 4. Agravo Interno não provido. EMEN:

Tipo

Acórdão

Número

0005236282007403631700052362820074036317

Relator(a)

JUIZ FEDERAL FREDERICO AUGUSTO LEOPOLDINO KOEHLER

Data

14/04/2016

Data da publicação

12/08/2016

Fonte da publicação

DOU 12/08/2016

Ementa

EMENTA: PREVIDENCIÁRIO. REVISÃO. APOSENTADORIA POR TEMPO DE CONTRIBUIÇÃO. RECONHECIMENTO DE LABOR EM CONDIÇÕES ESPECIAIS. PERÍODO ANTERIOR À LEI 9.032 /95. INEXIGIBILIDADE DE COMPROVAÇÃO DE EXPOSIÇÃO PERMANENTE A AGENTE NOCIVO. DECRETOS 53.831/64 E 83.080/79. CATEGORIA PROFISSIONAL. ENQUADRAMENTO. PROVIMENTO DO INCIDENTE. – Trata-se de incidente de uniformização movido pela parte autora em face de Acórdão de Turma Recursal de São Paulo, que deixou de reconhecer como especiais os períodos em que laborou como oficial impressor e impressor, vez que apenas a CTPS foi juntada a autos para comprovar o exercício das referidas atividades, não tendo sido juntado aos autos qualquer formulário de informações sobre o exercício de atividades especiais (formulário SB-40, DSS-8030 ou equivalente) ou laudo pericial técnico, a fim de demonstrar que o exercício das referidas atividades ocorria nos termos especificados pelo item 2.5.5 do Anexo do Decreto nº 53.831/64. – O recorrente alega que a forma de comprovação do caráter especial da atividade, até a entrada em vigor da Lei nº 9.032/95, independia da demonstração de efetiva exposição do risco, sendo a mera identificação da atividade ou exposição a determinados agentes suficiente para levar a presunção da nocividade. – **O entendimento desta Corte é no sentido de que para a comprovação da exposição ao agente insalubre, tratando-se de período anterior à vigência da Lei n. 9.032/95, de 28/04/95, que deu nova redação ao art. 57 da Lei nº 8.213/91, basta que a atividade seja enquadrada nas relações dos Decretos 53.831/64 ou 83.080/79 (presunção legal). A partir da Lei nº 9.032/95, a comprovação da efetiva exposição do segurado a agentes nocivos passou a ser realizada por intermédio dos formulários SB-40 e DSS-8030, expedidos pelo INSS e preenchidos pelo empregador. PRECEDENTES: TNU - IUJ: 200672950176317 SC, Relator: JUIZ FEDERAL JOÃO CARLOS COSTA MAYER SOARES, Data de Julgamento: 27/03/2009, Turma Nacional de Uniformização, Data de Publicação: DJ 22/05/2009 e PEDILEF: 00000269820134900000, Relator: JUIZ FEDERAL PAULO ERNANE MOREIRA BARROS, Data de Julgamento: 09/04/2014, Data de Publicação: 25/04/2014.** – Considerando que o acórdão proferido pela Turma de origem não está em consonância com a jurisprudência posta, devem os autos ser devolvidos para que seja promovida a adequação do julgado ao entendimento há muito pacificado nesta Corte. – Por conseguinte, CONHEÇO do incidente de uniformização e DOU-LHE PROVIMENTO para reafirmar a tese de que para a comprovação da exposição ao agente insalubre, tratando-se de período anterior à vigência da Lei n. 9.032/95, de 28/04/95, basta que a atividade seja enquadrada nas relações dos Decretos 53.831/64 ou 83.080/79, conforme conste na CTPS, e somente a partir da Lei nº 9.032/95, a comprovação da efetiva exposição do segurado a agentes nocivos passou a ser exigida.

13. AGENTES QUALITATIVOS/QUANTITATIVOS E NORMAS TÉCNICAS

O enquadramento das atividades especiais é feito pelo **anexo IV, do RPS (Decreto 3.048/99)**, que enumera os casos de aposentadoria especial com 15, 20 ou 25 anos de contribuição, conforme os agentes nocivos[12] a que estão expostos os segurados.

Nesse sentido, de acordo com o Decreto 8.123/2013, consideram-se **condições especiais** que prejudiquem a saúde e a integridade física aquelas nas quais a exposição ao agente nocivo ou associação de agentes presentes no ambiente de trabalho esteja acima dos limites de tolerância estabelecidos segundo critérios **quantitativos** ou esteja caracterizada segundo os critérios da avaliação **qualitativa.**

O agente nocivo poderá ser ***apenas qualitativo***, sendo a nocividade presumida e independente de mensuração, constatada pela simples presença do agente no ambiente de trabalho, conforme constante nos Anexos 6, 13, 13-A e 14 da Norma Regulamentadora nº 15 – NR-15 do MTE, e no Anexo IV do RPS, para os agentes iodo e níquel.

Em muitas situações enquadramento do tempo especial por agentes nocivos terá como pressuposto a aferição de nocividade com a atendimento dos pressupostos da **NORMA REGULAMENTADORA 15 (NR 15).**

Conforme narrado no site do Ministério do Trabalho[13], a norma regulamentadora foi originalmente editada pela Portaria MTb nº 3.214, de 8 de junho de 1978, estabelecendo as "Atividades e Operações Insalubres", de forma

12. **Nocividade:** situação combinada ou não de substâncias, energias e demais fatores de riscos reconhecidos, presentes no ambiente de trabalho, capazes de trazer ou ocasionar danos à saúde ou à integridade física do trabalhador.

13. https://www.gov.br/trabalho-e-previdencia/pt-br/composicao/orgaos-especificos/secretaria-de-trabalho/inspecao/seguranca-e-saude-no-trabalho/ctpp-nrs/norma-regulamentadora-no-15-nr-15.

a regulamentar os artigos 189 a 196 da Consolidação das Leis do Trabalho - CLT, conforme redação dada pela Lei n.º 6.514, de 22 de dezembro de 1977, que alterou o Capítulo V (da Segurança e da Medicina do Trabalho) da CLT.

A NR-15 estabelece as atividades que devem ser consideradas insalubres, gerando direito ao adicional de insalubridade aos trabalhadores. **É composta de uma parte geral e mantém 13 anexos**, que definem os Limites de Tolerância para agentes físicos, químicos e biológicos, quando é possível quantificar a contaminação do ambiente, ou listando ou mencionando situações em que o trabalho é considerado insalubre qualitativamente.

Segundo o histórico coletado pela Fundacentro, os diversos aspectos técnicos do texto normativo foram discutidos e elaborados, à época, pelos então técnicos de Higiene Ocupacional da Fundacentro.

Os Limites de Tolerância determinados na norma tiveram como base os valores de ***Threshold Limits Values*** - **TLV** do texto da ***American Conference of Governmental Industrial Hygienists*** - **ACGIH** - versão de 1976. Como os limites norte-americanos diziam respeito a jornadas semanais de 40 horas, os valores foram adaptados para a jornada oficial brasileira, de 48 horas semanais (vigente naquele momento), por meio de cálculos matemáticos.

Por se tratar de uma norma regulamentadora de definições, nunca foi criada Comissão Nacional Temática Tripartite para acompanhamento dessa norma.

A parte geral da norma é caracterizada como Norma Especial pela Portaria SIT nº 787, de 28 de novembro de 2018, vez que regulamenta a execução do trabalho considerando as atividades, instalações ou equipamentos empregados, sem estarem condicionadas a setores ou atividades econômicos específicos.

Os anexos da NR-15 tratam da exposição dos trabalhadores a ruído, calor ambiente, radiações ionizantes, trabalho sob condições hiperbáricas, radiações não ionizantes, vibrações, frio, umidade, agentes químicos (incluindo benzeno), poeiras minerais (incluindo sílica, asbesto e manganês), além dos agentes biológicos.

A **avaliação quantitativa** de agentes aos quais o trabalhador está exposto exige a determinação da intensidade, no caso de agentes físicos, e da concentração ambiental, no caso dos agentes químicos. Devem ser realizadas avaliações quantitativas para ruído contínuo (Anexos nºs 1 e 2), calor (Anexo nº 3), radiações ionizantes (Anexo nº 5), vibração (Anexo nº 8), agentes químicos (Anexo nº 11) e poeiras minerais (Anexo nº 12).

O texto da NR-15 sofreu diversas alterações pontuais ao longo de mais de 40 anos de vigência, como se segue:

- Portaria SSMT n.º 12, de 12 de novembro de 1979, publicada no DOU de 23/11/79 (alterações no Anexo nº 14 - Agentes Biológicos);
- Portaria SSMT n.º 01, de 17 de abril de 1980, publicada no DOU de 25/04/80 (inclusão de trabalho sob vibrações em conveses de navios como atividade insalubre);
- Portaria SSMT n.º 05, de 09 de fevereiro de 1983, publicada no DOU de 17/02/83 (detalhamento de trabalhos sob ar comprimido e dos trabalhos submersos);
- Portaria SSMT n.º 12, de 06 de junho de 1983, publicada no DOU de 14/06/83 (revogada pela Portaria SEPRT n.º 1.067, de 23 de setembro de 2019 - DOU de 24/09/19);
- Portaria SSMT n.º 24, de 14 de setembro de 1983, publicada no DOU de 15/09/83 (aborda "Trabalho Sob Condições Hiperbáricas");
- Portaria MTE n.º 3.751, de 23 de novembro de 1990, publicada no DOU de 26/11/90 (introdução de alterações na NR-17, especialmente, no caso da NR-15, sobre iluminação no trabalho);
- Portaria DSST n.º 01, de 28 de maio de 1991, publicada no DOU de 29/05/91 (altera o Anexo nº 12 da NR-15, que institui os "limites de tolerância para poeiras minerais" – asbestos);
- Portaria DNSST n.º 08, de 05 de outubro de 1992, publicada no DOU de 08/10/92 (inclui no Anexo nº 2 da NR-15 as operações com manganês e seus compostos e revigora o item sílica livre cristalizada);
- Portaria DNSST n.º 09, de 05 de outubro de 1992, publicada no DOU de 14/10/92 (inclui no Anexo nº 11 da NR-15 o agente químico Negro de Fumo, no quadro n.º 1 - Tabela de Limites de Tolerância);
- Portaria SSST n.º 04, de 11 de abril de 1994, publicada no DOU de 14/04/94 (altera o Anexo nº 5 sobre radiações ionizantes);
- Portaria SSST n.º 22, de 26 de dezembro de 1994, publicada no DOU de 27/12/94 (altera a redação do item 12.1 do Anexo nº 12 - Limites de Tolerância para Poeiras Minerais – Asbestos);
- Portaria SSST n.º 14, de 20 de dezembro de 1995, publicada no DOU de 22/12/95 (altera o item "Substâncias Cancerígenas" do Anexo nº 13 e inclui o Anexo nº 13-A – Benzeno);

- Portaria SIT n.º 99, de 19 de outubro de 2004, publicada no DOU de 21/10/04 (inclui no Anexo nº 12 da NR-15 a proibição do processo de trabalho de jateamento que utilize areia seca ou úmida);
- Portaria SIT n.º 43, de 11 de março de 2008, republicada no DOU de 13/03/08 (inclui no Anexo n° 12 da NR-15 previsão de que nos processos de corte e acabamento de rochas ornamentais devem ser adotados sistemas de umidificação);
- Portaria SIT n.º 203, de 28 de janeiro de 2011, publicada no DOU de 01/02/11 (altera os itens 3, 4 e 5 do Anexo n° 13-A - Benzeno);
- Portaria SIT n.º 291, de 08 de dezembro de 2011, publicada no DOU de 09/12/11 (altera o Anexo n° 13-A - Benzeno);
- Portaria MTE n.º 1.297, de 13 de agosto de 2014, publicada no DOU de 14/08/14 (altera o Anexo n° 8 – Vibração);
- Portaria MTb n.º 1.084, de 18 de dezembro de 2018, publicada no DOU de 19/12/18(altera o Anexo n° 5 - Radiações Ionizantes);
- Portaria SEPRT n.º 1.359, de 09 de dezembro de 2019, publicada no DOU de 11/12/19 (altera o Anexo nº 3 - Limites de Tolerância para Exposição ao Calor).

Discussões na CTPP

Após a criação da Comissão Tripartite Paritária Permanente (CTPP), em 1996 (Portaria SSST n° 2, de 10 de abril de 1996), todas as alterações de normas regulamentadoras passaram a ser aprovadas em ambiente tripartite, com a participação de representantes dos empregadores, trabalhadores e governo.

Texto geral da NR-15

Devido à falta de atualização ampla da NR-15, a demanda pela revisão geral da norma foi apresentada na CTPP. Essa discussão iniciou-se em 2010, com a formação de um Grupo Técnico (GT), formado por Auditores-Fiscais do Trabalho e Técnicos da Fundacentro, com o objetivo de elaborar proposta de texto de revisão da parte geral da norma.

Na 69ª Reunião Ordinária da CTPP, realizada em 12 e 13 de junho de 2012, o coordenador da bancada de governo informou a finalização da proposta de texto básico, construída pelo GT. Em 28 de agosto de 2012, foi publicada a Portaria SIT nº 332, divulgando para consulta pública, durante o prazo de 60 (sessenta) dias, a proposta de texto de revisão.

Em virtude das discussões que foram iniciadas a respeito de uma norma regulamentadora sobre a gestão da segurança e saúde no trabalho, os trabalhos do GT de revisão da NR15 foram suspensos. Houve novas tentativas de discussão para alteração do texto geral da NR-15, no entanto, foram priorizadas alterações nos anexos da norma.

Em virtude disso, a NR-15 foi inserida na agenda normativa da CTPP, para alteração em 2020.

Última alteração de anexo da NR-15

Conforme histórico de alterações da NR-15 acima listado, a alteração mais recente da NR-15 (Anexo nº 3 - Limites de Tolerância para Exposição ao Calor) data de 2019. Para se chegar à aprovação desse texto, é importante fazer um histórico do percurso trilhado até o momento da sua aprovação.

Conforme mencionado, a discussão para alteração do texto geral da NR-15 iniciou-se em 2010, ficando decidido naquele momento que seriam formados GT para elaboração de propostas de texto para os anexos da NR-15, incluindo o tema "calor".

Dessa forma, em 2013, foi constituído GT para elaborar proposta de texto de revisão do anexo de calor. A proposta foi elaborada e, em 20 de dezembro de 2013, o texto foi disponibilizado para consulta pública, durante 60 (sessenta dias), por meio da Portaria SIT nº 414, de 19 de dezembro de 2013.

Após a consulta pública, e considerando a então recente publicação da Portaria MTE nº 1.297, de 13 de agosto de 2014, (que revisou o Anexo nº 8 da NR-15, no que diz respeito aos aspectos de insalubridade da exposição à vibração, e simultaneamente inseriu o Anexo nº 1 na Norma Regulamentadora nº 09 - Programa de Prevenção de Riscos Ambientais, de forma a abordar as questões de prevenção correlatas a esse risco ocupacional), foi elaborada proposta de governo com estrutura similar: inclusão de anexo na NR-09, tratando das questões de prevenção, e alteração do Anexo nº 3 da NR-15, tratando propriamente da insalubridade. Contudo, àquela época, o texto não obteve consenso na CTPP.

Em 2019, a CTPP decidiu dar continuidade à revisão do Anexo nº 3 da NR-15, optando-se por aprofundar a discussão sobre o tema. Foi acordada, então, a formação de um Grupo de Estudo Tripartite (GET), sendo estabelecida a realização de, no máximo, três reuniões para conclusão dos trabalhos do GET, em razão de todo o trabalho anterior que já havia sido construído. O Grupo foi constituído pela Portaria SIT nº 676, de 24 de novembro de 2017, com a primeira reunião realizada em novembro/2017 e a terceira (e última) em abril/2019.

Ainda em 2019, a CTPP aprovou um novo cronograma de atividades para a conclusão da revisão do anexo de calor. Nesse sentido, na 97ª Reunião Ordinária da CTPP, realizada em 04 e 05 de junho de 2019, ficou definido que a proposta de texto de revisão do Anexo nº 3 da NR-15 seria discutida na reunião a ser realizada em 17 e 18 de setembro de 2019 (alterada posteriormente para 25 e 26 de setembro de 2019).

Com essas datas acertadas, foi formado um novo grupo tripartite, a fim de discutir a proposta de texto construída pelo GT e apresentada durante a realização do GET. Foram realizadas duas reuniões desse grupo: a primeira em agosto/2019 (dias 06 e 07) e a segunda em setembro/2019 (dias 03, 04 e 05).

A proposta de texto final manteve a estrutura original de inclusão de anexo na NR-09, no que diz respeito às medidas de prevenção, e de revisão do Anexo nº 3 (limites de tolerância para exposição ao calor) da NR-15. A proposta final elaborada pelo grupo tripartite foi então apresentada à CTPP e discutida durante a 2ª Reunião Ordinária (nova numeração, após o Decreto 9944/2019), realizada em 25 e 26 de setembro, momento no qual foi aprovada por consenso a inclusão de anexo na NR-09 no que tange às medidas de prevenção com relação à exposição ocupacional ao calor. Quanto à revisão do Anexo nº 3 da NR-15, não houve consenso em alguns poucos itens do texto apresentado. No total, houve consenso em 93% dos itens dos dois anexos.

O texto aprovado foi publicado pela Portaria SEPRT nº 1.359, de 09 de dezembro de 2019, com vigência imediata.

Cabe destacar que o conteúdo do novo Anexo nº 3 da NR-15 foi construído em harmonia com a Norma de Higiene Ocupacional - NHO 06 da Fundacentro, revisada em 2017, que trata da avaliação da exposição ocupacional ao calor.

Além disso, houve uma atualização dos critérios estabelecidos para a caracterização das atividades ou operações como insalubres decorrentes da exposição ocupacional ao calor. Por exemplo, foi resolvida a falta de harmonia que existia entre os Quadros 2 e 3 do Anexo nº 3 e aqueles da NHO 06, passando a ser utilizados os quadros de limite de exposição ocupacional ao calor e da taxa metabólica por tipo de atividade da NHO 06, com base em critérios técnicos que foram atualizados.

"A CTPP foi extinta pelo Decreto 9.759, de 11 de abril de 2019, e recriada pelo Decreto 9944, de 30 de julho de 2019. As atas das reuniões realizadas após 30 de julho de 2019 iniciaram uma nova numeração".

NR-15 - ATIVIDADES E OPERAÇÕES INSALUBRES (Vigente a partir de 3 de janeiro de 2022, em virtude de ajustes no Anexo n° 3 (calor) e n° 8 (vibração), por meio da Portaria MTP n° 426, de 07 de outubro de 2021)

NR-15 - ANEXO 1 - LIMITES DE TOLERÂNCIA PARA RUÍDO CONTÍNUO OU INTERMITENTE

NR-15 - ANEXO 2 - LIMITES DE TOLERÂNCIA PARA RUÍDOS DE IMPACTO

NR-15 - ANEXO 3 - LIMITES DE TOLERÂNCIA PARA EXPOSIÇÃO AO CALOR (Última modificação: Portaria MTP n° 426, de 07 de outubro de 2021) - VER TEXTO DA NR-15

NR-15 - ANEXO 4 - (REVOGADO)

NR-15 - ANEXO 5 - RADIAÇÕES IONIZANTES (Última modificação: Portaria MTB 1084, DE 18/12/2018)

NR-15 - ANEXO 6 - TRABALHO SOB CONDIÇÕES HIPERBÁRICAS (Última modificação: Portaria SSMT 24, DE 14/09/1983)

NR-15 - ANEXO 7 - RADIAÇÕES NÃO-IONIZANTES

NR-15 - ANEXO 8 - VIBRAÇÃO (Última modificação: Portaria MTP n° 426, de 07 de outubro de 2021) - VER TEXTO DA NR-15

NR-15 - ANEXO 9 - FRIO

NR-15 - ANEXO 10 - UMIDADE

NR-15 - ANEXO 11 - AGENTES QUÍMICOS CUJA INSALUBRIDADE É CARACTERIZADA POR LIMITE DE TOLERÂNCIA E INSPEÇÃO NO LOCAL DE TRABALHO

NR-15 - ANEXO 12 - LIMITES DE TOLERÂNCIA PARA POEIRAS MINERAIS (Última modificação: Portaria SSST 1, DE 28/05/1991)

NR-15 - ANEXO 13 - AGENTES QUÍMICOS

NR-15 - ANEXO 13A - BENZENO (Última modificação: Portaria SSST 14, DE 20/12/1995)

NR-15 - ANEXO 14 - AGENTES BIOLÓGICOS (Última modificação: Portaria SSST 12, 12/11/1979)

Outrossim, em diversas situações a serem estudadas, a Autarquia somente reconhece o tempo especial se a aferição respeitar as NORMAS DE HIGIENE OPERACIONAL (NHO'S) editadas pela FUNDACENTRO.

Conforme consignado no site da referida Fundação Pública Federal, "as Normas de Higiene Ocupacional (NHOs) compõem uma série de normas técnicas, resultantes dos trabalhos técnicos da Fundacentro, que abordam diferentes aspectos dos procedimentos e critérios de identificação, avaliação e controle dos riscos e perigos ambientais e profissionais, com o principal objetivo de fomentar a adoção de medidas preventivas contra doenças profissionais e quaisquer outros riscos e fatores potencialmente danosos à saúde e à segurança dos trabalhadores em diversos ambientes ocupacionais.

Os conteúdos são baseados em referências normativas de abrangência internacional e na aplicação prática dos métodos e se destinam, principalmente, aos profissionais que atuam na caracterização, avaliação, controle e gestão dos aspectos envolvidos com o gerenciamento dos riscos e perigos ocupacionais, além de todos os atores sociais e estudantes envolvidos nas questões relacionadas à segurança e saúde ocupacional, de modo geral".

> **NHO 01 - Norma de higiene ocupacional: procedimento técnico: avaliação da exposição ocupacional ao ruído - Acesso on-line**
>
> **NHO 02 - Norma de higiene ocupacional: método de ensaio: análise qualitativa da fração volátil (vapores orgânicos) em colas, tintas e vernizes por cromatografia gasosa / detector de ionização de chama - Em processo de revisão - Nota de esclarecimento**
>
> **NHO 03 - Norma de higiene ocupacional : método de ensaio: análise gravimétrica de aerodispersóides sólidos coletados sobre filtros de membrana - Acesso on-line NHO 04 - Norma de higiene ocupacional : método de ensaio : método de coleta e análise de fibras em locais de trabalho - análise por microscopia ótica de contraste de fase - Acesso on-line NHO 05 - Norma de higiene ocupacional : procedimento técnico: avaliação da exposição ocupacional aos raios-x nos serviços de radiologia - Acesso on-line**
>
> **NHO 06 - Norma de higiene ocupacional : procedimento técnico: avaliação da exposição ocupacional ao calor - Acesso on-line NHO 07 - Norma de higiene ocupacional : procedimento técnico: calibração de bombas de amostragem individual pelo método da bolha de sabão - Acesso on-line NHO 08 - Norma de higiene ocupacional : procedimento técnico: coleta de material particulado sólido suspenso no ar de ambientes de trabalho - Acesso on-line NHO 09 - Norma de higiene ocupacional : procedimento técnico: avaliação da exposição ocupacional a vibrações de corpo inteiro - Acesso on-line**
>
> **NHO 10 - Norma de higiene ocupacional: procedimento técnico: avaliação da exposição ocupacional a vibração de mãos e braços - Acesso on-line**
>
> **NHO 11 - Norma de higiene ocupacional: procedimento técnico: avaliação dos níveis de iluminamento em ambientes internos de trabalho - Acesso on-line**

Ao final da obra, na parte do APÊNDICE, inserimos o texto das principais normas técnicas sobre tempo especial.

Na forma do Decreto 8.123/2013, alterado pelo Decreto 10.410/2020, a avaliação qualitativa de riscos e agentes nocivos será comprovada mediante descrição:

> I – das circunstâncias de exposição ocupacional a determinado agente ou associação de agentes prejudiciais à saúde presentes no ambiente de trabalho durante toda a jornada de trabalho;
>
> II – de todas as fontes e possibilidades de liberação dos agentes nocivos ou sua associação;
>
> III – dos meios de contato ou exposição dos trabalhadores, as vias de absorção, a intensidade da exposição, a frequência e a duração do contato.

Poderá também o agente nocivo ser *quantitativo*, sendo a nocividade considerada pela ultrapassagem dos limites de tolerância ou doses, dispostos nos Anexos 1, 2, 3, 5, 8, 11 e 12 da NR-15 do MTE, por meio da mensuração da intensidade ou da concentração, consideradas no tempo efetivo da exposição no ambiente de trabalho.

A esmagadora maioria das atividades especiais prevê a aposentadoria com 25 anos de contribuição. Apenas tem previsão de 20 anos o tempo especial de mineração subterrânea cujas atividades sejam exercidas afastadas das frentes de produção (item 4.0.1), assim como a exposição aos asbestos ou amianto (item 1.0.2), enquanto os trabalhos em atividades permanentes no subsolo de minerações subterrâneas em frentes de produção farão com que os segurados se aposentem com apenas 15 anos de contribuição, em razão da enorme lesividade à saúde (item 4.0.2).

Na hipótese de atividades concomitantes sob condições especiais, no mesmo ou em outro vínculo empregatício, será considerada aquela que exigir menor tempo para a aposentadoria especial.

O direito à aposentadoria especial não fica prejudicado na hipótese de exercício de atividade em mais de um vínculo, com tempo de trabalho concomitante (comum e especial), desde que constatada a nocividade do agente e a permanência em, pelo menos, um dos vínculos[14].

Na forma do quanto previsto no próprio anexo IV, do Decreto 3.048/99, o que determina o direito ao benefício é a exposição do trabalhador ao agente nocivo presente no ambiente de trabalho e no processo produtivo, **em nível de concentração superior aos limites de tolerância estabelecidos.**

14. Artigo 265, da Instrução Normativa INSS 128/2022.

Ademais, o **rol de agentes nocivos é exaustivo**, enquanto que as atividades listadas, nas quais poderá haver a exposição, são exemplificativas, sendo este o entendimento da Previdência Social.

Portanto, de acordo com o atual regramento, apenas a exposição permanente a um agente nocivo à saúde previsto no RPS dá direito à aposentadoria especial, cujo rol forma um *numerus clausus* (fechado).

De acordo com o Decreto 10.410/2020, a Secretaria Especial de Previdência promoverá a elaboração de estudos com base em critérios técnicos e científicos para atualização periódica do disposto no Anexo IV do Decreto 3.048/99.

No entanto, o atual posicionamento do STJ é contrário ao da Previdência Social, **pois a Corte Superior considera como exemplificativo o rol de agentes nocivos listados pelo Anexo IV do Regulamento da Previdência Social.**

Veja-se:

> "AGRAVO REGIMENTAL NO RECURSO ESPECIAL. APOSENTADORIA. AGENTE NOCIVO ELETRICIDADE. TEMPO DE SERVIÇO ESPECIAL. CONVERSÃO EM COMUM APÓS 1998. POSSIBILIDADE.
>
> 1. É firme a jurisprudência do Superior Tribunal de Justiça no sentido de ser possível a conversão do tempo de serviço especial em comum, para fins de aposentadoria, mesmo aquele laborado após maio de 1998. Precedentes.
>
> 2. **É possível o reconhecimento do tempo de serviço como especial desde que a atividade exercida com exposição aos fatores de risco, ainda que não constantes do rol inserido no decreto regulamentar (AgRg no REsp 1.267.323, de 02.08.2012, 6ª Turma)**".
>
> "AGRAVO REGIMENTAL. PREVIDENCIÁRIO. APOSENTADORIA POR TEMPO DE SERVIÇO. EXPOSIÇÃO AO AGENTE ELETRICIDADE. ENQUADRAMENTO NO DECRETO Nº 2.172/1997. AUSÊNCIA. IRRELEVÂNCIA. ROL EXEMPLIFICATIVO. COMPROVAÇÃO. SÚMULA Nº 7/STJ.
>
> 1. Consoante os precedentes desta Corte, em que pese a presunção absoluta de especialidade para o agente nocivo eletricidade se encerrasse com a edição do Decreto nº 2.172/1997, estando devidamente demonstrado por outros meios probantes o exercício do labor em condições especiais, **é possível reconhecer a especialidade, ainda que seja em período laborado após o advento do referido decreto, porquanto o rol de atividades consideradas prejudiciais à saúde é meramente exemplificativo.**
>
> 2. Tendo a Corte de origem afirmado expressamente, que no desempenho de sua atividade, o autor estava submetido ao agente nocivo eletricidade, de modo habitual e permanente, verificar tal condição por este Superior Tribunal de

Justiça importaria reexame de fatos e provas, o que é vedado em sede de recurso especial, nos termos do enunciado sumular nº 7/STJ.

3. Agravo regimental a que se nega provimento" (**AgRg no REsp 1.168.455, de 12.06.2012, 5ª Turma**).

Outrossim, a 1ª e 2ª Turma do STJ em julgamentos monocráticos vêm declarando que o rol de agentes nocivos é exemplificativo (REsp 1.329.778, de 21.09.2012 – EDcl no REsp 1.327.309, de 05.09.2012).

Posteriormente, o tema foi julgado como repetitivo pelo STJ (tema 534):

ATIVIDADE ESPECIAL

Possibilidade de configuração do trabalho exposto ao agente perigoso eletricidade, exercido após a vigência do Decreto 2.172/1997, como atividade especial, para fins do artigo 57 da Lei 8.213/1991.

(Tema: 534)

EMENTA

[...]

1. Trata-se de Recurso Especial interposto pela autarquia previdenciária com o escopo de prevalecer a tese de que a supressão do agente eletricidade do rol de agentes nocivos pelo Decreto 2.172/1997 (Anexo IV) culmina na impossibilidade de configuração como tempo especial (arts. 57 e 58 da Lei 8.213/1991) de tal hipótese a partir da vigência do citado ato normativo.

2. À luz da interpretação sistemática, as normas regulamentadoras que estabelecem os casos de agentes e atividades nocivos à saúde do trabalhador são exemplificativas, podendo ser tido como distinto o labor que a técnica médica e a legislação correlata considerarem como prejudiciais ao obreiro, desde que o trabalho seja permanente, não ocasional, nem intermitente, em condições especiais (art. 57, § 3º, da Lei 8.213/1991). Precedentes do STJ.

[...]

4. Recurso Especial não provido. Acórdão submetido ao regime do art. 543-C do CPC e da Resolução 8/2008 do STJ. (**REsp 1306113 SC, Rel. Ministro HERMAN BENJAMIN, PRIMEIRA SEÇÃO, julgado em 14/11/2012, DJe 07/03/2013)**

Outras Informações

VOTO VISTA – MIN. ARNALDO ESTEVES LIMA

É possível o reconhecimento do trabalho em exposição à eletricidade, ainda que exercido após a vigência do Decreto 2.172/1997, como atividade especial, para fins de aposentadoria, nos termos do artigo 57 da Lei 8.213/1991, quando devidamente comprovada a exposição a esse agente nocivo, pois o Decreto 3.048/1999, que revogou o decreto anteriormente mencionado, prevê a concessão de aposentadoria especial aos segurados que comprovarem a efetiva exposição a agentes nocivos, nos quais se pode incluir a energia elétrica, conforme definição de nocividade conferida pela Instrução Normativa INSS/PRES 45/2010.

Destarte, *data arasi aras*, discorda-se do entendimento do STJ neste ponto, especialmente pelos seguintes fundamentos:

A) A aposentadoria com critérios especiais é uma exceção constitucional à regra de que não serão admitidos critérios especiais para a concessão de aposentadoria, não devendo ter uma interpretação ampliativa;

B) O artigo 58, da Lei 8.213/91, prevê expressamente que caberá ao Presidente da República definir a relação dos agentes nocivos químicos, físicos e biológicos ou associação de agentes prejudiciais à saúde ou à integridade física considerados para fins de concessão da aposentadoria especial, e não ao Poder Judiciário;

C) Os critérios adotados pelo Regulamento para a listagem das atividades nocivas à saúde que dão direito à aposentadoria especial é estribada em critérios técnicos, que normalmente ultrapassam o conhecimento meramente jurídico dos magistrados e dos demais operadores do Direito, não estando previsto, por exemplo, o agente eletricidade em razão da sua ausência de nocividade, já que apenas é periculoso, haja vista a exigência constitucional de o agente ser prejudicial à saúde ou integridade física do segurado para o deferimento do benefício especial;

D) Quando a exposição a determinado agente nocivo não goza de previsão regulamentar, a União evidentemente não irá cobrar da empresa a contribuição adicional para o custeio da aposentadoria especial. Por conseguinte, quando há a concessão judicial de aposentadoria especial em razão de agente não listado, não haverá prévia fonte de custeio específica para manter o benefício, violando o Princípio da Precedência da Fonte de Custeio.

Por outro lado, entende-se razoável considerar como agentes nocivos com direito à aposentadoria especial os agentes não listados no Decreto 3.048/99, mas que constam do Grupo 1 da LINACH com CAS, pois neste caso há comprovação científica da sua natureza cancerígena.

No caso da eletricidade, no entanto, é necessário que o segurado demonstre a exposição à corrente acima de 250 volts:

> "PEDIDO DE UNIFORMIZAÇÃO NACIONAL. PREVIDENCIÁRIO. RECONHECIMENTO DE TEMPO ESPECIAL. ELETRICISTA. CATEGORIA

PROFISSIONAL NÃO PREVISTA NOS DECRETOS N° 53.831/1964, N° 83.080/79, E N° 2.172/97. **NECESSIDADE DE DEMONSTRAÇÃO DA EXPOSIÇÃO AO AGENTE AGRESSIVO ELETRICIDADE, COM TENSÃO SUPERIOR A 250 VOLTS, MESMO EM PERÍODO ANTERIOR AO ADVENTO DA LEI N° 9.032/95**. INCIDENTE NÃO PROVIDO. 1. Trata-se de Pedido de Uniformização interposto pelo Autor em face Acórdão proferido pela Segunda Turma Recursal de Santa Catarina, que ratificou o entendimento esposado na Sentença no sentido de afastar as condições especiais do labor exercido como "eletricista". 2. Eis os fundamentos do Acórdão, in verbis: (...) Nada há a ser modificado na sentença quanto ao periodo em que o autor laborou como 'Eletricista' pois, apesar de restar comprovada a atividade de Eletricista, não há documentos que comprovem que esteve submetido a tensões superiores a 250 v. (...) 3. Defende o recorrente, no entanto, que imperioso é o reconhecimento das condições especiais do labor exercido como eletricista no período anterior ao advento da Lei n° 9.032/95, na medida em que durante aquele lapso era permitido o enquadramento por categoria profissional, sendo prescindível a comprovação da exposição ao agente agressivo. 4. Ademais, aduz que o julgado recorrido divergiu do entendimento firmado pelo Superior Tribunal de Justiça (Resp nº 579.202) e por esta Turma Nacional de Uniformização (PEDILEF 00148467520074047195). 5. Pois bem. Nos termos do art. 14, *caput*, da Lei n. 10.259/2001, caberá pedido de uniformização de interpretação de lei federal quando houver divergência entre decisões sobre questão de direito material proferidas por Turmas Recursais na interpretação da lei, sendo que o pedido fundado em divergência de turmas de diferentes Regiões ou da proferida em contrariedade a súmula ou jurisprudência dominante do STJ será julgada por Turma de Uniformização, integrada por Juízes de Turma Recursais, sob a presidência do Coordenador da Justiça Federal. 6. In casu, nada obstante se possa admitir uma divergência jurisprudencial nos termos apresentados pelo autor-recorrente, em uma análise mais aprofundada da matéria se vê que, em verdade, não merece prosperar a tese defendida no recurso. 7. De fato, é cediço que, consoante a pacífica jurisprudência do Superior Tribunal de Justiça e desta Turma Nacional de Uniformização, até o advento da Lei n° 9.032/95 era possível o reconhecimento das condições especiais do labor por mero enquadramento a categoria profissional prevista na legislação vigente à época. 8. Ocorre que, ao contrário do que faz crer o autor, a categoria profissional dos eletricistas não foi prevista nos Decretos n° 53.831/1964, n° 83.080/79, e n° 2.172/97. 9. Em verdade, o que foi objeto de previsão na legislação previdenciária de regência foi o agente agressivo eletricidade. Com efeito, ao listar tal agente perigoso, o Código 1.1.8 do Quadro Anexo do Decreto nº 53.831/64 reconheceu como especiais as atividades envolvendo as operações em locais com eletricidade em condições de perigo de vida; trabalhos permanentes em instalações ou equipamentos elétricos com risco de acidentes, pelos eletricistas, cabistas, montadores, dentre outros, cuja jornada normal ou especial fixada em lei para os serviços expostos a tensão superior a 250 volts. 10. Já os Decretos nº 83.080/79 e nº 2.172/97, não trouxeram tal descrição. Nada obstante, é reconhecido jurisprudencialmente o direito ao cômputo diferenciado do labor exercido sob as mesmas condições até os dias atuais. Neste sentido: STJ, REsp Nº 1.306.113 – SC (julgado sob o regime dos recursos repetitivos de que cuidava o art. 543-C do CPC/73), e TNU, PEDILEF nº 50012383420124047102 (Rel. Juiz Federal Bruno Leonardo Câmara Carrá, DOU 26/09/2014 PÁG. 152/22). 11. Destas considerações se depreende claramente que, nada obstante seja permitido, até o advento da Lei nº 9.032/95, o reconhecimento de tempo especial por categoria profissional, tal possibilidade não foi conferida, com presunção juris tantum, aos eletricistas. **12. O que aos profissionais desta área foi permitido foi o reconhecimento das condições especiais do labor exercido por exposição ao agente agressivo eletricidade, na forma prevista pela legislação de regência, a qual, conforme aludido alhures, exige "serviços expostos a tensão superior a 250 volts". A única exceção, dentro deste segmento, foi conferida aos Engenheiros Eletricistas, categoria profissional prevista no item 2.1.1 do Quadro Anexo do Decreto nº 53.831/64.** 13. De se concluir, portanto, que o entendimento esposado no Acórdão recorrido reflete de modo fidedigno a interpretação da legislação que rege a matéria em exame. 14. Isto posto, NEGO PROVIMENTO ao incidente. 15. É como voto" (TNU, PEDILEF 50014478220124047205, de 30/3/2017).

14. ROL DE AGENTES NOCIVOS: ANEXO IV DO DECRETO 3.048/1999

Dessa forma, o panorama atual é o seguinte a respeito do tempo especial por agentes nocivos:

A) O INSS considera o rol de agentes nocivos do Anexo IV do Decreto 3.048/99 como taxativo;

B) O STJ e a TNU, de modo pacificado, consideram o rol exemplificativo e, sem base técnica, inserem novos agentes nocivos;

C) O STF não deseja analisar o tema, afirmando não se tratar de matéria constitucional com necessidade de reapreciação de provas, embora o pudesse à luz do artigo 201, §1º, da Constituição Federal;

D) Em quase todos os casos, não é arrecadada a contribuição adicional, quer por decadência quinquenal, quer por ausência de medidas de cobrança;

E) A Emenda 103/2019 não trata do rol de agentes nocivos, de modo que a citada jurisprudência prosperará após 13/11/2019.

Por certo, o maior ativismo judicial se concentra no tema aposentadoria especial, com cerca de 80% de concessões judiciais, conforme os próprios dados do INSS.

É possível enunciar as supostas causas dessa jurisprudência concessiva:

A) Desconhecimento da matéria, que é extremamente técnica e de natureza não jurídica, sendo mais fácil ao julgador conceder do que negar;

B) Em grande escala a defesa judicial do INSS é genérica, existindo exceções louváveis, como o antigo grupo especializado em tempo especial na Procuradoria Federal do Estado da Bahia;

C) Ausência de fiscalização eficaz na maioria das empresas no que concerne aos registros ambientais e formulários, nascendo o argumento que o segurado não poderá se prejudicar por equívocos das empresas;

D) Proteção ao trabalhador em dúvida probatória;

E) Não avaliação do impacto financeiro das teses ampliativas judiciais, que foram consolidadas sem uma estimativa financeira;

F) Desatualização das normas técnicas sobre a nocividade dos agentes físicos, químicos e biológicos, em especial sobre a listagem dos agentes concessores da aposentadoria especial.

Outrossim, a 1ª e 2ª Turma do STJ em julgamentos monocráticos vêm declarando que o rol de agentes nocivos é exemplificativo (REsp 1.329.778, de 21.09.2012 – EDcl no REsp 1.327.309, de 05.09.2012).

Posteriormente, o tema foi julgado como repetitivo pelo STJ (tema 534):

> ATIVIDADE ESPECIAL
>
> Possibilidade de configuração do trabalho exposto ao agente perigoso eletricidade, exercido após a vigência do Decreto 2.172/1997, como atividade especial, para fins do artigo 57 da Lei 8.213/1991.
>
> (Tema: 534)
>
> **EMENTA**
>
> [...]
>
> 1. Trata-se de Recurso Especial interposto pela autarquia previdenciária com o escopo de prevalecer a tese de que a supressão do agente eletricidade do rol de agentes nocivos pelo Decreto 2.172/1997 (Anexo IV) culmina na impossibilidade de configuração como tempo especial (arts. 57 e 58 da Lei 8.213/1991) de tal hipótese a partir da vigência do citado ato normativo.
>
> 2. À luz da interpretação sistemática, as normas regulamentadoras que estabelecem os casos de agentes e atividades nocivos à saúde do trabalhador são exemplificativas, podendo ser tido como distinto o labor que a técnica médica e a legislação correlata considerarem como prejudiciais ao obreiro, desde que o trabalho seja permanente, não ocasional, nem intermitente, em condições especiais (art. 57, § 3º, da Lei 8.213/1991). Precedentes do STJ.

[...]

4. Recurso Especial não provido. Acórdão submetido ao regime do art. 543-C do CPC e da Resolução 8/2008 do STJ. **(REsp 1306113 SC, Rel. Ministro HERMAN BENJAMIN, PRIMEIRA SEÇÃO, julgado em 14/11/2012, DJe 07/03/2013)**

Outras Informações

VOTO VISTA – MIN. ARNALDO ESTEVES LIMA

É possível o reconhecimento do trabalho em exposição à eletricidade, ainda que exercido após a vigência do Decreto 2.172/1997, como atividade especial, para fins de aposentadoria, nos termos do artigo 57 da Lei 8.213/1991, quando devidamente comprovada a exposição a esse agente nocivo, pois o Decreto 3.048/1999, que revogou o decreto anteriormente mencionado, prevê a concessão de aposentadoria especial aos segurados que comprovarem a efetiva exposição a agentes nocivos, nos quais se pode incluir a energia elétrica, conforme definição de nocividade conferida pela Instrução Normativa INSS/PRES 45/2010.

De efeito, existem até agentes nocivos que constam do Grupo 1 da LINACH com CAS (cancerígenos) que ainda não foram inseridos no Anexo IV do Decreto 3.048/99, denotando ao extremo a sua desatualização.

Como exemplo, o asbesto ou amianto consta do Grupo 1 da LINACH com CAS e também é arrolado no anexo IV do Decreto 3.048/99 no item 1.0.2 com direito à aposentadoria especial de 20 anos. Por outro lado, o ácido aristólico consta do Grupo 1 da LINACH com CAS, mas não é previsto no anexo IV do Decreto 3.048/99.

Desta forma, **a notória desatualização e falta de revisão do rol de agentes nocivos constantes do Anexo IV do Regulamento talvez seja o fator que mais contribuiu para a construção de uma jurisprudência pela natureza exemplificativa do rol de agentes nocivos que dão ensejo à aposentadoria especial.**

Ademais, **é também notória a desatualização da NR 15, que ainda adota os limites de tolerância da ACGIH do ano de 1976.**

Conforme noticiado no volume 21 da Revista da ABHO (página 14), há casos de agentes nocivos (comparação 1976 e 2010 ACGIH) mais de 100 vezes acima do que seria recomendado em 2010.

Isto posto, uma mudança de paradigma no tema aposentadoria especial diante do Poder Judiciário passa de modo necessário por uma atualização e revisão periódica das normas técnicas (NR 15 especialmente) e o Anexo IV do Decreto 3.048/99, devendo todos os agentes públicos e privados assumir as suas responsabilidades.

Eis o **Anexo IV** do Regulamento da Previdência Social (Decreto 3.048/99), que traz o vigente rol de agentes nocivos:

REGULAMENTO DA PREVIDÊNCIA SOCIAL

ANEXO IV

CLASSIFICAÇÃO DOS AGENTES NOCIVOS

Código	Agente nocivo	Tempo de exposição
1.0.0	**AGENTES QUÍMICOS** O que determina o direito ao benefício é a exposição do trabalhador ao agente nocivo presente no ambiente de trabalho e no processo produtivo, em nível de concentração superior aos limites de tolerância estabelecidos. (Redação dada pelo Decreto, nº 3.265, de 1999) **O rol de agentes nocivos é exaustivo, enquanto que as atividades listadas, nas quais pode haver a exposição, é exemplificativa. (Redação dada pelo Decreto, nº 3.265, de 1999)**	
1.0.1	ARSÊNIO E SEUS COMPOSTOS a) extração de arsênio e seus compostos tóxicos; b) metalurgia de minérios arsenicais; c) utilização de hidrogênio arseniado (arsina) em sínteses orgânicas e no processamento de componentes eletrônicos; d) fabricação e preparação de tintas e lacas; e) fabricação, preparação e aplicação de inseticidas, herbicidas, parasiticidas e raticidas com a utilização de compostos de arsênio; f) produção de vidros, ligas de chumbo e medicamentos com a utilização de compostos de arsênio; g) conservação e curtume de peles, tratamento e preservação da madeira com a utilização de compostos de arsênio.	25 anos
1.0.2	ASBESTOS a) extração, processamento e manipulação de rochas amiantíferas; b) fabricação de guarnições para freios, embreagens e materiais isolantes contendo asbestos; c) fabricação de produtos de fibrocimento; d) mistura, cardagem, fiação e tecelagem de fibras de asbestos.	20 anos
1.0.3	BENZENO E SEUS COMPOSTOS TÓXICOS a) produção e processamento de benzeno; b) utilização de benzeno como matéria-prima em sínteses orgânicas e na produção de derivados; c) utilização de benzeno como insumo na extração de óleos vegetais e álcoois; d) utilização de produtos que contenham benzeno, como colas, tintas, vernizes, produtos gráficos e solventes; e) produção e utilização de clorobenzenos e derivados; f) fabricação e vulcanização de artefatos de borracha; g) fabricação e recauchutagem de pneumáticos.	25 anos

Código	Agente nocivo	Tempo de exposição
1.0.4	BERÍLIO E SEUS COMPOSTOS TÓXICOS a) extração, trituração e tratamento de berílio; b) fabricação de compostos e ligas de berílio; c) fabricação de tubos fluorescentes e de ampolas de raio X; d) fabricação de queim f) utilização do berílio na indústria aeroespacial.	25 anos
1.0.5	BROMO E SEUS COMPOSTOS TÓXICOS a) fabricação e emprego do bromo e do ácido brômico.	25 anos
1.0.6	CÁDMIO E SEUS COMPOSTOS TÓXICOS a) extração, tratamento e preparação de ligas de cádmio; b) fabricação de compostos de cádmio; c) utilização de eletrodos de cádmio em soldas; d) utilização de cádmio no revestimento eletrolítico de metais; e) utilização de cádmio como pigmento e estabilizador na indústria do plástico; f) fabricação de eletrodos de baterias alcalinas de níquel-cádmio.	25 anos
1.0.7	CARVÃO MINERAL E SEUS DERIVADOS a) extração, fabricação, beneficiamento e utilização de carvão mineral, piche, alcatrão, betume e breu; b) extração, produção e utilização de óleos minerais e parafinas; c) extração e utilização de antraceno e negro de fumo; d) produção de coque.	25 anos
1.0.8	CHUMBO E SEUS COMPOSTOS TÓXICOS a) extração e processamento de minério de chumbo; b) metalurgia e fabricação de ligas e compostos de chumbo; c) fabricação e reformas de acumuladores elétricos; d) fabricação e emprego de chumbo-tetraetila e chumbo-tetrametila; e) fabricação de tintas, esmaltes e vernizes à base de compostos de chumbo; f) pintura com pistola empregando tintas com pigmentos de chumbo; g) fabricação de objetos e artefatos de chumbo e suas ligas; h) vulcanização da borracha pelo litargírio ou outros compostos de chumbo; i) utilização de chumbo em processos de soldagem; j) fabricação de vidro, cristal e esmalte vitrificado; l) fabricação de pérolas artificiais; m) fabricação e utilização de aditivos à base de chumbo para a indústria de plásticos.	25 anos

Código	Agente nocivo	Tempo de exposição
1.0.9	CLORO E SEUS COMPOSTOS TÓXICOS a) fabricação e emprego de defensivos organoclorados; b) fabricação e emprego de cloroetilaminas (mostardas nitrogenadas); c) fabricação e manuseio de bifenis policlorados (PCB); d) fabricação e emprego de cloreto de vinil como monômero na fabricação de policloreto de vinil (PVC) e outras resinas e como intermediário em produções químicas ou como solvente orgânico; e) fabricação de policloroprene; f) fabricação e emprego de clorofórmio (triclorometano) e de tetracloreto de carbono.	25 anos
1.0.10	CROMO E SEUS COMPOSTOS TÓXICOS a) fabricação, emprego industrial, manipulação de cromo, ácido crômico, cromatos e bicromatos; b) fabricação de ligas de ferro-cromo; c) revestimento eletrolítico de metais e polimento de superfícies cromadas; d) pintura com pistola utilizando tintas com pigmentos de cromo; e) soldagem de aço inoxidável.	25 anos
1.0.11	DISSULFETO DE CARBONO a) fabricação e utilização de dissulfeto de carbono; b) fabricação de viscose e seda artificial (raiom); c) fabricação e emprego de solventes, inseticidas e herbicidas contendo dissulfeto de carbono; d) fabricação de vernizes, resinas, sais de amoníaco, de tetracloreto de carbono, de vidros óticos e produtos têxteis com uso de dissulfeto de carbono.	25 anos
1.0.12	FÓSFORO E SEUS COMPOSTOS TÓXICOS a) extração e preparação de fósforo branco e seus compostos; b) fabricação e aplicação de produtos fosforados e organofosforados (sínteses orgânicas, fertilizantes e praguicidas); c) fabricação de munições e armamentos explosivos.	25 anos
1.0.13	IODO a) fabricação e emprego industrial do iodo.	25 anos

Código	Agente nocivo	Tempo de exposição
1.0.14	MANGANÊS E SEUS COMPOSTOS a) extração e beneficiamento de minérios de manganês; b) fabricação de ligas e compostos de manganês; c) fabricação de pilhas secas e acumuladores; d) preparação de permanganato de potássio e de corantes; e) fabricação de vidros especiais e cerâmicas; f) utilização de eletrodos contendo manganês; g) fabricação de tintas e fertilizantes.	25 anos
1.0.15	MERCÚRIO E SEUS COMPOSTOS a) extração e utilização de mercúrio e fabricação de seus compostos; b) fabricação de espoletas com fulminato de mercúrio; c) fabricação de tintas com pigmento contendo mercúrio; d) fabricação e manutenção de aparelhos de medição e de laboratório; e) fabricação de lâmpadas, válvulas eletrônicas e ampolas de raio X; f) fabricação de minuterias, acumuladores e retificadores de corrente; g) utilização como agente catalítico e de eletrólise; h) douração, prateamento, bronzeamento e estanhagem de espelhos e metais; i) curtimento e feltragem do couro e conservação da madeira; j) recuperação do mercúrio; l) amalgamação do zinco. m) tratamento a quente de amálgamas de metais; n) fabricação e aplicação de fungicidas.	25 anos
1.0.16	NÍQUEL E SEUS COMPOSTOS TÓXICOS a) extração e beneficiamento do níquel; b) niquelagem de metais; c) fabricação de acumuladores de níquel-cádmio.	25 anos
1.0.17	PETRÓLEO, XISTO BETUMINOSO, GÁS NATURAL E SEUS DERIVADOS a) extração, processamento, beneficiamento e atividades de manutenção realizadas em unidades de extração, plantas petrolíferas e petroquímicas; b) beneficiamento e aplicação de misturas asfálticas contendo hidrocarbonetos policíclicos.	25 anos

Código	Agente nocivo	Tempo de exposição
1.0.18	SÍLICA LIVRE a) extração de minérios a céu aberto; b) beneficiamento e tratamento de produtos minerais geradores de poeiras contendo sílica livre cristalizada; c) tratamento, decapagem e limpeza de metais e fosqueamento de vidros com jatos de areia; d) fabricação, processamento, aplicação e recuperação de materiais refratários; e) fabricação de mós, rebolos e de pós e pastas para polimento; f) fabricação de vidros e cerâmicas; g) construção de túneis; h) desbaste e corte a seco de materiais contendo sílica.	25 anos
1.0.19	OUTRAS SUBSTÂNCIAS QUÍMICAS GRUPO I – ESTIRENO; BUTADIENO-ESTIRENO; ACRILONITRILA; 1-3 BUTADIENO; CLOROPRENO; MERCAPTANOS, n-HEXANO, DIISOCIANATO DE TOLUENO (TDI); AMINAS AROMÁTICAS a) fabricação e vulcanização de artefatos de borracha; b) fabricação e recauchutagem de pneus. GRUPO II – AMINAS AROMÁTICAS, AMINOBIFENILA, AURAMINA, AZATIOPRINA, BIS (CLORO METIL) ÉTER, 1-4 BUTANODIOL, DIMETANOSULFONATO (MILERAN), CICLOFOSFAMIDA, CLOROAMBUCIL, DIETILESTIL-BESTROL, ACRONITRILA, NITRONAFTILAMINA 4-DIMETIL-AMINOAZOBENZENO, BENZOPIRENO, BETA-PROPIOLACTONA, BISCLOROETILETER, BISCLOROMETIL, CLOROMETILETER, DIANIZIDINA, DICLOROBENZIDINA, DIETILSULFATO, DIMETILSULFATO, ETILENOAMINA, ETILENOTIUREIA, FENACETINA, IODETO DE METILA, ETILNITROSUREIAS, METILENO-ORTOCLOROANILINA (MOCA), NITROSAMINA, ORTOTOLUIDINA, OXIME-TALONA, PROCARBAZINA, PROPANOSULTONA, 1-3-BUTADIENO, ÓXIDO DE ETILENO, ESTILBENZENO, DIISOCIANATO DE TOLUENO (TDI), CREOSOTO, 4-AMINODIFENIL, BENZIDINA, BETANAFTILAMINA, ESTIRENO, 1-CLORO-2, 4 – NITRODIFENIL, 3-POXIPRO-PANO a) manufatura de magenta (anilina e ortotoluidina); b) fabricação de fibras sintéticas; c) sínteses químicas; d) fabricação da borracha e espumas; e) fabricação de plásticos; f) produção de medicamentos; g) operações de preservação da madeira com creosoto; h) esterilização de materiais cirúrgicos.	25 anos
2.0.0	**AGENTES FÍSICOS** Exposição acima dos limites de tolerância especificados ou às atividades descritas.	

Código	Agente nocivo	Tempo de exposição
2.0.1	RUÍDO a) exposição a Níveis de Exposição Normalizados (NEN) superiores a 85 dB(A). (Redação dada pelo Decreto nº 4.882, de 2003)	25 anos
2.0.2	VIBRAÇÕES a) trabalhos com perfuratrizes e marteletes pneumáticos.	25 anos
2.0.3	RADIAÇÕES IONIZANTES a) extração e beneficiamento de minerais radioativos; b) atividades em minerações com exposição ao radônio; c) realização de manutenção e supervisão em unidades de extração, tratamento e beneficiamento de minerais radioativos com exposição às radiações ionizantes; d) operações com reatores nucleares ou com fontes radioativas; e) trabalhos realizados com exposição aos raios Alfa, Beta, Gama e X, aos nêutrons e às substâncias radioativas para fins industriais, terapêuticos e diagnósticos; f) fabricação e manipulação de produtos radioativos; g) pesquisas e estudos com radiações ionizantes em laboratórios.	25 anos
2.0.4	TEMPERATURAS ANORMAIS a) trabalhos com exposição ao calor acima dos limites de tolerância estabelecidos na NR-15, da Portaria nº 3.214/78.	25 anos
2.0.5	PRESSÃO ATMOSFÉRICA ANORMAL a) trabalhos em caixões ou câmaras hiperbáricas; b) trabalhos em tubulões ou túneis sob ar comprimido; c) operações de mergulho com o uso de escafandros ou outros equipamentos.	25 anos
3.0.0	**BIOLÓGICOS** Exposição aos agentes citados unicamente nas atividades relacionadas.	
3.0.1	MICROORGANISMOS E PARASITAS INFECTO-CONTAGIOSOS VIVOS E SUAS TOXINAS (Redação dada pelo Decreto nº 4.882, de 2003) a) trabalhos em estabelecimentos de saúde em contato com pacientes portadores de doenças infecto-contagiosas ou com manuseio de materiais contaminados; b) trabalhos com animais infectados para tratamento ou para o preparo de soro, vacinas e outros produtos; c) trabalhos em laboratórios de autópsia, de anatomia e anátomo-histologia; d) trabalho de exumação de corpos e manipulação de resíduos de animais deteriorados; e) trabalhos em galerias, fossas e tanques de esgoto; f) esvaziamento de biodigestores; g) coleta e industrialização do lixo.	25 anos

Código	Agente nocivo	Tempo de exposição
4.0.0	**ASSOCIAÇÃO DE AGENTES** (Redação dada pelo Decreto nº 4.882, de 2003) Nas associações de agentes que estejam acima do nível de tolerância, será considerado o enquadramento relativo ao que exigir menor tempo de exposição. (Redação dada pelo Decreto nº 4.882, de 2003)	
4.0.1	FÍSICOS, QUÍMICOS E BIOLÓGICOS a) mineração subterrânea cujas atividades sejam exercidas afastadas das frentes de produção.	20 anos
4.0.2	FÍSICOS, QUÍMICOS E BIOLÓGICOS a) trabalhos em atividades permanentes no subsolo de minerações subterrâneas em frente de produção.	15 anos

No item 1.0.7 temos a revisão de aposentadoria especial aos 25 anos pela extração e utilização de antraceno e **negro de fumo**. Veja-se a posição da TNU:

> *PUIL n. 0009647-25.2014.4.03.6332/SP Relator(a): JUÍZA FEDERAL LUCIANA ORTIZ TAVARES COSTA ZANONI Assunto: APOSENTADORIA POR TEMPO DE SERVIÇO. EXPOSIÇÃO AO AGENTE NOCIVO DEGRO DE FUMO. NÍVEL DE TOLERÂNCIA. Ementa: PEDIDO DE UNIFORMIZAÇÃO NACIONAL. DIREITO PREVIDENCIÁRIO. TEMPO ESPECIAL. AGENTE QUÍMICO NEGRO DE FUMO. PORTARIA DNSST 9/1992. SUBSTÂNCIA EXCLUÍDA DO ANEXO 13 DA NR-15 E INCLUÍDA NO ANEXO 11. NECESSIDADE DE ANÁLISE QUANTITATIVA. TESE FIRMADA: "DESDE 14/10/1992, QUANDO ENTROU EM VIGOR A PORTARIA DNSST 9/1992, O TEMPO ESPECIAL POR EXPOSIÇÃO DO SEGURADO AO AGENTE QUÍMICO NEGRO DE FUMO SOMENTE SE CARACTERIZA SE ULTRAPASSADO O NÍVEL DE TOLERÂNCIA PREVISTO NO ANEXO 11 DA NR-15, O QUE DEMANDA AVALIAÇÃO QUANTITATIVA". INCIDENTE DESPROVIDO. Tese firmada: "Desde 14/10/1992, quando entrou em vigor a Portaria DNSST 9/1992, o tempo especial por exposição do segurado ao agente químico* ***negro de fumo*** *somente se caracteriza se ultrapassado o nível de tolerância previsto no Anexo 11 da NR-15, o que demanda avaliação quantitativa". Julgado em 7/08/2024.*

A exposição à sílica (1.0.18) gera direito à aposentadoria especial de 25 anos. De acordo com o Manual da Aposentadoria especial do INSS, para as poeiras minerais previstas no Anexo IV do Decreto nº 2.172, de 1997, ou do Decreto nº 3.048, de 1999: **sílica**, asbesto (amianto), manganês, a análise deve ser quantitativa, considerando o limite de tolerância previsto nos Anexos 12 da NR-15, aprovada pela Portaria nº 3.214, de 1978, do MTE. Porém, se listadas no Grupo 1 da LINACH e com registro no CAS são analisadas de forma **qualitativa** nos períodos trabalhados a partir de 8 de outubro de 2014.

Considerando que a sílica consta do Grupo 1 da LINACH e com registro no CAS, para os períodos a partir de 8 de outubro de 2014 o INSS a analisa qualitativamente. No entanto, a TNU a considerada agente qualitativo para períodos anteriores a 8/10/2014:

> **Informativo 13, de 23/2/2017**
>
> **Processo n. 0500667-18.2015.4.05.8312**
>
> "A poeira de sílica, embora conste do Anexo 12 da NR-15/MTE, é substância reconhecidamente cancerígena em humanos, consoante a LINACH, Grupo 1, com registro no Chemical Abstract Services – CAS n. 014808-60-7. Dessa forma, e considerando que o critério quantitativo para reconhecimento da especialidade deve ser excepcionado em casos de agentes nocivos reconhecidamente cancerígenos em humanos, listados pelo Ministério do Trabalho e Emprego, entende-se dispensada a mensuração no ambiente de trabalho, bastando, para tanto, apenas a presença da poeira de sílica (análise qualitativa)".

Assim, por exemplo, desde o advento do Decreto 4.882/2003, a exposição permanente acima de 85db ao agente nocivo ruído dá direito à aposentadoria especial aos 25 anos de contribuição, na forma do item 2.0.1 do Anexo IV do Regulamento da Previdência Social.

Ao contrário do que acontecia antes da promulgação da Lei 9.032/95, **o enquadramento de uma atividade como especial não mais é feito presumidamente por categoria profissional**, exigindo-se a efetiva demonstração em concreto da exposição do segurado aos agentes nocivos à saúde.

No regime anterior, bastava para algumas categorias profissionais estarem listadas em regulamento (Decretos 53.831/64 e 83.080/79) para que o seu trabalho fosse considerado como especial, com presunção absoluta de exposição.

Um caso sempre polêmico é do **frentista**, que não estava listado como categoria profissional com direito à aposentadoria especial pelos Regulamentos de 1964 e 1979.

De acordo com a TNU (Informativo 30/2018, "reafirmado o entendimento consolidado no **tema n. 157** dos recursos representativos de controvérsia, no sentido de que **não há presunção legal de periculosidade da atividade do frentista**, sendo devida a conversão de tempo especial em comum, para concessão de aposentadoria por tempo de contribuição, desde que comprovado o exercício da atividade e o contato com os agentes nocivos por formulário ou laudo, tendo em vista se tratar de atividade não enquadrada no rol dos Decretos n. 53.831/64 e 83.080/79" (PUIL n. 5027683-07.2012.4.04.7000/PR).

Na situação de agente químico hidrocarboneto, necessária a indicação da espécie.

> "AGRAVO. PEDIDO DE UNIFORMIZAÇÃO. PREVIDENCIÁRIO. **AVERBAÇÃO DE PERÍODO LABORADO EM CONDIÇÕES ESPECIAIS. MENÇÃO GENÉRICA A "TINTAS E SOLVENTES" E "HIDROCARBONETOS". NECESSIDADE DE INDICAÇÃO DO TIPO DE AGENTE QUÍMICO, NO PPP OU NO LTCAT.** INCIDENTE DE UNIFORMIZAÇÃO CONHECIDO E PROVIDO. TESE FIXADA". (TNU, Pedido de Uniformização de Interpretação de Lei (Turma) 5004591-60.2018.4.04.7203, LUIS EDUARDO BIANCHI CERQUEIRA – TURMA NACIONAL DE UNIFORMIZAÇÃO, 27/08/2021.)

15. AGENTES FÍSICOS

Os **agentes físicos** são as diversas formas de energia a que possam estar expostos os trabalhadores, tais como: ruído, vibrações, pressões anormais, temperaturas extremas, radiações ionizantes, radiações não ionizantes, bem como o infrassom e o ultrassom (Norma Regulamentadora 9, da Portaria 3214/78, do MTE).

Faremos, abaixo, o estudo dos principais agentes nocivos físicos.

15.1. Ruído

> Veja-se o posicionamento do INSS sobre o enquadramento do **RUÍDO** no Manual de Aposentadoria Especial:
>
> O agente nocivo físico ruído é o mais prevalente no ambiente de trabalho, sendo frequente sua avaliação nos processos de tempo especial.
>
> De acordo com o Anexo 1 da NR-15, Ruído Contínuo ou Intermitente é todo e qualquer ruído que não está classificado como ruído de impacto ou impulsivo. Tal definição também é dada pela NHO 01 da FUNDACENTRO. A legislação previdenciária não prevê o enquadramento como atividade especial por exposição ao ruído de impacto.
>
> Quanto aos limites de tolerância do Ruído Contínuo ou Intermitente é necessário ter-se em mente que:
>
> a) Até 5/3/1997 ocorrerá o enquadramento quando Nível de Pressão Sonora – NPS estiver acima de 80 dB(A),
>
> b) De 6/3/1997 até 18/11/2003, o enquadramento ocorrerá quando o NPS estiver acima de 90 dB(A); e
>
> c) A partir de 19/11/2003, o enquadramento ocorrerá quando NPS for superior a 85 dB(A).
>
> De acordo com a legislação previdenciária, MP nº 1.729/98, convertida na Lei nº 9.732/98, no período compreendido entre 3/12/1998 e 18/11/2003, a metodologia de mensuração do ruído exigida é a da NR-15, informação que deverá constar no campo 15.5 do PPP (Técnica Utilizada).

No período compreendido entre 19/11/2003 e 31/12/2003 é facultada à empresa, a utilização da metodologia da FUNDACENTRO (NHO 01), devendo ser utilizada neste caso o Nível de Exposição Normalizado – NEN.

Para períodos a serem analisados a partir de 1º/1/2004 é obrigatório que seja utilizada a metodologia da NHO-01 da FUNDACENTRO, devendo estar consignado no PPP os valores de NPS expressos em NEN. A menção do uso da NEN poderá constar do campo 15.4, quando do registro da intensidade/concentração ou do campo 15.5, conjuntamente com a informação da NHO 01.

A mera indicação do uso da metodologia da NHO-01, sem que haja a menção por escrito do uso da NEN nos campos 15.4 ou 15.5 do PPP, não poderá ser aceita, vez que, dentre as metodologias da NHO-01 encontram-se outras formas de aferição, tais como Leq e TWA. Estas aferições não representam necessariamente a jornada padrão de oito horas, ao contrário do NEN que se trata de um

nível de exposição convertido para uma jornada padrão de oito horas diárias, sendo, portanto, mais representativo.

Outro ponto a se esclarecer é que a menção no PPP, no campo 15.5, do uso de decibelímetro ou dosímetros (dosimetria) não poderá ser aceito, pois estes são apenas os instrumentos para aferição do ruído, não representando a técnica utilizada. Importante notar que o valor obtido por estes instrumentos serão utilizados no NE (nível médio representativo da exposição ocupacional diária) da formula do NEN, que ajustará o cálculo para as oito horas de jornada padrão.

A partir de 12/2/2015, data da publicação da Ata de Julgamento no Diário da Justiça, considerando decisão do Supremo Tribunal Federal - STF, em sede de recurso extraordinário com agravo - ARE 664.335, nos casos de exposição do segurado ao agente nocivo ruído acima dos limites legais de tolerância, a declaração do empregador acerca da eficácia do EPI, não descaracteriza o tempo de serviço especial para aposentadoria. No entanto, permanece obrigatória a informação do EPI a partir de 3 de dezembro de 1998, sendo que a ausência da informação ensejará Representação Administrativa ao SST para encaminhamentos cabíveis.

O quadro abaixo exemplifica opções de como deverão vir preenchidos os campos de Registros Ambientais do PPP, dos itens de 15.1 até 15.5, a partir de 1º/1/2004.

REGISTROS AMBIENTAIS				
15- EXPOSIÇÃO A FATORES DE RISCOS:				
15.1- Período	15.2-Tipo	15.3-Fator de Risco	15.4-Intensidade/Concentração	15.5-Técnica Utilizada
DD/MM/AAAA a DD/MM/AAAA	Físico	Ruído	86 dB(A) NEN	NHO 01
DD/MM/AAAA a DD/MM/AAAA	Físico	Ruído	86 dB(A)	NEN NHO 01
DD/MM/AAAA a DD/MM/AAAA	Físico	Ruído	NEN= 86 dB(A)	NHO 01 FUNDACENTRO

Eis o posicionamento do INSS na análise de enquadramento do tempo especial por exposição ao **RUÍDO** com base no Manual de Aposentadoria Especial:

O agente físico ruído é o mais prevalente no ambiente de trabalho, sendo frequente sua avaliação nos processos de tempo especial. Portanto, é importante que o perito conheça os principais conceitos técnicos utilizados quando da análise nas diversas demonstrações ambientais.

Noções Básicas

Inicialmente, alguns conceitos básicos sobre este agente físico devem ser recapitulados para melhor entendimento do texto.

As ondas sonoras são produzidas por deformações provocadas pela diferença de pressão em um meio elástico, seja sólido, líquido ou gasoso, precisando deste meio para se propagar. Assim, não é possível a propagação do som no vácuo.

Denomina-se movimento periódico aquele que se repete em intervalos iguais de tempo. Esse deslocamento periódico de um lado para o outro (relativamente a um ponto médio de equilíbrio) em uma mesma trajetória, caracteriza o movimento oscilatório ou vibratório.

Oscilações de sistemas materiais que ocorrem no ar podem ser descritas como variações de pressão atmosférica. Quando tais oscilações estimulam o aparelho auditivo são denominadas vibrações sonoras.

Portanto, som é uma sensação auditiva provocada por variações de pressão geradas por uma fonte de vibração (Smith & Peters, 1992).

Ruído pode ser definido como um som indesejável, errático, intermitente ou com oscilação estatisticamente aleatória.

O pavilhão auditivo capta essas vibrações, canalizando-as para o conduto auditivo e para o tímpano. Ao se chocarem com a membrana timpânica, a pressão e a descompressão alternadas do ar provocam o deslocamento do tímpano para dentro e para fora do ouvido médio, fazendo-o vibrar na mesma frequência da onda. Desse modo, a membrana timpânica transforma as vibrações sonoras em vibrações mecânicas, que são transmitidas aos ossículos (martelo, bigorna e estribo), que por sua vez as ampliam e intensificam, conduzindo-as ao ouvido interno, onde são convertidas em sinais elétricos. O nervo auditivo leva esses sinais até o encéfalo que os decodifica, resultando em sensação auditiva.

Para que as ondas sonoras estimulem o aparelho auditivo do ser humano devem ser preenchidas as seguintes características:

I - frequência: número de vibrações na unidade de tempo. Necessita situar-se entre 20 e 20.000 Hz; e

II - nível de pressão sonora: deve atingir um valor mínimo denominado Limiar de Audiabilidade, admitido pela comunidade científica como sendo 2 X 10-5 N/m2, valor este convencionado como zero dB.

Observa-se que, quando os níveis de pressão sonora atingem o valor de 200 N/m2, que corresponde a 140 dB, o ser humano experimenta uma sensação dolorosa em seu ouvido, caracterizando o Limiar da Dor.

Resumindo, a vibração sonora caracteriza-se por ter uma frequência situada entre 20 e 20.000 Hz e uma variação de pressão situada entre 2 x 10-5 N/m^2 e 200 N/m^2.

A relação entre o estímulo e a sensação auditiva foi estabelecida por dois neurologistas alemães, Gustav Theodor Fechner (1801-1887) e Ernest Heinrich Weber (1795-

1878), que, em trabalhos independentes, concluíram que a sensação cresce com o logaritmo do estímulo, possibilitando, assim, sua mensuração (Lei de Fechner e Weber).

Segundo a Lei de Fechner e Weber, a sensação (S) de um indivíduo a um estímulo sonoro é proporcional ao logaritmo do estímulo (E), multiplicado por uma constante (K):

S = K . log E / Eref

onde :

S = sensação auditiva

K = constante de proporcionalidade

E = estímulo

Eref = estímulo referência

Em síntese, a fórmula estabelece que:

a) percepção aumenta em progressão aritmética, enquanto o estímulo varia em progressão geométrica;

b) para aumento da sensação de ouvir é necessário um aumento da intensidade do estímulo; e

c) o aumento da sensação de ouvir é proporcional ao logaritmo do estímulo.

Com base no exposto, observa-se que os níveis de pressão sonora que produzem dor estão dentro do intervalo situado entre 2 X 10-5 N/m^2 e 2 x 102 N/m^2, o que corresponde 107 vezes os níveis de pressão sonora capazes de sensibilizar a membrana timpânica humana.

Assim, a escala linear seria inviável como um sistema de mensuração capaz de operar em faixa tão ampla de valores. Por esse motivo, a unidade de medida de nível de pressão sonora atualmente utilizada é o Bel, criada em homenagem a Alexander Graham Bell (1847-1922), sendo adequada para expressar a razão entre dois valores de tão grande diferença.

O DeciBel (dB) corresponde à décima parte de um Bel (0,1 Bel). Não é uma unidade, mas uma relação adimensional, que pode ser definida pela seguinte equação:

L = 20 log P

P0

Onde:

L é o nível de pressão sonora (dB)

P é a pressão sonora encontrada no ambiente (Pa)

P0 é a pressão sonora de referência, por convenção, 20 µPa

A frequência do som é expressa em Hertz, definida pelo número de oscilações (vibrações) da pressão do ar por unidade de tempo. Um Hertz é igual a um ciclo/segundo.

Assim, em um ciclo a frequência indica o tempo maior ou menor que as partículas do ar vibram e retornam ao seu ponto de equilíbrio anterior.

A magnitude da pressão, expressa em Pascal (ou Newtons/m2), define a potência e a intensidade sonora.

A figura abaixo serve para ilustrar alguns níveis de intensidade sonora que ocorrem em nossa vida diária.

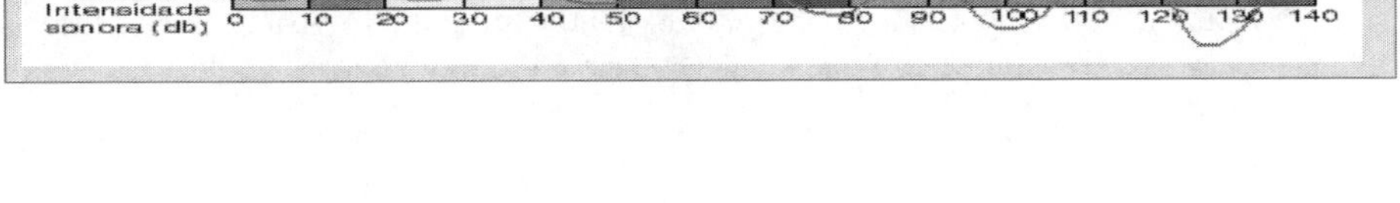

Sabe-se que o ouvido humano responde mais sensivelmente nas faixas situadas entre 2.000 e 5.000 Hz e menos sensivelmente em frequências inferiores a 2.000 Hz e superiores a 5.000 Hz, chegando-se a um padrão de curvas isoaudíveis, que correspondem à mesma intensidade de resposta da audição humana a determinados sons.

Isto resultou na elaboração de curvas de compensação A, B, C e D (vide figura a seguir) que servem de parâmetro para a construção dos medidores de nível de pressão sonora.

GRÁFICO DAS CURVAS DE COMPENSAÇÃO

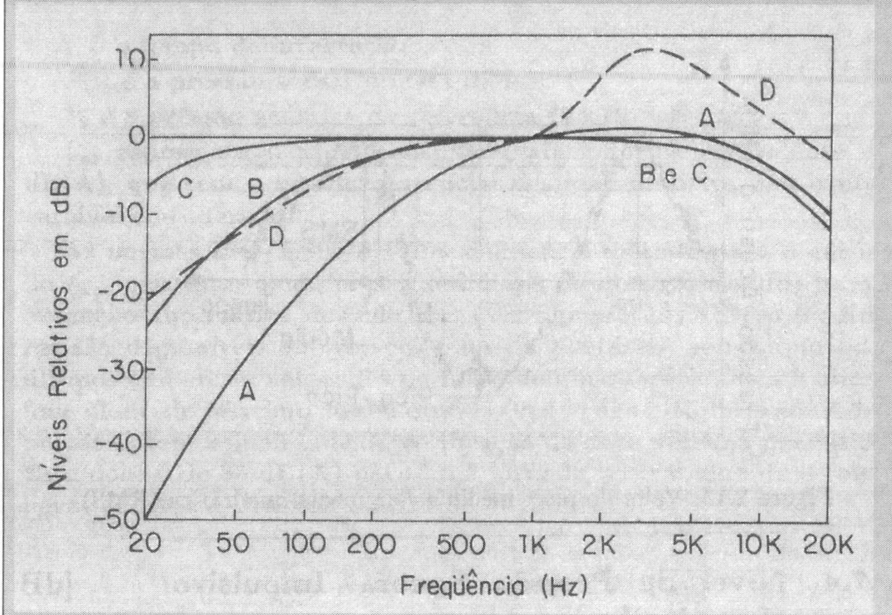

A Portaria MTE nº 3.214, de 1978, adotou a curva de compensação "A" para mensurar ruído contínuo e intermitente e a escala "C" para medir ruído de impacto, no caso de não se dispor de medidor de nível de pressão sonora operando no circuito linear.

Equipamentos de Medição - Os instrumentos destinados à mensuração de níveis de pressão sonora (sonômetros) são compostos basicamente por um microfone que transforma a onda mecânica (vibração sonora) em sinal elétrico, um amplificador desses sinais, filtros de compensação A, B, C e D, um amplificador retificador e o medidor, que pode ser analógico ou digital.

Parâmetros Técnicos de Mensuração de Ruído - A técnica de mensuração do ruído está estabelecida nos Anexos 1 e 2 da NR-15. O ruído ocupacional está tratado especificamente nos Anexos 1 e 2 da NR-15. A Norma de Higiene Ocupacional 01 (NHO 01) da Fundacentro também estabelece procedimentos técnicos de aferição de ruído.

Ruído contínuo ou intermitente - De acordo com o Anexo 1 da NR-15, Ruído Contínuo ou Intermitente é todo e qualquer ruído que não está classificado como ruído de impacto ou impulsivo. Tal definição também é dada pela NHO 1 da Fundacentro.

Ruído contínuo se dá quando ocorre variação dos níveis de pressão sonora (elastério) de 3 dB durante um período superior a quinze minutos. Ruído intermitente se dá naqueles casos em que os níveis de pressão sonora variam até 3 dB em períodos inferiores a quinze minutos e superiores a 0,2 segundos. No entanto, em se tratando de avaliação quantitativa, inexiste normatização específica diferenciando ruído contínuo do ruído intermitente.

O Anexo 1 da NR-15 recomenda que os níveis de ruído contínuo ou intermitente sejam medidos com aparelho medidor de nível de pressão sonora operando no circuito de compensação "A" e circuito de resposta lenta (*slow*), e que as leituras devem ser realizadas com o instrumento próximo ao ouvido do trabalhador.

Se utilizado audiodosímetro, este deverá estar ajustado segundo os seguintes parâmetros:

I - circuito de ponderação: "A";

II - circuito de resposta: lenta (slow);

III - critério de referência: 85 dB(A), que corresponde à dose de 100% para uma exposição de 8 h;

IV - nível limiar de integração: 80 dB(A);

V - faixa de medição mínima: 80 a 115 dB(A);

VI - incremento de duplicação de dose: 5 (Q = 5); e

VII - indicação da ocorrência de níveis superiores a 115 dB(A).

O mesmo Anexo preconiza que os tempos de exposição do trabalhador ao ruído não devem ultrapassar os Limites de Tolerância estabelecidos pelo Quadro a seguir:

NÍVEL DE RUÍDO dB(A)	MÁXIMA EXPOSIÇÃO DIÁRIA PERMISSÍVEL
85	8 horas
86	7 horas
87	6 horas
88	5 horas
89	4 horas e 30 minutos
90	4 horas
91	3 horas e 30 minutos
92	3 horas
93	2 horas e 40 minutos
94	2 horas e 15 minutos
95	2 horas
96	1 hora e 45 minutos
98	1 hora e 15 minutos
100	1 hora
102	45 minutos
104	35 minutos
105	30 minutos
106	25 minutos
108	20 minutos

NÍVEL DE RUÍDO dB(A)	MÁXIMA EXPOSIÇÃO DIÁRIA PERMISSÍVEL
110	15 minutos
112	10 minutos
114	8 minutos
115	7 minutos

No que diz respeito as avaliações onde haja ocorrência de exposição a diferentes níveis de pressão sonora, a NR-15, em seu Anexo 1, recomenda que seja utilizada a seguinte equação:

C1 + C2 + C3 .... + Cn

T1 T2 T3 Tn

Onde:

Cn = tempo total de exposição a um nível específico de ruído; e

Tn = máxima exposição diária a este nível específico, de acordo com o quadro de Limites de Tolerância.

Se o resultado da equação for maior que 1, o limite de exposição foi excedido.

O Anexo 1 da NR-15 observa, ainda, que a exposição ocupacional de trabalhadores a níveis de ruído contínuo ou intermitente superiores a 115 dB(A), sem proteção adequada, oferecerão risco grave e iminente.

A NHO 1 da Fundacentro determina que as avaliações envolvendo exposição a diferentes intensidades de ruído sejam procedidas com um audiodosímetro, tendo por referência os seguintes critérios:

a) ciclo de exposição: conjunto de situações acústicas ao qual o trabalhador é submetido, em sequência definida, e que se repete de forma contínua no decorrer da jornada de trabalho;

b) Critério de Referência – CR: nível médio para o qual a exposição, por um período de oito horas, corresponderá a uma dose de 100% (cem por cento);

c) Nível Limiar de Integração – NLI: nível de ruído a partir do qual os valores devem ser computados na integração para fins de determinação de nível médio ou da dose de exposição;

d) Incremento de Duplicação de Dose (exchange rate = Q): incremento em decibéis que, quando adicionado a um determinado nível, implica na duplicação da dose de exposição ou na redução para a metade do tempo máximo de exposição permitido;

e) Dose: parâmetro utilizado para caracterização da exposição ocupacional ao ruído, expresso em porcentagem de energia sonora, tendo por referência o valor máximo da energia sonora diária admitida, definida com base em parâmetros preestabelecidos (Q, CR, NLI);

f) Dose Diária: dose referente à jornada diária de trabalho;

g) Dosímetro de Ruído: medidor integrador de uso pessoal que fornece a dose da exposição ocupacional ao ruído;

h) Nível de Exposição Normalizado – NEN: nível de exposição, convertido para uma jornada padrão de oito horas diárias, para fins de comparação com o limite de exposição; e

i) Zona Auditiva: região do espaço delimitada por um raio de 150 mm ± 50 mm, medido a partir da entrada do canal auditivo.

De acordo com o conceito de Dose, definido pela NHO 01 da Fundacentro, a caracterização da exposição ocupacional ao ruído deve ser expressa em porcentagem de energia sonora.

Assim, aplicando-se a equação proposta, temos que:

Dose % = C1 + C2 + C3 .... + Cn = Y

T1 T2 T3 Tn

Dose % = Y x 100 = dose (em porcentagem)

Os valores expressos do ruído poderão vir em Lavg (TWA - Time Weighted Average), que representa a média ponderada no tempo avaliado dos níveis de pressão sonora, respeitando a seguinte equação:

Lavg = 80 + log (9,6 X Dose% / T)

Onde:

80 - limiar de detecção desejado a partir da qual o dosímetro passa a registrar os NPS para o cálculo da dose (NLI);

Dose% - valor informado pelo dosímetro em função do tempo de avaliação; e

T = Tempo em minutos da jornada de trabalho. No caso de jornada de trabalho de 8 horas, T = 480 minutos.

Da mesma forma, os valores de ruído podem vir expressos em Leq ou Neq (nível sonoro equivalente durante uma faixa de tempo especificada), determinados pela seguinte equação:

Leq = log (% dose x Tc / 100 x T) x N + Lc

Onde:

I - % Dose - valor em % da Dose, fornecido pelo aparelho medidor;

II - Tc - constante de tempo de 8 horas;

III - T - tempo de medição de ruído;

IV - N - valor padrão para cada norma;

V - para NR-15 utiliza-se "16,61";

VI – para NHO 01 utiliza-se "9,96"; e

VII – Lc – nível de critério utilizado.

Os parâmetros Leq e Lavg (TWA) não são sinônimos.

Leq é a energia acústica a que o indivíduo está realmente exposto, onde a taxa de duplicidade utilizada é igual a 3 (Q=3).

Lavg é uma média ponderada no tempo dos níveis de pressão sonora, onde a taxa de duplicidade (Q) varia de acordo com o critério da norma utilizada:

I - No Anexo 1 da NR-15, Q=5; e

II - Na NHO 01, Q=3.

Para fins de comparação com o limite de exposição, deve-se determinar o Nível de Exposição Normalizado (NEN), que corresponde ao Nível de Exposição (NE) convertido para a jornada padrão de oito horas diárias, que é determinado pela seguinte expressão:

NEN = NE + 10 log TE/480 [dB]

Onde:

I - NE - nível médio representativo da exposição ocupacional diária; e

II - TE - tempo de duração, em minutos, da jornada diária de trabalho.

Como a metodologia da Fundacentro prevê para o cálculo do NE o Q=3, caso a aferição tenha por referência Q=5, aplica-se para o cálculo do NEN, a seguinte fórmula adaptada:

NEN = NE + 16,61 log TE/480 [dB]

Ruído de impacto

O Anexo 2 da NR-15 define o ruído de impacto nas situações em que os picos de energia acústica têm duração inferior a um segundo a intervalos superiores a um segundo.

Os Regulamentos da Previdência Social e as diversas Instruções Normativas do INSS não preveem o enquadramento como atividade especial por exposição ao ruído de impacto.

Exposição: Identificar a fonte de ruído.

Avaliação: A avaliação será sempre quantitativa para todo o período.

Enquadramento:

I - até 5 de março de 1997, o enquadramento ocorre quando o Nível de Pressão Sonora (NPS) encontra-se acima de 80 dB(A), conforme Anexo do Decreto nº 53.831, de 1964.

II - de 6 de março de 1997 a 18 de novembro de 2003, acima de 90 dB(A); e

III - após 31 de dezembro de 2003, NEN superior a 85 dB(A).

As metodologias e os procedimentos de avaliação das NHO da Fundacentro serão exigidos para as avaliações realizadas a partir de 1º de janeiro de 2004, sendo facultada à empresa a sua utilização antes desta data. Assim, no período de 19 de novembro de 2003 a 31 de dezembro de 2003, a metodologia aceita poderá ser da NHO 01 da Fundacentro ou da NR-15 em seu Anexo 1, sendo que o limite de tolerância considerado será de 85 dB(A).

Demonstrações Ambientais: Na análise dos laudos deverão ser respeitadas as normas vigentes à época da emissão desses, podendo ser aceitas medições pontuais, nível equivalente, média ou dose.

Para períodos laborados anteriormente a 11 de outubro de 2001, deverão ser aceitos ou o nível de pressão sonora pontual ou a média de ruído. A referência constante nos incisos I e II do art. 280 da IN nº 77/PRES/INSS, de 2015, de que devem ser informados os valores medidos, não significa que sejam obrigatoriamente informados mais de um nível de pressão sonora para o mesmo período a ser analisado, e sim, que para cada período seja informado o nível de pressão sonora.

Chama-se a atenção para o fato de que não cabe a exigência específica de histograma para o período de 11 de outubro de 2001 a 18 de novembro de 2003, uma vez que nem sempre houve disponibilidade de equipamentos de medição passíveis de gerar essa apresentação de resultados. Assim, não há como exigir histograma e/ou memória de cálculos, devendo o nível de pressão sonora estar acima de 90 dB(A).

Sendo apresentados os valores aferidos e não apresentados a dose ou média, qualquer medição inferior ao limite de tolerância vigente à época impedirá o reconhecimento de tempo especial.

Após 31 de dezembro de 2003, a metodologia definida no Decreto nº 4.882, de 2003, é a estabelecida na NHO 1 da Fundacentro, com NEN superior a 85 dB(A).

Após 31 de dezembro de 2003, as mensurações de ruído apresentadas deverão estar expressamente informadas em NEN, e não nas formas de média, Leq e Lavg, TWA e outras.

Tecnologia de Proteção: Deve-se observar se consta informação sobre EPC a partir de 14 de outubro de 1996, e sobre EPI a partir de 3 de dezembro de 1998, não devendo ser considerada a informação sobre EPI para os períodos laborados anteriores a 3 de dezembro de 1998 (data da publicação da MP nº 1.729, de 1998, convertida na Lei nº 9.732, de 1998).

Em relação ao EPC, deve-se analisar se este confere a proteção adequada que elimine a presença do agente nocivo.

O Supremo Tribunal Federal – STF, em sede de Recurso Extraordinário com Agravo – ARE 664.335, de 2015, com repercussão geral reconhecida, considerou que nos casos de exposição do segurado ao agente nocivo ruído acima dos limites legais de tolerância, a declaração do empregador da eficácia do EPI, não descaracteriza o tempo de serviço especial para aposentadoria.

Portanto, permanece obrigatória a informação do EPI a partir de 3 de dezembro de 1998. Caso o segurado esteja exposto ao agente nocivo ruído acima dos limites de tolerância, a informação sobre o EPI não descaracterizará o enquadramento como atividade especial, independentemente do período laborado, desde que atendidas as demais exigências.

Codificação: Até 5 de março de 1997, enquadrar no código 1.1.6 do Anexo do Decreto nº 53.831, de 1964, ou 1.1.5 do Anexo I do Decreto nº 83.080, de 1979, conforme o caso. A partir de 6 de março de 1997 até 6 de maio de1999, enquadrar no código 2.0.1 do Anexo IV do Decreto nº 2.172, de 1997, e a partir de 7 de maio de 1999, enquadrar no código 2.0.1 do Anexo IV do Decreto nº 3.048, de 1999.

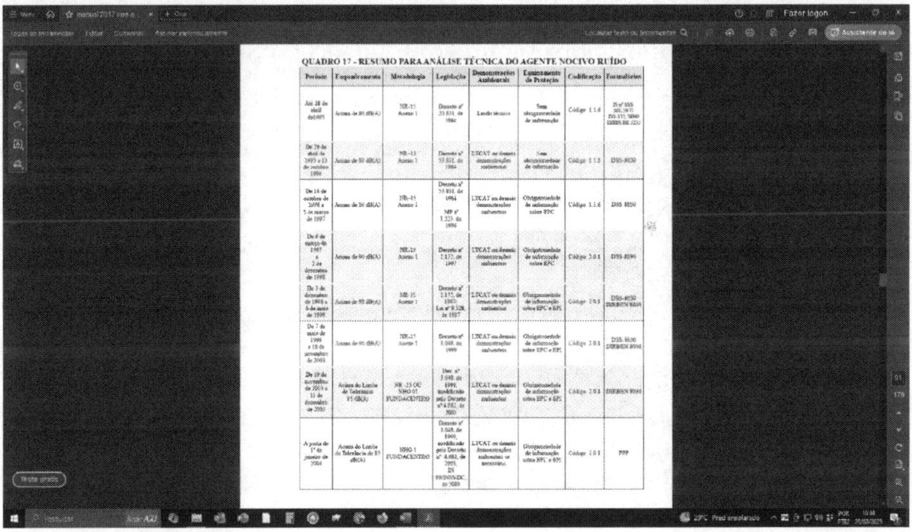

QUADRO 17 - RESUMO PARA ANÁLISE TÉCNICA DO AGENTE NOCIVO RUÍDO

Período	Enquadramento	Metodologia	Legislação	Demonstrações Ambientais	Equipamento de Proteção	Codificação	Formulários

No caso de exposição ao ruído, inclusive conforme a antiga redação da **Súmula 32, da TNU**, deverão ser observadas as seguintes regras para enquadramento da atividade como especial, conforme a regulamentação em vigor na época da sua prestação:

a) **Antes de 05/03/1997**, é considerada nociva a atividade sujeita a ruídos superiores a **80 dB**, conforme previsão do Decreto 53.831/64;

b) **A partir de 06/03/1997 até 18/11/2003**, por força do Decreto 2.172/97, deve ser considerado o nível de ruído acima de **90 dB**;

c) **A partir de 19/11/2003**, somente se considera nocivo o ruído superior a **85 dB**, conforme alteração perpetrada no Decreto 3.048/99, trazida pelo Decreto 4.882/2003.

Nesse sentido, a Súmula 32 da TNU em sua redação originária:

> "**Súmula 32**- O tempo de trabalho laborado com exposição a ruído é considerado especial, para fins de conversão em comum, nos seguintes níveis: superior a 80 decibéis, na vigência do Decreto n. 53.831/64 (1.1.6); superior a 90 decibéis, a partir de 5 de março de 1997, na vigência do Decreto n. 2.172/97; superior a 85 decibéis, a partir da edição do Decreto n. 4.882, de 18 de novembro de 2003".

No mesmo caminho a **Súmula 29, da AGU**:

> "Súmula 29 – Atendidas as demais condições legais, considera-se especial, no âmbito do RGPS, a atividade exercida com exposição a ruído superior a 80 decibéis até 05/03/97, superior a 90 decibéis desta data até 18/11/2003, e superior a 85 decibéis a partir de então."

Esse também é o posicionamento consolidado do Superior Tribunal de Justiça:

> "EMBARGOS DE DECLARAÇÃO RECEBIDOS COMO AGRAVO REGIMENTAL. POSSIBILIDADE. PRINCÍPIOS DA FUNGIBILIDADE E DA INSTRUMENTALIDADE DAS FORMAS. PREVIDENCIÁRIO. TEMPO DE SERVIÇO EXERCIDO EM CONDIÇÕES ESPECIAIS. EXPOSIÇÃO A RUÍDO. SÚMULA Nº 7/STJ.
>
> 1. Tendo em vista que o pedido deduzido denota nítido pleito de reforma, em atenção aos princípios da fungibilidade e da instrumentalidade das formas, merece o recurso ser recebido como agravo regimental.
>
> **2. É firme o entendimento da Terceira Seção desta Corte de Justiça no sentido de que é considerada especial a atividade exercida com exposição a ruídos superiores a 80 decibéis até a edição do Decreto nº 2.171/97, sendo considerado prejudicial, após essa data, o nível de ruído superior a 90 decibéis. A partir da entrada em vigor do Decreto nº 4.882, em 18.11.2003, o limite de tolerância ao agente físico ruído reduziu para 85 decibéis.**
>
> 3. No caso, o período controvertido, qual seja, de 5.3.1997 a 28.5.1998, deve ser considerado como atividade comum, a teor do Decreto nº 2.171/97, uma vez que a Corte Regional acentuou que, nesse interregno, o segurado esteve exposto a níveis de ruído superiores a 85dB.
>
> 4. Concluir que o Tribunal de origem, ao afirmar que o segurado esteve exposto a ruído superior a 85 dB não quis dizer que o ruído era inferior a 90 dB, uma vez que as provas indicam um nível médio de ruído de 94,5 dB, demandaria o reexame do conjunto fático-probatório dos autos, providência incompatível na via do especial, a teor do enunciado nº 7/Superior Tribunal de Justiça.
>
> 5. Agravo regimental a que se nega provimento" (EDcl nos EDcl no REsp 1100191 / SC, de 27.09.2011).

Contudo, no dia 24 de novembro de 2011, a Turma Nacional de Uniformização de Jurisprudência dos Juizados Especiais Federais resolveu alterar o seu posicionamento, modificando a redação da Súmula 32, que passou a ser a seguinte:

> **"Súmula 32- O tempo de trabalho laborado com exposição a ruído é considerado especial, para fins de conversão em comum, nos seguintes níveis: superior a 80 decibéis, na vigência do Decreto n. 53.831/64 e, a contar de 5 de março de 1997, superior a 85 decibéis, por força da edição do Decreto n. 4.882, de 18 de novembro de 2003, quando a administração pública que reconheceu e declarou a nocividade à saúde de tal índice de ruído".** Precedentes: PEDILEF 200832007034908 e PEDILEF 200461840752319"[15].

Logo, a TNU passou a adotar um entendimento mais favorável aos segurados, pois agora considera como especial o tempo de contribuição com exposição aos ruídos acima de 85 decibéis a contar de 05.03.1997, e não mais a partir de 18.11.2003, divergindo do posicionamento do STJ e da AGU.

Felizmente, na sessão de 09 de outubro de 2013, a TNU cancelou a Súmula 32, em razão de o enunciado divergir do posicionamento uniformizado do STJ acima exposto, que foi confirmado pela 1ª Seção[16], voltando a ser um tema pacificado:

> "INCIDENTE DE UNIFORMIZAÇÃO DE JURISPRUDÊNCIA. ÍNDICE MÍNIMO DE RUÍDO A SER CONSIDERADO PARA FINS DE CONTAGEM DE TEMPO DE SERVIÇO ESPECIAL. APLICAÇÃO RETROATIVA DO ÍNDICE SUPERIOR A 85 DECIBÉIS PREVISTO NO DECRETO N. 4.882/2003. IMPOSSIBILIDADE. *TEMPUS REGIT ACTUM*. INCIDÊNCIA DO ÍNDICE SUPERIOR A 90 DECIBÉIS NA VIGÊNCIA DO DECRETO N. 2.172/97. ENTENDIMENTO DA TNU EM DESCOMPASSO COM A JURISPRUDÊNCIA DESTA CORTE SUPERIOR. 1. Incidente de uniformização de jurisprudência interposto pelo INSS contra acórdão da Turma Nacional de Uniformização dos Juizados Especiais Federais que fez incidir ao caso o novo texto do enunciado n. 32/TNU: O tempo de trabalho laborado com exposição a ruído é considerado especial, para fins de conversão em comum, nos seguintes níveis: superior a 80 decibéis, na vigência do Decreto n. 53.831/64 e, a contar

15. A redação anterior era a seguinte: "O tempo de trabalho laborado com exposição a ruído é considerado especial, para fins de conversão em comum, nos seguintes níveis: superior a 80 decibéis, na vigência do Decreto n. 53.831/64 (1.1.6); superior a 90 decibéis, a partir de 5 de março de 1997, na vigência do Decreto n. 2.172/97; superior a 85 decibéis, a partir da edição do Decreto n. 4.882, de 18 de novembro de 2003".

16. A Turma Nacional de Uniformização, na Oitava sessão ordinária de 9 de outubro de 2013, aprovou, por unanimidade, o cancelamento da súmula nº 32 (PET 9059/STJ).

de 5 de março de 1997, superior a 85 decibéis, por força da edição do Decreto n. 4.882, de 18 de novembro de 2003, quando a Administração Pública reconheceu e declarou a nocividade à saúde de tal índice de ruído. 2. A contagem do tempo de trabalho de forma mais favorável àquele que esteve submetido a condições prejudiciais à saúde deve obedecer a lei vigente na época em que o trabalhador esteve exposto ao agente nocivo, no caso ruído. Assim, na vigência do Decreto n. 2.172, de 5 de março de 1997, o nível de ruído a caracterizar o direito à contagem do tempo de trabalho como especial deve ser superior a 90 decibéis, só sendo admitida a redução para 85 decibéis após a entrada em vigor do Decreto n. 4.882, de 18 de novembro de 2003. Precedentes: AgRg nos EREsp 1157707/RS, Rel. Min. João Otávio de Noronha, Corte Especial, DJe 29/05/2013; AgRg no REsp 1326237/SC, Rel. Min. Sérgio Kukina, Primeira Turma, DJe 13/05/2013; REsp 1365898/RS, Rel. Min. Eliana Calmon, Segunda Turma, DJe 17/04/2013; AgRg no REsp 1263023/SC, Rel. Min. Gilson Dipp, Quinta Turma, DJe 24/05/2012; e AgRg no REsp 1146243/RS, Rel. Min. Maria Thereza de Assis Moura, DJe 12/03/2012. 3. Incidente de uniformização provido" (STJ, PET 9.059, de 08/08/2013).

O STJ confirmou o seu entendimento através da 1ª Seção em Recurso Repetitivo julgado em 14/05/2014:

> **Informativo 541- "DIREITO PREVIDENCIÁRIO. IMPOSSIBILIDADE DE APLICAÇÃO RETROATIVA DO DECRETO 4.882/2003 PARA RECONHECIMENTO DE ATIVIDADE ESPECIAL. RECURSO REPETITIVO (ART. 543-C DO CPC E RES. 8/2008-STJ).**
>
> **O limite de tolerância para configuração da especialidade do tempo de serviço para o agente ruído deve ser de 90 dB no período de 6/3/1997 a 18/11/2003, conforme Anexo IV do Decreto 2.172/1997 e Anexo IV do Decreto 3.048/1999, sendo impossível aplicação retroativa do Decreto 4.882/2003, que reduziu o patamar para 85 dB, sob pena de ofensa ao art. 6º da LINDB**. De início, a legislação que rege o tempo de serviço para fins previdenciários é aquela vigente à época da prestação, matéria essa já abordada de forma genérica em dois recursos representativos de controvérsias, submetidos ao rito do art. 543-C do CPC (REsp 1.310.034-PR, Primeira Seção, DJe 19/12/2012 e REsp 1.151.363-MG, Terceira Seção, DJe 5/4/2011). Ademais, o STJ, no âmbito de incidente de uniformização de jurisprudência, também firmou compreensão pela impossibilidade de retroagirem os efeitos do Decreto 4.882/2003. (Pet 9.059-RS, Primeira Seção, DJe 9/9/2013). Precedentes citados: AgRg no REsp 1.309.696-RS, Primeira Turma, DJe 28/6/2013; e AgRg no REsp 1.352.046-RS, Segunda Turma, DJe 8/2/2013. REsp 1.398.260-PR, **Rel. Min. Herman Benjamin, julgado em 14/5/2014".**

Assim, o entendimento é que a partir de 06/03/1997 até 18/11/2003, por força do Decreto 2.172/97, deve ser considerado o nível de ruído acima de 90 dB. Após, será considerada como especial a exposição acima de 85 dB, com base no Decreto 4.882/2003.

Note-se que a Lei 8.213/91 (o legislador) delegou ao Presidente da República a competência para a elaboração da listagem dos agentes nocivos e sua concentração para efeito de tempo especial, não cabendo ao Poder Judiciário sobrepor o seu entendimento ao do Executivo, sob pena de violação à Separação dos Poderes, vez que inexiste qualquer inconstitucionalidade formal ou material no ato presidencial.

No caso de exposição a níveis variados de ruído, deverá ser adotada a média ponderada durante a jornada de trabalho para a definição do número de decibéis, e não os picos de ruído. Nesse sentido, o atual posicionamento da TNU:

> PEDIDO DE UNIFORMIZAÇÃO. PREVIDENCIÁRIO. **TEMPO ESPECIAL. RUÍDO. NÍVEIS VARIADOS DURANTE A JORNADA DE TRABALHO. CÁLCULO PELA MÉDIA PONDERADA. NA AUSÊNCIA DESTA NO LAUDO PERICIAL, DEVE-SE ADOTAR A MÉDIA ARITMÉTICA.** APLICAÇÃO DA QUESTÃO DE ORDEM 20/TNU. INCIDENTE CONHECIDO E PARCIALMENTE PROVIDO. 1. Para fins de enquadramento da atividade especial pela exposição a agente nocivo ruído com níveis de ruído variados durante a jornada de trabalho do segurado, a técnica ideal a ser considerada é a média ponderada. **2. Não sendo adotada tal técnica pelo laudo pericial, deve ser realizada média aritmética simples entre as medições de ruído encontradas pela prova pericial. 3. Resta afastada a técnica de 'picos de ruído', onde se considera apenas o nível de ruído máximo, desconsiderando-se os valores mínimos.** 4. Retorno dos autos à Turma Recursal de origem para adequação do julgado. Aplicação da Questão de Ordem 20/TNU. 5. Incidente conhecido e parcialmente provido (PEDILEF 2010.72.55.003655-6, de 27.06.2012).
>
> "PUIL n. 5003492-83.2017.4.04.7205/SC – A TNU firmou o entendimento de que, para fins de atribuição de caráter especial às atividades desenvolvidas com exposição ao agente físico ruído, inexistindo indicação da média ponderada, **a técnica da média aritmética simples deve ser aplicada inclusive para períodos trabalhados antes da vigência da Lei n. 9.032/95**, desconsiderando-se, neste caso, qualquer discussão acerca da permanência ou intermitência da exposição. Este entendimento se aplica para períodos trabalhados até 19/11/2003, a partir de quando devem ser considerados os parâmetros da NHO01 e da NR-15. (Boletim 09.10.2019)".

De acordo com o artigo 292, inciso IV, da Instrução Normativa INSS 128/2022, a partir de 01 de janeiro de 2004, será efetuado o enquadramento quando o Nível de Exposição Normalizado – NEN se situar acima de 85 (oitenta e cinco) dB (A) (A) **ou for ultrapassada a dose unitária, conforme NHO 1 da FUNDACENTRO**, sendo facultado à empresa a sua utilização a partir de 19 de novembro de 2003, data da publicação do Decreto nº 4.882, de 2003, **aplicando os limites de tolerância definidos no Quadro do Anexo I da NR-15 do Ministério do Trabalho e as metodologias e os procedimentos definidos nas NHO-01 da FUNDACENTRO.**

De acordo com a TNU, "para fins de atribuição de caráter especial às atividades desenvolvidas com exposição ao agente físico ruído, inexistindo indicação da média ponderada, a técnica da média aritmética simples deve ser aplicada inclusive para períodos trabalhados antes da vigência da Lei n. 9.032/95, desconsiderando-se, neste caso, qualquer discussão acerca da permanência ou intermitência da exposição. Este entendimento se aplica para períodos trabalhados até 19/11/2003, a partir de quando devem ser considerados os parâmetros da NHO-01 e da NR-15" (PUIL n. 5003492-83.2017.4.04.7205/SC).

Nos termos da **Norma de Higiene Ocupacional (NHO) 1**, da FUNDACENTRO, que estabelece os critérios de avaliação da exposição ocupacional ao ruído, adota-se como critério de referência que a embasa os limites de exposição diária adotados para ruído contínuo ou intermitente corresponde a uma dose de 100% para exposição de 8 horas ao nível de 85 dB(A).

A avaliação da exposição ocupacional ao ruído contínuo ou intermitente deverá ser feita por meio da determinação da dose diária de ruído ou do nível de exposição, parâmetros representativos da exposição diária do trabalhador. Esses parâmetros são totalmente equivalentes, sendo possível, a partir de um obter-se o outro, mediante as expressões matemáticas que seguem:

$$NE = 10 \times \log\left(\frac{480}{T_E} \times \frac{D}{100}\right) + 85 \quad [dB]$$

$$D = \frac{T_E}{480} \times 100 \times 2^{\left(\frac{NE-85}{3}\right)} \quad [\%]$$

onde:

NE = nível de exposição

D = dose diária de ruído em porcentagem

$\mathbf{T_E}$ = tempo de duração, em minutos, da jornada diária de trabalho

A avaliação deve ser realizada utilizando-se medidores integradores de uso pessoal, fixados no trabalhador.

Na indisponibilidade destes equipamentos, a Norma oferece procedimentos alternativos para outros tipos de medidores integradores ou medidores de leitura instantânea, não fixados no trabalhador, que poderão ser utilizados na avaliação de determinadas situações de exposição ocupacional. Em cada caso deverão ser seguidos os procedimentos de medição específicos estabelecidos na presente Norma.

No entanto, as condições de trabalho que apresentem dinâmica operacional complexa, como, por exemplo, a condução de empilhadeiras, atividades de manutenção, entre outras, ou que envolvam movimentação constante do trabalhador, não deverão ser avaliadas por esses métodos alternativos.

O limite de exposição ocupacional diária ao ruído corresponde a NEN igual a 85 dB(A), e o limite de exposição valor teto para ruído contínuo ou intermitente é de 115 dB(A). Para este critério considera-se como nível de ação o valor NEN igual a 82 dB(A).

Veja-se a seguinte tabela que considera o tempo máximo diário de exposição permissível em função do nível de ruído (em minutos) e o nível máximo diário permissível (em dB):

80	1523,90
81	1209,52
82	960,00
83	761,95
84	604,76
85	480,00
86	380,97
87	302,38
88	240,00
89	190,48
90	151,19
91	120,00
92	95,24
93	75,59
94	60,00
95	47,62
96	37,79
97	30,00

98	23,81
99	**18,89**
100	**15,00**
101	11,90
102	9,44
103	7,50
104	5,95
105	4,72
106	3,75
107	2,97
108	2,36
109	1,87
110	1,48
111	1,18
112	0,93
113	0,74
114	0,59
115	0,46

Por exemplo, note-se que o limite máximo sem gerar especialidade corresponde a 85 dB se considerada a exposição diária em 480 minutos, que equivale a uma jornada diária de trabalho de 8 horas.

Caso o trabalhador faça horas extras e tenha trabalho diário equivalente a 604,76 minutos (o que equivale a 10,07 horas de trabalho), a exposição acima de 84 dB já gera o tempo de contribuição especial.

Em tese repetitiva (Informativo 31/2018), **a TNU INICIALMENTE havia acolhido a normatização do INSS sobre a obrigatoriedade da observância da NHO 1 na aferição do ruído a partir de 1/1/2004**, pois esta norma observa o Nível de Exposição Normalizado – NEN, atendendo à exigência da exposição permanente ao agente nocivo ruído:

> **"REPRESENTATIVO DE CONTROVÉRSIA - DEFINIÇÃO DE TESE - TEMA N. 174 - PUIL n. 0505614-83.2017.4.05.8300/PE**
>
> **Apreciando o pedido sob o regime dos representativos de controvérsia, a TNU fixou as seguintes teses:**
>
> **(a) a partir de 01 de janeiro de 2004, é obrigatória utilização da NHO-01 da FUNDACENTRO como metodologia de aferição do agente nocivo ruído**

no ambiente de trabalho, devendo tal técnica ser informada no PPP, com a respectiva indicação do Nível de Exposição Normalizado (NEN);

(b) em caso de omissão, no período supracitado, na indicação da metodologia empregada para aferição do agente nocivo ruído, no Perfil Profissiográfico Profissional, esse documento não deve ser admitido como prova da especialidade do trabalho para o agente nocivo em apreço, devendo ser apresentado o respectivo laudo técnico (LTCAT), para fins de demonstrar a técnica utilizada na respectiva medição".

No entanto, em sede de embargos de declaração, **a Turma Nacional reviu o seu posicionamento para admitir a sistemática de medição da NR 15 em paralelo com a NHO 1 mesmo após 1/1/2004:**

Tema	174	Situação do tema	Julgado – alteração no julgamento dos Eds	Ramo do direito	Direito Previdenciário
Questão submetida a julgamento	Saber se, para fins de reconhecimento de período laborado em condições especiais, é necessário a comprovação de que foram observados os limites/ metodologias/procedimentos definidos pelo INSS para aferição dos níveis de exposição ocupacional ao ruído (art. 58, §1º, da Lei n. 8.213/91 e art. 280 – IN/INSS/PRES – n. 77/2015)				
Tese firmada	**A partir de 19 de novembro de 2003, para a aferição de ruído contínuo ou intermitente, é obrigatória a utilização das metodologias contidas na NHO-01 da FUNDACENTRO ou na NR-15, que reflitam a medição de exposição durante toda a jornada de trabalho, vedada a medição pontual, devendo constar do Perfil Profissiográfico Previdenciário (PPP) a técnica utilizada e a respectiva norma";** "Em caso de omissão ou dúvida quanto à indicação da metodologia empregada para aferição da exposição nociva ao agente ruído, o PPP não deve ser admitido como prova da especialidade, devendo ser apresentado o respectivo laudo técnico (LTCAT), para fins de demonstrar a técnica utilizada na medição, bem como a respectiva norma".				
Entendimento anterior	A partir de 01 de janeiro de 2004, é obrigatória utilização da NHO-01 da FUNDACENTRO como metodologia de aferição do agente nocivo ruído no ambiente de trabalho, devendo tal técnica ser informada no PPP, com a respectiva indicação do Nível de Exposição Normalizado (NEN)"; (b) "em caso de omissão, no período supracitado, na indicação da metodologia empregada para aferição do agente nocivo ruído, no Perfil Profissiográfico Profissional, esse documento não deve ser admitido como prova da especialidade do trabalho para o agente nocivo em apreço, devendo ser apresentado o respectivo laudo técnico (LTCAT), para fins de demonstrar a técnica utilizada na respectiva medição.				

Processo	Decisão de afetação	Relator (a)	Julgado em	Acórdão publicado em	Trânsito em julgado
PEDILEF 0505614-83.2017.4.05.8300/PE	29/05/2018	Juiz Federal Fábio Cesar dos Santos Oliveira – Para acórdão: Juiz Federal Sérgio de Abreu Brito	21/11/2018	21/03/2019	08/05/2019

Dessa forma, restou fixada **tese repetitiva** no seguinte sentido "a partir de 19 de novembro de 2003, para a aferição de ruído contínuo ou intermitente, é obrigatória a utilização das metodologias contidas na NHO-01 da FUNDACENTRO **ou na NR-15**, que reflitam a medição de exposição durante toda a jornada de trabalho, vedada a medição pontual, devendo constar do Perfil Profissiográfico Previdenciário (PPP) a técnica utilizada e a respectiva norma".

Sobre o Tema TNU 174, foi editado o Parecer Referencial 0009/2019/DEPCONT/PGF/AGU:

> "1) Autorizar os Procuradores Federais **com atuação perante os Juizados Especiais Federais**, com fundamento no artigo 3°, inciso IX, da Portaria AGU n° 488/2016, ressalvados os casos insculpidos no artigo 12, e observado o contido no art. 13 desta norma, a:
>
> * reconhecerem a procedência do pedido, absterem-se de recorrer e desistirem de recurso já interposto, quando a alegação da parte autora ou a decisão judicial estiver de acordo com o que decidido na Turma Nacional de Uniformização dos Juizados Especiais Federais no PEDILEF n° 0505614-83.2017.4.05.8300, Tema n° 174 da TNU, onde se fixou a seguinte tese:
>
> (a) "A partir de 19 de novembro de 2003, para a aferição de ruído contínuo ou intermitente, é obrigatória a utilização das metodologias contidas na NHO-01 da FUNDACENTRO ou na NR-15, que reflitam a medição de exposição durante toda a jornada de trabalho, vedada a medição pontual, devendo constar do Perfil Profissiográfico Previdenciário (PPP) a técnica utilizada e a respectiva norma";
>
> (b) "Em caso de omissão ou dúvida quanto à indicação da metodologia empregada para aferição da exposição nociva ao agente ruído, o PPP não deve ser admitido como prova da especialidade, devendo ser apresentado o respectivo laudo técnico (LTCAT), para fins de demonstrar a técnica utilizada na medição, bem como a respectiva norma".

* persistirem na defesa da Autarquia Previdenciária caso a pretensão deduzida ou a decisão judicial seja contrária ao entendimento favorável fixado no precedente acima, no sentido de que:

a) a partir de 19 de novembro de 2003, será admitido o PPP como prova da especialidade apenas quando nele constar a técnica de medição, segundo as metodologias NHO-01 da FUNDACENTRO ou a NR-15;

b) caso contrário, ou na hipótese de dúvida, necessária a apresentação de laudo técnico para o fim de demonstrar a técnica e respectiva norma utilizadas na medição, que deve seguir as metodologias indicadas, devendo ocorrer impugnação específica por parte da Procuradoria;

c) seja qual for o meio de comprovação, a TNU expressamente vedou a medição pontual ou por picos, na medida em que reconheceu a exigibilidade de medição que reflita toda a jornada de trabalho.

2) Orientar os Procuradores Federais **com atuação perante a Justiça comum**, considerando que o tema específico não foi analisado pelo Superior Tribunal de Justiça, a:

a) manterem a linha de argumentação de que a metodologia de aferição do ruído exigida para reconhecimento de tempo especial no âmbito do Regime Geral de Previdência Social é aquela apontada na NHO-01;

b) utilizarem-se dos elementos de argumentação colacionados no NUP 00695.000853/2018-16 até que sobrevenha orientação em sentido contrário".

No mesmo sentido o CRPS:

O **Enunciado 11 do CRPS** tem redação dada pela **Resolução 50/CRPS**, publicada em 06/12/2021:

"ENUNCIADO Nº 11.

O Perfil Profissiográfico Previdenciário (PPP) é documento hábil à comprovação da efetiva exposição do segurado a todos os agentes nocivos, sendo dispensável o Laudo Técnico de Condições Ambientais de Trabalho (LTCAT) para requerimentos feitos a partir de 1º/1/2004, inclusive abrangendo períodos anteriores a esta data.

I - Considera-se trabalho permanente aquele no qual o trabalhador, necessária e obrigatoriamente, está exposto ao agente nocivo para exercer suas atividades, em razão da indissociabilidade da produção do bem ou da prestação do serviço, mesmo que a exposição não se dê em toda a jornada de trabalho.

II - A nocividade será caracterizada quando a exposição ultrapassar os limites de tolerância para os agentes nocivos avaliados pelo critério quantitativo, sendo suficiente para os agentes avaliados pelo critério qualitativo a sua efetiva presença no ambiente de trabalho.

III - A avaliação quanto à existência de permanência e nocividade será realizada com base nas informações descritas no PPP ou no LTCAT.

IV - Poderá ser solicitado o LTCAT em caso de dúvidas ou divergências em relação às informações contidas no PPP ou no processo administrativo.

V - O LTCAT ou as demonstrações ambientais substitutas extemporâneos que informem quaisquer alterações no meio ambiente do trabalho ao longo do tempo são aptos a comprovar o exercício de atividade especial, desde que a empresa informe expressamente que, ainda assim, havia efetiva exposição ao agente nocivo.

VI - Não se exigirá o LTCAT para períodos de atividades anteriores 14/10/96, data da publicação da Medida Provisória nº 1.523/96, facultando-se ao segurado a comprovação da efetiva exposição a agentes nocivos por qualquer meio de prova em direito admitido, exceto em relação a ruído.

Redação Original Enunciado nº 11 (Despacho Nº 37/2019, DOU nº 219, de 12/11/2019, Seção: 1, p. 320):

ENUNCIADO 11

O Perfil Profissiográfico Previdenciário (PPP) é documento hábil à comprovação da efetiva exposição do segurado a todos os agentes nocivos, sendo dispensável o Laudo Técnico de Condições Ambientais de Trabalho (LTCAT) para requerimentos feitos a partir de 1º/1/2004, inclusive abrangendo períodos anteriores a esta data.

I - Poderá ser solicitado o LTCAT em caso de dúvidas ou divergências em relação às informações contidas no PPP ou no processo administrativo.

II - O LTCAT ou as demonstrações ambientais substitutas extemporâneos que informem quaisquer alterações no meio ambiente do trabalho ao longo do tempo são aptos a comprovar o exercício de atividade especial, desde que a empresa informe expressamente que, ainda assim, havia efetiva exposição ao agente nocivo.

III - Não se exigirá o LTCAT para períodos de atividades anteriores 14/10/96, data da publicação da Medida Provisória n.º 1.523/96, facultando-se ao segurado a comprovação da efetiva exposição a agentes nocivos por qualquer meio de prova em direito admitido, exceto em relação a ruído

O **Enunciado 13 do CRPS** tem redação dada pela **Resolução 33/CRPS**, publicada em 06/12/2021:

"ENUNCIADO Nº 13.

Atendidas as demais condições legais, considera-se especial, no âmbito do RGPS, a atividade exercida com exposição a ruído superior a 80 decibéis até 05/03/97, superior a 90 decibéis desta data até 18/11/2003, e superior a 85 decibéis a partir de então.

I - Os níveis de ruído devem ser medidos, observado o disposto na Norma Regulamentadora nº 15 (NR-15), anexos 1 e 2, com aparelho medidor de nível de pressão sonora, operando nos circuitos de compensação - dB (A) para ruído contínuo ou intermitente e dB (C) ou dB (linear) para ruído de impacto.

II - Até 31 de dezembro de 2003, para a aferição de ruído contínuo ou intermitente, é obrigatória a utilização das metodologias contidas na NR-15, devendo ser aceitos ou o nível de pressão sonora pontual ou a média de ruído, podendo ser informado decibelímetro, dosímetro ou medição pontual no campo "Técnica Utilizada" do Perfil Profissiográfico Previdenciário (PPP).

III - A partir de 1º de janeiro de 2004, para a aferição de ruído contínuo ou intermitente, é obrigatória a utilização da técnica/metodologia contida na Norma de Higiene Ocupacional 01 (NHO-01) da FUNDACENTRO ou na NR-15, que reflitam a medição de exposição durante toda a jornada de trabalho, vedada a medição pontual, devendo constar no PPP o nível de ruído em Nível de Exposição Normalizado - NEN ou a técnica/metodologia "dosimetria" ou "áudio dosimetria".

IV - Em caso de omissão ou dúvida quanto à indicação da técnica/metodologia utilizada para aferição da exposição nociva ao agente ruído, o PPP não deve ser admitido como prova da especialidade, devendo ser apresentado o respectivo Laudo Técnico de Condições Ambientais do Trabalho (LTCAT) ou solicitada inspeção no ambiente de trabalho, para fins de verificar a técnica utilizada na medição.

Redação Original Enunciado nº 13 (Despacho Nº 37/2019, DOU nº 219, de 12/11/2019, Seção: 1, p. 320):

Atendidas as demais condições legais, considera-se especial, no âmbito do RGPS, a atividade exercida com exposição a ruído superior a 80 decibéis até 05/03/97, superior a 90 decibéis desta data até 18/11/2003, e superior a 85 decibéis a partir de então.

I - Os níveis de ruído devem ser medidos, observado o disposto na Norma Regulamentadora nº 15 (NR-15), anexos 1 e 2, com aparelho medidor de nível de pressão sonora, operando nos circuitos de compensação - dB (A) para ruído contínuo ou intermitente ou dB (C) para ruído de impacto.

II - Até 31 de dezembro de 2003, para a aferição de ruído contínuo ou intermitente, é obrigatória a utilização das metodologias contidas na NR-15, devendo ser aceitos ou o nível de pressão sonora pontual ou a média de ruído, podendo ser informado decibelímetro, dosímetro ou medição pontual no campo "Técnica Utilizada" do Perfil Profissiográfico Previdenciário (PPP).

III - A partir de 1º de janeiro de 2004, para a aferição de ruído contínuo ou intermitente, é obrigatória a utilização das metodologias contidas na Norma de Higiene Ocupacional 01 (NHO-01) da FUNDACENTRO ou na NR-15, que reflitam a medição de exposição durante toda a jornada de trabalho, vedada a medição pontual, devendo constar do PPP a técnica utilizada e a respectiva norma.

IV - Em caso de omissão ou dúvida quanto à indicação da metodologia ou técnica utilizadas para aferição da exposição nociva ao agente ruído, o PPP não deve ser admitido como prova da especialidade, devendo ser apresentado o respectivo Laudo Técnico de Condições Ambientais do Trabalho (LTCAT) ou solicitada inspeção no ambiente de trabalho, para fins de verificar a técnica utilizada na medição, bem como a respectiva norma.

Note-se que no **Enunciado 13, item III**, ANTIGA REDAÇÃO, entendia o CRPS que *"a partir de 1º de janeiro de 2004, para a aferição de ruído contínuo ou intermitente, é obrigatória a utilização da técnica/metodologia contida na Norma de Higiene Ocupacional 01 (NHO-01) da FUNDACENTRO ou na NR-15, que reflitam a medição de exposição durante toda a jornada de trabalho, vedada a medição pontual, devendo constar no PPP o nível de ruído em Nível de Exposição Normalizado - NEN* ***ou a técnica/metodologia "dosimetria" ou "áudio dosimetria".***

Dessa forma, **o CRPS entendia que a menção de "dosimetria" ou "áudio dosimetria" no PPP indica o atendimento ao NEN**, o que, em teoria, pode não ter ocorrido, pois é necessário avaliar o LTCAT para ter essa convicção, haja vista que o uso da dosimetria não implica necessariamente na adoção do NEN.

No entanto, a divergência entre o INSS e o CRPS foi levada à Consultoria Jurídica do MPS, que emitiu parecer a favor da Autarquia:

PARECER n. 00217/2023/CONJUR-MPS/CGU/AGU - EMENTA: DIREITO PREVIDENCIÁRIO. REGIME GERAL DE PREVIDÊNCIA SOCIAL. APOSENTADORIA ESPECIAL. AGENTE NOCIVO RUÍDO. METODOLOGIA DE AVALIAÇÃO. SOLUÇÃO DE CONTROVÉRSIA. ENUNCIADO DO CRPS. NECESSIDADE DE ALTERAÇÃO. PROPOSTA DE PARECER VINCULANTE.

I. Para solução da controvérsia, parte-se do princípio de atender ao comando legal que estipula que a avaliação da exposição ao agente nocivo, especificamente o "ruído", deve obrigatoriamente confirmar a submissão contínua do segurado ao agente nocivo durante a jornada de trabalho, não sendo aceitável uma exposição descontínua ou intermitente. A metodologia de avaliação a ser aplicada, assim como sua declaração explícita em um documento formal, é uma medida essencial para o reconhecimento do tempo como especial para os propósitos da aposentadoria especial.

II. A mera referência à "dosimetria" ou "áudio dosimetria" não leva a uma conclusão clara e direta sobre o uso da metodologia do Nível de Exposição Normalizado - NEN, como exigido pela legislação pertinente. Esses dispositivos (dosímetros) servem também para medir outros níveis de exposição além do NEN, o que poderia levar a equívocos na avaliação do documento obrigatório (PPP).

III. À luz de todas as considerações apresentadas neste parecer e ao ponderar as razões argumentativas das partes (suscitante e suscitado), conclui-se pela imperativa necessidade de revisão do Enunciado nº 13 do CRPS, especialmente no que concerne ao item 3 desse enunciado.

IV. Redação proposta: A partir de 1º de janeiro de 2004, para a aferição de ruído contínuo ou intermitente, é obrigatória a utilização da técnica/metodologia contida na Norma de Higiene Ocupacional 01 (NHO-01) da FUNDACENTRO ou na NR-15, que reflitam a medição de exposição durante toda a jornada de trabalho, vedada a medição pontual, devendo constar no PPP, obrigatória e expressamente, o nível de ruído em Nível de Exposição Normalizado - NEN.V.

Sugestão de aprovação do Parecer na forma do art. 309 do Decreto nº 3.048 de 1999.

Considerando que o Ministro da Previdência o homologou, a sua decisão vincula do CRPS, modificando por hierarquia a posição do CRPS.

Sucede que o Plenário do CRPS optou por REVOGAR INTEGRALMENTE o item III do Enunciado 13:

"RESOLUÇÃO CRPS Nº 29, DE 9 DE DEZEMBRO DE 2024

19/12/2024

Ref.: Revisão do Enunciado do CRPS nº 13

A Portaria MTP nº 4.061/2022 – RICRPS estabelece a competência do Conselho Pleno para uniformizar, em tese, a jurisprudência administrativa previdenciária e assistencial, mediante a edição de Enunciados.

Nos termos do § 3º do art. 80 do referido ato regimental, havendo equívoca interpretação da norma ou quando sobrevier parecer normativo ministerial aprovado pelo Ministro de Estado, ou parecer do Advogado Geral da União aprovado pelo Presidente da República, nos termos da Lei Complementar nº 73/1993, que lhe prejudique ou retire a validade ou eficácia, aplicam-se os efeitos do parágrafo anterior.

Atendido o quórum regimental, o Conselho Pleno do CRPS deliberou pela ALTERAÇÃO do Enunciado 13 do CRPS em sessão realizada em 09 de dezembro de 2024 e ACORDARAM os membros do Conselho Pleno, por UNANIMIDADE, no sentido de REVOGAR O INCISO III DO ENUNCIADO Nº 13 deste CONSELHO DE RECURSOS DA PREVIDÊNCIA SOCIAL-CRPS, ficando a nova Redação com o seguinte teor:

Enunciado do CRPS nº 13

Atendidas as demais condições legais, considera-se especial, no âmbito do RGPS, a atividade exercida com exposição a ruído superior a 80 decibéis até 05/03/97, superior a 90 decibéis desta data até 18/11/2003, e superior a 85 decibéis a partir de então.

I – Os níveis de ruído devem ser medidos, observado o disposto na Norma Regulamentadora nº 15 (NR-15), anexos 1 e 2, com aparelho medidor de nível de pressão sonora, operando nos circuitos de compensação – dB (A) para ruído contínuo ou intermitente e dB (C) ou dB (linear) para ruído de impacto.

II – Até 31 de dezembro de 2003, para a aferição de ruído contínuo ou intermitente, é obrigatória a utilização das metodologias contidas na NR-15, devendo ser aceitos ou o nível de pressão sonora pontual ou a média de ruído, podendo ser informado decibelímetro, dosímetro ou medição pontual no campo "Técnica Utilizada" do Perfil Profissiográfico Previdenciário (PPP).

III – Revogado.

IV – Em caso de omissão ou dúvida quanto à indicação da técnica/metodologia utilizada para aferição da exposição nociva ao agente ruído, o PPP não deve ser admitido como prova da especialidade, devendo ser apresentado o respectivo Laudo Técnico de Condições Ambientais do Trabalho (LTCAT) ou solicitada inspeção no ambiente de trabalho, para fins de verificar a técnica utilizada na medição.

ANTE O EXPOSTO, publique-se as deliberações procedimentais pelo Conselho Pleno no que tange à edição do Enunciado Nº 13.

ANA CRISTINA EVANGELISTA

Coordenadora Jurídica

ANA CRISTINA VIANA SILVEIRA

Presidente do Conselho".

Assim, diante da revogação total, além de não mais aceitar no PPP a técnica/metodologia "dosimetria" ou "áudio dosimetria", parece-me que também o CRPS não admitirá a aplicação da técnica/metodologia da NR 15 a partir de 01/01/2004.

Justamente este ponto foi julgado no Tema 317 TNU:

Tema	317	Situação do tema	Em Julgamento	Ramo do direito	
Questão submetida a julgamento	A menção à técnica da dosimetria ou ao dosímetro no PPP é suficiente para se concluir pela observância das determinações da Norma de Higiene Ocupacional (NHO-01) da FUNDACENTRO e/ou da NR-15, nos termos do Tema 174 da TNU?				
Tese firmada					
Processo	**Decisão de afetação**	**Relator (a)**	**Julgado em**	**Acórdão publicado em**	**Trânsito em julgado**
PEDILEF 5000648-28.2020.4.02.5002/ES	10/11/2022	Juíza Federal Paula Emília Moura Aragão de Sousa Brasil			

De efeito, a mera indicação no campo 15.5 do PPP do uso de dosimetria ou dosímetro não é apta, *de per se*, a atestar o respeito à metodologia adotada pela NR 15 e, principalmente, pela NHO 1 FUNDACENTRO, pois esta exige o NEN para aferição de ruído perene ou intermitente ou do NP para a medição do ruído de impacto.

Nesse sentido, pontifica o Manual de Aposentadoria Especial na página 145 que *"outro ponto a se esclarecer é que a menção no PPP, no campo 15.5, do uso de decibelímetro ou dosímetros (dosimetria) <u>não poderá ser aceito, pois estes são apenas os instrumentos para aferição do ruído, não representando a técnica utilizada</u>. Importante notar que o valor obtido por estes instrumentos serão utilizados no NE (nível médio representativo da exposição ocupacional diária) da formula do NEN, que ajustará o cálculo para as oito horas de jornada padrão".*

Registre-se que a **técnica de medição** não se confunde com a **metodologia de aferição** do ruído. A técnica está ligada ao instrumento de aferição, sendo os mais modernos os dosímetros que, uma vez apresentado o resultado da medição no caso concreto, resultará na **dosimetria**.

Já a **metodologia de aferição** é o regramento científico de interpretação dos dados fornecidos pelo dosímetro, existindo variações a depender da metodologia, a exemplo de diferentes fatores de dobra (Q5 ou Q3). Nesse sentido, temos a metodologia do Anexo I da NR 15 e da NHO 1 FUNDACENTRO.

Sobre o tema, correta a diferenciação perpetrada pela TRU da 3ª Região:

> "(...) **Primeiro, é necessário diferenciar o que seja técnica de medição ou avaliação de ruído de metodologia de aferição de ruído. A intensidade do ruído é apreendida por meio de instrumentos específicos, medidores de pressão sonora, que se dividem, em regra, entre decibelímetros ou dosímetros. Esses instrumentos cumprem a função de captar nível de ruído de determinado ambiente.** O decibelímetro capta o nível de ruído de determinado ambiente num ponto e momento específicos, podendo contar, em modelos mais avançados, com funções de memorização das avaliações procedidas. O dosímetro coleta os dados relativos ao nível de ruído do ambiente de forma mais sofisticada, pois permite medir e armazenar os níveis depressão sonora ao longo do tempo, possibilitando uma leitura cumulativa da exposição ao ruído durante um período preestabelecido. Além disso, os dosímetros podem ser utilizados de forma integrada ao corpo do trabalhador, normalmente com microfone próximo ao seu ouvido, de para captar de forma mais fidedigna possível a efetiva exposição ao ruído que sofre ao longo do tempo. **O resultado da medição de ruído fornecida pelo dosímetro é o que, tecnicamente, deve ser chamada de dosimetria. Quanto à metodologia de aferição de ruído, consiste na apreciação crítica dos dados obtidos pelos medidores de pressão sonora, de forma a obter o efetivo nível de exposição de ruído do trabalhador durante sua jornada de trabalho. Para a obtenção desse nível de ruído, tanto a NR-15, em seu anexo I, como a NHO-01 da Fundacentro preveem tanto parâmetros específicos para a coleta dos níveis de pressão sonora ao longo da jornada de trabalho como o modo como esses dados serão trabalhados.** Outro ponto em comum das duas metodologias de aferição de ruído é que ambas contemplam fórmulas matemáticas para, no caso da NR-15, obter-se a dose de ruído a que o trabalhador esteve exposto em sua jornada de trabalho e, no caso da NHO-01, o Nível de Exposição Normalizado (NEN). Note-se que a utilização de fórmulas matemáticas, muitas vezes complexas, para a verificação de eventual submissão do trabalhador a níveis de ruído superiores ao permitido pela legislação, tem relação não somente com a variação dos níveis de ruído a que o trabalhador está submetido durante sua jornada de trabalho, mas, também, ao fato de que a unidade de medida do ruído, o decibel, tratar-se de uma unidade logarítmica, ao invés de linear. As consequências de o decibel se tratar de uma unidade logarítmica são facilmente observáveis quando verificamos a tabela contida na NHO-01 quanto ao tempo

máximo diário de exposição permissível em função de nível de ruído (item 5.1.2). Para um nível de ruído de 85dB é permitida uma exposição máxima diária de 480 minutos. Acrescentando-se apenas 3dB (88dB), temos uma exposição máxima diária tolerada de 240 minutos, ou seja, a metade da prevista para 85dB. Isso se dá porque o acréscimo de um decibel na escala não implica num acréscimo de ruído linear, mas logarítmico; em outros termos, tem-se um aumento exponencial no nível de ruído, a partir de cada aumento unitário na escala. Nesse ponto, aliás, a NR-15 se diferencia da NHO-01, pois prevê tempo de exposição diária ao ruído em níveis menos protetivos ao trabalhador. Assim, se tanto a NR-15 como a NHO-01 permitem idêntica exposiçao máxima diária ao nível de ruído de 85dB, a NR-15, no caso de nível de ruído de 88dB, permite que a exposição se dê por 5 horas, ou 300 minutos, enquanto que a NHO-01 limita a exposição a 240 minutos. **Percebe-se, portanto, que a metodologia de aferição de ruído é de suma importância para a efetiva avaliação da exposição do segurado a níveis superiores daqueles preconizados pela legislação previdenciária, o que determina o reconhecimento ou não, a partir de 19.11.2003, da especialidade da atividade** (...)" (processo0000139-65.2020.4.03.9300, Juiz Relator João Carlos Cabrelon de Oliveira, TRU 3ª Região, data julgamento 05.10.2020).

Ao julgar o tema 317, a posição da TNU foi dominantemente favorável ao segurado, no sentido de que se o PPP faz menção à técnica da dosimetria ou ao dosímetro deve se presumir, de modo relativo, a observância da NR-15 e/ou NHO 1 FUNDACENTRO.

Como se trata de presunção relativa, o INSS terá o ônus da prova de desconstitui-la, a exemplo da juntada do LTCAT que, após analisado, não observou os ditames da NR-15 e/ou NHO 1 FUNDACENTRO:

<table>
<tr><td>Tema</td><td>317</td><td>Situação do tema</td><td>Julgado</td><td>Ramo do direito</td><td>DIREITO PREVIDENCIÁRIO</td></tr>
<tr><td>Questão submetida a julgamento</td><td colspan="5">A menção à técnica da dosimetria ou ao dosímetro no PPP é suficiente para se concluir pela observância das determinações da Norma de Higiene Ocupacional (NHO-01) da FUNDACENTRO e/ou da NR-15, nos termos do Tema 174 da TNU?</td></tr>
<tr><td>Tese firmada</td><td colspan="5">(i) A menção à técnica da dosimetria ou ao dosímetro no PPP enseja a presunção relativa da observância das determinações da Norma de Higiene Ocupacional (NHO-01) da FUNDACENTRO e/ou da NR-15, para os fins do Tema 174 desta TNU;
(ii) Havendo fundada dúvida acerca das informações constantes do PPP ou mesmo omissão em seu conteúdo, à luz da prova dos autos ou de fundada impugnação da parte, de se desconsiderar a presunção do regular uso do dosímetro ou da dosimetria e determinar a juntada aos autos do laudo técnico respectivo, que certifique a correta aplicação da NHO 01 da FUNDACENTRO ou da NR 15, anexo 1 do MTb.</td></tr>
</table>

Processo	Decisão de afetação	Relator (a)	Julgado em	Acórdão publicado em	Trânsito em julgado
PEDILEF 5000648-28.2020.4.02.5002/ES	10/11/2022	Juíza Federal Paula Emília Moura Aragão de Sousa Brasil	26/06/2024	02/07/2024	

Eis os principais fundamentos do voto vencedor:

"No que diz respeito ao ruído, o trabalhador precisa demonstrar que se submete a níveis superiores aos permitidos pela legislação, de forma habitual e permanente.

A aferição desses níveis, durante as avaliações ambientais que instruem esses laudos técnicos os quais a empresa tem a obrigação de manter, deve ser realizada atualmente de acordo com os critérios da FUNDACENTRO, consoante impõe expressamente o art. 68, § 11 do Decreto 3048/99.

Infere-se, pois, que para comprovar sua sujeição ao ruído acima dos limites permitidos, o segurado deve trazer aos autos o PPP, no qual conste níveis de ruído superiores a tais limites, aferidos conforme alguma das formas de dosimetria previstas nos normativos vigentes e admitidos na lei e na jurisprudência, a saber, NHO 01 da FUNDACENTRO e NR 15, anexo 1 do MTb, esta ainda admitida pela jurisprudência, apesar de não referida expressamente no decreto.

Assim, infere-se que quando a aferição do ruído ocupacional for realizada mediante a aplicação do dosímetro de ruído, que é o medidor preferencialmente indicado pela NHO 01 da FUNDACENTRO, necessariamente ter-se-á realizado uma dosimetria.

Quando houver referência à aplicação da técnica da dosimetria, a mensuração do nível de ruído teve como base o parâmetro da dose, conceito equivalente ao nível de exposição, podendo um ser convertido o outro. Portanto, a referência a dosimetria indica a utilização de um dos procedimentos, descritos na NHO 01 da FUNDACENTRO, para a aferição dos níveis de pressão sonora, aos quais o trabalhador esteve submetido em um determinado período de tempo durante sua atividade laboral.

Tanto o laudo técnico como o PPP devem ser produzidos de acordo com as diretrizes normativas acima referidas. A essa constatação aplicam-se duas regras de interpretação jurídica. A primeira é aquela que diz que a vocação das leis (normas jurídicas) é serem cumpridas, portanto de se presumir a aplicação da NHO 01 da FUNDACENTRO nos procedimentos para aferição do ruído. A segunda é aqulel'outra consoante à qual é princípio geral de direito a boa fé e não a má-fé, razão pela qual não há que se pressupor que o avaliador não fez o que ele indica ter feito: uma dosimetria realizada de acordo com as normas técnicas aplicáveis.

À luz dessas considerações, estando-se diante de um PPP que indica utilização de dosímetro e/ou aplicação da técnica da dosimetria, está de acordo com a racionalidade do homem médio presumir, que tais práticas se deram conforme a determinação da lei previdenciária e do decreto que determinam a elaboração de laudo técnico de acordo com a norma técnica da FUNDACENTRO.

No pertinente, é relevante destacar que o dosímetro de ruído é justamente o instrumento indicado como de utilização preferencial da sobredita norma, por ser o instrumento que com mais precisão e facilidade fornece a dose de ruído necessária à aferição do ruído ocupacional.

De sua vez, a dosimetria é a técnica por excelência da norma, que indica prioritariamente a realização da dosimetria realizada com a utilização do dosímetro de ruído, como o medidor integrador de uso pessoal; porém, admitindo também a adoção de procedimentos outros que conduzam a um resultado o mais próximo possível do dessa técnica primeira, nos casos em que não seja possível a utilização do dosímetro, mas sempre adotando a dosimetria para os ruídos intermitentes ou contínuos.

Não se nega que, diante da informação da utilização do dosímetro ou da dosimetria, possa não haver a <u>certeza absoluta</u> de que a metodologia da NHO 01 e/ ou da NR 15, anexo 1, foi integralmente cumprida. Porém, parece-me bastante razoável presumi-la atendida.

Pode ser que o dosímetro tenha sido alterado para parâmetros diversos do padrão normativo com o qual é inicialmente alimentado? Pode ter ocorrido alguma falha na aferição dos equipamentos ou na abordagem do local de trabalho? Sim, efetivamente pode. Mas, essas são excepcionalidades que não são aptas a impedir a formação de uma regra geral interpretativa que, no caso, favorece o segurado, na medida que facilita a comprovação do seu direito, que depende de um documento cuja produção é realizada por seu empregador.

Ademais, cumpre ao INSS fiscalizar para que tais excepcionalidades ou mesmo erros não ocorram, correndo-se o risco de estabelecer-se uma regra draconiana, ao imputar aprioristicamente ao segurado o ônus por eventuais falhas do empregador e do INSS, respectivamente produtor do documento e fiscal da veracidade do relato das condições ambientais.

No pertinente, observe-se que o PPP, que parte de um formulário previamente estabelecido pelo INSS, de fato é apenas uma ementa, um resumo ou extrato parcial do laudo técnico. Precisamente por isso, não se mostra razoável a exigência de que todas as informações acerca das aferições realizadas estejam nele detalhadamente expostas. Para esse fim, existe o LTCAT, do qual o PPP, repita-se, é apenas um resumo.

A esta altura, vale a menção ao princípio da proporcionalidade, dissecado pelo professor Paulo Bonavides, no seu clássico Curso de Direito Constitucional. Com efeito, a aplicação da proporcionalidade implica na necessária vinculação dos fins da norma aos meios dos quais se utiliza. Assim é que, para serem tidos como proporcionais, os meios estabelecidos pela norma devem ser aptos, necessários e proporcionais strictu sensu à consecução dos seus fins. O que extravasa esse limite viola a proporcionalidade e sendo esta medida da constitucionalidade mesma, nesta resvala.

Portanto, exigir, via de regra, mais do que aquilo que seja apto e necessário, inclusive consoante a prescrição legal e regulamentar, para se inferir que houve uma medição não pontual e adequada do ruído, que é o PPP, afigura-se medida transbordante do princípio da proporcionalidade.

Diferente seria o caso em que houvesse fundada dúvida acerca das informações constantes do PPP ou mesmo omissão. Nesse caso, considerando o conjunto da prova dos autos ou a fundada impugnação da parte, de se desconsiderar a presunção e determinar a juntada aos autos do laudo técnico respectivo".

Veja-se enunciado aprovado na I Jornada de Direito da Seguridade Social do Conselho da Justiça Federal sobre o tema:

> **ENUNCIADO 24:** A indicação do NEN no item 2.0.1 do Anexo ao Decreto n. 3.048/1999 não exige que conste a NHO-01 no campo "técnica de aferição" do Perfil Profissiográfico Previdenciário.

Hoje é um grave problema de judicialização, pois a grande maioria das ações tramita no JEF e a decisão da TNU no tema 174 tem efeitos obstativos e persuasivos no rito do JEF, devendo ser seguindo por juízes federais e turmas recursais, gerando recursos que serão desprovidos e condenação em honorários advocatícios, além dos encargos dos juros de mora.

No julgamento do **Tema 1083 em novembro de 2021**, o STJ decidiu afastar o critério da média aritmética simples para a aferição de nocividade do ruído, devendo ser aferido através do NEN. Excepcionalmente, em situações que não tiver NEN no LTCAT ou PPP, deverá adotar o **nível máximo de ruído**, desde que perícia judicial ateste ser esta a realidade do labor.

A questão é a adoção do "pico de ruído" (nível máximo sonoro) apenas seleciona o maior nível de exposição durante a jornada, podendo não ser compatível com a exposição permanente exigida após a vigência da Lei 9.032/95.

Suponha-se que um segurado na atualidade esteja sujeito a uma exposição entre 80 e 85 dB durante a sua jornada de trabalho. Excepcionalmente, por 3 minutos, foi exposto a 87dB. Adotando a metodologia do nível máximo sonoro, teria direito a aposentadoria especial.

Embora seja uma posição favorável ao segurado, é tecnicamente considerada equivocada pelos especialistas, a exemplo do mestre Tuffi Messias Saliba, pois não reflete toda a jornada de trabalho, mas apenas o momento de exposição máxima.

A tese firmada pelo STJ no Tema 1083 exige uma perícia judicial para a aplicação do "pico de ruído", devendo o juiz do caso concreto atentar para a exigência de permanência para a sua adoção, que é supletiva ao NEN.

Seria mais perto da realidade ter adotado a média aritmética simples, pois o "pico" de ruído não parece ser compatível com a exigência de exposição permanente, posto que considera apenas a maior medição, e não toda a jornada de trabalho.

Eis o acórdão publicado em 25.11.2021:

> **RECURSO ESPECIAL Nº 1886795 – RS (2020/0190 666-6)**
>
> PROCESSUAL CIVIL E PREVIDENCIÁRIO. RECURSO ESPECIAL REPRESENTATIVO DA CONTROVÉRSIA. APOSENTADORIA ESPECIAL. AGENTE NOCIVO RUÍDO. NÍVEL DE INTENSIDADE VARIÁVEL. HABITUALIDADE E PERMANÊNCIA. METODOLOGIA DO NÍVEL DE EXPOSIÇÃO NORMALIZADO – NEN. REGRA. CRITÉRIO DO NÍVEL MÁXIMO DE RUÍDO (PICO DE RUÍDO). AUSÊNCIA DO NEN. ADOÇÃO.
>
> 1. A Lei de Benefícios da Previdência Social, em seu art. 57, § 3º, disciplina que a aposentadoria especial será devida, uma vez cumprida a carência, ao segurado que comprovar tempo de trabalho permanente, não ocasional nem intermitente, em condições especiais que prejudiquem a saúde ou a integridade física, durante o período mínimo fixado em lei, sendo certo que a exigência legal de habitualidade e permanência não pressupõe a exposição contínua ao agente nocivo durante toda a jornada de trabalho.
>
> 2. A questão central objeto deste recurso versa acerca da possibilidade de reconhecimento do exercício de atividade sob condições especiais pela exposição ao agente ruído, quando constatados diferentes níveis de efeitos sonoros, considerando-se apenas o nível máximo aferido (critério "pico de ruído"), a média aritmética simples ou o Nível de Exposição Normalizado (NEN).
>
> 3. A Lei n. 8.213/1991, no § 1º do art. 58, estabelece que a comprovação da efetiva exposição do segurado aos agentes nocivos será feita por formulário com base em Laudo Técnico de Condições Ambientais do Trabalho – LTCAT nos termos da legislação trabalhista.
>
> 4. A partir do Decreto n. 4.882/2003, é que se tornou exigível, no LTCAT e no Perfil Profissiográfico Previdenciário (PPP), a referência ao critério Nível de Exposição Normalizado – NEN (também chamado de média ponderada) em nível superior à pressão sonora de 85 dB, a fim de permitir que a atividade seja computada como especial.

5. Para os períodos de tempo de serviço especial anteriores à edição do referido Decreto, que alterou o Regulamento da Previdência Social, não há que se requerer a demonstração do NEN, visto que a comprovação do tempo de serviço especial deve observar o regramento legal em vigor por ocasião do desempenho das atividades.

6. Descabe aferir a especialidade do labor mediante adoção do cálculo pela média aritmética simples dos diferentes níveis de pressão sonora, pois esse critério não leva em consideração o tempo de exposição ao agente nocivo durante a jornada de trabalho.

7. Se a atividade especial somente for reconhecida na via judicial, e não houver indicação do NEN no PPP, ou no LTCAT, caberá ao julgador solver a controvérsia com base na perícia técnica realizada em juízo, conforme disposto no art. 369 do CPC/2015 e na jurisprudência pátria, consolidada na Súmula 198 do extinto Tribunal Federal de Recursos, observado o critério do pico de ruído.

8. Para os fins do art. 1.039, CPC/2015, firma-se a seguinte tese: "O reconhecimento do exercício de atividade sob condições especiais pela exposição ao agente nocivo ruído, quando constatados diferentes níveis de efeitos sonoros, deve ser aferido por meio do Nível de Exposição Normalizado (NEN). Ausente essa informação, deverá ser adotado como critério o nível máximo de ruído (pico de ruído), desde que perícia técnica judicial comprove a habitualidade e a permanência da exposição ao agente nocivo na produção do bem ou na prestação do serviço."

9. *In casu*, o acórdão do Tribunal de origem manteve a sentença.

Registre-se que a tese firmada no Tema 1.083 foi preservada pelo STJ, que rejeitou os Embargos de Declaração do INSS e do IBDP:

PROCESSO

EDcl no REsp 1890010 / RS

EMBARGOS DE DECLARAÇÃO NO RECURSO ESPECIAL

2020/0207521-4

RELATOR

Ministro GURGEL DE FARIA (1160)

ÓRGÃO JULGADOR

S1 - PRIMEIRA SEÇÃO

DATA DO JULGAMENTO

27/04/2022

DATA DA PUBLICAÇÃO/FONTE

DJe 18/05/2022

EMENTA

PROCESSUAL CIVIL. EMBARGOS DE DECLARAÇÃO EM RECURSO REPETITIVO. REQUISITOS. NÃO OCORRÊNCIA. APOSENTADORIA ESPECIAL. AGENTE NOCIVO RUÍDO. NÍVEL DE INTENSIDADE VARIÁVEL. HABITUALIDADE E PERMANÊNCIA. METODOLOGIA DO NÍVEL DE EXPOSIÇÃO NORMALIZADO - NEN. REGRA. CRITÉRIO DO NÍVEL DE PICO DE RUÍDO. AUSÊNCIA DO NEN. ADOÇÃO. PRÉVIO CUSTEIO. ATENDIMENTO. 1. Os embargos de declaração, nos termos do art. 1.022 do CPC/2015, têm ensejo quando há obscuridade, contradição, omissão ou erro material no julgado. 2. O acórdão embargado formulou a compreensão de que o reconhecimento do exercício de atividade sob condições especiais pela exposição ao agente nocivo ruído, quando constatados diferentes níveis de efeitos sonoros, deve observar o art. 57 da Lei n. 8.213/1991, regulamentado pelo Decreto n. 3.048/1999, alterado pelo Decreto n. 4.882/2003, ou seja, deve ser aferido por meio do Nível de Exposição Normalizado (NEN) superior a 85dB. 3. Quando ausente informação sobre o NEN no Perfil Profissiográfico Previdenciário - PPP ou no Laudo Técnico de Condições Ambientais do Trabalho - LTCAT, deverá ser adotado como critério o nível máximo de ruído ou nível de pico de ruído, desde que perícia técnica judicial comprove também a habitualidade e a permanência da exposição ao agente nocivo na produção do bem ou na prestação do serviço, conforme disposto no art. 369 do CPC/2015 e na jurisprudência pátria, consolidada na Súmula 198 do extinto Tribunal Federal de Recursos. 4. Impende registrar que, segundo a Norma de Higiene Ocupacional (NHO) 01, o limite de exposição diária ao ruído de impacto é determinado por uma expressão que leva em consideração tanto o nível de pico, em decibéis, quanto o número de impactos ocorridos durante a jornada diária de trabalho, diferentemente do critério de média aritmética simples, cujo cálculo é dissociado da aferição do tempo de exposição ao agente nocivo durante o labor diário. 5. O julgado embargado deixou claro que a regra adotada para a demonstração da especialidade de labor sujeito ao agente nocivo ruído deve ser a indicação, no PPP ou no LTCAT, do Nível de Exposição Normalizado (NEN) superior a 85dB e que a falta da aludida informação não deve impedir que o julgador possa valer-se da perícia judicial a fim de decidir a controvérsia. 6. Não se sustém a argumentação da autarquia de que o reconhecimento do tempo de serviço especial pelo critério alternativo do pico de ruído não geraria direito ao cômputo do tempo especial nem caracterizaria fato gerador para a incidência tributária e seria o mesmo que permitir o cômputo de atividade especial sem prévia contribuição, porquanto nos termos do art. 22, II, da Lei n. 8.212/1991 (Lei de Custeio da Previdência Social), a aposentadoria especial, benefício previsto nos arts. 57 e 58 da Lei n. 8.213/1991, é financiada pelas remunerações pagas ou creditadas, no decorrer do mês, aos segurados empregados e trabalhadores avulsos, circunstância que atende à exigência do prévio custeio. 7. Hipótese em que não há no acórdão nenhuma situação que dê amparo ao recurso integrativo. 8. Embargos de declaração rejeitados.

PROCESSO

EDcl no REsp 1890010 / RS

EMBARGOS DE DECLARAÇÃO NO RECURSO ESPECIAL

2020/0207521-4

RELATOR

Ministro GURGEL DE FARIA (1160)

ÓRGÃO JULGADOR

S1 - PRIMEIRA SEÇÃO

DATA DO JULGAMENTO

27/04/2022

DATA DA PUBLICAÇÃO/FONTE

DJe 18/05/2022

EMENTA

PROCESSUAL CIVIL. EMBARGOS DE DECLARAÇÃO EM RECURSO REPETITIVO. REQUISITOS. NÃO OCORRÊNCIA. AGENTE NOCIVO RUÍDO. NÍVEL DE INTENSIDADE VARIÁVEL. HABITUALIDADE E PERMANÊNCIA. EXIGIBILIDADE. NÍVEL DE EXPOSIÇÃO NORMALIZADO - NEN. REGRA. CRITÉRIO DO NÍVEL DE PICO DE RUÍDO. AUSÊNCIA DO NEN. ADOÇÃO. PREVALÊNCIA DE NORMAS. CONTROVÉRSIA. INEXISTÊNCIA. 1. Os embargos de declaração, nos termos do art. 1.022 do CPC/2015, têm ensejo quando há obscuridade, contradição, omissão ou erro material no julgado. 2. O julgado embargado firmou a compreensão de que o reconhecimento do exercício de atividade sob condições especiais pela exposição ao agente nocivo ruído, quando constatados diferentes níveis de efeitos sonoros, deve observar o art. 57 da Lei n. 8.213/1991, regulamentado pelo Decreto n. 3.048/1999, alterado pelo Decreto n. 4.882/2003, ou seja, deve ser aferido por meio do Nível de Exposição Normalizado (NEN) superior a 85dB. 3. Quando ausente informação sobre o NEN no Perfil Profissiográfico Previdenciário - PPP ou no Laudo Técnico de Condições Ambientais do Trabalho - LTCAT, deverá ser adotado como critério o nível máximo de ruído ou nível de pico de ruído, desde que perícia técnica judicial comprove, também, a habitualidade e a permanência da exposição ao agente nocivo na produção do bem ou na prestação do serviço, conforme disposto no art. 369 do CPC/2015 e na jurisprudência pátria, consolidada na Súmula 198 do extinto Tribunal Federal de Recursos. 4. A interpretação adotada no julgado embargado denota a adoção de raciocínio que beneficia o segurado, sem imposição de transferência de ônus pela ausência de indicação do nível de exposição ao agente nocivo no formulário PPP ou no Laudo Técnico de Condições Ambientais - LTCAT, visto que não impõe a este a obrigatoriedade de providenciar a correção no formulário, mas permite que a atividade especial seja demonstrada nos próprios autos da ação previdenciária. 5. Tanto a habitualidade como a permanência são requisitos exigidos pela Lei Previdenciária para a concessão de aposentadoria especial (art. 57, §§ 3º e 4º, da Lei n. 8.213/1991 e art. 65 do Decreto n. 3.048/1999), portanto não há como afastar sua prova baseada apenas na indicação do nível máximo de ruído no formulário, porquanto o ruído acima do limite de tolerância não resultará na especialidade do labor se a exposição for eventual. 6. Não se olvida que, de acordo com o art. 5º da LINDB, c/c o art. 8º do CPC/2015, o juiz, ao aplicar a lei, atenderá aos fins sociais a que ela se dirige e às exigências do bem comum, e, como é cediço, a finalidade da norma previdenciária é a proteção social do trabalhador. Contudo, a aplicação do ordenamento jurídico deve ser pautada pela observância do cumprimento dos requisitos legais para o exercício do direito previdenciário por seu titular. 7. A questão controvertida apreciada no julgado embargado não se referiu à prevalência da NHO n. 01 sobre a NR-15, ou mesmo se o uso do NEN limita-se às atividades com jornada de trabalho aquém ou além das 8h/dia (oito horas por dia), mormente por serem questões técnicas, próprias das normas de segurança do trabalho. 8. Hipótese em que não há no acórdão nenhuma situação que dê amparo ao recurso integrativo. 9. Embargos de declaração rejeitados.

Registre-se que a posição da PGF, órgão que representa judicialmente o INSS, e que o Tema 174/TNU foi parcialmente superado pelo Tema 1083/STJ, nos termos do PARECER REFERENCIAL n. 00007/2022/COEJ-PR-OJ/DEPPREV/PGF/AGU:

> PREVIDENCIÁRIO. CONTENCIOSO. RECONHECIMENTO DE ATIVIDADE ESPECIAL POR EXPOSIÇÃO AO AGENTE NOCIVO RUÍDO NO REGIME GERAL DE PREVIDÊNCIA SOCIAL. CONTROVÉRSIA SOBRE A METODOLOGIA DE AFERIÇÃO E OS MEIOS DE PROVA VÁLIDOS AO TEMPO DA PRESTAÇÃO DO SERVIÇO. DIREITO INTERTEMPORAL. **ADVENTO DO TEMA REPETITIVO Nº 1.083 DO SUPERIOR TRIBUNAL DE JUSTIÇA. SUPERAÇÃO PARCIAL DO TEMA REPRESENTATIVO DE CONTROVÉRSIA nº 174 DA TURMA NACIONAL DE UNIFORMIZAÇÃO**. NECESSIDADE DE ALINHAMENTO ENTRE A CONDUTA ADOTADA ADMINISTRATIVAMENTE NO ÂMBITO INSS E A ESTRATÉGIA DE ENFRENTAMENTO DA MATÉRIA NA VIA JUDICIAL. ABSTENÇÃO DE ATUAÇÃO NOS TERMOS DO ARTIGO 3º, INCISOS I, E ART. 9ª-A DA PORTARIA AGU Nº 488/2016. ORIENTAÇÕES DE ATUAÇÃO DE ACORDO COM O PERÍODO DA ATIVIDADE.

Nos termos da **Norma de Higiene Ocupacional (NHO) 1**, da FUNDACENTRO, que estabelece os critérios de avaliação da exposição ocupacional ao ruído, adota-se como critério de referência que a embasa os limites de exposição diária adotados para ruído contínuo ou intermitente corresponde a uma dose de 100% para exposição de 8 horas ao nível de 85 dB(A).

A avaliação da exposição ocupacional ao ruído contínuo ou intermitente deverá ser feita por meio da determinação da **dose diária de ruído ou do nível de exposição**, parâmetros representativos da exposição diária do trabalhador.

Esses parâmetros são totalmente equivalentes, sendo possível, a partir de um obter-se o outro, mediante as expressões matemáticas que seguem:

$$\text{NE} = 10 \times \log\left(\frac{480}{T_E} \times \frac{D}{100}\right) + 85 \; [dB]$$

$$\text{D} = \frac{T_E}{480} \times 100 \times 2^{\left(\frac{NE-85}{3}\right)} \qquad [\%]$$

onde:
NE = nível de exposição
D = dose diária de ruído em porcentagem
$\mathbf{T_E}$ = tempo de duração, em minutos, da jornada diária de trabalho

O limite de exposição ocupacional diária ao ruído corresponde a NEN igual a 85 dB(A), e o limite de exposição valor teto para ruído contínuo ou intermitente é de 115 dB(A). Para este critério considera-se como nível de ação o valor NEN igual a 82 dB(A).

Veja-se a seguinte tabela que considera o tempo máximo diário de exposição permissível em função do nível de ruído (em minutos) e o nível máximo diário permissível (em dB):

80	1523,90
81	1209,52
82	960,00
83	761,95
84	604,76
85	**480,00**
86	380,97
87	302,38
88	240,00
89	190,48
90	151,19
91	120,00

92	95,24
93	75,59
94	60,00
95	47,62
96	37,79
97	30,00
98	23,81
99	18,89
100	15,00
101	11,90
102	9,44
103	7,50
104	5,95
105	4,72
106	3,75
107	2,97
108	2,36
109	1,87
110	1,48
111	1,18
112	0,93
113	0,74
114	0,59
115	0,46

Por exemplo, note-se que o limite máximo sem gerar especialidade corresponde a 85 dB se considerada a exposição diária em 480 minutos, que equivale a uma jornada diária de trabalho de 8 horas.

Ademais, nos termos do **Anexo I da NR 15**, devem ser adotados os seguintes limites de tolerância para a exposição de ruído contínuo ou permanente:

ANEXO N.º 1

LIMITES DE TOLERÂNCIA PARA RUÍDO CONTÍNUO OU INTERMITENTE

NÍVEL DE RUÍDO dB (A)	MÁXIMA EXPOSIÇÃO DIÁRIA PERMISSÍVEL
85	8 horas
86	7 horas
87	6 horas
88	5 horas
89	4 horas e 30 minutos
90	4 horas
91	3 horas e 30 minutos
92	3 horas
93	2 horas e 40 minutos
94	2 horas e 15 minutos
95	2 horas
96	1 hora e 45 minutos
98	1 hora e 15 minutos
100	1 hora
102	45 minutos
104	35 minutos
105	30 minutos
106	25 minutos
108	20 minutos
110	15 minutos
112	10 minutos
114	8 minutos
115	7 minutos

Caso o trabalhador faça horas extras e tenha trabalho diário equivalente a 604,76 minutos (o que equivale a 10,07 horas de trabalho), a exposição acima de 84 dB já gera o tempo de contribuição especial.

Dessa forma, **na visão do INSS**, para ser válido, no que concerne à exposição ao ruído a contar de 1/1/2004, é necessário que o formulário PPP indique que a técnica de medição utilizada observou a NHO 1 da FUNDACENTRO e o NEN, sob pena de invalidade do PPP e necessário de investigação na fonte (registro ambiental: LTCAT e outros admitidos).

Vale registrar que essa decisão administrativa PODE ser benéfica aos segurados, pois a utilização do valor 3 em dose exige menos tempo de exposição para a caracterização do tempo especial. Já a NR 15 utiliza o fator de dobra (q) 5.

No caso de exposição por 8 horas diárias não há diferença no q3 ou q5. É que são padrões logarítmicos distintos, aparecendo diferenças quando o trabalhador tem uma jornada diversa de 480 minutos por dia (8 horas).

O portal de saúde e segurança do trabalhador indica bem as distinções entre as sistemáticas da NHO 1 e NR 15 (https://www.saudeeesegurancanotrabalho.org/ruido_fator_dobra/):

Tabela 1. Tempo máximo diário de exposição permissível em função do nível de ruído

Nível de ruídodB(A)	Tempo máximo diário permissível (Tn) (minutos)
80	1.523,90
81	1.209,52
82	960,00
83	761,95
84	604,76
85	480,00
86	380,97
87	302,38
88	240,00
89	190,48
90	151,19
91	120,00

Incrementos de 3 dB

Redução do tempo permissível pela metade

Segundo o Anexo 1 da NR-15...

NÍVEL DE RUÍDO dB (A)	MÁXIMA EXPOSIÇÃO DIÁRIA PERMISSÍVEL
85	8 horas
86	7 horas
87	6 horas
88	5 horas
89	4 horas e 30 minutos
90	4 horas
91	3 horas e 30 minutos
92	3 horas
93	2 horas e 40 minutos
94	2 horas e 15 minutos
95	2 horas
96	1 hora e 45 minutos
98	1 hora e 15 minutos
100	1 hora
102	45 minutos
104	35 minutos
105	30 minutos
106	25 minutos
108	20 minutos
110	15 minutos
112	10 minutos
114	8 minutos
115	7 minutos

Incrementos de 5 dB

Redução do tempo permissível pela metade

Note-se que em ambas as sistemáticas, a exposição de 8 horas diárias (480 minutos) gera a especialidade do tempo especial do agente ruído quando superar a 85 dB.

JORNADA DIÁRIA ABAIXO DE 8 HORAS:

Mas no caso de um trabalhador **com jornada de 4 horas diárias (240 minutos)**, teremos os seguintes resultados:

A) NHO 1 (fator de dobra 3): 88 dB.

B) NR 15 (fator de dobra 5): 90 dB.

Neste caso, **a adoção da NHO 1 é mais favorável ao trabalhador nas jornadas diárias abaixo de 8 horas.**

JORNADA DIÁRIA ACIMA DE 8 HORAS:

Ao revés, quando a exposição é acima de 8 horas diárias (480 minutos), a exemplo de uma **jornada hipotética de 960 minutos (16 horas)**, a situação se inverte:

A) NHO 1 (fator de dobra 3): 82 dB.

B) NR 15 (fator de dobra 5): 80 dB.

Neste caso, **a adoção da NR15 é mais favorável ao trabalhador nas jornadas diárias acima de 8 horas.**

Mas há o problema de que a tabela do Anexo 1 da NR 15 parte dos 85 dB, não regulando a situação das jornadas acima de 8 horas, sendo o cálculo acima apresentado feito por proporcionalidade do fator de dobra.

Essa divergência de sistemática do fator de dobra de aferição do agente ruído ultrapassa os limites do Brasil. Veja-se a posição das instituições mais respeitadas do mundo no estudo dos agentes nocivos:

A) **OSHA** utiliza **5 dB;**

B) **ACGIH** e **NIOSH 3 dB.**

Com base em publicação da 3M[17], veja-se comparativo de limite de exposição de fator de dobra do ruído em diversos países:

17. http://multimedia.3m.com/mws/media/485124O/recommended-changes-to-osha-noise-exposure-dose-calculation.pdf.

Table 2. Permissible exposure limits and exchange rates used by various nations.

Nation, date	PEL (8-hour average) dBA	Exchange rate dBA	Level dBA engineering controls	Level dBA audio tests, and other HC practices	Comments
Argentina, 2003	85	3	85	85	
Australia, 2000	85	3	85	85	Note (1)
Brazil, 1992	85	5	85		
Canada, 1991	87	3	87	84	Note (2)
Chile, 2000	85	3			
China, 1985	85	3	85		
Colombia, 1990	85	5			
EU, 2003	87	3	85	85	Note (3)
				80	Note (4)
Finland, 1982	85	3	85		
France, 1990	85	3		85	
Germany, 1990	85	3	90	85	Note (5)
Hungary	85	3	90		
India, 1989	90				Note (6)
Israel, 1984	85	5			
Italy, 1990	85	3	90	85	
Mexico, 2001	85	3	90	80	
Netherlands, 1987	80	3	85		Note (7)
New Zealand, 1995	85	3	85	85	
Norway, 1982	85	3		80	
Spain, 1989	85	3	90	80	
Sweden, 1992	85	3	85	85	
United Kingdom, 1989	85	3	90	85	
United States, 1983	90	5	90	85	Note (8)
Uruguay, 1988	85	3	85	85	
Venezuela	85	3			

O que chama a atenção é que existe países que adotam 87 dB (Canadá) ou mesmo 90 dB (Alemanha, EUA e outros).

O prejuízo aos segurados da exigência administrativa da NHO 1 desde 1/1/2004 é a rejeição administrativa dos PPPs que não indicarem a medição pela NHO 1 desde 1/1/2004, situação na qual será necessário investigar o registro ambiental.

15.2. Eletricidade

Eis o posicionamento do INSS na análise de enquadramento do tempo especial por exposição à **ELETRICIDADE** com base no Manual de Aposentadoria Especial:

Eletricidade é a forma de energia mais utilizada na execução de trabalhos mecânicos. Provoca desde uma leve sensação de desconforto no local de contato até a morte. Estes são gerados por alterações químicas desencadeadas com a passagem da corrente elétrica ou pela transformação da energia elétrica em calor e dependem da intensidade e do tipo de corrente.

O Decreto nº 53.831, de 1964, estabelece como atividades especiais as operações permanentes em locais com eletricidade em condições de perigo de vida, com riscos de acidentes, expostos a uma tensão superior a 250 (duzentos e cinquenta) Volts.

O Decreto nº 83.080, de 1979, exclui este agente para fins de enquadramento na aposentadoria especial.

No entanto, o Decreto nº 611, de 21 de julho de 1992, valida o Anexo do Decreto nº 53.831, de 1964, até 5 de março de 1997, antes da publicação do Decreto nº 2.172, de 1997. Assim, a eletricidade permanece como possibilidade de condição especial de trabalho até 5 de março de 1997. Após esta data, este agente é excluído para fins de enquadramento de tempo especial.

A legislação trabalhista, por intermédio do Decreto nº 93.412, de 1986, instituiu o adicional periculosidade para os empregados do setor de energia elétrica e delimitava as atividades e áreas de risco em quadro Anexo ao Decreto.

O quadro das cinco atividades e áreas de risco, em resumo, contém:

a) atividades de construção, operação e manutenção de redes de linhas aéreas e subterrâneas, usinas, subestações, cabinas de distribuição e áreas afins; e

b) atividades de inspeção, testes, ensaios, calibração, medição, reparo e treinamento em equipamentos e instalações elétricas.

Todas as atividades citadas no Quadro do Decreto nº 93.412, de 1986, são realizadas em sistemas elétricos de potência que é definido pela Norma Brasileira NBR nº 5.460/ ABNT como o conjunto de todas as instalações e equipamentos destinados à geração, transmissão e distribuição de energia elétrica.

O empregado, independentemente do cargo, categoria ou ramo da empresa, fazia jus ao adicional de periculosidade quando permanecia habitualmente em área de risco, executando ou aguardando ordens, e em situação de exposição contínua. No entanto, caso o empregado permanecesse de modo habitual e intermitente em área de risco, o adicional incidiria sobre o salário do tempo despendido pelo empregado na execução de atividade em condições de periculosidade ou do tempo à disposição do empregador. Porém, o ingresso ou a permanência eventual em área de risco não gerava direito ao adicional de periculosidade.

Assim, os laudos que avaliavam a periculosidade até 1997 precisavam identificar se havia ou não periculosidade e se a exposição ocorria em horário integral ou intermitente, para o cálculo do pagamento desse adicional.

Entende-se que tem direito ao reconhecimento de tempo trabalhado em condições especiais o trabalhador que atuava de forma permanente em área de risco dentro do chamado sistema elétrico de potência, acima do limite de tolerância estabelecido pelo Decreto nº 53.831, de 1964.

A área de risco compreende os pontos de geração, transmissão e distribuição até a medição de energia, inclusive.

No período de 1986 a 1997 o Decreto nº 93.412, de 1983, determinava que um laudo elaborado por médico ou engenheiro de segurança do trabalho concluísse se o trabalho desempenhado era periculoso. Caso positivo, o empregado estaria enquadrado no inciso I ou II para o pagamento integral ou proporcional do adicional de periculosidade. Por isso mesmo, pode ser solicitado à empresa o laudo que embasou o pagamento da periculosidade no período de 1986 a 1997, e este laudo pode subsidiar a análise de período especial e ser mais um elemento de convicção sobre a exposição.

É importante salientar que o reconhecimento de tempo especial considera o equipamento ou instalação energizada ou suscetível de energizar-se por falha humana ou defeito do equipamento ou instalação elétrica.

O critério para o reconhecimento do período especial para exposição à eletricidade coincide com alguns dos critérios da época para a avaliação da periculosidade quando a exposição é permanente.

A legislação brasileira confere o direito ao adicional de periculosidade em cinco situações:

I - contato com explosivos e inflamáveis (art. 193 da Consolidação das Leis Trabalhistas - CLT, aprovada pelo Decreto-Lei nº 5.452, de 1º de maio de 1943, regulamentado pela NR-16, aprovada pela Portaria nº 3.214, de 1978, do MTE);

II - radiação ionizante (Portaria nº 518, de 4 de abril de 2003, do MTE);

III - energia elétrica (inicialmente pela Lei nº 7.369, de 20 de setembro de 1985, regulamentada pelo Decreto nº 93.412, de 14 de outubro de 1986; após, pela Lei nº 12.740, de 8 de dezembro de 2012, regulado pelo art. 193 da CLT);

IV - atividades e operações perigosas com exposição a roubos e outras espécies de violência física nas atividades profissionais de segurança pessoal ou patrimonial (aprovado pela Portaria nº 1.885/MTE, de 2 de dezembro de 2013); e

V - atividades perigosas em motocicletas (aprovado pela Portaria nº 1.565/MTE, de 13 de outubro de 2014).

Para auxiliar a análise técnica deste agente, é importante que o perito médico conheça um pouco de legislação sobre periculosidade na área elétrica, vigente até 1997, para subsidiar as conclusões técnicas.

A partir de 1998, existe jurisprudência (Enunciado nº 361, de 24 de agosto de 1998, do Tribunal Superior do Trabalho – TST) no sentido de não mais permitir o pagamento fracionado do adicional de periculosidade.

A avaliação é quantitativa: Tensões acima de 250V. Exigido LTCAT ou outras demonstrações ambientais após 13 de outubro de 1996.

Deve-se observar se consta informação sobre EPC a partir de 14 de outubro de 1996. Não deve ser considerada a informação do uso do EPI para os períodos laborados anteriores a 3 de dezembro de 1998 (data da publicação da MP nº 1.729, de 1998, convertida na Lei nº 9.732, de 1998).

Codificação: Até 5 de março de 1997, código 1.1.8 do Quadro anexo ao Decreto nº 53.831, de 1964.

QUADRO 12- RESUMO PARA ANÁLISE TÉCNICA DO AGENTE NOCIVO ELETRICIDADE

Período	Enquadramento	Metodologia	Legislação	Demonstrações Ambientais	Equipamento de Proteção	Codificação	Formulário
Até 28.4.1995	Acima de 250V	Aferição em Volts	Decreto nº 53.831, de 1964	Não	Sem obrigatoriedade de informação	Código 1.1.8	IS nº SSS-501.19/71 ISS-132, SB-40 DISES BE 5235
De 29.4.1995 a 13.10.1996	Acima de 250V	Aferição em Volts	Decreto nº 53.831, de 1964	Não	Sem obrigatoriedade de informação	Código 1.1.8	DSS-8030
De 14.10.1996 a 5.3.1997	Acima de 250V	Aferição em Volts	Decreto nº 53.831, de 1964; MP nº 1.523, de 1996	LTCAT ou demais demonstrações ambientais.	Obrigatoriedade de informação sobre EPC	Código 1.1.8	DSS-8030

No entanto, o atual posicionamento do STJ é contrário ao da Previdência Social, **pois a Corte Superior considera como exemplificativo o rol de agentes nocivos listados pelo Anexo IV do Regulamento da Previdência Social.**

Veja-se:

> "AGRAVO REGIMENTAL NO RECURSO ESPECIAL. APOSENTADORIA. AGENTE NOCIVO ELETRICIDADE. TEMPO DE SERVIÇO ESPECIAL. CONVERSÃO EM COMUM APÓS 1998. POSSIBILIDADE.
>
> 1. É firme a jurisprudência do Superior Tribunal de Justiça no sentido de ser possível a conversão do tempo de serviço especial em comum, para fins de aposentadoria, mesmo aquele laborado após maio de 1998. Precedentes.
>
> 2. **É possível o reconhecimento do tempo de serviço como especial desde que a atividade exercida com exposição aos fatores de risco, ainda que não constantes do rol inserido no decreto regulamentar (AgRg no REsp 1.267.323, de 02.08.2012, 6ª Turma)**".
>
> "AGRAVO REGIMENTAL. PREVIDENCIÁRIO. APOSENTADORIA POR TEMPO DE SERVIÇO. EXPOSIÇÃO AO AGENTE ELETRICIDADE. ENQUADRAMENTO NO DECRETO Nº 2.172/1997. AUSÊNCIA. IRRELEVÂNCIA. ROL EXEMPLIFICATIVO. COMPROVAÇÃO. SÚMULA Nº 7/STJ.
>
> 1. Consoante os precedentes desta Corte, em que pese a presunção absoluta de especialidade para o agente nocivo eletricidade se encerrasse com a edição do Decreto nº 2.172/1997, estando devidamente demonstrado por outros meios

probantes o exercício do labor em condições especiais, **é possível reconhecer a especialidade, ainda que seja em período laborado após o advento do referido decreto, porquanto o rol de atividades consideradas prejudiciais à saúde é meramente exemplificativo.**

2. Tendo a Corte de origem afirmado expressamente, que no desempenho de sua atividade, o autor estava submetido ao agente nocivo eletricidade, de modo habitual e permanente, verificar tal condição por este Superior Tribunal de Justiça importaria reexame de fatos e provas, o que é vedado em sede de recurso especial, nos termos do enunciado sumular nº 7/STJ.

3. Agravo regimental a que se nega provimento" (**AgRg no REsp 1.168.455, de 12.06.2012, 5ª Turma**).

Outrossim, a 1ª e 2ª Turma do STJ em julgamentos monocráticos vêm declarando que o rol de agentes nocivos é exemplificativo (REsp 1.329.778, de 21.09.2012 – EDcl no REsp 1.327.309, de 05.09.2012).

Posteriormente, o tema foi julgado como repetitivo pelo STJ (tema 534):

ATIVIDADE ESPECIAL

Possibilidade de configuração do trabalho exposto ao agente perigoso eletricidade, exercido após a vigência do Decreto 2.172/1997, como atividade especial, para fins do artigo 57 da Lei 8.213/1991.

(Tema: 534)

EMENTA

[...]

1. Trata-se de Recurso Especial interposto pela autarquia previdenciária com o escopo de prevalecer a tese de que a supressão do agente eletricidade do rol de agentes nocivos pelo Decreto 2.172/1997 (Anexo IV) culmina na impossibilidade de configuração como tempo especial (arts. 57 e 58 da Lei 8.213/1991) de tal hipótese a partir da vigência do citado ato normativo.

2. À luz da interpretação sistemática, as normas regulamentadoras que estabelecem os casos de agentes e atividades nocivos à saúde do trabalhador são exemplificativas, podendo ser tido como distinto o labor que a técnica médica e a legislação correlata considerarem como prejudiciais ao obreiro, desde que o trabalho seja permanente, não ocasional, nem intermitente, em condições especiais (art. 57, § 3º, da Lei 8.213/1991). Precedentes do STJ.

[...]

4. Recurso Especial não provido. Acórdão submetido ao regime do art. 543-C do CPC e da Resolução 8/2008 do STJ. (**REsp 1306113 SC, Rel. Ministro HERMAN BENJAMIN, PRIMEIRA SEÇÃO, julgado em 14/11/2012, DJe 07/03/2013)**

Outras Informações

VOTO VISTA – MIN. ARNALDO ESTEVES LIMA

É possível o reconhecimento do trabalho em exposição à eletricidade, ainda que exercido após a vigência do Decreto 2.172/1997, como atividade especial, para fins de aposentadoria, nos termos do artigo 57 da Lei 8.213/1991, quando devidamente comprovada a exposição a esse agente nocivo, pois o Decreto 3.048/1999, que revogou o decreto anteriormente mencionado, prevê a concessão de aposentadoria especial aos segurados que comprovarem a efetiva exposição a agentes nocivos, nos quais se pode incluir a energia elétrica, conforme definição de nocividade conferida pela Instrução Normativa INSS/PRES 45/2010.

A TNU vem dispensando a exposição permanente à eletricidade para o reconhecimento da especialidade, exigindo apenas habitualidade (Informativo 31/2018):

PUIL n. 5038346-73.2016.4.04.7000/PR – "Fixada a tese no sentido de que, para fins de reconhecimento de tempo especial, a exposição nociva ao agente físico eletricidade deve ocorrer de forma habitual, dispensando-se a permanência".

Conforme citado no voto deste acórdão, "o agente nocivo eletricidade (acima de 250 volts) tem enquadramento no Decreto nº 53.831/64 até 05-03-97. Após, é necessária a verificação da periculosidade no caso concreto, por meio perícia judicial, a teor da Súmula 198 do extinto TFR. Em se tratando de periculosidade por sujeição a altas tensões elétricas, não é necessário o requisito da permanência, já que o tempo de exposição não é um fator condicionante para que ocorra um acidente ou choque elétrico, tendo em vista a presença constante do risco potencial, não restando desnaturada a especialidade da atividade pelos intervalos sem perigo direto. O uso de equipamentos de proteção individual não neutraliza nem elimina o risco potencial de acidente inerente à atividade perigosa".

Prossegue aduzindo que "em se tratando de periculosidade por sujeição a altas tensões elétricas, não é necessário o requisito da permanência, já que o tempo de exposição não é um fator condicionante para que ocorra um acidente ou choque elétrico, tendo em vista a presença constante do risco potencial, não restando desnaturada a especialidade da atividade pelos intervalos sem perigo direto. O uso de equipamentos de proteção individual não neutraliza nem elimina o risco potencial de acidente inerente à atividade perigosa (TR SP, Processo n. 00082371620054036309)".

Considerando o julgamento do Recurso Especial 1306113, em 14/11/2012, sob o rito repetitivo, a Procuradoria-Geral Federal, órgão da AGU que representa o INSS, editou o Parecer Referencial 00019/2017/GEOR/PREV/DEPCONT/

PGF/AGU, que versa sobre o reconhecimento da procedência do pedido, a abstenção de contestação e de recurso, e a desistência dos recursos já interpostos, quando a pretensão deduzida contra o INSS ou a decisão judicial estiver em conformidade com a jurisprudência do STJ.

Eis a sua Síntese:

> **"PARECER REFERENCIAL. PORTARIA AGU Nº 488/2016. JURISPRUDÊNCIA ITERATIVA DO STJ. RESP REPETITIVO Nº 1.306.113/SC. ATIVIDADE ESPECIAL. ARTS. 57 E 58 DA LEI Nº 8.213/91. NORMAS REGULAMENTADORAS. ROL EXEMPLIFICATIVO. AGENTES PREJUDICIAIS NÃO PREVISTOS. POSSIBILIDADE. NECESSIDADE DE COMPROVAÇÃO. SUPORTE TÉCNICO MÉDICO-JURÍDICO. EXPOSIÇÃO PERMANENTE, NÃO OCASIONAL NEM INTERMITENTE.**
>
> Nos termos do artigo 3º, inciso I e parágrafo único, da Portaria AGU nº 488/2016, os Procuradores Federais devem ser orientados a, ressalvadas as hipóteses previstas no artigo 12 da mencionada Portaria e outras questões de ordem jurídica não abrangidas pelo acórdão proferido no REsp Repetitivo nº 1.306.113/SC, reconhecer a procedência do pedido, abster-se de contestar e de recorrer, e desistir dos recursos já interpostos, quando a pretensão deduzida contra o INSS ou a decisão judicial estiver em conformidade com a jurisprudência do STJ fixada no aludido recurso representativo de controvérsia, no sentido de que: as normas regulamentadoras que estabelecem os casos de agentes e atividades nocivos à saúde do trabalhador são exemplificativas, motivo pelo qual é possível o enquadramento, como atividade especial, para fins de aposentadoria especial, do trabalho exposto a agentes prejudiciais não previstos nos regulamentos de benefícios do RGPS, inclusive ao agente nocivo eletricidade exercido após a vigência do Decreto nº 2.172/1997, desde que haja a comprovação, por meio de laudo baseado na técnica médica e respectiva legislação correlata, do efetivo exercício do trabalho sob exposição aos fatores nocivos de modo permanente, não ocasional nem intermitente, em condições especiais que prejudiquem a saúde ou a integridade física do obreiro".

No entanto, posteriormente, a PGF SUSPENDEU a aplicação do Parecer Referencial 00019/2017/GEOR/PREV/DEPCONT/PGF/AGU, pois certamente vislumbra novamente chance de mudança de tese no âmbito do STF.

A jurisprudência da TNU entende que a exposição permanente ao formol gera direito à aposentadoria especial de 25 anos, mesmo sem o agente estar listado a partir do Decreto 2.192/97:

> PROCESSO: 0033880-15.2010.4.01.3800 (de 24/4/2017)
>
> "PEDIDO DE UNIFORMIZAÇÃO DE INTERPRETAÇÃO DE LEI FEDERAL. PREVIDENCIÁRIO. TEMPO ESPECIAL. AGENTE NOCIVO. FORMOL (FORMALDEÍDO). ELEMENTO CANCERÍGENO EM HUMANOS.

PREVISÃO NA LINACH – LISTA NACIONAL DE AGENTES CANCERÍGENOS PARA HUMANOS – GRUPO 1. ART. 68, §4º, DO DECRETO Nº 3.048/99. RECONHECIMENTO DAS CONDIÇÕES ESPECIAIS DO LABOR EXERCIDO SOB SUA EXPOSIÇÃO NO AMBIENTE DE TRABALHO. ENTENDIMENTO APLICÁVEL INCLUSIVE DURANTE A VIGÊNCIA DO DECRETO Nº 2.172/97. INCIDENTE CONHECIDO E PROVIDO. 1. Trata-se de Pedido de Uniformização interposto pelo Autor em face Acórdão proferido pela Segunda Turma Recursal de Minas Gerais, que negou o reconhecimento das condições especiais do labor exercido sob exposição ao agente químico formol após o advento do Decreto nº 2.172/97, considerando que tal elemento não fora expressamente listado naquele diploma. 2. Defende o recorrente, no entanto, que ao sufragar tal entendimento a Turma Recursal de origem contrariou a pacífica jurisprudência do Superior Tribunal de Justiça no sentido de que o rol de agentes agressivos previsto na legislação previdenciária é meramente exemplificativo, sendo possível o reconhecimento das condições especiais acaso demonstrado o risco à saúde do trabalhador. Dentre os precedentes paradigmas apresentados, destaca-se o REsp 354.737/RS (STJ, Sexta Turma, DJe 09/12/2008). 3. Pois bem. Nos termos do art. 14, *caput*, da Lei n. 10.259/2001, caberá pedido de uniformização de interpretação de lei federal quando houver divergência entre decisões sobre questão de direito material proferidas por Turmas Recursais na interpretação da lei, sendo que o pedido fundado em divergência de turmas de diferentes Regiões ou da proferida em contrariedade a súmula ou jurisprudência dominante do STJ será julgada por Turma de Uniformização, integrada por Juízes de Turma Recursais, sob a presidência do Coordenador da Justiça Federal. 4. In casu, verifico estar devidamente configurada a divergência entre decisões sobre questão de direito material, cujo ponto cerne gravita em torno da possibilidade de reconhecimento das condições especiais do labor exercido sob exposição ao formol após o advento do Decreto nº 2.172/97, malgrado não tenha tal diploma listado expressamente tal agente químico. 5. Ao historiar o tratamento conferido pela legislação previdenciária à matéria, verifico além de contar com previsão no item 1.2.11 do Quadro Anexo ao Decreto 53.831/94 (Tóxicos orgânicos/IV – Aldehydos), o formol – ou formaldeído – foi listado na LINACH – Lista Nacional de Agentes Cancerígenos para Humanos como um dos elementos carcinogênicos para humanos – Grupo 1 (Formaldeído – Registro no Chemical Abstract Service – CAS n. 000050-00-0). 6. Tal listagem consta no Anexo da Portaria Interministerial MPS/TEM/MS nº 09/2014, que foi editada com fundamento no art. 68, §4º, do Decreto nº 3.048/99 (com as alterações efetuadas pelo Decreto nº 8.123/2013), que previu a possibilidade de reconhecimento das condições especiais do labor exercido pelo segurado em ambiente em que atestada a presença de agentes nocivos reconhecidamente cancerígenos em humanos. 7. Vejamos o teor do aludido dispositivo, in verbis: Art. 68 – A relação dos agentes nocivos químicos, físicos, biológicos ou associação de agentes prejudiciais à saúde ou à integridade física, considerados para fins de

> concessão de aposentadoria especial consta do Anexo IV. [...] § 4º – A presença no ambiente de trabalho, com possibilidade de exposição a ser apurada na forma dos parágrafos 2º e 3º, de agentes nocivos reconhecidamente cancerígenos em humanos, listados pelo Ministério do Trabalho e Emprego, será suficiente para a comprovação de efetiva exposição do trabalhador. 8. Neste diapasão, considerando-se a inequívoca demonstração de que tal agente cancerígeno é indubitavelmente prejudicial à saúde ou à integridade física, inexorável é o reconhecimento das condições especiais do labor exercido sob sua presença no ambiente de trabalho, inclusive durante a vigência do Decreto nº 2.172/97. Conforme ratificado pelo Superior Tribunal de Justiça nos autos do REsp Nº 1.306.113 – SC (julgado sob o regime dos recursos repetitivos de que cuidava o art. 543-C do CPC/73), as normas regulamentadoras que estabelecem os casos de agentes e atividades nocivos à saúde do trabalhador são exemplificativas, sendo possível o reconhecimento das condições especiais quando efetivamente demonstrado o prejuízo ao obreiro. 9. Isto posto, DOU PROVIMENTO ao recurso da parte autora, para firmar a tese de que é cabível o reconhecimento das condições especiais do labor exercido sob exposição ao agente químico cancerígeno formol (formaldeído) no ambiente de trabalho, inclusive durante a vigência do Decreto nº 2.172/97".

De acordo com o tema **210 da TNU**, julgado em 12/12/2019, "para aplicação do artigo 57, §3º, da Lei n.º 8.213/91 à tensão elétrica superior a 250 V, **exige-se a probabilidade da exposição ocupacional, avaliando-se, de acordo com a profissiografia, o seu caráter indissociável da produção do bem ou da prestação do serviço**, independente de tempo mínimo de exposição durante a jornada".

Eis os fundamentos do Relator do processo:

> "Dando prosseguimento, o magistrado apresentou o Decreto n.º 53.831/64, que prevê a energia elétrica como agente nocivo perigoso, desde que o segurado estivesse exposto à tensão superior a 250 volts. O Decreto guiou a seguinte jurisprudência do Supremo Tribunal de Justiça (STJ): "Em se tratando de eletricidade, *nos termos do Decreto n.º 53.831/64, vigente à época do labor, a atividade é tida como especial quando submetida a tensão superior a 250 volts*" (AgRg no AG n.º 1.059.799, relator o Ministro Og Fernandes, julgado no dia 17/08/2010.)
>
> O relator destacou ainda que a TNU, ao decidir o Tema 159, também fixou seu entendimento em julgamento afetado como representativo da controvérsia: "*É possível o reconhecimento como especial de período laborado com exposição ao agente energia elétrica, após o Decreto 2.172/97, para fins de concessão de aposentadoria especial*" (Processo n.º 5001238-34.2012.4.04.7102, relator o Juiz Federal Bruno Leonardo Câmara Carrá, julgado no dia 06/08/2014)
>
> Por fim, o relator afirmou **três condições para a aposentadoria se qualificar como por tempo especial**. A primeira é o **exercício, de maneira habitual e**

> **permanente**, de atividade profissional em condições especiais que prejudicam a saúde ou a integridade física do segurado; **a segunda**, a exposição do segurado, **em razão do exercício da atividade profissional, a tensões elétricas superiores a 250V**, não necessariamente durante toda a jornada; e a **terceira a exposição ao risco inerente à profissão, de forma não circunstancial ou particularizada e indissociável da produção do bem ou da prestação do serviço na qual ela está sendo desenvolvida.**
>
> Processo Nº 0501567-42.2017.4.05.8405"[18]

Dessa forma, para a caracterização da especialidade à exposição ao agente físico eletricidade, além da necessidade de exposição à tensão acima de 250 volts, é curial que o risco seja inerente à profissão, a exemplo dos eletricitários.

A permanência não exige que o risco se dê por toda a jornada de trabalho, mas é imprescindível que seja um risco indissociável da produção do bem ou da prestação do serviço na qual ela está sendo desenvolvida, devendo sempre ser apreciada a profissiografia do caso concreto.

Veja-se enunciado aprovado na **I Jornada de Direito da Seguridade Social do Conselho da Justiça Federal** sobre o tema:

> **ENUNCIADO 25:** A exposição permanente (não ocasional e nem intermitente) está relacionada à atividade (profissiografia) do segurado e não é necessário que essa informação conste, expressamente, no PPP, por inexistir campo próprio no formulário.

15.3. Frio

Eis o posicionamento do INSS na análise de enquadramento do tempo especial por exposição ao **FRIO** com base no Manual de Aposentadoria Especial:

Ambiente frio é aquele com temperaturas baixas que possam afetar a saúde, o conforto e a eficiência do trabalhador.

Conforme o Anexo 9 da NR-15, as atividades ou operações executadas no interior de câmaras frigoríficas ou em locais que apresentem condições similares, que exponham os trabalhadores ao frio, sem a proteção adequada, serão considerados insalubres mediante laudo de insalubridade, de inspeção realizada no local de trabalho.

O Decreto nº 53.831, de 1964, estabeleceu como especiais as operações em locais com temperatura excessivamente baixa, inferior a 12º C, proveniente de fontes artificiais, capaz de ser nociva à saúde, com jornada normal.

18. http://www.jf.gov.br/cjf/noticias/2019/12-dezembro/tnu-decide-que-a-exposicao-a-tensao-eletrica-superior-a-250-v-caracteriza-tempo-especial.

O Decreto nº 83.080, de 1979, determinava enquadramento para este agente apenas nas atividades profissionais em câmaras frigoríficas e fabricação de gelo, sem fixar limite de temperatura.

Como o Decreto nº 611, de 1992, permitia o enquadramento em qualquer dos dois Decretos anteriores, o frio permaneceu sendo analisado quantitativamente pelo Anexo do Decreto nº 53.831, de 1964, com exposição à temperatura artificial abaixo de 12º; ou qualitativamente, nas atividades em câmaras frias e fabricação de gelo, conforme Anexo I do Decreto nº 83.080, de 1979.

Em 5 de março de 1997, com a publicação do Decreto nº 2.172, de 1997, este agente foi excluído definitivamente para fins de tempo de serviço como especial.

Avaliação: Quantitativa, medida em graus Celsius, ou qualitativa, nas operações definidas no Anexo I do Decreto nº 83.080, de 1979.

Enquadramento: Abaixo de 12º C, conforme Anexo do Decreto nº 53.831, de 1964 e sem limite para as atividades em câmaras frias e fabricação de gelo, conforme Anexo I do Decreto nº 83.080, de 1979.

Demonstrações ambientais: Exigido LTCAT ou outras demonstrações ambientais a partir de 14 de outubro de 1996.

Tecnologia de proteção: Deve-se observar se consta informação sobre EPC a partir de 14 de outubro de 1996. Não deve ser considerada a informação do uso do EPI para os períodos laborados anteriores a 3 de dezembro de 1998 (data da publicação da MP nº 1.729, de 1998, convertida da Lei nº 9.732, de 1998).

QUADRO 13 - RESUMO PARA ANÁLISE TÉCNICA DO AGENTE NOCIVO FRIO

Período	Enquadramento	Metodologia	Legislação	Demonstrações Ambientais	Equipamento de Proteção	Codificação	Formulário
Até 28.4.1995	Abaixo de 12 º C	Aferição em Graus Celsius	Decreto nº 53.831, de 1964	Não	Sem obrigatoriedade de informação.	Código 1.1.2	IS nº SSS-501.19/1971 ISS-132, SB-40 DISES BE 5235
Qualitativo		Informação não exigida			Decreto nº 83.080, de 1979		
De 29.4.1995 a 13.10.1996	Abaixo de 12 º C	Aferição em Graus Celsius	Decreto nº 53.831, de 1964	Não	Sem obrigatoriedade de informação.	Código 1.1.2	DSS-8030
Qualitativo		Informação não exigida			Decreto nº 83.080, de 1979		
De 14.10.1996 a 5.3.1997	Abaixo de 12 º C	Aferição em Graus Celsius	Decreto nº 53.831, de 1964	LTCAT ou demais demonstrações ambientais.	Obrigatoriedade de informação sobre EPC.	Código 1.1.2	DSS-8030

Em 5 de março de 1997, com a publicação do Decreto nº 2.172, de 1997, o agente nocivo FRIO foi excluído definitivamente para fins de tempo de serviço como especial. No entanto, a jurisprudência da TNU o conserva com a tese do rol exemplificativo, dispensando, inclusive, a exposição permanente:

> "PEDIDO DE UNIFORMIZAÇÃO. PREVIDENCIÁRIO. RECONHECIMENTO DE TEMPO ESPECIAL. **EXPOSIÇÃO AO FRIO.** HABITUALIDADE E PERMANÊNCIA CARACTERIZADA, **AINDA QUE O SEGURADO NÃO PERMANEÇA NO INTERIOR DA CÂMARA FRIGORÍFICA DURANTE TODA A JORNADA DIÁRIA DE TRABALHO**
>
> O ACÓRDÃO RECORRIDO ESTÁ EM CONSONÂNCIA COM A JURISPRUDÊNCIA ATUAL DESTE COLEGIADO, POIS, AINDA QUE **APÓS A LEI 9.032/95** SE TENHA POR INDISPENSÁVEL A COMPROVAÇÃO DE AMBOS OS REQUISITOS, HABITUALIDADE (TODOS OS DIAS) E PERMANÊNCIA (DURANTE TODA A JORNADA), HÁ ALGUMAS POUCAS EXCEÇÕES A SEREM CONSIDERADAS, TAIS COMO A EXPOSIÇÃO A AGENTES BIOLÓGICOS OU AO AGENTE FRIO, EM QUE, MESMO SENDO INTERMITENTE, O QUE SE VERIFICA É A EXISTÊNCIA OU NÃO DA PERMANÊNCIA DO RISCO DE DANO À SAÚDE DO TRABALHADOR, SENDO ESTE O CASO DOS AUTOS. QUESTÃO DE ORDEM 13. INCIDENTE DE UNIFORMIZAÇÃO NÃO CONHECIDO.A Turma Nacional de Uniformização, por unanimidade, decidiu NÃO CONHECER do incidente de uniformização, nos termos da Juíza Relatora. **(Pedido de Uniformização de Interpretação de Lei (Turma) 5006995-93.2014.4.04.7213, de 19/4/2018, CARMEN ELIZANGELA DIAS MOREIRA DE RESENDE – TURMA NACIONAL DE UNIFORMIZAÇÃO.)**

- PUIL n. 0502911-92.2016.4.05.8502/SE "Ratificada a tese de que **é desnecessária a demonstração de permanência para as atividades exercidas no interior de câmara frigorífica**, com exposição ao frio, na vigência da Lei 9.032/95. (Boletim 21.06.2018)".

15.4. Calor

Já a exposição ocupacional a **temperaturas anormais**, oriundas de **fontes artificiais**, dará ensejo à aposentadoria especial quando:

> I - em ambientes com fonte artificial de calor:
>
> a) até 5 de março de 1997, véspera da publicação do Decreto nº 2.172, de 1997, cumprida alternativamente as condições abaixo, aplicando-se o enquadramento mais favorável ao segurado, quando:
>
> 1. estiver acima de 28°C (vinte e oito) graus Celsius, conforme previsto no quadro Anexo ao Decreto nº 53.831, de 1964, não sendo exigida a medição em Índice de Bulbo Úmido Termômetro de Globo - IBUTG; ou

2. nas atividades previstas no Anexo II do Decreto nº 83.080, de 1979;

b) de 6 de março de 1997, data da publicação do Decreto nº 2.172, de 1997, até 18 de novembro de 2003, véspera da publicação do Decreto nº 4.882, de 2003, estiver em conformidade com o Anexo 3 da NR-15 do MTE, Quadros 1, 2 e 3, atentando para as taxas de metabolismo por tipo de atividade e os limites de tolerância com descanso no próprio local de trabalho ou em ambiente mais ameno; e

c) de 1º de janeiro de 2004 a 10 de dezembro de 2019, véspera da publicação da Portaria SEPT/ME nº 1.359, para o agente físico calor, forem ultrapassados os limites de tolerância definidos no Anexo 3 da NR-15 do MTE anteriores à edição da Portaria SEPT/ME nº 1.359, de 9 de dezembro de 2019, com avaliação segundo as metodologias e os procedimentos adotados pelas NHO-06 da Fundacentro, sendo facultado à empresa a sua utilização a partir de 19 de novembro de 2003, data da publicação do Decreto nº 4.882, de 2003;

II - em ambientes fechados ou ambientes com fonte artificial de calor, a partir de 11 de dezembro de 2019, data da publicação da Portaria SEPT/ME nº 1.359, quando forem ultrapassados os limites de tolerância definidos no Anexo 3 da NR-15 do MTE com a redação dada pela Portaria ME nº 1.359, de 11 de outubro de 2019, com avaliação segundo as metodologias e os procedimentos adotados pelas NHO-06 da Fundacentro.

Eis o posicionamento do INSS na análise de enquadramento do tempo especial por exposição ao **CALOR** com base no Manual de Aposentadoria Especial:

Calor é uma condição de risco de natureza física presente em ambientes de trabalho.

Para a análise de condições especiais de trabalho é necessário ao perito conhecer alguns conceitos referentes a este agente:

I - calor sensível: é aquele transferido por diferença de temperatura;

II - calor latente: é aquele transferido sem a necessidade de diferença de temperaturas entre corpos;

III - calor específico: quantidade de calor que é preciso fornecer a uma determinada substância para que a sua temperatura suba um grau Celsius;

IV - temperatura: é o estado de agitação das partículas de um corpo, caracterizando seu estado térmico. Quanto mais agitadas estiverem essas moléculas, maior será sua temperatura. Quanto menos agitadas essas moléculas, menor será sua temperatura;

V - equilíbrio térmico: é quando o calor passa do objeto com maior temperatura para o de menor até atingir níveis térmicos iguais;

VI - equilíbrio homeotérmico: é a capacidade do organismo de manter a temperatura central do corpo constante;

VII - calor metabólico: é o calor interno gerado pelo organismo devido à atividade celular; e

VIII - sobrecarga térmica: é a quantidade de energia que o organismo deve dissipar para atingir o equilíbrio térmico. Esta energia interna é a combinação do calor gerado pelo metabolismo e da atividade física.

Principais Efeitos do Calor

Para manter a temperatura interna constante, o organismo se utiliza de certos mecanismos, tais como a vasodilatação periférica e a sudorese.

O calor pode produzir reações que vão desde a desidratação progressiva, câimbras, exaustão, até o choque térmico. Pessoas não aclimatadas, isto é, não adaptadas a ambientes mais quentes, são as mais suscetíveis.

Sobrecarga Térmica

É resultante de duas parcelas: uma carga externa (ambiental), resultante das trocas térmicas com o ambiente e outra carga interna (metabólica), resultante da atividade física que o indivíduo exerce.

Trocas secas

I - condução: é a troca térmica que ocorre entre dois corpos de temperaturas diferentes quando em contato, ou que ocorre dentro de um corpo cujas extremidades encontram-se a diferentes temperaturas. No caso do trabalhador, essas trocas são geralmente pequenas, ocorrendo por contato do corpo com ferramentas e superfícies;

II - convecção: é a troca térmica que ocorre entre um corpo e um fluido, ocorrendo movimentação do último por diferença de densidade provocada pelo aumento da temperatura. No caso do trabalhador, essa troca ocorre com o ar à sua volta; e

III - radiação: é a troca térmica entre dois corpos através da natureza eletromagnética que caracteriza a onda de calor.

Trocas úmidas

I - condensação: é proveniente da mudança do estado gasoso de vapor de água contido no ar para o estado líquido; e

II - evaporação: é a proveniente da mudança do estado líquido da água para o estado gasoso (vapor).

As trocas por radiação entre o trabalhador e seu entorno, quando há fontes radiantes severas, são as mais importantes no balanço térmico e podem corresponder a 60% (sessenta por cento) ou mais das trocas.

Para avaliar a sobrecarga térmica que pode estar ocorrendo numa exposição ocupacional tem-se que conhecer as trocas térmicas envolvidas. Entretanto, essa medida direta é difícil ou pouco prática na maioria dos casos. Portanto, na prática, avaliam-se parâmetros existentes no ambiente de trabalho, como:

a) temperatura do ar;

b) velocidade do ar;

c) carga radiante do ambiente;

d) umidade relativa do ar; e

e) metabolismo, avaliado por meio da atividade física da tarefa.

Para chegar-se a um índice de sobrecarga térmica utilizam-se sensores que mensurem, de forma direta ou indireta, as variáveis acima citadas. São eles:

1. Termômetro de Bulbo Seco – Tbs: é um termômetro comum, cujo bulbo fica em contato com o ar;

2. Termômetro de Bulbo Úmido Natural – Tbn: é um termômetro cujo bulbo é recoberto por um pavio hidrófilo o qual tem sua extremidade imersa em água destilada; e

3. Termômetro de Globo – Tg: é um aparato que possui um termômetro (ou sensor equivalente) posicionado no centro de uma esfera oca de cobre de diâmetro de seis polegadas. A esfera é preenchida naturalmente com ar e a abertura é fechada pela rolha do termômetro. A esfera é pintada externamente de preto fosco, um acabamento altamente absorvedor da radiação infravermelha.

O Quadro abaixo correlaciona os princípios sensores utilizados com os parâmetros do ambiente que afetam suas leituras:

SENSOR	PRINCÍPIO	PARÂMETRO DO AMBIENTE QUE AFETA SUA LEITURA	PECULIARIDADES E OBSERVAÇÕES
TERMÔMETRO DE BULBO SECO	Estabiliza com a temperatura do ar que circunda o Bulbo.		Temperatura do ar
TERMÔMETRO DE BULBO ÚMIDO NATURAL	A evaporação da água destilada presente no pavio refrigera o bulbo.	Temperatura do ar Velocidade do ar Umidade relativa do ar	A temperatura do Tbn será sempre menor ou igual à temperatura do termômetro bulbo seco. Será igual quando a umidade relativa do ar for de 100%, pois o ar saturado não admite mais evaporação de água. Sem evaporação, não há redução da temperatura.
TERMÔMETRO DE GLOBO	A absorção da radiação infravermelha aquece o globo, que aquece o ar interno, que aquece o bulbo. Possui um tempo de estabilização de 20 a 30 minutos por essa razão.	Calor radiante no ambiente (fontes radiantes) Temperatura do ar Velocidade do ar	A temperatura de globo será sempre maior que a temperatura de bulbo seco, pois sempre há uma carga radiante no ambiente; quando muito pequena, a diferença pode ser mascarada pela precisão dos sensores, podendo ser numericamente igual. A esfera perde calor por convecção; portanto, seu diâmetro deve ser padronizado.

Avaliação Ambiental

Na mensuração deste agente, o principal indicador é o índice de avaliação de exposição do trabalhador ao calor e não à temperatura ambiental. A aferição da exposição ao calor deve ser realizada através do Índice de Bulbo Úmido Termômetro de Globo – IBUTG, que é a média ponderada no tempo dos diversos valores de IBUTG obtidos em um intervalo de sessenta minutos corridos. As medições devem ser efetuadas no local onde permanece o trabalhador, à altura da região do corpo mais atingida.

O IBUTG para ambientes internos sem carga solar é calculado a partir da medição de duas temperaturas: Tbn e Tg.

IBUTG = 0,7 Tbn + 0,3 Tg.

Para ambientes externos com carga solar, o IBUTG é calculado a partir de três medições: Tbs, Tbn e Tg.

IBUTG = 0,7 Tbn + 0,2 Tg + 0,1 Tbs.

Com o IBUTG obtido, o limite de tolerância é definido conforme o regime de trabalho (contínuo ou intermitente) e o tipo de atividade (leve, moderada ou pesada).

No caso de trabalho intermitente, existem duas possibilidades:

I - regime de trabalho intermitente com períodos de descanso no próprio local; e

II - regime de trabalho intermitente com descanso em outro local.

Nos tempos de descanso são considerados períodos trabalhados para todos os fins legais.

2.4.3.1 Regime de trabalho intermitente com períodos de descanso no próprio local

A avaliação do ponto de trabalho é realizada no mesmo local físico do ponto de descanso. Significa dizer que o trabalhador estará submetido ao mesmo IBUTG enquanto trabalha e enquanto descansa.

Os Limites de Tolerância para exposição ao calor, em regime de trabalho intermitente com períodos de descanso no próprio local de prestação de serviço, encontram-se discriminados no Quadro nº 1 do Anexo 3 da NR-15, considerando o tipo de atividade.

QUADRO Nº 1 DO ANEXO Nº 3 DA NR-15

INSTITUTO NACIONAL DO SEGURO SOCIAL

QUADRO Nº 1 DO ANEXO Nº 3 DA NR-15

REGIME DE TRABALHO/TIPO DE ATIVIDADE INTERMITENTE COM DESCANSO NO PRÓPRIO LOCAL DE TRABALHO (por hora)	TIPO DE ATIVIDADE		
	LEVE	MODERADA	PESADA
Trabalho contínuo	até 30,0	até 26,7	até 25,0
45 minutos trabalho 15 minutos descanso	30,1 a 30,5	26,8 a 28,0	25,1 a 25,9
30 minutos trabalho 30 minutos descanso	30,7 a 31,4	28,1 a 29,4	26,0 a 27,9
15 minutos trabalho 45 minutos descanso	31,5 a 32,2	29,5 a 31,1	28,0 a 30,0
Não é permitido o trabalho, sem a adoção de medidas adequadas de controle.	Acima de 32,2	Acima de 31,1	Acima de 30,0

Regime de Trabalho Intermitente com Descanso em Outro Local

Considera-se como local de descanso, ambiente termicamente mais ameno, com o trabalhador em repouso ou exercendo atividade leve.

Os tempos de trabalho e de descanso devem sempre somar sessenta minutos, devendo ser essa hora a mais crítica da jornada.

O Quadro nº 2 do Anexo 3 da NR-15 fornece o máximo valor do IBUTG médio ponderado admissível correspondente ao metabolismo médio ponderado da situação.

QUADRO Nº 2 do ANEXO Nº 3 DA NR-15

M (Kcal/h)	MÁXIMO IBUTG
175	30,5

M (Kcal/h)	MÁXIMO IBUTG
200	30,0
250	28,5
300	27,5
350	26,5
400	26,0
450	25,5
500	25,0

M (Kcal/h) é a média ponderada para uma hora da taxa de metabolismo.

A determinação dos tipos de atividade por classes ou a quantificação de calor metabólico são dadas pelo Quadro nº 3 do Anexo 3 da NR-15.

QUADRO Nº 3 do ANEXO Nº 3 DA NR-15 - TAXAS DE METABOLISMO POR TIPO DE ATIVIDADE

TIPO DE ATIVIDADE	cal/h
SENTADO EM REPOUSO	100
TRABALHO LEVE Sentado, movimentos moderados com braços e tronco (exemplo: datilografia). Sentado, movimentos moderados com braços e pernas (exemplo: dirigir). De pé, trabalho leve, em máquina ou bancada, principalmente com os braços.	125 150 150
TRABALHO MODERADO Sentado, movimentos vigorosos com braços e pernas. De pé, trabalho leve em máquina ou bancada, com alguma movimentação. De pé, trabalho moderado em máquina ou bancada, com alguma movimentação. Em movimento, trabalho moderado de levantar ou empurrar.	180 175 220 300
TRABALHO PESADO Trabalho intermitente de levantar, empurrar ou arrastar pesos (exemplo: remoção com pá). Trabalho fatigante.	440 550

Análise Técnica do Agente Calor

Na análise de tempo de trabalho exercido em condições especiais, o objetivo é estabelecer critérios e procedimentos para avaliação da exposição ocupacional ao calor que implique sobrecarga térmica ao trabalhador, com consequente risco potencial de dano à sua saúde.

O Anexo do Decreto nº 53.831, de 1964, estabelece como especial a operação em locais com temperatura excessivamente alta, capaz de ser nociva à saúde e proveniente de fontes artificiais.

O Decreto nº 83.080, de 1979, determina como especiais as atividades profissionais na indústria metalúrgica e mecânica (atividades discriminadas nos códigos 2.5.1 e 2.5.2 do Anexo II), na fabricação de vidros e cristais (atividades discriminadas no código 2.5.5 do Anexo II) e na alimentação de caldeiras a vapor, a carvão ou a lenha.

As atividades discriminadas no código 2.5.1 do Anexo II são:

I - Indústrias Metalúrgicas e Mecânicas - aciarias, fundições de ferro e metais não ferrosos, laminações, forneiros, mãos de forno, reservas de forno, fundidores, soldadores, lingoneiros, tenazeiros, caçambeiros, amarradores, dobradores e desbastadores; rebarbadores, esmerilhadores, marteleiros de rebarbação; operadores de tambores rotativos e outras máquinas de rebarbação;

II - operadores de máquinas para fabricação de tubos por centrifugação; e

III - operadores de pontes rolantes ou de equipamentos para transporte de peças e caçambas com metal liquefeito, nos recintos de aciarias, fundições e laminações; operadores nos fornos de recozimento ou de têmpera-recozedores, temperadores.

As atividades discriminadas no código 2.5.2 do Anexo II são:

a) ferrarias, estamparias de metal a quente e caldeiraria - ferreiros, marteleiros, forjadores, estampadores, caldeireiros e prensadores;

b) operadores de forno de recozimento, de têmpera, de cementação, forneiros, recozedores, temperadores, cementadores; e

c) operadores de pontes rolantes ou talha elétrica.

As atividades discriminadas no código 2.5.5 do Anexo II são: fabricação de vidros e cristais – vidreiros operadores de forno, forneiros, sopradores de vidros e cristais; operadores de máquinas de fabricação de vidro plano, sacadores de vidros e cristais, operadores de máquinas de soprar vidros e outros profissionais em trabalhos permanentes nos recintos de fabricação de vidros e cristais.

Como o Decreto nº 611, de 1992, permitiu o enquadramento no Anexo dos Decretos nos 53.831, de 1964, e 83.080, de 1979, aplica-se para o enquadramento o Anexo mais favorável ao segurado.

O Decreto nº 2.172, de 1997, revogado pelo Decreto nº 3.048, de 1999, em seu Anexo IV, item 2.0.4, faz referência a temperaturas anormais, contemplando trabalhos com exposição ao calor acima dos limites de tolerância estabelecidos na NR-15.

A partir da publicação do Decreto nº 4.882, de 2003, que deu nova redação ao Decreto nº 3.048, de 1999, foi instituída a metodologia da Fundacentro - NHO 6 - para avaliação deste agente, mantendo-se os limites de tolerância previstos no Anexo 3 da NR-15.

Exposição:

Até 5 de março de 1997: calor proveniente de fontes artificiais.

Após 5 de março de 1997: temperatura do ambiente de trabalho acima do limite de tolerância estabelecido pela Portaria nº 3.214, de 1978, do MTE.

Avaliação: Quantitativa para todo o período, exceto nas atividades discriminadas no Anexo do Decreto nº 83.080, de 1979, até 5 de março de 1997.

Enquadramento: Até 5 de março de 1997:

I - nas atividades da indústria metalúrgica e mecânica (atividades discriminadas nos códigos 2.5.1 e 2.5.2 do Anexo II do Decreto nº 83.080, de 1979), na fabricação de vidros e cristais (atividades discriminadas no código 2.5.5 do Anexo II do Decreto nº 83.080, de 1979) e na alimentação de caldeiras a vapor, a carvão ou a lenha; ou

II - acima de 28º C, conforme anexo do Decreto nº 53.831, de 1964.

Após 6 de março de 1997: quando ultrapassados os limites de tolerância definidos no Anexo 3 da NR-15.

Demonstração Ambiental: Na análise dos laudos deverão ser respeitadas as normas vigentes à época da emissão destes.

A técnica utilizada para aferição do calor, por períodos, será:

I - até 5 de março de 1997: medições expressas em graus Celsius;

II - de 6 de março de 1997 até 31 de dezembro de 2003: de acordo com o Anexo 3 da NR-15; e

III - após 1º de janeiro de 2004: deverá ser aquela definida pela Fundacentro – NHO 6.

Apesar do Decreto nº 4.882, de 2003, ter estabelecido a utilização da metodologia da NHO da Fundacentro, na prática, o INSS só passou a exigir seu cumprimento a partir de 1º de janeiro de 2004.

Tecnologia de proteção: Deve-se observar se consta informação sobre EPC a partir de 14 de outubro de 1996 e sobre EPI a partir de 3 de dezembro de 1998, não devendo ser considerada a informação sobre EPI para os períodos laborados anteriores a 3 de dezembro de 1998 (data da publicação da MP nº 1.729, de 1998, convertida na Lei nº 9.732, de 1998). Em relação ao EPC deve-se analisar se este confere proteção adequada que elimine a presença do agente nocivo.

Codificação: I - até 5 de março de 1997:

a) utilizar o código 1.1.1 do Anexo do Decreto nº 53.831, de 1964; ou

b) utilizar o código 1.1.1 do Anexo I do Decreto nº 83.080, de 1979, nas atividades descritas nos códigos 2.5.1, 2.5.2 e 2.5.5 do Anexo II do mesmo Decreto.

II - de 6 de março de 1997 a 6 de maio de 1999: utilizar o código 2.0.4 do Anexo IV do Decreto nº 2.172, de 1997; e

III - a partir de 7 de maio de 1999: utilizar o código 2.0.4 do Anexo IV do Decreto nº 3.048, de 1999.

QUADRO 15 - RESUMO PARA ANÁLISE TÉCNICA DO AGENTE NOCIVO CALOR

INSTITUTO NACIONAL DO SEGURO SOCIAL

Em relação ao EPC deve-se analisar se este confere proteção adequada que elimine a presença do agente nocivo.

2.4.1.6 Codificação

I -até 5 de março de 1997:

a)utilizar o código 1.1.1 do Anexo do Decreto nº 53.831, de 1964; ou

b) utilizar o código 1.1.1 do Anexo I do Decreto nº 83.080, de 1979, nas atividades descritas nos códigos 2.5.1, 2.5.2 e 2.5.5 do Anexo II do mesmo Decreto.

II -de 6 de março de 1997 a 6 de maio de 1999: utilizar o código 2.0.4 do Anexo IV do Decreto nº 2.172, de 1997; e

III-a partir de 7 de maio de 1999: utilizar o código 2.0.4 do Anexo IV do Decreto nº 3.048, de 1999.

QUADRO 15-RESUMO PARAANÁLISETÉCNICADOAGENTE NOCIVO CALORPeríodo

Período	Enquadra-mento	Metodologia	Legislação	Demons-trações Ambientais	Equipamento de Proteção	Codificação-Código	Formulários
Até28.4.1995	Acima de 28° C	Informação nãoexigida	Decreto nº53.831, de 1964	Não	Sem obriga-toriedade deinformação	1.1.1	IS nº SSS--501.19/71ISS--132,SB-40DI-SES BE 5235
	Qualitativo	Informação nãoexigida	Decreto nº83.080, de 1979				
De29.4.1995 a 13.10.1996	Acima de 28° C	Informação nãoexigidaIn-formação não	Decretonº53.831, de 1964Decreto nº	Não	Semobriga-toriedade deinformação	Código 1.1.1	DSS-8030
De14.10.1996 a 5.3.1997	QualitativoAci-ma de 28° C	exigidaAferi-çãoem Graus-Celsius	83.080, de 1979Decreto nº53.831, de 1984	LTCAT ou demaisde-monstrações ambientais	Obrigatorieda-de deinforma-ção sobreEPC	Código 1.1.1	DSS-8030
	Qualitativo	Inspeção no ambiente detrabalho	Decreto nº83.080, de 1979				
De 6.3.1997 a 2.12.1998	IBUTG	NR 15Anexo 03	Decreto nº2.172, de 1997;MP nº 1.729, de1998	LTCAT ou demaisde-monstrações ambientais	Obrigatorieda-de deinforma-çãosobreEPC	Código 2.0.4	DSS-8030

Período	**Enquadra-mento**	**Metodologia**	**Legislação**	**Demons-trações Ambientais**	**Equipamento de Proteção**	**Codificação-** Código	**Formulários**
De3.12.1998 a 6.5.1999	IBUTG	NR 15Anexo 03	Decreto nº 2.172, de 1997;Lei nº 9.528, de1997	LTCAT ou demaisde-monstrações ambientais	Obrigatorieda-de deinforma-ção sobre EPC e EPI	Código 2.0.4	DSS-8030
De3.12.1998 a 6.5.1999	IBUTG	NR-15Anexo 03	Decreto nº2.172, de 1997	LTCAT ou demaisde-monstrações ambientais	Obrigatorieda-de deinforma-ção sobreEPC e EPI	Código 2.0.4	DSS-8030DIR-BEN 8030
De 7.5.1999 a 18.11.2003	IBUTG	NR-15 Anexo 03	Decreto nº 3.048, de 1999	LTCAT ou demais de-monstrações ambientais	Obrigatorieda-de de informa-ção sobre EPC e EPI	Código 2.0.4	DSS-8030 DIRBEN 8030
De 19.11.2003 a 31.12.2003	IBUTG	NHO 06 FUNDACEN-TRO	Decreto nº 3.048, de 1999, modificado pelo Decreto nº 4.882, de 2003	LTCAT ou demais de-monstrações ambientais	Obrigatorieda-de de informa-ção sobre EPC e EPI	Código 2.0.4	DIRBEN 8030
A partir de 1.1.2004	IBUTG	NHO 6 FUNDACEN-TRO	Decreto nº 3.048, de 1999, modificado pelo Decreto nº 4.882, de 2003; IN nº 99/ INSS/ DC, de 2003	LTCAT ou demais de-monstrações ambientais se necessário	Obrigatorieda-de de informa-ção sobre EPC e EPI	Código 2.0.4	PPP

A TNU afetou sobre o tema o representativo 323, para avaliar se é necessário para o enquadramento do tempo especial a indicação da taxa de metabolismo média ponderada para uma hora de atividade do segurado (Kcal/h):

<table>
<tr><td>Tema</td><td>323</td><td>Situação do tema</td><td>Em Julgamento</td><td>Ramo do direito</td><td colspan="2">DIREITO PREVIDENCIÁRIO</td></tr>
<tr><td colspan="2">Questão submetida a julgamento</td><td colspan="5">Saber quais informações devem constar no documento técnico para possibilitar o reconhecimento da atividade especial desempenhada com exposição ao agente físico calor, notadamente se é imprescindível a indicação da taxa de metabolismo média ponderada para uma hora de atividade do segurado (Kcal/h)</td></tr>
<tr><td colspan="2">Tese firmada</td><td colspan="5"></td></tr>
<tr><td colspan="2">Processo</td><td>Decisão de afetação</td><td>Relator (a)</td><td>Julgado em</td><td>Acórdão publicado em</td><td>Trânsito em julgado</td></tr>
<tr><td colspan="2">PEDILEF 0510577-41.2020.4.05.8200/PB</td><td>15/03/2023</td><td>Juiz Federal Leonardo Augusto de Almeida Aguiar</td><td></td><td></td><td></td></tr>
</table>

O recorrente é o INSS que argumenta que **a insalubridade decorrente da submissão ao aludido agente físico imprescinde *do cálculo da taxa de metabolismo média ponderada para uma hora, sendo essencial para tanto se saber a soma dos tempos, em minutos, em que o segurado permanece no local de trabalho, bem como a taxa de metabolismo no local de descanso e a soma dos tempos, em minutos, em que se permanece no local de descanso*, citando paradigma** da 7ª Turma Recursal de São Paulo, em foi dada solução diversa à questão de direito material posta no recurso, conforme fundamentos que transcrevo a seguir:

> **"(...) No período em que a parte autora laborou na empresa Vicunha Têxxtil S/A (12/12/1998 a 30/11/2002, esteve exposta a ruídos acima do limite de tolerância, devendo, portanto ser reconhecido como atividade especial. Porém, o período de 01/12/2002 a 14/05/2009 deve ser considerado como comum, tendo em vista que o PPP demonstra a exposição a ruído abaixo do limite de tolerância.**
>
> ***No que se refere à especialidade em razão da submissão da parte autora ao agente físico calor, há de ser observado o Anexo nº 3 da NR 15. Segundo a disciplina constante de tal norma regulamentar, os graus máximos de temperatura, a partir dos quais configura-se a especialidade, são medidos em***

IBUTG (Índice do Bulbo Úmido Termômetro de Globo), que vai da escala de 25,0 a 30,5 IBUTGs.

Ocorre que, para cada medição de IBUTG, a referida norma regulamentar elege, como relação indispensável à configuração da insalubridade, determinada taxa de M(Kcal/h). Assim, por exemplo, a temperatura de 25,0 IBUTG é tida por insalubre se a ela corresponder, por seu turno, 500 M (Kcal/h), onde M é a taxa de metabolismo média ponderada para uma hora, determinada pela fórmulaM=Mt X Tt+Md X Td60.

De logo se vê, portanto, que, de todos os agentes agressivos, talvez seja o calor aquele que maior complexidade reveste, considerando os parâmetros regulamentares acima referidos.

No caso em tela, não há elementos nos documentos trazidos pela parte que informem a relação entre a quantificação de IBUTG e a taxa de M(Kcal/h), o que torna impossível, ante à falta de prova da insalubridade esteada no calor, a consideração deste agente para fins de contagem especial. (...)." *(destacamos)*

Registre-se que a aferição do tempo especial no caso concreto ao agente calor se refere ao seguinte período: **de 10.01.2000 a 03.11.2016** – Bompreço Supermercado Nordeste Ltda. Logo, o primeiro passo é definir os **regimes jurídicos aplicáveis no tempo**. O período está sujeito à duas normatizações no caso concreto afetado:

A) **De 10.01.2000 até a véspera da vigência do Decreto 4.882/2003 (18/11/2003)** pelo Anexo IV, item 2.0.4, que faz referência às temperaturas anormais, contemplando trabalhos com exposição ao calor acima dos limites de tolerância estabelecidos na NR-15/Anexo 3;

B) **De 19/11/2003, data da vigência do Decreto 4.882/2003, até 03.11.2016,** além dos requisitos acima, deve ser observada a metodologia da Fundacentro - NHO 6 - para avaliação deste agente, mantendo-se os limites de tolerância previstos no Anexo 3 da NR-15.

Note-se, no entanto, que a observância da **metodologia da FUNDACENTRO** é facultativa entre 19.11.2003 e 31.12.2003, **tornando-se obrigatória a partir de 01.01.2004**, conforme Instrução Normativa INSS 128/2022:

> *"Subseção V Do Agente prejudicial à saúde Temperaturas Anormais* ***(Redação do artigo dada pela Instrução Normativa INSS Nº 141 DE 06/12/2022):***
>
> *Art. 293. A exposição ocupacional ao calor dará ensejo à caracterização de atividade especial quando:*
>
> *I - em ambientes com fonte artificial de calor:*

a) até 5 de março de 1997, véspera da publicação do Decreto nº 2.172, de 1997, cumprida alternativamente as condições abaixo, aplicando-se o enquadramento mais favorável ao segurado, quando:

1. estiver acima de 28°C (vinte e oito) graus Celsius, conforme previsto no quadro Anexo ao Decreto nº 53.831, de 1964, não sendo exigida a medição em Índice de Bulbo Úmido Termômetro de Globo - IBUTG; ou

2. nas atividades previstas no Anexo II do Decreto nº 83.080, de 1979;

b) de 6 de março de 1997, data da publicação do Decreto nº 2.172, de 1997, até 18 de novembro de 2003, véspera da publicação do Decreto nº 4.882, de 2003, estiver em conformidade com o Anexo 3 da NR-15 do MTE, Quadros 1, 2 e 3, atentando para as taxas de metabolismo por tipo de atividade e os limites de tolerância com descanso no próprio local de trabalho ou em ambiente mais ameno; e

c) de 1º de janeiro de 2004 a 10 de dezembro de 2019, véspera da publicação da Portaria SEPT/ME nº 1.359, para o agente físico calor, forem ultrapassados os limites de tolerância definidos no Anexo 3 da NR-15 do MTE anteriores à edição da Portaria SEPT/ME nº 1.359, de 9 de dezembro de 2019, ***com avaliação segundo as metodologias e os procedimentos adotados pelas NHO-06 da Fundacentro, sendo facultado à empresa a sua utilização a partir de 19 de novembro de 2003, data da publicação do Decreto nº 4.882, de 2003;***

II - em ambientes fechados ou ambientes com fonte artificial de calor, a partir de 11 de dezembro de 2019, data da publicação da Portaria SEPT/ME nº 1.359, quando forem ultrapassados os limites de tolerância definidos no Anexo 3 da NR-15 do MTE com a redação dada pela Portaria ME nº 1.359, de 11 de outubro de 2019, com avaliação segundo as metodologias e os procedimentos adotados pelas NHO-06 da Fundacentro.

Parágrafo único. Considerando o disposto no item 2 da parte que trata dos Limites de Tolerância para Exposição ao Calor, em Regime de Trabalho Intermitente com Períodos de Descanso no Próprio Local de Prestação de Serviço, do Anexo 3 da NR-15 do MTP e no art. 253 da CLT, os períodos de descanso são considerados tempo de serviço para todos os efeitos legais".

Logo, a contar de 01.01.2004, a avaliação quantitativa do calor deverá ser realizada com base na metodologia e procedimentos descritos na Norma de Higiene Ocupacional NHO 06 (2ª edição – 2017) da FUNDACENTRO nos seguintes aspectos:

a) determinação de sobrecarga térmica por meio do índice IBUTG - Índice de Bulbo Úmido Termômetro de Globo;

b) equipamentos de medição e formas de montagem, posicionamento e procedimentos de uso dos mesmos nos locais avaliados;

c) procedimentos quanto à conduta do avaliador; e

d) medições e cálculos.

Conforme item 2.2 do Anexo III da NR 15, a "**taxa metabólica deve ser estimada** com base na comparação da atividade realizada pelo trabalhador com as opções apresentadas no Quadro 2 deste Anexo". Ademais, "caso uma atividade específica não esteja apresentada no Quadro 2 deste Anexo, **o valor da taxa metabólica deverá** ser obtido por associação com atividade similar do referido Quadro" (item 2.2.1).

Outrossim, nos termos do item 2.3 do Anexo III da NR 15 "são caracterizadas como **insalubres** as atividades ou operações realizadas em ambientes fechados ou ambientes com fonte artificial de **calor sempre que o IBUTG (médio) medido ultrapassar** os limites de exposição ocupacional estabelecidos com base no Índice de Bulbo Úmido Termômetro de Globo apresentados no Quadro 1 ( ) e **determinados a partir da taxa metabólica das atividades**, apresentadas no Quadro 2, ambos deste anexo".

Conforme item 2.4, "o Índice de Bulbo Úmido Termômetro de Globo Médio e a Taxa Metabólica Média, a serem considerados na avaliação da exposição ao calor, devem ser aqueles que, obtidos no período de **60 (sessenta) minutos corridos**, resultem na condição mais crítica de exposição".

Dessa forma, conclui-se **que a obtenção da taxa metabólica das atividades no caso concreto é imprescindível para a aferição do tempo especial pela exposição ao agente calor, pois o IBUTG MÉDIO é determinado após a definição da taxa metabólica das atividades no caso concreto,** devendo o LTCAT tomar por base o Quadro 2 do Anexo III da NR 15, pois sem a sua indicação não é possível aferir no caso concreto a nocividade da exposição ao calor.

Embora o artigo 293 da IN INSS 128/2022, alterado pela IN INSS 141/2022, só considere fontes artificiais de calor para a configuração do tempo especial, observada a NR-15 (anexo III) para o atual enquadramento, a TNU estendeu o reconhecimento para fontes naturais, conforme notícia publicada no site da Justiça Federal em setembro de 2017:

> **O trabalho exposto a fonte natural de calor tem natureza especial**, conforme definiu a Turma Nacional de Uniformização dos Juizados Especiais Federais (TNU). Na última sessão de julgamento, no dia 30 de agosto, o órgão entendeu que depois do Decreto 2.172/97 se tornou possível o reconhecimento das condições especiais do trabalho exercido sob exposição ao calor proveniente de fontes naturais, de forma habitual e permanente.
>
> Essa exposição acontece se comprovada a superação dos patamares estabelecidos no Anexo 3 da Norma Regulamentadora 15, do Ministério do Trabalho e Emprego, calculado pelo Índice de Bulbo Úmido – Termômetro de Globo

(IBUTG), de acordo com a fórmula prevista para ambientes externos com carga solar.

A discussão, iniciada pelo voto da juíza Gisele Chaves Sampaio Alcântara num pedido de uniformização de interpretação de lei federal (Pedilef), foi retomada pelo colegiado no voto-vista do juiz federal Fábio Cesar dos Santos Oliveira, acompanhado pela maioria, no recurso do INSS.

A entidade de seguridade social foi à Justiça contra acórdão da Segunda Turma Recursal de Pernambuco, que havia reconhecido como especial o intervalo em que a parte autora, na função de trabalhador rural, exerceu atividade em uma empresa agroindustrial, por enquadramento à categoria profissional, em período anterior ao advento da Lei 9.032/95 e o período em que a parte autora exerceu atividade exposta a calor proveniente de fontes naturais, após 05/03/97.

O magistrado acolheu parcialmente os argumentos da autarquia previdenciária para que a especialidade do trabalho só possa ser reconhecida se ficar demonstrada que a exposição do trabalhador a **fonte natural de calor foi habitual e permanente.**

"Entendo assistir razão à autarquia no que concerne à necessidade de a exposição ao calor, por fonte natural, ser habitual e permanente, a partir de 29/04/1995, de acordo com o disposto pelo art. 57, §3º, da Lei n. 8.213/91, com a redação que lhe foi conferida pela Lei n. 9.032/95", disse ele.

De acordo com Fábio Cesar dos Santos Oliveira, "a intermitência da incidência da radiação solar não implica a impossibilidade de o calor, nessa hipótese, ser agente nocivo para o trabalhador que esteja em situação de sobrecarga térmica, pois os efeitos prejudiciais à saúde podem perdurar em períodos de insolação menos intensa". O juiz federal também destacou que "o escopo técnico dessa mensuração, para a qual concorrem as variáveis presentes no ambiente de trabalho, pode ser balizada pela média da exposição ou nas medições feitas em períodos de maior intensidade, o que não se opõe à exigência de habitualidade e permanência, a qual é apenas contraposta à situação em que calor seja fator de risco ocasional ou estranho à rotina do trabalhado desenvolvido".

O entendimento adotado foi em sentido contrário ao do relator do caso, juiz federal Márcio Rached Millani, que conhecia e dava provimento ao recurso para firmar a tese no sentido de que, "no que se refere ao agente agressivo calor, apenas as fontes artificiais ensejam o reconhecimento de tempo especial".

Após fixar a tese, nos termos do voto divergente, a Turma Nacional determinou o retorno dos autos à Turma Recursal de Pernambuco, nos termos da Questão de Ordem n. 20 da TNU, para a que se proceda novo julgamento. *Com informações da Assessoria de Imprensa do TRF-4.* **Pedilef 0501218-13.2015.4.05.8307**

De efeito, "a TNU firmou a tese no sentido de que a medição da exposição nociva ao agente físico CALOR a partir de 6/3/1997 não prescinde da aplicação da fórmula relativa ao índice IBUTG, nos termos preconizados no Anexo 3 da NR-15 (Portaria MTb n.º 3.214, de 08 de junho de 1978)" (PUIL n. 0500887-29.2018.4.05.8500/SE/2019).

Ainda de acordo com a TNU, "a qualificação da atividade como leve, moderada ou pesada, para fins de definição dos limites de tolerância da exposição a calor no trabalho intermitente com períodos de descanso no próprio local de trabalho, não pode ser feita a partir da utilização de máximas de experiência, se o PPP apura a taxa metabólica em conformidade com o Quadro 3, do Anexo III, da NR-15" (PUIL n. 0502467-23.2020.4.05.8307 / PE, de 15/09/2022).

Registre-se que tivemos alteração do enquadramento do agente nocivo "calor", através da **Portaria ME nº 1.359, de 09 de dezembro de 2019**, que modificou o Anexo III da NR 15, alterando os limites de tolerância e a metodologia de avaliação do agente nocivo calor, bem como excluiu a possibilidade de enquadramento no caso de atividades desenvolvidas expostas ao calor natural a céu aberto, atualizando-a à luz da NHO 6 da FUNDACENTRO.

Antes da vigência da Portaria ME nº 1.359, de 09 de dezembro de 2019, inexistia a exclusão no Anexo III da NR 15 do enquadramento do calor como tempo especial por fontes a céu aberto, sendo, sem dúvida, neste ponto, uma inovação que restringiu a concessão da aposentadoria especial.

No mesmo sentido o **Anexo IV do Decreto 3.048/99:**

2.0.4	TEMPERATURAS ANORMAIS a) trabalhos com exposição ao calor acima dos limites de tolerância estabelecidos na NR-15, da Portaria nº 3.214/78.	25 ANOS

Não obstante isto, **mesmo antes do advento da Portaria ME nº 1.359/2019, a revogada Instrução Normativa INSS 77/2015 já excluía a fonte natural de calor para o enquadramento do tempo especial ao prever somente as fontes artificiais de calor**, regra mantida na IN INSS 128/2022.

Trata-se de restrição que já existia na IN INSS 20/2007 (art. 181) e na IN INSS 45/2010 (art. 240), não se tratando de inovação da IN INSS 77/2015 ou 128/2022.

Somente existia restrição expressa ao enquadramento do tempo especial pelo calor às fontes artificiais antes do advento do Decreto 2.172/97. Dessa forma, o **ponto controvertido** é o interregno entre a vigência do Decreto 2.172/97 à Portaria ME nº 1.359/2019.

Dessa forma, neste ponto, nota-se que a Portaria ME nº 1.359/2019 veio se alinhar ao artigo 281, *caput*, da Instrução Normativa INSS 128/2022, que somente enquadra o calor como tempo especial na situação de fonte artificial de calor, e não de fonte natural.

Considerando que o inciso III do artigo 293 da IN INSS 128/2022 é uma norma previdenciária em branco, pois remete o enquadramento da especialidade da exposição à fonte artificial de calor como tempo especial ao Anexo III da NR 15 (limites de tolerância) e à NHO 6 FUNDACENTRO (metodologia), **entende-se que este dispositivo não depende de atualização para se alinhar à Portaria ME nº 1.359/2019 na atualidade.**

É certo que historicamente a Previdência Social prestigia a aplicação do Princípio do *Tempus Regit Actum* à regência de tempo de contribuição, quer comum, quer especial. Nesse sentido, nem mesmo alterações de padrões de especialidade mais favoráveis ao segurado tiveram aplicação retroativa.

A questão é saber se a exigência do artigo 293, *caput*, da Instrução Normativa INSS 128/2022, que somente enquadra o calor como tempo especial na situação de fonte artificial de calor, e não de fonte natural, é válida para o período anterior à vigência Portaria ME nº 1.359/2019 e posterior ao Decreto 2.172/1997, considerando que não há essa restrição expressa no Anexo IV do Decreto 3.048/99, item 2.0.4.

O posicionamento restritivo da Autarquia deve ser lastrear na permanência, considerando que a variabilidade climática e dificuldades de aferição podem impedir o enquadramento da especialidade por exposição ao calor a céu aberto.

Ademais, configuração de "temperaturas anormais" indicada no item 2.0.4 do Anexo IV do Decreto 3.048/99 pode se mostrar incompatível com as fontes naturais de calor, sendo o conceito de anormalidade inerente às fontes artificiais de calor.

No mesmo sentido do INSS, a **FUNDACENTRO**, conforme conclusão exarada no **DESPACHO Nº 42/2021/PRES**:

> *"I – O entendimento técnico da FUNDACENTRO corrobora a visão que o INSS e a AGU têm sobre o tema do agente nocivo calor, no sentido de apenas ser possível o enquadramento do período de trabalho em que há exposição a fontes artificiais de calor, desde que ultrapassados os limites ocupacionais previstos em cada período (28 graus celsius até 04/03/1997; limites ocupacionais da NR nº 15 após essa data, vigentes para cada período);*
>
> ***II – A alteração da NR15 pela Portaria nº 1.359/2019 e o seu fundamento técnico não altera esse entendimento, devendo ser mantido, para todo o período anterior à 11/12/2019**, o enquadramento como trabalho em condições*

especiais apenas em casos de exposição a fontes artificiais de calor acima dos limites ocupacionais vigentes em cada período;

III – A alteração da NR15 pela Portaria nº 1.359/2019 deve ser avaliada pela SPREV, pois há fundamento técnico para avaliação da pertinência de ajuste no item específico do Decreto nº 3.048/1999, no que se refere aos ambientes fechados sem fontes artificiais de calor, mesmo que para expressamente excluir essa possibilidade da norma, trazendo clareza sobre os efeitos da alteração promovida pela Portaria nº 1.359/2019 e evitando insegurança jurídica e a judicialização do tema;

IV – Além dos aspectos jurídicos envolvidos, é tecnicamente equivocado aplicar novos entendimentos sobre agentes e novos limites ocupacionais para fatos anteriores às mudanças normativas, já que é da natureza do conhecimento científico o avanço gradual e contínuo. Mudanças de entendimentos com efeitos retroativos podem prejudicar e dificultar novos estudos e aperfeiçoamento de normas protetivas pelos impactos econômicos que provocam para os agentes sociais e para o Estado, além da própria insegurança jurídica".

Ademais, desde a vigência da **Portaria ME nº 1.359, de 09 de dezembro de 2019,** se admite o tempo especial em **ambiente fechado por fonte natural de calor**, conforme interpretação dos seguintes dispositivos da citada alteração do Anexo III da NR 15:

"3.1.2 Para os ambientes fechados ou com fontes artificiais de calor, além do contido no item 3.1.1, o empregador deverá fornecer vestimentas de trabalho adaptadas ao tipo de exposição e à natureza da atividade.

1. Objetivos

1.1 O objetivo deste Anexo é estabelecer critério para caracterizar as atividades ou operações insalubres decorrentes da exposição ocupacional ao calor em ambientes fechados ou ambientes com fonte artificial de calor.

Este Anexo não se aplica a atividades ocupacionais realizadas a céu aberto sem fonte artificial de calor.

2.3 São caracterizadas como insalubres as atividades ou operações realizadas em ambientes fechados ou ambientes com fonte artificial de calor sempre que o IBUTG (médio) medido ultrapassar os limites de exposição ocupacional estabelecidos com base no Índice de Bulbo Úmido Termômetro de Globo apresentados no Quadro 1 (¯(IBUTG_MÁX) e determinados a partir da taxa metabólica das atividades, apresentadas no Quadro 2, ambos deste Anexo".

Nesse sentido, o artigo 293 da IN INSS 128/2022 foi alterado pela IN INSS 141/2022:

"Subseção V

Do Agente prejudicial à saúde Temperaturas Anormais

> *"Art. 293. A exposição ocupacional ao calor dará ensejo à caracterização de atividade especial quando: ...*
>
> ***II - em ambientes fechados ou ambientes com fonte artificial de calor, a partir de 11 de dezembro de 2019, data da publicação da Portaria SEPT/ME nº 1.359, quando forem ultrapassados os limites de tolerância definidos no Anexo 3 da NR-15 do MTE com a redação dada pela Portaria ME nº 1.359, de 11 de outubro de 2019, com avaliação segundo as metodologias e os procedimentos adotados pelas NHO-06 da Fundacentro".***

Registre-se ainda que o tema não foi julgado pelo STJ, estando em aberto judicialmente. Existem decisões, a exemplo da TNU (**Pedilef 0501218-13.2015.4.05.8307**), admitindo o calor como tempo especial para fontes naturais a partir da vigência do Decreto 2.172/97.

Não obstante isso, existe também jurisprudência favorável à posição da Autarquia, a exemplo desta decisão do TRF da 3ª Região:

> Tipo
>
> Acórdão
>
> Número
>
> 0020426-57.2018.4.03.9999 ..PROCESSO_ANTIGO: ..PROCESSO_ANTIGO_FORMATADO: 00204265720184039999
>
> Classe
>
> APELAÇÃO CÍVEL ..SIGLA_CLASSE: ApCiv
>
> Relator(a)
>
> Desembargador Federal CARLOS EDUARDO DELGADO
>
> Relator para Acórdão
>
> ..RELATORC:
>
> Origem
>
> TRF – TERCEIRA REGIÃO
>
> Órgão julgador
>
> 7ª Turma
>
> Data
>
> 24/06/2021
>
> Data da publicação
>
> 02/07/2021
>
> Fonte da publicação
>
> Intimação via sistema DATA: 02/07/2021 ..FONTE_PUBLICACAO1: ..FONTE_PUBLICACAO2: ..FONTE_PUBLICACAO3:
>
> Ementa

EMENTA PROCESSUAL CIVIL. PREVIDENCIÁRIO. APOSENTADORIA ESPECIAL OU POR TEMPO DE CONTRIBUIÇÃO. ATIVIDADE ESPECIAL. CALOR. RADIAÇÃO NÃO IONIZANTE. FONTE NATURAL. NÃO RECONHECIMENTO. APELAÇÃO DA PARTE AUTORA DESPROVIDA. 1 – O pedido formulado pela parte autora encontra previsão legal, especificamente na Lei de Benefícios. Assim, devidamente inserido no Sistema Previdenciário, não há que se falar em ausência de custeio, desde que preenchidos os requisitos previstos na vasta legislação aplicável à matéria. 2 – Com relação ao reconhecimento da atividade exercida como especial e em obediência ao aforismo tempus regit actum, uma vez prestado o serviço sob a égide de legislação que o ampara, o segurado adquire o direito à contagem como tal, bem como à comprovação das condições de trabalho na forma então exigida, não se aplicando retroativamente lei nova que venha a estabelecer restrições à admissão do tempo de serviço especial. 3 – Em período anterior à da edição da Lei nº 9.032/95, a aposentadoria especial e a conversão do tempo trabalhado em atividades especiais eram concedidas em virtude da categoria profissional, conforme a classificação inserta no Anexo do Decreto nº 53.831, de 25 de março de 1964, e nos Anexos I e II do Decreto nº 83.080, de 24 de janeiro de 1979, ratificados pelo art. 292 do Decreto nº 611, de 21 de julho de 1992, o qual regulamentou, inicialmente, a Lei de Benefícios, preconizando a desnecessidade de laudo técnico da efetiva exposição aos agentes agressivos, exceto para ruído e calor. 4 – A Lei nº 9.032, de 29 de abril de 1995, deu nova redação ao art. 57 da Lei de Benefícios, alterando substancialmente o seu §4º, passando a exigir a demonstração da efetiva exposição do segurado aos agentes nocivos, químicos, físicos e biológicos, de forma habitual e permanente, sendo suficiente a apresentação de formulário-padrão fornecido pela empresa. A partir de então, retirou-se do ordenamento jurídico a possibilidade do mero enquadramento da atividade do segurado em categoria profissional considerada especial, mantendo, contudo, a possibilidade de conversão do tempo de trabalho comum em especial. Precedentes do STJ. 5 – Em suma: (a) até 28/04/1995, é possível a qualificação da atividade laboral pela categoria profissional ou pela comprovação da exposição a agente nocivo, por qualquer modalidade de prova; (b) a partir de 29/04/1995, é defeso reconhecer o tempo especial em razão de ocupação profissional, sendo necessário comprovar a exposição efetiva a agente nocivo, habitual e permanentemente, por meio de formulário-padrão fornecido pela empresa; (c) a partir de 06/03/1997, a aferição da exposição aos agentes pressupõe a existência de laudo técnico de condições ambientais, elaborado por profissional apto ou por perfil profissiográfico previdenciário (PPP), preenchido com informações extraídas de laudo técnico e com indicação dos profissionais responsáveis pelos registros ambientais ou pela monitoração biológica, que constitui instrumento hábil para a avaliação das condições laborais. 6 – Saliente-se, por oportuno, que a permanência não pressupõe a exposição contínua ao agente nocivo durante toda a jornada de trabalho, guardando relação com a atividade desempenhada pelo trabalhador. Pacífica a jurisprudência no sentido de ser dispensável a comprovação dos requisitos de habitualidade e permanência à exposição ao agente nocivo para atividades enquadradas como especiais até a edição da Lei nº 9.032/95, visto que não havia tal exigência na legislação anterior. 7 – Especificamente quanto ao reconhecimento da exposição ao agente nocivo ruído, por demandar avaliação técnica, nunca prescindiu do laudo de condições ambientais. 8 – Considera-se insalubre a exposição ao agente ruído acima de 80dB, até 05/03/1997; acima de 90dB, no período de 06/03/1997 a 18/11/2003; e superior a 85 dB, a partir de 19/11/2003. 9 – O Perfil Profissiográfico Previdenciário (PPP), instituído pela Lei nº 9.528/97, emitido com base nos registros ambientais e com referência ao responsável técnico por sua aferição, substitui, para todos os efeitos, o laudo pericial técnico, quanto à comprovação de tempo laborado em condições especiais. 10 – Saliente-se ser desnecessário que o laudo técnico seja contemporâneo ao período em que exercida a atividade insalubre. Precedentes deste E. TRF 3ª Região. 11 – A desqualificação em decorrência do uso de EPI vincula-se à prova da efetiva neutralização do agente, sendo que a mera redução de riscos e a dúvida sobre a eficácia do equipamento não infirmam o cômputo diferenciado. Cabe ressaltar, também, que a tese consagrada pelo C. STF excepcionou o tratamento conferido ao agente agressivo ruído, que, ainda que integralmente neutralizado, evidencia o trabalho em condições especiais. 12 – É possível a conversão do tempo especial em comum, independentemente da data do exercício da atividade especial, consoante o disposto nos arts. 28 da Lei nº 9.711/98 e 57, § 5º, da Lei nº 8.213/91. 13 – O fator de conversão a ser aplicado é o 1,40, nos termos do art. 70 do Decreto nº 3.048/99, conforme orientação sedimentada no E. Superior Tribunal de Justiça. **14 – Controvertida, na demanda, a especialidade dos períodos de 01/04/1985 a 15/02/1991 e de 06/08/1993 a 31/12/2003.** 15 – A fim de verificar as condições de trabalho do autor nos referidos interstícios, trabalhados na "Nardini Agroindustrial Ltda", como engenheiro agrimensor, foi produzia prova técnica, que informou a sujeição ao **calor de 30,2ºC** e radiação não ionizante, decorrentes do "sol/trabalho a céu aberto" (ID 95127213 – Págs. 166 e 172), **o que não se amolda às hipóteses dos itens 1.1.1 e 1.1.4 do Decreto nº 53.831/64, que exigem submissão à calor e radiação oriundas de fonte artificial**. 16 – Desta forma, indevido o reconhecimento da especialidade dos interstícios, da forma decidida na sentença. 17 – Majoração dos honorários advocatícios nos termos do artigo 85, §11, CPC, respeitados os limites dos §§2º e 3º do mesmo artigo. 18 – Apelação da parte autora desprovida.

15.5. Umidade

Eis o posicionamento do INSS na análise de enquadramento do tempo especial por exposição à **UMIDADE** com base no Manual de Aposentadoria Especial:

A ACGIH e outras normas internacionais não consideram umidade como agente nocivo. No Brasil, a umidade somente está prevista na NR-15, mais precisamente no Anexo 10, estabelecendo que as atividades ou operações executadas em locais alagados ou encharcados, com umidade excessiva, capazes de produzir danos à saúde dos trabalhadores, são consideradas insalubres mediante laudo de inspeção realizada no local de trabalho.

O Decreto nº 53.831, de 1964, estabeleceu como atividades especiais as operações em locais com umidade excessiva, em contato direto e permanente com água, capazes de serem nocivas à saúde e proveniente de fontes artificiais.

O Decreto nº 83.080, de 1979, excluiu este agente para fins de aposentadoria especial. Como o Decreto nº 611, de 1992, validou o Anexo do Decreto nº 53.831, de 1964, a umidade permaneceu como condição especial de trabalho até 5 de março de 1997, haja vista que em 6 de março de 1997 foi publicado o Decreto nº 2.172, de 1997, quando este agente foi excluído definitivamente para fins de enquadramento de tempo especial.

Exposição: Identificar a fonte artificial de umidade.

Avaliação: Qualitativa.

Enquadramento: Trabalhos em contato direto e permanente com água.

Demonstrações ambientais: Exigido LTCAT ou outras demonstrações ambientais a partir de 14 de outubro de 1996.

Tecnologia de proteção: Deve-se observar se consta informação sobre EPC a partir de 14 de outubro de 1996. Não deve ser considerada a informação do uso do EPI para os períodos laborados anteriores a 3 de dezembro de 1998 (data da publicação da MP nº 1.729, de 1998, convertida na Lei nº 9.732, de 1998).

Codificação: Até 5 de março de 1997, código 1.1.3 do Anexo do Decreto nº 53.831, de 1964.

QUADRO 14 - RESUMO PARA ANÁLISE TÉCNICA DO AGENTE NOCIVO UMIDADE

Perí7odo	Enquadramento	Metodologia	Legislação	Demonstrações Ambientais	Equipamento de Proteção	Codificação	Formulário
Até 28.4.1995	Qualitativo	Informação não exigida	Decreto nº 53.831, de 1964	Não	Sem obrigatoriedade de informação	Código 1.1.3	IS nº SSS-501.19/71 ISS-132, SB-40 DISES BE 5235
De 29.4.1995 a 13.10.1996	Qualitativo	Informação não exigida	Decreto nº 53.831, de 1964	Não	Sem obrigatoriedade de informação	Código 1.1.3	DSS-8030
De 14.10.1996 a 5.3.1997	Qualitativo	Inspeção no ambiente de trabalho	Decreto nº 53.831, de 1964; MP nº 1.523, de 1996	LTCAT ou demais demonstrações ambientais.	Obrigatoriedade de informação sobre EPC	Código 1.1.3	DSS-8030

No entanto, considerando a posição do STJ sobre o rol exemplificativo dos agentes nocivos do RPS, **a TNU enquadra a umidade após 05/03/1997:**

Tipo

Acórdão

Precedente Relevante

Número

0002502-96.2014.4.01.3801

00025029620144013801

Classe

Pedido de Uniformização de Interpretação de Lei (Turma)

Relator(a)

LEONARDO AUGUSTO DE ALMEIDA AGUIAR

Origem

TNU

Órgão julgador

TURMA NACIONAL DE UNIFORMIZAÇÃO

Data

07/02/2024

Data da publicação

16/02/2024

Fonte da publicação

16/02/2024

Ementa

PEDIDO NACIONAL DE UNIFORMIZAÇÃO DE JURISPRUDÊNCIA. APOSENTADORIA ESPECIAL. LAVADOR. EXPOSIÇÃO **A UMIDADE EXCESSIVA. RECONHECIMENTO DA ESPECIALIDADE DO LABOR PARA PERÍODOS POSTERIORES A 05/03/1997. POSSIBILIDADE. CARATER EXEMPLIFICATIVO DO ROL DOS DECRETOS 2.172/97 E 3.048/99. PRECEDENTES DA TNU**. RECURSO DESPROVIDO. **FIXAÇÃO DE TESE: É POSSÍVEL O RECONHECIMENTO COMO ESPECIAL DE PERÍODO LABORADO COM EXPOSIÇÃO AO AGENTE UMIDADE, APÓS 05/03/1997, PARA FINS DE CONCESSÃO DE APOSENTADORIA ESPECIAL.**

15.6. Pressão Atmosférica Anormal

Dará ensejo ao enquadramento nas atividades descritas conforme determinado no código 2.0.5 do Anexo IV do RPS:

2.0.5	PRESSÃO ATMOSFÉRICA ANORMAL a) trabalhos em caixões ou câmaras hiperbáricas; b) trabalhos em tubulões ou túneis sob ar comprimido; c) operações de mergulho com o uso de escafandros ou outros equipamentos.	25 ANOS

Eis o posicionamento do INSS na análise de enquadramento do tempo especial por exposição à **PRESSÃO ATMOSFÉRICA ANORMAL** com base no Manual de Aposentadoria Especial:

Na legislação previdenciária é considerado especial o trabalho sob condições hiperbáricas (o trabalho sob ar comprimido e submerso), e sob condições hipobáricas, nas atividades em grandes altitudes.

Os trabalhos sob ar comprimido são os efetuados em ambientes onde o trabalhador é obrigado a suportar pressões maiores que a atmosférica e onde se exige cuidadosa descompressão.

Algumas definições são importantes para análise das atividades em ar comprimido:

I - câmara de trabalho: é o espaço ou compartimento sob ar comprimido, no interior da qual o trabalho é realizado;

II - câmara de recompressão: é uma câmara que, independentemente da câmara de trabalho, é usada para tratamento de indivíduos que adquirem doença descompressiva ou embolia e é diretamente supervisionada por médico qualificado;

III - campânula: é uma câmara através da qual o trabalhador passa do ar livre para a câmara de trabalho do tubulão e vice-versa;

IV - eclusa de pessoal: é uma câmara através da qual o trabalhador passa do ar livre para a câmara de trabalho do túnel e vice-versa;

V - período de trabalho: é o tempo durante o qual o trabalhador fica submetido a pressão maior que a do ar atmosférico, excluindo-se o período de descompressão;

VI - pressão de trabalho: é a maior pressão de ar a qual é submetido o trabalhador no tubulão ou túnel durante o período de trabalho;

VII - túnel pressurizado: é uma escavação, abaixo da superfície do solo, cujo maior eixo faz um ângulo não superior a 45º (quarenta e cinco graus) com a horizontal, fechado nas duas extremidades, em cujo interior haja pressão superior a uma atmosfera; e

VIII - tubulão de ar comprimido: é uma estrutura vertical que se estende abaixo da superfície da água ou solo, através da qual os trabalhadores devem descer, entrando pela campânula, para uma pressão maior que atmosférica. A atmosfera pressurizada opõe-se à pressão da água e permite que os homens trabalhem em seu interior.

De acordo com o Anexo 6 da NR-15, o trabalhador não poderá sofrer mais que uma compressão num período de 24 (vinte e quatro) horas. Ademais, durante o transcorrer dos trabalhos sob ar comprimido, nenhuma pessoa poderá ser exposta a pressão superior a 3,4 kgf/cm2, exceto em caso de emergência ou durante tratamento em câmara de recompressão, sob supervisão direta do médico responsável.

Ainda de acordo com o Anexo acima referido, a duração do período de trabalho sob ar comprimido não poderá ser superior a oito horas, em pressões de trabalho de 0 a 1,0 kgf/cm2; a seis horas em pressões de trabalho de 1,1 a 2,5 kgf/cm2; e a quatro horas, em pressão de trabalho de 2,6 a 3,4 kgf/cm2.

Após a descompressão, os trabalhadores serão obrigados a permanecer, no mínimo, por duas horas no canteiro de obra, cumprindo um período de observação médica.

Ainda de acordo com o Anexo 6 da NR-15, trabalho submerso é qualquer trabalho realizado ou conduzido por um mergulhador em meio líquido.

Algumas definições são importantes para a análise de trabalho submerso, tais como:

a) águas abrigadas: toda massa líquida que, pela existência de proteção natural ou artificial, não estiver sujeita ao embate de ondas, nem correntezas superiores a um nó;

b) câmara hiperbárica: vaso de pressão especialmente projetado para a ocupação humana, no qual os ocupantes podem ser submetidos a condições hiperbáricas;

c) câmara de superfície: câmara hiperbárica especialmente projetada para ser utilizada na descompressão dos mergulhadores, requerida pela operação ou pelo tratamento hiperbárico;

d) câmara submersível de pressão atmosférica: câmara resistente à pressão externa, especialmente projetada para uso submerso, na qual os seus ocupantes permanecem submetidos à pressão atmosférica;

e) câmara terapêutica: câmara de superfície destinada exclusivamente ao tratamento hiperbárico;

f) descompressão: conjunto de procedimentos através do qual um mergulhador elimina do seu organismo o excesso de gases inertes absorvidos durante determinadas condições hiperbáricas, sendo tais procedimentos absolutamente necessários, no seu retorno à pressão atmosférica para a preservação da sua integridade física;

g) equipamento autônomo de mergulho: aquele em que o suprimento de mistura respiratória é levado pelo próprio mergulhador e utilizado como sua única fonte;

h) linha de vida: um cabo, manobrado do local de onde é conduzido o mergulho que, conectado ao mergulhador, permite recuperá-lo e içá-lo da água, com seu equipamento;

i) sino aberto: campânula com a parte inferior aberta e provida de estrado, de modo a abrigar e permitir o transporte de, no mínimo, dois mergulhadores, da superfície ao local de trabalho, devendo possuir sistema próprio de comunicação, suprimento de gases de emergência e vigias que permitam a observação de seu exterior;

j) sino de mergulho: uma câmara hiperbárica, especialmente projetada para ser utilizada em trabalhos submersos;

k) técnicas de saturação: os procedimentos pelos quais um mergulhador evita repetidas descompressões para a pressão atmosférica, permanecendo submetido à pressão ambiente maior que aquela, de tal forma que seu organismo se mantenha saturado com os gases inertes das misturas respiratórias; e

l) umbilical: o conjunto de linha de vida, mangueira de suprimento respiratório e outros componentes que se façam necessários à execução segura do mergulho, de acordo com a sua complexidade.

As atividades realizadas em condição hipobárica são aquelas desenvolvidas em grandes altitudes, com a pressão menor que a pressão atmosférica.

A faixa de compensação encontra-se entre 2 a 4 mil metros de altitude; a faixa de perturbação entre 4 a 6,5 mil metros de altitude; e a faixa crítica acima de 6,5 mil metros de altitude.

O Decreto nº 53.831, de 1964, classifica como nocivo o trabalho em ambiente com alta e baixa pressão, enquanto que os Decretos nos 83.080, de 1979, 2.172, de 1997, e 3.048, de 1999, só consideram as situações hiperbáricas.

Exposição: Trabalhos em condições hipobáricas ou hiperbáricas.

Avaliação: Qualitativa em qualquer período

Enquadramento: Até 5 de março de 1997 deve-se aplicar o Decreto nº 53.831, de 1964, para atividades hipobáricas. Para as atividades hiperbáricas pode-se utilizar tanto o Decreto nº 53.831, de 1964, quanto o Decreto nº 83.080, de 1979. A partir de 6 de março de 1997, deve-se aplicar o Decreto nº 2.172, de 1997, até 6 de maio de 1999, e o Decreto nº 3.048, de 1999, a partir de 7 de maio de 1999, ambos apenas para atividades hiperbáricas.

Tempo de trabalho necessário para enquadramento até 5 de março de 1997: O enquadramento pelo Decreto nº 53.831, de 1964, código 1.1.7 do Anexo, é calculado para tempo de trabalho mínimo de 25 (vinte e cinco) anos. No entanto, no Decreto nº 83.080, de 1979, código 1.1.6 do Anexo, o enquadramento é calculado para tempo de trabalho mínimo de vinte anos. Como o Decreto nº 611, de 1992, permite o enquadramento em qualquer dos dois Decretos anteriores, utiliza-se como parâmetro o mais favorável ao trabalhador até 5 de março de 1997.

Demonstrações Ambientais

Não será exigida a apresentação do LTCAT até 13 de outubro de 1996 ou outras demonstrações ambientais.

No período de 14 de outubro de 1996 a 5 de março de 1997, é exigida a apresentação de LTCAT ou outra demonstração ambiental, que devem descrever a atividade em condições hipo ou hiperbáricas.

A partir de 6 de março de 1997, será exigida a apresentação de LTCAT ou outra demonstração ambiental, que devam descrever a exposição a condições hiperbáricas, conforme o Anexo IV do Decreto nº 2.172, de 1999, ou o Decreto nº 3.048, de 1999, conforme o período.

A partir de 1º de janeiro de 2004, não é exigida a apresentação de LTCAT ou demonstração ambiental no momento do requerimento, porém esta poderá ser solicitada para a análise técnica, a critério da perícia médica.

De acordo com o Decreto nº 4.882, de 2003, na avaliação ambiental deveria ser utilizada a metodologia definida na Norma de Higiene Ocupacional da Fundacentro, que não existe para condições hiperbáricas.

Tecnologia de Proteção: Observar se constam nas demonstrações ambientais informação sobre EPC, a partir de 14 de outubro de 1996, e sobre EPI, a partir de 3 de dezembro de 1998, para cumprimento de exigência legal previdenciária. No entanto, como não há constatação de eficácia de EPI na atenuação desse agente, deve-se reconhecer o período como especial, mesmo que conste tal informação, se cumpridas as demais exigências. Em relação ao EPC, deve-se analisar se este confere a proteção adequada.

Codificação: Até 5 de março de 1997, o enquadramento deve ser feito no código 1.1.7 do Anexo do Decreto nº 53.831, de 1964, para as atividades com alta e baixa pressão ou no código 1.1.6 do Anexo I do Decreto nº 83.080, de 1979, para as condições hiperbáricas. De 6 de março de 1997 a 7 de maio de 1999, o enquadramento deve ser feito no código 2.0.5 do Anexo IV do Decreto nº 2.172, de 1997, somente para condições hiperbáricas. A partir de 8 de maio de 1999, utilizar o código 2.0.5 do Anexc IV do Decreto nº 3.048, de 1999, somente para condições hiperbáricas.

QUADRO 16 - RESUMO PARA ANÁLISE TÉCNICA DE PRESSÃO ATMOSFÉRICA ANORMAL

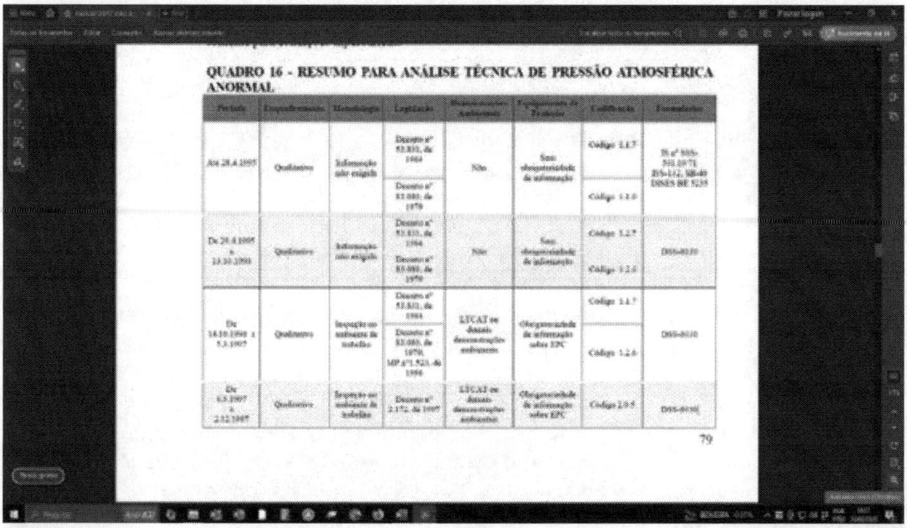

QUADRO 16 - RESUMO PARA ANÁLISE TÉCNICA DE PRESSÃO ATMOSFÉRICA ANORMAL

Período	Enquadramento	Metodologia	Legislação	Demonstrações Ambientais	Equipamento de Proteção	Codificação	Formulários
Até 28.4.1995	Qualitativo	Informação não exigida	Decreto nº 53.831, de 1964 Decreto nº 83.080, de 1979	Não	Sem obrigatoriedade de informação	Código 1.1.7 Código 1.1.6	IS nº SSS-501.19/71 ISS-132, SB-40 DISES BE 5235
De 29.4.1995 a 13.10.1996	Qualitativo	Informação não exigida	Decreto nº 53.831, de 1964 Decreto nº 83.080, de 1979	Não	Sem obrigatoriedade de informação	Código 1.1.7 Código 1.1.6	DSS-8030
De 14.10.1996 a 5.3.1997	Qualitativo	Inspeção no ambiente de trabalho	Decreto nº 53.831, de 1964 Decreto nº 83.080, de 1979, MP nº 1.523, de 1996	LTCAT ou demais demonstrações ambientais	Obrigatoriedade de informação sobre EPC	Código 1.1.7 Código 1.1.6	DSS-8030
De 6.3.1997 a 2.12.1997	Qualitativo	Inspeção no ambiente de trabalho	Decreto nº 2.172, de 1997	LTCAT ou demais demonstrações ambientais	Obrigatoriedade de informação sobre EPC	Código 2.0.5	DSS-8030

79

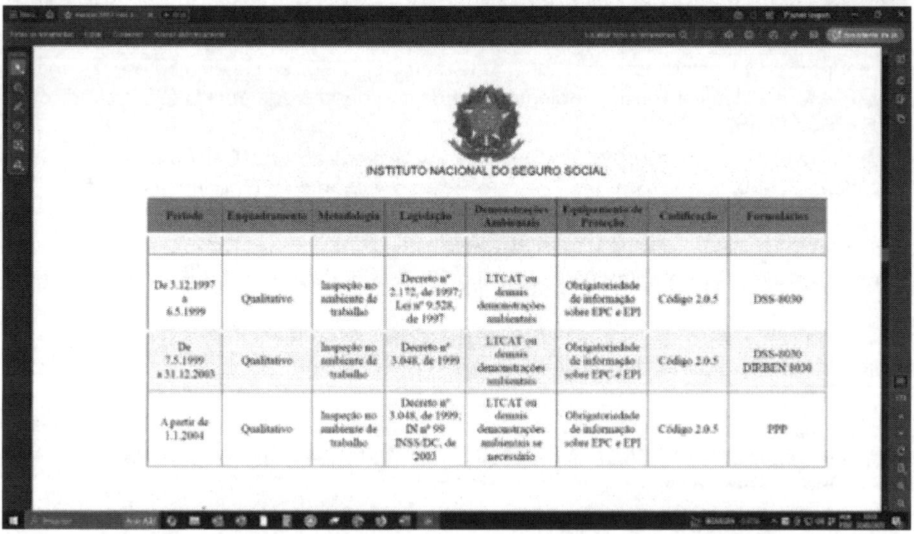

INSTITUTO NACIONAL DO SEGURO SOCIAL

Período	Enquadramento	Metodologia	Legislação	Demonstrações Ambientais	Equipamento de Proteção	Codificação	Formulários
De 3.12.1997 a 6.5.1999	Qualitativo	Inspeção no ambiente de trabalho	Decreto nº 2.172, de 1997; Lei nº 9.528, de 1997	LTCAT ou demais demonstrações ambientais	Obrigatoriedade de informação sobre EPC e EPI	Código 2.0.5	DSS-8030
De 7.5.1999 a 31.12.2003	Qualitativo	Inspeção no ambiente de trabalho	Decreto nº 3.048, de 1999	LTCAT ou demais demonstrações ambientais	Obrigatoriedade de informação sobre EPC e EPI	Código 2.0.5	DSS-8030 DIRBEN 8030
A partir de 1.1.2004	Qualitativo	Inspeção no ambiente de trabalho	Decreto nº 3.048, de 1999; IN nº 99 INSS/DC, de 2003	LTCAT ou demais demonstrações ambientais se necessário	Obrigatoriedade de informação sobre EPC e EPI	Código 2.0.5	PPP

Habitualmente, os comissários de voo, pilotos e aeromoças buscam na atualidade o direito ao tempo especial pela exposição à pressão atmosférica anormal, **existindo jurisprudência favorável por equiparação aos trabalhos citados nos itens 2.0.5 do RPS em caixões ou câmaras hiperbáricas,** mesmo porque o enquadramento é por nocividade desde 29.04.1995, sendo o rol de atividades meramente exemplificativo:

Tipo

Acórdão

Número

5014332-73.2019.4.03.6183 ..PROCESSO_ANTIGO: ..PROCESSO_ANTIGO_FORMATADO: 50143327320194036183

Classe

APELAÇÃO CÍVEL ..SIGLA_CLASSE: ApCiv

Relator(a)

Desembargador Federal CARLOS EDUARDO DELGADO

Origem

TRF - TERCEIRA REGIÃO

Órgão julgador

7ª Turma

Data

20/04/2023

Data da publicação

26/04/2023

Fonte da publicação

DJEN DATA: 26/04/2023 ..FONTE_PUBLICACAO1: ..FONTE_PUBLICACAO2: ..FONTE_PUBLICACAO3:

Ementa

E M E N T A PROCESSUAL CIVIL. PREVIDENCIÁRIO. **APOSENTADORIA ESPECIAL. ATIVIDADE ESPECIAL. COMISSÁRIA DE BORDO. PRESSÃO ATMOSFÉRICA ANORMAL. INSALUBRIDADE. CARACTERIZAÇÃO. RECONHECIMENTO.** PERÍODO DE LABOR INSUFICIENTE À CONCESSÃO DO BENEFÍCIO ESPECIAL. SUCUMBÊNCIA RECÍPROCA. APELAÇÃO DA PARTE AUTORA PARCIALMENTE PROVIDA. 1 - Com relação ao reconhecimento da atividade exercida como especial e em obediência ao aforismo tempus regit actum, uma vez prestado o serviço sob a égide de legislação que o ampara, o segurado adquire o direito à contagem como tal, bem como à comprovação das condições de trabalho na forma então exigida, não se aplicando retroativamente lei nova que venha a estabelecer restrições à admissão do tempo de serviço especial. 2 - Em período anterior ao da edição da Lei nº 9.032/95, a aposentadoria especial e a conversão do tempo trabalhado em atividades especiais eram concedidas em virtude da categoria profissional, conforme a classificação inserta no Anexo do Decreto nº 53.831, de 25 de março de 1964, e nos Anexos I e II do Decreto nº 83.080, de 24 de janeiro de 1979, ratificados pelo art. 292 do Decreto nº 611, de 21 de julho de 1992, o qual regulamentou, inicialmente, a Lei de Benefícios, preconizando a desnecessidade de laudo técnico da efetiva exposição aos agentes agressivos, exceto para ruído e calor. 3 - A Lei nº 9.032, de 29 de abril de 1995, deu nova redação ao art. 57 da Lei de Benefícios, alterando substancialmente o seu §4º, passando a exigir a demonstração da efetiva exposição do segurado aos agentes nocivos, químicos, físicos e biológicos, de forma habitual e permanente, sendo suficiente a apresentação de formulário-padrão fornecido pela empresa. A partir de então, retirou-se do ordenamento jurídico a possibilidade do mero enquadramento da atividade do segurado em categoria profissional considerada especial, mantendo, contudo, a possibilidade de conversão do tempo de trabalho comum em especial. 4 - O Decreto nº 53.831/64 foi o primeiro a trazer a lista de atividades especiais para efeitos previdenciários, tendo como base a atividade profissional ou a exposição do segurado a agentes nocivos. Já o Decreto nº 83.080/79 estabeleceu nova lista de atividades profissionais, agentes físicos, químicos e biológicos presumidamente nocivos à saúde, para fins de aposentadoria especial, sendo que, o Anexo I classificava as atividades de acordo com os agentes nocivos enquanto que o Anexo II trazia a classificação das atividades segundo os grupos profissionais. 5 - Já o Decreto nº 83.080/79 estabeleceu nova lista de atividades profissionais, agentes físicos, químicos e biológicos presumidamente nocivos à saúde, para fins de aposentadoria especial, sendo que, o Anexo I classificava as atividades de acordo com os agentes nocivos enquanto que o Anexo II trazia a classificação das atividades segundo os grupos profissionais. 6 - Em suma: (a) até 28/04/1995, é possível a qualificação da atividade laboral pela categoria profissional ou pela comprovação da exposição a agente nocivo, por qualquer modalidade de prova; (b) a partir de 29/04/1995, é defeso reconhecer o tempo especial em razão de ocupação profissional, sendo necessário comprovar a exposição efetiva a agente nocivo, habitual e permanentemente, por meio de formulário-padrão fornecido pela empresa; (c) a partir de 11/12/1997, a aferição da exposição aos agentes pressupõe a existência de laudo técnico de condições ambientais, elaborado por profissional apto ou por perfil profissiográfico previdenciário (PPP), preenchido com informações extraídas de laudo técnico e com indicação dos profissionais responsáveis pelos registros ambientais ou pela monitoração biológica, que constitui instrumento hábil para a avaliação das condições laborais. 7 - A permanência não pressupõe a exposição contínua ao agente nocivo durante toda a jornada de trabalho, guardando relação com a atividade desempenhada pelo trabalhador. 8 - Especificamente quanto ao reconhecimento da exposição ao agente nocivo ruído, por demandar avaliação técnica, nunca prescindiu do laudo de condições ambientais. 9 - Considera-se insalubre a exposição ao agente ruído acima de 80dB, até 05/03/1997; acima de 90dB, no período de 06/03/1997 a 18/11/2003; e superior a 85 dB, a partir de 19/11/2003. 10 - O Perfil Profissiográfico Previdenciário (PPP), instituído pela Lei nº 9.528/97, emitido com base nos registros ambientais e com referência ao responsável técnico por sua aferição, substitui, para todos os efeitos, o laudo pericial técnico, quanto à comprovação de tempo laborado em condições especiais. 11 - Saliente-se ser desnecessário que o laudo técnico seja contemporâneo ao período em que exercida a atividade insalubre. Precedentes deste E. TRF 3ª

Região. 12 - A desqualificação em decorrência do uso de EPI vincula-se à prova da efetiva neutralização do agente, sendo que a mera redução de riscos e a dúvida sobre a eficácia do equipamento não infirmam o cômputo diferenciado. Cabe ressaltar, também, que a tese consagrada pelo C. STF excepcionou o tratamento conferido ao agente agressivo ruído, que, ainda que integralmente neutralizado, evidencia o trabalho em condições especiais. 13 - Inicialmente, insta consignar que o próprio INSS reconheceu o labor nocivo das postulantes nos períodos de 01/06/1989 a 05/03/1997 e de 25/04/2008 a 05/07/2009, conforme documentos de ID 260847217 - Pág. 29/31, razão pela qual restam incontroversos. 14 - Requer a parte autora o reconhecimento de seu labor especial desempenhado de 06/03/1997 a 11/01/2001, de 03/04/2006 a 24/04/2008 e de 06/07/2009 a 01/07/2019. Quanto ao lapso de 06/03/1997 a 11/01/2001, o PPP de ID260847216 - Pág. 39 a ID 260847217 - Pág. 2 comprova que a postulante laborou como comissária de voo II junto à Transbrasil S/A Linhas Aéreas, exposta à ruído de 89dbA, além de vibração de corpo inteiro. Consta do documento que a requerente era responsável "...de modo habitual e permanente, não ocasional nem intermitente, durante toda a jornada de trabalho em proceder à recepção e acomodação dos passageiros à entrada da aeronave, conferindo sua passagem, saudando-os e indicando-lhes as acomodações que lhes são destinadas, para assegurar um ambiente ordenado, confere o número de passageiros embarcados e em trânsito, antes da decolagem, verificando os lugares ocupados, para certificar-se da correspondência à documentação do voo, transmite aos passageiros saudações, informações sobre o voo e recomendações de segurança, pessoalmente ou utilizando sistema de comunicação interna, para proporcionar-lhes bem-estar e esclarece-los sobre o comportamento em coo, verifica a observância às ordens de 'apertar cinto' e 'não fumar', à posição dos assentos e bagagens, antes da decolagem e aterrissagem e em, outras ocasiões, inspecionando a cabine de passageiros em toda a sua extensão, para garantir a integridade dos passageiros e a segurança da aeronave, verifica os alimentos e bebidas embarcadas, examinando geladeiras, armários e outros depósitos, para assegurar-se de que atendem ao consumo previsto, serve alimentos e bebidas aos tripulantes e passageiros, observando os horários estabelecidos e suas preferências, para garantir-lhes satisfação e conforto e demais atividade inerentes à função....". 15 - No que tange aos períodos de 03/04/2006 a 24/04/2008 e de 06/07/2009 a 01/07/2019, o PPP de ID 260847217 - Pág. 05/07 comprova que a autora laborou como comissária em treinamento, comissária, chefe de equipe e chefe de equipe inst. junto à Oceanair Linhas Aéreas S/A., exposta à: - de 03/04/2006 a 24/04/2008 - ruído de 65,8dbA; - de 25/04/2008 a 05//07/2009 - ruído de 87dbA; - de 06/07/2009 a 30/04/2011 - ruído de 78,9dbA; - de 01/11/2011 a 31/12/2013 - ruído de 69dbA; - de 01/01/2014 a 30/11/2014 - ruído de 74,1dbA; - de 01/12/2014 a 30/11/2015 - ruído de 75,7dbA; - de 01/12/2015 a 30/11/2016 - ruído de 75,1dbA; - de 01/12/2016 a 30/11/2017 - ruído de 75,8dbA e; - de 01/12/2017 a 29/06/2018 - ruído de 75,8dbA. Consta do documento que, na função de comissária em treinamento e comissária, a autora era responsável por "...checar equipamentos e instalações das aeronaves, prestar serviços aos usuários de transportes aéreos, demonstrar aos passageiros os procedimentos de segurança e emergência; servir refeições preparadas e bebidas; orientar usuários sobre procedimentos de segurança e promover o entretenimento e o bem-estar dos usuários. Controlar a entrada e a saída de alimentos e materiais diversos...". Na função de chefe de equipe era responsável por "...checam equipamentos e instalações das aeronaves, prestar serviços aos usuários de transportes aéreos, demonstrar aos passageiros os procedimentos de segurança e emergência; servir refeições preparadas e bebidas; orientar usuários sobre procedimentos de segurança e promover o entretenimento e o bem-estar dos usuários. Controlar a entrada e a saída de alimentos e materiais diversos. Coordenam a equipe de comissária de bordo...". 16 - Foi determinada a realização de prova pericial pelo magistrado de primeiro grau, cujo laudo técnico pericial fora juntado em razões de ID 260847273 - Pág. 01/22. Concluiu o perito que "...As atividades de WALKIRIA HYPOLITO nas dependências da TAM LINHAS AÉREAS S.A. SIMILARIDADE A TRANSBRASIL S/ LINHAS AÉREAS E AVIANCA OCEANIAR LINHAS AÉREAS S/A, de 06/03/1997 a 11/01/2001, de 03/04/2006 a 24/04/2008 e de 06/07/2009 a 08/09/2019, SÃO CONSIDERADAS INSALUBRES o período anterior e posterior ao advento da Lei 9.032/95, são enquadráveis na função de COMISSÁRIO DE BORDO, nos termos da Alínea 2.4.1. do Decreto 53.831/64, expondo o autor a SITUAÇÕES DE TRABALHO INSALUBRES para fins de aposentadoria especial aos 25 anos. Sob a vigência da Lei 9.032/95, estas mesmas atividades são INSALUBRES por exposição a RADIACOES IONIZANTES, RADIAÇOES NÃO IONIZANTES E TRABALHOS SOB CONDIÇÕES HIPERBÁRICAS, agentes de risco constantes nos anexos 05, 06 e 07 da Norma Regulamentadora nº 15, aferidas por inspeção realizada no local de trabalho....". **17 - Vale ressaltar que no interior de aeronaves, os pilotos e comissárias de bordo estão sujeitos a pressões atmosféricas anormais, assemelhadas a caixões ou câmeras hiperbáricas, assim condizente com os códigos 1.1.7 do Decreto nº 53.831/64, 1.1.6 do Decreto nº 83.080/79, 2.0.5 do Decreto nº 2.172/97 e 2.0.5 do Decreto nº 3.048/99, razão pela qual seu labor merece ser considerado como especial.** 18 - Logo, o conjunto probatório viabiliza o reconhecimento da especialidade, como supra descrito nos lapsos de 06/03/1997 a 11/01/2001, de 03/04/2006 a 24/04/2008 e de 06/07/2009 a 01/07/2019. 19 - Vale ressaltar que não se prestam como meio de prova os laudos técnicos periciais emitidos em nome de terceiros estranhos aos autos, uma vez que há documentos em nome da própria autora, os quais retratam fidedignamente suas reais condições de trabalho e prevalecem sobre as demais provas apresentadas. 20 - Conforme planilha anexa, somando-se o especial ora reconhecido, verifica-se que a autora possuía, quando do requerimento administrativo (ID 11/10/2018- ID 260847217 - fls. 44), apenas 24 anos, 01 mês e 20 dias de labor nocivo, insuficientes à concessão do benefício de aposentadoria especial. 21 - Honorários advocatícios arbitrados em 10% (dez por cento) sobre o valor das parcelas devidas até a sentença (Súmula 111, STJ) e distribuídos proporcionalmente entre as partes sucumbentes, nos termos dos artigos 85, §§2º e 3º, e 86, ambos do Código de Processo Civil. 22 - Apelação da autora parcialmente provida

Tipo

Acórdão

Número

5009172-29.2010.4.04.7000 50091722920104047000

Classe

AC - APELAÇÃO CIVEL

Relator(a)

JOSÉ ANTONIO SAVARIS

Origem

TRIBUNAL - QUARTA REGIÃO

Órgão julgador

DÉCIMA TURMA

Data

05/02/2019

Data da publicação

08/02/2019

Fonte da publicação

08/02/2019

Ementa

PREVIDENCIÁRIO. APOSENTADORIA POR TEMPO DE CONTRIBUIÇÃO. TIVIDADE ESPECIAL. AGENTES NOCIVOS. RECONHECIMENTO. CONVERSÃO. CONCESSÃO. IMPLANTAÇÃO DO BENEFÍCIO. AERONAUTA. A lei em vigor quando da prestação dos serviços define a configuração do tempo como especial ou comum, o qual passa a integrar o patrimônio jurídico do trabalhador, como direito adquirido. Até 28.4.1995 é admissível o reconhecimento da especialidade do trabalho por categoria profissional; a partir de 29.4.1995 é necessária a demonstração da efetiva exposição, de forma não ocasional nem intermitente, a agentes prejudiciais à saúde, por qualquer meio de prova; a contar de 06.5.1997 a comprovação deve ser feita por formulário-padrão embasado em laudo técnico ou por perícia técnica. Até 09.01.1997, data da revogação do art. 148 da Lei 8.213/91 pela Medida Provisória nº 1.523-3, publicada em 10.01.1997, a atividade de aeronauta pode ser reconhecida como especial por enquadramento da categoria profissional nos códigos 2.4.1 do Decreto nº 53.831/64 e 2.4.3 do Decreto nº 83.080/79. No mesmo período, para os aeronautas em bordo (pilotos, comissários de bordo, etc.), é possível o enquadramento também nos códigos 1.1.7 (pressão) do Decreto nº 53.831/64, 1.1.6 (pressão atmosférica) do Decreto nº 83.080/79 e 2.0.5 (pressão atmosférica anormal) do **Anexo IV do Decreto nº 2.172/97 e do Decreto nº 3.048/99. Para o período posterior, a 3ª Seção deste**

Tribunal firmou o entendimento de que a atividade de aeronauta pode ser reconhecida como especial, se houver prova da exposição habitual e permanente do segurado à pressão atmosférica anormal em sua jornada de trabalho. Demonstrado o preenchimento dos requisitos, o segurado tem direito à concessão da aposentadoria por tempo de contribuição, mediante a conversão dos períodos de atividade especial, a partir da data do requerimento administrativo, respeitada eventual prescrição quinquenal. Determinada a imediata implantação do benefício, valendo-se da tutela específica da obrigação de fazer prevista no artigo 461 do Código de Processo Civil de 1973, bem como nos artigos 497, 536 e parágrafos e 537, do Código de Processo Civil de 2015, independentemente de requerimento expresso por parte do segurado ou beneficiário.

Tipo

Apelação - Recursos - Processo Cível e do Trabalho

Número

0073537-35.2015.4.02.5101 00735373520154025101

Classe

AC - Apelação - Recursos - Processo Cível e do Trabalho

Relator(a)

SIMONE SCHREIBER

Relator para Acórdão

SIMONE SCHREIBER

Origem

TRIBUNAL - SEGUNDA REGIÃO

Órgão julgador

VICE-PRESIDÊNCIA. ÓRGÃO_JULGADOR:

Data

26/04/2018

Data da publicação

08/05/2018

Ementa

PREVIDENCIÁRIO. APOSENTADORIA ESPECIAL. RECONHECIMENTO DO TEMPO DE SERVIÇO PRESTADO EM ATIVIDADE ESPECIAL. COMISSÁRIO DE BORDO (AERONAUTA). ENQUADRAMENTO EM CATEGORIA PROFISSIONAL. PRESSÃO ATMOSFÉRICA ANORMAL.TEMPO SUFICIENTE. 1. A legislação aplicável para a verificação da atividade exercida sob condição insalubre deve ser a vigente quando da prestação do serviço, e não a do requerimento da aposentadoria. 2. Até o advento da Lei n.º 9.03295, em 29/04/95, é possível o reconhecimento do tempo de serviço especial com base na categoria profissional do trabalhador. A partir desta lei a comprovação da atividade especial é feita através dos formulários SB-40 e DSS-8030, até o advento do Decreto 2.172 de 05/03/97, que regulamentou a MP 1.52396, convertida na Lei 9.52897, que passa a exigir o laudo técnico. 3. A função de Aeronauta estava prevista como passível de conversão tanto no Decreto nº 53.831 de 1964, como no Decreto nº 83.080 de 1979, em seu Anexo II. **4. No interior de aeronaves, os comissários de bordo estão sujeitos a pressões atmosféricas anormais, de modo habitual e permanente, assemelhando-se, nesta condição, a caixões ou câmeras hiperbáricas, pertencentes ao código 2.0.5 dos Decretos nº 2.172/97 e 3.048/99.** 5. Apelação provida, nos termos do voto.

A questão será enfrentada pela TNU no julgamento do **tema representativo 337:**

Tema	337	Situação do tema	Em Julgamento		Ramo do direito	DIREITO PREVIDENCIÁRIO	
Questão submetida a julgamento		Saber se a exposição a pressão atmosférica anormal, no exercício da atividade de aeronauta, leva ao enquadramento de atividade especial depois de 28/04/1995, quando entrou em vigor a Lei 9.032/1995.					
Tese firmada							
Processo		**Decisão de afetação**	**Relator (a)**	**Julgado em**	**Acórdão publicado em**		**Trânsito em julgado**
PEDILEF 5018712-43.2020.4.04.7100/RS PEDILEF 5019035-87.2021.4.04.7205/SC		16/08/2023	Juíza Federal Luciane Merlin Clève Kravetz				

Há divergência entre a jurisprudência da TRU da 4ª região/TR RS e da Turma Recursal do Rio de Janeiro, conforme voto que admitiu a afetação:

> *"A 3ª Turma Recursal do Rio Grande do Sul manteve sentença de procedência e confirmou o reconhecimento do exercício de atividade especial pelo autor, como co-piloto e comandante de aeronave, a partir de 28/04/1995 e até 16/10/2013, em face da exposição a "pressão atmosférica anormal".*
>
> *O acórdão recorrido está assim fundamentado (evento 1.8):*
>
> *Primeiramente, impende salientar que os períodos até 28.04.1995 não foram reconhecidos na sentença como tempo especial:*
>
> *"Inicialmente, importa registrar que os períodos até 28/04/1995 já foram enquadrados como especiais pelo INSS (1-PRO_7, fls. 62/63)".*

De outra parte, a sentença é de ser confirmada pelos seus próprios fundamentos, *nos termos do artigo 46 da Lei 9.099/1995, combinado com artigo 1º da Lei 10.259/2001.*

Destaco os seguintes fundamentos da sentença, por essenciais ao deslinde da controvérsia:

"O autor postula o reconhecimento da especialidade dos lapsos de **21/10/1986 a 11/09/1987** *(Rio Sul Linhas Aéreas),* **14/09/1987 a 17/03/2006** *(Varig),* **17/07/2006 a 15/02/2008** *(VRG Linhas Aéreas / Gol Linhas Aéreas) e* **18/02/2008 a 16/10/2013** *(TAM Linhas Aéreas), nos quais laborou como* ***co-piloto estagiário/co-piloto / comandante trainee / comandante instrução*** *(CTPS: 1-PRO_7, fls. 10/11; formulários: 1-PRO_7, fls. 31/42; laudos: 1-LAU_8/29).*

(...)

Os documentos apresentados apontam que os ***co-pilotos/pilotos*** *de aviões ficam expostos à pressão atmosférica anormal.*

A jurisprudência da TRU4 é no sentido de que a pressão atmosférica anormal a que se sujeitam os aeronautas enseja o reconhecimento da especialidade do labor:

*INCIDENTE DE UNIFORMIZAÇÃO REGIONAL. PREVIDENCIÁRIO. TEMPO ESPECIAL. AERONAUTA. COMISSÁRIA DE BORDO. PRESSÃO ATMOSFÉRICA ANORMAL. INCIDENTE PROVIDO. 1. Reafirmação da jurisprudência da TRU no sentido de que "****a exposição à pressão atmosférica anormal, a que os comissários de bordo em aeronaves estão sujeitos, enseja o reconhecimento do tempo de serviço como especial****" (5055241-08.2013.4.04.7100, TURMA REGIONAL DE UNIFORMIZAÇÃO DA 4ª REGIÃO, Relator FERNANDO ZANDONÁ, juntado aos autos em 29/08/2017). 2. Incidente de uniformização provido. (5008134-79.2010.4.04.7000, TURMA REGIONAL DE UNIFORMIZAÇÃO DA 4ª REGIÃO, Relatora LUÍSA HICKEL GAMBA, juntado aos autos em 27/04/2018)*

*PREVIDENCIÁRIO. AGRAVO CONTRA DECISÃO DE INADMISSÃO DO PEDIDO REGIONAL DE UNIFORMIZAÇÃO. AERONAUTA. DIVERGÊNCIA COMPROVADA. ACÓRDÃO EM DESCONFORMIDADE COM ENTENDIMENTO DA TRU. ATIVIDADES EXERCIDAS EM AMBIENTE HIPOBÁRICO. PRESSÃO ATMOSFÉRICA ANORMAL. COMPROVAÇÃO DA ESPECIALIDADE. AGRAVO PROVIDO.1. Reafirmação do entendimento de que "****a atividade de comissário de bordo (aeronauta) exercida até 28/04/1995 deve ser reconhecida como especial, em decorrência do enquadramento por categoria profissional. 2. A exposição à pressão atmosférica anormal, a que os comissários de bordo em aeronaves estão sujeitos, enseja o reconhecimento do tempo de serviço como especial"****. 3. Agravo incidente da parte autora providos. (5009747-86.2014.404.7100, TURMA REGIONAL DE UNIFORMIZAÇÃO DA 4ª REGIÃO, Relator LEONARDO CASTANHO MENDES, juntado aos autos em 05/06/2017)*

Nesse contexto, em observância à jurisprudência uniformizada, reputo possível reconhecer a especialidade dos lapsos de **29/04/1995 a 17/03/2006, 17/07/2006 a 15/02/2008** *e* **18/02/2008 a 16/10/2013***".*

*Importa destacar que "**o magistrado, ao analisar o tema controvertido, não está obrigado a refutar todos os aspectos levantados pelas partes, mas, tão-somente, aqueles que efetivamente sejam relevantes para o deslinde do tema**" (STJ, Resp 717265, DJ 12.03.2007, p.239).*

Ademais, saliento que, nos Juizados Especiais, o processo deve se orientar pelos critérios da oralidade, simplicidade, informalidade, economia processual e celeridade (art. 2º da Lei n.º 9.099/95); em sede de recurso em Juizado Especial, o julgamento pode constar apenas da ata, mediante fundamentação sucinta e parte dispositiva, podendo ainda a sentença ser confirmada pelos próprios fundamentos, hipótese em que a súmula do julgamento servirá de acórdão (art. 46 da Lei n.º 9.099/95).

O caso paradigma é da 5ª Turma Recursal do Rio de Janeiro e diz respeito, também, a pedido de reconhecimento de exercício de atividade especial, posteriormente à edição da Lei 9.032/1995, por comissária de bordo, em face da exposição a pressão atmosférica anormal. A turma reconheceu que existe variação na pressão atmosférica na cabine de vôo, mas afirmou que essa condição não leva à nocividade do ambiente de trabalho. Assim, o colegiado manteve a sentença que rejeitou esse pedido, em acórdão assim ementado (evento 1.11):

3. Quanto ao recurso da autora, esta sustenta a especialidade em razão da pressão atmosférica anormal.

4. Na altitude de cruzeiro (10.000 metros ou 33.000 pés, aproximadamente, ou 1.200 metros acima do Pico do Himalaia), a pressão atmosférica é de apenas 26,06% da pressão ao nível do mar, ou 26,40 KPa, ou ainda 198 mmHg (aplicação da equação de Jensen). A essa baixíssima pressão atmosférica, a concentração de oxigênio é muito pequena, o que geraria situação de hipóxia para o ser humano. Por essa razão, a cabine de vôo é pressurizada. No entanto, a pressurização não é superior à pressão atmosférica ao nível do mar. Ou seja, a pressurização não é tal que a cabine fique com pressão interna acima de 760 mmHG ou 101,3 KPa. Na verdade, isso não teria qualquer mínimo sentido, seja por razões econômicas, seja por razões de segurança.

5. A cabine é pressurizada apenas o suficiente para manter o conforto respiratório dos passageiros e tripulantes. Para que esse conforto seja obtido, basta que a pressão interna da cabine seja mantida em patamares que são encontrados em vários lugares altos do mundo. Normas técnicas apontam (como mencionou o INSS e vários dos laudos juntados pela autora, fl. 218, por exemplo) que a cabine deve ser pressurizada para que o ambiente seja equivalente, no máximo, a altitude de 2.400 metros, o que equivale a uma pressão atmosférica de 74,6% da encontrada ao nível do mar, ou 75,6 KPa, ou ainda 566 mmHg, pela equação de Jensen. Portanto, a pressão atmosférica na cabine em altitude de cruzeiro é mantida apenas um pouco abaixo da pressão ao nível do mar. Dentro da cabine, a variação máxima que ocorre – entre o solo e a altitude de cruzeiro, e viceversa – é de apenas cerca de 25,4% da pressão atmosférica normal. Logo, consiste em grave erro pretender equiparar as cabines de vôo a câmaras hiperbáricas.

6. Para o período desde 29/04/1995, a legislação previdenciária – item 1.1.6 do Anexo I do Decreto 83.080/1979; e itens 2.0.5 dos Anexos dos Decretos 2.172/1997 e 3.048/1999 – contempla com especialidade apenas ambientes de trabalho com pressão acima do normal. Portanto, não há previsão na legislação previdenciária que possa conferir especialidade à pequena redução (em torno e apenas 25%) de pressão a que estão submetidos os aeronautas durante a altitude de cruzeiro. Bem assim, também não há como reconhecer a especialidade em razão da diminuta variação, por falta de previsão normativa

Está caracterizada a controvérsia entre turmas recursais de diferentes regiões sobre a mesma questão de direito material, consistente no direito ao reconhecimento de exercício de atividade especial em face da exposição a "pressão atmosférica anormal".

A exposição à pressão atmosférica anormal é prevista para a concessão de aposentadoria especial de 25 anos no Anexo IV do Decreto 3.048/99:

2.0.5	*PRESSÃO ATMOSFÉRICA ANORMAL* *a) trabalhos em caixões ou câmaras hiperbáricas;* *b) trabalhos em tubulões ou túneis sob ar comprimido;* *c) operações de mergulho com o uso de escafandros ou outros equipamentos.*	25 ANOS

Dessa forma, em que pese uma atividade não constar no citado item 2.0.5, o que deve prevalecer é a **exposição permanente à pressão atmosférica anormal**, pois a **listagem das atividades é meramente exemplificativa**, conforme previsto no próprio RPS:

2.0.0	AGENTES FÍSICOS **Exposição acima dos limites de tolerância especificados OU** às atividades descritas.

Registre-se que de acordo com o *Manual de Aposentadoria Especial do INSS*, a avalição será **qualitativa** por todo o período e que **não há a indicação de EPI eficaz, inexistindo na atualidade NHO da FUNDACENTRO** para definir a metodologia de aferição.

Destarte, em sendo qualitativo o critério de análise, inexiste limite de tolerância a ser avaliado, bastando a exposição permanente do segurado à pressão atmosférica anormal para o enquadramento do tempo especial, observados os demais requisitos a serem atendidos pelo PPP, a exemplo do lastro em LTCAT ou registro ambiental substituto.

Logo, observados os requisitos legais e a análise técnica do PPP no caso concreto, **vejo como possível juridicamente o reconhecimento do tempo especial aos profissionais que habitualmente estão expostos à pressão atmosférica anormal por trabalharem a bordo de aeronaves.**

A **pressão hiperbárica é a mais perigosa**, caracterizada por um ambiente que tem a pressão maior do que a pressão atmosférica. **É o caso do mergulhador.**

Já a **pressão hipobárica** indica uma pressão menor que a pressão atmosférica. **É o caso dos profissionais que laboram em aeronaves.**

Registre-se que, para fins de enquadramento por nocividade, **o item 2.0.5 do RPS apenas indica o direito ao tempo especial na situação de pressão atmosférica anormal, não restringindo o enquadramento à pressão hiperbárica, de modo que juridicamente será possível, a meu ver, o enquadramento por exposição permanente à pressão hipobárica.**

Veja-se matéria que revela a **danosidade à saúde durante os voos** da lavra do **Dr. Pedro Pinheiro**, Médico graduado pela Universidade Federal do Rio de Janeiro (UFRJ), com títulos de especialista em Medicina Interna e Nefrologia pela Universidade Estadual do Rio de Janeiro (UERJ), Sociedade Brasileira de Nefrologia (SBN), Universidade do Porto e pelo Colégio de Especialidade de Nefrologia de Portugal (https://www.mdsaude.com/pneumologia/problemas-de-saude-aviao/):

> **"Por que viajar de avião aumenta o risco de problemas de saúde?**
>
> Problemas de saúde em voos comerciais são relativamente infrequentes. Um trabalho realizado na British Airways no final da década de 1990 demonstrou uma taxa de aproximadamente 1 emergência médica a cada 10.000 passageiros. 70% dessas emergências foram controladas pela tripulação de bordo que recebe treinamento especial. Apenas 30% necessitaram de assistência médica em solo.
>
> - PUBLICIDADE -
>
> É importante conhecer as alterações ambientais das cabines dos aviões para entender por que algumas emergências acontecem
>
> **Níveis de oxigênio**

A cabine de qualquer aeronave comercial é pressurizada. A pressão do ar dentro de um avião em voo não é igual a pressão atmosférica ao nível do mar. **Quando os aviões atingem sua altura de voo máxima, por volta de 13.000 metros ou 40.000 pés, a pressão atmosférica da cabine é equivalente a de 2500 metros de altura. Isto faz que o oxigênio disponível no ar seja menor. É como se, enquanto o avião ganha altitude, nós estivéssemos subindo as cordilheiras.** A pressão de oxigênio durante o voo é semelhante ao que temos nessas alturas.

Pessoas jovens e saudáveis não sentem a diminuição do oxigênio porque o nosso corpo compensa esta redução com o aumento da frequência cardíaca, da frequência respiratória e do volume de ar inspirado em cada ciclo respiratório.

Pessoas sadias ao nível do mar apresentam em média 99% das suas hemoglobinas carreando oxigênio pelo sangue (lembre-se, são as hemoglobinas que pegam o oxigênio vindo dos pulmões e levam para o resto do organismo). **Durante o voo, essa taxa cai normalmente para cerca de 94%.**

Quando a saturação de oxigênio cai abaixo de 90%, a quantidade de oxigênio distribuída pelos tecidos do corpo começa a ser insuficiente para o bom funcionamento das nossas células. Portanto, se pessoas jovens e sadias chegam a ter 94% de saturação de oxigênio, imaginem o que acontece com idosos ou fumantes inveterados sob uma pressão atmosférica mais baixa. **Não é incomum este grupo apresentar algum grau de desconforto e cansaço durante voos longos**. Isto ocorre por que a quantidade de oxigênio no sangue torna-se baixa, próxima ou abaixo dos 90%.

Pacientes com doenças cardíacas ou pulmonares, que já apresentam ao nível do mar taxas de saturação de oxigênio menores que 95% podem não conseguir tolerar essa diminuição de oxigênio. Estas pessoas podem apresentar queda da oxigenação arterial para abaixo dos 90%, taxa insuficiente para o bom funcionamento dos órgãos. Nesse momento podem surgir sintomas de isquemia cardíaca como palpitações, intensa falta de ar e dor no peito (angina).

Portanto, qualquer pessoa com problema cardíaco e/ou pulmonar deve consultar um médico antes de fazer uma viagem de avião.

Pressão atmosférica

A baixa pressão atmosférica dentro das cabines provoca uma expansão dos gases de até 30%. Todas as nossas cavidades ocas se expandem. Por isso, sentimos o **ouvido entupido durante as viagens.** Pessoas com otite ativa, lesões recentes nos tímpanos ou sinusites, podem apresentar rompimento da membrana timpânica durante o voo. Pacientes com lesão recente do ouvido só devem viajar de avião após autorização médica.

Esta expansão também pode ocasionar efeitos em outras partes do corpo, como **pneumotórax** em pessoas com doença pulmonar. Quem já teve um pneumotórax deve consultar um médico antes de viajar.

Distensão abdominal e náuseas por dilatação do estômago e do intestino também são comuns. Por isso, pessoas com cirurgia pulmonar ou abdominal recente não devem viajar de avião. Existe um risco de rompimento das suturas.

Qualidade do ar

A umidade do ar dentro da cabine é de apenas 10-20%, quando o ideal é no mínimo de 40%. Essa baixa umidade, além de facilitar a desidratação, resseca a pele e as vias aéreas, podendo desencadear crises em pacientes com **asma** ou **enfisema/bronquite crônica**.

Transmissão de germes pelo ar

Os sistemas de ventilação de ar dos aviões são capazes de manter sempre baixa as contagens de bactérias, fungos e vírus no ar. Porém, como se trata de um ambiente fechado, com pessoas muito próximas durante várias horas, existe sempre o risco de transmissão de doenças. Existem relatos de transmissão de tuberculose, gripe, catapora (varicela), rubéola e gripe asiática durante os voos. Normalmente o contágio ocorre no voo, mas os sintomas só surgem quando já se está em terra.

Outros problemas

Algumas pessoas apresentam náuseas, chamada de **cinetose**, devido aos constantes balanços e às turbulências, que também podem causar traumatismos por quedas. Intoxicação alimentar também é um problema médico possível de ocorrer durante voos comerciais.

Como agir diante de um mal estar durante um voo?

Quando existe algum passageiro com queixas referentes a saúde, o capitão da aeronave deve ser logo informado. O primeiro procedimento é localizar algum médico ou profissional da área que porventura esteja a bordo para avaliação do caso. Em 60% a 70% dos casos existe um médico entre os passageiros.

A decisão de se interromper o voo ou mudar a rota é sempre do piloto, cabendo ao médico apenas uma opinião. O capitão toma a decisão baseado no peso do avião, condições climáticas, distância do destino, capacidade do aeroporto mais próximo de receber a aeronave, etc. Mesmo em condições ideais são necessários pelo menos 20 minutos para aterrissar um avião. O médico não tem poder de decisão nenhum em relação a aeronave. Se o médico opinar para interromper o voo e o capitão disser que não há condições para tal, nada pode ser feito.

Sempre que possível o piloto reduz sua altitude de voo para uma melhor oxigenação da cabine em caso de emergência médica.

Enquanto são tomadas as decisões sobre o voo, o médico tem ao seu dispor o material básico para emergência, que inclui:

- Fármacos: adrenalina, atropina, anti-histamínicos, aspirina, antiarrítmicos, broncodilatadores, analgésicos e soro fisiológico.
- Materiais: agulhas, gases, seringas, estetoscópio, aparelhos de pressão e luvas.

• Equipamentos de ressuscitação: desfibrilador, máscara de ambu, balas de oxigênio e material para entubação traqueal.

As principais complicações são as cardiológicas. 50% dos voos interrompidos são por queixas desta origem, muitas precipitadas pela baixa pressão de oxigênio na cabine. As crises de **angina**, que é a **dor no peito** por isquemia cardíaca, são as principais queixas.

Síndrome da classe econômica

Uma das complicações que tem ganhado muito espaço na mídia é a chamada síndrome da classe econômica. Esta síndrome ocorre por trombose das veias da perna que passam a ser fonte de êmbolos para o pulmão, podendo ocasionar a **embolia pulmonar** (tromboembolismo pulmonar).

Já reparam como após voos longos os pés e as pernas ficam inchados? Quem é que nunca teve dificuldade para calçar os sapatos depois de uma longa viagem de avião? Isso ocorre porque quando ficamos muito tempo sentado dificultamos o retorno do sangue pelas veias, ficando este represado nos membros inferiores. Esta dificuldade ocorre mesmo em pessoas sem doenças dos vasos sanguíneos.

Se já é mais difícil o retorno do sangue em pessoas normais durante voos, naquelas que têm doença dos vasos ocorre uma estase tão importante de sangue que propicia a formação de coágulos. Portanto, a trombose das pernas e a embolia pulmonar ocorrem habitualmente em pessoas que já apresentam problemas de circulação dos membros inferiores, principalmente **varizes** muito desenvolvidas.

A síndrome da classe econômica ocorre geralmente em voo maiores que 8 horas em pessoas com doença das veias dos membros inferiores que ficam a viagem inteira sentada e pouco se hidratam.

Alguns conselhos devem ser seguidos durante os voos para evitar as tromboses e a estase de sangue nas pernas:

• Não fumar antes de embarcar.

• Beber bastante líquido durante a viagem.

• Movimentar-se dentro do avião a cada duas horas para ativar a circulação das pernas.

• Evitar roupas muito apertadas.

• Evitar bebidas alcoólicas.

• Evitar sedativos para não ficar em uma mesma posição durante muito tempo.

• Usar meias compressoras".

Habitualmente, os comissários de voo, pilotos e aeromoças buscam na atualidade o direito ao tempo especial pela exposição à pressão atmosférica anormal, **existindo jurisprudência favorável por equiparação aos trabalhos citados nos itens 2.0.5 do RPS em caixões ou câmaras hiperbáricas,** mesmo porque o enquadramento é por nocividade desde 29.04.1995, sendo o rol de atividades meramente exemplificativo.

Não obstante os argumentos postos, a Instrução Normativa INSS 128/2022 apenas promove o enquadramento como tempo especial no enquadramento nas atividades descritas no item 2.0.5 do Anexo IV do RPS:

> *"Subseção XI*
>
> *Do Agente prejudicial à saúde Pressão Atmosférica*
>
> *Art. 300. A exposição ocupacional à pressão atmosférica anormal dará ensejo à caracterização de atividade especial para períodos trabalhados: I - até 5 de março de 1997, véspera da publicação do Decreto nº 2.172, de 1997, através do código 1.1.7 do Anexo III do Decreto nº 53.831, de 1964 ou do código 1.1.6 do Anexo I do Decreto nº 83.080, de 1979, conforme o caso; e* ***II - a partir de 6 de março de 1997, data da publicação do Decreto nº 2.172, de 1997, enquadramento nas atividades descritas conforme determinado no código 2.0.5 do Anexo IV do RPS".***
>
> **A meu ver, esse posicionamento da Autarquia afronta o artigo 57 da Lei 8.213/91 e o item 2.0.0 do RPS, pois o rol de atividades sempre deverá ser exemplificativo, haja vista que o único critério legal de enquadramento desde a Lei 9.032/95 deve ser a exposição permanente a agente nocivo, previsto no Anexo IV do RPS.**

15.7. Vibração

Conforme pontifica o Manual da Aposentadoria Especial do INSS, "a **vibração** é qualquer movimento que o corpo executa em torno de um ponto fixo. Esse movimento pode ser regular ou irregular, quando não segue nenhum padrão determinado. Pode afetar o corpo inteiro ou apenas parte do corpo, como as mãos e os braços. A vibração de corpo inteiro ocorre quando há uma vibração dos pés (posição em pé) ou do assento (posição sentada)".

Ainda de acordo com a Autarquia, "existem três variáveis fundamentais que caracterizam ou estão envolvidas na avaliação da vibração:

1ª) magnitude em m/s2;

2ª) frequência em Hz; e

3ª) direção medida em três eixos:

3.1- x (coluna-peito);

3.2 - y (direito-esquerdo); e

3.3 - z (cabeça-pé) e duração".

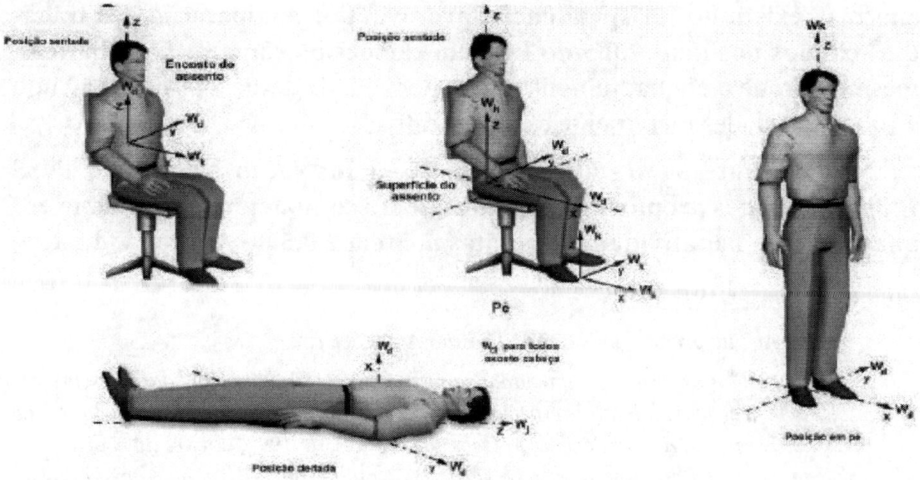

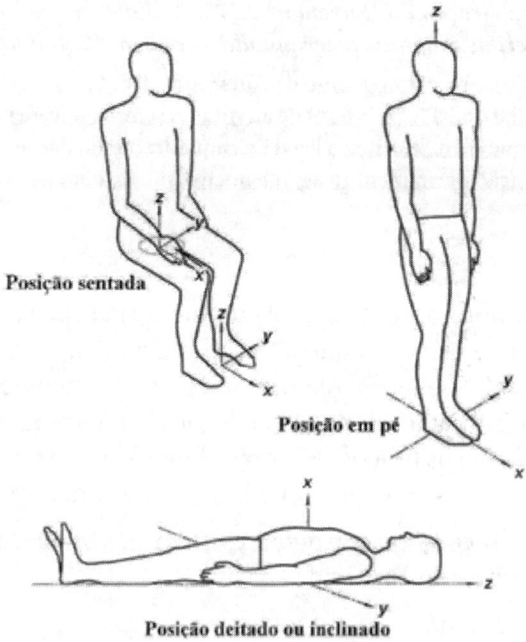

E conclui a Autarquia:

> "As vibrações agem de modo diferente nas diversas áreas do organismo, em virtude das características específicas e susceptibilidade individual. A faixa de frequência de vulnerabilidade do corpo humano localiza-se entre 4 e 8 Hz, principalmente na direção vertical (eixo z).

Os fenômenos ruído e vibração são semelhantes; os aparelhos para medição são parecidos, mudando apenas a escala de medição que poderá indicar aceleração, velocidade ou deslocamento do movimento e o tipo de transdutor, substituindo-se o microfone do medidor de pressão sonora por um acelerômetro.

Instrumental utilizado:

I - vibração de corpo inteiro: medidor com analisador de frequência com precisão de, no mínimo, terça de oitava; e

II - mão e braço: analisador de banda de oitava ou medidor de nível equivalente de vibração.

Classificação das vibrações transmitidas ao corpo humano:

a) vibrações de corpo inteiro:

a.1) baixa frequência e alta amplitude (faixa de 1 a 80 Hz, mais especificamente de 1 a 20 Hz); e

a.2) específicas para atividades de transporte.

b) vibrações de extremidades (segmentais, localizadas ou de mãos e braços):

b.1) são as mais estudadas;

b.2) situam-se na faixa de 6,3 a 1250 Hz; e

b.3) ocorrem nos trabalhos com ferramentas manuais".

Analisando o tema com o viés jurídico e à luz em especial dos Regulamentos da Previdência Social, tenho o seguinte posicionamento a respeito do enquadramento do **agente físico vibração**:

A) Desde o Decreto 53.831/64 até a véspera da vigência do Decreto 2.172/97, enquadrava-se como tempo especial as operações com trepidações capazes de serem nocivas à saúde, com máquinas acionadas por ar comprimido e velocidade acima de 120 (cento e vinte) golpes por minuto;

B) Desde o Decreto 83.808/79 até a véspera da vigência do Decreto 2.172/97, enquadrava-se como tempo especial os trabalhos com perfuratrizes e marteletes pneumáticos;

C) Entre a vigência do Decreto 2.172/97 e a véspera da publicação do Decreto 3.048/99, os trabalhos com perfuratrizes e marteletes pneumáticos geravam direito ao tempo especial pelo agente físico vibração (item 2.0.2, anexo IV). *Data venia*, não se trata de avaliação qualitativa, mas quantitativa, sendo o que RPS em vigor na época já considerava de modo absoluto que os trabalhos com perfuratrizes e marteletes pneumáticos ultrapassavam os limites de tolerância admitidos;

D) A partir da vigência do Decreto 3.048/99 até 13/08/2014, mesma sistemática anterior, tendo o Decreto 3.048 preservado a redação do Decreto 2.172 (Anexo IV, Itens 2.0.0 e 2.0.2);

E) A partir de 6 de março de 1997 até 13 de agosto de 2014, nos termos do artigo 296, II, da IN INSS 128/2022, há especialidade quando forem ultrapassados os limites de tolerância definidos pela Organização Internacional para Normalização - ISO, em suas Normas ISO nº 2.631 e ISO/DIS nº 5.349, respeitando-se as metodologias e os procedimentos de avaliação que elas autoriza – Por exemplo, pela Norma ISO 2.631 adota-se o valor de 0,86 m/s^2 como Limite de Tolerância para uma jornada de 8 horas diárias para vibração de corpo inteiro;

F) A partir de 14/08/2014, por força da Portaria MTE nº. 1.297, de 13 de agosto de 2014, avaliação quantitativa com especialidade caso seja superado o limite de exposição ocupacional diária a VMB (Vibrações de Mãos e Braço) correspondente a um valor de aceleração resultante de exposição normalizada (aren) de 5 m/s2 **ou** caso sejam superados quaisquer dos limites de exposição ocupacional diária a VCI (Vibrações de Corpo Inteiro): a) valor da aceleração resultante de exposição normalizada (aren) de 1,1 m/s2; b) valor da dose de vibração resultante (VDVR) de 21,0 m/s1,75, com avaliação segundo as metodologias e os procedimentos adotados pelas NHO-09 e NHO-10 da FUNDACENTRO, sendo facultado à empresa a sua utilização a partir de 10 de setembro de 2012, data da publicação das referidas normas.

Registre-se que não vejo base legal para considerar como taxativo o rol de atividades, pois o único modelo de tempo especial desde a Lei 9.032/95 é a exposição permanente a agente nocivo previsto no Regulamento.

Nesse sentido, o próprio INSS no específico artigo 296 da Instrução Normativa 128/2022 não traz restrição do enquadramento aos trabalhos com perfuratrizes e marteletes pneumáticos:

> *"Subseção VII*
>
> *Do Agente prejudicial à saúde Vibração/Trepidação*
>
> *Art. 296. A exposição ocupacional a vibrações, localizadas ou no corpo inteiro, dará ensejo à caracterização de atividade especial quando:*
>
> *I - até 5 de março de 1997, véspera da publicação do Decreto nº 2.172, de 1997, poderá ser qualitativa, nas atividades descritas com o código 1.1.4 no Anexo I do Decreto nº 83.080, de 1979, ou quantitativa, quando a vibração for medida em golpes por minuto (limite de tolerância de 120/min), de acordo com o código 1.1.5 do Quadro Anexo do Decreto nº 53.831, de 1964;*

II - a partir de 6 de março de 1997, quando forem ultrapassados os limites de tolerância definidos pela Organização Internacional para Normalização - ISO, em suas Normas ISO nº 2.631 e ISO/DIS nº 5.349, respeitando-se as metodologias e os procedimentos de avaliação que elas autorizam; e

III - a partir de 13 de agosto de 2014, quando forem ultrapassados os limites de tolerância definidos no Anexo 8 da NR-15 do MTE, com avaliação segundo as metodologias e os procedimentos adotados pelas NHO-09 e NHO-10 da FUNDACENTRO, sendo facultado à empresa a sua utilização a partir de 10 de setembro de 2012, data da publicação das referidas normas".

A meu ver, essa observação inserta no item 1.0.0 do RPS não se limita aos agentes químicos, estendendo-se aos físicos ou biológicos, sob pena de manifesta infringência ao artigo 57, §3º, da Lei 8.213/91.

CÓDIGO	AGENTE NOCIVO	TEMPO DE EXPOSIÇÃO
1.0.0	AGENTES QUÍMICOS O que determina o direito ao benefício é a exposição do trabalhador ao agente nocivo presente no ambiente de trabalho e no processo produtivo, em nível de concentração superior aos limites de tolerância estabelecidos. (Redação dada pelo Decreto, nº 3.265, de 1999) O rol de agentes nocivos é exaustivo, **enquanto que as atividades listadas, nas quais pode haver a exposição, é exemplificativa**. (Redação dada pelo Decreto, nº 3.265, de 1999)	

De efeito, a SUPOSTA ausência de regulamentação dos limites de tolerância do agente nocivo vibração entre 05.03.1997 e 13.08.2014 não pode ser causa impeditiva do enquadramento como tempo especial de outras atividades profissionais sujeitas à exposição permanente ao citado agente físico, sendo mais adequada a aplicação retroativa dos limites elencados da Portaria 1.297, de 13.08.2014, que alterou o Anexo 8 da NR 15, para suprir a mencionada lacuna.

Ora, se SUPOSTAMENTE entre 05.03.1997 e 13.08.2014 as ISOs 2631 e 5349 não definiram limites de tolerância para a avaliação quantitativa **das atividades estranhas à utilização de perfuratrizes e marteletes pneumáticos**, o que só veio a ocorrer com o advento da Portaria 1.297, de 13.08.2014, que alterou o Anexo 8 da NR 15, **é evidente que deve ser aplicada por todo o período citado os limites firmados pela Portaria 1.297, de 13.08.2014, que veio promover a integração de uma lacuna regulamentar.**

Demais disso, saindo do Direito e adentrando à Engenharia do Trabalho, ao estudar a ISO 2631/1997, verifiquei a existência de limitação de

exposição à vibração denominada ZONA B (anexo B da ISO 2631), que, se ultrapassado, indica prováveis riscos à saúde.

Nesse sentido, o posicionamento de Antonio Carlos Vendrame no artigo denominado VIBRAÇÕES OCUPACIONAIS (http://www.portalsegsst.com.br/admin/downloads/kbehbo_x_vibracoes_vendrame.pdf):

> ***"Os valores obtidos na avaliação devem ser comparados com o guia à saúde – zonas de precaução, contido no Anexo B da ISO 2631/97, reproduzido abaixo:***

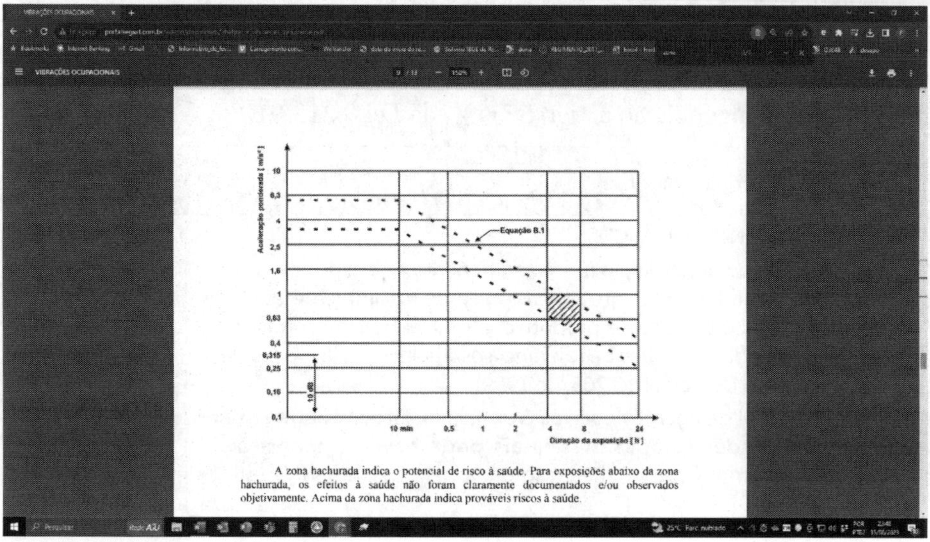

A zona hachurada indica o potencial de risco à saúde. Para exposições abaixo da zona hachurada, os efeitos à saúde não foram claramente documentados e/ou observados objetivamente. Acima da zona hachurada indica prováveis riscos à saúde".

Inclusive, esse mesmo critério é utilizado pelo TST para a concessão do adicional de insalubridade em grau médio:

> ***"Processo: Ag-EDCiv-RR - 11874-86.2017.5.03.0095***
>
> ***Órgão Judicante: 6ª Turma***
>
> ***Relatora: Katia Magalhaes Arruda***
>
> ***Julgamento: 28/06/2023***
>
> ***Publicação: 30/06/2023***
>
> ***Tipo de Documento: Acordão***
>
> **AGRAVO. RECURSO DE REVISTA. RECLAMANTE. LEI Nº 13.467/2017. TRANSCENDÊNCIA. ADICIONAL DE INSALUBRIDADE. VIBRAÇÃO.**

LIMITE DE TOLERÂNCIA. ENQUADRAMENTO NA ZONA B DA ISO 2631.

1 - A decisão monocrática reconheceu a transcendência política quanto ao tema " ADICIONAL DE INSALUBRIDADE. VIBRAÇÃO. LIMITE DE TOLERÂNCIA. ENQUADRAMENTO NA ZONA B DA ISO 2631 ", conheceu do recurso de revista da reclamante, porque foi violado o art. 192 da CLT, e, no mérito deu provimento para condenar a reclamada ao pagamento do adicional de insalubridade, em grau médio, a ser calculado sobre o salário mínimo, com os reflexos legais correspondentes, conforme se apurar em liquidação de sentença.

2 - Os argumentos da parte não conseguem desconstituir os fundamentos da decisão monocrática.

3 - Inicialmente registre-se que conforme consignado na decisão monocrática embargada, com relação ao agente insalubre vibração, o anexo nº 8 da NR nº 15 da Portaria do MTE nº 3.214/78 teve sua redação modificada pela Portaria do MTE nº 1.297 de 13/8/2014. **Anteriormente à mudança da redação, os limites de vibração no ambiente de trabalho deveriam observar os limites contidos na ISO 2631-1/1997.**

4 - A partir de tal cenário, a SbDI-1 do TST pacificou o entendimento de que a exposição do empregado a valores de vibração situados no grupo "B" da ISO nº 2631-1 gera o direito ao recebimento do adicional de insalubridade em grau médio, em razão do potencial risco à saúde. Citam-se os julgados mais recentes da SDI e da 6ª Turma do TST.

5 - Como bem ressaltado na decisão monocrática embargada, não prospera a alegação de que a decisão agravada foi omissa (itens " a " e " b ") e incorreu em negativa de prestação jurisdicional. Com efeito, cabia à parte opor embargos de declaração requerendo a sua análise, nos termos exigidos pelo art. 1º, §1º, da IN nº 40/2016 do TST, aprovada pela Resolução nº 205, de 15/3/2016, do Tribunal Pleno do TST, de seguinte teor: "§ 1º Se houver omissão no juízo de admissibilidade do recurso de revista quanto a um ou mais temas, é ônus da parte interpor embargos de declaração para o órgão prolator da decisão embargada supri-la (CPC, art. 1024, § 2º), sob pena de preclusão " - Artigo com vigência a partir de 15 de abril de 2016, conforme art. 3º desta Resolução).

6 - E conforme restou assentado na decisão embargada, o único tema recebido pelo juízo de admissibilidade, " ADICIONAL DE INSALUBRIDADE. VIBRAÇÃO. LIMITE DE TOLERÂNCIA. ENQUADRAMENTO NA ZONA B DA ISO 2631 ", foi devidamente analisado na decisão monocrática embargada. Assim, as matérias não recebidas e que não foram objeto de impugnação pela embargante, no momento oportuno, padecem de preclusão.

7 - Nesse sentido, não há nada a reformar acerca de tais pontos, visto que tais alegações realmente foram fulminadas pela preclusão.

8 - Agravo a que se nega provimento".

Dessa forma, das duas, uma: ou se deveria aplicar os limites de tolerância da Portaria 1.297, de 13.08.2014, que alterou o Anexo 8 da NR 15, de modo retroativo; **OU** consideraria, no período, o limite de exposição à vibração denominado ZONA B, que consta da ISO 2631/1997.

A única alternativa que não há base jurídica é negar o enquadramento do tempo especial no período de modo sumário, que é a atual posição. Caso contrário, o rol de atividades seria considerado taxativo, o que afronta o artigo 57, §3º, da Lei 8.213/91, com redação dada pela Lei 9.032/95, que definiu como único critério absoluto de enquadramento para a aposentadoria especial a exposição permanente a agentes nocivos previstos no Regulamento, quer como análise qualitativa ou quantitativa, a depender, **sendo ilícito limitar o enquadramento ao agente vibração apenas nas atividades ligadas à utilização de perfuratrizes e marteletes pneumáticos.**

Eis o posicionamento do INSS na análise de enquadramento do tempo especial por exposição à **VIBRAÇÃO/TREPIDAÇÃO** com base no Manual de Aposentadoria Especial:

A vibração é qualquer movimento que o corpo executa em torno de um ponto fixo. Esse movimento pode ser regular ou irregular, quando não segue nenhum padrão determinado. Pode afetar o corpo inteiro ou apenas parte do corpo, como as mãos e os braços. A vibração de corpo inteiro ocorre quando há uma vibração dos pés (posição em pé) ou do assento (posição sentada).

Existem três variáveis fundamentais que caracterizam ou estão envolvidas na avaliação da vibração:

1ª) magnitude em m/s2;

2ª) frequência em Hz; e

3ª) direção medida em três eixos:

3.1 - x (coluna-peito);

3.2 - y (direito-esquerdo); e

3.3 - z (cabeça-pé) e duração.

As vibrações agem de modo diferente nas diversas áreas do organismo, em virtude das características específicas e susceptibilidade individual. A faixa de frequência de vulnerabilidade do corpo humano localiza-se entre 4 e 8 Hz, principalmente na direção vertical (eixo z).

Os fenômenos ruído e vibração são semelhantes; os aparelhos para medição são parecidos, mudando apenas a escala de medição que poderá indicar aceleração, velocidade ou deslocamento do movimento e o tipo de transdutor, substituindo-se o microfone do medidor de pressão sonora por um acelerômetro.

Instrumental utilizado:

I - vibração de corpo inteiro: medidor com analisador de frequência com precisão de, no mínimo, terça de oitava; e

II - mão e braço: analisador de banda de oitava ou medidor de nível equivalente de vibração.

Classificação das vibrações transmitidas ao corpo humano:

a) vibrações de corpo inteiro:

a.1) baixa frequência e alta amplitude (faixa de 1 a 80 Hz, mais especificamente de 1 a 20 Hz); e

a.2) específicas para atividades de transporte.

b) vibrações de extremidades (segmentais, localizadas ou de mãos e braços):

b.1) são as mais estudadas;

b.2) situam-se na faixa de 6,3 a 1250 Hz; e

b.3) ocorrem nos trabalhos com ferramentas manuais.

No que diz respeito aos limites de tolerância, a legislação trabalhista, no Anexo 8 da NR-15, estabelecia que os mesmos fossem definidos pelas ISO 2631 (vibração de corpo inteiro) e pela ISO/DIS 5349 (vibração de membros superiores). No entanto, nenhuma delas fazia referência a limites de tolerância.

O Anexo 8 da NR-15 foi alterado em 14 de agosto de 2014, com a publicação da Portaria do MTE nº 1.297, de 13 de agosto de 2014, estabelecendo critérios para caracterização da condição de trabalho insalubre decorrente da exposição às Vibrações de Mãos e Braços – VMB e Vibrações de Corpo Inteiro – VCI. O referido Anexo caracteriza condição insalubre quando:

1. superado o limite de exposição ocupacional diária a VMB correspondente a um valor de aceleração resultante de exposição normalizada (aren) de 5 m/s2;

2. Superados quaisquer dos limites de exposição ocupacional diária a VCI:

2.1) valor da aceleração resultante de exposição normalizada (aren) de 1,1 m/s2; ou

2.2) valor da dose de vibração resultante (VDVR) de 21,0 m/s1,75.

Essa mesma Portaria ainda determina que os procedimentos técnicos para a avaliação das VCI e VMB sejam os estabelecidos nas NHO 9 (VCI) e NHO 10 (VMB) da Fundacentro.

A aceleração resultante de exposição normalizada – AREN, conforme NHO 9 e 10 da Fundacentro, corresponde à aceleração resultante de exposição – ARE convertida para uma jornada diária padrão de oito horas.

O Valor da Dose de Vibração Resultante – VDVR, conforme a NHO 9 da Fundacentro, corresponde à exposição ocupacional diária, considerando a resultante dos três eixos de medição.

Decreto nº 53.831, de 1964, estabelece como especiais as operações com trepidações capazes de serem nocivas à saúde, com máquinas acionadas por ar comprimido e velocidade acima de 120 (cento e vinte) golpes por minuto.

O Decreto nº 83.080, de 1979, determina enquadramento para este agente nos trabalhos com perfuratrizes e marteletes pneumáticos.

Assim, este agente poderá ser analisado tanto pelo Anexo do Decreto nº 53.831, de 1964, como pelo Anexo I do Decreto nº 83.080, de 1979, até 5 de março de 1997.

A partir de 6 de março de 1997, o Decreto nº 2.172, de 1997, em seu Anexo IV, código 2.0.0, determina que para os agentes físicos seja considerada a exposição acima dos limites de tolerância especificados ou a exposição às atividades descritas, as quais são definidas no código de vibrações "trabalhos com perfuratrizes e marteletes pneumáticos". O Decreto nº 3.048, de 1999, ratifica esta redação em seu Anexo IV.

O Decreto nº 4.882, de 2003, acrescenta o § 11 ao art. 68 do Decreto 3.048, de 1999, dispondo que os limites de tolerância dos agentes nocivos devem ser aqueles estabelecidos na legislação trabalhista (Portaria MTE nº 3.214, de 1978), bem como a metodologia e os procedimentos de avaliação estabelecidos pela Fundacentro.

Exposição: Identificar a fonte de vibração/trepidação.

Avaliação: A avaliação até 5 de março de 1997 poderá ser qualitativa nas atividades descritas no Anexo I do Decreto nº 83.080, de 1979, ou quantitativa quando a vibração for medida em golpes por minuto, de acordo com o Anexo do Decreto nº 53.831, de 1964.

De 6 de março de 1997 até 13 de agosto de 2014, véspera da publicação da Portaria MTE nº 1.297, de 2014, a avaliação deverá ser qualitativa, vez que a ISO 2631 (para vibração de corpo inteiro) e a ISO/DIS 5349 (para vibração de mãos e braços) não definem limites de tolerância para este agente.

A partir de 14 de agosto de 2014, a avaliação deverá ser quantitativa, tendo como referência os limites de tolerância estabelecidos na legislação trabalhista (Anexo 8 da NR-15) e a metodologia e procedimentos de avaliação da NHO 09 e da NHO 10, ambas da Fundacentro.

Enquadramento: Até 5 de março de 1997, o enquadramento como atividade especial deverá ocorrer nos trabalhos com perfuratrizes e marteletes pneumáticos, de acordo com o Anexo I do Decreto nº 83.080, de 1979. Deverão ser enquadradas no Anexo do Decreto nº 53.831, de 1964, as atividades submetidas à trepidação/vibração oriunda de máquinas pneumáticas e outros, acionados por ar comprimido e velocidade acima de 120 (cento e vinte) golpes por minuto.

De 6 de março de 1997 até 6 de maio de 1999, o enquadramento deverá ocorrer exclusivamente no trabalho com perfuratrizes e marteletes pneumáticos, de acordo com o Anexo IV do Decreto nº 2.172, de 1997.

De 7 de maio de 1999 até 13 de agosto de 2014, o enquadramento deverá ocorrer de acordo com o Anexo IV do Decreto nº 3.048, de 1999, no trabalho com perfuratrizes e marteletes pneumáticos.

A partir de 14 de agosto de 2014, o enquadramento deve ocorrer:

I - para VMB: aren superior a 5 m/s2; e

II para VCI: aren superior a 1,1 m/s2 ou VDVR superior a 21,0 m/s1,75.

Demonstrações Ambientais:

Não será exigida a apresentação do LTCAT ou outras demonstrações ambientais até 13 de outubro de 1996.

De 14 de outubro de 1996 a 31 de dezembro de 2003 será exigida apresentação de LTCAT ou outra demonstração ambiental, que deve descrever a fonte de vibração.

A partir de 1º de janeiro de 2004 não é exigida a apresentação de LTCAT ou demonstração ambiental no momento do requerimento, porém estes poderão ser solicitados para análise técnica, a critério da perícia médica.

O Decreto nº 4.882, de 2003, define que a metodologia e procedimentos de avaliação a ser utilizada para elaboração de LTCAT, após 18 de novembro de 2003, seja a estabelecida pelas NHO da Fundacentro. Porém, as Normas de Higiene Ocupacional que definem a metodologia para a VCI (NHO 09) e VBM (NHO 10) só foram publicadas em 10 de setembro de 2012, sendo, portanto, exigida a metodologia a partir desta data.

Observar que existe um intervalo de tempo entre a data da publicação da NHO 09 e da NHO 10, ambas da Fundacentro (10 de setembro de 2012) e a introdução dos limites de tolerância no Anexo 8 da NR-15 (13 de agosto de 2014).

Assim, a metodologia da NHO poderá ser exigida a partir de 10 de setembro de 2012, mas os limites de tolerância serão usados como referência a partir de 14 de agosto de 2014.

Tecnologia de Proteção: Observar se consta nas demonstrações ambientais informação sobre EPC, a partir de 14 de outubro de 1996, e sobre EPI, a partir de 3 de dezembro de 1998, para cumprimento de exigência legal previdenciária. No entanto, como não há constatação de eficácia de EPI na atenuação desses agentes, deve-se reconhecer o período como especial mesmo que conste tal informação, se cumpridas as demais exigências. Em relação ao EPC, deve-se analisar se este confere a proteção adequada que elimine a presença do agente nocivo.

Codificação:

Até 5 de março de 1997, o enquadramento deverá ser feito no código 1.1.4 do Anexo I do Decreto nº 83.080, de 1979, ou no código 1.1.5 do Anexo do Decreto nº 53.831, de 1964, conforme o caso.

De 6 de março de 1997 a 6 de maio de 1999, o enquadramento deverá ser feito no Anexo IV do Decreto nº 2.172, de 1997, código 2.0.2.

A partir de 7 de maio de 1999, o enquadramento deverá ser feito no Anexo IV do Decreto nº 3.048, de 1999, código 2.0.2.

QUADRO 18 - RESUMO PARA ANÁLISE TÉCNICA DO AGENTE NOCIVO VIBRAÇÃO

Período	Enquadramento	Metodologia	Legislação	Demonstrações Ambientais	Equipamento de Proteção	Codificação	Formulários
Até 28.4.1995	Qualitativo	Informação não exigida	Decreto nº 53.831, de 1964	Não	Sem obrigatoriedade de informação	Código 1.1.5	IS nº SSS-501.19/71 ISS-132, SB-40 DISES BE 5235
Decreto nº 83.080, de 1979				Código 1.1.4			
De 29.4.1995 a 13.10.1996	Qualitativo	Informação não exigida	Decreto nº 53.831, de 1964	Não	Sem obrigatoriedade de informação	Código 1.1.5	DSS-8030
Decreto nº 83.080, de 1979				Código 1.1.4			
De 14.10.1996 a 5.3.1997	Qualitativo	Inspeção no ambiente de trabalho	Decreto nº 53.831, de 1964	LTCAT ou demais demonstrações ambientais	Obrigatoriedade de informação sobre EPC	Código 1.1.5	DSS-8030
Decreto nº 83.080, de 1979 MP nº 1.729 de 1998				Código 1.1.4			
De 6.3.1997 a 2.12.1998	Qualitativo	NR-15 ISO 2631 ISO 5349	Decreto nº 2.172, de 1997	LTCAT ou demais demonstrações ambientais	Obrigatoriedade de informação sobre EPC	Código 2.0.2	DSS-8030
De 3.12.1998 a 6.5.1999	Qualitativo	NR-15 ISO 2631 ISO 5349	Decreto nº 2.172, de 1997; Lei nº 9.528, de 1997	LTCAT ou demais demonstrações ambientais	Obrigatoriedade de informação sobre EPC e EPI	Código 2.0.2	DSS-8030
De 7.5.1999 a 18.11.2003	Qualitativo	NR-15 ISO 2631 ISO 5349	Decreto nº 3.048, de 1999	LTCAT ou demais demonstrações ambientais	Obrigatoriedade de informação sobre EPC e EPI	Código 2.0.2	DSS-8030 DIRBEN 8030

Período	Enquadramento	Metodologia	Legislação	Demonstrações Ambientais	Equipamento de Proteção	Codificação	Formulários
Após 18.11.2003 a 31.12.2003	Qualitativo	NR-15 ISO 2631 ISO 5349	Decreto nº 3.048, de 1999, modificado pelo Decreto nº 4.882, de 2003	LTCAT ou demais demonstrações ambientais	Obrigatoriedade de informação sobre EPC e EPI	Código 2.0.2	DIRBEN 8030
De 1.1.2004 a 9.9.2012	Qualitativo	NR-15 ISO 2631 ISO 5349	Decreto nº 3.048, de 1999, modificado pelo Decreto nº 4.882, de 2003; IN INSS/DC99, de 2003	LTCAT ou demais demonstra-ções ambientais se necessário	Obrigatoriedade de informação sobre EPC e EPI	Código 2.0.2	PPP
De 10.9.2012 a 8.11.2013	Qualitativo	NHO 09 e NHO 10 da FUNDACENTRO	Decreto nº 3048, de 1999	LTCAT ou demais demonstra-ções ambientais se necessário.	Obrigatoriedade de informação sobre EPC	Código 2.0.2	PPP
De 19.11.2003 a 13.8.2014	Qualitativo	NHO 09 e NHO 10 da FUNDACENTRO	Decreto nº 3.048, de 1999, modificado pelo Decreto nº 4.882, de 2003; IN INSS/DC99, de 2003	LTCAT ou demais demonstrações ambientais	Obrigatoriedade de informação sobre EPC	Código 2.0.2	PPP
A partir de 4.8.2014	Quantitativo Limites da tolerância da NR15, Anexo 8	NHO 09 e NHO 10 da FUNDACENTRO	Decreto nº 3.048, de 1999, modificado pelo Decreto nº 4.882, de 2003; IN INSS/DC99,, de 2003	LTCAT ou demais demonstrações ambientais	Obrigatoriedade de informação sobre EPC	Cócigo 2.0.2	PPP

15.8. Radiações ionizantes e não ionizantes

Radiações ionizantes – Darão ensejo à aposentadoria especial quando forem ultrapassados os limites de tolerância estabelecidos no Anexo 5 da NR-15 do MTE.

A radiação ionizante é considerada como agente nocivo que gerará direito à aposentadoria especial de 25 anos, se permanente a exposição.

De acordo com o Manual da Aposentadoria Especial do INSS, de 5 de março de 1997, o período considerado como especial deve ser enquadrado no Anexo do Decreto nº 53.831, de 1964, ou no Anexo I do Decreto nº 83.080, de 1979, nas atividades ali descritas, conforme o caso.

A partir de 6 de março de 1997, o enquadramento deve ocorrer quando ultrapassar o limite de tolerância que corresponde dose individual, aferida por meio de dosímetro, não devendo ultrapassar 5 mSv anual, não excedendo 20 mSv em 5 anos, e 50 mSv em nenhum ano, conforme Resolução CNEN nº 12, de 1998.

Para exposição aos raios-X, a dose anual individual não deve exceder 20 mSv em qualquer período de 5 anos consecutivos, não excedendo 50 mSv em nenhum ano (Portaria SVS/MS n° 453, de 1º de junho de 1998, da Agência Nacional de Vigilância Sanitária – Anvisa).

A partir de 8 de outubro de 2014, serão enquadrados qualitativamente os períodos trabalhados com exposição a radiações ionizantes, reconhecidamente cancerígenas, listadas no Grupo 1 da LINACH, que possuem registro no CAS, e estão arroladas no anexo IV do Decreto n° 3.048, de 1999:

I – Plutônio;

II – Rádio-224 e seus produtos de decaimento;

III – Rádio-226 e seus produtos de decaimento;

IV – Rádio-228 e seus produtos de decaimento;

V – Radônio-222 e seus produtos de decaimento; e

VI – Tório-232 e seus produtos de decaimento.

A radiação qualquer dos processos físicos de emissão e propagação de energia, seja por intermédio de fenômenos ondulatórios, seja por meio de partículas dotadas de energia cinética. Pode ser definida, ainda, como a energia que se propaga de um ponto a outro no espaço ou num meio material.

Dependendo da quantidade de energia, uma radiação pode ser descrita como ionizante e não ionizante, segundo o resultado de sua interação com a matéria. Quando a radiação é superior à energia de ligação dos elétrons de um átomo com o seu núcleo, suficiente para arrancar elétrons de seus orbitais, é chamada de ionizante; quando não, é denominada de não ionizante.

O INSS não reconhece direito ao tempo especial em decorrência da exposição à radiação não ionizante. Contudo, o enquadramento vem sendo feito pela TNU:

> **Processo n. 5000416-66.2013.4.04.7213, de 14/9/2017**
>
> "Em relação à radiação, na vigência do Decreto nº 53.831/64, não havia distinção entre a radiação ionizante e a radiação não ionizante como agente nocivo à saúde do trabalhador, não obstante o Decreto nº 83.080/79 tenha restringido o fator nocivo apenas à radiação ionizante. Os Decretos nºs 2.172/97 e 3.048/99, por sua vez, indicam apenas a radiação ionizante como fator nocivo à saúde ou à integridade física do obreiro.
>
> Não obstante a ausência de previsão expressa nos Decretos nºs 2.172/97 e 3.048/99, considerando a jurisprudência consolidada no sentido de que o rol de agentes nocivos previsto em tais regulamentos é exemplificativo, de sorte que, demonstrada mediante prova técnica que há efetiva exposição a outros agentes nocivos ali não previstos expressamente, que mostrem-se prejudicais à saúde ou à integridade física do trabalhador, é possível o reconhecimento da atividade especial.
>
> No caso em apreço, estas premissas foram seguidas pela Turma Recursal de origem, a qual considerou que o rol previsto pelos decretos de regência não é exaustivo, o que possibilitou o reconhecimento da especialidade das atividades desenvolvidas pelo autor, com base no conjunto probatório estabelecido nos autos.
>
> Acrescento que, no caso do agente nocivo radiação, a literatura especializada acentua o caráter extremamente nocivo da radiação ionizante, todavia, não afasta o potencial nocivo também da radiação não ionizante, embora em menor grau do que aquela, de modo que para efeito de uniformização, penso que deve restar assentada a seguinte tese jurídica: O período laborado após o Decreto nº 2.172/97, com exposição à radiação não ionizante, comprovadamente prejudicial à saúde ou à integridade física do trabalhador mediante prova técnica, pode ser considerada para efeitos de conversão de tempo de serviço especial em tempo de serviço comum".
>
> **PUIL n. 0003957-27.2014.4.03.6328/SP**
>
> **Relator(a):**
>
> **JUIZ FEDERAL GUSTAVO MELO BARBOSA**
>
> **Assunto:**
>
> EXPOSIÇÃO A RADIAÇÃO NÃO IONIZANTE. POSSIBILIDADE DE RECONHECIMENTO DA ATIVIDADE ESPECIAL.
>
> **Ementa:**

PEDIDO DE UNIFORMIZAÇÃO DE INTERPRETAÇÃO DE LEI FEDERAL. DIREITO PROCESSUAL CIVIL E PREVIDENCIÁRIO. DEFINIÇÃO DA BASE DE CÁLCULO DOS HONORÁRIOS ADVOCATÍCIOS. SÚMULAS 07 E 43 DA TNU. NÃO CONHECIMENTO. EXPOSIÇÃO A AGENTES NOCIVOS E TEMPO ESPECIAL. MENÇÃO GENÉRICA A FUMOS METÁLICOS, DE SOLDA OU DE SOLDAGEM NO PPP E LTCAT. INSUFICIÊNCIA DA PROVA. NECESSIDADE DE ESPECIFICAÇÃO DO AGENTE QUÍMICO. PRECEDENTES DA TNU. EXPOSIÇÃO A RADIAÇÃO NÃO IONIZANTE. POSSIBILIDADE DE RECONHECIMENTO DA ATIVIDADE ESPECIAL. PRECEDENTES DA TNU. INCIDENTE CONHECIDO EM PARTE E PARCIALMENTE PROVIDO.

1. A celeuma a respeito da base de cálculo dos honorários advocatícios tem natureza processual, atraindo a incidência das Súmulas 07 e 43 da TNU, motivo pelo qual o incidente não é conhecido neste ponto. 2. A menção genérica a fumos metálicos e fumos de solda/soldagem não pode ser admitida para caracterização de tempo de serviço especial, mesmo no período de vigência dos Decretos n.º 53.831/1964 e n.º 83.080/1979. Precedentes da TNU.

3. É possível o reconhecimento da radiação não ionizante como agente nocivo com fundamento no item 1.1.4 do Quadro Anexo do Decreto n.º 53.831/1964, até 05 de março de 1997, em operações em locais com radiações capazes de serem nocivas à saúde.

4. A Turma Nacional de Uniformização tem entendimento no sentido de que mesmo depois de 05 de março de 1997, ainda é possível reconhecer como especial o período em que o segurado esteve exposto à radiação não ionizante, com fundamento no Anexo 07 da NR 15.

5. Tese proposta:

"O período laborado com exposição à radiação não ionizante pode ser reconhecido como especial:

I – com fundamento no item 1.1.4 do Quadro Anexo ao Decreto n.º 53.831/1964, até 05 de março de 1997, ou;

II – nos termos do Anexo 07 da NR 15, quando a exposição ocorrer sem proteção adequada (EPI eficaz) e for comprovadamente prejudicial à saúde ou à integridade física do trabalhador, mediante prova técnica (PPP, LTCAT)".

6. Incidente parcialmente conhecido e, na parte conhecida, parcialmente provido.

Tese firmada:

O período laborado com exposição à radiação não ionizante pode ser reconhecido como especial:

I – com fundamento no item 1.1.4 do Quadro Anexo ao Decreto n.º 53.831/1964, até 05 de

março de 1997, ou;

II – nos termos do Anexo 07 da NR 15, quando a exposição ocorrer sem proteção adequada (EPI eficaz) e for comprovadamente prejudicial à saúde ou à integridade física do trabalhador, mediante prova técnica (PPP, LTCAT).

Julgado em 05/05/2022

Eis o posicionamento do INSS na análise de enquadramento do tempo especial por exposição à **RADIAÇÃO IONIZANTE** com base no Manual de Aposentadoria Especial:

Radiação é qualquer dos processos físicos de emissão e propagação de energia, seja por intermédio de fenômenos ondulatórios, seja por meio de partículas dotadas de energia cinética. Pode ser definida, ainda, como a energia que se propaga de um ponto a outro no espaço ou num meio material.

Dependendo da quantidade de energia, uma radiação pode ser descrita como ionizante e não ionizante, segundo o resultado de sua interação com a matéria. Quando a radiação é superior à energia de ligação dos elétrons de um átomo com o seu núcleo, suficiente para arrancar elétrons de seus orbitais, é chamada de ionizante; quando não, é denominada de não ionizante.

Os tipos de emissões radioativas mais comuns são: partículas alfa, partículas beta e partículas eletromagnéticas (raios-X e gama).

As partículas alfa (α) possuem massa e carga elétrica relativamente maior e podem ser facilmente detidas por uma folha de papel ou poucos centímetros de ar. Em geral, não conseguem ultrapassar as camadas externas de células mortas da pele de uma pessoa, sendo assim, basicamente inofensivas. Podem, ocasionalmente, provocar lesões graves quando penetram no organismo através de um ferimento ou aspiração.

As partículas beta (β) possuem um poder de penetração maior que o das partículas alfa, podendo penetrar cerca de um centímetro nos tecidos, ocasionando danos à pele, mas não aos órgãos internos, a não ser que sejam ingeridas ou aspiradas.

As radiações gama (⊠) e os raios-X são ondas eletromagnéticas, não possuem massa, nem carga elétrica. A diferença entre elas é a origem: a radiação gama é emitida a partir do núcleo dos átomos ionizados ou excitados, enquanto os raios-X são produzidos na acomodação dos elétrons de átomos ionizados ou excitados. Os raios-X são menos energéticos que os raios gama. O poder de penetração destes, especialmente da radiação gama, é muito maior que o das partículas alfa e beta, podendo atravessar vários centímetros de chumbo e serem detidas somente por uma parede de concreto ou metal.

A interação das radiações ionizantes com a matéria consiste na transferência de energia da radiação para o meio irradiado, levando a alterações físicas, químicas e, em caso de matéria viva, alterações bioquímicas e fisiológicas.

O efeito das radiações ionizantes em um indivíduo depende basicamente da dose absorvida (alta/baixa), da taxa de exposição (crônica/aguda) e da forma de exposição (corpo inteiro/localizada).

A quantidade de radiação absorvida pelos tecidos vivos denomina-se dose.

A dose absorvida é a energia transferida pela radiação por unidade de massa nos tecidos em Gray (Gy) e equivale à absorção de um Joule por quilograma (Kg).

Para poder comparar os efeitos das diferentes radiações ionizantes, a dose absorvida deve ser multiplicada pelo fator de qualidade (Q), resultando na dose equivalente, cuja unidade é o Sievert (Sv).

As fontes naturais de radiação são os raios cósmicos, radiação terrestre (solo rico em determinados minérios), radiação interna (ar respirado, água e alimentos ingeridos) e de radônio, procedente do solo e água subterrânea.

As fontes artificiais de radiação começaram a existir após a construção do primeiro reator de fissão, em 1943. A partir de então, novos radionuclídeos vêm sendo descobertos, produzidos e utilizados nos campos mais variados, inclusive na medicina. Essas fontes podem ser divididas em cinco categorias: fontes médicas (raios-X), explosões nucleares, centrais nucleoelétricas, decorrentes de acidentes radiológicos e nucleares, e exposição ocupacional.

Existe ampla variação das doses recebidas em função do tipo de atividade laboral realizada. Como existe o monitoramento individual, as doses são geralmente bem documentadas.

Os efeitos tóxicos das radiações ionizantes nos seres humanos representam um risco à saúde, independentemente da dose recebida. Em doses altas podem levar à morte em horas ou dias e em doses reduzidas podem induzir alterações genéticas em gerações futuras ou levar ao desenvolvimento do câncer em anos ou décadas.

No Anexo do Decreto nº 53.831, de 1964, na coluna referente aos serviços e atividades profissionais considerados especiais, estão presentes exemplos de atividades com exposição a radiações ionizantes (raios-X, radium e substâncias radioativas) e não ionizantes (infravermelho e ultravioleta).

O Anexo I do Decreto nº 83.080, de 1979, determina como especial a exposição dos profissionais ocupados em caráter permanente na extração de minerais radioativos, assim como fabricação, manipulação, pesquisa e estudos dos raios-X e substâncias radioativas.

Assim, de acordo com os Decretos acima citados, para o agente nocivo radiação ionizante a análise é qualitativa.

Como o Decreto nº 611, de 1992, permite o enquadramento em qualquer dos dois Decretos anteriores, utiliza-se como parâmetro o mais favorável ao trabalhador até 5 de março de 1997.

A partir de 6 de março de 1997, o Decreto nº 2.172, de 1997, em seu Anexo IV, código 2.0.0, determina que para os agentes físicos seja considerada a exposição acima dos limites de tolerância especificados ou às atividades descritas, as quais são definidas no código de radiações as atividades de:

I - extração e beneficiamento de minerais radioativos;

II - atividades em minerações com exposição ao radônio;

III - realização de manutenção e supervisão em unidades de extração, tratamento e beneficiamento de minerais radioativos com exposição às radiações ionizantes;

IV - operações com reatores nucleares ou com fontes radioativas;

V - trabalhos realizados com exposição aos raios Alfa, Beta, Gama e X, aos nêutrons e às substâncias radioativas para fins industriais, terapêuticos e diagnósticos;

VI - fabricação e manipulação de produtos radioativos; e

VII - pesquisas e estudos com radiações ionizantes em laboratórios.

O Decreto nº 3.048, de 1999, ratifica esta redação em seu Anexo IV.

O Decreto nº 4.882, de 2003, dá nova redação ao Decreto nº 3.048, de 1999, modificando o seu art. 68, § 11, normatizando que os limites de tolerância dos agentes nocivos devem ser os estabelecidos na Legislação Trabalhista e a metodologia de avaliação da FUNDACENTRO, que, no caso de radiações, só possui metodologia definida para exposição a raios-X em serviços de radiologia – NHO 5.

A legislação trabalhista, no Anexo 5 da NR-15, estabelece que para as radiações ionizantes os limites de tolerância, os princípios, as obrigações e controles básicos para a proteção do homem e do seu meio ambiente contra possíveis efeitos indevidos causados pela radiação ionizante, são os constantes da Norma CNEN-NE-3.01: "Diretrizes Básicas de Radioproteção", de julho de 1988, aprovada, em caráter experimental, pela Resolução CNEN nº 12, de 19 de julho de 1988, ou daquela que venha a substituí-la, que estabelece as diretrizes básicas de radioproteção.

O Decreto n° 8.123, de 2013, alterou o § 4º do art. 68 do Decreto nº 3.048, de 1999, e considerou que a presença no ambiente de trabalho, com possibilidade de exposição de agentes nocivos reconhecidamente cancerígenos, será suficiente para comprovação da efetiva exposição do trabalhador.

Considerando o Plano Nacional de Segurança e Saúde do Trabalho, a elevada incidência de câncer no Brasil, os estudos científicos existentes e a lista de agentes cancerígenos da Agência Internacional para a Investigação do Câncer – IARC, foi publicada a Portaria Interministerial MTE/MS/MPS n° 9, de 2014, contendo a Lista Nacional de Agentes Cancerígenos para Humanos – LINACH, classificando-os de acordo com os seguintes grupos:

a) Grupo 1: carcinogênicos para humanos;

b) Grupo 2 A: provavelmente carcinogênicos para humanos; e

c) Grupo 2 B: possivelmente carcinogênicos para humanos.

Nesses grupos da LINACH constam agentes que possuem registro no *Chemical Abstracts Service* (CAS) e outros em que o CAS não se aplica.

Para análise do enquadramento de atividade em condições especiais são considerados agentes reconhecidamente cancerígenos, aqueles do Grupo 1, que têm registro no CAS e constam no Anexo IV do Decreto nº 3048, de 1999.

Com base na Nota Técnica n° 00001/2015/GAB/PRFE/INSS/SAO/PGF/AGU, para enquadramento dos agentes reconhecidamente cancerígenos será considerado o período trabalhado a partir de 8 de outubro de 2014, data da publicação da Portaria Interministerial nº 9, de 2014, no DOU.

Exposição: Identificar a fonte da radiação ionizante.

Avaliação: Até 5 de março de 1997, a avaliação deve ser qualitativa, por pressuposição da exposição, nas atividades previstas no Anexo do Decreto nº 53.831, de 1964 (exemplificativas), e Anexo I do Decreto nº 83.080, de 1979, (lista exaustiva de atividades profissionais).

A partir de 6 de março de 1997, deve ser utilizada a avaliação de acordo com o Anexo 5 da NR-15, que remete à Norma CNEN-NE-3.01, aprovada pela Resolução CNEN nº 12, de 1988.

A partir de 8 de outubro de 2014, as radiações ionizantes reconhecidamente cancerígenas, listadas no Grupo 1 da LINACH, que possuem registro no CAS e estão arroladas no Anexo IV do Decreto 3.048, de 1999, serão avaliadas qualitativamente.

Enquadramento:

Até 5 de março de 1997, o período considerado como especial deve ser enquadrado no Anexo do Decreto nº 53.831, de 1964, ou no Anexo I do Decreto nº 83.080, de 1979, nas atividades ali descritas, conforme o caso.

A partir de 6 de março de 1997, o enquadramento deve ocorrer quando ultrapassar o limite de tolerância que corresponde à dose individual, aferida por meio de dosímetro, não devendo ultrapassar 5 mSv anual, não excedendo 20 mSv em 5 anos, e 50 mSv em nenhum ano, conforme Resolução CNEN nº 12, de 1998.

Para exposição aos raios-X, a dose anual individual não deve exceder 20 mSv em qualquer período de 5 anos consecutivos, não excedendo 50 mSv em nenhum ano (Portaria SVS/MS nº 453, de 1º de junho de 1998, da Agência Nacional de Vigilância Sanitária - Anvisa).

A partir de 8 de outubro de 2014, serão enquadrados qualitativamente os períodos trabalhados com exposição a radiações ionizantes, reconhecidamente cancerígenas, listadas no Grupo 1 da LINACH, que possuem registro no CAS, e estão arroladas no anexo IV do Decreto nº 3.048, de 1999:

I - Plutônio;

II - Rádio-224 e seus produtos de decaimento;

III - Rádio-226 e seus produtos de decaimento;

IV - Rádio-228 e seus produtos de decaimento;

V - Radônio-222 e seus produtos de decaimento; e

VI - Tório-232 e seus produtos de decaimento.

Demonstração Ambiental:

Não será exigida a apresentação do LTCAT ou outras demonstrações ambientais até 13 de outubro de 1996.

De 14 de outubro de 1996 a 31 de dezembro de 2003, será exigida a apresentação de LTCAT ou outra demonstração ambiental, que devem descrever a fonte de radiação.

ambiental no momento do requerimento, porém esta poderá ser solicitada para a análise técnica, a critério da perícia médica.

De acordo com o Decreto nº 4.882, de 2003, deve-se usar a metodologia da Fundacentro na avaliação ambiental, que neste caso só é possível para exposição a raios-X, conforme NHO 5.

Tecnologia de Proteção:

Deve-se observar se consta informação sobre EPC a partir de 14 de outubro de 1996, e sobre EPI a partir de 3 de dezembro de 1998, não devendo ser considerada a informação sobre EPI para os períodos laborados anteriores a 3 de dezembro de 1998 (data da publicação da MP nº 1.729, de 1998, convertida da Lei nº 9.732, de 1998).

A partir de 8 de outubro de 2014, com a publicação da Portaria Interministerial nº 9, de 2014, e com base na Nota Técnica nº 00001/2015/GAB/PRFE/INSS/SAO/PGF/AGU, em relação aos agentes nocivos reconhecidamente cancerígenos do Grupo 1 da lista da LINACH, que possuam o CAS, e que constem no Anexo IV do Decreto nº 3.048, de 1999, a utilização de EPC e/ou EPI não elide a exposição aos agentes comprovadamente cancerígenos, mesmo que considerados eficazes.

Codificação:

Até 5 de março de 1997, o enquadramento deve ser no código 1.1.4 do Decreto nº 53.831, de 1964, ou no código 1.1.3 do Decreto nº 83.080, de 1979, conforme o caso.

De 6 de março de 1997 a 6 de maio de 1999, deverá ser enquadrado no Anexo IV do Decreto nº 2.172, de 1997, código 2.0.3.

A partir de 7 de maio de 1999, deverá ser enquadrado no Anexo IV do Decreto nº 3.048, de 1999, código 2.0.3.

QUADRO 19 - RESUMO PARA ANÁLISE TÉCNICA DO AGENTE NOCIVO RADIAÇÃO IONIZANTE

Período	Enquadramento	Metodologia	Legislação	Demonstrações Ambientais	Equipamento de Proteção	Codificação	Formulários
Até 28.4.1995	Qualitativo	Informação não exigida	Decreto nº 53.831, de 1964	Não	Sem obrigatoriedade de informação	Código 1.1.4	IS nº SSS-501.19/71 ISS-132, SB-40 DISES BE 5235
Qualitativo		Informação não exigida		Decreto nº 83.080, de 1979		Código 1.1.3	
De 29.4.1995 a 13.10.1996	Qualitativo	Informação não exigida	Decreto nº 53.831, de 1964	Não	Sem obrigatoriedade de informação	Código 1.1.4	DSS-8030
Qualitativo		Informação não exigida		Decreto nº 83.080, de 1979		Código 1.1.3	
De 14.10.1996	Qualitativo	Inspeção no ambiente de	Decreto nº 53.831, de	LTCAT ou demais demonstrações	Obrigatoriedade de informação sobre	Código 1.1.4	DSS-8030
Período	Enquadramento	Metodologia	Legislação	Demonstrações Ambientais	Equipamento de Proteção	Codificação	Formulários
a 5.3.1997		trabalho	1964	ambientais	EPC		
Qualitativo		Inspeção no ambiente de trabalho		Decreto nº 83.080, de 1979		Código 1.1.3	
De 6.3.1997 a 2.12.1998	Quantitativo	NR-15 CNEN NE 3.01	Decreto nº 2.172, de 1997; MP nº 1.729, de 1998	LTCAT ou demais demonstrações ambientais	Obrigatoriedade de informação sobre EPC	Código 2.0.3	DSS-8030
De 3.12.1998 a 6.5.1999	Quantitativo	NR-15 CNEN NE 3.01	Decreto nº 2.172, de 1997; Lei nº 9.528, de 1997	LTCAT ou demais demonstrações ambientais	Obrigatoriedade de informação sobre EPC e EPI	Código 2.0.3	DSS-8030

Período	Enquadramento	Metodologia	Legislação	Demonstrações Ambientais	Equipamento de Proteção	Codificação	Formulários
De 3.12.1998 a 6.5.1999	Quantitativo	NR-15 CNEN NE 3.01	Decreto nº 2.172, de 1997	LTCAT ou demais demonstrações ambientais	Obrigatoriedade de informação sobre EPC e EPI	Código 2.0.3	DSS-8030 DIRBEN 8030
De 7.5.1999 a 18.11.2003	Quantitativo	NR-15 CNEN NE 3.01	Decreto nº 3.048, de 1999	LTCAT ou demais demonstrações ambientais	Obrigatoriedade de informação sobre EPC e EPI	Código 2.0.3	DSS-8030 DIRBEN 8030
De 19.11.2003 a 31.12.2003	Quantitativo	NHO 5 FUNDACENTRO CNEN NE 3.01	Decreto nº 3.048, de 1999, modificado pelo Decreto nº 4.882, de 2003	LTCAT ou demais demonstrações ambientais	Obrigatoriedade de informação sobre EPC e EPI	Código 2.0.3	DIRBEN 8030
A partir de 1.1.2004	Quantitativo	NHO 5 FUNDACENTRO CNEN NE 3.01	Decreto nº 3.048, de 1999, modificado pelo Decreto nº 4.882, de 2003; IN INSS/DC 99, de 2003	LTCAT ou demais demonstrações ambientais se necessário	Obrigatoriedade de informação sobre EPC e EPI	Código 2.0.3	PPP
A partir de 8.10.2014	Qualitativo para os reconhecidamen-tes cancerígenos	Grupo 1 LINCAH	Substâncias relaciona- das na Portaria Interministe-rial nº 9, de 2014	LTCAT ou demais demonstrações ambientais se necessário	Obrigatoriedade de informação sobre EPC e EPI	Código 2.0.3	PPP

Eis o posicionamento do INSS na análise de enquadramento do tempo especial por exposição à **RADIAÇÃO NÃO IONIZANTE** com base no Manual de Aposentadoria Especial:

Radiações não ionizantes possuem energia relativamente baixa e, de acordo com o Anexo 7 da NR-15, são radiações não ionizantes as micro-ondas, ultravioletas e laser. Outras formas de radiações não ionizantes são a luz, as ondas de rádio, o radar e as radiações infravermelhas.

As radiações não ionizantes apresentam interesse do ponto de vista ambiental e ocupacional, porque os seus efeitos sobre a saúde são potencialmente importantes.

Em relação às micro-ondas, o efeito mais estudado e conhecido é o térmico, que quanto menor a frequência e maiores a potência e o tempo de exposição, maior é o risco de lesões internas, devido à facilidade com que as ondas penetram no organismo.

Em relação aos efeitos dos campos eletromagnéticos, as pesquisas mostram que, em longo prazo, os expostos podem vir a sofrer hipertensão arterial, alterações do sistema nervoso central, cardiovascular, endócrino e distúrbios menstruais.

Nas radiações ultravioletas pode-se observar que as faixas denominadas eritemáticas e germicidas são as que apresentam maiores riscos potenciais. Estas faixas são emitidas em operações com solda elétrica, metais em fusão, maçaricos operando a altas temperaturas, lâmpadas germicidas e outras. Estão presentes, ainda, na radiação solar.

Entre os efeitos danosos das radiações ultravioletas, destaca-se a ceratite actínica, que se manifestam horas depois da exposição nos processos de solda, quando não adotadas as medidas de proteção adequadas.

A radiação laser, direta ou refletida, pode afetar especialmente os olhos e a pele, ainda que a potência seja baixa. O laser hoje é muito aplicado na indústria, para cortar, soldar ou perfurar metais com alta precisão, ou para localizar falhas estruturais. É utilizada, ainda, em quase todas as especialidades médicas, na informática, nas telecomunicações e em diversas pesquisas científicas, como a da medida de distâncias interplanetárias.

O Decreto nº 53.831, de 1964, estabelece como atividades especiais aquelas com exposição a radiações ionizantes (raios-X, radium e substâncias radioativas) e não ionizantes (infravermelho e ultravioleta).

O Decreto nº 83.080, de 1979, exclui as radiações não ionizantes para fins de aposentadoria especial.

Como o Decreto nº 611, de 1992, valida o Anexo do Decreto nº 53.831, de 1964, a radiação não ionizante permanece como condição especial de trabalho até 5 de março de 1997, já que em 6 de março de 1997 foi publicado o Decreto nº 2.172, de 1997, quando é excluído definitivamente para fins de enquadramento de tempo especial.

Exposição: Identificar a fonte da radiação não ionizante.

Avaliação: Qualitativa.

Enquadramento: Até 5 de março de 1997, o enquadramento como especial deverá ocorrer no Anexo do Decreto nº 53.831, de 1964.

Demonstrações Ambientais: Exigido LTCAT ou outras demonstrações ambientais a partir de 14 de outubro de 1996.

Tecnologia de Proteção: Observar se consta informação sobre EPC a partir de 14 de outubro de 1996. A informação de EPI não deverá ser exigida e nem considerada.

Codificação: Até 5 de março de 1997, código 1.1.4 do quadro Anexo do Decreto nº 53.831, de 1964.

QUADRO 20 - RESUMO PARA ANÁLISE TÉCNICA DO AGENTE NOCIVO RADIAÇÃO NÃO IONIZANTE

Período	Enquadramento	Metodologia	Legislação	Demonstrações Ambientais	Equipamento de Proteção	Codificação	Formulários
Até 8.4.1995	Qualitativo	Informação não exigida	Decreto nº 53.831, de 1964	Não	Sem obrigatoriedade de informação	código 1.1.4	IS nº SSS-501.19/71 SS-132, SB-40 DISES BE 5235
De 9.4.1995 a 13.10.1996	Qualitativo	Informação não exigida	Decreto nº 53.831, de 1964	Não	Sem obrigatoriedade de informação	código 1.1.4	SS-8030
De 14.10.1996 a 5.3.1997	Qualitativo	Inspeção no ambiente de trabalho	Decreto nº 53.831, de 1964; MP nº 1.523, de 1996	LTCAT ou demais demonstrações ambientais.	Obrigatoriedade de informação sobre EPC	código 1.1.4	SS-8030

16. AGENTES QUÍMICOS

A atividade especial pressupõe a exposição aos agentes nocivos químicos, físicos, biológicos ou associação de agentes prejudiciais à saúde ou à integridade física, pelo período equivalente ao exigido para a concessão do benefício.

Consideram-se **agentes químicos** as substâncias, compostos ou produtos que possam penetrar no organismo pela via respiratória, nas formas de poeiras, fumos, névoas, neblinas, gases ou vapores, ou que, pela natureza da atividade de exposição, possam ter contato ou ser absorvidos pelo organismo através da pele ou por ingestão (Norma Regulamentadora 9, da Portaria 3214/78, do MTE).

O artigo 297 da IN INSS 128/2022 disciplina a exposição aos agentes químicos e poeiras minerais:

> *"Art. 297. Para caracterização da atividade especial por exposição ocupacional a agentes químicos e a poeiras minerais constantes do Anexo IV do RPS, a análise deverá ser realizada:*
>
> *I - até 5 de março de 1997, véspera da publicação do Decreto nº 2.172, de 1997, de forma qualitativa em conformidade com o código 1.0.0 do Quadro Anexo ao Decreto nº 53.831, de 1964 ou Código 1.0.0 do Anexo I do Decreto nº 83.080, de 1979, por presunção de exposição;*
>
> *II - a partir de 6 de março de 1997, em conformidade com o Anexo IV do RBPS, aprovado pelo Decreto nº 2.172, de 1997, ou do RPS, aprovado pelo Decreto nº 3.048, de 1999, dependendo do período, devendo ser avaliados conformes os Anexos 11, 12, 13 e 13-A da NR15 do MTE; e*
>
> *III - a partir de 1º de janeiro de 2004 segundo as metodologias e os procedimentos adotados pelas NHO-02, NHO-03, NHO-04 e NHO-07 da FUNDACENTRO, sendo facultado à empresa a sua utilização a partir de 19 de novembro de 2003, data da publicação do Decreto nº 4.882, de 2003".*

Eis o posicionamento do INSS na análise de enquadramento do tempo especial por exposição aos **AGENTES QUÍMICOS** com base no Manual de Aposentadoria Especial:

Para avaliar a exposição ao produto químico, devem-se considerar os seguintes conceitos:

I - efeito nocivo: quando produzido por exposição prolongada e que resulte em transtornos da capacidade funcional e/ou da capacidade do organismo em compensar nova sobrecarga; quando diminui a capacidade do organismo de manter sua homeostasia; ou aumenta a suscetibilidade aos efeitos indesejáveis a outros agentes ambientais. Esses efeitos podem ser considerados leves, como irritação nos olhos; mais sérios, como dano hepático ou renal; ou graves, como uma incapacidade permanente de um órgão, como por exemplo: cirrose ou câncer. Ocasionar a morte não é critério de nocividade;

II - agente tóxico ou toxicante: entidade química capaz de causar dano a um sistema biológico, alterando seriamente uma função ou levando-o à morte, sob certas condições de exposição; e

III - toxicidade: é a capacidade inerente a um agente químico (perigo intrínseco) de produzir danos aos organismos vivos, em condições padronizadas de uso. Uma substância com alta toxicidade causará dano a um organismo mesmo quando administrada em quantidades mínimas, enquanto que uma substância de baixa toxicidade somente produzirá efeito quando a quantidade administrada for grande. A classificação de alta ou baixa toxicidade é derivada de dados estatísticos da dose ou concentração do agente químico que pode causar a morte de 50% (cinquenta por cento) da população de animais de laboratório, em condições experimentais definidas. Além disso, pode ser classificada em toxicidade aguda ou crônica. Algumas substâncias de baixa toxicidade aguda podem promover efeitos carcinogênicos ou teratogênicos a longo prazo, mesmo em doses que não produzam efeito tóxico agudo.

Os produtos químicos podem constituir um risco à saúde nos locais de trabalho, dependendo tanto do potencial do agente químico para causar danos (toxicidade) quanto da intensidade da exposição. **RESUMINDO!**

Produtos químicos podem ser nocivos, mas não serem tóxicos.

Podem ser nocivos ou tóxicos e não representarem riscos à saúde.

Nocividade e toxicidade são propriedades intrínsecas do agente, todavia o risco depende do contexto laboral.

Os prejuízos causados por produtos químicos são bastante variados e por isso o risco potencial de causar danos é classificado a partir de dados disponíveis sobre os produtos químicos que são comparados a critérios de perigo já definidos em ensaios específicos. Como exemplo de classificação de nocividade pode ser citado o Sistema Globalmente Harmonizado de Classificação e Rotulagem de Produtos Químicos, da Organização das Nações Unidas – GHS/ONU, ratificado pela NR-26, atualizada pela Portaria SIT nº 229, de 24 de maio de 2011, da Secretaria de Inspeção do Trabalho do Ministério do Trabalho e Emprego.

De acordo com o sistema GHS/ONU os perigos à saúde humana são:

I - toxicidade aguda;

II - corrosão/irritação à pele;

III - lesões oculares graves/irritação ocular;

IV - sensibilidade respiratória;

V - sensibilidade à pele;

VI - mutagenicidade em células germinativas;

VII - carcinogenicidade;

VIII - toxicidade à reprodução;

IX - toxicidade para órgãos-alvo específicos – exposição única;

X - toxicidade para órgãos-alvo específicos – exposição repetida; e

XI - perigo por aspiração.

Na análise da exposição tem relevância o estado físico em que se encontra o produto químico, se sólido, líquido ou gasoso, e suas propriedades físico-químicas, como por exemplo: a volatilidade, solubilidade, temperatura de ebulição, a densidade de vapor ou de gás, entre outros.

Para comprovação da atividade especial do trabalhador há que se considerar de que maneira será estimada a exposição aos agentes nocivos alegados:

a) qualitativa: quando a nocividade é presumida e independente de mensuração, constatada pela presença do agente, mediante inspeção no ambiente de trabalho. Não basta a presença do agente; há que se demonstrar que ocorre exposição ao agente de forma habitual e permanente; e

b) quantitativa: quando são necessárias aferições das concentrações ambientais dos agentes para que se verifique se estão acima dos limites de tolerância fixados pela legislação. A avaliação quantitativa está relacionada à probabilidade de que o dano à saúde ocorra. Os limites de exposição são valores de referência. Quando a exposição ultrapassa esses limites, o dano é provável. Quando é inferior é pouco provável ou mesmo improvável.

De acordo com a legislação brasileira, os agentes que serão reconhecidos por meio da análise qualitativa estão listados nos Anexos 13 e 13-A da Norma Regulamentadora NR-15, aprovada pela Portaria no 3.214, de 1978, do MTE.

Os agentes químicos que serão analisados quantitativamente e que precisam ser mensurados no ambiente de trabalho encontram-se nos Anexos 11 e 12 da NR 15.

As poeiras de origem mineral como asbesto, manganês e sílica livre também são consideradas agentes químicos, com abordagem técnica específica apresentada no Anexo 12 da NR-15 e podem ser reconhecidas como agentes de risco dependendo dos níveis de concentração superiores aos limites de tolerância estabelecidos, conforme o caso.

No entanto, dependendo da época trabalhada e da legislação vigente, os agentes do Anexo 11 e 12, originalmente considerados como de avaliação quantitativa, poderão ser analisados qualitativamente. Se reconhecidamente cancerígenos pela legislação brasileira, além de avaliação qualitativa, não serão consideradas as tecnologias de proteção, mesmo se eficazes, de acordo com Memorando-Circular Conjunto nº 2/DIRSAT/DIRBEN/INSS, de 23 de julho de 2015.

Para que o período seja reconhecido como atividade especial, o agente nocivo, obrigatoriamente, deve constar nos anexos dos decretos previdenciários e a exposição precisa ser indissociável da produção do bem, ou da prestação do serviço, em decorrência da subordinação jurídica a qual se submete o trabalhador.

Existem bancos de dados contendo as substâncias químicas, sendo o mais conhecido o da *Chemical Abstrats Service* – CAS, entidade fundada em 1907, nos EUA, que registra cada substância química com um número. A numeração possibilita congregar sinônimos e os diferentes nomes adotados em diversos idiomas de uma substância e também permite separar os isômeros. Normalmente, o número CAS se aplica a substâncias puras, mas há algumas misturas que também o possuem, como, por exemplo, a mistura dos isômeros de xileno, que é registrada com o número CAS 1330-20-7, ou mesmo outras misturas comerciais de grande importância, como a gasolina, que é uma mistura de centenas de substâncias químicas, com o número CAS 8006-61-9.

Para analisar a exposição a produtos químicos é preciso saber a composição dos mesmos. A Associação Brasileira de Normas Técnicas – ABNT, por meio da Norma Brasileira – NBR 14725, de 2009 e a NR-26, atualizada pela Portaria SIT nº 229, de 2011, do MTE adotaram o sistema GHS e as empresas fornecedoras de produtos químicos devem disponibilizar as Fichas de Informação de Segurança de Produtos Químicos – FISPQ aos seus clientes. Os itens abaixo devem nela constar:

I - identificação do produto e da empresa;

II - identificação dos perigos;

III - composição e informação dos ingredientes - apenas se declaram os ingredientes classificados como perigosos e em concentração acima dos valores de corte;

IV - medidas de primeiros socorros;

V - medidas de combate a incêndio;

VI - medidas de controle para derramamento ou vazamento;

VII - manuseio e armazenamento;

VIII - controle da exposição e EPI;

IX - propriedades físico-químicas;

X - estabilidade e reatividade;

XI - informações toxicológicas;

XII - informações ecológicas;

XIII - considerações sobre tratamento e disposição;

XIV - informações sobre transporte;

XV - regulamentações; e

XVI - outras informações.

As FISPQ e os rótulos podem ser consultados a fim de se obter a composição e algumas informações básicas do produto comercial. Atualmente, a FISPQ do produto, quando não disponibilizada pelo fornecedor, pode ser obtida por meio da Internet, no sítio eletrônico do fabricante ou do fornecedor.

As empresas que compram os produtos químicos devem ter as FISPQ de todos os produtos adquiridos e as empresas que comercializam benzeno devem estar cadastradas no MTE.

Na prática, os dados a respeito do produto químico utilizado podem ser solicitados à empresa onde a atividade é realizada ou pode-se pesquisar em sítios de busca, sendo os mais confiáveis os que têm no endereço ".edu" ou ".gov". O sítio do Portal BR Distribuidora (www.br.com.br-wps-portal-portalconteudo-home) tem FISPQ de produtos derivados do petróleo bastante informativos.

Outros locais de busca recomendáveis são: GESTIS Substance Data-base e NIOSH* Pocket Guide to Chemical Hazards.

Os efeitos causados pelas exposições a agentes químicos de curto ou longo prazo nos ambientes de trabalho são levados em conta para o estabelecimento de Limites de Exposição Ocupacional – LEO.

No Brasil, o LEO são denominados Limites de Tolerância – LT, definidos como sendo a concentração ou intensidade máxima ou mínima, relacionada com a natureza e o tempo de exposição ao agente, que não causará dano à saúde do trabalhador durante a sua vida laboral e estão estabelecidos nos Anexos 11 e 12 da NR-15.

O limite de tolerância representa a concentração que é permitida, baseado nos dados sobre os efeitos à saúde, para o período no qual se calcula a média das concentrações no local de trabalho.

São considerados na NR-15 os seguintes limites para agentes químicos:

I - LT (TLV-TWA): concentração média ponderada pelo tempo para uma jornada diária de oito horas e semanal de 48 (quarenta e oito) horas, sem efeito adverso para a maioria dos indivíduos;

II - valor teto: limite que não pode ser ultrapassado em momento algum da jornada de trabalho; e

III - valor máximo: aquele que se obtido em qualquer amostragem, significa situação de risco grave e iminente.

Os limites de tolerância que estão nos Anexos 11 e 12 da NR-15 são estabelecidos para concentrações de gases e vapores ou material particulado na atmosfera do ambiente do trabalho. As unidades usadas são partes por milhão (ppm), válidas somente para gases e vapores. A relação entre massa do material particulado, gases ou vapores e volume do ar é expressa em mg/m3. A conversão de ppm para mg/m3 é válida somente para gases e vapores, pois a concentração de material particulado é somente expressa em mg/m3.

Observa-se no Quadro nº 1 do Anexo 11 da NR-15 que na coluna "valor teto" estão assinalados os agentes químicos cujos limites de tolerância não podem ser ultrapassados em momento algum da jornada de trabalho. Na coluna "absorção também pela pele" estão assinalados os agentes químicos que podem ser absorvidos por via cutânea e, portanto, exigem na sua manipulação o uso das luvas adequadas, além do EPI necessário à proteção de outras partes do corpo. A norma determina que para todas as substâncias arroladas como "asfixiantes simples" neste mesmo Quadro, a concentração mínima de oxigênio no ambiente onde estiverem presentes deverá ser 18% (dezoito por cento) em volume, e quando abaixo deste valor, será considerada situação de risco grave e iminente.

No Anexo 12 da NR 15 constam os limites de tolerância para poeiras minerais amianto, manganês e seus compostos e sílica livre cristalizada.

No Anexo 13 da NR-15 encontra-se a relação das atividades e operações envolvendo agentes químicos, consideradas para efeitos de adicional de insalubridade em decorrência de inspeção realizada no local de trabalho. Alguns agentes químicos não possuem limite de tolerância nos Anexos 11 e 12 da NR-15, portanto, devem ser analisados de forma qualitativa.

Conforme NR-15 do MTE, a avaliação das concentrações dos agentes químicos é realizada por meio de métodos de amostragem instantânea, de leitura direta ou não, devendo ser feitas pelo menos em dez amostragens, para cada ponto, ao nível respiratório do trabalhador. Entre cada uma das amostragens deverá haver um intervalo de, no mínimo, vinte minutos.

O limite de tolerância será considerado excedido quando a média aritmética das concentrações ultrapassar os valores fixados no Quadro n° 1 do Anexo 11.

Conforme NHO da Fundacentro nos 02, 03, 04, 07 e 08 as coletas do ar no ambiente de trabalho são realizadas por bombas de amostragem individual que precisam ser calibradas para garantir uma vazão uniforme na coleta com dispositivos e fluxo de coleta de acordo com a amostra a ser estudada.

Períodos trabalhados até 5 março de 1997:

É considerada exclusivamente a relação de substâncias descritas nos Anexos dos Decretos nº 53.831, de 1964 (código 1.0.0) e nº 83.080, de 1979 (código 1.0.0, Anexo I). A relação dos agentes químicos contida nesses Anexos é exaustiva.

A avaliação da exposição do agente químico, neste período, é sempre qualitativa, por presunção de exposição, ou seja, não são considerados limites de tolerância até 5 de março 1997, não sendo exigidas as medições para reconhecimento do período como especial.

Importante ressaltar que na análise deste período deve-se observar a atividade desenvolvida, o local de trabalho e se há descrição do agente alegado no ambiente onde o trabalho é realizado, de forma que seja pressuposta a exposição do trabalhador ao citado agente de forma habitual e permanente, pois, como já exposto, só existe risco se houver exposição.

Nos dois Decretos constam metais, não metais, compostos inorgânicos, poeiras minerais, compostos orgânicos, mas apenas no Decreto nº 83.080, de 1979, existe menção à associação de agentes:

I - aplicação de revestimentos metálicos, eletroplastia, compreendendo: niquelagem, cromagem, douração, anodização de alumínio e outras operações assemelhadas (atividades discriminadas no código 2.5.4 do Anexo II do Decreto nº 83.080, de 1979: galvanizadores, niqueladores, cromadores, cobreadores, estanhadores, douradores e profissionais em trabalhos de exposição permanente nos locais);

II - pintura a pistola - associação de solventes e hidrocarbonados e partículas suspensas (atividades discriminadas entre as do código 2.5.3 do Anexo II do Decreto nº 83.080, de 1979: pintores a pistola com solventes hidrocarbonados e tintas tóxicas);

III - trabalhos em galerias e tanques de esgoto (monóxido de carbono, gás metano, gás sulfídrico e outros);

IV - solda elétrica e a oxiacetileno (fumos metálicos); e

V - indústrias têxteis: (alvejadores, tintureiros, lavadores e estampadores a mão).

1.6.1.1 Tempo de trabalho necessário para enquadramento até 5 de março de 1997

O enquadramento até 5 de março de 1997, pelo Decreto nº 53.831, de 1964, para os agentes químicos, é calculado para tempo de trabalho mínimo de 25 (vinte e cinco) anos, exceto:

I - poeiras minerais nocivas: código 1.2.10 (sílica, carvão, cimento, asbesto e talco) em trabalhos permanentes em subsolo nas operações de corte, furação, desmonte e carregamento nas frentes de trabalho – quinze anos;

As atividades mencionadas no Anexo do Decreto nº 53.831, de 1964, nas quais pode haver a exposição, são exemplificativas, enquanto que no Anexo I do Decreto nº 83.080, de 1979, são exaustivas.

Quando o enquadramento for possível nos dois Decretos, utiliza-se o parâmetro mais favorável ao trabalhador, conforme o Decreto nº 611, de 1992.

Nesses Anexos é importante observar o vocabulário utilizado para descrever os serviços e as atividades profissionais que remetem a exemplos onde pode ocorrer a exposição ou, no caso do Decreto nº 83.080, de 1979, ao processo específico de trabalho em que pode ocorrer o enquadramento.

II - poeiras minerais nocivas: código 1.2.10 (sílica, carvão, cimento, asbesto e talco) em trabalhos permanentes em locais de subsolo afastados das frentes de trabalho, galerias, rampas, poços, depósitos, etc. – vinte anos;

III - arsênico: código 1.2.1 (operações com arsênico e seus compostos) em trabalhos na extração e fabricação de seus compostos e derivados (tintas, parasiticidas e inseticidas, etc.) – vinte anos;

IV - chumbo: código 1.2.4 em fundição, refino, moldagens, trefilação e laminação – vinte anos; e

V - fósforo: código 1.2.6 em extração e depuração do fósforo branco e seus compostos e fabricação de produtos fosforados asfixiantes, tóxicos, incendiários ou explosivos – vinte anos.

Chama-se a atenção que quanto às demais atividades com exposição a arsênico, chumbo e fósforo o enquadramento é previsto para 25 (vinte e cinco) anos.

O enquadramento até 5 de março 1997, pelo Decreto nº 83.080, de 1979, para os agentes químicos, também é calculado para tempo de trabalho mínimo de 25 (vinte e cinco) anos, exceto para os seguintes agentes em atividades específicas:

- sílica, silicatos, carvão, cimento e amianto (código 1.2.12):

a) mineiros de subsolo: operações de corte, furação e desmonte e atividades de manobras nos pontos de transferências de cargas e viradores e outras atividades exercidas na frente de trabalho. Perfuradores de rochas, cortadores de rochas, carregadores, britadores, cavouqueiros e choqueiros – quinze anos;

b) trabalhadores permanentes em locais de subsolo, afastados das frentes de trabalho (galerias, rampas, poços, depósitos): motoristas, carregadores, condutores de vagonetas, carregadores de explosivos, encarregados do fogo (*blasters*), eletricistas, engatores, bombeiros, madeireiros e outros profissionais com atribuições permanentes em minas de subsolo – vinte anos.

Chama-se a atenção que para os mineiros de superfície e demais atividades descritas no código 1.2.12 o enquadramento é previsto para 25 (vinte e cinco) anos.

1.6.2 Períodos trabalhados de 6 de março de 1997 a 31 de dezembro 2003:

Será considerada exclusivamente a relação de substâncias descritas no Anexo IV do Decreto nº 2.172, de 1997, ou do Decreto nº 3.048, de 1999. Salienta-se que os agentes contidos no Anexo IV dos dois Decretos são exatamente iguais. A relação dos agentes químicos contidas nesse Anexo é exaustiva.

O que determina o reconhecimento de condições especiais é a presença do agente no processo produtivo e sua constatação no ambiente de trabalho em condição (concentração) capaz de causar danos à saúde ou à integridade física. Observar que um agente pode estar presente e não haver exposição, ou a presença do agente no ambiente pode ocorrer na forma de contaminante atmosférico para todos os trabalhadores presentes no recinto.

As atividades mencionadas no Anexo IV do Decreto nº 2.172, de 1997, ou do Decreto nº 3.048, de 1999, nas quais pode haver a exposição, são exemplificativas, ou seja, o importante é que o agente nocivo esteja presente no processo e no ambiente de trabalho, mesmo que a atividade não esteja exemplificada no Anexo.

Para análise quantitativa deve-se considerar os agentes do Anexo IV dos Decretos nº 2.172, de 1997, e nº 3.048, de 1999, porém os limites de tolerância são os previstos no Anexo 11 e 12 da NR-15, aprovada pela Portaria nº 3214, do 1978, do MTE.

No caso de análise de tempo especial, o fato de ter sido atingido algum valor teto em dado momento da atividade laboral, não significa habitualidade e permanência acima dos limites de tolerância.

IMPORTANTE!

SUBSTÂNCIAS QUE POSSUEM VALOR TETO – NR-15:

I - Ácido clorídrico;

II - Álcool n-butílico;

III - N-butilamina;

IV - Cloreto de vinila (ou cloroeteno);

V - Diclorodifluormetano (freon 12);

VI - 1,1 dicloro-1-nitroetano; e

VII - 2,4 Diisocianato de tolueno (TDI) (ou poliuretano);

VIII - Dióxido de nitrogênio;

IX - Formaldeído (formol);

X - Monometil hidrazina; e

XI - Sulfato de dimetila.

As substâncias relacionadas nos Anexos 13 e 13-A da NR-15, que estiverem previstas no Anexo IV destes Decretos e não se encontrarem também listadas nos Anexos 11 ou 12 da NR-15 serão analisados de forma qualitativa.

Para as poeiras minerais previstas no Anexo IV do Decreto nº 2.172, de 1997, ou do Decreto nº 3.048, de 1999: sílica, asbesto (amianto), manganês, a análise deve ser quantitativa, considerando o limite de tolerância previsto nos Anexos 12 da NR-15, aprovada pela Portaria nº 3.214, de 1978, do MTE. Porém, se listadas no Grupo 1 da LINACH e com registro no CAS são analisadas de forma qualitativa nos períodos trabalhados a partir de 8 de outubro de 2014.

1.6.3 Períodos trabalhados a partir de 1º de janeiro de 2004:

Devem-se considerar todas as diretrizes citadas anteriormente, que vigoram a partir de 6 de março 1997, exceto em relação à metodologia e procedimentos de avaliação dos agentes que passam a ser os definidos conforme as NHO da Fundacentro, quando existirem, para o agente em análise.

Para avaliação dos agentes químicos, deve-se exigir a metodologia da NHO 02 e NHO 07, e para avaliação de poeiras as NHO 03, NHO 04 e NHO 08. Nem todos os agentes são contemplados pela metodologia de avaliação descrita nas NHO. Logo, só podem ser exigidas as NHO existentes. Os limites de tolerância continuam sendo os definidos na NR-15. Entretanto, se os agentes estiverem listados no Grupo 1 da LINACH e com registro no CAS, serão analisados de forma qualitativa nos períodos trabalhados a partir de 8 de outubro de 2014 (data da publicação da Portaria Interministerial MTE/MS/MPS nº 9, de 2014, no DOU).

Resumo das normas de higiene ocupacionais da Fundacentro:

I - NHO 02 - Norma de Higiene Ocupacional Método de Ensaio: análise qualitativa da fração volátil (vapores orgânicos) em colas, tintas e vernizes por cromatografia gasosa/detector de ionização de chama. Estabelece procedimento padronizado para identificar as substâncias voláteis mais tóxicas e mais comuns que possam estar presentes no ar de um ambiente de trabalho com tintas, colas e vernizes à base de solventes;

II - NHO 03 - Norma de Higiene Ocupacional Método de Ensaio: análise gravimétrica de aerodispersoides sólidos coletados sobre filtros e membrana. Estabelece procedimento padronizado para determinar a massa de poeira coletada do ar de um ambiente de trabalho;

III - NHO 04 - Norma de Higiene Ocupacional Método de Ensaio: método de coleta e a análise de fibras em locais de trabalho. Estabelece método padronizado para estimar a presença e concentração de fibras respiráveis em suspensão no ar. O método se presta para a análise de todos os tipos de fibras de asbesto/amianto, fibras vítreas e fibras cerâmicas, não se aplicando às fibras orgânicas (sisal, algodão, linho, rami e cânhamo). O método se presta para a detecção de fibras com diâmetro maiores que 0,15 µm e não diferencia o tipo de fibra;

IV - NHO 07 - Calibração de bombas de amostragem individual calibração pelo método da bolha de sabão: estabelece um procedimento padronizado de calibração da vazão de bombas de amostragem individual, por meio do método da bolha de sabão. Grande parte dos métodos de coleta de amostras de agentes químicos presentes nos locais de trabalho utilizam essas bombas que devem produzir uma vazão de ar constante permitindo que o ar ambiente passe por um sistema denominado dispositivo de coleta, onde os contaminantes ficam retidos; e

V - NHO 08 - coleta de material particulado sólido suspenso no ar de ambientes de trabalho: coleta material particulado sólido em filtros de membrana com a finalidade de obter amostras representativas das partículas suspensas no ar dos ambientes de trabalho. Aplica-se à coleta de partículas de origem mineral, metálica, vegetal e animal, de negro de fumo e de partículas insolúveis não especificadas de outra maneira. Não se aplica para partículas na forma de fibras.

LIMITES DE TOLERÂNCIA DOS AGENTES QUANTITATIVOS:

O agente bromo (e compostos), chumbo (inorgânico), cloro (e seus compostos), negro de fumo, estireno, 1-3 butadieno, acrinonitrila, cloropreno, diisocianato de tolueno (DTI), etilenodiamina e sílica livre têm seus limites de tolerância registrados na NR-15, no seu Anexo 11, enquanto asbesto, manganês e sílica na NR-15, no seu Anexo 12 e, portanto, deverão ser analisados quantitativamente, conforme tabela abaixo.

QUADRO 8 - AGENTES QUÍMICOS CONSTANTES DO ANEXO IV DO DECRETO Nº 3.048, DE 1999, ANALISADOS QUANTITATIVAMENTE AGENTE QUÍMICO DO ANEXO IV PARA ANÁLISE QUANTITATIVA	VALOR TETO	ABSORÇÃO PELA PELE	Até 48 h/semana
ppm		**mg/m3**	
1-Asbestos crisotila (3 micrômetros, comprimento maior que 5 micrômetros)		2,0 f/cm3	
2-Brometo de etila	156	695	
3-Brometo de metila	(+)	12	47
4-Bromo	0,08	0,6	
5-Bromoetano (vide brometo de etila)	(-)	(-)	
6-Bromofórmio	(+)	0,4	4
7-Bromometano (vide brometo de metila)	(-)	(-)	
8-Dibramoetano	(+)	16	110
9-Ácido clorídrico	(+)	4,0	5,5
10-Chumbo e seus compostos tóxicos	(-)	0,1	
9-Cloreto de carbonila (vide fosgênio)	(-)	(-)	
10-Cloreto de etila	780	2030	
11-Cloreto de fenila (vide cloro benzeno)	(-)	(-)	
12-Cloreto de metila	78	165	
13-Cloreto de metileno	156	560	
14-Cloreto de vinila	(+)	156	398
15-Cloreto de vinilideno	8	31	
16-Cloro	0,8	2,3	
17-Cloro 1-nitropropano	16	78	
18-Clorobenzeno	59	275	
19-Clorobromometano	156	820	
20-Clorodifluometano (freon 22)	780	2730	
21-Cloroetano (vide cloreto de etila)	(-)	(-)	
22-Cloroetílico (vide cloreto de vinila)	(-)	(-)	

QUADRO 8 - AGENTES QUÍMICOS CONSTANTES DO ANEXO IV DO DECRETO Nº 3.048, DE 1999, ANALISADOS QUANTITATIVAMENTE AGENTE QUÍMICO DO ANEXO IV PARA ANÁLISE QUANTITATIVA	VALOR TETO	ABSORÇÃO PELA PELE	Até 48 h/semana
23-Clorofórmio	20	94	
24-Cloroprene	(+)	20	70
1,1Dicloro-1-nitroetano	(+)	8	47
25-Percloroetileno	78	525	
26-Dissulfeto de carbono	(+)	16	47
27-Manganês e seus compostos tóxicos		5 mg/m3 para extração e 1 mg/m3 para atividade industrial	
28-Níquel Carbonila	0,04	0,28	
29-Negro de fumo		3,5	
30-Sílica livre		**Ver item 1.9.2 deste Capítulo**	
OUTRAS SUBSTÂNCIAS			
31-Estireno	78	328	
32-1-3 Butadieno	780	1.720	
33-Acrinonitrila	+	16	35
34-Cloropreno	+	20	70
35-Diisocianato de tolueno (DTI)	+	0,016	0,11
36-Etilenoamina	+	0,4	0,8

Os agentes citados no Quadro 9 e no Anexo IV dos Decretos nº 2.172, de 1997, e n° 3.048, de 1999, serão analisados qualitativamente.

QUADRO 9 - AGENTES QUIMICOS CONSTANTES DO ANEXO IV DO DECRETO Nº 3.048, de 1999, ANALISADOS QUALITATIVAMENTE AGENTES	AVALIAÇÃO
Arsênio e seus compostos tóxicos	Qualitativa
Benzeno e seus compostos tóxicos	Qualitativa
Berílio e seus compostos tóxicos	Qualitativa
Cádmio e seus compostos tóxicos	Qualitativa

QUADRO 9 - AGENTES QUIMICOS CONSTANTES DO ANEXO IV DO DECRETO Nº 3.048, de 1999, ANALISADOS QUALITATIVAMENTE AGENTES	AVALIAÇÃO
Ciclofosfamida	Qualitativa
Clorambucil	Qualitativa
Carvão mineral e seus derivados (piche,alcatrão, betume, breu, parafinas, antraceno)	Qualitativa
Chumbo e seus compostos tóxicos (constam algumas atividades no Anexo 13	Qualitativa
da NR-15)	
Cromo e seus compostos tóxicos	Qualitativa
Fósforo seus compostos tóxicos	Qualitativa
Iodo	Qualitativa
Mercúrio orgânico (metil e etilmercúrio)	Qualitativa
Níquel (níquel carbonila apesar de citado no Anexo 11da NR-15 e Sulfeto de Níquel)	Qualitativa
Petróleo, Xisto betuminoso, gás natural e seus derivados	Qualitativa
Mercaptanos (exceto n – Butilmercaptana ou 1-Butanotiol e Etilmercaptana ou Etanotiol que estão no Anexo 11 da NR-15 com limite de tolerância, sendo a avaliação quantitativa)	Qualitativa
N-hexano	Qualitativa
Aminas aromáticas	Qualitativa
Auramina	Qualitativa
Bisclorometileter	Qualitativa
Biscloroetileter	Qualitativa
Bisclorometil	Qualitativa
Clorometileter	Qualitativa
Nitronaftilamina	Qualitativa
Benzopireno	Qualitativa
Creosoto	Qualitativa
4-aminodifenil	Qualitativa
Benzidina	Qualitativa
Betanaftilamina	Qualitativa
Aminobifenila	Qualitativa

QUADRO 9 - AGENTES QUIMICOS CONSTANTES DO ANEXO IV DO DECRETO Nº 3.048, de 1999, ANALISADOS QUALITATIVAMENTE AGENTES	AVALIAÇÃO
4-dimetilaminoazobenzeno	Qualitativa
Betapropilactona	Qualitativa
Dianizidina	Qualitativa
Diclorobenzidina	Qualitativa
Metileno-ortocloroanilina (MOCA)	Qualitativa
Nitrosamina	Qualitativa
Ortotoluidina	Qualitativa
Propanosultona	Qualitativa
Etilbenzeno	Qualitativa
1-cloro-2-4-nitrodifenil	Qualitativa
1cloro-2,3-Epoxipropano (epicloridrina)	Qualitativa
Azatioprina	Qualitativa
Clorambucil	Qualitativa
Dietilestilbestrol	Qualitativa
Dietilsulfato	Qualitativa
Dimetilsulfato	Qualitativa
Etilenotiuréia	Qualitativa
Fenacetina	Qualitativa
Iodeto de metila	Qualitativa
Etilnitrosuréias	Qualitativa
Oximetalona	Qualitativa
Procarbazina	Qualitativa
Oxido de etileno	Qualitativa
Demetanosulfonato (mileran)	Qualitativa
Dietil-bestrol	Qualitativa

O Decreto n° 8.123, de 16 de outubro de 2013, alterou o § 4º do art. 68 do Decreto nº 3.048, de 1999, e considerou que a presença no ambiente de trabalho com possibilidade de exposição de agentes nocivos reconhecidamente cancerígenos, será suficiente para comprovação da efetiva exposição do trabalhador (conforme Portaria Interministerial MTE/MS/MPS nº 9, de 2014).

Considerando o Plano Nacional de Segurança e Saúde do Trabalho, a elevada incidência de câncer no Brasil, os estudos científicos existentes e a lista de agentes cancerígenos da Agência Internacional para a Investigação do Câncer – IARC, foi publicada a Portaria Interministerial MTE/MS/MPS nº 9, de 2014, contendo a LINACH, classificando-os de acordo com os seguintes grupos:

I - Grupo 1 – carcinogênicos para humanos;

II - Grupo 2 A – provavelmente carcinogênicos para humanos; e

III - Grupo 2 B – possivelmente carcinogênicos para humanos.

Nesses grupos da LINACH constam agentes que possuem registro no CAS e outros em que o CAS não se aplica.

Para análise do enquadramento de atividade em condições especiais são considerados agentes reconhecidamente cancerígenos aqueles do Grupo 1, que têm registro no CAS e que constam no Anexo IV do Decreto nº 3.048, de 1999.

Na análise técnica dos processos de aposentadoria especial, a avaliação da exposição aos agentes nocivos reconhecidamente cancerígenos é apurada na forma qualitativa e a utilização de EPC e/ou EPI, ainda que eficazes, não descaracterizam o período como especial (conforme § 4º do Art. 68 do Decreto 3.048/99).

Com base na Nota Técnica nº 00001/2015/GAB/PRFE/INSS/SAO/PGF/AGU, para o enquadramento dos agentes reconhecidamente cancerígenos serão considerados para enquadramento por essa especificidade os períodos trabalhados a partir de 8 de outubro de 2014, data da publicação da Portaria Interministerial MTE\MS\MPS nº 9, de 2014, no DOU.

Os agentes químicos listados no Anexo 11 da NR-15 e que não constem no Grupo 1 da LINACH ou que constem mas não possuam CAS, continuarão sendo analisados de forma quantitativa.

As poeiras minerais do Anexo 12 da NR-15, caso constem no Grupo 1 da LINACH, possuam o CAS e constem no Anexo IV do Decreto nº 3.048, de 1999, serão analisados qualitativamente, não havendo, portanto, limites de tolerância; e o uso de EPI/EPC não elide a exposição.

Os agentes químicos relacionados no Anexo 13 da NR-15 continuarão sendo analisados de forma qualitativa e, caso não constem no Grupo 1 da LINACH, a utilização de EPC e/ou EPI poderá ser considerada para atenuação/eliminação da exposição.

QUADRO 10 - AGENTES QUÍMICOS CONSTANTES DO ANEXO IV DO DECRETO Nº 3.048, DE 1999, E OS CRITÉRIOS PARA ENQUADRAMENTO DE AGENTES CANCERÍGENOS

Anexo IV	Código	LINACH Grupo 1	Grupo 1	CCAS
Arsênio e seus compostos	1.0.1	Arsênio e Compostos inorgânicos de Arsênico	SIM	SIM
Asbestos	1.0.2	Asbestos ou Amianto - todas as formas	SIM	SIM
Benzeno e seus compostos tóxicos	1.0.3	Benzeno Benzidina Benzopireno	SIM	SIM

Anexo IV	Código	LINACH Grupo 1	Grupo 1	CCAS
Berílio e seus compostos tóxicos	1.0.4	Berílio e seus compostos	SIM	SIM
Bromo e seus compostos tóxicos	1.0.5	_	NÃO	NÃO
Cádmio e seus compostos	1.0.6	Cádmio e compostos de cádmio	SIM	SIM
Carvão mineral e seus derivados, piche, breu, alcatrão, betume	1.0.7	Breu de alcatrão de hulha	SIM	SIM
Chumbo e seus compostos tóxicos	1.0.8	_	NÃO	NÃO
Cloro e seus compostos tóxicos	1.0.9	Bifenis policlorado Cloreto de Vinila, 2,3, 7, 8 Tetraclorodibenzo-para-dioxina e Tricloroetileno	SIM	SIM
Cromo e seus compostos tóxicos	1.0.10	Compostos de Cromo (VI)	SIM	SIM
Dissulfeto de Carbono	1.0.11	_	NÃO	NÃO
Fósforo e seus compostos	1.0.12	Fósforo 32, como fosfato	SIM	SIM
Iodo	1.0.13	_	NÃO	NÃO
Manganês e seus compostos	1.0.14	_	NÃO	NÃO
Mercúrio e seus compostos	1.0.15	_	NÃO	NÃO
Níquel e seus compostos tóxicos	1.0.16	Compostos de Níquel	SIM	NÃO

Anexo IV	Código	LINACH Grupo 1	Grupo 1	CCAS
Petróleo, xisto betuminoso, gás natural e seus derivados	1.0.17	Óleos de xisto	SIM	SIM
Sílica Livre	1.0.18	Poeiras de Sílica, cristalina, em forma de quartzo ou cristobalita	SIM	SIM
Estireno	1.0.19	_	NÃO	NÃO
Butadieno-Estireno	1.0.19	_	NÃO	NÃO
Acrilonitrila	1.0.19	_	NÃO	NÃO
1-3 Butadieno	1.0.19	_	NÃO	NÃO
Cloropreno	1.0.19	_	NÃO	NÃO
Mercaptanos	1.0.19	_	NÃO	NÃO
N-hexano	1.0.19	_	NÃO	NÃO
Diisocianato de tolueno (TDI)	1.0.19	_	NÃO	NÃO
Aminas Aromáticas	1.0.19	2-Naftilamina	SIM	SIM
Aminobifenila	1.0.19	4-Aminobifenila	SIM	SIM
Auramina	1.0.19	Auramina, produção de	SIM	NÃO
Azatioprina	1.0.19	Azatioprina	SIM	SIM
Bis (cloretil) éter	1.0.19	Éter bis (clorometílico); éter metílico de clorometila	SIM	SIM
1-4 Butanodiol	1.0.19	1,4 dihidroxibutano e tetrametilenoglicol	NÃO	NÃO
Dimetanosulfanato (mileran)	1.0.19	_	NÃO	NÃO
Ciclofosfamida	1.0.19	Ciclofosfamida	SIM	SIM
Cloroambucil	1.0.19	Clorambucil	SIM	SIM
Dietilestil-bestrol	1.0.19	Dietilestilbestrol	SIM	SIM

Anexo IV	Código	LINACH Grupo 1	Grupo 1	CCAS
Acronitrila	1.0.19	_	NÃO	NÃO
Nitronaftilamina	1.0.19	_	NÃO	NÃO
4-Dimetil-aminoazobenzeno	1.0.19	_	NÃO	NÃO
Benzopireno	1.0.19	Benzo (a) pireno	SIM	SIM
Beta-propilactona	1.0.19	_	NÃO	NÃO
Bis (clorometil) éter	1.0.19	Éter bis (clorometílico); éter metílico de clorometila	SIM	SIM
Bisclorometil	1.0.19	Éter bis (clorometílico); éter metílico de clorometila	SIM	SIM
Dianizidina	1.0.19	_	NÃO	NÃO
Diclorobenzidina	1.0.19	_	NÃO	SIM
Dietilsulfato	1.0.19	_	NÃO	NÃO
Dimetilsulfato	1.0.19	_	NÃO	NÃO
Etilenoamina	1.0.19	_	NÃO	NÃO
Etilenotiuréia	1.0.19	_	NÃO	NÃO
Fenacetina	1.0.19	Fenacetina (mistura de analgésico contendo fenacetina)	SIM	SIM
Iodeto de metila	1.0.19	_	NÃO	NÃO
Etilnitrosuréias	1.0.19	_	NÃO	NÃO
Metileno-ortocloroanilina (MOCA)	1.0.19	4,4' - Metileno bis (2-cloroanilina) (MOCA)	SIM	SIM
Nitrosamina	1.0.19	_	NÃO	NÃO
Ortotoluidina	1.0.19	Orto-Toluidina	SIM	SIM
Oximetalona	1.0.19	_	NÃO	NÃO
Procarbazina	1.0.19	_	NÃO	NÃO
Propanosultona	1.0.19	_	NÃO	NÃO
1-3 Butadieno	1.0.19	1-3 Butadieno	SIM	SIM

Anexo IV	Código	LINACH Grupo 1	Grupo 1	CCAS
Óxido de Etileno	1.0.19	Óxido de Etileno	SIM	SIM
Etilbenzeno	1.0.19	_	NÃO	SIM
Creosoto	1.0.19	_	NÃO	NÃO
4-aminodifenil	1.0.19	_	NÃO	NÃO
Benzidina	1.0.19	Benzidina	SIM	SIM
Betanaftilamina	1.0.19	2-Naftilamina	SIM	SIM
Estireno	1.0.19	_	NÃO	NÃO
1-cloro-2,4 nitrodifenil	1.0.19	_	NÃO	NÃO
1-Cloro- 2,3 Epoxipropano (Epicloridrina)	1.0.19	_	NÃO	SIM
Radiações Ionizantes	2.0.3	Rádio-224 e seus produtos de decaimento	SIM	SIM
Radiações Ionizantes	2.0.3	Rádio-226 e seus produtos de decaimento	SIM	SIM
Radiações Ionizantes	2.0.3	Rádio-228 e seus produtos de decaimento	SIM	SIM
Radiações Ionizantes	2.0.3	Radônio-222 e seus produtos de decaimento	SIM	SIM
Radiações Ionizantes	2.0.3	Tório-232 e seus produtos de decaimento	SIM	SIM

CONSIDERAÇÕES SOBRE ALGUNS AGENTES QUÍMICOS PARA SUBSIDIAR A ANÁLISE DOS PERÍODOS TRABALHADOS

Sobre material particulado

Quando o agente químico for poeira a composição do material que a origina precisa ser conhecida para que se pesquise seu potencial de nocividade. O material particulado suspenso no ar nos ambientes de trabalho pode variar desde partículas muito pequenas (alguns nanômetros) até grandes de 100 µ (cem milionésimo) de diâmetro. As partículas menores que 100 µ (cem milionésimo) são denominadas inaláveis. As que têm de 25 (vinte e cinco) a cem só chegam até a região nasofaringeal (denominadas extratorácicas). As que penetram até a região traqueobronquial (chamadas torácicas) são as menores que 25 µ (vinte e cinco milionésimo) e as partículas que chegam aos alvéolos tem menos de 10 µ (dez milionésimo) {denominadas respiráveis}. Qualquer que seja a poeira inalável, mesmo não tóxica, é nociva porque existe ação mecânica sobrecarregando o sistema respiratório. Em geral, onde existe poeira visível há também poeira inalável.

A coleta das amostras do ar e os dispositivos a serem utilizados para análise dependem do tipo do particulado a ser estudado.

As partículas de fumos, que medem de nanômetros a 1 µ (um milionésimo), são partículas respiráveis. Nas poeiras com metais como cádmio, chumbo e manganês, por exemplo, que podem ser deglutidas e absorvidas pelo sistema gastrointestinal, o tamanho das partículas não é tão importante porque não há exposição apenas pela via respiratória.

A poeira de sílica recentemente extraída, como, por exemplo, a proveniente de marteletes, é mais agressiva porque tem todas as propriedades de cristal ativas.

O risco de lesão não existe apenas quando o limite de tolerância é ultrapassado. Se há exposição, existe risco, embora possa ser de intensidade desprezível pela concentração e intensidade do agente muito reduzidas. Por esse motivo, é necessário existir um valor de referência para comparação e avaliação da probabilidade de ocorrência de dano (risco).

Sílica livre cristalizada

Pela legislação brasileira, a análise da exposição à sílica é feita por meio da concentração de poeira contendo sílica. É calculado o percentual de sílica na poeira do ambiente de trabalho e, a partir deste percentual, estima-se o limite de tolerância para esse ambiente estudado.

Importante ressaltar que as avaliações/mensurações são de responsabilidade da empresa que precisa emitir as informações técnicas (medições) para que possa ser feita a análise pericial.

Pelo Anexo 12 da NR-15, calcula-se a sílica livre da seguinte forma:

I - o limite de tolerância, expresso em milhões de partículas por decímetro cúbico, é dado pela seguinte fórmula: .T. =	8,5	Mppdc (milhões de partículas por decímetro cúbico)	
% quartzo +			

Diâmetro Aerodinâmico (um) (esfera de densidade unitária)	**% de passagem pelo seletor**
Menor ou igual a 2	90
2,5	75
3,5	50
5,0	25
10,0	0 (zero)

IV - o limite de tolerância para poeira total (respirável e não-respirável), expresso em mg/m3, é dado pela seguinte fórmula:

.T. =	24	g/m3
% quartzo + 3		

V - sempre será entendido que "quartzo" significa sílica livre cristalizada;

VI - os limites de tolerância fixados no inciso IV deste subitem são válidos para jornadas de trabalho de até 48 (quarenta e oito) horas por semana, inclusive;

VII - fica proibido o processo de trabalho de jateamento que utilize areia seca ou úmida como abrasivo; e

VIII - as máquinas e ferramentas utilizadas nos processos de corte e acabamento de rochas ornamentais devem ser dotadas de sistema de umidificação capaz de minimizar ou eliminar a geração de poeira decorrente de seu funcionamento.

A exposição ao agente sílica cristalina é qualitativa até 5 de março de 1997 e quantitativa a partir de 6 de março de 1997 até 7 de outubro de 2014. A partir de 8 de outubro de 2014, além da avaliação ser apurada na forma qualitativa, a utilização de EPC e/ou EPI não elide a exposição aos agentes comprovadamente cancerígenos, ainda que considerados eficazes, pois a sílica consta no Grupo 1 da LINACH 1, possui registro no CAS e consta no Anexo IV do Decreto nº 3.048, de 1999 (conforme Portaria Interministerial MTE/MS/MPS nº 9, de 2014).

Hidrocarbonetos (HC)

São compostos orgânicos muito frequentes nos ambientes ocupacionais.

São originados do petróleo, xisto ou hulha, que fracionados ou por processos industriais levam ao aparecimento de HC de cadeias pequenas ou grandes, fechadas (cíclicos) ou abertas, com ou sem anéis aromáticos.

Os hidrocarbonetos aromáticos possuem cadeia carbônica fechada, apresentando pelo menos um anel benzênico. Os alifáticos possuem cadeias abertas ou fechadas, sem anel benzênico.

Os HC com cadeias menores como os gases, solventes ou combustíveis formam vapores. Nos de cadeias maiores, que contenham mais de nove carbonos, praticamente não são detectados vapores.

Existem HC aromáticos policíclicos (HAP ou PAH) cuja estrutura é formada por mais de um anel benzênico (aromático) conjugado, como, por exemplo: pireno, criseno, naftaleno, fluoreno. As exposições ocupacionais ocorrem por via respiratória quando na forma de aerossóis (particulados) e mediante absorção pela pele se presente em líquidos (óleos). São fontes ocupacionais: fornos de coque, produção de eletrodos de grafite, de alumínio (metal primário), pavimentação de rodovias com asfalto (piche), impermeabilização de telhados, fabricação e manuseio de creosoto, tratamento e manuseio de dormentes de ferrovias tratados com creosoto – usado para preservar madeira, óleos industriais residuais que contenham Hidrocarbonetos Aromáticos Polinucleados – HAP. Entre vários compostos presentes nos HAP o benzoapireno é um marcador de sua presença e pode ser usado como indicador do teor de HPA num produto.

A maioria dos HAP podem ser cancerígenos (pele, pulmão), podem causar efeitos mutagênicos, efeitos adversos para reprodução humana ou dermatite por sensibilização.

As frações mais pesadas do petróleo, xisto ou hulha, com mais de quinze carbonos na cadeia, são ricas em HAP.

Os óleos não refinados (mais antigos) contêm HAP e podem levar ao câncer de pele. Por isso, os óleos minerais precisam ser altamente purificados para que contenham a mínima quantidade possível de HAP. O óleo diesel contém HAP, enquanto que o Querosene não contém HAP. Em condições ambientais o óleo diesel e o querosene não geram vapores, podendo gerar névoas.

Para classificação de óleos minerais como potencialmente carcinogênicos existe um teste chamado DMSO (dimetilsulfóxido), Método IP 346, que quantifica compostos poliaromáticos por extração com solvente DMSO. De acordo com o *Conservation of Clean Air and Water in Europe* – CONCAWE óleos com resultados da extração em DMSO com peso maior que 3% (três por cento), devem ser comercializados com a advertência de que se trata de produtos potencialmente carcinogênicos. Se o teor no óleo for menor que 3% (três por cento) não é insalubre e não é cancerígeno. As graxas só terão HPA se houver nelas óleo com IP acima de 3% (três por cento). Quando a NR-15 foi editada em 1978, possivelmente todos os óleos minerais continham HPA e eram cancerígenos.

Os HPA não constam no Anexo 11 da NR-15 e, portanto, a avaliação é qualitativa nas atividades mencionadas no Anexo 13: manipulação de alcatrão, betume, antraceno, óleos minerais (se cancerígenos) ou outras substâncias cancerígenas afins; operações com benzoapireno (puro ou contaminado com ele). Como exemplo de avaliação, observa-se que nos Estados Unidos da América - EUA, conforme a ACGIH não há indicação de limite de tolerância para os HPA, mas se recomenda que as exposições sejam controladas a níveis o mais baixo possível.

Há hidrocarbonetos na faixa de C5 a C15 (cadeias contendo de cinco a quinze carbonos) contendo alifáticos, cicloalifáticos saturados e aromáticos, excluídos os HAP, que são denominados de Nafta. São naftas, por exemplo, a gasolina, aguarrás, querosene.

Outros produtos frequentes nos processos industriais são os fluidos de usinagem que servem, principalmente, para lubrificar superfícies ou pontos de contato entre a ferramenta de corte e a peça de matéria prima. Os nomes mais usados para os diferentes fluidos são: óleos puros (antes continham HPA), emulsionados, sintéticos e de usinagem (refrigerantes e para trabalho em metal). Nos anos 80 houve aumento da frequência de câncer de laringe, dermatoses ocupacionais e distúrbios respiratórios relacionados ao uso desses fluidos. A partir de 1990, houve aumento do uso de fluido à base de água e fluido químico e começaram a surgir casos de pneumonite por hipersensibilidade.

O grau de carcinogenicidade vai depender do grau de refino (Teste IP 346 > 3% de HAP no extrato em dimetil sulfóxido – DMSO = potencialmente carcinogênico):

I - óleo pobre ou moderadamente refinado: carcinogênico humano suspeito; e

II - óleo altamente ou severamente refinado: não classificado como carcinogênico humano.

Os solventes voláteis, quando evaporam, produzem vapor que se torna parte do ar inalado. Podem, portanto, ser absorvidos pela via respiratória, caracterizando a exposição que pode ser mensurada através das medições ambientais e comparada com os limites de tolerância existentes.

Porém, alguns agentes, de acordo com suas propriedades físico-químicas, podem ser absorvidos também pela pele o que, sem a devida proteção, pode estender seus efeitos aos tecidos mais profundos e promover efeitos sistêmicos. No entanto, é importante saber que quando a exposição por meio da pele é relevante, certamente a exposição por inalação já terá ultrapassado em muitas vezes o limite de exposição por via respiratória, se o trabalhador não usar proteção adequada.

Assim, numa descrição consistente de exposição respiratória aos solventes aromáticos voláteis (tolueno, xileno), mesmo havendo contato direto com a pele, a exposição respiratória é mais importante.

No reconhecimento de períodos de trabalho considerados especiais, os solventes aromáticos que tiverem limites de tolerância estabelecidos no Anexo 11 da NR-15 (quantitativo) e que também estão citados no Anexo 13 (qualitativo), poderão ser analisados de acordo com um dos dois critérios, conforme esteja descrito na demonstração ambiental, o modo de exposição e o período em análise.

CONCLUSÃO:

a) na avaliação desses agentes químicos é necessária inicialmente a caracterização da composição do óleo ou graxa, pois a exposição a alguns óleos pode constituir sério risco carcinogênico enquanto a outros, altamente refinados, solúveis, com emulsificante, não haver riscos carcinogênicos;

b) no caso das graxas, o que pode conferir-lhes característica carcinogênica são os ingredientes do óleo usados para preparar a graxa;

c) os óleos minerais são constituídos de mistura complexa de uma grande variedade de substâncias, principalmente hidrocarbonetos de elevado peso molecular, podendo tanto ser alifáticos (hidrocarbonetos de cadeias abertas ou fechadas – cíclicas – não aromáticas) como aromáticos (apresentam como cadeia principal anéis benzênicos);

d) somente serão considerados agentes caracterizadores de período especial, aqueles que possuírem potencial carcinogênico (presença de compostos aromáticos em sua estrutura molecular). Assim, sabe-se que os óleos altamente purificados não têm potencial carcinogênico e podem ser usados inclusive em medicamentos ou cosméticos;

e) óleos minerais contendo hidrocarbonetos policíclicos aromáticos são considerados potencialmente carcinogênicos e, por essa razão, estão relacionados no Anexo 13 da NR-15, aprovada pela Portaria nº 3.214, de 1978, do MTE para análise qualitativa;

f) existem métodos para classificar os óleos minerais potencialmente carcinogênicos e o não carcinogênicos. Porém, as fichas dos produtos podem não conter tal informação e por isso há o entendimento frequente e equivocado de que o contato direto da pele com quaisquer óleos minerais seja cancerígeno. Para buscar tais informações pode-se recorrer à Ficha de Informações de Segurança do Produto Químico – FISPQ e/ou bibliografia especializada; e

g) o manuseio ou manipulação de óleo mineral onde haja contato com a pele está previsto no Anexo 13 da NR-15. Entretanto, até 5 de março de 1997, não poderá haver reconhecimento do período como especial, vez que não está previsto o enquadramento por contato com a pele no Decreto nº 53.831, de 1964. Vale ressaltar que, atualmente, a grande maioria dos óleos minerais são sintéticos, portanto, sem potencial de nocividade.

Chumbo

O agente químico chumbo e seus compostos orgânicos (chumbo-tetraetila, chumbo-tetrametila) têm a exposição avaliada qualitativamente, conforme o Anexo 13 da NR-15, aprovada pela Portaria nº 3.214, de 1978, do MTE:

I - fabricação e emprego de chumbo tetraetila e chumbo tetrametila; e

II - limpeza, raspagem e reparação de tanques de mistura, armazenamento e demais trabalhos com gasolina contendo chumbo tetraetila.

O agente químico chumbo e seus compostos inorgânicos têm a exposição avaliada pela mensuração do chumbo, conforme o Anexo 11 da NR-15 (LT = 0,1 mg/m3), ou seja, avaliação quantitativa.

No entanto, o chumbo e seus compostos inorgânicos também estão referidos no Anexo 13 da NR-15, para avaliação qualitativa, nas seguintes situações:

a) fabricação de compostos de chumbo, carbonato, arseniato, cromato mínio, litargírio e outros;

b) fabricação de esmaltes, vernizes, cores, pigmentos, tintas, unguentos, óleos, pastas, líquidos e pós à base de compostos de chumbo;

c) fabricação e restauração de acumuladores, pilhas e baterias elétricas contendo compostos de chumbo;

d) fundição e laminação de chumbo, de zinco velho, cobre e latão;

e) pintura a pistola com pigmentos de compostos de chumbo em recintos limitados ou fechados;

f) vulcanização de borracha pelo litargírio ou outros compostos de chumbo;

g) aplicação e emprego de esmaltes, vernizes, cores, pigmentos, tintas, unguentos, óleos, pastas, líquidos e pós à base de compostos de chumbo;

h) fabricação de porcelana com esmaltes de compostos de chumbo;

i) pintura e decoração manual (pincel, rolo e escova) com pigmentos de compostos de chumbo (exceto pincel capilar), em recintos limitados ou fechados;

j) tinturaria e estamparia com pigmentos à base de compostos de chumbo; e

k) pintura a pistola ou manual com pigmentos de compostos de chumbo ao ar livre.

Assim, é possível reconhecer como especial os compostos inorgânicos do chumbo qualitativamente, desde que as atividades estejam descritas no Anexo 13 da NR-15, supramencionado.

Asbesto

O asbesto (amianto) é analisado quantitativamente, conforme o Anexo 12 da NR-15, aprovada pela Portaria nº 3.214, de 1978, do MTE e, embora seja considerado cancerígeno, não se encontra listado no Anexo 13 da NR-15. Portanto, de acordo com a legislação vigente, não cabe a análise qualitativa do agente a partir de 6 de março de 1997. Só será analisado qualitativamente em períodos trabalhados a partir de 8 de outubro de 2014, por ter sido reconhecido como cancerígeno e não ter limite seguro.

ATENÇÃO!!!

O asbesto consta no Grupo 1 da LINACH 1, possui registro no CAS e consta no Anexo IV do Decreto nº 3.048, de 1999, ou seja, sua avaliação em períodos trabalhados a partir de 8 de outubro de 2014, será apurada na forma qualitativa e a despeito da informação da utilização de EPC e/ou EPI, ainda que considerados eficazes, deverá ser procedido o enquadramento.

Sobre Silicatos

Existe grande quantidade de silicatos (poeiras de silicatos) em toda crosta terrestre (rochas, minérios, areias), mas as poeiras inorgânicas que possuem sílica cristalina em sua composição são as de maior interesse para a higiene ocupacional por apresentarem maior risco de causar pneumoconiose. O Anexo 12 da NR-15 aprovada pela Portaria nº 3.214, de 1978, do MTE trata apenas da sílica livre cristalina (quartzo).

Apesar de a sílica ter os limites de tolerância definidos conforme o Anexo 12 da NR-15, consta no Anexo 13 para análise qualitativa os silicatos.

São exemplos de atividades constantes no Anexo 13, onde é possível o enquadramento por existir exposição à sílica livre cristalizada:

I - operações que desprendam poeira de silicatos em trabalhos permanentes no subsolo, em minas e túneis (operações de corte, furação, desmonte, carregamentos e outras atividades exercidas no local do desmonte e britagem no subsolo);

II - operações de extração, trituração e moagem de talco; e

III - fabricação de material refratário, como refratários para formas, chaminés e cadinhos; recuperação de resíduos.

Exceto nessas situações específicas supramencionadas, não cabe a análise qualitativa do agente a partir de 6 de março de 1997. Só volta a ser analisada qualitativamente novamente em períodos trabalhados a partir de 8 de outubro de 2014, por ter sido reconhecida como cancerígena e não ter limite seguro, conforme Portaria Interministerial MTE/MS/MPS nº 9, de 2014.

QUADRO 11 - RESUMO PARA ANÁLISE TÉCNICA DOS AGENTES NOCIVOS

Período	Enquadramento	Metodologia	Legislação	Demonstrações Ambientais	Equipamento de Proteção	Codificaçã o	Formulários
Até 28.4.1995	Qualitativo	Informação não exigida	Decreto nº 53.831, de 1964; Decreto nº 83.080, de 1979	Sem exigência de laudo técnico.	Sem obrigatoriedade de informação.	Códigos 1.2.0 (1.2.1 a 1.2.12)	IS nº SSS-501.19, de 1971 ISS-132, SB-40 DISES BE 5235
De 29.4.1995 a 13.10.1996	Qualitativo	Informação não exigida	Decreto nº 53.831, de 1964; Decreto nº 83.080, de 1979	Sem exigência de laudo técnico.	Sem obrigatoriedade de informação.	Códigos 1.2.0 (1.2.1 a 1.2.12)	DSS-8030
De 14.10.1996 a 5.3.1997	Qualitativo	Inspeção no ambiente de trabalho	Decreto nº 53.831, de 1964; Decreto nº 83.080, de 1979; MP nº 1.523, de 1996	LTCAT ou demais demonstrações ambientais.	Obrigatoriedade de informação sobre EPC	Códigos 1.2.0 (1.2.1 a 1.2.12)	DSS-8030
De 6.3.1997 a 2.12.1998	Qualitativa	NR 15 Anexo XIII Anexo XIII-A	Decreto nº 2.172, de 1997	LTCAT ou demais demonstrações ambientais.	Obrigatoriedade de informação sobre EPC	Códigos 1.0.0 (1.0.1 a 1.0.19	DSS-8030
Quantitativa				NR-15 Anexo XI Anexo XII			
De 3.12.1998 a 6.5.1999	Qualitativa	NR-15 Anexo XIII Anexo XIII-A	Decreto nº 2.172, de 1997; Lei n° 9.528, de 1997	LTCAT ou demais demonstrações ambientais.	Obrigatoriedade de informação sobre EPC e EPI	Códigos 1.0.0 (1.0.1 a 1.0.19	DSS-8030 DIRBEN 8030

Período	Enquadramento	Metodologia	Legislação	Demonstrações Ambientais	Equipamento de Proteção	Codificação	Formulários
Quantitativa				NR-15 Anexo XI Anexo XII			
De 7.5.1999 a 18/11.2003	Qualitativa	NR 15 Anexo XIII Anexo XIII - A	Decreto nº 3.048/1999	LTCAT ou demais demonstrações ambientais	Obrigatoriedade de informação sobre EPC e EPI .	Códigos 1.0.0 (1.0.1 a1.1.19)	DSS-8030 DIRBEN 8030
Quantitativa				NR 15 Anexo XI Anexo XII			
De 19.11.2003 a 31.12.2003	Qualitativa NR 15 Anexo XIII Anexo XIII - A	NHO 2,3,4 e 7	Decreto nº 3.048/1999 modificado pelo Decreto nº 4.882/2003	LTCAT ou demais demonstrações ambientais.	Obrigatoriedade de informação sobre EPC	Códigos 1.0.0 (1.0.1 a1.1.19)	DIRBEN 8030
Quantitativa NR 15 Anexo XI Anexo XII				NHO 2,3,4 e 7			
A partir de 1.1.2004	Qualitativa NR 15 Anexo XIII Anexo XIII – A	NHO 2,3,4 e 7	Decreto nº 3.048/1999, modificado pelo Decreto nº 4.882/2003 IN INSS/DC 99/2003	LTCAT ou demais demonstrações ambientais.	Obrigatoriedade de informação sobre EPC e EPI	Códigos 1.0.0 (1.0.1 a 1.0.19	PPP
A partir de 8.10.2014	Qualitativa LINACH GRUPO 1	Presença do agente no ambiente de trabalho com possibilidade de exposição	Decreto 3.048/1999, modificado pelo Decreto 8.123/2013	LTCAT ou demais demonstrações ambientais.	EPC e EPI não elidem exposição	Códigos do ANEXO IV	PPP

Para o reconhecimento do tempo de atividade especial prestada com exposição ao **tolueno e à acetona**, há necessidade de observância do limite de tolerância previsto no Anexo 11 da NR-15 a partir de 03/12/1998. Veja-se a TNU nesse sentido:

> **PUIL n. 5000795-91.2020.4.04.7138/RS**
>
> **Relator(a):**
>
> JUÍZA FEDERAL CARMEN ELIZANGELA DIAS MOREIRA DE RESENDE
>
> **Assunto:**
>
> TEMPO ESPECIAL. EXPOSIÇÃO AO AGENTE NOCIVO TOLUENO. AVALIAÇÃO QUANTITATIVA. NECESSIDADE.
>
> **Ementa:**
>
> PEDIDO DE UNIFORMIZAÇÃO DE INTERPRETAÇÃO DE LEI FEDERAL. EXPOSIÇÃO AO AGENTE NOCIVO TOLUENO POR VIA CUTÂNEA OU AÉREA. AGENTE INCLUÍDO NO ANEXO 11 DA NR-15. NECESSIDADE DE AVALIAÇÃO QUANTITATIVA. PEDILEF CONHECIDO E PROVIDO. ADOÇÃO DA QUESTÃO DE ORDEM 20 DA TNU.
>
> **Tese reafirmada:**
>
> Para o reconhecimento do tempo de atividade especial prestada com exposição ao tolueno e à acetona, há necessidade de observância do limite de tolerância previsto no Anexo 11 da NR-15 a partir de 03/12/1998.
>
> **Julgado em 17/04/2024**

Outrossim, a aferição dos agentes xileno e tolueno dar-se-á de modo quantitativo, e não qualitativo:

> **TESES FIRMADAS**
>
> **PUIL n. 5005234-41.2020.4.04.7108/RS**
>
> **Relator(a):**
>
> JUIZ FEDERAL PAULO ROBERTO PARCA DE PINHO
>
> **Assunto:**
>
> APOSENTADORIA POR TEMPO DE CONTRIBUIÇÃO. EXPOSIÇÃO AOS AGENTES XILENO E TOLUENO. AVALIAÇÃO QUANTITATIVA.
>
> **Ementa:**
>
> PEDIDOS DE UNIFORMIZAÇÃO DE INTERPRETAÇÃO DE LEI. PREVIDENCIÁRIO. RECURSO DO INSS CONHECIDO. EXPOSIÇÃO AOS AGENTES NOCIVOS TOLUENO MEDIANTE ANÁLISE QUALITATIVA. AGENTES INCLUÍDOS NO ANEXO 11 DA NR-15. NECESSIDADE DE AVALIAÇÃO QUANTITATIVA. TESE: XILENO E TOLUENO SÃO AGENTES NOCIVOS DE AVALIAÇÃO QUANTITATIVA, MOTIVO PELO QUAL

O PPP OU O LAUDO DEVEM INDICAR A INTENSIDADE OU O NÍVEL DE CONCENTRAÇÃO. RECURSO DO INSS CONHECIDO E PROVIDO.

Tese reafirmada:

Xileno e tolueno são agentes nocivos de avaliação quantitativa, motivo pelo qual o PPP ou o laudo devem indicar a intensidade ou o nível de concentração.

Julgado em 26/06/2024

Tipo

Acórdão

Número

5000907-94.2019.4.04.7138

50009079420194047138

Classe

Pedido de Uniformização de Interpretação de Lei (Turma)

Relator(a)

CARMEN ELIZANGELA DIAS MOREIRA DE RESENDE

Origem

TNU

Órgão julgador

TURMA NACIONAL DE UNIFORMIZAÇÃO

Data

04/09/2024

Data da publicação

05/09/2024

Fonte da publicação

05/09/2024

Ementa

PEDIDO DE UNIFORMIZAÇÃO DE INTERPRETAÇÃO DE LEI FEDERAL. PREVIDENCIÁRIO. TEMPO ESPECIAL. **AGENTES NOCIVOS QUÍMICOS. TOLUENO, XILENO, ACETONA E ACETATO DE ETILA. ANEXO 11 DA NR-15. ANÁLISE QUANTITATIVA. RECURSO DO INSS CONHECIDO E PROVIDO.**

A TNU fixou as seguintes teses (Informativo 31/2018 – PUIL n. 0535340-90.2017.4.05.8013/AL):

a) na apreciação da pretensão a respeito do reconhecimento de período especial por exposição a agentes físicos, químicos ou biológicos, deve-se aplicar a legislação vigente por ocasião do exercício da respectiva atividade, ou seja, os

> anexos aos Decretos n. 53.831/64 e n. 83.080/79 (até 05/03/1997) e, a partir de 06/03/1997, o disposto no Decreto n. 2.172/97 e no Decreto n. 3.048/99;
>
> b) a exposição aos agentes químicos previstos no Anexo 11 da NR-15 deve ser analisada levando-se em conta os limites de tolerância previstos na referida norma;
>
> c) a exposição aos agentes químicos previstos no Anexo 13 da NR-15 deve ser analisada levando-se em conta apenas sua presença no ambiente de trabalho do segurado, em atenção aos critérios previstos nessa norma.

Ainda de acordo com a TNU, no julgamento do PUIL n. 1001705-66.2020.4.01.3810/MG, "para o reconhecimento do tempo de atividade especial prestada com exposição à Xilol, Etil Cetona e Isobutil Cetona, há necessidade de observância do limite de tolerância previsto no Anexo 11 da NR-15 a partir de 03/12/1998". **Julgado em 15/09/2023.**

No que concerne à exposição ao **cimento**, prevalece o entendimento de que inexiste direito à aposentadoria especial, nos termos da Súmula 71, da TNU:

> **Súmula 71- "O mero contato do pedreiro com o cimento não caracteriza condição especial de trabalho para fins previdenciários".**
>
> Colaciona-se abaixo passagem do julgamento do PEDIDO 200772950018893, de 14/11/2012, que ensejou a aprovação da Súmula 71:
>
> "A Norma Regulamentadora n.º 15, que dispõe sobre atividades e operações insalubres, prevê, em seu Anexo 13 – Agentes Químicos, que a fabricação e o manuseio de álcalis cáusticos representam insalubridade de grau médio, ao passo em que a fabricação e o transporte de cal e cimento nas fases de grande exposição a poeiras representam insalubridade de grau mínimo. Vê-se, pois, que a referida norma diferencia os agentes químicos álcalis cáusticos e cimento, de modo que não se pode considerar se tratarem da mesma substância, afinal, como visto, o primeiro está presente na composição do outro, embora em baixíssima porcentagem. Além disso, em relação ao cimento, a norma só prevê insalubridade – e de grau mínimo! – nas fases de grande exposição a poeiras, situação específica que não restou atestada no laudo presente nos autos.- Na composição do cimento, os álcalis, representados pelos óxidos de potássio e de sódio, aparecem em baixíssima porcentagem, de 1% a 2,3%. Os constituintes fundamentais do cimento são a cal, a sílica, a alumina e o óxido de ferro, que representam os componentes essenciais do cimento e constituem, geralmente, 95% a 96% do total na análise de óxidos, sendo que os óxidos de sódio e de potássio (denominados álcalis do cimento) são impurezas menores que aparecem como constituintes do cimento. Ora, se os álcalis constituem componente secundário do cimento, apresentando baixíssima porcentagem em sua composição, não se parece plausível dizer que o simples manuseio do cimento

implicará, necessariamente, na exposição ao agente químico álcalis cáusticos. Para a avaliação do risco à saúde do indivíduo, faz-se necessário precisar até que ponto e a forma como se dá o contato com o cimento e se causa, efetivamente, reações adversas ao trabalhador. Nada disso restou explanado no laudo técnico acostado aos autos. "A ação do cimento é resultante da alcalinidade de silicatos, aluminatos e sílico-aluminatos que o constitui. Essa alcalinidade que não chega a ser agressiva é que propicia sinergicamente as condições para instalação de um processo de sensibilidade, ou seja, uma condição alérgica. É bom frisar que esta alcalinidade não é devida aos álcalis cáusticos, propiciadores de insalubridade e representado pelos hidróxidos de cálcio e potássio que não estão presentes no cimento. Os alcalino-terrosos, esses sim presentes no cimento e dos quais decorre sua alcalinidade média ou fraca, em função de seu grau de ionização, não estão contemplados como insalubres nas normas legais (NR-15 Anexo 13)".- A jurisprudência do Tribunal Superior do Trabalho, nesse sentido, firmou que "não basta a constatação da insalubridade por meio de laudo pericial para que o empregado tenha direito ao respectivo adicional, sendo necessária a classificação da atividade insalubre na relação oficial elaborada pelo Ministério do Trabalho". Não considera insalubre, portanto, atividades distintas daquelas previstas na NR-15 e seu Anexo 13, firmando que "a atual jurisprudência desta Corte, consagrada à luz do art. 190 da CLT e da OJ n.º 4/ SDI-I/TST, no sentido de que se classifica como insalubre apenas as tarefas de – fabricação e manuseio de álcalis cáusticos –, em grau médio, e – fabricação e transporte de cal e cimento nas fases de grande exposição a poeiras – , em grau mínimo, na relação oficial do Ministério do Trabalho (Anexo 13 da NR-15 da Portaria n.º 3.214/78 do MTb)".- A Norma Técnica diferencia os agentes álcalis cáusticos e cimento, de modo que não se pode considerá-las a mesma substância, estando o álcali cáustico presente na composição do outro (o cimento), em baixíssima porcentagem. Além disso, só reconhece insalubridade em relação ao cimento quando o contato se dê nas fases de grande exposição a poeiras – e mesmo assim em grau mínimo! –, situação específica que não restou atestada nos autos. Não se trata de examinar ou reexaminar a prova em se de uniformização, mas de fixar jurisprudencialmente se o cimento, ou a eventual presença de álcalis cáusticos no produto, leva à consideração do tempo de serviço como especial, a partir do conhecimento técnico que se tem atualmente sobre a atividade da construção civil".

16.1. Hidrocarbonetos, óleos e graxas

Conforme o julgamento do **Tema 298** da TNU, após o Decreto 2.172/97 não se admite a indicação genérica no PPP de exposição aos hidrocarbonetos ou óleos/graxas para o direito ao tempo especial, pois essa informação, por si só, não atesta a nocividade da exposição:

Tema 298 Situação do tema Julgado Ramo do DIREITO PREVIDENCIÁRIO

Questão submetida a julgamento A indicação genérica de exposição a "hidrocarbonetos" ou "óleos e graxas" é suficiente para caracterizar a atividade como especial?

Tese firmada A partir da vigência do Decreto 2.172/97, a indicação genérica de exposição a "hidrocarbonetos" ou "óleos e graxas", ainda que de origem mineral, não é suficiente para caracterizar a atividade como especial, sendo indispensável a especificação do agente nocivo.

Processo Decisão de afetação Relator (a) Julgado em Acórdão publicado em Trânsito em julgado

PEDILEF 5001319-31.2018.4.04.7115/RS 16/12/2021 Juiz Federal Fabio de Souza Silva 23/06/2022 23/06/2022

Veja-se o Acórdão integral:

> "PEDIDO DE UNIFORMIZAÇÃO DE INTERPRETAÇÃO DE LEI. REPRESENTATIVO DE CONTROVÉRSIA. TEMA 298. PREVIDENCIÁRIO. APOSENTADORIA ESPECIAL. "ÓLEO E GRAXA" E "HIDROCARBONETOS". INDICAÇÃO GENÉRICA. IMPOSSIBILIDADE DO RECONHECIMENTO DO TEMPO ESPECIAL. PUIL PROVIDO.
>
> 1. A aposentadoria especial, benefício com fundamento de validade constitucional no art. 201, § 1º, II da CF, consubstancia-se em exigência do princípio da isonomia, como forma de garantir que pessoas que trabalhem com efetiva exposição a agentes nocivos à saúde tenham igualdade de chances de alcançar a proteção providenciaria. O pressuposto que norteia as condições para sua concessão é a existência de condições de trabalho que funcionem como um critério razoável de distinção em relação a todos os demais trabalhadores, de modo que a antecipação da aposentadoria compense as desigualdades materiais, mas não os coloque em situação de vantagem.
>
> 2. Questão controvertida: *a indicação genérica de exposição a "hidrocarbonetos" ou "óleos e graxas" é suficiente para caracterizar a atividade como especial?*
>
> 3. No tema 53 de seus representativos de controvérsia, a TNU apenas indica a possibilidade teórica da caracterização da atividade especial quando houver manipulação de óleos e graxas, mas não afirma *tout court* que as condições de trabalho sempre serão especiais pela exposição a quaisquer tipos de óleos e graxas. No tema 298, a Turma avança no debate sobre se a simples referência a tais elementos é suficiente para se considerar provado o tempo especial. Não se trata, portanto, de revisão do tema 53 da TNU, mas de questão jurídica distinta, embora conexa.
>
> **4. Óleos e graxas. Óleos e graxas não são agentes nocivos, mas, em alguns casos, podem conter elementos prejudiciais à saúde, como benzeno, carvão mineral, chumbo e hidrocarbonetos e outros compostos de carbono. A manipulação de óleos e graxas, em tese, pode configurar atividade especial**

(tema 53 TNU), desde que haja prova de que tais substâncias sejam compostas por agentes nocivos à saúde. Mas a simples referência a "óleos e graxas", ainda que de origem mineral, é insuficiente para indicar a presença de agentes nocivos.

5. Hidrocarbonetos. A menção genérica ao termo "hidrocarbonetos" não permite concluir que o trabalho foi exercido em condições especiais, seja porque é insuficiente para identificar se o elemento é potencialmente nocivo à saúde, seja porque inviabiliza a especificação do tipo de avaliação necessária: quantitativa ou qualitativa.

6. Necessário garantir a oportunidade de o segurado produzir prova da espécie de hidrocarbonetos e da composição dos óleos e graxas a que esteve exposto. A forma como essa oportunidade será garantida, porém, é matéria que ultrapassa os limites deste incidente. Cabe aos Juizados Especiais e Turmas Recursais a análise sobre a adoção de regras de experiência (CPC, art. 375), diligências na empresa empregadora ou qualquer outro meio de prova, inclusive a pericial. O que não é possível admitir a subtração dessa oportunidade probatória, com a inviabilização absoluta e definitiva do acesso ao benefício.

7. Tese: ***a partir da vigência do Decreto 2.172/97, a indicação genérica de exposição a "hidrocarbonetos" ou "óleos e graxas", ainda que de origem mineral, não é suficiente para caracterizar a atividade como especial, sendo indispensável a especificação do agente nocivo.***

8. PUIL provido".

Registre-se, ainda, que em diversas situações inexiste nocividade na exposição aos óleos, graxas ou hidrocarbonetos, de modo que o INSS não pode ser condenado a implantar uma aposentadoria especial em uma situação de *non liquet* em prejuízo ao Erário.

Cite-se, como exemplo, passagem da Nota Técnica GSS nº 2/2022/EARJ, da Fundação Jorge Duprat Figueiredo de Segurança e Medicina do Trabalho, juntada aos autos, no sentido de que **"quanto a sua nocividade, os óleos minerais altamente purificados (portanto isentos de HPAs) não têm potencial carcinogênico e podem ser usados inclusive em medicamentos ou cosméticos" (item 2.6.4).**

No mesmo sentido veja-se trecho do voto do Relator nesse sentido:

> *"Nem mesmo as dermatoses ocupacionais, sobre as quais discorre o Instituto Brasileiro de Direito Previdenciário (IBDP) (evento 49 - Pet1) podem ser consideradas consequências necessárias da manipulação de óleos e graxas. É esclarecedora a manifestação da Associação Brasileira de Higiene Ocupacional (ABHO) (evento 33 - memoriais 3 - p. 5):*
>
> **Pesquisas mostram que o óleo mineral, por si só, não produz qualquer malefício ao organismo humano. Ademais, é utilizado para a fabricação de**

medicamentos, cosméticos e até equipamento de proteção individual para os membros superiores, tais como:

Nujol (óleo mineral sem cor ou sabor, vendido em farmácias que serve para lubrificar as paredes intestinais, sem ser absorvido pelo organismo);

Óleo Johnson (utilizado para lubrificar a pele do bebê, bem como a de adultos);

Creme protetor, equipamento de proteção individual, certificado pelo Ministério do Trabalho e Previdência para uso na proteção da saúde do trabalhador, e que em sua maioria contêm óleo mineral em sua composição.

Estes produtos não podem ser considerados insalubres ou prejudiciais à saúde de pessoas em geral, nem de trabalhadores.

Portanto, não cabe o tratamento genérico, como se fosse uma classe homogênea (óleos) na carcinogenicidade, pois não é.

O simples nome "óleo mineral" não pode ser suficiente para a caracterização de uma insalubridade. Há que se identificar que óleo é, qual a sua composição. Se pode causar potencialmente o dano para o qual a norma foi prevista".

Registre-se que a própria TNU admitiu a dilação probatória em cada caso concreto na situação da indicação genérica no PPP, conforme trecho do voto do Relator:

> *"Necessário garantir, portanto, a oportunidade de o segurado produzir prova da espécie de hidrocarbonetos e da composição dos óleos e graxas a que esteve exposto. A forma como essa oportunidade será garantida, porém, é matéria que ultrapassa os limites deste incidente. Cabe aos Juizados Especiais e Turmas Recursais a análise sobre a adoção de regras de experiência (CPC, art. 375), diligências na empresa empregadora ou qualquer outro meio de prova, inclusive a pericial. O que não é possível é admitir a subtração dessa oportunidade probatória, com a inviabilização absoluta e definitiva do acesso ao benefício".*

Demais disso, o Tema 53/TNU é generalista, não garantindo o enquadramento do tempo especial sem a especificação de nocividade do óleo ou graxa, tanto que a questão afetada utilizou a expressão "pode":

<table>
<tr><td>Tema</td><td>53</td><td>Situação do tema</td><td>Julgado</td><td>Ramo do direito</td><td>DIREITO PREVIDENCIÁRIO</td></tr>
<tr><td colspan="2">Questão submetida a julgamento</td><td colspan="3">Saber se a manipulação de óleos e graxas pode, em tese, configurar condição especial de trabalho para fins previdenciários.</td><td></td></tr>
</table>

Tese firmada	A manipulação de óleos e graxas, desde que devidamente comprovado, configura atividade especial. VIDE TEMA 298/TNU				
Processo	**Decisão de afetação**	**Relator (a)**	**Julgado em**	**Acórdão publicado em**	**Trânsito em julgado**
PEDILEF 2009.71.95.0018 28-0/ RS		Juiz Federal Rogério Moreira Alves	15/05/2012	21/06/2012	09/07/2012

Aliás, no julgamento do tema 296 o voto do Juiz Federal Relator, Fábio Souza, fez essa distinção:

> "*- MANUTENÇÃO DA TESE FIRMADA NO TEMA 53 DA TNU -*
>
> Não há dúvidas de que haverá situações em que a manipulação de óleos e graxas poderá caracterizar as condições especiais de trabalho. Essa posição, aliás, já foi firmada pela TNU no julgamento do tema 53 de seus recursos representativos de controvérsia:
>
> **A manipulação de óleos e graxas, desde que devidamente comprovado, configura atividade especial.**
>
> Mas é válido trazer à colação fragmento do voto condutor do julgamento do recurso afetado ao referido tema (PEDILEF 2009.71.95.001828-0/RS – Relator Juiz Federal Rogério Moreira Alves – julgado em 21/06/2012), em que se esclarece que a caracterização da atividade especial não é uma consequência necessária da exposição a óleos e graxas, pois depende da prova de outras circunstâncias fáticas:
>
> **O código 1.0.7 do Anexo IV dos Decretos 2.172/97 e 3.048/99, que classifica carvão mineral e seus derivados como agentes químicos nocivos à saúde, prevê, na alínea b, que a utilização de óleos minerais autoriza a concessão de aposentadoria especial aos 25 anos. Eis o teor do regulamento: (...)**
>
> **No anexo nº 13 da NR-15, veiculada na Portaria MTb nº 3.214/78, consta, no tópico dedicado aos "hidrocarbonetos e outros compostos de carbono", que a manipulação de óleos minerais caracteriza hipótese de insalubridade de grau máximo.**
>
> **Dessa forma, a manipulação de óleos e graxas, em tese, pode configurar condição especial de trabalho para fins previdenciários.**
>
> **A fixação dessa premissa em matéria de direito não conduz obrigatoriamente ao reconhecimento da atividade especial, haja vista a necessidade de exame da matéria fática. Como a TNU não pode examinar matéria fática, caberá à Turma Recursal refazer o julgamento do recurso inominado**

interposto contra a sentença. Muito embora não me caiba apreciar matéria fática, tomo a liberdade de chamar a atenção para o fato de que o mesmo formulário DIRBEN-8030 que atesta exposição habitual e permanente a óleo e a graxa também ressalta que a empresa não possui laudo técnico pericial. E no período de 29/05/1998 a 26/5/2000 a jurisprudência consolidou o entendimento de que o laudo técnico pericial já era imprescindível para comprovação da condição especial do trabalho. Tudo isso poderá ser melhor considerado pela Turma Recursal no momento oportuno.

(...)

Uniformizar o entendimento de que a manipulação de óleos e graxas, em tese, pode configurar condição especial de trabalho para fins previdenciários.

Infere-se do julgado apenas a possibilidade teórica da caracterização da atividade especial quando houver manipulação de óleos e graxas, mas não uma afirmação **tout court** *de que as condições de trabalho sempre serão especiais pela exposição a quaisquer tipos de óleos e graxas.*

O presente incidente parte da premissa fixada no tema 53 de que ao menos alguns óleos e graxas são prejudiciais à saúde do trabalhador. Entretanto, avança no debate sobre se esse fato torna suficiente a simples referência a tais elementos no Perfil Profissiográfico Previdenciário (PPP) ou em outros documentos para se considerar provado o tempo especial.

Não se trata, portanto, de revisão do tema 53 da TNU, mas de questão jurídica distinta, embora conexa àquela julgada em 2012".

Logo, não se trata de *overruling*, mesmo porque o tema já havia sido julgamento recentemente pela TNU, que apenas confirmou o seu posicionamento anterior firmado no ano passado:

> "AGRAVO. PEDIDO DE UNIFORMIZAÇÃO. PREVIDENCIÁRIO. **AVERBAÇÃO DE PERÍODO LABORADO EM CONDIÇÕES ESPECIAIS. MENÇÃO GENÉRICA A "TINTAS E SOLVENTES" E "HIDROCARBONETOS". NECESSIDADE DE INDICAÇÃO DO TIPO DE AGENTE QUÍMICO, NO PPP OU NO LTCAT.** INCIDENTE DE UNIFORMIZAÇÃO CONHECIDO E PROVIDO. TESE FIXADA". (TNU, Pedido de Uniformização de Interpretação de Lei (Turma) 5004591-60.2018.4.04.7203, LUIS EDUARDO BIANCHI CERQUEIRA – TURMA NACIONAL DE UNIFORMIZAÇÃO, 27/08/2021.)

A questão já foi inclusive tratada no voto do Juiz Relator:

> *"Importa destacar que não se trata de tese inédita na TNU, sendo esse o entendimento que pode ser extraído do julgamento do PUIL 5002223-52.2016.4.04.7008, no qual foi fixada a seguinte tese:* **"o uso da expressão genérica 'hidrocarbonetos' no PPP e/ou no laudo pericial é insuficiente para**

determinar a existência de exposição nociva, sendo necessário detalhar de que hidrocarboneto se fala, bem como, no caso de tratar-se, especificamente, de xileno ou tolueno, precisar igualmente a concentração da exposição, segundo a NR-15". *(TNU, PUIL 5002223-52.2016.4.04.7008, rel. Juiz Federal Luis Eduardo Bianchi Cerqueira, j. 20.11.2020). No mesmo sentido, ao julgar o PUIL nº 5001548-50.2020.4.04.7105/RS, foi fixada a seguinte tese* **"a mera menção genérica a 'hidrocarbonetos' ou 'tintas e solventes', no PPP ou no laudo técnico, é insuficiente para caracterizar a exposição nociva a agentes químicos"** *(PUIL nº 5001548-50.2020.4.04.7105/RS, Rel. Juiz Federal Gustavo Melo Barbosa, j. 16/11/2021).*

Nota-se, portanto, que a solução jurídica ora proposta não representa ruptura com a jurisprudência dominante. Logo, eventuais decisões em sentido contrário não podem ser consideradas "base da confiança" a ponto de justificar a invocação do princípio da proteção da confiança diante de alteração jurisprudencial. Nesse sentido, vale destacar a lição de Odilon Romano Neto:

Decisões proferidas pelas turmas nos tribunais superiores não são consideradas, isoladamente, base da confiança, por serem órgãos jurisdicionais de menor abrangência na estrutura do tribunal. Se, no entanto, estiverem inseridas em uma cadeia incontrastada de outras decisões (jurisprudência pacífica), devem ser reconhecidas como base da confiança.

(ROMANO NETO, Odilon. Proteção da confiança nas modificações na jurisprudência: a tutela dos jurisdicionados diante da alteração de entendimentos consolidados. São Paulo: Dialética, 2021, p. 552)".

Veja-se enunciado aprovado na I **Jornada de Direito da Seguridade Social do Conselho da Justiça Federal** sobre o tema:

> ENUNCIADO 23: A partir de 6/3/1997 (Decreto 2.172/1997), a menção genérica, no PPP ou LTCAT, a "hidrocarbonetos", "óleos", "graxas" e "poeiras", ainda que de origem mineral, não comprova a nocividade da exposição, sendo indispensável a especificação do agente químico e a superação de eventual limite de tolerância, possibilitada produção de prova complementar.

Ressalve-se, por outro lado, ser direito do segurado ser oportunizada a produção de prova da espécie de hidrocarbonetos e da composição dos óleos e graxas a que esteve exposto, o que pode ser feito através da juntada do LTCAT ou registro ambiental substituto, ou mesmo, em último caso, por prova pericial judicial no ambiente de trabalho.

Veja-se a posição da TNU na situação de menção genérica a ADESIVOS:

> Tipo
>
> Acórdão
>
> Número

5004133-14.2021.4.04.7114
50041331420214047114
Classe
Pedido de Uniformização de Interpretação de Lei (Turma)
Relator(a)
CARMEN ELIZANGELA DIAS MOREIRA DE RESENDE
Origem
TNU
Órgão julgador
TURMA NACIONAL DE UNIFORMIZAÇÃO
Data
04/09/2024
Data da publicação
05/09/2024
Fonte da publicação
05/09/2024
Ementa
PEDIDO DE UNIFORMIZAÇÃO DE INTERPRETAÇÃO DE LEI FEDERAL. PREVIDENCIÁRIO. **AGENTES QUÍMICOS. MENÇÃO GENÉRICA A ADESIVOS. IMPOSSIBILIDADE**, A PARTIR DO DECRETO 2.172/97, CONFORME CONSIGNADO NO TEMA 298 DA TNU. PEDIDO DE UNIFORMIZAÇÃO CONHECIDO E PROVIDO. QUESTÃO DE ORDEM 20 DA TNU.

16.2. Agentes químicos cancerígenos

Por sua vez, o Decreto 8.123/2013 passou a prever que a presença no ambiente de trabalho, com possibilidade de exposição a ser apurada, de **agentes nocivos reconhecidamente cancerígenos em humanos**, listados pelo Ministério do Trabalho **será suficiente para a comprovação de efetiva exposição do trabalhador**.

Nesse sentido, foi divulgado pelo INSS Memorando-Circular Conjunto nº 2/DIRSAT/DIRBEN/INSS, de 23 de julho de 2015, que fixou o seguinte entendimento na via administrativa:

> a) serão considerados agentes reconhecidamente cancerígenos os constantes do Grupo 1 da lista da LINACH que possuam o ***Chemical Abstracts Service – CAS*** e que constem no Anexo IV do Decreto nº 3048/99;
>
> b) a presença no ambiente de trabalho com possibilidade de exposição de agentes nocivos reconhecidamente cancerígenos, será suficiente para comprovação da efetiva exposição do trabalhador;

> c) a avaliação da exposição aos agentes nocivos reconhecidamente cancerígenos será apurada na forma qualitativa, conforme § 2º e 3° do art. 68 do Decreto nº 3048/99 (alterado pelo Decreto n° 8.123 de 2013);
>
> d) a utilização de Equipamentos de Proteção Coletiva-EPC e/ou Equipamentos de Proteção Individual-EPI não elide a exposição aos agentes reconhecidamente cancerígenos, ainda que considerados eficazes; e
>
> e) para o enquadramento dos agentes reconhecidamente cancerígenos, na forma desta orientação, será considerado o período trabalhado a partir de 08/10/2014, data da publicação da Portaria Interministerial nº 09/14.

Logo, os agentes cancerígenos constantes do Grupo 1 da lista da LINACH que possuam o ***Chemical Abstracts Service* – *CAS*** e que constem no Anexo IV do Decreto nº 3048/99 são reconhecidos como agentes qualitativos, mas o posicionamento do INSS é somente para o tempo de contribuição prestado a partir de 8 de outubro de 2014, data da publicação da Portaria Interministerial nº 09/14, que publicou a Lista Nacional de Agentes Cancerígenos para Humanos (LINACH), como referência para formulação de políticas públicas.

No mesmo sentido o Enunciado 216 do FONAJEF:

> **Enunciado nº 216**
>
> A utilização de EPI não elide o direito à especialidade do labor nos casos de exposição a agentes reconhecidamente cancerígenos, ainda que considerados eficazes no PPP.

Mas o tema sofreu uma reviravolta bem controvertida com o advento do Decreto 10.410/2020, que modificou a redação do artigo 60, §4º, do Regulamento da Previdência Social:

> ~~"§ 4º A presença no ambiente de trabalho, com possibilidade de exposição a ser apurada na forma dos §§ 2º e 3º, de agentes nocivos reconhecidamente cancerígenos em humanos, listados pelo Ministério do Trabalho e Emprego, será suficiente para a comprovação de efetiva exposição do trabalhador. (Redação dada pelo Decreto nº 8.123, de 2013)~~
>
> § 4º Os agentes reconhecidamente **cancerígenos** para humanos, listados pela Secretaria Especial de Previdência e Trabalho do Ministério da Economia, serão avaliados em conformidade com o disposto nos § 2º e § 3º deste artigo e no **caput** do art. 64 e, **caso sejam adotadas as medidas de controle previstas na legislação trabalhista que eliminem a nocividade, será descaracterizada a efetiva exposição**. (Redação dada pelo Decreto nº 10.410, de 2020)".

Deste modo, **o Regulamento da Previdência Social desde 1/7/2020 passou a admitir, em tese, a possibilidade de eficácia de EPI em agente cancerígeno, cabendo agora uma reapreciação da normatização ministerial e**

da autarquia, sempre como lastro a não retroação de nova posição administrativa desfavorável ao segurado, que ainda não ocorreu.

A lista de agentes cancerígenos da Agência Internacional para a Investigação do Câncer – IARC, considerada na elaboração da LINACH[19], reúne os Agentes Classificados com base nas Monografias de 1 a 107, sendo sua última atualização em 10 de abril de 2013.

Eis o citado **Grupo 1 da LINACH** que possuem registro no CAS:

ANEXO 1

LISTA NACIONAL DE AGENTES CANCERÍGENOS PARA HUMANOS – LINACH

Grupo 1 - Agentes confirmados como carcinogênicos para humanos

Agente	Registro no Chemical Abstracts Service - CAS
Acetaldeído associado com o consumo de bebidas alcoólicas	000075-07-0
Ácido Aristólico	000313-67-7
Ácido Aristólico (plantas que o contem)	000313-67-7
Ácidos Mistos, Inorgânicos Fortes	Não se aplica
Aflatoxinas	001402-68-2
Álcool Isopropilico, manufatura usando ácidos fortes	Não se aplica
Alumínio, produção de	Não se aplica
4-Aminobifenila	000092-67-1
Arsênio e compostos inorgânicos de arsênio	007440-38-2
Asbestos ou amianto - todas as formas, inclusive actinolita, amosita, antofilita, crisotila, crocidolita, tremolita (nota: Substâncias minerais, a exemplo do talco ou vermiculita, que contenham amianto também devem ser considerados como cancerígeno para osseres humanos)	001332-21-4013768-00-8012172-73-5017068-78-9012001-29-5012001-28-4014567-73-8
Auramina, produção de	Não se aplica
Azatioprina	000446-86-6
Bebidas alcoólicas	Não se aplica
Benzeno	000071-43-2
Benzidina	000092-87-5
Benzo[a]pireno	000050-32-8
Berílio e seus compostos	007440-41-7
Bifenis policlorados	001336-36-3
Bifenis policlorados, 'dioxin-like' ('tipo dioxina' ou 'do grupo das dioxinas'),com Fator de Equivalência de Toxicidade de acordo com a OMS (PCBs 77,81, 105, 114, 118, 123, 126, 156, 157, 167, 169, 189)	Não se aplica
Borracha, indústria de transformação da	Não se aplica
Breu de alcatrão de hulha	065996-93-2
Bussulfano	000055-98-1
1,3 Butadieno	000106-99-0
Cádmio e compostos de cádmio	007440-43-9
Ciclofosfamida	000050-18-0006055-19-2
Ciclosporina	059865-13-3079217-60-0
Clonorchis sinensis, Infecção com	Não se aplica
Clorambucil	000305-03-3
Cloreto de vinila	000075-01-4

19. Os agentes são designados para o grupo 2A (provavelmente cancerígeno para os seres humanos) ou para o Grupo 2B (possivelmente cancerígeno para os seres humanos) com base em evidências epidemiológicas e experimentais de carcinogenicidade e outros dados relevantes.

Clornafazina	000494-03-1
Compostos de cromo (VI)	018540-29-9
Compostos de níquel	Não se aplica
Coque, produção de	Não se aplica
Corantes que liberam benzidina no metabolismo	Não se aplica
Destilação do alcatrão de hulha	008007-45-2
Dietilestilbestrol	000056-53-1
Emissões em ambiente fechado na combustão doméstica do carvão	Não se aplica
Erionita	066733-21-9
Estrogênio-progesterona associados como contraceptivo oral (nota: há também provas convincentes em seres humanos de queesses agentes conferem um efeito protetor contra o câncer emendométrio e ovário)	Não se aplica
Estrogênio-progesterona associados em terapia menopausal combinada	Não se aplica
Estrógeno, terapia pós-menopausal	Não se aplica
Etanol em bebidas alcoólicas	000064-17-5

Éter bis (clorometílico); éter metílico de clorometila	000542-88-1000107-30-2
Etoposide	033419-42-0
Etoposide em associação com cisplatina e bleomicina	033419-42-0015663-27-1011056-06-7
Exaustão do motor diesel	Não se aplica
Fenacetina	000062-44-2
Fenacetina (mistura de analgésicos contendo fenacetina)	Não se aplica
Formaldeído	000050-00-0
Fósforo 32, como fosfato	014596-37-3
Fuligem (como os encontrados na exposição ocupacional dos limpadores dechaminés)	Não se aplica
Fundição de ferro e aço (exposição ocupacional em)	Não se aplica
Gaseificação de carvão	Não se aplica
Gás Mostarda	000505-60-2
Helicobacter pilori, Infecção com	Não se aplica
Hematita, mineração subterrânea	Não se aplica
Magenta, produção de	Não se aplica
Material particulado na poluição do ar	Não se aplica
Melfalano	000148-82-3
Metoxsalen associado com radiação ultravioleta A	000298-81-7
4,4'-Metileno bis (2-cloroanilina) (MOCA)	000101-14-4
MOPP e outros agentes quimioterápicos, inclusive agentes alquilantes	Não se aplica
2 -Naftilamina	000091-59-8
N'-nitrosonornicotina (NNN) e 4-. (metilnitrosamino)-1-(3-piridil) 1-butanona (NNK)	016543-55-8064091-91-4
Noz de Areca	Não se aplica

Noz de Betel, misturada com tabaco	Não se aplica
Noz de Betel, não misturada com tabaco	Não se aplica
Óleos de xisto	068308-34-9
Óleos minerais (não tratados ou pouco tratados)	Não se aplica
Opisthorchis viverrini, Infecção com	Não se aplica
Óxido de Etileno	000075-21-8
Papilomavírus humano - HPV tipos 16, 18, 31, 33, 35, 39, 45, 51, 52, 56,58, 59 (nota: os tipos de HPV classificados como cancerígenos para humanos podem diferir na magnitude do risco em relação ao câncer cervical)	Não se aplica
Peixe estilo chinês , salgado	Não se aplica
3, 4, 5, 3', 4' -Pentaclorobifenil (PCB - 126)	057465-28-8
2 ,3 ,4 ,7 ,8-Pentaclorodibenzofurano	057117-31-4
Pintor (exposição ocupacional como pintor)	Não se aplica
Plutônio	007440-07-5
Poeira de couro	Não se aplica
Poeira de madeira	Não se aplica
Poeira de sílica, cristalina, em forma de quartzo ou cristobalita	014808-60-7
Poluição do Ar	Não se aplica
Poluição do ar em partículas	Não se aplica
Produtos de fissão, inclusive estrôncio-90	Não se aplica
Radiação de Nêutrons	Não se aplica
Radiação Ionizante (todos os tipos)	Não se aplica
Radiação Solar	Não se aplica
Radiação ultravioleta (100-400 nm, abrangendo UVA, UVB e UVC)	Não se aplica
Radiação ultravioleta emitida por dispositivos de bronzeamento	Não se aplica
Radiações X e gama	Não se aplica
Rádio-224 e seus produtos de decaimento	013982-63-3
Rádio-226 e seus produtos de decaimento	015262-20-1
Rádio-228 e seus produtos de decaimento	010043-92-2
Radioiodos, incluindo o iodo-131	Não se aplica
Radionuclídeos, emissores de partículas alfa, internamente depositados	Não se aplica
Radionuclídeos, emissores de partículas beta, internamente depositados	Não se aplica
Radônio-222 e seus produtos de decaimento	013233-32-4
Sarcoma de Kaposi associado com herpes vírus	Não se aplica
Schistosoma haematobium, infecção com	Não se aplica
Semustina [1-(2 -cloroetil) -3-(4-metilciclohexil)-1-nitrosourea, Metil CCNU]	013909-09-6
Tabaco em uso passivo	Não se aplica
Tabaco sem fumaça	Não se aplica
Tabagismo	Não se aplica
Tamoxifeno (nota: há evidências também conclusivas para seu uso na redução do risco de câncer de mama contralateral em pacientes com câncerde mama)	010540-29-1
2,3,7,8-Tetraclorodibenzo-para-dioxina	001746-01-6
Tiotepa	000052-24-4

orto-Toluidina	000095-53-4
Treosulfano	000299-75-2
Tricloroetileno	000079-01-6
Tório-232 e seus produtos de decaimento	007440-29-1
Vírus da Hepatite B, infecção crônica com	Não se aplica
Vírus da Hepatite C, infecção crônica com	Não se aplica
Vírus da Imunodeficiência tipo 1, Infecção com	Não se aplica
Vírus Epstein-Barr	Não se aplica
Vírus linfotrópico célula-T humana tipo I	Não se aplica

Grupo 2A - Agentes provavelmente carcinogênicos para humanos

Agente	Registro no ChemicalAbstracts Service - CAS
Acrilamida	000079-06-1
Adriamicina	023214-92-8
Azacitidina	000320-67-2
Betumes, oxidados, e suas emissões durante impermeabilizações	064742-93-4
Bifenilos polibromados	059536-65-1
Biscloroetil nitrosourea (BCNU)	000154-93-8
Brometo de vinila (nota: em termos práticos, seu mecanismo de ação comocarcinógeno humano deveria ser considerado semelhante ao do cloreto devinila)	000593-60-2
Cabeleireiro ou barbeiro (exposição ocupacional como)	Não se aplica
Captafol	002425-06-1
Carbamato de etila (uretano)	000051-79-6
Chumbo inorgânico, compostos de	Não se aplica
Ciclopenta[c,d]pireno	027208-37-3
Cisplatina	015663-27-1
Cloral	000075-87-6
Cloranfenicol	000056-75-7
1-(2-cloroetil)-3-cicloexil-1nitrosourea (CCNU)	013010-47-4
Cloreto de dimetil carbamoila	000079-44-7
Cloridrato de procarbazina	000366-70-1
Clorozotocin	054749-90-5

4-Cloro-orto-toluidina	000095-69-2
Cobalto metálico com carbeto de tungstênio	007440-48-4012070-12-1
Creosoto	008001-58-9
Dibenzo [a,j] acridina	000224-42-0
Dibenzo[a,h]antraceno	000053-70-3

Neste Grupo 1 está inserida poeira de madeira:

PUIL n. 0004718-31.2018.4.03.6324/SP

Relator(a): JUÍZA FEDERAL LILIAN OLIVEIRA DA COSTA TOURINHO

Assunto: EXPOSIÇÃO À POEIRA DE MADEIRA. MARCENEIRO. AGENTE CANCERÍGENO.

Ementa:

PREVIDENCIÁRIO. PEDIDO DE UNIFORMIZAÇÃO NACIONAL. MARCENEIRO OU AUXILIAR DE MARCENARIA. EXPOSIÇÃO A POEIRA DE MADEIRA. AGENTE NOCIVO À SAÚDE. ATIVIDADE DESEMPENHADA EM CONDIÇÕES ESPECIAIS. QUESTÃO DE ORDEM 20 TNU. PEDIDO DE UNIFORMIZAÇÃO PARCIALMENTE PROVIDO.

1) TESE FIRMADA: "A POEIRA DE MADEIRA É AGENTE NOCIVO À SAÚDE, ESTANDO INCLUÍDA NO ROL DE AGENTES CONFIRMADOS COMO CARCINOGÊNICOS, GRUPO 1, DA LISTA NACIONAL DE AGENTES CANCERÍGENOS PARA HUMANOS – LINACH, PUBLICADA PELA PORTARIA INTERMINISTERIAL MPS/MTE/MS Nº 09 DE 07 DE OUTUBRO DE 2014."

2- ACÓRDÃO ANULADO PARA ADEQUAÇÃO À TESE FIRMADA. PEDIDO DE UNIFORMIZAÇÃO PARCIALMENTE PROVIDO.

Tese firmada:

"A poeira de madeira é agente nocivo à saúde, estando incluída no rol de agentes confirmados como carcinogênicos, Grupo 1, da Lista Nacional de Agentes Cancerígenos para Humanos – LINACH, publicada pela Portaria Interministerial MPS/MTE/MS nº 09 de 07 de Outubro de 2014."

Julgado em 22/11/2023

Veja-se o posicionamento do INSS sobre o enquadramento dos **AGENTES CANCERÍGENOS DA LINACH GRUPO 1** no Manual de Aposentadoria Especial:

As alterações do Decreto nº 3.048/99 trazidas pela publicação do Decreto nº 8.123/13 modificaram alguns aspectos da avaliação de enquadramento para fins de aposentadoria especial, particularmente em relação aos agentes cancerígenos.

O Art. 68 do referido Decreto, no §2º diz que a avaliação qualitativa dos riscos e agentes nocivos será comprovada mediante descrição das circunstâncias de exposição aos agentes presentes no ambiente durante toda a jornada de trabalho, das fontes e possibilidades de liberação dos agentes e dos meios de contato/exposição dos trabalhadores, as vias de absorção, intensidade de exposição, frequência e duração do contato. O §3º diz que a comprovação é feita por formulário emitido com base em laudo técnico expedido por médico do trabalho ou engenheiro de segurança do trabalho. O § 4o determina que a presença no ambiente de trabalho, com possibilidade de exposição a ser apurada na forma dos §§ 2o e 3o, de agentes nocivos reconhecidamente cancerígenos em humanos, listados pelo Ministério do Trabalho e Emprego, será suficiente para a comprovação de efetiva exposição do trabalhador.

A Portaria Interministerial MTE/MS/MPS Nº 9, em 07 de outubro de 2014, trouxe a Lista Nacional de Agentes Cancerígenos para Humanos (LINACH). Nesta lista, os agentes do Grupo 1 são aqueles confirmados como carcinogênicos para humanos e, se possuírem CAS e estiverem presentes no Anexo IV do Decreto nº 3.048/99, deverão ter sua análise qualitativa. Além disto, com base na alteração do §4º do Art. 68 do Decreto nº 3.048/99 e em parecer da FUNDACENTRO, houve mudança do entendimento em relação ao emprego de EPC e EPI. Estes passaram a ser desconsiderados, mesmo que sua utilização seja declarada eficaz, não impedindo o enquadramento em atividade especial.

O entendimento supracitado decorreu de vistoria e parecer da FUNDACENTRO, realizados em 2010, em empresas do setor petroquímico, quando se verificou que apesar da utilização de sistemas fechados (EPC), há emissões fugitivas de benzeno, e que os EPRs (equipamentos de proteção respiratórios) utilizados diminuem, mas não elidem os riscos de exposição a este agente que não tem limite de exposição seguro. Desta forma, este entendimento foi estendido aos demais agentes cancerígenos, conforme Memorando-Circular Conjunto nº 2/DIRSAT/DIRBEN/INSS de 23 de julho de 2015. O parecer da PFE/INSS emitido por meio da Nota Técnica nº 00001/2015/GAB/PRFE/INSS/SAO/PGF/AGU definiu que esta mudança é válida para períodos trabalhados a partir de 08 de outubro de 2014, data da publicação da LINACH pela Portaria Interministerial nº 09/2014.

Importante ressaltar que os §§ 2o e 3º do Art. 68 do Decreto nº 3.048/99 deverão ser sempre verificados quando da análise dos agentes cancerígenos elencados no Grupo 1 da LINACH. Assim, sempre haverá a necessidade da avaliação da profissiografia, do ambiente de trabalho e das condições da possível exposição a serem comprovadas mediante apresentação de formulário baseado em laudo técnico expedido por médico do trabalho ou engenheiro de segurança do trabalho. Deve-se também considerar o critério de habitualidade e permanência até 18 de novembro de 2003 e, após esta data, de trabalho permanente, não ocasional, nem intermitente, no qual a exposição ao agente nocivo seja indissociável da produção do bem ou da prestação do serviço.

Assim, a avaliação dos agentes nocivos cancerígenos em questão passa a ser qualitativa e sem levar em consideração a adoção de EPC/EPI, mesmo que declaradamente eficazes, a partir de 08 de outubro de 2014. Ressalta-se que permanecem necessárias as avaliações ambientais (§ 3º do Art. 68, Decreto nº 3.048/99) e o cumprimento dos critérios de permanência (§ 2º do Art. 68, Decreto nº 3.048/99).

Prevê a Portaria Interministerial 9/2014 que, para efeito do art. 68, § 4º[20], do Decreto 3048, de 6 de maio de 1999, serão considerados agentes reconhecidamente cancerígenos aqueles do Grupo I desta lista que têm registro no Chemical Abstracts Service - CAS.

Conforme enunciado no Memorando-Circular Conjunto nº 2/DIRSAT/DIRBEN/INSS, de 23 de julho de 2015, não basta que os agentes cancerígenos constem do Grupo 1 da lista da LINACH que possuam o ***Chemical Abstracts Service - CAS*** para o reconhecimento do tempo especial, sendo necessário ainda que constem no Anexo IV do Decreto nº 3048/99.

Como exemplo, o asbesto ou amianto consta do Grupo 1 da LINACH com CAS e também é arrolado no anexo IV do Decreto 3.048/99 no item 1.0.2 com direito à aposentadoria especial de 20 anos. Por outro lado, o ácido aristólico consta do Grupo 1 da LINACH com CAS, mas não é previsto no anexo IV do Decreto 3.048/99.

20. § 4º A presença no ambiente de trabalho, com possibilidade de exposição a ser apurada na forma dos §§ 2º e 3º, de agentes nocivos reconhecidamente cancerígenos em humanos, listados pelo Ministério do Trabalho e Emprego, será suficiente para a comprovação de efetiva exposição do trabalhador. (Redação dada pelo Decreto nº 8.123, de 2013).

Já existe jurisprudência da TNU aplicando o Memorando-Circular Conjunto nº 2/DIRSAT/DIRBEN/INSS, de 23 de julho de 2015 para períodos anteriores à 10/4/2003:

> "O Instituto Nacional do Seguro Social – INSS busca a reforma de acórdão da 2ª Turma Recursal da Seção Judiciária de Santa Catarina, pelo qual negou provimento ao recurso inominado do INSS e manteve a sentença que julgou procedente o pedido de averbação de período de trabalho considerado especial de 01.09.1996 a 09.06.2003, por entender, em resumo, que com a edição do Decreto nº 8.123/2013 e a publicação da **Portaria Interministerial MTE/MS/MPS nº 09, de 07 de outubro de 2014**, é possível considerar o caráter especial do período de trabalho controvertido, ante o potencial cancerígeno do agente nocivo à saúde sílica ao qual o recorrido manteve-se exposto. Segue trecho do acórdão recorrido: "(...) No tocante à poeira de sílica, a partir de outubro de 2001, em face da IN 57/2001, há exigência de concentração da sílica para fins de enquadramento (art. 178, § 2º). No entanto, o INSS, através do **Memorando-Circular nº 2/DIRSAT/DIRBEN/INSS, de 23 de junho de 2015**, uniformizou o entendimento de que 'a avaliação da exposição aos agentes nocivos reconhecidamente cancerígenos será apurada na forma qualitativa, conforme §2º e §3º do art. 68 do Decreto nº 3048/99 (alterado pelo Decreto nº 8.123 de 2013'. Ainda, **tal documento dispõe que 'serão considerados agentes reconhecidamente cancerígenos os constantes do Grupo 1 da lista da LINACH que possuam o Chemical Adstracts Service – CAS e que constem no Anexo IV do Decreto nº 3048/99'**. Por sua vez, a **Portaria Interministerial MTE/MS/MPS nº 9, de 07 de outubro de 2014, publicada no DOU 08/10/2014**, e que publica a Lista Nacional de Agentes Cancerígenos para Humanos (LINACH), lista em seu Grupo 1 (agentes confirmados como carcinogênicos para humanos) a Poeira de Sílica, com CAS N.014808-60-7. Desta forma, **é possível reconhecer a especialidade do intervalo de 1º/09/96 a 09/06/2003 pela exposição a poeira de sílica**, aos 25 anos, com base nos códigos 1.2.12 do Decreto nº. 83.080/79 e 1.0.18 dos Decretos nº. 2.172/97 e nº 3.048/99. (...) Não há reparos a fazer na sentença que analisou corretamente a prova em seu conjunto, reconhecendo que o autor, na condição de prestador de serviços terceirizados junto à empresa Eliane Revestimentos Cerâmicos, ficava exposto ao agente 'poeira de sílica' com caracterizada insalubridade. Entendo, como o juízo a quo que a prova documental mais a prova testemunhal demonstraram que o autor trabalhou efetivamente na empresa Eliane Revestimentos Cerâmicos. E, por outro lado, os laudos técnicos produzidos por esta empresa, demonstram que nos setores onde o autor desempenhava suas atividades continham poeiras de sílica. Por fim, no tocante ao enquadramento da especialidade pelo referido agente nocivo, a sentença está em conformidade com os parâmetros decisórios desta Turma Recursal. Em suma, nego provimento ao recurso." 2. O PEDILEF foi admitido na origem. 3. Sem contrarrazões. DECIDO 4. Esta Turma Nacional de Uniformização tem jurisprudência assente sobre o assunto, conforme se observa, mutatis mutandis, no PEDILEF

nº 05006671820154058312, relatora Juíza Federal GISELE CHAVES SAMPAIO ALCÂNTARA, sessão de 23/02/2017, no mesmo sentido do acórdão acima reproduzido. 5. Assim sendo, o incidente de uniformização encontra óbice na diretiva da Questão de Ordem nº 13 da TNU: "Não cabe Pedido de Uniformização de Jurisprudência dos Juizados Especiais Federais se firmou no mesmo sentido do acórdão recorrido". 6. Portanto, na forma do art. 9º, inciso IX, do RI-TNU, nego seguimento ao incidente de uniformização. 7. Intimem-se" **(Pedido 50039472220154047204, de 10/9/2017).**

"PEDIDO DE UNIFORMIZAÇÃO DE INTERPRETAÇÃO DE LEI FEDERAL. PREVIDENCIÁRIO. TEMPO ESPECIAL. **AGENTE NOCIVO. FORMOL (FORMALDEÍDO). ELEMENTO CANCERÍGENO EM HUMANOS. PREVISÃO NA LINACH - LISTA NACIONAL DE AGENTES CANCERÍGENOS PARA HUMANOS - GRUPO 1. ART. 68, §4º, DO DECRETO Nº 3.048/99. RECONHECIMENTO DAS CONDIÇÕES ESPECIAIS DO LABOR EXERCIDO SOB SUA EXPOSIÇÃO NO AMBIENTE DE TRABALHO. ENTENDIMENTO APLICÁVEL INCLUSIVE DURANTE A VIGÊNCIA DO DECRETO Nº 2.172/97.** INCIDENTE CONHECIDO E PROVIDO. 1. Trata-se de Pedido de Uniformização interposto pelo Autor em face Acórdão proferido pela Segunda Turma Recursal de Minas Gerais, que negou o reconhecimento das condições especiais do labor exercido sob exposição ao agente químico formol após o advento do Decreto nº 2.172/97, considerando que tal elemento não fora expressamente listado naquele diploma. 2. Defende o recorrente, no entanto, que ao sufragar tal entendimento a Turma Recursal de origem contrariou a pacífica jurisprudência do Superior Tribunal de Justiça no sentido de que o rol de agentes agressivos previsto na legislação previdenciária é meramente exemplificativo, sendo possível o reconhecimento das condições especiais acaso demonstrado o risco à saúde do trabalhador. Dentre os precedentes paradigmas apresentados, destaca-se o REsp 354.737/RS (STJ, Sexta Turma, DJe 09/12/2008). 3. Pois bem. Nos termos do art. 14, *caput*, da Lei n. 10.259/2001, caberá pedido de uniformização de interpretação de lei federal quando houver divergência entre decisões sobre questão de direito material proferidas por Turmas Recursais na interpretação da lei, sendo que o pedido fundado em divergência de turmas de diferentes Regiões ou da proferida em contrariedade a súmula ou jurisprudência dominante do STJ será julgada por Turma de Uniformização, integrada por Juízes de Turma Recursais, sob a presidência do Coordenador da Justiça Federal. 4. In casu, verifico estar devidamente configurada a divergência entre decisões sobre questão de direito material, cujo ponto cerne gravita em torno da possibilidade de reconhecimento das condições especiais do labor exercido sob exposição ao formol após o advento do Decreto nº 2.172/97, malgrado não tenha tal diploma listado expressamente tal agente químico. 5. Ao historiar o tratamento conferido pela legislação previdenciária à matéria, verifico além de contar com previsão no item 1.2.11 do Quadro Anexo ao Decreto 53.831/94 (Tóxicos orgânicos/IV - Aldehydos), o formol - ou formaldeído - foi listado na LINACH

– Lista Nacional de Agentes Cancerígenos para Humanos como um dos elementos carcinogênicos para humanos – Grupo 1 (Formaldeído – Registro no Chemical Abstract Service – CAS n. 000050-00-0). 6. Tal listagem consta no Anexo da Portaria Interministerial MPS/TEM/MS n° 09/2014, que foi editada com fundamento no art. 68, §4º, do Decreto n° 3.048/99 (com as alterações efetuadas pelo Decreto n° 8.123/2013), que previu a possibilidade de reconhecimento das condições especiais do labor exercido pelo segurado em ambiente em que atestada a presença de agentes nocivos reconhecidamente cancerígenos em humanos. 7. Vejamos o teor do aludido dispositivo, in verbis: Art. 68 – A relação dos agentes nocivos químicos, físicos, biológicos ou associação de agentes prejudiciais à saúde ou à integridade física, considerados para fins de concessão de aposentadoria especial consta do Anexo IV. [...] § 4º – A presença no ambiente de trabalho, com possibilidade de exposição a ser apurada na forma dos parágrafos 2º e 3º, de agentes nocivos reconhecidamente cancerígenos em humanos, listados pelo Ministério do Trabalho e Emprego, será suficiente para a comprovação de efetiva exposição do trabalhador. **8. Neste diapasão, considerando-se a inequívoca demonstração de que tal agente cancerígeno é indubitavelmente prejudicial à saúde ou à integridade física, inexorável é o reconhecimento das condições especiais do labor exercido sob sua presença no ambiente de trabalho, inclusive durante a vigência do Decreto n° 2.172/97. Conforme ratificado pelo Superior Tribunal de Justiça nos autos do REsp Nº 1.306.113 – SC (julgado sob o regime dos recursos repetitivos de que cuidava o art. 543-C do CPC/73), as normas regulamentadoras que estabelecem os casos de agentes e atividades nocivos à saúde do trabalhador são exemplificativas, sendo possível o reconhecimento das condições especiais quando efetivamente demonstrado o prejuízo ao obreiro.** 9. Isto posto, DOU PROVIMENTO ao recurso da parte autora, para firmar a tese de que é cabível o reconhecimento das condições especiais do labor exercido sob exposição ao agente químico cancerígeno formol (formaldeído) no ambiente de trabalho, inclusive durante a vigência do Decreto n° 2.172/97. 10. Como corolário, determino o retorno dos autos à Turma Recursal de origem para adequação do julgado, nos termos da Questão de Ordem n° 20 desta TNU. 11. É como voto" **(PEDILEF 00338801520104013800, de 27/4/2017).**

Posteriormente, a posição da TNU restou firmada em **tese representativa de controvérsia**: "apreciando o recurso sob o rito dos pedidos representativos de controvérsia, a TNU fixou a seguinte tese: a redação do art. 68, § 4º, do Decreto 3.048/99 dada pelo Decreto 8.123/2013 pode ser aplicada na avaliação de tempo especial de períodos a ele anteriores, incluindo-se, para qualquer período: (1) desnecessidade de avaliação quantitativa; e (2) ausência de descaracterização pela existência de EPI" (Informativo 28/2018 – REPRESENTATIVO DE CONTROVÉRSIA – TEMA N. 170 – PUIL n. 5006019-50.2013.4.04.7204/SC).

De efeito, **a natureza de um agente nocivo não pode ser modificada por um ato normativo.** É algo da natureza que apenas deve ser **declarada por normas jurídicas.**

Com o avanço científico as regras humanas devem ser aperfeiçoadas, mas os agentes do Grupo 1 da lista da LINACH que possuam o *Chemical Abstracts Service – CAS* sempre possuíram a mesma natureza e nocividade no caso de exposição permanente ao ser humano.

É ajurídico considerar que determinado agente nocivo somente será considerado como cancerígeno com análise qualitativa a contar da publicação de uma portaria interministerial e apreciação quantitativa para períodos anteriores, pois se cuida do mesmo agente nocivo.

Isso porque, antes ou depois de 8/10/2014, a exposição permanente sem mensuração é nociva à saúde humana, não se admitindo sequer a existência de EPI eficaz.

Ademais, é sabido que decretos e portarias são meros **atos regulamentares**, que, a rigor, não podem inovar na esfera jurídica, mas apenas detalhar a aplicação das regras legais em sentido estrito.

É evidente que a Portaria Interministerial MTE/MS/MPS nº 09, de 8/10/2014 não pode ser utilizada como marco divisor de regime jurídico para a apreciação dos agentes cancerígenos. Talvez nem a lei pudesse, pois não cabe ao homem ditar as regras da natureza, mas apenas declará-las e reconhecê-las.

Sucede que a TNU estendeu a análise qualitativa aos agentes do Grupo I da LINACH sem registro no CAS (Informativo 32/2018):

> **PUIL n. 0518362-84.2016.4.05.8300/PE** – "Fixada a tese no sentido de que, para o reconhecimento da insalubridade no caso de exposição a agentes nocivos reconhecidamente cancerígenos, constantes do Grupo 1 da lista da LINACH, **independentemente de constar no CAS**, basta a comprovação da sua presença no ambiente de trabalho (análise qualitativa), sendo certo que a utilização de Equipamentos de Proteção Coletiva – EPC e/ou Equipamentos de Proteção Individual não elide a exposição desses agentes, ainda que considerados eficazes".

A decisão foi unânime, mas não no rito representativo de controvérsia. Eis passagem do voto:

> "A discussão envolve apenas os agentes reconhecidamente cancerígenos presentes no Grupo I do referido anexo ("agentes confirmados como

carcinogênicos para humanos") e não dotados de registro no Chemical Abstracts Service (CAS).

A **LINACH** é a Lista Nacional de Agentes Cancerígenos para Humanos – criada pelos Ministérios do Trabalho e Emprego (MTE), Previdência Social (MPS) e da Saúde (MS), por meio da Portaria Interministerial Nº 9, de 7 de outubro de 2014. Desde então, a lista passou a ser utilizada como referência técnica para a realização de políticas prevencionistas. É composta por três grupos de agentes considerados cancerígenos. **Eles são subdivididos em: Grupo 1, que é composto por 114 agentes comprovadamente cancerígenos para seres humanos**, Grupo 2ª, composto por 65 agentes provavelmente carcinogênicos para humanos e o Grupo 2B, que abrange 284 agentes possivelmente carcinogênicos para humanos.

Chemical Abstracts Service (CAS) é uma divisão da Sociedade Americana de Química (American Chemical Society), sediada em Columbus, Ohio, que produz os Chemical Abstracts, um indexo da literatura científica sobre a química e os ramos coligados. Os Chemical Abstracts são publicados desde 1907. A CAS mantém também o registro CAS, uma base de dados de substâncias químicas. Cada substância desta base de dados recebe um número CAS único e estes números são muitas vezes utilizados para descrever de maneira única as substancias químicas. Além disso as substâncias recebem um nome de índice CA único que é construído segundo as regras rígidas de nomenclatura. Para facilitar a procura de compostos próximos, o grupo funcional o mais importante da substância é nomeado em primeiro lugar, seguido das modificações. As diversas bases de dados criadas pelo CA são propriedades deles e vendidas às empresas ou as bibliotecas universitárias.

Ainda que seja de relevante importância a indexação da substância no Chemical Abstracts Service, não vejo motivo para que uma substância reconhecidamente cancerígena e que não tenha sido registrada na referida divisão tenha tratamento diferenciado daquelas que possuem referido registro, quanto ao reconhecimento da atividade especial, independentemente do uso de EPI.

De fato, a meu ver, não há que se fazer tal exigência, de registro no CAS, sendo que a presença no ambiente de trabalho, com possibilidade de exposição a ser apurada na forma dos §§ 2º e 3º, de agentes nocivos reconhecidamente cancerígenos em humanos, listados pelo Ministério do Trabalho e Emprego, será suficiente para a comprovação de efetiva exposição do trabalhador (Decreto 3.048/99, art. 68, § 4º, com redação dada pelo Decreto 8.123/13).

Ademais, **só teria cabimento exigir indexação no CAS em se tratando de agente químico**, sendo que no caso concreto estamos discutindo a exposição a agente físico: radiação ionizante".

Note-se que **a decisão não abarcou os agentes nocivos químicos** (e não fundamentou o motivo), que continuam a exigir o registro no CAS para a sua análise qualitativa.

16.3 Benzeno

Veja-se o posicionamento do INSS sobre o enquadramento do **BENZENO** no Manual de Aposentadoria Especial:

O benzeno é um hidrocarboneto aromático, reconhecidamente cancerígeno, para o qual não há limite seguro de exposição. O Valor de Referência Tecnológico (VRT), definido no Anexo 13-A, não é um limite de tolerância; é uma referência para os programas de melhoria contínua das condições dos ambientes de trabalho. O cumprimento do VRT é obrigatório e não exclui risco à saúde.

O Anexo 13-A da NR 15, publicado em 1995, tem como objetivo regulamentar ações, atribuições e procedimentos de prevenção da exposição ocupacional ao benzeno, visando à proteção da saúde do trabalhador, e se aplica a todas as empresas que produzem, transportam, armazenam, utilizam ou manipulam benzeno e suas misturas líquidas contendo 1% (um por cento) ou mais de volume e aquelas por elas contratadas, no que couber. Ele Instituiu o Programa de Prevenção de Exposição Ocupacional ao Benzeno (PPEOB). Petroquímicas, refinarias e siderúrgicas com coquerias têm o benzeno em seus processos produtivos, sendo esta substância um subproduto do processamento do petróleo e do carvão mineral.

O Anexo 13-A não se aplica às atividades de armazenamento, transporte, distribuição, venda e uso de combustíveis derivados de petróleo.

Em 21/9/16, o MTPS publicou a Portaria nº 1109, trazendo o Anexo 2 da NR 9, que versa sobre a exposição ocupacional ao benzeno em Postos Revendedores de Combustíveis - PRC. Neste, encontramos várias atividades nas quais se verificam o risco de exposição ao benzeno, presente na gasolina, estabelecendo os requisitos mínimos de segurança e saúde para estes trabalhadores.

O benzeno é um agente químico de avaliação qualitativa para fins de enquadramento como atividade especial. Importante ressaltar que sempre houve a indicação de avaliação qualitativa para todos os períodos laborados. Portanto, a nocividade é presumida e independe da mensuração da concentração do agente. O agente deve estar presente no processo produtivo e deve haver sua constatação no ambiente de trabalho, mediante inspeção.

No campo 15.3 do Perfil Profissiográfico Previdenciário (PPP) ou no campo apropriado de formulário mais antigo, deve constar o agente químico específico, no caso benzeno, para períodos posteriores a 5/3/1997. Eventualmente, o registro no formulário de um produto composto que comprovadamente contenha o benzeno, com base na FISPQ, poderá ensejar o enquadramento em atividade especial por exposição ao benzeno, desde que os demais quesitos requeridos pela legislação sejam cumpridos.

No caso de tratar-se de PRC, por força da Portaria MTPS nº 1.109/2016, a informação de exposição à gasolina deve ser considerada, uma vez que de acordo com item 13.1 desta normativa: "A GASOLINA CONTÉM BENZENO, SUBSTÂNCIA CANCERÍGENA". Não é necessário que haja a concentração do benzeno no formulário. A avaliação ambiental é exigida desde 13/10/1996 (LTCAT/PPRA/PPEOB).

O enquadramento para o benzeno se dá com a demonstração de exposição habitual e permanente, até 18/11/2003; após esta data por tempo de trabalho permanente, não ocasional, nem intermitente, no qual a exposição ao agente nocivo seja indissociável da produção do bem ou da prestação do serviço.

As alterações do Decreto nº 3.048/99 trazidas pela publicação do Decreto nº 8.123/2013 modificaram alguns aspectos da avaliação de enquadramento. O artigo 68, em seu §2º, diz que a avaliação qualitativa dos riscos e agentes nocivos será comprovada mediante descrição das circunstâncias de exposição aos agentes presentes no ambiente durante toda a jornada de trabalho, das fontes e possibilidades de liberação dos agentes e dos meios de contato/exposição dos trabalhadores, as vias de absorção, intensidade de exposição, frequência e duração do contato. O §3º diz que a comprovação é feita por formulário emitido com base em laudo técnico expedido por médico do trabalho ou engenheiro de segurança do trabalho.

Estes parágrafos reafirmam a necessidade da avaliação profissiográfica, do ambiente de trabalho, das condiçoes da possível exposição, da necessidade de permanência desta e que o laudo técnico é o que vai embasar as informações contidas nos formulários a serem analisados. Ainda no artigo 68, foi inserido o §4º, estipulando que para os agentes comprovadamente cancerígenos para humanos listados pelo MTE, a presença no ambiente de trabalho, com possibilidade de exposição a ser apurada na forma dos §§ 2º e 3º do mesmo artigo, é suficiente para a comprovação de efetiva exposição.

Em 7/10/2014 o MTE publicou a Lista Nacional de Agentes Cancerígenos para Humanos (LINACH) e os agentes listados no Grupo 1 são aqueles comprovadamente cancerígenos. O benzeno está neste grupo, porém conforme supracitado, sempre foi de análise qualitativa para todos os períodos.

Com base na alteração do §4º do artigo 68 do Decreto nº 3.048/99 e em parecer da FUNDACENTRO, houve mudança do entendimento em relação a este grupo de agentes químicos cancerígenos quanto ao emprego de EPC e EPI, conforme o exposto no item referente aos agentes cancerígenos desta aula.

Para o agente nocivo benzeno houve a publicação do Memorando – Circular nº 8/DIRSAT/INSS, de 8/7/2014, o qual, baseado em parecer da FUNDACENTRO, orientava desconsiderar-se o uso de EPC/EPI quando da análise do referido agente. Entretanto, a publicação do Memorando-Circular Conjunto nº 2/DIRSAT/DIRBEN/INSS de 23 de julho de 2015, mais recente e baseado em parecer da PFE/INSS, determinou que o novo entendimento devesse ser aplicado para os períodos trabalhados a partir de 08 de outubro de 2014, para todos os agentes cancerígenos, data da publicação da LINACH pela Portaria Interministerial nº 09/2014, valendo desta forma também para o benzeno.

Até 5/3/1997, o enquadramento se faz sob o código 1.2.11 do Decreto nº 53.831/64 ou 1.2.10 do Decreto nº 83.080/79; a partir de 6/3/1997, de acordo com o Anexo IV dos Decretos nº 2.172/97 ou nº 3.048/99, pelo código 1.0.3.

Em resumo, o benzeno é um agente químico, de análise qualitativa para todos os períodos, presente em grande parte dos processos produtivos de empresas petroquímicas, refinarias, siderúrgicas que tenham coqueria, postos revendedores de combustíveis e outras indústrias químicas. O agente benzeno deve estar especificado no campo apropriado, ou presente na FISPQ do composto declarado ou, nos casos de PRC, deve ser considerado como constante da composição da gasolina. A avaliação deverá observar a permanência de exposição de acordo com a profissiografia, a verificação de sua presença no ambiente de trabalho durante toda a jornada e as circunstâncias de exposição em conformidade ao §2º do artigo 68 do Decreto nº 3.048/99. Não é requerida a avaliação quantitativa do benzeno, mas a avaliação ambiental é exigida desde 14/10/1996.

Com base no Memorando-Circular Conjunto nº 2/DIRSAT/DIRBEN/INSS de 23 de julho de 2015, não se deve considerar o uso de EPC/EPI, ainda que declaradamente eficaz, ara períodos trabalhados a partir de 08 de outubro de 2014.

17. Agentes biológicos

Já os **agentes biológicos** são as bactérias, fungos, bacilos, parasitas, protozoários, vírus, entre outros (Norma Regulamentadora 9, da Portaria 3.214/78, do MTE).

Para os agentes biológicos, o INSS fixou o seguinte entendimento divulgado no Memorando-Circular Conjunto nº 2/DIRSAT/DIRBEN/INSS, de 23 de julho de 2015:

> a) a Instrução Normativa INSS/PRES nº 77, de 21 de janeiro de 2015 revogou a orientação contida no parágrafo único do art. 244 da Instrução Normativa INSS/PRES nº 45, de 6 de agosto de 2010, que estabelecia que "tratando-se de estabelecimentos de saúde, a aposentadoria especial ficará restrita aos segurados que trabalhem de modo permanente com pacientes portadores de doenças infecto-contagiosas, segregados em áreas ou ambulatórios específicos, e aos que manuseiam exclusivamente materiais contaminados provenientes dessas áreas";
>
> b) o período de exposição a agentes biológicos para períodos de trabalho a partir de 06/03/1997, deve ser analisado à luz da redação contida no art. 285 da IN/INSS/PRES nº 77/15, afastada a aplicação da orientação anterior;
>
> c) aplica-se a nova interpretação aos processos pendentes de decisão em 22/01/2015, data da publicação da IN/INSS/PRES nº 77/15 ou requeridos a partir desta data;
>
> d) relativamente aos processos indeferidos e em fase de recurso às Juntas de Recursos ou às Câmaras de Julgamento do Conselho de Recurso da Previdência Social, ainda pendentes de julgamento, aplicam-se as orientações contidas acima, considerando que não ocorreu o ato conclusivo da administração e não foi exaurida a esfera administrativa; e
>
> e) devem ser preservados os atos administrativos já consolidados em última instância. Entretanto, caso haja novo requerimento apresentado pelo segurado, após esse novo entendimento, será analisado à luz da orientação atual contida na IN/INSS/PRES nº 77/15.

De acordo com o **tema 205 da TNU, de 12/03/2020**, "a) para reconhecimento da natureza especial de tempo laborado em exposição a agentes biológicos não é necessário o desenvolvimento de uma das atividades arroladas nos Decretos de regência, sendo referido rol meramente exemplificativo; **b) entretanto, é necessária a comprovação em concreto do risco de exposição a micro-organismos ou parasitas infectocontagiosos, ou ainda suas toxinas, em medida denotativa de que o risco de contaminação em seu ambiente de trabalho era superior ao risco em geral, devendo, ainda, ser avaliado, de acordo com a profissiografia, se tal exposição tem um caráter**

indissociável da produção do bem ou da prestação do serviço, independentemente de tempo mínimo de exposição durante a jornada (Tema 211/ TNU)".

Isso porque é tese firmada no **tema 211 da TNU, de 17/12/2019**, que "para aplicação do artigo 57, §3.º, da Lei n.º 8.213/91 a agentes biológicos, exige-se a **probabilidade da exposição ocupacional**, avaliando-se, de acordo com a **profissiografia**, o seu **caráter indissociável da produção do bem ou da prestação do serviço**, independente de tempo mínimo de exposição durante a jornada".

De certo modo, a TNU adotou a tese de que a atividade especial por exposição aos agentes biológicos se configura com a mera exposição ao risco anormal de contaminação no ambiente de trabalho, devendo ser analisada a profissiografia do caso concreto no PPP ou mesmo no LTCAT, tomando também como lastro a necessidade de que o risco de contaminação seja inerente à atividade prestada.

Eis o detalhamento publicado no sítio oficial do CJF:

> **TNU define requisitos para reconhecimento da natureza especial de tempo laborado em exposição a agentes biológicos**
>
> Decisão TNU
>
> Publicado: 31/03/2020 16h05Última modificação: 31/03/2020 16h05
>
> Segundo a Turma, não é necessário o desenvolvimento de uma das atividades arroladas nos Decretos de regência, entretanto, é necessária a comprovação em concreto do risco de exposição
>
> Em sessão ordinária realizada no dia 12 de março, a Turma Nacional de Uniformização dos Juizados Especiais Federais (TNU) definiu mais um tema dos recursos representativos de controvérsia, Tema n. 205, nos seguintes termos: "a) para reconhecimento da natureza especial de tempo laborado em exposição a agentes biológicos não é necessário o desenvolvimento de uma das atividades arroladas nos Decretos de regência, sendo referido rol meramente exemplificativo; b) entretanto, é necessária a comprovação em concreto do risco de exposição a microrganismos ou parasitas infectocontagiosos, ou ainda suas toxinas, em medida denotativa de que o risco de contaminação em seu ambiente de trabalho era superior ao risco em geral, devendo, ainda, ser avaliado, de acordo com a profissiografia, se tal exposição tem um caráter indissociável da produção do bem ou da prestação do serviço, independentemente de tempo mínimo de exposição durante a jornada (Tema 211/TNU)".
>
> O Pedido de Interpretação de Uniformização de Lei foi interposto pelo INSS contra acórdão da Turma Recursal de Sergipe, que deu provimento ao recurso do autor, reconhecendo o período de 30/1/1995 a 8/5/2002 como especial em

razão de exposição a agentes biológico (bactérias, fungos e protozoários). Foi apontada divergência com julgado da 6ª Turma Recursal de São Paulo, que reconhece tempo especial em relação à exposição a agentes biológicos sempre vinculado a atividades desenvolvidas em ambiente hospitalar, apenas havendo alguma ampliação para incluir o trabalho com galerias, fossas ou esgoto pelo Decreto n. 2.172/1997, que não poderia ser aplicado retroativamente.

Critérios – Em suas razões de decidir, a Relatora, Juíza Federal Tais Vargas Ferracini de Campos Gurgel, pontuou: "O acórdão recorrido parte de uma premissa abrangente, no sentido de que pouco importam as atividades arroladas pelos Decretos regulamentadores da aposentadoria especial, na medida em que o único dado relevante seria a demonstração de efetiva exposição, habitual e permanente, aos agentes descritos em referida legislação. Assim, em momento algum adentra na análise de cada um dos róis previstos por tais Decretos ao longo do tempo".

Dando prosseguimento, ressaltou que o paradigma aborda a questão sob a ótica da necessidade de que a atividade seja desenvolvida dentro de ambiente hospitalar, ou ainda, em atividades descritas, de forma especificada, pelos Decretos ns. 2.172/1997 e 3.048/1999. Mas não aborda a questão da retroatividade ou não de tais atividades, que foram ampliadas pelos referidos Decretos, ao período anterior a 6/3/1997.

Para contextualizar as ideias, realizou breve análise da evolução da aposentadoria especial no ordenamento jurídico, tratando desde a generalidade até a inserção de agentes biológicos na caracterização do tempo especial e a natureza jurídica do rol de agentes e atividades nocivos.

Decisão

Por fim, a Juíza Relatora declarou que a questão debatida está em consonância com o definido pela TNU, em contexto mais geral, no Tema 211: "Para aplicação do art. 57, § 3º, da Lei n. 8.213/1991 a agentes biológicos, exige-se a probabilidade da exposição ocupacional, avaliando-se, de acordo com a profissiografia, o seu caráter indissociável da produção do bem ou da prestação do serviço, independentemente de tempo mínimo de exposição durante a jornada".

"Com efeito, é justamente a análise de risco aumentado e a natureza híbrida, um misto de insalubridade e periculosidade da exposição aos agentes biológicos, que permite esta modulação na necessidade de habitualidade e permanência consignada na tese transcrita", concluiu Ferracini.

Processo N. 0500012-70.2015.4.05.8013

Veja-se mais uma vez a posição da TNU:

Tipo

Acórdão

Precedente Relevante

Número

0523135-54.2020.4.05.8100

05231355420204058100

Classe

Pedido de Uniformização de Interpretação de Lei (Turma)

Relator(a)

LILIAN OLIVEIRA DA COSTA TOURINHO

Origem

TNU

Órgão julgador

TURMA NACIONAL DE UNIFORMIZAÇÃO

Data

07/08/2024

Data da publicação

14/08/2024

Fonte da publicação

14/08/2024

Ementa

PREVIDENCIÁRIO. PEDIDOS DE UNIFORMIZAÇÃO NACIONAL. HOMOLOGAÇAO DO PEDIDO DE DESISTÊNCIA DO RECURSO FORMULADO PELO INSS. RECURSO DA PARTE AUTORA PROVIDO. AUXILIAR/TÉCNICA DE ENFERMEGEM. DEMONSTRAÇÃO DO CONTATO DIRETO COM PACIENTES NO DESEMPENHO DO LABOR. TEMPO ESPECIAL RECONHECIDO. TESE FIXADA. INCIDÊNCIA DA QUESTÃO DE ORDEM 38 DESTA TNU. PEDIDO DE UNIFORMIZAÇÃO DO INSS NÃO CONHECIDO. PEDIDO DE UNIFORMIZAÇÃO DA PARTE AUTORA PROVIDO, COM FIXAÇÃO DE TESE. Fixação de tese: "**O contato direto com pessoas infectadas em razão do exercício da atividade de auxiliar/técnico de enfermagem em ambiente hospitalar expõe o indivíduo a agentes biológicos nocivos sendo referida exposição indissociável da prestação de serviço com risco de contaminação, em seu ambiente de trabalho, superior ao risco geral, pelo que referida atividade, nessas condições, deve ser considerada especial**".

O artigo 299 da IN INSS 128/2022 disciplina a exposição aos agentes biológicos:

"Art. 299. A exposição ocupacional a agentes prejudiciais à saúde de natureza biológica infectocontagiosa dará ensejo à caracterização de atividade especial, para a qual se destaca:

I - até 5 de março de 1997, véspera da publicação do Decreto nº 2.172, de 1997, no caso do enquadramento dos trabalhadores expostos ao contato com doentes ou materiais infecto-contagiantes, de assistência médica, odontológica, hospitalar ou outras atividades afins, este poderá ser caracterizado, independentemente da atividade ter sido exercida em estabelecimentos de saúde e de acordo com o código 1.0.0 do Quadro Anexo ao Decreto nº 53.831, de 1964 e do Anexo I do Decreto nº 83.080, de 1979, considerando as atividades profissionais exemplificadas; e

II - a partir de 6 de março de 1997, data da publicação do Decreto nº 2.172, de 1997, no que se refere aos estabelecimentos de saúde, citados no Anexo IV do RBPS e RPS, somente serão enquadradas nestes casos as atividades exercidas em contato com pacientes acometidos por doenças infectocontagiosas ou com manuseio de materiais contaminados, considerando unicamente as atividades relacionadas no Anexo IV do RBPS e RPS, aprovados pelos Decretos nº 2.172, de 1997 e nº 3.048, de 1999, respectivamente".

Eis o posicionamento do INSS na análise de enquadramento do tempo especial por exposição aos **AGENTES BIOLÓGICOS** com base no Manual de Aposentadoria Especial, sendo a **avaliação qualitativa em qualquer período**.

O raciocínio que se deve fazer na análise dos agentes biológicos é diferente do que comumente se faz para exposição aos demais agentes, pois não existe "acúmulo" da exposição prejudicando a saúde e sim uma chance de contaminação. O risco de contaminação está presente em qualquer estabelecimento de saúde e o critério de permanência se correlacionará com a profissiografia.

A avaliação da habitualidade e permanência ao agente biológico, até 5 de março de 1997, baseia-se na presunção de exposição ao agente nocivo, por meio da descrição do ambiente de trabalho e das atividades realizadas, independentemente dessa atividade ser realizada em área hospitalar ou não.

Para o período de 6 de março de 1997 a 18 de novembro de 2003, é exigido que o trabalho seja habitual e permanente (não ocasional nem intermitente), conforme os Decretos nos 2.172, de 1997, e 3.048, de 1999, e, a partir de 19 de novembro de 2003, com a publicação do Decreto nº 4.882, de 18 de novembro de 2003, que alterou o Decreto 3.048, de 1999, se definiu trabalho permanente como aquele exercido de forma não ocasional nem intermitente, no qual a exposição ao agente nocivo seja indissociável da produção do bem ou da prestação do serviço.

Assim, pode-se resumir que a exposição ocupacional a agentes nocivos de natureza biológica infectocontagiosa dará ensejo à caracterização de atividade exercida em condições especiais:

1. até 5 de março de 1997, véspera da publicação do Decreto nº 2.172, de 1997, o enquadramento poderá ser caracterizado para trabalhadores expostos ao contato com doentes ou materiais infecto-contagiantes, de assistência médica, odontológica, hospitalar ou outras atividades afins, independentemente de a atividade ter sido exercida em estabelecimentos de saúde; e

2. a partir de 6 de março de 1997, data da publicação do Decreto nº 2.172, de 1997, tratando-se de estabelecimentos de saúde somente serão enquadradas as atividades exercidas em contato com pacientes acometidos por doenças infectocontagiosas ou com manuseio de materiais contaminados, considerando unicamente as atividades relacionadas no Anexo IV do Regulamento dos Benefícios da Previdência Social – RPBS e RPS, aprovados pelos Decretos nº 2.172, de 1997, e nº 3.048, de 1999, respectivamente.

A IN nº 77/PRES/INSS, publicada em 22 de janeiro de 2015, suprimiu o parágrafo que restringia a aposentadoria especial por exposição a agentes biológicos ao trabalho permanente com pacientes portadores de doenças infectocontagiosas, segregados em áreas ou ambulatórios específicos, e aos que manuseiam exclusivamente materiais contaminados provenientes dessas áreas. Assim, ao se analisar o agente biológico a partir de 6 de março de 1997, há que se considerar os trabalhos em estabelecimentos de saúde em contato com pacientes portadores de doenças infectocontagiosas ou com manuseio de materiais contaminados, independente de serem de áreas segregadas específicas.

Os períodos laborados até 28 de abril de 1995:

I - deverão ser enquadrados por categoria profissional, prioritariamente; e

II - caso a categoria não esteja contemplada, cabe análise da exposição ao agente nocivo.

RELEMBRANDO:

É considerado tempo de serviço em condições especiais o período em que o segurado exerceu as atividades de servente, auxiliar ou ajudante, de qualquer das atividades constantes nos quadros Anexos ao Decreto nº 53.831, de 1964, e ao Decreto nº 83.080, de 1979, até 28 de abril de 1995, desde que o trabalho, nessas funções, seja exercido nas mesmas condições e no mesmo ambiente em que trabalha o profissional abrangido pelos respectivos Decretos.

Os períodos laborados até 5 de março de 1997:

a) deve-se aplicar o Decreto nº 53.831, de 1964, ou o Decreto nº 83.080, de 1979:

a.1) Enquadram-se no anexo do Decreto nº 53.831, de 1964, os trabalhos permanentes expostos ao contato direto com germes infecciosos e os trabalhos permanentes expostos ao contato com doentes ou materiais infectocontagiantes, nos serviços e atividades profissionais citadas no anexo, código 1.3.0. Observar que as atividades descritas são exemplificativas.

a.2) Enquadra-se no Anexo I do Decreto nº 83.080, de 1979, unicamente as atividades descritas:

a.2.1) trabalhos permanentes em que haja contato com produtos de animais infectados;

a.2.2) trabalhos permanentes em que haja contatos com carnes, vísceras, glândulas, sangue, ossos, pelas dejeções de animais infectados;

a.2.3) trabalhos permanentes expostos ao contato com animais doentes ou materiais infecto contagiantes;

a.2.4) trabalhos permanentes em laboratórios com animais destinados ao preparo de soro, vacinas e outros produtos;

a.2.5) trabalhos em que haja contato permanente com doentes ou materiais infecto contagiantes; e

a.2.6) trabalhos nos gabinetes de autópsia, de anatomia e anátomo histopatologia, nas atividades profissionais citadas no anexo, código 1.3.0.

A partir de 6 de março de 1997, deve-se aplicar o Decreto nº 2.172, de 1997, até 6 de maio de 1999, e o Decreto nº 3.048, de 1999, a partir de 7 de maio de 1999, unicamente nas atividades relacionadas no Anexo IV dos referidos Decretos, código 3.0.0:

1. trabalhos em estabelecimentos de saúde em contato com pacientes portadores de doenças infectocontagiosas ou com manuseio de materiais contaminados;
2. trabalhos com animais infectados para tratamento ou para o preparo de soro, vacinas e outros produtos;

3. trabalhos em laboratórios de autópsia, de anatomia e anátomo histologia;
4. trabalho de exumação de corpos e manipulação de resíduos de animais deteriorados;
5. trabalhos em galerias, fossas e tanques de esgoto;
6. esvaziamento de biodigestores; e
7. coleta e industrialização do lixo.

Em relação aos trabalhos em atividades de coleta, industrialização do lixo e trabalhos em galerias, fossas e tanques de esgoto, de modo permanente, poderão ser enquadradas no código 3.0.1 do Anexo IV do Decreto nº 3.048, de 1999, mesmo que exercidas em períodos anteriores, desde que exista exposição a micro-organismos e parasitas infecto contagiosos vivos e suas toxinas.

Até 13 de outubro de 1996, não é exigida a apresentação do LTCAT ou outras demonstrações ambientais.

De 14 de outubro de 1996 a 31 de dezembro de 2003, é exigida a apresentação de LTCAT ou outra demonstração ambiental que deve descrever se há ou não a exposição ao agente biológico de modo permanente nas atividades realizadas, conforme Anexo do Decreto nº 53.831, de 1964, Anexo I do Decreto nº 83.080, de 1979, Anexo IV do Decreto nº 2.172, de 1997, ou Anexo IV do Decreto nº 3.048, de 1999, de acordo com o período.

Após 18 de novembro de 2003, conforme Decreto nº 4.882, de 2003, deve ser utilizada na avaliação ambiental a metodologia da Fundacentro e como não existe Norma de Higiene Ocupacional da Fundacentro para o agente biológico, a metodologia aceita é a da NR-15 e NR-32.

A partir de 1º de janeiro de 2004, não é exigida a apresentação de LTCAT ou demonstração ambiental no momento do requerimento. Porém, esta pode ser solicitada para a análise técnica a critério da perícia médica.

O INSS utiliza a seguinte codificação:

Até 5 de março de 1997:

I - utilizar os códigos do Anexo do Decreto nº 53.831, de 1964: 1.3.1 (Animais) ou 1.3.2 (Humanos), ou

II - os códigos do Anexo I do Decreto 83.080, de 1979: 1.3.1 (carbúnculo, brucela, produtos de animais contaminados), 1.3.2 (animais doentes e materiais infecto contagiantes – veterinários), 1.3.3 (preparação soros e vacinas – laboratórios), 1.3.4 (doentes e materiais infecto contagiantes – médicos, dentistas e enfermagem) ou 1.3.5 (germes – autópsia, anatomia e anatomo histopatologia), conforme o caso;

III - de 6 de março de 1997 a 7 de maio de 1999: utilizar o código 3.0.1 (micro-organismos e parasitas infecciosos) do Anexo IV do Decreto nº 2.172, de 1997; e

IV - a partir de 8 de maio de 1999: utilizar o código 3.0.1 (micro-organismos e parasitas infecciosos) do Anexo IV do Decreto nº 3.048, de 1999.

Veja-se o posicionamento do INSS sobre o enquadramento dos **AGENTES BIOLÓGICOS EM ESTABELECIMENTOS DE SAÚDE** no Manual de Aposentadoria Especial:

A análise de agentes biológicos é qualitativa, com base no anexo XIV da NR 15, Portaria nº 3.214/78 do MTE. Para trabalhadores que exercem suas atividades em estabelecimentos de saúde, o enquadramento ocorrerá conforme o item "a" do código 3.0.1 do Anexo IV do Decreto nº 3.048/99.

Importa ressaltar que, em se tratando de agentes biológicos, por não haver o "acúmulo" destes agentes no organismo humano, a análise deverá ser considerada sob o aspecto do RISCO de contaminação (Risco Biológico) que é a probabilidade de exposição ocupacional a estes agentes. **Este risco deverá estar presente em toda jornada de trabalho e ser evidentemente maior que o risco de contaminação da população em geral.**

Dentre os critérios a serem considerados na análise qualitativa dos agentes biológicos está a permanência, aplicando-se o conceito de indissociabilidade a partir de 19/11/2003. É fundamental observar as circunstâncias previstas nos incisos I, II e III do § 2º, artigo 68, do Decreto nº 3.048/99, modificado pelo Decreto nº 8.123/2013.

Os incisos supracitados contêm critérios descritivos para a avaliação e comprovação de exposição para fins de enquadramento como atividade especial, tais como: **circunstâncias, fontes e possibilidades de liberação, meios de contato, vias de absorção, intensidade da exposição, frequência e duração do contato.**

Para tanto será necessário o estudo pormenorizado da **profissiografia**, facultando-se ao perito médico a solicitação de documentos e informações complementares a fim de subsidiar e fundamentar a decisão pericial. Fica claro que o enquadramento ou não do período laborado não dependerá da categoria profissional a qual pertence o trabalhador.

18. AGENTES COMUNITÁRIOS DE SAÚDE E DE COMBATE ÀS ENDEMIAS

De acordo com a **Emenda Constitucional 120, de 5 de maio de 2022**, "*os agentes comunitários de saúde e os agentes de combate às endemias terão também, em razão dos riscos inerentes às funções desempenhadas,* ***aposentadoria especial*** *e, somado aos seus vencimentos, adicional de insalubridade*".

Trata-se de regra constitucional que **determina** a concessão de aposentadoria especial aos citados agentes de saúde por presunção de nocividade por exposição aos agentes biológicos, que diante da sua generalidade abarca o **RGPS** (empregados públicos) e **RPPS** (servidores com cargo efetivo).

Não possui aplicação imediata, pois não detém elementos mínimos de concretização sem a devida regulamentação por **lei complementar**, conforme exige o artigo 201, §4º, combinado com o artigo 40, §4º-C, ambos da Constituição, tais como tempo de contribuição e idade.

Registre-se que, no âmbito do RPPS dos estados, Distrito Federal e municípios, caberá aos respectivos entes políticos a sua regulamentação através de lei complementar.

Demais disso, **parece ser uma concessão excepcional de aposentadoria especial por categoria profissional**, posto que não exige exposição permanente aos agentes biológicos, trazendo uma presunção constitucional absoluta de especialidade por profissão, sistemática que havia sido extinta pela Lei 9.032/95 e reforçada pela Emenda 103/2019, sendo neste ponto um retrocesso no modelo de concessão do benefício, que desde 29/04/1995 havia abandonado a concessão por categoria profissional para focar na exposição permanente aos agentes nocivos, independentemente da profissão desempenhada.

Desse modo, somente após a sua regulamentação por intermédio de leis complementares teremos a efetiva aplicação desse novo dispositivo, sem prejuízo da concessão do benefício pelas regras anteriores por exposição permanente aos agentes biológicos com risco anormal de exposição em decorrência da natureza da atividade desempenhada, à luz dos artigos 19 e 21 da EC 103/2019 combinado com o artigo 57 da Lei 8.213/91.

19. ASSOCIAÇÃO DE DOIS OU MAIS AGENTES

A **associação de agentes** consiste na exposição aos agentes combinados, exclusivamente nas atividades especificadas no Anexo IV do Decreto nº 3.048, de 1999, como sejam mineração subterrânea cujas atividades sejam exercidas afastadas das frentes de produção e trabalhos em atividades permanentes no subsolo de minerações subterrâneas em frente de produção. No entanto, a alteração dada pelo Decreto nº 4.882, de 2003, no item 4.0.0 do Anexo IV do Decreto nº 3.048, de 1999, acrescenta que "nas associações de agentes que estejam acima do nível de tolerância, será considerado o enquadramento relativo ao que exigir menor tempo de exposição." Mantém, contudo, nos seus itens 4.0.1 e 4.0.2 os enquadramentos qualitativos em "mineração subterrânea cujas atividades sejam exercidas afastadas das frentes de produção e trabalhos em atividades permanentes no subsolo de minerações subterrâneas em frente de produção (Manual de Aposentadoria Especial do INSS/Conceitos).

> De acordo com o Manual de Aposentadoria Especial do INSS, na análise técnica da **ASSOCIAÇÃO DE AGENTES** devem ser identificados os agentes nocivos associados até 5 de março de 1997. Após esta data, identificar o trabalho de mineração subterrânea, afastada ou em frente de produção, sendo uma **análise qualitativa em qualquer período**.
>
> Até 28 de abril de 1995 deverão ser enquadrados por categoria profissional, prioritariamente. Caso a categoria não esteja contemplada, cabe análise do agente nocivo:
>
> I - até 5 de março de 1997: deverá ser enquadrado no código 1.2.11 do Anexo I do Decreto nº 83.080, de 1979 - "OUTROS TÓXICOS, ASSOCIAÇÃO DE AGENTES". Reforça-se que as atividades de mineração estão contempladas no código 1.2.10 do Anexo do Decreto nº 53.831, de 1964;
>
> II - de 6 de março de 1997 a 18 de novembro de 2003, deverá ser analisado conforme consta no código 4.0.0 do Anexo IV do Decreto nº 2.172, de 1997, no caso de mineração subterrânea cujas atividades sejam exercidas afastadas das frentes de produção, vinte anos, ou em atividades permanentes no subsolo de minerações subterrâneas em frente de produção, quinze anos; e

III - a partir de 19 de novembro de 2003, deverá ser analisado conforme consta no código 4.0.0 do Anexo IV do Decreto nº 3.048, de 1999, nas associações de agentes que estejam acima do nível de tolerância, considerando o enquadramento relativo ao que exigir menor tempo de exposição: no caso de mineração subterrânea cujas atividades sejam exercidas afastadas das frentes de produção, vinte anos, ou em atividades permanentes no subsolo de minerações subterrâneas em frente de produção, quinze anos.

Quando na análise de agentes nocivos for constatada a incidência de mais de um agente acima do limite de tolerância, deverá ser considerado o enquadramento que exigir menor tempo de exposição, de acordo com o respectivo código dos Anexos dos Decretos nos 53.831, de 1964; 83.080, de 1979; 2.172, de 1999, e 3.048, de 1999.

Ademais, o INSS não exigirá a apresentação do LTCAT até 13 de outubro de 1996, ou outras demonstrações ambientais.

No período de 14 de outubro de 1996 a 5 de março de 1997, será exigida a apresentação de LTCAT ou outra demonstração ambiental, que devam descrever a exposição aos agentes físicos, químicos e biológicos, de modo permanente, nas atividades especificadas no Anexo I do Decreto nº 83.080, de 1979, código 1.2.11: "Outros Tóxicos: Associação de Agentes" ou no código 1.2.10: "Poeiras Minerais Nocivas" do Anexo do Decreto nº 53.831, de 1964, para a atividade de mineração.

A partir de 6 de março de 1997, será exigida a apresentação de LTCAT ou outra demonstração ambiental que descrevam a exposição aos agentes físicos, químicos e biológicos, de modo permanente, nas atividades de mineração, conforme Anexo IV do Decreto nº 2.172, de 1999, ou Decreto nº 3.048, de 1999, conforme o período.

A partir de 1º de janeiro de 2004, não é exigida a apresentação de LTCAT ou demonstração ambiental no momento do requerimento, porém esta poderá ser solicitada para a análise técnica a critério da perícia médica.

De acordo com o Decreto nº 4.882, de 2003, na avaliação ambiental deveria ser utilizada a metodologia definida na NHO da FUNDACENTRO, que não existe para a associação de agentes.

Como **não há constatação de eficácia de EPI na atenuação desses agentes**, deve-se reconhecer o período como especial, mesmo que conste tal informação, se cumpridas as demais exigências.

Ainda de acordo com o INSS, deve ser observada a seguinte codificação:

Até 5 de março de 1997, utilizar o código do Anexo I do Decreto nº 83.080, de 1979: Código 1.2.11 - Outros Tóxicos, Associação de Agentes.

De 6 de março de 1997 a 18 de novembro de 2003, utilizar os códigos do Anexo IV do Decreto nº 2.172, de 1997:

I - Código 4.0.0 – Associação de agentes: exposição aos agentes combinados exclusivamente nas atividades especificadas;

II - Código 4.0.1 – Físicos, Químicos e Biológicos – 20 anos: mineração subterrânea cujas atividades sejam exercidas afastadas das frentes de produção; e

III - Código 4.0.2 – Físicos Químicos e Biológicos – 15 anos: trabalhos em atividades permanentes no subsolo de minerações subterrâneas em frente de produção.

A partir de 19 de novembro de 2003, utilizar os códigos do Anexo IV do Decreto nº 3.048, de 1999:

a) Código 4.0.0 – Associação de agentes: nas associações de agentes que estejam acima do nível de tolerância, sendo considerado o enquadramento que exigir menor tempo de exposição;

b) Código 4.0.1 – Físicos, Químicos e Biológicos – 20 anos: mineração subterrânea cujas atividades sejam exercidas afastadas das frentes de produção;

c) Código 4.0.2 – Físicos Químicos e Biológicos – 15 anos: trabalhos em atividades permanentes no subsolo de minerações subterrâneas em frente de produção.

20. EQUIPAMENTO DE PROTEÇÃO INDIVIDUAL E COLETIVA (EPI E EPC)

De acordo com o Manual da Aposentadoria Especial do INSS, no que concerne ao agente ruído, deve-se observar se consta informação sobre EPC a partir de 14.10.1996 e sobre EPI a partir de 3.12.1998, não devendo ser considerada a informação sobre EPI para os períodos laborados anteriores a 3.12.1998 (data da publicação da MP nº 1.729/1998 convertida da Lei nº 9.732/1998).

Também nesse sentido o artigo 285 da Instrução Normativa INSS 128/2022:

> *"Art. 285. Quando apresentado o PPP, deverão ser observadas quanto ao preenchimento, para fins de comprovação de efetiva exposição do segurado a agentes prejudiciais à saúde, as seguintes situações:*
>
> *I - para atividade exercida até 13 de outubro de 1996, véspera da publicação da Medida Provisória nº 1.523:*
>
> *a) quando não se tratar de ruído, fica dispensado o preenchimento do campo referente ao responsável pelos Registros Ambientais; e*
>
> *b) fica dispensado o preenchimento dos campos referentes às informações de Equipamentos de Proteção Coletiva- EPC eficaz.*
>
> *II - para atividade exercida até 3 de dezembro de 1998, data da publicação da Medida Provisória nº 1.729, convertida na Lei nº 9.732, de 11 de dezembro de 1998, fica dispensado o preenchimento dos campos referentes às informações de Equipamento de Proteção Individual- EPI eficaz; e*
>
> *III - para atividade exercida até 31 de dezembro de 1998, fica dispensado o preenchimento do campo código de ocorrência GFIP".*

TNU

Súmula 87 – A eficácia do EPI não obsta o reconhecimento de atividade especial exercida antes de 03/12/1998, data de início da vigência da MP 1.729/98, convertida na Lei n. 9.732/98.

Ao que parece, não compete à TNU em pedido de uniformização reapreciar a eficácia de EPI no caso concreto por demandar reapreciação de provas, o que é defeso em sede extraordinária do PUIL (pedido de uniformização de lei federal):

> **PUIL n. 0001118-44.2014.4.01.3819/MG** – "PEDIDO NACIONAL DE UNIFORMIZAÇÃO DE JURISPRUDÊNCIA. PREVIDENCIÁRIO. TEMPO ESPECIAL. AGENTE NOCIVO ELETRICIDADE. CONTROVÉRSIA ACERCA DA EFICÁCIA DO EPI UTILIZADO. VEDAÇÃO DO REEXAME DO CONTEXTO FÁTICO-PROBATÓRIO. PRECEDENTES DO COLEGIADO. SÚMULA N. 42 DA TNU. INCIDENTE NÃO CONHECIDO" (21/2/2019).

Veja-se o CRPS:

> **JR/CRPS – ENUNCIADO Nº 12 – Alterado: Publicado no DOU de 12.11.2019**
>
> O fornecimento de equipamento de proteção individual (EPI) não descaracteriza a atividade exercida em condições especiais que prejudiquem a saúde ou a integridade física, devendo ser considerado todo o ambiente de trabalho.
>
> I – Se o EPI for realmente capaz de neutralizar a nocividade, não há direito à aposentadoria especial;
>
> II – A utilização de Equipamentos de Proteção Coletiva-EPC e/ou EPI não elide a exposição aos agentes reconhecidamente cancerígenos, a ruído acima dos limites de tolerância, ainda que considerados eficazes;
>
> III – A eficácia do EPI não obsta o reconhecimento de atividade especial exercida antes de 3/12/1998, data de início da vigência da MP 1.729/98, convertida na Lei n. 9.732/98, para qualquer agente nocivo.

Nos termos do Decreto 8.123/2013, no laudo técnico de condições ambientais deverão constar informações sobre a existência de tecnologia de proteção coletiva ou individual, e de sua eficácia, e deverá ser elaborado com observância das normas editadas pelo extinto Ministério do Trabalho e dos procedimentos estabelecidos pelo INSS.

Entende-se que essa diferenciação feita pela Previdência Social entre os benefícios por incapacidade por acidente de trabalho (serão considerados como tempo especial) e os não decorrentes de acidente de trabalho (não serão considerados como tempo especial) não encontra suporte na Lei 8.213/91.

Vale ressaltar que, existindo dúvidas com relação à atividade exercida ou com relação à efetiva exposição a agentes nocivos, de modo habitual e permanente, não ocasional nem intermitente, a partir das informações contidas no PPP e no LTCAT, quando estes forem exigidos, e se for o caso, nos antigos formulários mencionados, quando esses forem apresentados pelo segurado, poderá ser solicitado pelo servidor do INSS esclarecimentos à empresa, relativos à atividade exercida pelo segurado, bem como solicitar a apresentação de outros registros existentes na empresa que venham a convalidar as informações prestadas.

O período em que o empregado esteve licenciado da atividade para exercer cargo de administração ou de representação sindical, exercido até 28 de abril de 1995, véspera da publicação da Lei nº 9.032, de 1995, será computado como tempo de serviço especial, desde que, à data do afastamento, o segurado estivesse exercendo atividade considerada especial[21].

Questão polêmica é saber se o fornecimento de equipamento de proteção individual ou mesmo coletivo pela empresa ao segurado exclui ou não o enquadramento da atividade especial.

No que concerne aos agentes nocivos qualitativos, não se há de falar da existência de EPI eficaz em determinadas situações, sendo este o posicionamento do INSS, inclusive.

Já no que tange aos agentes nocivos quantitativos, é necessária uma avaliação caso a caso para se atestar a eficácia do EPI. Em tese, se eficaz, inexiste especialidade no tempo de contribuição.

De acordo com o *Manual de Aposentadoria Especial do INSS*, edição 2017, os agentes químicos relacionados no Anexo 13 da NR-15 continuarão sendo analisados de forma qualitativa e, caso não constem no Grupo 1 da LINACH, a utilização de EPC e/ou EPI poderá ser considerada para atenuação/eliminação da exposição.

Isso porque a própria autarquia federal entende que os agentes Grupo 1 da LINACH não podem ter a nocividade atenuada por EPI ou EPC, sendo estes ineficazes (página 22):

> ***"Ainda, com relação aos agentes nocivos reconhecidamente cancerígenos do Grupo 1 da lista da Lista Nacional de Agentes Cancerígenos para Humanos – LINACH que possuam o Chemical Abstracts Service – CAS e que constem no Anexo IV do Decreto nº 3.048, de 1999, a utilização de EPC e/ou EPI não elide a exposição aos agentes comprovadamente cancerígenos, mesmo que considerados eficazes. Tal entendimento será considerado para período trabalhado a partir de 8 de outubro de 2014, data da publicação da Portaria Interministerial MTE/MS/MPS nº 9, de 2014, com base na Nota Técnica nº 00001/2015/GAB/PRFE/INSS/SAO/PGF/AGU".***

21. Artigo 288, §3º, da Portaria INSS/DIRBEN 991/2022.

No entanto, desde 01/07/2020, o Decreto 10.410/2020 passou a admitir a possibilidade de eficácia do EPI no caso de agentes cancerígenos, devendo ser feito esse recorte interpretativo intertemporal.

Nesse sentido, a Instrução Normativa INSS 128/2022:

> *"Subseção IX*
>
> *Do Agente prejudicial à saúde Cancerígeno*
>
> *Art. 298. Para caracterização da atividade especial por exposição aos agentes prejudiciais à saúde reconhecidamente cancerigenos em humanos, listados na Portaria Interministerial nº 9, de 7 de outubro de 2014, deverá ser observado o seguinte:*
>
> *I - serão considerados agentes reconhecidamente cancerígenos os constantes do Grupo 1 da lista da LINACH que possuam o Chemical Abstracts Service - CAS e que constem no Anexo IV do RPS;*
>
> *II - a avaliação da exposição aos agentes prejudiciais à saúde reconhecidamente cancerígenos será apurada na forma qualitativa, conforme § 2º e 3° do art. 68 do RPS; e*
>
> ***III - a avaliação da exposição aos agentes prejudiciais à saúde reconhecidamente cancerígenos deverá considerar a possibilidade de eliminação da nocividade e descaracterização da efetiva exposição, pela adoção de medidas de controle previstas na legislação trabalhista, conforme § 4º do art. 68 do RPS.***
>
> *§ 1º O disposto nos incisos I e II deverá ser aplicado para períodos laborados a partir de 8 de outubro de 2014, data da publicação da Portaria Interministerial nº 9.*
>
> ***§ 2º O disposto no inciso III se aplica para períodos laborados a partir de 1º de julho de 2020, data da publicação do Decreto nº 10.410, de 30 de junho de 2020".***

Outrossim, o *Manual de Aposentadoria Especial do INSS* considera ineficaz o EPI para os seguintes agentes: **a) Vibração (página 97);** **b) Associação de Agentes (página 116);** **c) Pressão atmosférica anormal (página 79).**

O INSS não considerava a existência de EPI eficaz para agentes biológicos. No entanto, o Manual de Aposentadoria Especial (página 112) foi modificado em 2018 pelo Despacho Decisório nº 479/DIRSAT/INSS, de 25 de setembro de 2018, com modificação de posicionamento:

> "No caso dos agentes nocivos biológicos, considerando tratar-se do Risco Biológico, **o EPI deverá eliminar totalmente a probabilidade de exposição,** evitando a contaminação dos trabalhadores por meio do estabelecimento de

uma barreira entre o agente infectocontagioso e a via de absorção (respiratória, digestiva, mucosas, olhos, dermal).

Caso o EPI não desempenhe adequadamente esta função, permitindo que haja, ainda que atenuadamente, a absorção de micro-organismos pelo trabalhador, a exposição estará efetivada, podendo-se desencadear a doença infectocontagiosa. Neste caso, o EPI não deverá ser considerado eficaz pela perícia médica.

Assim, em se tratando de agentes nocivos biológicos, caberá ao perito médico previdenciário a constatação da eficácia do EPI, por meio da análise da profissiografia e demais documentos acostados ao processo, podendo ser necessário solicitar mais informações ao empregador ou realizar inspeção ao local de trabalho".

O STJ possui precedente que manteve decisão com lastro na Súmula 7 que admitiu a eficácia do EPI para a eletricidade:

PROCESSO

AgInt no REsp 2043364 / CE

AGRAVO INTERNO NO RECURSO ESPECIAL

2022/0389407-3

RELATOR

Ministro HERMAN BENJAMIN (1132)

ÓRGÃO JULGADOR

T2 - SEGUNDA TURMA

DATA DO JULGAMENTO

26/06/2023

DATA DA PUBLICAÇÃO/FONTE

DJe 30/06/2023

EMENTA

PROCESSUAL CIVIL E PREVIDENCIÁRIO. APOSENTADORIA ESPECIAL. RECONHECIMENTO DE TEMPO ESPECIAL. AGENTE NOCIVO ELETRICIDADE. REQUISITOS DA APOSENTADORIA. REVISÃO. SÚMULA 7/STJ. DISSÍDIO JURISPRUDENCIAL. ANÁLISE PREJUDICADA. AGRAVO INTERNO NÃO PROVIDO.

1. Não se configura a ofensa ao art. 1.022 do Código de Processo Civil/2015, uma vez que o Tribunal de origem julgou integralmente a lide e solucionou a controvérsia que lhe foi apresentada.

2. No enfrentamento da matéria, o Tribunal de origem lançou os seguintes fundamentos: "Por sua vez o Supremo Tribunal Federal, no julgamento do RE 664335-SC, sob o regime do art. 543-B, parágrafo 3º, do CPC, sedimentou o entendimento de que, se o Equipamento de Proteção Individual (EPI) for realmente capaz de neutralizar a nocividade do agente, não haverá

respaldo constitucional à concessão de aposentadoria especial, registrando ser dispensável a análise da eficácia do EPI apenas em relação à exposição do trabalhador ao agente ruído. Compulsando os autos, observa-se que se cuida de ação que pretende o reconhecimento da especialidade do período laborai do autor, exercido entre 08 de março de 1982 e 04/08/2016. Os PPPs juntados trazem a informação de que o postulante exerceu suas funções em contato com o agente, em altas tensões. Entende-se que a eficácia do EPI restou eletricidade comprovada, visto que riscos sempre existirão no desempenho da atividade de eletricitário. Parte dos riscos da atividade envolvendo contato com advém da não utilização ou eletricidade da utilização incorreta dos equipamentos e da falta de respeito às normas de segurança. Assim, dentro da razoabilidade do que se pode exigir de um equipamento de proteção, verificou-se sua eficácia quando corretamente utilizado e dentro dos procedimentos de segurança."

3. O Supremo Tribunal Federal, por ocasião do Julgamento do ARE 664.335/SC, sob a sistemática da Repercussão Geral, considerou que o segurado somente faz jus à concessão de aposentadoria especial se houver a efetiva exposição aos agentes agressivos prejudiciais à saúde, de modo que o uso de EPI eficaz descaracteriza a condição especial da atividade, à exceção dos trabalhadores submetidos ao agente agressivo ruído acima dos limites legais de tolerância.

4. Verifica-se que o acórdão recorrido está alinhado com a orientação jurisprudencial desta Corte e do Supremo Tribunal Federal, segundo a qual o uso de EPI não afasta, por si só, o reconhecimento da atividade como especial, devendo ser apreciado caso a caso, a fim de comprovar sua real efetividade por meio de perícia técnica especializada e desde que devidamente demonstrado o uso permanente pelo empregado durante a jornada de trabalho. Prevalecendo o reconhecimento da especialidade da atividade em caso de divergência ou dúvida sobre a real eficácia do Equipamento de Proteção Individual.

5. In casu, o Tribunal a quo constatou que o uso de EPI eficaz neutralizou os efeitos da sua nocividade, descaracterizando a condição Especial do labor, não reconhecendo elementos que justifiquem a identificação da atividade como especial.

6. Observa-se que o órgão julgador decidiu a questão após percuciente análise dos fatos e das provas relacionados à causa, sendo certo asseverar que, na moldura delineada, infirmar o entendimento assentado no aresto esgrimido passa pela revisitação ao acervo fático-probatório dos autos, o que é vedado em Recurso Especial, ante o óbice da Súmula 7 do STJ.

7. Fica prejudicada a análise da divergência jurisprudencial quando a tese sustentada já foi afastada no exame do Recurso Especial pela alínea "a" do permissivo constitucional.

8. Agravo Interno não provido.

No entanto, esta aferição se refere apenas para os períodos laborados posteriores à 3.12.1998 (data da publicação da MP nº 1.729/1998 convertida da Lei nº 9.732/1998), quando a legislação passou a exigir essa mensuração.

A jurisprudência da TNU segue a posição do INSS:

> **Informativo 24/2018** – Afirmada a tese de que as atividades exercidas até 02/12/1998 sejam tidas como especiais, independentemente de constar no PPP a informação acerca do uso de EPI eficaz (PUIL n. 0501309-27.2015.4.05.8300/PE).

Entende a TNU que a partir de 03/12/1998 o contribuinte individual não poderá se locupletar da própria torpeza, ou seja, não pode se beneficiar por não ter utilizado o EPI, exceto o ruído, pois o STF decidiu inexistir proteção individual eficaz ou cancerígenos do Grupo 1 LINACH, assim como demonstração em concreto de inexistência de EPI eficaz:

> **REPRESENTATIVO DE CONTROVÉRSIA – DEFINIÇÃO DE TESE TEMA N. 188** – PUIL n. 5000075-62.2017.4.04.7128/RS REPRESENTATIVO DE CONTROVÉRSIA – DEFINIÇÃO DE TESE TEMA N. 198 – PUIL n. 0502252-37.2017.4.05.8312/PE: Apreciando o pedido sob o regime dos representativos de controvérsia, a TNU fixou a seguinte tese: Após 03/12/1998, para o segurado contribuinte individual, não é possível o reconhecimento de atividade especial em virtude da falta de utilização de equipamento de proteção individual (EPI) eficaz, salvo nas hipóteses de: (a) exposição ao agente físico ruído acima dos limites legais; (b) exposição a agentes nocivos reconhecidamente cancerígenos, constantes do Grupo 1 da lista da LINACH; ou (c) demonstração com fundamento técnico de inexistência, no caso concreto, de EPI apto a elidir a nocividade da exposição ao agente agressivo a que se submeteu o segurado.

De acordo com o Manual da Aposentadoria Especial do INSS, considera-se **equipamento de proteção individual** todo dispositivo ou produto, de uso individual utilizado pelo trabalhador, destinado à proteção de riscos suscetíveis de ameaçar a segurança e a saúde no trabalho, ao passo que os **equipamentos de proteção coletiva** dizem respeito ao coletivo, devendo proteger todos os trabalhadores expostos a determinado risco. Como exemplo pode-se citar o enclausuramento acústico de fontes de ruído, a ventilação dos locais de trabalho, a proteção de partes móveis de máquinas e equipamentos, a sinalização de segurança, a cabine de segurança biológica, capelas químicas, cabine para manipulação de radioisótopos, extintores de incêndio, dentre outros.

A regulamentação do EPI é dada pela **NR 6**. Considera-se Equipamento de Proteção Individual - EPI, todo dispositivo ou produto, de uso individual utilizado pelo trabalhador, destinado à proteção de riscos suscetíveis de ameaçar a segurança e a saúde no trabalho.

Eis as principais regras da NR 6:

> a) O equipamento de proteção individual, de fabricação nacional ou importado, só poderá ser posto à venda ou utilizado com a indicação do Certificado de Aprovação - CA, expedido pelo órgão nacional competente em matéria de segurança e saúde no trabalho do Ministério do Trabalho e Emprego.
>
> b) A empresa é obrigada a fornecer aos empregados, gratuitamente, EPI adequado ao risco, em perfeito estado de conservação e funcionamento, nas seguintes circunstâncias: sempre que as medidas de ordem geral não ofereçam completa proteção contra os riscos de acidentes do trabalho ou de doenças profissionais e do trabalho; enquanto as medidas de proteção coletiva estiverem sendo implantadas; e, atendidas as peculiaridades de cada atividade profissional, o empregador deve fornecer aos trabalhadores os EPI adequados, de acordo com o disposto no ANEXO da NR 6.

Cabe à organização, quanto ao EPI:

> a) adquirir somente o aprovado pelo órgão de âmbito nacional competente em matéria de segurança e saúde no trabalho;
>
> b) orientar e treinar o empregado;
>
> c) fornecer ao empregado, gratuitamente, EPI adequado ao risco, em perfeito estado de conservação e funcionamento, nas situações previstas no subitem 1.5.5.1.2 da Norma Regulamentadora nº 01 (NR-01) - Disposições Gerais e Gerenciamento de Riscos Ocupacionais, observada a hierarquia das medidas de prevenção;
>
> d) registrar o seu fornecimento ao empregado, podendo ser adotados livros, fichas ou sistema eletrônico, inclusive, por sistema biométrico;
>
> e) exigir seu uso;
>
> f) responsabilizar-se pela higienização e manutenção periódica, quando aplicáveis esses procedimentos, em conformidade com as informações fornecidas pelo fabricante ou importador;
>
> g) substituir imediatamente, quando danificado ou extraviado; e
>
> h) comunicar ao órgão de âmbito nacional competente em matéria de segurança e saúde no trabalho qualquer irregularidade observada.

Cabe ao trabalhador, quanto ao EPI:

> a) usar o fornecido pela organização, observado o disposto no item 6.5.2;
>
> b) utilizar apenas para a finalidade a que se destina;

c) responsabilizar-se pela limpeza, guarda e conservação;

d) comunicar à organização quando extraviado, danificado ou qualquer alteração que o torne impróprio para uso; e

e) cumprir as determinações da organização sobre o uso adequado.

Quando do fornecimento de EPI, a organização deve assegurar a prestação de informações, observadas as recomendações do manual de instruções fornecidas pelo fabricante ou importador do EPI, em especial sobre:

a) descrição do equipamento e seus componentes;

b) risco ocupacional contra o qual o EPI oferece proteção;

c) restrições e limitações de proteção;

d) forma adequada de uso e ajuste;

e) manutenção e substituição; e

f) cuidados de limpeza, higienização, guarda e conservação.

Cabe ao fabricante e ao importador de EPI:

a) comercializar ou colocar à venda somente o EPI portador de CA, emitido pelo órgão de âmbito nacional competente em matéria de segurança e saúde no trabalho;

b) comercializar o EPI com manual de instruções em língua portuguesa, orientando sua utilização, manutenção, processos de limpeza e higienização, restrição e demais referências ao seu uso;

c) comercializar o EPI com as marcações previstas nesta norma;

d) responsabilizar-se pela manutenção da qualidade do EPI que deu origem ao CA; e

e) promover, quando solicitado e se tecnicamente possível, a adaptação do EPI detentor de CA para pessoas com deficiência, preservando a sua eficácia.

O CA concedido ao EPI tem validade vinculada ao prazo da avaliação da conformidade definida em regulamento emitido pelo órgão de âmbito nacional competente em matéria de segurança e saúde no trabalho.

Eis a lista de equipamentos de EPI, nos termos do Anexo I da NR 6, com redação dada pela Portaria MTP 2.175, de 28.07.2022:

ANEXO I

LISTA DE EQUIPAMENTOS DE PROTEÇÃO INDIVIDUAL

A - EPI PARA PROTEÇÃO DA CABEÇA

A.1 - Capacete:

a) capacete para proteção contra impactos de objetos sobre o crânio;

b) capacete para proteção contra choques elétricos; e

c) capacete para proteção do crânio e face contra agentes térmicos.

A.2 - Capuz ou balaclava:

a) capuz para proteção do crânio e pescoço contra agentes térmicos;

b) capuz para proteção do crânio, face e pescoço contra agentes químicos;

c) capuz para proteção do crânio e pescoço contra agentes abrasivos e escoriantes; e

d) capuz para proteção do crânio e pescoço contra umidade proveniente de operações com utilização de água.

B - EPI PARA PROTEÇÃO DOS OLHOS E FACE

B.1 - Óculos:

a) óculos para proteção dos olhos contra impactos de partículas volantes;

b) óculos para proteção dos olhos contra luminosidade intensa;

c) óculos para proteção dos olhos contra radiação ultravioleta;

d) óculos para proteção dos olhos contra radiação infravermelha; e

e) óculos de tela para proteção limitada dos olhos contra impactos de partículas volantes (em cumprimento à decisão judicial proferida nos autos 2008.38.11.001984-6, em trâmite na 2ª Vara do

Juizado Especial Federal da Subseção Judiciária de Divinópolis/MG).

B.2 - Protetor facial:

a) protetor facial para proteção da face contra impactos de partículas volantes;

b) protetor facial para proteção dos olhos contra luminosidade intensa;

c) protetor facial para proteção da face contra radiação infravermelha;

d) protetor facial para proteção da face contra radiação ultravioleta; e

e) protetor facial para proteção da face contra agentes térmicos.

B.3 - Máscara de solda para proteção dos olhos e face contra impactos de partículas volantes, radiação ultravioleta, radiação infravermelha e luminosidade intensa.

C - EPI PARA PROTEÇÃO AUDITIVA

C.1 - Protetor auditivo:

a) protetor auditivo circum-auricular para proteção do sistema auditivo contra níveis de pressão sonora superiores ao estabelecido na NR-15, Anexos nº 1 e 2;

b) protetor auditivo de inserção para proteção do sistema auditivo contra níveis de pressão sonora superiores ao estabelecido na NR-15, Anexos nº 1 e 2; e

c) protetor auditivo semiauricular para proteção do sistema auditivo contra níveis de pressão sonora superiores ao estabelecido na NR-15, Anexos nº 1 e 2.

D - EPI PARA PROTEÇÃO RESPIRATÓRIA

D.1 - Respirador purificador de ar não motorizado:

a) peça semifacial filtrante para partículas PFF1 para proteção das vias respiratórias contra poeiras e névoas;

b) peça semifacial filtrante para partículas PFF2 para proteção das vias respiratórias contra poeiras, névoas e fumos;

c) peça semifacial filtrante para partículas PFF3 para proteção das vias respiratórias contra poeiras, névoas, fumos e radionuclídeos;

d) peça um quarto facial ou semifacial com filtros para partículas classe P1, para proteção das vias respiratórias contra poeiras e névoas; peça um quarto facial, semifacial ou facial inteira com filtros para partículas classe P2, para proteção das vias respiratórias contra poeira, névoas e fumos, ou com filtros para partículas classe P3, para proteção das vias respiratórias contra poeiras, névoas, fumos ou radionuclídeos; e

e) peça um quarto facial, semifacial ou facial inteira com filtros químicos para proteção das vias respiratórias contra gases e vapores; ou com filtros combinados para proteção das vias respiratórias contra gases e vapores e/ou material particulado.

D.2 - Respirador purificador de ar motorizado:

a) sem vedação facial tipo touca com anteparo tipo protetor facial, capuz ou capacete com filtros para partículas para proteção das vias respiratórias contra material particulado; ou com filtros químicos para proteção contra gases e vapores; ou com filtros combinados para proteção contra material particulado e/ou gases e vapores; e

b) com vedação facial tipo peça semifacial ou facial inteira com filtros para partículas para proteção das vias respiratórias contra material particulado; ou com filtros químicos para proteção contra gases e vapores; ou com filtros combinados para proteção contra material particulado e/ou gases e vapores.

D.3 - Respirador de adução de ar tipo linha de ar comprimido:

a) sem vedação facial de fluxo contínuo tipo capuz, protetor facial ou capacete, para proteção das vias respiratórias em atmosferas com concentração de oxigênio maior que 12,5% ao nível do mar;

b) sem vedação facial de fluxo contínuo tipo capuz ou capacete, para proteção das vias respiratórias em operações de jateamento e em atmosferas com concentração de oxigênio maior que 12,5% ao nível do mar;

c) com vedação facial de fluxo contínuo tipo peça semifacial ou facial inteira, para proteção das vias respiratórias em atmosferas com concentração de oxigênio maior que 12,5% ao nível do mar;

d) de demanda com ou sem pressão positiva, com peça semifacial ou facial inteira, para proteção das vias respiratórias em atmosferas com concentração de oxigênio maior que 12,5% ao nível do mar; e

e) de demanda com pressão positiva, com peça facial inteira, combinado com cilindro auxiliar para fuga, para proteção das vias respiratórias em atmosferas Imediatamente Perigosas à Vida e à Saúde - IPVS.

D.4 - Respirador de adução de ar tipo máscara autônoma:

a) de circuito aberto de demanda com pressão positiva, com peça facial inteira, para proteção das vias respiratórias em atmosferas IPVS; e

b) de circuito fechado de demanda com pressão positiva, com peça facial inteira, para proteção das vias respiratórias em atmosferas IPVS.

D.5 - Respirador de fuga:

a) tipo purificador de ar para fuga, com bocal e pinça nasal, capuz ou peça facial, para proteção das vias respiratórias contra gases e vapores, quando utilizado com filtros químicos ou combinados, ou contra material particulado, quando utilizado com filtros para partículas ou combinados, em condições de escape de atmosferas perigosas com concentração de oxigênio maior que 18% ao nível do mar; e

b) tipo máscara autônoma para fuga, com bocal e pinça nasal, capuz ou peça facial inteira, para proteção das vias respiratórias em condições de escape de atmosferas IPVS.

E - EPI PARA PROTEÇÃO DO TRONCO

E.1 - Vestimentas:

a) vestimenta para proteção do tronco contra agentes térmicos;

b) vestimenta para proteção do tronco contra agentes mecânicos;

c) vestimenta para proteção do tronco contra agentes químicos;

d) vestimenta para proteção do tronco contra radiação ionizante;

e) vestimenta para proteção do tronco contra umidade proveniente de precipitação pluviométrica; e

f) vestimenta para proteção do tronco contra umidade proveniente de operações com utilização de água.

E.2 - Colete à prova de balas de uso permitido para vigilantes que trabalhem portando arma de fogo, para proteção do tronco contra agentes mecânicos.

F - EPI PARA PROTEÇÃO DOS MEMBROS SUPERIORES

F.1 - Luvas:

a) luvas para proteção das mãos contra agentes abrasivos e escoriantes;

b) luvas para proteção das mãos contra agentes cortantes e perfurantes;

c) luvas para proteção das mãos contra choques elétricos;

d) luvas para proteção das mãos contra agentes térmicos;

e) luvas para proteção das mãos contra agentes biológicos;

f) luvas para proteção das mãos contra agentes químicos;

g) luvas para proteção das mãos contra vibrações;

h) luvas para proteção contra umidade proveniente de operações com utilização de água; e

i) luvas para proteção das mãos contra radiação ionizante.

F.2 - Creme protetor de segurança para proteção dos membros superiores contra agentes químicos.

F.3 - Manga:

a) manga para proteção do braço e do antebraço contra choques elétricos;

b) manga para proteção do braço e do antebraço contra agentes abrasivos e escoriantes;

c) manga para proteção do braço e do antebraço contra agentes cortantes e perfurantes;

d) manga para proteção do braço e do antebraço contra umidade proveniente de operações com utilização de água;

e) manga para proteção do braço e do antebraço contra agentes térmicos; e

f) manga para proteção do braço e do antebraço contra agentes químicos.

F.4 - Braçadeira:

a) braçadeira para proteção do antebraço contra agentes cortantes;

b) braçadeira para proteção do antebraço contra agentes escoriantes.

F.5 - Dedeira para proteção dos dedos contra agentes abrasivos e escoriantes.

G - EPI PARA PROTEÇÃO DOS MEMBROS INFERIORES

G.1 - Calçado:

a) calçado para proteção contra impactos de quedas de objetos sobre os artelhos;

b) calçado para proteção dos pés contra choques elétricos;

c) calçado para proteção dos pés contra agentes térmicos;

d) calçado para proteção dos pés contra agentes abrasivos e escoriantes;

e) calçado para proteção dos pés contra agentes cortantes e perfurantes;

f) calçado para proteção dos pés e pernas contra umidade proveniente de operações com utilização de água; e

g) calçado para proteção dos pés e pernas contra agentes químicos.

G.2 - Meia para proteção dos pés contra baixas temperaturas.

G.3 - Perneira:

a) perneira para proteção da perna contra agentes abrasivos e escoriantes;

b) perneira para proteção da perna contra agentes cortantes e perfurantes;

c) perneira para proteção da perna contra agentes térmicos;

d) perneira para proteção da perna contra agentes químicos; e

e) perneira para proteção da perna contra umidade proveniente de operações com utilização de água.

G.4 - Calça:

a) calça para proteção das pernas contra agentes abrasivos e escoriantes;

b) calça para proteção das pernas contra agentes cortantes e perfurantes;

c) calça para proteção das pernas contra agentes químicos;

d) calça para proteção das pernas contra agentes térmicos;

e) calça para proteção das pernas contra umidade proveniente de operações com utilização de água; e

f) calça para proteção das pernas contra umidade proveniente de precipitação pluviométrica.

H - EPI PARA PROTEÇÃO DO CORPO INTEIRO

H.1 - Macacão:

a) macacão para proteção do tronco e membros superiores e inferiores contra agentes térmicos;

b) macacão para proteção do tronco e membros superiores e inferiores contra agentes químicos;

c) macacão para proteção do tronco e membros superiores e inferiores contra umidade proveniente de operações com utilização de água; e

d) macacão para proteção do tronco e membros superiores e inferiores contra umidade proveniente de precipitação pluviométrica.

H.2 - Vestimenta de corpo inteiro:

a) vestimenta para proteção de todo o corpo contra agentes químicos;

b) vestimenta condutiva para proteção de todo o corpo contra choques elétricos;

c) vestimenta para proteção de todo o corpo contra umidade proveniente de operações com utilização de água; e

d) vestimenta para proteção de todo o corpo contra umidade proveniente de precipitação pluviométrica.

I - EPI PARA PROTEÇÃO CONTRA QUEDAS COM DIFERENÇA DE NÍVEL

I.1 - Cinturão de segurança com dispositivo trava-queda para proteção do usuário contra quedas em operações com movimentação vertical ou horizontal.

I.2 - Cinturão de segurança com talabarte:

a) cinturão de segurança com talabarte para proteção do usuário contra riscos de queda em trabalhos em altura; e

b) cinturão de segurança com talabarte para proteção do usuário contra riscos de queda no posicionamento em trabalhos em altura. Glossário

O STJ já se pronunciou no sentido de que "o fato de a empresa fornecer ao empregado o Equipamento de Proteção Individual - EPI, ainda que tal equipamento seja devidamente utilizado, não afasta, de per se, o direito ao benefício da aposentadoria com a contagem de tempo especial, devendo cada caso ser apreciado em suas particularidades"[22].

No mesmo caminho pontifica a **Súmula 09, da TNU**, prevendo que "o uso de Equipamento de Proteção Individual (EPI), ainda que elimine a insalubridade, no caso de exposição a ruído, não descaracteriza o tempo de serviço especial prestado".

Logo, nota-se que é preciso a análise de cada situação concreta a fim de verificar se a utilização do EPI reduziu ou não a exposição do segurado aos agentes nocivos para níveis abaixo dos padrões de tolerância, pois uma atividade apenas se enquadrará como especial se houver lesividade à saúde ou integridade física do trabalhador, a fim de justificar a concessão antecipada da proteção previdenciária.

Sobre o tema, vale colacionar passagem do Parecer/CONJUR/MPS 616/2010, aprovado pelo Ministro da Previdência Social em 23.12.2010:

> 79. Em resumo: os segurados devem proteger-se contra agentes nocivos no ambiente de trabalho, sem que com isso fique automaticamente descaracterizado o seu direito à aposentadoria especial ou afastado o dever de recolhimento, por parte dos empregadores, das contribuições adicionais, devidas independentemente da eficácia dos EPIs. Todavia, compete ao segurado comprovar, em cada caso concreto, que os agentes nocivos estavam efetivamente presentes no ambiente de trabalho, durante toda sua jornada, devendo constar do laudo técnico informação sobre o grau de eficiência dos EPIs utilizados. Se a prova for incontestável de que os EPIs eliminaram o risco de exposição ao agente nocivo, reduzindo-lhe a intensidade a limites de tolerância, o tempo de contribuição será contado como comum, por força do não atendimento aos §§ 3º e 4º do art. 57 da Lei nº 8.213, de 1991.

Eis o rol de agentes qualitativos previstos no Anexo IV do Regulamento:

- Arsênio e seus compostos tóxicos
- Benzeno e seus compostos tóxicos
- Berílio e seus compostos tóxicos
- Cádmio e seus compostos tóxicos
- Carvão mineral e seus derivados (piche alcatrão, betume, breu, parafinas, antraceno)

22. REsp 720.082, de 15.12.2005.

- Chumbo e seus compostos tóxicos
- Cromo e seus compostos tóxicos
- Fósforo seus compostos tóxicos
- Iodo
- Mercúrio
- Níquel
- Sulfeto de Níquel
- Petróleo, Xisto betuminoso, gás natural e seus derivados.
- Mercaptanos n-hexano
- Aminas aromáticas
- Auramina
- Bisclorometileter
- Biscloroetileter
- Bisclorometil
- Clorometileter
- Nitronaftilamina
- Benzopireno
- Cresoto
- 4-aminodifenil
- Benzidina
- Betanaftilamina
- Aminobifenila
- 1-4 ciclofosfamida
- 4-dimetilaminoazobenzeno
- Betapropillactona
- Dianizidina
- Diclorobenzidina
- Metilenoortocloroanilina (MOCA)
- Nitrosamina
- Ortotoluidina

- Propanosulfona
- Estilbenzeno
- 1-cloro-2-4-nitrodifenil
- 3-poxipropano (epicloridrina)
- Azotioprina
- Clorambucil
- Dietilestilbestrol
- Dietilsulfato
- Dimetilsulfato
- Etilenotiureia
- Fenacetina
- Iodeto de metila
- Etilnitrosureias
- Oximetalona
- Procarbazina
- Oxido de etileno

O meu entendimento sobre essa polêmica é o seguinte: se o agente nocivo for *apenas qualitativo*, sendo a nocividade presumida e independente de mensuração, o uso de EPI não descaracteriza o tempo especial; se o agente nocivo for *quantitativo*, sendo a nocividade considerada pela ultrapassagem dos limites de tolerância ou doses, a concessão de EPI eficaz que reduza a exposição para aquém dos limites de tolerância, não haverá atividade especial a ser considerada.

De acordo com o Manual da Aposentadoria Especial do INSS, ainda, com relação aos agentes nocivos reconhecidamente cancerígenos do Grupo 1 da lista da Lista Nacional de Agentes Cancerígenos para Humanos - LINACH que possuam o *Chemical Abstracts Service* – CAS e que constem no Anexo IV do Decreto nº 3.048, de 1999, **a utilização de EPC e/ou EPI não elide a exposição aos agentes comprovadamente cancerígenos**, mesmo que considerados eficazes. Tal entendimento será considerado para período trabalhado a partir de 8 de outubro de 2014, data da publicação da Portaria Interministerial MTE/MS/MPS nº 9, de 2014, com base na Nota Técnica n° 00001/2015/GAB/PRFE/INSS/SAO/PGF/AGU.

No entanto, desde 01/07/2020, o Decreto 10.410/2020 passou a admitir a possibilidade de eficácia do EPI no caso de agentes cancerígenos, devendo ser feito esse recorte interpretativo intertemporal.

A questão foi julgada pelo STF no Recurso Extraordinário com Agravo (ARE 664.335) interposto pelo INSS, que teve repercussão geral admitida pelo Ministro Luiz Fux em junho de 2012. O julgamento foi iniciado em 03 de setembro de 2014 e concluído em 04 de dezembro de 2014.

Decidiu a Suprema Corte que o direito à aposentadoria especial pressupõe a efetiva exposição do trabalhador a agente nocivo a sua saúde, de modo que se o Equipamento de Proteção Individual (EPI) for realmente capaz de neutralizar a nocividade, não haverá respaldo à concessão constitucional de aposentadoria especial". Esta foi a **primeira tese aprovada**.

No entanto, **no caso do agente nocivo ruído**, na hipótese de exposição do trabalhador a ruído acima dos limites legais de tolerância, a declaração do empregador no âmbito do Perfil Profissiográfico Previdenciário (PPP), no sentido da eficácia do Equipamento de Proteção Individual (EPI), **não descaracteriza o tempo de serviço especial para a aposentadoria.** Esta foi a **segunda tese aprovada.**

Assim sendo, o STF admitiu em abstrato a tese de que o EPI realmente eficaz afastará a concessão da aposentadoria especial. No entanto, no caso do ruído, por não admitir a eficácia real do EPI (tema cientificamente controverso), o seu uso não irá descaracterizar o tempo especial prestado, adotando-se o mesmo entendimento da Súmula 09 da TNU. Trata-se, portanto, de decisão intermediária entre as teses do INSS e dos segurados que desenvolvem atividades nocivas à saúde.

Nesse sentido, colaciona-se passagem dos Informativos 757 e 770 **(Tema 555 STF):**

> **"Aposentadoria especial e uso de equipamento de proteção – 1**
>
> O Plenário iniciou julgamento de recurso extraordinário com agravo em que se discute eventual descaracterização do tempo de serviço especial, para fins de aposentadoria, em decorrência do uso de equipamento de proteção individual (EPI) – informado no perfil profissiográfico previdenciário (PPP) ou documento equivalente – capaz de eliminar a insalubridade. Questiona-se, ainda, a fonte de custeio para essa aposentadoria especial. Preliminarmente, o Tribunal converteu o agravo em recurso extraordinário. Mencionou que o agravo preencheria todos os requisitos, de modo a permitir o imediato julgamento do extraordinário, porquanto presentes no debate o direito fundamental à previdência social, com reflexos mediatos nos cânones constitucionais do direito à

vida e à saúde. **No mérito, o Ministro Luiz Fux (relator) deu provimento ao recurso do INSS.** Esclareceu que o denominado PPP poderia ser conceituado como documento histórico-laboral do trabalhador, que reuniria, dentre outras informações, dados administrativos, registros ambientais e resultados de monitoração biológica durante todo o período em que este exercera suas atividades, referências sobre as condições e medidas de controle da saúde ocupacional de todos os trabalhadores, além da comprovação da efetiva exposição dos empregados a agentes nocivos, e eventual neutralização pela utilização de EPI. Citou a necessidade de se indicar a atividade exercida pelo trabalhador, o agente nocivo ao qual estaria ele exposto, a intensidade e a concentração do agente, além de exames médicos clínicos. Frisou que aos trabalhadores seria assegurado o exercício de suas funções em ambiente saudável e seguro (CF, artigos 193 e 225). Destacou que o anexo IV do Decreto 3.048/1999 (Regulamento da Previdência Social) traria a classificação dos agentes nocivos e, por sua vez, a Lei 9.528/1997, ao modificar a Lei de Benefícios da Previdência Social, teria fixado a obrigatoriedade de as empresas manterem laudo técnico atualizado, sob pena de multa, bem como de elaborarem e manterem PPP, a abranger as atividades desenvolvidas pelo trabalhador. Sublinhou que a Lei 9.528/1997 seria norma de aplicabilidade contida, ante a exigência de regulamentação administrativa, que ocorrera por meio da Instrução Normativa 95/2003, cujo marco temporal de eficácia fora fixado para 1º.1.2004. Aduziu, também, que a Instrução Normativa 971/2009, da Receita Federal, ao dispor sobre normas gerais de tributação previdenciária e de arrecadação das contribuições sociais destinadas à previdência social e às outras entidades ou fundos, teria assentado que referida contribuição não seria devida se houvesse a efetiva utilização, comprovada pela empresa, de equipamentos de proteção individual que neutralizassem ou reduzissem o grau de exposição a níveis legais de tolerância.

Aposentadoria especial e uso de equipamento de proteção – 2

O Ministro Luiz Fux reconheceu que os tribunais estariam a adotar a teoria da proteção extrema, no sentido de que, ainda que o EPI fosse efetivamente utilizado e hábil a eliminar a insalubridade, não estaria descaracterizado o tempo de serviço especial prestado (Enunciado 9 da Súmula da Turma Nacional de Uniformização dos Juizados Especiais Federais). Salientou que a controvérsia interpretativa a respeito da concessão de aposentadoria especial encerraria situações diversas: a) para o INSS, se o EPI fosse comprovadamente utilizado e eficaz na neutralização da insalubridade, a aposentadoria especial não deveria ser concedida; b) para a justiça de 1ª instância, o benefício seria devido; c) para a receita federal, a contribuição não seria devida e a concessão do benefício, sem fonte de custeio, afrontaria a Constituição (art. 195, § 5º). Realçou que a melhor interpretação constitucional a ser dada ao instituto seria aquela que privilegiasse, de um lado, o trabalhador e, de outro, o preceito do art. 201 da CF. Ponderou que, apesar de constar expressamente na Constituição (art. 201, § 1º) a necessidade de lei complementar para regulamentar a aposentadoria especial, a EC 20/1998 teria fixado, expressamente, em seu art. 15, como norma de transição, que "até que a lei complementar a que se refere o art. 201, § 1º, da Constituição Federal, seja publicada, permanece em vigor o disposto nos artigos 57 e 58 da Lei nº 8.213, de 24 de julho de 1991, na redação vigente à data da publicação desta Emenda". Registrou que a concessão de aposentadoria especial dependeria, em todos os casos, de comprovação, pelo segurado, perante o INSS, do tempo de trabalho permanente, não ocasional nem intermitente, exercido em condições especiais que prejudicassem a saúde ou a integridade física, durante o período mínimo de 15, 20 ou 25 anos, a depender do agente nocivo. **Asseverou que não se poderia exigir dos trabalhadores expostos a agentes prejudiciais à saúde e com maior desgaste, o cumprimento do mesmo tempo de contribuição daqueles empregados que não estivessem expostos a qualquer agente nocivo. Ressaltou, outrossim, não ser possível considerar que todos os agentes químicos, físicos e biológicos seriam capazes de prejudicar os trabalhadores de igual forma e grau, do que resultaria a necessidade de se determinar diferentes tempos de serviço mínimo para aposentadoria, de acordo com cada espécie de agente nocivo. Assentou que a verificação da nocividade laboral para caracterizar o direito à aposentadoria especial conferiria maior eficácia ao instituto à luz da Constituição. Discordou do entendimento segundo o qual o benefício previdenciário seria devido em qualquer hipótese, desde que o ambiente fosse insalubre (risco potencial do dano). No caso concreto, assinalou que, a tratar especificamente do agente nocivo ruído, o aresto recorrido se baseara na tese jurídica de que a utilização de equipamento de proteção individual que neutralizasse, eliminasse ou reduzisse a nocividade dos agentes não excluiria a aposentadoria especial. Não indicara, contudo, se o equipamento seria eficiente para gerar aposentadoria especial. Nesse aspecto, consignou que a tese escorreita a ser firmada seria no sentido de que a utilização de equipamento de proteção individual, comprovada mediante formulário (PPP ou documento equivalente) na forma estabelecida pela legislação previdenciária, não caracterizaria tempo de serviço especial e, via de consequência, não permitiria que o trabalhador tivesse direito à aposentadoria especial.** Enfatizou que a autoridade competente poderia, no exercício da fiscalização, aferir as informações prestadas pela empresa e constantes no laudo técnico de condições ambientais do trabalho, sem prejuízo do controle judicial. Consignou que as atividades laborais nocivas e sua respectiva eliminação deveriam ser meta da sociedade, do Estado, do empresariado e dos trabalhadores como princípios basilares da Constituição. **Em seguida, pediu vista dos autos o Ministro Roberto Barroso.**

Aposentadoria especial e uso de equipamento de proteção – 3

O direito à aposentadoria especial pressupõe a efetiva exposição do trabalhador a agente nocivo à sua saúde, de modo que, se o Equipamento de Proteção Individual (EPI) for realmente capaz de neutralizar a nocividade, não haverá respaldo constitucional à concessão de aposentadoria especial.

Ademais – no que se refere a EPI destinado a proteção contra ruído –, na hipótese de exposição do trabalhador a ruído acima dos limites legais de tolerância, a declaração do empregador, no âmbito do Perfil Profissiográfico Previdenciário (PPP), no sentido da eficácia do EPI, não descaracteriza o tempo de serviço especial para a aposentadoria. Esse o entendimento do Plenário que, em conclusão de julgamento, desproveu recurso extraordinário com agravo em que discutida eventual descaracterização do tempo de serviço especial, para fins de aposentadoria, em decorrência do uso de EPI – informado no PPP ou documento equivalente – capaz de eliminar a insalubridade. Questionava-se, ainda, a fonte de custeio para essa aposentadoria especial – v. Informativo 757. O Colegiado afirmou que o denominado PPP poderia ser conceituado como documento histórico-laboral do trabalhador, que reuniria, dentre outras informações, dados administrativos, registros ambientais e resultados de monitoração biológica durante todo o período em que ele exercera suas atividades, referências sobre as condições e medidas de controle da saúde ocupacional de todos os trabalhadores, além da comprovação da efetiva exposição dos empregados a agentes nocivos, e eventual neutralização pela utilização de EPI. Seria necessário indicar a atividade exercida pelo trabalhador, o agente nocivo ao qual estaria ele exposto, a intensidade e a concentração do agente, além de exames médicos clínicos. Não obstante, aos trabalhadores seria assegurado o exercício de suas funções em ambiente saudável e seguro (CF, artigos 193 e 225). A respeito, o anexo IV do Decreto 3.048/1999 (Regulamento da Previdência Social) traz a classificação dos agentes nocivos e, por sua vez, a Lei 9.528/1997, ao modificar a Lei de Benefícios da Previdência Social, fixa a obrigatoriedade de as empresas manterem laudo técnico atualizado, sob pena de multa, bem como de elaborarem e manterem PPP, a abranger as atividades desenvolvidas pelo trabalhador. A referida Lei 9.528/1997 seria norma de aplicabilidade contida, ante a exigência de regulamentação administrativa, que ocorrera por meio da Instrução Normativa 95/2003, cujo marco temporal de eficácia fora fixado para 1º.1.2004. Ademais, a Instrução Normativa 971/2009, da Receita Federal, ao dispor sobre normas gerais de tributação previdenciária e de arrecadação das contribuições sociais destinadas à previdência social e às outras entidades ou fundos, assenta que referida contribuição não é devida se houver a efetiva utilização, comprovada pela empresa, de equipamentos de proteção individual que neutralizem ou reduzam o grau de exposição a níveis legais de tolerância.

Aposentadoria especial e uso de equipamento de proteção – 4

O Colegiado reconheceu que os tribunais estariam a adotar a teoria da proteção extrema, no sentido de que, ainda que o EPI fosse efetivamente utilizado e hábil a eliminar a insalubridade, não estaria descaracterizado o tempo de serviço especial prestado (Enunciado 9 da Súmula da Turma Nacional de Uniformização dos Juizados Especiais Federais). **Destacou, entretanto, que o uso de EPI com o intuito de evitar danos sonoros – como no caso – não seria capaz de inibir os efeitos do ruído.** Salientou que a controvérsia interpretativa a respeito da concessão de aposentadoria especial encerraria situações diversas: a) para o INSS, se o EPI fosse comprovadamente utilizado e eficaz na neutralização da insalubridade, a aposentadoria especial não deveria ser concedida; b) para a justiça de 1ª instância, o benefício seria devido; e c) para a Receita Federal, a contribuição não seria devida e a concessão do benefício, sem fonte de custeio, afrontaria a Constituição (art. 195, § 5º). Realçou que a melhor interpretação constitucional a ser dada ao instituto seria aquela que privilegiasse, de um lado, o trabalhador e, de outro, o preceito do art. 201 da CF. Ponderou que, apesar de constar expressamente na Constituição (art. 201, § 1º) a necessidade de lei complementar para regulamentar a aposentadoria especial, a EC 20/1998 fixa, expressamente, em seu art. 15, como norma de transição, que "até que a lei complementar a que se refere o art. 201, § 1º, da Constituição Federal, seja publicada, permanece em vigor o disposto nos artigos 57 e 58 da Lei nº 8.213, de 24 de julho de 1991, na redação vigente à data da publicação desta Emenda". A concessão de aposentadoria especial dependeria, em todos os casos, de comprovação, pelo segurado, perante o INSS, do tempo de trabalho permanente, não ocasional nem intermitente, exercido em condições especiais que prejudicassem a saúde ou a integridade física, durante o período mínimo de 15, 20 ou 25 anos, a depender do agente nocivo. Não se poderia exigir dos trabalhadores expostos a agentes prejudiciais à saúde e com maior desgaste, o cumprimento do mesmo tempo de contribuição daqueles empregados que não estivessem expostos a qualquer agente nocivo. Outrossim, não seria possível considerar que todos os agentes químicos, físicos e biológicos seriam capazes de prejudicar os trabalhadores de igual forma e grau, do que resultaria a necessidade de se determinar diferentes tempos de serviço mínimo para aposentadoria, de acordo com cada espécie de agente nocivo. A verificação da nocividade laboral para caracterizar o direito à aposentadoria especial conferiria maior eficácia ao instituto à luz da Constituição. **O Plenário discordou do entendimento segundo o qual o benefício previdenciário seria devido em qualquer hipótese, desde que o ambiente fosse insalubre (risco potencial do dano).** A autoridade competente poderia, no exercício da fiscalização, aferir as informações prestadas pela empresa e constantes no laudo técnico de condições ambientais do trabalho, sem prejuízo do controle judicial. As atividades laborais nocivas e sua respectiva eliminação deveriam ser meta da sociedade, do Estado, do empresariado e dos trabalhadores como princípios basilares da Constituição. O Ministro Marco Aurélio, ao acompanhar o dispositivo da decisão colegiada, limitou-se a desprover o recurso, sem acompanhar as teses fixadas. O Ministro Teori Zavascki, por sua vez, endossou apenas a primeira tese, tendo em vista reputar que a segunda – alusiva a ruído acima dos limites de tolerância – não teria conteúdo constitucional. O Ministro Luiz Fux (relator) reajustou seu voto relativamente ao EPI destinado à proteção contra ruído. **ARE 664335/SC, rel. Min. Luiz Fux, 4.12.2014. (ARE-664335)".**

O acórdão foi publicado pelo STF em 12 de fevereiro de 2015:

"RECURSO EXTRAORDINÁRIO COM AGRAVO. DIREITO CONSTITUCIONAL PREVIDENCIÁRIO. APOSENTADORIA ESPECIAL. ART. 201, §

1º, DA CONSTITUIÇÃO DA REPÚBLICA. REQUISITOS DE CARACTERIZAÇÃO. TEMPO DE SERVIÇO PRESTADO SOB CONDIÇÕES NOCIVAS. FORNECIMENTO DE EQUIPAMENTO DE PROTEÇÃO INDIVIDUAL – EPI. TEMA COM REPERCUSSÃO GERAL RECONHECIDA PELO PLENÁRIO VIRTUAL. EFETIVA EXPOSIÇÃO A AGENTES NOCIVOS À SAÚDE. NEUTRALIZAÇÃO DA RELAÇÃO NOCIVA ENTRE O AGENTE INSALUBRE E O TRABALHADOR. COMPROVAÇÃO NO PERFIL PROFISSIOGRÁFICO PREVIDENCIÁRIO PPP OU SIMILAR. NÃO CARACTERIZAÇÃO DOS PRESSUPOSTOS HÁBEIS À CONCESSÃO DE APOSENTADORIA ESPECIAL. CASO CONCRETO. AGENTE NOCIVO RUÍDO. UTILIZAÇÃO DE EPI. EFICÁCIA. REDUÇÃO DA NOCIVIDADE. CENÁRIO ATUAL. IMPOSSIBILIDADE DE NEUTRALIZAÇÃO. NÃO DESCARACTERIZAÇÃO DAS CONDIÇÕES PREJUDICIAIS. BENEFÍCIO PREVIDENCIÁRIO DEVIDO. AGRAVO CONHECIDO PARA NEGAR PROVIMENTO AO RECURSO EXTRAORDINÁRIO. 1. Conduz à admissibilidade do Recurso Extraordinário a densidade constitucional, no aresto recorrido, do direito fundamental à previdência social (art. 201, CRFB/88), com reflexos mediatos nos cânones constitucionais do direito à vida (art. 5º, *caput*, CRFB/88), à saúde (arts. 3º, 5º e 196, CRFB/88), à dignidade da pessoa humana (art. 1º, III, CRFB/88) e ao meio ambiente de trabalho equilibrado (arts. 193 e 225, CRFB/88). 2. A eliminação das atividades laborais nocivas deve ser a meta maior da Sociedade – Estado, empresariado, trabalhadores e representantes sindicais -, que devem voltar-se incessantemente para com a defesa da saúde dos trabalhadores, como enuncia a Constituição da República, ao erigir como pilares do Estado Democrático de Direito a dignidade humana (art. 1º, III, CRFB/88), a valorização social do trabalho, a preservação da vida e da saúde (art. 3º, 5º, e 196, CRFB/88), e o meio ambiente de trabalho equilibrado (art. 193, e 225, CRFB/88). 3. A aposentadoria especial prevista no artigo 201, § 1º, da Constituição da República, significa que poderão ser adotados, para concessão de aposentadorias aos beneficiários do regime geral de previdência social, requisitos e critérios diferenciados nos "casos de atividades exercidas sob condições especiais que prejudiquem a saúde ou a integridade física, e quando se tratar de segurados portadores de deficiência, nos termos definidos em lei complementar". 4. A aposentadoria especial possui nítido caráter preventivo e impõe-se para aqueles trabalhadores que laboram expostos a agentes prejudiciais à saúde e a fortiori possuem um desgaste naturalmente maior, por que não se lhes pode exigir o cumprimento do mesmo tempo de contribuição que aqueles empregados que não se encontram expostos a nenhum agente nocivo. 5. A norma inscrita no art. 195, § 5º, CRFB/88, veda a criação, majoração ou extensão de benefício sem a correspondente fonte de custeio, disposição dirigida ao legislador ordinário, sendo inexigível quando se tratar de benefício criado diretamente pela Constituição. Deveras, o direito à aposentadoria especial foi outorgado aos seus destinatários por norma constitucional (em sua origem o art. 202, e atualmente o art. 201, § 1º, CRFB/88). Precedentes: RE

151.106 AgR/SP, Rel. Min. Celso de Mello, julgamento em 28/09/1993, Primeira Turma, DJ de 26/11/93; RE 220.742, Rel. Min. Néri da Silveira, julgamento em 03/03/98, Segunda Turma, DJ de 04/09/1998. 6. Existência de fonte de custeio para o direito à aposentadoria especial antes, através dos instrumentos tradicionais de financiamento da previdência social mencionados no art. 195, da CRFB/88, e depois da Medida Provisória nº 1.729/98, posteriormente convertida na Lei nº 9.732, de 11 de dezembro de 1998. Legislação que, ao reformular o seu modelo de financiamento, inseriu os §§ 6º e 7º no art. 57 da Lei n.º 8.213/91, e estabeleceu que este benefício será financiado com recursos provenientes da contribuição de que trata o inciso II do art. 22 da Lei nº 8.212/91, cujas alíquotas serão acrescidas de doze, nove ou seis pontos percentuais, conforme a atividade exercida pelo segurado a serviço da empresa permita a concessão de aposentadoria especial após quinze, vinte ou vinte e cinco anos de contribuição, respectivamente. 7. Por outro lado, o art. 10 da Lei nº 10.666/2003, ao criar o Fator Acidentário de Prevenção-FAP, concedeu redução de até 50% do valor desta contribuição em favor das empresas que disponibilizem aos seus empregados equipamentos de proteção declarados eficazes nos formulários previstos na legislação, o qual funciona como incentivo para que as empresas continuem a cumprir a sua função social, proporcionando um ambiente de trabalho hígido a seus trabalhadores. 8. O risco social aplicável ao benefício previdenciário da aposentadoria especial é o exercício de atividade em condições prejudiciais à saúde ou à integridade física (CRFB/88, art. 201, § 1º), de forma que torna indispensável que o indivíduo trabalhe exposto a uma nocividade notadamente capaz de ensejar o referido dano, porquanto a tutela legal considera a exposição do segurado pelo risco presumido presente na relação entre agente nocivo e o trabalhador. 9. A interpretação do instituto da aposentadoria especial mais consentânea com o texto constitucional é aquela que conduz a uma proteção efetiva do trabalhador, considerando o benefício da aposentadoria especial excepcional, destinado ao segurado que efetivamente exerceu suas atividades laborativas em "condições especiais que prejudiquem a saúde ou a integridade física". **10. Consectariamente, a primeira tese objetiva que se firma é: o direito à aposentadoria especial pressupõe a efetiva exposição do trabalhador a agente nocivo à sua saúde, de modo que, se o EPI for realmente capaz de neutralizar a nocividade não haverá respaldo constitucional à aposentadoria especial. 11. A Administração poderá, no exercício da fiscalização, aferir as informações prestadas pela empresa, sem prejuízo do inafastável judicial review. Em caso de divergência ou dúvida sobre a real eficácia do Equipamento de Proteção Individual, a premissa a nortear a Administração e o Judiciário é pelo reconhecimento do direito ao benefício da aposentadoria especial.** Isto porque o uso de EPI, no caso concreto, pode não se afigurar suficiente para descaracterizar completamente a relação nociva a que o empregado se submete. **12. In casu, tratando-se especificamente do agente nocivo ruído, desde que em limites acima do limite legal, constata-se que, apesar do uso de Equipamento de Proteção**

Individual (protetor auricular) reduzir a agressividade do ruído a um nível tolerável, até no mesmo patamar da normalidade, a potência do som em tais ambientes causa danos ao organismo que vão muito além daqueles relacionados à perda das funções auditivas. O benefício previsto neste artigo será financiado com os recursos provenientes da contribuição de que trata o inciso II do art. 22 da Lei no 8.212, de 24 de julho de 1991, cujas alíquotas serão acrescidas de doze, nove ou seis pontos percentuais, conforme a atividade exercida pelo segurado a serviço da empresa permita a concessão de aposentadoria especial após quinze, vinte ou vinte e cinco anos de contribuição, respectivamente. O benefício previsto neste artigo será financiado com os recursos provenientes da contribuição de que trata o inciso II do art. 22 da Lei no 8.212, de 24 de julho de 1991, cujas alíquotas serão acrescidas de doze, nove ou seis pontos percentuais, conforme a atividade exercida pelo segurado a serviço da empresa permita a concessão de aposentadoria especial após quinze, vinte ou vinte e cinco anos de contribuição, respectivamente. **13. Ainda que se pudesse aceitar que o problema causado pela exposição ao ruído relacionasse apenas à perda das funções auditivas, o que indubitavelmente não é o caso, é certo que não se pode garantir uma eficácia real na eliminação dos efeitos do agente nocivo ruído com a simples utilização de EPI, pois são inúmeros os fatores que influenciam na sua efetividade, dentro dos quais muitos são impassíveis de um controle efetivo, tanto pelas empresas, quanto pelos trabalhadores. 14. Desse modo, a segunda tese fixada neste Recurso Extraordinário é a seguinte: na hipótese de exposição do trabalhador a ruído acima dos limites legais de tolerância, a declaração do empregador, no âmbito do Perfil Profissiográfico Previdenciário (PPP), no sentido da eficácia do Equipamento de Proteção Individual - EPI, não descaracteriza o tempo de serviço especial para aposentadoria.** 15. Agravo conhecido para negar provimento ao Recurso Extraordinário".

Por tudo isto, podemos fixar os **principais pontos do julgado**:

a) Se o EPI for realmente capaz de neutralizar a nocividade, não haverá respaldo constitucional à aposentadoria especial;

b) No caso do agente nocivo ruído, o STF acolheu a tese da inexistência de EPI totalmente eficaz, reconhecendo o direito à aposentadoria especial mesmo com a sua utilização;

c) Para os demais agentes nocivos quantitativos, a questão está em aberto, devendo ser mensurado se existe EPI que neutralize a nocividade caso a caso;

d) Em caso de divergência ou dúvida sobre a real eficácia do Equipamento de Proteção Individual, a premissa a nortear a Administração e o Judiciário é pelo reconhecimento do direito ao benefício da aposentadoria especial (*in dubio pro misero*).

Posteriormente, o INSS passou a adotar na via administrativa a decisão do STF a respeito do ruído, conforme divulgado no **Memorando-Circular Conjunto nº 2/DIRSAT/DIRBEN/INSS, de 23 de julho de 2015**:

> "Observada a decisão do Supremo Tribunal Federal (STF) no Recurso Extraordinário com Agravo (ARE) nº 664.335, a qual apresentou novo entendimento para a análise do tempo especial de segurados expostos ao agente nocivo ruído e a Nota nº 00006/2015/CGPL/PFE/AGU (Anexo II), solicitamos que sejam observadas as orientações a seguir:
>
> a) os casos de exposição do segurado ao agente nocivo ruído, acima dos limites legais de tolerância, a declaração do empregador no âmbito do Perfil Profissiográfico Previdenciário (PPP), sobre a eficácia do Equipamento de Proteção Individual (EPI), não descaracteriza o enquadramento como atividade especial para fins de aposentadoria;
>
> b) a decisão passa a ter obrigatoriedade para o INSS a contar de 12/02/2015, data da publicação na Ata de Julgamento no Diário da Justiça;
>
> c) **aplica-se o novo entendimento aos processos pendentes de decisão em 12/02/2015 e requerimentos posteriores, inclusive para o período de atividade laboral anterior a essa data;**
>
> d) relativamente aos processos indeferidos e em fase de recurso às Juntas de Recursos ou às Câmaras de Julgamento do Conselho de Recurso da Previdência Social, ainda pendentes de julgamento, aplicam-se as orientações contidas acima, considerando que não ocorreu o ato conclusivo da administração e não foi exaurida a esfera administrativa;
>
> e) devem ser preservados os atos administrativos já consolidados em última instância. Entretanto, caso haja novo requerimento apresentado pelo segurado, após esse novo entendimento, será analisado à luz da orientação atual contida na IN/INSS/PRES nº 77/15; e
>
> f) nos pedidos de revisões administrativas o INSS poderá utilizar os novos critérios de análise, porém não terá efeitos retroativos, devendo os efeitos financeiros ser fixados na data do pedido de revisão-DPR".

O tema foi submetido ao TRF da 4ª Região em sede de IRDR (processo 5054341-77.2016.4.04.0000/SC, de 29/11/2017), tendo sido fixada a seguinte tese jurídica para a Quarta Região:

Número do Tema:	**15**
Situação:	**Mérito julgado**
Ramo Direito:	Aposentadoria Especial (Art. 57/8), Benefícios em Espécie, DIREITO PREVIDENCIÁRIO

Controvérsia:	Discute-se se a comprovação da eficácia do EPI, e consequente neutralização dos agentes nocivos, deve ser demonstrada somente pelo PPP (Perfil Profissiográfico Previdenciário) ou requer dilação probatória pericial, especialmente a descrição do tipo de equipamento utilizado, intensidade de proteção proporcionada ao trabalhador, treinamento, uso efetivo do equipamento e a fiscalização pelo empregador.			
Tese Fixada:	**A MERA JUNTADA DO PPP REFERINDO A EFICÁCIA DO EPI NÃO ELIDE O DIREITO DO INTERESSADO EM PRODUZIR PROVA EM SENTIDO CONTRÁRIO.**			
Observações:	No voto do Relator para admissão do IRDR (5054341-77.2016.4.04.0000/SC), evento 44, foi determinado que, nos processos em que se discuta a prova da eficácia do EPI para elidir os agentes nocivos, e consequente não reconhecimento de atividade especial, em trâmite na Justiça Federal da 4ª Região (incluindo juízo comum federal, juizados especiais federais e juízo comum estadual no exercício da competência delegada): I – o normal prosseguimento da instrução dos processos em trâmite no primeiro grau somente até a conclusão para sentença; II – a suspensão, a partir da data do presente julgamento, dos processos já sentenciados ou já remetidos a este Tribunal Regional Federal ou às Turmas Recursais; III – o normal prosseguimento de atos ou medidas tendentes à concessão ou à efetivação de tutela provisória. Disse ainda o relator, no evento 47, a suspensão dos processos pendentes na região, com a modulação dada pelo Colegiado, tenha aplicação a partir de 1º de outubro de 2017, nos termos do art. 982, I, do NCPC.			
Processos Representativos:	**50033794720134047213**/SC – Relator: PAULO AFONSO BRUM VAZ **50543417720164040000**/TRF4			
Processos REsp/RE:				
Datas:	**Afetação**	**Julgamento**	**Acórdão Publicado**	**Trânsito Julgado**
	23/08/2017	**22/11/2017**		

Contra a decisão tomada pelo TRF da 4ª Região no IRDR 15 o INSS interpôs Recurso Especial, que foi admitido pelo STJ com o rito de recurso repetitivo, com determinação de suspensão nacional de todos os recursos que versam sobre o **tema 1090**:

> **Processo**
>
> **ProAfR no REsp 1828606 / RS**
>
> PROPOSTA DE AFETAÇÃO NO RECURSO ESPECIAL
>
> 2019/0218109-8
>
> **Relator(a)**

Ministro HERMAN BENJAMIN (1132)

Órgão Julgador

S1 - PRIMEIRA SEÇÃO

Data do Julgamento

20/04/2021

Data da Publicação/Fonte

DJe 07/05/2021

Ementa

PROCESSUAL CIVIL. **INCIDENTE DE RESOLUÇÃO DE DEMANDAS REPETITIVAS JULGADO NA ORIGEM. ADMISSÃO COMO RECURSO ESPECIAL REPETITIVO.** RITO DOS ARTIGOS 1.036 E SEGUINTES DO CPC/2015. 1. Admite-se a afetação, delimitando-se assim as questões controvertidas: "1) se para provar a eficácia ou ineficácia do EPI (Equipamento de Proteção Individual) para a neutralização dos agentes nocivos à saúde e integridade física do trabalhador, para fins de reconhecimento de tempo especial, basta o que consta no PPP (Perfil Profissiográfico Previdenciário) ou se a comprovação pode ser por outros meios probatórios e, nessa última circunstância, se a prova pericial é obrigatória; 2) se é possível impor rito judicial instrutório rígido e abstrato para apuração da ineficácia do EPI, como fixado pelo Tribunal de origem, ou se o rito deve ser orientado conforme os elementos de cada contexto e os mecanismos processuais disponíveis na legislação adjetiva; 3) se a Corte Regional ampliou o tema delimitado na admissão do IRDR e, se positivo, se é legalmente praticável a ampliação; 4) se é cabível fixar de forma vinculativa, em julgamento de casos repetitivos, rol taxativo de situações de ineficácia do EPI e, sendo factível, examinar a viabilidade jurídica de cada hipótese considerada pelo Tribunal de origem (enquadramento por categoria profissional, ruído, agentes biológicos, agentes cancerígenos e periculosidade); 5) se é admissível inverter, inclusive genericamente, o ônus da prova para que o INSS demonstre ausência de dúvida sobre a eficácia do EPI atestada no PPP." 2. **Determina-se a suspensão**: a) dos Recursos Especiais ou Agravos em Recursos Especiais interpostos nos Tribunais de segunda instância ou em tramitação no STJ, observada, no último caso, a orientação prevista no art. 256-L do Regimento Interno do STJ; e b) dos recursos e incidentes em trâmite ou interpostos futuramente nas Turmas Recursais, Turmas de Uniformização, Regionais ou Nacional, dos Juizados Especiais Federais e perante o STJ, de forma a aguardarem o julgamento do presente recurso repetitivo. 3. Recurso Especial do INSS submetido ao regime do art. 1.036 e seguintes do CPC.

Após estudar com afinco a afetação do tema 1090/STJ, creio que os questionamentos devem ter as seguintes respostas:

1) se para provar a eficácia ou ineficácia do EPI (Equipamento de Proteção Individual) para a neutralização dos agentes nocivos à saúde e integridade

física do trabalhador, para fins de reconhecimento de tempo especial, basta o que consta no PPP (Perfil Profissiográfico Previdenciário) ou se a comprovação pode ser por outros meios probatórios e, nessa última circunstância, se a prova pericial é obrigatória;

Resposta: Presume-se relativamente válida a informação indicada no PPP a respeito da eficácia ou ineficácia do EPI a contar de 03/12/1998, admitindo-se a impugnação da informação pelo INSS ou pelo segurado com lastro em prova técnica científica, a exemplo da apresentação do LTCAT ou registro ambiental substituto ou ainda de prova pericial judicial. Há legitimidade da Autarquia em rejeitar a informação registrada no PPP sobre a ineficácia do EPI na situação em que o registro ambiental divergir do formulário por indicar a eficácia do EPI, pois o PPP deverá apenas refletir em síntese o teor do LTCAT ou substituto, não podendo contrariá-lo.

2) se é possível impor rito judicial instrutório rígido e abstrato para apuração da ineficácia do EPI, como fixado pelo Tribunal de origem, ou se o rito deve ser orientado conforme os elementos de cada contexto e os mecanismos processuais disponíveis na legislação adjetiva;

Resposta: O rito processual deve ser orientado conforme os elementos de cada caso concreto, não sendo possível, como regra, impor procedimento judicial rígido e abstrato para a apuração da ineficácia do EPI, considerando a variabilidade de exposições e de EPI's no tempo e no espaço aos agentes físicos, químicos ou biológicos, devendo ser medida caso a caso a nocividade a que está exposto o segurado e a real capacidade do EPI utilizado na empresa de neutralizá-la.

3) se a Corte Regional ampliou o tema delimitado na admissão do IRDR e, se positivo, se é legalmente praticável a ampliação;

Resposta: Houve ampliação do tema delimitado na admissão do IRDR 15 pelo TRF da 4ª Região, que era o seguinte: "Discute-se se a comprovação da eficácia do EPI, e consequente neutralização dos agentes nocivos, deve ser demonstrada somente pelo PPP (Perfil Profissiográfico Previdenciário) ou requer dilação probatória pericial, especialmente a descrição do tipo de equipamento utilizado, intensidade de proteção proporcionada ao trabalhador, treinamento, uso efetivo do equipamento e a fiscalização pelo empregador".

4) se é cabível fixar de forma vinculativa, em julgamento de casos repetitivos, rol taxativo de situações de ineficácia do EPI e, sendo factível, examinar a viabilidade jurídica de cada hipótese considerada pelo Tribunal de origem (enquadramento por categoria profissional, ruído, agentes biológicos, agentes cancerígenos e periculosidade);

Resposta: Em regra, não é possível fixar de modo vinculativo e abstrato o rol de exposições a agentes nocivos em que não há EPI eficaz, conforme cravado em passagem do voto vencedor da lavra do Ministro FUX, no julgamento em sede de Repercussão Geral do ARE 664335/SC. Excepcionalmente, em determinadas situações será possível fixar a ineficácia do EPI, a exemplo das exposições ao agente físico ruído acima do limite de tolerância e das demais situações em que a própria Autarquia de Previdência tem entendimento remansoso sobre a inexistência de EPI eficaz. Registre-se, no entanto, a fungibilidade desse entendimento diante da modificação do EPI utilizado ou da evolução da ciência que o estuda, em que determinado EPI até então taxado de ineficaz pode ser considerado eficaz.

5) se é admissível inverter, inclusive genericamente, o ônus da prova para que o INSS demonstre ausência de dúvida sobre a eficácia do EPI atestada no PPP.

Resposta: Não será possível inverter o ônus da prova para que o INSS demonstre ausência de dúvida sobre a eficácia do EPI atestada no PPP na situação em que essa informação estiver consignada no LTCAT ou registro ambiental que possa substituí-lo, pois deve se presumir válida a informação prestada pelo médico ou engenheiro de segurança do trabalho subscritor do laudo ambiental que inspecionou o ambiente de trabalho e o EPI utilizado.

O STJ desafetou o tema 1090 por questões processuais em 04/04/2023 no julgamento do REsp 1.828.606, aduzindo que não cabe recurso especial em IRDR para discutir tese jurídica abstrata, com base em precedente da Corte Especial:

"PROCESSO

REsp **1798374** / DF

RECURSO ESPECIAL

2019/0053679-3

RELATOR

Ministro MAURO CAMPBELL MARQUES (1141)

ÓRGÃO JULGADOR

CE - CORTE ESPECIAL

DATA DO JULGAMENTO

18/05/2022

DATA DA PUBLICAÇÃO/FONTE

DJe 21/06/2022

RSTJ vol. 266 p. 50

EMENTA

ESSUAL CIVIL. RECURSO ESPECIAL. QUESTÃO DE ORDEM. REMESSA PARA CORTE ESPECIAL EM RAZÃO DA RELEVÂNCIA DA MATÉRIA DE NATUREZA PROCESSUAL (ART. 16, IV, DO RISTJ). RECURSO ESPECIAL ADMITIDO COMO RECURSO REPRESENTATIVO DA CONTROVÉRSIA (RRC). INCIDENTE DE RESOLUÇÃO DE DEMANDAS REPETITIVAS (IRDR). ACÓRDÃO DO TRIBUNAL DE ORIGEM PROFERIDO

EM PEDIDO DE REVISÃO DE TESE JURÍDICA FIXADA EM IRDR FORMULADO PELA DEFENSORIA PÚBLICA (ART. 986 DO CPC/2015). RECURSO ESPECIAL INTERPOSTO COM FUNDAMENTO NO ART. 987 DO CPC/2015. CABIMENTO DO RECURSO ESPECIAL SOB O PRISMA DA EXISTÊNCIA DE CAUSA DECIDIDA. DIVERGÊNCIA NA ESFERA DOUTRINÁRIA E NO ÂMBITO DAS 1ª E 2ª SEÇÕES DO STJ. REQUISITO CONSTITUCIONAL DE CABIMENTO DO RECURSO EXCEPCIONAL. IMPOSSIBILIDADE DE MITIGAÇÃO PELA LEGISLAÇÃO INFRACONSTITUCIONAL. INTERPRETAÇÃO CONFORME A CONSTITUIÇÃO FEDERAL. RECURSO ESPECIAL NÃO CONHECIDO.

1. O Código de Processo Civil de 2015 (CPC/2015) e o Incidente de Resolução de Demandas Repetitivas (IRDR)

1.1. O Código de Processo Civil de 2015 (CPC/2015) introduziu em nosso sistema processual o Incidente de Resolução de Demandas Repetitivas - IRDR (arts. 976 ao 987), técnica de julgamento de processos que envolvam casos repetitivos (art. 928) que tratem da mesma questão de direito, essencialmente voltada para os Tribunais locais (Tribunal de Justiça e Tribunal Regional Federal), com o claro objetivo de proporcionar isonomia e segurança jurídica e atacar a repetição de demandas idênticas, problema crônico do sistema judicial brasileiro. Sobre o tema: Araken de Assis. Manual dos Recursos. 8ª. ed. rev. atual. e ampl. - São Paulo: Editora Revista dos Tribunais, 2016, p. 458.

1.2. A Exposição de Motivos do Código de Processo Civil esclarece a origem, a função e os efeitos gerados pelo julgamento do Incidente de Resolução de Demandas Repetitivas - IRDR (fls. 29/30): a) "criou-se, com inspiração no direito alemão, o já referido incidente de Resolução de Demandas Repetitivas, que consiste na identificação de processos que contenham a mesma questão de direito, que estejam ainda no primeiro grau de jurisdição, para decisão conjunta. O incidente de resolução de demandas repetitivas é admissível quando identificada, em primeiro grau, controvérsia com potencial de gerar multiplicação expressiva de demandas e o correlato risco da coexistência de decisões conflitantes"; b) "É instaurado perante o Tribunal local, por iniciativa do juiz, do MP, das partes, da Defensoria Pública ou pelo próprio Relator. O juízo de admissibilidade e de mérito caberão ao tribunal pleno ou ao órgão especial, onde houver, e a extensão da eficácia da decisão acerca da tese jurídica limita-se à área de competência territorial do tribunal, salvo decisão em contrário do STF ou dos Tribunais Superiores, pleiteada pelas partes, interessados, MP ou Defensoria Pública.".

1.3. Sobre a função do IRDR, a Corte Especial do STJ proclamou que o "novo Código de Processo Civil instituiu microssistema para o julgamento de demandas repetitivas - nele incluído o IRDR, instituto, em regra, afeto à competência dos tribunais estaduais ou regionais federal -, a fim de assegurar o tratamento isonômico das questões comuns e, assim, conferir maior estabilidade à jurisprudência e efetividade e celeridade à prestação jurisdicional." (excerto da ementa do AgInt na Pet 11.838/MS, Rel. Ministra LAURITA VAZ, Rel. p/ Acórdão Ministro JOÃO OTÁVIO DE NORONHA, CORTE ESPECIAL, julgado em 07/08/2019, DJe 10/09/2019).

1.4. A instauração do IRDR é cabível quando houver, simultaneamente, efetiva repetição de processos que contenham controvérsia sobre a mesma questão de direito e risco de ofensa à isonomia e à segurança jurídica (art. 976). O pedido de instauração do IRDR será dirigido ao presidente do tribunal pelo juiz ou relator (por ofício), pelas partes (por petição), pelo Ministério Público ou pela Defensoria Pública (por petição), nos termos do art. 977 e incisos, do CPC.

1.5. O IRDR também apresenta uma técnica diferenciada de julgamento, pois gera uma espécie de cisão do julgamento pelo órgão colegiado responsável (parágrafo único do art. 978 do CPC), ao estabelecer: "O órgão colegiado incumbido de julgar o incidente e de fixar a tese jurídica julgará igualmente o recurso, a remessa necessária ou o processo de competência originária de onde se originou o incidente.". Em resumo, o órgão julgador que julgar o IRDR será competente para, além de fixar a tese jurídica em abstrato, julgar o caso concreto contido no recurso, remessa necessária ou o processo de competência originária que originou o referido incidente.

1.6. Por outro lado, após o julgamento do referido incidente, a tese jurídica fixada será aplicada aos demais processos que tratam da idêntica questão de direito (art. 985 do CPC). Importante ressaltar que a revisão da tese jurídica do IRDR será realizada pelo mesmo Tribunal que a fixou, de ofício ou mediante requerimento do Ministério Público ou da Defensoria Pública (art. 986 do CPC).

1.7. Em pouco mais de seis anos de vigência do CPC/2015, a plenitude e o potencial do instituto certamente ainda não foram alcançados, o que não impede o reconhecimento de significativos avanços proporcionados pelo IRDR. De fato, além de prestigiar a isonomia e a segurança jurídica, o IRDR também deve ser reconhecido como importante instrumento de gerenciamento de processos, pois permite aos Tribunais locais a racionalização de julgamentos de temas repetitivos, mediante a suspensão dos demais que tratem de matéria idêntica, para posterior aplicação da tese jurídica fixada no julgamento do IRDR.

1.8. Por outro lado, o IRDR configura, ao menos em tese, a oportunidade de os Tribunais de origem definirem teses jurídicas vinculantes sobre a interpretação de lei local em casos repetitivos, em razão do não cabimento de recursos excepcionais em tais hipóteses, nos termos da Súmula 280/STF, o que certamente é de extrema importância em demandas que tratam da mesma questão jurídica que envolvam, essencialmente, interpretação de leis estaduais ou municipais.

1.9. Entretanto, não obstante o reconhecimento de virtudes, existem muitos questionamentos doutrinários e jurisprudenciais sobre o papel do IRDR no sistema brasileiro de precedentes proposto pelo CPC/2015, entre os quais a interpretação relacionada ao cabimento dos recursos excepcionais contra o acórdão proferido no julgamento de mérito do IRDR (art. 987 do CPC).

1.10. O § 1º do referido dispositivo estabelece que o recurso "tem efeito suspensivo, presumindo-se a repercussão geral de questão constitucional eventualmente discutida" e o art. 256-H do RISTJ determina que os "recursos especiais interpostos em julgamento de mérito do incidente de resolução de demandas repetitivas serão processados como recursos especiais repetitivos". Em outras palavras, o recurso especial ou o recurso extraordinário "presumem" a existência da necessidade de julgamento na sistemática dos recursos especiais repetitivos e da repercussão geral, o que tem sido objeto de fundadas críticas da doutrina. Nesse sentido: Luiz Guilherme Marinoni e Daniel Mitidiero. Comentários ao Código de Processo Civil: artigos 976 ao 1.044. - São Paulo: Editora Revista dos Tribunais, 2016. - Coleção comentários ao Código de Processo Civil; v. 16 / coordenação Luiz Guilherme Marinoni, Sergio Cruz Arenhart, Daniel Mitidiero, pp. 125/126.

1.11. Por outro lado, o § 2º do art. 987 dispõe que apreciado o "mérito do recurso, a tese jurídica adotada pelo Supremo Tribunal Federal ou pelo Superior Tribunal de Justiça será aplicada no território nacional a todos os processos individuais ou coletivos que versem sobre idêntica questão de direito". O dispositivo estabelece que o julgamento do mérito do recurso especial repetitivo pelo Superior Tribunal de Justiça ou do recurso extraordinário com repercussão geral reconhecida pelo Supremo Tribunal Federal, ambos interpostos contra o acórdão que julga o mérito do IRDR, formam efetivo precedente obrigatório a ser observado por juízes e Tribunais, sob a ótica do sistema brasileiro de precedentes.

2. O caso concreto examinado no presente recurso representativo da controvérsia. 2.1. No caso dos autos, a Defensoria Pública do Distrito Federal, com base no art. 986 do CPC/2015, apresentou pedido de revisão parcial de teses fixadas no IRDR 2016 00 2 024562-9, no qual foram debatidos os critérios para aferir a competência para o processamento das ações envolvendo internação em leitos de UTI e fornecimento de medicamentos no âmbito dos Juizados Especiais da Fazenda Pública ajuizadas por pessoa incapaz.

2.2. Conforme ressaltado pelo ilustre Presidente da Comissão Gestora de Precedentes do STJ, Ministro Paulo de Tarso Sanseverino, "o pedido de revisão de tese apresentado na origem pela Defensoria Pública do Distrito Federal equipara-se, para todos os fins, a um pedido de instauração de incidente de resolução de demandas repetitivas" (fl. 257).

2.3. Assim, é incontroverso nos autos que o acórdão foi proferido em pedido de revisão de tese fixada em IRDR e não em hipótese de aplicação da tese jurídica em recurso, em remessa necessária ou em processo de competência originária, nos termos do art. 978, parágrafo único, do CPC/2015. Em outros termos, no acórdão proferido, o TJDFT apenas analisou a revisão da tese jurídica em abstrato, pedido que foi julgado improvido, sendo mantidas as teses fixadas no julgamento do IRDR revisado (fls. 182/214).

2.4. De fato, considerando que o acórdão recorrido impugnado no presente recurso especial foi proferido no âmbito do julgamento de pedido de revisão da tese jurídica do IRDR e não da aplicação da referida tese em caso concreto, surge importante questionamento jurídico a ser definido pelo Superior Tribunal de Justiça: O recurso especial, no âmbito do julgamento do Incidente de Resolução de Demandas Repetitivas, sob a ótica do conceito constitucional de "causas decididas" previsto no art. 105, III, da Constituição Federal, pode ser interposto contra o acórdão que fixa a tese jurídica (ou naquele que revisa a tese jurídica fixada) em abstrato ou contra o acórdão que aplica a tese fixada e julga o caso concreto?

3. A divergência sobre o tema no âmbito doutrinário

3.1. O tema é complexo e controvertido no âmbito doutrinário, em respeitáveis posicionamentos em sentidos opostos.

3.2. No sentido do cabimento do recurso especial contra acórdão que fixa a tese jurídica em abstrato no IRDR: Fredie Didier Júnior e Leonardo Carneiro da Cunha (Curso de direito processual civil: o processo civil nos tribunais, recursos, ações de competência originária de tribunal e querela nullitatis, incidentes de competência originária de tribunal, v. 3 - 15. rev., atual e ampl., Salvador: Juspodivm, 2018, pp. 756/758); André Vasconcelos Roque (GAJARDONI, Fernando da Fonseca; DELLORE, Luiz; ROQUE, André Vasconcelos; OLIVEIRA JÚNIOR, Zulmar Duarte. Execução e Recursos: comentários ao CPC 2015. 2ª ed. Rio de Janeiro: Forense, 2018, pp. 860/861); Bruno Dantas (In: WAMBIER, Teresa Arruda... [et. Al.]. Breves Comentários ao novo Código de Processo Civil". 3ª ed. São Paulo: Revista dos Tribunais, 2016, pp. 2.442/2.443). Aluísio Gonçalves de Castro e Sofia Temer (In BUENO, Cássio Scarpinella (coordenador). Comentários ao código de processo civil - volume 4 (arts. 926 a 1.072). São Paulo: Saraiva, 2017, pp. 234/236).

3.3. No sentido do não cabimento do recurso especial contra o acórdão que fixa a tese jurídica em abstrato no IRDR: Nelson Nery Júnior e Rosa Maria de Andrade Nery (Código de Processo Civil Comentado. 16ª ed. rev. atual. ampl. São Paulo: Revista dos Tribunais, 2016, p. 2123); Antônio do Passo Cabral (In: CABRAL, Antônio do Passo; CRAMER, Ronaldo. Comentários ao novo Código de Processo Civil. 2ª ed. rev. atual. ampl. Rio de Janeiro: Forense, 2016, pp. 1.471/1.472); Marcos de Araújo Cavalcanti (Incidente de resolução de demandas repetitivas (IRDR) [livro eletrônico]. São Paulo: Revista dos Tribunais, 2016); Cassio Scarpinella Bueno (Novo Código de Processo Civil anotado. 3ª ed. São Paulo: Saraiva, 2017, pp. 905/907).

4. A divergência interna na jurisprudência do STJ

4.1. No âmbito jurisprudencial, o tema também apresenta entendimentos divergentes proferidos pela Primeira Seção e pela Segunda Seção do Superior Tribunal de Justiça.

4.2. A Segunda Seção do STJ, por maioria (vencidos os Ministros RAUL ARAÚJO e RICARDO VILLAS BOAS VUEVA), admitiu a afetação de recurso especial como repetitivo interposto contra acórdão não vinculado a nenhum processo concreto em tramitação perante o Tribunal de origem (ProAfR no REsp 1.818.564/DF, Rel. Ministro MOURA RIBEIRO, SEGUNDA SEÇÃO, julgado em 01/10/2019, DJe 04/10/2019).

4.3 Por outro lado, a Primeira Seção do STJ, no julgamento do ProAfR no REsp 1.881.272/DF, por maioria (vencido o Ministro Relator SÉRGIO KUKINA) decidiu pela não afetação do processo ao rito dos recursos repetitivos (art. 257-A, § 2º, do RISTJ), em razão do não conhecimento do recurso especial pela ausência do requisito de causa decidida "em única ou última instância", nos termos do voto vencedor proferido pelo Ministro GURGEL DE FARIA (ProAfR no REsp 1881272/RS, Rel. Ministro SÉRGIO KUKINA, Rel. p/ Acórdão Ministro GURGEL DE FARIA, PRIMEIRA SEÇÃO, julgado em 31/08/2021, DJe 26/11/2021).

4.4. O objeto da controvérsia jurisprudencial no STJ é absolutamente relevante e gera efeitos práticos de grande importância, pois exige o enfrentamento da necessária compatibilização entre as premissas de admitir o julgamento de IRDR sem processo em tramitação perante o Tribunal de origem com a técnica utilizada no Superior Tribunal de Justiça no julgamento de recursos especiais repetitivos, sempre desenvolvido a partir de processo piloto subjacente.

5. Principais hipóteses de julgamento do IRDR e os recursos excepcionais

5.1. No âmbito do julgamento do IRDR pelo Tribunal de origem, nos termos do parágrafo único do art. 978 do CPC, o órgão julgador que julgar o IRDR será competente para, além de fixar a tese jurídica em abstrato, julgar o caso concreto contido no recurso, na remessa necessária ou no processo de competência originária que originou o referido incidente.

5.2. A partir dessa premissa é possível estabelecer algumas hipóteses de julgamento do IRDR pelo Tribunal de origem: 1) o órgão julgador fixa a tese jurídica em abstrato e julga o caso concreto contido no processo selecionado; 2) na hipótese de ocorrer desistência no processo que originou o IRDR (art. 987, § 1º, do CPC), o julgamento terá prosseguimento pelo órgão julgador responsável, no qual será apenas fixada a tese jurídica do IRDR em abstrato (a tese jurídica será aplicada aos demais processos sobrestados que envolvam matéria idêntica, mas não mais no processo selecionado); 3) no pedido de revisão da tese jurídica fixada no IRDR, o qual equivaleria ao pedido de instauração do incidente (art. 986 do CPC), o Órgão Julgador apenas analisa a manutenção das teses jurídicas fixadas em abstrato, sem qualquer vinculação a qualquer caso concreto.

5.3. Na primeira hipótese, o Órgão Julgador competente, após fixar a tese jurídica, julga o caso concreto selecionado para instaurar o IRDR. Em tal exemplo, é razoável admitir o cabimento do recurso especial da parte do acórdão que aplica a tese jurídica fixada no caso concreto que serviu como base para o julgamento do incidente.

5.4. Outrossim, nas duas últimas hipóteses (casos de desistência ou revisão da tese fixada em IRDR), não há julgamento de causa em concreto, mas apenas acórdão da fixação da tese em abstrato, o que afasta, salvo melhor juízo, o cabimento do recurso especial em razão da inexistência do requisito constitucional de "causas decididas", o que será desmembrado nos tópicos seguintes.

6. A interpretação constitucional do cabimento do recurso especial e o IRDR

6.1. O tema em questão, como visto, é controvertido no âmbito da doutrina e da jurisprudência do Superior Tribunal de Justiça, o que exige o enfrentamento de diversos institutos processuais relacionados que são capazes de influenciam na proposta de resolução da controvérsia.

6.2. A primeira premissa a ser estabelecida é no sentido de que, embora o artigo 987 do CPC estabeleça que do "julgamento do mérito do incidente caberá recurso extraordinário ou especial, conforme o caso", as hipóteses de cabimento dos recursos excepcionais estão previstas, exclusivamente, no âmbito da Constituição Federal.

Portanto, o simples fato de existir acórdão de mérito proferido em IRDR não significa dizer que cabe recurso especial sem a necessidade de observância dos requisitos constitucionais, ou de outro modo, os requisitos não podem ser mitigados pela legislação infraconstitucional (Código de Processo Civil), sob pena de eventual interpretação inconstitucional do referido dispositivo.

6.3. Assim, partindo do inafastável parâmetro, no sentido de que o cabimento dos recursos excepcionais deve ser analisado sob a ótica constitucional (art. 1º do CPC), o próximo ponto a ser enfrentado é a compreensão dos limites do conceito e interpretação de "causas decididas" como pressuposto constitucional de cabimento do recurso especial. Nos termos do art. 105, III, da Constituição Federal, o Superior Tribunal de Justiça é competente para julgar, em recurso especial, as causas decididas, em única ou última instância, pelos Tribunais Regionais Federais ou pelos tribunais dos Estados, do Distrito Federal e Territórios, nas hipóteses em que a decisão recorrida estiver inserida nos incisos a, b ou c do referido texto constitucional.

6.4. O conceito de "causas decididas" utilizado como requisito de admissibilidade do recurso especial pelo Superior Tribunal de Justiça compreende tanto o esgotamento das instâncias ordinárias, como o efetivo prequestionamento da matéria relacionada à lei federal, ou seja, a efetiva emissão de juízo de valor pelo Tribunal de origem sobre o tema de lei federal no julgamento de um caso concreto. Certamente, o termo "causas decididas" não deve ser interpretado restritivamente, pois pode corresponder a julgamentos relacionados tanto ao mérito propriamente dito, bem como questões de direito material ou direito processual, em outros termos, pode ser considerado equivalente a uma questão jurídica de direito federal decidida.

6.5. Todavia, não obstante a amplitude interpretativa do conceito, deve ser ponderado se a questão jurídica decidida deve, necessariamente, ser efetivamente proferida pelo Tribunal de origem em um determinado processo em concreto, uma lide propriamente dita, ou bastaria qualquer pronunciamento judicial para o cumprimento do requisito, ainda que emitido em tese ou abstrato.

6.6. O ponto é relevante a partir do momento que se torna necessário compreender a natureza jurídica do IRDR e a forma como que é julgado pelo Tribunal de origem. Deveras, respeitando as opiniões contrárias, diante do já exposto, ainda que o instituto seja relativamente recente em nosso ordenamento civil, parece ser razoável afirmar que o IRDR não é um recurso, mas um incidente no processo que adota técnica de julgamento aplicada no âmbito do Tribunal de origem, que visa estabelecer racionalidade, isonomia e segurança jurídica no julgamento para determinada tese jurídica para aplicação em processos idênticos repetitivos. Nesse sentido: Arruda Alvim. Manual de Direito Processual Civil: Teoria Geral do Processo, Processo de Conhecimento, Recursos e Precedentes. 18ª. ed. rev., atual. e ampl. São Paulo: Thompson Reuters Brasil, 2019, pp. 1.507/1508.

6.7. Assim, a tese jurídica fixada em abstrato no julgamento do IRDR, ainda que no âmbito da interpretação de norma infraconstitucional federal, não pode ser considerada como causa decidida sob a ótica constitucional, o que somente ocorreria com a aplicação da referida tese jurídica ao caso selecionado para o julgamento ou na aplicação nas causas em andamento/sobrestadas (caso concreto) que versem sobre o tema repetitivo julgado no referido incidente.

7. A problemática do julgamento do IRDR e o precedente local criado pelo CPC/2015

7.1. Diante das conclusões parciais apresentadas até o momento, surge uma consequência que foi imposta pelo próprio CPC/2015 ao prever o julgamento do IRDR pelos Tribunais de origem, qual seja, o risco de existir um precedente vinculante "local", de caráter estadual (TJ) ou regional (TRF) e, consequentemente, uma restrição federativa ou regional dos efeitos gerados. Basta pensar na hipótese, ao menos em tese, da inexistência de interposição dos recursos excepcionais contra o acórdão que fixa a tese jurídica do IRDR, gerando o respectivo trânsito em julgado no âmbito do Tribunal de origem.

7.2. A afirmação decorre do efeito colateral proporcionado pela proposta contida no CPC/2015 ao permitir que Tribunais locais julguem em IRDR temas de direito infraconstitucional federal e constitucionais em "precedente vinculante local", o que permitiria questionar a própria constitucionalidade de tal previsão legal diante da função constitucional das Cortes Superiores.

7.3. Não obstante tal consideração, a fim de mitigar parte de tal efeito, o artigo 982, §§ 3º e 4º, do CPC, estabeleceu a possibilidade de suspensão nacional dos processos individuais e coletivos que versem sobre questão de IRDR instaurado, a ser determinada pelo Superior Tribunal de Justiça ou pelo Supremo Tribunal Federal.

7.4. Entretanto, a referida previsão legal não resolve o problema do "precedente local", pois na hipótese de inexistência de interposição de recurso excepcional contra o acórdão proferido no IRDR (inclusive prevista no § 5º do art. 982 do CPC), acabaria gerando um "precedente vinculante" apenas em âmbito estadual ou regional.

7.5. No mencionado contexto, não prospera o argumento de que o não cabimento do recurso especial contra o acórdão que fixa a tese em abstrato no IRDR pode gerar restrição federativa dos efeitos do julgamento, pois a tese jurídica será aplicada aos demais casos idênticos e sobrestados que aguardavam a resolução do incidente e tratavam da mesma questão jurídica, o que, ao menos em linha de princípio, viabilizaria a interposição do recurso especial, desde que observados os demais requisitos constitucionais e legais do recurso excepcional. Sobre o tema, José Miguel Garcia Medina (Curso de Direito Processual Moderno, 7ª ed. rev., atual, e amp. - São Paulo: Thompson Reuters Brasil, 2022, pp. 1.413/1.414).

7.6. Evidente que, para evitar o potencial volume de recursos especiais dirigidos ao STJ, nada impede que o Tribunal local selecione processos e envie para o julgamento sob o rito dos recursos repetitivos, na sistemática prevista nos arts. 1.036/1.041 do CPC, sendo perfeitamente possível a determinação de sobrestamento dos demais processos idênticos até a fixação da tese pela referida Corte Superior no julgamento do recurso especial.

7.7. Tal opção não viola a essência do IRDR prevista no CPC/2015 no sentido de diminuir a quantidade de processos dirigidos ao STJ, o que afastaria eventual crítica relacionada à mitigação dos efeitos jurídicos prospectivos gerados pela técnica de julgamento de causas repetitivas.

8. O paralelo estabelecido entre a Súmula 513/STF e o julgamento do IRDR

8.1. No cenário específico, guardada as especificidades de cada incidente, o julgamento do IRDR se aproxima do incidente de arguição de inconstitucionalidade pelo Órgão Especial do Tribunal de origem, o qual julga em abstrato a inconstitucionalidade de determinada norma e remete ao Órgão Julgador fracionário (Turma ou Câmara) para aplicação ao caso concreto. Em tal hipótese, os recursos excepcionais cabem apenas contra o acórdão que aplica o julgamento do incidente ao caso concreto e não ao que analisou a constitucionalidade propriamente dita.

8.2. Nesse sentido, o enunciado contido na Súmula 513/STF: "A decisão que enseja a interposição de recurso ordinário ou extraordinário não é a do plenário, que resolve o incidente de inconstitucionalidade, mas a do órgão (Câmaras, Grupos ou Turmas) que completa o julgamento do feito.".

8.3. Com efeito, é notório que a premissa estabelecida na referida súmula reflete momento distinto e anterior ao CPC/2015, mas que ainda guarda adequado parâmetro para efeito de comparação. No incidente de inconstitucionalidade, assim como no incidente de resolução de demandas repetitivas, existe uma cisão do caso concreto para análise em abstrato de determinada questão jurídica e, na sequência, a aplicação no processo que originou o incidente. Há uma cisão decisória em ambos os casos, ainda que existam particularidades nos incidentes comparados.

8.4. É importante ressaltar a atualidade da Súmula 513/STF, fundada na interpretação dos requisitos constitucionais de cabimento dos recursos excepcionais, a qual tem sido aplicada em recentes julgados pelo Supremo Tribunal Federal: ARE 1324669 AgR, Relator(a): RICARDO LEWANDOWSKI, Segunda Turma, julgado em 22/08/2021, PROCESSO ELETRÔNICO DJe-170 DIVULG 25-08-2021 PUBLIC 26-08-2021; ARE 1273865 AgR, Relator(a): DIAS TOFFOLI (Presidente), Tribunal Pleno, julgado em 31/08/2020, PROCESSO ELETRÔNICO DJe-254 DIVULG 20-10-2020 PUBLIC 21-10-2020; ARE 1127169 AgR-segundo, Relator(a): EDSON FACHIN, Segunda Turma, julgado em 25/10/2019, PROCESSO ELETRÔNICO DJe-244 DIVULG 07-11-2019 PUBLIC 08-11-2019; ARE 1063728 AgR, Relator(a): Min. ALEXANDRE DE MORAES, Primeira Turma, julgado em 17/08/2018, PROCESSO ELETRÔNICO DJe-179 DIVULG 29-08-2018 PUBLIC 30-08-2018; ARE 793389 AgR, Relator(a): Min. ROSA WEBER, Primeira Turma, julgado em 25/08/2017, PROCESSO ELETRÔNICO DJe-202 DIVULG 05-09-2017 PUBLIC 06-09-2017; RE 528869 AgR, Relator(a): Min. ROBERTO BARROSO, Primeira Turma, julgado em 16/12/2014, ACÓRDÃO ELETRÔNICO DJe-035 DIVULG 23-02-2015 PUBLIC 24-02-2015.

8.5. No mesmo sentido, em julgados do Superior Tribunal de Justiça:

AgRg no AREsp 272.605/MG, Rel. Ministro NAPOLEÃO NUNES MAIA FILHO, PRIMEIRA TURMA, julgado em 26/06/2018, DJe 02/08/2018; REsp 1662631/MG, Rel. Ministro HERMAN BENJAMIN, SEGUNDA TURMA, julgado em 27/04/2017, DJe 10/05/2017; AgRg no REsp 1427621/RJ, Rel. Ministro HUMBERTO MARTINS, SEGUNDA TURMA, julgado em 08/09/2015, DJe 16/09/2015.

8.6. Assim, com o máximo respeito ao entendimento contrário, o raciocínio jurídico utilizado na Súmula 513/STF, com o devido temperamento, é adequado para justificar o não cabimento do recurso especial contra o acórdão que apenas fixa a tese em abstrato no âmbito do julgamento do IRDR.

9. Algumas considerações sobre o Superior Tribunal de Justiça, o Recurso Especial Repetitivo, o Incidente de Resolução de Demandas Repetitivas e o Sistema Brasileiro de Precedentes

9.1. De fato, é importante observar no presente julgamento uma das principais diferenças no julgamento do IRDR e do recurso especial repetitivo. No recurso especial repetitivo não há cisão cognitiva, pois, em regra, o Superior Tribunal de Justiça ao julgar o(s) processo(s) selecionado(s), diante dos fatos e provas delimitados no acórdão recorrido e das teses e dispositivos prequestionados pelo Tribunal de origem contidas no recurso especial, fixa tese jurídica extraída do caso concreto, isto é, não há julgamento em abstrato da interpretação da lei federal.

9.2. Aliás, o debate sobre eventual cabimento de objetivação na seara do recurso especial repetitivo já ocorreu em diversas hipóteses desde a criação da técnica de julgamento (Lei nº 11.672/208) em diferentes julgamentos no âmbito das Seções e da Corte Especial do STJ, sempre prevalecendo a orientação de que não cabe julgamento em abstrato no âmbito do recurso especial repetitivo, mas apenas o julgamento da lide, de um caso concreto.

9.3. A admissão de ideia em sentido contrário, da possibilidade de julgamento em tese de temas infraconstitucionais, embora seja certamente instigante do ponto de vista teórico, significaria estabelecer uma quebra absoluta do modelo de julgamento de recursos especiais repetitivos no STJ e, salvo melhor juízo, seria de duvidosa constitucionalidade.

9.4. Na hipótese dos autos, como já dito, a controvérsia é exatamente o cabimento de recurso especial repetitivo em acórdão fundado em pedido de revisão de tese em IRDR que nega o pedido formulado pela Defensoria Pública, onde sequer existe parte contrária e, consequentemente, qualquer espécie de contraditório, seja no Tribunal de origem, tampouco no âmbito desta Corte Superior, indispensáveis para a adequada formação do precedente obrigatório.

9.5. Além disso, inexiste um caso concreto específico, individualizado, que possa ser analisado em seus aspectos fáticos e jurídicos necessários ao julgamento, considerações que violariam a essência da formação de um precedente obrigatório na breve "tradição jurídica brasileira" na teoria dos precedentes judiciais.

9.6. Outra importante questão sobre o debate envolve a necessária reflexão da evolução do conceito de interesse recursal em uma proposta de sistema de precedentes judiciais, de caráter vinculante, como indicado no CPC/2015. Em tal contexto, o interesse recursal, em muitos casos, transcende a resolução do caso concreto, as figuras tradicionais de parte vencedora ou vencida, pois o precedente firmado atinge uma coletividade que será submetida à tese jurídica fixada. Sobre o tema: Eduardo Talamini. O Processo Civil entre a técnica processual e a tutela dos direitos: estudos em homenagem a Luiz Guilherme Marinoni. Sérgio Cruz Arenhart, Daniel Mitidiero, coordenadores; Rogéria Dotti, organizadora. São Paulo: Editora Revista dos Tribunais, 2017, pp. 807/826.

9.7. Com efeito, admitir um novo conceito ou interpretação de interesse recursal no âmbito da proposta de sistema de precedentes do CPC/2015 exigiria uma profunda reconstrução do sistema atual, inclusive da atual jurisprudência desta Corte Superior sobre o papel dos amici curiae e da necessidade de representatividade adequada na formação de precedentes obrigatórios. Embora o tema mereça reflexão crítica e construtiva, é importante lembrar que apesar dos avanços proporcionados pelo sistema brasileiro de precedentes, é inequívoco que existe um longo caminho para a construção de um sistema racional e que permita a redução da dispersão jurisprudencial e respeite a isonomia e a segurança jurídica.

9.8. O Superior Tribunal de Justiça, apesar de exercer o papel de uma Corte de Precedentes no sistema judicial brasileiro e dos profundos esforços e significativos resultados alcançados, talvez seja um dos poucos tribunais de cúpula no âmbito do direito comparado que ainda não conte com qualquer espécie de filtro recursal, o que proporciona uma distribuição anual de centenas de milhares de processos, o que certamente o descaracteriza, ao menos em parte, como um corte típica de precedentes.

9.9. Admitir a competência para analisar teses em abstrato, sem uma profunda e cuidadosa reflexão sobre os impactos que tal opção possa causar, é potencialmente capaz de gerar resultados não esperados pela comunidade jurídica e pelo próprio Superior Tribunal de Justiça.

9.10. Ademais, embora a inegável e absoluta pertinência e importância teórica e sistêmica, inclusive defendida com propriedade no âmbito doutrinário, a ampliação dos conceitos e limites do interesse recursal e de causa decidida extrapolam os limites constitucionais de cabimento do recurso especial, bem como da maneira como Superior Tribunal de Justiça forma os seus precedentes obrigatórios, o que recomenda, no atual momento histórico e jurídico, a prudência em implementar mudanças profundas. Por óbvio, nada impede a evolução de tal entendimento por esta Corte Superior, em momento oportuno, mediante o amadurecimento das questões processuais debatidas no presente processo.

10. Conclusões

10.1. Diante das premissas estabelecidas no presente voto, surge a necessidade de analisar a constitucionalidade do art. 987 do Código de Processo Civil. ("art. 987. Do julgamento do mérito do incidente caberá recurso extraordinário ou especial, conforme o caso"), hipótese plenamente adequada por se tratar de julgamento no âmbito da Corte Especial do Superior Tribunal de Justiça, o que observa o princípio da reserva de plenário, nos termos do art. 97 da Constituição Federal.

10.2 Deveras, a simples declaração de inconstitucionalidade do referido dispositivo não se mostra como a melhor solução, pois é possível adotar técnica de interpretação conforme a Constituição, em razão do art. 987 CPC permitir significação em conformidade com o texto constitucional, o que autoriza a manutenção da norma em nosso ordenamento jurídico. Sobre o tema: Alexandre de Moraes (Direito Constitucional, - 28ª ed. - São Paulo: Atlas, 2012, pp. 797/798); Nelson Nery Junior e Georges Abboud (Direito Constitucional Brasileiro: Curso Completo. 2ª ed. São Paulo: Thompson Reuters, 2019, p. 919).

10.3. Assim, na hipótese examinada, entre as interpretações possíveis relacionadas ao dispositivo legal, é adequada aquela compatível com a Constituição Federal, a qual estabelece os requisitos para o cabimento do recurso especial e atende a função constitucional do Superior Tribunal de Justiça no sentido de atribuir unidade ao direito infraconstitucional federal.

10.4. Portanto, em síntese, não cabe recurso especial contra acórdão proferido pelo Tribunal de origem que fixa tese jurídica em abstrato em julgamento do IRDR, por ausência do requisito constitucional de cabimento de "causa decidida", mas apenas naquele que aplica a tese fixada, que resolve a lide, desde que observados os demais requisitos constitucionais do art. 105, III, da Constituição Federal e dos dispositivos do Código de Processo Civil que regem o tema.

10.5. Recurso Especial não conhecido".

Lamentável a posição adotada pela E. Corte, pois lhe cabe em concreto ou em abstrato definir a correta interpretação da lei federal, sob pena de o IRDR ter a última palavra dada pelo Tribunal de Justiça ou pelo Tribunal Regional Federal, inclusive com possibilidade de decisões contrapostas e geração de enorme insegurança jurídica e judicialização.

Para substituir a desafetação do **tema 1090**, o STJ afetou um novo repetitivo substitutivo em dezembro de 2024:

Processo

ProAfR no REsp **2080584** / PR

PROPOSTA DE AFETAÇÃO NO RECURSO ESPECIAL

2023/0213689-0

DECISÃO DE AFETAÇÃO

Pesquisa de tema: Tema Repetitivo 1090

Relatora

Ministra MARIA THEREZA DE ASSIS MOURA (1131)

Órgão Julgador

S1 - PRIMEIRA SEÇÃO

Data do Julgamento

03/12/2024

Data da Publicação/Fonte

DJe 13/12/2024

Ementa

Ementa. Previdenciário. Recursos especiais. Substituição de representativo de controvérsia. Tema 1.090. Nova delimitação.

Afetação ao rito dos repetitivos.

I. Caso em exame 1. Recursos especiais submetidos à avaliação para eventual afetação ao rito dos recursos repetitivos, como representativos da controvérsia objeto do tema 1.090, em substituição ao recurso especial originalmente afetado.

II. Questão em discussão 2. A proposta de afetação ao rito dos repetitivos busca substituir o recurso especial representativo da controvérsia objeto do tema 1.090, o qual não foi conhecido.

III. Razões de decidir 3. Afetação ao rito dos recursos repetitivos, por serem os recursos admissíveis e estar demonstrada a repetição da controvérsia.

4. Nova delimitação da controvérsia.

IV. Dispositivo e tese 5. Afetação dos recursos especiais, como representativos do tema 1.090, ao rito previsto nos arts. 1.036 e 1.037 do CPC de 2015 e nos arts. 256 ao 256-X do RISTJ.

6. Delimitação da controvérsia afetada:

1) Saber se a anotação positiva no Perfil Profissiográfico Previdenciário (PPP) quanto ao uso do Equipamento de Proteção Individual (EPI) eficaz comprova o afastamento da nocividade da exposição aos agentes químicos, físicos, biológicos ou associação de agentes prejudiciais à saúde ou à integridade física.

2) Saber a qual das partes compete o ônus da prova da eficácia do Equipamento de Proteção Individual (EPI), em caso de contestação judicial da anotação positiva no Perfil Profissiográfico Previdenciário (PPP).

______Dispositivos relevantes citados: art. 22, II, Lei n. 8.212/1991, art. 57, §§3º, 4º e 6º, e art. 58, §§1º e 2º, da Lei n. 8.213/1991, art. 412, parágrafo único, e 927, inciso III, do CPC. Jurisprudência relevante citada: STF, ARE 664.335, Rel. Min. Luiz Fux, Tribunal Pleno, julgado em 4/12/2014, TRF4, IRDR n. 5054341-77.2016.4.04.0000/SC, Terceira Seção, Rel. Des. Federal Paulo Afonso Brum Vaz, Relator para o acórdão Des. Federal Jorge Antonio Maurique, julgado em 22/11/2017.

Acórdão

Vistos e relatados estes autos em que são partes as acima indicadas, acordam os Ministros da PRIMEIRA SEÇÃO, por unanimidade, afetar o processo ao rito dos recursos repetitivos (RISTJ, art. 257-C) para delimitar as seguintes questões controvertidas: "1) Saber se a anotação positiva no Perfil Profissiográfico Previdenciário (PPP) quanto ao uso do Equipamento de Proteção Individual (EPI) eficaz comprova o afastamento da nocividade da exposição aos agentes químicos, físicos, biológicos ou associação de agentes prejudiciais à saúde ou à integridade física; 2) Saber a qual das partes compete o ônus da prova da eficácia do Equipamento de Proteção Individual (EPI), em caso de contestação judicial da anotação positiva no Perfil Profissiográfico Previdenciário (PPP)." e, igualmente por unanimidade, nos termos do art. 1.037, II, do CPC/15, suspender o processamento de todos os processos, individuais ou coletivos, que versem sobre a mesma matéria, nos quais tenha havido a interposição de recurso especial ou de agravo em recurso especial, na segunda instância, ou que estejam em tramitação no STJ, observada a orientação prevista no art. 256-L do RISTJ, conforme proposta da Sra. Ministra Relatora. Os Srs. Ministros Benedito Gonçalves, Marco Aurélio Bellizze, Sérgio Kukina, Gurgel de Faria, Paulo Sérgio Domingues, Teodoro Silva Santos, Afrânio Vilela e Francisco Falcão votaram com a Sra. Ministra Relatora.

Notas

Decisão de Afetação - Tema 1090

Referência Legislativa

LEG:FED RGI:****** ANO:1989

***** RISTJ-89 REGIMENTO INTERNO DO SUPERIOR TRIBUNAL DE JUSTIÇA

ART:0256L

LEG:FED LEI:013105 ANO:2015

***** CPC-15 CÓDIGO DE PROCESSO CIVIL DE 2015

ART:01037

No dia 09 de abril de 2025 o STJ fixou a seguinte tese repetitiva no âmbito do Tema 1090:

> "09/04/202516:47 Proclamação Final de Julgamento: A Primeira Seção, por unanimidade, negou provimento ao recurso especial, nos termos do voto da Sra. Ministra Relatora. Foram aprovadas, por unanimidade, as seguintes teses no tema repetitivo 1090: I - A informação no Perfil Profissiográfico Previdenciário (PPP) sobre a existência de equipamento de proteção individual (EPI) descaracteriza, em princípio, o tempo especial, ressalvadas as hipóteses excepcionais nas quais, mesmo diante da comprovada proteção, o direito à contagem especial é reconhecido. II - Incumbe ao autor da ação previdenciária o ônus de comprovar: (i) a ausência de adequação ao risco da atividade; (ii) a inexistência ou irregularidade do certificado de conformidade; (iii) o descumprimento das normas de manutenção, substituição e higienização; (iv) a ausência ou insuficiência de orientação e treinamento sobre o uso adequado, guarda e conservação; ou (v) qualquer outro motivo capaz de conduzir à conclusão da ineficácia do EPI. III - Se a valoração da prova concluir pela presença de divergência ou de dúvida sobre a real eficácia do EPI, a conclusão deverá ser favorável ao autor".

Dessa forma, salvo nos casos em que não há eficácia do EPI, a exemplo de cancerígenos e ruído, em regra a informação constante do PPP indicando a eficácia do EPI irá descaracterizar o tempo especial.

Por outro lado, na situação de dúvida provada no processo judicial sobre a eficácia do EPI no caso concreto, cujo ônus da prova é do segurado, não será considerada a eficácia do EPI, a exemplo da produção de perícia judicial que indicar que não há elementos que atestem a eficácia do EPI utilizado pelo segurado.

Cabe ao LTCAT ou registro ambiental substitutivo avaliar no caso concreto, observadas as normas técnicas pertinentes a cada agente nocivo, se o EPI utilizado pelo trabalhador foi eficaz ou ineficaz. **No PPP, deverá ser analisado o campo 15.7:**

15.7	**EPI Eficaz (S/N)**	**S – Sim; N – Não**, considerando se houve ou não a atenuação, com base no informado nos itens 15.2 a 15.5, observado o disposto na NR-06 do MTE, assegurada a observância: 1- da hierarquia estabelecida no item 9.3.5.4 da NR-09 do MTE (medidas de proteção coletiva, medidas de caráter administrativo ou de organização do trabalho e utilização de EPI, nesta ordem, admitindo-se a utilização de EPI somente em situações de inviabilidade técnica, insuficiência ou interinidade à implementação do EPC, ou ainda em caráter complementar ou emergencial); 2- das condições de funcionamento do EPI ao longo do tempo, conforme especificação técnica do fabricante ajustada às condições de campo; 3- do prazo de validade, conforme Certificado de Aprovação do MTE; 4- da periodicidade de troca definida pelos programas ambientais, devendo esta ser comprovada mediante recibo; e 5- dos meios de higienização.

Dessa forma, em regra, a resposta sobre a eficácia do EPI deverá sempre ser investigada no caso concreto, pois existem variações de ambiente de trabalho ou mesmo dos EPI's utilizados que poderão gerar respostas diferentes até para o mesmo agente nocivo utilizado.

Veja-se enunciado aprovado na **I Jornada de Direito da Seguridade Social do Conselho da Justiça Federal** sobre o tema:

> **ENUNCIADO 16:** São admissíveis outros meios de prova, além do PPP (Perfil Profissiográfico Previdenciário), para demonstrar a eficácia ou ineficácia do EPI (Equipamento de Proteção Individual).

Um ponto fulcral a ser avaliado é se o agente nocivo a que o segurado está exposto é quantitativo ou qualitativo. Isso porque, somente será EFICAZ o EPI no caso de exposição permanente a um agente qualitativo na hipótese de elisão do contato, pois são agentes agressivos em que a caracterização da nocividade para a saúde humana dispensa a mensuração.

Por outro lado, no que tange aos agentes QUANTITATIVOS, é curial a análise no caso concreto do grau de exposição COM e SEM o uso do EPI, pois, em tese, a exposição poderá ser neutralizada ou reduzida para padrões que excluem o enquadramento do tempo de contribuição como especial.

EXCEPCIONALMENTE, é possível cravar de logo a INEFICÁCIA DO EPI em algumas situações abstratas:

A) RUÍDO, considerando a decisão tomada pelo STF no julgamento do ARE 664335/SC, rel. Min. Luiz Fux, 4.12.2014 (ARE-664335), bastando que o padrão regulamentar de limite de decibéis da época da prestação do labor seja rompido, observado o NEN para as atividades desenvolvidas desde o ano de 2004;

B) Os AGENTES CANCERÍGENOS CONSTANTES DO GRUPO 1 DA LISTA DA LINACH QUE POSSUAM O *CHEMICAL ABSTRACTS SERVICE - CAS* e que constem no Anexo IV do Decreto nº 3048/99 são reconhecidos como agentes qualitativos SEM EFICÁCIA DE EPI para o labor prestado desde a vigência da Portaria Interministerial MTE/MS/MPS nº 09, de 8/10/2014, ao menos até o advento do Decreto 10.410/2020 (até 30/06/2020);

C) Para os agentes físicos CALOR, PRESSÃO ATMOSFÉRICA ANORMAL, VIBRAÇÃO e RADIAÇÃO NÃO IONIZANTE, conforme a Subsecretaria de Perícia Médica Federal;

D) ASSOCIAÇÃO DE AGENTES apenas nas atividades de SUBSOLO NAS FRENTES DE PRODUÇÃO, conforme a Subsecretaria de Perícia Médica Federal.

No que tange aos agentes químicos, é necessária a avaliação do caso concreto, pois existem mensurações quantitativas (Anexos 11 e 12 da NR 15) e qualitativas (Anexos 13 e 13-A da NR 15), sendo curial investigar a eficácia do EPI caso a caso.

Por seu turno, no que concerne aos AGENTES BIOLÓGICOS, para que o EPI seja considerado EFICAZ é necessário que elimine totalmente a probabilidade de exposição ao risco biológico de contaminação, sendo também necessário investigar a eficácia do EPI caso a caso.

Curioso notar a mudança de posição em relação aos agentes biológicos. Isso porque o Manual de Aposentadoria Especial (Página 112) não admitia a existência de EPI eficaz no caso de agentes biológicos. Contudo, após a revisão perpetrada em 2018, o Manual passou a admitir EPI eficaz no caso de exposição aos agentes biológicos.

O Novo Regulamento da Previdência Social (Decreto 10.410, de 30/06/2020) aduziu que a efetiva exposição a agente prejudicial à saúde configura-se quando, mesmo após a adoção das medidas de controle previstas na legislação trabalhista, a nocividade não seja eliminada ou neutralizada, considerando-se:

> **I – eliminação** – a adoção de medidas de controle que efetivamente impossibilitem a exposição ao agente prejudicial à saúde no ambiente de trabalho; e
>
> **II – neutralização** – a adoção de medidas de controle que reduzam a intensidade, a concentração ou a dose do agente prejudicial à saúde ao limite de tolerância previsto neste Regulamento ou, na sua ausência, na legislação trabalhista.

Sobre os critérios de aferição da eficácia do EPI, a **TNU firmou tese no tema 213**:

<table>
<tr><td>Tema</td><td>213</td><td>Situação do tema</td><td colspan="2">Em Julgamento – eproc</td><td>Ramo do direito</td><td>DIREITO PREVIDEN-CIÁRIO</td></tr>
<tr><td colspan="2">Questão submetida a julgamento</td><td colspan="5">Saber quais são os critérios de aferição da eficácia do Equipamento de Proteção Individual na análise do direito à aposentadoria especial ou à conversão de tempo especial em comum.</td></tr>
<tr><td colspan="2">Tese firmada</td><td colspan="5">I – A informação no Perfil Profissiográfico Previdenciário (PPP) sobre a existência de equipamento de proteção individual (EPI) eficaz pode ser fundamentadamente desafiada pelo segurado perante a Justiça Federal, desde que exista impugnação específica do formulário na causa de pedir, onde tenham sido motivadamente alegados: (i.) a ausência de adequação ao risco da atividade; (ii.) a inexistência ou irregularidade do certificado de conformidade; (iii.) o descumprimento das normas de manutenção, substituição e higienização; (iv.) a ausência ou insuficiência de orientação e treinamento sobre o uso o uso adequado, guarda e conservação; ou (v.) qualquer outro motivo capaz de conduzir à conclusão da ineficácia do EPI.
II – Considerando que o Equipamento de Proteção Individual (EPI) apenas obsta a concessão do reconhecimento do trabalho em condições especiais quando for realmente capaz de neutralizar o agente nocivo, havendo divergência real ou dúvida razoável sobre a sua real eficácia, provocadas por impugnação fundamentada e consistente do segurado, o período trabalhado deverá ser reconhecido como especial.</td></tr>
<tr><td colspan="2">Processo</td><td>Decisão de afetação</td><td>Relator (a)</td><td>Julgado em</td><td>Acórdão publicado em</td><td>Trânsito em julgado</td></tr>
<tr><td colspan="2">PEDILEF 0004439-44.2010.4.03.6318/SP</td><td>27/06/2019</td><td>Juiz Federal Fabio de Souza Silva</td><td>19/06/2020</td><td>25/06/2020</td><td>ED opostos</td></tr>
</table>

De início, cumpre registrar que há um ponto da tese muito favorável ao INSS no Tema 213, consistente na possibilidade de impugnação específica do segurado no processo administrativo previdenciário do PPP que registre a eficácia do EPI como condição da ação judicial.

Inclusive, no voto do Relator do tema 213 esse ponto é tratado por expresso, mas deveria estar expressamente consignado na tese aprovada por publicidade e segurança jurídica:

> "102. No capítulo IV do voto, concluiu-se que é possível discutir no processo previdenciário, como questão prejudicial, a eficácia do Equipamento de Proteção Individual fornecido pelo empregador. Isso não significa, todavia, que esse debate possa ser iniciado sem qualquer critério.
>
> 103. A ineficácia de um EPI apontado como eficaz no PPP é matéria fática relevante, que deve ser informada à Administração Pública no processo

administrativo. Se a matéria não tiver sido suscitada administrativamente, não pode ser invocada como questão prejudicial no processo judicial, pois não haverá indicativo de que a autarquia indeferiria o benefício diante do quadro fático.

104. Essa é a mesma lógica adotada pelo Supremo Tribunal Federal, na ressalva indicada no item III da tese firmada no tema 350 dos recursos com repercussão geral: [...] III – Na hipótese de pretensão de revisão, restabelecimento ou manutenção de benefício anteriormente concedido, considerando que o INSS tem o dever legal de conceder a prestação mais vantajosa possível, o pedido poderá ser formulado diretamente em juízo – salvo se depender da análise de matéria de fato ainda não levada ao conhecimento da Administração –, uma vez que, nesses casos, a conduta do INSS já configura o não acolhimento ao menos tácito da pretensão;"

Deste modo, ao que parece a TNU vai determinar a extinção da ação judicial sem a análise de mérito, na situação de ausência de impugnação específica do PPP que aponte a eficácia do EPI no âmbito do processo administrativo previdenciário, com dedução da tese inovadora apenas no âmbito judicial.

O ponto desfavorável para a autarquia e por certo contraditório é que a tese registrou que a informação sobre eficácia do EPI no PPP não tem presunção de veracidade.

Ora, se não tem presunção de veracidade possui supostamente uma presunção de falsidade, pois a informação do PPP que indique a eficácia do EPI não poderá simplesmente ser ignorada no mundo jurídico como se não existisse, embora a tese ou o voto não se refiram expressamente sobre a presunção de falsidade.

Vejo, portanto, a tese neste ponto contraditória. É que a informação em um documento pode se presumir como falsa ou verdadeira, e esta presunção pode ser relativa ou absoluta.

É princípio geral do Direito que a boa-fé se presume mesmo em documentos firmados por pessoas jurídicas de Direito privado, como no caso, não se confundindo presunção de veracidade de uma declaração emitida em documento particular com a fé pública presente em documentos públicos.

De efeito, se não houvesse presunção de veracidade na informação registrada no PPP sobre a eficácia do EPI, haveria na verdade uma presunção de falsidade e não seria facultada uma impugnação específica do segurado no processo administrativo previdenciário para questionar a eficácia do EPI com os seguintes pontos:

(i.) a ausência de adequação ao risco da atividade;

(ii.) a inexistência ou irregularidade do certificado de conformidade;

(iii.) o descumprimento das normas de manutenção, substituição e higienização;

(iv.) a ausência ou insuficiência de orientação e treinamento sobre o uso o uso adequado, guarda e conservação; ou

(v.) qualquer outro motivo capaz de conduzir à conclusão da ineficácia do EPI.

No mais, a meu ver o item 2 do tema 213 TNU se compatibiliza com o tema 555 do STF, ao firmar que "**considerando que o Equipamento de Proteção Individual (EPI) apenas obsta a concessão do reconhecimento do trabalho em condições especiais quando for realmente capaz de neutralizar o agente nocivo, havendo divergência real ou dúvida razoável sobre a sua real eficácia, provocadas por impugnação fundamentada e consistente do segurado, o período trabalhado deverá ser reconhecido como especial**".

21. APOSENTADORIA ESPECIAL POR ATIVIDADES PERIGOSAS (VIGILANTES E DEMAIS CASOS)

O INSS não admite a concessão de aposentadoria especial no RGPS pelo desempenho de atividades perigosas. Na visão da Autarquia, antes ou depois da EC 103/2019, somente a exposição a agentes nocivos à saúde dão direito à aposentadoria especial.

Por sua vez, a TNU também o "rol de agentes nocivos" regulamentar ao admitir o tempo especial em favor do **vigilante armado** após o Decreto 2.172/97, desde que laudo técnico ateste a nocividade do labor, conforme noticiado no sítio da Justiça Federal em 16 de setembro de 2015:

> "**É possível reconhecer o tempo especial trabalhado como vigilante armado desde que comprovada a especialidade por laudo técnico**
>
> A Turma Nacional de Uniformização dos Juizados Especiais Federais (TNU), reunida no dia 11 de setembro, no Rio de Janeiro, decidiu, por maioria dos votos, rever o entendimento sobre o reconhecimento de atividade perigosa no período posterior a 5 de março de 1997, desde que o laudo técnico comprove a permanente exposição à atividade nociva.
>
> De acordo com os autos, o Instituto de Seguridade Social (INSS) ingressou com o pedido nacional de uniformização para tentar alterar a decisão da Turma Recursal do Rio Grande do Sul, que negou provimento ao recurso da autarquia e afirmou que é possível o reconhecimento de tempo especial na condição de vigilante fundado no exercício de atividade perigosa em período posterior ao citado.
>
> Em síntese, o INSS argumentava no incidente que desde 29 de abril de 1995, a caracterização do tempo de trabalho exercido sob condições especiais, para fins previdenciários, exige a comprovação da exposição, habitual e permanente, não ocasional nem intermitente, a agente prejudicial à saúde (ou à integridade física), o que não ocorre com as atividades de risco, abrangidas no

conceito de periculosidade, por exposição a perigo potencial dado pela legislação trabalhista.

No processo à TNU, a autarquia afirmou ainda que o trabalho, embora ofereça riscos, não provoca danos à saúde do trabalhador, não gerando, portanto, o direito à aposentadoria especial. Por fim, como a revogação explícita das disposições constantes do Decreto n.º 83.080/79 só veio a ocorrer com o advento do Decreto n.º 2.172/97, este deve ser considerado o marco legal máximo para o reconhecimento de tempo especial presumido, prestado em condições perigosas.

De acordo com o relator do processo na Turma Nacional, juiz federal Daniel Machado da Rocha, a questão é polêmica e foi demonstrada a divergência em torno da tese jurídica. Para o magistrado, ficou decidido que desde o período anterior à Constituição Federal, a jurisprudência já havia reconhecido a possibilidade de considerar uma atividade especial quando a perícia comprovar a situação, ainda que a atividade não estivesse expressamente incluída na regulamentação baixada pela administração.

"Embora, o precedente efetivamente versasse sobre eletricidade, a decisão do Superior Tribunal de Justiça no REsp n.º 1.306.113 não fez a restrição imaginada no PEDILEF 50136301820124047001, no qual a TNU consagrou interpretação favorável à tese defendida pelo INSS. Contudo, a Lei n.º 12.740/12 modificou o art. 193 da CLT que amplia o rol de atividades perigosas, considerando como tais aquelas que submetem o trabalhador a riscos acentuados em virtude da exposição a inflamáveis, a explosivos ou à energia elétrica, roubos ou outras espécies de violência física" explicou o juiz federal.

Segundo ele, ao contrário da conclusão do precedente citado, a Lei n.º 12.740 é mais abrangente do que a revogada Lei n.º 7.369/85. Dessa forma, o *distinguish*, distinção entre o caso concreto em julgamento e o paradigma, foi feito pela TNU, e não pelo STJ, pois há previsão expressa na CLT sobre a existência de outras atividades perigosas.

O magistrado relembrou ainda que em setembro do ano passado, a TNU já havia reconhecido que, mais relevante do que qualificar doutrinariamente um agente como sendo catalizador de insalubridade, periculosidade ou penosidade, para fins de aplicação das novas disposições da Lei no. 9.528/97, é saber se um agente nocivo é capaz de prejudicar a saúde e a integridade física do trabalhador de forma substancialmente diversa das atividades normais (*PEDILEF 50012383420124047102, Rel. Juiz Federal BRUNO LEONARDO CÂMARA CARRÁ, DOU 26/09/2014*).

O relator explicou também que no caso de atividades perigosas, as provas produzidas podem convencer o Poder Judiciário de que as características particulares nas quais a atividade foi desenvolvida recomendam um enquadramento do período como especial. No julgamento do REsp n.º 1.306.113, apreciado na sistemática dos recursos repetitivos, o STJ reafirmou o entendimento sedimentado na Súmula 198 do extinto TFR, sobre o caráter exemplificativo das regulamentações editadas pela Administração.

"Em um País cuja segurança pública é cada vez menos efetiva, não há como negar que as atividades de segurança privada, vêm ocupando espaço que não é exercido adequadamente pela segurança pública. E os trabalhadores que exercem este nobre mister tem a sua saúde afetada não apenas pelo elevado nível de estresse a ela inerente, como pelo risco concreto de perder a vida neste ofício. Assim, quando ficar comprovado, o desempenho desta atividade perigosa, notadamente em razão do manuseio de arma de fogo, atestado por laudo pericial o caráter habitual e permanente, é de ser reconhecida a especialidade das atividades exercidas", defendeu o juiz federal Daniel Machado da Rocha.

Processo: 5007749-73.2011.4.04.7105"

Tema	128	Situação do tema	Em Revisão – Tema 1031/ STJ	Ramo do direito	DIREITO PREVIDENCIÁRIO
Questão submetida a julgamento	Saber se é possível o reconhecimento das condições especiais do labor do vigilante armado após o advento do Decreto n. 2.172/97.				
Tese firmada	É possível o reconhecimento de tempo especial prestado com exposição ao agente nocivo periculosidade, na atividade de vigilante, em data posterior à vigência do Decreto n. 2.172/92, de 05/03/1997, desde que laudo técnico (ou elemento material equivalente) comprove a permanente exposição à atividade nociva, com o uso de arma de fogo.				
Processo	Decisão de afetação	Relator (a)	Julgado em	Acórdão publicado em	Trânsito em julgado
PEDILEF 0502013-34.2015.4.05.8302/ PE	-	Juiz Federal Frederico Augusto Leopoldino Koehler	20/07/2016	29/07/2016	26/10/2016

Posteriormente, em dezembro de 2017, no julgamento do Recurso Especial 1.410.057 – RN (2013/0342505-2), a 1ª Turma do STJ reconheceu a especialidade de tempo de contribuição vigilante com ou sem o uso de arma de fogo.

Veja-se passagem do voto do Ministro Napoleão Maia Filho:

"É certo que a partir da edição do Decreto 2.172/97 não cabe mais o reconhecimento de condição especial de trabalho por presunção de periculosidade decorrente do enquadramento na categoria profissional de vigilante, contudo, tal reconhecimento é possível desde que apresentadas provas da permanente exposição do trabalhador à atividade nociva, independentemente do uso de arma de fogo ou não".

Veja-se uma decisão da 1ª Seção do STJ nesse sentido, embora o caso julgado não envolvesse vigilante sem o uso de arma de fogo, tendo a decisão de modo estranho inserido o vigilante sem o uso de arma de fogo:

PRIMEIRA SEÇÃO	
PROCESSO	Pet 10.679-RN, Rel. Min. Napoleão Nunes Maia Filho, Primeira Seção, por unanimidade, julgado em 22/05/2019, DJe 24/05/2019
RAMO DO DIREITO	DIREITO PREVIDENCIÁRIO
TEMA	Pedido de uniformização de interpretação de lei federal. Aposentadoria especial. Vigilante. Caracterização de atividade especial. **Com ou sem uso de arma de fogo**. Requisitos. Art. 57, § 3º, da Lei n. 8.213/1991. Período posterior ao Decreto n. 2.172/1997. Possibilidade. Exposição permanente, não ocasional nem intermitente. Necessidade de comprovação.
DESTAQUE	
Para fins de aposentadoria especial, é possível reconhecer a caracterização da atividade de vigilante como especial, com ou sem o uso de arma de fogo, mesmo após a publicação do Decreto n. 2.172/1997, desde que comprovada a exposição do trabalhador à atividade nociva, de forma permanente, não ocasional, nem intermitente.	
INFORMAÇÕES DO INTEIRO TEOR	
O art. 57 da Lei n. 8.213/1991 assegura expressamente o direito à aposentadoria especial ao segurado que exerça sua atividade em condições que coloquem em risco a sua saúde ou a sua integridade física, nos termos dos	
INFORMAÇÕES DO INTEIRO TEOR	
arts. 201, § 1º e 202, II, da Constituição Federal. Assim, o fato de os Decretos n. 2.172/1997 e n. 3.048/1999 não mais contemplarem os agentes perigosos não significa que não seja mais possível o reconhecimento da especialidade da atividade, já que todo o ordenamento jurídico, hierarquicamente superior, traz a garantia de proteção à integridade física do trabalhador. Nesse sentido, a Primeira Seção desta Corte, no julgamento do REsp 1.306.113/SC, fixou a orientação de que, a despeito da supressão do agente eletricidade pelo Decreto n. 2.172/1997, é possível o reconhecimento da especialidade da atividade, desde que comprovada a exposição do trabalhador a agente perigoso de forma permanente, não ocasional nem intermitente. Seguindo essa mesma orientação, é possível reconhecer a caracterização da atividade de vigilante como especial, com ou sem o uso de arma de fogo, mesmo após a publicação do Decreto n. 2.172/1997, desde que comprovada a exposição do trabalhador à atividade nociva, de forma permanente, não ocasional nem intermitente.	

Todavia, de acordo com a TNU, "não cabe o reconhecimento de condições especiais por presunção de periculosidade decorrente de enquadramento na categoria de vigilante, após 05/03/1997, não sendo dispensável para sua caracterização a portabilidade de arma de fogo durante a atividade laborativa" (Processo 0007636-94.2006.4.03.6302 – Informativo 17/2017).

Confirmando os precedentes anteriores, o STJ reconheceu o tempo especial do labor do vigilante, inclusive sem o uso de arma de fogo, de acordo com a atual legislação previdenciária, ao julgar o **Tema Repetitivo 1.031** em 09/12/2020:

> Tema 1.031: "***É admissível o reconhecimento da atividade especial de vigilante, com ou sem arma de fogo, em data posterior à edição da Lei 9.032/95 e do Decreto 2.172/97, desde que haja comprovação da efetiva nocividade da atividade por qualquer meio de prova até 05.03.1997 e, após essa data, mediante apresentação de laudo técnico ou elemento material equivalente, para a comprovar a permanente, não ocasional, nem intermitente, exposição a agente nocivo que coloque em risco a integridade física do segurado***".
>
> ***Tese alterada em 21/09/2021:*** **"É possível o reconhecimento da especialidade da atividade de Vigilante, mesmo após EC 103/2019, com ou sem o uso de arma de fogo, em data posterior à Lei 9.032/1995 e ao Decreto 2.172/1997, desde que haja a comprovação da efetiva nocividade da atividade, por qualquer meio de prova até 5.3.1997, momento em que se passa a exigir apresentação de laudo técnico ou elemento material equivalente, para comprovar a permanente, não ocasional nem intermitente, exposição à atividade nociva, que coloque em risco a integridade física do Segurado".**

Trata-se na verdade de concessão de aposentadoria especial por **atividade de risco**, vez que não há exposição a agente nocivo físico, químico ou biológico, decorrendo a especialidade reconhecida pela Corte Superior do **risco da profissão** com aptidão a gerar danos à saúde do segurado.

No entanto, o STJ não utilizou essa verdadeira argumentação para o deferimento judicial do benefício, pois, a despeito de não apontar exposição a agente nocivo agressivo a saúde pela atividade (que na verdade inexiste), fixou na tese a exposição a agente nocivo.

Ao menos no que tange ao aspecto formal, a atividade do **vigilante** se distingue do **vigia**. Isso porque, ao menos para fins da Lei 7.102/1983, que dispõe sobre segurança para estabelecimentos financeiros, estabelece normas para constituição e funcionamento das empresas particulares que exploram serviços de vigilância e de transporte de valores, **vigilante** é o empregado contratado para a execução de uma das seguintes atividades:

> I – proceder à vigilância patrimonial das instituições financeiras e de outros estabelecimentos, públicos ou privados, bem como a segurança de pessoas físicas;
>
> II – realizar o transporte de valores ou garantir o transporte de qualquer outro tipo de carga.
>
> III – exercício das atividades de segurança privada a pessoas; a estabelecimentos comerciais, industriais, de prestação de serviços e residências; a entidades sem fins lucrativos; e órgãos e empresas públicas.

De efeito, para o exercício da profissão, o vigilante preencherá os seguintes requisitos:

> I – ser brasileiro;
>
> II – ter idade mínima de 21 (vinte e um) anos;
>
> III – ter instrução correspondente à quarta série do primeiro grau;
>
> IV – ter sido aprovado, em curso de formação de vigilante, realizado em estabelecimento com funcionamento autorizado nos termos desta lei.
>
> V – ter sido aprovado em exame de saúde física, mental e psicotécnico;
>
> VI – não ter antecedentes criminais registrados; e
>
> VII – estar quite com as obrigações eleitorais e militares.

Ademais, o exercício da profissão de vigilante requer prévio registro no Departamento de Polícia Federal, que se fará após a apresentação dos documentos comprobatórios das situações acima enumeradas.

Embora a atividade possa até ter a mesma natureza, inclusive de risco, o vigia não se amolda aos requisitos da Lei 7.102/83. Colaciona-se, a respeito, decisões do TST que, a despeito de reconhecerem o pagamento do adicional de periculosidade aos vigilantes, o negaram aos vigias:

> "EMBARGOS. RECURSO DE REVISTA. **VIGIA. ADICIONAL DE PERICULOSIDADE. INDEVIDO.** 1. Acórdão embargado em que fixada tese de que a atividade de vigia não enseja o pagamento de adicional de periculosidade com amparo no art. 193, II, da CLT. 2. A atividade de vigia não enseja o pagamento do adicional de periculosidade, porquanto não preenche as condições da NR-16, Anexo 3, itens 2 e 3, uma vez que não se enquadra na categoria dos vigilantes, disciplinada na Lei nº 7.102/1983, tampouco consiste em atividade de segurança patrimonial ou pessoal em instalações metroviárias, ferroviárias, portuárias, rodoviárias, aeroportuárias e de bens públicos, porquanto, ao vigia, não se atribui o dever de atuar diretamente para obstar roubos ou outras espécies de violência nas atividades profissionais de segurança pessoal ou patrimonial. Precedentes. Recurso de embargos conhecido, por divergência jurisprudencial e desprovido.". (TST, Processo nº: 0000761-08.2013.5.15.0010, Órgão Julgador: SBDI-I, Desembargador Relator: Alexandre de Souza Agra Belmonte, Data da Publicação: 10/08/2.017).
>
> "RECURSO DE EMBARGOS EM RECURSO DE REVISTA REGIDO PELA LEI Nº 13.015/2014. **ADICIONAL DE PERICULOSIDADE. VIGIA. ATIVIDADE NÃO INSERIDA NO ANEXO 3 DA PORTARIA Nº 1.885/2013 DO MINISTÉRIO DO TRABALHO. VIGIA X VIGILANTE. DISTINTAS ATRIBUIÇÕES.** A Egrégia Turma concluiu que o adicional de periculosidade não se estende ao autor, ocupante da função de vigia, pois tal função não se insere no conceito de segurança pessoal ou patrimonial descrita no Anexo 3 da Portaria nº 1.885/2013 do Ministério do Trabalho, que pressupõe a exposição do trabalhador a roubos

ou outras espécies de violência física. Verificou que na função de vigia, as funções do empregado consistem na guarda do imóvel, entrada e saída do público em geral, e que a fiscalização é exercida de forma não ostensiva e sem a utilização de arma de fogo. Registrou, ainda, que não houve a exigência de nenhum curso de formação, imprescindível para o exercício da função de vigilante, cujo labor pressupõe o exercício de atividades mais ostensivas, análogas à atividade de polícia, com atribuições não só de guarda de bens e patrimônio, mas também de proteção destes ou de pessoas que estiverem sob sua responsabilidade contra eventual ação criminosa, conforme definição da Lei nº 7.102/83, e deverá preencher os seguintes requisitos: ser brasileiro; idade mínima de 21 (vinte e um) anos; instrução correspondente à quarta série do primeiro grau; aprovado, em curso de formação de vigilante, realizado em estabelecimento com funcionamento autorizado; aprovado em exame de saúde física, mental e psicotécnico; não ter antecedentes criminais registrados; e estar quite com as obrigações eleitorais e militares. Ademais, o exercício da profissão de vigilante requer prévio registro no Departamento de Polícia Federal. A confirmar esse entendimento, o Anexo 3 da Portaria nº 1.885/2013, que trata do adicional de periculosidade nas atividades e operações perigosas com exposição a roubos ou outras espécies de violência física nas atividades profissionais de segurança pessoal ou patrimonial, não abrange as funções de vigia. Precedentes. Recurso de embargos de que se conhece e a que se nega provimento.". (TST, Processo nº: 0002300-60.2014.5.12.0041, Órgão Julgador: SBDI-I, Desembargador Relator: Cláudio Mascarenhas Brandão, Data da Publicação: 28/10/2.016).

Registre-se que a Lei 7.102/1983 foi substituída pela **Lei 14.967/2024**, sendo considerados **serviços de segurança privada**, para os fins desta Lei, nos termos de regulamento:

I – vigilância patrimonial;

II – segurança de eventos em espaços de uso comum do povo;

III – segurança nos transportes coletivos terrestres, aquaviários e marítimos;

IV – segurança perimetral nas muralhas e guaritas;

V – segurança em unidades de conservação;

VI – monitoramento de sistemas eletrônicos de segurança e rastreamento de numerário, bens ou valores;

VII – execução do transporte de numerário, bens ou valores;

VIII – execução de escolta de numerário, bens ou valores;

IX – execução de segurança pessoal com a finalidade de preservar a integridade física de pessoas;

X – formação, aperfeiçoamento e atualização dos profissionais de segurança privada;

XI – gerenciamento de riscos em operações de transporte de numerário, bens ou valores;

XII – controle de acesso em portos e aeroportos;

XIII – outros serviços que se enquadrem nos preceitos desta Lei, na forma de regulamento.

O Tema Repetitivo STJ/1.031 foi construído expressamente sobre a interpretação do Superior Tribunal dos artigos 201, §1º e 202, II (este na redação anterior à EC 20/1998) da Constituição Federal, assim como na Emenda Constitucional 103/2019.

Nesse sentido, o item 6 do Acórdão faz expressa remissão aos artigos 201, §1º e 202, inciso II, da Lei Maior:

> *"6. Contudo, o art. 57 da Lei 8.213/1991 assegura, de modo expresso, o direito à aposentadoria especial ao Segurado que exerça sua atividade em condições que coloquem em risco a sua saúde ou a sua integridade física, dando impulso aos termos dos **arts. 201, § 1º. e 202, II da Constituição Federal**. A interpretação da Lei Previdenciária não pode fugir dessas diretrizes constitucionais, sob pena de eliminar do Direito Previdenciário o que ele tem de específico, próprio e típico, que é a primazia dos Direitos Humanos e a garantia jurídica dos bens da vida digna, como inalienáveis Direitos Fundamentais".*

Outrossim, no voto do Ministro Napoleão Nunes Maia Filho (relator) foram apontados expressamente os seguintes dispositivos constitucionais para lastreio da tese:

> *"21. Contudo, o art. 57 da Lei 8.213/1991 assegura expressamente o direito à aposentadoria especial ao Segurado que exerça sua atividade em condições que coloquem em risco a sua saúde ou a sua integridade física, em harmonia com o texto dos **arts. 201, § 1º. e 202, II da Constituição Federal.***
>
> *22. Vale aqui lembrar que na recente reforma previdenciária, ocorrida em 2019, o texto original da PEC 6/2019, mais uma vez tentava extirpar a possibilidade de reconhecimento da atividade especial em razão da periculosidade, contudo, o texto foi suprimido pouco antes da votação final da **EC 103/2019**, tornando possível o reconhecimento da especialidade por fatores a serem definidos por lei, o que torna ainda possível o reconhecimento da especialidade decorrente da submissão a situações e/ou elementos perigosos".*

Já no voto vista da Ministra Assusete Magalhães foram apontados expressamente os seguintes dispositivos constitucionais:

> *"Na ocasião, observou o Ministro GURGEL DE FARIA que a Emenda Constitucional 103/2019 poderia, em tese, repercutir na proposta apresentada, chamando atenção para a necessidade de se debater o tema sob tal aspecto.*
>
> ...

Não há, portanto, sob esses aspectos, nada a acrescentar.

Por outro lado, observou o Ministro GURGEL DE FARIA que a recente ***Emenda Constitucional 103/2019*** *não faz referência à integridade física, como ensejadora de condição especial de trabalho.*

De fato, ***o § 1º do art. 201 da Constituição Federal, antes da referida EC 103/2019****, rezava que "é vedada a adoção de requisitos e critérios diferenciados para a concessão de aposentadoria aos beneficiários do regime geral de previdência social, ressalvados os casos de atividades exercidas sob condições especiais que prejudiquem a saúde ou a integridade física e quando se tratar de segurados portadores de deficiência, nos termos definidos em lei complementar".*

Todavia, a ***EC 103/2019 deu nova redação ao § 1º do art. 201****, suprimindo a expressão "integridade física", além de acrescentar o inciso II, nesses termos:*

"Art. 201. A previdência social será organizada sob a forma do Regime Geral de Previdência Social, de caráter contributivo e de filiação obrigatória, observados critérios que preservem o equilíbrio financeiro e atuarial, e atenderá, na forma da lei, a:

(...)

§ 1º É vedada a adoção de requisitos ou critérios diferenciados para concessão de benefícios, ressalvada, nos termos de lei complementar, a possibilidade de previsão de idade e tempo de contribuição distintos da regra geral para concessão de aposentadoria exclusivamente em favor dos segurados:

(...)

II – cujas atividades sejam exercidas com efetiva exposição a agentes químicos, físicos e biológicos prejudiciais à saúde, ou associação desses agentes, vedada a caracterização por categoria profissional ou ocupação".

Como destacou o Relator, o texto original da PEC 6/2019 – que resultou na ***EC 103/2019*** *– continha, no* ***art. 201, § 7º, II****, expressa vedação à aposentadoria especial por "enquadramento por periculosidade", in verbis:*

"Art. 201. O Regime Geral de Previdência Social, de caráter contributivo e de filiação obrigatória, observados critérios que preservem o equilíbrio financeiro e atuarial, atenderá a:

(...)

7º A lei complementar de que trata o 1º poderá estabelecer idade mínima e tempo de contribuição distintos da regra geral para concessão de aposentadoria exclusivamente em favor dos segurados:

I – com deficiência, previamente submetidos à avaliação biopsicossocial realizada por equipe multiprofissional e interdisciplinar;

II – cujas atividades sejam exercidas com efetiva exposição a agentes nocivos químicos, físicos e biológicos prejudiciais à saúde, ou associação desses agentes, vedados a caracterização por categoria profissional ou ocupação e o enquadramento por periculosidade;

(...)".

> *Tal referência à vedação ao "enquadramento por periculosidade", para fins de aposentadoria especial, foi suprimida, no art. 201, antes da votação final da PEC 6/2019, que resultou na **EC 103/2019**.*
>
> *Assim, em que pese a atual redação do art. 201, § 1º, II, da Constituição Federal, dada pela **EC 103/2019**, a matéria relativa à aposentadoria especial, na forma da **EC 103/2019**, não é auto-executável, estando a depender de lei complementar regulamentadora, de tal sorte que subsiste a legislação infraconstitucional, que prevê, no art. 57 da Lei 8.213/91, aposentadoria especial pelo trabalho em condições que prejudiquem a integridade física, bem como no seu § 4º, que "o segurado deverá comprovar, além do tempo de trabalho, exposição aos agentes nocivos químicos, físicos, biológicos ou associação de agentes prejudiciais à saúde ou à integridade física, pelo período equivalente ao exigido para a concessão do benefício".*

Desta forma, o Tema Repetitivo STJ/1.031 se lastreou na redação originária do artigo 201, §1º e 202, II, da Constituição Federal, bem como no texto do artigo 201, §1º antes e depois da reforma implementada pela Emenda Constitucional 103/2019, em especial no voto vista da Ministra Assusete Magalhães.

Justamente por isso o INSS interpôs Recurso Extraordinário com lastro no artigo 102, inciso III, letra A, da Constituição, por se tratar de decisão que na visão da autarquia de previdência contrariou os citados dispositivos constitucionais, contendo enorme Repercussão Geral porque envolve toda uma categoria profissional dos vigilantes com impacto multo bilionário nos cofres da Previdência Social.

Entende a Autarquia que no RGPS não há base constitucional para a concessão de aposentadoria especial apenas pelo risco da atividade, considerando a inexistência da exposição a agentes nocivos químicos, físicos ou biológicos pela atividade do vigilante em si considerada.

Diferentemente do RGPS, no RPPS há autorização constitucional para a concessão da aposentadoria pela atividade de risco, pois objetiva dar uma regra especial de aposentação para as carreiras da segurança pública.

Veja-se o artigo 40, §4º, da Constituição, na redação dada pela EC 47/2005:

> *"§ 4º É vedada a adoção de requisitos e critérios diferenciados para a concessão de aposentadoria aos abrangidos pelo regime de que trata este artigo, ressalvados, nos termos definidos em leis complementares, os casos de servidores: (Redação dada pela Emenda Constitucional nº 47, de 2005)*
>
> I- portadores de deficiência; (Incluído pela Emenda Constitucional nº 47, de 2005)

> ***II- que exerçam atividades de risco;*** *(Incluído pela Emenda Constitucional nº 47, de 2005)*
>
> ***III- cujas atividades sejam exercidas sob condições especiais que prejudiquem a saúde ou a integridade física. (Incluído pela Emenda Constitucional nº 47, de 2005)".***

Note-se que o inciso III artigo 40, §4º, da Constituição (redação da EC 47/2005) possui a mesma redação do artigo 201, §1º (redação da EC 47/2005):

> *"§ 1º É vedada a adoção de requisitos e critérios diferenciados para a concessão de aposentadoria aos beneficiários do regime geral de previdência social,* ***ressalvados os casos de atividades exercidas sob condições especiais que prejudiquem a saúde ou a integridade física*** *e quando se tratar de segurados portadores de deficiência, nos termos definidos em lei complementar. (Redação dada pela Emenda Constitucional nº 47, de 2005)"*

Ora, se a redação do artigo 201, §1º, da Constituição, que trata da aposentadoria especial no RGPS, possui a mesma redação do artigo 40, §4º, inciso III (*atividades exercidas sob condições especiais que prejudiquem a saúde ou a integridade física*), cuidando da aposentadoria especial no RPPS, não teria razão de ser o artigo 40, §4º, inciso II da Constituição permitir por expresso que a atividade de risco também gerasse aposentadoria especial na Previdência do Servidor Público.

Dessa forma, se fosse a intenção do texto constitucional que a expressão "*atividades exercidas sob condições especiais que prejudiquem a saúde ou a integridade física*" englobasse a aposentadoria especial por atividade de risco, não haveria razão de aprovar inciso II do artigo 40, §4º, da Constituição, que por expresso autorizou a concessão de aposentadoria especial por atividades perigosas no RPPS para beneficiar as carreiras da segurança pública.

Com o advento da EC 103/2019 isso se reforçou ainda mais. Isso porque o RPPS manteve a previsão constitucional da aposentadoria especial das atividades de risco passando a listar as carreiras de segurança pública, agentes penitenciários/socioeducativos e policiais da Câmara dos Deputados e Senado da República (somente estes, em rol taxativo) que farão jus ao benefício no artigo 40 da Constituição:

> *"§ 4º-B. Poderão ser estabelecidos por lei complementar do respectivo ente federativo idade e tempo de contribuição diferenciados para aposentadoria de ocupantes do cargo de* ***agente penitenciário, de agente socioeducativo ou de policial dos órgãos de que tratam o inciso IV do caput do art. 51, o inciso XIII do caput do art. 52 e os incisos I a IV do caput do art. 144****. (Incluído pela Emenda Constitucional nº 103, de 2019)"*

De outro vértice, no RGPS o texto constitucional do artigo 201 foi ainda mais detalhado passando a exigir a exposição a agentes físicos, químicos ou biológicos prejudiciais à saúde para a concessão da aposentadoria especial:

> "§ 1º É vedada a adoção de requisitos ou critérios diferenciados para concessão de benefícios, ressalvada, nos termos de lei complementar, a possibilidade de previsão de idade e tempo de contribuição distintos da regra geral para concessão de aposentadoria exclusivamente em favor dos segurados: (Redação dada pela Emenda Constitucional nº 103, de 2019)
>
> ...
>
> *II – cujas atividades sejam exercidas com efetiva exposição a agentes químicos, físicos e biológicos prejudiciais à saúde, ou associação desses agentes, vedada a caracterização por categoria profissional ou ocupação. (Incluído pela Emenda Constitucional nº 103, de 2019)".*

Acaso fosse a intenção do poder constituinte constituído de estender a aposentadoria especial no RGPS para as atividades de risco ou para algumas categorias profissionais o teria feito modificando o texto do artigo 201, §1º, II, da Constituição com uma ampliação, e não o restringido ainda mais em comparação ao texto anterior, inclusive proibindo o enquadramento por profissão ou ocupação.

Inclusive, no julgamento do **MI/Agr 833, de 11/06/2015**, que negou a concessão da aposentadoria especial por atividade de risco no RPPS em favor dos Oficiais de justiça, na manifestação do **Ministro Roberto Barroso** em debate de 20/10/2014 (que depois lavrou o voto vencedor) foi dito que **não há aposentadoria especial por atividade de risco no Regime Geral de Previdência Social:**

> *"22/10/2014 PLENÁRIO MANDADO DE INJUNÇÃO 833 DISTRITO FEDERAL D E B A T E O SENHOR MINISTRO LUÍS ROBERTO BARROSO –*
>
> *Senhor Presidente, um breve comentário. Eu vejo a seguinte dificuldade. Do ponto de vista do Ministro Teori, ele menciona a **Lei nº 8.213, que é a Lei da Seguridade Social, § 3º. Mas o § 3º da Lei refere-se à aposentadoria, prevista no § 4º do artigo 40 da Constituição, por insalubridade, e não por atividade de risco**. Por isso que, na ocasião, quando nós sumulamos, nós limitamos. **Portanto, na verdade, o que Sua Excelência está propondo não é propriamente uma aplicação subsidiária da Lei nº 8.213, é a previsão de uma nova hipótese, que não é de insalubridade, mas de risco, que a meu ver não está coberta pela Lei nº 8.213.***
>
> *Eu não seria totalmente infenso à tese de que o servidor possa demonstrar, em situações concretas, a existência de risco. Eu apenas vejo com uma certa preocupação que, sem lei – aí, o juiz da baixada fluminense, onde a criminalidade é*

mais acentuada, ele vai pedir a aposentadoria especial, o juiz da capital, não; ou então, ele vai contar como tempo de aposentadoria especial o período em que serviu na baixada -, eu acho que nós vamos criar uma imensa dificuldade operacional para o regime próprio da Previdência, que já não é um regime abastado. ***De modo que eu, entendendo e respeitando as razões, penso que, sem lei, nós vamos criar uma dificuldade operacional para a Administração, porque toda e qualquer carreira, seja juiz, seja Ministério Público e, depois, motoristas de ônibus públicos, porque sofrem muitos assaltos, também vão pedir, e nós vamos ter uma sociedade em que todo mundo tem aposentadoria especial*".

Mesmo no RPPS, em que o texto constitucional vigente entre a Emenda 47/2005 e a Emenda 103/2019 (art. 40, §4º, II) admitiu a aposentadoria especial por atividades de risco, o STF não reconheceu a extensão deste regramento diferenciado de aposentação sem a edição de lei complementar de regulamentação.

A principal situação se refere aos guardas municipais. Veja-se o quanto firmado pelo Plenário do STF no AgRg no MI 6.770, de 20/06/2018:

> "*DIREITO ADMINISTRATIVO. AGRAVO INTERNO EM MANDADO DE INJUNÇÃO.* ***GUARDA MUNICIPAL****. ALEGADA ATIVIDADE DE RISCO. APOSENTADORIA ESPECIAL.*
>
> *1. Diante do caráter aberto da expressão atividades de risco (art. 40, § 4º, II, da Constituição) e da relativa liberdade de conformação do legislador, somente há omissão inconstitucional nos casos em que a periculosidade é inequivocamente inerente ao ofício.*
>
> *2. A eventual exposição a situações de risco a que podem estar sujeitos os guardas municipais e, de resto, diversas outras categorias, não garante direito subjetivo constitucional à aposentadoria especial.*
>
> ***3. A percepção de gratificações ou adicionais de periculosidade, assim como o porte de arma de fogo, não são suficientes para reconhecer o direito à aposentadoria especial, em razão da autonomia entre o vínculo funcional e o previdenciário.***
>
> *4. Agravo provido para denegação da ordem*".

De efeito, nem mesmo no RPPS, que possui previsão expressa de aposentadoria especial por atividade de risco, o STF estendeu o regramento dos policiais (Lei Complementar 51) em favor dos guardas municipais.

Ao revés, o STJ no Tema Repetitivo 1.031, ampliou as regras de aposentadoria especial por agentes nocivos no RGPS aos vigilantes, sem a previsão constitucional de aposentadoria por atividade de risco neste regime previdenciário e sem a existência de lei complementar autorizadora.

Convém transcrever passagem do voto vencedor do Ministro Roberto Barroso no AgRg no MI 6.770, de 20/06/2018, que aduz se tratar de tarefa do legislador a extensão de regras especiais de aposentação, e não do Poder Judiciário:

> *"Nós travamos essa discussão, em outro momento, relativamente a outras carreiras, uma delas a de oficiais de Justiça, a qual os seus integrantes pontualmente estão sujeitos a agressões físicas e até a casos de óbito.*
>
> *O que decidimos naquela ocasião? Decidimos que as atividades inerentemente perigosas são as alcançadas pelo art. 4º, II, da Constituição Federal e que o art. 40, § 4º, II, dependia de integração pelo legislador para que aquelas carreiras fossem beneficiárias da aposentadoria especial.*
>
> *É bem verdade que criamos uma exceção, a hipótese dos guardas penitenciários, porque consideramos ser uma atividade inerentemente perigosa.*
>
> *Quanto aos guardas civis, os Ministros do Supremo Tribunal Federal sempre entenderam que, à míngua de atuação do legislador, não era possível dar este benefício. Na verdade – e gostaria de insistir -, reputo legítimo que o legislador faça, mas considero perigoso que o façamos por decisão judicial.*
>
> *Decidiram, no mesmo sentido do meu pronunciamento, a Ministra Cármen Lúcia, o Ministro Edson Fachin, o Ministro Ricardo Lewandowski, a Ministra Rosa Weber, o Ministro Gilmar Mendes e o Ministro Dias Toffoli. Portanto, reiteradamente, temos decidido nessa linha.*
>
> ***Eu penso que o problema de se abrir uma exceção aqui não é irrelevante. Temos adotado no Plenário uma posição de grande autocontenção no tocante à concessão, sem lei, de benefícios a servidores públicos. A primeira consequência, eu penso, de uma extensão dessa benesse a uma categoria, sem lei, é que virão as próximas. Em seguida, os motoristas do setor público irão demonstrar que eles têm um índice de morbidade e de letalidade muito maior do que dos outros servidores do setor público e haverá o risco de, também sem lei, estender-se. Aí virão outras categorias que vão ser capazes de demonstrar, empiricamente, que há mais letalidade ou maior número de acidentes nessas categorias.***
>
> *Dessa forma, vamos criar um regime de concessão de aposentadoria especial por via judicial, que eu considero perigoso.*
>
> *Como os argumentos que o Ministro Alexandre de Moraes acaba de enunciar são relevantes, acho que o legislador pode e deve fazê-lo, incluir os guardas municipais, mas a lei recentemente editada, que cuidou de segurança pública, que poderia ter feito isso, não o fez. Portanto, o legislador tomou a decisão política de não dar um regime diferenciado para os guardas municipais.*
>
> ***Eu queria deixar claro que não tenho nada contra os guardas municipais e nada contra o legislador reconhecer que seja uma atividade de risco e dar***

essa benesse, mas vejo como um risco começarmos a conceder esse tipo de benefício por via jurisprudencial".

Vale registrar que as decisões do STF que negaram no RPPS a concessão de aposentadoria especial por atividade de risco também abarcam os **vigilantes**. Nesse sentido, transcreve-se passagem do julgamento do MI 7.281, julgado em 21/02/2020:

> *"Constato que, em 11.06.2015, o Plenário desta Corte finalizou o julgamento dos MIs 833 e 844 (Informativo 789), oportunidade na qual denegou as ordens impetradas, em face de suposta omissão referente à regulamentação do artigo 40, § 4º, da Constituição Federal.*
>
> *Na ocasião do julgamento desses mandados de injunção, formou-se o entendimento de que a expressão "atividades de risco", contida no artigo 40, § 4º, II, do Texto Constitucional, é aberta, ou seja, os contornos de sua definição normativa comportam relativa liberdade de conformação por parte do Parlamento, desde que observada a forma das leis complementares.*
>
> *Assentou-se, também, que a existência de gratificações ou adicionais de periculosidade para determinada categoria não garante o direito à aposentadoria especial, pois os vínculos funcional e previdenciário não se confundem.*
>
> *Assim, o estado de omissão inconstitucional ficaria restrito àquelas atividades em que o risco seja inequivocamente inerente. Isto porque exposição eventual a situações de risco, como no caso de fiscais tributários, não garante direito subjetivo constitucional à aposentadoria especial. Este tem sido o entendimento desta Corte ao julgar mandados de injunção impetrado por diversas categorias, como* ***guardas municipais e vigilantes".***

De efeito, **o Plenário do STF no julgamento do MI/AGR 6.865, de 29/11/2019, negou a concessão de aposentadoria especial no RPPS a um vigilante de Universidade Estadual no Distrito Federal:**

> ***"MI 6865 AgR / DF – DISTRITO FEDERAL***
>
> AG.REG. NO MANDADO DE INJUNÇÃO
>
> *Relator(a): Min. ROSA WEBER*
>
> ***Julgamento: 29/11/2019***
>
> *Publicação: 18/12/2019*
>
> ***Órgão julgador: Tribunal Pleno***
>
> *Publicação*
>
> PROCESSO ELETRÔNICO DJe-282 DIVULG 17-12-2019 PUBLIC 18-12-2019
>
> *Partes*

AGTE.(S): JOSINALDO ANDRE PALHANOS ADV.(A/S): EDSON DANIEL RAMOS FILHO E OUTRO(A/S) AGDO.(A/S): PRESIDENTE DA REPÚBLICA PROC.(A/S)(ES): ADVOGADO-GERAL DA UNIÃO AGDO.(A/S): PRESIDENTE DA CÂMARA DOS DEPUTADOS PROC.(A/S)(ES): ADVOGADO-GERAL DA UNIÃO AGDO.(A/S): PRESIDENTE DO SENADO FEDERAL PROC.(A/S)(ES): ADVOGADO-GERAL DA UNIÃO

Ementa

EMENTA AGRAVO INTERNO EM MANDADO DE INJUNÇÃO. LACUNA REGULAMENTADORA DO ART. 40, § 4º, II, DA MAGNA CARTA. REDAÇÃO DADA PELA EMENDA CONSTITUCIONAL Nº 47/2005. EXERCENTE DO CARGO DE **VIGILANTE EM UNIVERSIDADE ESTADUAL. ATIVIDADE DE RISCO. APOSENTADORIA ESPECIAL. "PERICULOSIDADE INEQUIVOCAMENTE INERENTE AO OFÍCIO". NÃO CONFIGURAÇÃO.** 1. Ao julgamento dos MIs nºs 833 e 844, o Plenário deste Supremo Tribunal Federal firmou o entendimento de que a expressão "atividades de risco", veiculada no art. 40, § 4º, II, da Carta Magna, na redação dada pela EC nº 47/2005, por sua natureza aberta, a apontar para a existência de significativa liberdade de conformação por parte do legislador, só revela omissão inconstitucional, suscetível de ser colmatada em mandado de injunção, no caso de periculosidade inequivocamente inerente ao ofício. **2. Na espécie, o agravante exerce o cargo de vigilante em universidade estadual, integrando, pois, categoria profissional cujo leque de atribuições especializadas, por não permitir direta ilação no sentido da presença de risco inerente, conjura a concessão da ordem injuncional pretendida.** 3. Agravo interno conhecido e não provido.

Decisão

O Tribunal, por unanimidade, conheceu do agravo regimental e negou-lhe provimento, nos termos do voto da Relatora. Plenário, Sessão Virtual de 22.11.2019 a 28.11.2019".

Existe ainda um caso julgado pelo STF referente ao RPPS do Município de Jacareí (SP) em que o Tribunal de Justiça de São Paulo concedeu a aposentadoria especial aos guardas municipais não por atividade de risco, e sim por suposta atividade prejudicial à saúde e à integridade física, igualando neste ponto a análise com o Tema Repetitivo 1.031/STJ.

Trata-se do RE 1.282.074, julgado em 20 de agosto de 2020, em que foi provido o Recurso Extraordinário interposto pelo Município de Jacareí. **Eis a decisão do Tribunal de Justiça de São Paulo que foi cassada pelo STF.**

*"Guarda Civil Municipal. Aposentadoria especial. Documentos que comprovam que exercia função em **condições especiais prejudiciais à integridade física**. Direito à aposentadoria com critérios diferenciados prevista no **art. 40, § 4º, III, da Constituição Federal**. Desnecessidade de que o dano à integridade física se*

concretize, bastando que as condições de trabalho sejam aptas a possibilitá-lo. Ausência de conflito com o decidido pelo C. STF nos agravos regimentais nos Mandados de Injunção 6770, 6773, 6780, 6874 e 6515, que trataram somente da impossibilidade, por mora legislativa, de extensão das disposições da Lei Complementar 51/89 aos guardas civis municipais, não impedindo que o direito à aposentaria diferenciada seja reconhecido em situações concretas com base em provas do enquadramento nas hipóteses do art. 40, § 4º, III, da CF".

Neste caso, o STF rejeitou a concessão de aposentadoria especial aos guardas municipais pelo enquadramento do artigo 40, §4º, inciso III, da Constituição (condições especiais que prejudiquem a saúde ou à integridade física), que é o lastro constitucional da decisão do STJ no Tema Repetitivo 1.031 (artigo 201, § 1º, da Constituição):

"RECURSO EXTRAORDINÁRIO 1.282.074 SÃO PAULO

RELATOR :MIN. LUIZ FUX

RECTE.(S) :INSTITUTO DE PREVIDENCIA DO MUNICIPIO DE JACAREI

ADV.(A/S) :FRANCISCO CALUZA MACHADO

RECDO.(A/S) :ANTONIO CARLOS FABRI

ADV.(A/S) :JOSE EDUARDO VIEIRA DE MATTOS

RECURSO EXTRAORDINÁRIO. CONSTITUCIONAL. ADMINISTRATIVO. GUARDA CIVIL MUNICIPAL. APOSENTADORIA ESPECIAL. AUSÊNCIA DE LEGISLAÇÃO ESPECÍFICA. IMPOSSIBILIDADE. PRECEDENTES. RECURSO EXTRAORDINÁRIO COM AGRAVO 1.215.727. TEMA 1.057 DA REPERCUSSÃO GERAL. SÚMULA VINCULANTE 33. INAPLICABILIDADE. INOCORRÊNCIA DE ALTERAÇÃO DO QUADRO COM O ADVENTO DA EMENDA CONSTITUCIONAL 103/2019.

RECURSO PROVIDO".

Caso a tese firmada pelo STJ no Tema Repetitivo 1.031 prospere, todas as profissões que exerçam atividades de risco reivindicarão ao Poder Judiciário a concessão da aposentadoria especial.

Trata-se do efeito psicológico manada, em que as pessoas tendem a repetir as ações perpetradas por outras pessoas em mesma situação ou em casos similares, o que pode devastar o equilíbrio financeiro e atuarial da Previdência Social.

Afinal, se a tese prosperar, por que apenas os vigilantes terão direito à aposentadoria especial por atividade de risco? Isso porque a *ratio essendi* da tese do Superior Tribunal não se limita aos vigilantes, podendo ser aplicada a qualquer profissão cuja atividade seja arriscada.

Se o entendimento do STJ prosperar no STF, deve a tese ser estendida a todas as atividades laborais perigosas.

De efeito, alguns outros exemplos de concessão judicial de aposentadoria especial por atividade de risco sem a exposição permanente a agente nocivo à saúde já se apresentam com concessão de outros órgãos judiciais.

Como exemplo, em 27/10/2020 o TRF da 4ª Região concedeu aposentadoria especial por atividade perigosa em favor de um **segurado entregador de gás GLP:**

Acórdão	**Classe:** AC – APELAÇÃO CIVEL **Processo:** 5000775-48.2019.4.04.7005 **UF:** PR **Data da Decisão:** 27/10/2020 **Órgão Julgador:** TURMA REGIONAL SUPLEMENTAR DO PR **Inteiro Teor:** **Citação:**
Relator	LUIZ FERNANDO WOWK PENTEADO
Decisão	Vistos e relatados estes autos em que são partes as acima indicadas, a Egrégia Turma Regional Suplementar do Paraná do Tribunal Regional Federal da 4ª Região decidiu, por unanimidade, negar provimento à apelação do INSS e determinar a implantação do benefício, nos termos do relatório, votos e notas de julgamento que ficam fazendo parte integrante do presente julgado.
Ementa	PREVIDENCIÁRIO. TEMPO DE SERVIÇO **ESPECIAL**. TRANSPORTE DE LÍQUIDOS INFLAMÁVEIS. PERICULOSIDADE. **APOSENTADORIA ESPECIAL**. CONCESSÃO. HONORÁRIOS ADVOCATÍCIOS RECURSAIS. TUTELA ESPECÍFICA. 1. A jurisprudência do TRF4 se firmou no sentido de que, ainda que não haja previsão expressa em normas específicas, tratando-se de **periculosidade**, basta que o segurado esteja submetido a um **trabalho de risco**. **2. O transporte de material líquido inflamável é considerado atividade perigosa e dá ensejo ao reconhecimento da especialidade do labor, na medida em que sujeita o segurado à ocorrência de acidentes e explosões que podem causar danos à saúde ou à integridade física.** 3. Comprovada a exposição do segurado à periculosidade, deve ser reconhecida a **especial**idade do respectivo período, sendo irrelevante o uso de EPI ou EPC. Nesse sentido: Incidente de Resolução de Demandas Repetitivas (Seção) nº 5054341-77.2016.4.04.0000/SC, Relator para o acórdão Des. Federal JORGE ANTONIO MAURIQUE, maioria, juntado aos autos em 11/12/2017. 4. Comprovada a exposição do segurado a agente nocivo, na forma exigida pela legislação previdenciária aplicável à espécie, possível reconhecer-se a **especial**idade da atividade laboral por ele exercida. 5. Tem direito à **aposentadoria especial** o segurado que possui 25 anos de tempo de serviço **especial** e implementa os demais requisitos para a concessão do benefício. 6. Verba honorária majorada em razão do comando inserto no § 11 do art. 85 do CPC/2015. 7. Reconhecido o direito da parte, impõe-se a determinação para a imediata implantação do benefício, nos termos do art. 497 do CPC.

No mesmo sentido o TRF da 3ª Região em 25/11/2020:

Tipo

Acórdão

Número

5004572-03.2019.4.03.6183 ..PROCESSO_ANTIGO: ..PROCESSO_ANTIGO_FORMATADO:

50045720320194036183

Classe

APELAÇÃO CÍVEL ..SIGLA_CLASSE: ApCiv

Relator(a)

Desembargador Federal NELSON DE FREITAS PORFIRIO JUNIOR

Relator para Acórdão

..RELATORC:

Origem

TRF - TERCEIRA REGIÃO

Órgão julgador

10ª Turma

Data

25/11/2020

Data da publicação

27/11/2020

Fonte da publicação

Intimação via sistema DATA: 27/11/2020 ..FONTE_PUBLICACAO1: ..FONTE_PUBLICACAO2: ..FONTE_PUBLICACAO3:

Ementa

E M E N T A PREVIDENCIÁRIO. REVISÃO DE APOSENTADORIA POR TEMPO DE CONTRIBUIÇÃO PARA APOSENTADORIA ESPECIAL. NATUREZA ESPECIAL DAS ATIVIDADES LABORADAS PARCIALMENTE RECONHECIDA. **TRANSPORTE DE BOTIJÕES DE GÁS GLP. ATIVIDADE PERIGOSA. VINTE E CINCO ANOS DE ATIVIDADES ESPECIAIS**, CARÊNCIA E QUALIDADE DE SEGURADO COMPROVADOS. 1. A aposentadoria especial é devida ao segurado que tenha trabalhado durante 15 (quinze), 20 (vinte) ou 25 (vinte e cinco) anos, conforme o caso, sujeito a condições especiais que prejudiquem a saúde ou a integridade física (art. 64 do Decreto nº 3.048/99). No caso, necessária, ainda, a comprovação da carência e da qualidade de segurado. 2. A legislação aplicável para caracterização da natureza especial é a vigente no período em que a atividade a ser avaliada foi efetivamente exercida, devendo, portanto, ser levada em consideração a disciplina estabelecida pelos Decretos nº 53.831/64 e nº 83.080/79, até 05.03.1997 e, após, pelos Decretos nº 2.172/97 e nº 3.049/99. 3. Os Decretos nº 53.831/64 e nº 83.080/79 vigeram de forma simultânea, não havendo revogação daquela legislação por esta, de forma que, verificando-se divergência entre as duas normas, deverá prevalecer aquela mais favorável ao segurado. 4. A atividade desenvolvida até 10.12.1997, mesmo sem a apresentação de laudo técnico, pode ser considerada especial, pois, em razão da legislação de regência a ser considerada até então, era suficiente para a caracterização da denominada atividade especial a apresentação dos informativos SB-40 e DSS-8030, exceto para o agente nocivo ruído por depender de prova técnica. 5. É de considerar prejudicial até 05.03.1997 a exposição a ruídos superiores a 80 decibéis, de 06.03.1997 a 18.11.2003, a exposição a ruídos de 90 decibéis e, a partir de então, a exposição a ruídos de 85 decibéis. 6. Efetivo exercício de atividades especiais comprovado por meio de formulários de insalubridade e laudos técnicos que atestam a exposição a agentes físicos agressores à saúde, em níveis superiores aos permitidos em lei. 7. No caso dos autos, os períodos incontroversos em virtude de acolhimento na via administrativa totalizam 34 (trinta e quatro) anos, 06 (seis) meses e 27 (vinte e sete) dias (ID 132156422 e 132156437 – fls. 03), tendo sido reconhecido como de natureza especial os períodos de 20.09.1982 a 10.03.1986 e 01.02.1988 a 28.04.1995 (ID 132156421 – fls. 51/54). Por sua vez, no período de 29.04.1995 a 12.02.2014, a parte autora, nas atividades de ajudante de motorista e motorista operador de caminhão no transporte de botijões de gás GLP (ID 132156421 – fls. 48/50), exerceu atividades consideradas perigosas segundo a NR-16 Anexo 2 do Ministério do Trabalho. Assim, deve ser reconhecida a especialidade dos períodos apontados, uma vez que comprovada a execução de atividades perigosas. Ressalta-se que inexiste óbice para o reconhecimento de atividade especial com base na periculosidade, mesmo após 05.03.1997, conforme entendimento consolidado pelo C. STJ. 8. Somados todos os períodos especiais, totaliza a parte autora 29 (vinte e nove) anos, 06 (seis) meses e 02 (dois) dias de tempo especial até a data do requerimento administrativo (D.E.R. 12.02.2014). 9. O benefício é devido a partir da data do requerimento administrativo (D.E.R.) ou, na sua ausência, a partir da citação. 10. A correção monetária deverá incidir sobre as prestações em atraso desde as respectivas competências e os juros de mora desde a citação, observada eventual prescrição quinquenal, nos termos do Manual de Orientação de Procedimentos para os Cálculos na Justiça Federal, aprovado pela Resolução nº 267/2013, do Conselho da Justiça Federal (ou aquele que estiver em vigor na fase de liquidação de sentença). Os juros de mora deverão incidir até a data da expedição do PRECATÓRIO/RPV, conforme entendimento consolidado pela colenda 3ª Seção desta Corte. Após a devida expedição, deverá ser observada a Súmula Vinculante 17. 11. Com relação aos honorários advocatícios, tratando-se de sentença ilíquida, o percentual da verba honorária deverá ser fixado somente na liquidação do julgado, na forma do disposto no art. 85, § 3º, § 4º, II, e § 11, e no art. 86, todos do CPC/2015, e incidirá sobre as

> parcelas vencidas até a data da decisão que reconheceu o direito ao benefício (Súmula 111 do STJ). 12. Reconhecido o direito da parte autora transformar o benefício de aposentadoria por tempo de contribuição atualmente implantado em aposentadoria especial, a partir do requerimento administrativo (D.E.R. 12.02.2014), observada eventual prescrição quinquenal, ante a comprovação de todos os requisitos legais. 13. Apelação parcialmente provida. Fixados, de ofício, os consectários legais.

Dessa forma, caso confirmada a tese firmada no Tema Repetitivo STJ/1.031, além dos nobres vigilantes e dos entregadores de gás, também motoboys, trabalhadores da construção civil, motoristas de ônibus e caminhões, aeroviários, limpadores de vidros de edifícios, pintores de fachadas de edifícios, mergulhadores e todas as profissões que demandem um risco anormal no âmbito profissional baterão às portas do Poder Judiciário em busca da aposentadoria especial pelo perigo da atividade laboral, que poderá passar de circunstância excepcional à regra geral.

Em 22/09/2021, em sede de julgamento de Embargos de Declaração sem efeitos modificativos, passou a constar da tese passagem do voto da Ministra Assussete Magalhães no sentido de que a tese aprovada abarca inclusive o período do vigilante prestado após a vigência da EC 103/2019:

> **Processo**
>
> EDcl no REsp **1831371** / SP
>
> EMBARGOS DE DECLARAÇÃO NO RECURSO ESPECIAL
>
> 2019/0184299-4
>
> **Relator(a)**
>
> Ministro MANOEL ERHARDT (DESEMBARGADOR CONVOCADO DO TRF5) (8410)
>
> **Órgão Julgador**
>
> S1 – PRIMEIRA SEÇÃO
>
> **Data do Julgamento**
>
> 22/09/2021
>
> **Data da Publicação/Fonte**
>
> DJe 28/09/2021
>
> **Ementa**
>
> PREVIDENCIÁRIO. EMBARGOS DE DECLARAÇÃO NO RECURSO ESPECIAL. POSSIBILIDADE DO RECONHECIMENTO DA ESPECIALIDADE DA ATIVIDADE DE VIGILANTE, MESMO APÓS EC 103/2019. EFEITO INTEGRATIVO. ACRÉSCIMO NA REDAÇÃO DA TESE FIXADA NO ITEM 10 DO ACÓRDÃO EMBARGADO. EMBARGOS DE DECLARAÇÃO DO

INSTITUTO DE ESTUDOS PREVIDENCIÁRIOS ACOLHIDOS, SEM EFEITOS MODIFICATIVOS. 1. Embargos de declaração alegando omissão e contradição, já que não constou na ementa do acórdão a possibilidade da consideração da especialidade da atividade de vigilante mesmo após a EC 103/2019. 2. Os embargos declaratórios não apresentam vícios formais, foram opostos dentro do prazo e cogitam, objetivamente, de matéria própria dessa espécie recursal (arts. 1.022 e 1.023 do CPC/2015). Nada há, enfim, que impeça o seu conhecimento. 3. Nos termos do art. 1.022 do CPC/2015, os embargos de declaração são modalidade recursal de integração e objetivam sanar obscuridade, contradição, omissão ou erro material, de maneira a permitir o exato conhecimento do teor do julgado. **4. Com razão a parte embargante, isso porque ficou consignado no voto-vista da eminente Ministra ASSUSETE MAGALHÃES, que em que pese a atual redação do art. 201, § 1º, II, da Constituição Federal, dada pela EC 103/2019, a matéria relativa à aposentadoria especial, na forma da EC 103/2019, não é auto-executável, estando a depender de lei complementar regulamentadora, de tal sorte que subsiste a legislação infraconstitucional, que prevê, no art. 57 da Lei 8.213/91, aposentadoria especial pelo trabalho em condições que prejudiquem a integridade física, bem como no seu § 4º, que "o segurado deverá comprovar, além do tempo de trabalho, exposição aos agentes nocivos químicos, físicos, biológicos ou associação de agentes prejudiciais à saúde ou à integridade física, pelo período equivalente ao exigido para a concessão do benefício (fls. 638/639).** 5. A Primeira Seção deste egrégio Superior Tribunal de Justiça, em conformidade dos votos e das notas taquigráficas, por unanimidade, conheceu parcialmente do Recurso Especial e, nessa parte, negou-lhe provimento, nos termos da reformulação de voto do Ministro Relator, o então eminente Ministro NAPOLEÃO NUNES MAIA FILHO, que aderiu às sugestões conferidas pelo voto- vista da Ministra ASSUSETE MAGALHÃES, o qual foi acatado em sua integralidade por todos os Ministros da Primeira Seção (fls. 610/613). 6. Diante da importância da matéria e para evitar questionamentos futuros, o item 10 da ementa do acórdão embargado passa a contar com a seguinte redação: **10. Firma-se a seguinte tese: é possível o reconhecimento da especialidade da atividade de Vigilante, mesmo após EC 103/2019, com ou sem o uso de arma de fogo, em data posterior à Lei 9.032/1995 e ao Decreto 2.172/1997, desde que haja a comprovação da efetiva nocividade da atividade, por qualquer meio de prova até 5.3.1997, momento em que se passa a exigir apresentação de laudo técnico ou elemento material equivalente, para comprovar a permanente, não ocasional nem intermitente, exposição à atividade nociva, que coloque em risco a integridade física do Segurado. 7. Embargos de declaração do Instituto de Estudo Previdenciário acolhidos, sem efeitos modificativos.**

Contra a decisão do STJ no tema 1031, o INSS interpôs recurso extraordinário admitido pelo STF em sede de Repercussão Geral sob o número 1.209, com determinação nacional de suspensão dos processos em todos os graus, individuais ou coletivos, afetando a seguinte questão a ser apreciada:

*Tema 1209 STF: "**Reconhecimento da atividade de vigilante como especial, com fundamento na exposição ao perigo, seja em período anterior ou posterior à promulgação da Emenda Constitucional 103/2019**".*

Existem precedentes da TNU concedendo aposentadoria especial por atividade perigosa a **motoristas de caminhões tanque que transportam produtos inflamáveis:**

> **TNU reconhece que transporte de inflamáveis é atividade especial devido à periculosidade**
>
> publicado 30/06/2015 19h00, última modificação 07/10/2016 19h24
>
> O transporte de inflamáveis é considerado atividade perigosa pela Norma Regulamentadora 16, do Ministério do Trabalho, e pela Lei nº 12.740, de 2012. Com esse fundamento, a Turma Nacional de Uniformização de Jurisprudência dos Juizados Especiais Federais (TNU) decidiu reconhecer como especial o tempo trabalhado por um segurado do INSS do Paraná na função de motorista de caminhão tanque. O caso foi analisado na sessão do dia 18 de junho, realizada no Espírito Santo.
>
> De acordo com os autos, a Turma Regional de Uniformização da 4ª Região entendeu possível o reconhecimento da especialidade do labor pelo agente nocivo periculosidade após a entrada em vigor do Decreto n. 2.172/97. Inconformado com a decisão, o INSS recorreu à TNU alegando que o acórdão divergia da jurisprudência da própria Turma Nacional. Em seu pedido, a autarquia mencionou como paradigma o Pedilef 2007.83.00.50.7212-3, que, analisando a especialidade da função de vigilante, aplicou a tese de que após a entrada em vigor do Decreto nº 2.172, de 2007, o exercício dessa atividade deixou ser previsto como apto a gerar contagem de tempo em condições especiais.
>
> Segundo o relator do voto vencedor na TNU, juiz federal João Batista Lazzari, a divergência ficou demonstrada, pois o acórdão da 4ª Região uniformizou a matéria genericamente, não se atendo à particularidade da atividade da parte autora (transporte de inflamáveis). O magistrado destacou que o presente caso não comporta o mesmo tratamento conferido pela TNU ao vigilante armado, enfatizando que na situação em exame deve-se atentar à legislação específica que define os critérios para caracterização das atividades ou operações perigosas, estendendo essa possibilidade aos trabalhadores expostos permanentemente a inflamáveis.
>
> Citou, em seu voto, o julgamento do PEDILEF 50136301820124047001, em que a TNU firmou o entendimento de que "não se pode contar tempo especial pelo agente nocivo perigo, após 5-3-1997, quando da edição do Decreto 2.172/97, à exceção daquelas previstas em lei específica como perigosas".
>
> Reconheceu o Relator que a atividade desenvolvida pela parte recorrida é considerada perigosa tanto pela Norma Regulamentadora 16 quanto pela

legislação trabalhista em vigor (art. 193, CLT, com redação alterada pela Lei a Lei nº 12.740, de 8 de dezembro de 2012).

Processo nº 0008265-54.2008.4.04.7051

22. APOSENTADORIA ESPECIAL POR PENOSIDADE

O INSS não concede aposentadoria especial por atividades penosas por entender que inexiste previsão legal.

Em 24/02/2021, o TRF da 4ª Região acolheu a tese da concessão da aposentadoria especial após a Lei 9.032/95 em favor de **motorista ou cobrador de ônibus e ajudante de caminhão por penosidade**:

Acórdão	**Classe:** AC – APELAÇÃO CIVEL **Processo:** 5001409-13.2020.4.04.7101 **UF:** RS **Data da Decisão:** 24/02/2021 **Órgão Julgador:** SEXTA TURMA **Inteiro Teor:** **Citação:**
Relatora	TAÍS SCHILLING FERRAZ
Decisão	Vistos e relatados estes autos em que são partes as acima indicadas, a Egrégia 6ª Turma do Tribunal Regional Federal da 4ª Região decidiu, por unanimidade, anular de ofício a sentença para produção de prova pericial, prejudicada a apelação, nos termos do relatório, votos e notas de julgamento que ficam fazendo parte integrante do presente julgado.
Ementa	PREVIDENCIÁRIO. TEMPO DE SERVIÇO ESPECIAL. PENOSIDADE. MOTORISTA E COBRADOR DE ÔNIBUS. PROVA PERICIAL. ATO ESSENCIAL. NECESSIDADE DE REABERTURA DA INSTRUÇÃO PROCESSUAL. ANULAÇÃO DA SENTENÇA. **1. A possibilidade, em tese, do reconhecimento do caráter especial das atividades de motorista ou de cobrador de ônibus, bem como de motorista e de ajudante de caminhão, em virtude da penosidade, mesmo nos períodos posteriores 28/04/1995, foi reconhecida pela 3ª Seção, que vem assegurando a realização de perícia judicial para tal finalidade (IRDR 5033888-90.2018.4.04.0000 (IAC TRF4 – Tema 5).** 2. Sendo a realização de prova pericial ato essencial para o deslinde da lide, impõe-se a anulação da sentença a fim de propiciar a reabertura da instrução processual.

Destarte, além da tese no Tema 1.031/STJ da concessão da aposentadoria especial por periculosidade, já existem decisões judiciais perpetrando uma **nova ampliação** para as situações de **penosidade**.

A questão será avaliada pelo STJ em sede de **recurso especial repetitivo 1307**:

ProAfR no REsp 2166208 / RS
PROPOSTA DE AFETAÇÃO NO RECURSO ESPECIAL
2024/0312453-2

DECISÃO DE AFETAÇÃO

Pesquisa de tema: Tema Repetitivo 1307

Relator

Ministro GURGEL DE FARIA (1160)

Órgão Julgador

S1 - PRIMEIRA SEÇÃO

Data do Julgamento

17/12/2024

Data da Publicação/Fonte

DJEN 10/02/2025

Ementa

PREVIDENCIÁRIO. RECURSO ESPECIAL REPRESENTATIVO DE CONTROVÉRSIA. APOSENTADORIA ESPECIAL. MOTORISTA/COBRADOR DE ÔNIBUS OU MOTORISTA DE CAMINHÃO. AFETAÇÃO.

1. A questão submetida ao Superior Tribunal de Justiça é definir se há possibilidade do reconhecimento da especialidade da atividade de motorista/cobrador de ônibus ou motorista de caminhão, por penosidade, após o advento da Lei n. 9.032/1995.

2. Hipótese em que o apelo excepcional interposto é admissível e contém abrangente argumentação e discussão sobre o tema, havendo multiplicidade de recursos sobre o mesmo assunto, e foram atendidos os demais requisitos para a afetação.

3. Tese controvertida: Definir se há possibilidade do reconhecimento da especialidade da atividade de motorista/cobrador de ônibus ou motorista de caminhão, por penosidade, após o advento da Lei n. 9.032/1995.

4. Afetação do recurso especial como representativo de controvérsia repetitiva para julgamento pela Primeira Seção do Superior Tribunal de Justiça.

Acórdão

Vistos e relatados estes autos em que são partes as acima indicadas, acordam os Ministros da PRIMEIRA SEÇÃO, por unanimidade, afetar o processo ao rito dos recursos repetitivos (RISTJ, art. 257-C) para delimitar a seguinte tese controvertida: "Definir se há possibilidade do reconhecimento da especialidade da atividade de motorista/cobrador de ônibus ou motorista de caminhão, por penosidade, após o advento da Lei n. 9.032/1995." e, igualmente por unanimidade, determinar a suspensão dos recursos especiais ou agravos em recursos especiais em segunda instância e/ou no STJ fundados em idêntica questão de direito (art. 256-L do RISTJ), conforme proposta do Sr. Ministro Relator. Os Srs. Ministros Paulo Sérgio Domingues, Teodoro Silva Santos, Francisco Falcão, Maria Thereza de Assis Moura, Benedito Gonçalves, Marco Aurélio Bellizze e Sérgio Kukina votaram com o Sr. Ministro Relator. Licenciado o Sr. Ministro Afrânio Vilela.

23. REGIME DOS MARÍTIMOS

Existe um regime jurídico *sui generis* de tempo especial em favor dos **marítimos em navios mercantes nacionais**, independentemente do momento em que o segurado venha a implementar os demais requisitos para a concessão de aposentadoria no RGPS, referente ao tempo de serviço prestado até 16.12.1998, data da publicação da Emenda 20/1998, que vedou a contagem de tempo fictícia.

É que o ano do marítimo conta com 255 dias, no que concerne ao tempo de serviço prestado até 16.12.1998, com fulcro no artigo 54, §1º, do Decreto 83.080/1979[23].

Com propriedade, o marítimo embarcado terá que comprovar a data do embarque e desembarque, não tendo ligação com a atividade exercida, mas com o tipo de embarcação e o local de trabalho, **cujo tempo será convertido, na razão de duzentos e cinquenta e cinco dias de embarque para trezentos e sessenta dias de atividade comum.**

Sobre o tema, vale colacionar julgado do STJ:

> PREVIDENCIÁRIO. PROCESSUAL CIVIL. AÇÃO RESCISÓRIA. TRABALHADOR "MARÍTIMO. APOSENTADORIA ESPECIAL. CONTAGEM DO TEMPO DE SERVIÇO. ANO MARÍTIMO. PEDIDO JULGADO PROCEDENTE.
>
> 1. O ano marítimo é constituído por um período de 255 dias, implantado na vigência dos Institutos de Aposentadoria (IAPs) com o intuito de minorar o sofrimento dos trabalhadores marítimos, ocasionado pelo confinamento. Com a edição da EC nº 20/98, ficou proibida a utilização de tempo fictício para a contagem de tempo de contribuição. Tal, entretanto, não obsta a contagem do tempo pelo ano marítimo, anteriormente à sua edição, como reconhecido pelo próprio INSS, com a edição da Instrução Normativa nº 20 INSS/PRES, de 10/10/07, e suas alterações posteriores, dentre elas a IN nº 27, de 2/5/08.

23. § 1º O caso de segurado marítimo, cada 255 (duzentos e cinqüenta a cinco) dias de embarque em navios nacionais contados da data do embarque à do desembarque equivalem a 1 (um) ano de atividade em terra, obtida essa equivalência proporcionalidade de 255 (duzentos e cinqüenta e cinco) embarque para 360 (trezentos e sessenta) meses em terra.

2. O ano marítimo existe em razão da jornada de trabalho diferenciada, e o tempo de 25 anos para aposentadoria especial, em razão da insalubridade a que se submetem os marítimos e os trabalhadores das demais categorias consideradas atividades insalubres.

3. A aposentadoria do autor data de 1987. Assim, cabível a contagem do seu tempo de serviço considerando-se o ano marítimo de 255 dias e a concessão da aposentadoria especial, uma vez comprovado o exercício de atividade especial por tempo superior ao mínimo exigido pelo Decreto 83.080/79.

4. Ação rescisória julgada procedente" (AR 3.349, 3ª Seção, de 10.02.2010).

Insta asseverar que a conversão do tempo de serviço do marítimo tem um regime jurídico especial, razão pela qual não se submete ao preenchimento do Perfil Profissiográfico Previdenciário ou outro formulário qualquer, bem como de laudo técnico de condições especiais do trabalho.

Há ainda um enquadramento especial por agentes nocivos em favor dos marítimos até a vigência da Lei 9.032/95, com lastro no Anexo do Decreto 53.831/1964:

2.4.2	TRANSPORTES MARÍTIMO, FLUVIAL E LACUSTRE	**Marítimos de convés de máquinas, de câmara e de saúde - Operários de construção e reparos navais.**	Insalubre	25 anos	Jornada normal ou especial fixada em Lei. Art. 243 CLT. Decretos nº 52.475 (*). de 13-9-63; 52.700 (*) de 18-10-63 e 53.514 (*), de 30-1-64.

Dessa forma, além o marítimo embarcado computar até 15/12/1998 (véspera da Emenda 20/1998) tempo de contribuição de 360 dias se estiver embarcado por 255 dias, faz jus cumulativamente à aposentadoria especial por profissão de 25 anos até 28/04/1995 (véspera da Lei 9.032/95).

24. LAUDO TÉCNICO DE CONDIÇÕES AMBIENTAIS E DEMAIS REGISTROS AMBIENTAIS

A comprovação da efetiva exposição do segurado aos agentes nocivos será feita mediante **formulário** emitido pela empresa ou seu preposto, com base em **laudo técnico de condições ambientais do trabalho (LTCAT),** expedido por médico do trabalho ou engenheiro de segurança do trabalho, nos termos da legislação trabalhista.

Exceto para o agente nocivo ruído que já o exigia, **o laudo técnico de condições ambientais passou a ser pressuposto obrigatório para o preenchimento do formulário com o advento do Decreto 2.172/97 (para o tempo especial a partir de 06.03.97)**, que regulamentou a nova redação artigo

58, da Lei 8.213/91, dada pela Lei 9.528/97, conforme o entendimento do STJ[24].

Entretanto, para o Conselho de Recursos da Previdência Social, o laudo técnico passou a ser obrigatório um pouco antes, em 11.10.1996, conforme prevê a sua antiga Súmula 20: "Salvo em relação ao agente agressivo ruído, não será obrigatória a apresentação de laudo técnico pericial para períodos de atividades anteriores à edição da Medida Provisória nº 1.523 -10, de 11/10/96, facultando-se ao segurado a comprovação de efetiva exposição a agentes agressivos à sua saúde ou integridade física mencionados nos formulários SB-40 ou DSS-8030, mediante o emprego de qualquer meio de prova em direito admitido", atual Enunciado 11:

ENUNCIADO 11 – CRPS ALTERADO EM 06/12/2021:

"ENUNCIADO Nº 11.

O Perfil Profissiográfico Previdenciário (PPP) é documento hábil à comprovação da efetiva exposição do segurado a todos os agentes nocivos, sendo dispensável o Laudo Técnico de Condições Ambientais de Trabalho (LTCAT) para requerimentos feitos a partir de 1º/1/2004, inclusive abrangendo períodos anteriores a esta data.

I - Considera-se trabalho permanente aquele no qual o trabalhador, necessária e obrigatoriamente, está exposto ao agente nocivo para exercer suas atividades, em razão da indissociabilidade da produção do bem ou da prestação do serviço, mesmo que a exposição não se dê em toda a jornada de trabalho.

II - A nocividade será caracterizada quando a exposição ultrapassar os limites de tolerância para os agentes nocivos avaliados pelo critério quantitativo, sendo suficiente para os agentes avaliados pelo critério qualitativo a sua efetiva presença no ambiente de trabalho.

III - A avaliação quanto à existência de permanência e nocividade será realizada com base nas informações descritas no PPP ou no LTCAT.

IV - Poderá ser solicitado o LTCAT em caso de dúvidas ou divergências em relação às informações contidas no PPP ou no processo administrativo.

V - O LTCAT ou as demonstrações ambientais substitutas extemporâneos que informem quaisquer alterações no meio ambiente do trabalho ao longo do tempo são aptos a comprovar o exercício de atividade especial, desde que a empresa informe expressamente que, ainda assim, havia efetiva exposição ao agente nocivo.

VI - Não se exigirá o LTCAT para períodos de atividades anteriores 14/10/96, data da publicação da Medida Provisória nº 1.523/96, facultando-se ao segurado a comprovação da efetiva exposição a agentes nocivos por qualquer meio de prova em direito admitido, exceto em relação a ruído.

Na análise do Laudo Técnico de Condições Ambientais do Trabalho – LTCAT, deverão ser observados os seguintes aspectos[25]:

24. REsp 354.737, de 18.11.2008.

25. Artigo 276, da Instrução Normativa INSS 128/2022.

> I – se individual ou coletivo;
>
> II – identificação da empresa;
>
> III – identificação do setor e da função;
>
> IV – descrição da atividade;
>
> V – identificação de agente nocivo capaz de causar dano à saúde e integridade física, arrolado na Legislação Previdenciária;
>
> VI – localização das possíveis fontes geradoras;
>
> VII – via e periodicidade de exposição ao agente nocivo;
>
> VIII – metodologia e procedimentos de avaliação do agente nocivo;
>
> IX – descrição das medidas de controle existentes;
>
> X – conclusão do LTCAT;
>
> XI – assinatura do médico do trabalho ou engenheiro de segurança; e
>
> XII – data da realização da avaliação ambiental.

O LTCAT deverá ser assinado por engenheiro de segurança do trabalho, com o respectivo número da Anotação de Responsabilidade Técnica – ART junto ao Conselho Regional de Engenharia e Arquitetura – CREA ou por médico do trabalho, indicando os registros profissionais para ambos.

São consideradas alterações no ambiente de trabalho ou em sua organização, entre outras, aquelas decorrentes de:

> I – mudança de layout;
>
> II – substituição de máquinas ou de equipamentos;
>
> III – adoção ou alteração de tecnologia de proteção coletiva;
>
> IV – alcance dos níveis de ação estabelecidos no subitem 9.3.6 da NR-09, aprovadas pela Portaria nº 3.214, de 8 de junho de 1978, do MTE, se aplicável; e
>
> V – extinção do pagamento do adicional de insalubridade.

O INSS admite a realização de LTCAT ou registro ambiental extemporâneo, desde que preservado o layout do ambiente de trabalho, conforme a IN INSS 128/2022:

> "Art. 279. Serão aceitos o LTCAT e os laudos mencionados nos incisos I a IV do caput do art. 277 emitidos em data anterior ou posterior ao período de exercício da atividade do segurado, desde que a empresa informe expressamente que não houve alteração no ambiente de trabalho ou em sua organização ao longo do tempo".

Registre-se havia decisão proferida em 15/06/2016 pela 21ª Vara Federal em Recife/PE, na **Ação Civil Pública nº 0802331-13.2016.4.05.8300**, impetrada pela Defensoria Pública da União, de abrangência nacional, restou determinado ao INSS que, no prazo de trinta dias, na análise de **Laudo Técnico de Condições Ambientais do Trabalho-LTCAT extemporâneo**, "caso o documento extemporâneo, **não obstante registre a alteração no ambiente de trabalho ou na organização da empresa ao longo do tempo**, fundamente objetivamente a exposição do segurado a agentes agressivos no período pretérito, o aceite em igualdade de condições com os demais documentos contemporâneos e com os documentos enquadrados no art. 261, §§ 3º e 4º da Instrução Normativa INSS/PRES nº 77, de 2015 e, a requerimento dos interessados, revise as decisões anteriormente proferidas, de modo a cumprir o presente comando judicial.

No entanto, após consulta processual nos autos 0802331-13.2016.4.05.8300 verifiquei que o TRF da 5ª Região cassou a sentença de primeiro grau:

> Processo:
>
> 08023311320164058300
>
> Órgão Julgador:
>
> 2ª TURMA
>
> Classe:
>
> APELAÇÃO / REMESSA NECESSÁRIA
>
> Data Julgamento:
>
> 01/10/2019
>
> Relator:
>
> DESEMBARGADOR FEDERAL PAULO MACHADO CORDEIRO
>
> Data Autuação:
>
> 01/04/2016
>
> **EMENTA**
>
> Copiar ementa
>
> PJE 0802331-13.2016.4.05.8300 EMENTA PROCESSUAL CIVIL. EMBARGOS DE DECLARAÇÃO. OMISSÃO. CONTRADIÇÃO. INEXISTÊNCIA. 1. Embargos de declaração opostos pela DPU em face de acórdão que, em sede de ação civil pública, deu provimento à remessa oficial e à apelação do INSS, para julgar improcedente o pedido. 2. A ação civil pública pretende o reconhecimento do documento ambiental extemporâneo como meio de prova idôneo e presumivelmente suficiente a comprovar a exposição aos agentes nocivos à saúde e/ou integridade física para fins de concessão de aposentadoria especial ou com inclusão de tempo especial ou de averbação de tempo especial, ressalvada prova do INSS em sentido contrário, com adequada exteriorização dos motivos das eventuais negativas. Sustenta a DPU, na petição inicial, que o

fato dos laudos periciais terem sido elaborados em data posterior à prestação dos serviços não compromete a prova do exercício de atividade em condições especiais, pois o avanço tecnológico propicia condições ambientais menos agressivas à saúde, de modo que é natural concluir-se que, com certeza, as condições de insalubridade no ambiente de trabalho seriam iguais ou até piores que as verificadas na época de elaboração do laudo. 3. Nas razões do recurso de embargos de declaração, alega, em síntese, a existência de omissão e contradição no julgado, sob os seguintes fundamentos: a) se bem interpretados os pedidos, não há o que se falar em julgamento extra petita ou ultra petita do juízo de primeiro grau, posto que, com o advento do Novo CPC, surgiu uma concepção mais moderna acerca da forma como o Juiz deve se comportar na compreensão e efetivação do que a parte realmente deseja em sua peça exordial e em seus requerimentos, adotando uma interpretação lógico-sistemática da petição inicial; b) o fundamento do julgado encontra-se em conformidade com a tese apresentada pela parte autora, tendo em vista que a DPU pretende a vedação ao INSS de rejeitar laudos simplesmente por serem extemporâneos, e argumentou que esse tipo de avaliação só é possível de ser feita na análise de cada caso individual - e, portanto, não poderia ser imposta e tratada como uma tese jurídica desvinculada das circunstâncias casuísticas, como o faz o INSS. 4. Nos termos do art. 1.022 do CPC/2015, cabem embargos declaratórios para esclarecer obscuridade ou eliminar contradição (inc. I); suprir omissão de ponto ou questão sobre o qual devia se pronunciar o juiz de ofício ou a requerimento (inc. II) e para corrigir erro material (inc. III). 5. Os embargos de declaração não são meio próprio ao reexame da causa, devendo limitar-se ao esclarecimento de obscuridade, contradição, omissão ou erro material, in casu, inexistentes no acórdão embargado. As questões suscitadas nos presentes embargos são, na verdade, rediscussão do mérito, incabível em sede de embargos de declaração. 6. Com efeito, o julgado impugnado já tratou a respeito do julgamento extra petita realizado pela sentença, nos seguintes termos: "O dispositivo da sentença destoa do objeto do pedido e extrapola os limites da demanda. Colhe-se dos autos que a petição inicial pede que o INSS seja condenado a apresentar justificativas detalhadas, caso a caso, a respeito de eventual não reconhecimento do documento extemporâneo como apto a comprovar o tempo de trabalho sob condições especiais à saúde ou à integridade física. Diversamente do que foi pedido, o conteúdo da sentença determina que o INSS reformule seus sistemas para que a comunicação enviada ao requerente noticie os tempos não considerados especiais, esclarecendo os motivos de eventuais indeferimentos dessa contagem especial, vedada a simples menção genérica ao não atingimento do tempo necessário à aposentadoria. **Ainda que a DPU alegue que a sentença estaria simplesmente detalhando o pedido, com o objetivo de dar maior efetividade à prestação jurisdicional, o fato é que se afigura clara a incongruência entre o que foi postulado e o que foi deferido. A demanda não postulou a reformulação dos sistemas do INSS, portanto, não poderia o juízo sentenciante inserir essa determinação na sentença, sob**

pena de extrapolar os limites da pretensão deduzida em juízo pela DPU, produzindo julgamento incompatível com o princípio da demanda e, nessa parte, inválido". 7. Também não prospera a tese de que a fundamentação do julgado da Turma encontra-se em conformidade com o pedido inicial da ação civil pública, tendo em vista que a DPU requer que o documento ambiental extemporâneo seja presumivelmente aceito como suficiente a comprovar a exposição de agentes nocivos. Contudo, o julgado impugnado argumenta no sentido contrário, apontando pela impossibilidade de haver tal presunção, tendo em vista que, "ao impor ao INSS o acatamento de determinados documentos como prova suficiente de determinada situação de exposição a condições especiais de insalubridade, o juízo inadvertidamente está inovando primariamente na ordem jurídica para criar regra de valoração da prova não prevista nem explícita nem implicitamente na legislação". 8. Além de rechaçar a tarifação de prova, a Eg. Segunda Turma frisou que a extemporaneidade pode, em algumas situações, ser motivo para, por si só, haver a rejeição o laudo: "E não se alegue que a sentença resguardaria a competência administrativa de fazer a verificação das circunstâncias de cada caso concreto, dado que o agente administrativo poderia motivadamente deixar de acolher determinado documento. Isso porque esse procedimento, de avaliação da prova e motivação da decisão, já é observado pela autarquia previdenciária, de sorte que tal interpretação acabaria por tornar inócuo o preceito inserto na sentença. Em boa verdade, o que a DPU pretende e foi acolhido pelo juízo, é exatamente a limitação da competência administrativa para vedar ao INSS a rejeição de laudos em decorrência de sua extemporaneidade. Ocorre que a extemporaneidade pode, em algumas situações, se revelar motivo suficiente para tornar inadequado o laudo, ainda que isso não se mostre verdadeiros em outras situações". 9. Embargos de declaração desprovidos. **(PROCESSO: 08023311320164058300, APELAÇÃO / REMESSA NECESSÁRIA, DESEMBARGADOR FEDERAL PAULO MACHADO CORDEIRO, 2ª TURMA, JULGAMENTO: 01/10/2019).**

O Perito Médico Previdenciário, servidor efetivo do INSS, realizará análise médico-pericial dos benefícios de aposentadoria especial, elaborando relatório conclusivo no processo administrativo ou judicial que trata da concessão, revisão ou recurso dos referidos benefícios, inclusive para fins de custeio, podendo, sempre que julgar necessário, solicitar as demonstrações ambientais e outros documentos pertinentes à empresa responsável pelas informações, bem como inspecionar o ambiente de trabalho.

Vale frisar que o próprio INSS admite que outras demonstrações ambientais e documentos a estas relacionados possa suprir a ausência do LTCAT, desde que contenham os seus elementos informativos básicos constitutivos.

Outrossim, ainda de acordo com o artigo 277 da Instrução Normativa INSS 128/2022, desde que contenham os elementos informativos básicos constitutivos do LTCAT, a Previdência Social poderá aceitar os seguintes documentos para suprir a ausência do citado laudo:

> *"I - laudos técnico-periciais realizados na mesma empresa, emitidos por determinação da Justiça do Trabalho, em ações trabalhistas, individuais ou coletivas, acordos ou dissídios coletivos, ainda que o segurado não seja o reclamante, desde que relativas ao mesmo setor, atividades, condições e local de trabalho;*
>
> *II - laudos emitidos pela Fundação Jorge Duprat Figueiredo de Segurança e Medicina do Trabalho - FUNDACENTRO;*
>
> *III - laudos emitidos por órgãos da Secretaria de Trabalho do Ministério do Trabalho e Previdência - MTP;*
>
> *IV - laudos individuais acompanhados de:*
>
> *a) autorização escrita da empresa para efetuar o levantamento, quando o responsável técnico não for seu empregado;*
>
> *b) nome e identificação do acompanhante da empresa, quando o responsável técnico não for seu empregado; e*
>
> *c) data e local da realização da perícia.*
>
> *V - demonstrações ambientais:*
>
> *a) Programa de Prevenção de Riscos Ambientais - PPRA, previsto na NR 9, até 02 de janeiro de 2022;*
>
> *b) Programa de Gerenciamento de Riscos - PGR, previsto na NR 1, a partir de 3 de janeiro de 2022;*
>
> *c) Programa de Gerenciamento de Riscos - PGR, na mineração, previsto na NR 22;*
>
> *d) Programa de Condições e Meio Ambiente de Trabalho na Indústria da Construção - PCMAT, previsto na NR 18;*
>
> *e) Programa de Controle Médico de Saúde Ocupacional - PCMSO, previsto na NR 7; e*
>
> *f) Programa de Gerenciamento de Riscos no Trabalho Rural - PGRTR, previsto na NR 31".*

Nesse sentido, de acordo com o TRF da 3ª Região, "a aposentadoria especial será concedida ao segurado que comprovar (i) ter exercido trabalho permanente em ambiente em que haja agente nocivo à sua saúde ou integridade física; (ii) o agente nocivo deve assim ser definido em legislação contemporânea ao labor; (iii) reputa-se permanente o labor exercido de forma não ocasional nem intermitente, no qual a exposição do segurado ao agente nocivo seja indissociável da produção do bem ou da prestação do serviço; e

(iv) as condições de trabalho podem ser provadas pelos instrumentos previstos nas normas de proteção ao ambiente laboral (PPRA, PGR, PCMAT, PCMSO, LTCAT, PPP, SB-40, DISES BE 5235, DSS-8030, DIRBEN-8030 e CAT) ou outros meios de prova" (APELREEX 1801370, de 03/02/2014).

De acordo com o Manual da Aposentadoria Especial do INSS atualizado em 2017, o LTCAT e as demais Demonstrações Ambientais deverão considerar:

> a) a efetiva exposição aos agentes nocivos químicos, físicos, biológicos ou associação de agentes prejudiciais à saúde ou à integridade física;
>
> b) as condições especiais que prejudicam a saúde ou integridade física, conforme definido no Anexo IV do Decreto nº 3.048, de 1999, com exposição a agentes nocivos em concentração ou intensidade e tempo de exposição que ultrapasse os limites de tolerância ou que, dependendo do agente, torne a simples exposição em condição especial prejudicial à saúde;
>
> c) o conceito de nocividade como situação combinada ou não de substâncias, energias e demais fatores de riscos reconhecidos, presentes no ambiente de trabalho, capazes de trazer ou ocasionar danos à saúde ou à integridade física do trabalhador;
>
> d) o conceito de permanência como aquele em que a exposição ao agente nocivo ocorre de forma não ocasional nem intermitente, no qual a exposição do empregado, do trabalhador avulso ou do cooperado ao agente nocivo seja indissociável da produção do bem ou da prestação do serviço;
>
> e) a avaliação dos agentes nocivos descritos no Anexo IV do Decreto nº 3.048, de 1999, pode ser qualitativa ou quantitativa. Na avaliação qualitativa, a nocividade dá-se pela presença do agente no ambiente de trabalho, conforme os Anexos 6, 13, 13-A e 14 da NR-15 aprovada pela Portaria nº 3.214, de 1978, do MTE. Na quantitativa, a nocividade ocorre pela ultrapassagem dos limites de tolerância, de acordo com os Anexos 1, 2, 3, 4, 8, 9, 11 e 12 da mesma NR-15;
>
> f) a partir de 1° janeiro de 2004, os procedimentos de levantamento ambiental devem estar de acordo com a metodologia das Normas de Higiene Ocupacional – NHO da Fundacentro, observando-se os limites de tolerância estabelecidos na NR-15, aprovada pela Portaria nº 3.214, de 1978, do MTE, sendo facultada a sua utilização a partir de 19 de novembro de 2003 (data da publicação no DOU do Decreto nº 4.882, de 2003).

25. PERFIL PROFISSIOGRÁFICO PREVIDENCIÁRIO E FORMULÁRIOS ANTERIORES

Desde 01.01.2004, o formulário utilizado pela legislação previdenciária é o **PPP – Perfil Profissiográfico Previdenciário**, por força da IN INSS DC

95/2003, assim considerado o documento histórico-laboral do trabalhador, segundo modelo instituído pelo Instituto Nacional do Seguro Social, que, entre outras informações, deve conter registros ambientais, resultados de monitoração biológica e dados administrativos, que deverá sofrer atualização sempre que houver informações que impliquem na mudança do seu conteúdo, a ser feita pelo menos uma vez ao ano.

IMPORTANTE!

A informação oficial veiculada por 20 anos deu conta de que o PPP é o formulário adotado para o reconhecimento do tempo especial para preenchimentos a contar de 01.01.2004. No entanto, o formulário foi criado pela primeira vez pela IN INSS 78, publicada em 18 de julho de 2002, e não pela IN 99/2003, cujo anexo XV traz o formulário PPP. Coube a IN INSS 170/2024 corrigir essa falha histórica ao alterar a IN INSS 128/2022 (art. 272), admitindo o PPP para expedições a contar de 18 de julho de 2002.

O PPP deverá ser emitido pela empresa empregadora, no caso de empregado; pela cooperativa de trabalho ou de produção, no caso de cooperado filiado; pelo órgão gestor de mão de obra, no caso de trabalhador avulso portuário e pelo sindicato da categoria, no caso de trabalhador avulso não portuário.

Deverá ser impresso por ocasião da rescisão do contrato de trabalho ou da desfiliação da cooperativa, sindicato ou órgão gestor de mão de obra, em duas vias, com fornecimento de uma das vias para o trabalhador, mediante recibo. Da mesma forma, deverá ser impresso sempre que solicitado pelo trabalhador, para fins de requerimento de reconhecimento de períodos laborados em condições especiais; para fins de análise de benefícios e serviços previdenciários e quando solicitado pelo INSS e para simples conferência por parte do trabalhador, pelo menos uma vez ao ano, quando da avaliação global anual do Programa de Prevenção de Riscos Ambientais – PPRA.

A partir do início da obrigatoriedade dos eventos de Segurança e Saúde no Trabalho (SST) no Sistema Simplificado de Escrituração Digital das Obrigações Previdenciárias, Trabalhistas e Fiscais – eSocial, o Perfil Profissiográfico Previdenciário – PPP será **emitido exclusivamente em meio eletrônico para os segurados das empresas obrigadas,** nos termos da PORTARIA/MTP Nº 313, DE 22 DE SETEMBRO DE 2021, **a partir de 01/01/2023 (PORTARIA MTP Nº 1.010, DE 24 DE DEZEMBRO DE 2021).**

Nesse sentido, nos termos da Portaria INSS/DIRBEN 1.100/2023, **para períodos trabalhados a partir de 1º de janeiro de 2023, o PPP será emitido exclusivamente em meio eletrônico** a partir das informações constantes nos eventos de Segurança e Saúde no Trabalho - SST no Sistema Simplificado de Escrituração Digital das Obrigações Previdenciárias, Trabalhistas e Fiscais - eSocial.

O PPP em meio eletrônico é disponibilizado pelo INSS por meio da consolidação das informações enviadas no eSocial:

> I - pela empresa, no caso de segurado empregado;
>
> II - pela Cooperativa de Trabalho ou de produção, no caso de cooperado filiado; e
>
> III - pelo órgão gestor de mão de obra ou pelo sindicato da categoria, no caso de trabalhador avulso.

O PPP em meio eletrônico substitui o PPP em meio físico para comprovação de direitos junto ao INSS, não se admitindo o PPP físico para períodos trabalhados a contar de 1º de janeiro de 2023.

Para as relações trabalhistas ativas em 1º de janeiro de 2023 e iniciadas antes dessa data, será admitido o PPP em meio físico para o período trabalhado até 31 de dezembro de 2022 e o PPP em meio eletrônico para o período trabalhado a partir de 1º de janeiro de 2023.

A partir da implantação do PPP em meio eletrônico a obrigação da empresa de elaborar e manter atualizado o PPP se dá mediante o envio eletrônico das informações relacionadas à segurança e saúde do trabalhador pelo eSocial - evento S-2240 - Condições Ambientais do Trabalho - Agentes Nocivos.

O prazo para as empresas enviarem o evento S-2240 é até o dia 15 (quinze) do mês subsequente ao início da obrigatoriedade dos eventos de SST ou do ingresso/admissão do servidor. Sempre que houver alteração da informação inicial, a empresa deve enviar o evento S-2240 até o dia 15 (quinze) do mês subsequente à ocorrência da alteração.

A consolidação das informações enviadas pelas empresas para a formação do PPP é realizada e disponibilizada pelo INSS através do Portal CNIS, SAT Central e Meu INSS.

Dessa forma, para fins de instrução de processos administrativos previdenciários que exijam a comprovação de exposição a agentes nocivos de períodos trabalhados a partir de 1º de janeiro de 2023, o servidor deverá obter o PPP em meio eletrônico através do Portal CNIS ou do SAT Central.

De acordo com a TNU, "reafirmando a tese consolidada na Súmula n. 33, a TNU deu provimento ao incidente do autor para estabelecer a data de início do benefício previdenciário na data do requerimento administrativo, destacando que o momento da confecção ou de apresentação do PPP no qual se baseou o juízo para acolher o pleito de aposentação é indiferente para este fim" (Processo n. 0535799-85.2009.4.05.8300 – Boletim 22/06/2017)".

Para as atividades exercidas até 31 de dezembro de 2003, serão aceitos os antigos formulários, desde que emitidos até essa data, observando as normas de regência vigentes nas respectivas datas de emissão.

Formulário	Validade
IS nº SSS-501.19/71	De 26.2.1971 a 5.12.1977
ISS-132	De 6.12.1977 a 12.8.1979
SB-40	De 13.8.1979 a 15.9.1991
DISES BE 5235	De 16.9.1991 a 12.10.1995
DSS-8030	De 13.10.95 a 25.10.2000
DIRBEN 8030	De 26.10.2000 a 31.12.2003
PPP FÍSICO	A partir de 1.1.2004 até 31.12.2022 (períodos trabalhados)
PPP ELETRÔNICO	Períodos trabalhados a partir de 1.1.2023

Vale destacar que a empresa deverá elaborar e manter atualizado perfil profissiográfico previdenciário, abrangendo as atividades desenvolvidas pelo trabalhador e fornecer a este, quando da rescisão do contrato de trabalho ou do desligamento do cooperado, cópia autêntica deste documento, sob pena de multa.

Com propriedade, as **avaliações ambientais** deverão considerar a classificação dos agentes nocivos e os limites de tolerância estabelecidos pela legislação trabalhista, bem como a **metodologia** e os procedimentos de avaliação estabelecidos pela Fundação Jorge Duprat Figueiredo de Segurança e Medicina do Trabalho – **FUNDACENTRO** e os limites de tolerância estabelecidos pela NR-15 do MTE.

Contudo, consoante dispõe o Decreto 8.123/2013, na hipótese de não terem sido estabelecidos pela FUNDACENTRO a metodologia e procedimentos de avaliação, cabe ao Ministério do Trabalho definir outras instituições que os estabeleçam.

Frise-se que o PPP e o laudo técnico emitidos em data anterior ou posterior ao exercício da atividade do segurado poderão ser aceitos para garantir direito relativo ao enquadramento de tempo especial, após avaliação por parte do INSS desde que a empresa informe expressamente que não houve alteração no ambiente de trabalho ou em sua organização ao longo do tempo[26].

26. Artigo 279, da Instrução Normativa INSS 128/2022.

Nesse sentido, a Súmula 68, da TNU:

> **Súmula 68 – O laudo pericial não contemporâneo ao período trabalhado é apto à comprovação da atividade especial do segurado.**

Vale frisar que, a princípio, basta a apresentação do PPP, não sendo exigível o LTCAT, salvo se houver incorreção, contradição ou obscuridade no PPP, hipótese na qual deve ser o segurado instado a apresentar o laudo.

O STJ fixou tese repetitiva nesse mesmo sentido no julgamento da PETIÇÃO Nº 10.262 – RS (2013/0404814-0), de 8/2/2017:

> PEDIDO DE UNIFORMIZAÇÃO DE JURISPRUDÊNCIA. PREVIDENCIÁRIO. COMPROVAÇÃO DE TEMPO DE SERVIÇO ESPECIAL. RUÍDO. PERFIL PROFISSIOGRÁFICO PREVIDENCIÁRIO (PPP). APRESENTAÇÃO SIMULTÂNEA DO RESPECTIVO LAUDO TÉCNICO DE CONDIÇÕES AMBIENTAIS DE TRABALHO (LTCAT). DESNECESSIDADE QUANDO AUSENTE IDÔNEA IMPUGNAÇÃO AO CONTEÚDO DO PPP.
>
> 1. Em regra, trazido aos autos o Perfil Profissiográfico Previdenciário (PPP), dispensável se faz, para o reconhecimento e contagem do tempo de serviço especial do segurado, a juntada do respectivo Laudo Técnico de Condições Ambientais de Trabalho (LTCAT), na medida que o PPP já é elaborado com base nos dados existentes no LTCAT, ressalvando-se, entretanto, a necessidade da também apresentação desse laudo quando idoneamente impugnado o conteúdo do PPP.
>
> 2. No caso concreto, conforme destacado no escorreito acórdão da TNU, assim como no bem lançado pronunciamento do Parquet, não foi suscitada pelo órgão previdenciário nenhuma objeção específica às informações técnicas constantes do PPP anexado aos autos, não se podendo, por isso, recusar-lhe validade como meio de prova apto à comprovação da exposição do trabalhador ao agente nocivo "ruído".
>
> 3. Pedido de uniformização de jurisprudência improcedente.

Por sua vez, a PGF editou o Parecer Referencial 23/2017, aduzindo que uma vez trazido aos autos o Perfil Profissiográfico Previdenciário (PPP), dispensável se faz, para o reconhecimento e contagem do tempo de serviço especial do segurado, a juntada do respectivo Laudo Técnico de Condições Ambientais de Trabalho (LTCAT), na medida que o PPP já é elaborado com base nos dados existentes no LTCAT, ressalvando-se, entretanto, a necessidade da também apresentação desse laudo quando idoneamente impugnado o conteúdo do PPP.

O PPP possui atualmente 18 campos a serem preenchidos. Nos campos 1/12 deverá ser identificado o segurado, inclusive a sua data de admissão, a existência de regime de revezamento[27] e a existência de Comunicação de Acidente de Trabalho registrada.

---

27. Regime de Revezamento de trabalho, para trabalhos em turnos ou escala, especificando tempo trabalhado e tempo de descanso, com até quinze caracteres alfanuméricos.

PERFIL PROFISSIOGRÁFICO PREVIDENCIÁRIO – PPP – IN INSS 133/2022:

<table>
<tr><td colspan="7">DADOS ADMINISTRATIVOS</td></tr>
<tr><td colspan="3">1 - CNPJ do Domicílio Tributário/CEI/CAEPF/CNO</td><td colspan="3">2 - Nome Empresarial</td><td>3 - CNAE</td></tr>
<tr><td colspan="3">4 - Nome do Trabalhador</td><td colspan="3">5 - BR/PDH</td><td>6 - CPF</td></tr>
<tr><td>7 - Data de Nascimento</td><td>8 - Sexo (F/M)</td><td colspan="2">9 - Matrícula do Trabalhador no eSocial</td><td>10 - Data de Admissão</td><td colspan="2">11 - Regime Revezamento</td></tr>
<tr><td></td><td></td><td colspan="2"></td><td></td><td colspan="2"></td></tr>
<tr><td colspan="7">12 - CAT REGISTRADA</td></tr>
<tr><td>12.1 - Data do Registro</td><td colspan="2">12.2 - Número da CAT</td><td colspan="2">12.1 - Data do Registro</td><td colspan="2">12.2 - Número da CAT</td></tr>
<tr><td></td><td colspan="2"></td><td colspan="2"></td><td colspan="2"></td></tr>
<tr><td colspan="7">13 - LOTAÇÃO E ATRIBUIÇÃO</td></tr>
<tr><td>13.1 - Período</td><td>13.2 - CNPJ/CEI/ CAEPF/CNO</td><td>13.3 - Setor</td><td>13.4 - Cargo</td><td>13.5 - Função</td><td>13.6 - CBO</td><td>13.7 - Código GFIP/eSocial</td></tr>
<tr><td>____/____/________ a ____/____/________</td><td></td><td></td><td></td><td></td><td></td><td></td></tr>
<tr><td>____/____/________ a ____/____/________</td><td></td><td></td><td></td><td></td><td></td><td></td></tr>
<tr><td>____/____/________ a ____/____/________</td><td></td><td></td><td></td><td></td><td></td><td></td></tr>
<tr><td>____/____/________ a ____/____/________</td><td></td><td></td><td></td><td></td><td></td><td></td></tr>
<tr><td colspan="7">14 - PROFISSIOGRAFIA</td></tr>
</table>

14.1 - Período	14.2 - Descrição das Atividades
____/____/________ a ____/____/________	
____/____/________ a ____/____/________	
____/____/________ a ____/____/________	
____/____/________ a ____/____/________	

REGISTROS AMBIENTAIS

15 - EXPOSIÇÃO A FATORES DE RISCOS

15.1 - Período	15.2 - Tipo	15.3 - Fator de Risco	15.4 - Intensidade/ Concentração	15.5 - Técnica Utilizada	15.6 - EPC Eficaz (S/N)	15.7 - EPI Eficaz (S/N)	15.8 - CA EPI	15.9 - Atendimento aos requisitos das NR-06 e NR-01 do MTP pelos EPIs informados (*)				
								Medida de Proteção	Condição de Funcionamento do EPI	Prazo de Validade do EPI	Periodicidade da Troca do EPI	Higienização do EPI
____/____/________a ____/____/________												
____/____/________a ____/____/________												
____/____/________a ____/____/________												
____/____/________a												

<table>
<tr><td colspan="4">*Legenda do item 15.9: Medida de Proteção: Foi tentada a implementação de medidas de proteção coletiva, de caráter administrativo ou de organização do trabalho, optando-se pelo Equipamento de Proteção Individual - EPI por inviabilidade técnica, insuficiência ou interinidade, ou ainda em caráter complementar ou emergencial?</td></tr>
<tr><td colspan="4">Condição de Funcionamento do EPI: Foram observadas as condições de funcionamento e do uso ininterrupto do EPI ao longo do tempo, conforme especificação técnica do fabricante, ajustada às condições? Prazo de Validade do EPI: Foi observado o prazo de validade, conforme Certificado de Aprovação - CA do MTP? Periocidade da Troca do EPI: Foi observada a periodicidade de troca definida pelos programas ambientais, comprovada mediante recibo assinado pelo usuário em época própria? Higienização do EPI: Foi observada a higienização?</td></tr>
<tr><td colspan="4">16. RESPONSÁVEL PELOS REGISTROS AMBIENTAIS</td></tr>
<tr><td>16.1 - Período</td><td>16.2 - CPF</td><td>16.3 - Registro Conselho de Classe</td><td>16.4 - Nome do profissional legalmente habilitado</td></tr>
<tr><td>____/____/________ a ____/____/________</td><td></td><td></td><td></td></tr>
<tr><td>____/____/________ a ____/____/________</td><td></td><td></td><td></td></tr>
<tr><td>____/____/________ a ____/____/________</td><td></td><td></td><td></td></tr>
<tr><td>____/____/________ a ____/____/________</td><td></td><td></td><td></td></tr>
<tr><td colspan="4">RESPONSÁVEIS PELAS INFORMAÇÕES</td></tr>
<tr><td colspan="4">Declaramos, para todos os fins de direito, que as informações prestadas neste documento são verídicas e foram transcritas fielmente dos registros administrativos, das demonstrações ambientais e dos programas médicos de responsabilidade da empresa. É de nosso conhecimento que a prestação de informações falsas neste documento constitui crime de falsificação de documento público, nos termos do art. 297 do Código Penal e, também, que tais informações são de caráter privativo do trabalhador, constituindo crime, nos termos da Lei nº 9.029, de 13 de abril de 1995, práticas discriminatórias decorrentes de sua exigibilidade por outrem, bem como de sua divulgação para terceiros, ressalvado quando exigida pelos órgãos públicos competentes.</td></tr>
<tr><td>17 - Data da Emissão do PPP</td><td colspan="3">18 - Representante Legal da Empresa</td></tr>
<tr><td>______/______/_________</td><td>18.1 - CPF do Representante Legal</td><td colspan="2">18.2 - Nome do Representante Legal</td></tr>
<tr><td></td><td></td><td colspan="2"></td></tr>
<tr><td></td><td>(Carimbo da Empresa)</td><td colspan="2">______________________________(Assinatura física ou eletrônica)</td></tr>
<tr><td colspan="4">OBSERVAÇÕES</td></tr>
</table>

No **campo 13** o representante da empresa deverá indicar os vínculos do segurado[28], inclusive o setor, o cargo e a função desenvolvida. Ademais, as atividades do segurado deverão ser descritas e o código CNAE[29] da empresa[30]. Já o **campo 14** deverá ser completado com informações sobre a profissiografia do trabalhador, por período.

O **campo 15** é destinado aos registros ambientais[31], devendo conter informações sobre a exposição do trabalhador a fatores de riscos ambientais, por período, ainda que estejam neutralizados, atenuados ou exista proteção eficaz. Facultativamente, também poderão ser indicados os fatores de riscos ergonômicos e mecânicos.

Deve ser apontada pela empresa a existência e a efetiva utilização de equipamentos de proteção individual e coletiva que sejam eficazes para reduzir a exposição aos agentes nocivos à saúde.

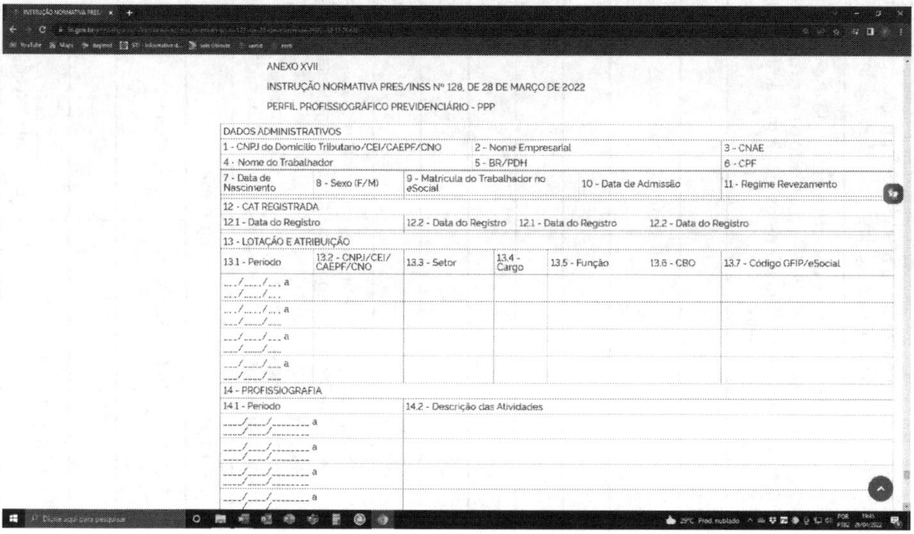

ANEXO XVII

INSTRUÇÃO NORMATIVA PRES/INSS Nº 128, DE 28 DE MARÇO DE 2022

PERFIL PROFISSIOGRÁFICO PREVIDENCIÁRIO - PPP

DADOS ADMINISTRATIVOS						
1 - CNPJ do Domicílio Tributário/CEI/CAEPF/CNO		2 - Nome Empresarial				3 - CNAE
4 - Nome do Trabalhador		5 - BR/PDH				6 - CPF
7 - Data de Nascimento	8 - Sexo (F/M)	9 - Matrícula do Trabalhador no eSocial		10 - Data de Admissão		11 - Regime Revezamento
12 - CAT REGISTRADA						
12.1 - Data do Registro		12.2 - Data do Registro		12.1 - Data do Registro	12.2 - Data do Registro	
13 - LOTAÇÃO E ATRIBUIÇÃO						
13.1 - Período	13.2 - CNPJ/CEI/CAEPF/CNO	13.3 - Setor	13.4 - Cargo	13.5 - Função	13.6 - CBO	13.7 - Código GFIP/eSocial
.../.../... a .../.../...						
.../.../... a .../.../...						
.../.../... a .../.../...						
.../.../... a .../.../...						

14 - PROFISSIOGRAFIA	
14.1 - Período	14.2 - Descrição das Atividades
___/___/______ a ___/___/______	
___/___/______ a ___/___/______	
___/___/______ a ___/___/______	
___/___/______ a	

28. BR – Beneficiário Reabilitado; PDH – Portador de Deficiência Habilitado. Número de Identificação do Trabalhador com onze caracteres numéricos, no formato XXX.XXXXX.XX-X.
29. Classificação Nacional de Atividades Econômicas da empresa, completo, com sete caracteres numéricos, no formato XXXXXX-X, instituído pelo IBGE por meio da Resolução CONCLA nº 07, de 16 de dezembro de 2002.
30. Classificação Brasileira de Ocupação vigente à época, com seis caracteres numéricos.
31. TIPO: F – Físico; Q – Químico; B – Biológico; E -Ergonômico/Psicossocial, M – Mecânico/de Acidente, conforme classificação adotada pelo Ministério da Saúde, em "Doenças Relacionadas ao Trabalho: Manual de Procedimentos para os Serviços de Saúde", de 2001. A indicação do Tipo "E" e "M" é facultativa. O que determina a associação de agentes é a superposição de períodos com fatores de risco diferentes.

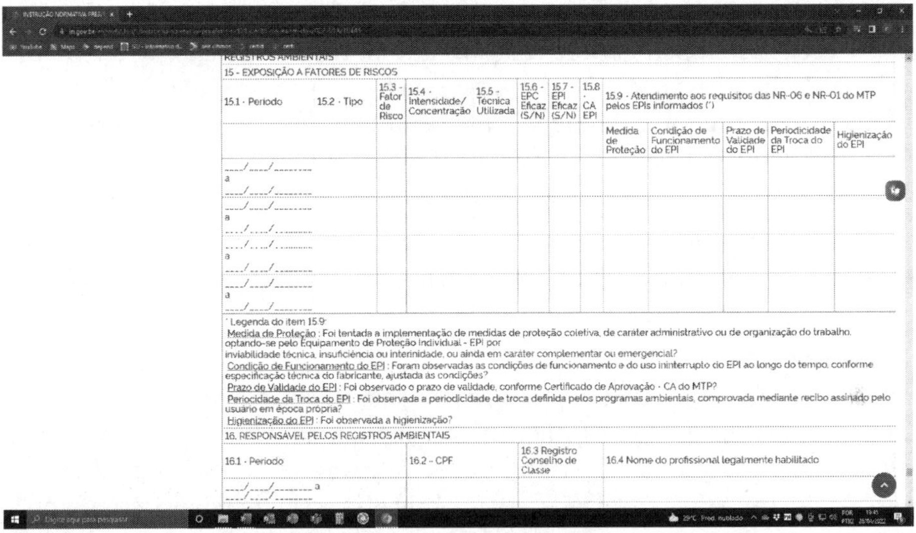

REGISTROS AMBIENTAIS

15 - EXPOSIÇÃO A FATORES DE RISCOS

15.1 - Período	15.2 - Tipo	15.3 - Fator de Risco	15.4 - Intensidade/ Concentração	15.5 - Técnica Utilizada	15.6 - EPC Eficaz (S/N)	15.7 - EPI Eficaz (S/N)	15.8 - CA EPI	15.9 - Atendimento aos requisitos das NR-06 e NR-01 do MTP pelos EPIs informados (*)				
								Medida de Proteção	Condição de Funcionamento do EPI	Prazo de Validade do EPI	Periodicidade da Troca do EPI	Higienização do EPI
___/___/_______ a ___/___/_______												
___/___/_______ a ___/___/_______												
___/___/_______ a ___/___/_______												
___/___/_______ a ___/___/_______												

* Legenda do item 15.9:

Medida de Proteção : Foi tentada a implementação de medidas de proteção coletiva, de caráter administrativo ou de organização do trabalho, optando-se pelo Equipamento de Proteção Individual - EPI por inviabilidade técnica, insuficiência ou interinidade, ou ainda em caráter complementar ou emergencial?

Condição de Funcionamento do EPI : Foram observadas as condições de funcionamento e do uso ininterrupto do EPI ao longo do tempo, conforme especificação técnica do fabricante, ajustada às condições?

Prazo de Validade do EPI : Foi observado o prazo de validade, conforme Certificado de Aprovação - CA do MTP?

Periocidade da Troca do EPI : Foi observada a periodicidade de troca definida pelos programas ambientais, comprovada mediante recibo assinado pelo usuário em época própria?

Higienização do EPI : Foi observada a higienização?

16. RESPONSÁVEL PELOS REGISTROS AMBIENTAIS

16.1 - Período	16.2 - CPF	16.3 Registro Conselho de Classe	16.4 Nome do profissional legalmente habilitado
___/___/_______ a ___/___/_______			

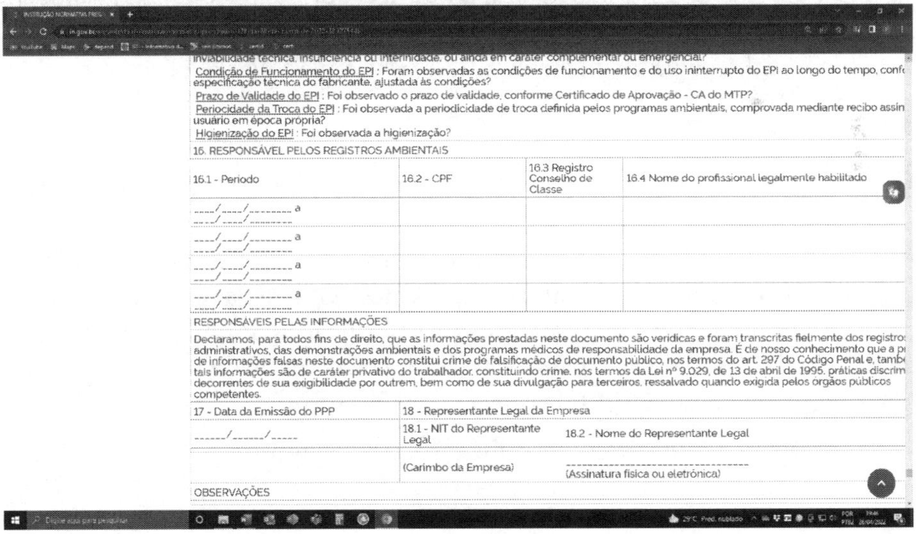

inviabilidade técnica, insuficiência ou interinidade, ou ainda em caráter complementar ou emergencial?

Condição de Funcionamento do EPI : Foram observadas as condições de funcionamento e do uso ininterrupto do EPI ao longo do tempo, conf especificação técnica do fabricante, ajustada às condições?

Prazo de Validade do EPI : Foi observado o prazo de validade, conforme Certificado de Aprovação - CA do MTP?

Periocidade da Troca do EPI : Foi observada a periodicidade de troca definida pelos programas ambientais, comprovada mediante recibo assin usuário em época própria?

Higienização do EPI : Foi observada a higienização?

16. RESPONSÁVEL PELOS REGISTROS AMBIENTAIS

16.1 - Período	16.2 - CPF	16.3 Registro Conselho de Classe	16.4 Nome do profissional legalmente habilitado
___/___/_______ a ___/___/_______			
___/___/_______ a ___/___/_______			
___/___/_______ a ___/___/_______			
___/___/_______ a ___/___/_______			

RESPONSÁVEIS PELAS INFORMAÇÕES

Declaramos, para todos fins de direito, que as informações prestadas neste documento são verídicas e foram transcritas fielmente dos registros administrativos, das demonstrações ambientais e dos programas médicos de responsabilidade da empresa. É de nosso conhecimento que a p de informações falsas neste documento constitui crime de falsificação de documento público, nos termos do art. 297 do Código Penal e, tamb tais informações são de caráter privativo do trabalhador, constituindo crime, nos termos da Lei nº 9.029, de 13 de abril de 1995, práticas discrim decorrentes de sua exigibilidade por outrem, bem como de sua divulgação para terceiros, ressalvado quando exigida pelos órgãos públicos competentes.

17 - Data da Emissão do PPP	18 - Representante Legal da Empresa	
_____/_____/_____	18.1 - NIT do Representante Legal	18.2 - Nome do Representante Legal
	(Carimbo da Empresa)	______________________________ (Assinatura física ou eletrônica)

OBSERVAÇÕES

Verifica-se que o campo 15.8 (CA EPI) registra o número do Certificado de Aprovação (CA) do EPI pelo Ministério do Trabalho e Previdência. A Norma Regulamentadora n.º 6 (NR 6), estabelece as disposições relativas aos Equipamentos de Proteção Individual – EPI.

O Certificado de Aprovação (CA) é o documento emitido pelo órgão nacional competente em matéria de segurança e saúde no trabalho autorizando a comercialização e utilização do EPI no território nacional.

Por sua vez, a Portaria DSST/SIT n.º 451, de 20 de novembro de 2014 estabelece procedimentos para cadastro de empresas fabricantes e/ou importadoras de EPI junto ao Departamento de Segurança e Saúde do Trabalho - DSST, bem como procedimentos para emissão e renovação do Certificado de Aprovação - CA de EPI, ao passo que a Portaria DSST/SIT n.º 452, de 20 de novembro de 2014 estabelece requisitos para fabricação e ensaios de EPI.

A consulta de Certificado de Aprovação - CA encontra-se disponível no sítio do Ministério do Trabalho na internet no link: http://caepi.mte.gov.br/internet/ConsultaCAInternet.aspx.

Conforme noticiado no sítio do extinto Ministério do Trabalho[32], como expresso na alínea "c" do item 6.6.1 da Norma Regulamentadora 06 (NR 6), é vedado ao empregador o fornecimento de Equipamento de Proteção Individual - EPI que não tenha Certificado de Aprovação - CA emitido pelo Ministério do Trabalho. Todavia, inexiste obrigação legal de requisição de cópia autenticada do documento quando da aquisição do equipamento, podendo o empregador, não obstante, solicitá-la ao fornecedor, se assim entender necessário. Da mesma forma, não há na Norma qualquer exigência de que o empregador mantenha cópia autenticada de CA para apresentação à fiscalização do trabalho.

Informamos que o Sistema de Gerenciamento de Certificados de Aprovação - CAEPI, disponível no sítio do MTPS na internet, implantado em 2009, disponibiliza todas as informações necessárias sobre os CAs emitidos, que podem ser utilizadas, inclusive, como subsídios para o fornecimento de equipamentos adequados aos trabalhadores. O mesmo sistema pode ser acessado pelos Auditores-Fiscais do Trabalho para a verificação de existência e validade de um CA, assim como para consulta sobre os tipos de proteção para as quais um determinado EPI foi aprovado.

Ademais, para fins de comercialização, o CA concedido aos EPI ter validade:

> a) de 5 (cinco) anos, para aqueles equipamentos com laudos de ensaio que não tenham sua conformidade avaliada no âmbito do SINMETRO;
>
> b) do prazo vinculado avaliação da conformidade no âmbito do SINMETRO, quando for o caso.

32. http://portalfat.mte.gov.br/programas-e-acoes-2/programa-de-protecao-do-emprego-ppe/perguntas-frequentes/equipamentos-de-protecao-individual/.

O prazo de validade do Certificado de Aprovação – CA de um Equipamento de Proteção Individual – EPI necessário a fim de resguardar a qualidade dos EPIs disponibilizados no mercado, tendo em vista que, para a renovação do CA, o fabricante/importador deve realizar ensaios periódicos em seu EPI.

Segundo a NR 6, é obrigação do empregador fornecer ao trabalhador somente EPI aprovado pelo extinto Ministério do Trabalho e Previdência. Portanto, deve-se atentar para o fato de que, na aquisição do EPI, o CA respectivo deve estar válido.

Registre-se que a NR 6 teve a sua redação modificada pela Portaria MTP 2175, de 28.07.2022.

Uma vez adquirido o EPI com CA válido, o empregador deve observar as informações de validade, manuseio e armazenamento do equipamento fornecidas pelo fabricante/importador (vide Nota Técnica 146 CGNOR/DSST/SIT/TEM).

Vale registrar que alguns EPIs têm a sua conformidade avaliada no âmbito do SINMETRO, conforme estabelecido na NR 6. Esses equipamentos encontram-se definidos no Anexo II da Portaria DSST/SIT nº 452/2014.

Para esses equipamentos, a validade do CA "Condicionada manutenção da certificação pelo INMETRO. Ou seja, para manter a validade do CA, a certificação junto ao INMETRO deve estar ativa.

Logo, constatado no CA esse tipo de certificação de EPI, a empresa deve verificar a manutenção da certificação do EPI junto ao INMETRO, no endereço eletrônico http://www.inmetro.gov.br/prodcert/certificados/busca.asp, utilizando-se como argumentos de pesquisa, por exemplo, o nome do Organismo Certificador (OCP), o CNPJ da empresa, a referência do equipamento ou o número do Certificado INMETRO.

Enquanto estiver válido no INMETRO o Certificado de Conformidade (indicado no campo "Marcação do Selo do INMETRO do CA), o EPI pode ser fabricado e comercializado.

O campo 15.9 trata-se de inserção dada pela Instrução Normativa INSS 128/2022, objetivando o atendimento aos requisitos das NR-06 e NR-01 do MTP pelos EPIs informados.

O **campo 16** deve conter os dados do médico ou engenheiro do trabalho responsável pelo laudo técnico de condições ambientais que fundamentou o PPP.

Entendo que se o campo 16 estiver em branco, o PPP não deverá ser aceito, *a priori*. Isso porque será necessário consultar se existe LTCAT válido elaborado por médico ou engenheiro do trabalho, pressuposto de validade para qualquer formulário em relação ao tempo especial prestado a contar de 14/10/1996, exceto em relação ao ruído que sempre o exigiu.

O nosso posicionamento foi adotado pela TNU ao julgar o Tema 208:

Tema	208	Situação do tema	Julgado	Ramo do direito	DIREITO PREVIDENCIÁRIO
Questão submetida a julgamento	Saber se é necessária a indicação, no PPP, do profissional habilitado para registro de condições ambientais e monitoração biológica, para fins de reconhecimento da atividade como especial.				
Tese firmada	**1. Para a validade do Perfil Profissiográfico Previdenciário (PPP) como prova do tempo trabalhado em condições especiais nos períodos em que há exigência de preenchimento do formulário com base em Laudo Técnico das Condições Ambientais de Trabalho (LTCAT), é necessária a indicação do responsável técnico pelos registros ambientais, sendo dispensada a informação sobre monitoração biológica. 2. A ausência da informação no PPP pode ser suprida pela apresentação de LTCAT ou por elementos técnicos equivalentes, cujas informações podem ser estendidas para período anterior ou posterior à sua elaboração, desde que acompanhados da declaração do empregador sobre a inexistência de alteração no ambiente de trabalho ou em sua organização ao longo do tempo.**				
Processo	Decisão de afetação	Relator (a)	Julgado em	Acórdão publicado em	Trânsito em julgado
PEDILEF 0500940-26.2017.4.05.8312/PE	25/04/2019	Juiz Federal Atanair Nasser Ribeiro Lopes	20/11/2020	20/11/2020	-

Posteriormente, na sessão de 21/06/2021 a tese sofreu pequenos ajustes redacionais:

Tema	208	Situação do tema	Julgado	Ramo do direito	DIREITO PREVIDENCIÁRIO
Questão submetida a julgamento	Saber se é necessária a indicação, no PPP, do profissional habilitado para registro de condições ambientais e monitoração biológica, para fins de reconhecimento da atividade como especial.				

Tese firmada	1. Para a validade do Perfil Profissiográfico Previdenciário (PPP) como prova do tempo trabalhado em condições especiais nos períodos em que há exigência de preenchimento do formulário com base em Laudo Técnico das Condições Ambientais de Trabalho (LTCAT), é necessária a indicação do responsável técnico pelos registros ambientais **para a totalidade dos períodos informados**, sendo dispensada a informação sobre monitoração biológica. 2. A ausência **total ou parcial** da indicação no PPP pode ser suprida pela apresentação de LTCAT ou por elementos técnicos equivalentes, cujas informações podem ser estendidas para período anterior ou posterior à sua elaboração, desde que acompanhados da declaração do empregador **ou comprovada por outro meio a inexistência de alteração no ambiente de trabalho ou em sua organização ao longo do tempo**. *Tese com redação alterada em sede de embargos de declaração.*				
Entendimento anterior	1. Para a validade do Perfil Profissiográfico Previdenciário (PPP) como prova do tempo trabalhado em condições especiais nos períodos em que há exigência de preenchimento do formulário com base em Laudo Técnico das Condições Ambientais de Trabalho (LTCAT), é necessária a indicação do responsável técnico pelos registros ambientais, sendo dispensada a informação sobre monitoração biológica. 2. A ausência da informação no PPP pode ser suprida pela apresentação de LTCAT ou por elementos técnicos equivalentes, cujas informações podem ser estendidas para período anterior ou posterior à sua elaboração, desde que acompanhados da declaração do empregador sobre a inexistência de alteração no ambiente de trabalho ou em sua organização ao longo do tempo.				
Processo	Decisão de afetação	Relator (a)	Julgado em	Acórdão publicado em	Trânsito em julgado
PEDILEF 0500940-26.2017.4.05.8312/PE	25/04/2019	Juiz Federal Atanair Nasser Ribeiro Lopes	20/11/2020	20/11/2020 21/06/2021 (ED)	ED acolhidos

Em síntese, **podemos apontar três ajustamentos:**

1. Esclarecer que a indicação dos responsáveis técnico pelos registros ambientais deve se dar para a totalidade dos períodos informados;

2. Que a ausência de indicação desse profissional pode ser suprida pelo LTCAT, quer total ou parcial;

3. Que a prova da organização do ambiente de trabalho, para fins de registros ambientais como eficácia retroativa, pode se dar por outros meios de prova, além da declaração do empregador.

Eis os fundamentos do voto do Relator que ensejaram essas alterações em sede de Embargos:

"13. No entanto, na linha do voto já apresentado pelo juiz Fábio de Souza Silva, talvez seja possível acolher os embargos de declaração, para tornar exemplificativo o rol de provas apto a comprovar a inexistência de alteração no ambiente de trabalho ou em sua organização ao longo do tempo, não adotando como único elemento a declaração de extemporaneidade/similaridade fornecida pelo empregador.

14. Inobstante a declaração seja o meio de prova mais autêntico, adequado, idôneo e de fácil produção (e, talvez por isso, previsto normativamente), pode esbarrar no encerramento das atividades da empresa, tornado impossível a sua expedição e gerando prejuízo ao segurado. Lado outro, nada impede a ampliação do rol. Primeiro, porque não existe vedação legal (tarifação), vigorando o princípio do livre convencimento motivado e da liberdade probatória. Segundo, porque existem outros meios de prova adequados e idôneos para demonstrar o fato controverso. Terceiro, porque já está pacificada a possibilidade de comprovar atividade especial por perícia por similaridade, sendo a hipótese muito mais gravosa e complexa do que demonstrar a inexistência de alteração do ambiente laboral.

15. Para finalizar, confesso uma preocupação. Salvo melhor juízo, a tese não conseguiu captar a essência do voto do relator, não retratando que a ausência de informação no PPP acerca de responsável técnico (e, em consequência, da aferição dos agentes nocivos por meio de laudo pericial) refere-se ***ao período integral (sem responsável para todo o período) ou parcial (com responsável por somente parte do período).***

16. Essa deficiência vem autorizando entendimentos diversos, quiçá contraditórios, como me parece, novamente salvo melhor juízo, o externado pelo relator no PUIL nº 0001593-54.2015.4.03.6326, inobstante a tese lá proposta fale de "PPP posterior ao período laborado", questão não decidida nestes autos, que trata de registros ambientais/responsável técnico extemporâneo.

17. Talvez fosse o caso, se possível, ***de dar nova redação à tese****, para mais fiel aderência ao decidido e internalização do rol exemplificativo de prova, questão que deixo à consideração do colegiado, propondo a seguinte redação, a partir dos fundamentos anteriormente lançados:*

1. Para a validade do Perfil Profissiográfico Previdenciário (PPP) como prova do tempo trabalhado em condições especiais nos períodos em que há exigência de preenchimento do formulário com base em Laudo Técnico das Condições Ambientais de Trabalho (LTCAT), é necessária a indicação do responsável técnico pelos registros ambientais para a totalidade dos períodos informados, sendo dispensada a informação sobre monitoração biológica.

2. A ausência total ou parcial da indicação no PPP pode ser suprida pela apresentação de LTCAT ou por elementos técnicos equivalentes, cujas informações podem ser estendidas para período anterior ou posterior à sua elaboração, desde que acompanhados da declaração do empregador ou comprovada por outro meio a inexistência de alteração no ambiente de trabalho ou em sua organização ao longo do tempo.

18. Acolhida a nova redação da tese, reafirmo a necessidade de retorno dos autos à TR de origem, para adequação do julgado, na forma da QO/TNU nº 20, conforme determinação já contida no acórdão embargado (neste ponto não alterado).

19. Em face do exposto, ***voto por CONHECER e DAR PARCIAL PROVIMENTO ao recurso, conforme itens 17 e 18 retros".***

As alterações indicadas nos **itens 1 e 2** foram favoráveis à tese da Autarquia de Previdência. Já a alteração perpetrada no **item 3** foi favorável ao segurado, pois permite que a prova testemunhal seja manejada para demonstrar a preservação do *layout* da empresa para fins de produção de registro ambiental como eficácia retroativa.

O **campo 17** trazia os resultados da monitoração biológica, ao passo que o 18 deveria conter as informações do profissional que promoveu as monitorações por período. No entanto, foram excluídos pela IN INSS 128/2022.

Era necessário que **o preenchimento dos resultados de monitorização biológica de responsabilidade do médico do trabalho**, por meio de avaliação clínica detalhada, abrangendo exames específicos, necessários para se chegar ao diagnóstico de saúde do trabalhador, nos termos da Norma Regulamentadora nº 7 do extinto Ministério do Trabalho.

De acordo com o INSS[33], "considerando que o Conselho Federal de Medicina, por meio da **Resolução CFM nº 1.715, de 8 de janeiro de 2004**, proibiu ao médico do trabalho a revelação dos dados de monitorização biológica no PPP, tendo em vista à questão do sigilo médico e os possíveis prejuízos à vida privada e à honra do trabalhador, além do prejuízo na relação de trabalho pela exposição dos resultados. E, ainda, que os benefícios previdenciários que necessitam da análise médico pericial, como é o caso da atividade especial, poderão ensejar pelo médico perito, se necessário, a solicitação de outros documentos para confirmar ou complementar as informações contidas no PPP. Orientamos que quando da análise do PPP pela Perícia Médica Previdenciária, seja observado que o campo de registro de responsável pela monitorização biológica deverá ser preenchido obrigatoriamente pelo médico do trabalho da empresa. No entanto, a teor do artigo 268, inciso V, da revogada Instrução Normativa INSS 77/2015, **por força da Resolução do Conselho Federal de Medicina – CFM nº 1.715, de -8 de janeiro de 2004, não deve ser exigido o preenchimento dos campos de Resultados de Monitoração Biológica para qualquer período (no mesmo sentido o Tema 208 TNU).**

33. Memorando-Circular no 10-2018/DIRSAT/INSS.

Justamente por isso, a Instrução Normativa INSS 128/2022 excluiu os antigos campos do PPP 17 e 18, que se referiam à monitoração biológica.

Após isso, os campos 17 e 18 passaram a trazer a data de emissão do PPP e os dados do representante da empresa com poderes para assinar o *multi* referido formulário.

São objetivos do PPP, além da comprovação do exercício em atividade especial, nos termos do artigo 282 da IN INSS 128/2022:

> I - comprovar as condições para obtenção do direito a benefícios e serviços previdenciários;
>
> II - fornecer ao trabalhador meios de prova produzidos pelo empregador perante a Previdência Social, a outros órgãos públicos e aos sindicatos, de forma a garantir todo direito decorrente da relação de trabalho, seja ele individual ou difuso e coletivo;
>
> III - fornecer à empresa meios de prova produzidos em tempo real, de modo a organizar e a individualizar as informações contidas em seus diversos setores ao longo dos anos, possibilitando que a empresa evite ações judiciais indevidas relativas a seus trabalhadores; e
>
> IV - possibilitar aos administradores públicos e privados acessos a bases de informações fidedignas, como fonte primária de informação estatística, para desenvolvimento de vigilância sanitária e epidemiológica, bem como definição de políticas em saúde coletiva.

Eis boas instruções para o preenchimento do PPP que constam da Instrução Normativa INSS 128/2022:

INSTRUÇÕES DE PREENCHIMENTO DO PPP – IN INSS 133/2022:

CAMPO	DESCRIÇÃO	INSTRUÇÃO DE PREENCHIMENTO
		DADOS ADMINISTRATIVOS
1	CNPJ do Domicílio Tributário/ CEI/CAEPF/CNO	CNPJ relativo ao estabelecimento escolhido como domicílio tributário, nos termos do art. 127 do CTN, no formato XXXXXXXX/XXXX-XX; ou Matrícula no Cadastro Específico do INSS (Matrícula CEI) relativa à obra realizada por Contribuinte Individual ou ao estabelecimento escolhido como domicílio tributário que não possua CNPJ, no formato XX - XXX.XXXXX/XX, ambos compostos por caracteres numéricos; ou Cadastro das Atividades Econômicas das Pessoas Físicas (CAEPF) ou Cadastro Nacional de Obras (CNO) do empregador no formato, respectivamente, XXX.XXX.XXX/ XXX-XX e XX - XXX.XXXXX/XX. Quando da implantação do PPP em meio eletrônico, o campo apresentará o CNPJ raiz no formato XX - XXX.XXX ou o CPF do empregador com o qual o vínculo está estabelecido.

CAMPO	DESCRIÇÃO	INSTRUÇÃO DE PREENCHIMENTO
2	NOME EMPRESARIAL	Até quarenta caracteres alfanuméricos.
3	CNAE	Classificação Nacional de Atividades Econômicas da Empresa - CNAE, completo, com sete caracteres numéricos, no formato XXXXXX -X, instituído pelo IBGE por meio da Resolução CONCLA nº 07, de 16 de dezembro de 2002. A tabela de códigos CNAE - Fiscal pode ser consultada na internet, no sitewww.cnae.ibge.gov.br
4	NOME DO TRABALHADOR	Até setenta caracteres alfabéticos.
5	BR/PDH	BR - Beneficiário Reabilitado; PDH - Portador de Deficiência Habilitado; NA - Não Aplicável. Preencher com base no art. 93 da Lei nº 8.213, de 1991, que estabelece a obrigatoriedade do preenchimento dos cargos de empresas com cem ou mais empregados com beneficiários reabilitados ou pessoas portadoras de deficiência, habilitadas, na seguinte proporção: I - até 200 empregados 2%; II - de 201 a 500 3%; III - de 501 a 1.000 4%; IV - de 1.001 em diante 5%.
6	CPF	Número de Cadastro da Pessoa Física com onze caracteres numéricos, no formato XXX - XXX.XXX -XX.
7	DATA DO NASCIMENTO	No formato DD/MM/AAAA
8	SEXO (F/M)	F - Feminino; M - Masculino
9	MATRÍCULA DO TRABALHADOR NO eSOCIAL	Número único composto pelo código da empresa e pelo número do empregado.
10	DATA DE ADMISSÃO	No formato DD/MM/AAAA
11	REGIME DE REVEZAMENTO	Regime de Revezamento de Trabalho, para trabalhos em turnos ou escala, especificando tempo trabalhado e tempo de descanso, com até quinze caracteres alfanuméricos. Exemplo: 24 x 72 horas; 14 x 21 dias; 2 x 1 meses. Se inexistente, preencher com NA - Não Aplicável.

CAMPO	DESCRIÇÃO	INSTRUÇÃO DE PREENCHIMENTO
12	CAT REGISTRADA	Informações sobre as Comunicações de Acidente do Trabalho registradas pela empresa na Previdência Social, nos termos do art. 22 da Lei nº 8.213, de 1991, do art. 169 da CLT, do art. 336 do RPS, aprovado pelo Decreto nº 3.048, de 1999, e da Portaria SEPRT nº 4.334, de 15 de abril de 2021.
12.1	DATA DO REGISTRO	No formato DD/MM/AAAA.
12.2	NÚMERO DA CAT	Com treze caracteres numéricos, com formato XXXXXXXXXX -X/XX. Os dois últimos caracteres correspondem a um número sequencial relativo ao mesmo acidente, identificado por NIT, CNPJ e data do acidente. Nos casos de CATs encaminhadas pelo eSocial, pode ser registrado o número do recibo do evento 'S-2210 - Comunicação de Acidente de Trabalho', no formato X - X.XXXXXXXXXXXXXXXXXX
13	LOTAÇÃO E ATRIBUIÇÃO	Informações sobre o histórico de lotação e atribuições do trabalhador, por período. A alteração de qualquer um dos campos - 13.2 a 13.7 - implica, obrigatoriamente, a criação de nova linha, com discriminação do período, repetindo as informações que não foram alteradas.
13.1	PERÍODO	Data de início e data de fim do período, ambas no formato DD/MM/AAAA. No caso de trabalhador ativo, a data de fim do último período não deverá ser preenchida.
13.2	CNPJ/CEI/CAEPF/CNO	Local onde efetivamente o trabalhador exerce suas atividades. Deverá ser informado o CNPJ do estabelecimento de lotação do trabalhador ou da empresa tomadora de serviços, no formato XXXXXXXX/XXXX-XX ou Matrícula CEI da obra ou do estabelecimento que não possua CNPJ, no formato XX - XXX.XXXXX/XX, ou o Cadastro das Atividades Econômicas das Pessoas Físicas (CAEPF), no formato XXX - XXX.XXX/XXX-XX ou o Cadastro Nacional de Obras (CNO) do empregador no formato XX - XXX.XXXXX/XX.
13.3	SETOR	Lugar administrativo na estrutura organizacional da empresa, onde o trabalhador exerce suas atividades laborais, com até quinze caracteres alfanuméricos.
13.4	CARGO	Cargo do trabalhador, constante na CTPS, se empregado ou trabalhador avulso, ou constante no Recibo de Produção e Livro de Matrícula, se cooperado, com até trinta caracteres alfanuméricos.

CAMPO	DESCRIÇÃO	INSTRUÇÃO DE PREENCHIMENTO
13.5	FUNÇÃO	Lugar administrativo na estrutura organizacional da empresa, onde o trabalhador tenha atribuição de comando, chefia, coordenação, supervisão ou gerência. Quando inexistente a função, preencher com NA - Não Aplicável, com até trinta caracteres alfanuméricos.
13.6	CBO	Classificação Brasileira de Ocupação - CBO vigente à época, com seis caracteres numéricos: 1 - No caso de utilização da tabela CBO relativa a 1994, utilizar a CBO completa com cinco caracteres, completando com "0" (zero) a primeira posição; 2 - No caso de utilização da tabela CBO relativa a 2002, utilizar a CBO completa com seis caracteres. Alternativamente, pode ser utilizada a CBO, com cinco caracteres numéricos, conforme Manual da GFIP para usuários do SEFIP: 1 - No caso de utilização da tabela CBO relativa a 1994, utilizar a CBO completa com cinco caracteres. 2 - No caso de utilização da tabela CBO relativa a 2002, utilizar a família do CBO com quatro caracteres, completando com "0" (zero) a primeira posição. A tabela de CBO pode ser consultada na internet, no sitehttp://cbo.maisemprego.mte.gov.br/cbosite/pages/home.jsf OBS.: Após a alteração da GFIP, somente será aceita a CBO completa, com seis caracteres numéricos, conforme a nova tabela CBO relativa a 2002.
13.7	CÓDIGO DE OCORRÊNCIA DA GFIP/eSOCIAL	Código Ocorrência da GFIP/eSocial para o trabalhador, com dois caracteres numéricos, conforme Manual da GFIP para usuários do SEFIP ou com um caractere numérico conforme Manual de Orientação do eSocial para usuários do eSocial. Deve ser utilizado o código correspondente ao declarado em GFIP, para o período em que a empresa era obrigada à GFIP ou, para períodos posteriores a substituição da GFIP pelo eSocial, o código declarado no eSocial.
14	PROFISSIOGRAFIA	Informações sobre a profissiografia do trabalhador, por período. A alteração do campo 14.2 implica, obrigatoriamente, a criação de nova linha, com discriminação do período.
14.1	PERÍODO	Data de início e data de fim do período, ambas no formato DD/MM/AAAA. No caso de trabalhador ativo, a data de fim do último período não deverá ser preenchida.

CAMPO	DESCRIÇÃO	INSTRUÇÃO DE PREENCHIMENTO
14.2	DESCRIÇÃO DAS ATIVIDADES	Descrição das atividades, físicas ou mentais, realizadas pelo trabalhador, por força do poder de comando a que se submete, com até novecentos e noventa e nove caracteres alfanuméricos. As atividades deverão ser descritas com exatidão e de forma sucinta, com a utilização de verbos no infinitivo impessoal.
		REGISTROS AMBIENTAIS
15	EXPOSIÇÃO A FATORES DE RISCOS	Informações sobre a exposição do trabalhador a fatores de riscos ambientais, por período, ainda que estejam neutralizados, atenuados ou exista proteção eficaz. A alteração de qualquer um dos campos do 15.2 ao 15.8 implica, obrigatoriamente, a criação de nova linha, com discriminação do período, repetindo as informações que não foram alteradas.
15.1	PERÍODO	Data de início e data de fim do período, ambas no formato DD/MM/AAAA. No caso de trabalhador ativo, a data de fim do último período não deverá ser preenchida.
15.2	TIPO	F - Físico; Q - Químico; B - Biológico; conforme classificação adotada pelo Ministério da Saúde em "Doenças Relacionadas do Trabalho: Manual de Procedimentos para os Serviços de Saúde", de 2001. O que determina a associação de agentes é a superposição de períodos com fatores de risco diferentes.
15.3	FATOR DE RISCO	Descrição do fator de risco, com até quarenta caracteres alfanuméricos. Em se tratando do Tipo "Q", deverá ser informado o nome da substância ativa, não sendo aceitas citações de nomes comerciais.
15.4	INTENSIDADE/ CONCENTRAÇÃO	Intensidade ou Concentração, dependendo do tipo de agente, com até quinze caracteres alfanuméricos. Caso o fator de risco não seja passível de mensuração, preencher com NA - Não Aplicável.
15.5	TÉCNICA UTILIZADA	Técnica utilizada para apuração do item 15.4, com até quarenta caracteres alfanuméricos. A indicação da norma que estabelece a metodologia utilizada é imprescindível. Caso o fator de risco não seja passível de mensuração, preencher com NA - Não Aplicável.

CAMPO	DESCRIÇÃO	INSTRUÇÃO DE PREENCHIMENTO
15.6	EPC EFICAZ (S/N)	S - Sim; N - Não, considerando se houve ou não a eliminação ou a neutralização, com base no informado nos itens 15.2 a 15.5, asseguradas as condições de funcionamento do EPC ao longo do tempo, conforme especificação técnica do fabricante e respectivo plano de manutenção.
15.7	EPI EFICAZ (S/N)	S - Sim; N - Não, considerando se houve ou não a atenuação, com base no informado nos itens 15.2 a 15.5, observado o disposto na NR-06 do MTP, assegurada a observância: 1 - da hierarquia estabelecida no item 1.5.5.1.2 da NR-01 do MTP (medidas de proteção coletiva, medidas de caráter administrativo ou de organização do trabalho e utilização de EPI, nesta ordem, admitindo-se a utilização de EPI somente em situações de inviabilidade técnica, insuficiência ou interinidade à implementação do EPC, ou ainda em caráter complementar ou emergencial);
15.7	EPI EFICAZ (S/N)	2 - das condições de funcionamento do EPI ao longo do tempo, conforme especificação técnica do fabricante, ajustada às condições de campo; 3 - do prazo de validade, conforme Certificado de Aprovação do MTP; 4 - da periodicidade de troca definida pelos programas ambientais, devendo esta ser comprovada mediante recibo; e 5 - dos meios de higienização.
15.8	C.A. EPI	Número do Certificado de Aprovação do MTP para o Equipamento de Proteção Individual referido no campo 15.7, com cinco caracteres numéricos. Caso não seja utilizado EPI, preencher com NA - Não Aplicável.
15.9	ATENDIMENTO AOS REQUISITOS DAS NR-06 E NR-01 DO MTP PELOS EPI INFORMADOS	Observação do disposto na NR-06 do MTP, assegurada a observância: 1 - da hierarquia estabelecida no item 1.5.5.1.2 da NR-01 do MTP (medidas de proteção coletiva, medidas de caráter administrativo ou de organização do trabalho e utilização de EPI, nesta ordem, admitindo-se a utilização de EPI somente em situações de inviabilidade técnica, insuficiência ou interinidade à implementação do EPC, ou ainda em caráter complementar ou emergencial); 2 - das condições de funcionamento do EPI ao longo do tempo, conforme especificação técnica do fabricante, ajustada às condições de campo; 3 - do prazo de validade, conforme Certificado de Aprovação do MTP; 4 - da periodicidade de troca definida pelos programas ambientais, devendo esta ser comprovada mediante recibo; e 5 - dos meios de higienização.

CAMPO	DESCRIÇÃO	INSTRUÇÃO DE PREENCHIMENTO
16	RESPONSÁVEL PELOS REGISTROS AMBIENTAIS	Informações sobre os responsáveis pelos registros ambientais, por período.
16.1	PERÍODO	Data de início e data de fim do período, ambas no formato DD/MM/AAAA. No caso de trabalhador ativo, sem alteração do responsável, a data de fim do último período não deverá ser preenchida.
16.2	CPF	Número de Cadastro da Pessoa Física com onze caracteres numéricos, no formato XXX - XXX.XXX -XX.
16.3	REGISTRO CONSELHO DE CLASSE	Número do registro profissional no Conselho de Classe, com nove caracteres alfanuméricos, no formato XXXXXX -X/XX ou XXXXXXX/XX. A parte "-X" corresponde à D - Definitivo ou P - Provisório. A parte "/XX" deve ser preenchida com a UF, com dois caracteres alfabéticos. A parte numérica deverá ser completada com zeros à esquerda.
16.4	NOME DO PROFISSIONAL LEGALMENTE HABILITADO	Até setenta caracteres alfabéticos.
RESPONSÁVEIS PELAS INFORMAÇÕES		
17	DATA DE EMISSÃO DO PPP	Data em que o PPP é impresso e assinado pelos responsáveis, no formato DD/MM/AAAA.
18	REPRESENTANTE LEGAL DA EMPRESA	Informações sobre o Representante Legal da empresa. Somente deve ser preenchido nos casos de PPP em meio físico (papel)
18.1	CPF DO REPRESENTANTE LEGAL	CPF do representante legal da empresa, com onze caracteres numéricos, no formato XXX - XXX.XXX -XX.
18.2	NOME DO REPRESENTANTE LEGAL	Até quarenta caracteres alfabéticos.

CAMPO	DESCRIÇÃO	INSTRUÇÃO DE PREENCHIMENTO
	CARIMBO DA EMPRESA E ASSINATURA DO REPRESENTANTE LEGAL	Carimbo da empresa e assinatura, física ou eletrônica, do Representante Legal.
OBSERVAÇÕES		
Devem ser incluídas neste campo informações necessárias à análise do PPP, bem como facilitadoras do requerimento do benefício, como por exemplo: esclarecimento sobre alteração de razão social da empresa, no caso de sucessora ou indicador de empresa pertencente a grupo econômico.		
OBS.: É facultada a inclusão de informações complementares ou adicionais ao PPP.		

O **campo 13.7** vai indicar o **Código GFIP**, o que permitirá verificar se a empresa tomadora do serviço está recolhendo a contribuição adicional da aposentadoria especial ou não.

Vale registrar que o não recolhimento pela empresa da contribuição específica adicional não é causa legal para o não enquadramento do tempo especial, considerando a presunção absoluta de recolhimento em favor do segurado, cabendo ao INSS oficiar a Receita Federal para a cobrança, se confirmada a sonegação do tributo e ainda não operada a decadência quinquenal para a cobrança.

Por outro lado, o recolhimento não vinculará o INSS, tendo em vista a possibilidade de erro da empresa em perpetrar o enquadramento do tempo especial de modo equivocado, o que permitirá, em tese, a restituição do tributo, observada a prescrição quinquenal.

Mas é evidente que, uma vez declarada em GFIP o tempo especial, a análise administrativa da Perícia Médica será feita com outros olhos, presumindo-se relativamente o tempo especial, que somente não poderá ser enquadrado em situação de manifesto equívoco.

> MANUAL DA GFIP/SEFIP
> Capítulo II – INFORMAÇÕES CADASTRAIS
> 4.8 – OCORRÊNCIA
> No campo Ocorrência o empregador/contribuinte presta, ao mesmo tempo, duas informações:
> • a exposição ou não do trabalhador, de modo permanente, a agentes nocivos prejudiciais à sua saúde ou à sua integridade física, e que enseje a concessão de aposentadoria especial;
> • se o trabalhador tem um ou mais vínculos empregatícios (ou fontes pagadoras), ou ainda, se o trabalhador consta de mais de uma GFIP/SEFIP do mesmo empregador/contribuinte, geradas em movimentos diferentes, com a remuneração desmembrada em cada uma delas (GFIP/SEFIP de chaves diferentes).
> Para classificação da ocorrência, deve ser consultada a tabela de Classificação dos Agentes Nocivos (Anexo IV do Regulamento da Previdência Social, aprovado pelo Decreto nº 3.048/99 e alterações posteriores). Para a comprovação de que o trabalhador está exposto a agentes nocivos

é necessário que a empresa mantenha perfil profissiográfico previdenciário, conforme disposto no art. 58, § 1º, da Lei nº 8.213/91.

Para os trabalhadores com **apenas um vínculo empregatício** (ou uma fonte pagadora), informar os códigos a seguir, conforme o caso: (em branco) – Sem exposição a agente nocivo. Trabalhador nunca esteve exposto.

01 – Não exposição a agente nocivo. Trabalhador já esteve exposto.

02 – Exposição a agente nocivo (aposentadoria especial aos 15 anos de trabalho);

03 – Exposição a agente nocivo (aposentadoria especial aos 20 anos de trabalho);

04 – Exposição a agente nocivo (aposentadoria especial aos 25 anos de trabalho).

Atenção:

Não devem preencher informações neste campo as empresas cujas atividades não exponham seus trabalhadores a agentes nocivos. O código 01 somente é utilizado para o trabalhador que esteve e deixou de estar exposto a agente nocivo, como ocorre nos casos de transferência do trabalhador de um departamento (com exposição) para outro (sem exposição).

Para os trabalhadores **com mais de um vínculo empregatício** (ou mais de uma fonte pagadora), informar os códigos a seguir:

05 – Não exposto a agente nocivo;

07 – Exposição a agente nocivo (aposentadoria especial aos 20 anos de trabalho);

08 – Exposição a agente nocivo (aposentadoria especial aos 25 anos de trabalho).

06 – Exposição a agente nocivo (aposentadoria especial aos 15 anos de trabalho);

Com lastro no Manual da GFIP, os códigos 01 e 05 indicam a não nocividade, ao passo que os códigos 02, 03, 04, 06, 07 e 08 indicam o enquadramento do tempo especial feito pela empresa tomadora do serviço.

A competência administrativa para analisar a nocividade será da Perícia Médica Federal, nos termos da IN INSS 128/2022:

> *"Art. 287. São consideradas atividades especiais, conforme definido no Anexo IV do RPS, a exposição a agentes prejudiciais à saúde, em concentração, intensidade e tempo de exposição que ultrapassem os limites de tolerância estabelecidos segundo critérios quantitativos, ou que, dependendo do agente, torne a efetiva exposição em condição especial prejudicial à saúde, segundo critérios de avaliação qualitativa.*
>
> ***§ 1º A análise da atividade especial de que trata o caput será feita pela Perícia Médica Federal".***

Deverá constar no PPP o nome e o CPF do responsável pela assinatura do documento, bem como a data de emissão. No entanto, para período laborado até 31 de dezembro de 2022, poderá ser considerado o PPP em que conste CPF ou NIT do responsável pela assinatura do documento.

Caso a empresa não forneça o PPP ou o apresente com incorreções, o segurado poderá ajuizar ação contra a empresa na Justiça do Trabalho cominatória de obrigação de fazer, a fim de disponibilizar o formulário que é imprescindível à concessão da aposentadoria especial.

Nesse sentido, o TST:

> "**RECURSO DE REVISTA DO RECLAMANTE. ENTREGA DO PERFIL PROFISSIOGRÁFICO PREVIDENCIÁRIO PELO EMPREGADOR.** O Perfil Profissiográfico é um documento que deve ser mantido pelo empregador e no qual são registradas as condições de trabalho, atividades e funções desenvolvidas pelo empregado. Tal documento deve ser devidamente atualizado durante o contrato de trabalho, na medida em que as circunstâncias operacionais relativas às atividades laborais sofrerem modificação. O documento, devidamente preenchido e atualizado, somente é disponibilizado ao trabalhador na data da sua rescisão contratual. Portanto, nos termos do § 4.º do artigo 58 da Lei n.º 8.213/91, deve o Reclamado fornecer o Perfil Profissiográfico Previdenciário ao Reclamante. Recurso de Revista parcialmente conhecido e provido". (RR – 189700-06.2008.5.02.0043, Relatora Ministra: Maria de Assis Calsing, Data de Julgamento: 20/03/2013, 4ª Turma, Data de Publicação: 26/03/2013).

O INSS, administrativamente, analisa se o PPP atende aos seguintes requisitos:

- Formulário conforme legislação previdenciária vigente;
- Assinado por representante legal da empresa ou preposto (não se exige mais a procuração);
- Todos os campos corretamente preenchidos;
- Código da GFIP para períodos laborados após 1.1.1999;
- Atualização anual a partir de 1.1.2004;
- Nome do responsável pelos registros ambientais a partir 14.10.1996, exceto para o agente nocivo ruído, que é exigido para todo o período;
- Nome do responsável pela monitoração biológica;
- Técnica utilizada para a avaliação do agente nocivo;
- Metodologia definida pelas NHO da FUNDACENTRO para datas a partir de 1.1.2004;
- Informação sobre EPC a partir de 14.10.1996;
- Informação sobre EPI a partir de 3.12.1998;
- Atendidos os requisitos das NR-6 e NR-9 aprovadas pela Portaria nº 3.214, de 1978, do MTE pelos EPI informados, a partir de 2/5/2008.

26. PROVA PERICIAL JUDICIAL POR SIMILARIDADE

Em muitas situações concretas a empresa não produziu o LTCAT e já encerrou as suas atividades. Caso inexista uma das citadas avaliações ambientais acima referidas, a jurisprudência vem admitindo o uso da **prova pericial de tempo especial por similaridade**, que não é acatada pelo entendimento administrativo do INSS[34], que não aceita a produção de laudo em empresa similar diversa.

Eis o STJ:

> "PROCESSUAL CIVIL E PREVIDENCIÁRIO. RECURSO ESPECIAL. APOSENTADORIA POR TEMPO DE SERVIÇO/CONTRIBUIÇÃO. VIOLAÇÃO DO ART. 535 DO CPC. SÚMULA 284/STF. CÔMPUTO DE TEMPO ESPECIAL. PROVA TÉCNICA. PERÍCIA POR SIMILARIDADE. CABIMENTO. RECURSO ESPECIAL CONHECIDO EM PARTE E NESSA PARTE PROVIDO. 1. Em preliminar, cumpre rejeitar a alegada violação do art. 535 do CPC, porque desprovida de fundamentação. O recorrente apenas alega que o Tribunal a quo não cuidou de atender o prequestionamento, sem, contudo, apontar o vício em que incorreu. Recai, ao ponto, portanto, a Súmula 284/STF. **2. A tese central do recurso especial gira em torno do cabimento da produção de prova técnica por similaridade, nos termos do art. 429 do CPC e do art. 55, § 3º, da Lei 8.213/1991. 3. A prova pericial é o meio adequado e necessário para atestar a sujeição do trabalhador a agentes nocivos à saúde para seu enquadramento legal em atividade especial. Diante do caráter social da previdência, o trabalhador segurado não pode sofrer prejuízos decorrentes da impossibilidade de produção da prova técnica. 4. Quanto ao tema, a Segunda Turma já teve a oportunidade de se manifestar, reconhecendo nos autos do Recurso Especial 1.397.415/RS, de Relatoria do Ministro Humberto Martins, a possibilidade de o trabalhador se utilizar de perícia produzida de modo indireto, em empresa similar àquela em que trabalhou, quando não houver meio de reconstituir as condições físicas do local onde efetivamente prestou seus serviços. 5. É exatamente na busca da verdade real/material que deve ser admitida a prova técnica por similaridade. A aferição indireta das circunstâncias de labor, quando impossível a realização de perícia no próprio ambiente de trabalho do segurado é medida que se impõe. 6. A perícia indireta ou por similaridade é um critério jurídico de aferição que se vale do argumento da primazia da realidade, em que o julgador faz uma opção entre os aspectos formais e fáticos da relação jurídica sub judice, para os fins da jurisdição.** 7. O processo no Estado contemporâneo tem de ser estruturado não apenas consoante as necessidades do direito material, mas também dando ao juiz e à parte a oportunidade de se ajustarem às particularidades do caso concreto" (RESP 1.370.229, de 25/02/2014).

34. Artigo 277, parágrafo único, da IN INSS 128/2022.

É razoável a solução do STJ como *ultima ratio*, pois o segurado não pode se prejudicar pela ausência de cumprimento da obrigação da empresa em elaborar o LTCAT e respectivo formulário, tendo o Poder Público a sua parcela de responsabilidade pela negligência na fiscalização da empresa.

De acordo com o TRF da 1ª Região, "a **perícia indireta** mostra-se cabível nas situações em que os vínculos empregatícios são antigos, empresas já não se encontram em funcionamento, e a documentação escassa dos vínculos laborais. Quando se aceita a leitura da insalubridade baseada na similaridade de empresas, o objetivo é reconstruir o local de trabalho do segurado, com as suas características, sendo desnecessário que guarde as mesmas dimensões ou tenha o maquinário exatamente idêntico, pois as inovações tecnológicas fazem com que sejam renovados os equipamentos das empresas para aumentar o seu desempenho no mercado"[35].

No mesmo caminho o TRF da 4ª Região aduz que "esta Corte vem entendendo pela possibilidade de realização de **perícia técnica por similaridade (aferição indireta das circunstâncias de trabalho)**, como meio hábil a comprovar tempo de serviço prestado em condições especiais, quando impossível a coleta de dados no efetivo local de trabalho do demandante"[36].

A respeito do tema, colaciona-se Enunciado e Recomendação aprovados no XI FONAJEF:

> **Tema – Atividade Especial**
>
> **Enunciado 1 (ATUAL ENUNCIADO FONAJEF 147)**
>
> A mera alegação genérica de contrariedade às informações sobre atividade especial fornecidas pelo empregador não enseja a realização de novo exame técnico. **(Aprovado por unanimidade)**
>
> **Recomendação 1**
>
> Recomenda-se às seções judiciárias a organização de bancos de laudos sobre atividade especial, disponibilizando aos interessados para uso nas ações judiciais. **(Aprovado por unanimidade)**

A TNU também admite a produção de prova pericial por similaridade na hipótese:

> "Ora, em se tratando de empresa que teve suas atividades encerradas, a solução para a busca da melhor resposta às condições de trabalho, com a presença ou não de agentes nocivos, é a realização de perícia indireta (por similaridade) em

35. APELREEX 50097051820114047108, de 14/08/2013.

36. AC 200871990056342, de 24/09/2010.

estabelecimento e local de atividades semelhantes àquele em que laborou originariamente o segurado, onde certamente estarão presentes eventuais agentes nocivos. – A perícia indireta ou por similaridade é um critério jurídico de aferição que se vale do argumento da primazia da realidade, em que o julgador faz uma opção entre os aspectos formais e fáticos da relação jurídica sub judice, para os fins da jurisdição. – Porém, somente se as empresas nas quais a parte autora trabalhou estiverem inativas, sem representante legal e não existirem laudos técnicos ou formulários poder-se-ia aceitar a perícia por similaridade, como única forma de comprovar a insalubridade no local de trabalho. Tratar-se-ia de laudo pericial comparativo entre as condições alegadas e as suportadas em outras empresas, supostamente semelhantes, além da oitiva de testemunhas. No caso, contudo, devem descrever: **(i) serem similares, na mesma época, as características da empresa paradigma e aquela onde o trabalho foi exercido, (ii) as condições insalubres existentes, (iii) os agentes químicos aos quais a parte foi submetida, e (iv) a habitualidade e permanência dessas condições**. – Com efeito, são inaceitáveis laudos genéricos, que não traduzam, com precisão, as reais condições vividas pela parte em determinada época e não reportem a especificidade das condições encontradas em cada uma das empresas. Ademais, valendo-se o expert de informações fornecidas exclusivamente pela autora, por óbvio a validade das conclusões está comprometida. Destarte, não há cerceamento do direito de defesa no indeferimento ou não recebimento da perícia indireta nessas circunstâncias, sem comprovação cabal da similaridade de circunstâncias à época. – Oportuno destacar que será ônus do autor fornecer qualquer informação acerca das atividades por ele executadas, das instalações das empresas, em qual setor trabalhou ou o agente agressivo a que esteve exposto, ou seja, todos os parâmetros para a realização da prova técnica. – No mesmo sentido se posicionou esta Corte, por ocasião do julgamento do PEDILEF 0032746-93.2009.4.03.6301, de minha relatoria. – Portanto, fixa-se a tese de que é possível a realização de perícia indireta (por similaridade) se as empresas nas quais a parte autora trabalhou estiverem inativas, sem representante legal e não existirem laudos técnicos ou formulários, ou quando a empresa tiver alterado substancialmente as condições do ambiente de trabalho da época do vínculo laboral e não for mais possível a elaboração de laudo técnico, observados os seguintes aspectos: (i) serem similares, na mesma época, as características da empresa paradigma e aquela onde o trabalho foi exercido, (ii) as condições insalubres existentes, (iii) os agentes químicos aos quais a parte foi submetida, e (iv) a habitualidade e permanência dessas condições. – Diante do exposto, DOU PARCIAL PROVIMENTO AO INCIDENTE, para determinar o retorno dos autos à Turma de Origem, nos termos da Questão de Ordem n. 20/TNU, a fim de que se avalie se a perícia por similaridade realizada atentou aos pressupostos acima descritos" (PEDILEF 00013233020104036318, de 22/6/2017).

Sobre o tema, a PGF editou o Parecer Referencial **n. 00007/2017/GEOR/PREV/DEPCONT/PGF/AGU:**

> "EMENTA: PARECER REFERENCIAL. PORTARIA AGU Nº 488/2016. JURISPRUDÊNCIA UNIFORMIZADA, ESTÁVEL, ÍNTEGRA E COERENTE DO STJ. PERÍCIA INDIRETA EM EMPRESA SIMILAR. POSSIBILIDADE. Nos termos da Portaria AGU nº 488/2016, o Procurador Federal está autorizado a, salvo nos casos insculpidos no artigo 12 da referida Portaria, não interpor recurso especial, recurso extraordinário e agravo para o seu destrancamento (CPC, art. 1.042), bem como a desistir destes mesmos recursos que já tenham sido interpostos, quando a decisão judicial concluir pela possibilidade de realização de perícia indireta para fins de comprovação de tempo de trabalho laborado sob condições especiais em face da impossibilidade de produção da prova no próprio local de labor do segurado, porquanto tal entendimento está em consonância com a jurisprudência atual, uniformizada, estável, íntegra, coerente e irreversível do STJ. Permanece, contudo, o dever de apresentar contestação e recursos ordinários cabíveis quanto à referida pretensão deduzida contra o INSS, a teor do que estabelece a mencionada Portaria".

Dessa forma, ausente o LTCAT ou registro ambiental substituto, não sendo possível periciar a empresa em que o segurado prestou serviços em razão da sua extinção, deverá o juiz admitir a prova similar na linha do STJ.

Uma questão que a meu ver não é clara na citada jurisprudência é a situação de **existir registro ambiental elaborado pela empresa**, atualmente extinta, impugnado pelo segurado. Neste caso, deverá o juiz deferir a prova indireta, caso o segurado deseje impugnar o LTCAT ou registro ambiental substituto?

Parece-me não haver sentido a produção da perícia em empresa diversa quando houver registro ambiental elaborado na empresa em que o segurado prestou serviços, por se tratar de outro ambiente laboral. É dessa forma que a posição do STJ pode ser interpretada, pois este ponto não foi diretamente tratado nos precedentes.

De efeito, o artigo 370 do CPC consagra o **Princípio da Necessidade da Prova** ao prever que "caberá ao juiz, de ofício ou a requerimento da parte, determinar as provas necessárias ao julgamento do mérito". A necessidade da perícia indireta em uma empresa similar aonde o segurado nunca laborou e com outro meio ambiente do trabalho somente se faz presente na situação da inexistência de registro ambiental, que não mais poderá ser produzido pelo fato de a empresa estar extinta.

Não teria nenhum sentido permitir que uma perícia no ambiente de trabalho realizada a destempo em empresa diversa tivesse o condão de desconstituir o LTCAT produzido por médico ou engenheiro do trabalho no âmbito do setor da empresa em que o segurado efetivamente laborou.

Outrossim, **não identifiquei na jurisprudência do STJ posicionamento que afaste a ação previdenciária do segurado contra o INSS na Justiça Federal na situação de empresa ativa, exigindo, neste caso, que seja movida reclamação trabalhista contra a empresa ativa na Justiça do Trabalho.**

Veja-se:

Tipo

Acórdão

Número

1002983-62.2020.4.01.3306

10029836220204013306

Classe

APELAÇÃO CIVEL (AC)

Relator(a)

DESEMBARGADOR FEDERAL MORAIS DA ROCHA

Origem

TRF - PRIMEIRA REGIÃO

Órgão julgador

PRIMEIRA TURMA

Data

19/03/2024

Data da publicação

19/03/2024

Fonte da publicação

PJe 19/03/2024 PAG

PJe 19/03/2024 PAG

Ementa

PREVIDENCIÁRIO E PROCESSUAL CIVIL. CONVERSÃO DA APOSENTADORIA POR TEMPO DE CONTRIBUIÇÃO EM APOSENTADORIA ESPECIAL. EXPOSIÇÃO A AGENTES INSALUBRES OU PERIGOSOS. RUÍDO E ELETRICIDADE. REABERTURA DA FASE INSTRUTÓRIA. SENTENÇA ANULADA. 1. O tempo de serviço especial é aquele decorrente de serviços prestados sob condições prejudiciais à saúde ou em atividades com riscos superiores aos normais para o segurado e, cumpridos os requisitos legais, dá direito à aposentadoria especial. As atividades consideradas prejudiciais à saúde foram definidas pela legislação previdenciária, especificamente, pelos Decretos 53.831/64 e 83.080. 2. Exercendo o segurado uma ou mais atividades sujeitas a condições prejudiciais à saúde sem que tenha complementado o prazo mínimo para aposentadoria especial, é permitida a conversão de tempo de serviço prestado sob condições especiais em comum, para fins de concessão de aposentadoria. 3. A CTPS do demandante aponta a existência de vínculo empregatício junto a Companhia Hidroelétrica do São Francisco CHESF, desde 07/1989 a 11/2012 (DER). 4. No âmbito administrativo já fora reconhecida a especialidade do labor exercido pelo autor nos intervalos de 13/08/1979 a 14/08/1981 (trabalhador em barragens e pontes), 14/07/1982 a 30/06/1989 (motorista de lotação) e de 01/07/1989 a 28/04/1995 (motorista de lotação). A sentença recorrida, por sua vez, reconheceu a especialidade do período de 29/04/1995 a 11/2012, pela exposição ao agente nocivo eletricidade com tensão acima de 250 volts. 5. A despeito de a parte autora sustentar que sempre trabalhou de motorista exposto aos agentes nocivos eletricidade e/ou ruído, o **PPP** emitido pela empresa, referente ao período entre 29/04/1995 a 03/11/2004, não aponta a exposição a qualquer agente nocivo, somente descrevendo que ele conduzia caminhões leves, médios e pesados nos acampamentos, cidades e vias públicas. 6. O autor, antes do ajuizamento da presente demanda, havia solicitado a empregadora (fl. 24 autos digitalizados) a emissão de um **PPP** completo, bem como requereu na petição inicial. Determinada a expedição de ofício pelo Juízo a quo, a empresa apenas ratificou o **PPP** já apresentado. O pedido do apelante para que fosse oficiado a empregadora, novamente, acerca da necessidade de constar outras informações indispensáveis no **PPP** por ela emitido (tipo, fator de risco, técnica utilizada e etc), tal pedido fora indeferido pelo Juízo a quo. 7. Em matéria previdenciária, a prova pericial é condição essencial, é certo que as únicas provas discutidas em contraditório são a prova pericial e a testemunhal. O contraditório não se estabelece no que diz respeito ao formulário fornecido pela empresa (**PPP**), um documento criado fora dos autos, isto é, sem a participação do Segurado, razão pela qual é possível reconhecer que houve o cerceamento do direito de defesa do Segurado. Ademais, não se desconhece a complexidade da ação que envolve o reconhecimento da atividade especial, assim, razoável e necessário o pedido de realização de perícia técnica. Não se pode olvidar, ademais, que nas lides previdenciárias o Segurado é hipossuficiente informacional, tem maior dificuldade de acesso aos documentos que comprovam seu histórico laboral, uma vez que as empresas dificilmente fornecem esses documentos ao trabalhador na rescisão do contrato de trabalho. E, em muitas vezes, as empresas perdem tais documentos ou encerram suas atividades sem que seja possível o acesso a tais documentos (STJ, AgInt no AREsp 576.733/RN, Primeira Turma, Ministro Napoleão Nunes Maia Filho, DJ de 07/11/2018). **8. No mais, não se trata, ainda, de relação entre o segurado e o empregador visando a desconstituir o PPP, o que seria da competência da Justiça do Trabalho, mas da apreciação da nocividade da atividade para configuração de direito previdenciário. (AC 1041817-21.2021.4.01.3300, DESEMBARGADOR FEDERAL RUI GONÇALVES, TRF1 - SEGUNDA TURMA, PJe 21/09/2023 PAG.)** 9. A falta da prova pericial e/ou a apresentação do LTCAT foi extremamente prejudicial ao segurado, uma vez que a sentença não reconheceu como especial o período requerido controvertido, fundamentando-se nas informações do **PPP**, configurando cerceamento de defesa o julgamento antecipado da lide. 10. Sentença anulada, de ofício, com devolução dos autos à origem para reabertura da fase instrutória. Apelação da parte autora prejudicada.

Tipo

Acórdão

Número

97.05.30043-7

9705300437

Classe

AC - Apelação Civel - 122452

Relator(a)

Desembargador Federal Araken Mariz

Origem

TRIBUNAL - QUINTA REGIÃO

Órgão julgador

Segunda Turma

Data

13/11/1997

Data da publicação

30/01/1998

Fonte da publicação

DJ - Data::30/01/1998 - Página: 176

Ementa

PROCESSO CIVIL. AÇÃO MOVIDA PARA A CONCESSÃO DE APOSENTADORIA ESPECIAL. DISCUSSÃO SOBRE INSALUBRIDADE. COMPETÊNCIA DA JUSTIÇA FEDERAL. JULGADA. INEXISTÊNCIA DE COISA JULGADA. **1. O MM. JUIZ A QUO ENTENDEU QUE A INSALUBRIDADE, ALEGADA PELO AUTOR NOS AUTOS DE AÇÃO JUDICIAL MOVIDA COM O FIM DE OBTER APOSENTADORIA ESPECIAL, É MATÉRIA TRABALHISTA E, POR CONSEGUINTE, DEVE SER PROCESSADA E JULGADA NA JUSTIÇA DO TRABALHO. ESSE ENTENDIMENTO NÃO MERECE ACOLHIMENTO, O DIREITO PREVIDENCIÁRIO É UM RAMO AUTÔNOMO, COM PRINCÍPIOS, INSTITUTOS E NORMAS PRÓPRIAS.** A APOSENTADORIA ESPECIAL É UM INSTITUTO REGIDO PELA LEGISLAÇÃO PREVIDENCIÁRIA. A AÇÃO JUDICIAL MOVIDA PARA OBTÊ-LA É DA COMPETÊNCIA DA JUSTIÇA FEDERAL, EX VI DO ART. 109, ITEM I, DA CONSTITUIÇÃO FEDERAL, CABENDO A ESTE ÓRGÃO JUDICIÁRIO AVERIGUAR A EXISTÊNCIA DE SUAS CONDIÇÕES, ENTRE AS QUAIS A INSALUBRIDADE DA ATIVIDADE EXERCIDA PELO AUTOR. 2. O PRECEDENTE

DO EGRÉGIO STJ, INVOCADO NA SENTENÇA RECORRIDA, HOMENAGEIA A AUTONOMIA DO DIREITO PREVIDENCIÁRIO QUANDO AFIRMA QUE A AÇÃO DE REVISÃO DE BENEFÍCIO PREVIDENCIÁRIO DECORRENTE DE ACIDENTE DO TRABALHO É CAUSA PREVIDENCIÁRIA E NÃO CAUSA ACIDENTÁRIA, DEVENDO, PORTANTO, SER JULGADA PELA JUSTIÇA FEDERAL. 3. A RECLAMAÇÃO TRABALHISTA, MOVIDA ANTERIORMENTE PELO AUTOR COM O FIM DE VER RECONHECIDO O SEU DIREITO AO RECEBIMENTO DE ADICIONAL DE INSALUBRIDADE, CONFIGURA LIDE TOTALMENTE DISTINTA DA AÇÃO AJUIZADA PARA A CONCESSÃO DE APOSENTADORIA ESPECIAL. A COISA JULGADA PRESSUPÕE A EXISTÊNCIA DE DEMANDAS IGUAIS, O QUE NÃO OCORRE NOS AUTOS. 4. APELAÇÃO PROVIDA, PARA ANULAR A SENTENÇA.

Pelo que pesquisei a tese da competência da Justiça do Trabalho somente vem sendo admitida no âmbito da 3ª Região:

Tipo

Acórdão

Número

5000695-39.2022.4.03.6122 ..PROCESSO_ANTIGO: ..PROCESSO_ANTIGO_FORMATADO:

50006953920224036122

Classe

APELAÇÃO CÍVEL ..SIGLA_CLASSE: ApCiv

Relator(a)

Desembargador Federal GILBERTO RODRIGUES JORDAN

Origem

TRF - TERCEIRA REGIÃO

Órgão julgador

9ª Turma

Data

23/02/2024

Data da publicação

28/02/2024

Fonte da publicação

DJEN DATA: 28/02/2024 ..FONTE_PUBLICACAO1: ..FONTE_PUBLICACAO2: ..FONTE_PUBLICACAO3:

Ementa

E M E N T A DIREITO PREVIDENCIÁRIO. APOSENTADORIA POR TEMPO DE CONTRIBUIÇÃO. CONCESSÃO DA GRATUIDADE DA JUSTIÇA.

MANTIDA. PRELIMINAR. CERCEAMENTO DE DEFESA. PERÍCIA TÉCNICA. NÃO OCORRÊNCIA.TEMPO ESPECIAL RECONHECIMENTO EM PARTE. REENCHIMENTO DOS REQUISITOS. CONCESSÃO DE APOSENTADORIA POR TEMPO DE CONTRIBUIÇÃO. CONSECTÁRIOS LEGAIS. - Conforme entendimento esposado pela E. 9ª Turma, faz jus a sua concessão a parte que comprovar o recebimento de proventos de valor inferior ao teto da Previdência Social (R$ 7.087,22 a partir de janeiro de 2022). - De rigor a manutenção da concessão da benesse, no caso analisado, uma vez demonstrado que o demandante recebia rendimentos inferiores ao limite referido, na data do ajuizamento da ação. - **Nao merece prosperar o pedido de realização de prova pericial, quando a empresa empregadora elaborou Perfil Profissiográfico Profissional - PPP. Eventuais questionamentos quantos às informações constantes do PPP, devem ser dirimidas na via própria, que é a da Justiça do Trabalho.** - Com o advento da Emenda Constitucional nº 20/98, a aposentadoria por tempo de serviço foi convertida em aposentadoria por tempo de contribuição, tendo sido excluída do ordenamento jurídico a aposentadoria proporcional, passando a estabelecer o artigo 201 da Constituição Federal o direito à aposentadoria no regime geral de previdência social, nos termos da lei, ao completar 35 (trinta e cinco) anos de contribuição, se homem e 30 (trinta) anos de contribuição, se mulher. - Entretanto, o art. 3º da referida Emenda garantiu o direito adquirido à concessão da aposentadoria por tempo de serviço a todos aqueles que até a data da sua publicação, em 16 de dezembro de 1998, tivessem cumprido todos os requisitos legais, com base nos critérios da legislação então vigente. - Ao segurado inscrito perante o Regime Geral de Previdência Social anteriormente à promulgação da Emenda Constitucional nº 20/98, mas que, nessa data (16 de dezembro de 1998), ainda não tivesse preenchido os requisitos necessários à sua aposentação, mesmo na forma proporcional, aplicam-se as regras de transição estabelecidas pelo art. 9º da referida normação constitucional. - Foram contempladas, portanto, três hipóteses distintas à concessão da benesse: segurados que cumpriram os requisitos necessários à concessão do benefício até a data da publicação da EC 20/98 (16/12/1998); segurados que, embora filiados, não preencheram os requisitos até o mesmo prazo; e, por fim, segurados filiados após a vigência daquelas novas disposições legais. - Tempo de serviço especial parcialmente demonstrado. - A somatória do tempo de contribuição autoriza a concessão do benefício de aposentadoria por tempo de contribuição, ante o preenchimento dos requisitos legais. - A correção monetária deve ser aplicada em conformidade com a Lei n. 6.899/81 e legislação superveniente (conforme o Manual de Cálculos da Justiça Federal), observados os termos da decisão final no julgamento do RE n. 870.947, Rel. Min. Luiz Fux. - Desde o mês de promulgação da Emenda Constitucional n.º 113, de 08/12/2021, a apuração do débito se dará unicamente pela taxa SELIC, mensalmente e de forma simples, nos termos do disposto em seu artigo 3º, ficando vedada a incidência da taxa SELIC cumulada com juros e correção monetária. - Os honorários advocatícios deverão ser fixados na liquidação do julgado, nos termos do inciso II, do § 4º, c.c. §11, do artigo 85, do CPC/2015. - Apelação do INSS não provida. Apelação da parte autora provida em parte.

A matéria não tendo sido conhecida pelo STJ por esbarrar na súmula 7 (AREsp 2469800, RELATOR(A) Ministro SÉRGIO KUKINA, DATA DA PUBLICAÇÃO 19/12/2023 e diversos outros processos).

27. CONVERSÕES DE TEMPO ESPECIAL

Para o segurado que houver exercido sucessivamente duas ou mais atividades sujeitas a condições especiais prejudiciais à saúde ou à integridade física, sem completar em qualquer delas o prazo mínimo exigido para a aposentadoria especial, os respectivos períodos serão somados após conversão, conforme tabela abaixo, considerada a atividade preponderante[37]:

Tempo a converter	Multiplicadores		
	Para 15	Para 20	Para 25
De 15 anos	-	1,33	1,67
De 20 anos	0,75	-	1,25
De 25 anos	0,60	0,80	-

Suponha-se que *Allan* tenha trabalho por 10 anos em uma atividade especial sujeita à aposentadoria especial com 20 anos de contribuição. Posteriormente, ele se desligou desse emprego e passou a trabalhar em atividade especial que conduz à aposentadoria com 25 anos de contribuição.

Neste caso, conforme a tabela acima, os 10 anos trabalhados serão multiplicados pelo fator 1,25, sendo transformados em 12,5 anos. Logo, Allan precisará trabalhar mais 12,5 anos na atividade especial sujeita à aposentadoria com 25 anos de contribuição, e não mais 15 anos.

Outrossim, **será possível a conversão de tempo de atividade sob condições especiais em tempo de atividade comum**, conforme a seguinte tabela[38], **até o advento da EC 103/2019**:

Tempo a converter	Multiplicadores	
	Mulher (para 30)	Homem (para 35)
De 15 anos	2,00	2,33

37. Artigo 66, do RPS.

38. Artigo 70, do RPS.

Tempo a converter	Multiplicadores	
	Mulher (para 30)	Homem (para 35)
De 20 anos	1,50	1,75
De 25 anos	1,20	1,40

Suponha-se que *Pedro* tenha trabalhado por 10 anos em atividade sujeita à aposentadoria especial de 25 anos de contribuição, tendo deixado o seu emprego. Em seguida, passou a trabalhar em atividade comum, em que a aposentadoria por tempo de contribuição ocorrerá em 35 anos.

Neste caso, observada a tabela acima colacionada, os 10 anos de contribuição deverão ser multiplicados pelo fator 1,4, transformando-se em 14 anos de contribuição. Consequentemente, Pedro deverá trabalhar em atividade comum por mais 21 anos, e não por mais 25 anos.

Vale registrar que esses fatores são extraídos por uma regra de três simples. Por exemplo, como 35 anos é 40% maior que 25 anos de contribuição, o fator de conversão será de 1,4.

Com o advento do Decreto 4.827/2003, que inseriu o §2º, no artigo 70, do RPS, **o INSS passou a admitir a conversão de tempo especial em comum a qualquer tempo, inclusive após 25.05.1998**, pois continua em vigor o artigo 57, §5º, da Lei 8.213/91 **(até o advento da Emenda 103/2019)**.

É que a Lei 9.711/98 decorre de uma série de Medidas Provisórias reeditadas. Em 25.05.1998, foi publicada a MP 1.663-10, que expressamente revogou o §5º, do artigo 57, da Lei 8.213/91, que previa a conversão do tempo especial em comum.

Sucede que após algumas reedições, a MP 1.663-13 não mais previu a revogação do §5º, do artigo 57, da Lei 8.213/91, texto mantido pela Lei 9.711/98, permanecendo em vigor até hoje a autorização de conversão do tempo especial em comum.

Em razão disso, o INSS reviu o seu entendimento, admitindo a qualquer tempo a referida conversão (até a EC 103/2019), o que acabou constrangendo vários órgãos integrantes do Poder Judiciário, que restringiam a conversão até 25 de maio de 1998.

Logo, revendo o seu entendimento, em 27 de março de 2009, a TNU revogou a Súmula 16, que impedia a conversão do tempo de serviço especial em comum, para o trabalhador que tivesse exercido atividade especial em período posterior a 28 de maio de 1998, bem como o STJ[39]:

39. REsp 1096450, de 18.08.2009.

"PREVIDENCIÁRIO. CONVERSÃO DE TEMPO DE SERVIÇO ESPECIAL EM COMUM. OBSERVÂNCIA DA LEI EM VIGOR POR OCASIÃO DO EXERCÍCIO DA ATIVIDADE. DECRETO N. 3.048/1991, ARTIGO 70, §§ 1º E 2º. FATOR DE CONVERSÃO. EXTENSÃO DAS REGRAS AO TRABALHO DESEMPENHADO EM QUALQUER ÉPOCA. DECRETO N. 4.827/2003. APLICABILIDADE.

1. O entendimento assente nos Tribunais pátrios tem sido o de que o tempo de serviço é regido pela legislação em vigor na ocasião em que efetivamente exercido. Essa compreensão jurisprudencial foi incluída no texto do próprio Regulamento da Previdência, em razão da modificação trazida pelo Decreto n. 4.827/2003 ao artigo 70. § 1º, Decreto n. 3.048/1999.

2. Pelo mesmo Decreto n. 4.827/2003 incluiu-se, também, o parágrafo 2º, o qual estendeu ao trabalho desempenhado em qualquer período as regras de conversão do artigo 70 do Decreto n. 3.048/1999.

3. Importa notar que a legislação em vigor na ocasião da prestação do serviço regula a caracterização e a comprovação do tempo de atividade sob condições especiais. No entanto, diversa é a aplicação do fator de conversão, o qual nada mais é do que um critério matemático para a concessão do benefício.

4. A partir de 3/9/2003, com a alteração dada pelo Decreto n. 4.827 ao Decreto n. 3.048, a Previdência Social, na via administrativa, passou a converter os períodos de tempo especial desenvolvidos em qualquer época pelas novas regras da tabela definida no artigo 70, que, para o tempo de serviço especial correspondente a 25 anos, utiliza como fator de conversão, para homens, o multiplicador 1, 40 (art. 173 da Instrução Normativa n. 20/2007).

5. A Autarquia, embora possua orientação administrativa no sentido adotado pelo acórdão recorrido, na via judicial busca impugná-la, em desacordo com o determinado em seu Regulamento aprovado pelo Decreto n. 3.048/1999, ao qual está vinculada.

6. **A Terceira Seção desta Corte já decidiu no sentido de que, judicialmente, há de se dar a mesma solução administrativa, sob pena de tratar com desigualdade segurados que se encontram em situações idênticas (EREsp n. 412.351/RS)**" (g.n.).

Inclusive, em 2012, a **TNU** editou a **Súmula 50**:

"Súmula 50- É possível a conversão do tempo de serviço especial em comum do trabalho prestado em qualquer período".

A conversão do tempo especial em comum era garantida pelo artigo 57, §6º, da Lei 8.213/91:

~~"§ 5º O tempo de trabalho exercido sob condições especiais que sejam ou venham a ser consideradas prejudiciais à saúde ou à integridade física será~~

~~somado, **após a respectiva conversão ao tempo de trabalho exercido em atividade comum**, segundo critérios estabelecidos pelo Ministério da Previdência e Assistência Social, para efeito de concessão de qualquer benefício. (Parágrafo acrescentado pela Lei nº 9.032, de 28.4.95)".~~

IMPORTANTE!

Com a vedação do artigo 26, §2º, da Emenda 103/2019, apenas dar-se-á a **conversão do tempo especial em comum prestado até o dia da sua publicação**, não tendo o §5º do artigo 57 da Lei 8.213/91 sido recebido pela novel reforma constitucional.

Logo, é VEDADA A CONVERSÃO DO TEMPO ESPECIAL EM COMUM prestado após a data da publicação da reforma previdenciária, sendo um duro golpe nos segurados que REALMENTE exercem atividades nocivas, que não mais poderão ter cômputo diferenciado para uma aposentadoria comum acaso não preencham os requisitos para a aposentadoria especial.

De início, em questão jurídica de natureza preliminar, creio que **não podemos afirmar** que há "*utilização do tempo ficto decorrente de conversão de tempo especial em comum*".

Com efeito, a despeito de nunca ter havido regulamentação por intermédio de lei federal, a vedação ao cômputo ao tempo de contribuição fictício não é inovação da Emenda 103/2019, tendo sido introduzido no RPPS e no RGPS com o advento da Emenda 20/1998:

> *"Art. 4º - **Observado o disposto no art. 40, § 10, da Constituição Federal,** o tempo de serviço considerado pela legislação vigente para efeito de aposentadoria, cumprido até que a lei discipline a matéria, será contado como tempo de contribuição.*
>
> *§ 10 - **A lei não poderá estabelecer qualquer forma de contagem de tempo de contribuição fictício**. (Incluído pela Emenda Constitucional nº 20, de 15/12/98)"*

Dessa forma, se o mencionado acréscimo fruto da conversão de tempo especial em comum fosse ficção jurídica, teria sido limitada à 16/12/1998, como ocorreu com o cômputo em dobro de licença prêmio não gozada.

Essa proibição apenas foi reforçada por intermédio da Emenda 103/2019. Contudo, trata-se de zona cinzenta do Direito Previdenciário do Brasil, diante da inexistência de lei de regulamentação e da aceitação pelo próprio Poder Executivo da União do cômputo de períodos de contribuição que, a rigor, seriam fictícios, em especial o gozo de benefícios por incapacidade laboral intercalados, admitidos como tempo de contribuição mesmo após o advento do Decreto 10.410/2020 que mantém a vigência do artigo 55, II, da Lei 8.213/91.

Sabe-se que no RGPS e no RPPU a Emenda 103/2019 vedou a conversão do tempo especial em comum após 13.11.2019:

> *"Art. 10*
>
> *§ 3º A aposentadoria a que se refere o § 4º-C do art. 40 da Constituição Federal observará adicionalmente as condições e os requisitos estabelecidos para o Regime Geral de Previdência Social, naquilo em que não conflitarem com as regras específicas aplicáveis ao regime próprio de previdência social da União,* ***vedada a conversão de tempo especial em comum.***
>
> *...*
>
> *Art. 25*
>
> *§ 2º Será reconhecida a conversão de tempo especial em comum, na forma prevista na Lei nº 8.213, de 24 de julho de 1991, ao segurado do Regime Geral de Previdência Social que comprovar tempo de efetivo exercício de atividade sujeita a condições especiais que efetivamente prejudiquem a saúde, cumprido até a data de entrada em vigor desta Emenda Constitucional,* ***vedada a conversão para o tempo cumprido após esta data****".*

No entanto, é possível que lei complementar do ente federativo autorize a citada conversão após 13.11.2019 ao menos no RPPS, conforme fixado pelo STF no julgamento do tema 942 em sede de repercussão geral:

> **Tema 942 - Possibilidade de aplicação das regras do regime geral de previdência social para a averbação do tempo de serviço prestado em atividades exercidas sob condições especiais, nocivas à saúde ou à integridade física de servidor público, com conversão do tempo especial em comum, mediante contagem diferenciada.**
>
> Há Repercussão?
>
> **Sim**
>
> **Relator(a):**
>
> MIN. DIAS TOFFOLI
>
> Leading Case:
>
> RE 1014286
>
> Descrição:
>
> Recurso extraordinário em que se discute, à luz do art. 40, § 4º, inc. III, da Constituição da República, a possibilidade de aplicação das regras do regime geral de previdência social para a averbação do tempo de serviço prestado em atividades exercidas sob condições especiais, nocivas à saúde ou à integridade física de servidor público, com conversão do tempo especial em comum, mediante contagem diferenciada.
>
> Tese:

> Até a edição da Emenda Constitucional nº 103/2019, o direito à conversão, em tempo comum, do prestado sob condições especiais que prejudiquem a saúde ou a integridade física de servidor público decorre da previsão de adoção de requisitos e critérios diferenciados para a jubilação daquele enquadrado na hipótese prevista no então vigente inciso III do § 4º do art. 40 da Constituição da República, devendo ser aplicadas as normas do regime geral de previdência social relativas à aposentadoria especial contidas na Lei 8.213/1991 para viabilizar sua concretização enquanto não sobrevier lei complementar disciplinadora da matéria. **Após a vigência da EC n.º 103/2019, o direito à conversão em tempo comum, do prestado sob condições especiais pelos servidores obedecerá à legislação complementar dos entes federados, nos termos da competência conferida pelo art. 40, § 4º-C, da Constituição da República**.

Destarte, o STF admite que lei do ente federativo possa autorizar a conversão do tempo especial em comum após o advento da EC 103/2019.

Outrossim, **existem decisões específicas do STF no sentido de que a citada conversão não se caracteriza como tempo ficto**, inclusive da lavra do Plenário:

> *ARE 1173624 AgR-segundo*
>
> Órgão julgador: ***Primeira Turma***
>
> Relator(a): ***Min. FLÁVIO DINO***
>
> Julgamento: ***18/03/2024***
>
> Publicação: ***21/03/2024***
>
> Ementa
>
> EMENTA DIREITO ADMINISTRATIVO E PREVIDENCIÁRIO. SERVIDOR PÚBLICO. ATIVIDADE EXERCIDA EM CONDIÇÕES PREJUDICIAIS À SAÚDE OU À INTEGRIDADE FÍSICA. CONTAGEM DIFERENCIADA DE **TEMPO** ESPECIAL. DECISÃO AGRAVADA EM CONSONÂNCIA COM A JURISPRUDÊNCIA DO SUPREMO TRIBUNAL FEDERAL. AGRAVO NÃO PROVIDO. 1. O entendimento posto na decisão agravada está em consonância com a orientação do Plenário desta Suprema Corte, no sentido de que "**A conversão de tempo especial em comum por um fator multiplicador decorre diretamente do direito constitucional à aposentadoria especial (CRFB, art. 40, § 4º) e não incide na proibição de cômputo de tempo ficto (CRFB, art. 40, § 10)**" (MI 6.694 AgR, Rel. p/ Acórdão: Min. André Mendonça). 2. Majoração em 10% (dez por cento) dos honorários advocatícios anteriormente fixados, obedecidos os limites previstos no art. 85, §§ 2º, 3º e 11, do CPC, ressalvada eventual concessão do benefício da gratuidade da Justiça. 3. Agravo interno conhecido e não provido.
>
> *MI 6694 AgR*
>
> Órgão julgador: ***Tribunal Pleno***

Relator(a): ***Min. EDSON FACHIN***

Redator(a) do acórdão: ***Min. ANDRÉ MENDONÇA***

Julgamento: ***13/02/2023***

Publicação: ***17/02/2023***

Ementa

EMENTA: AGRAVO REGIMENTAL NO MANDADO DE INJUNÇÃO. DIREITO ADMINISTRATIVO E PREVIDENCIÁRIO. SERVIDOR PÚBLICO. ATIVIDADE INSALUBRE. APOSENTADORIA ESPECIAL. CONTAGEM DIFERENCIADA DE **TEMPO** DE SERVIÇO. 1. Mandado de injunção em que se alega omissão na edição de lei complementar regulamentadora do direito à aposentadoria especial previsto no art. 40, § 4º, da Constituição da República, bem como do direito à contagem diferenciada de **tempo** especial. Requerimento de aplicação analógica das regras do art. 57 da Lei nº 8.213, de 1991. **2. A conversão de tempo especial em comum por um fator multiplicador decorre diretamente do direito constitucional à aposentadoria especial (CRFB, art. 40, § 4º) e não incide na proibição de cômputo de tempo ficto (CRFB, art. 40, § 10).** 3. O Supremo Tribunal Federal manifestou-se, por seu órgão Plenário, tanto pelo cabimento do mandado de injunção para dirimir a controvérsia posta nos autos, por identificar existir lacuna legislativa a ser colmatada em sede injuncional (MI nº 4.204/DF), como pela própria existência, até a edição da Emenda Constitucional nº 103, de 2019, do direito à **conversão**, em **tempo** comum, do prestado sob condições especiais que prejudiquem a saúde ou a integridade física de servidor público (Recurso Extraordinário nº 1.014.286-RG/SP). 4. A decisão proferida em mandado de injunção não reconhece imediatamente o direito à contagem diferenciada de **tempo** especial, apenas supre a lacuna normativa e determina que a autoridade administrativa competente analise o caso, à luz dos documentos apresentados pela parte interessada. 5. Agravo regimental ao qual se dá provimento para conceder a ordem, em parte.

Outra razão é continuar existindo conversões de tempo de contribuição no RGPS que podem gerar acréscimos de tempo contributivo após a EC 103/2019, a saber:

A) Tempo especial em tempo especial – Artigo 66 do Decreto 3.048/99;

B) Tempo especial em tempo da pessoa com deficiência – Artigo 70-F do Decreto 3.048/99;

C) Tempo comum em tempo da pessoa com deficiência – Artigo 70-E do Decreto 3.048/99;

D) Tempo da pessoa com deficiência em tempo da pessoa com deficiência (alteração de grau) - Artigo 70-E do Decreto 3.048/99.

Vale salientar que não **há mais previsão legal para a conversão do tempo comum em especial**, que inclusive era proibida pelo artigo 267, da Instrução Normativa INSS PRES 45/2010, tendo sido mantida a proibição no artigo 249, da revogada Instrução Normativa INSS 77/2015 e no artigo 267 da IN INSS 128/2022:

> *"Art. 264. Para fins de concessão de aposentadoria especial somente serão considerados os períodos de atividade especial, sendo vedada a conversão de tempo comum em especial"*

Até o advento da Lei 9.032/95, era possível a conversão de tempo comum em especial, devendo ser respeitado este regramento para o tempo de serviço prestado até a sua vigência, em respeito ao Princípio do *Tempus Regit Actum.*

Anteriormente, a redação originária do §3º, do artigo 57, da Lei 8.213/91, permitia tanto a conversão do tempo especial em comum quanto à conversão do tempo comum em especial. Nesse sentido, já decidiu o TRF da 1ª Região que, "registre-se, ainda, a possibilidade de conversão de tempo comum em especial até o advento da Lei 9.032/95, vez que a legislação à época admitia a conversão para obtenção de aposentadoria especial, nos termos do art. 57, § 3º da Lei 8.213/91"[40].

Este, inclusive, era o antigo posicionamento da TNU, sendo possível a conversão do tempo comum em especial até o advento da Lei 9.032/95, mesmo que os requisitos da aposentadoria fossem preenchidos posteriormente em aplicação ao Princípio do *Tempus Regit Actum*. Veja-se notícia publicada no site da Justiça Federal:

> **"TNU altera entendimento sobre conversão de tempo de serviço para concessão de aposentadoria especial**
>
> 10/10/2014 14:20
>
> A Turma Nacional de Uniformização dos Juizados Especiais Federais (TNU), na sessão realizada nesta quarta-feira (8/10), decidiu alterar o entendimento jurisprudencial sobre a conversão de tempo de serviço para fins de concessão de aposentadoria especial. **A partir de agora, se a prestação do serviço ocorreu antes da Lei 9.032/95, é possível converter o tempo comum em especial mesmo que o segurado só reúna as condições para obtenção do benefício após esse período.**
>
> O posicionamento foi firmado pelo Colegiado durante o julgamento do recurso de um aposentado gaúcho que teve o pedido de revisão do benefício negado pela **Vara Federal de Caxias do Sul (RS)** e depois pela 3ª Turma Recursal dos

40. Passagem do julgamento da AC 2001.33.00.001331-7, de 19/07/2010.

> Juizados Especiais Federais do Rio Grande do Sul. O autor da ação alegou à TNU que a conversão da atividade comum em especial deve ser disciplinada pela lei em vigor à época da prestação laboral.
>
> Conforme informações dos autos, o aposentado trabalhou a maior parte do tempo como técnico operacional em empresas da região. O INSS somente reconheceu como especial o tempo de 7 anos, 2 meses e 21 dias. A revisão de benefício solicitada implicaria na análise da averbação dos seguintes intervalos: de 17/03/1978 a 12/07/1984, quando trabalhou na Ceval Agroindustrial S/A; e de 06/03/1997 a 31/08/2008, período em que prestou serviço para a Soprano Eletrometalúrgica Ltda.
>
> A controvérsia diz respeito à possibilidade de aplicação de legislação anterior a de 1995 para conversão do tempo de serviço de quem se aposentou depois desse período. Segundo a relatora do processo, juíza federal Kyu Soon Lee, o recurso do aposentado deveria ser negado com base no atual entendimento da própria TNU e em julgados do Superior Tribunal de Justiça (STJ). A magistrada sustentou que não se poderia converter período anterior à Lei 9.032/95, se o beneficiário preencheu os requisitos para a concessão depois dessa lei.
>
> No entanto, para o redator do voto vencedor na TNU, juiz federal João Batista Lazzari, a jurisprudência mais recente do STJ fixou a tese de que a configuração do tempo de serviço especial é regida pela legislação em vigor no momento da prestação do serviço. De acordo com ele, trata-se de um direito adquirido, que se constitui em patrimônio do trabalhador.
>
> "Saliento, ainda, que, a prevalecer a tese de que a lei que incide para definir a possibilidade de conversão entre tempo de serviço especial e comum é a vigente quando do preenchimento dos requisitos para a aposentadoria, não se poderia mais converter os períodos de atividade por categoria profissional, considerando que a legislação atual não permite mais essa forma de conversão", ponderou o magistrado.
>
> Em seu voto divergente, o juiz João Batista Lazzari explica que não se pode tratar de forma distinta a configuração do tempo de serviço, "pois, se à época do exercício da atividade se possibilitava a conversão, o segurado adquire esse direito, ainda que os requisitos necessários à aposentação venham a ser preenchidos em momento posterior, na vigência de legislação que não mais contemple tal possibilidade", concluiu.
>
> **Pedilef 5011435-67.2011.4.04.7107"**

No entanto, o STJ vem considerando a **data do requerimento administrativo** como marco divisor de regimes jurídicos, admitindo, apenas, a conversão de tempo comum em especial se requerido antes da Lei 9.032/95:

> "PREVIDENCIÁRIO. **APOSENTADORIA ESPECIAL. CONVERSÃO DE TEMPO COMUM EM ESPECIAL. REQUERIMENTO POSTERIOR À VIGÊNCIA DA LEI N. 9.032/95. INVIABILIDADE.** ENTENDIMENTO

FIRMADO NO RESP 1.310.034/PR. CUNHO DECLARATÓRIO DA DEMANDA INCÓLUME. TEMPO DE SERVIÇO ESPECIAL.

SOBRESTAMENTO DO FEITO. DESCABIMENTO.

1. Nos termos do decidido por ocasião do julgamento do Resp 1.310.034/PR, submetido ao regime dos recursos repetitivos, de relatoria do Ministro Herman Benjamin, quanto aos requerimentos efetivados após 28/4/1995 e cujos requisitos para o jubilamento somente tenham se implementado a partir de tal marco, fica inviabilizada a conversão de tempo comum em especial para fazer jus à aposentadoria especial, possibilitando, contudo, a conversão de especial para comum.

2. O pedido de sobrestamento não tem cabimento, pois, conforme jurisprudência do STJ, a possibilidade de modificação de entendimento pela Primeira Seção não implica direito ao sobrestamento de recursos no âmbito desta Corte" (AgRg nos EDcl no REsp 1509189, de 7/5/2015).

Processo

AR 7236 / DF

AÇÃO RESCISÓRIA

2022/0089180-7

Relator

Ministro PAULO SÉRGIO DOMINGUES (1185)

Revisor

Ministro TEODORO SILVA SANTOS (1186)

Órgão Julgador

S1 - PRIMEIRA SEÇÃO

Data do Julgamento

28/08/2024

Data da Publicação/Fonte

DJe 03/09/2024

Ementa

PROCESSUAL CIVIL E PREVIDENCIÁRIO. AÇÃO RESCISÓRIA. VIOLAÇÃO A NORMA JURÍDICA. ART. 966, V, DO CPC. ACOLHIMENTO DE IMPUGNAÇÃO AO VALOR DA CAUSA. CONVERSÃO DE TEMPO COMUM EM ESPECIAL. MATÉRIA DECIDIDA EM RECURSO ESPECIAL REPETITIVO. RESP 1.310.034/PR (TEMA 546/STJ). PACIFICAÇÃO DA MATÉRIA ANTES DA DECISÃO RESCIDENDA. INAPLICABILIDADE DA SÚMULA 343/STF. PEDIDO PROCEDENTE.

1. Consoante a jurisprudência desta Corte Superior, nas ações rescisórias, em regra, o valor atribuído à causa deve corresponder ao da ação originária, corrigido monetariamente. Excepcionalmente, na hipótese de discrepância entre

o valor da causa originária e o benefício econômico a ser auferido pela procedência do pedido rescisório, este deve prevalecer.

2. Inaplicável o óbice da Súmula 343 do Supremo Tribunal Federal (STF), pois, quando proferida a decisão rescindenda, a matéria relativa à conversão do tempo de serviço comum em especial já havia sido pacificada quando do julgamento do Recurso Especial 1.310.034/PR (Tema 546).

3. Desde o julgamento do REsp 1.310.034/PR, em 24/10/2012, sob o rito do art. 543-C, do Código de Processo Civil (CPC) de 1973 (Tema 546), prevalece no âmbito da Primeira Seção do Superior Tribunal de Justiça (STJ) o entendimento de que a conversão do tempo de serviço comum em especial só é permitida se o segurado tiver reunido os requisitos para a concessão do benefício em data anterior à vigência da Lei 9.032/1995, que deu nova redação ao § 3º do art. 57 da Lei 8.213/1991.

4. Decisão rescindenda que diverge da orientação firmada pelo Superior Tribunal de Justiça ao permitir a conversão do tempo de serviço comum em especial após a vigência da Lei 9.032/1995.

5. Pedido rescisório procedente.

Este posicionamento é lastimável, atentando contra o Princípio do *Tempus Regit Actum*, vez que deveria ser considerada a lei em vigor no momento da prestação do tempo de contribuição, e não a data do requerimento administrativo.

Assim, na linha do STJ, à luz do direito adquirido, somente se cogita em conversão de tempo comum em especial na atualidade em uma situação: **se o segurado adquiriu o direito à aposentadoria antes da vigência da Lei 9.032/95**:

Processo

AgInt no REsp 1623353 / RS

AGRAVO INTERNO NO RECURSO **ESPECIAL**

2016/0229242-0

Relator(a)

Ministro OG FERNANDES (1139)

Órgão Julgador

T2 – SEGUNDA TURMA

Data do Julgamento

16/08/2018

Data da Publicação/Fonte

DJe 22/08/2018

Ementa

PREVIDENCIÁRIO. PROCESSO CIVIL. AGRAVO INTERNO NO RECURSO ESPECIAL. CONVERSÃO DE TEMPO COMUM EM ESPECIAL. REQUISITOS DEVEM SER PREENCHIDOS ANTES DA LEI N. 9.032/1995. LIMITE DE TOLERÂNCIA DE RUÍDOS NA VIGÊNCIA DO DECRETO 2.172/1997. TESES FIRMADAS SOB O RITO DOS REPETITIVOS. REITERAÇÃO DAS ALEGAÇÕES DO RECURSO ESPECIAL. PRINCÍPIO DA DIALETICIDADE. INOBSERVÂNCIA. MULTA APLICADA.

1. Faz jus à conversão de tempo de serviço comum em especial, aquele que tenha reunido os requisitos para o benefício pretendido antes da Lei n. 9.032/1995, de 28/4/1995. (EDcl nos EDcl no REsp 1.310.034/PR, Rel. Ministro Herman Benjamin, Primeira Seção, julgado em 10/6/2015, DJe 16/11/2015).

Eis, nesse sentido, a Súmula 85 (publicada em 29/08/2018) que reflete a atual posição da TNU que se alinhou à tese repetitiva do STJ:

TNU, Súmula 85 – É possível a conversão de tempo comum em especial de período(s) anterior(es) ao advento da Lei nº 9.032/95 (que alterou a redação do §3º do art. 57 da Lei nº 8.213/91), desde que todas as condições legais para a concessão do benefício pleiteado tenham sido atendidas antes da publicação da referida lei, independentemente da data de entrada do requerimento (DER).

Vale frisar que somente existe previsão normativa de conversão para fins de tempo de contribuição, e não para fins de período de carência, que exige número mínimo de contribuições mensais.

Veja-se a correta posição da TNU:

Informativo 16/2017

Processo n. 0512612-09.2013.4.05.8300

Não é possível a conversão de tempo especial em comum para fins de carência do benefício previdenciário de aposentadoria por idade, uma vez que, para o preenchimento do referido requisito, exige-se efetiva contribuição pelo segurado.

Por sua vez, a partir da Emenda Constitucional nº 18, de 30 de junho de 1981, não é permitida a conversão do tempo de exercício de magistério para qualquer espécie de benefício, exceto se o segurado implementou todas as condições até 29 de junho de 1981.

De acordo com o Tribunal Regional Federal da 3ª Região, "é possível o enquadramento da atividade de professor como especial, para posterior conversão, apenas até a promulgação da Emenda 18/81, que estabeleceu normas específicas para a aposentação dessa categoria profissional"[41].

Outrossim, conforme decidido pelo Tribunal Regional Federal da 1ª Região, "a partir da EC 18/81, que disciplinou a aposentadoria dos professores e revogou neste pormenor o Decreto nº 53.831/64 (item 2.1.4), deixou de existir a possibilidade da conversão do tempo especial de serviço de magistério para tempo comum"[42].

Ou seja, **desde 30.06.1981, o tempo de serviço ou de contribuição do professor não se caracteriza como especial**, conquanto haja uma redução em 05 anos no tempo de contribuição para a sua aposentadoria (atuação exclusiva no ensino básico), razão pela qual não há direito a conversão.

Vale ressaltar que não é possível a utilização da conversão de tempo comum em especial para a aposentadoria do professor, que exige 30 anos de contribuição (homens) ou 25 anos de contribuição (mulheres) exclusivamente no ensino básico, inclusive direção escolar, coordenação e assessoramento pedagógico, conforme posicionamento da TNU:

> "EMENTA CONSTITUCIONAL E PREVIDENCIÁRIO. PROFESSOR. CONVERSÃO DO TEMPO DE SERVIÇO PRESTADO SOB A ÉGIDE DA CLT. OPÇÃO POR APOSENTADORIA COMUM DO SERVIÇO PÚBLICO. **1. O Supremo Tribunal Federal, em diversos precedentes, tem entendido de maneira favorável à conversão do tempo de serviço especial prestado por professor, sob a égide da CLT, em tempo de serviço comum. 2. Entretanto, veda-se ao interessado usar este tempo para se aposentar como professor, aos 30 anos de tempo de serviço, haja vista que tal implicaria a fruição de duas benesses, de regimes diversos. Ele poderá apenas se aposentar como servidor estatutário comum, aos 35 anos.** 3. Pedido de Uniformização conhecido e provido, de modo a determinar ao Instituto réu a expedição de certidão de tempo de contribuição em que o tempo de serviço prestado como professor sob a égide da CLT seja convertido em comum, mediante multiplicação pelo fator de 1,4 (PEDIDO 200570530018690, de 16.02.2009)".

Questão interessante é saber qual o fator de conversão de atividade especial em comum deverá ser utilizado para os homens para o tempo de contribuição prestado no regime previdenciário anterior.

É que a Lei 5.890/73 previa a aposentadoria por tempo de serviço para os homens em apenas 30 anos de serviço, enquanto atualmente exige-se 35 anos. Assim, naquela época, o segurado que desenvolvia atividade especial

41. Passagem do julgamento da APELAÇÃO/REEXAME NECESSÁRIO 1.025. 428, de 20.10.2008.

42. Passagem do julgamento da AC 200138000372364, de 21.11.2007.

com benefício garantido aos 25 anos deveria converter esse tempo pelo fator 1,2, pois apenas pelo regramento atual o fator é 1,4, tendo em vista que o tempo de contribuição da aposentadoria foi elevado para 35 anos.

No ano de 2010, as Turmas do STJ divergiram a respeito, entendendo a 6ª Turma que deveria ser utilizado o fator 1,2 até a edição do Decreto 611/1992:

> "AGRAVO INTERNO. PREVIDENCIÁRIO. CONVERSÃO DO TEMPO DE SERVIÇO ESPECIAL EM COMUM. FATOR APLICÁVEL. "TEMPUS REGIT ACTUM".1,2 ATÉ A EDIÇÃO DO DECRETO 611/92 E, A PARTIR DE ENTÃO, 1,4.
>
> **1. É firme nesta Corte o entendimento no sentido da aplicação, na conversão de tempo de serviço especial em comum, da lei vigente quando do labor desenvolvido, pelo que aplicável o fator de conversão 1,2 até a edição do Decreto 611/92 e, a partir de então, 1,4.**
>
> 2. Agravo ao qual se nega provimento" (AgRg no REsp 1148271, de 20.05.2010).

O entendimento da 6ª Turma é tecnicamente correto, pois decorre do Princípio do *Tempus Regit Actum*. Contudo, o próprio INSS tem um posicionamento administrativo mais favorável aos segurados, pois adota o fator 1,4 (e não 1,2) para os homens mesmo para o tempo especial anterior a 1992, em decorrência de artigo 70, §2º, do RPS, que prevê que "as regras de conversão de tempo de atividade sob condições especiais em tempo de atividade comum constantes deste artigo aplicam-se ao trabalho prestado em qualquer período", entendimento seguido pela 5ª Turma do STJ (AGRAVO REGIMENTAL NO RECURSO ESPECIAL – 1.105.770, de 23.02.2010).

Finalmente, no dia 23 de março de 2011, a 3ª uniformizou o tema ao determinar aplicação do fator de conversão 1,4 por todo o período, no julgamento do REsp 1.151.363:

> "PROCESSUAL CIVIL. RECURSO ESPECIAL REPRESENTATIVO DA CONTROVÉRSIA. RITO DO ART. 543-C, § 1º, DO CPC E RESOLUÇÃO N. 8/2008 – STJ. DIVERGÊNCIA JURISPRUDENCIAL NÃO COMPROVADA. AUSÊNCIA DE IDENTIDADE FÁTICA. DESCABIMENTO. COMPROVAÇÃO DE EXPOSIÇÃO PERMANENTE AOS AGENTES AGRESSIVOS. PRETENSÃO DE REEXAME DE MATÉRIA FÁTICA. ÓBICE DA SÚMULA N. 7/STJ.
>
> 1. Para a comprovação da divergência jurisprudencial é essencial a demonstração de identidade das situações fáticas postas nos julgados recorrido e paradigma.
>
> 2. Segundo asseverado pelo acórdão objurgado, o segurado esteve "exposto de modo habitual e permanente, não ocasional nem intermitente", ao

frio e a níveis médios de ruído superiores ao limite regulamentar (e-STJ fl. 254). A modificação dessa conclusão importaria em revolvimento de matéria fática, não condizente com a natureza do recurso especial. Incidência, na espécie, do óbice da Súmula n. 7/STJ.

PREVIDENCIÁRIO. RECONHECIMENTO DE ATIVIDADE ESPECIAL APÓS 1998. MP N. 1.663-14, CONVERTIDA NA LEI N. 9.711/1998 SEM REVOGAÇÃO DA REGRA DE CONVERSÃO.

1. Permanece a possibilidade de conversão do tempo de serviço exercido em atividades especiais para comum após 1998, pois a partir da última reedição da MP n. 1.663, parcialmente convertida na Lei 9.711/1998, a norma tornou-se definitiva sem a parte do texto que revogava o referido § 5º do art. 57 da Lei n. 8.213/1991.

2. Precedentes do STF e do STJ.

CONVERSÃO DE TEMPO DE SERVIÇO ESPECIAL EM COMUM. OBSERVÂNCIA DA LEI EM VIGOR POR OCASIÃO DO EXERCÍCIO DA ATIVIDADE. DECRETO N. 3.048/1999, ARTIGO 70, §§ 1º E 2º. FATOR DE CONVERSÃO. EXTENSÃO DA REGRA AO TRABALHO DESEMPENHADO EM QUALQUER ÉPOCA.

1. A teor do § 1º do art. 70 do Decreto n. 3.048/99, a legislação em vigor na ocasião da prestação do serviço regula a caracterização e a comprovação do tempo de atividade sob condições especiais. Ou seja, observa-se o regramento da época do trabalho para a prova da exposição aos agentes agressivos à saúde: se pelo mero enquadramento da atividade nos anexos dos Regulamentos da Previdência, se mediante as anotações de formulários do INSS ou, ainda, pela existência de laudo assinado por médico do trabalho.

2. O Decreto n. 4.827/2003, ao incluir o § 2º no art. 70 do Decreto n. 3.048/99, estendeu ao trabalho desempenhado em qualquer período a mesma regra de conversão. Assim, no tocante aos efeitos da prestação laboral vinculada ao Sistema Previdenciário, a obtenção de benefício fica submetida às regras da legislação em vigor na data do requerimento.

3. A adoção deste ou daquele fator de conversão depende, tão somente, do tempo de contribuição total exigido em lei para a aposentadoria integral, ou seja, deve corresponder ao valor tomado como parâmetro, numa relação de proporcionalidade, o que corresponde a um mero cálculo matemático e não de regra previdenciária.

4. Com a alteração dada pelo Decreto n. 4.827/2003 ao Decreto n. 3.048/1999, a Previdência Social, na via administrativa, passou a converter os períodos de tempo especial desenvolvidos em qualquer época pela regra da tabela definida no artigo 70 (art. 173 da Instrução Normativa n. 20/2007).

5. Descabe à autarquia utilizar da via judicial para impugnar orientação determinada em seu próprio regulamento, ao qual está vinculada. Nesse compasso, a Terceira Seção desta Corte já decidiu no sentido de dar tratamento isonômico às situações análogas, como na espécie (EREsp n. 412.351/RS).

6. Recurso especial parcialmente conhecido e, nessa extensão, desprovido".

Nessa mesma linha de raciocínio da 3ª Seção do STJ, a TNU editou a Súmula 55:

"Súmula 55- A conversão do tempo de atividade especial em comum deve ocorrer com aplicação do fator multiplicativo em vigor na data da concessão da aposentadoria".

De acordo com o entendimento do Ministério da Previdência Social, através do Parecer 282/2011/CONJUR-MPS/CGU/AGU, aprovado pela Portaria nº 264/2013/MPS, na conversão do tempo especial em comum deverá ser aplicado o fator de conversão vigente à época em que requerido o benefício.

Para a AGU, que possui o mesmo entendimento da TNU, "para concessão de aposentadoria no Regime Geral de Previdência Social - RGPS, a conversão de tempo de serviço/contribuição especial em comum deve observar o fator de conversão vigente à época em que requerido o benefício, devendo ser desconsiderado, para esta finalidade, o fator de conversão vigente à época da prestação da atividade laboral" (**Enunciado AGU Nº 80, de 17 de novembro de 2015**).

Eis o tema 41 da TNU:

<table>
<tr><td>Tema</td><td>41</td><td>Situação do tema</td><td>Julgado</td><td>Ramo do direito</td><td>DIREITO PREVIDENCIÁRIO</td></tr>
<tr><td colspan="2">Questão submetida a julgamento</td><td colspan="4">Saber se o fator 1,4 (um vírgula quatro) pode ser aplicado aos homens no período anterior ao advento da Lei n. 8.213/91.</td></tr>
<tr><td colspan="2">Tese firmada</td><td colspan="4">Na aposentadoria por tempo de contribuição, o fator de conversão 1,4 (um vírgula quatro), para os homens, é aplicável em qualquer período.</td></tr>
<tr><td colspan="2">Processo</td><td>Relator (a)</td><td>Julgado em</td><td>Acórdão publicado em</td><td>Trânsito em julgado</td></tr>
<tr><td colspan="2">PEDILEF 2007.72.95. 003208-7/ SC</td><td>Juíza Federal Vanessa Vieira de Mello</td><td>29/03/2012</td><td>27/04/2012</td><td>15/05/2012</td></tr>
</table>

Questão interessante foi apreciada no que tange ao agente nocivo amianto. Cuida-se da análise de tema representativo de controvérsia **(Tema**

287/TNU) que analisou se há lastro jurídico na aplicação retroativa do regramento do Decreto 2.172/97 que passou a prever o direito à aposentadoria especial ao agente nocivo amianto aos **20 anos** de tempo de contribuição especial.

Isso porque, anteriormente, o Anexo I do Decreto 83.080/1979 previu a concessão de aposentadoria especial pela exposição ao amianto aos **25 anos** de tempo de contribuição especial:

ANEXO I

REGULAMENTO DOS BENEFÍCIOS DA PREVIDÊNCIA SOCIAL (DECRETO Nº 83.080 DE 24 DE JANEIRO DE 1979)

CLASSIFICAÇÃO DAS ATIVIDADES PROFISSIONAIS SEGUNDO OS AGENTES NOCIVOS

1.2.12	SÍLICA, SILICATOS, CARVÃO, CIMENTO E **AMIANTO**	Extração de minérios (atividades discriminadas nos códigos 2.3.1 a 2.3.5 do anexo II). Extração de rochas amiantíferas (furação, corte, desmonte, trituração, peneiramento e manipulação). Extração, trituração e moagem de talco. Decapagem, limpeza de metais, foscamento de vidros com jatos de areia (atividades discriminadas entre as do código 2.5.3 do Anexo II). Fabricação de cimento Fabricação de guarnições para freios, materiais isolantes e produtos de fibrocimento. Fabricação de material refratário para fornos, chaminés e cadinhos, recuperação de resíduos. Fabricação de mós, rebolos, saponáceos, pós e pastas para polimento de metais. Moagem e manipulação de sílica na indústria de vidros, porcelana e outros produtos cerâmicos. **Mistura, cardagem, fiação e tecelagem de amianto.** Trabalho em pedreiras (atividades discriminadas no código 2.3.4 do anexo II). Trabalho em construção de túneis (atividades discriminadas nos códigos 2.3.3 e 2.3.4 do Anexo II).	15, 20 ou 25 anos **25 anos** **25 anos**

Posteriormente, o Decreto 2.192/97 passou a prever a aposentadoria especial pela exposição permanente ao amianto aos 20 anos de tempo especial, sistemática conservada no Decreto 3.048/99 até a atualidade:

REGULAMENTO DOS BENEFÍCIOS DA PREVIDÊNCIA SOCIAL (DECRETO 2.192/97)

ANEXO IV

1.0.2	**ASBESTOS 20 ANOS** a) extração, processamento e manipulação de rochas amiantíferas; b) fabricação de guarnições para freios, embreagens e materiais isolantes contendo asbestos; c) fabricação de produtos de fibrocimento; d) mistura, cardagem, fiação e tecelagem de fibras de asbestos.

REGULAMENTO DA PREVIDÊNCIA SOCIAL – DECRETO 3.048/99

ANEXO IV

CLASSIFICAÇÃO DOS AGENTES NOCIVOS

1.0.2	**ASBESTOS** a) extração, processamento e manipulação de rochas amiantíferas; b) fabricação de guarnições para freios, embreagens e materiais isolantes contendo asbestos; c) fabricação de produtos de fibrocimento; d) mistura, cardagem, fiação e tecelagem de fibras de asbestos.	**20 anos**

O tempo de serviço, atual tempo de contribuição, deve ser regido pela legislação em vigor no momento da prestação do labor, sendo defesa a aplicação retroativa de novo regramento à luz do Princípio do *Tempus Regit Actum*.

Nesse sentido, o posicionamento pacífico do STJ no sentido de que *"em observância ao princípio do tempus regit actum, ao reconhecimento de tempo de serviço especial deve-se aplicar a legislação vigente no momento da efetiva atividade laborativa"* (AgRg no REsp 1559484 / RS, de 05/11/2015).

Trata-se de posicionamento que prestigia o Princípio da Segurança Jurídica a fim de estabilizar o regramento do tempo de contribuição, pois regras mais rígidas ou mais flexíveis não poderão surtir efeitos retroativos, permitindo a evolução sem passivo da legislação previdenciária.

É uma garantia constitucional tanto em favor do segurado quanto da Previdência Social, pois Estado e administrado sabem de antemão que as regras previdenciárias que vigoraram é que serão o lastro jurídico aferidor do tempo de serviço/contribuição, que passa a integrar o patrimônio jurídico do segurado.

Especificamente no que tange à aposentadoria especial, este posicionamento já foi reafirmado pelo STJ em sede repetitiva em 14/05/2014 ao julgar o **tema 694**, tendo como pano de fundo o agente nocivo ruído, que possui diferentes padrões de limite de exposição ao longo do tempo que devem ser respeitados.

Desse modo, em termos gerais, deve ser conservado o posicionamento do INSS e do STJ no sentido de que deve ser aplicado ao tempo de serviço especial a legislação de enquadramento de nocividade em vigor na data da prestação da atividade, sem a possibilidade de aplicação retroativa de novo regramento.

Nos termos do artigo 70, §2º, do Decreto 3.048/99, introduzido pelo Decreto 4.827/2003, "*as regras de conversão de tempo de atividade sob condições especiais em tempo de atividade comum constantes deste artigo aplicam-se ao trabalho prestado em qualquer período*".

Vale registrar que este dispositivo foi revogado pelo Decreto 10.410/2020, pois não é mais possível a conversão do tempo especial em comum a partir de 14/11/2019, por força de vedação da Emenda 103/2019, devendo surtir efeitos jurídicos até 13/11/2019.

De acordo com o entendimento do Ministério da Previdência Social, através do Parecer 282/2011/CONJUR-MPS/CGU/AGU, aprovado pela Portaria nº 264/2013/MPS, na conversão do tempo especial em comum deverá ser aplicado o fator de conversão vigente à época em que requerido o benefício.

No dia 23 de março de 2011, a 3ª Seção aderiu ao posicionamento administrativo no julgamento do REsp 1.151.363 (temas 422 e 423 repetitivos).

Nessa mesma linha de raciocínio da 3ª Seção do STJ, a TNU editou a Súmula 55:

> "**Súmula 55**- A conversão do tempo de atividade especial em comum deve ocorrer com aplicação do fator multiplicativo em vigor na data da concessão da aposentadoria".

Para a AGU, que possui o mesmo entendimento da TNU, "para concessão de aposentadoria no Regime Geral de Previdência Social – RGPS, a conversão de tempo de serviço/contribuição especial em comum deve observar o fator de conversão vigente à época em que requerido o benefício, devendo ser desconsiderado, para esta finalidade, o fator de conversão vigente à época da prestação da atividade laboral" (**Enunciado AGU Nº 80, de 17 de novembro de 2015**).

Desse modo, pode-se afirmar que se trata de tema pacificado entre o STJ, TNU, INSS e AGU que deve ser aplicado o fator de conversão em vigor na DER.

E essa posição foi tomada pela TNU no Tema 287:

<table>
<tr><td>Tema</td><td>287</td><td>Situação do tema</td><td>Julgado</td><td>Ramo do direito</td><td>DIREITO PREVIDENCIÁRIO</td></tr>
<tr><td colspan="2">Questão submetida a julgamento</td><td colspan="4">Deve o Decreto 2172/97 ser aplicado também retroativamente, para permitir aposentadoria com vinte anos de trabalho, na superfície, com exposição ao agente nocivo amianto?</td></tr>
<tr><td colspan="2">Tese firmada</td><td colspan="4">É 1,75 para homem e 1,50 para mulher o fator de conversão em comum do tempo especial laborado com exposição ao amianto, inclusive na superfície, para requerimentos administrativos feitos a partir da edição do Decreto 2.172/1997 (05/03/1997), ainda que seja anterior o período trabalhado com exposição ao agente nocivo.</td></tr>
<tr><td colspan="2">Processo</td><td>Decisão de afetação</td><td>Relator (a)</td><td>Julgado em</td><td>Acórdão publicado em</td><td>Trânsito em julgado</td></tr>
<tr><td colspan="2">PEDILEF 0023252-47.2017.4.01.3500/GO</td><td>25/3/2021</td><td>Juiz Federal Luis Eduardo Bianchi Cerqueira – para acórdão: Juiz Federal David Wilson De Abreu Pardo</td><td>26/08/2021</td><td>27/08/2021</td><td>-</td></tr>
</table>

A TNU acolheu a própria manifestação do INSS em sede de memoriais apresentados pelo autor deste livro no exercício do cargo de Procurador Federal, conforme voto do Juiz Relator:

> "6. Aliás, **o próprio INSS acabou reconhecendo a questão**, nos Memoriais apresentados nos autos (Evento 47). Para o INSS, "*na conversão do tempo especial em comum deverá ser aplicado o fator de conversão vigente à época em que requerido o benefício*". Isso decorreria da regra prevista pelo art. 70, § 2º, do Decreto 3.048/1999, introduzida pelo Decreto 4.827/2003 e revogada apenas pelo Decreto 10.410/2020. Esse seria o sentido do REsp 1.151.363 (Temas 422

e 423 do STJ) e da Súmula 55/TNU. O próprio Enunciado AGU 80/2015 assim já o reconhece, segundo o INSS: "*para concessão de aposentadoria no Regime Geral de Previdência Social – RGPS, a conversão do tempo de serviço/contribuição especial em comum deve observar o fator de conversão vigente à época em que requerido o benefício, devendo ser desconsiderado, para esta finalidade, o fator de conversão vigente à época da prestação da atividade laboral*". *Portanto, para o próprio INSS o fator de conversão é tema já pacificado, "no sentido que a legislação aplicável é aquela em vigor à época da Data de Entrada do Requerimento (DER)*".

O principal objetivo da conversão do tempo especial em comum é a concessão da aposentadoria por tempo de contribuição, tendo em vista o segurado não completar os 15, 20 ou 25 anos para a aposentadoria especial.

Contudo, no cálculo do salário de benefício da aposentadoria especial não incide o fator previdenciário, que é obrigatório na aposentadoria por tempo de contribuição, inexistindo previsão legal para livrar o tempo convertido da aplicação do fator previdenciário, que na grande maioria dos casos acaba reduzindo a renda do benefício.

Nesse sentido, o posicionamento do TRF da 3ª Região, no julgamento da AC 1.701.820, de 28.02.2012:

> "PREVIDENCIÁRIO. AGRAVO PREVISTO NO § 1º DO ARTIGO 557 DO CPC. APOSENTADORIA POR TEMPO DE CONTRIBUIÇÃO. EXERCÍCIO DE ATIVIDADES ESPECIAIS. FATOR PREVIDENCIÁRIO. INCIDÊNCIA. **I – A Lei 8.213/91 excluiu a incidência do fator previdenciário apenas do cálculo da aposentadoria especial, e não da aposentadoria por tempo de contribuição deferida com base na conversão de períodos de atividade especial em comum.** II – O trabalhador que durante parte de sua vida desempenha atividades sob condições insalubres já é contemplado com regra excepcional, em que se exige um tempo de serviço menor em relação a outras atividades, desde que se comprove o trabalho efetivo nessa condição. III – Agravo previsto no § 1º do artigo 557 do CPC, interposto pela parte autora, improvido".

28. ADICIONAL DE INSALUBRIDADE E TEMPO ESPECIAL

Destaque-se que o **simples recebimento do adicional de insalubridade, verba trabalhista, não gera necessariamente a contagem do tempo especial**, conforme entendimento do STJ[43], tendo em vista serem diversas as sistemáticas do direito trabalhista e previdenciário.

Veja-se:

43. EARESP 200702630250, de 17.02.2009.

> "PREVIDENCIÁRIO. RECURSO **ESPECIAL. APOSENTADORIA** POR TEMPO DE CONTRIBUIÇÃO. CÔMPUTO DE TEMPO **ESPECIAL** EM RAZÃO DE RECEBIMENTO DO **ADICIONAL** DE **INSALUBRIDADE.** INSUFICIÊNCIA. NECESSIDADE DE COMPROVAÇÃO DA EXPOSIÇÃO HABITUAL E PERMANENTE POR INTERMÉDIO DE FORMULÁRIOS E LAUDOS. RECURSO **ESPECIAL** CONHECIDO E PROVIDO.
>
> 1. Após o advento da Lei 9.032/1995 vedou-se o reconhecimento da especialidade do trabalho por mero enquadramento profissional ou enquadramento do agente nocivo, passando a exigir a efetiva exposição do trabalhador ao agente nocivo.
>
> 2. A percepção de **adicional** de **insalubridade** pelo segurado, por si só, não lhe confere o direito de ter o respectivo período reconhecido como **especial,** porquanto os requisitos para a percepção do direito trabalhista são distintos dos requisitos para o reconhecimento da especialidade do trabalho no âmbito da Previdência Social.
>
> 3. In casu, o acórdão proferido Tribunal a quo reconheceu o período trabalhado como **especial,** tão somente em razão da percepção pelo trabalhador segurado do **adicional** de **insalubridade,** razão pela qual deve ser reformado" (REsp 1476932, de 10/3/2015).

Isso porque o trabalhador poderá receber um adicional de insalubridade e não estar permanentemente sujeito a um agente nocivo à saúde elencado no Decreto 3.048/99. O mesmo entendimento se aplica ao caso de percepção de **adicional de periculosidade**, na forma da jurisprudência do TRF da 1ª Região:

> "PREVIDENCIÁRIO. TEMPO LABORADO EM CONDIÇÕES ESPECIAIS. LEGISLAÇÃO VIGENTE. PRODUTOS QUÍMICOS. NÃO APRESENTAÇÃO DOS DOCUMENTOS NECESSÁRIOS À COMPROVAÇÃO DO DIREITO. SENTENÇA REFORMADA. HONORÁRIOS. 1. O cômputo do tempo de serviço para fins previdenciários deve observar a legislação vigente à época da prestação laboral, tal como disposto no § 1º, art. 70 do Decreto nº 3.048/99, com redação do Decreto nº 4.827/03. 2. Até o advento da Lei nº. 9.032/95 era desnecessária a apresentação de laudo pericial para fins de **aposentadoria especial** ou respectiva averbação, sendo suficiente que o trabalhador pertencesse à categoria profissional relacionada pelos Decretos 53.831/64 e 83.080/79. 3. Com a edição da Lei nº. 9.032/95 passou a se exigir a exposição aos agentes nocivos químicos, físicos, biológicos ou associação de agentes prejudiciais à saúde ou à integridade física, pelo período equivalente ao exigido para a concessão do benefício. 4. A apresentação dos formulários e laudos técnicos, emitidos pela empresa ou seu preposto, acerca das condições ambientais do trabalho expedido por médico do trabalho ou engenheiro de segurança do trabalho, somente foram previstos pela Medida Provisória nº 1.523, de 11/10/1996. 5. A necessidade de comprovação

da atividade insalubre através de laudo pericial foi exigida após o advento da Lei 9.528, de 10.12.97. **6. O autor exerceu a função de auxiliar de pessoal, requerendo o reconhecimento do período especial laborado em razão do recebimento do adicional de periculosidade. Porém, não foi apresentado no processo qualquer documento comprobatório dos supostos agentes químicos a que estava submetido o segurado. 7. O simples recebimento do adicional de periculosidade, por si só, não se presta à comprovação do tempo especial, para fins previdenciários, mormente porque a função exercida pelo segurado era de auxiliar de pessoal.** 8. Honorários de advogado arbitrados em R$ 400,00, suspensa a sua execução diante da gratuidade judiciária deferida. 9. Apelação e remessa oficial, tida por interposta, providas" (AC 200433000035115, de 15.07.2011).

29. CONTRIBUIÇÃO ADICIONAL PARA O CUSTEIO DA APOSENTADORIA ESPECIAL

A contribuição adicional para o custeio da aposentadoria especial foi intoduzida na Lei 8.213/91 por intermédio da Lei 9.732/98 no âmbito do artigo 57 da Lei 8.213/91:

> *"§ 6º O benefício previsto neste artigo será financiado com os recursos provenientes da contribuição de que trata o inciso II do art. 22 da Lei nº 8.212, de 24 de julho de 1991, cujas alíquotas serão acrescidas de **doze, nove ou seis pontos percentuais**, conforme a atividade exercida pelo segurado a serviço da empresa permita a concessão de aposentadoria especial após **quinze, vinte ou vinte e cinco anos de contribuição**, respectivamente. (Redação dada pela Lei nº 9.732, de 11.12.98)*

Logo, se o empregado ou trabalhador avulso se encontra exposto permanentemente a agentes físicos, químicos, biológicos ou outros prejudiciais à sua saúde ou integridade física, ele fará jus ao benefício denominado de aposentadoria especial, que contempla após a EC 103/2019 uma redução etária em comparação à aposentação voluntária comum:

> *"Art. 19. Até que lei disponha sobre o tempo de contribuição a que se refere o inciso I do § 7º do art. 201 da Constituição Federal, o segurado filiado ao Regime Geral de Previdência Social após a data de entrada em vigor desta Emenda Constitucional será aposentado aos 62 (sessenta e dois) anos de idade, se mulher, 65 (sessenta e cinco) anos de idade, se homem, com 15 (quinze) anos de tempo de contribuição, se mulher, e 20(vinte) anos de tempo de contribuição, se homem.*
>
> *§ 1º Até que lei complementar disponha sobre a redução de idade mínima ou tempo de contribuição prevista nos §§ 1º e 8º do art. 201 da Constituição Federal, será concedida aposentadoria:*

> *I - aos segurados que comprovem o exercício de atividades com efetiva exposição a agentes químicos, físicos e biológicos prejudiciais à saúde, ou associação desses agentes, vedada a caracterização por categoria profissional ou ocupação, durante, no mínimo, 15 (quinze), 20 (vinte) ou 25 (vinte e cinco) anos, nos termos do disposto nos arts. 57 e 58 da Lei nº 8.213, de 24 de julho de 1991, quando cumpridos:*
>
> *a)* ***55 (cinquenta e cinco) anos de idade****, quando se tratar de atividade especial de 15 (quinze) anos de contribuição;*
>
> *b)* ***58 (cinquenta e oito) anos de idade****, quando se tratar de atividade especial de 20 (vinte) anos de contribuição; ou*
>
> *c)* ***60 (sessenta) anos de idade****, quando se tratar de atividade especial de 25 (vinte e cinco) anos de contribuição;"*

Por sua vez, a regra comum da EC 103/2019 para a aposentadoria voluntária exige 65 anos de idade dos homens e 62 anos de idade para as mulheres.

A justificativa para o adicional SAT é que o segurado empregado e o trabalhador avulso se aposentarão mais cedo e naturalmente permanecerão recebendo aposentadoria por mais tempo que os demais segurados, o que gerará um maior ônus financeiro à previdência social.

Não há violação do Princípio da Legalidade Tributária. Inicialmente, a própria Lei 8.213/91 traz elementos básicos para o fechamento tributário, normatizando a necessidade de exposição permanente (não ocasional nem intermitente) para que haja o direito à aposentadoria especial, nos termos do artigo 57, §3º:

> *§ 3º A concessão da aposentadoria especial dependerá de comprovação pelo segurado, perante o Instituto Nacional do Seguro Social–INSS,* ***do tempo de trabalho permanente, não ocasional nem intermitente****, em condições especiais que prejudiquem a saúde ou a integridade física, durante o período mínimo fixado. (Redação dada pela Lei nº 9.032, de 1995)*
>
> Outrossim, os elementos normativos gerais sobre a eficácia e a ineficácia do EPI também constam do artigo 58 da Lei 8.213/91:
>
> *"§ 2º Do laudo técnico referido no parágrafo anterior deverão constar informação sobre a* ***existência de tecnologia de proteção coletiva ou individual que diminua a intensidade do agente agressivo a limites de tolerância e recomendação sobre a sua adoção pelo estabelecimento respectivo****. (Redação dada pela Lei nº 9.732, de 11.12.98)"*

Dessa forma **a Lei 8.213/91 atende ao Princípio da Legalidade Tributária, pois traz os *standards* para a implementação da hipótese de incidência tributária da contribuição adicional de 6%, 9% ou 12% para o custeio da aposentadoria especial por agentes nocivos.**

Logo, **para o respeito à legalidade tributária não há a necessidade de que a lei esgote todos os elementos para a incidência do tributo, bastando conter os basilares**, máxime em uma ***área extremamente técnica*** que envolve a NR 15, Normas da Fundacentro e várias outras normas técnica, a depender da espécie de agente nocivo.

Isso porque o **conceito de exposição permanente** a agente nocivos será delimitado à luz de cada agente físico, químico ou biológico, podendo ser *qualitativo* ou *quantiativo*, de modo a exigir a aplicação das normas técnicas.

Registre-se que **o próprio STF já possui este posicionamento, ao validar a regulamentação do Fator Acidentário de Prevenção pelo Decreto 3.048/99, não exigindo que todos os elementos tributários constassem da Lei 8.212/91 e da Lei 10.666/2003, <u>mas apenas os basilares</u>**, nos termos do tema 554 em repercussão geral:

> **RE 677725**
>
> Repercussão Geral – Mérito (Tema 554)
>
> **Órgão julgador:** Tribunal Pleno
>
> **Relator(a):** Min. LUIZ FUX
>
> **Julgamento:** 11/11/2021
>
> **Publicação:** 16/12/2021
>
> **Ementa**
>
> Ementa: CONTRIBUIÇÃO PREVIDENCIÁRIA. SEGURO DE ACIDENTE DO TRABALHO - SAT. ALÍQUOTA DEFINIDA PELO FATOR ACIDENTÁRIO DE PREVENÇÃO - FAP E PELO GRAU DE RISCOS AMBIENTAIS DO TRABALHO - RAT. DELEGAÇÃO AO CONSELHO NACIONAL DA PREVIDÊNCIA PARA REGULAMENTAÇÃO. ALEGAÇÃO DE OFENSA AOS PRINCÍPIOS DA LEGALIDADE, DA ANTERIORIDADE, DA RESERVA DE LEI COMPLEMENTAR E DA MORALIDADE ADMINISTRATIVA. LEI 10.666/03, ARTIGO 10. DECRETO 3.048/89, ART. 202-A, NA REDAÇÃO DO DECRETO 6.957/09. RESOLUÇÕES 1.308/2009 E 1.309/2009, DO CONSELHO NACIONAL DA PREVIDÊNCIA SOCIAL. CF, ARTIGOS 5º, INCISO II; 37; 146, INCISO II; 150, INCISOS I E III, ALÍNEA 'A'; 154, INCISO I, E 195, § 4º. 1. O sistema de financiamento do Seguro de Acidente de Trabalho (SAT) e da Aposentadoria Especial visa suportar os benefícios previdenciários acidentários decorrentes das doenças ocupacionais. 2. A Contribuição Social para o Seguro de Acidente de Trabalho (SAT) tem fundamentado nos artigos 7º, XXVIII, 194, parágrafo único, V, e 195, I, todos da CRFB/88. 3. O sistema impregnado, principalmente, pelos Princípios da Solidariedade Social e da Equivalência (custo-benefício ou prêmio versus sinistro), impõe maior ônus às empresas com maior sinistralidade por atividade econômica. **4. O enquadramento genérico das empresas neste sistema de financiamento se dá por**

atividade econômica, na forma do art. 22, inciso II, alíneas a, b e c, da Lei nº 8.212/91, enquanto o enquadramento individual das empresas se dá por meio do Fator Acidentário de Prevenção (FAP), ao qual compete o dimensionamento da sinistralidade por empresa, na forma do art. 10 da Lei nº 10.666/2003. 5. A Suprema Corte já assentou a constitucionalidade do art. 22, II, da Lei nº 8.212/91, verbis: EMENTA: - CONSTITUCIONAL. TRIBUTÁRIO. CONTRIBUIÇÃO: SEGURO DE ACIDENTE DO TRABALHO - SAT. Lei 7.787/89, arts. 3º e 4º; Lei 8.212/91, art. 22, II, redação da Lei 9.732/98. Decretos 612/92, 2.173/97 e 3.048/99. C.F., artigo 195, § 4º; art. 154, II; art. 5º, II; art. 150, I. I. - Contribuição para o custeio do Seguro de Acidente do Trabalho - SAT: Lei 7.787/89, art. 3º, II; Lei 8.212/91, art. 22, II: alegação no sentido de que são ofensivos ao art. 195, § 4º, c/c art. 154, I, da Constituição Federal: improcedência. Desnecessidade de observância da técnica da competência residual da União, C.F., art. 154, I. Desnecessidade de lei complementar para a instituição da contribuição para o SAT. II. - O art. 3º, II, da Lei 7.787/89, não é ofensivo ao princípio da igualdade, por isso que o art. 4º da mencionada Lei 7.787/89 cuidou de tratar desigualmente aos desiguais. **III. - As Leis 7.787/89, art. 3º, II, e 8.212/91, art. 22, II, definem, satisfatoriamente, todos os elementos capazes de fazer nascer a obrigação tributária válida. O fato de a lei deixar para o regulamento a complementação dos conceitos de "atividade preponderante" e "grau de risco leve, médio e grave", não implica ofensa ao princípio da legalidade genérica, C.F., art. 5º, II, e da legalidade tributária, C.F., art. 150**, I. **IV. - Se o regulamento vai além do conteúdo da lei, a questão não é de inconstitucionalidade, mas de ilegalidade, matéria que não integra o contencioso constitucional**. V. - Recurso extraordinário não conhecido. (RE 343446, Relator Min. CARLOS VELLOSO, Tribunal Pleno, julgado em 20/03/2003, DJ 04-04-2003), o que se aplica as normas ora objurgadas por possuir a mesma ratio. **6. A lei que institui tributo deve guardar maior densidade normativa, posto que deve conter os seus elementos essenciais previstos em lei formal (art. 97, CTN), a saber os aspectos material (fatos sobre os quais a norma incide), temporal (momento em que a norma incide) e espacial (espaço territorial em que a norma incide), assim como a consequência jurídica, de onde se extraem os aspectos quantitativo (sobre o que a norma incide - base de cálculo e alíquota) e pessoal (sobre quem a norma incide - sujeitos ativo e passivo), elementos do fato gerador que estão sob a reserva do princípio da legalidade tributária (art. 150, I, CRFB/88)(FALCÃO, Amílcar de Araújo. Fato Gerador da Obrigação Tributária. Rio de Janeiro: Forense, 1994, p. 8), premissas atendidas no caso subexamine**. 7. O Fator Acidentário de Prevenção (FAP), previsto no art. 10 da Lei nº 10.666/2003, guarda similaridade com a situação do leading case no RE 343446, Relator Min. CARLOS VELLOSO, Tribunal Pleno, julgado em 20/03/2003, DJ 04/04/2003, posto norma a ser colmatada pela via regulamentar, segundo metodologia aprovada pelo Conselho Nacional da Previdência Social, verbis: Art. 10. A alíquota de contribuição de um, dois ou três por cento, destinada ao financiamento do benefício de aposentadoria especial ou daqueles concedidos em razão do grau de incidência de incapacidade laborativa decorrente dos riscos ambientais do trabalho, poderá ser reduzida, em até cinquenta por cento, ou aumentada, em até cem por cento, conforme dispuser o regulamento, em razão do desempenho da empresa em relação à respectiva atividade econômica, apurado em conformidade com os resultados obtidos a partir dos índices de frequência, gravidade e custo, calculados segundo metodologia aprovada pelo Conselho Nacional de Previdência Social.(grifos nossos) 8. As alíquotas básicas do SAT são fixadas expressamente no art. 22, I, da Lei nº 8.212/91, restando ao Fator Acidentário de Prevenção (FAP), à luz do art. 10 da Lei nº 10.666/2003, a delimitação da progressividade na forma de coeficiente a ser multiplicado por estas alíquotas básicas, para somente então ter-se aplicada sobre a base de cálculo do tributo**. 9. O FAP, na forma como prescrito no art. 10 da Lei nº 10.666/2003 ("...conforme dispuser o regulamento, em razão do desempenho da empresa em relação à respectiva atividade econômica, apurado em conformidade com os resultados obtidos a partir dos índices de frequência, gravidade e custo, calculados segundo metodologia aprovada pelo Conselho Nacional de Previdência Social) possui densidade normativa suficiente, posto que fixados os standards, parâmetros e balizas de controle a ensejar a regulamentação da sua metodologia de cálculo de forma a cumprir o princípio da legalidade tributária (art. 150, I, CRFB/88).** 10. A composição do índice composto do FAP foi implementada pelo Conselho Nacional de Previdência Social (CNPS), à luz do art. 10 da Lei nº 10.666/2003, órgão do Ministério da Previdência e Assistência Social, que é instância quadripartite que conta com a representação de trabalhadores, empregadores, associações de aposentados e pensionistas e do Governo, através de diversas resoluções: Resolução MPS/CNPS nº 1.101/98, Resolução MPS/CNPS nº 1.269/06, Resolução MPS/CNPS nº 1.308/09, Resolução MPS/CNPS nº 1.309/09 e Resolução MPS/CNPS nº 1.316/2010. Estas resoluções do CNPS foram regulamentadas pelo art. 202-A, do Decreto nº 3.048/99, com a redação dada pelo Decreto nº 6.957/09, e, mais recentemente, pelo Decreto 14.410/10, cumprindo o disposto no art. 10 da Lei nº 10.666/2003. 11. As resoluções do CNPS foram regulamentadas pelo art. 202-A, do Decreto nº 3.048/99, cumprindo o disposto no art. 10, da Lei nº 10.666/2003, a qual autorizou a possibilidade de redução de até 50% ou majoração em até 100% das alíquotas 1%, 2% e 3%, previstas no art. 22, II, da Lei nº 8.212/91, conforme o desempenho da empresa em relação à respectiva atividade econômica. 12. O FAP destina-se a aferir o desempenho específico da empresa em relação aos acidentes de trabalho, tal como previsto no § 1º, do art. 202-A do Decreto nº 3.048/99. A variação do fator ocorre em função do desempenho da empresa frente às demais empresas que desenvolvem a mesma atividade econômica. Foi regulamentado como um índice composto, obtido pela conjugação de índices parciais e percentis de gravidade, frequência e custo, sendo integrado por três categorias de elementos: (i) os índices parciais (frequência, gravidade e custo); (ii) os percentis de cada índice parcial; (iii) os pesos de cada percentil (art. 202-A do Decreto nº 3.048/99). 13. Segundo essa metodologia de cálculo, as empresas são enquadradas em rankings relativos à gravidade, à frequência e ao custo dos acidentes de trabalho e na etapa seguinte, os percentis são multiplicados pelo peso que lhes é atribuído, sendo os produtos somados, chegando-se ao FAP. 14. A declaração de inconstitucionalidade do art. 10 da Lei nº 10.666/2003 e do artigo 202-A do Decreto nº 3.048/99, não se sustenta quando contrastada com o princípio de vedação do retrocesso. 15. Extrai-se deste princípio a invalidade da revogação de normas legais que concedam ou ampliem direitos fundamentais, sem que a revogação seja acompanhada de uma política substitutiva ou equivalente (art. 5°, § 1°, CRFB/88), posto que invalidar a norma atenta contra os artigos arts. 7º, 150, II, 194, parágrafo único e inc. V, e 195, § 9º, todos da CRFB/88. **16. A sindicabilidade das normas infralegais, artigo 202-A do Decreto nº 3.048/99, com a redação dada pelo Decreto nº 6.957/09, deve pautar-se no sentido de que não cabe ao Pretório Excelso discutir a implementação de políticas públicas, seja por não dispor do conhecimento necessário para especificar a engenharia administrativa necessária para o sucesso de um modelo de gestão das doenças ocupacionais e/ou do trabalho, seja por não ser este o espaço idealizado pela Constituição para o debate em torno desse tipo de assunto, a pretexto de atuar como legislador positivo. 17. A jurisdição constitucional não é atraída pela conformação das normas infralegais (Decreto nº 3.048/99, art. 202-A) com a lei (Lei nº 10.666/2003, art. 10), o que impede a análise das questões relacionadas à, verbi gratia, inclusão das comunicações de acidentes de trabalho (CAT) que não geraram qualquer incapacidade ou afastamento; das CATS decorrentes dos infortúnios (acidentes in itinere) ocorridos entre a residência e o local de trabalho do empregado e, também, daqueles ocorridos após o findar do contrato de trabalho, no denominado período de graça; da inclusão na base de cálculo do FAP de todos os benefícios acidentários, mormente aqueles pendentes de julgamento de recursos interpostos pela empresa na esfera administrativa**. 18. O SAT, para a sua fixação, conjuga três critérios distintos de quantificação da obrigação tributária: (i) a base de cálculo (remuneração pagas pelas empresas aos segurados empregados e avulsos que lhes prestam serviços), que denota a capacidade contributiva do sujeito passivo; (ii) as alíquotas, que variam em função do grau de risco da atividade econômica da empresa, conferindo traços comutativos à contribuição; e (iii) o FAP, que objetiva individualizar a contribuição da empresa frente à sua categoria econômica, aliando uma finalidade extrafiscal ao ideal de justiça individual, o que atende aos standards, balizas e parâmetros que irão formatar a metodologia de cálculo deste fator, o que ocorreu quanto à regulamentação infralegal trazida pelo art. 202-A do Decreto nº 3.048/99, na redação dada pelo Decreto nº 6.957/09. 19. As empresas que investem na redução de acidentes de trabalho, reduzindo sua frequência, gravidade e custos, podem receber tratamento diferenciado mediante a redução do FAP, conforme o disposto nos artigos 10 da

Lei nº 10.666/03 e 202-A do Decreto nº 3.048/99, com a redução decorrente do Decreto nº 6.042/07. Essa foi a metodologia usada pelo Poder Executivo para estimular os investimentos das empresas em prevenção de acidentes de trabalho. 20. O princípio da razoabilidade e o princípio da proporcionalidade encontram-se consagrados no caso sub judice, posto que o conjunto de normas protetivas do trabalhador aplicam-se de forma genérica (categoria econômica) num primeiro momento através do SAT e, num segundo momento, de forma individualizada através do FAP, ora objurgado, permitindo ajustes, observado o cumprimento de certos requisitos. **21. O Poder Judiciário, diante de razoável e proporcional agir administrativo, não pode substituir o enquadramento estipulado, sob pena de legislar, isso no sentido ilegítimo da expressão, por isso que não pode ser acolhida a pretensão a um regime próprio subjetivamente tido por mais adequado.** 22. O princípio da irretroatividade tributária (Art. 150, III, "a", CRFB/88) não restou violado, posto que o Decreto nº 3.048/99, na redação dada pelo Decreto nº 6.957/09, editado em setembro de 2009, somente fixou as balizas para o primeiro processamento do FAP, com vigência a partir de janeiro de 2010, ocorrência efetiva do fato gerador, utilizados os dados concernentes aos anos de 2007 e 2008, tão somente elementos identificadores dos parâmetros de controle das variáveis consideradas para a aplicação da fórmula matemática instituída pela nova sistemática. 23. Os princípios da transparência, da moralidade administrativa e da publicidade estão atendidos na medida em que o FAP utiliza índices que são de conhecimento de cada contribuinte, que estão a disposição junto à Previdência Social, sujeitos à impugnação administrativa com efeito suspensivo. 24. O Superior Tribunal de Justiça afastou a alegação de ofensa ao princípio da legalidade (REsp 392.355/RS) e a Suprema Corte reconheceu a constitucionalidade da Lei nº 8.212/91, que remeteu para o regulamento a complementação dos conceitos de "atividade preponderante" e de "grau de risco leve, médio e grave" (RE nº 343.446/SC). Restou assentado pelo Supremo que as Leis nº 7.787/89, art. 3º, II, e nº 8.212/91, art. 22, II, definiram, satisfatoriamente, todos os elementos capazes de fazer nascer a obrigação tributária válida. O fato de a lei delegar ao regulamento a complementação dos conceitos de "atividade preponderante" e "grau de risco leve, médio e grave", não implicou ofensa ao princípio da legalidade genérica, art. 5º, II, e da legalidade tributária, art. 150, I, ambos da CF/88, o que se aplica ao tema ora objurgado por possuir a mesma ratio: TRIBUTÁRIO. CONTRIBUIÇÃO PARA O SEGURO DE ACIDENTE DO TRABALHO - SAT. ART. 22, II, DA LEI N.º 8.212/91, NA REDAÇÃO DADA PELA LEI N.º 9.528/97. ARTS. 97 E 99, DO CTN. ATIVIDADES ESCALONADAS EM GRAUS, PELOS DECRETOS REGULAMENTARES N.ºS 356/91, 612/92, 2.173/97 e 3.048/99. SATISFEITO O PRINCÍPIO DA RESERVA LEGAL. - Matéria decidida em nível infraconstitucional, atinente ao art. 22, II, da Lei n.º 8.212/91, na redação da Lei n.º 9.528/97 e aos arts. 97 e 99 do CTN. - Atividades perigosas desenvolvidas pelas empresas, escalonadas em graus leve, médio e grave, pelos Decretos n.ºs 356/91, 612/92, 2.173/97 e 3.048/99. - Não afronta o princípio da legalidade, o estabelecimento, por decreto, dos mencionados graus de risco, partindo-se da atividade preponderante da empresa. (REsp 392355/RS, Rel. Ministro HUMBERTO GOMES DE BARROS, PRIMEIRA TURMA, julgado em 04/06/2002, DJ 12/08/2002). EMENTA: - CONSTITUCIONAL. TRIBUTÁRIO. CONTRIBUIÇÃO: SEGURO DE ACIDENTE DO TRABALHO - SAT. Lei 7.787/89, arts. 3º e 4º; Lei 8.212/91, art. 22, II, redação da Lei 9.732/98. Decretos 612/92, 2.173/97 e 3.048/99. C.F., artigo 195, § 4º; art. 154, II; art. 5º, II; art. 150, I. I. - Contribuição para o custeio do Seguro de Acidente do Trabalho - SAT: Lei 7.787/89, art. 3º, II; Lei 8.212/91, art. 22, II: alegação no sentido de que são ofensivos ao art. 195, § 4º, c/c art. 154, I, da Constituição Federal: improcedência. Desnecessidade de observância da técnica da competência residual da União, C.F., art. 154, I. Desnecessidade de lei complementar para a instituição da contribuição para o SAT. II. - O art. 3º, II, da Lei 7.787/89, não é ofensivo ao princípio da igualdade, por isso que o art. 4º da mencionada Lei 7.787/89 cuidou de tratar desigualmente aos desiguais. III. - As Leis 7.787/89, art. 3º, II, e 8.212/91, art. 22, II, definem, satisfatoriamente, todos os elementos capazes de fazer nascer a obrigação tributária válida. O fato de a lei deixar para o regulamento a complementação dos conceitos de "atividade preponderante" e "grau de risco leve, médio e grave", não implica ofensa ao princípio da legalidade genérica, C.F., art. 5º, II, e da legalidade tributária, C.F., art. 150, I. IV. - Se o regulamento vai além do conteúdo da lei, a questão não é de inconstitucionalidade, mas de ilegalidade, matéria que não integra o contencioso constitucional. V. - Recurso extraordinário não conhecido. (RE 343446, Relator(a): Min. CARLOS VELLOSO, Tribunal Pleno, julgado em 20/03/2003, DJ 04/04/2003). 25. Mais recentemente a Corte enfrentou matéria similar em outro caso. Pode-se mencionar a tese firmada no Tema 939 de Repercussão Geral: "É constitucional a flexibilização da legalidade tributária constante do § 2º do art. 27 da Lei nº 10.865/04, no que permitiu ao Poder Executivo, prevendo as condições e fixando os tetos, reduzir e restabelecer as alíquotas da contribuição ao PIS e da COFINS incidentes sobre as receitas financeiras auferidas por pessoas jurídicas sujeitas ao regime não cumulativo, estando presente o desenvolvimento de função extrafiscal." (RE 1043313, Rel. Min. Dias Toffoli, Tribunal Pleno, julgado em 10/12/2020). 26. Na mesma linha dos precedentes já mencionados, há situações outras em que a jurisprudência do Supremo Tribunal Federal apresenta casos em que essa delegação foi reconhecida como legítima, na medida em que formalizada por meio de balizas rígidas e guarnecidas de razoabilidade e proporcionalidade. Nesse sentido: (i) a fixação das anuidades cobradas pelos Conselhos Profissionais, cujas balizas estão estabelecidas na Lei 12.514/11, mas a exigência se faz por ato das autarquias (ADIs 4697 e 4762 Rel. Min. Edson Fachin, Tribunal Pleno, DJe 30/03/2017); (ii) a exigência de taxa em razão do exercício do poder de polícia referente à Anotação de Responsabilidade Técnica (ART) - RE 838284, Rel. Min. Dias Toffoli, Tribunal Pleno, DJe 22/09/2017) e (iii) a possibilidade do estabelecimento de pautas fiscais para exigência do Imposto sobre Produtos Industrializados – IPI

- RE 602917, Rel. Min. Rosa Weber, Redator p/ Acórdão Min. Alexandre de Moraes, Tribunal Pleno, DJe 21/10/2020). 27. Recurso extraordinário a que se nega provimento. 28. Proposta de Tese de Repercussão Geral: O Fator Acidentário de Prevenção (FAP), previsto no art. 10 da Lei nº 10.666/2003, nos moldes do regulamento promovido pelo Decreto 3.048/99 (RPS) atende ao princípio da legalidade tributária (art. 150, I, CRFB/88).

Tema

554 - Fixação de alíquota da contribuição ao SAT a partir de parâmetros estabelecidos por regulamentação do Conselho Nacional de Previdência Social.

Tese

O Fator Acidentário de Prevenção (FAP), previsto no art. 10 da Lei nº 10.666/2003, nos moldes do regulamento promovido pelo Decreto 3.048/99 (RPS) atende ao princípio da legalidade tributária (art. 150, I, CRFB/88).

No mesmo sentido o julgamento da ADI 4397:

ADI 4397

Órgão julgador: Tribunal Pleno

Relator(a): Min. DIAS TOFFOLI

Julgamento: 11/11/2021

Publicação: 22/02/2022

EMENTA Ação direta de inconstitucionalidade. Direito Tributário. Princípio da legalidade tributária. Necessidade de verificação de acordo com cada espécie tributária e à luz de cada caso concreto. Contribuição destinada ao financiamento do benefício de aposentadoria especial ou daqueles concedidos em razão do grau de incidência de incapacidade laborativa decorrente dos riscos ambientais do trabalho. Seguro contra acidente do trabalho (SAT). Fator acidentário de prevenção (FAP). Artigo 10 da Lei nº 10.866/03. Matérias intimamente ligadas à estatística, à atuária e à pesquisa de campo. Otimização da função extrafiscal e da equidade. Inexistência de ofensa à proibição do confisco. **1. A Corte vem firmando orientação de que a legalidade tributária imposta pelo texto constitucional não é estrita ou fechada**. Precedentes. 2. A constitucionalidade da flexibilização do princípio da legalidade tributária é verificada de acordo com cada espécie tributária e à luz de cada caso concreto. Não existe ampla e irrestrita liberdade para o legislador realizar diálogo com o regulamento no tocante aos aspectos da regra matriz de incidência tributária. A possibilidade de haver a flexibilização do princípio deve ser interpretada com temperamento, caso contrário, haverá sério risco de sua banalização. 3. Na espécie, o art. 10 da Lei nº 10.666/03 permite que as alíquotas de um, dois ou três por cento da contribuição destinada ao financiamento do benefício de aposentadoria especial ou daqueles concedidos em razão do grau de incidência de incapacidade laborativa decorrente dos riscos ambientais do trabalho sejam reduzidas em até cinquenta por cento ou aumentadas em até cem por cento, consoante o regulamento dispuser, em razão do desempenho da empresa em relação à respectiva atividade econômica, apurado em conformidade com os resultados obtidos a partir dos índices de frequência, gravidade e custo, calculados segundo metodologia aprovada pelo Conselho Nacional de Previdência Social (CNPS). 4. **A lei estabeleceu diálogo com o regulamento em termos de subordinação (ao prescrever os limites e fixar os padrões), de desenvolvimento (notadamente do sistema jurídico de tutela do ambiente do trabalho, da proteção do trabalhador contra acidentes de trabalho, da equidade e da eficiência) e de complementariedade (ao deixar um valoroso espaço para o regulamento complementar parte do aspecto quantitativo da regra matriz de incidência do tributo). O Poder Legislativo não abdicou de sua competência para legislar sobre a matéria.** A qualquer momento, pode o Parlamento deliberar de maneira diversa, firmando novos critérios políticos e outros padrões a serem observados pelo regulamento. 5. Inexistência de ofensa ao art. 150, IV, da Constituição Federal. A alíquota máxima da contribuição para o SAT é de 6% (maior alíquota básica majorada em cem por cento), a qual, por si só, não revela ser confiscatória. 6. Ação direta de inconstitucionalidade julgada improcedente.

Assim, neste caso análogo da declaração de constitucionalidade do FAP no âmbito do tema 554, o STF estabeleceu as seguintes premissas que são válidas para o julgamento da presente ADI 7.773-DF:

A) **O fato de a lei deixar para o regulamento a complementação dos conceitos de "atividade preponderante" e "grau de risco leve, médio e grave", não implica ofensa ao princípio da legalidade genérica, C.F., art. 5º, II, e da legalidade tributária, C.F., art. 150;**

B) Se o regulamento vai além do conteúdo da lei, a **questão não é de inconstitucionalidade, mas de ilegalidade**, matéria que não integra o contencioso constitucional;

C) A lei que institui tributo deve guardar maior densidade normativa, posto que deve conter os seus elementos essenciais previstos em **lei formal** (art. 97, CTN), a saber os **aspectos material (fatos sobre os quais a norma incide)**, **temporal** (momento em que a norma incide) **e espacial** (espaço territorial em que a norma incide), assim como a consequência jurídica, de onde se extraem os **aspectos quantitativo** (sobre o que a norma incide - base de cálculo e alíquota) **e pessoal** (sobre quem a norma incide - sujeitos ativo e passivo), elementos do fato gerador que estão sob a reserva do princípio da legalidade tributária (art. 150, I, CRFB/88)(FALCÃO, Amílcar de Araújo. Fato Gerador da Obrigação Tributária. Rio de Janeiro: Forense, 1994, p. 8), premissas atendidas no caso subexamine;

D) O FAP, na forma como prescrito no art. 10 da Lei nº 10.666/2003 ("...conforme dispuser o regulamento, em razão do desempenho da empresa em relação à respectiva atividade econômica, apurado em conformidade com os resultados obtidos a partir dos índices de frequência, gravidade e custo, calculados segundo metodologia aprovada pelo Conselho Nacional de Previdência Social) possui densidade normativa suficiente, **posto que fixados os standards, parâmetros e balizas de controle a ensejar a regulamentação da sua metodologia de cálculo de forma a cumprir o princípio da legalidade tributária (art. 150, I, CRFB/88);**

E) A **sindicabilidade das normas infralegais, artigo 202-A do Decreto nº 3.048/99, com a redação dada pelo Decreto nº 6.957/09, deve pautar-se no sentido de que não cabe ao Pretório Excelso discutir a implementação de políticas públicas**, seja por não dispor do conhecimento necessário para especificar a engenharia administrativa necessária para o sucesso de um modelo de gestão das doenças ocupacionais e/ou do trabalho, seja por não ser este o espaço idealizado pela Constituição para o debate em torno desse tipo de assunto, a pretexto de atuar como legislador positivo;

F) **A jurisdição constitucional não é atraída pela conformação das normas infralegais (Decreto nº 3.048/99, art. 202-A)** com a lei (Lei nº 10.666/2003, art. 10), o que impede a análise das questões relacionadas à, verbi gratia, inclusão das comunicações de acidentes de trabalho (CAT) que não geraram qualquer incapacidade ou afastamento; das CATS decorrentes dos infortúnios (acidentes in itinere) ocorridos entre a residência e o local de trabalho do empregado e, também, daqueles ocorridos após o findar do contrato de trabalho, no denominado período de graça; da inclusão na base de cálculo do FAP de todos os benefícios acidentários, mormente aqueles pendentes de julgamento de recursos interpostos pela empresa na esfera administrativa;

G) O **Poder Judiciário, diante de razoável e proporcional agir administrativo, não pode substituir o enquadramento estipulado, sob pena de legislar**, isso no sentido ilegítimo da expressão, por isso que não pode ser acolhida a pretensão a um regime próprio subjetivamente tido por mais adequado.

No âmbito do adicional SAT para o custeio da aposentadoria especial todas as exigências ditadas pelo STF foram realizadas pela União:

A) A **base de cálculo** da contribuição adicional para o custeio da aposentadoria especial está prevista no inciso II do artigo 22 da Lei 8.212/91: *"II - para o financiamento do benefício previsto nos arts. 57 e 58 da Lei nº 8.213, de 24 de julho de 1991, e daqueles concedidos em razão do grau de incidência de incapacidade laborativa decorrente dos riscos ambientais do trabalho,* ***sobre o total das remunerações pagas ou creditadas, no decorrer do mês, aos segurados empregados e trabalhadores avulsos****: (Redação dada pela Lei nº 9.732, de 1998). a) 1% (um por cento) para as empresas em cuja atividade preponderante o risco de acidentes do trabalho seja considerado leve; b) 2% (dois por cento) para as empresas em cuja atividade preponderante esse risco seja considerado médio; c) 3% (três por cento) para as empresas em cuja atividade preponderante esse risco seja considerado grave".*

B) As **alíquotas** (6, 9 ou 12%) estão presentes no §6º do artigo 57 da Lei 8.213/91: "*§ 6º O benefício previsto neste artigo será financiado com os recursos provenientes da contribuição de que trata o inciso II do art. 22 da Lei nº 8.212, de 24 de julho de 1991, cujas alíquotas serão acrescidas de **doze, nove ou seis pontos percentuais**, conforme a atividade exercida pelo segurado a serviço da empresa permita a concessão de aposentadoria especial após quinze, vinte ou vinte e cinco anos de contribuição, respectivamente. (Redação dada pela Lei nº 9.732, de 11.12.98)*";

C) O **aspecto temporal** está presente no artigo 30 da Lei 8.212/91: "*Art. 30. A arrecadação e o recolhimento das contribuições ou de outras importâncias devidas à Seguridade Social obedecem às seguintes normas: (Redação dada pela Lei n° 8.620, de 5.1.93) I - a empresa é obrigada a: a) arrecadar as contribuições dos segurados empregados e trabalhadores avulsos a seu serviço, descontando-as da respectiva remuneração; b) recolher os valores arrecadados na forma da alínea a deste inciso, a contribuição a que se refere o inciso IV do art. 22 desta Lei, assim como as contribuições a seu cargo incidentes sobre as remunerações pagas, devidas ou creditadas, a qualquer título, aos segurados empregados, trabalhadores avulsos e contribuintes individuais a seu serviço **até o dia 20 (vinte) do mês subsequente ao da competência**; (Redação dada pela Lei nº 11.933, de 2009)*"

D) O **elemento material** é o exercício permanente da atividade especial por exposição aos agentes nocivos químicos, físicos ou biológicos por parte do empregado e do trabalhador avulso a serviço da empresa, nos termos do §7º do artigo 57 da Lei 8.213/91: "*§ 7º O acréscimo de que trata o parágrafo anterior incide exclusivamente sobre a remuneração do **segurado sujeito às condições especiais referidas no caput**. (Incluído pela Lei nº 9.732, de 11.12.98)*";

E) **Elemento pessoal**: A empresa, sujeito passivo tributário, nos termos das regras citadas.

Enfim, **todos os *standarts* tributários exigidos pelo STF no julgamento do tema 554 em sede de repercussão geral foram atendidos pela União no âmbito da contribuição adicional para o custeio da aposentadoria especial.**

A instituição legal de uma contribuição adicional para o custeio da aposentadoria especial por agentes nocivos decorre de concretização do *Princípio da Equidade na Forma de Participação no Custeio*, insculpido no artigo 194, parágrafo único, inciso V da Constituição.

Dessa forma, considerando que a regra comum de aposentação atual exige 65 anos de idade dos homens e 62 das mulheres, a concessão da aposentadoria especial por agentes nocivos aos 55, 58 ou 60 anos de idade impõe um maior ônus financeiro ao Fundo do RGPS, sendo necessária uma contribuição adicional da empresa tomadora do serviço por Isonomia.

No julgamento do tema 555 em sede de repercussão geral, que versou como ponto principal sobre a eficácia do EPI no âmbito do direito à aposentadoria especial, **em *obiter dictum* o STF pronunciou a validade da contribuição adicional para o custeio da aposentadoria especial:**

ARE 664335

Repercussão Geral – Mérito (Tema 555)

Órgão julgador: Tribunal Pleno

Relator(a): Min. LUIZ FUX

Julgamento: 04/12/2014

Publicação: 12/02/2015

Ementa

Ementa: RECURSO EXTRAORDINÁRIO COM AGRAVO. DIREITO CONSTITUCIONAL PREVIDENCIÁRIO. APOSENTADORIA ESPECIAL. ART. 201, § 1º, DA CONSTITUIÇÃO DA REPÚBLICA. REQUISITOS DE CARACTERIZAÇÃO. TEMPO DE SERVIÇO PRESTADO SOB CONDIÇÕES NOCIVAS. FORNECIMENTO DE EQUIPAMENTO DE PROTEÇÃO INDIVIDUAL - EPI. TEMA COM REPERCUSSÃO GERAL RECONHECIDA PELO PLENÁRIO VIRTUAL. EFETIVA EXPOSIÇÃO A AGENTES NOCIVOS À SAÚDE. NEUTRALIZAÇÃO DA RELAÇÃO NOCIVA ENTRE O AGENTE INSALUBRE E O TRABALHADOR. COMPROVAÇÃO NO PERFIL PROFISSIOGRÁFICO PREVIDENCIÁRIO PPP OU SIMILAR. NÃO CARACTERIZAÇÃO DOS PRESSUPOSTOS HÁBEIS À CONCESSÃO DE APOSENTADORIA ESPECIAL. CASO CONCRETO. AGENTE NOCIVO RUÍDO. UTILIZAÇÃO DE EPI. EFICÁCIA. REDUÇÃO DA NOCIVIDADE. CENÁRIO ATUAL. IMPOSSIBILIDADE DE NEUTRALIZAÇÃO. NÃO DESCARACTERIZAÇÃO DAS CONDIÇÕES PREJUDICIAIS. BENEFÍCIO PREVIDENCIÁRIO DEVIDO. AGRAVO CONHECIDO PARA NEGAR PROVIMENTO AO RECURSO EXTRAORDINÁRIO. 1. Conduz à admissibilidade do Recurso Extraordinário a densidade constitucional, no aresto recorrido, do direito fundamental à previdência social (art. 201, CRFB/88), com reflexos mediatos nos cânones constitucionais do direito à vida (art. 5º, caput, CRFB/88), à saúde (arts. 3º, 5º e 196, CRFB/88), à dignidade da pessoa humana (art. 1º, III, CRFB/88) e ao meio ambiente de trabalho equilibrado (arts. 193 e 225, CRFB/88). 2. A eliminação das atividades laborais nocivas deve ser a meta maior da Sociedade - Estado, empresariado, trabalhadores e representantes sindicais -, que devem voltar-se incessantemente para com a defesa da saúde dos trabalhadores, como enuncia a Constituição da República, ao erigir como pilares do Estado Democrático de Direito a dignidade humana (art. 1º, III, CRFB/88), a valorização social do trabalho, a preservação da vida e da saúde (art. 3º, 5º, e 196, CRFB/88), e o meio ambiente de trabalho equilibrado (art. 193, e 225, CRFB/88). 3. A aposentadoria especial prevista no artigo 201, § 1º, da Constituição da República, significa que poderão ser adotados, para concessão de aposentadorias aos beneficiários do regime geral de previdência social, requisitos e critérios diferenciados nos "casos de atividades exercidas sob condições especiais que prejudiquem a saúde ou a integridade física, e quando se tratar de segurados portadores de deficiência, nos termos definidos em lei complementar". 4. A aposentadoria especial possui nítido caráter preventivo e impõe-se para aqueles trabalhadores que laboram expostos a agentes prejudiciais à saúde e a fortiori possuem um desgaste naturalmente maior, por que não se lhes pode exigir o cumprimento do mesmo tempo de contribuição que aqueles empregados que não se encontram expostos a nenhum agente nocivo. 5. A norma inscrita no art. 195, § 5º, CRFB/88, veda a criação, majoração ou extensão de benefício sem a correspondente fonte de custeio, disposição dirigida ao legislador ordinário, sendo inexigível quando se tratar de benefício criado diretamente pela Constituição. Deveras, o direito à aposentadoria especial foi outorgado aos seus destinatários por norma constitucional (em sua origem o art. 202, e atualmente o art. 201, § 1º, CRFB/88). Precedentes: RE 151.106 AgR/SP, Rel. Min. Celso de Mello, julgamento em 28/09/1993, Primeira Turma, DJ de 26/11/93; RE 220.742, Rel. Min. Néri da Silveira, julgamento em 03/03/98, Segunda Turma, DJ de 04/09/1998. **6. Existência de fonte de custeio para o direito à aposentadoria especial antes, através dos instrumentos tradicionais de financiamento da previdência social mencionados no art. 195, da CRFB/88, e depois da Medida Provisória nº 1.729/98, posteriormente convertida na Lei nº 9.732, de 11 de dezembro de 1998. Legislação que, ao reformular o seu modelo de financiamento, inseriu os §§ 6º e 7º no art. 57 da Lei n.º 8.213/91, e estabeleceu que este benefício será financiado com recursos provenientes da contribuição de que trata o inciso II do art. 22 da Lei nº 8.212/91, cujas alíquotas serão acrescidas de doze, nove ou seis pontos percentuais, conforme a atividade exercida pelo segurado a serviço da empresa permita a concessão de aposentadoria especial após quinze, vinte ou vinte e cinco anos de contribuição, respectivamente**. 7. Por outro lado, o art. 10 da Lei nº 10.666/2003, ao criar o Fator Acidentário de Prevenção-FAP, concedeu redução de até 50% do valor desta contribuição em favor das empresas que disponibilizem aos seus empregados equipamentos de proteção declarados eficazes nos formulários previstos na legislação, o qual funciona como incentivo para que as empresas continuem a cumprir a sua função social, proporcionando um ambiente de trabalho hígido a seus trabalhadores. 8. O risco social aplicável ao benefício previdenciário da aposentadoria especial é o exercício de atividade em condições prejudiciais à saúde ou à integridade física (CRFB/88, art. 201, § 1º), de forma que torna indispensável que o indivíduo trabalhe exposto a uma nocividade notadamente capaz de ensejar o referido dano, porquanto a tutela legal considera a exposição do segurado pelo risco presumido presente na relação entre agente nocivo e o trabalhador. 9. A interpretação do instituto da aposentadoria especial mais consentânea com o texto constitucional é aquela que conduz a uma proteção efetiva do trabalhador, considerando o benefício da aposentadoria especial excepcional, destinado ao segurado que efetivamente exerceu suas atividades laborativas em "condições especiais que prejudiquem a saúde ou a integridade física". 10. Consectariamente, a primeira tese objetiva que se firma é: o direito à aposentadoria especial pressupõe a efetiva exposição do trabalhador a agente nocivo à sua saúde, de modo que, se o EPI for realmente capaz de neutralizar a nocividade não haverá respaldo constitucional à aposentadoria especial. 11. A Administração poderá, no exercício da fiscalização, aferir as informações prestadas pela empresa, sem prejuízo do inafastável judicial review. Em caso de divergência ou dúvida sobre a real eficácia do Equipamento de Proteção Individual, a premissa a nortear a Administração e o Judiciário é pelo reconhecimento do direito ao benefício da aposentadoria especial. Isto porque o uso de EPI, no caso concreto, pode não se afigurar suficiente para descaracterizar completamente a relação nociva a que o empregado se submete. 12. In casu, tratando-se especificamente do agente nocivo ruído, desde que em limites acima do limite legal, constata-se que, apesar do uso de Equipamento de Proteção Individual (protetor auricular) reduzir a agressividade do ruído a um nível tolerável, até no mesmo patamar da normalidade, a potência do som em tais ambientes causa danos ao organismo que vão muito além daqueles relacionados à perda das funções auditivas**. O benefício previsto neste artigo será financiado com os recursos provenientes da contribuição de que trata o inciso II do art. 22 da Lei no 8.212, de 24 de julho de 1991, cujas alíquotas serão acrescidas de doze, nove ou seis pontos percentuais, conforme a atividade exercida pelo segurado a serviço da empresa permita a concessão de aposentadoria especial após quinze, vinte ou vinte e cinco anos de contribuição, respectivamente.** 13. Ainda que se pudesse aceitar que o problema causado pela exposição ao ruído relacionasse apenas à perda das funções auditivas, o que indubitavelmente não é o caso, é certo que não se pode garantir uma eficácia real na eliminação dos efeitos do agente nocivo ruído com a simples utilização de EPI, pois são inúmeros os fatores que influenciam na sua efetividade, dentro dos quais muitos são impassíveis de um controle efetivo, tanto pelas empresas, quanto pelos trabalhadores. 14. Desse modo, a segunda tese fixada neste Recurso Extraordinário é a seguinte: na hipótese de exposição do trabalhador a ruído acima dos limites legais de tolerância, a declaração do empregador, no âmbito do Perfil Profissiográfico Previdenciário (PPP), no sentido da eficácia do Equipamento de Proteção Individual - EPI, não descaracteriza o tempo de serviço especial para aposentadoria. 15. Agravo conhecido para negar provimento ao Recurso Extraordinário.

Assim, nesta oportunidade o STF pronunciou a validade dos §§ 6º e 7º do artigo 57 da Lei 8.213/91, devendo apenas reafirmar a sua jurusprudência.

No caso das **cooperativas de produção**[44], estas deverão recolher uma contribuição adicional de 6%, 9%, ou 12% (adicional SAT) para o custeio da aposentadoria especial de **25, 20 ou 15** anos, respectivamente, caso se trate de atividade enquadrada como especial desenvolvida pelo cooperado (contribuinte individual) e que gere a citada aposentadoria com menos anos de contribuição, como prevê o artigo 1º, §2º, da Lei 10.666/2003.

No caso das **empresas que contratassem trabalhadores cooperados por intermédio de cooperativa de trabalho, a contribuição previdenciária patronal era de 15% sobre o valor bruto da nota fiscal ou fatura de prestação de serviços**, na forma do artigo 22, IV, da Lei 8.212/91, disposição que afastava a regra geral dos 20% sobre o total das remunerações pagas ou creditadas[45].

Entende-se como cooperativa de trabalho a sociedade constituída por trabalhadores para o exercício de suas atividades laborativas ou profissionais e que, na qualidade de associados, prestam serviços a terceiros por seu intermédio[46].

A empresa tomadora dos serviços era contribuinte e responsável tributária pelo seu recolhimento até o dia 20 do mês subsequente ao da competência, ou até o dia útil imediatamente anterior, se não houver expediente bancário naquele dia.

Note-se que a base de cálculo desta contribuição previdenciária das empresas era o valor bruto da nota fiscal ou fatura de prestação de serviços, mas decorre da remuneração paga aos trabalhadores cooperados, e não às cooperativas, sendo fonte de custeio prevista no artigo 195, I, "a", da CRFB, razão pela qual a jurisprudência vinha validando esta previsão que não demandaria lei complementar[47]:

> "AGRAVO REGIMENTAL. TRIBUTÁRIO. CONTRIBUIÇÃO SOCIAL. RETENÇÃO DE 15% INCIDENTE SOBRE O VALOR BRUTO DA NOTA FISCAL OU FATURA, DOS SERVIÇOS PRESTADOS POR COOPERATIVAS. LEI 8.212/91, ART. 22, IV, NA REDAÇÃO DADA PELA LEI Nº 9.876/99. AUSÊNCIA DE INCONSTITUCIONALIDADE E ILEGALIDADE.

---

44. Considera-se cooperativa de produção aquela em que seus associados contribuem com serviços laborativos ou profissionais para a produção em comum de bens, quando a cooperativa detenha por qualquer forma os meios de produção.
45. Artigo 201, §19, do RPS.
46. Artigo 181, II, da IN RFB 2.110/2022.
47. TRF 2ª Região, AMS 2000.51.01.011.264-7, de 13.07.2008.

1 - Não há ofensa à Constituição Federal, consubstanciada na exigência de retenção de 15% do valor bruto da fatura ou nota fiscal, a título de contribuição social, a cargo das empresas que contratam serviços de entidades cooperativas, porquanto não se trata de nova contribuição, mas simples transferência do encargo de seu recolhimento para os tomadores do serviço.

2 - A participação da cooperativa de trabalho (que distingue-se da tomadora de serviços, ora agravante na causa) na relação de prestação de serviços é apenas de intermediação entre os pólos da empresa tomadora dos serviços e o cooperado contratado, razão pela qual a contribuição em tela possui fundamento no art. 195, I, "a", da Constituição, afastada a necessidade de lei complementar, que é prescindível, no caso de contribuições instituídas com base nos incisos do art. 195 da Constituição.

3 - A interpretação jurisprudencial que tem sido dada ao art. 146, III, "c" da Constituição Federal, rejeita a concepção de que as cooperativas gozem de isenção ampla e irrestrita ou de imunidade tributária. Tal entendimento decorre, dentre outras circunstâncias, dos princípios da universalidade e da solidariedade social (nos quais se fundamentam os artigos 194 e 195 da Constituição), que estabelecem que a seguridade social será financiada por toda a sociedade, direta ou indiretamente.

4 - Tendo em vista autorização expressa do § 9º, do art. 195 da CF, o art. 22 da Lei nº 8.212/91 definiu alíquotas e base de cálculo diferenciada para determinadas empresas, sendo certo que a alíquota da contribuição foi fixada em 15%, para as tomadoras de serviços prestados por profissionais reunidos em cooperativa, enquanto que aquela incidente sobre o trabalho de empregado, avulsos que lhe prestam serviço ou contribuinte individual é de 20%, não havendo que se falar em isenção, mas em tratamento diferenciado como forma de incentiva esse espécie de regime.

5 - Agravo regimental improvido" (g.n.).

No entanto, a posição se inverteu em 2014. **É que o Supremo Tribunal Federal, em 23 de abril, no julgamento do RE 595.838, pronunciou a inconstitucionalidade do inciso IV do artigo 22 da Lei 8.212/91**, com base em quatro fundamentos:

- Desconsideração inconstitucional da personalidade jurídica das cooperativas de trabalho, que deveriam ser as responsáveis tributárias pelo recolhimento da contribuição, e não o terceiro (tomador de serviços);
- Ausência de lei complementar, pois a base de cálculo desta contribuição não é prevista no artigo 195, da Constituição Federal;
- Afronta ao Princípio da Capacidade Contributiva, vez que os pagamentos efetuados por terceiros às cooperativas de trabalho, em face de

serviços prestados por seus associados, não se confundiriam com os valores efetivamente pagos ou creditados aos cooperados;

- Ocorrência de *bis in idem* na tributação do faturamento da cooperativa de trabalho.

Nesse sentido, colaciona-se passagem do Informativo 743:

> "REPERCUSSÃO GERAL
>
> **Contribuição sobre serviços prestados por cooperados por intermédio de cooperativas**
>
> É inconstitucional a contribuição a cargo de empresa, destinada à seguridade social, no montante de "quinze por cento sobre o valor bruto da nota fiscal ou fatura de prestação de serviços, relativamente a serviços que lhe são prestados por cooperados por intermédio de cooperativas de trabalho", prevista no art. 22, IV, da Lei 8.212/1991, com a redação dada pela Lei 9.876/1999. Com base nessa orientação, o Plenário deu provimento a recurso extraordinário no qual se discutia a obrigação de recolhimento da exação. Na espécie, o tribunal "a quo" entendera ser possível a fixação da mencionada alíquota via lei ordinária. Decidira, ainda, pela validade da equiparação da cooperativa à empresa mercantil, que ampliara o rol dos sujeitos passivos das contribuições sociais. A Corte, de início, salientou que a Lei 9.876/1999 transferira a sujeição passiva da obrigação tributária para as empresas tomadoras dos serviços. Em seguida, assentou que, embora os sócios/usuários pudessem prestar seus serviços no âmbito dos respectivos locais de trabalho, com seus equipamentos e técnicas próprios, a prestação dos serviços não seria dos sócios/usuários, mas da sociedade cooperativa. Apontou que os terceiros interessados nesses serviços efetuariam os pagamentos diretamente à cooperativa, que se ocuparia, posteriormente, de repassar aos sócios/usuários as parcelas relativas às respectivas remunerações. O colegiado aduziu que a tributação de empresas, na forma delineada na Lei 9.876/1999, mediante desconsideração legal da personalidade jurídica das sociedades cooperativas, subverteria os conceitos de pessoa física e de pessoa jurídica estabelecidos pelo direito privado. Reconheceu que a norma teria extrapolado a base econômica delineada no art. 195, I, a, da CF, ou seja, a regra sobre a competência para se instituir contribuição sobre a folha de salários ou sobre outros rendimentos do trabalho. Reputou afrontado o princípio da capacidade contributiva (CF, art. 145, § 1º), porque os pagamentos efetuados por terceiros às cooperativas de trabalho, em face de serviços prestados por seus associados, não se confundiriam com os valores efetivamente pagos ou creditados aos cooperados. Sublinhou que o legislador ordinário, ao tributar o faturamento da cooperativa, descaracterizara a contribuição hipoteticamente incidente sobre os rendimentos do trabalho dos cooperados, com evidente "bis in idem". Assim, o Tribunal concluiu que contribuição destinada a financiar a seguridade social, que tivesse base econômica estranha àquelas indicadas no art. 195 da CF, somente poderia ser legitimamente instituída por

lei complementar, nos termos do art. 195, § 4º, da CF. **RE 595838/SP, rel. Min. Dias Toffoli, 23.4.2014. (RE-595838)".**

Esta contribuição poderia sofrer ainda um acréscimo de 5, 7 ou 9% para o custeio da aposentadoria especial de 25, 20 ou 15 anos, respectivamente, no caso de cooperado exposto a agentes nocivos à sua saúde, cuja atividade se enquadrasse como especial, a cargo da empresa tomadora de serviços[48].

Este dispositivo não foi apreciado expressamente pelo STF no julgamento do RE 595.838, mas contém os mesmos vícios apontados pela Suprema Corte constantes do inciso IV do artigo 22 da Lei 8.212/91.

Neste caso, será emitida nota fiscal ou fatura de prestação de serviços específica para a atividade exercida pelo cooperado que permita a concessão de aposentadoria especial[49], exceto se todos os cooperados desenvolverem atividade especial com mesmo período para a aposentação.

Por sua vez, a cooperativa de trabalho é obrigada a descontar 11% do valor da quota distribuída ao cooperado por serviços por ele prestados, por seu intermédio, a empresas, assim como 20% em relação aos serviços prestados a outras pessoas físicas[50].

No entanto, em razão da decisão tomada pelo STF no RE 595.838, que afastou a contribuição de 15% da cooperativa de trabalho sobre o valor bruto da nota fiscal ou fatura de prestação de serviços, a Secretaria da Receita Federal do Brasil editou o Ato Declaratório Interpretativo 5, de 25 de maio de 2015, elevando a contribuição do cooperado do trabalho para 20% do salário de contribuição, haja vista a inexistência de contribuição da cooperativa, pronunciada inconstitucional e acatada pela Receita Federal:

> **"ATO DECLARATÓRIO INTERPRETATIVO RFB Nº 5, DE 25 DE MAIO DE 2015**
>
> DOU de 26/05/2015, seção 1, pág. 15
>
> Dispõe sobre a contribuição previdenciária devida pelo contribuinte individual que presta serviço a empresa por intermédio de cooperativa de trabalho.
>
> O SECRETÁRIO DA RECEITA FEDERAL DO BRASIL, no uso das atribuições que lhe conferem os incisos III e XXVI do art. 280 do Regimento Interno da Secretaria da Receita Federal do Brasil, aprovado pela Portaria MF nº 203, de 14 de maio de 2012, e tendo em vista o disposto no art. 21 da Lei nº 8.212, de 24 de julho de 1991, bem como a declaração de inconstitucionalidade, pelo Supremo

48. Artigo 1º, §1º, da Lei 10.666/2003.

49. Artigo 202, §12, do RPS.

50. Artigo 216, §31, do RPS.

Tribunal Federal, nos autos do Recurso Extraordinário nº 595.838 - São Paulo, com repercussão geral reconhecida, da contribuição prevista no inciso IV do art. 22 da mesma Lei, recurso no qual, com base no art. 19, inciso IV e § 4º da Lei nº 10.522, de 19 de julho de 2002, a Procuradoria-Geral da Fazenda Nacional não mais contestará e recorrerá, conforme Nota/PGFN/CASTF nº 174, de 2015,

DECLARA:

Art. 1º O contribuinte individual que presta serviço a empresa por intermédio de cooperativa de trabalho deve recolher a contribuição previdenciária de 20% (vinte por cento) sobre o montante da remuneração recebida ou creditada em decorrência do serviço, observados os limites mínimo e máximo do salário de contribuição.

Art. 2º A Secretaria da Receita Federal do Brasil não constituirá crédito tributário decorrente da contribuição de que trata o § 1º do art. 1º da Lei nº 10.666, de 8 de maio de 2003, que instituiu contribuição adicional àquela prevista no inciso IV do art. 22 da Lei nº 8.212, de 1991, para fins de custeio de aposentadoria especial para cooperados filiados a cooperativas de trabalho.

Art. 3º Ficam modificadas as conclusões em contrário constantes em Soluções de Consulta ou em Soluções de Divergência emitidas antes da publicação deste ato, independentemente de comunicação aos consulentes.

Art. 4º Publique-se no Diário Oficial da União.

JORGE ANTONIO DEHER RACHID

Logo, a Secretaria da Receita Federal do Brasil na via administrativa deixou de cobrar a contribuição de 15% sobre a nota fiscal das cooperativas de trabalho, inclusive o adicional para o custeio da aposentadoria especial do cooperado previsto na Lei 10.666/2003.

Deste modo, inexistindo contribuição da empresa (cooperativa de trabalho), não mais se aplica o artigo 30, §4º, da Lei 8.212/91, elevando a contribuição do cooperado de 11% para 20%, figurando a cooperativa como responsável tributária em descontar e recolher a contribuição do cooperado:

"ATO DECLARATÓRIO EXECUTIVO CODAC Nº 14, DE 02 DE JUNHO DE 2015

DOU de 05/06/2015, seção 1, pág. 24

Dispõe sobre os procedimentos a serem observados para o preenchimento da Guia de Recolhimento do Fundo de Garantia do Tempo de Serviço e Informações à Previdência Social (GFIP), pelas cooperativas de trabalho, referente a contribuição previdenciária sobre montante da remuneração recebida em decorrência de serviço prestado a pessoas físicas ou jurídicas.

O COORDENADOR-GERAL DE ARRECADAÇÃO E COBRANÇA, no uso da atribuição que lhe confere o inciso III do art. 312 do Regimento Interno da Secretaria da Receita Federal do Brasil, aprovado pela Portaria MF nº 203, de

14 de maio de 2012, e tendo em vista o disposto no art. 21 da Lei nº 8.212, de 24 de julho de 1991, e no Anexo Único da Instrução Normativa RFB nº 880, de 16 de outubro de 2008:

DECLARA:

Art. 1º A contribuição previdenciária devida pelo cooperado sobre o montante de remuneração recebida ou creditada em decorrência de serviço prestado a contratante por intermédio de cooperativa de trabalho, de que trata o art. 1º do Ato Declaratório Interpretativo RFB nº 5, de 25 de maio de 2015, será retida e arrecadada por essa cooperativa em consonância ao § 1º do art. 4º da Lei nº 10.666, de 8 de maio de 2003, e ao inciso III do art. 216 da Instrução Normativa RFB nº 971, de 13 de novembro de 2009.

§ 1º A cooperativa de trabalho preencherá a Guia de Recolhimento do Fundo de Garantia do Tempo de Serviço e Informações à Previdência Social (GFIP) relativa a seus cooperados com indicação das categorias abaixo, para as quais o Sistema Empresa de Recolhimento do Fundo de Garantia do Tempo de Serviço e Informações à Previdência Social (Sefip) utiliza a alíquota de 20% (vinte por cento) para cálculo do desconto da contribuição previdenciária devida:

I - código 24: Contribuinte individual – Cooperado que presta serviços a entidade beneficente de assistência social isenta da cota patronal ou a pessoa física, por intermédio da cooperativa de trabalho; ou

II - código 25: Contribuinte individual – Transportador cooperado que presta serviços a entidade beneficente de assistência social isenta da cota patronal ou a pessoa física, por intermédio da cooperativa de trabalho.

§ 2º O procedimento descrito neste artigo aplica-se à contribuição previdenciária sobre a remuneração dos cooperados pelos serviços prestados a quaisquer pessoas, físicas ou jurídicas, isentas ou não da cota patronal.

Art. 2º Este Ato Declaratório Executivo entra em vigor na data de sua publicação no Diário Oficial da União, produzindo efeitos desde a publicação do Ato Declaratório Interpretativo RFB nº 5, de 25 de maio de 2015.

JOÃO PAULO R. F. MARTINS DA SILVA"

A Receita Federal não optou pela repristinação da LC 84/1996, que previa a contribuição previdenciária a cargo das cooperativas de trabalho, no valor de quinze por cento do total das importâncias pagas, distribuídas ou creditadas a seus cooperados, a título de remuneração ou retribuição pelos serviços que prestem a pessoas jurídicas por intermédio delas, tendo em vista que toda a LC 84 foi revogada pela Lei 9.876/99, muito embora haja argumentação razoável para restaurá-la.

Posteriormente, o Senado suspendeu a execução do inciso IV do artigo 22, da Lei 8.212/91, dando eficácia *erga omnes* à decisão do STF:

"RESOLUÇÃO Nº 10, DE 2016

Art. 1º. É suspensa, nos termos do art. 52, inciso X, da Constituição Federal, a execução do inciso IV do art. 22 da Lei nº 8.212, de 24 de julho de 1991, declarado inconstitucional por decisão definitiva proferida pelo Supremo Tribunal Federal nos autos do Recurso Extraordinário nº 595.838.

Senado Federal, em 30 de março de 2016".

Urge que o Congresso Nacional aprove nova lei que verse a respeito da contribuição previdenciária das cooperativas de trabalho, pois a inexistência de custeio dessas empresas prejudica ainda mais o combalido cofre previdenciário.

Nos casos de suposto EPI ou EPC eficazes em que haja o reconhecimento do tempo especial, notadamente por ordem judicial, a Receita Federal deve ser notificada para cobrar a contribuição previdenciária devida (adicional para custeio do benefício), respeitando, por óbvio, a decadência quinquenal para a constituição do crédito tributário:

ATO DECLARATÓRIO INTERPRETATIVO RFB Nº 2, DE 18 DE SETEMBRO DE 2019

(Publicado(a) no DOU de 23/09/2019, seção 1, página 47)

Dispõe sobre a contribuição adicional para o custeio da aposentadoria especial de que trata o art. 292 da Instrução Normativa RFB nº 971, de 13 de novembro de 2009.

O SUBSECRETÁRIO-GERAL DA RECEITA FEDERAL DO BRASIL, no uso da atribuição que lhe confere o Anexo I da Portaria RFB nº 1.098, de 8 de agosto de 2013, e tendo em vista o disposto no art. 292 da Instrução Normativa RFB nº 971, de 13 de novembro de 2009, declara:

"Art. 1º **Ainda que haja adoção de medidas de proteção coletiva ou individual que neutralizem ou reduzam o grau de exposição do trabalhador a níveis legais de tolerância**, a contribuição social adicional para o custeio da aposentadoria especial de que trata o art. 292 da Instrução Normativa RFB nº 971, de 13 de novembro de 2009, é devida pela empresa, ou a ela equiparado, em relação à remuneração paga, devida ou creditada ao segurado empregado, trabalhador avulso ou cooperado de cooperativa de produção, sujeito a condições especiais, **nos casos em que não puder ser afastada a concessão da aposentadoria especial**, conforme dispõe o § 2º do art. 293 da referida Instrução Normativa."

Art. 2º Ficam modificadas as conclusões em contrário constantes em Soluções de Consulta ou em Soluções de Divergência, emitidas antes da publicação deste ato, independentemente de comunicação aos consulentes.

Art. 3º Publique-se no Diário Oficial da União.

JOSÉ DE ASSIS FERRAZ NETO

30. ANÁLISE ADMINISTRATIVA NO INSS

A competência administrativa para o enquadramento por categoria profissional da especialidade do tempo de contribuição não é dos Peritos Médicos Federais, e sim dos servidores da Autarquia, conforme formulário aprovado pela Instrução Normativa INSS 141/2022:

ANEXO XXVIII DESPACHO E ANÁLISE ADMINISTRATIVA DA ATIVIDADE ESPECIAL POR CATEGORIA PROFISSIONAL

1 - Nome do Segurado:		
2 - Protocolo da tarefa:		
3 - Períodos enquadrados por Categoria Profissional [1]		
3.1 - Empresa		
4 - Períodos não enquadrados por Categoria Profissional [1]		
4.1 - Empresa		
5 - Justificativas Administrativas / Fundamentação Legal:		
6 - Para efeitos de caracterização administrativa de atividade exercida em condições especiais por categoria profissional foram apresentados:		
I - ( ) formulário(s) antigo(s) (IS nº SSS - 501.19, de 1971; SSS-132; SB40; DISES BE 5235; DSS 8030 ou DIRBEN 8030) emitido(s) até 31/12/2003;		
II - ( ) Perfil Profissiográfico Previdenciário - PPP emitido(s) a partir de 1º/01/2004;		

III - ( ) CTPS/CP e outros, conforme art. 274, I, "a", 1, da Instrução Normativa PRES/INSS nº 128, de 2022;
IV - ( ) documentos que fundamentam a análise de atividade especial do contribuinte individual, conforme 275, I, da Instrução Normativa PRES/INSS nº 128, de 2022.
7 - Indicar se há disfunções no(s) documento(s) indicado(s) no item 6: ( ) SIM ( ) NÃO Em caso positivo, informar qual (quais):
8 - Quando houver resposta positiva para as situações mencionadas no item 7, informar a(s) providência(s) adotada(s), bem como se foi obtido êxito no saneamento das divergências, disfunções ou falta de documentos:
9 - Após a análise indicada nos campos 3 e 4:
I - ( ) não há necessidade de análise de atividade especial por agentes prejudiciais à saúde, pois todos os períodos foram enquadrados por categoria profissional;
II - ( ) não cabe envio à Perícia Médica Federal - PMF para análise de atividade especial, pois os formulários não apresentam informações sobre exposição a agentes prejudiciais à saúde;
III - ( ) cabe envio à Perícia Médica Federal - PMF para análise de atividade especial, pois há períodos que não foram enquadrados por categoria profissional e contêm indicação de exposição a agentes prejudiciais à saúde.
10 - Data da conclusão da análise

Na realização da análise deve ser verificado se a atividade desenvolvida pode ser enquadrada administrativamente por categoria profissional (código 2.0.0) conforme Anexo III do Decreto nº 53.831, de 25 de março de 1964, Anexo II do Decreto nº 83.080, de 24 de janeiro de 1979, ou Anexo IV da Ordem de Serviço INSS/DSS nº 578, 14 de agosto de 1997 - CANSB (Decisões em Processos do MTE, somente a partir do código 2.0.0).

Ainda de acordo com a autarquia previdenciária, deverão ser observados os seguintes critérios para o enquadramento do tempo de serviço como especial nas categorias profissionais ou nas atividades abaixo relacionadas:

> **I – telefonista em qualquer tipo de estabelecimento:**
>
> a) o tempo de atividade de telefonista poderá ser enquadrado como especial no código 2.4.5 do quadro anexo ao Decreto nº 53.831, de 25 de março de 1964, até 28 de abril de 1995;
>
> b) se completados os 25 (vinte e cinco) anos, exclusivamente na atividade de telefonista, até 13 de outubro de 1996, poderá ser concedida a aposentadoria especial; ou

c) a partir de 14 de outubro de 1996, data da publicação da MP nº 1.523, de 11 de outubro de 1996, não será permitido o enquadramento em função da denominação profissional de telefonista;

II – guarda, vigia ou vigilante até 28 de abril de 1995:

a) entende-se por guarda, vigia ou vigilante o empregado que tenha sido contratado para garantir a segurança patrimonial, **com uso de arma de fogo**, impedindo ou inibindo a ação criminosa em patrimônio das instituições financeiras e de outros estabelecimentos públicos ou privados, comerciais, industriais ou entidades sem fins lucrativos, bem como pessoa contratada por empresa especializada em prestação de serviços de segurança, vigilância e transporte de valores, para prestar serviço relativo atividade de segurança privada de pessoa e residências; e

b) a atividade do guarda, vigia ou vigilante na condição de contribuinte individual não será considerada como especial;

III – professor: a partir da Emenda Constitucional nº 18, de 30 de junho de 1981, não é permitida a conversão do tempo de exercício de magistério para qualquer espécie de benefício, exceto se o segurado implementou todas as condições até 29 de junho de 1981, considerando que a Emenda Constitucional retirou esta categoria profissional do quadro anexo ao Decreto nº 53.831, de 1964, para incluí-la em legislação especial e específica, que passou a ser regida por legislação própria;

IV – agropecuária:

a) o período de atividade rural do trabalhador rural amparado pela Lei nº 11, de 25 de maio de 1971 (FUNRURAL) exercido até 24 de julho de 1991, não será computado como especial, por inexistência de recolhimentos previdenciários e consequente fonte de custeio à Previdência Social; e

b) somente a atividade desempenhada na agropecuária (prática de agricultura e da pecuária nas suas relações mútuas), exercida por trabalhadores amparados pelo RGPS, permite o enquadramento no item 2.2.1 do quadro anexo ao Decreto nº 53.831, de 1964, não se enquadrando como tal a exercida apenas na lavoura.

No entanto, de acordo com a **Portaria MPS 630, de 08/11/2023**, poderão ser **dispensados do encaminhamento à análise da Perícia Médica Federal** os requerimentos que contenham períodos que requeiram enquadramento de atividade exercida em condições especiais prejudiciais à saúde ou à integridade física, mediante ato do INSS.

Com isso, diante do silêncio da Lei 13.846/2019, **que não prevê a competência da Perícia Médica Federal para análise do PPP**, essa atribuição poderá ser exercida por Técnicos e Analistas do Seguro Social.

De efeito, com lastro na Lei 13.846/2019, apenas são atribuições essenciais e exclusivas dos cargos de Perito Médico Federal, de Perito Médico da Previdência Social e, supletivamente, de Supervisor Médico-Pericial da carreira de que trata a Lei nº 9.620, de 2 de abril de 1998, as atividades médico-periciais relacionadas com o regime geral de previdência e assistência social:

> a) a emissão de parecer conclusivo quanto à incapacidade laboral;
>
> b) a verificação, quando necessária à análise da procedência de benefícios previdenciários;
>
> c) a caracterização da invalidez; e
>
> d) a auditoria médica.

Coube à **Portaria PRES/INSS 1.630, de 17/11/2023**, estabelecer os procedimentos a serem observados em requerimentos que contenham períodos que demandem análise do enquadramento de atividade exercida em condições especiais prejudiciais à saúde, de que tratam os §§ 1º e 1º-A do art. 64, os §§ 2º ao 5º e o § 12 do art. 68 do Regulamento da Previdência Social – RPS, aprovado pelo Decreto nº 3.048, de 6 de maio de 1999, que determinou a realização de análise administrativa da conformidade do formulário de atividade especial nos requerimentos de benefício, certidão de tempo de contribuição, recurso e revisão para efeito de caracterização de atividade exercida em condições especiais prejudiciais à saúde, **dispensando o seu encaminhamento à análise da Perícia Médica Federal – PMF.**

A análise administrativa da conformidade do formulário de atividade especial será realizada mediante a utilização do programa **"AtivEsp"**. O AtivEsp apresentará a conclusão da análise da atividade especial a partir da aplicação de regras de negócio sobre os dados informados pelo servidor administrativo, com base nos documentos comprobatórios anexados ao requerimento pelo interessado, não possuindo integração com os sistemas corporativos do INSS.

Na primeira etapa, a análise administrativa da conformidade do formulário de atividade especial **ficará restrita ao agente prejudicial à saúde ruído**, previsto nos seguintes códigos:

> I - 1.1.5 do Anexo I ao Regulamento dos Benefícios da Previdência Social - RBPS, aprovado pelo Decreto nº 83.080, de 24 de janeiro de 1979;
>
> II - 1.1.6 do Anexo III ao Decreto nº 53.831, de 25 de março de 1964;
>
> III - 2.0.1 do Anexo IV ao RBPS, aprovado pelo Decreto nº 2.172, de 5 de março de 1997; e
>
> IV - 2.0.1 do Anexo IV ao RPS, aprovado pelo Decreto nº 3.048, de 1999.

A exposição a agente prejudicial à saúde será analisada, **excepcionalmente, pela PMF,** nos seguintes casos:

> I - independentemente do agente prejudicial à saúde:
>
> a) quando complementarmente ao formulário de atividade especial for apresentado Laudo Técnico de Condições Ambientais do Trabalho - LTCAT, ou seu substitutivo, e as informações do formulário forem insuficientes à realização conclusiva de análise administrativa da sua conformidade; ou
>
> b) quando se tratar de comprovação de exposição a agente prejudicial à saúde em período laborado para empresa legalmente extinta, mediante processamento de Justificação Administrativa - JA fundamentada em LTCAT ou seu substitutivo;
>
> II - quando se tratar de exposição ao agente prejudicial à saúde ruído:
>
> a) períodos laborados até 2/12/1998, quando os valores de intensidade informados para um mesmo período forem múltiplos e entre eles existir (em) simultaneamente valor (es) abaixo e acima do limite de tolerância, desde que apresentado o histograma ou a memória de cálculo; ou
>
> b) períodos laborados até 31/12/2003, quando apresentados apenas os antigos formulários de reconhecimento de períodos laborados em condições especiais, desde que acompanhados de laudo técnico.

De acordo com o artigo 292, §2º, da IN INSS 128/2022, introduzido pela IN INSS 170/2024, para **períodos laborados até 2 de dezembro de 1998** com exposição ao agente prejudicial à saúde **ruído**, se informados no formulário de atividade especial **valores múltiplos de intensidade para um único período**, caberá:

> I - o enquadramento do período, se todos os valores estiverem acima do limite de tolerância, desde que atendidos os demais requisitos legais;
>
> II - o não enquadramento do período, se todos os valores estiverem abaixo do limite de tolerância; ou
>
> III - o envio à análise da Perícia Médica Federal, se houver valores acima e abaixo do limite de tolerância exigido para enquadramento do respectivo período, desde que apresentados o histograma ou a memória de cálculo.

Encerrada a análise administrativa de conformidade do formulário de atividade especial com a conclusão pelo enquadramento ou não enquadramento do período, deverá o servidor responsável pela tarefa:

> I - promover o registro do enquadramento ou do não enquadramento de cada período nos sistemas de benefício; e
>
> II - anexar ao processo administrativo o relatório emitido pelo AtivEsp.

Eis o modelo e do parecer técnico a ser elaborado pelo Perito Médico Federal:

PREVIDÊNCIA SOCIAL
INSTITUTO NACIONAL DO SEGURO SOCIAL

ANEXO LII

INSTRUÇÃO NORMATIVA Nº 77 /PRES/INSS, DE 21 DE JANEIRO DE 2015

ANÁLISE E DECISÃO TÉCNICA DE ATIVIDADE ESPECIAL	
1 - NOME DO SEGURADO:	**2 – NB / Nº DO PROCESSO:**

Procedemos análise na documentação encaminhada ao Serviço / Seção de Saúde do Trabalhador, visando concluir e informar se no(s) período(s) trabalhado(s), o segurado esteve efetivamente exposto aos agentes químicos, físicos, biológicos ou associação de agentes nocivos, onde descrevemos:

Relatório Conclusivo (justificativas técnicas / fundamentação legal)

REGISTRO DE EXIGÊNCIAS:

PERÍODO ENQUADRADO:

EMPRESA	PERÍODO	AGENTE NOCIVO	CÓDIGO ANEXO	FLS	OBS
1 -					
2 -					
3 -					

CONCLUSÃO

De acordo com o conteúdo dos documentos apresentados e da análise técnica realizada, conclui-se quanto à exposição do trabalhador de modo habitual e permanente a agentes nocivos nos períodos citados:

( ) Esteve exposto.
( ) O Perfil Profissiográfico Previdenciário – PPP e/ou o Laudo Técnico e/ou documento equivalente analisado, contém elementos para comprovação da efetiva exposição aos agentes nocivos contemplados na legislação.

PERÍODO NÃO ENQUADRADO

EMPRESA	PERÍODO	AGENTE NOCIVO	FLS	OBS
1 -				
2 -				
3 -				

PREVIDÊNCIA SOCIAL
INSTITUTO NACIONAL DO SEGURO SOCIAL

CONCLUSÃO

De acordo com o conteúdo dos documentos apresentados e da análise técnica realizada, conclui-se quanto à exposição do trabalhador de modo habitual e permanente a agentes nocivos nos períodos citados:

( ) Não esteve exposto.
( ) O Perfil Profissiográfico Previdenciário – PPP e/ou o Laudo Técnico e/ou documento equivalente analisado, NÃO contém elementos para comprovação da efetiva exposição aos agentes nocivos contemplados na legislação.

ANÁLISE E DECISÃO TÉCNICA DE ATIVIDADE ESPECIAL	
Encaminha-se à Unidade de Origem.	
LOCAL E DATA	ASSINATURA/CABIMBO DO MÉDICO-PERITO

OFÍCIO CIRCULAR SEI 1.595/2020 – SUBSECRETARIA DE PERÍCIA MÉDICA

Procedimentos nos requerimentos de "Análise processual de exposição a agentes nocivos para fins de conversão de tempo especial" e "Solicitação de Parecer Médico Pericial de Atividade Especial em Fase Recursal:

1. Considerando que o Manual de Aposentadoria Especial se encontra desatualizado em relação aos procedimentos a serem adotados no sistema PMF-Tarefas, a Perícia Médica Federal deverá observar as seguintes orientações:

2. Na Tarefa "Análise processual de exposição a agentes nocivos para fins de conversão de tempo especial" o Perito Médico Federal deverá:

a) Verificar se o processo está corretamente instruído, para a análise pericial;

b) Analisar o formulário inserido, a carteira de trabalho e os demais documentos que julgar necessário;

c) Realizar a análise do período solicitado para o enquadramento ou não de atividade exercida em condições especiais por exposição a agente nocivo; e

d) Emitir parecer técnico por meio do sistema PMF-Tarefas, incluindo em campo próprio a fundamentação técnica e legal que justifica a decisão.

2.1. Os requerimentos que envolvam análise de atividade especial, previamente são submetidos à avaliação pelos servidores do Instituto Nacional do Seguro Social-INSS, visando a verificação quanto ao enquadramento por categoria profissional, sendo que os períodos não passíveis de enquadramento administrativo devem ser submetidos à análise da perícia médica. A ausência de análise pelo servidor do INSS para períodos laborados até 28 de abril de 1995, passíveis de enquadramento administrativo, constitui impedimento para a realização da avaliação pericial destes períodos.

2.2. A análise do requerimento de tempo especial será efetuada por meio do sistema PMF-Tarefas, por período de exposição. O período cadastrado na tarefa pelo INSS tem que estar exatamente igual ao declarado no campo "EXPOSIÇÃO A FATORES DE RISCOS", subitem 15.1 do PPP.

2.3. Após análise por período de exposição a fatores de risco, a perícia médica deverá registrar sua avaliação no sistema PMF-Tarefas no campo próprio denominado "RELATÓRIO CONCLUSIVO".

2.4. A "CONCLUSÃO DA ANÁLISE TÉCNICA" poderá ser:

a) Período Integralmente NÃO enquadrado;

b) Período Integralmente enquadrado;

c) Há necessidade fracionamento; ou

d) Há inconsistência, divergência ou falta de informações indispensáveis ao reconhecimento do direito de enquadramento de período de atividade exercido em condições especiais.

2.5. Caso haja necessidade de fracionamento do período informado na tarefa, será possível realizá-lo, desde que a data início e a data fim dos períodos fracionados sejam diferentes entre si, ou seja, o período original será segmentado/subdividido. Porém, essa segmentação só é permitida por alteração dos marcos normativos para enquadramento.

2.6. Ressalta-se que o fracionamento só é devido caso haja algum enquadramento de um seguimento do período original.

2.7. O fracionamento dos períodos não se destina a realizar correções, por exemplo, de divergências entre o período informado na tarefa com o período que consta no campo 15.1 do PPP, ou por não ter havido enquadramento por categoria profissional pelo setor administrativo do INSS.

2.8. Caso sejam identificadas inconsistências, divergências ou falta de informações indispensáveis ao reconhecimento do direito, o processo deve ser concluído com esta opção, sendo que esta opção não é destinada para a realização de exigência ao segurado, e somente deverá ser utilizada quando o processo administrativo não estiver instruído corretamente, isto é, contiver erro, informação equivocada do período a ser analisado ou falta da documentação obrigatória. Essa conclusão encerrará a análise médico pericial, sendo devolvido ao INSS via sistema para adequada instrução/correção.

2.9. O perito médico poderá solicitar, sempre que julgar necessário, esclarecimentos, demonstrações ambientais e outros documentos, remetendo as solicitações ao INSS para os devidos encaminhamentos. Esta solicitação é denominada "Exigência". A motivação para a exigência deverá estar consignada no campo descritivo e esta ação gerará uma notificação ao INSS para comunicar ao segurado.

2.10. Após análise do período, havendo ou não enquadramento, a conclusão migrará via sistema para o INSS, que providenciará o processamento destes dados, substituindo o lançamento no PRISMA.

3. Nos casos de solicitação de revisão, como se tratam de períodos de agentes nocivos ainda não analisados, deverá ser cadastrada a Tarefa de "Análise processual de exposição a agentes nocivos para fins de conversão de tempo especial", e observados os procedimentos do item 2.

4. Na Tarefa "Solicitação de Parecer Médico Pericial de Atividade Especial em Fase Recursal", o Perito Médico Federal deverá informar no campo específico do PMF-Tarefas, conforme a análise realizada:

a) PERÍODO(S) ENQUADRADO(S): informar a empresa, o período, o agente nocivo, Código do Anexo e Justificativa.

b) PERÍODO(S) NÃO ENQUADRADO(S): informa a empresa, o período e a justificativa.

4.1. Em nenhum caso haverá inserção de dados no PRISMA pelo Perito Médico Federal.

4.3. A Tarefa "Solicitação de Parecer Médico Pericial de Atividade Especial em Fase Recursal" deverá ser cancelada pela Chefia de Divisão Regional, com a respectiva justificativa, nas seguintes situações:

a) O nome da tarefa cadastrada pelo INSS corresponde a outro tipo de análise, como por exemplo, constar no conteúdo do processo solicitação de "Parecer Médico Pericial em Benefício por Incapacidade em fase recursal", visto que a pontuação e os formulários para preenchimento no PMF-Tarefas são diversos;

b) Na documentação anexada ao sistema constam informações de outro requerente, mesmo que também constem dados corretos do requerente que protocolou o recurso;

c) Não conste a análise médico-pericial realizada (se houver) e o processo completo utilizado na avaliação anterior;

d) O processo não está corretamente instruído no sistema, para a análise pericial; e) Não conste a solicitação do segurado e/ou do CRPS; e

f) Não conste o(s) período(s) a ser analisado na solicitação do segurado ou do CRPS.

4.4. O perito médico que identificar as situações descritas no subitem

4.3 deverá enviar e-mail à respectiva Chefia de Divisão Regional para que seja realizado o cancelamento da tarefa.

4.5. Se houver divergência entre o período de análise solicitado pelo segurado e pelo CRPS, prevalecerá o período solicitado pelo CRPS, por ser o parecer técnico, elaborado para este órgão.

5. No sistema PMF-Gestão a pontuação da Tarefa "Solicitação de Parecer Médico Pericial de Atividade Especial em Fase Recursal" corresponde a 3 pontos por processo analisado.

Sobre as modificações no PPP adotadas pela Instrução Normativa INSS 128/2022, a Perícia Médica Federal editou o OFÍCIO CIRCULAR SEI nº 1.780/2022/ME, de 27/04/2022, a fim de orientar a análise técnica do tempo especial dos Peritos Médicos da União:

OFÍCIO CIRCULAR SEI nº 1.780/2022/ME, de 27/04/2022:

Assunto: Novos procedimentos a serem adotados pela perícia médica na análise processual de exposição a agentes prejudiciais à saúde.

Referência: Processo n.º 10128.103712/2022-11.

1. Considerando a publicação da Instrução Normativa PRES/INSS n.º 128, de 28 de março de2022, deverão ser observadas pela Perícia Médica Federal as diretrizes abaixo indicadas para a análise técnica dos requerimentos de aposentadoria especial por exposição a agentes prejudiciais à saúde.

2. **Para períodos trabalhados até 28 de abril de 1995**, véspera da publicação da Lei n.º 9.032, de 28 de abril de 1995, que alterou o art. 57 da Lei n.º 8.213, de 24 de julho e 1991, **não será exigido o requisito de permanência** para os trabalhos exercidos em condições especiais que prejudiquem a saúde, com base no § 2º do art. 268 da Instrução Normativa PRES/INSS n.º 128, de 28 de março de 2022.

3. Quando o Perfil Profissiográfico Previdenciário (PPP) for emitido **após 29 de março de2022**, data da Instrução Normativa, no campo destinado ao registro de dados do representante legal da empresa ou seu preposto, **bastará constar nome e o CPF do responsável pela assinatura do documento**, conforme § 2º do art. 281 da Instrução Normativa PRES/INSS n.º 128, de 28 de março de 2022.

4. Fora suprimida a exigência de que constem informações sobre os "Resultados de Monitoração Biológica". Portanto, consoante o disposto no art. 281 da Instrução Normativa PRES/INSS n.º128, de 28 de março de 2022, o Perfil Profissiográfico Previdenciário (PPP) deverá conter as seguintes informações básicas:

I - dados administrativos da empresa e do trabalhador;

II - registros ambientais; e

III - responsáveis pelas informações.

5. Em substituição ao registro do NIT, passa a ser obrigatório o **registro do CPF do "Responsável pelos registros ambientais"**, para os formulários PPP **emitidos a partir de 29 de março de**

2022, data de publicação da Instrução Normativa PRES/INSS n.º 128, de 28 de março de 2022 no Diário Oficial da União.

6. As demonstrações ambientais a serem consideradas em substituição ao Laudo Técnico das Condições Ambientais do Trabalho (LTCAT), sofreram alterações em virtude da revisão das Normas Regulamentadoras do Ministério do Trabalho e Previdência.

6.1. Em linhas gerais, a Norma Regulamentadora n.º 01 sofreu alterações com relação ao Programa de Gerenciamento de Riscos (PGR), que deixou de possuir características especificas da mineração (NR-22), para se tornar uma ferramenta que engloba todas as áreas.

6.2. A Norma Regulamentadora n.º 09 passou a ter como título "Avaliação e Controle das Exposições Ocupacionais a Agentes Físicos, Químicos e Biológicos", não estando mais previsto o conhecido Programa de Prevenção de Riscos Ambientais (PPRA).

6.3. Ambas as alterações passaram a vigorar **a partir de 3 de janeiro de 2022.** Portanto, de acordo com o inciso V do art. 277 da Instrução Normativa PRES/INSS n.º 128, de 28 de março de 2022, **são demonstrações ambientais válidas em substituição ao LTCAT,** desde que contenham seus elementos básicos constitutivos:

I - Programa de Prevenção de Riscos Ambientais (PPRA), previsto na NR 9, até 02 de janeiro de 2022;

II - Programa de Gerenciamento de Riscos (PGR), previsto na NR 1, a partir de 3 de janeiro de2022;

III - Programa de Gerenciamento de Riscos (PGR), na mineração, previsto na NR 22;

IV - Programa de Condições e Meio Ambiente de Trabalho na Indústria da Construção (PCMAT), previsto na NR 18;

V - Programa de Controle Médico de Saúde Ocupacional (PCMSO), previsto na NR 7; e

VI - Programa de Gerenciamento de Riscos no Trabalho Rural (PGRTR), previsto na NR 31.

7. Em conformidade com o que consta no Decreto n.º 3.048, de 6 de maio de 1999, alterado pelo Decreto n.º 10.410, de 30 de junho 2020, no que se refere à exposição aos agentes reconhecidamente cancerígenos para humanos listados pela Portaria Interministerial n.º 9, de 7 de outubro de 2014 (LINACH), tem-se a considerar o que dispõe o art. 298 da Instrução Normativa PRES/INSS n.º 128, de 28 de março de2022:

I - serão considerados agentes reconhecidamente cancerígenos os constantes do Grupo 1 da lista da LINACH que possuam o Chemical Abstracts Service - CAS e que constem no Anexo IV do RPS;

II - a avaliação da exposição aos agentes prejudiciais à saúde reconhecidamente cancerígenos será apurada na forma qualitativa, conforme § 2º e 3° do art. 68 do RPS; e

III - a avaliação da exposição aos agentes prejudiciais à saúde reconhecidamente cancerígenos deverá considerar a possibilidade de eliminação da nocividade e descaracterização da efetiva exposição, pela adoção de medidas de controle previstas na legislação trabalhista, conforme § 4ºdo art. 68 do RPS.

7.1. O disposto nos incisos I e II deverá ser aplicado para **períodos laborados a partir de 8de outubro de 2014**, data da publicação da Portaria Interministerial n.º 9, de 7 de outubro de 2014(LINACH).

7.2. O disposto no inciso III se aplica para períodos laborados a partir de 1º de julho de2020, data da publicação do Decreto n.º 10.410, de 30 de junho 2020.

Veja-se o CHECK LIST a ser utilizado pela Perícia Médica Federal com base no Manual de Aposentadoria Especial do INSS:

AVALIAÇÃO DOCUMENTAL ÍTENS A SEREM APRECIADOS	Não	Sim
Consta o nome do requerente no processo?		
As folhas do processo encontram-se numeradas?		
Consta o despacho administrativo oficial?		
Os documentos apresentados são cópias autênticas?		
O formulário apresentado contém requisitos adequados para a análise técnica, estando todos os campos preenchidos, sem rasuras?		
O posto de trabalho constante do formulário apresenta agentes nocivos?		
No caso de resposta afirmativa ao quesito anterior, o agente nocivo está listado nos anexos dos Regulamentos da Previdência Social?		
O agente nocivo está presente em toda a jornada de trabalho ou é indissociável do trabalho caracterizando "permanência" de exposição?		
FORMULÁRIO PERFIL PROFISSIOGRÁFICO PREVIDENCIÁRIO ITENS A SEREM APRECIADOS	Não	Sim
O PPP foi assinado por representante legal devidamente identificado?		
Todos os campos estão preenchidos, de acordo com a época da exposição, sem rasuras?		
O campo "Registros Ambientais" apresenta agentes nocivos, a partir das datas em que são exigidos LTCAT ou outras demonstrações ambientais?		

No caso de resposta afirmativa ao quesito anterior, o agente nocivo está listado nos anexos dos Regulamentos da Previdência Social?
Na descrição do campo "Profissiografia" consta a descrição do ambiente de trabalho, a fonte de exposição do agente nocivo e como este se apresenta em toda a jornada de trabalho, ou indissociável dele, caracterizando "permanência" de exposição?
O formulário é original ou cópia autenticada?
O PPP contém a indicação dos responsáveis técnicos legalmente habilitados, por período, pelos registros ambientais para a época em que é exigida, apresentação do LTCAT ou outras demonstrações ambientais?
O PPP contém a indicação dos responsáveis técnicos legalmente habilitados, por período, pela monitoração biológica a partir de 14/10/1996?
Consta informação sobre a adoção de EPI a partir de 3/12/1998?
Consta informação sobre adoção de EPC para período a partir de 14/10/1996?
Consta a informação correta da técnica utilizada para avaliação do agente nocivo de acordo com a época trabalhada e agente?
Consta a informação a respeito do código de ocorrência da GFIP a partir de 01/1999?

AVALIAÇÃO ESPECÍFICA POR AGENTE NOCIVO QUANDO O PPP NÃO FOR APRESENTADO AGENTE NOCIVO RUÍDO	Não	Sim
Foi apresentado LTCAT ou outra demonstração ambiental para todo o período a ser analisado?		
O LTCAT apresentado é coletivo?		
O LTCAT apresentado é individual?		
Em não sendo apresentado LTCAT ou outra demonstração ambiental (conforme período), foi apresentado algum dos seus substitutos?		
Sendo o LTCAT extemporâneo ao período laborado, o mesmo indica expressamente que o layout do posto de trabalho não sofreu alteração?		
O LTCAT está assinado por Médico de Trabalho ou Engenheiro de Segurança do Trabalho?		
Caso o LTCAT seja individual, a especialização do signatário do LTCAT está devidamente comprovada na documentação apresentada?		
No caso do signatário do LTCAT não ser funcionário da empresa, existe contratação formal deste profissional por parte da empresa?		
O trabalhador está exposto ao agente nocivo em toda a jornada de trabalho caracterizando "permanência" de exposição?		
Está explicitada a fonte ruidosa?		
A mensuração do agente ruído ultrapassa o limite no período laborado?		
Se apresentadas apenas medições, alguma delas foi inferior ao LT vigente para o período laborado?		

Está explícito na documentação que existe tecnologia de proteção coletiva (EPC) a partir de 14/10/1996?
Está explícito na documentação que existe tecnologia de proteção individual (EPI), eficiente e eficaz, de modo a proteger adequadamente o trabalhador, neutralizando a ação nociva potencial de tal (is) agente (s) a partir de 3/12/1998?
A partir de 1º/1/2004 a metodologia de avaliação do agente nocivo é aquela definida pela NHO 1 da Fundacentro?

AGENTE NOCIVO CALOR	Não	Sim
Foi apresentado LTCAT ou outra demonstração ambiental para o período posterior a 13/10/1996?		
Sendo o LTCAT extemporâneo ao período laborado, o mesmo indica expressamente que o layout do posto de trabalho não sofreu alteração?		
O LTCAT está assinado por Médico de Trabalho ou Engenheiro de Segurança do Trabalho?		
O LTCAT apresentado é coletivo?		
O LTCAT apresentado é individual?		
Em não sendo apresentado LTCAT ou outra demonstração ambiental, foi apresentado algum dos seus substitutos?		
A especialização do signatário do LTCAT está devidamente comprovada na documentação apresentada?		
No caso do signatário do LTCAT não ser funcionário da empresa, existe contratação formal deste profissional por parte da empresa?		
O trabalhador está exposto ao agente nocivo em toda a jornada de trabalho caracterizando "permanência" de exposição?		
Para o período até 5/3/1997, a atividade profissional (análise qualitativa) encontra-se listada nos códigos 2.5.1, 2.5.2 e 2.5.5 do Anexo II?		
Para o período até 5/3/1997 a temperatura informada encontra-se acima de 28 º C, proveniente de fontes artificiais?		
Existe a informação sobre o dispêndio energético (leve moderado ou pesado) para períodos analisados a partir de 6/3/1997?		
Está explícito na documentação de que existe tecnologia de proteção coletiva (EPC) a partir de 14/10/1996?		
Está explícito na documentação de que existe tecnologia de proteção individual (EPI), eficiente e eficaz, de modo a proteger adequadamente o trabalhador, neutralizando a ação nociva potencial de tal (is) agente (s) a partir de 3/12/1998?		
A partir de 18/11/2003 a metodologia de avaliação do agente nocivo é aquela definida pela NHO 6 da Fundacentro?		

RADIAÇÕES IONIZANTES	Não	Sim
Foi apresentado LTCAT ou outra demonstração ambiental para o período posterior a 13/10/1996?		
Não sendo o LTCAT contemporâneo ao período laborado, o mesmo indica expressamente que o layout do posto de trabalho não sofreu alteração?		
O LTCAT está assinado por Médico de Trabalho ou Engenheiro de Segurança do Trabalho?		
O LTCAT apresentado é coletivo?		
O LTCAT apresentado é individual?		
Em não sendo apresentado LTCAT, foi apresentado algum dos seus substitutos?		
A especialização do signatário do LTCAT está devidamente comprovada na documentação apresentada?		
No caso do signatário do LTCAT não ser funcionário da empresa, existe contratação formal deste profissional por parte da empresa?		
O trabalhador está exposto ao agente nocivo em toda a jornada de trabalho caracterizando "permanência" de exposição?		
Está explícito na documentação de que existe tecnologia de proteção coletiva (EPC) a partir de 14/10/1996?		
Está explícito na documentação de que existe tecnologia de proteção individual (EPI), eficiente e eficaz, de modo a proteger adequadamente o trabalhador, neutralizando a ação nociva potencial de tal (s) agente (s) a partir de 3/12/1998?		
A partir de 18/11/2003 a metodologia de avaliação do agente nocivo é aquela definida pela NHO 5 da Fundacentro para exposição aos Raios-X?		
Para período a partir de 8/10/2014, trata-se agente nocivo reconhecidamente cancerígeno para humanos?		
Está presente no ambiente de trabalho com possibilidade de exposição?		
Está arrolado no Anexo IV do Decreto nº 3.048/1999?		
Está na LINACH Grupo 1?		
Possui registro no CAS?		

PRESSÕES ATMOSFÉRICAS ANORMAIS	Não	Sim
Foi apresentado LTCAT ou outra demonstração ambiental para o período posterior a 13/10/1996?		
Não sendo o LTCAT contemporâneo ao período laborado, o mesmo indica expressamente que o layout do posto de trabalho não sofreu alteração?		
O LTCAT está assinado por Médico de Trabalho ou Engenheiro de Segurança do Trabalho?		
O LTCAT apresentado é coletivo?		
O LTCAT apresentado é individual?		
Em não sendo apresentado LTCAT, foi apresentado algum dos seus substitutos?		

A especialização do signatário do LTCAT está devidamente comprovada na documentação apresentada?
No caso do signatário do LTCAT não ser funcionário da empresa, existe contratação formal deste profissional por parte da empresa?
O trabalhador está exposto ao agente nocivo em toda a jornada de trabalho caracterizando "permanência" de exposição?
Está explícito na documentação de que existe tecnologia de proteção coletiva (EPC) a partir de 14/10/1996?
Está explícito na documentação de que existe tecnologia de proteção individual (EPI), eficiente e eficaz, de modo a proteger adequadamente o trabalhador, neutralizando a ação nociva potencial de tal (is) agente (s) a partir de 3/12/1998?

RADIAÇÕES NÃO IONIZANTES	Não	Sim
Foi apresentado LTCAT ou outra demonstração ambiental para o período posterior a 13/10/1996?		
Não sendo o LTCAT contemporâneo ao período laborado, o mesmo indica expressamente que o layout do posto de trabalho não sofreu alteração?		
O LTCAT está assinado por Médico de Trabalho ou Engenheiro de Segurança do Trabalho?		
O LTCAT apresentado é coletivo?		
O LTCAT apresentado é individual?		
Em não sendo apresentado LTCAT, foi apresentado algum dos seus substitutos?		
A especialização do signatário do LTCAT está devidamente comprovada na documentação apresentada?		
No caso do signatário do LTCAT não ser funcionário da empresa, existe contratação formal deste profissional por parte da empresa?		
O trabalhador está exposto ao agente nocivo em toda a jornada de trabalho caracterizando "permanência" de exposição?		
Está explícito na documentação de que existe tecnologia de proteção coletiva (EPC)?		
Está explícito na documentação de que existe tecnologia de proteção individual (EPI), eficiente e eficaz, de modo a proteger adequadamente o trabalhador, neutralizando a ação nociva potencial de tal (s) agente (s)?		

AGENTE VIBRAÇÕES / TREPIDAÇÕES	Não	Sim
Foi apresentado LTCAT ou outra demonstração ambiental para o período posterior a 13/10/1996?		
Não sendo o LTCAT contemporâneo ao período laborado, o mesmo indica expressamente que o layout do posto de trabalho não sofreu alteração?		
O LTCAT está assinado por Médico de Trabalho ou Engenheiro de Segurança do Trabalho?		
O LTCAT apresentado é coletivo?		

O LTCAT apresentado é individual?
Em não sendo apresentado LTCAT, foi apresentado algum dos seus substitutos?
A especialização do signatário do LTCAT está devidamente comprovada na documentação apresentada?
No caso do signatário do LTCAT não ser funcionário da empresa, existe contratação formal deste profissional por parte da empresa?
O trabalhador está exposto ao agente nocivo em toda a jornada de trabalho caracterizando "permanência" de exposição?
O LT é superior ao previsto para o período?
Está explícito na documentação de que existe tecnologia de proteção coletiva (EPC) a partir de 14/10/1996?
Está explícito na documentação de que existe tecnologia de proteção individual (EPI), eficiente e eficaz, de modo a proteger adequadamente o trabalhador, neutralizando a ação nociva potencial de tal (is) agente (is) a partir de 3/12/1998?
A partir de 1º/1/2004 a metodologia de avaliação do agente nocivo é aquela definida pela FUNDACENTRO?

AGENTE FRIO	Não	Sim
Foi apresentado LTCAT ou outra demonstração ambiental para o período posterior a 13/10/1996?		
Não sendo o LTCAT contemporâneo ao período laborado, o mesmo indica expressamente que o layout do posto de trabalho não sofreu alteração?		
O LTCAT está assinado por Médico de Trabalho ou Engenheiro de Segurança do Trabalho?		
O LTCAT apresentado é coletivo?		
O LTCAT apresentado é individual?		
Em não sendo apresentado LTCAT, foi apresentado algum dos seus substitutos?		
A especialização do signatário do LTCAT está devidamente comprovada na documentação apresentada?		
No caso do signatário do LTCAT não ser funcionário da empresa, existe contratação formal deste profissional por parte da empresa?		
O trabalhador está exposto ao agente nocivo em toda a jornada de trabalho caracterizando "permanência" de exposição?		
Para o período até 5/3/1997, a atividade profissional (análise qualitativa) encontra-se listada nos códigos 1.1.2 do Anexo II?		
Para o período até 5/3/1997, a temperatura informada encontra-se abaixo de 12º C?		
Está explícito na documentação de que existe tecnologia de proteção coletiva (EPC) a partir de 14/10/1996?		

AGENTE UMIDADE	Não	Sim
Foi apresentado LTCAT ou outra demonstração ambiental para o período posterior a 13/10/1996?		
Não sendo o LTCAT contemporâneo ao período laborado, o mesmo indica expressamente que o layout do posto de trabalho não sofreu alteração?		
O LTCAT está assinado por Médico de Trabalho ou Engenheiro de Segurança do Trabalho?		
O LTCAT apresentado é coletivo?		
O LTCAT apresentado é individual?		
Em não sendo apresentado LTCAT, foi apresentado algum dos seus substitutos?		
A especialização do signatário do LTCAT está devidamente comprovada na documentação apresentada?		
No caso do signatário do LTCAT não ser funcionário da empresa, existe contratação formal deste profissional por parte da empresa?		
O trabalhador está exposto ao agente nocivo em toda a jornada de trabalho caracterizando "permanência" de exposição?		
Está explícito na documentação de que existe tecnologia de proteção coletiva (EPC) a partir de 14/10/1996?		

AGENTE QUÍMICO	Não	Sim
Foi apresentado LTCAT ou outra demonstração ambiental para o período posterior a 13/10/1996?		
Não sendo o LTCAT outra demonstração ambiental contemporâneo ao período laborado, o mesmo indica expressamente que o layout do posto de trabalho não sofreu alteração?		
O LTCAT está assinado por Médico de Trabalho ou Engenheiro de Segurança do Trabalho?		
O LTCAT apresentado é coletivo?		
O LTCAT apresentado é individual?		
Em não sendo apresentado LTCAT, foi apresentado algum dos seus substitutos?		
A especialização do signatário do LTCAT está devidamente comprovada na documentação apresentada?		
No caso do signatário do LTCAT não ser funcionário da empresa, existe informação de contratação formal deste profissional por parte da empresa?		
O trabalhador está exposto ao agente nocivo em toda a jornada de trabalho caracterizando "permanência" de exposição?		
Nos períodos em que se exige LT, a média ponderada pelo tempo de exposição TLV/TWA foi ultrapassada?		
Nos períodos ou agentes de enquadramento qualitativo a partir de 6/3/1997 há informações da inspeção do local de trabalho na demonstração ambiental que confirmam a exposição permanente ou indissociável do trabalho para o trabalhador em análise?		

Pela descrição do trabalho realizado há exposição por via respiratória, digestiva ou pela pele do trabalhador ao agente químico?		
Os agentes alegados possuem valor teto?		
O agente químico é informado por nomes genéricos ou através das substâncias ou compostos químicos utilizados?		
Nos períodos ou agentes de enquadramento qualitativo até 5/3/1997 há informações da inspeção do local de trabalho na demonstração ambiental suficientes para pressupor a exposição ao agente?		
Está explícito na documentação que existe tecnologia de proteção coletiva (EPC) a partir de 14/10/996?		
Está explícito na documentação que existe tecnologia de proteção individual (EPI), eficiente e eficaz, de modo a proteger adequadamente o trabalhador, neutralizando a ação nociva potencial de tal(s) agente(s) a partir de 3/12/1998?		
Para período a partir de 8/10/2014, trata-se agente nocivo reconhecidamente cancerígeno para humanos?		
Está presente no ambiente de trabalho com possibilidade de exposição?		
Está arrolado no Anexo IV do Decreto nº 3.048/1999?		
Está na LINACH Grupo 1?		
Possui registro no CAS?		

AGENTE POEIRAS	Não	Sim
Foi apresentado LTCAT ou outra demonstração ambiental para o período posterior a 13/10/1996?		
Não sendo o LTCAT contemporâneo ao período laborado, o mesmo indica expressamente que o layout do posto de trabalho não sofreu alteração?		
O LTCAT está assinado por Médico de Trabalho ou Engenheiro de Segurança do Trabalho?		
O LTCAT apresentado é coletivo?		
O LTCAT apresentado é individual?		
Em não sendo apresentado LTCAT, foi apresentado algum dos seus substitutos?		
A especialização do signatário do LTCAT está devidamente comprovada na documentação apresentada?		
No caso do signatário do LTCAT não ser funcionário da empresa, existe contratação formal deste profissional por parte da empresa?		
O trabalhador está exposto ao agente nocivo em toda a jornada de trabalho caracterizando "permanência" de exposição?		
Nos períodos em que se exige LT foi ultrapassado tal limite, conforme definido no Anexo 12 da NR-15?		

Está explícito na documentação de que existe tecnologia de proteção coletiva (EPC) a partir de 14/10/1996?
Está explícito na documentação de que existe tecnologia de proteção individual (EPI), eficiente e eficaz, de modo a proteger adequadamente o trabalhador, neutralizando a ação nociva potencial de tal (is) agente (s) a partir de 3/12/1998?
Para período a partir de 8/10/2014, trata-se agente nocivo reconhecidamente cancerígeno para humanos?
Está presente no ambiente de trabalho com possibilidade de exposição?
Está arrolado no Anexo IV do Decreto nº 3.048/1999?
Está na LINACH Grupo 1?
Possui registro no CAS?

AGENTE BIOLÓGICO	Não	Sim
Foi apresentado LTCAT ou outra demonstração ambiental para o período posterior a 13/10/1996?		
Não sendo o LTCAT contemporâneo ao período laborado, o mesmo indica expressamente que o layout do posto de trabalho não sofreu alteração?		
O LTCAT está assinado por Médico de Trabalho ou Engenheiro de Segurança do Trabalho?		
O LTCAT apresentado é coletivo?		
O LTCAT apresentado é individual?		
Em não sendo apresentado LTCAT, foi apresentado algum dos seus substitutos?		
A especialização do signatário do LTCAT está devidamente comprovada na documentação apresentada?		
No caso do signatário do LTCAT não ser funcionário da empresa, existe contratação formal deste profissional por parte da empresa?		
O trabalhador está exposto ao agente nocivo em toda a jornada de trabalho caracterizando "permanência" de exposição?		
Está explícito na documentação de que existe tecnologia de proteção coletiva (EPC) a partir de 14/10/1996?		

AGENTE ELETRICIDADE	Não	Sim
Foi apresentado LTCAT ou outra demonstração ambiental para o período posterior a 13/10/1996?		
Não sendo o LTCAT contemporâneo ao período laborado, o mesmo indica expressamente que o layout do posto de trabalho não sofreu alteração?		
O LTCAT está assinado por Médico de Trabalho ou Engenheiro de Segurança do Trabalho?		
O LTCAT apresentado é coletivo?		
O LTCAT apresentado é individual?		

Em não sendo apresentado LTCAT, foi apresentado algum dos seus substitutos?
A especialização do signatário do LTCAT está devidamente comprovada na documentação apresentada?
No caso do signatário do LTCAT não ser funcionário da empresa, existe contratação formal deste profissional por parte da empresa?
O trabalhador está exposto ao agente nocivo em toda a jornada de trabalho caracterizando "permanência" de exposição?
O trabalhador está exposto ao agente eletricidade (tensões elétricas) acima de 250 V?
Está explícito na documentação de que existe tecnologia de proteção coletiva (EPC) a partir de 14/10/1996?
Está explícito na documentação de que existe tecnologia de proteção individual (EPI), eficiente e eficaz, de modo a proteger adequadamente o trabalhador, neutralizando a ação nociva potencial de tal (s) agente (s)?

ASSOCIAÇÃO DE AGENTES	Não	Sim
Foi apresentado LTCAT ou outra demonstração ambiental para o período posterior a 13/10/1996?		
Não sendo o LTCAT contemporâneo ao período laborado, o mesmo indica expressamente que o layout do posto de trabalho não sofreu alteração?		
O LTCAT está assinado por Médico de Trabalho ou Engenheiro de Segurança do Trabalho?		
O LTCAT apresentado é coletivo?		
O LTCAT apresentado é individual?		
Em não sendo apresentado LTCAT, foi apresentado algum dos seus substitutos?		
A especialização do signatário do LTCAT está devidamente comprovada na documentação apresentada?		
No caso do signatário do LTCAT não ser funcionário da empresa, existe contratação formal deste profissional por parte da empresa?		
O trabalhador está exposto ao agente nocivo em toda a jornada de trabalho caracterizando "permanência" de exposição?		
Está explícito na documentação de que existe tecnologia de proteção coletiva (EPC) a partir de 14/10/1996?		
Está explícito na documentação de que existe tecnologia de proteção individual (EPI), eficiente e eficaz, de modo a proteger adequadamente o trabalhador, neutralizando a ação nociva potencial de tal (is) agente (s) a partir de 3/12/1998?		

31. AFASTAMENTO PREVENTIVO DO APOSENTADO ESPECIAL E SUSPENSÃO DO BENEFÍCIO

O aposentado especial que retornar a atividade especial terá o benefício suspenso[51], nos termos do artigo 57, §8º, da Lei 8.213/91, mas a lei não veda o retorno à atividade comum com perda da aposentadoria. Entretanto, a cessação do benefício deverá ser precedida de procedimento que garanta o contraditório e a ampla defesa do segurado. Trata-se de norma protetiva da saúde do trabalhador, possuindo fundamento constitucional, pois o legislador partiu da premissa que a atividade especial prejudicou a saúde do segurado, que apenas poderia trabalhar em atividade não nociva.

Nos termos do Decreto 8.123/2013, o segurado que retornar ao exercício de atividade ou operação que o sujeite aos riscos e agentes nocivos constantes do Anexo IV, ou nele permanecer, na mesma ou em outra empresa, qualquer que seja a forma de prestação do serviço ou categoria de segurado, será imediatamente notificado da cessação do pagamento de sua aposentadoria especial, no prazo de sessenta dias contado da data de emissão da notificação, salvo comprovação, nesse prazo, de que o exercício dessa atividade ou operação foi encerrado.

Veja-se o artigo 267 da Instrução Normativa INSS 128/2022:

> "**Art. 267.** A partir de 29 de abril de 1995, data da publicação da Lei nº 9.032, não é permitido ao segurado que possuir aposentadoria especial permanecer ou retornar ao exercício de atividade ou operações que o sujeitem aos agentes prejudiciais à saúde constantes do Anexo IV do RPS, na mesma ou em outra empresa, no mesmo ou em outro vínculo, qualquer que seja a forma de prestação do serviço ou categoria de segurado.
>
> § 1º A cessação do benefício de que trata o caput ocorrerá:
>
> I - em 3 de dezembro de 1998, data da publicação da Medida Provisória nº 1.729, convertida na Lei nº 9.732, de 11 de dezembro de 1998, para as aposentadorias concedidas no período anterior à edição do referido diploma legal; e
>
> II - na data do efetivo retorno ou da permanência, para as aposentadorias concedidas a partir de 3 de dezembro de 1998, data da publicação da Medida Provisória nº 1.729.
>
> **§ 2º A cessação do benefício observará os procedimentos que garantam ao segurado o direito ao contraditório e à ampla defesa.**
>
> § 3º Não serão considerados como permanência ou retorno à atividade os períodos:

---

51. Para as aposentadorias especiais concedidas a partir de 29 de abril de 1995, data da publicação da Lei nº 9.032, de 1995.

I - entre a data do requerimento e a data da ciência da concessão do benefício; e

II - de cumprimento de aviso prévio consequente do pedido de demissão do segurado após a ciência da concessão do benefício".

Contudo, para o equivocado entendimento do TRF da 4ª Região, o §8º, do artigo 57, da Lei 8.213/91, é inconstitucional, consoante decisão tomada no dia 24 de maio de 2012, no julgamento da Arguição de Inconstitucionalidade 5001401-77.2012.404.0000:

"PREVIDENCIÁRIO. CONSTITUCIONAL. ARGUIÇÃO DE INCONSTUCIONALIDADE. § 8º DO ARTIGO 57 DA LEI Nº 8.213/91. APOSENTADORIA ESPECIAL. VEDAÇÃO DE PERCEPÇÃO POR TRABALHADOR QUE CONTINUA NA ATIVA, DESEMPENHANDO ATIVIDADE EM CONDIÇÕES ESPECIAIS.

1. Comprovado o exercício de atividade especial por mais de 25 anos, o segurado faz jus à concessão da aposentadoria especial, nos termos do artigo 57 e § 1º da Lei 8.213, de 24-07-1991, observado, ainda, o disposto no art. 18, I, 'd' c/c 29, II, da LB, a contar da data do requerimento administrativo.

2. O § 8º do artigo 57 da Lei nº 8.213/91 veda a percepção de aposentadoria especial por parte do trabalhador que continuar exercendo atividade especial.

3. A restrição à continuidade do desempenho da atividade por parte do trabalhador que obtém aposentadoria especial cerceia, sem que haja autorização constitucional para tanto (pois a constituição somente permite restrição relacionada à qualificação profissional), o desempenho de atividade profissional, e veda o acesso à previdência social ao segurado que implementou os requisitos estabelecidos na legislação de regência.

4. A regra em questão não possui caráter protetivo, pois não veda o trabalho especial, ou mesmo sua continuidade, impedindo apenas o pagamento da aposentadoria. Nada obsta que o segurado permaneça trabalhando em atividades que impliquem exposição a agentes nocivos sem requerer aposentadoria especial; ou que aguarde para se aposentar por tempo de contribuição, a fim de poder cumular o benefício com a remuneração da atividade, caso mantenha o vínculo; como nada impede que se aposentando sem a consideração do tempo especial, peça, quando do afastamento definitivo do trabalho, a conversão da aposentadoria por tempo de contribuição em aposentadoria especial. **A regra, portanto, não tem por escopo a proteção do trabalhador, ostentando mero caráter fiscal e cerceando de forma indevida o desempenho de atividade profissional.**

5. A interpretação conforme a constituição não tem cabimento quando conduz a entendimento que contrarie sentido expresso da lei.

6. Reconhecimento da inconstitucionalidade do § 8º do artigo 57 da Lei nº 8.213/91".

Evidentemente, razão não assiste ao Colegiado da 4ª Região, pois ao vedar a percepção da aposentadoria especial juntamente com remuneração de atividade especial o legislador objetivou proteger a integridade do trabalhador, desestimulando o prosseguimento da atividade lesiva à sua saúde, tanto que o segurado poderá receber o benefício e trabalhar em atividade não nociva.

Vale frisar que este tema estava pendente de julgado no STF, já tendo sido reconhecida a repercussão geral no RE 788.092 em 07 de abril de 2014.

Já o TST aplica citada regra, conforme notícia publicada em seu sítio em outubro de 2017:

> **Aposentadoria especial impede permanência no mesmo emprego**
>
> Uma vez beneficiada pela aposentadoria especial, a pessoa não pode permanecer no mesmo emprego, pois o objetivo da lei que reserva regras diferenciadas de previdência a algumas profissões é preservar o trabalhador do ambiente nocivo.
>
> Assim entendeu, por unanimidade, a Subseção I Especializada em Dissídios Individuais do Tribunal Superior do Trabalho ao rejeitar embargos de um eletricitário da Copel (companhia de energia do PR), que pretendia anular a rescisão contratual decorrida da concessão de aposentadoria especial.
>
> A decisão foi fundamentada na jurisprudência da subseção no sentido de que a aposentadoria especial — concedida em função do trabalho em condições prejudiciais à saúde — acarreta a extinção do contrato por iniciativa do empregado.
>
> O eletricitário atuou na empresa por 30 anos, e ao obter a aposentadoria especial pelo INSS seu contrato foi rescindido. Na reclamação trabalhista, pediu a nulidade da rescisão contratual. O Tribunal Regional do Trabalho da 9ª Região deferiu o pedido, por entender que a aposentadoria, mesmo especial, não implica a extinção do contrato de trabalho.
>
> Em recurso ao TST, a Copel argumentou que o empregado que se aposenta na área de risco não pode continuar exercendo a mesma função pela qual se aposentou. Sustentou ainda que não seria obrigada a mudar o empregado de função, e que a sua realocação em outro cargo seria medida de constitucionalidade duvidosa, devido à exigência de concurso público.
>
> O recurso foi examinado inicialmente pela 3ª Turma, que deu razão à empresa. O relator, ministro Alberto Bresciani, lembrou que a aposentadoria especial visa proteger o trabalhador de condições deterioradas do seu ambiente de trabalho. Assim, a contagem diferenciada do tempo de serviço somente se justifica em razão da não continuidade do trabalho.
>
> "Se o objetivo da lei é preservar o trabalhador do ambiente nocivo, não podemos admitir que a mesma lei seja interpretada para mantê-lo no ambiente nocivo", assinalou.

> No julgamento dos embargos do trabalhador à SDI-1, o relator, ministro Hugo Carlos Scheuermann, destacou que a subseção já firmou entendimento no sentido de que a concessão da aposentadoria especial acarreta a extinção do contrato de trabalho.
>
> Esse precedente explica que a lei, "por razões óbvias" relacionadas à preservação da integridade do empregado, veda categoricamente a sua permanência no emprego após a concessão, ao menos na função que justificou a condição de risco à saúde, sob pena de automático cancelamento do benefício. Assim, o relator concluiu que a decisão da Turma está em harmonia com a jurisprudência da SDI-1, e negou provimento aos embargos do empregado. **E-ARR 607-93.2010.5.09.0678**

No início de junho de 2020, o STF acolheu a tese do INSS no **tema 709:**

> **"i) É constitucional a vedação de continuidade da percepção de aposentadoria especial se o beneficiário permanece laborando em atividade especial ou a ela retorna, seja essa atividade especial aquela que ensejou a aposentação precoce ou não.**
>
> **ii) Nas hipóteses em que o segurado solicitar a aposentadoria e continuar a exercer o labor especial, a data de início do benefício será a data de entrada do requerimento, remontando a esse marco, inclusive, os efeitos financeiros. Efetivada, contudo, seja na via administrativa, seja na judicial a implantação do benefício, uma vez verificado o retorno ao labor nocivo ou sua continuidade, cessará o benefício previdenciário em questão".**

Vale registrar que a permanência ou o retorno ao labor nocivo é **causa de suspensão do benefício de aposentadoria especial desde o advento da Lei 9.032/95**, respeitado o direito ao contraditório, devendo ser observada que a percepção conjunta é possível entre a data de requerimento administrativo e a data da decisão administrativa ou judicial que noticiar a implantação do benefício, posto que o segurado não teria segurança jurídica para deixar o emprego com a mera apresentação de requerimento do benefício.

Um grave problema são as **implantações judiciais provisórias** da aposentadoria especial especialmente no TRF da 4ª Região, em que restou determinado judicialmente a percepção conjunta do benefício com o salário do segurado que prosseguiu desenvolvendo a atividade laboral nociva remunerada.

Aplicando o item II da tese firmada no tema repetitivo STF 709, por certo a autarquia de previdência promoveria a cobrança administrativa ou mesmo judicial do período em que houve a percepção conjunta do benefício (a partir da data de implantação) e da remuneração, considerando que a tese não distinguiu a espécie de implantação judicial, se provisória ou definitiva, o que em tese abarca as tutelas provisórias.

No entanto, no julgamento dos Embargos de Declaração em **fevereiro de 2021**, o STF promoveu a modulação da decisão no **Tema 709**:

Decisão: **O Tribunal, por maioria, acolheu parcialmente os embargos de declaração**, para:

> a) esclarecer que não há falar em inconstitucionalidade do § 8º do art. 57 da Lei nº 8.213/91, em razão da alegada ausência dos requisitos autorizadores da edição da Medida Provisória que o originou, pois referida MP foi editada com a finalidade de se promoverem ajustes necessários na Previdência Social à época, cumprindo, portanto, as exigências devidas;
>
> b) alterar a redação da tese de repercussão geral fixada, para evitar qualquer contradição entre os termos utilizados no acórdão ora embargado, devendo ficar assim redigida: "4. Foi fixada a seguinte tese de repercussão geral: '(i) [é] constitucional a vedação de continuidade da percepção de aposentadoria especial se o beneficiário permanece laborando em atividade especial ou a ela retorna, seja essa atividade especial aquela que ensejou a aposentação precoce ou não; (ii) nas hipóteses em que o segurado solicitar a aposentadoria e continuar a exercer o labor especial, a data de início do benefício será a data de entrada do requerimento, remontando a esse marco, inclusive, os efeitos financeiros; efetivada, contudo, seja na via administrativa, seja na judicial, a implantação do benefício, uma vez verificada a continuidade ou o retorno ao labor nocivo, cessará o pagamento do benefício previdenciário em questão'";
>
> **c) modular os efeitos do acórdão embargado e da tese de repercussão geral, de forma a preservar os segurados que tiveram o direito reconhecido por decisão judicial transitada em julgado até a data deste julgamento; e**
>
> d) declarar a irrepetibilidade dos valores alimentares recebidos de boa-fé, por força de decisão judicial ou administrativa, até a proclamação do resultado deste julgamento, nos termos do voto do Relator, vencido parcialmente o Ministro Marco Aurélio, que divergia apenas quanto à modulação. Plenário, Sessão Virtual de 12.2.2021 a 23.2.2021.

Considerando que a proclamação do julgamento se deu em 24/02/2021 no site do STF, não cabe ao INSS de acordo com o **Tema 709 em Repercussão Geral** a cobrança das parcelas recebidas conjuntamente de aposentadoria especial e salário decorrente de atividade nociva até este dia, quer se a implantação se deu por decisão judicial, quer por concessão administrativa voluntária.

Desta forma, se trata de **modulação ampla da decisão**, pois mesmo os **processos administrativos concessórios** foram alcançados com a vedação da Suprema Corte de devolução das parcelas recebidas até 24/02/2021.

Excepcionalmente, na situação rara e improvável de o INSS comprovar a má-fé do beneficiário, pois é princípio geral do Direito a presunção relativa de boa-fé, é que a Autarquia de Previdência poderá cobrar as parcelas recebidas conjuntamente de aposentadoria especial e salário decorrente de atividade nociva anteriores à 25/02/2021.

Demais disso, **a Suprema Corte ainda preservou a intangibilidade da coisa julgada material formada até a data do julgamento (finalizado em 23/02/2021 no Plenário Virtual)**, de modo a indicar o descabimento de ação rescisória e demais instrumentos de desfazimento da *res judiciata*, que somente serão cabíveis para trânsitos em julgado a contar de 24/02/2021.

Essa interpretação é confirmada com a seguinte passagem do voto do Ministro Toffoli:

> *"Com efeito, depreende-se das razões juntadas aos declaratórios que poderão ser ajuizadas inúmeras ações rescisórias em face daquelas cujos julgamentos já foram concluídos, com decisões transitadas em julgado, principalmente pelo fato de o Código de Processo Civil prever tal possibilidade. Nessa conformidade, deve se resguardar a segurança jurídica naqueles casos em que, tendo sido favorável a decisão àquele que se pretendia aposentar especialmente e continuar a laborar, já tenha se operado o trânsito em julgado. Todavia, os efeitos desse decisum devem ser observados a partir da data do julgamento do presente recurso".*

Demais disso, a remissão feita pelo artigo 57, §8º, da Lei 8.213/91, ao artigo 46 da Lei 8.213/91 deve ser **adaptada e reinterpretada** como uma causa de **suspensão do pagamento do benefício de aposentadoria especial**, considerando que os pressupostos do benefício continuam presentes mesmo com o desenvolvimento de labor nocivo pelo segurado após a implantação da aposentadoria especial.

Situação diversa ocorre no artigo 46 da Lei 8.213/91, pois o segurado aposentado por incapacidade permanente que retorna ao labor remunerado demonstra que cessou o direito ao benefício por inexistência de incapacidade permanente para o labor.

Além disso a aposentadoria por incapacidade permanente é benefício precário, pois poderá ser cancelada a qualquer tempo com o retorno ao labor remunerado, diferentemente da aposentadoria especial, que é benefício programado e que apenas terá pagamento suspenso enquanto o segurado prosseguir ou retornar ao labor nocivo, **não podendo ocorrer jamais o seu cancelamento uma vez presentes os pressupostos de concessão.**

Dessa forma, uma vez suspenso o pagamento do benefício de aposentadoria especial, este deverá ser **reativado mediante requerimento do segurado,** desde que demonstrado que este deixou de exercer atividade laboral enquadrada como tempo de contribuição especial.

Por conseguinte, **restará incólume ao ato de concessão da aposentadoria**, com o mesmo período de básico e renda mensal, que deverá apenas ser reajustada pelo índice legal de correção monetária.

Também nesse sentido se transcreve passagem do voto vencedor no tema 709 da lavra do Ministro Dias Toffoli:

> *"Caso houvesse expressa e absoluta incompatibilidade entre as regras insculpidas nos arts. 49; 57, § 2º; 57, § 8º, da Lei nº 8.213/91, poder-se-ia falar, talvez, em acolhimento do pedido para que se defina como data de início da aposentadoria especial o dia do afastamento da atividade. Não sendo esse, todavia, o caso, o espírito que deve orientar o intérprete é sempre o da preservação das normas.* ***Os arts. 49 e 57, § 2º, cuidam do início do benefício; o art. 57, § 8º, versa sobre suspensão da aposentadoria****. Inexiste colisão imediata apta a tornar impossível o convívio das citadas regras.*
>
> *Considere-se, por exemplo, cenário em que o segurado, à data fixada como de início do benefício, continua no labor especial ou a ele retorna. O fato de ele permanecer ou retornar à atividade não significa que a data de início será alterada – isso porque as datas de início, por cristalina previsão legislativa, orientam-se pelo art. 49, não pelo art. 57, § 8º.* ***Esse retorno ou continuidade significa apenas que o percebimento dos proventos da aposentadoria ficará suspenso enquanto perdurar o labor nocivo*** *– esse é o conteúdo do art. 57, § 8º, o qual, em momento algum, visou a dispor sobre a data de início do benefício, mas sim, vale ressaltar, sobre hipóteses de suspensão de aposentadorias especiais já concedidas".*

Essa posição foi confirmada no voto dos Embargos de Declaração do Ministro Toffoli, ao firmar que ***"nessa conformidade, a aposentadoria não será cancelada, apenas ficando suspensos os pagamentos do referido benefício enquanto durar o labor sob condições nocivas, devendo o pagamento ser retomado quando da cessação das atividades".***

Posteriormente, **o PGR interpôs embargos de declaração** aduzindo que "referido acórdão padece de omissão, uma vez, que, "considerada a situação de grave emergência planetária em que nos inserimos hoje, há a necessidade de fazer a distinção e modulação dos efeitos em relação aos profissionais de saúde essenciais ao controle de doenças e à manutenção da ordem pública, listados no art. 3ºJ da Lei nº 13.979/2020, que estejam trabalhando diretamente no combate à epidemia do novo coronavírus ou colaborando com serviços de atendimento daqueles atingidos por ela em hospitais ou instituições congêneres, públicas ou particulares". Acrescentou que, em não ocorrendo essa modulação, podem advir inúmeros pedidos de demissão, em massa, desses profissionais, a acarretar sérios problemas à gestão da saúde pública, que já se encontra extremamente sobrecarregada, nestes tempos de pandemia. Postulou, assim, liminarmente, nos termos do art. 1.026, § 1º, do CPC, a suspensão dos efeitos do acórdão embargado, até o julgamento do recurso, ou o fim da declaração da situação de emergência, em relação aos profissionais de saúde listados no art. 3º-J, da Lei nº 13.979/2020, que estejam trabalhando diretamente no combate à epidemia do novo coronavírus ou colaborando com serviços de atendimento de pessoas atingidas pela doença em hospitais ou instituições congêneres, públicos ou particulares e, por fim, o acolhimento dos embargos, para modular os efeitos do acórdão recorrido, dessa mesma maneira".

Por sua vez, "*o embargado manifestou sua concordância quanto à modulação de efeitos da decisão, porém exclusivamente em relação aos profissionais de saúde que estão atuando diretamente no combate à epidemia do novo coronavírus ou colaborando com serviços de atendimento de pessoas atingidas pela doença em hospitais ou instituições congêneres, públicas ou particulares, enquanto perdurar no Brasil a situação de emergência de saúde pública ocasionada pela pandemia da COVID-19, ressaltando que tal concordância não importa, em absoluto, a renúncia à tese de repercussão geral fixada nestes autos*".

O Ministro Dias Toffoli deferiu monocraticamente o pedido: "Previamente à análise dos novos embargos de declaração interpostos nos autos, dada a gravidade da situação aqui descrita e, ainda, em vista da expressa concordância do embargado, acolho o pedido apresentado pelo Procurador-Geral da República e, nos termos do art. 1.026, § 1º, do CPC, **suspendo, liminarmente, e em relação aos profissionais de saúde constantes do rol do art. 3º-J, da Lei nº 13.979/2020, e que estejam trabalhando diretamente no combate à epidemia do COVID-19, ou prestando serviços de atendimento a pessoas atingidas pela doença em hospitais ou instituições congêneres, públicos ou privados, os efeitos do acórdão proferido nos autos**, que apreciou os anteriores recursos de embargos de declaração aqui opostos".

Em 04 de outubro de 2021 o Colegiado confirmou a decisão liminar do Ministro Toffoli:

> 04/10/2021 PLENÁRIO TERCEIROS EMB. DECL. NO RECURSO EXTRAORDINÁRIO 791.961 PARANÁ
>
> "Embargos de declaração. Recurso extraordinário. Repercussão geral. Tema nº 709 da sistemática de repercussão geral. Possibilidade de percepção do benefício da aposentadoria especial na hipótese de o segurado permanecer no

exercício de atividades laborais nocivas à saúde. Modulação de efeitos de acórdão. Caráter essencial da atividade dos profissionais de saúde. Pandemia da Covid-19. Embargos acolhidos.

1. O trabalho dos profissionais de saúde é imprescindível para o enfrentamento e a superação da crise de saúde pública provocada pela pandemia da Covid-19.

2. Diante do grave cenário decorrente da crise sanitária de abrangência mundial, merece acolhimento o pedido apresentado pelo Procurador-Geral da República em relação aos profissionais de saúde constantes do rol do art. 3º-J da Lei nº 13.979/2020 que estejam trabalhando diretamente no combate à epidemia do Covid-19 ou prestando serviços de atendimento a pessoas atingidas pela doença em hospitais ou instituições congêneres, públicos ou privados, ficando suspensos os efeitos do acórdão proferido nos autos enquanto estiver vigente referida lei, a qual dispõe sobre as medidas de emergência de saúde pública de importância internacional decorrente do coronavírus.

3. Por outro lado, não foi demonstrado pelo segundo embargante excepcional interesse social apto a suspender os efeitos do acórdão embargado, de modo que acolher o pedido formulado de forma genérica e inespecífica equivaleria ao esvaziamento por completo do que decidido pela Suprema Corte em regime de repercussão geral (Tema nº 709).

4. Embargos opostos pela PGR acolhidos no que tange à modulação de efeitos, nos termos explicitados no julgamento.

5. Embargos opostos pelo Sindicato dos Trabalhadores no Comércio de Minérios, Derivados de Petróleo e Combustíveis de Santos e Região rejeitados".

Dessa forma, a suspensão da aposentadoria especial com a aplicação da regra do artigo 57, §8º, da Lei 8.213/91, restou suspensa durante o período da pandemia de COVID-19 **exclusivamente para os seguintes profissionais essenciais ao controle de doenças e à manutenção da ordem pública** (no que couber aos profissionais de saúde):

I – médicos;

II – enfermeiros;

III – fisioterapeutas, terapeutas ocupacionais, fonoaudiólogos e profissionais envolvidos nos processos de habilitação e reabilitação;

IV – psicólogos;

V – assistentes sociais;

VI – policiais federais, civis, militares, penais, rodoviários e ferroviários e membros das Forças Armadas;

VII – agentes socioeducativos, agentes de segurança de trânsito e agentes de segurança privada;

VIII – brigadistas e bombeiros civis e militares;

IX – vigilantes que trabalham em unidades públicas e privadas de saúde;

X – assistentes administrativos que atuam no cadastro de pacientes em unidades de saúde;

XI – agentes de fiscalização;

XII – agentes comunitários de saúde;

XIII – agentes de combate às endemias;

XIV – técnicos e auxiliares de enfermagem;

XV – técnicos, tecnólogos e auxiliares em radiologia e operadores de aparelhos de tomografia computadorizada e de ressonância nuclear magnética;

XVI – maqueiros, maqueiros de ambulância e padioleiros;

XVII – cuidadores e atendentes de pessoas com deficiência, de pessoas idosas ou de pessoas com doenças raras;

XVIII – biólogos, biomédicos e técnicos em análises clínicas;

XIX – médicos-veterinários;

XX – coveiros, atendentes funerários, motoristas funerários, auxiliares funerários e demais trabalhadores de serviços funerários e de autópsias;

XXI – profissionais de limpeza;

XXII – profissionais que trabalham na cadeia de produção de alimentos e bebidas, incluídos os insumos;

XXIII – farmacêuticos, bioquímicos e técnicos em farmácia;

XXIV – cirurgiões-dentistas, técnicos em saúde bucal e auxiliares em saúde bucal;

XXV – aeronautas, aeroviários e controladores de voo;

XXVI – motoristas de ambulância;

XXVII – guardas municipais;

XXVIII – profissionais dos Centros de Referência de Assistência Social (Cras) e dos Centros de Referência Especializados de Assistência Social (Creas);

XXIX – servidores públicos que trabalham na área da saúde, inclusive em funções administrativas;

XXX – outros profissionais que trabalhem ou sejam convocados a trabalhar nas unidades de saúde durante o período de isolamento social ou que tenham contato com pessoas ou com materiais que ofereçam risco de contaminação pelo novo coronavírus.

Creio que essa decisão suspensiva em favor dos profissionais de saúde de enfrentamento da COVID-19 cessou com a publicação do Decreto 11.077, em 23 de maio de 2022, que declarou o encerramento da pandemia ao revogar os vinte e três decretos que a regiam.

No que tange ao processo administrativo de suspensão da aposentadoria especial, pontifica o artigo 69, parágrafo único, do RPS, que *"o segurado que retornar ao exercício de atividade ou operação que o sujeite aos riscos e agentes nocivos constantes do Anexo IV, ou nele permanecer, na mesma ou em outra empresa, qualquer que seja a forma de prestação do serviço ou categoria de segurado, será imediatamente notificado da cessação do pagamento de sua aposentadoria especial, no prazo de sessenta dias contado da data de emissão da notificação, salvo comprovação, nesse prazo, de que o exercício dessa atividade ou operação foi encerrado"*.

Veja-se a IN INSS 128/2022:

> *"Art. 267. A partir de 29 de abril de 1995, data da publicação da Lei nº 9.032, não é permitido ao segurado que possuir aposentadoria especial permanecer ou retornar ao exercício de atividade ou operações que o sujeitem aos agentes prejudiciais à saúde constantes do Anexo IV do RPS, na mesma ou em outra empresa, no mesmo ou em outro vínculo, qualquer que seja a forma de prestação do serviço ou categoria de segurado.*
>
> *§ 1º A cessação do benefício de que trata o caput ocorrerá:*
>
> *I - em 3 de dezembro de 1998, data da publicação da Medida Provisória nº 1.729, convertida na Lei nº 9.732, de 11 de dezembro de 1998, para as aposentadorias concedidas no período anterior à edição do referido diploma legal; e*
>
> *II - na data do efetivo retorno ou da permanência, para as aposentadorias concedidas a partir de 3 de dezembro de 1998, data da publicação da Medida Provisória nº 1.729.*
>
> *§ 2º A cessação do benefício observará os procedimentos que garantam ao segurado o direito ao contraditório e à ampla defesa.*
>
> *§ 3º Não serão considerados como permanência ou retorno à atividade os períodos:*
>
> *I - entre a data do requerimento e a data da ciência da concessão do benefício; e*
>
> *II - de cumprimento de aviso prévio consequente do pedido de demissão do segurado após a ciência da concessão do benefício.*
>
> *§ 4º Os valores indevidamente recebidos deverão ser devolvidos ao INSS".*

Nota-se que a normatização da autarquia e o decreto presencial utilizam a expressão ***cessação do benefício***, não restando claro se a posição atualmente adotada é o cancelamento ou a suspensão do benefício.

Ademais, em respeito ao Princípio do Contraditório e da Ampla Defesa, será necessário abrir o direito de defesa do segurado por sessenta dias antes de cessar a aposentadoria especial, mesmo porque o segurado poderá conservar o emprego e ser realocado para setor da empresa em que não haja nocividade.

Aliás, não se poderá privar o segurado de um benefício com o direito adquirido sem abrir prévio prazo de defesa, pois nem mesmo nas situações de revisão administrativa com indícios de fraude isto é possível, nos termos do artigo 69, §4º, da Lei 8.212/91.

Desse modo, nem mesmo a continuidade do vínculo de emprego que ensejou a concessão da aposentadoria especial gera a conclusão absoluta de que o empregado persiste desenvolvendo o labor nocivo, devendo transcorrer processo administrativo apuratório.

Observo ainda que há compatibilidade entre a decisão (ainda não definitiva) tomada pelo STF no Tema 709 e as regras do artigo 267 da Instrução Normativa INSS 128/2022, máxime no ponto que permite o pagamento da aposentadoria especial no interregno entre a DER e a notificação de implantação do benefício.

Vislumbro apenas que o STF utilizou como termo final da legalidade da cumulação a **data da implantação da aposentadoria especial**, ao passo que o INSS utiliza a **data da ciência da decisão concessória do benefício.**

Veja-se o procedimento administrativo de suspensão da aposentadoria especial na Portaria INSS/DIRBEN 1.214/2024 em vigor desde 01/04/2024:

> *"Art. 1º Estabelecer diretrizes para suspensões e reativações das aposentadorias especiais dos trabalhadores que retornam ao trabalho em atividade considerada prejudicial à saúde e integridade.*
>
> *Art. 2º Os beneficiários de aposentadorias especiais que permanecerem ou retornarem ao trabalho em atividade considerada prejudicial à saúde e integridade deverão requerer a suspensão do benefício, através do serviço **"Suspender a Aposentadoria Especial para Retorno à Atividade com Exposição ao Risco"**, disponibilizado nos canais remotos.*
>
> *Parágrafo único. Para os casos que forem identificados como retorno ou permanência na atividade especial pelo INSS, sem requerimento do beneficiário, o servidor deverá realizar a criação da tarefa de ofício e seguir o mesmo fluxo.*
>
> *Art. 3º O servidor que analisar o pedido deverá suspender o benefício pelo motivo "**034 - VOLTA TRABALHO ATIV.ESP. B46**", com a informação da data de cessação do benefício - DCB, igual ao primeiro dia do mês seguinte do reingresso à atividade especial. (Alterada pela Portaria DIRBEN/INSS nº 1.238, de 19 de novembro de 2024, publicada no BSE, em 21/11/2024)*
>
> *Parágrafo único. Quando for identificada a permanência do beneficiário da atividade especial, a data de cessação do benefício - DCB, será igual ao primeiro dia do mês seguinte da data de início do benefício - DIB. (Alterada pela Portaria*

DIRBEN/INSS nº 1.238, de 19 de novembro de 2024, publicada no BSE, em 21/11/2024)

Art. 4º O beneficiário poderá requerer a ***reativação do benefício*** *através do serviço* ***"Solicitar Emissão de Pagamento não Recebido"****, disponível nos canais remotos,* ***quando encerrar a atividade considerada prejudicial à saúde e integridade****. (Alterada pela Portaria DIRBEN/INSS nº 1.238, de 19 de novembro de 2024, publicada no BSE, em 21/11/2024)*

Art. 5º Na análise do pedido de reativação, deverá ser utilizado o motivo ***"056 - REATIVAÇÃO APLICADA AO B46"****, com a informação da data de reativação igual ao dia posterior ao encerramento do vínculo empregatício em condições especiais.*

Art. 6º No período em que o benefício permanecer suspenso, ***não haverá emissão de pagamentos para o período, nem será devido pagamento retroativo após a reativação.***

Art. 7º Não é prevista, para os casos enquadrados, a desaposentação, não regulamentada pela legislação vigente.

Art. 8º Esta Portaria entra em vigor na data de sua publicação".

Para burlar a aplicação do artigo 57, §8º, da Lei 8.213/91, tem-se notícia que vários aposentados especiais constituem empresas para continuar a exercer a atividade especial, celebrando prestação de serviços de pessoa jurídica para pessoa jurídica.[64][52]

Em março de 2021, a 2ª Turma do STJ decidiu que a suspensão da aposentadoria especial na situação de prosseguimento na atividade nociva não se aplica na situação de tutela judicial provisória, de modo que a regra do artigo 57, §8º, da Lei 8.213/91 exige a concessão judicial definitiva, pois seria temerário o segurado deixar o emprego com exposição a agentes nocivos com o risco de ulterior revogação da tutela não definitiva:

Informativo nº 0690

Publicação: 29 de março de 2021.

SEGUNDA TURMA

Processo

REsp 1.764.559/SP, Rel. Min. Mauro Campbell Marques, Segunda Turma, por unanimidade, julgado em 23/03/2021.

Ramo do Direito

DIREITO PREVIDENCIÁRIO

52. Esses contribuintes individuais cooperados só terão direito a aposentadoria especial a partir de 13 de dezembro de 2002, data da publicação da MP nº 83, de 2002, convertida na Lei 10.666/03.

Tema

Aposentadoria especial. Direito à implementação do benefício. **Segurado que não cessou o exercício da atividade especial antes da concessão definitiva do benefício. Cabimento. Atividade especial exercida para garantia da subsistência em decorrência da indevida denegação administrativa. Art. 57, § 8º, da Lei n. 8.213/1991.**

Destaque

O artigo 57, § 8º, da Lei n. 8.213/1991 não impede o reconhecimento judicial do direito do segurado ao benefício aposentadoria especial com efeitos financeiros desde a data do requerimento administrativo, se preenchidos nessa data todos os requisitos legais, mesmo que ainda não tenha havido o afastamento das atividades especiais.

Informações do Inteiro Teor

A questão discutida recursal gira em torno do direito à implantação do benefício aposentadoria especial, mesmo que o segurado ainda não tenha cessado o exercício da atividade especial, enquanto aguarda o desfecho do processo judicial para a concessão do benefício, sob a interpretação do § 8º do art. 57 da Lei n. 8.213/1991 (§ 8º Aplica-se o disposto no art. 46 ao segurado aposentado nos termos deste artigo que continuar no exercício de atividade ou operação que o sujeite aos agentes nocivos constantes da relação referida no art. 58 desta Lei).

O Tribunal **a quo**, ao enfrentar a situação jurídica, aplicou ao caso o disposto no art. 46 da Lei n. 8.213/1991, que assim dispõe, **in verbis**: "O aposentado por invalidez que retornar voluntariamente à atividade terá sua aposentadoria automaticamente cancelada, a partir da data do retorno".

Todavia, não é possível condicionar o reconhecimento do direito à implementação da aposentadoria especial ao prévio desligamento do vínculo laboral em que exercida atividade em condições especiais, uma vez que, dessa forma, estar-se-ia impondo ao segurado que deixasse de exercer a atividade que lhe garante a subsistência antes da concessão definitiva do benefício substitutivo de sua renda.

Quando é reconhecido judicialmente que o segurado preenche todos os requisitos para a concessão do benefício aposentadoria especial na data do requerimento administrativo, a demora no reconhecimento de seu direito e na concessão de seu benefício não pode ser a ele imputada, uma vez que derivou da negativa de direito por parte do INSS.

Em verdade, o segurado é compelido a continuar exercendo atividade em condições especiais, em virtude da injustificada denegação administrativa, pois precisa garantir sua subsistência no período compreendido entre o pedido administrativo e a concessão definitiva do benefício, a partir da qual, nos termos do art. 57, § 8º, da Lei n. 8.213/1991, é que fica vedado o exercício de atividades em condições especiais.

Com efeito, não reconhecer o direito ao benefício aposentadoria especial ao segurado, no decorrer dos processos administrativo e judicial, ao invés de concretizar o real objetivo protetivo da norma, isto é, tutelar a incolumidade física do trabalhador submetido a condições insalubres ou perigosas, termina por vulnerar novamente aquele segurado que teve o seu benefício indevidamente indeferido e só continuou a exercer atividade especial para garantir sua subsistência.

Destarte, apenas se pode impor a vedação ao exercício de atividades em condições especiais a partir da concessão do benefício, uma vez que, antes desta, o segurado não está em gozo de um benefício substitutivo de sua renda a justificar tal proibição.

Outrossim, deve ser destacado que a interpretação ora proposta encontra respaldo na Instrução Normativa n. 77/2015 do INSS, a qual, ao disciplinar a cessação da aposentadoria especial em caso de permanência ou retorno à atividade ensejadora da concessão do benefício, expressamente prevê que o período entre a data do requerimento administrativo e a data da ciência da decisão concessiva do benefício não é considerado como permanência ou retorno à atividade.

32. QUADRO SINTÉTICO DA APOSENTADORIA ESPECIAL

QUADRO SINTÉTICO – APOSENTADORIA ESPECIAL POR AGENTES NOCIVOS	
Cabimento	a) 55 (cinquenta e cinco) anos de idade, quando se tratar de atividade especial de 15 (quinze) anos de contribuição; b) 58 (cinquenta e oito) anos de idade, quando se tratar de atividade especial de 20 (vinte) anos de contribuição; ou c) 60 (sessenta) anos de idade, quando se tratar de atividade especial de 25 (vinte e cinco) anos de contribuição.
Beneficiários	A Lei 8.213/91 não restringe os segurados beneficiários. Contudo, o artigo 64 do Regulamento da Previdência Social aduz que apenas o empregado, o avulso e o contribuinte individual cooperado (cooperativa de produção ou trabalho) farão jus ao benefício, pois nestes casos há contribuição previdenciária para o seu custeio (adicional SAT).
Carência	180 contribuições mensais, observada a tabela de transição do artigo 142, da Lei 8.213/91.
Valor	A partir de 60% da média de todos os salários de contribuição a contar da competência 7/1994.

Outras informações	**A)** a comprovação da efetiva exposição do segurado aos agentes nocivos será feita mediante formulário (perfil profissiográfico previdenciário), na forma estabelecida pelo Instituto Nacional do Seguro Social – INSS, emitido pela empresa ou seu preposto, com base em laudo técnico de condições ambientais do trabalho expedido por médico do trabalho ou engenheiro de segurança do trabalho, nos termos da legislação trabalhista; **B)** O aposentado especial que retornar a atividade especial terá o benefício suspenso, mas a lei não veda o retorno à atividade comum com perda da aposentadoria; **C)** De acordo com a Súmula 09, da TNU JEF, "O uso de Equipamento de Proteção Individual (EPI), ainda que elimine a insalubridade, no caso de exposição a ruído, não descaracteriza o tempo de serviço especial prestado;" **D)** Antes da Lei 9.032/95 (24.09.95), o tempo especial era contado de acordo com a categoria profissional, independentemente de exposição aos agentes nocivos, havendo presunção absoluta (Decretos 53.831/64 e 83.080/79) das atividades listadas, ou então deveria haver efetiva comprovação, caso a atividade não fosse listada. No caso de ruído, era necessária perícia técnica para comprovar exposição acima de 80 DB; **E)** Caso o segurado tenha laborado em condições especiais e passe a trabalhar em atividade comum, é plenamente possível a conversão do tempo especial em comum, proporcionalmente, conforme tabela constante no Regulamento; **F)** A emenda 103/2019 vedou o enquadramento por categoria profissional a conversão do tempo especial em comum prestado após o seu advento.

CAPÍTULO

2

APOSENTADORIA ESPECIAL POR AGENTES NOCIVOS NOS REGIMES PRÓPRIOS DE PREVIDÊNCIA SOCIAL (RPPS'S)

1. REGRAS ANTERIORES À EMENDA 103/2019

Trata-se de exceção à regra constitucional que proíbe a adoção de requisitos e critérios diferenciados para a concessão de aposentadoria, em aplicação ao Princípio da Isonomia.

Com propriedade, a aposentadoria com critérios especiais era prevista apenas para os servidores que exerciam atividades sob **condições especiais que prejudicassem a saúde ou a integridade física**, que não sofreu regulamentação até o momento.

Com o advento da Emenda 47/2005, houve uma expansão do benefício, que passou a abarcar também os servidores que desenvolvem **atividades de risco e os portadores de deficiência**, mas nunca foi editada a **lei complementar** exigida pelo artigo 40, § 4º, da CRFB.

Era necessária a edição de uma lei complementar nacional a ser editada pela União após a iniciativa do Presidente da República fixando os pressupostos para a concessão de aposentadoria com critérios especiais no RPPS.

Nem mesmo os estados, o Distrito Federal e os municípios poderão suprir a lacuna federal, devendo aguardar a edição da lei complementar. Nesse sentido, o STF:

> "Aposentadoria especial de servidor público distrital. Art. 40, § 4º, III, da CR. (...) A competência concorrente para legislar sobre previdência social não afasta a necessidade de tratamento uniforme das exceções às regras de aposentadoria

dos servidores públicos. Necessidade de atuação normativa da União para a edição de norma regulamentadora de caráter nacional." (MI 1.832-AgR, Rel. Min. Cármen Lúcia, julgamento em 24-3-2011, Plenário, *DJE* de 18-5-2011.)

De efeito, o artigo 5º, parágrafo único, da Lei 9.717/98, veda a concessão de aposentadoria especial até a edição de lei complementar para regular o tema.

Contudo, ante a omissão do Congresso Nacional, o STF passou a prover os mandados de injunção a respeito, garantindo a concessão do benefício especial aos servidores públicos mediante a aplicação das regras do RGPS, constantes dos artigos 57 e 58, da Lei 8.213/91:

> "**MI 758, de 01.07.2008**. MANDADO DE INJUNÇÃO – NATUREZA. Conforme disposto no inciso LXXI do artigo 5º da Constituição Federal, conceder-se-á mandado de injunção quando necessário ao exercício dos direitos e liberdades constitucionais e das prerrogativas inerentes à nacionalidade, à soberania e à cidadania. Há ação mandamental e não simplesmente declaratória de omissão. A carga de declaração não é objeto da impetração, mas premissa da ordem a ser formalizada. MANDADO DE INJUNÇÃO – DECISÃO – BALIZAS. Tratando-se de processo subjetivo, a decisão possui eficácia considerada a relação jurídica nele revelada. **APOSENTADORIA – TRABALHO EM CONDIÇÕES ESPECIAIS – PREJUÍZO À SAÚDE DO SERVIDOR – INEXISTÊNCIA DE LEI COMPLEMENTAR – ARTIGO 40, § 4º, DA CONSTITUIÇÃO FEDERAL. Inexistente a disciplina específica da aposentadoria especial do servidor, impõe-se a adoção, via pronunciamento judicial, daquela própria aos trabalhadores em geral – artigo 57, § 1º, da Lei nº 8.213/91.**"

> "**MI 795, de 15.04.2009**. EMENTA: MANDADO DE INJUNÇÃO. APOSENTADORIA ESPECIAL DO SERVIDOR PÚBLICO. ARTIGO 40, § 4º, DA CONSTITUIÇÃO DA REPÚBLICA. AUSÊNCIA DE LEI COMPLEMENTAR A DISCIPLINAR A MATÉRIA. NECESSIDADE DE INTEGRAÇÃO LEGISLATIVA. 1. Servidor público. Investigador da polícia civil do Estado de São Paulo. Alegado exercício de atividade sob condições de periculosidade e insalubridade. 2. Reconhecida a omissão legislativa em razão da ausência de lei complementar a definir as condições para o implemento da aposentadoria especial. 3. **Mandado de injunção conhecido e concedido para comunicar a mora à autoridade competente e determinar a aplicação, no que couber, do art. 57 da Lei n. 8.213/91**".

Logo, com o novo posicionamento da Suprema Corte, que não mais se limita a declarar a mora legiferante, a aposentadoria especial do servidor público efetivo filiado ao RPPS será devida nos mesmos termos do RGPS, ou seja, com 15, 20 ou 25 anos de contribuição, **sem idade mínima**, conforme enquadramento da atividade no Regulamento da Previdência Social, desde que desenvolva atividade especial de maneira permanente, não ocasional nem intermitente:

> "Os parâmetros alusivos à aposentadoria especial, enquanto não editada a lei exigida pelo texto constitucional, são aqueles contidos na Lei 8.213/1991, **não cabendo mesclar sistemas para, com isso, cogitar-se de idade mínima.**" (MI 758-ED, Rel. Min. Marco Aurélio, julgamento em 8-4-2010, Plenário, *DJE* de 14-5-2010.) No mesmo sentido: MI 795, Rel. Min. Cármen Lúcia, julgamento em 15-4-2009, Plenário, *DJE* de 22-5-2009; MI 788, Rel. Min. Ayres Britto, julgamento em 15-4-2009, Plenário, *DJE* de 8-5-2009.

O tema é regulamentado pela Instrução Normativa MPS/SPS 01, de 22.07.2010, que estabelece instruções para o reconhecimento do tempo de serviço público exercido sob condições especiais que prejudiquem a saúde ou a integridade física pelos regimes próprios de previdência social para fins de concessão de aposentadoria especial aos servidores públicos amparados por Mandado de Injunção.

A Suprema Corte também passou a prover os mandados de injunção dos servidores públicos portadores de deficiência física, determinando a aplicação por analogia, no que couber, das regras do artigo 57, da Lei 8.213/91:

> "**MANDADO DE INJUNÇÃO. SERVIDOR PÚBLICO PORTADOR DE DEFICIÊNCIA. DIREITO PÚBLICO SUBJETIVO À APOSENTADORIA ESPECIAL (CF, ART. 40, § 4º, I).** INJUSTA FRUSTRAÇÃO DESSE DIREITO EM DECORRÊNCIA DE INCONSTITUCIONAL, PROLONGADA E LESIVA OMISSÃO IMPUTÁVEL A ÓRGÃOS ESTATAIS DA UNIÃO FEDERAL. CORRELAÇÃO ENTRE A IMPOSIÇÃO CONSTITUCIONAL DE LEGISLAR E O RECONHECIMENTO DO DIREITO SUBJETIVO À LEGISLAÇÃO. DESCUMPRIMENTO DE IMPOSIÇÃO CONSTITUCIONAL LEGIFERANTE E DESVALORIZAÇÃO FUNCIONAL DA CONSTITUIÇÃO ESCRITA. A INÉRCIA DO PODER PÚBLICO COMO ELEMENTO REVELADOR DO DESRESPEITO ESTATAL AO DEVER DE LEGISLAR IMPOSTO PELA CONSTITUIÇÃO. OMISSÕES NORMATIVAS INCONSTITUCIONAIS: UMA PRÁTICA GOVERNAMENTAL QUE SÓ FAZ REVELAR O DESPREZO DAS INSTITUIÇÕES OFICIAIS PELA AUTORIDADE SUPREMA DA LEI FUNDAMENTAL DO ESTADO. A COLMATAÇÃO JURISDICIONAL DE OMISSÕES INCONSTITUCIONAIS: UM GESTO DE FIDELIDADE À SUPREMACIA HIERÁRQUICO – NORMATIVA DA CONSTITUIÇÃO DA REPÚBLICA. A VOCAÇÃO PROTETIVA DO MANDADO DE INJUNÇÃO. LEGITIMIDADE DOS PROCESSOS DE INTEGRAÇÃO NORMATIVA (DENTRE ELES, O RECURSO À ANALOGIA) COMO FORMA DE SUPLEMENTAÇÃO DA "INERTIA AGENDI VEL DELIBERANDI". PRECEDENTES DO SUPREMO TRIBUNAL FEDERAL. MANDADO DE

INJUNÇÃO CONHECIDO E DEFERIDO" **(mandado de injunção 1.967, de 24/05/2011, Rel. Min. Celso de Mello).**

Com o advento da LC 142/2013, que veio a regulamentar a aposentadoria especial do segurado deficiente do RGPS, o STF determinou a aplicação desta norma para a aposentadoria especial do servidor público, conforme notícia publicada no sítio da Suprema Corte:

> "Sexta-feira, 04 de outubro de 2013
>
> **Ministro define critérios para aposentadoria de servidores com deficiência**
>
> Ao analisar agravo regimental no Mandado de Injunção (MI) 5126, o ministro Luiz Fux, do Supremo Tribunal Federal (STF), determinou a aplicação, ao caso, do disposto no artigo 57 da Lei 8.213/1991 (que dispõe sobre os benefícios da Previdência Social) até a entrada em vigor da Lei Complementar 142/2013 para fins de verificação do preenchimento dos requisitos para a aposentadoria especial do servidor com deficiência. Após a vigência da LC 142/2013, a aferição será feita nos moldes ali previstos.
>
> O MI 5126 foi impetrado por um servidor público que alegava omissão legislativa da presidente da República e do governador do Distrito Federal. Ele sustenta ser portador de cervicalgia em razão da sequela de poliomielite, deficiência física passível de ser reconhecida como causa de aposentadoria especial, nos termos do artigo 40, parágrafo 4º, inciso I, da Constituição Federal.
>
> Na primeira análise, o ministro Luiz Fux julgou procedente o pedido para conceder parcialmente a ordem, determinando a aplicação, no que coubesse, do artigo 57 da Lei Federal 8.213/1991, para os fins de verificação do preenchimento dos requisitos para a aposentadoria especial do servidor.
>
> O governador do Distrito Federal interpôs agravo regimental contra a decisão, sustentando a impossibilidade de se aplicar à hipótese sob exame o disposto no artigo 57 da Lei 8.213/1991, uma vez que essa disposição trata apenas da aposentadoria especial em razão do exercício de atividades prejudiciais à saúde ou à integridade física. Destacou ainda que, em 8 de maio deste ano, foi editada a Lei Complementar 142/2013, que regulamenta a aposentadoria da pessoa com deficiência segurada do Regime Geral da Previdência Social, "revelando-se a disciplina adequada para o presente caso".
>
> **Decisão**
>
> O ministro Luiz Fux apontou que o STF já reconheceu a mora legislativa relativamente à disciplina da aposentadoria especial de servidores públicos, prevista no artigo 40, parágrafo 4º, da Constituição Federal. O dispositivo estabelece que lei complementar irá definir a aposentadoria especial dos servidores portadores de deficiência.
>
> O relator explicou que, na primeira análise do MI 5126, ainda não havia regulamentação específica do direito à aposentadoria especial das pessoas com

deficiência pelo Regime Geral de Previdência Social, razão pela qual o Supremo vinha determinando a aplicação do artigo 57 da Lei 8.213/1991. No entanto, com a regulamentação da aposentadoria da pessoa com deficiência naquele regime, o ministro reconsiderou parcialmente a decisão anterior e determinou a aplicação da LC 142/2013 a partir da data em que entrar em vigor (seis meses após sua publicação) e até que o direito dos servidores públicos na mesma condição seja objeto de regulamentação. Ressalvou, porém, que, até a sua entrada em vigor, mantém-se a aplicação do artigo 57 da Lei 8.213/1991".

Coube à Instrução Normativa MPS/SPPS nº 2, de 13/2/2014, estabelecer instruções para o reconhecimento, pelos Regimes Próprios de Previdência Social da União, dos Estados, do Distrito Federal e dos Municípios, do direito dos servidores públicos com deficiência, amparados por ordem concedida em Mandado de Injunção, à aposentadoria com requisitos e critérios diferenciados de que trata o § 4º, inciso I, do art. 40 da Constituição Federal.

Como os estados e municípios agora possuem competência para legislar a respeito da aposentadoria especial do servidor com deficiência após a EC 103/2019, o STF passou a decidir pela sua incompetência originária para julgar mandados de injunção contra omissão dos entes subnacionais nesta regulamentação:

MI 7249 AgR

Órgão julgador: Tribunal Pleno

Relator(a): Min. EDSON FACHIN

Julgamento: 08/08/2022

Publicação: 29/08/2022

Ementa

EMENTA: AGRAVO REGIMENTAL NO MANDADO DE INJUNÇÃO. APOSENTADORIA ESPECIAL. SERVIDORES PÚBLICOS ESTADUAIS PORTADORES DE DEFICIÊNCIA. ART. 40, § 4º, I, DA CF. EDIÇÃO DA EC 103/2019. TEMPO DE SERVIÇO ANTERIOR À SUA VIGÊNCIA. APLICABILIDADE. MODIFICAÇÃO DA COMPETÊNCIA LEGISLATIVA. ART. 40, § 4º-A, DA CF. INCOMPETÊNCIA ORIGINÁRIA DO STF. INEXISTÊNCIA DE MORA LEGISLATIVA. PRECEDENTES. PERDA SUPERVENIENTE DE OBJETO. 1. Tendo em vista que o Sindicato recorrente representa servidores públicos estaduais e considerando a superveniência da EC 103/2019, eventual omissão legislativa deve ser atribuída, no caso, ao Chefe do Executivo do Estado de Minas Gerais. **2. Este Supremo Tribunal, com a edição da EC 103/2019, não é mais competente, originariamente, nos termos do art. 102, I, "q" da CF, para processar e julgar os mandados de injunção impetrados pelos servidores estaduais, municipais e distritais, diante da ausência, na hipótese, de competência legislativa da União Federal, consoante previsão do art. 40, § 4º-A, da CF.** 3. O cabimento

> do mandado de injunção pressupõe uma omissão legislativa, a qual inviabilize o exercício de um direito subjetivo constitucional. **4. A aposentadoria especial de servidor público, portador de deficiência, é assegurada mediante a aplicação da LCE 142/2013, até que seja editada a lei complementar referida pelo art. 40, § 4º-A, da CF.** 5. No caso, o art. 22, caput, da EC 103/2019, dispõe que a aposentadoria especial de servidor público portador de deficiência compreende inclusive o tempo de serviço anterior à edição de mencionada emenda constitucional. 6. Ainda que conhecido o Mandado de Injunção, haveria, nessa hipótese, perda superveniente de interesse de agir. 7. Agravo regimental desprovido.

Contudo, o STF vem inadmitindo o manejo do mandado de injunção para revisão de aposentadorias no RPPS com base no artigo 40, § 4º, da Constituição, pois já houve a concessão do benefício e se busca tão somente uma revisão de proventos:

> "O art. 40, § 4º, da CR não dispõe sobre o suposto direito à revisão do ato de aposentadoria, tampouco exige a sua regulamentação. (...) Os ministros deste Supremo Tribunal têm negado seguimento a mandados de injunção impetrados por servidor público inativo com o propósito de obter a revisão de suas aposentadorias, por faltar a essas impetrações a demonstração da inviabilidade do exercício de direito constitucional, em razão da inexistência da norma que lhe dê eficácia plena" (MI 3.319-AgR-segundo, voto do Rel. Min. Cármen Lúcia, julgamento em 7-12-2011, Plenário, *DJE* de 6-2- 2012.)

Outrossim, "o mandado de injunção não é a ação jurídica adequada para assegurar a contagem e a averbação do tempo de serviço trabalhado em condições especiais nos assentamentos funcionais de servidor público." (MI 3.881-AgR, Rel. Min. Cármen Lúcia, julgamento em 20-10-2011, Plenário, *DJE* de 21-11-2011).

Vale registrar que as decisões do STF se limitam a determinar que a autoridade administrativa aplique, no que couber, as regras do artigo 57, da Lei 8.213/91, não adentrando a Suprema Corte ao mérito no que concerne ao direito à aposentadoria especial.

De acordo com o STF, "a autoridade administrativa responsável pelo exame do pedido de aposentadoria é competente para aferir, no caso concreto, o preenchimento de todos os requisitos para a aposentação previstos no ordenamento jurídico vigente" (MI 1.286-ED/DF, Rel. Min. CÁRMEN LÚCIA, Pleno).Isso significa, portanto, que não cabe indicar, nesta sede injuncional, como reiteradamente acentuado por esta Suprema Corte (MI 1.312/DF, Rel. Min. CELSO DE MELLO - MI 1.316/DF, Rel. Min. ELLEN GRACIE - MI 1.451/DF, Rel. Min. ELLEN GRACIE, v.g.), a especificação dos exatos critérios fáticos e jurídicos que deverão ser observados na análise dos pedidos concretos de aposentadoria especial, tarefa que caberá, exclusivamente, à autoridade administrativa competente ao se valer do que previsto no art. 57 da Lei 8.213/91 e nas demais normas de aposentação dos servidores públicos" (MI 1.277/DF, Rel. Min. ELLEN GRACIE)".

Conforme decidido pelo STF no julgamento do MI 5647 / DF, Relator(a): Min. TEORI ZAVASCK, de 10/06/2013, "para apuração do interesse de agir, será adotada a conjugação dessas duas concepções, da seguinte forma: **o impetrante deve comprovar inicialmente o requerimento administrativo da aposentadoria especial**, mas, nos processos já instruídos, presume-se a resistência quando há impugnação ao mérito ou omissão quanto à ausência de interesse por parte dos impetrados".

Ainda de acordo com a Suprema Corte, "tendo em vista que a lacuna legal apenas deverá ser preenchida por lei complementar de iniciativa privativa do **Presidente da República** (art. 61, § 1º, II, 'c', da Constituição), **este deve obrigatoriamente figurar como autoridade impetrada**, independentemente da inclusão – ou não – dos Presidentes da Câmara dos Deputados e do Senado Federal, conforme decidido no MI 1893".

Logo, de acordo com este posicionamento, o impetrante apenas possui interesse de agir na impetração de mandado de injunção se promover o prévio requerimento administrativo, bem como indicar o Presidente da República como autoridade coatora.

Ainda para o STF, "a concessão do mandado de injunção, na hipótese do art. 40, § 4º, da Lei Fundamental, reclama a demonstração pelo Impetrante do preenchimento dos requisitos para a aposentadoria especial e a impossibilidade concreta de usufruí-la ante a ausência da norma regulamentadora. O alcance da decisão proferida por esta Corte, quando da integração legislativa do art. 40, § 4º, inciso III, da CRFB/88, não tutela o direito à contagem diferenciada do tempo de serviço prestado em condições prejudiciais à saúde e à integridade física. **Não tem procedência injuncional o reconhecimento da contagem diferenciada e da averbação do tempo de serviço prestado pelo Impetrante em condições insalubres por exorbitar da expressa disposição constitucional"** (MI 2.140, de 06/03/2013).

Portanto, a Suprema Corte não vinha reconhecendo o direito do servidor de conversão do tempo de contribuição especial em comum, caso não preencha os requisitos da aposentadoria especial com base no artigo 57, da Lei 8.213/91, haja vista que a Constituição Federal não assegura esse cômputo diferenciado ao servidor.

No entanto, o Supremo Tribunal Federal passou a admitir a conversão do tempo especial em comum até o advento da EC 103/2019, ao julgar o RE 1014286, em 31/08/2020, **Tema 942 em Repercussão Geral:**

> Tese firmada: "Até a edição da Emenda Constitucional nº 103/2019, o direito à conversão, em tempo comum, do prestado sob condições especiais que prejudiquem a saúde ou a integridade física de servidor público decorre da previsão de adoção de requisitos e critérios diferenciados para a jubilação daquele enquadrado na hipótese prevista no então vigente inciso III do § 4º do art. 40 da Constituição da República, devendo ser aplicadas as normas do regime geral de previdência social relativas à aposentadoria especial contidas na Lei 8.213/1991 para viabilizar sua concretização enquanto não sobrevier lei complementar disciplinadora da matéria. Após a vigência da EC n.º 103/2019, o direito à conversão em tempo comum, do prestado sob condições especiais pelos servidores obedecerá à legislação complementar dos entes federados, nos termos da competência conferida pelo art. 40, § 4º-C, da Constituição da República".

A respeito, veja-se consulta da lavra da **Divisão de Orientação e Informações Técnicas do Ministério da Previdência Social:**

> *"TEMA 942 DO STF. ALTERAÇÃO DO § 4º DO ART. 172 DA PORTARIA MTP Nº 1.467, DE 2022. PERÍODO DE TEMPO ACRESCIDO PELA CONVERSÃO DE TEMPO ESPECIAL EM COMUM. POSSIBILIDADE DE CÔMPUTO COMO TEMPO DE CONTRIBUIÇÃO PARA FINS DE ELEGIBILIDADE À APOSENTADORIA COMUM PELAS REGRAS DE TRANSIÇÃO DAS EMENDAS CONSTITUCIONAIS Nº 41, DE 2003 E Nº 47, DE 2005.* ***VEDAÇÃO DO CÔMPUTO DO TEMPO ACRESCIDO PARA FINS DE CUMPRIMENTO DOS REQUISITOS DE TEMPO DE EFETIVO EXERCÍCIO NO SERVIÇO PÚBLICO, DE TEMPO NA CARREIRA OU DE TEMPO NO CARGO EFETIVO.***
>
> *A Portaria MTP nº 1.837, de 30 de junho de 2022, alterou o § 4º do art. 172 da Portaria MTP nº 1.467, de 2022, com o objetivo de esclarecer os dispositivos relacionados aos efeitos da conversão do tempo especial em tempo comum, em consonância com o Tema 942 do STF.*
>
> *Com a alteração normativa, passou a ser expressamente prevista a possibilidade de utilização do período acrescido pela conversão do tempo especial em comum para fins de elegibilidade à aposentadoria voluntária comum nas regras de transição das Emendas Constitucionais nº 41, de 2003 e nº 47, de 2005.*
>
> *Por outro lado, foi mantida a vedação ao cômputo do tempo acrescido pela conversão para o cumprimento dos requisitos de tempo de efetivo exercício no serviço público, de tempo na carreira ou de tempo no cargo efetivo*". (**Divisão de**

Orientação e Informações Técnicas - DIOIT/CGNAL/DRPPS/SRPC/MPS. GESCON L505741/2024. Data: 7/11/2024).

No âmbito do RPPS dos servidores federais, a Emenda 103/2019 veda a conversão do tempo especial em comum no seu artigo 10 após 13/11/2019:

> "Art. 10. Até que entre em vigor lei federal que discipline os benefícios do regime próprio de previdência social dos servidores da União, aplica-se o disposto neste artigo.
>
> § 3º A aposentadoria a que se refere o § 4º-C do art. 40 da Constituição Federal observará adicionalmente as condições e os requisitos estabelecidos para o Regime Geral de Previdência Social, naquilo em que não conflitarem com as regras específicas aplicáveis ao regime próprio de previdência social da União, **vedada a conversão de tempo especial em comum"**.

Somente será possível no RPPS dos entes políticos a conversão de tempo especial em comum após 13/11/2019 se houver lei complementar da lavra da entidade política autorizando.

Para dar eficácia vinculante ao seu entendimento, independentemente da interposição e determinação em sede de mandado de injunção, na sessão plenária de 09 de abril de 2014 o STF aprovou a súmula vinculante 33:

> **Súmula Vinculante 33 – "Aplicam-se ao servidor público, no que couber, as regras do Regime Geral de Previdência Social sobre aposentadoria especial de que trata o artigo 40, parágrafo 4º, inciso III, da Constituição Federal, até edição de lei complementar específica".**

Entende-se que a Suprema Corte poderia ter ido além. Isso porque a súmula vinculante 33 apenas determina a aplicação das regras do RGPS, no que couber, em favor dos servidores efetivos cujas atividades sejam exercidas sob condições especiais que prejudiquem a saúde ou a integridade física (artigo 40, § 1º, inciso III, da Constituição).

Logo, ficaram de fora do espectro jurídico da súmula vinculante 33 os servidores portadores de deficiência (inciso I) e os que exercem atividade de risco (inciso II), razão pela qual nestas duas situações continua sendo necessário o ajuizamento de ação judicial para compelir à Administração Pública a aplicar, no que couber, as regras de aposentadoria especial no RGPS.

Eis as orientações da Portaria MTP 1.467/2022 para o cumprimento da Súmula Vinculante 33:

ANEXO IV

INSTRUÇÕES PARA O RECONHECIMENTO DE TEMPO DE SERVIÇO PÚBLICO EXERCIDO SOB CONDIÇÕES ESPECIAIS PREJUDICIAIS À SAÚDE OU À INTEGRIDADE FÍSICA PELOS REGIMES PRÓPRIOS COM BASE NAS NORMAS CONSTITUCIONAIS E INFRACONSTITUCIONAIS ANTERIORES À 13 DE NOVEMBRO DE 2019, POR FORÇA DA SÚMULA VINCULANTE Nº 33

Art. 1º Enquanto não promovida alteração na legislação do Regimes Próprios de Previdência Social - RPPS nos termos do disposto no § 4º-C do art. 40 da Constituição Federal, aplicam-se às aposentadorias especiais dos segurados dos Estados, do Distrito Federal e dos Municípios, cujas atividades sejam exercidas sob condições especiais que prejudiquem a saúde ou a integridade física, as normas constitucionais e infraconstitucionais anteriores à data de entrada em vigor da Emenda Constitucional nº 103, de 12 de novembro de 2019.

§ 1º A análise do direito à concessão de aposentadoria especial de que trata o inciso III do § 4º do art. 40 da Constituição Federal, na redação vigente até a publicação da Emenda Constitucional nº 103, de 2019, dar-se-á em cumprimento à Súmula Vinculante nº 33 ou nos casos em que o segurado esteja amparado por ordem concedida em mandado de injunção.

§ 2º Estende-se o disposto no caput às normas sobre aposentadoria de segurados incompatíveis com a redação atribuída pela Emenda Constitucional nº 103, de 2019, aos §§ 4º e 4º-C do art. 40 da Constituição Federal.

Art. 2º A caracterização e a comprovação do tempo de atividade sob condições especiais obedecerão ao disposto na legislação em vigor na época do exercício das atribuições do segurado.

§ 1º O reconhecimento de tempo de serviço público exercido sob condições especiais prejudiciais à saúde ou à integridade física pelos regimes próprios dependerá de comprovação do exercício de atribuições do cargo público de modo permanente, não ocasional nem intermitente, nessas condições, inclusive no período em que o segurado estiver em exercício de mandato eletivo; cedido, com ou sem ônus para o cessionário, a órgão ou entidade da administração direta ou indireta, do mesmo ou de outro ente federativo, ou afastado do país por cessão ou licenciamento.

§ 2º Não será admitida a comprovação de tempo de serviço público sob condições especiais por meio de prova exclusivamente testemunhal ou com base no mero recebimento de adicional de insalubridade ou equivalente.

Art. 3º Até 28 de abril de 1995, data anterior à vigência da Lei nº 9.032, o enquadramento de atividade especial admitirá os seguintes critérios:

I - por cargo público cujas atribuições sejam análogas às atividades profissionais das categorias presumidamente sujeitas a condições especiais, consoante as ocupações/grupos profissionais agrupados sob o código 2.0.0 do Quadro anexo ao Decreto nº 53.831, de 25 de março de 1964, e sob o código 2.0.0 do Anexo II do Regulamento dos Benefícios da Previdência Social, aprovado pelo Decreto nº 83.080, de 24 de janeiro de 1979; ou

II - por exposição a agentes nocivos no exercício de atribuições do cargo público, em condições análogas às que permitem enquadrar as atividades profissionais como perigosas, insalubres ou penosas, conforme a classificação em função da exposição aos referidos agentes, agrupados sob o código 1.0.0 do Quadro anexo ao Decreto nº 53.831, de 1964 e sob o código 1.0.0 do Anexo I do Regulamento dos Benefícios da Previdência Social, aprovado pelo Decreto nº 83.080, de 1979.

Art. 4º De 29 de abril de 1995 até 5 de março de 1997, o enquadramento de atividade especial somente admitirá o critério inscrito no inciso II do caput do art. 3º.

Art. 5º De 6 de março de 1997 até 6 de maio de 1999, o enquadramento de atividade especial observará a relação dos agentes nocivos prejudiciais à saúde ou à integridade física que consta do Anexo IV do Regulamento dos Benefícios da Previdência Social, aprovado pelo Decreto nº 2.172, de 5 de março de 1997.

Art. 6º A partir de 7 de maio de 1999, o enquadramento de atividade especial observará a relação dos agentes nocivos prejudiciais à saúde ou à integridade física que consta do Anexo IV do Regulamento da Previdência Social, aprovado pelo Decreto nº 3.048, de 6 de maio de 1999.

Art. 7º O procedimento de reconhecimento de tempo de atividade especial pelo órgão competente da União, dos Estados, do Distrito Federal e dos Municípios, incluídas as suas autarquias e fundações, deverá ser instruído com os seguintes documentos:

I - formulário de informações sobre atividades exercidas em condições especiais;

II - Laudo Técnico de Condições Ambientais do Trabalho - LTCAT, observado o disposto no art. 9º, ou os documentos aceitos em substituição àquele, consoante o art. 10; e

III - parecer da perícia médica, em relação ao enquadramento por exposição a agentes nocivos, na forma do art. 11.

Art. 8º O formulário de informações sobre atividades exercidas em condições especiais de que trata o inciso I do caput do art. 7º é o modelo de documento instituído para o regime geral de previdência social, segundo seu período de vigência, sob as siglas SB-40, DISESBE 5235, DSS-8030 ou DIRBEN 8030, que serão aceitos, quando emitidos até 31 de dezembro de 2003, e o Perfil Profissiográfico Previdenciário - PPP, que é o formulário exigido a partir de 1º de janeiro de 2004.

Parágrafo único. O formulário será emitido pelo órgão ou entidade responsável pelos assentamentos funcionais do segurado no correspondente período de exercício das atribuições do cargo, observado o disposto no art. 2º.

Art. 9º O LTCAT será expedido por médico do trabalho ou engenheiro de segurança do trabalho que integre, de preferência, o quadro funcional da Administração Pública responsável pelo levantamento ambiental, podendo esse encargo ser atribuído a terceiro que comprove o mesmo requisito de habilitação técnica.

§ 1º O enquadramento de atividade especial por exposição ao agente físico ruído, em qualquer época da prestação do labor, exige laudo técnico pericial.

§ 2º Em relação aos demais agentes nocivos, o laudo técnico pericial será obrigatório para os períodos laborados a partir de 14 de outubro de 1996, data de publicação da Medida Provisória nº 1.523, posteriormente convertida na Lei nº 9.528, de 10 de dezembro de 1997.

§ 3º É admitido o laudo técnico emitido em data anterior ou posterior ao exercício da atividade do segurado, se não houve alteração no ambiente de trabalho ou em sua organização, desde que haja ratificação, nesse sentido, pelo responsável técnico a que se refere o caput.

§ 4º Não serão aceitos:

I - laudo relativo a atividade diversa, salvo quando efetuada no mesmo órgão público;

II - laudo relativo a órgão público ou equipamento diversos, ainda que as funções sejam similares; e

III - laudo realizado em localidade diversa daquela em que houve o exercício da atividade.

§ 5º Nas avaliações ambientais deverão ser considerados, além do disposto nos arts. 3º a 6º, a metodologia e os procedimentos de avaliação estabelecidos pela Fundação Jorge Duprat Figueiredo de Segurança e Medicina do Trabalho - Fundacentro.

§ 6º Na hipótese de não terem sido estabelecidos pela Fundacentro a metodologia e os procedimentos de avaliação, caberá ao Ministério do Trabalho e Previdência - MTP indicar outras instituições para estabelecê-los.

§ 7º O laudo técnico a que se refere este artigo conterá informações sobre a existência de tecnologia de proteção coletiva ou individual e sobre a sua eficácia e será elaborado com observância às normas editadas pelo MTP e aos procedimentos adotados pelo INSS.

Art. 10. Poderão ser aceitos em substituição ao LTCAT, ou ainda de forma complementar a este, os seguintes documentos:

I - laudos técnico-periciais emitidos por determinação da Justiça do Trabalho, em ações trabalhistas, acordos ou dissídios coletivos;

II - laudos emitidos pela Fundacentro;

III - laudos emitidos pelo MTP, ou, ainda, pelas Delegacias Regionais do Trabalho - DRT;

IV - laudos individuais acompanhados de:

a) autorização escrita do órgão administrativo competente, se o levantamento ambiental ficar a cargo de responsável técnico não integrante do quadro funcional da respectiva Administração;

b) cópia do documento de habilitação profissional do engenheiro de segurança do trabalho ou médico do trabalho, indicando sua especialidade;

c) nome e identificação do servidor da Administração responsável pelo acompanhamento do levantamento ambiental, quando a emissão do laudo ficar a cargo de profissional não pertencente ao quadro efetivo dos funcionários; e

d) data e local da realização da perícia; e

V - demonstrações ambientais constantes dos seguintes documentos:

a) Programa de Prevenção de Riscos Ambientais - PPRA;

b) Programa de Gerenciamento de Riscos - PGR;

c) Programa de Condições e Meio Ambiente de Trabalho na Indústria da Construção - PCMAT; e

d) Programa de Controle Médico de Saúde Ocupacional - PCMSO.

Art. 11. A análise para a caracterização e o enquadramento do exercício de atribuições com efetiva exposição a agentes nocivos prejudiciais à saúde ou à integridade física será de responsabilidade de Perito Médico que integre, de preferência, o quadro funcional da Administração Pública do ente concessor, mediante a adoção dos seguintes procedimentos:

I - análise do formulário e laudo técnico ou demais demonstrações ambientais referidas no inciso V do caput do art. 10;

II - a seu critério, inspeção de ambientes de trabalho com vistas à rerratificação das informações contidas nas demonstrações ambientais; e

III - emissão de parecer médico-pericial conclusivo, descrevendo o enquadramento por agente nocivo, indicando a codificação contida na legislação específica e o correspondente período de atividade.

Art. 12. Considera-se especial a atividade exercida com exposição a ruído quando a exposição ao ruído tiver sido superior a:

I - 80 decibéis (dB), até 5 de março de 1997;

II - 90 dB, a partir de 6 março de 1997 até 18 de novembro de 2003; e

III - 85 dB, a partir de 19 de novembro de 2003.

Parágrafo único. O enquadramento a que se refere o inciso III do caput, será efetuado quando o Nível de Exposição Normalizado - NEN se situar acima de oitenta e cinco decibéis ou for ultrapassada a dose unitária, observados:

I - os limites de tolerância definidos no Quadro Anexo I da NR-15 do MTE; e

II - as metodologias e os procedimentos definidos na Norma de Higiene Ocupacional - NHO-01 da Fundacentro.

Art. 13. Consideram-se tempo de serviço sob condições especiais, para os fins deste Anexo, desde que o segurado estivesse exercendo atividade considerada especial ao tempo das seguintes ocorrências:
I - períodos de descanso determinados pela legislação do regime estatutário do ente federativo, inclusive férias;
II - licença/afastamento por motivo de acidente, doença profissional ou doença do trabalho;
III - aposentadoria por invalidez acidentária;
IV - licença gestante, adotante e paternidade; e
V - ausência por motivo de doação de sangue, alistamento como eleitor, participação em júri, casamento e óbito de pessoa da família.
Art. 14. No cálculo e no reajustamento dos proventos de aposentadoria especial aplica-se o disposto nos §§ 2º, 3º, 8º, 14, 15, 16 e 17, do art. 40 da Constituição Federal, na redação vigente até a publicação da Emenda Constitucional nº 103, de 2019.
Art. 15. O responsável por informações falsas, no todo ou em parte, inserida nos documentos a que se referem os arts. 7º e 8º, responderá pela prática dos crimes previstos nos arts. 297 e 299 do Código Penal.
Art. 16. Aplicam-se, no que couber, as disposições da Instrução Normativa INSS nº 77, de 21 de janeiro de 2015, na redação vigente até a publicação da Emenda Constitucional nº 103, de 2019, para o reconhecimento do tempo de serviço exercido sob condições especiais que prejudiquem a saúde ou a integridade física e concessão da respectiva aposentadoria, nos casos omissos neste Anexo, até que lei complementar do ente federativo discipline o disposto no § 4º-C do art. 40 da Constituição Federal.
Art. 17. Salvo decisão judicial expressa em contrário, este Anexo não será aplicado para:
I - conversão do tempo exercido pelo segurado a partir de 13 de novembro de 2019 sob condições especiais prejudiciais à saúde ou à integridade física em tempo de contribuição comum, inclusive para fins de contagem recíproca de tempo de contribuição; e
II - revisão de benefício de aposentadoria em fruição.

O **ANEXO III** da **Portaria SGP/SEDGG/ME 10.360/2022** rege o reconhecimento do temo especial por agentes nocivos dos servidores federais até 13.11.2019, com base na Súmula Vinculante 33:

ANEXO III
RECONHECIMENTO DE TEMPO DE SERVIÇO PÚBLICO EXERCIDO SOB CONDIÇÕES ESPECIAIS PREJUDICIAIS À SAÚDE OU À INTEGRIDADE FÍSICA REALIZADOS ATÉ 13 DE NOVEMBRO DE 2019, DATA DA EMENDA CONSTITUCIONAL Nº 103, DE 2019, PARA OS SERVIDORES AMPARADOS POR MANDADO DE INJUNÇÃO OU POR FORÇA DA SÚMULA VINCULANTE Nº 33.
Art. 1º Será instituído processo administrativo com vista a caracterização e comprovação da exposição do servidor a agentes químicos, físicos e biológicos prejudiciais à saúde para as seguintes finalidades:
I - aposentadoria especial de que trata o inciso II do art. 12 do Anexo I; e
II - conversão de tempo especial para utilização no âmbito do RPPS da União, nos termos do art. 41 do Anexo II;
§1º O processo a que se refere o caput será instruído pelo órgão ou entidade no qual o servidor exerceu atividades especiais e, obrigatoriamente, deverá integrar os autos de aposentadoria ou de emissão da Certidão de Tempo de Contribuição - CTC.

§2º A responsabilidade pelas informações prestadas nos autos a que se refere o caput é da autoridade que o instruiu, respondendo solidariamente a autoridade responsável pela concessão de aposentadoria em caso de utilização de tempo convertido em que não seja observada as questões formais disciplinadas neste Anexo.
§ 3º E vedada a instrução processual de que trata o caput para fins conversão de tempo especial em comum de que trata o Capítulo IV do Anexo II para concessão de aposentadoria de servidor na condição de pessoa com deficiência ou de que trata a Lei Complementar nº 51, de 1985.
Art. 2º A caracterização e a comprovação do tempo de serviço público prestado sob condições especiais obedecerão ao disposto na legislação em vigor à época do exercício das atribuições do cargo público.
§ 1º O reconhecimento de tempo de serviço público do Poder Executivo federal prestado sob condições especiais, prejudiciais à saúde ou à integridade física, dependerá de comprovação do exercício das atribuições do cargo público nessas condições, de modo permanente, não ocasional ou intermitente, inclusive no período em que o servidor estiver em exercício de mandato eletivo; cedido, com ou sem ônus para o cessionário, a órgão ou entidade da administração direta ou indireta, do mesmo ou de outro ente federativo, ou afastado do país por licenciamento.
§ 2º Não será admitida prova exclusivamente testemunhal ou apenas a comprovação da percepção de adicional de insalubridade ou periculosidade ou gratificação por trabalhos com Raios-X ou substâncias radioativas para fins de comprovação do tempo de serviço público prestado sob condições especiais.
§ 3º É vedada a caracterização de submissão a condições de que trata o §1º deste artigo de forma presumida, em face da nomenclatura e atribuições dos cargos públicos se assemelharem aos existentes na iniciativa privada.
§ 4º O tempo em que o servidor público prestou as atividades sob condições especiais, como celetista, deverá ser comprovado por intermédio de CTC emitida pelo Regime Geral de Previdência Social - RGPS.
§5º O disposto previsto no § 4º deste artigo não se aplica à caracterização e a comprovação realizadas com base na Orientação Normativa SEGEP nº 15, de 23 de dezembro de 2013, até 25 de janeiro de 2018, data da suspensão dos efeitos do Capítulo II da referida orientação normativa, nos termos do Ofício-Circular nº 37/2018-MP.
Art. 3º O enquadramento de atividade em condições especiais observará os seguintes marcos temporais e critérios:
I - até 28 de abril de 1995, data anterior à vigência da Lei nº 9.032, de 29 de abril de 1995:
a) pela investidura de cargo cujas atribuições sejam análogas às atividades profissionais das categorias presumidamente sujeitas a condições especiais, consoante as ocupações/grupos profissionais agrupados sob o código 2.0.0 do Quadro anexo ao Decreto nº 53.831, de 25 de março de 1964, e sob o código 2.0.0 do Anexo II do Regulamento dos Benefícios da Previdência Social, aprovado pelo Decreto nº 83.080, de 24 de janeiro de 1979; ou
b) por exposição a agentes nocivos no exercício de atribuições do cargo público, em condições análogas às que permitem enquadrar as atividades profissionais como perigosas, insalubres ou penosas, conforme a classificação em função da exposição aos referidos agentes, agrupados sob o código 1.0.0 do Quadro anexo ao Decreto nº 53.831, de 1964, e sob o código 1.0.0 do Anexo I do Regulamento dos Benefícios da Previdência Social, aprovado pelo Decreto nº 83.080, de 1979.
II - de 29 de abril de 1995 até 5 de março de 1997 o enquadramento de atividade especial somente admitirá o critério contido da alínea "b" do inciso I deste artigo.

III - De 6 de março de 1997 até 6 de maio de 1999 o enquadramento de atividade especial observará a relação dos agentes nocivos prejudiciais à saúde ou à integridade física que consta do Anexo IV do Regulamento dos Benefícios da Previdência Social, aprovado pelo Decreto nº 2.172, de 5 de março de 1997.

IV - a partir de 7 de maio de 1999, o enquadramento de atividade especial observará a relação dos agentes nocivos prejudiciais à saúde ou à integridade física que consta do Anexo IV do Regulamento da Previdência Social, aprovado pelo Decreto nº 3.048, de 6 de maio de 1999.

Art. 4º O processo administrativo a que se refere o art. 1º deste Anexo deverá ser individualizado e deverá ser instruído com os seguintes documentos, cumulativamente:

I - formulário de informações sobre atividades exercidas em condições especiais;

II- Laudo Técnico de Condições Ambientais do Trabalho - LTCAT - observado o disposto no art. 6º ou os documentos aceitos em substituição àquele, consoante o que dispõe o art. 7º deste Anexo;

III - parecer da perícia médica, em relação ao enquadramento por exposição a agentes nocivos, na forma do art. 8º deste Anexo; e

IV - portaria de nomeação do servidor para investidura em cargo público efetivo, cujas atividades sejam análogas às dos profissionais das categorias presumidamente sujeitas a condições especiais estabelecidas no Anexo.

V - portaria de designação do servidor para operar com raios X e substâncias radioativas, na forma do Decreto nº 81.384, de 22 de fevereiro de 1978, quando for o caso.

Art. 5º Somente será aceito como formulário de informações sobre atividades exercidas em condições especiais, de que trata o inciso I do art. 4º deste Anexo, que o modelo de tal documento instituído para o RGPS, segundo seu período de vigência, sob as siglas SB-40, DISESBE 5235, DSS-8030 ou DIRBEN 8030, quando emitidos até 31 de dezembro de 2003, e o Perfil Profissiográfico Previdenciário - PPP, conforme Anexo V, que é o formulário exigido a partir de 1º de janeiro de 2004.

Parágrafo único. O formulário de informações sobre atividades exercidas em condições especiais ou o Perfil Profissiográfico Previdenciário - PPP - será emitido pelo órgão ou entidade responsável pelos assentamentos funcionais do servidor público no correspondente período de exercício das atribuições do cargo ou emprego público em condições especiais.

Art. 6º O LTCAT será elaborado por servidor público da esfera federal, estadual, distrital ou municipal, ou militar, ocupante de cargo público ou posto militar de médico com especialização em medicina do trabalho, ou de engenheiro ou de arquiteto com especialização em segurança do trabalho.

§ 1º O enquadramento de atividade especial por exposição ao agente físico ruído, em qualquer época da prestação do labor, exige laudo técnico pericial.

§ 2º Em relação aos demais agentes nocivos, o laudo técnico pericial será obrigatório para os períodos laborados a partir de 14 de outubro de 1996, data de publicação da Medida Provisória nº 1.523, de 11 de outubro de 1996, convertida na Lei nº 9.528, de 10 de dezembro de 1997.

§ 3º É admitido o laudo técnico emitido em data anterior ou posterior ao exercício da atividade do servidor, se não houve alteração no ambiente de trabalho ou em sua organização, desde que haja ratificação nesse sentido, pelo responsável técnico a que se refere o caput.

§ 4º Para fins de comprovação do tempo de serviço público prestado sob condições especiais não serão aceitos os seguintes documentos:

I - laudo relativo à atividade diversa, salvo quando a atividade que se pretende comprovar tiver sido exercida no mesmo órgão público;

II - laudo relativo a órgão público ou equipamentos diversos, ainda que as funções sejam similares; e
III - laudo realizado em localidade diversa daquela em que houve o exercício da atividade.
§ 5º Nas avaliações ambientais deverão ser considerados, além do disposto nos incisos do art. 3º, a metodologia e os procedimentos de avaliação estabelecidos pela Fundação Jorge Duprat Figueiredo de Segurança e Medicina do Trabalho - Fundacentro.
§ 6º Na hipótese de não terem sido estabelecidos pela Fundacentro a metodologia e os procedimentos de avaliação, caberá ao Ministério do Trabalho e Previdência - MTP - indicar outras instituições para estabelecê-los.
§ 7º O laudo técnico a que se refere este artigo conterá informações sobre a existência de tecnologia de proteção coletiva ou individual e sobre a sua eficácia e será elaborado com observância às normas editadas pelo Ministério do Trabalho e Previdência - MTP e aos procedimentos adotados pelo INSS.
Art. 7º Poderão ser aceitos em substituição ao LTCAT, ou ainda de forma complementar a este, os seguintes documentos:
I - laudos técnico-periciais emitidos por determinação da Justiça do Trabalho, em ações trabalhistas, acordos ou dissídios coletivos;
II - laudos emitidos pela Fundacentro;
III - laudos emitidos pelo Ministério do Trabalho e Previdência - MTP ou pelas delegacias Regionais do Trabalho - DRT; e
IV- laudos técnicos individuais acompanhados de:
a) autorização escrita do órgão administrativo competente, se o levantamento ambiental ficar a cargo de responsável técnico integrante dos quadros funcionais de outra esfera de Poder da União ou de governo;
b) cópia do documento de habilitação profissional do engenheiro de segurança do trabalho ou médico do trabalho, indicando sua especialidade; e
c) nome e identificação do servidor da Administração responsável pelo acompanhamento do levantamento ambiental, quando a emissão do laudo técnico ficar a cargo de servidor público pertencente aos quadros funcionais de outras esferas de governo ou Poder; e
d) data e local da realização da perícia.
V- demonstrações ambientais quando constantes dos seguintes documentos:
a) Programa de Prevenção de Riscos Ambientais - PPRA;
b) Programa de Gerenciamento de Riscos - PGR;
c) Programa de Condições e Meio Ambiente de Trabalho na Indústria da Construção - PCMAT;
d) Programa de Controle Médico de Saúde Ocupacional - PCMSO.
Art. 8º A análise para a caracterização e o enquadramento do exercício de atribuições com efetiva exposição a agentes nocivos prejudiciais à saúde ou à integridade física será de responsabilidade de Perito Médico que integre, de preferência, o quadro funcional da Administração Pública Federal, mediante a adoção dos seguintes procedimentos:
I - análise do formulário e laudo técnico ou demais demonstrações ambientais referidas no inciso V do art. 7º, deste Anexo;
II - a seu critério, inspeção de ambientes de trabalho com vistas à rerratificação das informações contidas nas demonstrações ambientais;
III - emissão de parecer médico-pericial conclusivo, descrevendo o enquadramento por agente nocivo, indicando a codificação prevista na legislação específica e o correspondente período de atividade.
Art. 9º Considera-se especial a atividade exercida com exposição a ruído quando a referida exposição tiver sido superior a:

I - 80 decibéis (dB), até 5 de março de 1997;
II - 90 decibéis (dB), a partir de 6 março de 1997 até 18 de novembro de 2003; e
III - 85 decibéis (dB), a partir de 19 de novembro de 2003.
Parágrafo único. O enquadramento a que se refere o inciso III do caput será efetuado quando o Nível de Exposição Normalizado - NEN - situar-se acima de oitenta e cinco decibéis ou for ultrapassada a dose unitária, observados:
I - os limites de tolerância definidos no Quadro Anexo I da NR-15 do Ministério do Trabalho e Previdência - MTP; e
II - as metodologias e os procedimentos definidos na Norma de Higiene Ocupacional - NHO-01 da Fundacentro.
Art. 10. Consideram-se tempo de serviço sob condições especiais, para os fins deste Anexo, desde que o segurado estivesse exercendo atividade considerada especial ao tempo das seguintes ocorrências:
I - períodos de descanso determinados pela legislação do regime estatutário da União, inclusive férias;
II - licença/afastamento por motivo de acidente, doença profissional ou doença do trabalho;
III - aposentadoria por invalidez acidentária;
IV - licença gestante, adotante e paternidade; e
V - ausência por motivo de doação de sangue, alistamento como eleitor, participação em júri, casamento e óbito de pessoa da família.
Art. 11. O responsável por informações falsas, no todo ou em parte, inserida nos documentos a que se referem os arts. 4º e 5º, responderá pela prática dos crimes previstos nos arts. 297 e 299 do Código Penal.
Art. 12. Aplicam-se, no que couber, as disposições da Instrução Normativa SGP/SEDGG/ME Nº 15, de 16 de março de 2022, da Secretaria de Gestão e Desempenho de Pessoal, que estabelece orientações sobre a concessão dos adicionais de insalubridade, periculosidade, irradiação ionizante e gratificação por trabalhos com raios-x ou substâncias radioativas, e dá outras providências.

No âmbito da Administração Pública federal, o extinto Ministério do Planejamento, Orçamento e Gestão (MPOG), através da sua Secretaria de Gestão Pública, publicou a Orientação Normativa 16, de 23 de dezembro de 2013, que estabelece orientações aos órgãos e entidades integrantes do Sistema de Pessoal Civil da Administração Federal – SIPEC quanto aos procedimentos necessários à análise dos processos de aposentadoria especial com fundamento no art. 57 da Lei nº 8.213, de 24 de julho de 1991, dos servidores públicos federais amparados por decisão judicial em mandado de injunção julgado pelo Supremo Tribunal Federal.

O que chama a atenção neste ato regulamentar é o seu artigo 4º, ao estatuir que "os proventos de aposentadoria especial dos servidores públicos da União, das autarquias e das fundações públicas federais, concedidos com amparo em decisão judicial em mandado de injunção, serão reajustados na mesma data e índice em que se der o reajuste dos benefícios do Regime Geral de Previdência Social (RGPS), observando-se igual critério de revisão às pensões derivadas dos proventos de que trata este artigo, **não lhes sendo**

assegurada a aplicação das regras constitucionais de transição acerca de reajustamento paritário em face da modificação da remuneração dos servidores em atividade".

Por sua vez, dispõe o seu artigo 3º que "os proventos decorrentes da aposentadoria especial não poderão ser superiores à remuneração do cargo efetivo em que se der a aposentação, e serão calculados pela média aritmética simples das maiores remunerações utilizadas como base para as contribuições do servidor aos regimes de previdência a que esteve vinculado, atualizadas pelo Índice Nacional de Preços ao Consumidor (INPC), correspondentes a 80% (oitenta por cento) de todo o período contributivo, desde a competência de julho de 1994 ou desde o início da contribuição, se posterior àquela competência, até o mês da concessão da aposentadoria, a rigor do que estabelece a Lei nº 10.887, de 18 de junho de 2004."

Este dispositivo não possui base constitucional e nem está amparado em decisão do STF, não existindo base legal para retirar dos citados servidores que se enquadrem nas regras de transição constitucionais o direito aos mesmos reajustamentos dos servidores ativos (reajuste paritário e integralidade).

Trata-se de uma omissão inconstitucional e o STF nunca se manifestou a respeito. Outrossim, no âmbito do RPPS da União, na interpretação administrativa do Poder Judiciário, o **Conselho de Justiça Federal (CJF)** entendeu que a aplicação da súmula vinculante 33 aos servidores que ingressaram no serviço público até a EC 41/2003, **não deve ser com a regra de integralidade e paridade:**

> *PROCESSO: 0002967-27.2019.4.90.8000 RELATOR: Conselheiro Desembargador Federal Desembargador Federal FERNANDO BRAGA DAMASCENO INTERESSADO: Tribunal Regional Federal da 4ª Região ASSUNTO: Consulta feita pelo TRF4 acerca do direito permanência.*
>
> *CONSULTA. SERVIDOR PÚBLICO FEDERAL. APOSENTADORIA ESPECIAL. INSALUBRIDADE. PERICULOSIDADE. EMENDA CONSTITUCIONAL 103/2019.* ***INAPLICABILIDADE DA SÚMULA VINCULANTE 33. AUSÊNCIA DE PARIDADE E INTEGRALIDADE.*** *NÃO ENQUADRAMENTO NAS REGRA DE TRANSIÇÃO. TCU. PERMANÊNCIA NO DESEMPENHO DAS ATIVIDADES ATÉ PREENCHIMENTO DOS REQUISITOS. ABONO PERMANÊNCIA. APOSENTADORIA VOLUNTÁRIA. ASSEGURADA A INTEGRIDADE E PARIDADE.*
>
> *I - A partir do advento da Emenda Constitucional 103/2019 não se aplica a Súmula Vinculante 33 do Supremo Tribunal Federal à matéria de aposentadoria especial do servidor público federal.*

II – É possível a outorga do abono de permanência ao servidor que trabalhe sujeito a condições prejudiciais à saúde ou à integridade física, seja no período anterior à Emenda Constitucional 103, com fundamento na Súmula Vinculante 33, seja no período posterior ao seu advento, com arrimo em seu art. 8º.

III – É inaplicável os institutos da paridade e da integralidade à aposentadoria especial dos servidores que trabalhem sujeitos a condições prejudiciais à saúde ou à integridade física, dado o não enquadramento nas respectivas regras de transição.

IV – Conforme entendimento do Tribunal de Contas da União, é possível que tais servidores, ainda que em percepção de abono de permanência, continuem no desempenho do serviço até preencherem os requisitos das regras de transição previstas nos artigos 4º, § 6º, e 20, da Emenda Constitucional 103/2019, para a obtenção de uma aposentadoria voluntária, não especial, que assegure a integralidade e a paridade de seus proventos.

V – Consulta conhecida e respondida.

O mesmo posicionamento é adotado pelo TCU em resposta ao CJF:

ACÓRDÃO 1588/2023 - PLENÁRIO

CONCLUSÃO

28. Consulta encaminhada pela Presidência do Conselho Federal de Justiça deve ser admitida por preencher os requisitos legais, devendo ser respondida da seguinte forma:

I - i) em situações anteriores à EC 103/2019, preenchidos os requisitos normativos e regulamentares para a aposentadoria especial do art. 40, § 4º, inc. III da CF/1988, na redação anterior à da EC 103/2019, a serem aferidos pela Administração Pública, permite-se a concessão ao servidor público do direito ao abono de permanência, com fundamento na Súmula Vinculante 33 e entendimento jurisprudencial do STF e do TCU; e ii) a partir da vigência da EC 103/2019, o direito ao abono de permanência previsto no art. 8º dessa emenda passou a ser autoaplicável ao servidor que se enquadre na descrição do § 4º-C do art. 40 da Constituição Federal de 1988 e que preencha os requisitos dos arts. 10 ou 21, ambos da mencionada emenda;

II - é possível que os servidores sujeitos às condições prejudiciais à saúde ou à integridade física, com direito à implementação do direito à aposentadoria especial, ainda que em percepção de abono de permanência, continuem no desempenho do serviço até preencherem os requisitos das regras de transição previstas nos arts. 4º, § 6º e 20 da Emenda Constitucional 103/2019, para a obtenção de uma aposentadoria voluntária (não especial) que assegure a integralidade e a paridade de seus proventos, conforme jurisprudência do TCU.

PROPOSTA DE ENCAMINHAMENTO

29. Ante todo o exposto, propõe-se o que se segue à autoridade superior:

a) conhecer da presente consulta, por preencher os requisitos de admissibilidade previstos no art. 264, inciso V, §§ 1º e 2º, e art. 265 do Regimento Interno do TCU;

b) responder ao consulente, nos termos do art. 1º, inciso XVII, da Lei 8.443/1992, o que se segue: I - i) em situações anteriores à EC 103/2019, preenchidos os requisitos normativos e regulamentares para a aposentadoria especial do art. 40, § 4º, inc. III da CF/1988, na redação anterior à da EC 103/2019, a serem aferidos pela Administração Pública, permite-se a concessão ao servidor público do direito ao abono de permanência, com fundamento na Súmula Vinculante 33 e entendimento jurisprudencial do STF e do TCU; e ii) a partir da vigência da EC 103/2019, o direito ao abono de permanência previsto no art. 8º dessa emenda passou a ser autoaplicável ao servidor que se enquadre na descrição do § 4º-C do art. 40 da Constituição Federal de 1988 e que preencha os requisitos dos arts. 10 ou 21, ambos da mencionada emenda; ***II - é possível que os servidores sujeitos às condições prejudiciais à saúde ou à integridade física, com direito à implementação do direito à aposentadoria especial, ainda que em percepção de abono de permanência, continuem no desempenho do serviço até preencherem os requisitos das regras de transição previstas nos arts. 4º, § 6º e 20 da Emenda Constitucional 103/2019, para a obtenção de uma aposentadoria voluntária (não especial) que assegure a integralidade e a paridade de seus proventos, conforme jurisprudência do TCU;***

c) informar o consulente do acórdão que vier a ser proferido, destacando que o relatório e o voto que fundamentam a deliberação ora encaminhada podem ser acessados por meio do endereço eletrônico www.tcu.gov.br/acordaos;

d) arquivar o presente processo, nos termos do art. 169, inciso V, do Regimento Interno do TCU.

Era preciso que fosse editada urgentemente lei complementar que regule a aposentadoria especial do servidor público, pois a aplicação irrestrita da Lei 8.213/91 traz muitas dúvidas e incompatibilidades com o regime jurídico do servidor público, a exemplo da inexistência de idade mínima para o seu gozo. Após a EC 103/2019, os entes federativos passaram a ter autonomia para legislar a respeito.

Os Oficiais de Justiça Avaliadores também vindicaram o direito à aposentadoria com regras especiais no STF, por supostamente desenvolverem atividade de risco, através do mandado de injunção 833, já tendo obtido dois votos favoráveis, cujo julgamento foi suspenso em 02.08.2010.

No entanto, o pedido foi rejeitado pelo STF, que repeliu a concessão de regras especiais para aposentadoria para os **oficiais de justiça** (Informativo 789) por não se tratar de atividade permanentemente perigosa:

"**O Plenário, em conclusão de julgamento e por maioria, denegou a ordem em mandado de injunção coletivo impetrado contra alegada omissão quanto à regulamentação do art. 40, § 4º, da CF, para fins de aposentadoria especial de ocupantes do cargo de oficial de justiça avaliador federal.** O sindicato impetrante requeria, ainda, a aplicação analógica da disciplina prevista na LC 51/1985, no que regulamenta a aposentadoria especial para servidor público policial – v. Informativos 594 e 764. **A Corte afirmou que a eventual exposição a situações de risco – a que poderiam estar sujeitos os servidores ora substituídos – não garantiria direito subjetivo constitucional à aposentadoria especial.** A percepção de gratificações ou adicionais de periculosidade, assim como o fato de poderem obter autorização para porte de arma de fogo de uso permitido (Lei 10.826/2003, art. 10, § 1º, I, c/c o art. 18, § 2º, I, da IN 23/2005-DG-DPF, e art. 68 da Lei 8.112/1990) não seriam suficientes para reconhecer o direito à aposentadoria especial, em razão da autonomia entre o vínculo funcional e o previdenciário. Os incisos do § 4º do art. 40 da CF utilizariam expressões abertas: "portadores de deficiência", "atividades de risco" e "condições especiais que prejudiquem a saúde ou a integridade física". Dessa forma, a Constituição teria reservado a concretização desses conceitos a leis complementares, com relativa liberdade de conformação, por parte do legislador, para traçar os contornos dessas definições. **A lei poderia prever critérios para identificação da periculosidade em maior ou menor grau, nos limites da discricionariedade legislativa, mas o estado de omissão inconstitucional restringir-se-ia à indefinição das atividades inerentemente perigosas.** Quanto às atribuições dos oficiais de justiça, previstas no art. 143 do CPC, eles poderiam estar sujeitos a situações de risco, notadamente quando no exercício de suas funções em áreas dominadas pela criminalidade, ou em locais marcados por conflitos fundiários. No entanto, esse risco seria contingente, e não inerente ao serviço, ou seja, o perigo na atividade seria eventual. MI 833/DF, rel. Min. Cármen Lúcia, red. p/ o acórdão Min. Roberto Barroso, 11.6.2015. **(MI-833)**".

Outrossim, pelos mesmos fundamentos acima declinados, o STF negou o direito à aposentadoria especial aos servidores inspetores e agentes de segurança judiciária, analistas e técnicos do Ministério Público da União com atribuições de segurança, e demais servidores com atribuições relacionadas a funções de segurança (Informativo 789):

MI: aposentadoria especial e servidores do Poder Judiciário e do Ministério Público – 3

Por ocasião do julgamento do MI 833/DF, acima noticiado, o Tribunal apreciou, em conjunto, o MI 844/DF — v. Informativo 594 e 764. Na espécie, o substituto processual pleiteava o benefício da aposentadoria especial aos servidores inspetores e agentes de segurança judiciária, analistas e técnicos do Ministério Público da União com atribuições de segurança, e demais servidores com atribuições relacionadas a funções de segurança. O Plenário, por maioria, denegou a ordem, reiterada a fundamentação expendida no MI 833/DF, vencidos os Ministros Ricardo Lewandowski (relator e Presidente), Cármen Lúcia e Teori Zavascki. **MI 844/DF, rel. Min. Ricardo Lewandowski, red. p/ o acórdão Min. Roberto Barroso, 11.6.2015. (MI-844)".**

Embora haja autonomia estadual para legislar sobre aposentadorias, esta é relativa dentro dos parâmetros constitucionais. **Nesse sentido, não é dado ao legislador estadual criar novas situações de aposentadorias especiais não previstas na CF/1988, a exemplo de beneficiar oficiais de justiça e peritos oficiais. Veja-se o STF nesse sentido:**

> **ADI 6917**
>
> **Tribunal Pleno**
>
> **Relator(a):** Min. ALEXANDRE DE MORAES
>
> **Julgamento:** 21/03/2022
>
> **Publicação:** 29/03/2022
>
> Ementa: AÇÃO DIRETA DE INCONSTITUCIONALIDADE. PREVIDENCIÁRIO. CONSTITUIÇÃO DO ESTADO DE MATO GROSSO E EMENDA CONSTITUCIONAL ESTADUAL 92/2020. INCLUSÃO DE SERVIDORES MILITARES NO REGIME PRÓPRIO DE PREVIDÊNCIA SOCIAL DO ESTADO. CONTRARIEDADE À NORMA GERAL FIXADA PELA UNIÃO, A PARTIR DA LEI FEDERAL 13.954/2019. FIXAÇÃO DE CRITÉRIOS DIFERENCIADOS PARA A APOSENTADORIA DE POLICIAIS MILITARES, OFICIAIS DE JUSTIÇA/AVALIADORES E INTEGRANTES DAS CARREIRAS DE PERÍCIA OFICIAL DE IDENTIFICAÇÃO TÉCNICA (POLITEC-MT). CATEGORIAS NÃO ABARCADAS NAS EXCEÇÕES TAXATIVAMENTE PREVISTAS NO ART. 40, § 4º-B, DA CONSTITUIÇÃO FEDERAL, EM RELAÇÃO ÀS QUAIS SE AUTORIZA A ATRIBUIÇÃO DE REGRAS ESPECIAIS DE APOSENTAÇÃO. PROCEDÊNCIA DO PEDIDO. 1. A competência estatuída no art. 22, XXI, da Constituição Federal, consoante a reforma promovida pela EC 103/2019, outorga à União a prerrogativa de conceber normas gerais sobre inatividades e pensões das polícias militares. 2. No exercício dessa competência legiferante, foi editada a Lei Federal 13.954/2019, que reconheceu aos Estados-Membros a competência para disciplinarem o Sistema de Proteção Social dos seus respectivos militares, desde que não lhes sejam aplicadas as normas do regime próprio dos servidores civis. 3. O art. 140-A, § 2º, IV, da Constituição do Estado de Mato Grosso, ao prever que uma lei complementar estadual relacionada ao regime próprio de previdência social fixará, entre outros requisitos, condições para a aposentadoria dos policiais militares, revela-se incompatível com a Constituição Federal, por violar normas gerais fixadas em âmbito federal. **4. O regime constitucional da aposentadoria especial, com as significativas modificações promovidas pela EC 103/2019, admite uma relevante margem de conformação ao Legislador**

Estadual, a quem cabe assentar, em lei complementar, os critérios diferenciados para a concessão de benefícios previdenciários, desde que circunscritos às categorias de servidores mencionados no art. 40, § 4º-B, da Constituição Federal. 5. Inconstitucionalidade do art. 140-A, § 2º, IV, da Constituição do Estado de Mato Grosso, no ponto em que admite a fixação de critérios diferenciados para a aposentadoria "de oficial de justiça/avaliador" e de "policial militar", bem como do art. 8º da Emenda Constitucional estadual nº 92/2020, quando assegura às carreiras da Perícia Oficial de Identificação Técnica estadual (POLITEC-MT) regras transitórias específicas de aposentação, na medida em que tais normas contemplam servidores não mencionados no rol taxativo preconizado pelo art. 40, § 4º-B, da CF. 6. Ação direta julgada procedente.

No mesmo o sentido o julgamento da **ADI 7.494**, oriunda do Estado de Rondônia:

ADI 7494

Órgão julgador: Tribunal Pleno

Relator(a): Min. CÁRMEN LÚCIA

Julgamento: 04/04/2024

Publicação: 10/04/2024

Ementa

EMENTA: AÇÃO DIRETA DE INCONSTITUCIONALIDADE. CONVERSÃO DE APRECIAÇÃO DE CAUTELAR EM JULGAMENTO DE MÉRITO. §§ 17 E 18 DO ART. 250 DA CONSTITUIÇÃO DE RONDÔNIA, ALTERADOS PELA EMENDA CONSTITUCIONAL ESTADUAL N. 151/2022. **APOSENTADORIA ESPECIAL POR EXPOSIÇÃO A ATIVIDADE DE RISCO DE SERVIDOR PÚBLICO. § 4º-B DO ART. 40 DA CONSTITUIÇÃO DA REPÚBLICA ALTERADO PELA EMENDA CONSTITUCIONAL N. 103/2019. ROL TAXATIVO**. PEDIDO EM AÇÃO DIRETA JULGADO PROCEDENTE. 1. O processo está instruído nos termos do art. 10 da Lei n. 9.868/1999. Proposta de conversão da apreciação da medida cautelar em julgamento de mérito, sem necessidade de novas providências. Precedentes. 2. Pelas normas constitucionais previstas nos §§ 4º e 4º-B do art. 40 da Constituição da República é taxativo o rol daqueles a quem a Constituição permite usufruir do direito à aposentadoria especial por desempenharem atividade de risco. Precedentes. 3. Pela Emenda à Constituição da República n. 103/2009 o constituinte derivado limitou as hipóteses de concessão de aposentadoria especial em razão do exercício de atividade de risco aos ocupantes do cargo de agente penitenciário, agente socioeducativo, policial legislativo, policial federal, policial rodoviário federal, policial ferroviário federal e policial civil. Precedentes. **4. É incompatível com o regime da aposentadoria especial por exercício da atividade de risco, análoga à dos policiais, a atuação dos membros do Ministério Público e dos ocupantes de cargos no Poder Judiciário, Defensoria**

Pública, Procuradores do Estado, Procuradores dos Municípios, Oficiais de Justiça e Auditores Fiscais de Tributos estaduais por contrariedade aos §§ 4º e 4º-B do art. 40 da Constituição da República. 5. Compete ao Município legislar sobre inatividade de servidores municipais por se cuidar de sua auto organização administrativa e ser assunto de interesse local, nos termos do inc. I do art. 30 da Constituição da República. 6. Regime jurídico dos servidores públicos do Estado sujeita-se à reserva de iniciativa do chefe do Poder Executivo estadual: afronta ao disposto no inc. II do § 1º do art. 61 da Constituição da República. Precedentes. 7. A prerrogativa constitucional de promover alterações em projetos de iniciativa reservada ao chefe do Poder Executivo deve observância ao disposto no inc. I do art. 63 da Constituição da República, pelo qual se prevê que não será admitido aumento da despesa prevista nos projetos de iniciativa exclusiva do Presidente da República, ressalvado o disposto no art. 166, § 3º e § 4º', aplicável ao processo legislativo estadual. Precedentes. 8. Ação direta de inconstitucionalidade na qual convertida a apreciação da medida cautelar em julgamento de mérito. Pedido formulado na ação julgado procedente para declarar a inconstitucionalidade dos §§ 17 e 18 do art. 250 da Constituição de Rondônia, alterados pela Emenda Constitucional n. 151/2022.

Também houve rejeição do pedido aos guardas municipais:

"Informativo STF 907 – DIREITO CONSTITUCIONAL – APOSENTADORIA

Guardas municipais e aposentadoria especial

Diante da ausência de legislação específica, não cabe ao Poder Judiciário garantir aposentadoria especial [CF; art. 40, § 4º, II (1)] a guarda municipal.

Com base nessa orientação, o Plenário, em julgamento conjunto e por maioria, negou provimento ao agravo regimental no MI 6.515, e deu provimento aos agravos regimentais nos MIs 6.770, 6.773, 6.780 e 6.874.

O Tribunal entendeu que o referido benefício não pode ser estendido aos guardas civis, uma vez que suas atividades precípuas não são inequivocamente perigosas e, ainda, pelo fato de não integrarem o conjunto de órgãos de segurança pública relacionados no art. 144, I a V (2) da CF.

A proximidade da atividade das guardas municipais com a segurança pública é inegável, porém, à luz do § 8º (3) do mesmo dispositivo constitucional, sua atuação é limitada, voltada à proteção do patrimônio municipal. Conceder esse benefício por via judicial não seria prudente, pois abriria margem reivindicatória a diversas outras classes profissionais que, assim como os guardas municipais, lidam com o risco diariamente. Ademais, cabe ao legislador, e não ao Judiciário, classificar as atividades profissionais como sendo ou não de risco para fins de aposentadoria especial.

Vencidos os ministros Alexandre de Moraes, Ricardo Lewandowski e Marco Aurélio, que reconheceram o direito dos guardas civis ao benefício da aposentadoria especial, por considerarem que a atividade por eles exercida ostenta periculosidade inequívoca. O risco inerente é corroborado pelo fato de integrarem o rol do Sistema Único de Segurança Pública [Lei 13.675/2018; art. 9º, *caput* (4)], entre os quais figuraram os agentes penitenciários, que também receberam o benefício da aposentadoria especial. MI 6515/DF, rel. Min. Roberto Barroso, julgamento em 20.6.2018. (MI-6515) MI 6770/DF, rel. Min. Alexandre de Moraes, red. p/ o ac. Min. Roberto Barroso, julgamento em 20.6.2018. (MI-6770) MI 6773/DF, rel. Min. Alexandre de Moraes, red. p/ o ac. Min. Roberto Barroso, julgamento em 20.6.2018. (MI-6773) MI 6780/DF, rel. Min. Alexandre de Moraes, red. p/ o ac. Min. Roberto Barroso, julgamento em 20.6.2018. (MI-6780) MI 6874/DF, rel. Min. Alexandre de Moraes, red. p/ o ac. Min. Roberto Barroso, julgamento em 20.6.2018. (MI-6874)".

Em que pese o STF ter decidido que as guardas municipais são órgãos de segurança pública no julgamento da ADPF 995, de 28/08/2023, mesmo assim **não há previsão constitucional de concessão de aposentadoria especial para essa carreira**, pois o rol do artigo 40, §4º-B, **é taxativo**, sendo necessária uma alteração por emenda constitucional para inseri-los, conforme firmado pelo STF no julgamento da ADI 6.917/MT.

Desse modo, a meu ver permanece incólume o Tema 1057 em Repercussão Geral, mesmo após o advento da EC 103/2019 e do julgamento da ADPF 995:

> ***Tema 1057 - Concessão de aposentadoria especial a guarda civil municipal com base no art. 40, § 4º, inciso II, da Constituição Federal, que prevê ser possível, por meio de lei complementar, a adoção de requisitos e critérios diferenciados para a concessão de aposentadoria para servidores que exerçam atividades de risco.***
>
> Há Repercussão?
>
> ***Sim***
>
> ***Relator(a):***
>
> MINISTRO PRESIDENTE
>
> ***Leading Case:***
>
> ARE 1215727
>
> ***Descrição:***
>
> Recurso extraordinário em que se discute, à luz dos arts. 40, § 4º, e 144, § 8º, da Constituição Federal, a possibilidade de se conceder aposentadoria especial a guarda civil municipal sob o argumento de que ele exerce atividade de risco, não obstante a ausência de previsão em lei complementar federal para tanto.

Tese:

Os guardas civis não possuem direito constitucional à aposentadoria especial por exercício de atividade de risco prevista no artigo 40, § 4º, inciso II, da Constituição Federal.

No mesmo sentido o posicionamento do MPS através da **Nota Informativa SEI nº 77/2024/MPS:**

"Diante do exposto, conclui-se que:

I - As guardas municipais constituídas conforme § 8º do art. 144 da Constituição Federal integram o Sistema de Segurança Pública - SUSP, mas as regras de aposentadoria aplicáveis a seus integrantes não diferem das estabelecidas para os demais servidores amparados em RPPS do respectivo ente federativo.

II - Antes da EC nº 103, de 2019, a disciplina da aposentadoria especial por atividade de risco (art. 40, § 4º, II da CF) permaneceu restrita aos servidores policiais conforme LC nº 51, de 1985.

III - Desde a EC nº 103, de 2019, o § 4º-B do art. 40 da CF estabelece rol taxativo dos servidores que poderão se aposentar com idade e tempo de contribuição diferenciados em relação aos demais servidores: os ocupantes, na União, nos Estados e no Distrito Federal, do cargo de agente penitenciário, de agente socioeducativo ou de policial civil, de policial penal, de policial legislativo federal da Câmara dos Deputados e do Senado Federal, de policial federal, de policial rodoviário federal e de policial ferroviário federal.

***IV - É vedada aos Municípios a disciplina da aposentadoria de que trata o § 4º-B do art. 40 da Constituição Federal, por não possuírem os servidores ali contemplados em seus* quadros".**

No que concerne aos agentes penitenciários, o tema ainda não foi alvo de julgamento pelo Plenário do STF, mas existem decisões monocráticas em mandado de injunção determinando a aplicação da LC 51-195, no que couber:

MI 7057 / DF – DISTRITO FEDERAL

MANDADO DE INJUNÇÃO

Relator(a): Min. ALEXANDRE DE MORAES

Julgamento: 05/12/2018

Publicação

PROCESSO ELETRÔNICO

DJe-264 DIVULG 07/12/2018 PUBLIC 10/12/2018

Decisão

Trata-se de Mandado de Injunção em face de omissão legislativa atribuída ao Presidente da República, ao Presidente do Senado Federal e ao Presidente da Câmara dos Deputados, relativamente à ausência de legislação complementar que regulamente a aposentadoria especial dos servidores públicos que exerçam atividades de risco, o que inviabiliza o exercício do seu direito à aposentadoria diferenciada.

Na inicial, o impetrante alega que: **(a) é servidor público estadual, exercendo a função de agente penitenciário no Estado do Paraná, portando, exposto a constante atividade de risco, o que autoriza a sua aposentadoria especial prevista no art. 40, § 4º, II, da CF/1988**; e (b) no entanto, pela ausência de Lei Complementar no âmbito federal, tal disposição estadual não considera a aposentadoria especial e exigem idade e tempo de contribuições para fins de aposentadoria, da mesma forma exigida por um servidor que trabalha em condições normais (fl. 5). Requer a concessão dos benefícios da gratuidade de justiça e, ao final, (i) o provimento do presente writ, a fim de declarar omissa legislativa, bem como declaração do direito à aposentadoria especial do impetrante por trabalhar há mais de 25 (vinte e cinco) anos em atividade penosa, insalubre, perigosa, com base nos artigos 5º, inciso LXXI, 40, § 4º, incisos II e III e, artigo 102, I q, da Constituição Federal c/c período estabelecido no Regime Geral de Previdência Social, nos termos da Lei Complementar 51/1985; (ii) declaração do impetrante como aposentado para todos os fins de direito, concedendo-se os proventos da aposentadoria com pagamento de forma integral, ou seja, 100% (cem por cento) do salário-benefício, equiparando-se aos servidores públicos estatuais da ativa, conforme disciplina a Lei Complementar 51/1985" (fl. 19).

Nos termos do art. 52, parágrafo único, do Regimento Interno do Supremo Tribunal Federal, dispenso a remessa dos autos à Procuradoria-Geral da República É o relatório. Decido.

DEFIRO a gratuidade de Justiça, pois não há elementos que possam afastar a presunção de insuficiência de recursos de que trata o § 3º do art. 99 do CPC/2015.

O art. 5º, inciso LXXI, da Constituição Federal prevê que se concederá mandado de injunção sempre que a falta de norma regulamentadora torne inviável o exercício de direitos e liberdades constitucionais e das prerrogativas inerentes à nacionalidade, à soberania e à cidadania.

Trata-se de ação constitucional autoaplicável, de caráter civil e de procedimento especial, que visa a suprir uma omissão do Poder Público, no intuito de viabilizar o exercício de um direito, uma liberdade ou uma prerrogativa prevista na Constituição Federal, visando a afastar o que ARICÊ MOACYR AMARAL SANTOS aponta como a "inércia da norma constitucional, decorrente da omissão normativa" (Mandado de injunção. São Paulo: Revista dos Tribunais, 1989. P. 31), ou no dizer de CANOTILHO, buscando "destruir o 'rochedo de bronze' da incensurabilidade do silêncio" legislativo (As garantias do cidadão na justiça. (coord. Sálvio de Figueiredo Teixera). São Paulo: Saraiva, 1993, p. 367). Em outras palavras, como tive oportunidade de afirmar, o mandado de injunção visa ao combate à síndrome de inefetividade das normas constitucionais (Direito Constitucional. 33. Ed. São Paulo: Atlas, 2017. P. 183).

As normas constitucionais que permitem o ajuizamento do mandado de injunção não decorrem de todas as espécies de omissões do Poder Público, mas tão só em relação às normas constitucionais de eficácia limitada de princípio institutivo de caráter impositivo e das normas programáticas vinculadas ao princípio da legalidade, por dependerem de atuação normativa ulterior para garantir sua aplicabilidade.

Assim, sempre é necessária a presença dos requisitos do mandado de injunção, que são (a) a falta de norma reguladora de uma previsão constitucional (omissão total ou parcial do Poder Público); (b) inviabilização do exercício dos direitos e liberdades constitucionais e das prerrogativas inerentes à nacionalidade, à soberania e à cidadania.

Ressalte-se, portanto, que o cabimento do mandado de injunção pressupõe a existência de nexo de causalidade entre a omissão normativa do Poder Público e a inviabilidade do exercício do direito, liberdade ou prerrogativa, conforme decidido por esta CORTE:

DIREITO SUBJETIVO À LEGISLAÇÃO E DEVER CONSTITUCIONAL DE LEGISLAR: A NECESSÁRIA EXISTÊNCIA DO PERTINENTE NEXO DE CAUSALIDADE. – O direito à legislação só pode ser invocado pelo interessado, quando também existir – simultaneamente imposta pelo próprio texto constitucional – a previsão do dever estatal de emanar normas legais. Isso significa que o direito individual à atividade legislativa do Estado apenas se evidenciará naquelas estritas hipóteses em que o desempenho da função de legislar refletir, por efeito de exclusiva determinação constitucional, uma obrigação jurídica indeclinável imposta ao Poder Público. Para que possa atuar a norma pertinente ao instituto do mandado de injunção, revela-se essencial que se estabeleça a necessária correlação entre a imposição constitucional de legislar, de um lado, e o consequente reconhecimento do direito público subjetivo à legislação, de outro, de tal forma que, ausente a obrigação jurídico-constitucional de emanar provimentos legislativos, não se tornará possível imputar comportamento moroso ao Estado, nem pretender acesso legítimo à via injuncional. Precedentes (MI 542, Rel. Min. CELSO DE MELLO, Plenário, DJ de 28/6/2002).

Em relação a ausência de legislação complementar regulamentadora do artigo 40, § 4º, II, da Constituição da República, a SUPREMA CORTE passou a exigir que a periculosidade seja inequivocamente inerente ao ofício, para que seja reconhecido o nexo de causalidade entre a omissão normativa do Poder Público e a inviabilidade do exercício do direito e, consequentemente, possa ser concedida a ordem no mandado de injunção (Pleno, MIs 833 e 844, Red. P/ Acórdão Min. ROBERTO BARROSO, julgamentos em 11/06/2015).

O SUPREMO TRIBUNAL FEDERAL fixou, portanto, como fato determinante para o reconhecimento da atividade de risco a presença de periculosidade como inerente ao ofício, permitindo a colmatação da lacuna legislativa somente nos casos que se adequem a essa hipótese específica.

Nesse sentido, esta CORTE reconheceu a presença desse fato determinante para a categoria dos agentes penitenciários e determinou a aplicação do

regime jurídico da LC 51/1985 (MI 6.250, Rel. Min. MARCO AURÉLIO, julgado em 31/1/2018; MI 6.171, Rel. Min. ROBERTO BARROSO, julgado em 1º/2/2018; MI 6.124, Rel. Min. LUIZ FUX, julgado em 30/11/2017; MI 6.219, Rel. Min. RICARDO LEWANDOWSKI, julgado em 9/2/2017; MI 3.973, Rel. Min. EDSON FACHIN, julgado em 26/10/2015; MI 2.045, Rel. Min. ROSA WEBER, julgado em 7/3/2014; MI 5.684, Rel. Min. CELSO DE MELLO, julgado em 28/2/2014).

Diante do exposto, defiro o pedido de justiça gratuita e, com base no art. 205, caput, do Regimento Interno do Supremo Tribunal Federal, CONCEDO PARCIALMENTE A ORDEM para reconhecer a mora legislativa e determinar ao órgão público competente que aprecie o pedido de aposentadoria especial do impetrante, aplicando, no que couber, os termos da LC 51/85.

Publique-se.

Brasília, 5 de dezembro de 2018.

Ministro Alexandre de Moraes

Relator

MI 6975 / PR - PARANÁ

MANDADO DE INJUNÇÃO

Relator(a): Min. CÁRMEN LÚCIA

Julgamento: 05/12/2018

Publicação

PROCESSO ELETRÔNICO

DJe-268 DIVULG 13/12/2018 PUBLIC 14/12/2018

Decisão

DECISÃO

MANDADO DE INJUNÇÃO. ALEGADA AUSÊNCIA DE NORMA REGULAMENTADORA DO ART. 40, § 4º, INC. II, DA CONSTITUIÇÃO DA REPÚBLICA. AGENTE PENITENCIÁRIO FEDERAL. PERICULOSIDADE INERENTE AO OFÍCIO. RECONHECIMENTO DA MORA LEGISLATIVA: PRECEDENTES. ORDEM CONCEDIDA PARA APLICAÇÃO, NO QUE COUBER, DA LEI COMPLEMENTAR N. 51/1985.

Antes da instituição do regime jurídico único no serviço público, o que ocorreu na União com o advento do artigo 243, da Lei 8.112/90[1], o

1. Ficam submetidos ao regime jurídico instituído por esta Lei, na qualidade de servidores públicos, os servidores dos Poderes da União, dos ex-Territórios, das autarquias, inclusive as em regime especial, e das fundações públicas, regidos pela Lei nº 1.711, de 28 de outubro de 1952 – Estatuto dos Funcionários Públicos Civis da União, ou pela Consolidação das Leis do Trabalho, aprovada pelo Decreto-Lei nº 5.452, de 1º de maio de 1943, exceto os contratados por prazo determinado, cujos contratos não poderão ser prorrogados após o vencimento do prazo de prorrogação.

tempo prestado em condições especiais sob a égide celetista deverá ser convertido em comum para fins previdenciários.

Nesse sentido, o posicionamento do STF[2] e da própria Advocacia-Geral da União, através da Instrução Normativa 01/2004:

> "Art. 1º Não se recorrerá de decisão judicial que reconhecer o direito à averbação do tempo de serviço prestado, em condições perigosas ou insalubres, pelo servidor que se encontrava sob a égide do regime celetista quando da implantação do Regime Jurídico Único.
>
> Parágrafo único – Será objeto de desistência o recurso interposto contra decisão de que trata o *caput* deste artigo".

De acordo com o STF, "o servidor público tem direito à emissão pelo INSS de certidão de tempo de serviço prestado como celetista sob condições de insalubridade, periculosidade e penosidade, com os acréscimos previstos na legislação previdenciária. A autarquia não tem legitimidade para opor resistência à emissão da certidão com fundamento na alegada impossibilidade de sua utilização para a aposentadoria estatutária; requerida esta, apenas a entidade à qual incumba deferi-la é que poderia se opor à sua concessão." (RE 433.305, Rel. Min. Sepúlveda Pertence, julgamento em 14-2-2006, Primeira Turma, *DJ* de 10-3- 2006).

Este também é posicionamento da **TNU**, através da **Súmula 66**:

> Súmula 66- O servidor público ex-celetista que trabalhava sob condições especiais antes de migrar para o regime estatutário tem direito adquirido à conversão do tempo de atividade especial em tempo comum com o devido acréscimo legal, para efeito de contagem recíproca no regime previdenciário próprio dos servidores públicos.

2. NOVO PANORAMA FEDERATIVO APÓS A EMENDA 103/2019

Eis as novas regras permanentes a respeito das aposentadorias especiais inauguradas pela EC 103/2019:

> § 4º É vedada a adoção de requisitos ou critérios diferenciados para concessão de benefícios em regime próprio de previdência social, ressalvado o disposto nos §§ 4º-A, 4º-B, 4º-C e 5º.
>
> ...
>
> § 4º-C **Poderão** ser estabelecidos por **lei complementar** do respectivo ente federativo idade e tempo de contribuição diferenciados para aposentadoria de servidores cujas atividades sejam exercidas com efetiva exposição a **agentes nocivos** químicos, físicos e biológicos prejudiciais à saúde, ou associação destes agentes, **vedada a caracterização por categoria profissional ou ocupação.**

2. RE-AgR 431.200, de 29.03.2005.

As aposentadorias especiais no RPPS eram uma determinação constitucional. Agora passaram a ser um **ato discricionário do legislador**, ao inserir expressamente no texto constitucional a expressão **"poderão"**, o que é um lamentável retrocesso.

E agora cabe a **cada ente federativo** aprovar uma **lei complementar** com as regras especiais, **discricionariamente**, não sendo mais necessário que haja uma lei complementar nacional, quebrando a isonomia entre servidores das esferas de governo.

Em relação aos servidores que laboram expostos a agentes nocivos à saúde, nunca foi editada lei complementar em RPPS, razão pela qual o STF determinava a aplicação da legislação do RGPS, no que couber:

> **Súmula Vinculante 33**
>
> Aplicam-se ao servidor público, no que couber, as regras do regime geral da previdência social sobre aposentadoria especial de que trata o artigo 40, § 4º, inciso III da Constituição Federal, até a edição de lei complementar específica.
>
> **Precedentes Representativos**
>
> A aposentadoria especial de servidor público portador de deficiência é assegurada mediante o preenchimento dos requisitos previstos na legislação aplicável à aposentadoria especial dos segurados do Regime Geral de Previdência Social, até que seja editada a lei complementar exigida pelo art. 40, § 4º, II, da CF/1988. (...) 2. A eficácia do direito à aposentadoria especial objeto do art. 40, § 4º, da CF/1988 exige regulamentação mediante lei complementar de iniciativa privativa do presidente da República, de modo que cabe ao Supremo Tribunal Federal, *ex vi* do art. 102, I, *q*, da Lei Maior, o julgamento do mandado de injunção impetrado com o objetivo de viabilizar o seu exercício. [**MI 4.158 AgR-segundo**, rel. min. **Luiz Fux**, P, j. 18-12-2013, *DJE* 34 de 19-2-2014.]
>
> MANDADO DE INJUNÇÃO. APOSENTADORIA ESPECIAL DO SERVIDOR PÚBLICO. ART. 40, § 4º, DA CF/1988. AUSÊNCIA DE LEI COMPLEMENTAR A DISCIPLINAR A MATÉRIA. NECESSIDADE DE INTEGRAÇÃO LEGISLATIVA. 1. Servidor público. Investigador da polícia civil do Estado de São Paulo. Alegado exercício de atividade sob condições de periculosidade e insalubridade. 2. Reconhecida a omissão legislativa em razão da ausência de lei complementar a definir as condições para o implemento da aposentadoria especial. 3. Mandado de injunção conhecido e concedido para comunicar a mora à autoridade competente e determinar a aplicação, no que couber, do art. 57 da Lei 8.213/1991. **MI 795**, rel. min. **Cármen Lúcia**, P, j. 15-4-2009, *DJE* 94 de 22-5-2009.]

O tema é regulamentado pela Instrução Normativa MPS/SPS 01, de 22.07.2010, que estabelece instruções para o reconhecimento do tempo de serviço público exercido sob condições especiais que prejudiquem a saúde ou a integridade física pelos regimes próprios de previdência social para fins de concessão de aposentadoria especial aos servidores públicos amparados por Mandado de Injunção.

Como agora inexiste uma determinação constitucional de regulamentação, entende-se que não mais caberá ao STF determinar a aplicação das regras do RGPS para os **novos servidores.**

Considerando que após 13.11.2019 a aposentadoria especial por agentes nocivos do servidor passou a ser da competência do legislador estadual e municipal, não mais dependendo da edição de lei complementar da União, no julgamento da PSV 118 o STF pronunciou a **perda de objeto da Súmula Vinculante 33:**

> **PSV 118**
>
> **Órgão julgador:** Tribunal Pleno
>
> **Relator(a):** Min. LUIZ FUX (Presidente)
>
> **Redator(a) do acórdão:** Min. ALEXANDRE DE MORAES
>
> **Julgamento:** 11/04/2022
>
> **Publicação:** 30/06/2022
>
> **Ementa**
>
> EMENTA: DIREITO CONSTITUCIONAL E PREVIDENCIÁRIO. PROPOSTA DE SÚMULA VINCULANTE 118. REVISÃO DA SÚMULA VINCULANTE 33. ALTERAÇÃO CONSTITUCIONAL. PREENCHIMENTO DAS LACUNAS NORMATIVAS. PERDA SUPERVENIENTE DO OBJETO. PROPOSTA REJEITADA. 1. **Proposta de revisão da Súmula Vinculante 33**, a fim de inserir referência à antiga redação do inciso I do parágrafo 4º do artigo 40 da CF/88, sugerindo-se a seguinte redação: "aplicam-se ao servidor público, no que couber, as regras do regime geral da previdência social sobre aposentadoria especial de que trata o artigo 40, § 4º, incisos I e III, da Constituição Federal, até a edição de lei complementar específica". 2**. Com a promulgação da Emenda Constitucional 103/2019, a aposentadoria especial dos servidores públicos passou por profunda modificação, sendo que as lacunas normativas então existentes, as quais justificaram a aprovação do Enunciado Vinculante 33 e o pedido revisional aqui apresentado, já não mais subsistem, motivo pelo qual a presente revisão perdeu seu objeto. 3. Proposta de revisão de Súmula Vinculante rejeitada por perda superveniente do objeto.**

3. AGENTES DE SAÚDE E COMBATE ÀS ENDEMIAS

De acordo com a **Emenda Constitucional 120, de 5 de maio de 2022**, "*os agentes comunitários de saúde e os agentes de combate às endemias terão* *também, em razão dos riscos inerentes às funções desempenhadas, **aposentadoria especial** e, somado aos seus vencimentos, adicional de insalubridade".*

Trata-se de regra constitucional que **determina** a concessão de aposentadoria especial aos citados agentes de saúde por presunção de nocividade por exposição aos agentes biológicos, que diante da sua generalidade abarca o **RGPS** (empregados públicos) e **RPPS** (servidores com cargo efetivo).

Não possui aplicação imediata, pois não detém elementos mínimos de concretização sem a devida regulamentação por **lei complementar**, conforme exige o artigo 201, §4º, combinado com o artigo 40, §4º-C, ambos da Constituição, tais como tempo de contribuição e idade.

Registre-se que, no âmbito do RPPS dos estados, Distrito Federal e municípios, caberá aos respectivos entes políticos a sua regulamentação através de lei complementar.

Demais disso, **parece ser uma concessão excepcional de aposentadoria especial por categoria profissional**, posto que não exige exposição permanente aos agentes biológicos, trazendo uma presunção constitucional absoluta de especialidade por profissão, sistemática que havia sido extinta pela Lei 9.032/95 e reforçada pela Emenda 103/2019, sendo neste ponto um retrocesso no modelo de concessão do benefício, que desde 29/04/1995 havia abandonado a concessão por categoria profissional para focar na exposição permanente aos agentes nocivos, independentemente da profissão desempenhada.

Desse modo, somente após a sua regulamentação por intermédio de leis complementares teremos a efetiva aplicação desse novo dispositivo, sem prejuízo da concessão do benefício pelas regras anteriores por exposição permanente aos agentes biológicos com risco anormal de exposição em decorrência da natureza da atividade desempenhada, à luz dos artigos 19 e 21 da EC 103/2019 combinado com o artigo 57 da Lei 8.213/91.

4. REGRAS PERMANENTES DOS SERVIDORES FEDERAIS APÓS A EMENDA 103/2019

Até que a União edite uma lei para disciplinar as regras especiais de aposentadorias dos servidores federais, deverá ser observado o regramento de transição do artigo 10 da Emenda 103/2019 **(regra de transição a uma regra permanente):**

Art. 10. **Até que entre em vigor lei federal** que discipline os benefícios do regime próprio de previdência social dos servidores da União, aplica-se o disposto neste artigo. ... § 2º **Os servidores públicos federais com direito a idade mínima ou tempo de contribuição distintos da regra geral para concessão de aposentadoria**, na forma dos §§ 4º-B, 4º-C e 5º do art. 40 da Constituição Federal, poderão se aposentar, observados os seguintes requisitos: ...
II – o **servidor público federal** cujas atividades sejam exercidas com efetiva exposição a **agentes nocivos** químicos, físicos e biológicos prejudiciais à saúde, ou associação destes agentes, vedada a caracterização por categoria profissional ou ocupação, aos 60 (sessenta) anos de idade, 25 (vinte e cinco) anos de efetiva exposição e contribuição, 10 (dez) anos de efetivo exercício de serviço público e 5 (cinco) anos no cargo efetivo em que for concedida a aposentadoria;

Logo, o regramento permanente da aposentadoria especial por agentes nocivos dos servidores federais exige os seguintes requisitos:

A) 60 (sessenta) anos de idade;

B) 25 (vinte e cinco) anos de efetiva exposição e contribuição;

C) 10 (dez) anos de efetivo exercício de serviço público;

D) 5 (cinco) anos no cargo efetivo em que for concedida a aposentadoria.

O **ANEXO IV** da Portaria SGP/SEDGG/ME 10.360/2022 rege o reconhecimento do temo especial por agentes nocivos dos servidores federais **após 13.11.2019**, com lastro na aplicação da EC 103/2019:

ANEXO IV **RECONHECIMENTO DO TEMPO DE EXERCÍCIO DE ATIVIDADES COM EFETIVA EXPOSIÇÃO A AGENTES QUÍMICOS, FÍSICOS E BIOLÓGICOS PREJUDICIAIS À SAÚDE, OU ASSOCIAÇÃO DESSES AGENTES, A PARTIR DE 13 DE NOVEMBRO DE 2019, DATA DA EMENDA CONSTITUCIONAL Nº 103, DE 2019.** Art. 1º Deverá ser instituído processo administrativo para caracterização e comprovação da efetiva exposição a agentes químicos, físicos e biológicos prejudiciais à saúde, ou associação desses agentes, para fins exclusivos de concessão de aposentadoria de que trata o art. 56 desta Portaria. §1º O processo a que se refere o caput será instruído pelo órgão ou entidade no qual o servidor exerceu atividades especiais e, necessariamente, deverá integrar os autos de aposentadoria, mesmo que seja concedido em outro distinto. §2º A responsabilidade pelas informações prestadas nos autos a que se refere o caput é da autoridade que o instruiu, respondendo solidariamente a autoridade responsável pela concessão de aposentadoria em caso de utilização de tempo convertido sem que sejam observadas as questões formais disciplinadas neste Anexo.

Art. 2º O reconhecimento do tempo de exercício de atividades com efetiva exposição a agentes químicos, físicos e biológicos prejudiciais à saúde, ou associação desses agentes, de que trata o § 4º-C do art. 40 da Constituição Federal observará adicionalmente as condições e os requisitos estabelecidos para o Regime Geral de Previdência Social - RGPS, naquilo em que não conflitarem com as regras específicas aplicáveis aos RPPS da União, em consonância com o disposto no § 12 do art. 40 da Constituição Federal, vedada a conversão de tempo especial exercido a partir de 13 de novembro de 2019 em tempo comum.

Art. 3º A caracterização e a comprovação do exercício de atividades com efetiva exposição a agentes químicos, físicos e biológicos prejudiciais à saúde, ou a associação desses agentes, obedecerão ao disposto na legislação em vigor na época do exercício das atribuições do segurado.

§ 1º O reconhecimento de tempo de serviço público exercido com efetiva exposição a agentes químicos, físicos e biológicos prejudiciais à saúde, ou a associação desses agentes, pelos regimes próprios, dependerá de comprovação do exercício de atribuições do cargo público de modo permanente, não ocasional nem intermitente, nessas condições, inclusive no período em que o segurado estiver em exercício de mandato eletivo, cedido, com ou sem ônus para o cessionário, a órgão ou entidade da administração direta ou indireta, do mesmo ou de outro ente federativo, ou afastado do país por cessão ou licenciamento.

§ 2º A efetiva exposição a agente prejudicial à saúde configura-se quando, mesmo após a adoção das medidas de controle previstas na legislação, a nocividade não seja eliminada ou neutralizada.

§ 3º Para fins do disposto no § 2º, considera-se:

I - eliminação: a adoção de medidas de controle que efetivamente impossibilitem a exposição ao agente prejudicial à saúde no ambiente de trabalho; e

II - neutralização: a adoção de medidas de controle que reduzam a intensidade, a concentração ou a dose do agente prejudicial à saúde ao limite de tolerância previsto no Regulamento da Previdência Social, aprovado pelo Decreto nº 3.048, de 6 de maio de 1999, ou, na sua ausência, na legislação trabalhista.

§ 4º Para fins do disposto no caput, a exposição aos agentes químicos, físicos e biológicos prejudiciais à saúde, ou a associação desses agentes, deverá superar os limites de tolerância estabelecidos segundo critérios quantitativos ou estar caracterizada de acordo com os critérios da avaliação qualitativa de riscos comprovada pela descrição:

I - das circunstâncias de exposição ocupacional a determinado agente ou associação de agentes prejudiciais à saúde presentes no ambiente de trabalho durante toda a jornada de trabalho;

II - de todas as fontes e possibilidades de liberação dos agentes mencionados no inciso I deste parágrafo; e

III - dos meios de contato ou exposição dos trabalhadores, as vias de absorção, a intensidade da exposição, a frequência e a duração do contato.

§ 5º A caracterização de tempo especial não ocorre quando o Equipamento de Proteção Individual - EPI - tiver a capacidade real de neutralizar a exposição do trabalhador, salvo na hipótese de exposição a ruído acima dos limites de tolerância a que se refere o art. 10, ainda que haja declaração da eficácia do EPI quanto a este agente prejudicial à saúde, emitida pelo órgão responsável da Administração e constante do documento de comprovação de que trata o art. 6º.

§ 6º Os agentes reconhecidamente cancerígenos para humanos, listados pelo Ministério do Trabalho e Previdência - MTP, serão avaliados em conformidade com os critérios da avaliação qualitativa dispostos nos incisos I a III do § 4º e na forma do art. 9º e, caso sejam adotadas as medidas de controle previstas na legislação trabalhista que eliminem a nocividade, será descaracterizada a efetiva exposição.

§ 7º É vedada a caracterização por categoria profissional ou ocupação para concessão de aposentadoria especial.

§ 8º Não será admitida a comprovação de tempo de serviço público de que trata o § 1º por meio de prova exclusivamente testemunhal ou com base no mero recebimento de adicional de insalubridade ou equivalente.

Art. 4º O enquadramento de atividade em condições especiais observará os seguintes marcos temporais e critérios:

I - Até 5 de março de 1997, o enquadramento de atividade especial somente admitirá o critério de efetiva exposição a agentes químicos, físicos e biológicos prejudiciais à saúde, ou a associação desses agentes, no exercício de atribuições do cargo público, em condições análogas às que permitem enquadrar as atividades profissionais como perigosas, insalubres ou penosas, conforme a classificação em função da efetiva exposição aos referidos agentes, agrupados sob o código 1.0.0 do Quadro anexo ao Decreto nº 53.831, de 1964 e sob o código 1.0.0 do Anexo I do Regulamento dos Benefícios da Previdência Social, aprovado pelo Decreto nº 83.080, de 1979.

II - De 6 de março de 1997 até 6 de maio de 1999 o enquadramento de atividade especial observará a relação dos agentes nocivos prejudiciais à saúde ou à integridade física que consta do Anexo IV do Regulamento dos Benefícios da Previdência Social, aprovado pelo Decreto nº 2.172, de 5 de março de 1997.

III - A partir de 7 de maio de 1999, o enquadramento de atividade especial observará a relação dos agentes nocivos prejudiciais à saúde ou à integridade física que consta do Anexo IV do Regulamento da Previdência Social, aprovado pelo Decreto nº 3.048, de 6 de maio de 1999.

Art. 5º O processo administrativo a que se refere o art. 1º deste Anexo deverá ser individualizado e deverá ser instruído com os seguintes documentos, cumulativamente:

I - documento de comprovação de efetiva exposição a agentes prejudiciais à saúde, em meio físico, ou documento eletrônico que venha a substituí-lo;

II - Laudo Técnico de Condições Ambientais do Trabalho - LTCAT, observado o disposto no art. 7º, ou os documentos aceitos em substituição àquele, consoante o art. 8º; e

III - parecer da perícia médica, em relação ao enquadramento por efetiva exposição a agentes prejudiciais à saúde, na forma do art. 9º.

Art. 6º O documento de comprovação de efetiva exposição a agentes prejudiciais à saúde de que trata o inciso I do caput do art. 5º é o modelo de documento instituído para o RGPS, segundo seu período de vigência, sob as siglas SB-40, DISESBE 5235, DSS-8030 ou DIRBEN 8030, que serão aceitos, quando emitidos até 31 de dezembro de 2003, e o Perfil Profissiográfico Previdenciário - PPP, conforme Anexo V, que é o formulário exigido a partir de 1º de janeiro de 2004.

Parágrafo único. O documento de comprovação de efetiva exposição será emitido pelo órgão ou entidade responsável pelos assentamentos funcionais do segurado no correspondente período de exercício das atribuições do cargo, observado o disposto no art. 3º.

Art. 7º O LTCAT será expedido por médico do trabalho ou engenheiro de segurança do trabalho que integre, de preferência, o quadro funcional da Administração Pública responsável pelo levantamento ambiental, podendo esse encargo ser atribuído a terceiro que comprove o mesmo requisito de habilitação técnica.

§ 1º O enquadramento de atividade especial por exposição ao agente físico ruído, em qualquer época da prestação do labor, exige laudo técnico pericial.

§ 2º Em relação aos demais agentes nocivos, o laudo técnico pericial será obrigatório para os períodos laborados a partir de 14 de outubro de 1996, data de publicação da Medida Provisória nº 1.523, posteriormente convertida na Lei nº 9.528, de 10 de dezembro de 1997.

§ 3º É admitido o laudo técnico emitido em data anterior ou posterior ao exercício da atividade pelo segurado, se não houve alteração no ambiente de trabalho ou em sua organização, desde que haja ratificação, nesse sentido, pelo responsável técnico a que se refere o caput.

§ 4º Não serão aceitos:

I - laudo relativo à atividade diversa, salvo quando efetuada no mesmo órgão público;

II - laudo relativo a órgão público ou equipamento diversos, ainda que as funções sejam similares; e

III - laudo realizado em localidade diversa daquela em que houve o exercício da atividade.

§ 5º Nas avaliações ambientais deverão ser considerados, além do disposto nos incisos do art. 4º, a metodologia e os procedimentos de avaliação estabelecidos pela Fundação Jorge Duprat Figueiredo de Segurança e Medicina do Trabalho - Fundacentro.

§ 6º Na hipótese de não terem sido estabelecidos pela Fundacentro a metodologia e os procedimentos de avaliação, caberá ao MTP indicar outras instituições para estabelecê-los.

§ 7º O laudo técnico a que se refere este artigo conterá informações sobre a existência de tecnologia de proteção coletiva ou individual e sobre a sua eficácia e será elaborado com observância às normas editadas pelo MTP e aos procedimentos adotados pelo INSS.

Art. 8º Poderão ser aceitos em substituição ao LTCAT, ou ainda de forma complementar a este, os seguintes documentos:

I - laudos técnico-periciais emitidos por determinação da Justiça do Trabalho, em ações trabalhistas, acordos ou dissídios coletivos;

II - laudos emitidos pela Fundacentro;

III - laudos emitidos pelo MTP, ou, ainda, pelas Delegacias Regionais do Trabalho - DRT;

IV - laudos individuais acompanhados de:

a) autorização escrita do órgão administrativo competente, se o levantamento ambiental ficar a cargo de responsável técnico não integrante do quadro funcional da respectiva Administração;

b) cópia do documento de habilitação profissional do engenheiro de segurança do trabalho ou médico do trabalho, indicando sua especialidade;

c) nome e identificação do servidor da Administração responsável pelo acompanhamento do levantamento ambiental, quando a emissão do laudo ficar a cargo de profissional não pertencente ao quadro de pessoal do órgão ou da entidade; e

d) data e local da realização da perícia; e

V - demonstrações ambientais constantes dos seguintes documentos:

a) Programa de Prevenção de Riscos Ambientais - PPRA;

b) Programa de Gerenciamento de Riscos - PGR;

c) Programa de Condições e Meio Ambiente de Trabalho na Indústria da Construção - PCMAT; e

d) Programa de Controle Médico de Saúde Ocupacional - PCMSO.

Art. 9º A análise para a caracterização e o enquadramento do exercício de atividades com efetiva exposição a agentes químicos, físicos e biológicos prejudiciais à saúde, ou a associação desses agentes, será de responsabilidade de Perito Médico que integre, de preferência, o quadro de pessoal da Administração Pública do ente concessor, mediante a adoção dos seguintes procedimentos:

I - análise do documento de comprovação de efetiva exposição a agentes prejudiciais à saúde e laudo técnico ou demais demonstrações ambientais referidas no inciso V do caput do art. 8º;

II - a seu critério, inspeção de ambientes de trabalho com vistas à rerratificação das informações contidas nas demonstrações ambientais; e

III - emissão de parecer médico-pericial conclusivo, descrevendo o enquadramento por efetiva exposição a agentes prejudiciais à saúde, indicando a codificação contida na legislação específica e o correspondente período de atividade.

Art. 10. Considera-se especial a atividade exercida com efetiva exposição a ruído quando a exposição ao ruído tiver sido superior a:

I - 80 (oitenta) decibéis (dB), até 5 de março de 1997;

II - 90 (noventa) dB, a partir de 6 março de 1997 até 18 de novembro de 2003; e

III - 85 (oitenta e cinco) dB, a partir de 19 de novembro de 2003.

Parágrafo único. O enquadramento a que se refere o inciso III do caput, será efetuado quando o Nível de Exposição Normalizado - NEN se situar acima de 85 (oitenta e cinco) decibéis ou for ultrapassada a dose unitária, observados:

I - os limites de tolerância definidos no Quadro Anexo I da NR-15 do MTP; e

II - as metodologias e os procedimentos definidos na Norma de Higiene Ocupacional - NHO-01 da Fundacentro.

Art. 11 Considera-se tempo de serviço sob condições especiais, para os fins deste Anexo, desde que o segurado estivesse exercendo atividade considerada especial ao tempo das seguintes ocorrências:

I - períodos de descanso determinados pela legislação do regime estatutário da União, inclusive férias;

II - licença gestante, adotante e paternidade; e

III - ausência por motivo de doação de sangue, alistamento como eleitor, participação em júri, casamento e óbito de pessoa da família.

Art. 12. No cálculo e no reajustamento dos proventos de aposentadorias especiais dos segurados, cujas atividades sejam exercidas com efetiva exposição a agentes químicos, físicos e biológicos prejudiciais à saúde, ou a associação desses agentes, aplica-se o art. 26 da Emenda Constitucional nº 103, de 2019, inclusive quanto ao reajuste do benefício nos termos estabelecidos para o RGPS.

Art. 13. O responsável por informações falsas, no todo ou em parte, inserida nos documentos a que se referem os arts. 5º e 6º, responderá pela prática dos crimes previstos nos arts. 297 e 299 do Código Penal.

Art. 14. Aplicam-se, no que couber, as disposições da Instrução Normativa da SGP/SEGGG/ME nº 15 de 16 de março de 2022, da Secretaria de Gestão e Desempenho de Pessoal, que estabelece orientações sobre a concessão dos adicionais de insalubridade, periculosidade, irradiação ionizante e gratificação por trabalhos com raios-x ou substâncias radioativas, e dá outras providências.

Art. 15. Este Anexo não será aplicado para conversão do tempo de exercício de atividades com efetiva exposição a agentes químicos, físicos e biológicos prejudiciais à saúde, ou associação desses agentes, a partir de 13 de novembro de 2019, em tempo de contribuição comum, inclusive para fins de contagem recíproca de tempo de contribuição.

Ademais, **havia vedação expressa à caracterização por categoria profissional ou ocupação e o enquadramento por periculosidade**, a exemplo de *vigilantes* e *eletricitários*, buscando barrar a jurisprudência do STJ no RGPS que se aplicava ao RPPS em razão da súmula vinculante 33:

> RECURSO REPETITIVO
>
> Pesquisa de tema: Tema Repetitivo 534
>
> Situação do tema: Trânsito em Julgado
>
> Pesquisa de Repetitivo Organizado por Assunto
>
> Veja os EDcl no REsp 1306113-SC, que foram parcialmente providos.
>
> Processo
>
> REsp 1306113 / SC
>
> RECURSO ESPECIAL
>
> 2012/0035798-8
>
> Relator(a)
>
> Ministro HERMAN BENJAMIN (1132)
>
> **Órgão Julgador**
>
> S1 - PRIMEIRA SEÇÃO
>
> Data do Julgamento
>
> 14/11/2012
>
> Data da Publicação/Fonte
>
> DJe 07/03/2013
>
> Ementa
>
> RECURSO ESPECIAL. MATÉRIA REPETITIVA. ART. 543-C DO CPC E RESOLUÇÃO STJ 8/2008. RECURSO REPRESENTATIVO DE CONTROVÉRSIA. ATIVIDADE ESPECIAL. AGENTE ELETRICIDADE. SUPRESSÃO PELO DECRETO 2.172/1997 (ANEXO IV). ARTS. 57 E 58 DA LEI 8.213/1991. ROL DE ATIVIDADES E AGENTES NOCIVOS. CARÁTER EXEMPLIFICATIVO. AGENTES PREJUDICIAIS NÃO PREVISTOS. REQUISITOS PARA CARACTERIZAÇÃO. SUPORTE TÉCNICO MÉDICO E JURÍDICO. EXPOSIÇÃO PERMANENTE, NÃO OCASIONAL NEM INTERMITENTE (ART. 57, § 3º, DA LEI 8.213/1991).
>
> **1. Trata-se de Recurso** Especial **interposto pela autarquia previdenciária com o escopo de prevalecer a tese de que a supressão do agente** eletricidade **do rol de agentes nocivos pelo Decreto 2.172/1997 (Anexo IV) culmina na impossibilidade de configuração como tempo** especial **(arts. 57 e 58 da Lei 8.213/1991) de tal hipótese a partir da vigência do citado ato normativo.**
>
> **2. À luz da interpretação sistemática, as normas regulamentadoras que estabelecem os casos de agentes e atividades nocivos à saúde do trabalhador**

são exemplificativas, podendo ser tido como distinto o labor que a técnica médica e a legislação correlata considerarem como prejudiciais ao obreiro, desde que o trabalho seja permanente, não ocasional, nem intermitente, em condições especiais **(art. 57, § 3º, da Lei 8.213/1991). Precedentes do STJ.**

3. No caso concreto, o Tribunal de origem embasou-se em elementos técnicos (laudo pericial) e na legislação trabalhista para reputar como especial o trabalho exercido pelo recorrido, por consequência da exposição habitual à eletricidade, o que está de acordo com o entendimento fixado pelo STJ.

4. Recurso Especial não provido. Acórdão submetido ao regime do art. 543-C do CPC e da Resolução 8/2008 do STJ.

Processo

Pet 10679 / RN

PETIÇÃO

2014/0233212-2

Relator(a)

Ministro NAPOLEÃO NUNES MAIA FILHO (1133)

Órgão Julgador

S1 – PRIMEIRA SEÇÃO

Data do Julgamento

22/05/2019

Data da Publicação/Fonte

DJe 24/05/2019

Ementa

PREVIDENCIÁRIO. PEDIDO DE UNIFORMIZAÇÃO DE INTERPRETAÇÃO DE LEI FEDERAL. ATIVIDADE **ESPECIAL. VIGILANTE,** COM OU SEM USO DE ARMA DE FOGO. SUPRESSÃO PELO DECRETO 2.172/1997. ARTS. 57 E 58 DA LEI 8.213/1991. ROL DE ATIVIDADES E AGENTES NOCIVOS. CARÁTER EXEMPLIFICATIVO. AGENTES PREJUDICIAIS NÃO PREVISTOS. REQUISITOS PARA CARACTERIZAÇÃO. EXPOSIÇÃO PERMANENTE, NÃO OCASIONAL NEM INTERMITENTE (ART. 57, § 3º., DA LEI 8.213/1991). INCIDENTE DE UNIFORMIZAÇÃO INTERPOSTO PELO SEGURADO PROVIDO.

1. Não se desconhece que a periculosidade não está expressamente prevista nos Decretos 2.172/1997 e 3.048/1999, o que à primeira vista, levaria ao entendimento de que está excluída da legislação a aposentadoria especial pela via da periculosidade.

2. Contudo, o art. 57 da Lei 8.213/1991 assegura expressamente o direito à aposentadoria especial ao Segurado que exerça sua atividade em condições que coloquem

em risco a sua saúde ou a sua integridade física, nos termos dos arts. 201, § 1º. e 202, II da Constituição Federal.

3. Assim, o fato de os decretos não mais contemplarem os agentes perigosos não significa que não seja mais possível o reconhecimento da especialidade da atividade, já que todo o ordenamento jurídico, hierarquicamente superior, traz a garantia de proteção à integridade física do trabalhador.

4. Corroborando tal assertiva, a Primeira Seção desta Corte, no julgamento do 1.306.113/SC, fixou a orientação de que a despeito da supressão do agente eletricidade pelo Decreto 2.172/1997, é possível o reconhecimento da especialidade da atividade submetida a tal agente perigoso, desde que comprovada a exposição do trabalhador de forma permanente, não ocasional, nem intermitente.

5. Seguindo essa mesma orientação, é possível reconhecer a possibilidade de caracterização da atividade de vigilante como especial, com ou sem o uso de arma de fogo, mesmo após 5.3.1997, desde que comprovada a exposição do trabalhador à atividade nociva, de forma permanente, não ocasional, nem intermitente.

6. *In casu*, merece reparos o acórdão proferido pela TNU afirmando a impossibilidade de contagem como tempo especial o exercício da atividade de vigilante no período posterior ao Decreto 2.172/1997, restabelecendo o acórdão proferido pela Turma Recursal que reconheceu a comprovação da especialidade da atividade.

7. Incidente de Uniformização interposto pelo Segurado provido para fazer prevalecer a orientação ora firmada.

No entanto, após uma negociação no Senado, a vedação ao enquadramento por periculosidade foi retirada e o tema será em breve regulado por lei complementar, que irá descrever as situações de concessão por risco.

Os proventos de aposentadoria especial serão calculados com base no artigo 26, § 4º, inciso IV da Emenda 103/2019.

Desta forma, para os **servidores federais** que ingressaram até a data de publicação da Emenda, será feita média aritmética simples de **100% do período contributivo** desde a competência julho de 1994 ou desde o início da contribuição, se posterior àquela competência, não se aplicando mais a média aritmética simples dos 80% maiores.

Para a aposentadoria especial que exige nocividade pelo período mínimo de **20 ou 25 anos**, o valor do benefício de aposentadoria corresponderá a **sessenta por cento da média aritmética das 100% das remunerações/ salários de contribuição desde julho de 1994, com acréscimo de 2% para cada ano que ultrapassar os 20 anos de contribuição:**

TEMPO DE CONTRIBUIÇÃO 20 ou 25 ANOS DE NOCIVIDADE	COEFICIENTE
20 anos	60%
21 anos	62%
22 anos	64%
23 anos	66%
24 anos	68%
25 anos	70%
26 anos	72%
27 anos	74%
28 anos	76%
29 anos	78%
30 anos	80%
31 anos	82%
32 anos	84%
33 anos	86%
34 anos	88%
35 anos	90%
36 anos	92%
37 anos	94%
38 anos	96%
39 anos	98%
40 anos	100%

Desta forma, conforme tabela supra, para esta regra de transição, a aposentadoria do servidor federal variará 60% a 100% da média de todas as remunerações desde 7/1994, somente atingindo a 100% da média quando o servidor federal possuir 40 anos de tempo de contribuição.

No entanto, para **a aposentadoria especial que exige apenas 15 anos de nocividade**, existem uma regra especial de cálculo da renda mensal no artigo

26, § 5º[3], da Emenda 103/2019, que prevê a **progressão a contar de 15 anos**, e não de 20 anos de contribuição:

TEMPO DE CONTRIBUIÇÃO 15 ANOS DE NOCIVIDADE	COEFICIENTE
15 anos	60%
16 anos	62%
17 anos	64%
18 anos	66%
19 anos	68%
20 anos	70%
21 anos	72%
22 anos	74%
23 anos	76%
24 anos	78%
25 anos	80%
26 anos	82%
27 anos	84%
28 anos	86%
29 anos	88%
30 anos	90%
31 anos	92%
32 anos	94%
33 anos	96%
34 anos	98%
35 anos	100%

Curioso notar que, **intencionalmente**, o artigo 26 da Emenda 103/2019 não limita a média de todas as remunerações do servidor a 100%, de modo que o servidor federal que possuir mais de 40 anos de tempo de contribuição (nocividade de 20 ou 25 anos) ou de 35 anos (nocividade de 15 anos) poderá ter proventos que ultrapassem a 100% (**proventos *ultra* integrais**).

Ademais, **poderão ser excluídas da média as contribuições que resultem em redução do valor do benefício**, desde que mantido o tempo mínimo

3. § 5º O acréscimo a que se refere o *caput* do § 2º será aplicado para cada ano que **exceder quinze anos** de tempo de contribuição para os segurados de que tratam a alínea "a" do inciso I do art. 19 **e do inciso I do art. 21** e para as mulheres filiadas ao Regime Geral de Previdência Social.

de contribuição exigido, vedada a utilização do tempo excluído para qualquer finalidade, para a averbação em outro regime previdenciário ou para a obtenção dos proventos de inatividade dos militares.

Estas regras são exclusivas para os servidores federais (e segurados do RGPS, conforme será estudado), pois a sua aplicação aos servidores dos estados, Distrito Federal e municípios depende de alterações na legislação interna relacionada ao respectivo regime próprio de previdência social, mantendo-se até lá as normas constitucionais e infraconstitucionais anteriores à data de entrada em vigor desta Emenda Constitucional 103/2019.

Temos no STF a pendência de julgamento da ADI 6309, que busca a pronúncia de inconstitucionalidade da fixação da idade mínima da aposentadoria especial, da vedação de conversão do tempo especial em comum e da redução da renda mensal:

NÚMERO	DISPOSITIVOS QUESTIONADOS	VOTAÇÃO
ADI 6309 - APOSENTADORIA ESPECIAL:	Inciso I do art. 19 (estabeleceu a exigência de requisito etário), §2º do art. 25, e inciso IV do § 2º do artigo 26, todos da emenda constitucional n.º 103, de 12/11/2019	**Decisão:** Em continuidade de julgamento e após o cancelamento do destaque, pediu vista dos autos o Ministro Alexandre de Moraes. Não vota o Ministro Flávio Dino, sucessor da Ministra Rosa Weber, que já proferira voto em assentada anterior. Plenário, Sessão Virtual de 3.5.2024 a 10.5.2024. **Decisão:** Em continuidade de julgamento, após o voto do Ministro Gilmar Mendes, acompanhando o voto do Ministro Roberto Barroso (Relator), para julgar improcedente o pedido, o processo foi destacado pelo Ministro Dias Toffoli. A Ministra Rosa Weber (Presidente) antecipou seu voto acompanhando o Ministro Edson Fachin. Plenário, Sessão Virtual de 23.6.2023 a 30.6.2023. **Decisão:** Após o voto do Ministro Roberto Barroso (Relator), que julgava improcedentes os pedidos formulados nesta ação direta, declarando-se a constitucionalidade dos dispositivos impugnados, e propunha a fixação da seguinte tese de julgamento: "Não ferem cláusula pétrea os dispositivos da Emenda Constitucional nº 103/2019, relativos ao Regime Geral de Previdência Social, que (i) estabelecem idades mínimas para a aposentadoria especial por insalubridade (art. 19, § 1º, I), (ii) vedam a conversão de tempo especial em comum (art. 25, § 2º) e (iii) modificam a forma de cálculo dos proventos de aposentadoria especial por insalubridade (art. 26, § 4º, IV)", pediu vista dos autos o Ministro Ricardo Lewandowski. O Ministro Edson Fachin antecipou seu voto divergindo

NÚMERO	DISPOSITIVOS QUESTIONADOS	VOTAÇÃO
		do Relator, para julgar procedente a presente ação direta, declarando a inconstitucionalidade do inciso I do art. 19; do § 2º do art. 25; e do inciso IV do § 2º do artigo 26, todos da Emenda Constitucional n.º 103, de 12 de novembro de 2019. Falaram: pela requerente, o Dr. Fernando Gonçalves Dias; pelo *amicus curiae* Sindicato Nacional dos Servidores Federais da Educação Básica, Profissional e Tecnológica - SINASEFE NACIONAL, a Dra. Luciana Inês Rambo; e, pelo *amicus curiae* Instituto Brasileiro de Direito Previdenciário (IBDP), o Dr. Diego Henrique Schuster. Plenário, Sessão Virtual de 17.3.2023 a 24.3.2023.

5. REGRAS DE TRANSIÇÃO DOS SERVIDORES FEDERAIS APÓS A EMENDA 103/2019

Art. 21. O segurado ou o **servidor público federal** que tenha se filiado ao Regime Geral de Previdência Social ou ingressado no serviço público em cargo efetivo até a data de entrada em vigor desta Emenda à Constituição, cujas atividades tenham sido exercidas com efetiva exposição a **agentes nocivos** químicos, físicos e biológicos prejudiciais à saúde, ou associação desses agentes, **vedada a caracterização por categoria profissional ou ocupação**, desde que cumpridos, no caso do servidor, o tempo mínimo de **vinte anos de efetivo exercício no serviço público e de cinco anos no cargo efetivo** em que for concedida a aposentadoria, na forma dos arts. 57 e 58 da Lei nº 8.213, de 24 de julho de 1991, poderá aposentar-se quando **o total da soma** resultante da sua **idade** e do **tempo de contribuição** e o **tempo de efetiva exposição** forem, respectivamente, de:

I - 66 (sessenta e seis) pontos e 15 (quinze) anos de efetiva exposição;

II - 76 (setenta e seis) pontos e 20 (vinte) anos de efetiva exposição; e

III - 86 (oitenta e seis) pontos e 25 (vinte e cinco) anos de efetiva exposição.

§ 1º A idade e o tempo de contribuição serão apurados em dias para o cálculo do somatório de pontos a que se refere o *caput*.

§ 2º O valor da aposentadoria de que trata este artigo será apurado na forma da lei.

§ 3º Aplicam-se às aposentadorias dos servidores dos Estados, do Distrito Federal e dos Municípios cujas atividades sejam exercidas com efetiva exposição a agentes químicos, físicos e biológicos prejudiciais à saúde, ou associação desses agentes, vedada a caracterização por categoria profissional ou ocupação, na forma do § 4º-C do art. 40 da Constituição Federal, as normas constitucionais e infraconstitucionais anteriores à data de entrada em vigor desta Emenda Constitucional, enquanto não promovidas alterações na legislação interna relacionada ao respectivo regime próprio de previdência social.

Trata-se de regra de transição em favor do servidor federal empossado até a publicação da reforma previdenciária que labore exposto de modo permanente a agentes nocivos à saúde, físicos, químicos ou biológicos.

Vale registrar que, diante a inexistência de lei complementar sobre o tema, o STF já determinava a aplicação das regras do RGPS sobre aposentadoria especial (artigos 57 e 58 da Lei 8.213/91), no que couber:

> **Súmula Vinculante 33**
>
> Aplicam-se ao servidor público, no que couber, as regras do regime geral da previdência social sobre aposentadoria especial de que trata o artigo 40, § 4º, inciso III da Constituição Federal, até a edição de lei complementar específica.
>
> **Precedentes Representativos**
>
> A aposentadoria especial de servidor público portador de deficiência é assegurada mediante o preenchimento dos requisitos previstos na legislação aplicável à aposentadoria especial dos segurados do Regime Geral de Previdência Social, até que seja editada a lei complementar exigida pelo art. 40, § 4º, II, da CF/1988. (...) 2. A eficácia do direito à aposentadoria especial objeto do art. 40, § 4º, da CF/1988 exige regulamentação mediante lei complementar de iniciativa privativa do presidente da República, de modo que cabe ao Supremo Tribunal Federal, *ex vi* do art. 102, I, *q*, da Lei Maior, o julgamento do mandado de injunção impetrado com o objetivo de viabilizar o seu exercício. [**MI 4.158 AgR-segundo**, rel. min. **Luiz Fux**, P, j. 18-12-2013, *DJE* 34 de 19-2-2014.]
>
> MANDADO DE INJUNÇÃO. APOSENTADORIA ESPECIAL DO SERVIDOR PÚBLICO. ART. 40, § 4º, DA CF/1988. AUSÊNCIA DE LEI COMPLEMENTAR A DISCIPLINAR A MATÉRIA. NECESSIDADE DE INTEGRAÇÃO LEGISLATIVA. 1. Servidor público. Investigador da polícia civil do Estado de São Paulo. Alegado exercício de atividade sob condições de periculosidade e insalubridade. 2. Reconhecida a omissão legislativa em razão da ausência de lei complementar a definir as condições para o implemento da aposentadoria especial. 3. Mandado de injunção conhecido e concedido para comunicar a mora à autoridade competente e determinar a aplicação, no que couber, do art. 57 da Lei 8.213/1991. **MI 795**, rel. min. **Cármen Lúcia**, P, j. 15-4-2009, *DJE* 94 de 22-5-2009.]

Agora esta regra de transição regula o tema, substituindo as regras da Lei 8.213/91, exceto na hipótese de enquadramento dos agentes nocivos, o que a nosso ver afasta a jurisprudência do STF para o servidor federal que não integralizou os requisitos da aposentadoria especial até a publicação da Emenda 103/2019, pois há fixação de idade mínima e pontuação.

A regra de transição possui dois pressupostos: 20 anos de efetivo exercício no serviço público e 5 anos no cargo efetivo em que for concedida a aposentadoria.

Ademais, é necessária uma pontuação mínima na soma da idade, tempo de contribuição e tempo de exposição:

a) 15 anos de efetiva exposição: 66 pontos;

b) 20 anos de efetiva exposição: 76 pontos;

c) 25 anos de efetiva exposição: 86 pontos.

O texto constitucional contém uma má redação, pois afirma prevê "**o total da soma** resultante da sua **idade** e do **tempo de contribuição** e o **tempo de efetiva exposição**".

O tempo de exposição também é tempo de contribuição, o que permitiria uma contagem em duplicidade, o que certamente não é a intenção da reforma, pois a pontuação seria extremamente elevada.

A ideia do legislador, na verdade, pois permitir a soma de tempo especial com tempo comum para fins de atingir a pontuação citada.

Imagine que Allan é servidor federal e possui 25 anos de exposição permanente a agente nocivo à saúde previsto na legislação do RGPS. Neste caso, para atingir a pontuação 86, ele deve contar com 61 anos de idade, sendo uma idade elevada para quem labora com agentes nocivos à saúde, de modo que a pontuação constituída pela regra de transição foi bem dura.

A partir de **1/1/2020, as pontuações citadas seriam acrescidas de um ponto** a cada **ano** para o homem e para a mulher, até atingir, respectivamente, **81, 91 e 96 pontos**, respectivamente, para ambos os sexos. No entanto, o Senado barrou esta alteração que **não foi promulgada**.

Ademais, **havia vedação expressa à caracterização por categoria profissional ou ocupação e o enquadramento por periculosidade**, a exemplo de *vigilantes* e *eletricitários*, buscando barrar a jurisprudência do STJ no RGPS (ao menos para os novos tempos de contribuição prestados após a reforma) que se aplicava ao RPPS em razão da súmula vinculante 33:

> RECURSO REPETITIVO
>
> Pesquisa de tema: Tema Repetitivo 534
>
> Situação do tema: Trânsito em Julgado
>
> Pesquisa de Repetitivo Organizado por Assunto
>
> Veja os EDcl no REsp 1306113-SC, que foram parcialmente providos.
>
> Processo
>
> REsp 1306113 / SC
>
> RECURSO ESPECIAL
>
> 2012/0035798-8
>
> Relator(a)
>
> Ministro HERMAN BENJAMIN (1132)

Órgão Julgador

S1 – PRIMEIRA SEÇÃO

Data do Julgamento

14/11/2012

Data da Publicação/Fonte

DJe 07/03/2013

Ementa

RECURSO ESPECIAL. MATÉRIA REPETITIVA. ART. 543 C DO CPC E RESOLUÇÃO STJ 8/2008. RECURSO REPRESENTATIVO DE CONTROVÉRSIA. ATIVIDADE ESPECIAL. AGENTE ELETRICIDADE. SUPRESSÃO PELO DECRETO 2.172/1997 (ANEXO IV). ARTS. 57 E 58 DA LEI 8.213/1991. ROL DE ATIVIDADES E AGENTES NOCIVOS. CARÁTER EXEMPLIFICATIVO. AGENTES PREJUDICIAIS NÃO PREVISTOS. REQUISITOS PARA CARACTERIZAÇÃO. SUPORTE TÉCNICO MÉDICO E JURÍDICO. EXPOSIÇÃO PERMANENTE, NÃO OCASIONAL NEM INTERMITENTE (ART. 57, § 3º, DA LEI 8.213/1991).

1. Trata-se de Recurso Especial **interposto pela autarquia previdenciária com o escopo de prevalecer a tese de que a supressão do agente** eletricidade **do rol de agentes nocivos pelo Decreto 2.172/1997 (Anexo IV) culmina na impossibilidade de configuração como tempo** especial **(arts. 57 e 58 da Lei 8.213/1991) de tal hipótese a partir da vigência do citado ato normativo.**

2. À luz da interpretação sistemática, as normas regulamentadoras que estabelecem os casos de agentes e atividades nocivos à saúde do trabalhador são exemplificativas, podendo ser tido como distinto o labor que a técnica médica e a legislação correlata considerarem como prejudiciais ao obreiro, desde que o trabalho seja permanente, não ocasional, nem intermitente, em condições especiais **(art. 57, § 3º, da Lei 8.213/1991). Precedentes do STJ.**

3. No caso concreto, o Tribunal de origem embasou-se em elementos técnicos (laudo pericial) e na legislação trabalhista para reputar como especial o trabalho exercido pelo recorrido, por consequência da exposição habitual à eletricidade, o que está de acordo com o entendimento fixado pelo STJ.

4. Recurso Especial não provido. Acórdão submetido ao regime do art. 543-C do CPC e da Resolução 8/2008 do STJ.

Processo

Pet 10679 / RN

PETIÇÃO

2014/0233212-2

Relator(a)

Ministro NAPOLEÃO NUNES MAIA FILHO (1133)

Órgão Julgador

S1 – PRIMEIRA SEÇÃO

Data do Julgamento

22/05/2019

Data da Publicação/Fonte

DJe 24/05/2019

Ementa

PREVIDENCIÁRIO. PEDIDO DE UNIFORMIZAÇÃO DE INTERPRETAÇÃO DE LEI FEDERAL. ATIVIDADE **ESPECIAL**. **VIGILANTE,** COM OU SEM USO DE ARMA DE FOGO. SUPRESSÃO PELO DECRETO 2.172/1997. ARTS. 57 E 58 DA LEI 8.213/1991. ROL DE ATIVIDADES E AGENTES NOCIVOS. CARÁTER EXEMPLIFICATIVO. AGENTES PREJUDICIAIS NÃO PREVISTOS. REQUISITOS PARA CARACTERIZAÇÃO. EXPOSIÇÃO PERMANENTE, NÃO OCASIONAL NEM INTERMITENTE (ART. 57, § 3º, DA LEI 8.213/1991). INCIDENTE DE UNIFORMIZAÇÃO INTERPOSTO PELO SEGURADO PROVIDO.

1. Não se desconhece que a periculosidade não está expressamente prevista nos Decretos 2.172/1997 e 3.048/1999, o que à primeira vista, levaria ao entendimento de que está excluída da legislação a aposentadoria especial pela via da periculosidade.

2. Contudo, o art. 57 da Lei 8.213/1991 assegura expressamente o direito à aposentadoria especial ao Segurado que exerça sua atividade em condições que coloquem em risco a sua saúde ou a sua integridade física, nos termos dos arts. 201, § 1º e 202, II da Constituição Federal.

3. Assim, o fato de os decretos não mais contemplarem os agentes perigosos não significa que não seja mais possível o reconhecimento da especialidade da atividade, já que todo o ordenamento jurídico, hierarquicamente superior, traz a garantia de proteção à integridade física do trabalhador.

4. Corroborando tal assertiva, a Primeira Seção desta Corte, no julgamento do 1.306.113/SC, fixou a orientação de que a despeito da supressão do agente eletricidade pelo Decreto 2.172/1997, é possível o reconhecimento da especialidade da atividade submetida a tal agente perigoso, desde que comprovada a exposição do trabalhador de forma permanente, não ocasional, nem intermitente.

5. Seguindo essa mesma orientação, é possível reconhecer a possibilidade de caracterização da atividade de vigilante como especial, com ou sem o uso de arma de fogo, mesmo após 5.3.1997, desde que comprovada a exposição do trabalhador à atividade nociva, de forma permanente, não ocasional, nem intermitente.

6. In casu, merece reparos o acórdão proferido pela TNU afirmando a impossibilidade de contagem como tempo especial o exercício da atividade de

vigilante no período posterior ao Decreto 2.172/1997, restabelecendo o acórdão proferido pela Turma Recursal que reconheceu a comprovação da especialidade da atividade.

7. Incidente de Uniformização interposto pelo Segurado provido para fazer prevalecer a orientação ora firmada.

No entanto, após uma negociação no Senado, a vedação ao enquadramento por periculosidade foi retirada e o tema será em breve regulado por lei complementar, que irá descrever as situações de concessão por risco.

O enquadramento dos agentes nocivos como especiais por exposição permanente deve obedecer ao complexo regramento dos artigos 57 e 58 da Lei 8.213/91.

O enquadramento das atividades especiais é feito pelo **anexo IV, do Decreto 3.048/99**, que enumera os casos de aposentadoria especial com 15, 20 ou 25 anos de contribuição, conforme os agentes nocivos[4] a que estão expostos os segurados.

Nesse sentido, de acordo com o Decreto 8.123/2013, consideram-se **condições especiais** que prejudiquem a saúde e a integridade física aquelas nas quais a exposição ao agente nocivo ou associação de agentes presentes no ambiente de trabalho esteja acima dos limites de tolerância estabelecidos segundo critérios **quantitativos** ou esteja caracterizada segundo os critérios da avaliação **qualitativa.**

O agente nocivo poderá ser *apenas qualitativo*, sendo a nocividade presumida e independente de mensuração, constatada pela simples presença do agente no ambiente de trabalho, conforme constante nos Anexos 6, 13, 13-A e 14 da Norma Regulamentadora nº 15 – NR-15 do MTE, e no Anexo IV do RPS, para os agentes iodo e níquel.

Por sua vez, o Decreto 8.123/2013 passou a prever que a presença no ambiente de trabalho, com possibilidade de exposição a ser apurada, de **agentes nocivos reconhecidamente cancerígenos em humanos**, listados pelo Ministério do Trabalho (com a extinção do Ministério do Trabalho, desde 2019 o Ministério da Economia assumiu a área trabalhista, tendo sido criada uma Secretaria Especial de Previdência e Trabalho), **será suficiente para a comprovação de efetiva exposição do trabalhador.**

Poderá também o agente nocivo ser *quantitativo*, sendo a nocividade considerada pela ultrapassagem dos limites de tolerância ou doses, dispostos

4. **Nocividade:** situação combinada ou não de substâncias, energias e demais fatores de riscos reconhecidos, presentes no ambiente de trabalho, capazes de trazer ou ocasionar danos à saúde ou à integridade física do trabalhador.

nos Anexos 1, 2, 3, 5, 8, 11 e 12 da NR-15 do MTE, por meio da mensuração da intensidade ou da concentração, consideradas no tempo efetivo da exposição no ambiente de trabalho.

A esmagadora maioria das atividades especiais prevê a aposentadoria com 25 anos de contribuição. Apenas tem previsão de 20 anos o tempo especial de mineração subterrânea cujas atividades sejam exercidas afastadas das frentes de produção (item 4.0.1), assim como a exposição aos asbestos ou amianto (item 1.0.2), enquanto os trabalhos em atividades permanentes no subsolo de minerações subterrâneas em frentes de produção farão com que os segurados se aposentem com apenas 15 anos de contribuição, em razão da enorme lesividade à saúde (item 4.0.2).

Na hipótese do servidor federal, é remota a hipótese de enquadramento da aposentadoria especial de 15 ou 20 anos de exposição (mineração e amianto).

Na hipótese de atividades concomitantes sob condições especiais, no mesmo ou em outro vínculo empregatício, será considerada aquela que exigir menor tempo para a aposentadoria especial.

Na forma do quanto previsto no próprio anexo IV, do Decreto 3.048/99, o que determina o direito ao benefício é a exposição do trabalhador ao agente nocivo presente no ambiente de trabalho e no processo produtivo, **em nível de concentração superior aos limites de tolerância estabelecidos.**

> Ademais, **o rol de agentes nocivos é exaustivo (ressalvada a posição do STJ)**, enquanto que as atividades listadas, nas quais poderá haver a exposição, são exemplificativas, sendo este o entendimento da Previdência Social.

A comprovação da efetiva exposição do segurado aos agentes nocivos será feita mediante **formulário** emitido pela empresa ou seu preposto, com base em **laudo técnico de condições ambientais do trabalho (LTCAT)**, expedido por médico do trabalho ou engenheiro de segurança do trabalho, nos termos da legislação trabalhista.

Na análise do Laudo Técnico de Condições Ambientais do Trabalho – LTCAT, deverão ser observados os seguintes aspectos:

I – se individual ou coletivo;

II – identificação da empresa;

III – identificação do setor e da função;

IV – descrição da atividade;

V – identificação de agente nocivo capaz de causar dano à saúde e integridade física, arrolado na Legislação Previdenciária;

VI – localização das possíveis fontes geradoras;

VII – via e periodicidade de exposição ao agente nocivo;

VIII – metodologia e procedimentos de avaliação do agente nocivo;

IX – descrição das medidas de controle existentes;

X – conclusão do LTCAT;

XI – assinatura do médico do trabalho ou engenheiro de segurança; e

XII – data da realização da avaliação ambiental.

O LTCAT deverá ser assinado por engenheiro de segurança do trabalho, com o respectivo número da Anotação de Responsabilidade Técnica - ART junto ao Conselho Regional de Engenharia e Arquitetura - CREA ou por médico do trabalho, indicando os registros profissionais para ambos.

Desde 01.01.2004, o formulário utilizado pela legislação previdenciária é o **PPP - Perfil Profissiográfico Previdenciário**, por força da IN INSS DC 95/2003[5], assim considerado o documento histórico-laboral do trabalhador, segundo modelo instituído pelo Instituto Nacional do Seguro Social, que, entre outras informações, deve conter registros ambientais, resultados de monitoração biológica e dados administrativos, que deverá sofrer atualização sempre que houver informações que impliquem na mudança do seu conteúdo, a ser feita pelo menos uma vez ao ano.

O PPP deverá ser emitido pela empresa empregadora, no caso de empregado; pela cooperativa de trabalho ou de produção, no caso de cooperado filiado; pelo órgão gestor de mão de obra, no caso de trabalhador avulso portuário e pelo sindicato da categoria, no caso de trabalhador avulso não portuário.

A luz do *Tempus Regit Actum*, deverá ser observada a seguinte tabela pela Administração Pública para enquadramento:

PERÍODO TRABALHADO	ENQUADRAMENTO
Até 28/4/1995	Quadro Anexo ao Decreto nº 53.831, de 1964. Anexos I e II do RBPS, aprovado pelo Decreto nº 83.080, de 1979. Formulário; CP/CTPS; LTCAT, obrigatoriamente para o agente físico ruído.

5. Antes, foram utilizados os antigos formulários SB-40, DISES-BE 5235, DSS-8030 e DIRBEN 8030.

PERÍODO TRABALHADO	ENQUADRAMENTO
De 29/4/1995 a 13/10/1996	Código 1.0.0 do Quadro Anexo ao Decreto nº 53.831, de 1964. Anexo I do RBPS, aprovado pelo Decreto nº 83.080, de 1979. Formulário; LTCAT ou demais Demonstrações Ambientais, obrigatoriamente para o agente físico ruído.
De 14/10/1996 a 5/3/1997	Código 1.0.0 do Quadro Anexo ao Decreto nº 53.831, de 1964. Anexo I do RBPS, aprovado pelo Decreto nº 83.080, de 1979. Formulário; LTCAT ou demais Demonstrações Ambientais, para todos os agentes nocivos.
De 6/3/1997 a 31/12/1998	Anexo IV do RBPS, aprovado pelo Decreto nº 2.172, de 1997. Formulário; LTCAT ou demais Demonstrações Ambientais, para todos os agentes nocivos.
De 1º/1/1999 a 6/5/1999	Anexo IV do RBPS, aprovado pelo Decreto nº 2.172, de 1997. Formulário; LTCAT ou demais Demonstrações Ambientais, para todos os agentes nocivos, que deverão ser confrontados com as informações relativas ao CNIS para homologação da contagem do tempo de serviço especial, nos termos do art. 19 e § 2º do art. 68 do RPS, com redação dada pelo Decreto nº 4.079, de 2002.
De 7/5/1999 a 31/12/2003	Anexo IV do RPS, aprovado pelo Decreto nº 3.048, de 1999. Formulário; LTCAT ou demais Demonstrações Ambientais, para todos os agentes nocivos, que deverão ser confrontados com as informações relativas ao CNIS para homologação da contagem do tempo de serviço especial, nos termos do art. 19 e § 2º do art. 68 do RPS, com redação dada pelo Decreto nº 4.079, de 2002.
A partir de 1º/1/2004	Anexo IV do RPS, aprovado pelo Decreto nº 3.048, de 1999. Formulário, que deverá ser confrontado com as informações relativas ao CNIS para homologação da contagem do tempo de serviço especial, nos termos do art. 19 e § 2º do art. 68 do RPS, com redação dada pelo Decreto nº 4.079, de 2002.

6. CONVERSÃO DO TEMPO ESPECIAL EM TEMPO COMUM

Vale registrar que dentro do RPPS (não em contagem recíproca) o Supremo Tribunal Federal passou a admitir a conversão do tempo especial em comum até o advento da EC 103/2019, ao julgar o RE 1014286, em 31/08/2020, **Tema 942 em Repercussão Geral**:

> Tese firmada: "Até a edição da Emenda Constitucional nº 103/2019, o direito à conversão, em tempo comum, do prestado sob condições especiais que prejudiquem a saúde ou a integridade física de servidor público decorre da previsão de adoção de requisitos e critérios diferenciados para a jubilação daquele enquadrado na hipótese prevista no então vigente inciso III do § 4º do

> art. 40 da Constituição da República, devendo ser aplicadas as normas do regime geral de previdência social relativas à aposentadoria especial contidas na Lei 8.213/1991 para viabilizar sua concretização enquanto não sobrevier lei complementar disciplinadora da matéria. Após a vigência da EC n.º 103/2019, o direito à conversão em tempo comum, do prestado sob condições especiais pelos servidores obedecerá à legislação complementar dos entes federados, nos termos da competência conferida pelo art. 40, § 4º-C, da Constituição da República".

No âmbito do RPPS dos servidores federais, a Emenda 103/2019 veda a conversão do tempo especial em comum no seu artigo 10 após 13/11/2019:

> "Art. 10. Até que entre em vigor lei federal que discipline os benefícios do regime próprio de previdência social dos servidores da União, aplica-se o disposto neste artigo.
>
> § 3º A aposentadoria a que se refere o § 4º-C do art. 40 da Constituição Federal observará adicionalmente as condições e os requisitos estabelecidos para o Regime Geral de Previdência Social, naquilo em que não conflitarem com as regras específicas aplicáveis ao regime próprio de previdência social da União, **vedada a conversão de tempo especial em comum**".

Somente será possível no RPPS dos entes políticos a conversão de tempo especial em comum após 13/11/2019 se houver lei complementar da lavra da entidade política autorizando.

Logo, o tema 942 autoriza a conversão do tempo especial em comum apenas internamente no RPPS, e não entre regimes de previdência, utilizando os critérios de especialidade e conversão do RGPS até 13/11/2019.

O caso julgado é sobre uma questão interna do RPPS do Estado de São Paulo, em que servidores públicos do cargo de assistentes agropecuários (**José Carlos Ribeiro Meirelles e outros**) buscavam o reconhecimento no RPPS de tempo especial para conversão em tempo comum à luz da aplicação analógica da Lei 8.213/91.

Após ler as 59 páginas do Acórdão do Tema STF 942, com voto vencedor do Ministro Fachin, percebe-se que em nenhum momento foi sequer discutida a conversão do tempo especial em comum para fins de contagem recíproca, vedada pelo artigo 96 da Lei 8.213/91.

Vale registrar que a Secretaria de Previdência incorporou na via administrativa a posição firmada pelo STF no Tema 942, **admitindo a conversão de tempo especial em comum no RPPS** na via administrativa dentro do RPPS, assim como pela emissão de CTC com indicação de especialidade para que o regime receptor faça a conversão até 13/11/2019.

Trata-se do DESPACHO Nº 846/2021/SPREV/SEPRT-ME, que trata da interpretação do Tema STF 942 em Repercussão Geral, o Secretário de Previdência, ao aprovar a Nota Técnica SEI nº 792/2021/SRPPS/SPREV/SEPRT/ME, de 21/01/2021, da Subsecretaria dos Regimes Próprios de Previdência Social - SRPPS/SPREV e a Nota Técnica SEI nº 6178/2021/SRGPS/SPREV/SEPRT/ME, de 10/02/2021, da Subsecretaria do Regime Geral de Previdência Social - SRPGS/SPREV:

DESPACHO Nº 846/2021/SPREV/SEPRT-ME

Processo nº 10133.100013/2021-69

ASSUNTO: CONVERSÃO DE TEMPO ESPECIAL EM COMUM. ANÁLISE DA TESE FIXADA PELO SUPREMOTRIBUNAL FEDERAL NO RECURSO EXTRAORDINÁRIO Nº 1014286/STF (TEMA Nº 942). APROVAÇÃO DANOTA TÉCNICA SEI Nº 792/2021/ME E DA NOTA TÉCNICA SEI Nº 6178/2021/ME

Aprovo a Nota Técnica SEI nº 792/2021/SRPPS/SPREV/SEPRT/ME, de 21/01/2021, da Subsecretaria dos Regimes Próprios de Previdência Social - SRPPS/SPREV (12908723,) e a Nota Técnica SEI nº6178/2021/SRGPS/SPREV/SEPRT/ME, de 10/02/2021, da Subsecretaria do Regime Geral de Previdência Social -SRPGS/SPREV (13590427), que trataram da possibilidade de aplicação das regras do Regime Geral de Previdência Social -RGPS para a averbação do tempo de serviço prestado até a publicação da Emenda Constitucional nº 103/2019, em atividades exercidas sob condições especiais, nocivas à saúde ou à integridade física de servidor público, com conversão do tempo especial em comum, conforme análise do sentido e alcance da seguinte tese fixada pelo Supremo Tribunal Federal - STF no julgamento do Recurso Extraordinário - RE nº 1014286, representativo do Tema nº 942 da Repercussão Geral:

Até a edição da Emenda Constitucional nº 103/2019, o direito à conversão, em tempo comum, do prestado sob condições especiais que prejudiquem a saúde ou a integridade física de servidor público decorre da previsão de adoção de requisitos e critérios diferenciados para a jubilação daquele enquadrado na hipótese prevista no então vigente inciso III do § 4 º do art. 40 da Constituição da República, devendo ser aplicadas as normas do regime geral de previdência social relativas à aposentadoria especial contidas na Lei 8.213/1991 para viabilizar sua concretização enquanto não sobrevier lei complementar disciplinadora da matéria. Após a vigência da EC n.º 103/2019, o direito à conversão em tempo comum, do prestado sob condições especiais pelos servidores obedecerá à legislação complementar dos entes federados, nos termos da competência conferida pelo art. 40, § 4 º-C, da Constituição da República. (STF - RE: 1014286 SP 0021903-48.2011.8.26.0506, Relator: LUIZ FUX, Data de Julgamento: 31/08/2020, Tribunal Pleno, Data de Publicação: 24 /09/2020)

Estou de acordo com o entendimento sintetizado a seguir – fundamentado nas aludidas Notas Técnicas – e autorizo sua divulgação como orientação aos

Regimes Próprios de Previdência Social - RPPS da União, dos Estados, do Distrito Federal e dos Municípios e ao Instituto Nacional do Seguro Social - INSS:

I - A tese fixada pelo Plenário do Supremo Tribunal Federal - STF no Recurso Extraordinário nº 1014286 (Tema nº 942 da Repercussão Geral):

I.1 - alcança apenas os servidores filiados ao RPPS cujas atividades foram exercidas sob condições especiais que prejudiquem a saúde ou a integridade física até a data de entrada em vigor da Emenda Constitucional nº 103, que se deu em 13 de novembro de 2019, quanto ao direito à conversão desse tempo especial em tempo comum para aplicação das regras do RGPS sobre aposentadoria especial de que trata o art. 57 da Lei nº 8.213, de 24/07/1991;

I.2 - não diz respeito à conversão em tempo comum do tempo prestado pelo servidor na condição de pessoa com deficiência, nem de conversão de tempo exercido em atividades de risco, hipóteses previstas nos incisos I e II do §4º do art. 40 da Constituição, na redação desses dispositivos anterior à EC nº 103/2019; e

I.3 - não abrange conversão, em tempo comum, do tempo de efetivo exercício das funções de magistério na educação infantil e no ensino fundamental e médio, na hipótese de aposentadoria especial de professor a que se refere o § 5º do art. 40 da Constituição Federal, na redação anterior à reforma previdenciária de 2019.

II - Com a edição da EC nº 103/2019, passam a existir, no RGPS, as seguintes normas de mesmo nível constitucional e contemporâneas aplicáveis à conversão de tempo especial em tempo comum, sendo ambas válidas e compatíveis já que o seu campo de aplicação é distinto:

II.1 - uma permissiva (art. 25 da EC nº 103/2019) que reconhece e assegura essa conversão para os períodos cumpridos até 13 de novembro de 2019 (publicação da EC 103), na forma prevista na Lei nº 8.213/1991; e

II.2 - outra que veda a conversão para o tempo especial cumprido após a sua entrada em vigor: § 14 do art. 201 da Constituição Federal.

III - A aplicação combinada do § 14 do art. 201 da Constituição Federal, acrescido pela EC nº 103/2019, e do art. 25 dessa Emenda, permite concluir que é válida a conversão – no âmbito do RGPS – de tempo especial em tempo comum,1. 2. cumprido até 13/11/2019, na forma prevista na Lei nº 8.213/1991, inclusive para efeito de contagem recíproca, pois a vedação de contagem de tempo de contribuição fictício – que abrange a conversão de tempo especial em tempo comum, para efeito de concessão de benefício previdenciário e de contagem recíproca – apenas incide em relação ao tempo especial cumprido após a entrada em vigor da Reforma.

IV - No âmbito do RGPS, não se admite, para fins de cumprimento do período de carência, a conversão de tempo especial em comum exercido em qualquer época.

V - A tese fixada pelo Plenário do Supremo Tribunal Federal no RE nº 1014286 permite que a conversão de tempo especial em tempo comum seja observada pelo RGPS e pelos RPPS para o tempo cumprido até 13/11/2019, pois:

V.1 - se trata de um precedente relevante da Corte Maior, cuja orientação firmada é persuasiva para os demais órgãos do Poder Judiciário, não obstante tenha sido adotada em controle difuso de constitucionalidade;

V.2 - ampliou, em substância, o alcance da Súmula Vinculante nº 33 do STF, pois ficou decidido que, na hipótese prevista no inciso III do § 4º do art. 40 da Constituição (na redação anterior à EC nº 103/2019), o direito à conversão, em tempo comum, do prestado sob condições especiais prejudiciais à saúde ou à integridade física, decorre da isonomia na proteção dos trabalhadores expostos a agentes nocivos.

V.3 - o STF reinterpretou a Súmula Vinculante nº 33, a seguir, já que a aplicação analógica das regras de aposentadoria especial do RGPS ao servidor público, "no que couber", passou a incluir necessariamente a possibilidade de conversão de tempo especial em tempo comum, cumprido até 13/11/2019: *Aplicam-se ao servidor público, no que couber, as regras do regime geral da previdência social sobre aposentadoria especial de que trata o artigo 40, § 4º, inciso III da Constituição Federal, até a edição de lei complementar específica.*

VI - Para a efetivação do direito à conversão de tempo especial em tempo comum, nos termos da EC nº 103/2019 e na forma da tese do STF para o Tema 942 de sua Repercussão Geral, devem ser aplicados, na conversão do tempo especial em comum exercido até 13 de novembro de 2019, os fatores de conversão previstos no então vigente art. 70 do Regulamento da Previdência Social, aprovado pelo Decreto nº 3.048, de 06/05/1999, reproduzida no § 5º do art. 188-P do mesmo Regulamento, na redação dada pelo Decreto nº 10.410, de 30/06/2020, conforme a seguinte tabela:

TEMPO A CONVERTER		
MULTIPLICADORES	**MULHER (PARA30)**	**HOMEM (PARA35)**
DE 15 ANOS	2,00	2,33
DE 20 ANOS	1,50	1,75
DE 25 ANOS	1,20	1,40

a) a época de cumprimento do tempo especial;

b) o critério de equivalência (fator de conversão);

c) a legislação complementar regulamentadora da contagem diferenciada acaso existente no regime instituidor;

d) o fundamento legal da espécie de aposentadoria requerida, as quais podem vir a ser fixadas somente por ocasião do requerimento do benefício.

XIII - A decisão do Supremo Tribunal Federal reconhece, para os servidores filiados a RPPS, cujas atividades sejam exercidas sob condições especiais à saúde ou à integridade física, até o advento da Emenda antes referida, o direito à conversão desse tempo especial em tempo comum pela aplicação analógica das regras do RGPS sobre aposentadoria especial de que trata o art. 57 da Lei nº

> 8.213/1991, o que não significa que o tempo reconhecido como especial deva vir convertido em tempo comum na CTC, cabendo ao regime de origem tão-somente certificar a natureza do período de tempo especial, devendo a correspondente conversão ser efetivada pelo regime instituidor, quando cabível.
>
> Por fim, cabe observar que o exercício da competência estabelecida no art. 40, § 4º-C da Constituição Federal pelos entes federativos, inclusive quanto à possibilidade de previsão de conversão de tempo especial, posterior à Emenda nº103/2019, em tempo comum, conforme entendimento do STF, deve estar embasada em prévia avaliação atuarial que demonstre os impactos no equilíbrio financeiro e atuarial do RPPS, cuja preservação é exigida pelo *caput* do mesmo artigo Constitucional.

Esse foi o posicionamento adotado pela **TNU** no julgamento do **Tema 278**, que acolheu memorial do próprio INSS subscrito pelo autor desta obra em favor do segurado diante da nova posição da Secretaria de Previdência após o Tema 942 do STF:

Tema	**278**	Situação do tema	Julgado	Ramo do direito	DIREITO ADMINISTRATIVO/ PREVIDENCIÁRIO
Questão submetida a julgamento		Saber se o(a) segurado(a) que trabalhava sob condições especiais e passou, sob qualquer condição, para regime previdenciário diverso, tem direito à conversão do tempo de atividade especial em tempo comum, para efeito de contagem recíproca, à luz do disposto no art. 96, I, da Lei n. 8.213/1991.			
Tese firmada		I - O(A) segurado(a) que trabalhava sob condições especiais e passou, sob qualquer condição, para regime previdenciário diverso, tem direito à expedição de certidão desse tempo identificado como especial, discriminado de data a data, ficando a conversão em comum e a contagem recíproca à critério do regime de destino, nos termos do art. 96, IX, da Lei n.º 8.213/1991; II - Na contagem recíproca entre o Regime Geral da Previdência Social - RGPS e o Regime Próprio da União, é possível a conversão de tempo especial em comum, cumprido até o advento da EC n.º 103/2019.			
Processo	Decisão de afetação	Relator (a)	Julgado em	Acórdão publicado em	Trânsito em julgado
PEDILEF 5005679-21.2018.4.04.7111/RS	16/10/2020	Juiz Federal Gustavo Melo Barbosa	23/09/2021	27/09/2021	-

Posteriormente, coube ao STJ em 2022 rever o seu posicionamento e se alinhar ao tema 942/STF:

> Processo
>
> REsp 1.592.380-SC, Rel. Min. Francisco Falcão, Segunda Turma, por unanimidade, julgado em 08/02/2022, DJe 10/02/2022.
>
> Ramo do Direito
>
> DIREITO PREVIDENCIÁRIO
>
> Tema
>
> Aposentadoria. Conversão de tempo especial em comum. Certidão do tempo de contribuição do RGPS. Servidor público. Contagem recíproca. Regime próprio de previdência. Até a EC 103/2019. Possibilidade. Tema 942/STF. Juízo de retratação.
>
> DESTAQUE
>
> Até a edição da EC 103/2019, é admissível, aos servidores públicos, a conversão do tempo de serviço especial em comum objetivando a contagem recíproca de tempo de serviço.
>
> INFORMAÇÕES DO INTEIRO TEOR
>
> No caso pretende-se a conversão de tempo especial em comum, com ulterior emissão de certidão por tempo de contribuição, para se utilizar do tempo de serviço exercido no Regime Geral da Previdência Social - RGPS na aposentadoria no Regime Próprio de Previdência Social - RPPS.
>
> Contudo, a jurisprudência do STJ, por meio do julgamento do EREsp n. 524.267/PB, relator Ministro Jorge Mussi, Terceira Seção, DJe 24/3/2014, sedimentou o entendimento de que, objetivando a contagem recíproca de tempo de serviço, não se admite a conversão do tempo de serviço especial em comum, em razão da expressa vedação legal (arts. 4º, I, da Lei n. 6.226/1975 e 96, I, da Lei n. 8.213/1991).
>
> Ocorre que o Plenário do Supremo Tribunal Federal, no julgamento do RE n. 1.014.286 (Tema 942), com repercussão geral reconhecida, encerrado na sessão de 31/8/2020, enfrentou essa questão jurídica, firmando tese contrária à fixada pela Terceira Seção do STJ, para reconhecer que "até a edição da EC 103/2019, não havia impedimento à aplicação, aos servidores públicos, das regras do RGPS para a conversão do período de trabalho em condições nocivas à saúde ou à integridade física em tempo de atividade comum".
>
> Dessa forma, é forçoso realinhar o entendimento desta Corte Superior e, nos termos do art. 1.040 do CPC/2015, fazer a devida adequação ao decidido pelo Supremo Tribunal Federal, no Tema n. 942.

Registre que a atividade de risco dos policiais não se confunde com o tempo especial por agentes nocivos, de modo que inexiste previsão legal para a conversão do período de tempo de contribuição como policial em tempo comum, quer internamente no RPPS ou em sede de contagem recíproca, não tendo sido esta conversão autorizada pelo Tema 942 em Repercussão Geral.

Nesse sentido, o próprio STF:

> **ARE 1396887 AgR**
>
> **Órgão julgador:** Primeira Turma
>
> **Relator(a):** Min. CÁRMEN LÚCIA
>
> **Julgamento:** 03/11/2022
>
> **Publicação:** 07/11/2022
>
> **Ementa**
>
> EMENTA: AGRAVO REGIMENTAL NO RECURSO EXTRAORDINÁRIO COM AGRAVO. ADMINISTRATIVO E PREVIDENCIÁRIO. AGENTE PENITENCIÁRIO. ATIVIDADE POLICIAL. LEI COMPLEMENTAR N. 51/1985. APOSENTADORIA ESPECIAL. CONVERSÃO DE TEMPO DE SERVIÇO ESPECIAL EM TEMPO COMUM. INAPLICABILIDADE DO TEMA 942 DA REPERCUSSÃO GERAL. AUSÊNCIA DE OFENSA CONSTITUCIONAL DIRETA. VERBA HONORÁRIA MAJORADA EM 1% (§§ 2º, 3º E 11 DO ART. 85 DO CÓDIGO DE PROCESSO CIVIL). AGRAVO REGIMENTAL DESPROVIDO.
>
> **ARE 1399039 AgR**
>
> **Órgão julgador:** Primeira Turma
>
> **Relator(a):** Min. LUIZ FUX
>
> **Julgamento:** 14/02/2024
>
> **Publicação:** 22/02/2024
>
> **Ementa**
>
> EMENTA: AGRAVO INTERNO NO RECURSO EXTRAORDINÁRIO COM AGRAVO. CONSTITUCIONAL. ADMINISTRATIVO. PREVIDENCIÁRIO. **SERVIDOR PÚBLICO. POLICIAL CIVIL. APOSENTADORIA ESPECIAL. PRETENSÃO DE CONVERSÃO DE TEMPO ESPECIAL EM COMUM COM FUNDAMENTO NO TEMA 942 DA REPERCUSSÃO GERAL. RECURSO EXTRAORDINÁRIO 1.014.286. IMPOSSIBILIDADE. EXISTÊNCIA DE LEI ESPECÍFICA PARA CARREIRA POLICIAL. LEI COMPLEMENTAR 51/1985**. CONSONÂNCIA DO ACÓRDÃO EXTRAORDINARIAMENTE RECORRIDO COM A JURISPRUDÊNCIA DO SUPREMO TRIBUNAL FEDERAL. PRECEDENTES. NECESSIDADE DE REVOLVIMENTO DO CONJUNTO FÁTICO-PROBATÓRIO DOS AUTOS. IMPOSSIBILIDADE. SÚMULA 279 DO SUPREMO TRIBUNAL FEDERAL. HONORÁRIOS ADVOCATÍCIOS MAJORADOS AO MÁXIMO LEGAL EM DESFAVOR DA PARTE ORA AGRAVANTE, CASO AS INSTÂNCIAS DE ORIGEM OS TENHAM FIXADO, NOS TERMOS DO ARTIGO 85, § 11,

DO CÓDIGO DE PROCESSO CIVIL, OBSERVADOS OS LIMITES DOS §§ 2º E 3º E A EVENTUAL CONCESSÃO DE JUSTIÇA GRATUITA. RECURSO MANIFESTAMENTE IMPROCEDENTE. AGRAVO INTERNO DESPROVIDO, COM IMPOSIÇÃO DE MULTA DE 5% (CINCO POR CENTO) DO VALOR ATUALIZADO DA CAUSA, NOS TERMOS DO ARTIGO 1.021, § 4º, DO CÓDIGO DE PROCESSO CIVIL, CASO SEJA UNÂNIME A VOTAÇÃO.

RE 1422013 AgR

Órgão julgador: Segunda Turma

Relator(a): Min. ANDRÉ MENDONÇA

Julgamento: 06/02/2024

Publicação: 06/03/2024

Ementa

EMENTA AGRAVO REGIMENTAL NO RECURSO EXTRAORDINÁRIO. **CONVERSÃO DE TEMPO DE SERVIÇO ESPECIAL, MILITAR DAS FORÇAS ARMADAS, EM COMUM. IMPOSSIBILIDADE. TEMA Nº 942 DO EMENTÁRIO DA REPERCUSSÃO GERAL. INAPLICABILIDADE.** 1. Inaplicável o Tema nº 942 do ementário da Repercussão Geral. No caso sob exame, a ação foi ajuizada por auditor fiscal que busca a conversão de tempo de serviço cumprido na Marinha do Brasil, como especial, em tempo de serviço comum, a fim de que, somado ao tempo de serviço prestado em cargo de natureza civil (auditor fiscal), seja possível a redução do tempo de serviço necessário à aposentadoria comum. 2. Possibilidade de conversão de tempo especial em comum apenas quando cumprido integralmente no exercício do cargo/função do qual decorra a aposentadoria especial. **3. O art. 40, § 4º, inc. III, da Constituição da República não assegura a contagem diferenciada do tempo de serviço laborado sob condições especiais, mas apenas o direito subjetivo à aposentadoria em regime especia**l. Precedentes. 4. Impossibilidade de se conjugarem as regras mais benéficas de dois regimes de aposentadorias distintos, tendo em vista que se criaria um sistema híbrido, incompatível com a sistemática de cálculo dos benefícios previdenciários. Precedentes. 5. Agravo regimental ao qual se nega provimento.

Apêndice – Normas Técnicas sobre Aposentadoria Especial

1. NORMA REGULAMENTADORA Nº 15

(C=115.000-6)

15.1 São consideradas atividades ou operações insalubres as que se desenvolvem:

15.1.1 Acima dos limites de tolerância previstos nos anexos nºs 1, 2, 3, 5, 11 e 12;

15.1.2 (Revogado pela Portaria nº 3.751, de 23-11-1990.)

15.1.3 Nas atividades mencionadas nos anexos nºs 6, 13 e 14.

15.1.4 Comprovadas através de laudo de inspeção do local de trabalho, constantes dos anexos números 7, 8, 9 e 10.

15.1.5 Entende-se por Limite de Tolerância, para os fins desta Norma, a concentração ou intensidade máxima ou mínima, relacionada com a natureza e o tempo de exposição ao agente, que não causará dano à saúde do trabalhador, durante a sua vida laboral.

15.2 O exercício de trabalho em condições de insalubridade, de acordo com os subitens do item anterior, assegura ao trabalhador a percepção de adicional, incidente sobre o salário-mínimo da região, equivalente a: (C=115.001-4/I=1/T=S)

15.2.1 40% (quarenta por cento), para insalubridade de grau máximo;

15.2.2 20% (vinte por cento), para insalubridade de grau médio;

15.2.3 10% (dez por cento), para insalubridade de grau mínimo;

15.3 No caso de incidência de mais de um fator de insalubridade, será apenas considerado o de grau mais elevado, para efeito de acréscimo salarial, sendo vedada a percepção cumulativa.

15.4 A eliminação ou neutralização da insalubridade determinará a cessação do pagamento do adicional respectivo.

15.4.1 A eliminação ou neutralização da insalubridade deverá ocorrer:

a) com a adoção de medida de ordem geral que conserve o ambiente de trabalho dentro dos limites de tolerância;

b) com a utilização de equipamento de proteção individual.

15.4.1.1 Cabe a autoridade regional competente em matéria de segurança e saúde do trabalhador, comprovada a insalubridade por laudo técnico de engenheiro de segurança do trabalho ou médico do trabalho, devidamente habilitado, fixar adicional devido aos empregados expostos à insalubridade quando impraticável sua eliminação ou neutralização.

Subitem 15.4.1.1 com redação dada pela Portaria nº 3, de 1º-7-1992.

15.4.1.2 A eliminação ou neutralização da insalubridade ficará caracterizada através de avaliação pericial por órgão competente, que comprove a inexistência de risco à saúde do trabalhador.

15.5 É facultado às empresas e aos sindicatos das categorias profissionais interessadas requererem ao Ministério do Trabalho, através das DRTs, a realização de perícia em estabelecimento ou setor deste, com o objetivo de caracterizar e classificar ou determinar atividade insalubre.

15.5.1 Nas perícias requeridas às Delegacias Regionais do Trabalho, desde que comprovada a insalubridade, o perito do Ministério do Trabalho indicará o adicional devido.

15.6 O perito descreverá no laudo a técnica e a aparelhagem utilizadas.

15.7 O disposto no item 15.5 não prejudica a ação fiscalizadora do MTb, nem a realização *ex-officio* da perícia, quando solicitado pela Justiça, nas localidades onde não houver perito.

Brasília, 8 de junho de 1978

Roberto Raphael Weber

Subsecretário

ANEXO Nº 1 – LIMITES DE TOLERÂNCIA PARA RUÍDO CONTÍNUO OU INTERMITENTE

NÍVEL DE RUÍDO dB (A)	MÁXIMA EXPOSIÇÃO DIÁRIA PERMISSÍVEL
85	8 horas
86	7 horas
87	6 horas
88	5 horas
89	4 horas e 30 minutos
90	4 horas
91	3 horas e 30 minutos
92	3 horas
93	2 horas e 40 minutos
94	2 horas e 15 minutos
95	2 horas
96	1 hora e 45 minutos
98	1 hora e 15 minutos
100	1 hora
102	45 minutos
104	35 minutos
105	30 minutos
106	25 minutos
108	20 minutos
110	15 minutos
112	10 minutos
114	08 minutos
115	07 minutos

1. Entende-se por Ruído Contínuo ou intermitente, para os fins de aplicação de Limites de Tolerância, o ruído que não seja ruído de impacto.

2. Os níveis de ruído contínuo ou intermitente devem ser medidos em decibéis (dB) com instrumento de nível de pressão sonora operando no circuito de compensação "A" e circuito de resposta lenta (SLOW). As leituras devem ser feitas próximas ao ouvido do trabalhador.

3. Os tempos de exposição aos níveis de ruído não devem exceder os limites de tolerância fixados no Quadro deste anexo. (C=115.050-2/I=3/T=S)

4. Para os valores encontrados de nível de ruído intermediário será considerada a máxima exposição diária permissível relativa ao nível imediatamente mais elevado.

5. Não é permitida exposição a níveis de ruído acima de 115 dB(A) para indivíduos que não estejam adequadamente protegidos. (C=115.051-0/I=4/T=S)

6. Se durante a jornada de trabalho ocorrerem dois ou mais períodos de exposição a ruído de diferentes níveis, devem ser considerados os seus efeitos combinados, de forma que, se a soma das seguintes frações:

$$\frac{C1}{T1} + \frac{C2}{T2} + \frac{C3}{T3} \text{ ——— } + \frac{Cn}{Tn}$$

exceder a unidade, a exposição estará acima do limite de tolerância.

Na equação acima Cn indica o tempo total em que o trabalhador fica exposto a um nível de ruído específico e Tn indica a máxima exposição diária permissível a este nível, segundo o Quadro deste Anexo.

7. As atividades ou operações que exponham os trabalhadores a níveis de ruído, contínuo ou intermitente, superiores a 115 dB(A), sem proteção adequada, oferecerão risco grave e iminente.

ANEXO Nº 2 – LIMITES DE TOLERÂNCIA PARA RUÍDOS DE IMPACTO

1. Entende-se por ruído de impacto aquele que apresenta picos de energia acústica de duração inferior a 1 (um) segundo, a intervalos superiores a 1 (um) segundo.

2. Os níveis de impacto deverão ser avaliados em decibéis (dB), com medidor de nível de pressão sonora operando no circuito linear e circuito de resposta para impacto. As leituras devem ser feitas próximas ao ouvido do trabalhador. O limite de tolerância para ruído de impacto será de 130 dB(LINEAR). Nos intervalos entre os picos, o ruído existente deverá ser avaliado como ruído contínuo.

3. Em caso de não se dispor de medidor do nível de pressão sonora com circuito de resposta para impacto, será válida a leitura feita no circuito de resposta rápida (FAST) e circuito de compensação "C". Neste caso, o limite de tolerância será de 120 dB(C).

4. As atividades ou operações que exponham, os trabalhadores, sem proteção adequada, a níveis de ruído de impacto superiores a 140 dB(LINEAR), medidos do circuito de resposta para impacto, ou superiores a 130 dB(C), medidos no circuito de resposta rápida (FAST), oferecerão risco grave e iminente. (C=115.052-9/I=4/T=S)

ANEXO Nº 3 – LIMITES DE EXPOSIÇÃO OCUPACIONAL AO CALOR

1 Objetivos

1.1 O objetivo deste Anexo é estabelecer critério para caracterizar as atividades ou operações insalubres decorrentes da exposição ocupacional ao calor em ambientes fechados ou ambientes com fonte artificial de calor.

1.1.1 Este Anexo não se aplica a atividades ocupacionais realizadas a ceu aberto sem fonte artificial de calor.

2 Caracterização da atividade ou operação insalubre

2.1 A avaliação quantitativa do calor deverá ser realizada com base na metodologia e procedimentos descritos na Norma de Higiene Ocupacional NHO 06 (2ª edição – 2017) da FUNDACENTRO nos seguintes aspectos:

a) determinação de sobrecarga térmica por meio do índice IBUTG – Índice de Bulbo Úmido Termômetro de Globo;

b) equipamentos de medição e formas de montagem, posicionamento e procedimentos de uso dos mesmos nos locais avaliados;

c) procedimentos quanto à conduta do avaliador; e

d) medições e cálculos.

2.2 A taxa metabólica deve ser estimada com base na comparação da atividade realizada pelo trabalhador com as opções apresentadas no Quadro 2 deste Anexo.

2.2.1 Caso uma atividade específica não esteja apresentada no Quadro 2 deste Anexo, o valor da taxa metabólica deverá ser obtido por associação com atividade similar do referido Quadro.

2.3 São caracterizadas como insalubres as atividades ou operações realizadas em ambientes fechados ou ambientes com fonte artificial de calor sempre que o IBUTG (médio) medido ultrapassar os limites de exposição ocupacional estabelecidos com base no Índice de Bulbo Ú mido Termômetro de Globo apresentados no Quadro 1 (¯(IBUTG_M X) e determinados a partir da taxa metabólica das atividades, apresentadas no Quadro 2, ambos deste Anexo.

2.4 O Índice de Bulbo Ú mido Termômetro de Globo Médio – ¯IBUTG e a Taxa Metabólica Média – ¯M, a serem considerados na avaliação da exposição ao calor, devem ser aqueles que, obtidos no período de 60 (sessenta) minutos corridos, resultem na condição mais crítica de exposição.

2.4.1 A avaliação quantitativa deve ser representativa da exposição, devendo ser desconsideradas as situações de exposições eventuais ou não rotineiras nas quais os trabalhadores não estejam expostos diariamente.

2.5 Os limites de exposição ocupacional ao calor, ¯(IBUTG_M X, estão apresentados no Quadro 1 deste Anexo para os diferentes valores de taxa metabólica média (¯M).

2.6 As situações de exposição ocupacional ao calor, caracterizadas como insalubres, serão classificadas em grau médio.

3 Laudo Técnico para caracterização da exposição ocupacional ao calor de IBUTG;

3.1 A caracterização da exposição ocupacional ao calor deve ser objeto de laudo técnico que contemple, no mínimo, os seguintes itens:

a) introdução, objetivos do trabalho e justificativa;

b) avaliação dos riscos, descritos no item 3.2 do Anexo III da NR-09; (Redação dada pela Portaria MTP 426/2021)

c) descrição da metodologia e critério de avaliação, incluindo locais, datas e horários das medições;

d) especificação, identificação dos aparelhos de medição utilizados e respectivos certificados de calibração conforme a NHO 06 da FUNDACENTRO, quando utilizado o medidor

e) avaliação dos resultados;

f) descrição e avaliação de medidas de controle eventualmente já adotadas; e

g) conclusão com a indicação de caracterização ou não de insalubridade.

Quadro 1 – Limite de exposição ocupacional ao calor

¯M [W]	¯(IBUTG_M X[oC]	¯M [W]	¯(IBUTG_M X[oC]	¯M [W]	¯(IBUTG_M X[oC]
100	33,7	186	30,6	346	27,5
102	33,6	189	30,5	353	27,4
104	33,5	193	30,4	360	27,3
106	33,4	197	30,3	367	27,2
108	33,3	201	30,2	374	27,1
110	33,2	205	30,1	382	27,0
112	33,1	209	30,0	390	26,9
115	33,0	214	29,9	398	26,8
117	32,9	218	29,8	406	26,7
119	32,8	222	29,7	414	26,6
122	32,7	227	29,6	422	26,5

¯M [W]	¯(IBUTG_M X[oC]	¯M [W]	¯(IBUTG_M X[oC]	¯M [W]	¯(IBUTG_M X[oC]
124	32,6	231	29,5	431	26,4
127	32,5	236	29,4	440	26,3
129	32,4	241	29,3	448	26,2
132	32,3	246	29,2	458	26,1
135	32,2	251	29,1	467	26,0
137	32,1	256	29,0	476	25,9
140	32,0	261	28,9	486	25,8
143	31,9	266	28,8	496	25,7
146	31,8	272	28,7	506	25,6
149	31,7	277	28,6	516	25,5
152	31,6	283	28,5	526	25,4
155	31,5	289	28,4	537	25,3
158	31,4	294	28,3	548	25,2
161	31,3	300	28,2	559	25,1
165	31,2	306	28,1	570	25,0
168	31,1	313	28,0	582	24,9
171	31,0	319	27,9	594	24,8
175	30,9	325	27,8	606	24,7
178	30,8	332	27,7		
182	30,7	339	27,6		

Quadro 2 – Taxa metabólica por tipo de atividade

Atividade	Taxa metabólica (W)
Sentado	
Em repouso	100
Trabalho leve com as mãos	126
Trabalho moderado com as mãos	153
Trabalho pesado com as mãos	171
Trabalho leve com um braço	162
Trabalho moderado com um braço	198

Atividade	Taxa metabólica (W)
Trabalho pesado com um braço	234
Trabalho leve com dois braços	216
Trabalho moderado com dois braços	252
Trabalho pesado com dois braços	288
Trabalho leve com braços e pernas	324
Trabalho moderado com braços e pernas	441
Trabalho pesado com braços e pernas	603

Atividade	Taxa metabólica (W)
Em pé, agachado ou ajoelhado	
Em repouso	126
Trabalho leve com as mãos	153
Trabalho moderado com as mãos	180
Trabalho pesado com as mãos	198
Trabalho leve com um braço	189
Trabalho moderado com um braço	225
Trabalho pesado com um braço	261
Trabalho leve com dois braços	243
Trabalho moderado com dois braços	279
Trabalho pesado com dois braços	315
Trabalho leve com o corpo	351
Trabalho moderado com o corpo	468
Trabalho pesado com o corpo	630
Em pé, em movimento	
Andando no plano	
1Sem carga	
2 km/h	198
3 km/h	252
4 km/h	297
5 km/h	360
2Com carga	
10 kg, 4 km/h	333
30 kg, 4 km/h	450
Correndo no plano	
9 km/h	787
12 km/h	873
15 km/h	990
Subindo rampa	
1.Sem carga	
com 5° de inclinação, 4 km/h	324
com 15° de inclinação, 3 km/h	378
com 25° de inclinação, 3 km/h	540
2Com carga de 20 kg	
com 15° de inclinação, 4 km/h	486
com 25° de inclinação, 4 km/h	738
Descendo rampa (5 km/h) sem carga	
com 5° de inclinação	243
com 15° de inclinação	252
com 25° de inclinação	324
Subindo escada (80 degraus por minuto – altura do degrau de 0,17 m)	
Sem carga	522
Com carga (20 kg)	648
Descendo escada (80 degraus por minu- to – altura do degrau de 0,17 m)	
Sem carga	279
Com carga (20 kg)	400
Trabalho moderado de braços (ex.: varrer, trabalho em almoxa-rifado)	320
Trabalho moderado de levantar ou empurrar	349
Trabalho de empurrar carrinhos de mão, no mesmo plano, com carga	391

Atividade	Taxa metabólica (W)
Trabalho de carregar pesos ou com movimentos vigorosos com os braços (ex.: trabalho com foice)	495
Trabalho pesado de levantar, empurrar ou arrastar pesos (ex.: remoção com pá, abertura de valas)	524

ANEXO nº 4 –
(Revogado pela Portaria nº 3.751, de 23-11-1990)

Anexo 4 revogado pela Portaria nº 3.751, de 23-11-1990.

ANEXO Nº 5 –
radiações ionizantes

(C= 115.054-5/I = 3/T = S)

LIMITES DE TOLERÂNCIA PARA RADIAÇÕES IONIZANTES

Nas atividades ou operações onde trabalhadores possam ser expostos a radiações ionizantes, os limites de tolerância, os princípios, as obrigações e controles básicos para a proteção do homem e do seu meio ambiente contra possíveis efeitos indevidos causados pela radiação ionizante, são os constantes da Norma CNEN-NN-3.01: "Diretrizes Básicas de Proteção Radiológica", de março de 2014, aprovada pela Resolução CNEN n.º 164/2014, ou daquela que venha a substituí-la. (Atualizado pela Portaria MTb n.º 1.084, de 18 de dezembro de 2018)

ANEXO Nº 6 –
TRABALHO SOB CONDIÇÕES HIPERBÁRICAS

(Título alterado pela Portaria SSMT n.º 24, de 14 de setembro de 1983)

Este Anexo trata dos trabalhos sob ar comprimido e dos trabalhos submersos.

1. TRABALHOS SOB AR COMPRIMIDO *(Alterado pela Portaria SSMT n.º 05, de 09 de fevereiro de 1983)*

1.1. Trabalhos sob ar comprimido são os efetuados em ambientes onde o trabalhador é obrigado a suportar pressões maiores que a atmosférica e onde se exige cuidadosa descompressão, de acordo com as tabelas anexas.

1.2. Para fins de aplicação deste item, define-se:

a) **Câmara de Trabalho** – É o espaço ou compartimento sob ar comprimido, no interior, do qual o trabalho está sendo realizado;

b) **Câmara de Recompressão** – É uma câmara que, independente da câmara de trabalho, é usada para tratamento de indivíduos que adquirem doenças descompressivas ou embolia, e é diretamente supervisionada por médico qualificado;

c) **Campânula** – É uma câmara através da qual o trabalhador passa do ar livre para a câmara de trabalho do tubulão e vice-versa;

d) **Eclusa de Pessoal** – É uma câmara através da qual o trabalhador passa do ar livre para a câmara de trabalho do túnel e vice-versa;

e) **Encarregado de Ar Comprimido** – É o profissional treinado e conhecedor das diversas técnicas empregadas nos trabalhos sob ar comprimido, designado pelo empregador como responsável imediato pelos trabalhadores;

f) **Médico Qualificado** – É o Médico do Trabalho com conhecimentos comprovados em Medicina Hiperbárica, responsável pela supervisão e pelo Programa Médico;

g) **Operador de Eclusa ou de Campânula** – É o indivíduo previamente treinado nas manobras de compressão e descompressão das eclusas ou campânulas, responsável pelo controle da pressão no seu interior;

h) **Período de Trabalho** – É o tempo durante o qual o trabalhador fica submetido a pressão maior que a do ar atmosférico, excluindo-se o período de descompressão;

i) **Pressão de Trabalho** – É a maior pressão de ar a que é submetido o trabalhador no tubulão ou túnel durante o período de trabalho;

j) **Túnel Pressurizado** – É uma escavação abaixo da superfície do solo cujo maior eixo faz um ângulo não superior a 45° com a horizontal, fechado nas duas extremidades, em cujo interior haja pressão superior a uma atmosfera;

l) **Tubulão de Ar Comprimido** – É uma estrutura vertical que se estende abaixo da superfície da água ou solo, através da qual os trabalhadores devem descer, entrando pela campânula, para uma pressão maior que a atmosférica. A atmosfera pressurizada opõe-se à pressão da água e permite que os homens trabalhem no interior.

1.3 O disposto neste item aplica-se a trabalhos sob ar comprimido em tubulões pneumáticos e túneis pressurizados.

1.3.1 Todo trabalho sob ar comprimido será executado de acordo com as prescrições dadas a seguir e quaisquer modificações deverão ser previamente aprovadas pelo Órgão Nacional competente em Segurança e Medicina do Trabalho.

1.3.2 O trabalhador não poderá sofrer mais de uma compressão num período de 24 horas.

1.3.3 Durante o transcorrer dos trabalhos sob ar comprimido, nenhuma pessoa poderá ser exposta a pressão superior a 3,4 kgf/cm^2, exceto em caso de emergência ou durante tratamento em câmara de recompressão sob supervisão direta do médico responsável.

1.3.4 A duração do período de trabalho sob ar comprimido não poderá ser superior a 8 horas, em pressões de trabalho de 0 a 1,0 kgf/cm^2; a 6 horas, em pressões de trabalho de 1,1 a 2,5 kgf/cm^2; e a 4 horas, em pressão de trabalho de 2,6 a 3,4 kgf/cm^2.

1.3.5 Após a descompressão os trabalhadores serão obrigados a permanecer, no mínimo, por duas horas, no canteiro de obra, cumprindo um período de observação médica.

1.3.5.1 O local adequado para o cumprimento do período de observação deverá ser designado pelo médico responsável.

1.3.6 Para trabalhos sob ar comprimido os empregados deverão satisfazer os seguintes requisitos;

a) ter mais de 18 e menos de 45 anos de idade;

b) ser submetido a exame médico obrigatório, pré-admissional e periódico, exigido pelas características e peculiaridades próprias do trabalho;

c) ser portador de placa de identificação, de acordo com o modelo anexo (Quadro I), fornecida no ato da admissão, após a realização do exame médico.

1.3.7 Antes da jornada de trabalho, os trabalhadores deverão ser inspecionados pelo médico, não sendo permitida a entrada em serviço daqueles que apresentem sinais de afecções das vias respiratórias ou outras moléstias.

1.3.7.1 É vedado o trabalho àqueles que se apresentem alcoolizados ou com sinais de ingestão de bebidas alcoólicas.

1.3.8 É proibido ingerir bebidas gasosas e fumar dentro dos tubulões e túneis.

1.3.9 Junto ao local de trabalho deverão existir instalações apropriadas à Assistência Médica, à recuperação, à alimentação e à higiene individual dos trabalhadores sob ar comprimido.

1.3.10 Todo empregado que vá exercer trabalho sob ar comprimido deverá ser orientado quanto aos riscos decorrentes da atividade e às precauções que deverão ser tomadas mediante educação audiovisual.

1.3.11 Todo empregado sem prévia experiência em trabalhos sob ar comprimido deverá ficar sob supervisão de pessoa competente, e sua compressão não poderá ser feita se não for acompanhado, na campânula, por pessoa hábil para instruí-lo quanto ao comportamento adequado durante a compressão.

1.3.12 As turmas de trabalho deverão estar sob a responsabilidade de um encarregado de ar comprimido, cuja principal tarefa será a de supervisionar e dirigir as operações.

1.3.13 Para efeito de remuneração, deverão ser computados na jornada de trabalho o período de trabalho, o tempo de compressão, descompressão e o período de observação médica.

1.3.14 Em relação à Supervisão Médica para o trabalho sob ar comprimido deverão ser observadas as seguintes condições:

a) sempre que houver trabalho sob ar comprimido, deverá ser providenciada a assistência por médico qualificado, bem como local apropriado para atendimento médico;

b) todo empregado que trabalhe sob ar comprimido deverá ter uma ficha médica, onde deverão ser registrados os dados relativos aos exames realizados;

c) nenhum empregado poderá trabalhar sob ar comprimido, antes de ser examinado por médico qualificado, que atestará, na ficha individual, estar essa pessoa apta para o trabalho;

d) o candidato considerado inapto não poderá exercer a função enquanto permanecer sua inaptidão para esse trabalho;

e) o atestado de aptidão terá validade por 6 (seis) meses;

f) em caso de ausência ao trabalho por mais de 10 (dez) dias ou afastamento por doença, o empregado, ao retornar, deverá ser submetido a novo exame médico.

1.3.15 Exigências para Operações nas Campânulas ou Eclusas.

1.3.15.1 Deverá estar presente no local pelo menos uma pessoa treinada nesse tipo de trabalho e com autoridade para exigir o cumprimento, por parte dos empregados, de todos as medidas de segurança preconizadas neste item.

1.3.15.2 As manobras de compressão e descompressão deverão ser executadas através de dispositivos localizados no exterior da campânula ou eclusa pelo operador das mesmas. Tais dispositivos deverão existir também internamente, porém serão utilizados somente em emergências. No início de cada jornada de trabalho, os dispositivos de controle deverão ser aferidos.

1.3.15.3 O operador da campânula ou eclusa anotará, em registro adequado (Quadro II) e para cada pessoa, o seguinte:

a) hora exata da entrada e saída da campânula ou eclusa;

b) pressão do trabalho;

c) hora exata do início e do término da descompressão.

1.3.15.4 Sempre que as manobras citadas no subitem 1.3.15.2. não puderem ser realizadas por controles externos, os controles de pressão deverão ser dispostos de maneira que uma pessoa, no interior da campânula, de preferência o capataz, somente possa operá-los sob vigilância do encarregado da campânula ou eclusa.

1.3.15.5 Em relação à ventilação e à temperatura, serão observadas as seguintes condições:

a) durante a permanência dos trabalhadores na câmara de trabalho ou na campânula ou eclusa a ventilação será contínua à razão de, no mínimo, 30 pés cúbicos/min./homem;

b) a temperatura, no interior da campânula ou eclusa, da câmara de trabalho, não excederá a 27°C (temperatura de globo úmido), o que poderá ser conseguido resfriando-se o ar através de dispositivos apropriados (resfriadores), antes da entrada na câmara de trabalho, campânula ou eclusa, ou através de outras medidas de controle;

c) a qualidade do ar deverá ser mantida dentro dos padrões de pureza estabelecidos no subitem 1.3.15.6, através da utilização de filtros apropriados, colocados entre a fonte de ar e a câmara de trabalho, campânula ou eclusa.

1.3.15.6

CONTAMINANTE	LIMITE DE TOLERÂNCIA
Monóxido de Carbono	20 ppm
Dióxido de Carbono	2.500 ppm
Óleo ou material particulado	3 mg/m³ (PT > 2 kgf/cm²) 5 mg/m³ (PT < 2 kgf/cm²)
Metano	10% do limite inferior de explosividade
Oxigênio	mais de 20%

1.3.15.7 A comunicação entre o interior dos ambientes sob pressão de ar comprimido e o exterior deverá ser feita por sistema de telefonia ou similar.

1.3.16 A compressão de trabalhadores deverá obedecer às seguintes regras:

a) no primeiro minuto, após o início da compressão, a pressão não poderá ter incremento maior que 0,3 kgf/cm²;

b) atingido o valor 0,3 kgf/cm², a pressão somente poderá ser aumentada após decorrido intervalo de tempo que permita ao encarregado da turma observar se todas as pessoas na campânula estão em boas condições;

c) decorrido o período de observação, recomendado na alínea "b", o aumento da pressão deverá ser feito a uma velocidade não superior a 0,7 kgf/cm², por minuto, para que nenhum trabalhador seja acometido de mal-estar;

d) se algum dos trabalhadores se queixar de mal-estar, dores no ouvido ou na cabeça, a compressão deverá ser imediatamente interrompida, e o encarregado reduzirá gradualmente a pressão da campânula até que o trabalhador se recupere e, não ocorrendo a recuperação, a descompressão continuará até a pressão atmosférica, retirando-se, então, a pessoa e encaminhando-a ao serviço médico.

1.3.17 Na descompressão de trabalhadores expostos à pressão de 0,0 a 3,4 kgf/cm², serão obedecidas as tabelas anexas (Quadro III), de acordo com as seguintes regras:

a) sempre que duas ou mais pessoas estiverem sendo descomprimidas na mesma campânula ou eclusa e seus períodos de trabalho ou pressão de trabalho não forem coincidentes, a descompressão processar-se-á de acordo com o maior período ou maior pressão de trabalho experimentada pelos trabalhadores envolvidos;

b) a pressão será reduzida a uma velocidade não superior a 0,4 kgf/cm², por minuto, até o primeiro estágio de descompressão, de acordo com as tabelas anexas; a campânula ou eclusa deverá ser mantida naquela pressão, pelo tempo indicado em minutos, e depois diminuída a pressão à mesma velocidade anterior, até o próximo estágio e assim por diante; para cada cinco minutos de parada, a campânula deverá ser ventilada à razão de um minuto.

1.3.18 Para o tratamento de caso de doença descompressiva ou embolia traumática pelo ar, deverão ser empregadas as tabelas de tratamento de VAN DER AUER e as de WORKMAN e GOODMAN.

1.3.19 As atividades ou operações realizadas sob ar comprimido serão consideradas insalubres de grau máximo.

1.3.20 O não cumprimento ao disposto neste item caracteriza o grave e iminente risco para os fins e efeitos da NR-3.

QUADRO I

MODELO DE PLACA DE IDENTIFICAÇÃO PARA TRABALHO EM AMBIENTE SOB AR COMPRIMIDO

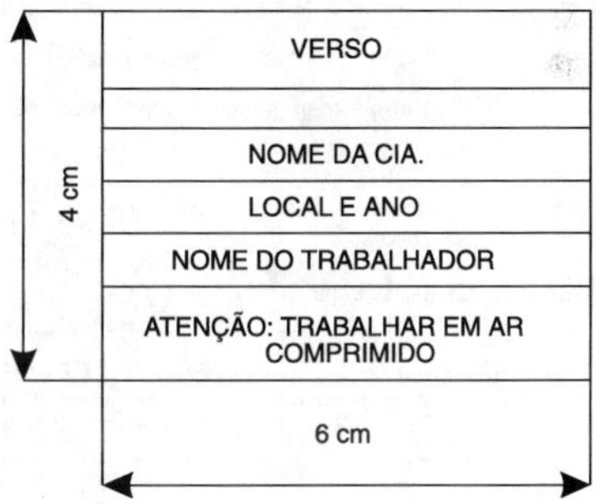

ESPECIFICAÇÃO MATERIAL DA PLACA:

Alumínio com espessura de 2 mm

QUADRO II

FOLHA DE REGISTRO DO TRABALHO SOB AR COMPRIMIDO

FIRMA							DATA	
OBRA				NOME DO ENCARREGADO				
NOME	FUNÇÃO	COMPRESSÃO		DESCOMPRESSÃO				
		PRESSÃO DE TRABALHO	HORA DE ENTRADA	PERÍODO DE TRABALHO	INÍCIO	TÉRMINO	DURAÇÃO	OBS.

QUADRO III

TABELA DE DESCOMPRESSÃO

Pressão de trabalho de 0 a 0,900 kgf/cm²

PERÍODO DE TRABALHO (HORAS)	ESTÁGIO DE DESCOMPRESSÃO	TEMPO TOTAL DE DESCOMPRESSÃO*
	0,3 kg/cm²	
0 a 6:00	4 min.	7 min.
6 a 8:00	14 min.	17 min.
+ de 8:00**	30 min.	33 min.

NOTAS: A velocidade de Descompressão entre os estágios não deverá exceder a 0,3 kgf/cm² por minuto.

* Incluído tempo de descompressão entre os estágios.

** Somente em casos excepcionais, não podendo ultrapassar 12 horas.

TABELA DE DESCOMPRESSÃO

Período de trabalho de 1/2 a 1 hora

PRESSÃO DE TRABALHO*** (kgf/cm²)	ESTÁGIO DE DESCOMPRESSÃO (kgf/cm²)*									TEMPO TOTAL DESCOMPRESSÃO** (min.)
	1,8	1,6	1,4	1,2	1,0	0,8	0,6	0,4	0,2	
1,0 a 1,2										–
1,2 a 1,4										–
1,4 a 1,6									5	5
1,6 a 1,8									10	10
1,8 a 2,0								5	15	20

NOTAS: * A descompressão tanto para o 1º estágio quanto entre os estágios subsequentes deverá ser feita a velocidade não superior a 0,4 kgf/cm²/minuto.

** Não está incluído o tempo entre estágios.

*** Para os valores-limite de pressão de trabalho use a maior descompressão.

TABELA DE DESCOMPRESSÃO

Período de trabalho de 1h a 1 1/2 h

PRESSÃO DE TRABALHO*** (kgf/cm^2)	ESTÁGIO DE DESCOMPRESSÃO (kgf/cm^2)*									TEMPO TOTAL DESCOMPRESSÃO** (min.)
	1,8	1,6	1,4	1,2	1,0	0,8	0,6	0,4	0,2	
1,0 a 1,2										–
1,2 a 1,4									5	5
1,4 a 1,6									10	10
1,6 a 1,8								5	15	20
1,8 a 2,0								5	30	35

NOTAS:
* A descompressão tanto para o 1º estágio quanto entre os estágios subsequentes deverá ser feita a velocidade não superior a 0,4 kgf/cm^2/minuto.

** Não está incluído o tempo entre estágios.

*** Para os valores-limite de pressão de trabalho use a maior descompressão.

TABELA DE DESCOMPRESSÃO

Período de trabalho de 1h 30 min. a 2 horas

PRESSÃO DE TRABALHO*** (kgf/cm^2)	ESTÁGIO DE DESCOMPRESSÃO (kgf/cm^2)*									TEMPO TOTAL DESCOMPRESSÃO** (min.)
	1,8	1,6	1,4	1,2	1,0	0,8	0,6	0,4	0,2	
1,0 a 1,2									5	5
1,2 a 1,4									10	10
1,4 a 1,6								5	20	25
1,6 a 1,8								10	30	40
1,8 a 2,0							5	15	35	55

NOTAS:
* A descompressão tanto para o 1º estágio quanto entre os estágios subsequentes deverá ser feita a velocidade não superior a 0,4 kgf/cm^2/minuto.

** Não está incluído o tempo entre estágios.

*** Para os valores-limite de pressão de trabalho use a maior descompressão.

TABELA DE DESCOMPRESSÃO

Período de trabalho de 2h a 2h30 min.

PRESSÃO DE TRABALHO*** (kgf/cm²)	ESTÁGIO DE DESCOMPRESSÃO (kgf/cm²)*									TEMPO TOTAL DESCOMPRESSÃO** (min.)
	1,8	1,6	1,4	1,2	1,0	0,8	0,6	0,4	0,2	
1,0 a 1,2									5	5
1,2 a 1,4									20	20
1,4 a 1,6								5	30	35
1,6 a 1,8								15	40	55
1,8 a 2,0							5	25	40	70

NOTAS: * A descompressão tanto para o 1º estágio quanto entre os estágios subsequentes deverá ser feita a velocidade não superior a 0,4 kgf/cm²/minuto.

** Não está incluído o tempo entre estágios.

*** Para os valores-limite de pressão de trabalho use a maior descompressão.

TABELA DE DESCOMPRESSÃO

Período de trabalho de 2h 30 min. a 3 horas

PRESSÃO DE TRABALHO*** (kgf/cm²)	ESTÁGIO DE DESCOMPRESSÃO (kgf/cm²)*									TEMPO TOTAL DESCOMPRESSÃO** (min.)
	1,8	1,6	1,4	1,2	1,0	0,8	0,6	0,4	0,2	
1,0 a 1,2									10	10
1,2 a 1,4								5	20	25
1,4 a 1,6								10	35	45
1,6 a 1,8							5	20	40	65
1,8 a 2,0							10	30	40	80

NOTAS: * A descompressão tanto para o 1º estágio quanto entre os estágios subsequentes deverá ser feita a velocidade não superior a 0,4 kgf/cm²/minuto.

** Não está incluído o tempo entre estágios.

*** Para os valores-limite de pressão de trabalho use a maior descompressão.

TABELA DE DESCOMPRESSÃO

Período de trabalho de 3 a 4 horas

PRESSÃO DE TRABALHO*** (kgf/cm²)	ESTÁGIO DE DESCOMPRESSÃO (kgf/cm²)*								TEMPO TOTAL DESCOMPRESSÃO** (min.)
	1,8	1,6	1,4	1,2	1,0	0,8	0,6	0,2	
1,0 a 1,2								15	15
1,2 a 1,4							5	30	35
1,4 a 1,6							15	40	55
1,6 a 1,8						5	25	45	75
1,8 a 2,0					5	15	30	45	95

NOTAS: * A descompressão tanto para o 1º estágio quanto entre os estágios subsequentes deverá ser feita a velocidade não superior a 0,4 kgf/cm²/minuto.

** Não está incluído o tempo entre estágios.

*** Para os valores-limite de pressão de trabalho use a maior descompressão.

TABELA DE DESCOMPRESSÃO

Período de trabalho de 4 a 6 horas****

PRESSÃO DE TRABALHO*** (kgf/cm²)	ESTÁGIO DE DESCOMPRESSÃO (kgf/cm²)*									TEMPO TOTAL DESCOMPRESSÃO** (min.)
	1,8	1,6	1,4	1,2	1,0	0,8	0,6	0,4	0,2	
1,0 a 1,2									20	20
1,2 a 1,4								5	35	40
1,4 a 1,6							5	20	40	65
1,6 a 1,8							10	30	45	85
1,8 a 2,0						5	20	35	45	105

NOTAS: * A descompressão tanto para o 1º estágio quanto entre os estágios subsequentes deverá ser feita a velocidade não superior a 0,4 kgf/cm²/minuto.

** Não está incluído o tempo entre estágios.

*** Para os valores-limite de pressão de trabalho use a maior descompressão.

**** Até 8 (oito) horas para pressão de trabalho de 1,0 kgf/cm². E até 6 (seis) horas, para as demais pressões.

TABELA DE DESCOMPRESSÃO

Período de trabalho de 0 a 1/2 hora

PRESSÃO DE TRABALHO*** (kgf/cm²)	ESTÁGIO DE DESCOMPRESSÃO (kgf/cm²)*								TEMPO TOTAL DESCOMPRESSÃO** (min.)
	1,6	1,4	1,2	1,0	0,8	0,6	0,4	0,2	
2,0 a 2,2								5	5
2,2 a 2,4								5	5
2,4 a 2,6								5	5
2,6 a 2,8								5	5
2,8 a 3,0							5	5	10
3,0 a 3,2							5	5	10
3,2 a 3,4							5	10	15

NOTAS: * A descompressão tanto para o 1º estágio quanto entre os estágios subsequentes deverá ser feita a velocidade não superior a 0,4 kgf/cm²/minuto.

** Não está incluído o tempo entre estágios.

*** Para os valores-limite de pressão de trabalho use a maior descompressão.

TABELA DE DESCOMPRESSÃO

Período de trabalho de 1/2 a 1 hora

PRESSÃO DE TRABALHO*** (kgf/cm²)	ESTÁGIO DE DESCOMPRESSÃO (kgf/cm²)*								TEMPO TOTAL DESCOMPRESSÃO** (min.)
	1,6	1,4	1,2	1,0	0,8	0,6	0,4	0,2	
2,0 a 2,2							5	15	20
2,2 a 2,4							5	20	25
2,4 a 2,6							10	25	35
2,6 a 2,8						5	10	35	50
2,8 a 3,0						5	15	40	60
3,0 a 3,2					5	5	20	40	70
3,2 a 3,4					5	10	25	40	80

NOTAS: * A descompressão tanto para o 1º estágio quanto entre os estágios subsequentes deverá ser feita a velocidade não superior a 0,4 kgf/cm²/minuto.

** Não está incluído o tempo entre estágios.

*** Para os valores-limite de pressão de trabalho use a maior descompressão.

TABELA DE DESCOMPRESSÃO

Período de trabalho de 1h a 1h30 min.

PRESSÃO DE TRABALHO*** (kgf/cm²)	ESTÁGIO DE DESCOMPRESSÃO (kgf/cm²)*								TEMPO TOTAL DESCOMPRESSÃO** (min.)
	1,6	1,4	1,2	1,0	0,8	0,6	0,4	0,2	
2,0 a 2,2						5	10	35	50
2,2 a 2,4						5	20	35	60
2,4 a 2,6						10	25	40	75
2,6 a 2,8					5	10	30	45	90
2,8 a 3,0					5	20	35	45	105
3,0 a 3,2				5	10	20	35	45	115
3,2 a 3,4				5	15	25	35	45	125

NOTAS: * A descompressão tanto para o 1º estágio quanto entre os estágios subsequentes deverá ser feita a velocidade não superior a 0,4 kgf/cm²/minuto.

** Não está incluído o tempo entre estágios.

*** Para os valores-limite de pressão de trabalho use a maior descompressão.

TABELA DE DESCOMPRESSÃO

Período de trabalho de 1h 30 min. a 2 horas

PRESSÃO DE TRABALHO*** (kgf/cm²)	ESTÁGIO DE DESCOMPRESSÃO (kgf/cm²)*								TEMPO TOTAL DESCOMPRESSÃO** (min.)
	1,6	1,4	1,2	1,0	0,8	0,6	0,4	0,2	
2,0 a 2,2						5	25	40	70
2,2 a 2,4					5	10	30	40	85
2,4 a 2,6					5	20	35	40	100
2,6 a 2,8				5	10	25	35	40	115
2,8 a 3,0				5	15	30	35	45	130
3,0 a 3,2			5	10	20	30	35	45	145
3,2 a 3,4			5	15	25	30	35	45	155

NOTAS: * A descompressão tanto para o 1º estágio quanto entre os estágios subsequentes deverá ser feita a velocidade não superior a 0,4 kgf/cm²/minuto.

** Não está incluído o tempo entre estágios.

*** Para os valores-limite de pressão de trabalho use a maior descompressão.

TABELA DE DESCOMPRESSÃO

Período de trabalho de 2h a 2h30 min.

PRESSÃO DE TRABALHO*** (kgf/cm²)	ESTÁGIO DE DESCOMPRESSÃO (kgf/cm²)*								TEMPO TOTAL DESCOMPRESSÃO** (min.)
	1,6	1,4	1,2	1,0	0,8	0,6	0,4	0,2	
2,0 a 2,2					5	10	30	45	90
2,2 a 2,4					5	20	35	45	105
2,4 a 2,6				5	10	25	35	45	120
2,6 a 2,8				5	20	30	35	45	135
2,8 a 3,0			5	10	20	30	35	45	145
3,0 a 3,2		5	5	15	25	30	35	45	160
3,2 a 3,4		5	10	20	25	30	40	45	175

NOTAS: * A descompressão tanto para o 1º estágio quanto entre os estágios subsequentes deverá ser feita a velocidade não superior a 0,4 kgf/cm²/minuto.

** Não está incluído o tempo entre estágios.

*** Para os valores-limite de pressão de trabalho use a maior descompressão.

TABELA DE DESCOMPRESSÃO

Período de trabalho de 2h 30 min. a 3 horas

PRESSÃO DE TRABALHO*** (kgf/cm²)	ESTÁGIO DE DESCOMPRESSÃO (kgf/cm²)*								TEMPO TOTAL DESCOMPRESSÃO** (min.)
	1,6	1,4	1,2	1,0	0,8	0,6	0,4	0,2	
2,0 a 2,2					5	15	35	40	95
2,2 a 2,4					10	25	35	45	115
2,4 a 2,6				5	15	30	35	45	130
2,6 a 2,8			5	10	20	30	35	45	145
2,8 a 3,0			5	20	25	30	35	45	160
3,0 a 3,2		5	10	20	25	30	40	45	175
3,2 a 3,4	5	5	15	25	25	30	40	45	190

NOTAS: * A descompressão tanto para o 1º estágio quanto entre os estágios subsequentes deverá ser feita a velocidade não superior a 0,4 kgf/cm²/minuto.

** Não está incluído o tempo entre estágios.

*** Para os valores-limite de pressão de trabalho use a maior descompressão.

TABELA DE DESCOMPRESSÃO

Período de trabalho de 3 a 4 horas

PRESSÃO DE TRABALHO*** (kgf/cm^2)	ESTÁGIO DE DESCOMPRESSÃO (kgf/cm^2)*								TEMPO TOTAL DESCOMPRESSÃO** (min.)
	1,6	1,4	1,2	1,0	0,8	0,6	0,4	0,2	
2,0 a 2,2					10	20	35	45	110
2,2 a 2,4				5	15	25	40	45	130
2,4 a 2,6			5	5	25	30	40	45	150
2,6 a 2,8			5	15	25	30	40	45	160
2,8 a 3,0		5	10	20	25	30	40	45	175
3,0 a 3,2	5	5	15	25	25	30	40	45	190
3,2 a 3,4	5	15	20	25	30	30	40	45	210

NOTAS: * A descompressão tanto para o 1º estágio quanto entre os estágios subsequentes deverá ser feita a velocidade não superior a 0,4 kgf/cm^2/minuto.

** Não está incluído o tempo entre estágios.

*** Para os valores-limite de pressão de trabalho use a maior descompressão.

TABELA DE DESCOMPRESSÃO

Período de trabalho de 4 a 6 horas

PRESSÃO DE TRABALHO*** (kgf/cm^2)	ESTÁGIO DE DESCOMPRESSÃO (kgf/cm^2)*								TEMPO TOTAL DESCOMPRESSÃO** (min.)
	1,6	1,4	1,2	1,0	0,8	0,6	0,4	0,2	
2,0 a 2,2				5	10	25	40	50	130
2,2 a 2,4				10	20	30	40	55	155
2,4 a 2,6			5	15	25	30	45	60	180
2,6 a 2,8		5	10	20	25	30	45	70	205
2,8 a 3,0		10	15	20	30	40	50	80	245****

NOTAS: * A descompressão tanto para o 1º estágio quanto entre os estágios subsequentes deverá ser feita a velocidade não superior a 0,4 kgf/cm^2/minuto.

** Não está incluído o tempo entre estágios.

*** Para os valores-limite de pressão de trabalho use a maior descompressão.

**** O período de trabalho mais o tempo de descompressão (incluindo o tempo entre os estágios) não deverá exceder a 12 horas.

2 TRABALHOS SUBMERSOS

Alterado pela Portaria nº 24, de 14-9-1983.

2.1 Para os fins do presente item considera-se:

I – **Águas Abrigadas**: toda massa líquida que, pela existência de proteção natural ou artificial, não estiver sujeita ao embate de ondas, nem correntezas superiores a 1 (um) nó;

II – **Câmara Hiperbárica**: um vaso de pressão especialmente projetado para a ocupação humana, no qual os ocupantes podem ser submetidos a condições hiperbáricas;

III – **Câmara de Superfície**: uma câmara hiperbárica especialmente projetada para ser utilizada na descompressão dos mergulhadores, requerida pela operação ou pelo tratamento hiperbárico;

IV – **Câmara Submersível de Pressão Atmosférica**: uma câmara resistente à pressão externa, especialmente projetada para uso submerso, na qual os seus ocupantes permanecem submetidos à pressão atmosférica;

V – **Câmara Terapêutica**: a câmara de superfície destinada exclusivamente ao tratamento hiperbárico;

VI – **Comandante da Embarcação**: o responsável pela embarcação que serve de apoio aos trabalhos submersos;

VII – **Condição Hiperbárica**: qualquer condição em que a pressão ambiente seja maior que a atmosférica;

VIII – **Condições Perigosas**: situações em que uma operação de mergulho envolva riscos adicionais ou condições adversas, tais como:

a) uso e manuseio de explosivos;

b) trabalhos submersos de corte e solda;

c) trabalhos em mar aberto;

d) correntezas superiores a 2 (dois) nós;

e) estado de mar superior a "mar de pequenas vagas" (altura máxima das ondas de 2,00 m);

f) Manobras de peso ou trabalhos com ferramentas que impossibilitem o controle da flutuabilidade do mergulhador;

g) trabalhos noturnos;

h) trabalhos em ambientes confinados.

IX – **Contratante**: pessoa física ou jurídica que contrata os serviços de mergulho ou para quem esses serviços são prestados;

X – **Descompressão**: o conjunto de procedimentos, através do qual um mergulhador elimina do seu organismo o excesso de gases inertes absorvidos durante determinadas condições hiperbáricas, sendo tais procedimentos absolutamente necessários, no seu retorno a pressão atmosférica, para a preservação da sua integridade física;

XI – **Emergência**: qualquer condição anormal capaz de afetar a saúde do mergulhador ou a segurança da operação de mergulho;

XII – **Empregador**: pessoa física ou jurídica, responsável pela prestação dos serviços, de quem os mergulhadores são empregados;

XIII – **Equipamento Autônomo de Mergulho**: aquele em que o suprimento de mistura respiratória é levado pelo próprio mergulhador e utilizado como sua única fonte;

XIV – **Linha de Vida**: um cabo, manobrado do local de onde é conduzido o mergulho, que, conectado ao mergulhador, permite recuperá-lo e içá-lo da água, com seu equipamento;

XV – **Mar Aberto**: toda área que se encontra sob influência direta do mar alto;

XVI – **Médico Hiperbárico**: médico com curso de medicina hiperbárica com currículo aprovado pela SSMT/MTb, responsável pela realização dos exames psicofísicos admissional, periódico e demissional de conformidade com os Anexos A e B e a NR 7;

XVII - **Mergulhador**: o profissional qualificado e legalmente habilitado para utilização de equipamentos de mergulho, submersos;

XVIII - **Mergulho de Intervenção**: o mergulho caracterizado pelas seguintes condições:

a) utilização de misturas respiratórias artificiais;

b) tempo de trabalho, no fundo, limitado a valores que não incidam no emprego de técnica de saturação.

XIX - **Misturas Respiratórias Artificiais**: misturas de oxigênio, hélio ou outros gases, apropriadas à respiração durante os trabalhos submersos, quando não seja indicado o uso do ar natural;

XX - **Operação de Mergulho**: toda aquela que envolve trabalhos submersos e que se estende desde os procedimentos iniciais de preparação até o final do período de observação;

XXI - **Período de Observação**: aquele que se inicia no momento em que o mergulhador deixa de estar submetido a condições hiperbáricas e se estende:

a) até 12 (doze) horas para os mergulhos com ar;

b) até 24 (vinte e quatro) horas para os mergulhos com misturas respiratórias artificiais.

XXII - **Plataforma de Mergulho**: navio, embarcação, balsa, estrutura fixa ou flutuante, canteiro de obras, estaleiro, cais ou local a partir do qual se realiza o mergulho;

XXIII - **Pressão Ambiente**: a pressão do meio que envolve o mergulhador;

XXIV - **Programa Médico**: o conjunto de atividades desenvolvidas pelo empregador, na área médica, necessário à manutenção da saúde e integridade física do mergulhador;

XXV - **Regras de Segurança**: os procedimentos básicos que devem ser observados nas operações de mergulho, de forma a garantir sua execução em perfeita segurança e assegurar a integridade física dos mergulhadores;

XXVI - **Sino Aberto**: campânula com a parte inferior aberta e provida de estrado, de modo a abrigar e permitir o transporte de, no mínimo, (dois) mergulhadores, da superfície ao local de trabalho, devendo possuir sistema próprio de comunicação, suprimento de gases de emergência e vigias que permitam a observação de seu exterior;

XXVII - **Sino de Mergulho**: uma câmara hiperbárica, especialmente projetada para ser utilizada em trabalhos submersos;

XXVIII - **Sistema de Mergulho**: o conjunto de equipamentos necessários à execução de operações de mergulho, dentro das normas de segurança;

XXIX - **Supervisor de Mergulho**: o mergulhador, qualificado e legalmente habilitado, designado pelo empregador para supervisionar a operação de mergulho;

XXX - **Técnicas de Saturação**: os procedimentos pelos quais um mergulhador evita repetidas descompressões para a pressão atmosférica, permanecendo submetido à pressão ambiente maior que aquela, de tal forma que seu organismo se mantenha saturado com os gases inertes das misturas respiratórias;

XXXI - **Técnico de Saturação**: o profissional devidamente qualificado para aplicação das técnicas adequadas às operações em saturação;

XXXII - **Trabalho Submerso**: qualquer trabalho realizado ou conduzido por um mergulhador em meio líquido;

XXXIII - **Umbilical**: o conjunto de linha de vida, mangueira de suprimento respiratório e outros componentes que se façam necessários à execução segura do mergulho, de acordo com a sua complexidade.

2.1.1 O curso referido no inciso XVI, do subitem 2.1, poderá ser ministrado por instituições reconhecidas e autorizadas pelo MEC e credenciadas pela FUNDACENTRO para ministrar o referido curso.

2.1.2 O credenciamento junto à FUNDACENTRO referido no subitem 2.1.1 e o registro do médico hiperbárico na SSMT/MTb serão feitos obedecendo às normas para credenciamento e registro na área de segurança e medicina do trabalho.

2.2 Das Obrigações do Contratante

2.2.1 Será de responsabilidade do contratante:

a) exigir do empregador, através do instrumento contratual, que os serviços sejam desenvolvidos de acordo com o estabelecido neste item;

b) exigir do empregador que apresente Certificado de Cadastramento expedido pela Diretoria de Portos e Costas - DPC;

c) oferecer todos os meios ao seu alcance para atendimento em casos de emergência quando solicitado pelo supervisor de mergulho.

2.3 Das Obrigações do Empregador

2.3.1 Será de responsabilidade do empregador:

a) garantir que todas as operações de mergulho obedeçam a este item;

b) manter disponível, para as equipes de mergulho nos locais de trabalho, manuais de operação completos, equipamentos e tabelas de descompressão adequadas;

c) indicar por escrito os integrantes da equipe e suas funções;

d) comunicar, imediatamente, à Delegacia do Trabalho Marítimo da Região, através de relatório circunstanciado, os acidentes ou situações de risco ocorridos durante a operação de mergulho;

e) exigir que os atestados médicos dos mergulhadores estejam atualizados;

f) garantir que as inspeções de saúde sejam conduzidas de acordo com as disposições do subitem 2.9 e propiciar condições adequadas à realização dos exames médicos ocupacionais;

g) garantir a aplicação do programa médico aos seus mergulhadores, bem como assegurar comunicações eficientes e meios para, em caso de acidente, prover o transporte rápido de médico qualificado para o local da operação;

h) fornecer à equipe de mergulho as provisões, roupas de trabalho e equipamentos, inclusive os de proteção individual, necessários à condução segura das operações planejadas;

i) assegurar que os equipamentos estejam em perfeitas condições de funcionamento e tenham os seus certificados de garantia dentro do prazo de validade;

j) prover os meios para assegurar o cumprimento dos procedimentos normais e de emergência, necessários à segurança da operação de mergulho, bem como à integridade física das pessoas nela envolvidas;

l) fornecer, imediatamente, aos órgãos competentes, todas as informações a respeito das operações, equipamentos de mergulho e pessoal envolvidos, quando solicitadas;

m) timbrar e assinar os livros de registro dos mergulhadores, referentes às operações de mergulho em que os mesmos tenham participado;

n) guardar os Registros das Operações de Mergulho - ROM e outros julgados necessários, por um período mínimo de 5 (cinco) anos, a contar da data da sua realização;

o) providenciar, para as equipes, condições adequadas de alojamento, alimentação e transporte.

2.4 Das Obrigações do Comandante da Embarcação ou do Responsável pela Plataforma de Mergulho.

2.4.1 Será de responsabilidade do comandante da embarcação ou do responsável pela plataforma de mergulho:

a) não permitir a realização de nenhuma atividade que possa oferecer perigo para os mergulhadores que tenham a embarcação como apoio, consultando o supervisor de mergulho sobre as que possam afetar a segurança da operação, antes que os mergulhos tenham início;

b) tornar disponível ao supervisor, quando solicitado por este durante as operações de mergulho e em casos de emergência, todo equipamento, espaço ou facilidade para garantir a integridade física dos mergulhadores;

c) garantir que nenhuma manobra seja realizada e qualquer máquina ou equipamento pare de operar, se oferecerem perigo para os mergulhadores em operação;

d) providenciar para que o supervisor de mergulho seja informado, antes do início da operação e a convenientes intervalos no curso da mesma, sobre as previsões meteorológicas para a área de operação;

e) avisar as outras embarcações, nas imediações da realização da operação de mergulho, usando, para isso, sinalização, balizamento ou outros meios adequados e eficientes.

2.5 Das Obrigações do Supervisor de Mergulho

2.5.1 Será de responsabilidade do supervisor de mergulho:

a) assumir o controle direto da operação para a qual foi indicado;

b) só permitir que a operação de mergulho seja conduzida dentro do prescrito no presente item;

c) assinar o livro de registro de cada mergulhador participante da operação;

d) não mergulhar durante a operação de mergulho, quando atuando como supervisor;

e) só permitir que tomem parte da operação pessoas legalmente qualificadas e em condições para o trabalho;

f) decidir com os outros supervisores, quando dois ou mais supervisores forem indicados para uma operação, os períodos da responsabilidade de cada um;

g) efetuar e preservar os registros especificados no subitem 2.12;

h) estabelecer com o comandante da embarcação ou responsável pela plataforma de mergulho, as medidas necessárias ao bom andamento e à segurança da operação de mergulho, antes do seu início;

i) requisitar a presença do médico qualificado no local da operação de mergulho, nos casos em que haja necessidade de tratamento médico especializado;

j) não permitir a operação de mergulho se não houver, no local, os equipamentos normais e de emergência adequados e em quantidade suficiente para sua condução segura;

l) comunicar ao empregador, dentro do menor prazo possível, todos os acidentes ou todas as situações de riscos, ocorridos durante a operação, inclusive as informações individuais encaminhadas pelos mergulhadores.

2.6 Dos Deveres dos Mergulhadores

2.6.1 Será de responsabilidade do mergulhador:

a) portar, obrigatoriamente, o seu Livro de Registro do Mergulhador – LRM;

b) apresentar o LRM, sempre que solicitado pelo órgão competente empregador, contratante ou supervisor;

c) providenciar os registros referentes a todas as operações de mergulho em que tenha tomado parte, tão breve quanto possível, respondendo legalmente pelas anotações efetuadas;

d) informar ao supervisor de mergulho se está fisicamente inapto ou se há qualquer outra razão pela qual não possa ser submetido à condição hiperbárica;

e) guardar os seus LRM, por um período mínimo de 5 (cinco) anos, a contar da data do último registro;

f) cumprir as regras de segurança e demais dispositivos deste item;

g) comunicar ao supervisor as irregularidades observadas durante a operação de mergulho;

h) apresentar-se para exame médico, quando determinado pelo empregador;

i) assegurar-se, antes do início da operação, de que os equipamentos individuais fornecidos pelo empregador estejam em perfeitas condições de funcionamento.

2.7 Da Classificação dos Mergulhadores

2.7.1 Os mergulhadores serão classificados em duas categorias:

a) MR – mergulhadores habilitados, apenas, para operação de mergulho utilizando "ar comprimido";

b) MP – mergulhadores devidamente habilitados para operações de mergulho que exijam a utilização de mistura respiratória artificial.

2.8 Das Equipes de Mergulho

2.8.1 A equipe básica para mergulho com "ar comprimido" até a profundidade de 50,00 m (cinquenta metros) e na ausência das condições perigosas definidas no inciso VIII do subitem 2.1, deverá ter a constituição abaixo especificada, desde que esteja prevista apenas descompressão na água:

a) 1 supervisor;

b) 1 mergulhador para a execução do trabalho;

c) 1 mergulhador de reserva, pronto para intervir em caso de emergência;

d) 1 auxiliar de superfície.

2.8.1.1 Em águas abrigadas, nas condições descritas no subitem 2.8.1 considerada a natureza do trabalho e, desde que a profundidade não exceda 12 (doze) metros, a equipe básica poderá ser reduzida de seu auxiliar de superfície.

2.8.2 Quando, em mergulhos nas condições estipuladas no subitem 2.8.1 estiver programada descompressão na câmara de superfície, a equipe básica será acrescida de 1 (um) mergulhador, que atuará como operador de câmara.

2.8.3 Na ocorrência de qualquer das condições perigosas enumeradas no inciso VIII do subitem 2.1, as equipes descritas nos subitens 2.8.1 e 2.8.2 serão acrescidas de 1 (um) mergulhador, passando, respectivamente, a serem constituídas por 5 (cinco) e 6 (seis) homens.

2.8.4 Em toda operação de mergulho em que, para a realização do trabalho, for previsto o emprego simultâneo de 2 (dois) ou mais mergulhadores na água, deverá existir, no mínimo, 1 (um) mergulhador de reserva para 2 (dois) submersos.

2.8.5 Em operação a mais de 50 (cinquenta) metros, ou quando for utilizado equipamento autônomo, serão sempre empregados, no mínimo, 2 (dois) mergulhadores submersos de modo que um possa, em caso de necessidade, prestar assistência ao outro.

2.8.6 Nos mergulhos de intervenção, utilizando-se misturas respiratórias artificiais

– MRA, as equipes de mergulho terão a seguinte constituição:

a) até a profundidade de 120,00 m:

– 1 supervisor

– 2 mergulhadores

– 1 mergulhador encarregado da operação do sino

– 1 mergulhador auxiliar

– 1 mergulhador de reserva para atender possíveis emergências

b) de 120,00 a 130,00 m:

– todos os elementos acima e mais 1 (um) mergulhador encarregado da operação da câmara hiperbárica.

2.8.7 Nas operações com técnica de saturação deverá haver, no mínimo, 2 (dois) supervisores e 2 (dois) técnicos de saturação.

2.9 Exames Médicos.

2.9.1 É obrigatória a realização de exames médicos, dentro dos padrões estabelecidos neste subitem, para o exercício da atividade de mergulho, em nível profissional.

2.9.2 Os exames médicos serão divididos em duas categorias:

a) Exame pré-admissional para seleção de candidatos à atividade de mergulho;

b) exame periódico para controle do pessoal em atividade de mergulho.

2.9.3 Os exames médicos só serão considerados válidos, habilitando o mergulhador para o exercício da atividade, quando realizados por médico qualificado.

2.9.4 Caberá, igualmente, ao médico qualificado, a condução dos testes de pressão e de tolerância de oxigênio.

2.9.5 Os exames deverão ser conduzidos de acordo com os padrões psicofísicos estabelecidos nos exames A e B.

2.9.6 O médico concluirá os seus laudos por uma das seguintes formas:

a) apto para mergulho (INTEGRIDADE FÍSICA E PSÍQUICA);

b) incapaz temporariamente para mergulho (PATOLOGIA TRANSITÓRIA);

c) incapaz definitivamente para mergulho (PATOLOGIA PERMANENTE e/ou PROGRESSIVA).

2.9.7 Os exames médicos dos mergulhadores serão realizados nas seguintes condições:

a) por ocasião da admissão;

b) a cada seis meses, para todo o pessoal em efetiva atividade de mergulho;

c) imediatamente, após acidente ocorrido no desempenho de atividade de mergulho ou moléstia grave;

d) após o término de incapacidade temporária;

e) em situações específicas, por solicitação do mergulhador ao empregador.

2.9.7.1 Os exames médicos a que se refere o subitem anterior, só terão validade quando realizados em território nacional.

2.9.8 Os exames complementares previstos nos Anexos A e B terão validade de 12 (doze) meses, ficando a critério do médico qualificado a solicitação, a qualquer tempo, de qualquer exame que julgar necessário.

2.10 Das regras de Segurança do Mergulho

2.10.1 É obrigatório o uso de comunicações verbais em todas as operações de mergulho realizadas em Condições Perigosas sendo que, em mergulhos com Misturas Respiratórias Artificiais – MRA, deverão ser incluídos instrumentos capazes de corrigir as distorções sonoras provocadas pelos gases na transmissão da voz.

2.10.2 Em mergulho a mais de 50 (cinquenta) metros de profundidade, quando utilizado sino de mergulho ou câmara submersível de pressão atmosférica, é obrigatório a disponibilidade de intercomunicador, sem fio, que permita comunicações verbais para utilização em caso de emergência.

2.10.3 Em todas as operações de mergulho serão utilizados balizamento e sinalização adequados de acordo com o código internacional de sinais e outros meios julgados necessários à segurança.

2.10.4 A técnica de mergulho suprido pela superfície será sempre empregada, exceto em casos especiais onde as próprias condições de segurança indiquem ser mais apropriada a técnica de mergulho autônomo, sendo esta apoiada por uma embarcação miúda.

2.10.5 Os umbilicais ou linhas de vida serão sempre afixados a cintas adequadas e que possam suportar o peso do mergulhador e dos equipamentos.

2.10.6 A entrada e saída dos mergulhadores no meio líquido será sempre facilitada com o uso de cestas, convés ao nível da água ou escadas rígidas.

2.10.7 Os mergulhos com descompressão só deverão ser planejados para situações em que uma câmara de superfície, conforme especificada no subitem 2.11.20 e pronta para operar, possa ser alcançada em menos de 1 (uma) hora, utilizado o meio de transporte disponível no local.

2.10.7.1 Caso a profundidade seja maior que 40 m (quarenta metros) ou o tempo de descompressão maior que 20 minutos, é obrigatória a presença no local do mergulho, de uma câmara de superfície de conformidade com o subitem 2.11.20.

2.10.8 Sempre que for necessário pressurizar ou descomprimir um mergulhador, um segundo homem deverá acompanhá-lo no interior da câmara.

2.10.9 O uso de câmaras de compartimento único só será permitido, em emergência, para transporte de acidentado, até o local onde houver instalada uma câmara de duplo compartimento.

2.10.10 Nas operações de mergulho em que for obrigatória a utilização de câmara de superfície, só poderá ser iniciado o segundo mergulho após o término do período de observação do mergulho anterior, a menos que haja no local, em disponibilidade, uma segunda câmara e pessoal suficiente para operá-la.

2.10.11 Durante o período de observação, as câmaras de superfície deverão estar desocupadas e prontas para utilização, de modo a atender a uma possível necessidade de recompressão do mergulhador.

2.10.11.1 Durante o período de observação, o supervisor e demais integrantes da equipe, necessários para conduzir uma recompressão, não deverão afastar-se do local.

2.10.12 Durante o período de observação não será permitido aos mergulhadores:

a) realizar outro mergulho, exceto utilizando as tabelas apropriadas para mergulhos sucessivos;

b) realizar voos a mais de 600 (seiscentos) metros;

c) realizar esforços físicos excessivos;

d) afastar-se do local da câmara, caso o mergulho tenha-se realizado com a utilização de misturas respiratórias artificiais.

2.10.13 Nas operações de mergulho discriminadas neste subitem deve ser observado o seguinte:

a) mergulho com equipamento autônomo a ar comprimido: profundidade máxima igual a 40 (quarenta) metros;

b) mergulho com equipamento a ar comprimido suprido pela superfície: profundidade máxima igual a 50 (cinquenta) metros;

c) mergulho sem apoio de sino aberto: profundidade máxima igual a 50 (cinquenta) metros;

d) mergulho de intervenção com mistura respiratória artificial (MRA) e apoiado por sino aberto: profundidade máxima igual a 90 (noventa) metros;

e) mergulho de intervenção com mistura respiratória artificial (MRA) e apoio por sino de mergulho: profundidade máxima igual a 130 (cento e trinta) metros.

2.10.13.1 Nas profundidades de 120 a 130 metros só poderão ser realizados mergulhos utilizando equipamentos e equipes que permitam a técnica de saturação.

2.10.13.2 As operações de mergulho, em profundidade superior a 130 (cento e trinta) metros, só poderão ser realizadas quando utilizando técnicas de saturação.

2.10.13.3 Em profundidade superior a 90 (noventa) metros, qualquer operação de mergulho só deverá ser realizada com sino de mergulho em conjunto com câmara de superfície dotada de todos acessórios e equipamentos auxiliares, ficando a profundidade limitada à pressão máxima de trabalho dessa câmara.

2.10.13.4 O tempo máximo submerso diário, em mergulhos utilizando ar comprimido, não deverá ser superior a 4 (quatro) horas, respeitando-se, ainda, os seguintes limites:

a) Mergulho com Equipamento Autônomo: o tempo de fundo deverá ser mantido dentro dos limites de mergulho sem descompressão, definidos nas tabelas em anexo;

b) Mergulho com Equipamento Suprido da Superfície: o tempo de fundo deverá ser inferior aos limites definidos nas tabelas de mergulhos excepcionais em anexo.

2.10.13.5 Utilizando mistura respiratória artificial (MRA) em mergulho de intervenção com sino aberto, o tempo de permanência do mergulhador na água não poderá exceder de 160 minutos.

2.10.13.6 Utilizando mistura respiratória artificial (MRA), em mergulho de intervenção com sino de mergulho, o tempo de fundo não poderá exceder de:

a) 90 minutos, para mergulhos até 90 metros;

b) 60 minutos, para mergulhos entre 90 a 120 metros de profundidade;

c) 30 minutos, para mergulhos entre 120 a 130 metros de profundidade.

2.10.13.7 Utilizando a técnica de saturação, o período máximo submerso para cada mergulhador, incluída a permanência no interior do sino, não poderá exceder de 8 horas cada período de 24 horas.

2.10.13.8 Utilizando a técnica de saturação, o período máximo de permanência sob pressão será de 28 dias e o intervalo mínimo entre duas saturações será igual ao tempo de saturação, não podendo este intervalo ser inferior a 14 dias. O tempo total de permanência sob saturação num período de 12 meses consecutivos não poderá ser superior a 120 dias.

2.10.14 Em mergulho a mais de 150 metros de profundidade a mistura respiratória artificial (MRA) deverá ser devidamente aquecida para suprimento ao mergulhador.

2.10.15 Só será permitido realizar mergulhos a partir de embarcações não fundeadas, quando o supervisor de mergulho julgar seguro este procedimento e medidas adequadas forem tomadas para resguardar a integridade física do mergulhador protegendo-o contra os sistemas de propulsão, fluxo de água e possíveis obstáculos.

2.10.15.1 Estes mergulhos só serão permitidos se realizados à luz do dia, exceto quando a partir de embarcações de posicionamento dinâmico aprovada pela Diretoria de Portos e Costas (DPC), para esse tipo de operação.

2.10.16 Qualquer equipamento elétrico utilizado em submersão deverá ser dotado de dispositivo de segurança que impeça a presença de tensões ou correntes elevadas, que possam ameaçar a integridade física do mergulhador, em caso de mau funcionamento.

2.10.17 O supervisor de mergulho não poderá manter nenhum mergulhador submerso ou sob condição hiperbárica contra a sua vontade, exceto quando for necessária a complementação de uma descompressão ou em caso de tratamento hiperbárico.

2.10.17.1 O mergulhador que se recusar a iniciar o mergulho ou permanecer sob condição hiperbárica, sem motivos justificáveis, será passível de sanções de conformidade com a legislação pertinente.

2.10.18 Qualquer operação de mergulho deverá ser interrompida ou cancelada pelo supervisor de mergulho, quando as condições de segurança não permitirem a execução ou continuidade do trabalho.

2.10.19 A distância percorrida pelo mergulhador entre o sino de mergulho e o local de efetivo trabalho só poderá exceder 33 metros em situações especiais, se atendidas as seguintes exigências:

a) não houver outra alternativa para a realização da operação de mergulho sem a utilização desse excesso. Neste caso, será o Contratante o responsável pela determinação do uso de umbilical para atender a distância superior a 33 metros, ouvidos o supervisor de mergulho e o comandante ou responsável pela plataforma de mergulho;

b) a operação de mergulho for realizada à luz do dia;

c) o percurso entre o sino de mergulho e o local de efetivo trabalho submerso for previamente inspecionado por uma câmara de TV submarina;

d) for estendido um cabo-guia entre o sino de mergulho e o local de trabalho submerso por um veículo de controle remoto ou pelo primeiro mergulhador;

e) a distância percorrida pelo mergulhador não exceder 60 metros;

f) forem utilizadas garrafas de emergência suficientes para garantir o retorno do mergulhador ao sino de mergulho, tomando-se como base de consumo respiratório 60 litros/minuto, na profundidade considerada, com autonomia de 03 (três) minutos;

g) for utilizado um sistema com, no mínimo, duas alternativas de fornecimento de gás, aquecimento e comunicações;

h) for utilizado umbilical de flutuabilidade neutra.

2.10.19.1 Caso as condições de visibilidade não permitam a completa visão do trajeto do mergulhador por uma câmara da TV fixa, será obrigatório o uso de câmara instalada em veículo autopropulsável com controle remoto.

2.10.19.2 Os mergulhadores para utilizarem umbilical para distâncias superiores a 33 metros deverão receber treinamento prévio de resgate e retorno ao sino em situação de emergência, devidamente registrado no Livro Registro do Mergulhador (LRM).

2.10.20 Nenhuma operação de mergulho poderá ser realizada sem ter havido uma revisão no sistema e equipamento com antecedência não superior a 12 (doze) horas.

2.10.21 Todos os integrantes das equipes de mergulho, especialmente os supervisores, deverão tomar as devidas precauções, relativas à segurança das operações, no tocante ao planejamento, preparação, execução e procedimento de emergência, conforme discriminado a seguir:

I – Quanto ao Planejamento

a) condições meteorológicas;

b) condições de mar;

c) movimentação de embarcações;

d) perigos submarinos, incluindo ralos, bombas de sucção ou locais onde a diferença de pressão hidrostática possa criar uma situação de perigo para os mergulhadores;

e) profundidade e tipo de operação a ser executada;

f) adequação dos equipamentos;

g) disponibilidade e qualificação do pessoal;

h) exposição a quedas de pressão atmosférica causadas por transporte aéreo, após o mergulho;

i) operações de mergulho simultâneas.

II – Quanto à Preparação

a) obtenção, junto aos responsáveis pela condução de quaisquer atividades que, na área, possam interferir com a operação, de informações que possam interessar à sua segurança;

b) seleção dos equipamentos e misturas respiratórias;

c) verificação dos sistemas e equipamentos;

d) distribuição das tarefas entre os membros da equipe;

e) habilitação dos mergulhadores para a realização do trabalho;

f) procedimentos de sinalização;

g) precauções contra possíveis perigos no local de trabalho.

III – Quanto à Execução

a) responsabilidade de todo o pessoal envolvido;

b) uso correto dos equipamentos individuais;

c) suprimento e composição adequada das misturas respiratórias;

d) locais de onde poderá ser conduzida a operação;

e) operações relacionadas com câmaras de compressão submersíveis;

f) identificação e características dos locais de trabalho;

g) utilização de ferramentas e outros equipamentos pelos mergulhadores;

h) limites de profundidade e tempo de trabalho;

i) descida, subida e resgate da câmara de compressão submersível e dos mergulhadores;

j) tabelas de descompressão, inclusive as de tratamento e de correção;

l) controle das alterações das condições iniciais;

m) período de observação;

n) manutenção dos registros de mergulho.

IV – Quanto aos Procedimentos de Emergência

a) sinalização;

b) assistência na água e na superfície;

c) disponibilidade de câmara de superfície ou terapêutica;

d) primeiros socorros;

e) assistência médica especializada;

f) comunicação e transporte para os serviços e equipamentos de emergência;

g) eventual necessidade de evacuação dos locais de trabalho;

h) suprimentos diversos para atender às emergências.

2.11 Dos Equipamentos de Mergulho

2.11.1 Os sistemas e equipamentos deverão ser instalados em local adequado, de forma a não prejudicar as condições de segurança das operações.

2.11.2 Os equipamentos de mergulho utilizados nas operações de mergulho deverão possuir certificado de aprovação fornecido ou homologado pela Diretoria de Portos e Costas (DPC).

2.11.3 Os vasos de pressão deverão apresentar em caracteres indeléveis e bem visíveis:

a) limites máximos de trabalho e segurança;

b) nome da entidade que o tenha aprovado;

c) prazo de validade do certificado;

d) data do último teste de ruptura.

2.11.4 O certificado referido no subitem 2.11.2 não terá validade se:

a) qualquer alteração ou reparo tiver sido efetuado no sistema ou equipamento de forma a alterar suas características originais;

Testes / Equipamentos	De Vazamento	De Ruptura
Câmaras Hiperbáricas	2 anos	5 anos
Reservatório de Gases não Submerso	5 anos	5 anos
Reservatório de Gases Submerso	2 anos	5 anos
Equipamentos com Pressão de Trabalho Superior à 500 mbar	2 anos	2 anos

b) vencidos os períodos estabelecidos no quadro abaixo para os testes de vazamento e testes de ruptura.

2.11.5 A pressão do teste de ruptura dos equipamentos deverá ser igual a 1,5 vezes a pressão máxima de trabalho para a qual foram projetados.

2.11.6 Preferencialmente, serão utilizados testes hidrostáticos, contudo, em caso de impossibilidade, poderão ser realizados testes pneumáticos, quando suficientes precauções forem tomadas para a segurança das pessoas, no caso de falha estrutural do equipamento.

2.11.7 Os sistemas e equipamentos deverão incluir um meio de fornecer aos mergulhadores mistura respiratória adequada (incluindo um suprimento de reserva para o caso de uma emergência ou para uma recompressão terapêutica) em volumes, temperatura e pressão capazes de permitir esforço físico vigoroso e prolongado durante a operação.

2.11.8 Todos os equipamentos que funcionam com reciclagem de mistura respiratória deverão ser previamente certificados por uma entidade reconhecida e aprovada pela Diretoria de Portos e Costas – DPC, quanto à sua capacidade de fornecer misturas respiratórias nos padrões exigidos e em quantidade suficiente.

2.11.9 Todos os compressores de misturas respiratórias, especialmente os de ar, deverão ser instalados de maneira a que não exista o risco de que aspirem gases da descarga do seu próprio motor ou de ambiente onde exista qualquer possibilidade de contaminação (praças de máquinas, porões etc.).

2.11.10 Todos os reservatórios de gases deverão ter dispositivos de segurança que operem à pressão máxima de trabalho.

2.11.11 Os gases ou misturas respiratórias, fornecidos em reservatórios, para as operações de mergulho só poderão ser utilizados se acompanhados das seguintes especificações:

a) percentual dos elementos constituintes;

b) grau de pureza;

c) tipo de análise realizada;

d) nome e assinatura do responsável pela análise.

2.11.12 As misturas respiratórias artificiais deverão ser analisadas no tocar das operações, quanto aos seus percentuais de oxigênio, e ter, indelevelmente, marcados os seus reservatórios, de forma legível, com o nome e a composição de seu conteúdo.

2.11.13 A equipe de mergulho deverá ter, sempre, condições de analisar, no local da operação, as misturas respiratórias artificiais empregadas, quanto ao percentual de:

a) oxigênio;

b) gás carbônico;

c) monóxido de carbono.

2.11.14 Só poderá ser realizada uma operação de mergulho se houver disponível, no local, uma quantidade de gases, no mínimo, igual a 3 (três) vezes a necessária à pressurização das câmaras hiperbáricas, na pressão da profundidade máxima de trabalho, durante uma operação normal.

2.11.14.1 Nos equipamentos que dispuserem de sistema de reciclagem, a quantidade de gases poderá ser apenas 2/3 (dois terços) da exigida no subitem 2.11.14.

2.11.15 Todos os indicadores de pressão, profundidade ou equivalentes, deverão ser construídos de forma a não serem afetados pelas condições ambientes, exceto aqueles projetados para tal.

2.11.16 Todos os instrumentos de controle, indicadores e outros acessórios deverão ser indelevelmente e legivelmente marcados, em língua portuguesa, quanto à sua função.

2.11.17 Todos os sistemas e equipamentos deverão ter manutenção permanente de forma a assegurar seu funcionamento perfeito, quando em utilização.

2.11.18 Os sistemas e equipamentos de mergulho deverão possuir:

a) umbilical, exceto quando for utilizada a técnica de mergulho autônomo;

b) linha de vida, exceto quando:

I – a natureza das operações apresentar inconvenientes ao seu uso sendo, neste caso, utilizado um sistema alternativo para manter a segurança dos mergulhadores;

II – a profundidade de trabalho for inferior a 30 (trinta) metros e um dos mergulhadores submersos já a estiver usando;

c) nas operações utilizando sino de mergulho, meios de registrar em fita magnética todas as intercomunicações efetuadas durante a pressurização, desde o seu início, até o retorno dos mergulhadores à superfície ou a entrada dos mesmos numa câmara de superfície em condições normais;

d) sistema de intercomunicação, entre os mergulhadores e o supervisor da operação, em trabalhos em profundidades superiores a 30 (trinta) metros, exceto quando a técnica empregada seja a de mergulho autônomo;

e) profundímetro, que permita leitura na superfície, em operações em profundidades superiores a 12 (doze) metros, exceto quando utilizado equipamento autônomo;

f) sistema e equipamento para permitir, com segurança, a entrada e saída dos mergulhadores da água;

g) sistema de iluminação, normal e de emergência, que durante o mergulho noturno seja capaz de iluminar adequadamente o local de controle e a superfície da água, exceto quando a natureza das operações contra-indicar seu uso;

h) equipamento individual, de uso obrigatório, composto de:

I – roupa apropriada para cada tipo de mergulho;

II – suprimento de mistura respiratória de reserva, para o caso de emergência, a partir de 20 (vinte) metros de profundidade;

III – relógio, quando em mergulhos autônomos;

IV – faca;

V – controle de flutuabilidade individual, para trabalhos em profundidade maior do que 12 (doze) metros ou em condições perigosas, exceto em profundidades superiores a 50 (cinquenta) metros;

VI – luvas de proteção, exceto quando as condições não impuserem seu uso;

VII – tabelas de descompressão impermeabilizadas, de modo a permitir sua utilização em operações de mergulho com equipamentos autônomos;

VIII – colete inflável de mergulho, profundímetro, tubo respirador, máscara, nadadeiras e lastro adequado, quando a técnica empregada for de mergulho autônomo;

IX – lanterna, para mergulhos noturnos ou em locais escuros.

2.11.19 Todas as câmaras hiperbáricas deverão:

a) ser construídas:

I – com vigias que permitam que todos os seus ocupantes sejam perfeitamente visíveis do exterior;

II – de forma que todas as escotilhas assegurem a manutenção da pressão interna desejada;

III – de forma que todas as redes que atravessem seu corpo disponham, interna e externamente próximo ao ponto de penetração, de válvulas ou outros dispositivos convenientes à segurança;

IV – dispondo, em cada compartimento, de válvulas de alívio da pressão interna máxima do trabalho, capazes de serem operadas do exterior;

V – com isolamento térmico apropriado, de forma a proteger seus ocupantes, quando utilizadas misturas respiratórias artificiais;

VI – de modo a minimizar os riscos de incêndio interno e externo;

VII – de modo a minimizar o ruído interno;

b) ser equipadas:

I – com dispositivo de segurança para impedir sucção nas extremidades internas das redes, que possam permitir sua despressurização;

II – de modo que a pressão em seus compartimentos possa ser controlada inter e externamente;

III – com indicadores da profundidade correspondente à pressão interna, no seu interior e no local de controle a superfície;

IV – com estojo de primeiros socorros, contendo medicamentos adequados para o tratamento de acidentes típicos e as instruções para sua aplicação, na ausência do médico;

V – com sistema de iluminação normal e de emergência, em todos os seus compartimentos;

VI – com ferramentas adequadas para atender a uma possível emergência;

VII – com tabelas de descompressão adequadas, bem como regras para procedimentos em emergência;

VIII – nos mergulhos com misturas respiratórias artificiais, com analisador de pressão parcial ou de percentagem de oxigênio;

IX – nos mergulhos com misturas respiratórias artificiais, com equipamento automático que registre, gráfica e cronologicamente, as variações da pressão interna, desde o início da pressurização até o término da descompressão ou tratamento hiperbárico.

2.11.20 Todas as câmaras de superfície deverão:

a) ser construídas:

I – com, no mínimo, dois compartimentos estanques, pressurizáveis independentemente;

II – de modo a ter espaço suficiente, em um dos compartimentos, para permitir que dois adultos permaneçam deitados, com relativo conforto;

III - de modo a ter um diâmetro interno mínimo de 1,75m (um metro e setenta e cinco centímetros), exceto aquelas já em uso no país, na data da publicação deste anexo;

IV - de modo a ter um diâmetro mínimo de 2,00m (dois metros), quando empregadas em operações de duração superior a 12 (doze) horas, exceto aquelas já em uso no país, na data da publicação deste anexo;

V - com compartimentos próprios que permitam a transferência, sob pressão, do exterior para o interior e vice-versa, de medicamentos, alimentos e equipamentos necessários.

b) ser equipadas:

I - em cada compartimento, com recursos de combate a incêndio adequados;

II - com sistema capaz de fornecer a seus ocupantes oxigenoterapia hiperbárica, através de máscaras faciais, havendo exaustão direta para o exterior quando forem utilizadas misturas respiratórias artificiais como atmosfera ambiente;

III - quando utilizadas em operações que exijam ocupação por período superior a 12 (doze) horas:

A) com sistemas de controle de temperatura e umidade relativa do meio ambiente;

B) com sistema sanitário completo, incluindo vaso, chuveiro e lavatório com água quente e fria;

IV - com flange padronizado pela Diretoria de Portos e Costas (DPC), que permita o seu acoplamento em emergência, a diferentes sinos de mergulho, quando prevista a utilização destes sinos.

2.11.20.1 Nos mergulhos com ar comprimido, quando a descompressão não exceder de 2 (duas) horas, ou nos casos em que seja necessário o tratamento hiperbárico, será permitida a utilização de câmaras com diâmetro mínimo de 1,20 m (um metro e vinte centímetros).

2.11.20.2 Ficam dispensadas das exigências dos subitens 2.11.19 e 2.11.20 as câmaras destinadas, exclusivamente, a transporte em condições de emergência.

2.11.21 Todos os sinos de mergulho deverão:

a) ser construídos:

I - com escotilha de fácil acesso para a entrada e saída dos mergulhadores;

II - com escotilha de acoplamento que permita, facilmente, a transferência dos mergulhadores sob pressão para a câmara de superfície e vice-versa;

III - com sistema próprio de controle da sua flutuabilidade, acionável internamente sob qualquer condição de pressão, e com dispositivos de segurança que evitem seu acionamento acidental;

IV - com dispositivo de segurança que não permita que as redes e manômetros de oxigênio, no seu interior, sejam submetidas a pressões com uma diferença de mais de 8 (oito) bares acima da pressão interna ambiente;

b) ser equipados:

I - com flange padronizado pela Diretoria de Portos e Costas (DPC), que permita o seu acoplamento em emergência, a qualquer câmara de superfície;

II - com um sistema de içamento principal e outro secundário, capazes de içar o sino até a superfície da água;

III - com recursos que os mantenham em posição adequada, evitando, tanto quanto possível, movimentos laterais, verticais ou rotacionais excessivos;

IV - com umbilical, no qual esteja incorporada uma linha de suprimento, independente da principal, capaz de controlar a pressurização e descompressão a partir da superfície;

V – com indicadores da profundidade externa;

VI – com sistema de proteção térmica e com suprimento externo de reserva de oxigênio, que permita a sobrevivência autônoma de seus ocupantes por um período mínimo de 24 (vinte e quatro) horas,

VII – com reserva da mistura respiratória artificial, para ser utilizada exclusivamente em casos de emergência;

VIII – com analisador da pressão parcial de gás carbônico;

IX – com equipamento apropriado para permitir que um mergulhador inconsciente seja içado para o seu interior pelo mergulhador que ali permanece;

X – com dispositivo que permita sua fácil localização, para resgate, em caso de emergência.

2.12 Dos Registros das Operações de Mergulho.

2.12.1 No Registro das Operações de Mergulho – ROM, deve constar:

a) o nome do contratante da operação de mergulho;

b) o período de realização da operação;

c) o nome ou outra designação da plataforma de mergulho, sua localização e o nome do seu comandante ou responsável;

d) o nome do supervisor de mergulho e o período da operação na qual ele atua desempenhando aquela função;

e) o nome dos demais componentes da equipe de mergulho e outras pessoas operando qualquer sistema ou equipamento, discriminando suas respectivas tarefas;

f) os arranjos para atender possíveis emergências;

g) os procedimentos seguidos no curso da operação de mergulho incluindo a tabela de descompressão utilizada;

h) a máxima profundidade alcançada por cada mergulhador no decurso da operação;

i) para cada mergulhador, com relação a cada mergulho realizado, a hora em que deixa a superfície e seu tempo de fundo;

j) o tipo de equipamento de respiração e a mistura utilizada;

l) a natureza da operação de mergulho;

m) qualquer tipo de acidente ou lesão sofrida pelos mergulhadores, bem como a ocorrência de doença descompressiva ou outros males;

n) particularidades de qualquer emergência ocorrida durante a operação de mergulho e as ações desenvolvidas;

o) qualquer avaria verificada no equipamento utilizado na operação de mergulho;

p) particularidades de qualquer fator ambiental que possa afetar a operação;

q) qualquer outro elemento de importância para a segurança ou a integridade física das pessoas envolvidas na operação.

2.12.1.1 Os registros das intercomunicações só poderão ser destruídos 48 (quarenta e oito) horas após o término da operação de mergulho e caso não tenha havido nenhum acidente, situação de risco ou particularidade relevante, que, nestes casos, serão registradas no ROM.

2.12.2 O Livro de Registro do Mergulhador (LRM) será aprovado pela Diretoria de Portos e Costas (DPC), devendo dele constar, além dos dados pessoais do mergulhador e do registro dos exames médicos periódicos:

a) o nome e endereço do empregador;

b) a data;

c) o nome ou outra designação da embarcação ou plataforma de mergulho de onde é conduzida a operação de mergulho e sua localização;

d) o nome do supervisor de mergulho;

e) a máxima profundidade atingida em cada mergulho;

f) para cada mergulho, a hora em que deixou e chegou à superfície e o respectivo tempo de fundo;

g) quando o mergulho incluir um tempo numa câmara hiperbárica, detalhes de qualquer tempo despendido fora da câmara, a uma pressão diferente;

h) o tipo de equipamento empregado e, quando for o caso, a composição da mistura respiratória artificial utilizada;

i) o trabalho realizado em cada mergulho, mencionando o ferramental utilizado;

j) as tabelas de descompressão seguidas em cada mergulho;

l) qualquer tipo de acidente ou lesão sofrida, bem como a ocorrência de doença descompressiva ou outros males;

m) qualquer outro elemento de importância para sua saúde ou integridade física.

2.13 Das Tabelas de Descompressão e Tratamento.

2.13.1 As tabelas empregadas em todas as operações de mergulho onde o ar comprimido seja utilizado como suprimento respiratório, inclusive as de tratamento, serão as constantes do Anexo C.

2.13.1.1 Outras tabelas poderão ser empregadas, desde que devidamente homologadas pela Diretoria de Portos e Costas (DPC).

2.13 2As tabelas referentes à utilização de misturas respiratórias artificiais só poderão ser aplicadas quando homologadas pela Diretoria de Portos e Costas (DPC).

2.14 Das Disposições Gerais.

2.14.1 O trabalho submerso ou sob pressão somente será permitido a trabalhadores com idade mínima de 18 anos.

2.14.2 A atividade de mergulho é considerada como atividade insalubre em grau máximo.

2.14.3 O descumprimento ao disposto no item 2 - Trabalhos Submersos caracterizará o grave e iminente risco para os fins e efeitos previstos na NR 3.

C) Acrescentar na Tabela Padrão de Descompressão com Ar, na coluna Profundidade (metros), a correspondência em pés: 12 m - 40 pés; 15 m - 50 pés; 18 m - 60 pés; 21 m - 70 pés; 24 m - 80 pés; 27 m - 90 pés; 30 m - 100 pés; 33 m - 110 pés; 36 m - 120 pés; 39 m - 130 pés; 42 m - 140 pés; 45 m - 150 pés; 48 m - 160 pés; 51 m - 170 pés; 54 m - 180 pés; 57 m - 190 pés.

ANEXO "A" -

PADRÕES PSICOFÍSICOS PARA SELEÇÃO DOS CANDIDATOS À ATIVIDADE DE MERGULHO

I - IDADE

O trabalho submerso ou sob pressão somente será permitido a trabalhadores com idade mínima de 18 anos.

II - ANAMNESE

Inabilita o candidato à atividade de mergulho a ocorrência ou constatação de patologias referentes a: epilepsia, meningite, tuberculose, asma e qualquer doença pulmonar crônica; sinusites crônicas ou repetidas; otite média e otite externa crônica; doença incapacitante do aparelho locomotor; distúrbios gastrointestinais crônicos ou repetidos; alcoolismo crônico e sífilis (salvo quando convenientemente tratada e sem a persistência de nenhum sintoma consequente); outras a critério médico.

III - EXAME MÉDICO

1. BIOMETRIA

Peso: os candidatos à atividade de mergulho serão selecionados de acordo com o seu biotipo e tendência à obesidade futura. Poderão ser inabilitados aqueles que apresentarem variação para mais de 10% em peso das tabelas-padrão de idade-altura-peso, a critério médico.

2. APARELHO CIRCULATÓRIO

A integridade do aparelho circulatório será verificada pelo exame clínico, radiológico e eletrocardiográfico; a pressão arterial sistólica não deverá exceder a 145 mm/Hg e a diastólica a 90 mm/Hg, sem nenhuma repercussão hemodinâmica. As perturbações da circulação venosa periférica (varizes e hemorroidas) acarretam a inaptidão.

3. APARELHO RESPIRATÓRIO

Será verificada a integridade clínica e radiológica do aparelho respiratório:

a) Integridade anatômica da caixa torácica;

b) Atenção especial deve ser dada à possibilidade de tuberculose e outras doenças pulmonares pelo emprego de telerradiografia e reação tuberculínica, quando indicada;

c) Doença pulmonar ou outra qualquer condição mórbida que dificulte a ventilação pulmonar deve ser causa de inaptidão;

d) Incapacitam os candidatos doenças inflamatórias crônicas tais como: tuberculose, histoplasmose, bronquiectasia, asma brônquica, enfisema, pneumotórax, paquipleuris e sequela de processo cirúrgico torácico.

4. APARELHO DIGESTIVO

Será verificada a integridade anatômica e funcional do aparelho digestivo e de seus anexos:

a) Candidatos com manifestação de colite, úlcera péptica, prisão de ventre, diarreia crônica, perfuração do trato gastrointestinal ou hemorragia digestiva serão inabilitados;

b) Dentes: Os candidatos devem possuir número suficiente de dentes, naturais ou artificiais e boa oclusão, que assegurem mastigação satisfatória. Doenças da cavidade oral, dentes cariados ou comprometidos por focos de infecção podem também ser causas de inaptidão.

As próteses deverão ser fixas, de preferência. Próteses removíveis tipo de grampos poderão ser aceitas desde que não interfiram com o uso efetivo dos equipamentos autônomos (válvula reguladora respirador) e dependentes (tipo narguilé). Os candidatos quando portadores desse tipo de prótese devem ser orientados para removê-las quando em atividades de mergulho.

5. APARELHO GÊNITO-URINÁRIO

As doenças gênito-urinárias, crônicas ou recorrentes, bem como as doenças venéreas, ativas ou repetidas, inabilitam o candidato.

6. SISTEMA ENDÓCRINO

As perturbações do metabolismo, da nutrição ou das funções endócrinas são incapacitantes.

IV – EXAME OFTALMO-OTORRINO-LARINGOLÓGICO

a) Deve ser verificada a ausência de doenças agudas ou crônicas em ambos os olhos;

b) Acuidade visual: é exigido 20/30 de visão em ambos os olhos, corrigível para 20/20;

c) Senso cromático: são incapacitantes as discromatopsias de grau acentuado;

d) A audição deve ser normal em ambos os ouvidos. Doenças agudas ou crônicas do conduto auditivo externo, da membrana timpânica, do ouvido médio ou interno, inabilitam o candidato. As trompas de Eustáquio deverão estar, obrigatoriamente, permeáveis e livres para equilíbrio da pressão, durante as variações barométricas nos mergulhos;

e) As obstruções à respiração e as sinusites crônicas são causas de inabilitação. As amígdalas com inflamações crônicas, bem como todos os obstáculos nasofaringeanos que dificultam a ventilação adequada, devem inabilitar os candidatos.

V - EXAME NEUROPSIQUIÁTRICO

Será verificada a integridade anatômica e funcional do sistema nervoso:

a) A natureza especial do trabalho de mergulho requer avaliação cuidadosa dos ajustamentos nos planos emocional, social e intelectual dos candidatos;

b) História pregressa de distúrbios neuro-psíquicos ou de moléstia orgânica do sistema nervoso, epilepsia, ou pós-traumática, inabilitam os candidatos;

c) Tendências neuróticas, imaturidade ou instabilidade emocional, manifestações antisociais, desajustamentos ou inadaptações inabilitam os candidatos.

VI - EXAMES COMPLEMENTARES

Serão exigidos os seguintes exames complementares:

1. Telerradiografia do tórax (AP)
2. Eletrocardiograma basal
3. Eletroencefalograma
4. Urina: elementos anormais e sedimentoscopia
5. Fezes: protozooscopia e ovohelmintoscopia
6. Sangue: sorologia para lues, dosagem de glicose, hemograma completo, grupo sanguíneo e fator RH
7. Radiografia das articulações escápulou-merais, coxo-femorais e dos joelhos (AP)
8. Audiometria.

VII - TESTES DE PRESSÃO

Todos os candidatos devem ser submetidos a pressão de 6 ATA na câmara de recompressão, para verificar a capacidade de equilibrar a pressão no ouvido médio e seios da face.

Qualquer sinal de claustrofobia, bem como apresentação de suscetibilidade individual à narcose pelo nitrogênio será motivo de inabilitação do candidato.

VIII - TESTE DE TOLERÂNCIA AO OXIGÊNIO

Deverá ser realizado o Teste de Tolerância ao Oxigênio, que consiste em fazer o candidato respirar Oxigênio puro sob pressão (2,8 ATA) num período de 30 minutos, na câmara de recompressão. Qualquer sinal ou sintoma de intoxicação pelo Oxigênio será motivo de inabilitação.

IX - TESTE DE APTIDÃO FÍSICA

Todos os candidatos devem ser submetidos ao “Teste de Ruffier” (ou similar) que consiste em: 30 agachamentos em 45 segundos e tomadas de frequência do pulso:

P_1 – Pulso do mergulhador em repouso.

P_2 – Pulso imediatamente após o esforço.

P_3 – Pulso após 1 (um) minuto de repouso.

$$\text{Índice de Ruffier (IR)} = \frac{(P_1 + P_2 + P_3) - 200}{10}$$

O “Índice de Ruffier” deverá ser abaixo de 10 (dez).

ANEXO “B” –
PADRÕES PSICOFÍSICOS PARA CONTROLE DO PESSOAL EM ATIVIDADE DE MERGULHO

Os critérios psicofísicos para controle do pessoal em atividade de mergulho são os mesmos prescritos no Anexo “A”, com as seguintes modificações:

I - IDADE

Todos os mergulhadores que permaneçam em atividade deverão ser submetidos a exames médicos periódicos.

II - ANAMNESE

A história de qualquer doença constatada após a última inspeção será meticulosamente averiguada, principalmente as doenças neuropsiquiátricas, otorrinolaringológicas, pulmonares e cardíacas, advindas ou não de acidentes de mergulho.

III - EXAME MÉDICO

1. BIOMETRIA

Mesmo critério do Anexo "A".

2. APARELHO CIRCULATÓRIO

a) a evidência de lesão orgânica ou de distúrbio funcional do coração será causa de inaptidão;

b) as pressões sistólica e diastólica não devem exceder 150 e 95 mm/Hg, respectivamente.

3. APARELHO RESPIRATÓRIO

Qualquer lesão pulmonar, advinda ou não de um acidente de mergulho, é incapacitante.

4. APARELHO DIGESTIVO

Mesmos critérios constantes do Anexo "A".

5. APARELHO GÊNITO-URINÁRIO

Mesmos critérios constantes do Anexo "A".

6. SISTEMA ENDÓCRINO

As perturbações do metabolismo, da nutrição ou das funções endócrinas acarretam uma incapacidade temporária: a diabete caracterizada é motivo de inaptidão.

IV - EXAME OFTALMO-OTORRINO-LARINGOLÓGICO

Os mesmos critérios do Anexo "A" com a seguinte alteração: acuidade visual: 20/40 de visão em ambos os olhos, corrigível para 20/20.

V - EXAME NEUROPSIQUIÁTRICO

Os mesmos critérios do Anexo "A". Dar atenção a um passado de embolia traumática pelo ar ou doença descompressiva, forma neurológica, que tenha deixado sequelas neuro-psiquiátricas.

VI - EXAMES COMPLEMENTARES

1. Telerradiografia do tórax (AP);

2. Urina: Elementos normais e sedimentoscopia;

3. Fezes: Protozooscopia e Ovohelmintoscopia;

4. Sangue: (sorologia para Lues), hemograma completo, glicose;

5. ECG basal;

6. Audiometria, caso julgar necessário;

7. Radiografia das articulações escapulo-umerais, coxo-femorais e dos joelhos, caso julgado necessário;

8. Quaisquer outros exames (Ex.: ecocardiograma, cicloergometria etc.) poderão ser solicitados a critério do médico responsável pelo exame de saúde do mergulhador.

ANEXO "C" –

TABELAS DE DESCOMPRESSÃO

I – Definições dos Termos

1.1 – PROFUNDIDADE – significa a profundidade máxima, medida em metros, atingida pelo mergulhador durante o mergulho.

1.2 – TEMPO DE FUNDO – é o tempo total corrido desde o início do mergulho, quando se deixa a superfície, até o início da subida quando termina o mergulho, medido em minutos.

1.3 – TEMPO PARA 1ª PARADA – é o tempo decorrido desde quando o mergulhador deixa a profundidade máxima até atingir a profundidade da 1ª parada, considerando uma velocidade de subida de 18 metros por minuto.

1.4 – PARADA PARA DESCOMPRESSÃO – é a profundidade específica na qual o mergulhador deverá permanecer por um tempo determinado para eliminar os gases inertes dos tecidos do seu organismo.

1.5 – MERGULHO SIMPLES – é qualquer mergulho realizado após um período de tempo maior que 12 horas de outro mergulho.

1.6 – NITROGÊNIO RESIDUAL – é o gás nitrogênio que ainda permanece nos tecidos do mergulhador após o mesmo ter chegado à superfície.

1.7 – TEMPO DE NITROGÊNIO RESIDUAL – é a quantidade de tempo em minutos que precisa ser adicionado ao tempo de fundo de um mergulho repetitivo para compensar o nitrogênio residual de um mergulho prévio.

1.8 – MERGULHO REPETITIVO – é qualquer mergulho realizado antes de decorridas 12 horas do término de outro.

1.9 – DESIGNAÇÃO DO GRUPO REPETITIVO – é a letra a qual relaciona diretamente o total de nitrogênio residual de um mergulho com outro a ser realizado num período de tempo menor que 12 horas.

1.10 – MERGULHO REPETITIVO SIMPLES – é um mergulho no qual o tempo de fundo usado para selecionar a tabela de descompressão é a soma do tempo de nitrogênio residual mais o tempo de fundo do mergulho posterior.

1.11 – MERGULHO EXCEPCIONAL – é um mergulho cujo fator tempo de fundo/profundidade não permite a realização de qualquer outro mergulho antes de decorridas 12 horas após o mesmo.

2 – Instruções para Uso das Tabelas de Descompressão

2.1 – Para dar início à descompressão, utilizar a tabela com a profundidade exata ou a próxima maior profundidade alcançada durante o mergulho.

Exemplo: Profundidade máxima = 12,5 metros.

Selecione a tabela de 15 metros.

2.2 – Para dar início à descompressão, utilizar a tabela com o tempo de fundo exato ou com o próximo maior.

Exemplo: Tempo de fundo = 112 minutos.

Selecione 120 minutos.

2.3 – Nunca tente interpolar tempos ou profundidades entre os valores indicados nas tabelas.

2.4 – Procure sempre seguir a velocidade de subida indicada: 18 metros por minuto.

2.5 – Não inclua o tempo de subida entre as paradas para descompressão no tempo indicado para as paradas.

TABELA PADRÃO DE DESCOMPRESSÃO COM AR

PROFUNDIDADE (METROS)	TEMPO DE FUNDO (MINUTOS)	TEMPO P/ 1ª PARADA (MIN. SEG.)	PARADAS P/ DESCOMPRESSÃO (MINUTOS)											TEMPO TOTAL P/ SUBIDA (MIN. SEG.)	GRUPO REPETITIVO
			33 m	30 m	27 m	24 m	21 m	18 m	15 m	12 m	9 m	6 m	3 m		
12 (40 pés)	200												0	0:40	*
	210	0:30											2	2:40	N
	230	0:30											7	7:40	N
	250	0:30											11	11:40	O
	270	0:30											15	15:40	O
	300	0:30											19	19:40	Z
	360	0:30											23	23:40	**
	480	0:30											41	41:40	**
	720	0:30											60	60:40	**
15 (50 pés)	100												0	0:50	*
	110	0:40											3	3:50	L
	120	0:40											5	5:50	M
	140	0:40											10	10:50	M
	160	0:40											21	21:50	N
	180	0:40											29	29:50	O
	200	0:40											35	35:50	O
	220	0:40											40	40:50	Z
	240	0:40											47	47:50	Z
18 (60 pés)	60												0	1:00	*
	70	0:50											2	3:00	K
	80	0:50											7	8:00	L
	100	0:50											14	15:00	M
	120	0:50											26	27:00	N
	140	0:50											39	40:00	O
	160	0:50											48	49:00	Z
	180	0:50											56	57:00	Z
	200	0:40										1	69	71:00	Z
	240	0:40										2	79	82:00	**
	360	0:40										20	119	140:00	**
	480	0:40										44	148	193:00	**
	720	0:40										78	187	266:00	**

(*) Consulte a Tabela de Limites Sem Descompressão.

(**) Não deverá ser permitido nenhum mergulho repetitivo após mergulhos excepcionais.

TABELA PADRÃO DE DESCOMPRESSÃO COM AR

PROFUN- DIDADE (METROS)	TEMPO DE FUNDO (MINUTOS)	TEMPO P/ 1ª PARADA (MIN. SEG.)	PARADAS P/ DESCOMPRESSÃO (MINUTOS)											TEMPO TOTAL P/ SUBIDA (MIN. SEG.)	GRUPO REPETI- TIVO
			33 m	30 m	27 m	24 m	21 m	18 m	15 m	12 m	9 m	6 m	3 m		
21 (40 pés)	50												0	1:10	*
	60	1:00											8	9:10	K
	70	1:00											14	15:10	L
	80	1:00											18	19:10	M
	90	1:00											23	24:10	N
	100	1:00											33	34:10	N
	110	0:50										2	41	44:10	O
	120	0:50										4	47	52:10	O
	130	0:50										6	52	59:10	O
	140	0:50										8	56	65:10	Z
	150	0:50										9	61	71:10	Z
	160	0:50										13	72	86:10	Z
	170	0:50										19	79	99:10	Z
24 (80 pés)	40												0	1:20	*
	50	1:10											10	11:20	K
	60	1:10											17	18:20	L
	70	1:10											23	24:20	M
	80	1:00										2	31	34:20	N
	90	1:00										7	39	47:20	N
	100	1:00										11	46	58:20	O
	110	1:00										13	53	67:20	O
	120	1:00										17	56	74:20	Z
	130	1:00										19	63	83:20	Z
	140	1:00										26	69	96:20	Z
	150	1:00										32	77	110:20	Z
	180	1:00										35	85	121:20	**
	240	0:50									6	52	120	179:20	**
	360	0:50									29	90	160	280:20	**
	480	0:50									59	107	187	354:20	**
	720	0:40								17	108	142	187	455:20	**
27 (90 pés)	30												0	1:30	*
	40	1:20											7	8:30	J
	50	1:20											18	19:30	L
	60	1:20											25	26:30	M
	70	1:10										7	30	38:30	N
	80	1:10										13	40	54:30	N
	90	1:10										18	48	67:30	O
	100	1:10										21	54	76:30	Z
	110	1:10										24	61	86:30	Z
	120	1:10										32	68	101:30	Z
	130	1:00									5	36	74	116:30	Z
30 (100 pés)	25												0	1:40	*
	30	1:30											3	4:40	I
	40	1:30											15	16:40	K
	50	1:20										2	24	27:40	L
	60	1:20										9	28	38:40	N
	70	1:20										17	39	57:40	O
	80	1:20										23	48	72:40	O
	90	1:10									3	23	57	84:40	Z
	100	1:10									7	23	66	97:40	Z
	110	1:10									10	34	72	117:40	Z
	120	1:10									12	41	78	132:40	Z
	180	1:00								1	29	53	118	202:40	**
	240	1:00								14	42	84	142	283:40	**
	380	0:50							2	42	73	111	187	416: 40	**
	480	0:50							21	61	91	142	187	503:40	**
	720	0:50							55	106	122	142	187	613:40	**

(*) Consulte a Tabela de Limites Sem Descompressão.

(**) Não deverá ser permitido nenhum mergulho repetitivo após mergulhos excepcionais.

TABELA PADRÃO DE DESCOMPRESSÃO COM AR

PROFUNDIDADE (METROS)	TEMPO DE FUNDO (MINUTOS)	TEMPO P/ 1ª PARADA (MIN. SEG.)	PARADAS P/ DESCOMPRESSÃO (MINUTOS)											TEMPO TOTAL P/ SUBIDA (MIN. SEG.)	GRUPO REPETITIVO
			33 m	30 m	27 m	24 m	21 m	18 m	15 m	12 m	9 m	6 m	3 m		
	20												0	1:50	*
	25	1:40											3	4:50	H
	30	1:40											7	8:50	J
	40	1:30										2	21	24:50	L
33 (110 pés)	50	1:30										8	26	35:50	M
	60	1:30										18	36	55:50	N
	70	1:20									1	23	48	73:50	O
	80	1:20									7	23	57	88:50	Z
	90	1:20									12	30	64	107:50	Z
	100	1:20									15	37	72	125:50	Z
	15												0	2:00	*
	20	1:50											2	4:00	H
	25	1:50											6	8:00	I
	30	1:50											14	16:00	J
	40	1:40										5	25	32:00	L
	50	1:40										15	31	48:00	N
	60	1:30									2	22	45	71:00	O
36 (120 pés)	70	1:30									9	23	55	89:00	O
	80	1:30									15	27	63	107:00	Z
	90	1:30									19	37	74	132:00	Z
	100	1:30									23	45	80	150:00	Z
	120	1:20								10	19	47	98	176:00	**
	180	1:10							5	27	37	76	137	284:00	**
	240	1:10							23	35	60	97	179	396:00	**
	360	1:00						18	45	64	93	142	187	551:00	**
	480	0:50					3	41	64	93	122	142	187	654:00	**
	720	0:50					32	74	100	114	122	142	187	773:00	**
	10												0	2:10	*
	15	2:00											1	3:10	F
	20	2:00											4	6:10	H
	25	2:00											10	12:10	J
	30	1:50										3	18	23:10	M
	40	1:50										10	25	37:10	N
39 (130 pés)	50	1:40									3	21	37	63:10	O
	60	1:40									9	23	52	86:10	Z
	70	1:40									16	24	61	103:10	Z
	80	1:30								3	19	35	72	131:10	Z
	90	1:30								8	19	45	80	154:10	Z
	10												0	2:20	*
	15	2:10											2	4:20	G
	20	2:10											6	8:20	I
	25	2:00										2	14	18:20	J
	30	2:00										5	21	28:20	K
	40	1:50									2	16	26	46:20	N
	50	1:50									6	24	44	76:20	O
42 (140 pés)	60	1:50									16	23	56	97:20	Z
	70	1:40								4	19	32	68	125:20	Z
	80	1:40								10	23	41	79	155:20	Z
	90	1:30							2	14	18	42	88	166:20	**
	120	1:30							12	14	36	56	120	240:20	**
	180	1:20						10	26	32	54	94	168	386:20	**
	240	1:10					8	28	34	50	78	124	187	511:20	**
	360	1:00				9	32	42	64	84	122	142	187	684:20	**
	480	1:00				31	44	59	100	114	122	142	187	801:20	**
	720	0:50			16	56	88	97	100	114	122	142	187	924:20	**

(*) Consulte a Tabela de Limites Sem Descompressão.

(**) Não deverá ser permitido nenhum mergulho repetitivo após mergulhos excepcionais.

TABELA PADRÃO DE DESCOMPRESSÃO COM AR

PROFUNDIDADE (METROS)	TEMPO DE FUNDO (MINUTOS)	TEMPO P/ 1ª PARADA (MIN. SEG.)	PARADAS P/ DESCOMPRESSÃO (MINUTOS)											TEMPO TOTAL P/ SUBIDA (MIN. SEG.)	GRUPO REPETITIVO
			33 m	30 m	27 m	24 m	21 m	18 m	15 m	12 m	9 m	6 m	3 m		
45 (150 pés)	5												0	2:30	C
	10	2:20											1	3:30	E
	15	2:20											3	5:30	G
	20	2:10										2	7	11:30	H
	25	2:10										4	17	23:30	K
	30	2:10										8	24	34:30	L
	40	2:00									5	19	33	59:30	N
	50	2:00									12	23	51	88:30	O
	60	1:50								3	19	26	62	112:30	Z
	70	1:50								11	19	39	75	146:30	Z
	80	1:40							1	17	19	50	84	173:30	Z
48 (160 pés)	5												0	2:40	D
	10	2:30											1	3:40	F
	15	2:20										1	4	7:40	H
	20	2:20										3	11	16:40	J
	25	2:20										7	20	29:40	K
	30	2:10									2	11	25	40:40	M
	40	2:10									7	23	39	71:40	N
	50	2:00								2	16	23	55	98:40	Z
	60	2:00								9	19	33	69	132:40	Z
	70	1:50							1	17	22	44	80	166:40	**
51 (170 pés)	5												0	2:50	D
	10	2:40											2	4:50	F
	15	2:30										2	5	9:50	H
	20	2:30										4	15	21:50	J
	25	2:20									2	7	23	34:50	L
	30	2:20									4	13	26	45:50	M
	40	2:10								1	10	23	45	81:50	O
	50	2:10								5	18	23	61	109:50	Z
	60	2:00							2	15	22	37	74	152:50	Z
	70	2:00							8	17	19	51	86	183:50	**
	90	1:50						12	12	14	34	52	120	246:50	**
	120	1:30				2	10	12	18	32	42	82	156	356:50	**
	180	1:20			4	10	22	28	34	50	78	120	187	535:50	**
	240	1:20			18	24	30	42	50	70	116	142	187	681:50	**
	360	1:10		22	34	40	52	60	98	114	122	142	187	873:50	**
	480	1:00	14	40	42	56	91	97	100	114	122	142	187	1007:50	**
54 (180 pés)	5												0	3:00	D
	10	2:50											3	6:00	F
	15	2:40										3	6	12:00	I
	20	2:30									1	5	17	26:00	K
	25	2:30									3	10	24	40:00	L
	30	2:30									6	17	27	53:00	N
	40	2:20								3	14	23	50	93:00	O
	50	2:10							2	9	19	30	65	128:00	Z
	60	2:10							5	16	19	44	81	168:00	Z
57 (190 pés)	5												0	3:10	D
	10	2:50										1	3	7:10	G
	15	2:50										4	7	14:10	I
	20	2:40									2	6	20	31:10	K
	25	2:40									5	11	25	44:10	M
	30	2:30								1	8	19	32	63:10	N
	40	2:30								8	14	23	55	103:10	O
	50	2:20							4	13	22	33	72	147:10	**
	60	2:20							10	17	19	50	84	183:10	**

(**) Não deverá ser permitido nenhum mergulho repetitivo após mergulhos excepcionais.

TABELA PADRÃO DE DESCOMPRESSÃO COM AR

PROFUN-DIDADE (METROS)	TEMPO DE FUNDO (MINUTOS)	TEMPO P/ 1ª PARADA (MIN. SEG.)	PARADAS P/ DESCOMPRESSÃO (MINUTOS)													TEMPO TOTAL P/ SUBIDA (MIN. SEG.)
			39 m	36 m	33 m	30 m	27 m	24 m	21 m	18 m	15 m	12 m	9 m	6 m	3 m	
	5	3:10													1	4:20
	10	3:00												1	4	8:20
	15	2:50											1	4	10	18:20
	20	2:50											3	7	27	40:20
	25	2:50											7	14	25	49:20
	30	2:40										2	9	22	37	73:20
60	40	2:30									2	8	17	23	59	112:20
(**)	50	2:30									6	16	22	39	75	161:20
	00	0:00								2	13	17	24	51	89	199:20
	90	1:50					1	10	10	12	12	30	38	74	134	324:20
	120	1:40				6	10	10	10	24	28	40	64	98	180	473:20
	180	1:20		1	10	10	18	24	24	42	48	70	106	142	187	685:20
	240	1:20		6	20	24	24	36	42	54	68	114	122	142	187	842:20
	360	1:10	12	22	36	40	44	56	82	98	100	114	122	142	187	1058:20
	5	3:20													1	4:30
	10	3:10												2	4	9:30
	15	3:00											1	5	13	22:30
63	20	3:00											4	10	23	40:30
(**)	25	2:50										2	7	17	27	56:30
	30	2:50										4	9	24	41	81:30
	40	2:40									4	9	19	26	63	124:30
	50	2:30								1	9	17	19	45	80	174:30
	5	3:30													2	5:40
	10	3:20												2	5	10:40
	15	3:10											2	5	16	26:40
66	20	3:00										1	3	11	24	42:40
(**)	25	3:00										3	8	19	33	66:40
	30	2:50									1	7	10	23	47	91:40
	40	2:50									6	12	22	29	68	140:40
	50	2:40								3	12	17	18	51	86	190:40
	5	3:40													2	5:50
	10	3:20											1	2	6	12:50
	15	3:20											3	6	18	30:50
69	20	3:10										2	5	12	26	48:50
(**)	25	3:10										4	8	22	37	74:50
	30	3:00									2	8	12	23	51	99:50
	40	2:50								1	7	15	22	34	74	156:50
	50	2:50								5	14	16	24	51	89	202:50
	5	3:50													2	6:00
	10	3:30											1	3	6	14:00
	15	3:30											4	6	21	35:00
72	20	3:20										3	6	15	25	53:00
(**)	25	3:10									1	4	9	24	40	82:00
	30	3:10									4	8	15	22	56	109:00
	40	3:00								3	7	17	22	39	75	167:00
	50	2:50							1	8	15	16	29	51	94	218:00
	5	3:50												1	2	7:10
	10	3:40											1	4	7	16:10
	15	3:30										1	4	7	22	38:10
75	20	3:30										4	7	17	27	59:10
(**)	25	3:20									2	7	10	24	45	92:10
	30	3:20									6	7	17	23	59	116:10
	40	3:10								5	9	17	19	45	79	178:10
	60	2:40					4	10	10	10	12	22	36	64	126	298:10
	90	2:10		8	10	10	10	10	10	28	28	44	68	98	186	514:10

(**) Não deverá ser permitido nenhum mergulho repetitivo após mergulhos excepcionais.

(**) Não deverá ser permitido nenhum mergulho repetitivo após mergulhos excepcionais.

TABELA PADRÃO DE DESCOMPRESSÃO COM AR

PROFUNDIDADE (METROS)	TEMPO DE FUNDO (MINUTOS)	TEMPO P/ 1ª PARADA (MIN. SEG.)	PARADAS P/ DESCOMPRESSÃO (MINUTOS) 39 m	36 m	33 m	30 m	27 m	24 m	21 m	18 m	15 m	12 m	9 m	6 m	3 m	TEMPO TOTAL P/ SUBIDA (MIN. SEG.)
78 (**)	5	4:00												1	2	7:20
	10	3:50											2	4	9	19:20
	15	3:40										2	4	10	22	42:20
	20	3:30									1	4	7	20	31	67:20
	25	3:30									3	8	11	23	50	99:20
	30	3:20								2	6	8	19	26	61	126:20
	40	3:10							1	6	11	16	19	49	84	190:20
81 (**)	5	4:10												1	3	8:30
	10	4:00											2	5	11	22:30
	15	3:50										3	4	11	24	46:30
	20	3:40									2	3	9	21	35	74:30
	25	3:30								2	3	8	13	23	53	106:30
	30	3:30								3	6	12	22	27	64	138:30
	40	3:20							5	6	11	17	22	51	88	204:30
84 (**)	5	4:20												2	2	8:40
	10	4:00										1	2	5	13	25:40
	15	3:50									1	3	4	11	26	49:40
	20	3:50									3	4	8	23	39	81:40
	25	3:40								2	5	7	16	23	56	113:40
	30	3:30							1	3	7	13	22	30	70	150:40
	40	3:20						1	6	6	13	17	27	51	93	218:40
87 (**)	5	4:30												2	3	9:50
	10	4:10										1	3	5	16	29:50
	15	4:00									1	3	6	12	26	52:50
	20	4:00									3	7	9	23	43	89:50
	25	3:50								3	5	8	17	23	60	120:50
	30	3:40							1	5	6	15	22	36	72	162:50
	40	3:30						3	5	7	15	16	32	51	95	228:50
90 (**)	5	4:40												3	3	11:00
	10	4:20										1	3	6	17	32:00
	15	4:10									2	3	6	15	26	57:00
	20	4:00								2	3	7	10	23	47	97:00
	25	3:50							1	3	6	8	19	26	61	129:00
	30	3:50							2	5	7	17	22	39	75	172:00
	40	3:40						4	6	9	15	17	34	51	90	231:00
	60	3:00		4	10	10	10	10	10	14	28	32	50	90	187	460:00

TABELAS PARA EXPOSIÇÕES EXTREMAS - DESCOMPRESSÃO COM AR

PROFUNDIDADE (METROS)	TEMPO DE FUNDO (MINUTOS)	TEMPO P/ 1ª PARADA (MIN. SEG.)	PARADAS P/ DESCOMPRESSÃO (MINUTOS) 60 m	57 m	54 m	51 m	48 m	45 m	42 m	39 m	36 m	33 m	30 m	27 m	24 m	21 m	18 m	15 m	12 m	9 m	6 m	3 m	TEMPO TOTAL P/ SUBIDA (MIN. SEG.)
75 (**)	120	1:50							5	10	10	10	10	16	24	24	36	48	64	94	142	187	684:10
	180	1:30					4	8	8	10	22	24	24	32	42	44	60	84	114	122	142	187	931:10
	240	1:30					9	14	21	22	22	40	40	42	56	76	98	100	114	122	142	187	1109:10
90 (**)	90	2:20					3	8	8	10	10	10	10	16	24	24	34	48	64	90	142	187	693:00
	120	2:00			4	8	8	8	8	10	14	24	24	24	34	42	58	66	102	122	142	187	890:00
	180	1:40	6	8	8	8	14	20	21	21	28	40	40	48	56	82	98	100	114	122	142	187	1168:00

(**) Não deverá ser permitido nenhum mergulho repetitivo após mergulhos excepcionais.

TABELA DE LIMITES SEM DESCOMPRESSÃO E DE DESIGNAÇÃO DE GRUPO PARA MERGULHOS COM AR SEM DESCOMPRESSÃO

PROFUNDIDADE (METROS)	TEMPO LIMITE S/ DESCOMPRESSÃO (MINUTOS)	DESIGNAÇÃO DE GRUPO (TEMPOS EM MINUTOS)														
		A	B	C	D	E	F	G	H	I	J	K	L	M	N	O
3		60	120	210	300											
4,5		35	70	110	160	225	350									
6		25	50	75	100	135	180	240	325							
7,5		20	35	55	75	100	125	160	195	245	315					
9		15	30	45	60	75	95	120	145	170	205	250	310			
10,5	310	5	15	25	40	50	60	80	100	120	140	160	190	220	270	310
12	200	5	15	25	30	40	50	70	80	100	110	130	150	170	200	
15	100		10	15	25	30	40	50	60	70	80	90	100			
18	60		10	15	20	25	30	40	50	55	60					
21	50		5	10	15	20	30	35	40	45	50					
24	40		5	10	15	20	25	30	35	40						
27	30		5	10	12	15	20	25	30							
30	25		5	7	10	15	20	22	25							
33	20			5	10	13	15	20								
36	15			5	10	12	15									
39	10			5	8	10										
42	10			5	7	10										
45	5			5												
48	5				5											
51	5				5											
54	5				5											
57	5				5											

TABELA DE NITROGÊNIO RESIDUAL PARA MERGULHOS REPETITIVOS COM AR

Grupo Repetitivo de Intervalos de Superfície																
A																0:10 12:00*
B															0:10 2:10	2:11 12:00*
C														0:10 1:39	1:40 2:49	2:50 12:00*
D													0:10 1:09	1:10 2:38	2:39 5:48	5:49 12:00*
E												0:10 0:54	0:55 1:57	1:58 3:22	3:23 6:32	6:33 12:00*
F											0:10 0:45	0:46 1:29	1:30 2:28	2:29 3:57	3:58 7:05	7:06 12:00*
G										0:10 0:40	0:41 1:15	1:16 1:59	2:00 2:58	2:59 4:25	4:26 7:35	7:36 12:00*
H									0:10 0:36	0:37 1:06	1:07 1:41	1:42 2:23	2:24 3:20	3:21 4:49	4:50 7:59	8:00 12;00*
I								0:10 0:33	0:34 0:59	1:00 1:29	1:30 2:02	2:03 2:44	2:45 3:43	3:44 5:12	5:13 8:21	8:22 12:00*
J							0:10 0:31	0:32 0:54	0:55 1:19	1:20 1:47	1:48 2:20	2:21 3:04	3:05 4:02	4:03 5:40	5:41 8:40	8:41 12:00*
K						0:10 0: 28	0:29 0:49	0:50 1:11	1:12 1:35	1:36 2:03	2:04 2:38	2:39 3:21	3:22 4:19	4:20 5:48	5:49 8:58	8:59 12:00*
L					0:10 0:26	0:27 0:45	0:46 1:04	1:05 1:25	1:26 1:49	1:50 2:19	2:20 2:53	2:54 3:36	3:37 4:35	4:36 6:02	6:03 9:12	9:13 12:00*
M				0:10 0:25	0:26 0:42	0:43 0:59	1:00 1:18	1:19 1:39	1:40 2:05	2:06 2:34	2:35 3:08	3:09 3:52	3:53 4:49	4:50 6:18	6:19 9:28	9:29 12:00*
N			0:10 0:24	0:25 0:39	0:40 0:54	0:55 1:11	1:12 1:30	1:31 1:53	1:54 2:18	2:19 2:47	2:48 3:22	3:23 4:04	4:05 5:03	5:04 6:32	6:33 9:43	9:44 12:00*
O		0:10 0:23	0:24 0:36	0:37 0:51	0:52 1:07	1:08 1:24	1:25 1:43	1:44 2:04	2:05 2:29	2:30 2:59	3:00 3:33	3:34 4:17	4:18 5:16	5:17 6:44	6:45 9:54	9:55 12:00*
Z	0:10 0:22	0:23 0:34	0:35 0:48	0:49 1:02	1:03 1:18	1:19 1: 36	1:37 1:55	1:56 2:17	2:18 2:42	2:43 3:10	3:11 3:45	3:46 4:29	4:30 5:27	5:28 6:56	6:57 10:05	10:06 12:00*
Nova Designação de Grupo	Z	O	N	M	L	K	J	I	H	G	F	E	D	C	B	A

* Mergulhos seguidos de intervalos de superfície maiores que 12 horas não são mergulhos repetitivos. Use os tempos reais de fundo nas tabelas padrão de descompressão com ar para computar tais mergulhos.

Profundidade de Mergulho Repetitivo (Metros)	Z	O	N	M	L	K	J	I	H	G	F	E	D	C	B	A
12	257	241	213	187	161	138	116	101	87	73	61	49	37	25	17	7
15	169	160	142	124	111	99	87	76	66	56	47	38	29	21	13	6
18	122	117	107	97	88	79	70	61	52	44	36	30	24	17	11	5
21	100	96	87	80	72	64	57	50	43	37	31	26	20	15	9	4
24	84	80	73	68	61	54	48	43	38	32	28	23	18	13	8	4
27	73	70	64	58	53	47	43	38	33	29	24	20	16	11	7	3
30	64	62	57	52	48	43	38	34	30	26	22	18	14	10	7	3
33	57	55	51	47	42	38	34	31	27	24	20	16	13	10	6	3
36	52	50	46	43	39	35	32	28	25	21	18	15	12	9	6	3
39	46	44	40	38	35	31	28	25	22	19	16	13	11	8	6	3
42	42	40	38	35	32	29	26	23	20	18	15	12	10	7	5	2
45	40	38	35	32	30	27	24	22	19	17	14	12	9	7	5	2
48	37	36	33	31	28	26	23	20	18	16	13	11	9	6	4	2
51	35	34	31	29	26	24	22	19	17	15	13	10	8	6	4	2
54	32	31	29	27	25	22	20	18	16	14	12	10	8	6	4	2
57	31	30	28	26	24	21	19	17	15	13	11	10	8	6	4	2

Tempo de Nitrogênio Residual (Minutos)

TABELA DE DESCOMPRESSÃO NA SUPERFÍCIE USANDO OXIGÊNIO

PROFUNDIDADE (METROS)	TEMPO DE FUNDO (MIN.)	TEMPO P/ 1ª PARADA OU SUPERFÍCIE (MIN. SEG.)	PARADAS DE DESCOMPRESSÃO NA ÁGUA, TEMPO EM MINUTOS RESPIRANDO AR				INTERVALO DE SUPERFÍCIE	TEMPO A 12 m NA CÂMARA RESPIRANDO OXIGÊNIO (MIN.)	TEMPO DE SUPERFÍCIE	TEMPO TOTAL DE DESCOMPRESSÃO (MIN. SEG.)
			18 m	15 m	12 m	9 m				
	52	2:48	0	0	0	0	O TEMPO ENTRE A ÚLTIMA PARADA NA ÁGUA E A PRIMEIRA PARADA NA CÂMARA NÃO PODE EXCEDER 5 MINUTOS	0	O TEMPO DE SUBIDA DE 12 METROS NA CÂMARA ATÉ A SUPERFÍCIE NÃO DEVE SER MENOR QUE 2 MINUTOS RESPIRANDO OXIGÊNIO	2:48
	90	2:48	0	0	0	0		15		23:48
21	120	2:48	0	0	0	0		23		31:48
	150	2:48	0	0	0	0		31		39:48
	180	2:48	0	0	0	0		39		47:48
	40	3:12	0	0	0	0		0		3:12
	70	3:12	0	0	0	0		14		23:12
	85	3:12	0	0	0	0		20		29:12
24	100	3:12	0	0	0	0		26		35:12
	115	3:12	0	0	0	0		31		40:12
	130	3:12	0	0	0	0		37		46:12
	150	3:12	0	0	0	0		44		53:12
	32	3:36	0	0	0	0		0		3:36
	60	3:36	0	0	0	0		14		23:36
	70	3:36	0	0	0	0		20		29:36
	80	3:36	0	0	0	0		25		34:36
27	90	3:36	0	0	0	0		30		39:36
	100	3:36	0	0	0	0		34		43:36
	110	3:36	0	0	0	0		39		48:36
	120	3:36	0	0	0	0		43		52:36
	130	3:36	0	0	0	0		48		57:36
	26	4:00	0	0	0	0		0		4:00
	50	4:00	0	0	0	0		14		24:00
	60	4:00	0	0	0	0		20		30:00
	70	4:00	0	0	0	0		26		36:00
30	80	4:00	0	0	0	0		32		42:00
	90	4:00	0	0	0	0		38		48:00
	100	4:00	0	0	0	0		44		54:00
	110	4:00	0	0	0	0		49		59:00
	120	2:48	0	0	0	0		53		65:48

TABELA DE DESCOMPRESSÃO NA SUPERFÍCIE USANDO OXIGÊNIO

PROFUNDIDADE (METROS)	TEMPO DE FUNDO (MIN.)	TEMPO P/ 1ª PARADA OU SUPERFÍCIE (MIN. SEG.)	PARADAS DE DESCOMPRESSÃO NA ÁGUA, TEMPO EM MINUTOS RESPIRANDO AR				INTERVALO DE SUPERFÍCIE	TEMPO A 12 m NA CÂMARA RESPIRANDO OXIGÊNIO (MIN.)	TEMPO DE SUPERFÍCIE	TEMPO TOTAL DE DESCOMPRESSÃO (MIN. SEG.)
			18 m	15 m	12 m	9 m				
	22	4:24	0	0	0	0	O TEMPO ENTRE A ÚLTIMA PARADA NA ÁGUA E A PRIMEIRA PARADA NA CÂMARA NÃO PODE EXCEDER 5 MINUTOS	0	O TEMPO DE SUBIDA DE 12 METROS NA CÂMARA ATÉ A SUPERFÍCIE NÃO DEVE SER MENOR QUE 2 MINUTOS RESPIRANDO OXIGÊNIO	4:24
	40	4:24	0	0	0	0		12		22:24
	50	4:24	0	0	0	0		19		29:24
	60	4:24	0	0	0	0		26		36:24
33	70	4:24	0	0	0	0		33		43:24
	80	3:12	0	0	0	1		40		51:12
	90	3:12	0	0	0	2		46		58:12
	100	3:12	0	0	0	5		51		00:12
	110	3:12	0	0	0	12		54		76:12
	18	4:48	0	0	0	0		0		4:48
	30	4:48	0	0	0	0		9		19:48
	40	4:48	0	0	0	0		16		26:48
	50	4:48	0	0	0	0		24		34:48
	60	3:36	0	0	0	2		32		44:36
36	70	3:36	0	0	0	4		39		53:36
	80	3:36	0	0	0	5		46		61:36
	90	3:12	0	0	3	7		51		72:12
	100	3:12	0	0	6	15		54		86:12
	15	5:12	0	0	0	0		0		5:12
	30	5:12	0	0	0	0		12		23:12
	40	5:12	0	0	0	0		21		32:12
39	50	4:00	0	0	0	3		29		43:00
	60	4:00	0	0	0	5		37		53:00
	70	4:00	0	0	0	7		45		63:00
	80	3:36	0	0	6	7		51		75:36
	90	3:36	0	0	10	10		56		89:36
	13	5:36	0	0	0	0		0		5:36
	25	5:36	0	0	0	0		11		22:36
	30	5:36	0	0	0	0		15		26:36
	35	5:36	0	0	0	0		20		31:36
	40	4:24	0	0	0	2		24		37:24
42	45	4:24	0	0	0	4		29		44:24
	50	4:24	0	0	0	6		33		50:24
	55	4:24	0	0	0	7		38		56:24
	60	4:24	0	0	0	8		43		62:24
	65	4:00	0	0	3	7		48		70:00
	70	3:36	0	2	7	7		51		79:36
	11	6:00	0	0	0	0		0		6:00
	25	6:00	0	0	0	0		13		25:00
	30	6:00	0	0	0	0		18		30:00
45	35	4:48	0	0	0	4		23		38:48
	40	4:24	0	0	3	6		27		48:24
	45	4:24	0	0	5	7		33		57:24
	50	4:00	0	2	5	8		38		66:00
	55	3:36	2	5	9	4		44		77:36
	9	6:24	0	0	0	0		0		6:24
	20	6:24	0	0	0	0		11		23:24
	25	6:24	0	0	0	0		16		28:24
48	30	5:12	0	0	0	2		21		35:12
	35	4:48	0	0	4	6		26		48:48
	40	4:24	0	3	5	8		32		61:24
	45	4:00	3	4	8	8		38		73:00
	7	6:48	0	0	0	0		0		6:48
	20	6:48	0	0	0	0		13		25:48
51	25	6:48	0	0	0	0		19		31:48
	30	5:12	0	0	3	5		23		44:12
	35	4:48	0	4	4	7		29		57:48
	40	4:24	4	4	8	6		36		72:24

TABELA DE DESCOMPRESSÃO NA SUPERFÍCIE COM AR

PROFUN-DIDADE (METROS)	TEMPO DE FUNDO (MIN.)	TEMPO P/ 1ª PARADA (MIN. SEG.)	PARADAS DE DESCOMPRESSÃO NA ÁGUA (MINUTOS)					INTERVALO DE SUPERFÍCIE	PARADA NA CÂMARA (MINUTOS)		TEMPO TOTAL P/ SUBIDA (MIN. SEG.)
			15 m	12 m	9 m	6 m	3 m		6 m	3 m	
12	230	0:30					3	O TEMPO ENTRE A ÚLTIMA PARADA NA ÁGUA E A PRIMEIRA PARADA NA CÂMARA NÃO PODE EXCEDER 5 MINUTOS		7	14:30
	250	0:30					3			11	18:30
	270	0:30					3			15	22:30
	300	0:30					3			19	26:30
15	120	0:40					3			5	12:40
	140	0:40					3			10	17:40
	160	0:40					3			21	28:40
	180	0:40					3			29	36:40
	200	0:40					3			35	42:40
	220	0:40					3			40	47:40
	240	0:40					3			47	54:40
18	80	0:50					3			7	14:50
	100	0:50					3			14	21:50
	120	0:50					3			26	33:50
	140	0:50					3			39	46:50
	160	0:50					3			48	55:50
	180	0:50					3			56	63:50
	200	0:40				3			3	59	80:10
21	60	1:00					3			8	16:00
	70	1:00					3			14	22:00
	80	1:00					3			18	26:00
	90	1:00					3			23	31:00
	100	1:00					3			33	41:00
	110	0:50				3			3	41	52:20
	120	0:50				3			4	47	59:20
	130	0:50				3			6	52	66:20
	140	0:50				3			8	56	72:20
	150	0:50				3			9	61	78:20
	160	0:50				3			13	72	93:20
	170	0:50				3			19	79	106:20
24	50	1:10					3			10	18:10
	60	1:10					3			17	25:10
	70	1:10					3			23	31:10
	80	1:00				3			3	31	42:30
	90	1:00				3			7	39	54:30
	100	1:00				3			11	46	65:30
	110	1:00				3			13	53	74:30
	120	1:00				3			17	56	81:30
	130	1:00				3			19	63	90:30
	140	1:00				26			26	69	126:30
	150	1 :00				32			32	77	146:30
27	40	1:20					3			7	15:20
	50	1:20					3			18	26:20
	60	1:20					3			25	33:20
	70	1:10				3			7	30	45:40
	80	1:10				13			13	40	71:40
	90	1:10				18			18	48	89:40
	100	1:10				21			21	54	101:40
	110	1:10				24			24	61	114:40
	120	1:10				32			32	68	137:40
	130	1:00			5	36			36	74	156:40
30	40	1:30					3			15	23:30
	50	1:20				3			3	24	35:50
	60	1:20				3			9	28	45:50
	70	1:20				3			17	39	64:50
	80	1:20				23			23	48	99:50
	90	1:10			3	23			23	57	111:50
	100	1:10			7	23			23	66	124:50
	110	1:10			10	34			34	72	155:50
	120	1:10			12	41			41	78	177:50

TABELA DE DESCOMPRESSÃO NA SUPERFÍCIE COM AR

PROFUN-DIDADE (METROS)	TEMPO DE FUNDO (MIN.)	TEMPO P/ 1ª PARADA (MIN. SEG.)	PARADAS DE DESCOMPRESSÃO NA ÁGUA (MINUTOS)					INTERVALO DE SUPERFÍCIE	PARADA NA CÂMARA (MINUTOS)		TEMPO TOTAL P/ SUBIDA (MIN. SEG.)
			15 m	12 m	9 m	6 m	3 m		6 m	3 m	
33	30	1:40					3	O TEMPO ENTRE A ÚLTIMA PARADA NA ÁGUA E A PRIMEIRA PARADA NA CÂMARA NÃO PODE EXCEDER 5 MINUTOS		7	15:40
	40	1:30				3			3	21	33:00
	50	1:30				3			8	26	43:00
	60	1:30				18			18	36	78:00
	70	1:20			1	23			23	48	101:00
	80	1:20			7	23			23	57	116:00
	90	1:20			12	30			30	64	142:00
	100	1:20			15	37			37	72	167:00
36	25	1:50					3			6	14:50
	30	1:50					3			14	22:50
	40	1:40				3			5	25	39:10
	50	1:40				15			15	31	67:10
	60	1:30			2	22			22	45	97:10
	70	1:30			9	23			23	55	116:10
	80	1:30			15	27			27	63	138:10
	90	1:30			19	37			37	74	173:10
	100	1:30			23	45			45	80	189:10
39	25	2:00					3			10	19:00
	30	1:50				3			3	18	30:20
	40	1:50				10			10	25	51:20
	50	1:40			3	21			21	37	88:20
	60	1:40			9	23			23	52	113:20
	70	1:40			16	24			24	61	131:20
	80	1:30		3	19	35			35	72	170:20
	90	1:30		8	19	45			45	80	203:20
42	20	2:10					3			6	15:10
	25	2:00				3			3	14	26:30
	30	2:00				5			5	21	37:30
	40	1:50			2	16			16	26	66:30
	50	1:50			6	24			24	44	104:30
	60	1:50			16	23			23	56	124:30
	70	1:40		4	19	32			32	68	161:30
	80	1:40		10	23	41			41	79	200:30
45	20	2:10				3			3	7	19:40
	25	2:10				4			4	17	31:40
	30	2:10				8			8	24	46:40
	40	2:00			5	19			19	33	82:40
	50	2:00			12	23			23	51	115:40
	60	1:50		3	19	26			26	62	142:40
	70	1:50		11	19	39			39	75	189:40
	80	1:40	1	11	19	50			50	84	227:40
48	20	2:20				3			3	11	23:50
	25	2:20				7			7	20	40:50
	30	2:10			2	11			11	25	55:50
	40	2:10			7	23			23	39	98:50
	50	2:00		2	16	23			23	55	125:50
	60	2:00		9	19	33			33	69	169:50
	70	1:50	1	17	22	44			44	80	214:50
51	15	2:30				3			3	5	18:00
	20	2:30				4			4	15	30:00
	25	2:20			2	7			7	23	46:00
	30	2:20			4	13			13	26	63:00
	40	2:10		1	10	23			23	45	109:00
	50	2:10		5	18	23			23	61	137:00
	60	2:00	2	15	22	37			37	74	194:00
	70	2:00	8	17	19	51			51	86	239:00
54	15	2:40				3			3	6	19:10
	20	2:30			1	5			5	17	35:10
	25	2:30			3	10			10	24	54:10
	30	2:30			6	17			17	27	74:10
	40	2:20		3	14	23			23	50	120:10
	50	2:10	2	9	19	30			30	65	162:10
	60	2:10	5	15	19	44			44	81	216:10
57	15	2:50				4			4	7	22:20
	20	2:40			2	6			6	20	41:20
	25	2:40			5	11			11	25	59:20
	30	2:30		1	8	19			19	32	86:20
	40	2:30		8	14	23			23	55	130:20
	50	2:20	4	13	22	33			33	72	184:20
	60	2:20	10	17	19	50			50	84	237:20

II - Tabelas para Recompressão Terapêutica

Instruções para Uso das Tabelas de Recompressão Terapêutica

1 - Siga as tabelas de tratamento precisamente.

2 - Tenha um acompanhante qualificado dentro da câmara todo o tempo da recompressão.

3 - Mantenha as velocidades de descida e subida normais.

4 - Examine totalmente o paciente na profundidade de alívio ou de tratamento.

5 - Trate um paciente inconsciente como para embolia ou sintomas sérios a menos que haja certeza absoluta de que tal condição seja causada por outro motivo.

6 - Somente utilize as Tabelas de Tratamento Com Ar quando não dispuser de Oxigênio.

7 - Fique alerta para envenenamento por Oxigênio se ele é utilizado.

8 - Na ocorrência de convulsões por intoxicação por Oxigênio, remova a máscara oral-nasal e mantenha o paciente de forma a não se machucar.

9 - Mantenha a utilização do Oxigênio dentro das limitações de profundidade e tempo.

10 - Verifique as condições do paciente antes e depois de ir para cada parada e durante as paradas mais longas.

11 - Observe o paciente pelo mínimo de 6 horas após o tratamento, atento para sintomas de recorrência.

12 - Mantenha uma acurada cronometragem dos tempos e relatórios escritos.

13 - Mantenha à mão e bem guardado o Kit de socorros médicos.

14 - Não permita qualquer encurtamento ou outra alteração nas tabelas, exceto aquelas autorizadas pelo órgão competente sob a supervisão direta de um médico qualificado.

15 - Não permita ao paciente dormir entre as paradas de descompressão ou por mais de 1 hora em qualquer parada.

16 - Não espere por um ressuscitador. Inicie imediatamente o método de ressuscitação boca-a-boca no caso de parada respiratória.

17 - Não quebre o ritmo durante a ressuscitação.

18 - Não permita o uso de oxigênio em profundidades maiores que 18 metros.

19 - Instrua o paciente para reportar imediatamente os sintomas quando sentir.

20 - Não hesite em tratar casos duvidosos.

21 - Não permita ao paciente ou acompanhante a permanência em posições que possam interferir com a completa circulação sanguínea dos seus organismos.

DIAGNÓSTICO DE DOENÇA DESCOMPRESSIVA E EMBOLIA GASOSA

SINAIS E SINTOMAS	DOENÇA DESCOMPRESSIVA				EMBOLIA GASOSA			
	Pele	Dor Somente	SINTOMAS SÉRIOS		Sintomas no Sistema Nervoso Central		Pneumotórax	Enfisema do Mediastino
			Sistema Nervoso Central	Sufocação	Lesão Cerebral	Lesão na Medula Espinhal		
DOR NA CABEÇA					**			
DOR NAS COSTAS			*					
DOR NO PESCOÇO								**
DOR NO PEITO			*	**		*	**	*
DOR NO ESTÔMAGO			**			*		
DOR NO(S) BRAÇO(S)/PERNA(S)		**				*		
DOR NOS OMBROS		**				*		
DOR NOS QUADRIS		**				*		
INCONSCIÊNCIA			**	*	**	*	*	
CHOQUE			**	*	**	*	*	
VERTIGENS/TONTEIRA			**					
DIFICULDADE VISUAL			**		**			
NÁUSEAS/VÔMITOS			**		**			
DIFICULDADE DE OUVIR			**		**			
DIFICULDADE DE FALAR			**		**			
FALTA DE EQUILÍBRIO			**		**			
DORMÊNCIA	*		**		**	*		*
FRAQUEZA		*	**		**	*		
SENSAÇÃO ESTRANHA	*		**		**	*		
PESCOÇO INCHADO								**
RESPIRAÇÃO CURTA			*	*	*	*	*	*
CIANOSE				*	*	*	*	*
MODIFICAÇÕES NA PELE	**							

** = MAIS PROVÁVEL * = CAUSA POSSÍVEL

INFORMAÇÃO CONFIRMATIVA
HISTÓRICO DO MERGULHO

Descompressão obrigatória?
Descompressão adequada?
Subida descontrolada?
Prendeu a respiração?
Causado fora do mergulho?
Mergulho repetitivo?

EXAME DO PACIENTE

Sente-se bem?
Reage e tem aparência normal?
Tem o vigor normal?
Sua sensibilidade é normal?
Seus olhos estão normais?
Seus reflexos estão normais?
Seu pulso é normal? (cardíaco)
Seu modo de andar é normal?
Sua audição está normal?
Sua coordenação motora está normal?
Seu equilíbrio é normal?
Está sentindo náuseas?

TRATAMENTO DE DOENÇA DESCOMPRESSIVA

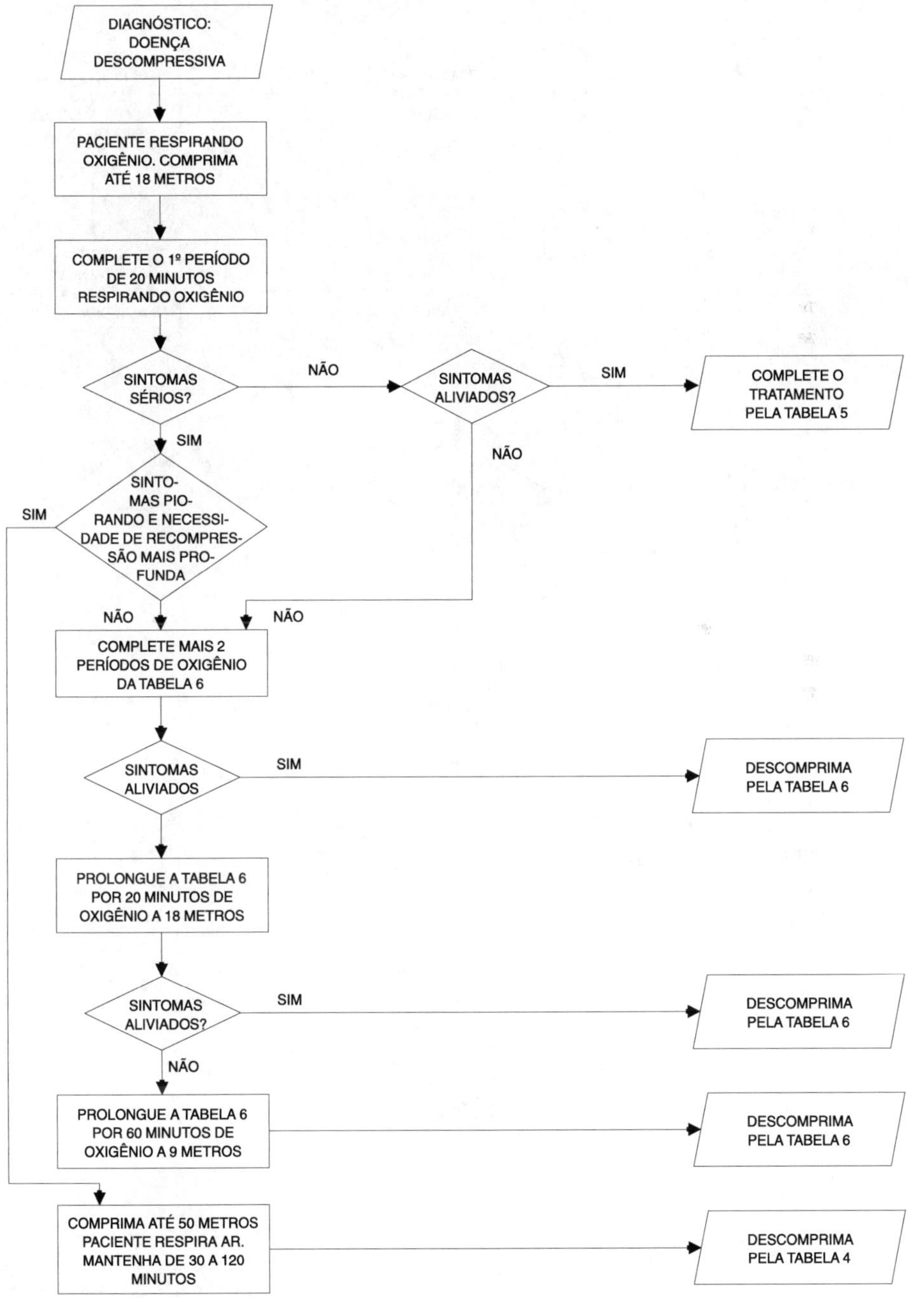

TRATAMENTO DE EMBOLIA GASOSA

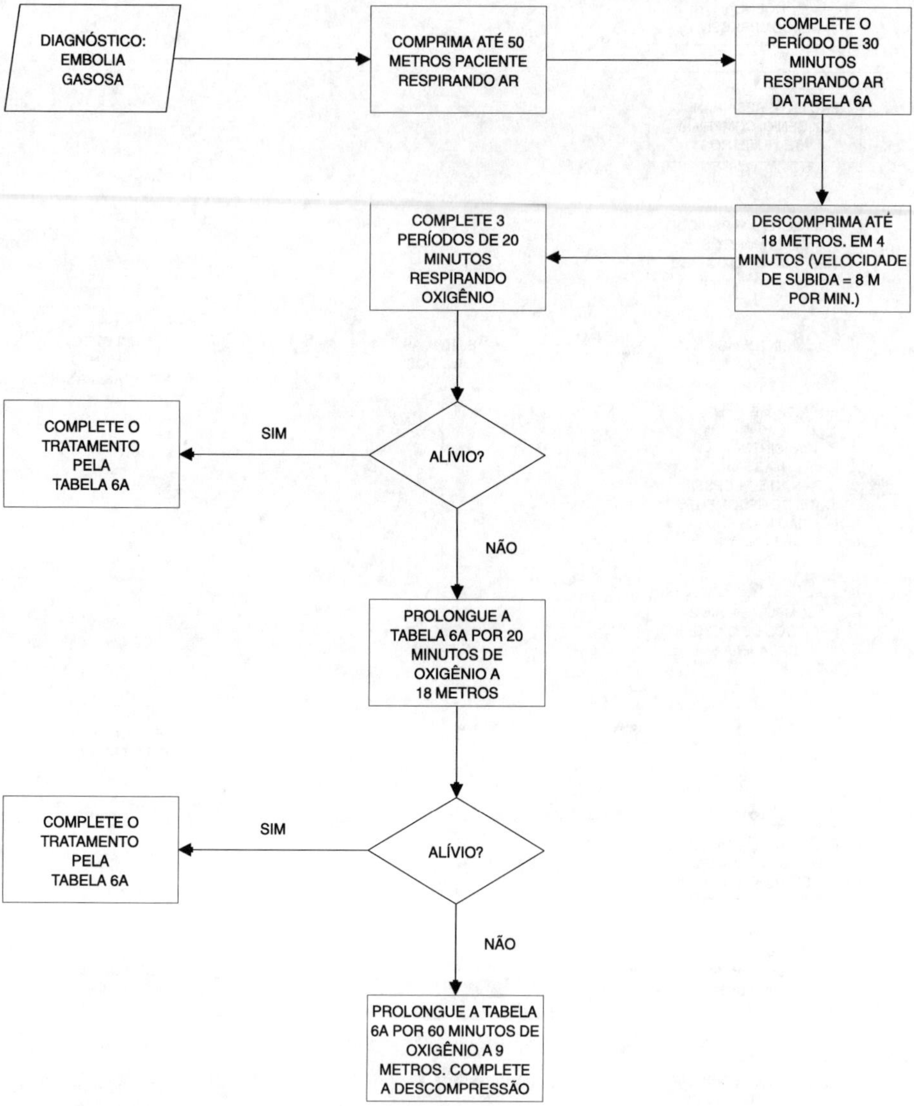

RECORRÊNCIA DURANTE O TRATAMENTO

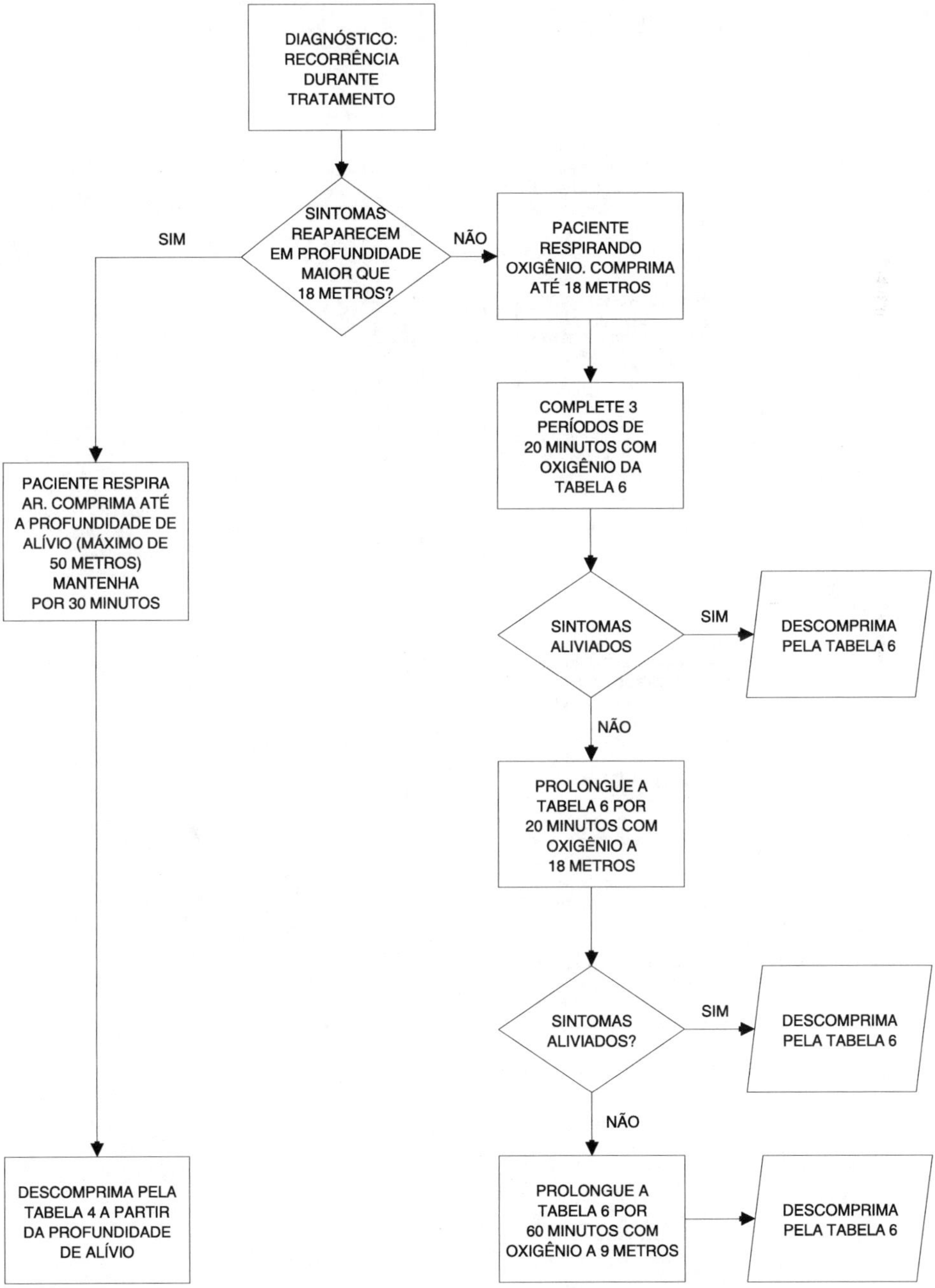

RECORRÊNCIA APÓS O TRATAMENTO

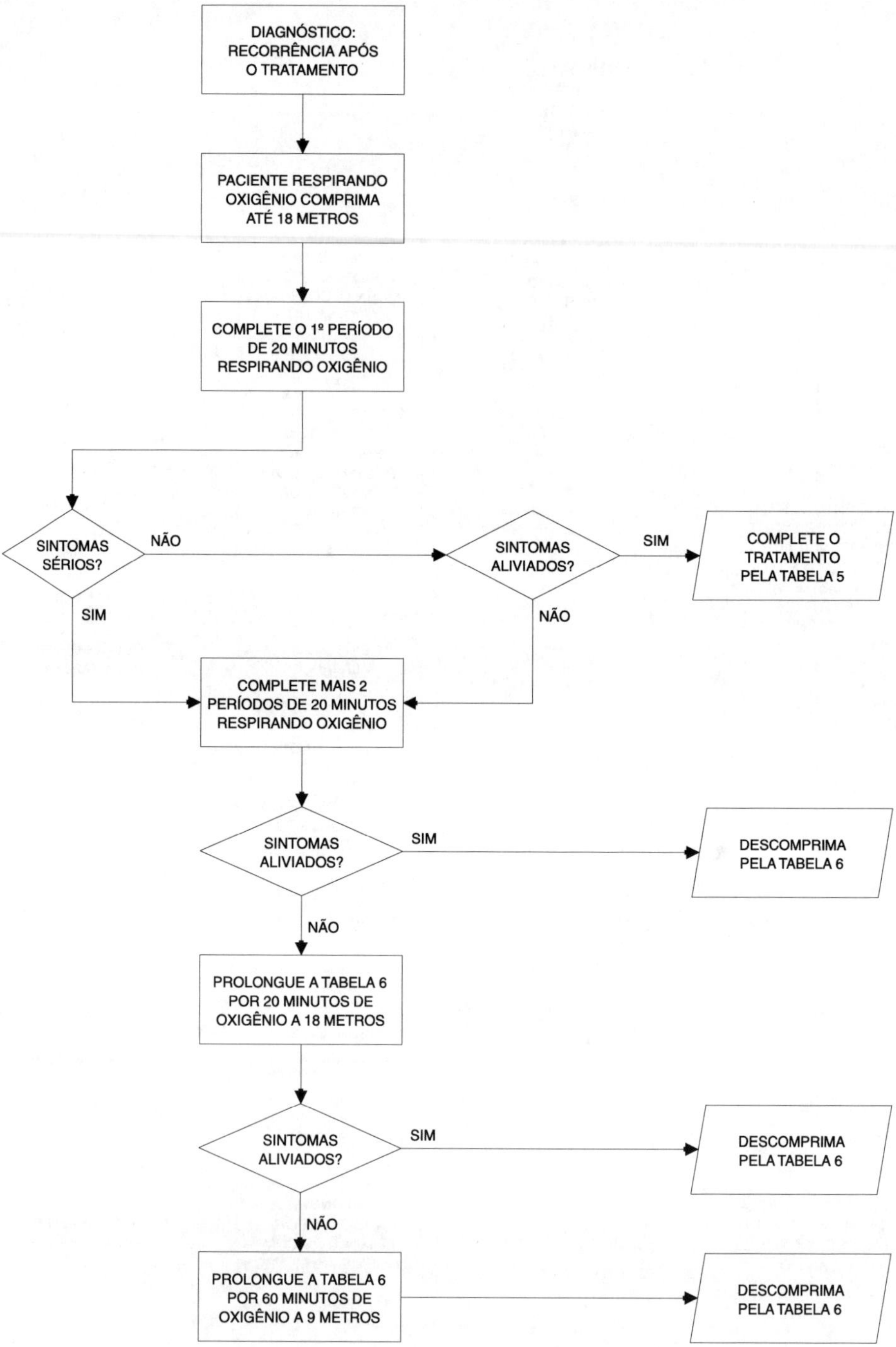

RELAÇÃO DAS TABELAS DE TRATAMENTO[1]

TABELA	UTILIZAÇÃO
5 – TRATAMENTO, COM OXIGÊNIO, DE DOENÇA DESCOMPRESSIVA – DOR SOMENTE	Tratamento de doença descompressiva – dor somente quando os sintomas são aliviados dentro de 10 minutos a 18 metros
6 – TRATAMENTO, COM OXIGÊNIO, DE DOENÇA DESCOMPRESSIVA – SINTOMAS SÉRIOS	Tratamento de doença descompressiva – sintomas sérios ou dor somente quando os sintomas não são aliviados dentro de 10 minutos a 18 metros
6A – TRATAMENTO, COM AR E OXIGÊNIO, DE EMBOLIA GASOSA	Tratamento de embolia gasosa. Utilize também quando incapaz de determinar quando os sintomas são causados por embolia gasosa ou grave doença descompressiva
1A – TRATAMENTO, COM AR, DE DOENÇA DESCOMPRESSIVA – DOR SOMENTE TRATAMENTO A 30 METROS	Tratamento de doença descompressiva – dor somente quando não for disponível oxigênio e a dor é aliviada a profundidade menor que 20 metros
2A – TRATAMENTO, COM AR, DE DOENÇA DESCOMPRESSIVA – DOR SOMENTE TRATAMENTO A 50 METROS	Tratamento de doença descompressiva – dor somente quando não for disponível oxigênio e a dor é aliviada a profundidade maior que 20 metros
3 – TRATAMENTO, COM AR, DE DOENÇA DESCOMPRESSIVA – SINTOMAS SÉRIOS OU EMBOLIA GASOSA	Tratamento de doença descompressiva – sintomas sérios ou de embolia gasosa quando não for disponível oxigênio e os sintomas são aliviados dentro de 30 minutos a 50 metros
4 – TRATAMENTO, COM AR, DE DOENÇA DESCOMPRESSIVA – SINTOMAS SÉRIOS OU EMBOLIA GASOSA	Tratamento de sintomas piorando durante os primeiros 20 minutos de respiração de oxigênio a 18 metros na Tabela 6, ou quando os sintomas não são aliviados dentro de 30 minutos a 50 metros utilizar o Tratamento com AR da Tabela 3

TABELA 5

TRATAMENTO, COM OXIGÊNIO, DE DOENÇAS DESCOMPRESSIVAS DOR SOMENTE

Profundidade (Metros)	Tempo (Minutos)	Mistura Respiratória	Tempo Total Decorrido (Hs: Min.)
18	20	Oxigênio	0:20
18	5	Ar	0:25
18	20	Oxigênio	0:45
18 a 9	30	Oxigênio	1:15
9	5	Ar	1:20
9	20	Oxigênio	1:40
9	5	Ar	1:45
9 a 0	30	Oxigênio	2:15

1. As tabelas de Tratamento com Oxigênio são apresentadas antes das de Ar porque o método de tratamento com Oxigênio será sempre preferível.

1 – Tratamento de doenças descompressivas – dor somente, quando os sintomas são aliviados dentro de 10 minutos a 18 metros.

2 – Velocidade de descida = 7,5 m/min.

3 – Velocidade de subida = 0,3 m/min. Não compense em velocidades menores. Compense em velocidades maiores demorando a subida.

4 – O tempo em 18 metros inicia na chegada aos 18 metros.

5 – Se o Oxigênio tiver que ser interrompido permita 15 minutos de Ar e então retorne à tabela no ponto onde foi interrompida.

6 – Se tiver que interromper o Oxigênio a 18 metros troque para a tabela 6 após a chegada a parada de 9 metros.

7 – O acompanhante deve respirar Ar. Se o tratamento é um mergulho repetitivo para o acompanhante ou as tabelas forem prolongadas, o acompanhante deve respirar Oxigênio durante os últimos 30 minutos até a superfície.

TABELA 5

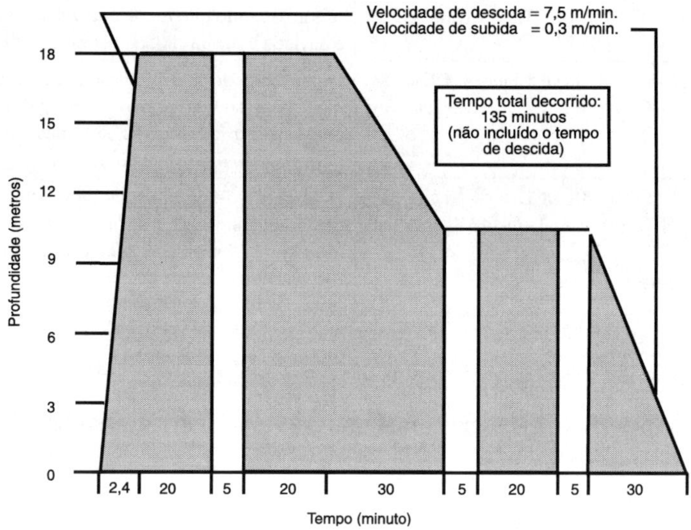

TABELA 6

TRATAMENTOS, COM OXIGÊNIO, DE DOENÇA DESCOMPRESSIVA
SINTOMAS SÉRIOS

Profundidade (Metros)	Tempo (Minutos)	Mistura Respiratória	Tempo Total Decorrido (Hs: Min.)
18	20	Oxigênio	0:20
18	5	Ar	0:25
18	20	Oxigênio	0:45
18	5	Ar	0:50
18	20	Oxigênio	1:10
18	5	Ar	1:15
18 a 9	30	Oxigênio	1:45
9	15	Ar	2:00
9	60	Oxigênio	3:00
9	15	Ar	3:15
9	60	Oxigênio	4:15
9 a 0	30	Oxigênio	4:45

1 – Tratamento de doença descompressiva – sintomas sérios ou dor somente, quando os sintomas não são aliviados dentro de 10 minutos a 18 metros.

2 – Velocidade de descida = 7,5 m/min.

3 – Velocidade de subida = 0,3 m/min. Não compense em velocidades menores. Compense em velocidades maiores demorando a subida.

4 – O tempo em 18 metros se inicia na chegada aos 18 metros.

5 – Se o Oxigênio tiver que ser interrompido, permita 15 minutos de Ar e então retorne à tabela no ponto onde foi interrompida.

6 – O acompanhante deve respirar ar. Se o tratamento é um mergulho repetitivo para o acompanhante ou as tabelas forem prolongadas, o acompanhante deve respirar Oxigênio durante os últimos 30 minutos até a chegada à superfície.

7 – A tabela 6 pode ser prolongada por 25 minutos adicionais a 18 metros (20 minutos de Oxigênio e 5 minutos de Ar) ou por 75 minutos adicionais a 9 m (15 minutos de Ar e 60 minutos de Oxigênio) ou ambos.

TABELA 6
PERFIL PROFUNDIDADE/TEMPO

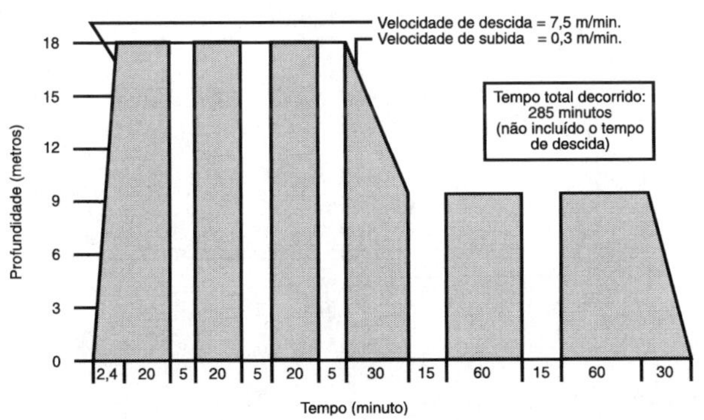

TABELA 6A

TRATAMENTO, COM AR E OXIGÊNIO, DE EMBOLIA GASOSA

Profundidade (Metros)	Tempo (Minutos)	Mistura Respiratória	Tempo Total Decorrido (Hs: Min.)
0	30	Ar	0:30
50 a 18	4	Ar	0:34
18	20	Oxigênio	0:54
18	5	Ar	0:59
18	20	Oxigênio	1:19
18	5	Ar	1.29
18	20	Oxigênio	1:44
18	5	Ar	1:49
18 a 9	30	Oxigênio	2:19
9	15	Ar	2:34
9	60	Oxigênio	3:34
9	15	Ar	3:49
9	60	Oxigênio	4:49
9 a 0	30	Oxigênio	5:19

1 – Tratamento de embolia gasosa. Utilize também quando for impossível determinar se os sintomas são causados por embolia gasosa ou grave doença descompressiva.

2 – Velocidade de descida = a mais rápida que o paciente puder suportar.

3 – Velocidade de subida = 0,3 m/min. Não compense em velocidades menores. Compense em velocidades maiores demorando a subida.

4 – O tempo a 50 metros inclui o tempo desde a superfície.

5 – Se o Oxigênio tiver que ser interrompido permita 15 minutos de Ar e então retorne à tabela no ponto em que foi interrompida.

6 – O acompanhante deve respirar Ar. Se o tratamento é um mergulho repetitivo para o acompanhante ou a tabela for prolongada, deve respirar Oxigênio durante os últimos 30 minutos até a chegada à superfície.

7 – A Tabela 6A pode ser prolongada por 25 minutos adicionais a 18 metros (20 minutos de Oxigênio e 5 minutos de Ar) ou por 75 minutos adicionais a 9 metros (15 minutos no Ar e 60 minutos de Oxigênio) ou ambos.

TABELA 6A
PERFIL PROFUNDIDADE/TEMPO

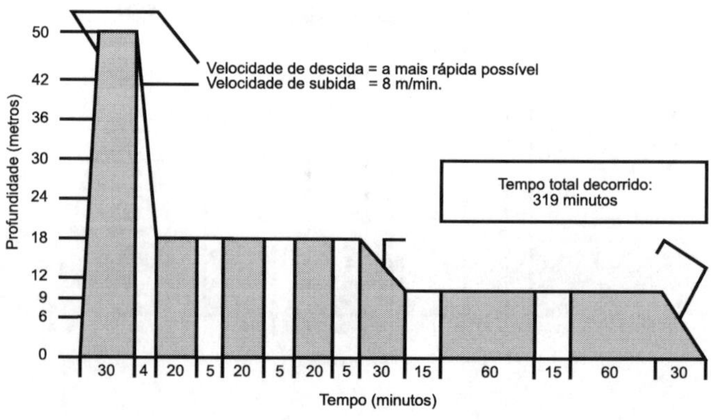

TABELA 1A

TRATAMENTO, COM AR, DE DOENÇA DESCOMPRESSIVA
DOR SOMENTE
TRATAMENTO A 30 METROS

Profundidade (Metros)	Tempo (Minutos)	Mistura Respiratória	Tempo Total Decorrido (Hs: Min.)
30	30	Ar	0:30
24	12	Ar	0:43
18	30	Ar	1:14
15	30	Ar	1:45
12	30	Ar	2:16
9	60	Ar	3:17
6	60	Ar	4:18
3	120	Ar	6:19
0	1	Ar	6:20

1 – Tratamento de doença descompressiva – dor somente, quando não se dispuser de Oxigênio e a dor é aliviada a profundidade menor que 20 metros.

2 – Velocidade de descida = 7,5 m/min.

3 – Velocidade de subida = 1 minuto entre cada parada.

4 – Tempo a 30 metros – inclui o tempo desde a superfície.

5 – Se a configuração das tubulações da câmara não permite o retorno à superfície desde os 3 metros dentro de 1 minuto como especificado, não considere o tempo adicional requerido.

TABELA 1A

PERFIL PROFUNDIDADE/TEMPO

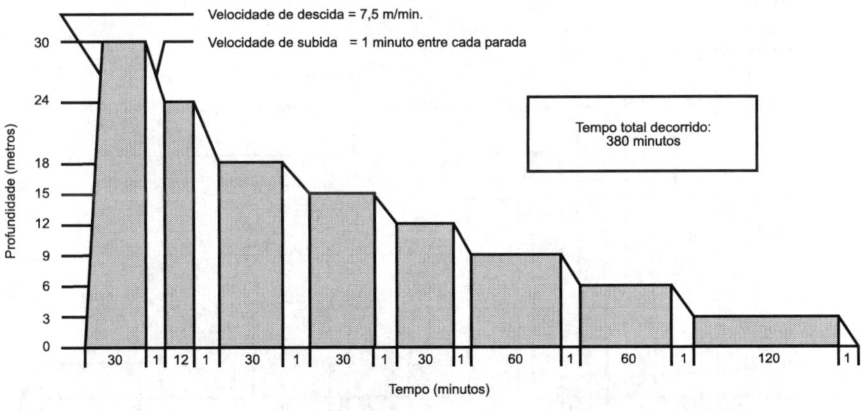

TABELA 2A

TRATAMENTO, COM AR, DE DOENÇA DESCOMPRESSIVA
DOR SOMENTE
TRATAMENTO A 50 METROS

Profundidade (Metros)	Tempo (Minutos)	Mistura Respiratória	Tempo Total Decorrido (Hs: Min.)
50	30	Ar	0:30
42	12	Ar	0:43
36	12	Ar	0:56
30	12	Ar	1:09
24	12	Ar	1:22
18	30	Ar	1:53
15	30	Ar	2:24
12	30	Ar	2:55
9	120	Ar	4:56
6	120	Ar	6:57
3	240	Ar	10:58
3 a 0	1	Ar	10:59

1 – Tratamento de doença descompressiva – dor somente, quando não tiver disponível Oxigênio e a dor é aliviada a uma profundidade maior que 20 metros.

2 – Velocidade de descida = 7,5 m/min.

3 – Velocidade de subida = 1 minuto entre cada parada.

4 – Tempo a 50 metros – inclui o tempo desde a superfície.

TABELA 2A

PERFIL PROFUNDIDADE/TEMPO

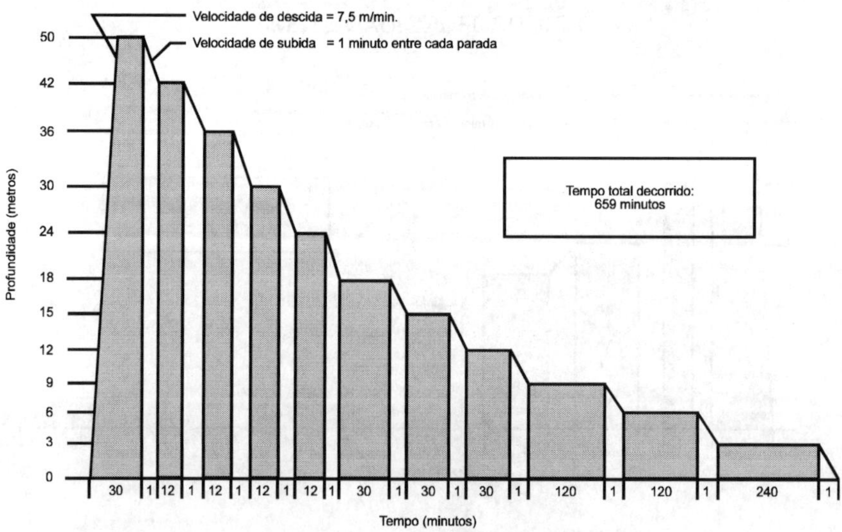

TABELA 3

TRATAMENTO, COM AR, DE DOENÇA DESCOMPRESSIVA
SINTOMAS SÉRIOS OU EMBOLIA GASOSA

Profundidade (Metros)	Tempo	Mistura Respiratória	Tempo Total Decorrido (Hs: Min.)
50	30 min	Ar	0:30
42	12 min	Ar	0:43
36	12 min	Ar	0:56
30	12 min	Ar	1:09
24	12 min	Ar	1:22
18	30 min	Ar	1:53
15	30 min	Ar	2:24
12	30 min	Ar	2:55
9	12 h	Ar	14:56
6	2 h	Ar	16:57
3	2 h	Ar	18:58
3 a 0	1 min	Ar	18:59

1 – Tratamento de doença descompressiva – sintomas sérios ou embolia gasosa, quando não dispuser de Oxigênio e os sintomas são aliviados dentro de 30 minutos a 50 metros.

2 – Velocidade de descida = a mais rápida que o paciente puder suportar.

3 – Velocidade de subida = 1 minuto entre cada parada.

4 – Tempo a 50 metros – incluir o tempo desde a superfície.

TABELA 3

PERFIL PROFUNDIDADE/TEMPO

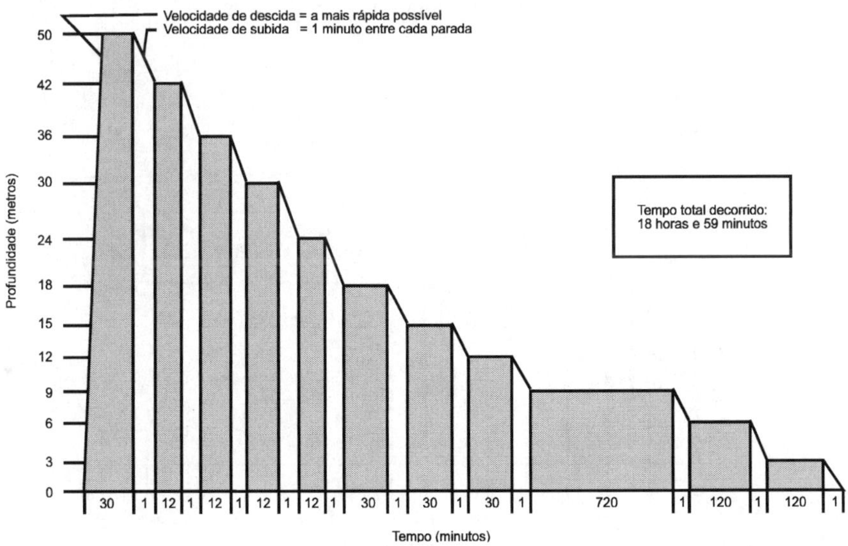

TABELA 4

TRATAMENTO, COM AR, DE DOENÇA DESCOMPRESSIVA SINTOMAS SÉRIOS OU EMBOLIA GASOSA

Profundidade (Metros)	Tempo	Mistura Respiratória	Tempo Total Decorrido (Hs: Min.)
50	1/2 a 2 h	Ar	2:00
42	1/2 h	Ar	2:31
36	1/2 h	Ar	0:02
30	1/2 h	Ar	3:33
24	1/2 h	Ar	4:04
18	6 h	Ar	10:05
15	6 h	Ar	16:06
12	6 h	Ar	22:07
9	11 h	Ar	33:08
9	1 h	Oxigênio (ou Ar)	34:08
6	1 h	Ar	35:09
6	1 h	Oxigênio (ou Ar)	36:09
3	1 h	Ar	37:10
3	1 h	Oxigênio (ou Ar)	38:10
3 a 0	1 min	Oxigênio (ou Ar)	38:11

1 – Tratamento de sintomas piorando durante os primeiros 20 minutos de respiração de Oxigênio a 18 metros na Tabela 6 ou quando os sintomas não são aliviados dentro de 30 minutos a 50 metros utilizando o tratamento com Ar da Tabela 3.

2 – Velocidade de descida = a mais rápida que o paciente puder suportar.

3 – Velocidade de subida = 1 minuto entre cada parada.

4 – Tempo a 50 metros – inclui o tempo desde a superfície.

TABELA 4

PERFIL PROFUNDIDADE/TEMPO

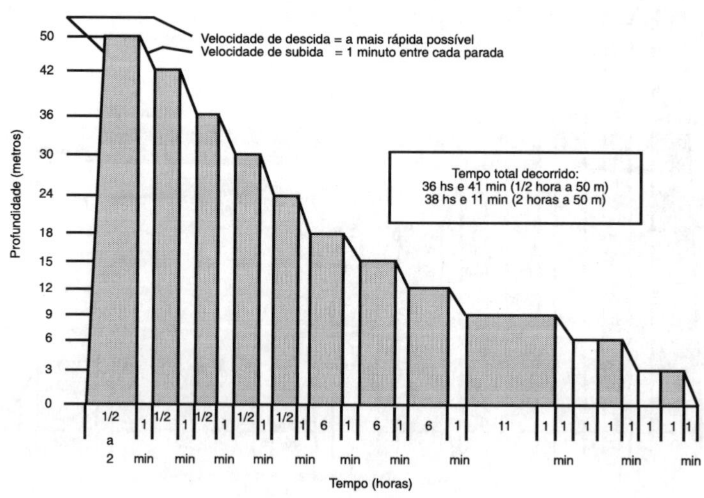

ANEXO Nº 7 – RADIAÇÕES NÃO IONIZANTES

1. Para os efeitos desta norma, são radiações não ionizantes as microondas, ultravioletas e laser.

2. As operações ou atividades que exponham os trabalhadores às radiações não ionizantes, sem a proteção adequada, serão consideradas insalubres, em decorrência de laudo de inspeção realizada no local de trabalho.

3. As atividades ou operações que exponham os trabalhadores às radiações da luz negra (ultravioleta na faixa - 400-320 nanômetros), não serão consideradas insalubres.

ANEXO Nº 8[2] – VIBRAÇÃO

1. Objetivos

1.1 Estabelecer critérios para caracterização da condição de trabalho insalubre decorrente da exposição às Vibrações de Mãos e Braços (VMB) e Vibrações de Corpo Inteiro (VCI).

1.2 Os procedimentos técnicos para a avaliação quantitativa das VCI e VMB são os estabelecidos nas Normas de Higiene Ocupacional da FUNDACENTRO.

2. Caracterização e classificação da insalubridade

2.1 Caracteriza-se a condição insalubre caso seja superado o limite de exposição ocupacional diária a VMB correspondente a um valor de aceleração resultante de exposição normalizada (aren) de 5 m/s^2.

2.2 Caracteriza-se a condição insalubre caso sejam superados quaisquer dos limites de exposição ocupacional diária a VCI:

a) valor da aceleração resultante de exposição normalizada (aren) de 1,1 m/s^2;

b) valor da dose de vibração resultante (VDVR) de 21,0 m/s1,75.

2.2.1 Para fins de caracterização da condição insalubre, o empregador deve comprovar a avaliação dos dois parâmetros acima descritos.

2.3 As situações de exposição a VMB e VCI superiores aos limites de exposição ocupacional são caracterizadas como insalubres em grau médio.

2.4 A avaliação quantitativa deve ser representativa da exposição, abrangendo aspectos organizacionais e ambientais que envolvam o trabalhador no exercício de suas funções.

2.5 A caracterização da exposição deve ser objeto de laudo técnico que contemple, no mínimo, os seguintes itens:

a) objetivo e datas em que foram desenvolvidos os procedimentos;

b) descrição e resultado da avaliação preliminar da exposição, realizada de acordo com o item 4 do Anexo I da NR-09; (Redação dada pela Portaria MTP 426/2021)

c) metodologia e critérios empregados, inclusas a caracterização da exposição e representatividade da amostragem;

d) instrumentais utilizados, bem como o registro dos certificados de calibração;

e) dados obtidos e respectiva interpretação;

f) circunstâncias específicas que envolveram a avaliação;

g) descrição das medidas preventivas e corretivas eventualmente existentes e indicação das necessárias, bem como a comprovação de sua eficácia;

h) conclusão.

2. Anexo 8 com redação dada pela Portaria nº 1.297, de 13-8-2014. *DOU* de 14-8-2014.

ANEXO Nº 9 –
FRIO

1. As atividades ou operações executadas no interior de câmaras frigoríficas, ou em locais que apresentem condições similares, que exponham os trabalhadores ao frio, sem a proteção adequada, serão consideradas insalubres em decorrência de laudo de inspeção realizada no local de trabalho.

ANEXO Nº 10 –
UMIDADE

1. As atividades ou operações executadas em locais alagados ou encharcados, com umidade excessiva, capazes de produzir danos à saúde dos trabalhadores, serão consideradas insalubres em decorrência de laudo de inspeção realizada no local de trabalho.

ANEXO Nº 11 –
AGENTES QUÍMICOS

1. Nas atividades ou operações nas quais os trabalhadores ficam expostos a agentes químicos, a caracterização de insalubridade ocorrerá quando forem ultrapassados os limites de tolerância constantes no Quadro Nº 1 deste Anexo.

2. Todos os valores fixados no Quadro Nº 1 – Tabela de Limites de Tolerância – são válidos para absorção apenas por via respiratória.

3. Todos os valores fixados no Quadro Nº 1 como "Asfixiantes Simples" determinam que nos ambientes de trabalho, em presença destas substâncias a concentração mínima de oxigênio deverá ser dezoito por cento em volume. As situações nas quais a concentração de oxigênio estiver abaixo deste valor serão consideradas de risco grave e iminente.

4. Na coluna "VALOR TETO" estão assinalados os agentes químicos cujos limites de tolerância não podem ser ultrapassados em momento algum da jornada de trabalho.

5. Na coluna "ABSORÇÃO TAMBÉM PELA PELE" estão assinalados os agentes químicos que podem ser absorvidos, por via cutânea, e portanto exigindo na sua manipulação, o uso de luvas adequadas, além do EPI necessário à proteção de outras partes do corpo.

6. A avaliação das concentrações dos agentes químicos através de métodos de amostragem instantânea, de leitura direta ou não, deverá ser feita pelo menos em 10 (dez) amostragens, para cada ponto ao ní vel respiratório do trabalhador. Entre cada uma das amostragens deverá haver um intervalo de, no mínimo, 20 (vinte) minutos.

7. Cada uma das concentrações obtidas nas referidas amostragens não deverá ultrapassar os valores obtidos na equação que segue, sob pena de ser considerada situação de risco grave e iminente.

Valor máximo = L.T X FD

Onde:

L.T. = limite de tolerância para o agente químico, segundo o Quadro Nº 1.

F.D. = fator de desvio, segundo definido no Quadro Nº 2.

QUADRO Nº 2

L.T.			F.D.
(ppm	ou	mg/m³)	
000	a	1000	3,
100	a	1000	2,
100	a	1000	1,50
100	a	1000	1,25
acima	de	1000	1,1

8. O limite de tolerância será considerado excedido quando a média aritmética das concentrações ultrapassar os valores fixados no Quadro Nº 1.

9. Para os agentes químicos que tenham "VALOR TETO" assinalado no Quadro Nº 1 (TABELA DE LIMITES DE

TOLERÂNCIA) considerar-se-á excedido o limite de tolerância, quando qualquer uma das concentrações obtidas nas amostragens ultrapassar os valores fixados no mesmo Quadro.

10. Os limites de tolerância fixados no Quadro nº 1 são válidos para jornadas de trabalho de até 48 horas por semana, inclusive.

10.1 Para jornadas de trabalho que excedam as 48 horas semanais dever-se-á cumprir o disposto no art. 60 da CLT.

QUADRO Nº 1

TABELA DE LIMITES DE TOLERÂNCIA

AGENTES QUÍMICOS	Valor teto	Absorção também p/pele	Até 48 horas/semanas		Grau de Insalubridade a ser considerado no caso de sua caracterização
			ppm*	mg/m³**	
Acetaldeído			78	140	máximo
Acetato de cellosolve		+	78	420	médio
Acetato de éter monoetílico de etileno glicol (vide acetato de cellosolve)			–	–	–
Acetato de etila			310	1090	mínimo
Acetato de 2-etóxi etila (vide acetato de cellosolve)			–	–	–
Acetileno			Asfixiante	simples	–
Acetona			780	1870	mínimo
Acetonitrila			30	55	máximo
Ácido acético			8	20	médio
Ácido cianídrico		+	8	9	máximo
Ácido clorídrico	+		4	5,5	máximo
Ácido crômico (névoa)			–	0,04	máximo
Ácido etanóico (vide ácido acético)			–	–	–

* ppm – partes de vapor ou gás por milhão de partes de ar contaminado

** mg/m³ – miligramas por metro cúbico de ar

AGENTES QUÍMICOS	Valor teto	Absorção também p/pele	Até 48 horas/semanas		Grau de insalubridade a ser considerado no caso de sua caracterização
			ppm*	mg/m³**	
Ácido fluorídrico			2,5	1,5	máximo
Ácido fórmico			4	7	médio
Ácido metanóico (vide ácido fórmico)			–	–	–
Acrilato de metila		+	8	27	máximo
Acrilonitrila		+	16	35	máximo
Álcool isoamílico			78	280	mínimo
Álcool n-butílico	+	+	40	115	máximo
Álcool isobutílico			40	115	médio
Álcool sec-butílico (2-butanol)			115	350	médio
Álcool terc-butílico			78	235	médio
Álcool etílico			780	1480	mínimo
Álcool furfurílico		+	4	15,5	médio
Álcool metil amílico (vide metil isobutil carbinol)			–	–	–
Álcool metílico		+	156	200	máximo
Álcool n-propílico		+	156	390	médio
Álcool isopropílico		+	310	765	médio
Aldeído acético (vide acetaldeído)			–	–	–
Aldeído fórmico (vide formaldeído)			–	–	–

* ppm – partes de vapor ou gás por milhão de partes de ar contaminado

** mg/m³ – miligramas por metro cúbico de ar

QUADRO Nº 1 (Cont.)

TABELA DE LIMITES DE TOLERÂNCIA

AGENTES QUÍMICOS* **	**Valor teto**	**Absorção também p/pele**	**Até 48 horas/semanas**		**Grau de insalubridade a ser considerado no caso de sua caracterização**
			ppm*	**mg/m³****	
Amônia			20	14	médio
Anidrido sulfuroso (vide dióxido de enxofre)			–	–	–
Anilina		+	4	15	máximo
Argônio			Asfixiante	simples	–
Arsina (arsenamina)			0,04	0,16	máximo
Brometo de etila			156	695	máximo
Brometo de metila		+	12	47	máximo
Bromo			0,08	0,6	máximo
Bromoetano (vide brometo de etila)			–	–	–
Bromofórmio		+	0,4	4	médio
Bromometano (vide brometo de metila)			–	–	–
1,3 Butadieno			780	1720	médio
n-Butano			470	1090	médio
n-Butanol (vide álcool n-butílico)			–	–	–
sec-Butanol (vide álcool sec-butílico)			–	–	–

* ppm – partes de vapor ou gás por milhão de partes de ar contaminado

** mg/m³ – miligramas por metro cúbico de ar

*** O benzeno foi retirado desta Tabela conforme Portaria nº 3, de 10-03-1994. *DOU de* 16-03-1994.

AGENTES QUÍMICOS	**Valor teto**	**Absorção também p/pele**	**Até 48 horas/semanas**		**Grau de insalubridade a ser considerado no caso de sua Caracterização**
			ppm*	**mg/m³****	
Butanona (vide metil etil cetona)			–	–	–
I-Butanotiol (vide butil mercaptana)			–	–	–
n-Butilamina	+	+	4	12	máximo
Butil cellosolve		+	39	190	médio
n-Butil mercaptana			0,4	1,2	médio
2-Butóxi etanol (vide butil cellosolve)			–	–	–
Cellosolve (vide 2-etóxi etanol)			–	–	–
Chumbo			–	0,1	máximo
Cianeto de metila (vide acetonitrila)			–	–	–
Cianeto de vinila (vide acrilonitrila)			–	–	–
Cianogênio			8	16	máximo
Ciclohexano			235	820	médio
Ciclohexanol			40	160	máximo
Ciclohexilamina		+	8	32	máximo
Cloreto de carbonila (vide fosgênio)			–	–	–

* ppm – partes de vapor ou gás por milhão de partes de ar contaminado

** mg/m³ – miligramas por metro cúbico de ar

QUADRO Nº 1 (Cont.)

TABELA DE LIMITES DE TOLERÂNCIA

AGENTES QUÍMICOS	Valor teto	Absorção também p/pele	Até 48 horas/semanas		Grau de insalubridade a ser considerado no caso de sua caracterização
			ppm*	mg/m³**	
Cloreto de etila			780	2030	médio
Cloreto de fenila (vide cloro benzeno)			–	–	–
Cloreto de metila			78	165	máximo
Cloreto de metileno			156	560	máximo
Cloreto de vinila	+		156	398	máximo
Cloreto de vinilideno			8	31	máximo
Cloro			0,8	2,3	máximo
Clorobenzeno			59	275	médio
Clorobromometano			156	820	máximo
Cloroetano (vide cloreto de etila)			–	–	–
Cloroetileno (vide cloreto de vinila)			–	–	–
Clorodifluometano (Freon 22)			780	2730	mínimo
Clorofórmio			20	94	máximo
I-Cloro I-nitropropano			16	78	máximo
Cloroprene		+	20	70	máximo
Cumeno		+	39	190	máximo
Decaborano		+	0,04	0,25	máximo
Demeton		+	0,008	0,08	máximo

* ppm – partes de vapor ou gás por milhão de partes de ar contaminado

** mg/m³ – miligramas por metro cúbico de ar

AGENTES QUÍMICOS	Valor teto	Absorção também p/pele	Até 48 horas/semanas		Grau de insalubridade a ser considerado no caso de sua caracterização
			ppm*	mg/m³**	
Diamina (vide hidrazina)			–	–	–
Diborano			0,08	0,08	máximo
1,2-Dibramoetano		+	16	110	médio
o-Diclorobenzeno			39	235	máximo
Diclorodifluormetano (Freon 12)	+		780	3860	mínimo
1,1 Dicloroetano			156	640	médio
1,2 Dicloroetano			39	156	máximo
1,1 Dicloroetileno (vide cloreto de vinilideno)			–	–	–
1,2 Dicloroetileno			155	615	médio
Diclorometano (vide cloreto de metileno)			–	–	–
1,1-Dicloro-I-nitroetano	+		8	47	máximo
1,2 Dicloropropano			59	275	máximo
Diclorotetrafluoretano (Freon 114)			780	5460	mínimo
Dietil amina			20	59	médio
Dietil éter (vide peter etílico)			–	–	–
2,4 Diisocianato de tolueno (TDI)	+		0,016	0,11	máximo
Diisopropilamina		+	4	16	máximo

* ppm – partes de vapor ou gás por milhão de partes de ar contaminado

** mg/m³ – miligramas por metro cúbico de ar

QUADRO Nº 1 (Cont.)

TABELA DE LIMITES DE TOLERÂNCIA

AGENTES QUÍMICOS	Valor teto	Absorção também p/pele	Até 48 horas/semanas		Grau de insalubridade a ser considerado no caso de sua caracterização
			ppm*	mg/m³**	
Dimetilacetamida		+	8	28	máximo
Dimetilamina			8	14	médio
Dimetilformamida			8	24	médio
1.1 Dimetil hidraniza		+	0,4	0,8	máximo
Dióxido de carbono			3900	7020	mínimo
Dióxido de cloro			0,08	0,25	máximo
Dióxido de enxofre			4	10	máximo
Dióxido de nitrogênio	+		4	7	máximo
Dissulfeto de carbono		+	16	47	máximo
Estibina			0,08	0,4	máximo
Estireno			78	328	médio
Etanal (vide acetaldeído)			–	–	–
Etano			Asfixiante	simples	–
Etano (vide álcool etílico)			–	–	–
Etanotiol (vide etil mercaptana)			–	–	–
Éter decloroetílico		+	4	24	máximo
Éter etílico			310	940	médio
Éter monobutílico do etileno glicol (vide butil cellosolve)			–	–	–
Éter monoetílico do etileno glicol (vide cellosolve)			–	–	–

* ppm – partes de vapor ou gás por milhão de partes de ar contaminado

** mg/m³ – miligramas por metro cúbico de ar

AGENTES QUÍMICOS	Valor teto	Absorção também p/pele	Até 48 horas/semanas		Grau de insalubridade a ser considerado no caso de sua caracterização
			ppm*	mg/m³**	
Éter monometílico do etileno glicol (vide metil cellosolve)			–	–	–
Etilamina			8	14	máximo
Etilbenzeno			78	340	médio
Etileno			Asfixiante	simples	–
Etilenoimina		+	0,4	0,8	máximo
Etil mercaptana			0,4	0,8	médio
n-Etil morfolina		+	16	74	médio
2-Etoxietanol		+	78	290	médio
Fenol		+	4	15	máximo
Fluortriclorometano (Freon 11)			780	4370	médio
Formaldeído (formol)	+		1,6	2,3	máximo
Fosfina (Fosfamina)			0,23	0,3	máximo
Fosgênio			0,08	0,3	máximo
Freon 11 (vide fluortriclorometano)			–	–	–
Freon 12 (vide diclorodifluormetano)			–	–	–
Freon 22 (vide clorodifluormetano)			–	–	–
Freon 113 (vide 1,1,2 tricloro-1,2,2-trifluoretano)			–	–	–

* ppm – partes de vapor ou gás por milhão de partes de ar contaminado

** mg/m³ – miligramas por metro cúbico de ar

QUADRO Nº 1 (Cont.)

TABELA DE LIMITES DE TOLERÂNCIA

AGENTES QUÍMICOS	Valor teto	Absorção também p/pele	Até 48 horas/semanas		Grau de insalubridade a ser considerado no caso de sua caracterização
			ppm*	mg/m³**	
Freon 114 (vide diclorotetrafluoretano)			–	–	–
Gás amoníaco (vide amônia)			–	–	–
Gás carbônico (vide dióxido de carbono)			–	–	–
Gás cianídrico (vide ácido cianídrico)			–	–	–
Gás clorídrico (vide ácido clorídrico)			–	–	–
Gás sulfídrico			8	12	máximo
Hélio			Asfixiante	simples	–
Hidrazina		+	0,08	0,08	máximo
Hidreto de antimônio (vide Estibina)			–	–	–
Hidrogênio			Asfixiante	simples	–
Isobutanol (vide álcool Isobutílico)			–	–	–
Isopropilamina			4	9,5	médio
Isopropil benzeno (vide cumeno)			–	–	–
Mercúrio (todas as formas exceto orgânicas)			–	0,04	máximo
Metacrilato de metila			78	320	mínimo
Metano			Asfixiante	simples	–
Metanol (vide álcool metílico)			–	–	–

* ppm – partes de vapor ou gás por milhão de partes de ar contaminado

** mg/m³ – miligramas por metro cúbico de ar

AGENTES QUÍMICOS	Valor teto	Absorção também p/pele	Até 48 horas/semanas		Grau de insalubridade a ser considerado no caso de sua caracterização
			ppm*	mg/m³**	
Metilamina			8	9,5	máximo
Metil cellosolve		+	20	60	máximo
Metil ciclohexanol			39	180	médio
Metil clorofórmio			275	1480	médio
Metil demeton		+	–	0,4	máximo
Metil etil cetona			155	460	médio
Metil isobutilcarbinol		+	20	78	máximo
Metil mercaptana (metanotiol)			0,4	0,8	médio
2-Metóxil etanol (vide metil cellosolve)			–	–	–
Monometil hidrazina	+	+	0,16	0,27	máximo
Monóxido de carbono			39	43	máximo
Negro de Fumo[1]			–	3,5	máximo
Neônio			Asfixiante	simples	–
Níquel carbonila (níquel tetracarbonila)			0,04	0,28	máximo
Nitrato de n-propila			20	85	máximo
Nitroetano			78	245	médio
Nitrometano			78	195	máximo
1-Nitropropano			20	70	médio
2-Nitropropano			20	70	médio
Óxido de etileno			39	70	máximo

* ppm – partes de vapor ou gás por milhão de partes de ar contaminado

** mg/m³ – miligramas por metro cúbico de ar

1 Ver Portaria nº 9, de 9-10-1992.

QUADRO Nº 1 (Cont.)

TABELA DE LIMITES DE TOLERÂNCIA

AGENTES QUÍMICOS	Valor teto	Absorção também p/pele	Até 48 horas/semanas		Grau de insalubridade a ser considerado no caso de sua caracterização
			ppm*	mg/m³**	
Óxido nítrico (NO)			20	23	máximo
Óxido nitroso (N_2O)			Asfixiante	simples	
Ozona			0,08	0,16	máximo
Pentaborano			0,004	0,008	máximo
n-Pentano			470	1400	mínimo
Percloroetileno		+	78	525	médio
Piridina			4	12	médio
n-Propano			Asfixiante	simples	–
n-Propanol (vide álcool n-propílico)			–	–	–
iso-Propanol (vide álcool isopropílico)			–	–	–
Propanoma (vide acetona)			–	–	–
Propileno			Asfixiante	simples	–
Propileno imina		+	1,6	4	máximo
Sulfato de dimetila	+	+	0,08	0,4	máximo
Sulfeto de hidrogênio (vide gás sulfídrico)			–	–	–
Systox (vide demeton)			–	–	–
1, 1, 2, 2, Tetrabromoetano			0,8	11	médio
Tetracloreto de carbono		+	8	50	máximo

* ppm – partes de vapor ou gás por milhão de partes de ar contaminado

** mg/m³ – miligramas por metro cúbico de ar

AGENTES QUÍMICOS	Valor teto	Absorção também p/pele	Até 48 horas/semanas		Grau de insalubridade a ser considerado no caso de sua caracterização
			ppm*	mg/m³**	
Tetracloroetano		+	4	27	máximo
Tetracloroetileno (vide percloroetileno)			–	–	–
Tetrahidrofurano			156	460	máximo
Tolueno (toluol)		+	78	290	médio
Tolueno – 2, 4 – diisocianato (TDI) (vide 2,4 diisocianato de tolueno)			–	–	–
Tribromometano (vide bromofórmio)			–	–	–
Tricloreto de vinila (vide 1, 1, 2 tricloroetano)			–	–	–
1, 1, 1 Tricloroetano (vide metil clorofórmio)			–		–
1, 1, 2 Tricloroetano		+	8	35	médio
Ticloroetileno			78	420	máximo
Triclorometano (vide clorofórmio)			–	–	–
1, 2, 3 Tricloropropano			40	235	máximo
1, 1, 2 Tricloro – 1, 2, 2 trifluoretano (Freon 113)			780	5930	médio
Trietilamina			20	78	máximo
Trifluormonobromometano			780	4760	médio
Vinilbenzeno (vide estireno)			–	–	–
Xileno (xilol)			78	340	médio

* ppm – partes de vapor ou gás por milhão de partes de ar contaminado

** mg/m³ – miligramas por metro cúbico de ar

ANEXO Nº 12 –
LIMITES DE TOLERÂNCIA PARA POEIRAS MINERAIS
ASBESTOS

Acrescentado pela Portaria nº 1, de 28-5-1991.

1. O presente anexo aplica-se a todas e quaisquer atividades nas quais os trabalhadores estão expostos ao asbesto no exercício do trabalho.

1.1 Entende-se por "asbesto", também denominado amianto, a forma fibrosa dos silicatos minerais pertencentes aos grupos de rochas metamórficas das serpentinas, isto é, a crisotila (asbesto branco), e dos anfibólios, isto é, a actinolita, a amosita (asbesto marrom), a antofilita, a crocidolita (asbesto azul), a tremolita ou qualquer mistura que contenha um ou vários destes minerais.

1.2 Entende-se por "exposição ao asbesto" a exposição no trabalho às fibras de asbesto respiráveis ou poeira de asbesto em suspensão no ar originada pelo asbesto ou por minerais, materiais ou produtos que contenham asbesto.

1.3 Entende-se por "fornecedor" de asbesto o produtor e/ou distribuidor da matéria-prima "in natura".

2. Sempre que dois ou mais empregadores, embora cada um deles com personalidade jurídica própria, levem a cabo atividades em um mesmo local de trabalho, serão, para efeito de aplicação dos dispositivos legais previstos neste anexo, solidariamente responsáveis contratante(s) e contratado(s).

2.1 Compete à(s) contratante(s) garantir os dispositivos legais previstos neste anexo por parte do(s) contratado(s).

3. Cabe ao empregador elaborar normas de procedimento a serem adotadas em situações de emergência, informando os trabalhadores convenientemente, inclusive com treinamento específico.

3.1 Entende-se por "situações de emergência" qualquer evento não programado dentro do processo habitual de trabalho que implique no agravamento da exposição dos trabalhadores.

4. Fica proibida a utilização de qualquer tipo de asbesto do grupo anfibólio e dos produtos que contenham estas fibras.

4.1 A autoridade competente, após consulta prévia às organizações mais representativas de empregadores e de trabalhadores interessados, poderá autorizar o uso de anfibólios, desde que a substituição não seja exequível e sempre que sejam garantidas as medidas de proteção à saúde dos trabalhadores.

5. Fica proibida a pulverização (spray) de todas as formas de asbesto.

6. Fica proibido o trabalho de menores de dezoito anos em setores onde possa haver exposição à poeira de asbesto.

7. As empresas (públicas ou privadas) que produzem, utilizam ou comercializam fibras de asbesto e as responsáveis pela remoção de sistemas que contêm ou podem liberar fibras de asbesto para o ambiente deverão ter seus estabelecimentos cadastrados junto ao Ministério do Trabalho e da Previdência Social/Instituto Nacional de Seguridade Social, através de seu setor competente em matéria de segurança e saúde do trabalhador.

7.1 O referido cadastro será obtido mediante a apresentação do modelo Anexo I.

7.2 O número de cadastro obtido será obrigatoriamente apresentado quando da aquisição da matéria-prima junto ao fornecedor.

7.3 O fornecedor de asbesto só poderá entregar a matéria-prima a empresas cadastradas. (C=115.062-6/I=3/T=S)

7.4 Os Órgãos Públicos responsáveis pela autorização da importação de fibras de asbesto só poderão fornecer a guia de importação a empresas cadastradas.

7.5 O cadastro deverá ser atualizado obrigatoriamente a cada dois anos.

8. Antes de iniciar os trabalhos de remoção e/ou demolição, o empregador e/ou contratado, em conjunto com a representação dos trabalhadores, deverão elaborar um plano de trabalho onde sejam especificadas as medidas a serem tomadas, inclusive as destinadas a:

a) proporcionar toda proteção necessária aos trabalhadores;

b) limitar o desprendimento da poeira de asbesto no ar;

c) prever a eliminação dos resíduos que contenham asbesto.

9. Será de responsabilidade dos fornecedores de asbesto, assim como dos fabricantes e fornecedores de produtos contendo asbesto, a rotulagem adequada e suficiente, de maneira facilmente compreensível pelos trabalhadores e usuários interessados.

9.1 A rotulagem deverá conter, conforme modelo Anexo II:

– a letra minúscula "a" ocupando 40% (quarenta por cento) da área total da etiqueta;

– caracteres: "Atenção: contém amianto", "Respirar poeira de amianto é prejudicial à saúde", e "Evite risco: siga as instruções de uso".

9.2 A rotulagem deverá, sempre que possível, ser impressa no produto, em cor contrastante, de forma visível e legível.

10. Todos os produtos contendo asbesto deverão ser acompanhados de "instrução de uso" com, no mínimo, as seguintes informações: tipo de asbesto, risco à saúde e doenças relacionadas, medidas de controle e proteção adequada.

11. O empregador deverá realizar a avaliação ambiental de poeira de asbesto nos locais de trabalho em intervalos não superiores a seis meses.

11.1 Os registros das avaliações deverão ser mantidos por um período não inferior a 30 (trinta) anos.

11.2 Os representantes indicados pelos trabalhadores acompanharão o processo de avaliação ambiental.

11.3 Os trabalhadores e/ou seus representantes têm o direito de solicitar avaliação ambiental complementar nos locais de trabalho e/ou impugnar os resultados das avaliações junto à autoridade competente.

11.4 O empregador é obrigado a afixar o resultado dessas avaliações em quadro próprio de avisos para conhecimento dos trabalhadores.

12. O limite de tolerância para fibras respiráveis de asbesto crisotila é de 2,0 f/cm^3.

12.1 Entende-se por "fibras respiráveis de asbesto" aquelas com diâmetro inferior a 3 micrômetros, comprimento maior que 5 micrômetros e relação entre comprimento e diâmetro igual ou superior a 3.1.

Item 12.1 com redação dada pela Portaria nº 22, de 26-12-1994.

13. A avaliação ambiental será realizada pelo método do filtro de membrana, utilizando-se aumentos de 400 a 500X, com iluminação de contraste de fase.

13.1 Serão contadas as fibras respiráveis conforme subitem 12.1 independente de estarem ou não ligadas ou agregadas a outras partículas;

13.2 O método de avaliação a ser utilizado será definido pela ABNT/INMETRO.

13.3 Os laboratórios que realizarem análise de amostras ambientais de fibras dispersas no ar devem atestar a participação em programas de controle de qualidade laboratorial e sua aptidão para proceder às análises requeridas pelo método do filtro de membrana.

Item 13.3 com redação dada pela Portaria nº 22, de 26-12-1994.

14. O empregador deverá fornecer gratuitamente toda vestimenta de trabalho que poderá ser contaminada por asbesto, não podendo esta ser utilizada fora dos locais de trabalho.

14.1 O empregador será responsável pela limpeza, manutenção e guarda da vestimenta de trabalho, bem como dos EPIs utilizados pelo trabalhador.

14.2 A troca de vestimenta de trabalho será feita com frequência mínima de duas vezes por semana.

15. O empregador deverá dispor de vestiário duplo para os trabalhadores expostos ao asbesto.

15.1 Entende-se por "vestiário duplo" a instalação que oferece uma área para guarda de roupa pessoal e outra, isolada, para guarda da vestimenta de trabalho, ambas com comunicação direta com a bateria de chuveiros.

15.2 As demais especificações de construção e instalação obedecerão as determinações das demais Normas Regulamentadoras.

16. Ao final de cada jornada diária de trabalho, o empregador deverá criar condições para troca de roupa e banho do trabalhador.

17. O empregador deverá eliminar os resíduos que contêm asbesto, de maneira que não se produza nenhum risco à saúde dos trabalhadores e da população em geral, de conformidade com as disposições legais previstas pelos órgãos competentes do meio ambiente e outros que porventura venham a regulamentar a matéria.

18. Todos os trabalhadores que desempenham ou tenham funções ligadas à exposição ocupacional ao asbesto serão submetidos a exames médicos previstos no subitem 7.1.3 da NR-7, sendo que por ocasião da admissão, demissão e anualmente devem ser realizados, obrigatoriamente, exames complementares incluindo, além da avaliação clínica, telerradiografia de tórax e prova de função pulmonar (espirometria).

18.1 A técnica utilizada na realização das telerradiografias de tórax deverá obedecer ao padrão determinado pela Organização Internacional do Trabalho, especificado na Classificação Internacional de Radiografias de Pneumoconioses (OIT-1980).

18.2 As empresas ficam obrigadas a informar aos trabalhadores examinados, em formulário próprio, os resultados dos exames realizados.

19. Cabe ao empregador, após o término do contrato de trabalho envolvendo exposição ao asbesto, manter disponível a realização periódica de exames médicos de controle dos trabalhadores, durante 30 anos.

19.1 Estes exames deverão ser realizados com a seguinte periodicidade:

a) a cada 3 anos para trabalhadores com período de exposição de 0 a 12 anos;

b) a cada 2 anos para trabalhadores com período de exposição de 12 a 20 anos;

c) anual para trabalhadores com período de exposição superior a 20 anos.

19.2 O trabalhador receberá, por ocasião da demissão e retornos posteriores, comunicação da data e local da próxima avaliação médica.

20. O empregador deve garantir informações e treinamento dos trabalhadores, com frequência mínima anual, priorizando os riscos e as medidas de proteção e controle devidos à exposição ao asbesto.

20.1 Os programas de prevenção já previstos em Lei (curso da CIPA, SIPAT etc.) devem conter informações específicas sobre os riscos de exposição ao asbesto.

21. Os prazos de notificações e os valores das infrações estão especificados no Anexo III.

22. As exigências contidas neste anexo entrarão em vigor em 180 (cento e oitenta dias) a contar da data de sua publicação, revogadas as disposições em contrário.

JOSÉ OLYMPIO DE FREITAS AZEVEDO

ANEXO I
MODELO DO CADASTRO DOS UTILIZADORES DO ASBESTO

I – **IDENTIFICAÇÃO**

Nome: ____________________

Endereço: ____________________ Bairro: ____________________

Cidade: ____________________ Telefone: ____________________ CEP: ____________

CGC: ____________________

Ramo de Atividade: ____________________ CNAE: ____________________

II – **DADOS DE PRODUÇÃO**

1. Número de Trabalhadores
   - Total: ____________ Menores: ____________ Mulheres: ____________
   - Em contato direto com o asbesto: ____________________

2. Procedência do asbesto
   Nacional ☐
   Importado ☐
   - Nome do(s) fornecedor(es) ____________________
     ____
     ____

3. Produtos Fabricados

Gênero de produto que contém asbesto	Utilização a que se destina

4. Observações:
____
____
____

Nota: As declarações acima prestadas são de inteira responsabilidade da empresa, passíveis de verificação e eventuais penalidades facultadas pela lei.

______/______/______ ____________________ Assinatura e carimbo

ANEXO II

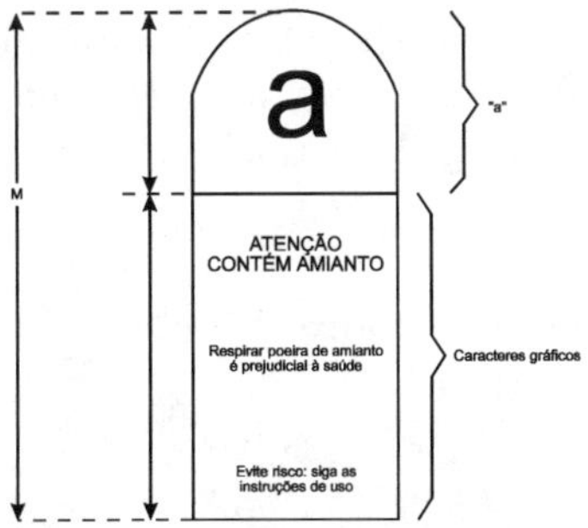

ANEXO III

Item e Subitem	Prazo	Infração
- 2.1	P4	I4
- 3	P2	I2
- 4	P1	I4
- 5	P1	I4
- 6	P1	I4
- 7, 7.2, 7.4	P1	I3
- 8	P2	I3
- 9, 9.1, 9.2	P4	I3
- 10	P4	I3
- 11, 11.1, 11.2	P4	I3
e 11.4	P4	I4
- 12	P3	I3
- 14, 14.1, 14.2	P4	I3
- 15	P1	I1
- 16	P4	I4
- 17	P3	I2
- 18, 18.2	P1	I1
- 19, 19.1	P1	I1
- 20, 20.1		

Manganês e seus compostos[3]

1. O limite de tolerância, para as operações com manganês e seus compostos referente a extração, tratamento, moagem, transporte do minério, ou ainda outras operações com exposição a poeiras de manganês ou de seus compostos é de até 5 mg/m^3 no ar, para jornada de até 8 horas por dia.

2. O limite de tolerância, para as operações com manganês e seus compostos referente a metalurgia de minerais de manganês, fabricação de compostos de manganês, fabricação de baterias e pilhas secas, fabricação de vidros especiais e cerâmicas, fabricação e uso de eletrodos de solda, fabricação de produtos químicos, tintas e fertilizantes, ou ainda outras operações com exposição a fumos de manganês ou de seus compostos é de até 1 mg/m^3 no ar, para jornada de até 8 horas por dia.

3. Sempre que os limites de tolerância forem ultrapassados as atividades e operações com o manganês e seus compostos serão consideradas como insalubres no grau máximo.

4. O pagamento do adicional de insalubridade por parte do empregador não o desobriga da adoção de medidas de prevenção e controle que visem minimizar os riscos dos ambientes de trabalho.

5. As avaliações de concentração ambiental e caracterização da insalubridade somente poderá ser realizada por Engenheiro de Segurança do Trabalho ou Médico do Trabalho conforme previsto no Art. 195 da CLT.

6. As seguintes recomendações e medidas de prevenção de controle são indicadas para as operações com manganês e seus compostos, independentemente dos limites de tolerância terem sido ultrapassados ou não:

- Substituição de perfuração a seco por processos úmidos.
- Perfeita ventilação após detonações, antes de se reiniciarem os trabalhos.
- Ventilação adequada, durante os trabalhos, em áreas confinadas.
- Uso de equipamentos de proteção respiratória com filtros mecânicos para áreas contaminadas.

3. Acrescentado pela Portaria nº 8, de 5-10-1992.

– Uso de equipamentos de proteção respiratória com linha de ar mandado, para trabalhos, por pequenos períodos, em áreas altamente contaminadas.

– Uso de máscaras autônomas para casos especiais e treinamentos específicos;

– Rotatividade das atividades e turnos de trabalho para os perfuradores e outras atividades penosas.

– Controle da poeira a níveis abaixo dos permitidos.

7. As seguintes precauções de ordem médica e de higiene são de caráter obrigatório para todos os trabalhadores expostos as operações com manganês e seus compostos, independentemente dos limites de tolerância terem sido ultrapassados ou não:

– Exames médicos pré-admissionais e periódicos.

– Exames adicionais para as causas absenteísmo prolongado, doença, acidentes ou outros casos.

– Não admissão de empregado portador de lesões respiratórias orgânicas do sistema nervosos central e disfunções sanguíneas para trabalhos em exposição ao manganês.

– Exames periódicos de acordo com os tipos de atividades de cada trabalhador, variando de períodos de 3 a 6 meses para os trabalhos de subsolo e de 6 meses a anualmente para os trabalhadores de superfície.

– Análises biológicas de sangue.

– Afastamento imediato de pessoas com sintomas de intoxicação ou alterações neurológicas ou psicológicas.

– Banho obrigatório após a jornada de trabalho.

– Troca de roupas de passeio/serviço/ passeio.

– Proibição de se tomarem refeições nos locais de trabalho.

Sílica Livre Cristalizada[4]

1. O limite de tolerância, expresso em milhões de partículas por decímetro cúbico, é dado pela seguinte fórmula:

$$LT = \frac{8,5}{\%\ \text{quartzo} + 10}\ \text{mppdc (milhões de partículas por decímetro cúbico)}$$

Esta fórmula é válida para amostras tomadas com "impactador" (*impinger*) no nível da zona respiratória e contadas pela técnica de campo claro. A porcentagem de quartzo é a quantidade determinada através de amostras em suspensão aérea.

2. O limite de tolerância para poeira respirável, expresso em mg/m³, é dado pela seguinte fórmula:

$$LT = \frac{8}{\%\ \text{quartzo} + 2}\ \text{mg/m}^3$$

3. Tanto a concentração como a porcentagem de quartzo, para a aplicação deste limite, devem ser determinadas a partir da porção que passa por um seletor com as características do Quadro nº 1.

QUADRO Nº 1

Diâmetro Aerodinâmico (µm) (esfera de densidade unitária)			% de passagem pelo seletor
menor		00,2	90 (zero)
ou	0	2,5	75 (zero)
igual a	0	3,5	50 (zero)
	0	5,0	25 (zero)
		10,0	0 (zero)

4. Acrescentado pela Portaria nº 8, de 5-10-1992.

4. O Limite de Tolerância para poeira total (respirável e não respirável), expresso em mg/m³, é dado pela seguinte fórmula:

$$LT = \frac{24}{\%\ quartzo + 3}\ mg/m^3$$

5. Sempre será entendido que "Quartzo" significa sílica livre cristalizada.

6. Os limites de tolerância fixados no item 4 são válidos para jornadas de trabalhos de até 48 horas por semana, inclusive.

6.1 Para jornadas de trabalho que excedam a 48 horas semanais os limites deverão ser reduzidos, sendo estes fixados pela autoridade competente.

7. Fica proibido o processo de trabalho de jateamento que utilize areia seca ou úmida como abrasivo.

Redação dada pela Portaria nº 99, de 19-10-2004.

8. As máquinas e ferramentas utilizadas nos processos de corte e acabamento de rochas ornamentais devem ser dotadas de sistema de umidificação capaz de minimizar ou eliminar a geração de poeira decorrente de seu funcionamento.[5]

Item 8 com redação dada pela Portaria nº 43 de 11-3-2008.

ANEXO Nº 13 – AGENTES QUÍMICOS

1. Relação das atividades e operações, envolvendo agentes químicos, consideradas insalubres em decorrência de inspeção realizada no local de trabalho. Excluam-se desta relação as atividades ou operações com os agentes químicos constantes dos Anexos 11 e 12.

ARSÊNICO

Insalubridade de grau máximo

Extração e manipulação de arsênico e preparação de seus compostos. Fabricação de tintas à base de arsênico.

Fabricação de produtos parasiticidas, inseticidas e raticidas contendo compostos de arsênico.

Pintura a pistola com pigmentos de compostos de arsênico, em recintos limitados ou fechados.

Preparação do "Secret".

Produção de Trióxido de Arsênico.

Insalubridade de grau médio

Bronzeamento em negro e verde com compostos de arsênico.

Conservação de peles e plumas; depilação de peles à base de compostos de arsênico.

Descoloração de vidros e cristais à base de compostos de arsênico.

Emprego de produtos parasiticidas, inseticidas e raticidas à base de compostos de arsênico.

Fabricação de cartas de jogar, papéis pintados e flores artificiais à base de compostos de arsênico.

Metalurgia de minérios arsenicais (ouro, prata, chumbo, zinco, níquel, antimônio, cobalto e ferro).

Operações de galvanotécnica à base de compostos de arsênico.

Pintura manual (pincel, rolo e escova) com pigmentos de compostos de arsênico em recintos limitados ou fechados, exceto com pincel capilar.

Insalubridade de grau mínimo

Empalhamento de animais à base de compostos de arsênico.

Fabricação de tafetá "siré".

5. A Portaria nº 43, de 13-3-2008, dispõe:

"Art. 2º Ficam proibidas adaptações de máquinas e ferramentas elétricas que não tenham sido projetadas para sistemas úmidos.

Art. 3º Os empregadores devem providenciar a adequação às exigências desta Portaria no prazo de 18 (dezoito) meses."

Pintura a pistola ou manual com pigmentos de compostos de arsênico ao ar livre.

CARVÃO

Insalubridade de grau máximo

Trabalho permanente no subsolo em operações de corte, furação e desmonte, de carregamento no local de desmonte, em atividades de manobra, nos pontos de transferência de carga e de viradores.

Insalubridade de grau médio

Demais atividades permanentes do subsolo compreendendo serviços, tais como: de operações de locomotiva, condutores, engatadores, bombeiros, madeireiros, trilheiros e eletricistas.

Insalubridade de grau mínimo

Atividades permanentes de superfície nas operações a seco, com britadores, peneiras, classificadores, carga e descarga de silos, de transportadores de correia e de teleférreos.

CHUMBO

Insalubridade de grau máximo

Fabricação de compostos de chumbo, carbonato, arseniato, cromato mínio, litargírio e outros.

Fabricação de esmaltes, vernizes, cores, pigmentos, tintas, unguentos, óleos, pastas, líquidos e pós à base de compostos de chumbo.

Fabricação e restauração de acumuladores, pilhas e baterias elétricas contendo compostos de chumbo.

Fabricação e emprego de chumbo tetraetila e chumbo tetrametila.

Fundição e laminação de chumbo, de zinco velho, cobre e latão.

Limpeza, raspagem e reparação de tanques de mistura, armazenamento e demais trabalhos com gasolina contendo chumbo tetraelita.

Pintura a pistola com pigmentos de compostos de chumbo em recintos limitados ou fechados.

Vulcanização de borracha pelo litargírio ou outros compostos de chumbo.

Insalubridade de grau médio

Aplicação e emprego de esmaltes, vernizes, cores, pigmentos, tintas, unguentos, óleos, pastas, líquidos e pós à base de compostos de chumbo.

Fabricação de porcelana com esmaltes de compostos de chumbo.

Pintura e decoração manual (pincel, rolo e escova) com pigmentos de compostos de chumbo (exceto pincel capilar), em recintos limitados ou fechados.

Tinturaria e estamparia com pigmentos à base de compostos de chumbo.

Insalubridade de grau mínimo

Pintura a pistola ou manual com pigmentos de compostos de chumbo ao ar livre.

CROMO

Insalubridade de grau máximo

Fabricação de cromatos e bicromatos.

Pintura a pistola com pigmentos de compostos de cromo, em recintos limitados ou fechados.

Insalubridade de grau médio

Cromagem eletrolítica dos metais.

Fabricação de palitos fosfóricos à base de compostos de cromo (preparação da pasta e trabalho nos secadores).

Manipulação de cromatos e bicromatos.

Pintura manual com pigmentos de compostos de cromo em recintos limitados ou fechados (exceto pincel capilar).

Preparação por processos fotomecânicos de clichês para impressão à base de compostos de cromo.

Tanagem a cromo.

FÓSFORO

Insalubridade de grau máximo

Extração e preparação do fósforo branco e seus compostos.

Fabricação de defensivos fosforados e organofosforados.

Fabricação de projéteis incendiários, explosivos e gases asfixiantes à base de fósforo branco.

Insalubridade de grau médio

Emprego de defensivos organofosforados.

Fabricação de bronze fosforado.

Fabricação de mechas fosforadas para lâmpadas de mineiros.

HIDROCARBONETOS E OUTROS COMPOSTOS DE CARBONO

Insalubridade de grau máximo

Destilação do alcatrão e da hulha.

Destilação do petróleo.

Manipulação de alcatrão, breu betume, antraceno, óleos minerais, óleo queimado, parafina ou outras substâncias cancerígenas afins.

A Portaria nº 9, de 9-10-1992, exclui deste item a manipulação de negro de fumo.

Fabricação de fenóis, cresóis, naftóis, nitroderivados, aminoderivados, derivados halogenados e outras substâncias tóxicas derivadas de hidrocarbonetos cíclicos.

Pintura a pistola com esmaltes, tintas, vernizes e solventes contendo hidrocarbonetos aromáticos.

Insalubridade de grau médio

Emprego de defensivos organoclorados: DDT (Diclorodifeniltricloretano), DDD (Diclorodifenildicloretano), Metoxicloro (Dimetoxidifeniltricloretano), BHC (Hexacloreto de Benzeno) e seus compostos e Isômeros.

Emprego de defensivos derivados do ácido-carbônico.

Emprego de aminoderivados de hidrocarbonetos aromáticos (homólogos da anilina).

Emprego de cresol, naftaleno e derivados tóxicos.

Emprego de isocianatos na formação de poliuretanas (lacas dedesmodur e desmofem, lacas de dupla composição, lacas protetoras de madeira e metais, adesivos especiais e outros produtos à base de polisocianetos e poliuretanas).

Provável redação conforme Quadro V da Portaria nº 491, citada.

Emprego de produtos contendo hidrocarbonetos aromáticos como solventes ou em limpeza de peças.

Fabricação de artigos de borracha, de produtos para impermeabilização e de tecidos impermeáveis à base de hidrocarbonetos.

Fabricação de linóleos, celulóides, lacas, tintas, esmaltes, vernizes, solventes, colas, artefatos de ebonite, guta-percha, chapéus de palha e outros à base de hidrocarbonetos.

Limpeza de peças ou motores com óleo diesel aplicado sob pressão (nebulização).

Pintura a pincel com esmaltes, tintas e vernizes em solventes contendo hidrocarbonetos aromáticos.

MERCÚRIO

Insalubridade de grau máximo

Fabricação e manipulação de compostos orgânicos de mercúrio.

SILICATOS

Insalubridade de grau máximo

Operações que desprendam poeira de silicatos em trabalhos permanentes no subsolo, em minas e túneis (operações de corte, furação, desmonte, carregamento e outras atividades exercidas no local do desmonte, e britagem no subsolo).

Operações de extração, trituração e moagem de talco.

Fabricação de material refratário, como refratários para forma chaminés e cadinhos; recuperação de resíduos.

SUBSTÂNCIAS CANCERÍGENAS[6]

Para as substâncias ou processos a seguir relacionados, não deve ser permitida nenhuma exposição ou contato, por qualquer via:

- 4-amino difenil (p-xenilamina);
- Produção de benzidina;
- Beta-naftilamina;
- 4-nitrodifenil;

Entende-se por nenhuma exposição ou contato, hermetizar o processo ou operação, através dos melhores métodos praticáveis de engenharia, sendo que o trabalhador deve ser protegido adequadamente de modo a não permitir nenhum contato com o carcinogênico.

Sempre que os processos ou operações não forem hermetizados, será considerada como situação de risco grave e iminente para o trabalhador.

Para o Benzeno, deve ser observado o disposto no Anexo 13-A.

ANEXO 13-A[7]

Benzeno

1. O presente Anexo tem como objetivo regulamentar ações, atribuições e procedimentos de prevenção da exposição ocupacional ao benzeno, visando à proteção da saúde do trabalhador, visto tratar-se de um produto comprovadamente cancerígeno.

2. O presente Anexo se aplica a todas as empresas que produzem, transportam, armazenam, utilizam ou manipulam benzeno e suas misturas líquidas contendo 1% (hum por cento) ou mais de volume e aquelas por elas contratadas, no que couber.

2.1 O presente Anexo não se aplica às atividades de armazenamento, transporte, distribuição, venda e uso de combustíveis derivados de petróleo.

3. Fica proibido a utilização do benzeno, a partir de 1 de janeiro de 1997, para qualquer emprego, exceto nas indústrias e laboratórios que:

a) o produzem;

b) o utilizem em processos de síntese química;

c) o empreguem em combustíveis derivados de petróleo;

d) o empreguem em trabalhos de análise ou investigação realizados em laboratório, quando não for possível sua substituição;

e) (Revogado pela Portaria nº 203, de 28-1-2011).

3.1 (Revogado pela Portaria nº 203, de 28-1-2011).

3.2 As empresas que utilizam benzeno em atividades que não as identificadas nas alíneas do item 3, e que apresentem inviabilidade técnica ou econômica de sua substituição deverão comprová-la quando da elaboração do Programa de Prevenção da Exposição Ocupacional ao Benzeno – PPEOB.

3.3 Subitem revogado pela Portaria nº 291, de 8-12-2011. DOU de 9-12-2011.

6. Redação dada pela Portaria nº 14, de 20-12-1995.
7. Anexo 13-A acrescentado pela Portaria nº 14, de 20-12-1995. Ainda sobre o Anexo 13-A, ver a Instrução Normativa nº 1, de 20-12-1995, que dispõe sobre a "Avaliação das Concentrações de Benzeno em Ambientes de Trabalho", e a Instrução Normativa nº 2, de 20-12-1995, que dispõe sobre a "Vigilância da Saúde dos Trabalhadores na Prevenção da Exposição Ocupacional ao Benzeno".

a) Alínea revogada pela Portaria nº 291, de 8-12-2011. DOU de 9-12-2011.

b) Alínea revogada pela Portaria nº 291, de 8-12-2011. DOU de 9-12-2011.

c) Alínea revogada pela Portaria nº 291, de 8-12-2011. DOU de 9-12-2011.

d) Alínea revogada pela Portaria nº 291, de 8-12-2011. DOU de 9-12-2011.

4. As empresas que produzem, transportam, armazenam, utilizam ou manipulam benzeno e suas misturas líquidas contendo 1% (um por cento) ou mais de volume devem cadastrar seus estabelecimentos no DSST.

Item 4 com redação dada pela Portaria nº 203, de 28-1-2011. *DOU* de 1º-2-2011.

4.1. Para o cadastramento previsto no item 4, a empresa deverá apresentar ao DSST as seguintes informações:

Subitem 4.1 com redação dada pela Portaria nº 203, de 28-1-2011. DOU de 1º-2-2011.

a) identificação da Empresa (nome, endereço, CGC, ramo de atividade e Classificação Nacional de Atividades Econômicas - CNAE);

b) número de trabalhadores por estabelecimento;

c) nome das empresas fornecedoras de benzeno, quando for o caso;

d) utilização a que se destina o benzeno;

e) quantidade média de processamento mensal.

f) Documento-base do PPEOB.

Alínea "f" acrescentada pela Portaria nº 203, de 28-1-2011. DOU de 1º-2-2011.

4.1.1 Somente serão cadastradas as instalações concluídas e aptas a operar.

Subitem 4.1.1 acrescentado pela Portaria nº 203, de 28-1-2011. DOU de 1º-2-2011.

4.1.2 Para o cadastramento de empresas e instituições que utilizam benzeno apenas em seus laboratórios, processos de análise ou pesquisa, quando não for possível a sua substituição, a solicitação deve ser acompanhada de declaração assinada pelos responsáveis legal e técnico da empresa ou instituição, com justificativa sobre a inviabilidade da substituição.

Subitem 4.1.2 com redação dada pela Portaria nº 291, de 8-12-2011. DOU de 9-12-2011.

4.1.2.1 O PPEOB do laboratório de empresas ou instituições enquadradas no subitem 4.1.2 deve ser mantido à disposição da fiscalização no local de trabalho, não sendo necessário o seu encaminhamento para o Departamento de Segurança e Saúde no Trabalho - DSST.

Subitem 4.1.2.1 com redação dada pela Portaria nº 291, de 8-12-2011. DOU de 9-12-2011.

4.2. A comprovação de cadastramento deverá ser apresentada quando da aquisição do benzeno junto ao fornecedor.

4.3. As fornecedoras de benzeno só poderão comercializar o produto para empresas cadastradas.

4.4 As empresas constantes deverão manter, por 10 (dez) anos, uma relação atualizada das empresas por elas contratadas que atuem nas áreas incluídas na caracterização prevista no PPEOB, contendo:

- identificação da contratada;
- período de contratação;
- atividade desenvolvida;
- número de trabalhadores.

4.5 O cadastramento da empresa ou instituição poderá ser suspenso em caso de infração à legislação do benzeno, de acordo com os procedimentos previstos em portaria específica.

Subitem 4.5 com redação dada pela Portaria nº 203, de 28-1-2011. DOU de 1º-2-2011.

4.6 As alterações de instalações que impliquem modificação na utilização a que se destina o benzeno e a quantidade média de processamento mensal devem ser informadas ao DSST, para fins de atualização dos dados de cadastramento da empresa.

Subitem 4.6 com redação dada pela Portaria nº 203, de 28-1-2011. DOU de 1º-2-2011.

5. As empresas que produzem, transportam, armazenam, utilizam ou manipulam benzeno em suas misturas líquidas contendo 1% (um por cento) ou mais do volume devem apresentar ao DSST o documento-base do PPEOB, juntamente com as informações previstas no subitem 4.1.

Item 5 com redação dada pela Portaria nº 203, de 28-1-2011. DOU de 1º-2-2011.

5.1 (Revogado pela Portaria nº 203, de 28-1-2011. DOU de 1º-2-2011).

5.2 O PPEOB elaborado pela empresa, deve representar o mais elevado grau de compromisso de sua diretoria com os princípios e diretrizes da prevenção da exposição dos trabalhadores ao benzeno devendo:

a) ser formalizado através de ato administrativo oficial do ocupante do cargo gerencial mais elevado;

b) ter indicação de um Responsável pelo Programa que responderá pelo mesmo junto aos Órgãos Públicos, às representações dos trabalhadores específicas para o benzeno e ao Sindicato profissional da categoria.

5.3 No PPEOB deverão estar relacionados os empregados responsáveis pela sua execução, com suas respectivas atribuições e competências.

5.4. O PPEOB, além do estabelecido na NR-01, deve conter: (Redação dada pela Portaria MTP 806/2022)

– caracterização das instalações contendo benzeno ou misturas que o contenham em concentração maior do que um por cento em volume;

– avaliação das concentrações de benzeno para verificação da exposição ocupacional e vigilância do ambiente de trabalho, segundo o Anexo IX (Avaliação das Concentrações de Benzeno em Ambientes de Trabalho) da Instrução Normativa - IN nº 2, de 8 de novembro de 2021;

– ações de vigilância à saúde dos trabalhadores próprios e de terceiros, segundo o Anexo X (Vigilância da Saúde dos Trabalhadores na Prevenção da Exposição Ocupacional ao Benzeno) da Instrução Normativa - IN nº 2, de 2021;

– descrição do cumprimento das determinações deste anexo e acordos coletivos referentes ao benzeno;

– procedimentos para o arquivamento dos resultados de avaliações ambientais previstas no Anexo IX (Avaliação das Concentrações de Benzeno em Ambientes de Trabalho) da Instrução Normativa - IN nº 02, de 2021, por quarenta anos;

– adequação da proteção respiratória ao disposto no Programa de Proteção Respiratória, em conformidade com o Capítulo II da Portaria MTP nº 672, de 8 de novembro de 2021;

– definição dos procedimentos operacionais de manutenção, atividades de apoio e medidas de organização do trabalho necessárias para a prevenção da exposição ocupacional ao benzeno. Nos procedimentos de manutenção deverão ser descritos os de caráter emergencial, rotineiros e preditivos, objetivando minimizar possíveis vazamentos ou emissões fugitivas;

– levantamento de todas as situações em que possam ocorrer concentrações elevadas de benzeno, com dados qualitativos e quantitativos que contribuam para a avaliação ocupacional dos trabalhadores;

– procedimentos para proteção coletiva e individual dos trabalhadores, do risco de exposição ao benzeno nas situações críticas verificadas no item anterior, através de medidas tais como: organização do trabalho, sinalização apropriada, isolamento de área, treinamento específico, ventilação apropriada, proteção respiratória adequada e proteção para evitar contato com a pele;

– descrição dos procedimentos usuais nas operações de drenagem, lavagem, purga de equipamentos, operação manual de válvulas, transferências, limpezas, controle de vazamentos, partidas e paradas de unidades que requeiram procedimentos rigorosos de controle de emanação de vapores e prevenção de contato direto do trabalhador com o benzeno;

– descrição dos procedimentos e recursos necessários para o controle da situação de emergência, até o retorno à normalidade;

– cronograma detalhado das mudanças que deverão ser realizadas na empresa para a prevenção da exposição ocupacional ao benzeno e a adequação ao Valor de Referência Tecnológico;

– exigências contratuais pertinentes, que visem adequar as atividades de empresas contratadas à observância do Programa de contratante; e - procedimentos específicos de proteção para o trabalho do menor de dezoito anos, mulheres grávidas ou em período de amamentação.

6. Valor de Referência Tecnológico – VRT se refere à concentração de benzeno no ar considerada exequível do ponto de vista técnico, definido em processo de negociação tripartite. O VRT deve ser considerado como referência para os programas de melhoria contínua das condições dos ambientes de trabalho. O cumprimento do VRT é obrigatório e não exclui risco à saúde.

6.1 O princípio da melhoria contínua parte do reconhecimento de que o benzeno é uma substância comprovadamente carcinogênica, para a qual não existe limite seguro de exposição. Todos os esforços devem ser dispendidos continuamente no sentido de buscar a tecnologia mais adequada para evitar a exposição do trabalhador ao benzeno.

6.2. Para fins de aplicação do contido neste Anexo, é definida uma categoria de VRT: a VRT-MPT, que corresponde à concentração média de benzeno no ar ponderada pelo tempo, para uma jornada de trabalho de oito horas, obtida na zona de respiração dos trabalhadores, individualmente ou de Grupos Homogêneos de Exposição - GHE, conforme definido no Anexo IX (Avaliação das Concentrações de Benzeno em Ambientes de Trabalho) da Instrução Normativa - IN nº 2, de 2021. (Redação dada pela Portaria MTP 806/2022)

6.2.1 Os valores Limites de Concentração - LC a serem utilizados no Anexo IX (Avaliação das Concentrações de Benzeno em Ambientes de Trabalho) da Instrução Normativa - IN nº 2, de 2021, para o cálculo do Índice de Julgamento “I”, são os VRT-MPT estabelecidos a seguir. (Redação dada pela Portaria MTP 806/2022)

7. Os valores estabelecidos para os VRT-MPT são:

– 1,0 (um) ppm para as empresas abrangidas por este Anexo (com exceção das empresas siderúrgicas, as produtoras de álcool anidro e aquelas que deverão substituir o benzeno a partir de 1-1-97).

– 2,5 (dois e meio) ppm para as empresas siderúrgicas.

7.1 O Fator de Conversão da concentração de benzeno de ppm para mg/m3 é: 1ppm = 3,19 mg/m3 nas condições de 25ºC, 101 kPa ou 1 atm.

7.2 Os prazos de adequação das empresas aos referidos VRT-MPT serão acordados entre as representações de trabalhadores, empregadores e de governo.

7.3 Situações consideradas de maior risco ou atípicas devem ser obrigatoriamente avaliadas segundo critérios de julgamento profissional que devem estar especificados no relatório da avaliação.

7.4. As avaliações ambientais deverão seguir o disposto no Anexo IX (Avaliação das Concentrações de Benzeno em Ambientes de Trabalho) da Instrução Normativa - IN nº 2, de 2021. (Redação dada pela Portaria MTP 806/2022)

8. Entende-se como Vigilância da Saúde o conjunto de ações e procedimentos que visam a detecção, o mais precocemente possível, de efeitos nocivos induzidos pelo benzeno à saúde dos trabalhadores.

8.1. Estas ações e procedimentos deverão seguir o disposto no Anexo X (Vigilância da Saúde dos Trabalhadores na Prevenção da Exposição Ocupacional ao Benzeno) da Instrução Normativa - IN nº 2, de 2021. (Redação dada pela Portaria MTP 806/2022)

9. As empresas abrangidas pelo presente Anexo, e aquelas por elas contratadas, quando couber, deverão garantir a constituição de representação específica dos trabalhadores para o benzeno objetivando acompanhar a elaboração, implantação e desenvolvimento do Programa de Prevenção da Exposição Ocupacional ao Benzeno.

9.1. A organização, constituição, atribuições e treinamento desta representação serão acordadas entre as representações dos trabalhadores e empregadores.

10. Os trabalhadores das empresas abrangidas pelo presente Anexo, e aquelas por elas contratadas, com risco de exposição ao benzeno, deverão participar de treinamento sobre os cuidados e as medidas de prevenção.

11. As áreas, recipientes, equipamentos e pontos com risco de exposição ao benzeno deverão ser sinalizadas com os dizeres – "PERIGO: PRESENÇA DE BENZENO – RISCO À SAÚDE" e o acesso a estas áreas deverá ser restringido a pessoas autorizadas.

12. A informação sobre os riscos do benzeno à saúde deve ser permanente, colocando-se à disposição dos trabalhadores uma "Ficha de Informações de Segurança sobre Benzeno", sempre atualizada.

13. Será de responsabilidade dos fornecedores de benzeno, assim como dos fabricantes e fornecedores de produtos contendo benzeno, a rotulagem adequada, destacando a ação cancerígena do produto, de maneira facilmente compreensível pelos trabalhadores e usuários, incluindo obrigatoriamente instrução de uso, riscos à saúde e doenças relacionadas, medidas de controle adequadas, em cores contrastantes, de forma legível e visível.

14. Quando da ocorrência de situações de Emergência, situação anormal que pode resultar em uma imprevista liberação de benzeno que possa exceder o VRT-MPT, devem ser adotados os seguintes procedimentos:

a) após a ocorrência de emergência, deve-se assegurar que a área envolvida tenha retornado à condição anterior através de monitorizações sistemáticas. O tipo de monitorização deverá ser avaliado dependendo da situação envolvida;

b) caso haja dúvidas das condições das áreas deve-se realizar uma bateria padronizada de avaliação ambiental nos locais e dos grupos homogêneos de exposição envolvidos nestas áreas;

c) o registro da emergência deve ser feito segundo o roteiro que se segue: — descrição da emergência — descrever as condições em que a emergência ocorreu indicando:

- atividade;
- local, data e hora da emergência;
- causas da emergência;
- planejamento feito para o retorno à situação normal;
- medidas para evitar reincidências;
- providências tomadas a respeito dos trabalhadores expostos.

15. Os dispositivos estabelecidos nos itens anteriores, decorrido o prazo para sua aplicação, são de autuação imediata, dispensando prévia notificação, enquadrando-se na categoria "I-4", prevista na NR 28.

OPERAÇÕES DIVERSAS

Insalubridade de grau máximo

Operações com cádmio e seus compostos: extração, tratamento, preparação de ligas, fabricação e emprego de seus compostos, solda com cádmio, utilização em fotografia com luz ultravioleta, em fabricação de vidros, como antioxidante, em revestimentos metálicos, e outros produtos.

Operações com as seguintes substâncias:

- Éter bis (cloro-metílico)
- Benzopireno
- Berílio
- Cloreto de dimetil-carbamila
- 3,3' - dicloro-benzidina
- Dióxido de vinil ciclohexano
- Epicloridrina
- Hexametilfosforamida
- 4,4' - metileno bis (2-cloro analina)
- 4,4' - metileno dianilina
- Nitrosaminas
- Propano sultone
- Beta-propiolactona
- Tálio.

Produção de trióxido de Amônio Ustulação de Sulfeto de Níquel.

Insalubridade de grau médio

Aplicação a pistola de tintas de alumínio.

Fabricação de pós de alumínio (trituração e moagem).

Fabricação de emetina e pulverização de ipeca.

Fabricação e manipulação de ácido oxálico, nítrico e sulfúrico, bromídrico, fosfórico, pícrico.

Metalização a pistola.

Operações com o timbó.

Operações com bagaço de cana nas fases de grande exposição a poeira.

Operações de galvanoplastia: douração, prateação, niquelagem, cromagem, zincagem, cobreagem, anodização de alumínio.

Telegrafia e radiotelegrafia, manipulação em aparelhos do tipo Morse e recepção de sinais em fones.

Trabalhos com escórias de Thomás: remoção, trituração, moagem e acondicionamento.

Trabalho de retirada, raspagem a seco e queima de pinturas.

Trabalhos na extração de sal (salinas).

Fabricação e manuseio de álcalis cáusticos.

Insalubridade de grau mínimo

Fabricação e transporte de cal e cimento nas fases de grande exposição a poeiras.

Trabalhos de carregamento, descarregamento ou remoção de enxofre ou sulfitos em geral, em sacos ou granel.

AGENTES BIOLÓGICOS

Revogado pela Portaria nº 12, de 12-11-1979. DOU de 23-11-1979.

ANEXO Nº 14 – AGENTES BIOLÓGICOS[8]

Relação das atividades que envolvem agentes biológicos, cuja insalubridade é caracterizada pela avaliação qualitativa.

Insalubridade de grau máximo

Trabalhos ou operações, em contato permanente, com:

- pacientes em isolamento por doenças infectocontagiosas, bem como objetos de seu uso, não previamente esterilizados;

- carnes, glândulas, vísceras, sangue, ossos, couros, pelos e dejeções de animais portadores de doenças infectocontagiosas (carbunculose, brucelose, tuberculose);

- esgotos (galerias e tanques); e

- lixo urbano (coleta e industrialização).

Insalubridade de grau médio

Trabalhos e operações em contato permanente com pacientes, animais ou com material infecto contagiante, em:

- hospitais, serviços de emergência, enfermarias, ambulatórios, postos de vacinação e outros estabelecimentos destinados aos cuidados da saúde humana (aplica-se unicamente ao pessoal que tenha contato com os pacientes, bem como aos que manuseiam objetos de uso desses pacientes, não previamente esterilizados);

- hospitais, ambulatórios, postos de vacinação e outros estabelecimentos destinados ao atendimento e tratamento de animais (aplica-se apenas ao pessoal que tenha contato com tais animais);

- contato em laboratórios, com animais destinados ao preparo de soro, vacinas e outros produtos;

- laboratórios de análise clínica e histopatologia (aplica-se tão só ao pessoal técnico);

- gabinetes de autópsias, de anatomia e histoanatomopatologia (aplica-se somente ao pessoal técnico);

- cemitérios (exumação de corpos);

- estábulos e cavalariças; e

- resíduos de animais deteriorados.

8. Anexo 14 acrescentado pela Portaria nº 12, de 12-11-1979. O parágrafo único do art. 1º da mesma dispõe: "Contato permanente com pacientes, animais ou material infectocontagiante é o trabalho resultante da prestação de serviço contínuo e obrigatório, decorrente de exigência firmada no próprio contrato de trabalho, com exposição permanente aos agentes insalubres."

GRAUS DE INSALUBRIDADE

Anexo	Atividade ou operações que exponham o trabalhador a	Percentual
1	Níveis de ruído contínuo ou intermitente superiores aos limites de tolerância fixados no Quadro constante do Anexo nº 1 e no item 6 do mesmo Anexo.	20%
2	Níveis de ruído de impacto superiores aos limites de tolerância fixados nos itens 2 e 3 do Anexo nº 2.	20%
3	Exposição ao calor com valores de I.B.U.T.G. superiores aos limites de tolerância fixados nos Quadros nos 1 e 2.	20%
4	Revogado pela Portaria nº 3.751, de 23-11-1990.	
5	Níveis de radiações ionizantes com radioatividade superior aos limites de tolerância fixados neste Anexo.	40%
6	Trabalho sob condições hiperbáricas.	40%

Anexo	Atividade ou operações que exponham o trabalhador a	Percentual
7	Radiações não ionizantes consideradas insalubres em decorrência de inspeção realizada no local de trabalho.	20%
8	Vibrações consideradas insalubres em decorrência de inspeção realizada no local de trabalho.	20%
9	Frio considerado insalubre em decorrência de inspeção realizada no local de trabalho.	20%
10	Umidade considerada insalubre em decorrência de inspeção realizada no local de trabalho.	20%
11	Agentes químicos cujas concentrações sejam superiores aos limites de tolerância fixados no Quadro nº I.	10%, 20% e 40%
12	Poeiras minerais cujas concentrações sejam superiores aos limites de tolerância fixados neste Anexo.	40%
13	Atividades ou operações, envolvendo agentes químicos, consideradas insalubridades em decorrência de inspeção realizada no local de trabalho.	10%, 20% e 40%
14	Agentes biológicos.	20% e 40%

2. NORMA 3.01 DA CNEN

DIRETRIZES BÁSICAS DE PROTEÇÃO RADIOLÓGICA

1. OBJETIVO E CAMPO DE APLICAÇÃO

1.1 OBJETIVO

O objetivo desta Norma é estabelecer os requisitos básicos de proteção radiológica das pessoas em relação à exposição à radiação ionizante.

1.2 CAMPO DE APLICAÇÃO

1.2.1 Esta Norma se aplica as práticas, incluindo todas as fontes associadas a essas práticas, bem como a intervenções.

1.2.2 As práticas para as quais esta Norma se aplica incluem:

a) o manuseio, a produção, a posse e a utilização de fontes, bem como o transporte, o armazenamento e a deposição de materiais radioativos, abrangendo todas as atividades relacionadas que envolvam ou possam envolver exposição à radiação;

b) aquelas que envolvam exposição a fontes naturais cujo controle seja considerado necessário pela CNEN.

1.2.3 Os requisitos desta Norma se aplicam às exposições ocupacionais, exposições médicas e exposições do público, em situações de exposições normais ou exposições potenciais.

1.2.4 As situações de intervenção às quais esta Norma se aplica são:

a) aquelas decorrentes de situações de emergência, que requeiram uma ação protetora para reduzir ou evitar as exposições à radiação;

b) aquelas decorrentes de situações de exposições crônicas que requeiram uma ação remediadora para reduzi-las ou evitá-las;

c) aquelas decorrentes de exposições a resíduos oriundos de atividades não submetidas ao sistema regulatório da CNEN.

1.2.5 Exclusão

a) Estão excluídas do escopo desta Norma quaisquer exposições cuja intensidade ou probabilidade de ocorrência não sejam suscetíveis ao controle regulatório, a critério da CNEN, ou aqueles casos que a CNEN vier a considerar que estas diretrizes não se aplicam.

b) As práticas de radiodiagnóstico médico e odontológico são regulamentadas por Portaria do Ministério da Saúde.

(alterado pela Resolução CNEN/CD 48/2005, DOU em 14/11/2005)

2. GENERALIDADES

2.1 INTERPRETAÇÕES

2.1.1 A CNEN pode, por meio de Resolução, acrescentar, revogar ou modificar requisitos desta Norma, conforme considerar apropriado ou necessário.

2.1.2 Quaisquer dúvidas de interpretação que possam surgir em relação às disposições desta Norma serão esclarecidas pela Diretoria de Radioproteção e Segurança Nuclear da CNEN.

2.2 DOCUMENTOS COMPLEMENTARES

Constituem documentos complementares a esta Norma, as seguintes Posições Regulatórias:

a) PR-3.01/001: Critérios de Exclusão, Isenção e Dispensa de Requisitos de Proteção Radiológica;

b) PR-3.01/002: Fatores de Ponderação para as Grandezas de Proteção Radiológica;

c) PR-3.01/003: Coeficientes de Dose para Indivíduos Ocupacionalmente Expostos;

d) PR-3.01/004: Restrição de Dose, Níveis de Referência Ocupacionais e Classificação de Áreas;

e) PR-3.01/005: Critérios para o Cálculo de Dose Efetiva a partir da Monitoração Individual;

f) PR-3.01/006: Medidas de Proteção e Critérios de Intervenção em Situações de Emergência;

g) PR-3.01/007: Níveis de Intervenção e de Ação para Exposição Crônica;

h) PR-3.01/008: Programa de Monitoração Radiológica Ambiental;

i) PR-3.01/009: Modelo para a Elaboração de Relatórios de Programas de Monitoração Radiológica Ambiental;

j) PR-3.01/0010: Níveis de Dose para Notificação à CNEN; e

(alterado pela Resolução CNEN/CD 48/2005, DOU em 14/11/2005)

l) PR-3.01/0011: Coeficientes de Dose para Exposição do Público.

(alterado pela Portaria CNEN 07/2006, DOU em 18/01/2006)

3. DEFINIÇÕES E SIGLAS

Para os fins desta Norma, são adotadas as seguintes definições e siglas:

1. ***Ação protetora*** – ação tomada durante uma *intervenção*, com o objetivo de reduzir ou evitar *doses* que poderiam ser recebidas em situações de *exposição* de emergência ou de *exposição crônica.*

2. ***Ação remediadora*** – ação tomada durante uma *intervenção* em campos de *radiação* existentes, com o objetivo de reduzir *doses.*

3. ***Acidente*** – qualquer evento não intencional, incluindo erros de operação e falhas de equipamento, cujas conseqüências reais ou potenciais são relevantes sob o ponto de vista de *proteção radiológica.*

4. ***Área controlada*** – área sujeita a regras especiais de proteção e segurança, com a finalidade de controlar as *exposições normais*, prevenir a disseminação de contaminação radioativa e prevenir ou limitar a amplitude das *exposições potenciais.*

5. ***Área livre*** – qualquer área que não seja classificada como *área controlada* ou *área supervisionada.*

6. ***Área supervisionada*** – área para a qual as condições de *exposição ocupacional* são mantidas sob supervisão, mesmo que medidas de proteção e segurança específicas não sejam normalmente necessárias.

7. ***Atividade*** (de uma quantidade de radionuclídeo em um determinado estado de energia em um instante de tempo) - grandeza definida por A=dN/dt, onde dN é o valor esperado do número de transições nucleares espontâneas daquele estado de energia no intervalo de tempo dt. A unidade no sistema internacional é o recíproco do segundo (s-1), denominada becquerel (Bq).

8. ***CNEN*** - Comissão Nacional de Energia Nuclear.

9. ***Controle da Qualidade*** - ações da garantia da qualidade que proporcionam meios para medir e controlar as características de uma estrutura, sistema, componente, processo ou *instalação*, de acordo com os requisitos estabelecidos.

10. ***Controle Institucional*** - controle mantido em repositório ou área descomissionada, com o objetivo de limitar a *dose* para a população, envolvendo a manutenção de registros, a delimitação de áreas, as restrições quanto ao uso da terra, o programa de *monitoração* radiológica ambiental, as inspeções periódicas e ações corretivas que se fizerem necessárias.

11. ***Descomissionamento*** - ações técnicas e administrativas tomadas para encerrar o controle regulatório da *instalação*.

12. ***Detrimento*** - dano total esperado, devido a *efeito estocástico*, em um grupo de indivíduos e seus descendentes, como resultado da *exposição* deste grupo à *radiação ionizante*. É determinado pela combinação das probabilidades condicionais de indução de câncer letal, câncer não letal, danos hereditários e redução da expectativa de vida.

13. ***Dispensa*** - retirada do controle regulatório de materiais ou objetos radioativos associados a uma *prática* autorizada.

14. ***Dose*** - *dose absorvida, dose efetiva, dose equivalente* ou *dose comprometida*, dependendo do contexto.

15. ***Dose absorvida*** - D - grandeza dosimétrica fundamental expressa por D = dε / dm, onde dε é a energia média depositada pela *radiação* em um volume elementar de matéria de massa dm. A unidade no sistema internacional é o joule por quilograma (J/kg), denominada gray (Gy).

16. ***Dose absorvida comprometida*** - D(τ) - grandeza expressa por $D(\tau)=\int_{t_0}^{t_0+\tau}\dot{D}(t)dt$,

onde

to é o instante em que ocorre a incorporação, *D(t)* é a taxa de *dose absorvida* em um tempo t, e τ é o tempo transcorrido após a incorporação das substâncias radioativas. Quando não especificado de outra forma, τ tem o valor de 50 anos para adultos e até a idade de 70 anos para a incorporação por crianças.

17. ***Dose coletiva*** - expressão da *dose efetiva* total recebida por uma população ou um grupo de pessoas, definida como o produto do número de indivíduos expostos a uma *fonte* de *radiação ionizante*, pelo valor médio da distribuição de *dose efetiva* desses indivíduos. A *dose coletiva* é expressa em pessoa-sievert (pessoa.Sv).

18. ***Dose comprometida*** - *dose absorvida comprometida, dose equivalente comprometida* ou *dose efetiva comprometida*, dependendo do contexto.

19. ***Dose efetiva*** - E - é a soma das doses equivalentes ponderadas nos diversos órgãos e tecidos, $E=\sum_T w_T.H_T$

é a dose equivalente no tecido ou órgão e *wT* é o *fator de ponderação de órgão ou tecido*. A unidade no sistema internacional é o joule por quilograma (J/kg), denominada sievert (Sv).

20. ***Dose efetiva comprometida*** – E(τ) – grandeza expressa por $E(\tau)=\sum_T w_T H_T(\tau)$,

onde *HT*

(τ) é a *dose equivalente comprometida* no tecido T no período de integração τ e *wT* é o *fator de ponderação de órgão ou tecido.* Quando não especificado de outra forma, τ tem o valor de 50 anos para adultos e até a idade de 70 anos para a incorporação por crianças.

21. ***Dose equivalente*** – HT – grandeza expressa por HT = DTwR, onde DT é *dose absorvida* média no órgão ou tecido e wR é o *fator de ponderação da radiação.* A unidade no sistema internacional é o joule por quilograma (J/kg), denominada sievert (Sv).

22. ***Dose equivalente comprometida*** – HT(τ) – grandeza expressa por *H* (τ) = $H_T(\tau)=\int_{t_0}^{t_0+\tau}\dot{H}_T(t)dt$, onde t_o é o instante

em que ocorre a incorporação, *HT* (*t*) é a taxa de *dose equivalente* no órgão ou tecido no tempo t e τ é o período de tempo transcorrido após a incorporação das substâncias radioativas. Quando não especificado de outra forma, τ tem o valor de 50 anos para adultos e até a idade de 70 anos para a incorporação por crianças.

23. ***Dose evitável*** – *dose* que pode ser evitada por uma ou mais *ações protetoras.*

24. ***Efeitos determinísticos*** – efeitos para os quais existe um limiar de *dose absorvida* necessário para sua ocorrência e cuja gravidade aumenta com o aumento da *dose.*

25. ***Efeitos estocásticos*** – efeitos para os quais não existe um limiar de *dose* para sua ocorrência e cuja probabilidade de ocorrência é uma função da *dose.* A gravidade desses efeitos é independente da *dose.*

26. ***Efetividade biológica relativa*** – medida relativa da efetividade de diferentes tipos e energias de *radiação* em induzir um determinado efeito à saúde. É definida como a razão inversa das *doses absorvidas* de dois diferentes tipos e energias de *radiação* que produziriam o mesmo grau de um efeito biológico definido.

27. ***Empregador*** – pessoa física ou jurídica com responsabilidades e deveres reconhecidos com relação a seu empregado, estagiário, bolsista ou estudante, no seu trabalho ou treinamento, devido a um contrato ou outro acordo formal. Um autônomo é considerado *empregador* e empregado.

28. ***Exclusão*** – inaplicabilidade de controle regulatório para *exposições* cuja intensidade ou probabilidade de ocorrência não sejam suscetíveis a tal controle, a critério da *CNEN.*

29. ***Exposição*** – ato ou condição de estar submetido à *radiação ionizante.*

30. ***Exposição* acidental** – *exposição* involuntária decorrente de situações de *acidente,* terrorismo ou sabotagem.

31. ***Exposição crônica*** – *exposição* que persiste ao longo do tempo.

32. ***Exposição do público*** – *exposição* de *indivíduos do público* a *fontes* e *práticas* autorizadas ou em situações de *intervenção.* Não inclui *exposição ocupacional, exposição médica* e *exposição natural* local.

35. ***Exposição médica*** – *exposição* a que são submetidos:

a) pacientes, para fins de diagnóstico ou terapia;

b) indivíduos expostos, fora do contexto ocupacional, que voluntária e eventualmente assistem pacientes durante o procedimento radiológico de terapia ou diagnóstico;

c) indivíduos voluntários em programas de pesquisa médica ou biomédica.

34. ***Exposição natural*** - *exposição* resultante da *radiação* natural local.

35. ***Exposição normal*** - *exposição* esperada em decorrência de uma *prática* autorizada, em condições normais de operação de uma *fonte* ou de uma *instalação*, incluindo os casos de pequenos imprevistos que possam ser mantidos sob controle.

36. ***Exposição ocupacional*** - *exposição normal* ou *potencial* de um indivíduo em decorrência de seu trabalho ou treinamento em *práticas* autorizadas ou *intervenções*, excluindo-se a *radiação natural* do local.

37. ***Exposição potencial*** - *exposição* cuja ocorrência não pode ser prevista com certeza, mas que pode resultar de um *acidente* envolvendo diretamente uma *fonte* de *radiação* ou em conseqüência de um evento ou de uma série de eventos de natureza probabilística.

38. ***Fator de ponderação de órgão ou tecido (wT)*** - multiplicador da *dose equivalente* em um órgão ou tecido, usado para fins de *radioproteção*, de forma a considerar a diferença de sensibilidade dos diferentes órgãos ou tecidos na indução de *efeitos estocásticos* da *radiação.*

39. ***Fator de ponderação da radiação (wR)*** - número pelo qual a *dose absorvida* no órgão ou tecido é multiplicada, de forma a refletir a *efetividade biológica relativa* da *radiação* na indução de *efeitos estocásticos* a baixas *doses*, resultando na *dose equivalente.*

40. ***Fonte*** - equipamento ou material que emite ou é capaz de emitir *radiação ionizante* ou de liberar substâncias ou materiais radioativos.

41. ***Fontes Naturais*** - *fontes* de *radiação* que ocorrem naturalmente, incluindo *radiação* cósmica e terrestre.

42. ***Grupo crítico*** - grupo de *indivíduos do público*, razoavelmente homogêneo em relação a uma determinada *fonte* ou via de *exposição*, que seja típico dos indivíduos recebendo as maiores *doses efetivas* ou *doses equivalentes* devidas àquela *fonte* ou via de *exposição*, conforme o caso.

43. ***Indivíduo do público*** - qualquer membro da população quando não submetido à *exposição ocupacional* ou *exposição médica.*

44. ***Instalação*** - estabelecimento ou parte de um estabelecimento ou local destinado à realização de uma *prática.* A *instalação* pode ser classificada como *instalação nuclear* ou *instalação radiativa.*

45. ***Instalação Nuclear*** - *instalação* na qual *material nuclear* é produzido, processado, reprocessado, utilizado, manuseado ou estocado em quantidades relevantes, a juízo da *CNEN.* Estão, desde logo, compreendidos nesta definição:

a) reator nuclear;

b) usina que utilize combustível nuclear para produção de energia térmica ou elétrica para fins industriais;

c) fábrica ou usina para a produção ou tratamento de *materiais nucleares*;

d) usina de reprocessamento de combustível nuclear irradiado; e

e) depósito de *materiais* nucleares, não incluindo local de armazenamento temporário usado durante transportes.

46. ***Instalação radiativa*** - estabelecimento ou *instalação* onde se produzem, utilizam, transportam ou armazenam *fontes* de *radiação.* Excetuam-se desta definição:

a) as *instalações nucleares;*

b) os veículos transportadores de *fontes* de *radiação*, quando estas não são partes integrantes dos mesmos.

47. ***Intervenção*** - toda ação adotada com o objetivo de reduzir ou evitar a *exposição* ou a probabilidade de *exposição* a *fontes* que não façam parte de uma *prática* controlada,

ou que estejam fora de controle em conseqüência de um *acidente*, terrorismo ou sabotagem.

48. ***IOE*** – (Indivíduo Ocupacionalmente Exposto) – indivíduo sujeito à *exposição ocupacional.*

49. ***Isenção*** – ato regulatório que isenta uma *prática* ou uma *fonte* associada a uma *prática* de posterior controle regulatório, sob o ponto de vista de *proteção radiológica*.

50. ***Material nuclear*** – os elementos nucleares ou seus subprodutos, definidos na Lei 4118/62.

51. ***Monitoração*** – medição de grandezas e parâmetros para fins de controle ou de avaliação da *exposição* à *radiação*, incluindo a interpretação dos resultados.

52. ***Níveis de ação*** – valores de taxa de *dose* ou de concentração de *atividade*, estabelecidos com base em modelo de exposição realista da situação, acima dos quais devem ser adotadas *ações protetoras* ou *remediadoras* em *situações de emergência* ou de *exposição crônica*, de modo que sua adoção implique em certeza da observância dos *níveis de intervenção* correspondentes.

53. ***Nível de intervenção*** – nível de *dose evitável*, que leva à implementação de uma *ação remediadora* ou *protetora* específica, em uma situação de *emergência* ou de *exposição crônica.*

54. ***Nível de investigação*** – *nível de referência* que, quando atingido ou excedido, torna necessária a avaliação das causas e conseqüências dos fatos que levaram à detecção deste nível, bem como a proposição de ações corretivas necessárias.

55. ***Níveis operacionais*** – níveis de *dose*, ou grandeza a ela relacionada, estabelecidos pelo *titular*, baseados nos *níveis de referência* e na aplicação de processos de otimização.

56. ***Níveis de referência*** – níveis de *dose*, ou grandeza a ela relacionada, estabelecidos ou aprovados pela *CNEN*, com a finalidade de determinar ações a serem desenvolvidas quando esses níveis forem alcançados ou previstos de serem excedidos. Esses níveis incluem os *níveis de registro*, *níveis de investigação*, *níveis de ação* e *níveis de intervenção*.

57. ***Níveis de referência de diagnóstico*** – valores de uma grandeza específica na *prática* de diagnóstico, para exames típicos em grupos de pacientes adultos, estabelecidos com base em boas práticas médicas e de *proteção radiológica*.

58. ***Nível de registro*** – valor de *dose*, ou grandeza a ela relacionada, obtido em um programa de *monitoração*, cuja magnitude seja relevante para justificar o seu registro.

59. ***Prática*** – toda atividade humana que introduz *fontes* de *exposição* ou vias de *exposição* adicionais ou estende a *exposição* a mais pessoas, ou modifica o conjunto de vias de *exposição* devida a *fontes* existentes, de forma a aumentar a probabilidade de *exposição* de pessoas ou o número de pessoas expostas.

60. ***Proteção radiológica*** *ou* ***Radioproteção*** – conjunto de medidas que visam a proteger o ser humano e seus descendentes contra possíveis efeitos indesejados causados pela *radiação ionizante*.

61. ***Radiação ionizante*** ou ***Radiação*** – qualquer partícula ou *radiação* eletromagnética que, ao interagir com a matéria, ioniza seus átomos ou moléculas.

62. ***Restrição de dose*** – valor inferior ao limite de *dose* estabelecido pela *CNEN* como uma restrição prospectiva nas *doses* individuais relacionadas a uma determinada *fonte* de *radiação ionizante*, utilizado como limite superior no processo de otimização relativo a essa *fonte*.

63. ***Serviço de proteção radiológica*** - estrutura constituída especificamente com vistas à execução e manutenção do plano de *proteção radiológica* de uma *instalação*. Esta denominação não tem caráter obrigatório.

64. ***Símbolo internacional da radiação ionizante*** - símbolo utilizado internacionalmente para indicar a presença de *radiação ionizante*:

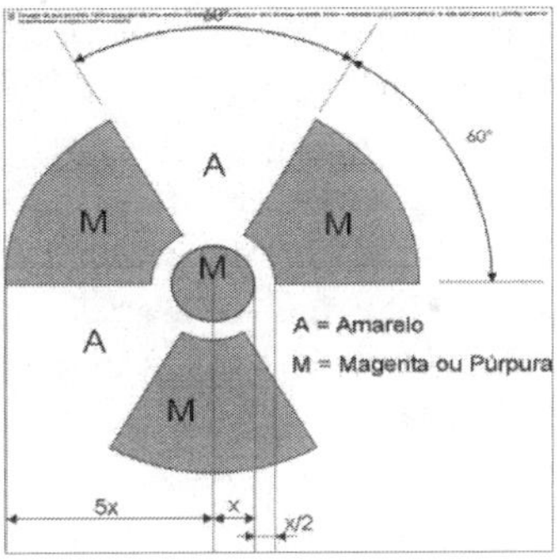

65. ***Situação de Emergência*** - situação envolvendo exposição temporária de pessoas, em decorrência de *acidente*, terrorismo ou sabotagem, que implique em *intervenção*.

66. ***Supervisor de proteção radiológica ou supervisor de radioproteção*** - indivíduo com habilitação de qualificação emitida pela *CNEN*, no âmbito de sua atuação, formalmente designado pelo *titular* da *instalação* para assumir a condução das tarefas relativas às ações de *proteção radiológica* na *instalação* relacionada àquela *prática*.

67. ***Titular*** - responsável legal pela instituição, estabelecimento ou *instalação* para a qual foi outorgada, pela *CNEN*, uma licença, autorização ou qualquer outro ato administrativo de natureza semelhante.

4. RESPONSABILIDADES GERAIS EM PRÁTICAS E INTERVENÇÕES

4.1 Os responsáveis principais pela aplicação desta Norma são:

a) os *titulares*; e

b) os *empregadores*.

4.2 Os titulares podem delegar a outras partes ações e tarefas relacionadas a essas responsabilidades, porém continuam responsáveis por essas ações e tarefas.

4.3 São também responsáveis pela aplicação desta Norma quaisquer pessoas físicas ou jurídicas para as quais o *titular* ou *empregador* tenha formalmente delegado responsabilidades específicas.

4.4 As responsabilidades básicas dos *titulares* e *empregadores* são:

a) implantar, implementar e documentar um sistema de *proteção radiológica*, em consonância com a natureza e extensão dos riscos associados com as *práticas* e *intervenções* sob sua responsabilidade, em conformidade com esta Norma e demais normas aplicáveis, estabelecidas pela *CNEN*;

b) determinar as medidas e os recursos necessários para garantir o cumprimento das diretrizes de *proteção radiológica* desta Norma, assegurar que os recursos sejam fornecidos e que essas medidas sejam implementadas corretamente;

c) rever, continuamente, tais medidas e recursos, identificar quaisquer falhas e deficiências na sua aplicação, corrigi-las e evitar suas repetições, bem como verificar regularmente se os objetivos de *proteção radiológica* estão sendo alcançados;

d) estabelecer mecanismos para facilitar a troca de informação e cooperação entre todas as partes interessadas com relação à *proteção radiológica*, incluindo a segurança das *fontes*;

e) manter os registros apropriados relativos ao cumprimento de suas responsabilidades;

f) tomar as ações necessárias para assegurar que os *IOE* estejam cientes de que sua segurança é parte integrante de um programa de *proteção radiológica*, no qual os *IOE* possuem obrigações e responsabilidades tanto pela sua própria proteção como pela de terceiros.

4.5 No caso de falhas no cumprimento de qualquer requisito desta Norma, os *titulares* e *empregadores* são responsáveis pela:

a) investigação das causas e conseqüências;

b) adoção das medidas apropriadas para evitar a repetição de falhas semelhantes;

c) comunicação à *CNEN*, na forma e nos prazos por ela estabelecidos, as causas e as ações corretivas ou preventivas adotadas ou que devam ser adotadas. Esta comunicação deve ser em caráter de urgência, sempre que uma *situação de emergência* tenha se iniciado, esteja se desenvolvendo ou em vias de se desenvolver; e,

d) adoção de quaisquer outras ações especificadas pela *CNEN*.

4.6 Os *titulares* e os *empregadores* devem permitir aos inspetores da *CNEN* o acesso às suas *instalações* e registros, para fins de verificação do cumprimento dos requisitos desta Norma.

4.6.1 No caso de *exposições médicas*, o acesso, pelos inspetores da *CNEN*, aos registros não deve incluir a identificação individual dos pacientes, exceto com seu expresso consentimento.

5. REQUISITOS PARA PRÁTICAS

5.1 REQUISITO FUNDAMENTAL

Qualquer ação envolvendo *práticas*, ou *fontes* associadas a essas *práticas*, só pode ser realizada em conformidade com os requisitos aplicáveis desta Norma, a não ser que resulte em *exposição* excluída do controle regulatório da *CNEN*, ou que a *fonte* esteja isenta ou dispensada desse controle.

5.2 REQUISITOS GERAIS

5.2.1 Para a realização de uma *prática*, devem ser consideradas todas as ações e etapas envolvidas, desde a escolha do local até o *descomissionamento* ou até o fim do *controle institucional* da *instalação*, tendo como base critérios técnicos sólidos, os quais devem:

a) considerar as Normas pertinentes da *CNEN*, assim como outros códigos e Normas técnicas aceitos pela *CNEN*;

b) incluir margens de segurança suficientes, de forma a garantir um desempenho seguro durante a existência da *fonte*, atendendo, em especial, à prevenção de *acidentes* e à mitigação de suas conseqüências, tanto no presente como no futuro.

5.2.2 As *fontes* e *instalações* devem ser mantidas em condições de segurança tais que sejam prevenidos roubos, avarias e quaisquer ações de pessoas físicas ou jurídicas não autorizadas.

5.2.3 Deve-se aplicar às *fontes* e *instalações* um sistema de segurança e proteção, do tipo barreiras múltiplas, que esteja em consonância com a intensidade e a probabilidade das *exposições potenciais* envolvidas.

5.3 REQUISITOS ADMINISTRATIVOS

5.3.1 Toda pessoa física ou jurídica com a intenção de realizar qualquer ação relacionada a *práticas* ou *fontes* associadas a essas *práticas* deve submeter requerimento à *CNEN* para obtenção das licenças, autorizações ou quaisquer outros atos administrativos pertinentes, de acordo com normas aplicáveis da *CNEN*.

5.3.1.1 Pessoa física para a qual não seja exigido ato administrativo emitido pela *CNEN* deve estar devidamente habilitada ou ser supervisionada por profissional habilitado pela *CNEN*.

5.3.1.2 Em relação a produtos para consumo, são necessários requerimentos somente para fabricação, montagem, importação e distribuição.

5.3.2 Os *titulares* são os responsáveis por estabelecer e implementar as medidas técnicas e organizacionais necessárias para garantir a segurança das *fontes* sob sua responsabilidade e a *proteção radiológica* em *exposições ocupacionais, exposições médicas* e *exposições do público.*

5.3.3 As partes para as quais foram delegadas pelos *titulares* ações e tarefas relacionadas a esta Norma devem estar devidamente habilitadas pela *CNEN*, conforme atos adminstrativos ou normas específicas.

5.3.4 Os *titulares* devem manter uma estrutura de *proteção radiológica* dimensionada de acordo com o porte da *instalação*, conforme estabelecido pela *CNEN.*

5.3.4.1 Esta estrutura deve contar com, pelo menos, um indivíduo habilitado pela *CNEN* como *supervisor de proteção radiológica.*

5.3.5 Os *titulares* devem solicitar autorização à *CNEN* para introduzir modificações nas *práticas* ou nas *fontes* associadas a essas *práticas,* para as quais tenham sido autorizados, sempre que tais modificações possam ter implicações significativas na segurança das *fontes* ou na *proteção radiológica.* É vedada a execução dessas modificações antes que tenham sido autorizadas pela *CNEN.*

5.3.6 A *isenção* aos requisitos desta Norma será concedida sempre que as *práticas* e as *fontes* associadas a essas *práticas* se enquadrem em critérios de *isenção* estabelecidos pela *CNEN.*

5.3.7 As *fontes* radioativas, incluindo materiais e objetos contendo radionuclídeos, associadas às *práticas* poderão obter *dispensa* do controle regulatório sempre que se enquadrarem nos critérios de dispensa estabelecidos pela *CNEN.*

5.3.8 O *titular* deve submeter à aprovação da *CNEN* um Plano de *Proteção Radiológica,* contendo, no mínimo, as seguintes informações:

a) identificação da *instalação* e da sua estrutura organizacional, com uma definição clara das linhas de responsabilidade e respectivos responsáveis;

b) objetivo da *instalação* e descrição da *prática;*

c) função, classificação e descrição das áreas da *instalação;*

d) descrição da equipe, *instalações* e equipamentos que compõem a estrutura do *serviço de proteção radiológica;*

e) descrição das *fontes* de *radiação* e dos correspondentes sistemas de controle e segurança, com detalhamento das atividades envolvendo essas *fontes;*

f) demonstração da otimização da *proteção radiológica, ou de sua dispensa;*

g) função, qualificação e jornada de trabalho dos *IOE;*

h) estimativa das *doses* anuais para os *IOE* e *indivíduos do público*, em condições de *exposição normal;*

i) descrição dos programas e procedimentos relativos a *monitoração* individual,

monitoração de área, *monitoração* de efluentes e *monitoração* do meio ambiente;

j) descrição do sistema de gerência de rejeitos radioativos;

k) descrição do sistema de liberação de efluentes radioativos;

l) descrição do controle médico de *IOE*, incluindo planejamento médico em caso de *acidentes;*

m) programas de treinamento específicos para *IOE* e demais funcionários, eventualmente;

n) *níveis operacionais* e demais restrições adotados;

o) descrição dos tipos de *acidentes* previsíveis, incluindo o sistema de detecção dos mesmos, destacando os mais prováveis e os de maior porte;

p) planejamento de resposta em *situações de emergência*, até o completo restabelecimento da situação normal;

q) regulamento interno e instruções gerais a serem fornecidas por escrito aos *IOE* e demais trabalhadores, visando a execução segura de suas atividades; e

r) Programa de Garantia da Qualidade aplicável ao sistema de *proteção radiológica.*

5.3.9 Constituem-se responsabilidades do *supervisor de proteção radiológica*:

a) assessorar e informar a direção da *instalação* sobre todos os assuntos relativos à *proteção radiológica*;

b) zelar pelo cumprimento do plano de *proteção radiológica* aprovado pela *CNEN*;

c) planejar, coordenar, implementar e supervisionar as atividades do *serviço de proteção radiológica,* de modo a garantir o cumprimento dos requisitos básicos de *proteção radiológica*;

d) coordenar o treinamento, orientar e avaliar o desempenho dos *IOE,* sob o ponto de vista de *proteção radiológica.*

5.3.10 O substituto eventual do *supervisor de proteção radiológica* deve estar devidamente treinado ou habilitado, a critério da *CNEN,* para exercer a função de *supervisor de proteção radiológica* naquela *prática.*

5.4 REQUISITOS BÁSICOS DE PROTEÇÃO RADIOLÓGICA

5.4.1 Justificação

5.4.1.1 Nenhuma *prática* ou *fonte* associada a essa *prática* será aceita pela *CNEN,* a não ser que a *prática* produza benefícios, para os indivíduos expostos ou para a sociedade, suficientes para compensar o *detrimento* correspondente, tendo-se em conta fatores sociais e econômicos, assim como outros fatores pertinentes.

5.4.1.2 As *exposições médicas* de pacientes devem ser justificadas, ponderando-se os benefícios diagnósticos ou terapêuticos que elas venham a produzir em relação ao *detrimento* correspondente, levando-se em conta os riscos e benefícios de técnicas alternativas disponíveis, que não envolvam *exposiçao.*

5.4.1.3 Com exceção das *práticas* com *exposições médicas* justificadas, as seguintes *práticas* não são justificadas, sempre que, por adição deliberada de substâncias radioativas ou por ativação, resultem em aumento de *atividade* nas mercadorias ou produtos associados:

a) as *práticas* que envolvam alimentos, bebidas, cosméticos ou quaisquer outras mercadorias ou produtos destinados a ingestão, inalação, incorporação percutânea ou aplicação no ser humano;

b) as *práticas* que envolvam o uso frívolo de *radiação* ou substâncias radioativas em mercadorias ou produtos, estando incluídos, desde já, brinquedos e objetos de joalheria ou de adorno pessoal;

c) *exposições* de pessoas para fins de demonstração ou treinamento.

5.4.2 Limitação de *dose* individual

5.4.2.1 A *exposição normal* dos indivíduos deve ser restringida de tal modo que nem a *dose efetiva* nem a *dose equivalente* nos órgãos ou tecidos de interesse, causadas pela possível combinação de *exposições* originadas por *práticas* autorizadas, excedam o limite de *dose* especificado na tabela a seguir, salvo em circunstâncias especiais, autorizadas pela *CNEN.* Esses limites de *dose* não se aplicam às *exposições médicas.*

Limites de Dose Anuais [a]			
Grandeza	Órgão	Indivíduo ocupacionalmente exposto	Indivíduo do público
Dose efetiva	Corpo inteiro	20 mSv [b]	1 mSv [c]
Dose equivalente	Cristalino	20 mSv [b] (Alterado pela Resolução CNEN 114/2011)	15 mSv
	Pele [d]	500 mSv	50 mSv
	Mãos e pés	500 mSv	---

[a] Para fins de *controle administrativo* efetuado pela *CNEN*, o termo *dose* anual deve ser considerado como *dose* no ano calendário, isto é, no período decorrente de janeiro a dezembro de cada ano.

[b] Média aritmética em 5 anos consecutivos, desde que não exceda 50 mSv em qualquer ano.

(Alterado pela Resolução CNEN 114/2011)

[c] Em circunstâncias especiais, a *CNEN* poderá autorizar um valor de *dose efetiva* de até 5 mSv em um ano, desde que a *dose efetiva* média em um período de 5 anos consecutivos, não exceda a 1 mSv por ano.

[d] Valor médio em 1 cm2 de área, na região mais irradiada.

Os valores de *dose efetiva* se aplicam à soma das *doses efetivas*, causadas por *exposições* externas, com as *doses efetivas comprometidas* (integradas em 50 anos para adultos e até a idade de 70 anos para crianças), causadas por incorporações ocorridas no mesmo ano.

5.4.2.2 Para mulheres grávidas ocupacionalmente expostas, suas tarefas devem ser controladas de maneira que seja improvável que, a partir da notificação da gravidez, o feto receba *dose efetiva* superior a 1 mSv durante o resto do período de gestação.

5.4.2.3 Indivíduos com idade inferior a 18 anos não podem estar sujeitos a *exposições ocupacionais.*

5.4.2.4 Os limites *de dose* estabelecidos não se aplicam a *exposições médicas* de acompanhantes e voluntários que eventualmente assistem pacientes. As *doses* devem ser restritas de forma que seja improvável que algum desses acompanhantes ou voluntários receba mais de 5 mSv durante o período de exame diagnóstico ou tratamento do paciente. A *dose* para crianças em visita a pacientes em que foram administrados materiais radioativos deve ser restrita de forma que seja improvável exceder a 1 mSv.

5.4.3 Otimização

5.4.3.1 Em relação às exposições causadas por uma determinada fonte associada a uma prática, a proteção radiológica deve ser otimizada de forma que a magnitude das doses individuais, o número de pessoas expostas e a probabilidade de ocorrência de exposições mantenham-se tão baixas quanto possa ser razoavelmente exequível, tendo em conta os fatores econômicos e sociais. Nesse processo de otimização, deve ser observado que as doses nos indivíduos decorrentes de exposição à fonte devem estar sujeitas às restrições de dose relacionadas a essa fonte. No caso de exposições médicas de pacientes, a otimização médica da proteção radiológica deve ser entendida como a aplicação da dose de radiação necessária e suficiente para atingir os propósitos a que se destina.

(Alterado pela Resolução CNEN 164/2014)

5.4.3.2 Nas avaliações quantitativas de otimização, o valor do coeficiente monetário por unidade de *dose coletiva* não deve ser inferior, em moeda nacional corrente, ao valor equivalente a US$ 10000/pessoa.sievert.

5.4.3.3 A menos que a *CNEN* solicite especificamente, a demonstração de otimização de um sistema de *proteção radiológica* é dispensável quando o projeto do sistema assegura que, em condições normais de operação, se cumpram as 3 (três) seguintes condições:

a) a *dose efetiva* anual média para qualquer *IOE* não excede 1 mSv;

b) a *dose efetiva* anual média para *indivíduos do grupo crítico* não ultrapassa 10 μSv;

c) a *dose efetiva coletiva* anual não supera o valor de 1 pessoa.Sv.

5.4.3.4 Como condição limitante do processo de otimização da *proteção radiológica* em uma *instalação*, deve ser adotado um valor máximo de 0,3 mSv para a restrição da *dose efetiva* anual média para indivíduos do grupo crítico, referente à liberação de efluentes.

(alterado pela Portaria CNEN 07/2006, DOU em 18/01/2006)

5.4.3.5 Os efeitos cumulativos de cada liberação anual de qualquer efluente devem ser restringidos de forma que seja improvável que a *dose efetiva*, em qualquer ano, exceda o limite de *dose* aplicável. Devem-se levar em conta os indivíduos a qualquer distância da *fonte*, abrangendo as gerações atuais e futuras, as liberações acumuladas e as *exposições* decorrentes de todas as demais *fontes* e *práticas* pertinentes, submetidas a controle.

5.5 REQUISITOS DE GESTÃO

5.5.1 O *titular* deve fomentar e manter uma cultura de segurança para estimular e fortalecer atitudes e comportamentos que contribuam para aprimorar a segurança das *fontes* e a *proteção radiológica.*

5.5.2 O sistema de garantia da qualidade estabelecido e implementado pelo *titular* deve proporcionar, no que se refere à *proteção radiológica*:

a) garantia de que os requisitos especificados estão satisfeitos; e

b) mecanismos e procedimentos de *controle da qualidade*, para revisar e avaliar se as medidas de *proteção radiológica* adotadas são efetivas.

5.5.3 Devem ser tomadas medidas para reduzir, o quanto for exeqüível, a contribuição de erros humanos que levem a *acidentes* ou outros eventos que possam vir a originar *exposições* inadvertidas ou não intencionais em qualquer indivíduo.

5.6 VERIFICAÇÃO DE PROTEÇÃO RADIOLÓGICA

5.6.1 Devem ser realizadas análises relativas à *proteção radiológica* e à segurança das *fontes* associadas às *práticas* em todas as ações e estágios envolvidos, desde a escolha do local até o *descomissionamento* ou até o fim do *controle institucional*, a fim de:

a) identificar as situações em que possam ocorrer *exposições normais* e *potenciais*, levando em consideração os efeitos de eventos externos às *fontes*, que envolvam diretamente as *fontes* e/ou os equipamentos a elas associados; e

b) determinar a magnitude prevista das *exposições normais* e, quando razoável e exeqüível, estimar as probabilidades e os valores das *exposições potenciais*.

5.6.2 O *titular* é responsável pela *monitoração* radiológica e medição dos parâmetros necessários para verificar o cumprimento dos requisitos prescritos por esta Norma.

5.6.3 Para fins de *monitoração* e verificação do cumprimento dos requisitos de *proteção radiológica*, o *titular* deve dispor de procedimentos e instrumentação suficientes e adequados. A instrumentação deve ser corretamente mantida e, quando aplicável, testada e calibrada em intervalos apropriados, usando-se como referência padrões rastreáveis aos padrões nacionais ou internacionais.

5.6.4 O *titular* deve manter registros dos resultados das *monitorações* e da verificação do cumprimento dos requisitos pertinentes, incluindo os registros dos testes e calibrações, de acordo com o especificado no Plano de *Proteção Radiológica*.

5.7 EXPOSIÇÃO OCUPACIONAL

5.7.1 Os *titulares* e *empregadores* de *IOE* são responsáveis pela proteção desses indivíduos em atividades que envolvam *exposições ocupacionais*.

5.7.2 Os *titulares* e *empregadores* devem assegurar que os *IOE* ou indivíduos eventualmente expostos à *radiação* cuja origem não esteja diretamente relacionada ao seu trabalho, sejam tratados como os *indivíduos do público* e recebam o mesmo nível de proteção.

5.7.3 O *titular*, ao terceirizar serviços que envolvam ou possam envolver *exposição* de *IOE* a uma *fonte* sob sua responsabilidade, deve:

a) assegurar que o *empregador* esteja ciente de suas responsabilidades, em relação a esses *IOE*, conforme estabelecidas nesta Norma;

b) assegurar ao *empregador* desses *IOE*, ou responsável pelos mesmos, que a *instalação* atende aos requisitos de *proteção radiológica* desta Norma; e

c) prestar toda informação disponível, com relação à conformidade a esta Norma, que o *empregador* venha a requerer antes, durante ou após a contratação de tais serviços.

5.7.4 Os *titulares* devem como condição prévia ao trabalho dos *IOE* terceirizados, obter, dos *empregadores*, histórico de *exposição ocupacional* prévia e outras informações que possam ser necessárias para fornecer *proteção radiológica* adequada, em conformidade com esta Norma.

5.7.5 Os *IOE* devem:

a) seguir as regras e procedimentos aplicáveis à segurança e *proteção radiológica* especificados pelos *empregadores* e *titulares*, incluindo participação em treinamentos relativos à segurança e *proteção radiológica* que os capacite a conduzir seu trabalho de acordo com os requisitos desta Norma;

b) fornecer ao *empregador* ou ao *titular* quaisquer informações sobre seu trabalho, passado e atual, incluindo histórico de dose, que sejam pertinentes para assegurar tanto a sua *proteção radiológica* como a de terceiros;

c) fornecer ao *empregador* ou ao *titular* a informação de ter sido ou estar sendo submetido a tratamento médico ou diagnóstico que utilize *radiação ionizante*;

d) abster-se de quaisquer ações intencionais que possam colocá-los, ou a terceiros, em situações que contrariem os requisitos desta Norma.

5.7.6 Os *IOE* devem comunicar ao *empregador* ou ao *titular*, tão logo seja possível, qualquer circunstância que não esteja, ou possa vir a não estar, em conformidade com esta Norma.

5.7.7 Os *titulares* e *empregadores* devem registrar qualquer comunicado recebido de um *IOE* identificando qualquer circunstância que não esteja, ou possa vir a não estar, em conformidade com esta Norma, e tomar as ações requeridas.

5.7.8 Os *titulares* devem relatar imediatamente à *CNEN* as situações em que os níveis de *dose* especificados para fins de notificação forem atingidos.

5.7.9 Compensações ou privilégios especiais para *IOE* não devem, em hipótese alguma, substituir os requisitos aplicáveis desta Norma.

5.7.10 Uma mulher ocupacionalmente exposta, ao tomar conhecimento da gravidez, deve notificar imediatamente esse fato ao seu *empregador*.

5.7.11 A notificação da gravidez não deve ser considerada um motivo para excluir uma mulher ocupacionalmente exposta do trabalho com *radiação;* porém o *titular* ou *empregador*, nesse caso, deve tomar as medidas necessárias para assegurar a proteção do embrião ou feto, conforme estabelecido na subseção 5.4.2.2 desta Norma.

5.8 CLASSIFICAÇÃO DE ÁREAS

5.8.1 Para fins de gerenciamento da *proteção radiológica*, os *titulares* devem classificar as áreas de trabalho com *radiação* ou material radioativo em *áreas controladas, áreas supervisionadas* ou *áreas livres*, conforme apropriado.

5.8.2 Uma área deve ser classificada como *área controlada* quando for necessária a adoção de medidas específicas de proteção e segurança para garantir que as *exposições ocupacionais* normais estejam em conformidade com os requisitos de otimização e limitação de *dose*, bem como prevenir ou reduzir a magnitude das *exposições potenciais.*

5.8.3 Uma área deve ser classificada como *área supervisionada* quando, embora não requeira a adoção de medidas específicas de proteção e segurança, devem ser feitas reavaliações regulares das condições de *exposições ocupacionais,* com o objetivo de determinar se a classificação continua adequada.

5.8.4 As *áreas controladas* devem estar sinalizadas com o *símbolo internacional de radiação ionizante,* acompanhando um texto descrevendo o tipo de material, equipamento ou uso relacionado *à radiação ionizante.*

5.8.5 As *áreas supervisionadas* devem ser indicadas como tal, em seus acessos.

5.9 MONITORAÇÃO INDIVIDUAL, MONITORAÇÃO DE ÁREA E AVALIAÇÃO DA EXPOSIÇÃO OCUPACIONAL

5.9.1 Os *titulares*, em cooperação com o *empregador*, devem estabelecer e implementar um programa de *monitoração* individual e de área, conforme aplicável, levando-se em conta a natureza e intensidade das *exposições normais* e *potenciais* previstas.

5.9.2 Os *titulares* e *empregadores* são responsáveis pela avaliação da *exposição ocupacional* dos *IOE*. Essa avaliação deve estar baseada na *monitoração* individual e de área, conforme aplicável.

5.9.3 Qualquer *IOE* que possa receber uma *exposição ocupacional* sujeita a controle deve ser submetido à *monitoração* individual, sempre que adequada, apropriada e factível. Nos casos em que a *monitoração* individual não for aplicável, a avaliação da *exposição ocupacional* do *IOE* tomará como base os resultados da *monitoração* da área e as informações sobre as atividades do *IOE* na área.

5.9.4 Os *titulares* e *empregadores* devem solicitar aconselhamento médico adequado sempre que qualquer *IOE*, em uma única *exposição*, vier a receber uma *dose efetiva* superior a 100 mSv ou *dose absorvida* superior ao limiar de *efeitos determinísticos*.

5.10 SAÚDE OCUPACIONAL

Os *titulares* e *empregadores* devem implantar um programa de saúde ocupacional, para avaliação inicial e periódica da aptidão dos *IOE*, baseado nos princípios gerais de saúde ocupacional, tendo como referência o Programa de Controle Médico de Saúde Ocupacional.

5.11 REGISTROS OCUPACIONAIS

5.11.1 Os *titulares* e *empregadores* devem manter registros de *exposição* para cada *IOE*, incluindo informações sobre:

a) a natureza geral do trabalho;

b) as *doses* e as incorporações, quando iguais ou superiores aos *níveis de registro* pertinentes; e

c) os dados e modelos que serviram de base para as avaliações de *dose*.

5.11.2 Se os *IOE* estiverem envolvidos em atividades que levem, ou possam levar, à *exposição* a uma *fonte* que não esteja sob controle do seu *empregador*, o *titular* responsável pela *fonte* deve fornecer ao *IOE* e ao seu *empregador* os registros de *dose* referentes ao período de realização dessas atividades.

5.11.3 *Empregadores* e *titulares* devem dar acesso e informar aos *IOE* os dados dos seus registros de *dose*, bem como fornecer cópia do histórico de *dose* quando solicitado pelo *IOE*.

5.11.4 Se o *empregador* ou o *titular* cessar a sua atividade envolvendo *exposição* dos *IOE*, deve providenciar meios para a guarda dos registros de *doses* anuais dos *IOE* em um órgão de registro oficial e comunicar esse fato à *CNEN*.

5.11.5 Os registros de *dose* para cada *IOE* devem ser preservados durante o período ativo do indivíduo. Esses registros devem ser preservados até os *IOE* atingirem a idade de 75 anos e , pelo menos, por 30 anos após o término de sua ocupação, mesmo que já falecido.

5.12 CONTROLE DE VISITANTE Os *titulares* devem:

a) tomar as medidas necessárias para assegurar a *proteção radiológica* adequada de visitantes a *áreas controladas*, incluindo informações e instruções apropriadas;

b) assegurar que visitantes sejam acompanhados, em qualquer *área controlada*, por uma pessoa com conhecimentos sobre as medidas de *proteção radiológica* para aquela área;

c) assegurar que visitantes menores que 16 anos não tenham acesso às *áreas controladas*.

5.13 EXPOSIÇÃO MÉDICA

5.13.1 RESPONSABILIDADES

5.13.1.1 Os *titulares* devem assegurar que:

a) sejam tomadas as medidas administrativas necessárias para que *exposições médicas* com *fontes* sob sua responsabilidade, para fins de diagnóstico ou terapia de pacientes, sejam realizadas apenas sob prescrição médica;

b) estejam disponíveis, na *instalação*, equipe médica legalmente reconhecida e habilitada para uso de *fontes* radioativas, além de IOE treinados e supervisionados por profissionais habilitados pela *CNEN*;

c) seja implementado um programa de garantia da qualidade para *exposições médicas*;

d) sejam conduzidos ou supervisionados por especialistas, com qualificação reconhecida pela *CNEN*, a calibração dos feixes e das *fontes*, a dosimetria clínica e os testes de *controle da qualidade*;

e) esteja disponível, na *instalação*, médico especialista com qualificação legalmente reconhecida para práticas médicas "in vivo";

f) assegurar que a calibração de equipamentos usados para calibrar feixes e *fontes* empregadas em *exposição médica* seja rastreada por um laboratório padrão de dosimetria, reconhecido ou autorizado pela *CNEN;*

g) seja restrita, conforme especificada nesta Norma, a *exposição* de voluntários que assistam pacientes submetidos a um procedimento diagnóstico ou terapêutico.

5.13.1.2 Os profissionais envolvidos com as *exposições médicas* devem informar imediatamente ao *titular* qualquer deficiência ou necessidade, relativa ao cumprimento desta Norma, no que se refere à *proteção radiológica* dos pacientes.

5.13.1.3 Os *titulares* devem ainda:

a) identificar possíveis falhas de equipamento e erros humanos que possam resultar em

exposições médicas acidentais;

b) tomar todas as medidas necessárias para prevenir as falhas e os erros, ou minimizar as suas conseqüências, incluindo a seleção de procedimentos adequados para a *prática,* considerando os aspectos de segurança e *proteção radiológica.*

5.13.1.4 Com relação a *acidentes* que envolvam *exposições médicas* diferentes daquelas pretendidas, conforme definido pela *CNEN*, os *titulares* devem:

a) investigar imediatamente o ocorrido;

b) calcular ou estimar as *doses* recebidas e sua distribuição no paciente;

c) indicar as medidas para prevenir a recorrência de tais *acidentes* e implementar aquelas sob sua responsabilidade;

d) submeter à *CNEN*, logo após a investigação, um relatório escrito que esclareça as causas do *acidente*, bem como as providências tomadas; e

e) informar por escrito ao paciente e ao médico solicitante sobre o *acidente.*

5.13.1.5 No processo de otimização das *exposições médicas* para fins de diagnóstico, os *titulares* devem considerar os *níveis de referência de diagnóstico* estabelecidos com base em boas práticas médicas e de proteção radiológica.

5.14 EXPOSIÇÃO DO PÚBLICO

5.14.1 Em relação às *fontes* sob sua responsabilidade, os *titulares* devem estabelecer, implementar e manter medidas para:

a) assegurar a aplicação da otimização da *proteção radiológica* para *indivíduos do público* cuja *exposição* seja atribuível a tais *fontes*, considerando as *restrições de dose* para o *grupo crítico* relevante, estabelecidas pela *CNEN;*

b) garantir a segurança dessas *fontes*, tomando todas as medidas necessárias para prevenir falhas e erros que possam resultar em *exposição acidental* do público, ou para minimizar as suas conseqüências;

c) estimar a *exposição do público*, incluindo, quando aplicável, programa de *monitoração* radiológica ambiental; e

d) garantir resposta adequada a *situações de emergências radiológicas* que possam envolver *exposição do público,* incluindo planos ou procedimentos de emergência em consonância com a natureza e a intensidade do risco envolvido.

5.14.2 Os *titulares* devem assegurar que as medidas otimizadas, de acordo com os requisitos desta Norma, sejam também apropriadas para restringir a *exposição* em áreas de acesso público da *instalação* sob sua responsabilidade.

5.14.3 Os *titulares* devem assegurar que os materiais radioativos provenientes de *práticas* sob sua responsabilidade não sejam liberados no meio ambiente, a menos que tais liberações estejam autorizadas pela *CNEN* e sejam otimizadas e controladas.

5.14.4 Os *titulares*, em relação às *fontes* sob sua responsabilidade, devem:

a) manter todas as liberações de efluentes radioativos otimizadas com relação à *proteção radiológica*, respeitando os níveis de *restrição de dose* autorizados, considerando a *exposição* dos *grupos críticos*;

b) estabelecer os *níveis operacionais* para liberação de efluentes radioativos e submetê-los à *CNEN* para aprovação;

c) monitorar as liberações de efluentes radioativos, para demonstrar o atendimento aos *níveis operacionais* de liberação acima citados;

d) monitorar, quando aplicável, as vias de exposição do *grupo crítico*, decorrentes das liberações *de* efluentes radioativos para o meio ambiente;

e) registrar e manter os resultados dessas *monitorações*, incluindo as estimativas de *dose*, e emitir os relatórios de *monitoração* conforme estabelecido pela *CNEN*; e

f) comunicar imediatamente à *CNEN* qualquer liberação que exceda os *níveis operacionais* de *liberação* especificados para fins de notificação.

5.14.5 Os *titulares* devem, quando apropriado, rever e ajustar as suas medidas de controle de liberação, para as *fontes* sob sua responsabilidade, sempre que houver mudança nas condições de liberação, vias de *exposição* ou composição do *grupo crítico*, que possam afetar a estimativa de *dose* decorrente das liberações. Qualquer modificação deve ser aprovada pela *CNEN*.

5.14.6 Os *titulares* devem comunicar imediatamente à *CNEN* qualquer aumento significativo, no meio ambiente, de campos de *radiação* ou de contaminação radioativa, que possa ser atribuído à *radiação* ou às liberações radioativas provenientes das *fontes* sob sua responsabilidade.

6. REQUISITOS PARA INTERVENÇÃO

6.1 OBRIGAÇÕES FUNDAMENTAIS

6.1.1 Sempre que justificadas, devem ser implementadas *ações protetoras* ou *remediadoras* visando a reduzir ou evitar exposições em situações de *intervenção*.

6.1.2 Qualquer *ação protetora* ou *remediadora* deverá ser otimizada em sua forma, extensão e duração, de modo que produza o máximo beneficio líquido, levando em consideração as condições sociais e econômicas.

6.1.3 Nas *intervenções*, para proteger os *indivíduos do público*, devem ser observados os *níveis de intervenção* e *níveis de ação* estabelecidos pela *CNEN* para as diferentes *ações protetoras* ou *remediadoras*.

6.1.3.1 Em *situações de emergência*, os *níveis de intervenção* pré-estabelecidos devem ser reavaliados, no momento de sua implementação, em função das condições existentes, desde que não sejam excedidos os níveis de *dose;* neste caso, a *intervenção* deve ocorrer em qualquer circunstância.

6.1.3.2 Em situações de *exposição crônica*, quando ultrapassados os *níveis de ação* relevantes, estabelecidos ou aprovados pela *CNEN*, *ações remediadoras* devem ser executadas.

6.2 REQUISITOS DE *PROTEÇÃO RADIOLÓGICA*

6.2.1 Uma *intervenção* se justifica somente quando se espera atingir um benefício maior que o dano, tendo em conta os fatores de saúde, sociais e econômicos.

6.2.2 Durante a resposta a uma *situação de emergência*, a justificação da *intervenção*, os níveis de *intervenção* e os *níveis de ação* pré-estabelecidos pela *CNEN* poderão ser reconsiderados pelos órgãos envolvidos na *intervenção*, levando em conta:

a) os fatores característicos da situação real, tais como a natureza da liberação, as condições meteorológicas e outros fatores não radiológicos relevantes; e

b) a probabilidade de que as *ações protetoras* tragam um beneficio líquido, dadas as incertezas envolvidas.

6.3 EXPOSIÇÃO EM SITUAÇÃO DE EMERGÊNCIA

6.3.1 No caso de *exposições ocupacionais* recebidas no curso de uma *intervenção*, devem ser cumpridos os seguintes requisitos, conforme apropriado, em relação às equipes de *intervenção*:

a) nenhum membro das equipes de *intervenção*, para atendimento a *situações de emergência*, deve ser exposto a dose superior ao limite anual de *dose* para *exposição ocupacional*, estabelecido nesta Norma, exceto com a finalidade de:

i) salvar vidas ou prevenir danos sérios à saúde;

ii) executar ações que evitem *dose coletiva* elevada; ou

iii) executar ações para prevenir o desenvolvimento de situações catastróficas;

b) quando da realização de *intervenções* para atendimento a *situações de emergência* sob as circunstâncias mencionadas acima, as *doses efetivas* dos membros da equipe devem ser inferiores a 100 mSv, com exceção das ações para salvar vidas, quando devem ser sempre observados os limiares relacionados aos *efeitos determinísticos*;

c) somente voluntários podem empreender ações nas quais a *dose efetiva* possa exceder 50 mSv. Nesses casos, esses voluntários devem ser informados, com antecedência, dos riscos associados à saúde, e devem ser treinados para as ações que possam ser necessárias;

d) quando a fase de pós-emergência de uma *intervenção* for iniciada, os membros das equipes, que efetuam operações de recuperação, deverão estar sujeitos aos mesmos requisitos de *exposição ocupacional* para as *práticas*, conforme especificados nesta Norma;

e) os *titulares*, *empregadores* e responsáveis pelas demais organizações envolvidas na *intervenção*, devem, durante a *intervenção* de emergência, fornecer *proteção radiológica* apropriada aos membros das equipes, avaliar e registrar as *doses* recebidas e, quando a *intervenção* terminar, fornecer os históricos das *doses* recebidas;

f) as *doses* recebidas em *situação de emergência* não impedem *exposições ocupacionais* posteriores, uma vez que estas não devem ser contabilizadas para fins de conformidade com os limites de *dose* para *práticas*. No caso de ter recebido, em *situação de emergência*, uma *dose efetiva* superior a 100 mSv ou *dose absorvida* superior ao limiar de *efeitos determinísticos*, o *titular* ou *empregador* deve solicitar aconselhamento médico qualificado, antes que o membro da equipe venha a se submeter a qualquer *exposição* adicional.

6.3.2 Cada *titular* responsável por *fontes* que possam necessitar de uma *intervenção* em *situação de emergência*, deve assegurar a existência de um plano de emergência, definindo as diversas ações e responsabilidades, aprovado pela *CNEN*.

6.3.3 Os *titulares* devem garantir os meios adequados para informar prontamente à *CNEN* sobre a:

a) previsão ou avaliação prévia da extensão e significância de qualquer liberação acidental de materiais radioativos para o meio ambiente;

b) evolução da situação;

c) necessidade de *ações protetoras*.

6.3.4 Os *titulares* deverão notificar imediatamente à *CNEN* quando houver possibilidade ou quando ocorrer uma situação que requeira *intervenção* e deverão mantê-la informada sobre:

a) a situação, sua evolução e como se prevê que se desenvolva;

b) as medidas tomadas para a *proteção radiológica* dos *IOE* e dos *indivíduos do público*;

c) as *exposições* ocorridas e as previstas.

6.3.5 Devem ser tomadas as medidas necessárias para permitir a avaliação das *exposições* recebidas por *indivíduos do público*, como conseqüência de uma *situação de emergência*, e para colocação dos resultados dessa avaliação à disposição do público.

6.3.6 Uma *ação protetora* deve ser interrompida quando a avaliação mostrar que a continuidade da ação não é mais justificada.

6.3.7 Devem ser mantidos registros de todas as avaliações, bem como dos resultados de *monitoração* das equipes de *intervenção*, dos *indivíduos do público* e do meio ambiente.

6.4 EXPOSIÇÃO CRÔNICA

6.4.1 Planos de *ações remediadoras*, genéricos ou específicos para o local, relativos a situações de *exposição crônica*, devem especificar as *ações remediadoras* e os *níveis de ação* justificados e otimizados, considerando:

a) as *exposições* individuais e coletivas;

b) os riscos radiológicos e não radiológicos; e

c) os custos financeiros e sociais, os benefícios e a responsabilidade financeira para as *ações remediadoras*.

6.4.2 Os *níveis de ação* para *intervenção*, em situações de *exposição crônica*, devem ser baseados nos critérios e valores estabelecidos ou aprovados pela *CNEN*.

7. DISPOSIÇÕES TRANSITÓRIAS

Deve ser estabelecido um período de 2 (dois) anos para as instalações já em operação se adaptarem a esta Norma. As novas instalações a serem licenciadas devem cumprir o estabelecido nesta Norma.

(alterado pela Resolução CNEN/CD 48/2005, DOU em 14/11/2005)

3. NORMA DE HIGIENE OCUPACIONAL Nº 01

PROCEDIMENTO TÉCNICO AVALIAÇÃO DA EXPOSIÇÃO OCUPACIONAL AO RUIDO

APRESENTAÇÃO

A Coordenação de Higiene do Trabalho da FUNDACENTRO publicou, em 1980, uma série de Normas Técnicas denominadas anteriormente Normas de Higiene do Trabalho – NHT, hoje designadas Normas de Higiene Ocupacional – NHO.

Diante do processo dinâmico das técnicas de identificação, avaliação e controle dos riscos ambientais, e considerando o desenvolvimento tecnológico, a revisão técnica destas normas é de fundamental importância.

Desta forma apresenta-se ao público técnico que atua na área da saúde ocupacional a norma Avaliação da Exposição Ocupacional ao Ruído, resultado do reestudo da equipe técnica da Coordenação de Higiene do Trabalho.

Acredita-se que esta norma possa efetivamente contribuir como ferramenta na identificação do agente ambiental de risco classificado como agente físico ruído, com o intuito de colaborar no controle da exposição e na prevenção de doenças ocupacionais.

ROBSON SPINELLI GOMES

Gerente da Coordenação de Higiene do Trabalho

PREFÁCIO

Este procedimento técnico faz parte da Série de Normas de Higiene Ocupacional (NHO's) elaborada por técnicos da Coordenação de Higiene do Trabalho da FUNDACENTRO, por meio do Projeto Difusão de Informações em Higiene do Trabalho, 1997/1998.

Esta Norma cancela e substitui as seguintes Normas da FUNDACENTRO:

- NHT-06 R/E - 1985: Norma para avaliação da exposição ocupacional ao ruído contínuo ou intermitente em fase experimental.
- NHT-07 R/E - 1985: Norma para avaliação da exposição ocupacional ao ruído - ruído de impacto.
- NHT-09 R/E - 1986: Norma para avaliação da exposição ocupacional ao ruído contínuo ou intermitente através de dosímetros.

As principais modificações e avanços técnicos em relação às Normas anteriores são:

- substitui as três Normas anteriormente existentes e trata tanto da avaliação da exposição ocupacional ao ruído contínuo ou intermitente, quanto da avaliação da exposição ocupacional ao ruído de impacto;
- introduz o conceito de nível de exposição como um dos critérios para a quantificação e caracterização da exposição ocupacional ao ruído contínuo ou intermitente e o conceito de nível de exposição normalizado para interpretação dos resultados;
- adota o valor "3" como incremento de duplicação de dose (q = 3);
- considera a possibilidade de utilização de medidores integradores e de medidores de leituras instantâneas.

1. OBJETIVO

Esta Norma Técnica tem por objetivo estabelecer critérios e procedimentos para a avaliação da exposição ocupacional ao ruído, que implique risco potencial de surdez ocupacional.

2. APLICAÇÃO

A Norma aplica-se à exposição ocupacional a ruído contínuo ou intermitente e a ruído de impacto, em quaisquer situações de trabalho, contudo não está voltada para a caracterização das condições de conforto acústico.

3. REFERÊNCIAS NORMATIVAS

As edições das Normas relacionadas a seguir, referidas ao longo do texto, encontravam-se em vigor durante a elaboração da presente Norma. Os usuários desta Norma devem estar atentos a edições mais recentes das Normas referendadas.

ANSI S 1.25 (1991) - Specification for personal noise dosimeters ANSI S 1.4 (1983) - Specification for sound level meters

ANSI S 1.40 (1984) - Specification for acoustical calibrators IEC 804 (1985) - Integrating-averaging sound level meters IEC 651 (1993) - Sound Level Meters

4. DEFINIÇÕES, SÍMBOLOS E ABREVIATURAS

4.1 Para os fins desta Norma aplicam-se as seguintes definições, símbolos e Abreviaturas:

Ciclo de Exposição: conjunto de situações acústicas ao qual é submetido o trabalhador, em seqüência definida, e que se repete de forma contínua no decorrer da jornada de trabalho.

Critério de Referência (CR): nível médio para o qual a exposição, por um período de 8 horas, corresponderá a uma dose de 100%.

Dose: parâmetro utilizado para a caracterização da exposição ocupacional ao ruído, expresso em porcentagem de energia sonora, tendo por referência o valor máximo da energia sonora diária admitida, definida com base em parâmetros preestabelecidos (q, CR, NLI).

Dose Diária: dose referente à jornada diária de trabalho.

Dosímetro de Ruído: medidor integrador de uso pessoal que fornece a dose da exposição ocupacional ao ruído.

Grupo Homogêneo: corresponde a um grupo de trabalhadores que experimentam exposição semelhante, de forma que o resultado fornecido pela avaliação da exposição de parte do grupo seja representativo da exposição de todos os trabalhadores que compõem o mesmo grupo.

Incremento de Duplicação de Dose (q): incremento em decibéis que, quando adicionado a um determinado nível, implica a duplicação da dose de exposição ou a redução para a metade do tempo máximo permitido.

Limite de Exposição (LE): parâmetro de exposição ocupacional que representa condições sob as quais acredita-se que a maioria dos trabalhadores possa estar exposta, repetidamente, sem sofrer efeitos adversos à sua capacidade de ouvir e entender uma conversação normal.

Limite de Exposição Valor Teto (LE-VT): corresponde ao valor máximo, acima do qual não é permitida exposição em nenhum momento da jornada de trabalho.

Medidor Integrador de Uso Pessoal: medidor que possa ser fixado no trabalhador durante o período de medição, fornecendo por meio de integração, a dose ou o nível médio.

Medidor Integrador Portado pelo Avaliador: medidor operado diretamente pelo avaliador, que fornece, por meio de integração, a dose ou o nível médio.

Nível de Ação: valor acima do qual devem ser iniciadas ações preventivas de forma a minimizar a probabilidade de que as exposições ao ruído causem prejuízos à audição do trabalhador e evitar que o limite de exposição seja ultrapassado.

Nível Equivalente (Neq): nível médio baseado na equivalência de energia, definido pela expressão que segue:

$$N_{eq} = 10 \log\left[\left(\frac{1}{T}\int_{t_1}^{t_2} p^2(t)dt\right) \Big/ p_0^2\right] \quad [dB]$$

onde:

$\mathbf{N_{eq}}$ = nível de pressão sonora equivalente referente ao intervalo de integração ($T - t_2 - t_1$)

p(t) = pressão sonora instantânea

p0 = pressão sonora de referência, igual a 20 μPa

Nível de Exposição (NE): nível médio representativo da exposição ocupacional diária.

Nível de Exposição Normalizado (NEN): nível de exposição, convertido para uma jornada padrão de 8 horas diárias, para fins de comparação com o limite de exposição.

Nível Limiar de Integração (NLI): nível de ruído a partir do qual os valores devem ser computados na integração para fins de determinação de nível médio ou da dose de exposição.

Nível Médio (NM): nível de ruído representativo da exposição ocupacional relativo ao período de medição, que considera os diversos valores de níveis instantâneos ocorridos no período e os parâmetros de medição predefinidos.

Ruído Contínuo ou Intermitente: todo e qualquer ruído que não está classificado como ruído de impacto ou impulsivo.

Ruído de Impacto ou Impulsivo: ruído que apresenta picos de energia acústica de duração inferior a 1 (um) segundo, a intervalos superiores a 1 (um) segundo.

Situação Acústica: cada parte do ciclo de exposição na qual o trabalhador está exposto a níveis de ruído considerados estáveis.

Zona Auditiva: região do espaço delimitada por um raio de 150 mm ± 50 mm, medido a partir da entrada do canal auditivo.

4.2 As principais correlações entre a terminologia em Português e Inglês são as seguintes:

Critério de Referência (**CR**): *Criterion Level* (**CL**)

Incremento de Duplicação de Dose (**q**): *Exchange Rate* (**q ou ER**) Limite de Exposição (**LE**): *Threshold Limit Value* (**TLV**)

Limite de Exposição Valor Teto (**LE-VT**): *Threshold Limit Value-Ceiling*

(**TLV-C**)

Nível Equivalente (**Neq**): *Equivalent Level* (**Leq**) Nível Médio (**NM**): *Average Level* (**Lavg**)

Nível Limiar de Integração (**NLI**): *Threshold Level* (**TL**)

5. CRITÉRIOS DE AVALIAÇÃO DA EXPOSIÇÃO OCUPACIONAL AO RUÍDO

5.1 Ruído contínuo ou intermitente

O critério de referência que embasa os limites de exposição diária adotados para ruído contínuo ou intermitente corresponde a uma dose de 100% para exposição de 8 horas ao nível de 85 dB(A).

O critério de avaliação considera, além do critério de referência, o incremento de duplicação de dose (q) igual a 3 e o nível limiar de integração igual a 80 dB(A).

A avaliação da exposição ocupacional ao ruído contínuo ou intermitente deverá ser feita por meio da determinação da dose diária de ruído ou do nível de exposição, parâmetros representativos da exposição diária do trabalhador. Esses parâmetros são totalmente equivalentes, sendo possível, a partir de um obter-se o outro, mediante as expressões matemáticas que seguem:

$$\text{NE} = 10 \times \log\left(\frac{480}{T_E} \times \frac{D}{100}\right) + 85 \ [dB]$$

$$\text{D} = \frac{T_E}{480} \times 100 \times 2^{\left(\frac{NE-85}{3}\right)} \qquad [\%]$$

onde:

NE = nível de exposição

D = dose diária de ruído em porcentagem

TE = tempo de duração, em minutos, da jornada diária de trabalho

A avaliação deve ser realizada utilizando-se medidores integradores de uso pessoal, fixados no trabalhador.

Na indisponibilidade destes equipamentos, a Norma oferece procedimentos alternativos para outros tipos de medidores integradores ou medidores de leitura instantânea, não fixados no trabalhador, que poderão ser utilizados na avaliação de determinadas situações de exposição ocupacional. Em cada caso deverão ser seguidos os procedimentos de medição específicos estabelecidos na presente Norma.

No entanto, as condições de trabalho que apresentem dinâmica operacional complexa, como, por exemplo, a condução de empilhadeiras, atividades de manutenção, entre outras, ou que envolvam movimentação constante do trabalhador, não deverão ser avaliadas por esses métodos alternativos.

5.1.1 Avaliação da exposição de um trabalhador ao ruído contínuo ou intermitente por meio da dose diária

5.1.1.1 Utilizando medidor integrador de uso pessoal

A determinação da dose de exposição ao ruído deve ser feita, preferencialmente, por meio de medidores integradores de uso pessoal (dosímetros de ruído), ajustados de forma a atender as especificações contidas no item 6.2.1.1 (equipamentos de medição).

Neste caso o limite de exposição ocupacional diário ao ruído contínuo ou intermitente corresponde a dose diária igual 100%.

O nível de ação para a exposição ocupacional ao ruído é de dose diária igual a 50%.

O limite de exposição valor teto para o ruído contínuo ou intermitente é 115 dB(A).

5.1.1.2 Utilizando medidor portado pelo avaliador

Na impossibilidade da utilização de medidores integradores de uso pessoal, poderão ser utilizados medidores portados pelo avaliador. Neste caso a dose diária pode ser determinada por meio da seguinte expressão:

$$\text{DOSE DIÁRIA} = \left(\frac{C_1}{T_1} + \frac{C_2}{T_2} + \frac{C_3}{T_3} + \cdots + \frac{C_n}{T_n}\right) \times 100 \quad [\%]$$

onde:

Cn = tempo total diário em que o trabalhador fica exposto a um nível

de ruído específico.

Tn = tempo máximo diário permissível a este nível, segundo a Tabela 1.

Para níveis de ruído com valores intermediários aos constantes na Tabela 1 será considerado o tempo máximo diário permissível relativo ao nível imediatamente mais elevado.

Exposições a níveis inferiores a 80 dB(A) não serão consideradas no cálculo da dose.

Quando a exposição for a um único nível de ruído o cálculo da dose diária também é feito utilizando a expressão apresentada, ou seja, simplesmente dividindo "C_1" por "T_1".

Neste critério, o limite de exposição ocupacional diária ao ruído contínuo ou intermitente corresponde a dose diária igual a 100%.

O nível de ação para a exposição ocupacional ao ruído é de dose diária igual a 50%.

O limite de exposição valor teto para o ruído contínuo ou intermitente é 115 dB(A).

5.1.2 Avaliação da exposição de um trabalhador ao ruído contínuo ou intermitente por meio do nível de exposição

A avaliação da exposição pelo nível de exposição deve ser realizada,

preferencialmente, utilizando-se medidores integradores de uso pessoal. Na indisponibilidade destes equipamentos, poderão ser utilizados outros tipos de medidores integradores ou medidores de leitura instantânea, portados pelo avaliador.

O Nível de Exposição - NE é o Nível Médio representativo da exposição diária do trabalhador avaliado.

Para fins de comparação com o limite de exposição, deve-se determinar o Nível de Exposição Normalizado (NEN), que corresponde ao Nível de Exposição (NE) convertido para a jornada padrão de 8 horas diárias.

O Nível de Exposição Normalizado - NEN é determinado pela seguinte expressão:

$$\text{NEN} = \text{NE} + 10 \log \frac{T_E}{480} \quad [dB]$$

onde:

NE = nível médio representativo da exposição ocupacional diária

TE = tempo de duração, em minutos, da jornada diária de trabalho

Neste critério o limite de exposição ocupacional diária ao ruído corresponde a NEN igual a 85 dB(A), e o limite de exposição valor teto para ruído contínuo ou intermitente é de 115 dB(A).

Para este critério considera-se como nível de ação o valor NEN igual a 82 dB(A).

Tabela 1. Tempo máximo diário de exposição permissível em função do nível de ruído

Nível de ruído-dB(A)	Tempo máximo diário permissível (Tn) (minutos)
80	1.523,90
81	1.209,52
82	960,00
83	761,95
84	604,76
85	480,00
86	380,97
87	302,38
88	240,00
89	190,48
90	151,19
91	120,00
92	95,24
93	75,59
94	60,00
95	47,62
96	37,79
97	30,00
98	23,81
99	18,89
100	15,00
101	11,90
102	9,44
103	7,50
104	5,95
105	4,72
106	3,75
107	2,97
108	2,36
109	1,87
110	1,48
111	1,18
112	0,93
113	0,74
114	0,59
115	0,46

5.2 Ruído de impacto

A determinação da exposição ao ruído de impacto ou impulsivo deve ser feita por meio de medidor de nível de pressão sonora operando em "Linear" e circuito de resposta para medição de nível de pico.

Neste critério o limite de exposição diária ao ruído de impacto é determinado pela expressão a seguir:

Np = 160 – 10 Log n [dB]

onde:

Np=nível de pico, em dB(Lin), máximo admissível

n = número de impactos ou impulsos ocorridos durante a jornada diária de trabalho

A Tabela 2, obtida com base na expressão anterior, apresenta a correlação entre os níveis de pico máximo admissíveis e o número de impactos ocorridos durante a jornada diária de trabalho, extraída a partir da expressão de determinação do limite de exposição diária ao ruído de impacto.

Tabela 2. Níveis de pico máximo admissíveis em função do número de impactos

Np	n	Np	n	Np	n
120	10000	127	1995	134	398
121	7943	128	1584	135	316
122	6309	129	1258	136	251
123	5011	130	1000	137	199
124	3981	131	794	138	158
125	3162	132	630	139	125
126	2511	133	501	140	100

Quando o número de impactos ou de impulsos diário exceder a 10.000 (n > 10.000), o ruído deverá ser considerado como contínuo ou intermitente.

O limite de tolerância valor teto para ruído de impacto corresponde ao valor de nível de pico de 140 dB(Lin).

O nível de ação para a exposição ocupacional ao ruído de impacto corresponde ao valor Np obtido na expressão acima, subtraído de 3 decibéis

→ (Np – 3) dB.

Nota:

Os critérios estabelecidos na presente Norma estão baseados em conceitos e parâmetros técnico-científicos modernos, seguindo tendências internacionais atuais, não havendo um compromisso de equivalência com o critério legal. Desta forma, os resultados obtidos e sua interpretação quando da aplicação da presente Norma podem diferir daqueles obtidos na caracterização da insalubridade pela aplicação do disposto na NR-15, anexo 1, da Portaria 3214 de 1978.

6. PROCEDIMENTOS DE AVALIAÇÃO

6.1 Abordagem dos locais e das condições de trabalho

A avaliação de ruído deverá ser feita de forma a caracterizar a exposição de todos os trabalhadores considerados no estudo.

Identificando-se grupos de trabalhadores que apresentem iguais características de exposição – grupos homogêneos – não precisarão ser avaliados todos os trabalhadores. As avaliações podem ser realizadas cobrindo um ou mais trabalhadores cuja situação corresponda à exposição "típica" de cada grupo considerado.

Havendo dúvidas quanto à possibilidade de redução do número de trabalhadores a serem avaliados, a abordagem deve considerar necessariamente a totalidade dos expostos no grupo considerado.

O conjunto de medições deve ser representativo das condições reais de exposição ocupacional do grupo de trabalhadores objeto do estudo. Desta forma, a avaliação deve cobrir todas as condições, operacionais e ambientais habituais, que envolvem o trabalhador no exercício de suas funções.

Para que as medições sejam representativas da exposição de toda a jornada de trabalho é importante que o período de amostragem seja adequadamente escolhido. Se forem identificados ciclos de exposição repetitivos durante a jornada, a amostragem deverá incluir um número suficiente de ciclos. A amostragem deverá cobrir um número maior de ciclos, caso estes não sejam regulares ou apresentem níveis com grandes variações de valores.

No decorrer da jornada diária, quando o trabalhador executar duas ou mais rotinas independentes de trabalho, a avaliação da exposição ocupacional poderá ser feita avaliando-se, separadamente, as condições de exposição em cada uma das rotinas e determinando-se a exposição ocupacional diária pela composição dos dados obtidos.

Havendo dúvidas quanto à representatividade da amostragem, esta deverá envolver necessariamente toda a jornada de trabalho.

Os procedimentos de avaliação devem interferir o mínimo possível nas condições ambientais e operacionais características da condição de trabalho em estudo.

Condições de exposição não rotineiras, decorrentes de operações ou procedimentos de trabalho previsíveis, mas não habituais, tais como manutenções preventivas, devem ser avaliadas e interpretadas isoladamente, considerando-se a sua contribuição na dose diária ou no nível de exposição.

Deverão ser obtidas informações administrativas, a serem corroboradas por observações de campo, necessárias na caracterização da exposição dos trabalhadores, com base no critério utilizado.

6.2 Equipamentos de medição

6.2.1 Especificações mínimas

6.2.1.1 Medidores integradores de uso pessoal

Os medidores integradores de uso pessoal, também denominados de dosímetros de ruído, a serem utilizados na avaliação da exposição ocupacional ao ruído devem atender às especificações constantes da Norma ANSI S1.25- 1991 ou de suas futuras revisões, ter classificação mínima do tipo 2 e estar ajustados de forma a atender aos seguintes parâmetros:

- circuito de ponderação – "A"
- circuito de resposta – lenta (slow)
- critério de referência – 85 dB(A), que corresponde a dose de 100% para uma exposição de 8 horas
- nível limiar de integraçao – 80 dB(A)
- faixa de medição mínima – 80 a 115 dB(A)
- incremento de duplicação de dose = 3 (q = 3)
- indicação da ocorrência de níveis superiores a 115 dB(A)

6.2.1.2 Medidores integradores portados pelo avaliador

Os medidores integradores a serem utilizados na avaliação da exposição ocupacional ao ruído devem atender às especificações constantes da Norma IEC 804 ou de suas futuras revisões e ter classificação mínima do tipo 2. Para a determinação de níveis médios de ruído devem estar ajustados de forma a atender aos seguintes parâmetros:

- circuito de ponderação – "A"
- circuito de resposta – lenta (slow) ou rápida (fast), quando especificado pelo fabricante
- critério de referência – 85 dB(A), que corresponde a dose de 100% para uma exposição de 8 horas
- Nível limiar de integração – 80 dB(A)
- faixa de medição mínima – 80 a 115 dB(A)
- incremento de duplicação de dose = 3 (q = 3)
- indicação da ocorrência de níveis superiores a 115 dB(A)

6.2.1.3 Medidores de leitura instantânea

Os medidores de leitura instantânea a serem utilizados na avaliação da exposição ocupacional ao ruído contínuo ou intermitente, ou de impacto, devem ser no mínimo do tipo 2, segundo especificações constantes das Normas ANSI S1.4-1983 e IEC 651, ou de suas futuras revisões.

Para a medição de ruído contínuo ou intermitente, os medidores devem estar ajustados de forma a operar no circuito de ponderação "A", circuito de resposta lenta (slow) e cobrir uma faixa de medição mínima de 80 a 115 dB(A).

Para a medição de ruído de impacto os medidores devem estar ajustados de forma a operar no circuito "linear", circuito de resposta para medição de nível de pico, e cobrir uma faixa de medição de pico mínima de 100 a 150 dB.

6.2.1.4 Calibradores acústicos

Os equipamentos utilizados na calibração dos medidores de nível de pressão sonora, devem atender às especificações da Norma ANSI S1.40-1984 ou IEC 942-1988.

Os calibradores, preferencialmente, devem ser da mesma marca que o medidor e, obrigatoriamente, permitir o adequado acoplamento entre o microfone e o calibrador, diretamente ou por meio do uso de adaptador.

6.2.2 Interferentes ambientais no desempenho dos equipamentos

O uso de protetor de vento sobre o microfone é sempre recomendável a fim de evitar possíveis interferências da velocidade do ar e proteger o microfone contra poeira.

Os medidores só poderão ser utilizados dentro das condições de umidade e temperatura especificados pelos fabricantes.

Se os medidores forem utilizados em ambientes com a presença de campos magnéticos significativos, devem ser considerados os cuidados e as limitações previstas pelo fabricante.

6.2.3 Aferição e certificação dos equipamentos

Os medidores e os calibradores deverão ser periodicamente aferidos e certificados pelo fabricante, assistência técnica autorizada, ou laboratórios credenciados para esta finalidade.

6.3 Procedimentos gerais de medição

Os equipamentos de medição, quando em uso, devem estar calibrados e em perfeitas condições eletromecânicas. Antes de iniciar as medições deve-se:

- verificar a integridade eletromecânica e coerência na resposta do instrumento;
- verificar as condições de carga das baterias;
- ajustar os parâmetros de medição, conforme o critério a ser utilizado;
- efetuar a calibração de acordo com as instruções do fabricante.

As medições devem ser feitas com o microfone posicionado dentro da zona auditiva do trabalhador, de forma a fornecer dados representativos da exposição ocupacional diária ao ruído a que está submetido o trabalhador no exercício de suas funções. No caso de medidores de uso pessoal, o microfone deve ser posicionado sobre o ombro, preso na vestimenta, dentro da zona auditiva do trabalhador.

Quando forem identificadas diferenças significativas entre os níveis de pressão sonora que atingem os dois ouvidos, as medições deverão ser realizadas do lado exposto ao maior nível.

O direcionamento do microfone deve obedecer às orientações do fabricante, constantes do manual do equipamento, de forma a garantir a melhor resposta do medidor.

O posicionamento e a conduta do avaliador não devem interferir no campo acústico ou nas condições de trabalho, para não falsear os resultados obtidos. Se necessário, deve ser utilizada avaliação remota, por meio do uso de cabo de extensão para o microfone, a fim de permitir leitura à distância.

Antes de iniciar a medição o trabalhador a ser avaliado deve ser informado:

- do objetivo do trabalho;
- que a medição não deve interferir em suas atividades habituais, devendo manter a sua rotina de trabalho;
- que as medições não efetuam gravação de conversas;
- que o equipamento ou microfone nele fixado só pode ser removido pelo avaliador;
- que o microfone nele fixado não pode ser tocado ou obstruído;
- sobre outros aspectos pertinentes.

Os dados obtidos só serão validados se, após a medição, o equipamento mantiver as condições adequadas de uso. Deverão ser invalidados, efetuando- se nova medição, sempre que:

- a aferição da calibração acusar variação fora da faixa tolerada de ± 1 dB;
- nível de tensão de bateria estiver abaixo do mínimo aceitável;
- houver qualquer prejuízo à integridade eletromecânica do equipamento.

Quando ocorrer a presença simultânea de ruído contínuo ou intermitente e ruído de impacto, a avaliação da exposição ocupacional a ruído de impacto deve ser realizada de forma independente, utilizando-se os procedimentos específicos apresentados nesta Norma.

No entanto, a participação do ruído de impacto também deve ser considerada na avaliação da exposição ao ruído contínuo ou intermitente. Quando forem utilizados medidores integradores, o ruído de impacto será automaticamente computado na integração. No caso de utilização de medidores de leitura instantânea, as leituras que coincidirem com a ocorrência dos picos de impacto deverão ser normalmente computadas nos dados da medição.

6.4 Procedimentos específicos de medição de ruído contínuo ou intermitente

6.4.1 Utilizando medidor integrador de uso pessoal

a) Realize os ajustes preliminares no equipamento e sua calibração, com base nas instruções do manual de operação e nos parâmetros especificados no item 6.2.1.1.

b) Coloque o medidor no trabalhador a ser avaliado e fixe o microfone dentro da zona auditiva, conforme item 6.3.

c) Posicione e fixe qualquer excesso de cabo de microfone para evitar qualquer dificuldade ou inconveniente ao usuário.

d) Adote as medidas necessárias para impedir que o usuário, ou outra pessoa, possa fazer alterações na programação do equipamento, comprometendo os resultados obtidos.

e) Inicie o processo de integração somente após o microfone estar devidamente ajustado e fixado no trabalhador.

f) Cheque o dosímetro periodicamente, durante a avaliação, para se assegurar de que o microfone está adequadamente posicionado e que o equipamento está em condições normais de operação.

g) Retire o microfone do trabalhador somente após a interrupção da medição.

h) Determine e registre o tempo efetivo de medição, sempre que a medição não cobrir a jornada integral de trabalho.

i) Quando a medição não cobrir toda a jornada de trabalho, a dose determinada para o período medido deve ser projetada para a jornada diária efetiva de trabalho, determinando-se a dose diária.

6.4.2 Utilizando medidor integrador portado pelo avaliador

a) Realize os ajustes preliminares no equipamento e sua calibração, com base nas instruções do manual de operação e nos parâmetros especificados no item 6.2.1.2.

b) Mantenha o microfone do medidor dentro da zona auditiva do trabalhador e posicione-se de forma a minimizar a interferência na medição.

c) Determine e registre o tempo efetivo de medição, sempre que a medição não cobrir a jornada integral de trabalho.

d) Quando a medição cobrir um período representativo da exposição ocupacional, o nível médio fornecido pelo medidor será representativo da exposição do trabalhador avaliado durante toda a sua jornada de trabalho, correspondendo ao nível de exposição. Se for determinada a fração de dose, esta deverá ser projetada para a jornada diária efetiva de trabalho.

e) Acompanhe toda a movimentação do trabalhador no exercício de suas funções, de forma que durante toda a medição o microfone mantenhase posicionado dentro da zona auditiva.

f) Quando forem utilizados medidores cujo tempo de integração seja prefixado e não cubra o período mínimo representativo da exposição, deverão ser seguidos os procedimentos complementares relacionados a seguir:

- medições seqüenciais, cada uma com tempo de duração dentro do limite imposto pelo medidor;
- número de medições suficiente para cobrir um período representativo da exposição;
- registro de todas as leituras das medições para permitir a determinação do nível médio ou da fração de dose relativos ao período avaliado, mediante a seguinte expressão matemática:

$$NM=10\log\left[\frac{1}{n}\left(n_1\times 10^{0,1NM_1}+n_2\times 10^{0,1NM_2}+\cdots+n_i\times 10^{0,1NM}+\cdots+n_n\times 10^{0,1NM}{}_n\right)\right]$$

onde:

NM = Nível médio representativo da exposição do trabalhador avaliado

ni = número de leituras obtidas para um mesmo nível médio parcial assumido – NMi

n = número total de leituras = $n_1 + n_2 + ... + n_i + ... + nn$

NM_i = iésimo nível médio de pressão sonora assumido, em dB(A)

6.4.3 Utilizando medidor de leitura instantânea

a) Realize os ajustes preliminares no equipamento e sua calibração, com base nas instruções do manual de operação e parâmetros especificados no item 6.2.1.3.

b) Mantenha o microfone do medidor dentro da zona auditiva do trabalhador e posicione-se de forma a minimizar a interferência na medição.

c) Determine e registre o período de tempo efetivo de medição sempre que esta não cobrir a jornada integral de trabalho.

d) Acompanhe toda a movimentação do trabalhador no exercício de suas funções, de forma a manter posicionado o microfone dentro da zona auditiva, durante todo o período de medição.

e) As medições devem ser feitas em um período representativo da exposição ocupacional, por meio de n leituras seqüenciais colhidas a intervalos de tempo fixos e predefinidos, identificados por "At", de no máximo 15 segundos.

f) Cada leitura corresponde ao valor efetivamente lido no medidor no instante da medição, arredondado para o valor mais próximo, dentro de um intervalo de 0,5 dB. Não devem ser tomadas, portanto, médias subjetivas (média por interpolação visual) durante a realização de cada leitura. (Exemplos: valor lido: 80,7 → valor assumido: 80,5; valor lido: 80,8 → valor assumido: 81,0)

g) O nível médio representativo da exposição deve ser determinado pela expressão matemática que segue:

$$NM = 10\log\left[\frac{1}{n}\left(n_1 \times 10^{0,1NPS_1} + n_2 \times 10^{0,1NPS_2} + \cdots + n_i \times 10^{0,1NPS_i} + \cdots + n_n \times 10^{0,1NPS_n}\right)\right]$$

onde:

NM = nível médio representativo da exposição do trabalhador avaliado

ni = número de leituras obtidas para um mesmo nível assumido - NPSi

n = número total de leituras [devem ser incluídas as leituras de valores abaixo de 80 dB(A)]

NPSi = iésimo nível de pressão sonora assumido, em dB(A) [não devem ser incluídos os níveis de pressão sonora inferiores a 80 dB(A)]

Exemplo:

Na análise da exposição ao ruído de um trabalhador no exercício de suas funções, identificou-se um ciclo de exposição que em média apresentou duração de 7 minutos e 50 segundos. O período de medição foi adotado visando cobrir 15 ciclos de exposição completos, de modo a garantir boa representatividade, perfazendo um total de 117 minutos e 30 segundos (7050 segundos). As leituras foram tomadas a intervalos de 10 segundos (At = l0s).

Dessa forma, foram feitas 705 leituras, cobrindo o intervalo total de 7050 segundos. Os dados obtidos são apresentados na tabela a seguir:

i	NPSi	ni
1	< 80,0	188
2	83,5	3
3	84,0	7
4	85,0	21
5	85,5	38
6	86,5	42
7	88,0	53
8	88,5	47
9	89,0	52
10	90,0	75
1 1	90,5	65
12	91,0	53
13	92,0	27
14	95,0	17
15	98,0	12
16	99,5	5
Total de leituras = n		705

$$NM=10\log[\frac{1}{705}(3\times10^{0,1\times83,5}+7\times10^{0,1\times84,0}+21\times10^{0,1\times85,0}+$$
$$+38\times10^{0,1\times85,5}+42\times10^{0,1\times86,5}+53\times10^{0,1\times88,0}+47\times10^{0,1\times88,5}+$$
$$+52\times10^{0,1\times89,0}+75\times10^{0,1\times90,0}+65\times10^{0,1\times90,5}+53\times10^{0,1\times91,0}+$$
$$+27\times10^{0,1\times92,0}+17\times10^{0,1\times95,0}+12\times10^{0,1\times98,0}+5\times10^{0,1\times99,5})]$$

NM = 89 dB(A)

h) Quando a medição cobrir um período representativo da exposição ocupacional, o nível médio, determinado pelo procedimento de cálculo apresentado anteriormente, será representativo da exposição do trabalhador avaliado durante toda a sua jornada de trabalho, correspondendo ao nível de exposição.

6.5 Procedimentos específicos de medição de ruído de impacto

a) Realize os ajustes preliminares no equipamento e sua calibração, com base nas instruções do manual de operação e parâmetros especificados no item 6.2.1.3.

b) Mantenha o microfone do medidor dentro da zona auditiva do trabalhador e posicione-se de forma a minimizar a interferência na medição.

c) Acompanhe toda a movimentação do trabalhador no exercício de suas funções, de forma a manter o microfone posicionado dentro da zona auditiva, durante todo o período de medição.

d) Efetue medições em número suficiente para determinar os níveis de impacto a que fica submetido o trabalhador avaliado.

e) Determine o número de impactos por dia a que fica exposto o trabalhador avaliado.

el) O número de impactos e os níveis medidos em um período menor que a jornada diária de trabalho poderão ser extrapolados para toda a jornada, desde que o período avaliado seja representativo de toda a exposição do trabalhador.

6.6 Interpretação dos resultados

6.6.1 Ruído contínuo ou intermitente

6.6.1.1 Dose diária

Com base no critério apresentado no item 5.1.1, sempre que a dose diária de exposição a ruído determinada for superior a 100%, o limite de exposição estará excedido e exigirá a adoção imediata de medidas de controle.

Se a dose diária estiver entre 50% e 100% a exposição deve ser considerada acima do nível de ação, devendo ser adotadas medidas preventivas de forma a minimizar a probabilidade de que as exposições ao ruído causem prejuízos à audição do trabalhador e evitar que o limite de exposição seja ultrapassado.

Não é permitida, em nenhum momento da jornada de trabalho, exposição a níveis de ruído contínuo ou intermitente acima de 115 dB(A) para indivíduos que não estejam adequadamente protegidos, independentemente dos valores obtidos para dose diária ou para o nível de exposição.

6.6.1.2 Nível de exposição normalizado

Com base no critério apresentado no item 5.1.2, sempre que o nível de exposição normalizado - NEN - for superior a 85 dB(A), o limite de exposição estará excedido e exigirá a adoção imediata de medidas de controle.

Se o NEN estiver entre 82dB(A) e 85 dB(A) a exposição deve ser considerada acima do nível de ação, devendo ser adotadas medidas preventivas a fim de minimizar a probabilidade de que as exposições ao ruído causem prejuízos à audição do trabalhador e evitar que o limite de exposição seja ultrapassado.

Não é permitida, em nenhum momento da jornada de trabalho, exposição a níveis de ruído contínuo ou intermitente acima de 115 dB(A) para indivíduos que não estejam adequadamente protegidos, independentemente dos valores obtidos para dose diária ou para o nível de exposição.

6.6.1.3 Critério de julgamento e tomada de decisão

O Quadro a seguir apresenta considerações técnicas e a atuação recomendada em função da Dose Diária ou do Nível de Exposição Normalizado encontrados na condição de exposição avaliada.

Dose diária (%)	NEN dB(A)	Consideração técnica	Atuação recomendada
0 a 50	até 82	aceitável	no mínimo manutenção da condição existente
50 a 80	82 a 84	acima do nível de ação	adoção de medidas preventivas
80 a 100	84 a 85	região de incerteza	adoção de medidas preventivas e corretivas visando a redução da dose diária
Acima de 100	> 85	acima do limite de exposição	adoção imediata de medidas corretivas

6.6.2 Ruído de impacto

Com base no critério apresentado no item 5.2, sempre que o nível de pico ultrapassar o nível máximo permitido – Np, calculado para o número de im pactos a que o trabalhador está exposto em sua jornada diária de trabalho, o limite de exposição estará excedido e exigirá a adoção imediata de medidas de controle.

Não é permitida exposição a ruídos de impacto ou impulsivos com níveis de pico superiores a 140 dB para indivíduos que não estejam adequadamente protegidos.

Se o nível de pico estiver entre (Np – 3) e Np a exposição deve ser considerada acima do nível de ação, devendo ser adotadas medidas preventivas para minimizar a probabilidade de que as exposições ao ruído ultrapassem o limite de exposição.

6.6.3 Ruído contínuo ou intermitente simultâneo com ruído de impacto

Na ocorrência simultânea de ruído contínuo ou intermitente e ruído de impacto, a exposição ocupacional estará acima do limite de exposição, quando pelo menos o limite para um dos tipos de ruído for excedido.

Não é permitida, em nenhum momento da jornada de trabalho, exposição a níveis de ruído contínuo ou intermitente acima de 115 dB(A) para indivíduos que não estejam adequadamente protegidos, independentemente dos valores obtidos para dose diária ou para o nível de exposição.

Não é permitida exposição a ruídos de impacto ou impulsivos com níveis de pico superiores a 140 dB para indivíduos que não estejam adequadamente protegidos.

7. RELATÓRIO

Recomenda-se que no relatório técnico sejam abordados, no mínimo, os aspectos a seguir apresentados, de forma que possibilite a compreensão, por leitor qualificado, sobre o trabalho desenvolvido e documentar os aspectos da presente Norma que foram utilizados no estudo.

- Introdução, incluindo objetivos do trabalho, justificativa e datas ou períodos em que foram desenvolvidas as avaliações
- Critério de avaliação adotado
- Instrumental utilizado
- Metodologia de avaliação
- Descrição das condições de exposição avaliadas

- Dados obtidos
- Interpretação dos resultados

8. REFERÊNCIAS BIBLIOGRÁFICAS

NHT-06 R/E (1985) - Norma para avaliação da exposição ocupacional ao ruído contínuo ou intermitente - FUNDACENTRO - Ministério do Trabalho.

NHT-07 R/E (1985) - Norma para avaliação da exposição ocupacional ao ruído - ruído de impacto - FUNDACENTRO - Ministério do Trabalho.

NHT-09 R/E (1986) - Norma para avaliação da exposição ocupacional ao ruído contínuo ou intermitente através de dosímetros - FUNDACENTRO

- Ministério do Trabalho.

American Conference of Governmental Industrial Hygienists-Threshold Limit Values for Chemical Substances and Physical Agents - Biological Exposure Indices - ACGIH, Cincinatti - USA (1996).

American Conference of Governmental Industrial Hygienists - Documentation of the Threshold Limit and Biological Exposure Indices - 6a. Edição - ACGIH, Cincinatti - USA (1996).

ISO 1999 (1990) - Acoustics - Determination of occupational noise exposure and estimation of noise-induced hearing impairment.

OSHA Instruction CPL 2-2.20B - Chapter 4 - Noise Measurement (1990).

REFERÊNCIAS

AMADO, Frederico. MACIEL, Carlos. *In Cálculos Previdenciários. Teoria Jurídica e Análise Contábil na Concessão e Revisão de Benefícios do RGPS.* 2014, Ed. Juspodivm.

AMADO, Frederico. Curso de Direito e Processo Previdenciário, tomo 1 e 2. Juspodivm: 2025.

BRASIL, INSS: Manual da Aposentadoria Especial.

RIBEIRO, Maria Helena Carreira Alvim. *Aposentadoria Especial*, 3ª edição, Juruá, Curitiba.

EDITORA JusPODIVM
www.editorajuspodivm.com.br

Impresso por:

Docuprint
CNPJ 01.036.332/0001-99

JUS4397

EDITORA
JusPODIVM
www.editorajuspodivm.com.br